StGB
Schweizerisches Strafgesetzbuch

StGB

Schweizerisches Strafgesetzbuch

und Strafbestimmungen des **SVG**, **BetmG** und **ANAG**,
inkl. **VStGB, Rechtshilfekonkordat**,
Auszüge aus dem **BGG** und der **BStP, SGG**, **OHG** samt **OHV**
und **AT alt StGB** (in der bis Ende 2006 geltenden Fassung)
StGB, SVG, BetmG und **ANAG mit Kommentar**

Prof. Dr. A. Donatsch (Hrsg.)
RA Dr. S. Flachsmann
RA Dr. M. Hug
Staatsanwalt lic. iur. H. Maurer
Leitender Staatsanwalt Dr. U. Weder

Ausgabe 2006

orell füssli Verlag AG

Änderungen bei den im Buch enthaltenen Erlassen können
abgerufen werden unter:
www.navigator.ch/updates

Siebzehnte, überarbeitete Auflage 2006
© 2006 Orell Füssli Verlag AG, Zürich
Printed in Germany
ISBN 3-280-07125-9
ISBN 978-3-280-07125-0

Bibliografische Information der Deutschen Bibliothek
Die Deutsche Bibliothek verzeichnet diese Publikation in der Deutschen Nationalbibliografie;
detaillierte bibliografische Daten sind im Internet abrufbar über http://dnb.ddb.de

Inhaltsübersicht

Inhaltsverzeichnis 7
Vorwort zur Ausgabe 2006 23
Abkürzungen 24
Kommentar StGB 31

Nr. 1   StGB Schweizerisches Strafgesetzbuch 32

Weitere Erlasse 441

Nr. 2   Verordnung zum Strafgesetzbuch und zum Militärstrafgesetz (V-StGB-MStG) 442

Nr. 3   Auszug aus dem Strassenverkehrsgesetz (SVG) 449

Nr. 4   Auszug aus dem Bundesgesetz über die Betäubungsmittel und die psychotropen Stoffe (Betäubungsmittelgesetz, BetmG) 485

Nr. 5   Auszug aus dem Bundesgesetz über Aufenthalt und Niederlassung der Ausländer (ANAG) 505

Nr. 6   Konkordat über die Rechtshilfe und die interkantonale Zusammenarbeit in Strafsachen 516

Nr. 7   Auszug aus dem Bundesgesetz über das Bundesgericht (Bundesgerichtsgesetz, BGG) 522

Nr. 8   Auszug aus dem Bundesgesetz über die Bundesstrafrechtspflege (BStP) 538

Nr. 9   Bundesgesetz über das Bundesstrafgericht (Strafgerichtsgesetz, SGG) 543

Inhaltsübersicht

Nr. 10 Bundesgesetz über die Hilfe an Opfer von Straftaten
(Opferhilfegesetz, OHG) 554

Nr. 11 Verordnung über die Hilfe an Opfer von Straftaten
(Opferhilfeverordnung, OHV) 561

Nr. 12 Frühere Bestimmungen des Schweizerischen Strafgesetzbuches,
Allgemeiner Teil 565

Sachregister *607*

Inhaltsverzeichnis

Vorwort zur Ausgabe 2006 23

Abkürzungen 24

Kommentar StGB 31

Nr. 1 Schweizerisches Strafgesetzbuch (StGB) 32

Erstes Buch: Allgemeine Bestimmungen 32

   Erster Teil: Verbrechen und Vergehen 32

      Erster Titel: Geltungsbereich 32

Art. 1	1. Keine Sanktion ohne Gesetz	32
Art. 2	2. Zeitlicher Geltungsbereich	36
Art. 3	3. Räumlicher Geltungsbereich. Verbrechen oder Vergehen im Inland	37
Art. 4	Verbrechen oder Vergehen im Ausland gegen den Staat	39
Art. 5	Straftaten gegen Unmündige im Ausland	39
Art. 6	Gemäss staatsvertraglicher Verpflichtung verfolgte Auslandtaten	41
Art. 7	Andere Auslandtaten	42
Art. 8	Begehungsort	44
Art. 9	4. Persönlicher Geltungsbereich	45

      Zweiter Titel: Strafbarkeit 46

Art. 10	1. Verbrechen und Vergehen. Begriff	46
Art. 11	Begehen durch Unterlassen	46
Art. 12	2. Vorsatz und Fahrlässigkeit. Begriffe	49
Art. 13	Sachverhaltsirrtum	55
Art. 14	3. Rechtmässige Handlungen und Schuld. Gesetzlich erlaubte Handlung	57
Art. 15	Rechtfertigende Notwehr	60
Art. 16	Entschuldbare Notwehr	61
Art. 17	Rechtfertigender Notstand	62

Inhaltsverzeichnis

Art. 18	Entschuldbarer Notstand	63
Art. 19	Schuldunfähigkeit und verminderte Schuldfähigkeit	63
Art. 20	Zweifelhafte Schuldfähigkeit	65
Art. 21	Irrtum über die Rechtswidrigkeit	66
Art. 22	4. Versuch. Strafbarkeit des Versuchs	69
Art. 23	Rücktritt und tätige Reue	71
Art. 24	5. Teilnahme. Anstiftung	72
Art. 25	Gehilfenschaft	75
Art. 26	Teilnahme am Sonderdelikt	76
Art. 27	Persönliche Verhältnisse	77
Art. 28	6. Strafbarkeit der Medien	77
Art. 28a	Quellenschutz	79
Art. 29	7. Vertretungsverhältnisse	79
Art. 30	8. Strafantrag. Antragsrecht	81
Art. 31	Antragsfrist	84
Art. 32	Unteilbarkeit	85
Art. 33	Rückzug	85

Dritter Titel: Strafen und Massnahmen ... 87

Erstes Kapitel: Strafen ... 87

Erster Abschnitt: Geldstrafe, gemeinnützige Arbeit, Freiheitsstrafe ... 87

Art. 34	1. Geldstrafe. Bemessung	87
Art. 35	Vollzug	90
Art. 36	Ersatzfreiheitsstrafe	90
Art. 37	2. Gemeinnützige Arbeit. Inhalt	91
Art. 38	Vollzug	92
Art. 39	Umwandlung	92
Art. 40	3. Freiheitsstrafe. Im Allgemeinen	92
Art. 41	Kurze unbedingte Freiheitsstrafe	93

Zweiter Abschnitt: Bedingte und teilbedingte Strafen ... 94

Art. 42	1. Bedingte Strafen	94
Art. 43	2. Teilbedingte Strafen	96
Art. 44	3. Gemeinsame Bestimmungen. Probezeit	97
Art. 45	Bewährung	97
Art. 46	Nichtbewährung	98

Dritter Abschnitt: Strafzumessung ... 100

Art. 47	1. Grundsatz	100
Art. 48	2. Strafmilderung. Gründe	102
Art. 48a	Wirkung	104

Inhaltsverzeichnis

Art. 49	3. Konkurrenz	105
Art. 50	4. Begründungspflicht	107
Art. 51	5. Anrechnung der Untersuchungshaft	108

Vierter Abschnitt: Strafbefreiung und Einstellung des Verfahrens ... 108

Art. 52	1. Gründe für die Strafbefreiung. Fehlendes Strafbedürfnis	108
Art. 53	Wiedergutmachung	109
Art. 54	Betroffenheit des Täters durch seine Tat	109
Art. 55	2. Gemeinsame Bestimmungen	110
Art. 55a	3. Einstellung des Verfahrens. Ehegatte, eingetragene Partnerin, eingetragener Partner oder Lebenspartner als Opfer	110

Zweites Kapitel: Massnahmen ... 111

Erster Abschnitt: Therapeutische Massnahmen und Verwahrung ... 111

Art. 56	1. Grundsätze	111
Art. 56a	Zusammentreffen von Massnahmen	114
Art. 57	Verhältnis der Massnahmen zu den Strafen	114
Art. 58	Vollzug	115
Art. 59	2. Stationäre therapeutische Massnahmen. Behandlung von psychischen Störungen	115
Art. 60	Suchtbehandlung	117
Art. 61	Massnahmen für junge Erwachsene	118
Art. 62	Bedingte Entlassung	119
Art. 62a	Nichtbewährung	120
Art. 62b	Endgültige Entlassung	122
Art. 62c	Aufhebung der Massnahme	122
Art. 62d	Prüfung der Entlassung und der Aufhebung	123
Art. 63	3. Ambulante Behandlung. Voraussetzungen und Vollzug	124
Art. 63a	Aufhebung der Massnahme	125
Art. 63b	Vollzug der aufgeschobenen Freiheitsstrafe	126
Art. 64	4. Verwahrung. Voraussetzungen und Vollzug	127
Art. 64a	Aufhebung und Entlassung	129
Art. 64b	Prüfung der Entlassung	129
Art. 65	5. Änderung der Sanktion	130

Zweiter Abschnitt: Andere Massnahmen ... 131

Art. 66	1. Friedensbürgschaft	131
Art. 67	2. Berufsverbot	132
Art. 67a	Vollzug	132
Art. 67b	3. Fahrverbot	133
Art. 68	4. Veröffentlichung des Urteils	134
Art. 69	5. Einziehung. a. Sicherungseinziehung	135

Inhaltsverzeichnis

Art. 70	b. Einziehung von Vermögenswerten. Grundsätze	137
Art. 71	Ersatzforderungen	139
Art. 72	Einziehung von Vermögenswerten einer kriminellen Organisation	140
Art. 73	6. Verwendung zu Gunsten des Geschädigten	140

Vierter Titel: Vollzug von Freiheitsstrafen und freiheitsentziehenden Massnahmen ... 141

Art. 74	1. Vollzugsgrundsätze	141
Art. 75	2. Vollzug von Freiheitsstrafen. Grundsätze	141
Art. 75a	Besondere Sicherheitsmassnahmen	142
Art. 76	Vollzugsort	143
Art. 77	Normalvollzug	143
Art. 77a	Arbeitsexternat und Wohnexternat	143
Art. 77b	Halbgefangenschaft	144
Art. 78	Einzelhaft	145
Art. 79	Vollzugsform für kurze Freiheitsstrafen	145
Art. 80	Abweichende Vollzugsformen	145
Art. 81	Arbeit	146
Art. 82	Aus- und Weiterbildung	147
Art. 83	Arbeitsentgelt	147
Art. 84	Beziehungen zur Aussenwelt	147
Art. 85	Kontrollen und Untersuchungen	148
Art. 86	Bedingte Entlassung. a. Gewährung	149
Art. 87	b. Probezeit	150
Art. 88	c. Bewährung	151
Art. 89	d. Nichtbewährung	151
Art. 90	3. Vollzug von Massnahmen	152
Art. 91	4. Gemeinsame Bestimmungen. Disziplinarrecht	153
Art. 92	Unterbrechung des Vollzugs	154

Fünfter Titel: Bewährungshilfe, Weisungen und freiwillige soziale Betreuung ... 154

Art. 93	Bewährungshilfe	154
Art. 94	Weisungen	155
Art. 95	Gemeinsame Bestimmungen	155
Art. 96	Soziale Betreuung	157

Sechster Titel: Verjährung ... 157

Art. 97	1. Verfolgungsverjährung. Fristen	157
Art. 98	Beginn	159
Art. 99	2. Vollstreckungsverjährung. Fristen	161

Inhaltsverzeichnis

Art. 100	Beginn	162
Art. 101	3. Unverjährbarkeit	162

Siebenter Titel: Verantwortlichkeit des Unternehmens ... 163

Art. 102	Strafbarkeit	163
Art. 102a	Strafverfahren	166

Zweiter Teil: Übertretungen ... 167

Art. 103	Begriff	167
Art. 104	Anwendbarkeit der Bestimmungen des Ersten Teils	167
Art. 105	Keine oder bedingte Anwendbarkeit	167
Art. 106	Busse	168
Art. 107	Gemeinnützige Arbeit	169
Art. 108		169
Art. 109	Verjährung	169

Dritter Teil: Begriffe ... 170

Art. 110		170

Zweites Buch: Besondere Bestimmungen ... 173

Erster Titel: Strafbare Handlungen gegen Leib und Leben ... 173

Art. 111	1. Tötung. Vorsätzliche Tötung	173
Art. 112	Mord	173
Art. 113	Totschlag	174
Art. 114	Tötung auf Verlangen	175
Art. 115	Verleitung und Beihilfe zum Selbstmord	176
Art. 116	Kindestötung	176
Art. 117	Fahrlässige Tötung	177
Art. 118	2. Schwangerschaftsabbruch. Strafbarer Schwangerschaftsabbruch	177
Art. 119	Strafloser Schwangerschaftsabbruch	178
Art. 120	Übertretungen durch Ärztinnen oder Ärzte	179
Art. 121		180
Art. 122	3. Körperverletzung. Schwere Körperverletzung	180
Art. 123	Einfache Körperverletzung	181
Art. 124		183
Art. 125	Fahrlässige Körperverletzung	183
Art. 126	Tätlichkeiten	183
Art. 127	4. Gefährdung des Lebens und der Gesundheit. Aussetzung	184
Art. 128	Unterlassung der Nothilfe	185
Art. 128bis	Falscher Alarm	186

Inhaltsverzeichnis

Art. 129	Gefährdung des Lebens	186
Art. 130–132		188
Art. 133	Raufhandel	188
Art. 134	Angriff	188
Art. 135	Gewaltdarstellungen	189
Art. 136	Verabreichen gesundheitsgefährdender Stoffe an Kinder	190

Zweiter Titel: Strafbare Handlungen gegen das Vermögen 190

Art. 137	1. Strafbare Handlungen gegen das Vermögen. Unrechtmässige Aneignung	190
Art. 138	Veruntreuung	192
Art. 139	Diebstahl	196
Art. 140	Raub	198
Art. 141	Sachentziehung	201
Art. 141bis	Unrechtmässige Verwendung von Vermögenswerten	201
Art. 142	Unrechtmässige Entziehung von Energie	202
Art. 143	Unbefugte Datenbeschaffung	202
Art. 143bis	Unbefugtes Eindringen in ein Datenverarbeitungssystem	203
Art. 144	Sachbeschädigung	203
Art. 144bis	Datenbeschädigung	204
Art. 145	Veruntreuung und Entzug von Pfandsachen und Retentionsgegenständen	205
Art. 146	Betrug	206
Art. 147	Betrügerischer Missbrauch einer Datenverarbeitungsanlage	210
Art. 148	Check- und Kreditkartenmissbrauch	211
Art. 149	Zechprellerei	212
Art. 150	Erschleichen einer Leistung	212
Art. 150bis	Herstellen und Inverkehrbringen von Materialien zur unbefugten Entschlüsselung codierter Angebote	213
Art. 151	Arglistige Vermögensschädigung	213
Art. 152	Unwahre Angaben über kaufmännische Gewerbe	214
Art. 153	Unwahre Angaben gegenüber Handelsregisterbehörden	215
Art. 154		215
Art. 155	Warenfälschung	215
Art. 156	Erpressung	216
Art. 157	Wucher	218
Art. 158	Ungetreue Geschäftsbesorgung	219
Art. 159	Missbrauch von Lohnabzügen	221
Art. 160	Hehlerei	222
Art. 161	Ausnützen der Kenntnis vertraulicher Tatsachen	223
Art. 161bis	Kursmanipulation	225

Inhaltsverzeichnis

Art. 162	2. Verletzung des Fabrikations- oder Geschäftsgeheimnisses	226
Art. 163	3. Konkurs- und Betreibungsverbrechen oder -vergehen. Betrügerischer Konkurs und Pfändungsbetrug	227
Art. 164	Gläubigerschädigung durch Vermögensminderung	229
Art. 165	Misswirtschaft	229
Art. 166	Unterlassung der Buchführung	230
Art. 167	Bevorzugung eines Gläubigers	231
Art. 168	Bestechung bei Zwangsvollstreckung	232
Art. 169	Verfügung über mit Beschlag belegte Vermögenswerte	233
Art. 170	Erschleichung eines gerichtlichen Nachlassvertrages	234
Art. 171	Gerichtlicher Nachlassvertrag	234
Art. 171bis	Widerruf des Konkurses	235
Art. 172	4. Allgemeine Bestimmungen	235
Art. 172bis	Verbindung von Freiheitsstrafe mit Busse	235
Art. 172ter	Geringfügige Vermögensdelikte	235

Dritter Titel: Strafbare Handlungen gegen die Ehre und den Geheim- oder Privatbereich 236

Art. 173	1. Ehrverletzungen. Üble Nachrede	236
Art. 174	Verleumdung	241
Art. 175	Üble Nachrede oder Verleumdung gegen einen Verstorbenen oder einen verschollen Erklärten	242
Art. 176	Gemeinsame Bestimmung	242
Art. 177	Beschimpfung	242
Art. 178	Verjährung	243
Art. 179	2. Strafbare Handlungen gegen den Geheim- oder Privatbereich. Verletzung des Schriftgeheimnisses	243
Art. 179bis	Abhören und Aufnehmen fremder Gespräche	244
Art. 179ter	Unbefugtes Aufnehmen von Gesprächen	245
Art. 179^{quater}	Verletzung des Geheim- oder Privatbereichs durch Aufnahmegeräte	246
Art. 179^{quinquies}	Nicht strafbares Aufnehmen	247
Art. 179^{sexies}	Inverkehrbringen und Anpreisen von Abhör-, Ton- und Bildaufnahmegeräten	248
Art. 179^{septies}	Missbrauch einer Fernmeldeanlage	248
Art. 179^{octies}	Amtliche Überwachung, Straflosigkeit	249
Art. 179^{novies}	Unbefugtes Beschaffen von Personendaten	249

Vierter Titel: Verbrechen und Vergehen gegen die Freiheit 249

Art. 180	Drohung	249

Inhaltsverzeichnis

Art. 181	Nötigung	250
Art. 182		252
Art. 183	Freiheitsberaubung und Entführung	253
Art. 184	Erschwerende Umstände	254
Art. 185	Geiselnahme	254
Art. 186	Hausfriedensbruch	256

Fünfter Titel: Strafbare Handlungen gegen die sexuelle Integrität ... 258

Art. 187	1. Gefährdung der Entwicklung von Unmündigen. Sexuelle Handlungen mit Kindern	258
Art. 188	Sexuelle Handlungen mit Abhängigen	261
Art. 189	2. Angriffe auf die sexuelle Freiheit und Ehre. Sexuelle Nötigung	263
Art. 190	Vergewaltigung	266
Art. 191	Schändung	266
Art. 192	Sexuelle Handlungen mit Anstaltspfleglingen, Gefangenen, Beschuldigten	267
Art. 193	Ausnützung der Notlage	268
Art. 194	Exhibitionismus	269
Art. 195	3. Ausnützung sexueller Handlungen. Förderung der Prostitution	270
Art. 196	Menschenhandel	271
Art. 197	4. Pornographie	272
Art. 198	5. Übertretungen gegen die sexuelle Integrität. Sexuelle Belästigungen	276
Art. 199	Unzulässige Ausübung der Prostitution	276
Art. 200	6. Gemeinsame Begehung	277
Art. 201–212		277

Sechster Titel: Verbrechen und Vergehen gegen die Familie ... 277

Art. 213	Inzest	277
Art. 214		278
Art. 215	Mehrfache Ehe oder eingetragene Partnerschaft	278
Art. 216		279
Art. 217	Vernachlässigung von Unterhaltspflichten	279
Art. 218		281
Art. 219	Verletzung der Fürsorge- oder Erziehungspflicht	281
Art. 220	Entziehen von Unmündigen	282

Siebenter Titel: Gemeingefährliche Verbrechen und Vergehen ... 284

Art. 221	Brandstiftung	284
Art. 222	Fahrlässige Verursachung einer Feuersbrunst	285
Art. 223	Verursachung einer Explosion	286
Art. 224	Gefährdung durch Sprengstoffe und giftige Gase in verbrecherischer Absicht	286

Inhaltsverzeichnis

Art. 225	Gefährdung ohne verbrecherische Absicht. Fahrlässige Gefährdung	287
Art. 226	Herstellen, Verbergen, Weiterschaffen von Sprengstoffen und giftigen Gasen	287
Art. 226bis	Gefährdung durch Kernenergie, Radioaktivität und ionisierende Strahlen	288
Art. 226ter	Strafbare Vorbereitungshandlungen	289
Art. 227	Verursachen einer Überschwemmung oder eines Einsturzes	290
Art. 228	Beschädigung von elektrischen Anlagen, Wasserbauten und Schutzvorrichtungen	290
Art. 229	Gefährdung durch Verletzung der Regeln der Baukunde	291
Art. 230	Beseitigung oder Nichtanbringen von Sicherheitsvorrichtungen	292

Achter Titel: Verbrechen und Vergehen gegen die öffentliche Gesundheit 292

Art. 230bis	Gefährdung durch gentechnisch veränderte oder pathogene Organismen	292
Art. 231	Verbreiten menschlicher Krankheiten	294
Art. 232	Verbreiten von Tierseuchen	295
Art. 233	Verbreiten von Schädlingen	295
Art. 234	Verunreinigung von Trinkwasser	296
Art. 235	Herstellen von gesundheitsschädlichem Futter	296
Art. 236	Inverkehrbringen von gesundheitsschädlichem Futter	297

Neunter Titel: Verbrechen und Vergehen gegen den öffentlichen Verkehr 297

Art. 237	Störung des öffentlichen Verkehrs	297
Art. 238	Störung des Eisenbahnverkehrs	299
Art. 239	Störung von Betrieben, die der Allgemeinheit dienen	300

Zehnter Titel: Fälschung von Geld, amtlichen Wertzeichen, amtlichen Zeichen, Mass und Gewicht 301

Art. 240	Geldfälschung	301
Art. 241	Geldverfälschung	302
Art. 242	In Umlaufsetzen falschen Geldes	302
Art. 243	Nachmachen von Banknoten, Münzen oder amtlichen Wertzeichen ohne Fälschungsabsicht	303
Art. 244	Einführen, Erwerben, Lagern falschen Geldes	304
Art. 245	Fälschung amtlicher Wertzeichen	304
Art. 246	Fälschung amtlicher Zeichen	305
Art. 247	Fälschungsgeräte; unrechtmässiger Gebrauch von Geräten	306
Art. 248	Fälschung von Mass und Gewicht	306
Art. 249	Einziehung	307
Art. 250	Geld und Wertzeichen des Auslandes	307

Inhaltsverzeichnis

Elfter Titel: Urkundenfälschung 307

Art. 251	Urkundenfälschung	307
Art. 252	Fälschung von Ausweisen	312
Art. 253	Erschleichung einer falschen Beurkundung	313
Art. 254	Unterdrückung von Urkunden	314
Art. 255	Urkunden des Auslandes	315
Art. 256	Grenzverrückung	315
Art. 257	Beseitigung von Vermessungs- und Wasserstandszeichen	315

Zwölfter Titel: Verbrechen und Vergehen gegen den öffentlichen Frieden 316

Art. 258	Schreckung der Bevölkerung	316
Art. 259	Öffentliche Aufforderung zu Verbrechen oder zur Gewalttätigkeit	316
Art. 260	Landfriedensbruch	317
Art. 260bis	Strafbare Vorbereitungshandlungen	318
Art. 260ter	Kriminelle Organisation	320
Art. 260quater	Gefährdung der öffentlichen Sicherheit mit Waffen	321
Art. 260quinquies	Finanzierung des Terrorismus	322
Art. 261	Störung der Glaubens- und Kultusfreiheit	323
Art. 261bis	Rassendiskriminierung	324
Art. 262	Störung des Totenfriedens	328
Art. 263	Verübung einer Tat in selbstverschuldeter Unzurechnungsfähigkeit	329

Zwölfter Titelbis: Straftaten gegen die Interessen der Völkergemeinschaft 330

Art. 264	Völkermord	330

Dreizehnter Titel: Verbrechen und Vergehen gegen den Staat und die Landesverteidigung 332

Art. 265	1. Verbrechen oder Vergehen gegen den Staat. Hochverrat	332
Art. 266	Angriffe auf die Unabhängigkeit der Eidgenossenschaft	332
Art. 266bis	Gegen die Sicherheit der Schweiz gerichtete ausländische Unternehmungen und Bestrebungen	333
Art. 267	Diplomatischer Landesverrat	333
Art. 268	Verrückung staatlicher Grenzzeichen	334
Art. 269	Verletzung schweizerischer Gebietshoheit	334
Art. 270	Tätliche Angriffe auf schweizerische Hoheitszeichen	334
Art. 271	Verbotene Handlungen für einen fremden Staat	335
Art. 272	2. Verbotener Nachrichtendienst. Politischer Nachrichtendienst	336
Art. 273	Wirtschaftlicher Nachrichtendienst	337
Art. 274	Militärischer Nachrichtendienst	338

Inhaltsverzeichnis

Art. 275	3. Gefährdung der verfassungsmässigen Ordnung. Angriffe auf die verfassungsmässige Ordnung	339
Art. 275bis	Staatsgefährliche Propaganda	339
Art. 275ter	Rechtswidrige Vereinigung	340
Art. 276	4. Störung der militärischen Sicherheit. Aufforderung und Verleitung zur Verletzung militärischer Dienstpflichten	340
Art. 277	Fälschung von Aufgeboten oder Weisungen	341
Art. 278	Störung des Militärdienstes	341

Vierzehnter Titel: Vergehen gegen den Volkswillen ... 342

Art. 279	Störung und Hinderung von Wahlen und Abstimmungen	342
Art. 280	Eingriffe in das Stimm- und Wahlrecht	342
Art. 281	Wahlbestechung	343
Art. 282	Wahlfälschung	343
Art. 282bis	Stimmenfang	344
Art. 283	Verletzung des Abstimmungs- und Wahlgeheimnisses	344
Art. 284		344

Fünfzehnter Titel: Strafbare Handlungen gegen die öffentliche Gewalt ... 344

Art. 285	Gewalt und Drohung gegen Behörden und Beamte	344
Art. 286	Hinderung einer Amtshandlung	346
Art. 287	Amtsanmassung	347
Art. 288		347
Art. 289	Bruch amtlicher Beschlagnahme	348
Art. 290	Siegelbruch	348
Art. 291	Verweisungsbruch	348
Art. 292	Ungehorsam gegen amtliche Verfügungen	349
Art. 293	Veröffentlichung amtlicher geheimer Verhandlungen	350
Art. 294	Übertretung eines Berufsverbotes	351
Art. 295		351

Sechzehnter Titel: Störung der Beziehungen zum Ausland ... 351

Art. 296	Beleidigung eines fremden Staates	351
Art. 297	Beleidigung zwischenstaatlicher Organisationen	352
Art. 298	Tätliche Angriffe auf fremde Hoheitszeichen	352
Art. 299	Verletzung fremder Gebietshoheit	352
Art. 300	Feindseligkeiten gegen einen Kriegführenden oder fremde Truppen	352
Art. 301	Nachrichtendienst gegen fremde Staaten	353
Art. 302	Strafverfolgung	353

Inhaltsverzeichnis

Siebzehnter Titel: Verbrechen und Vergehen gegen die Rechtspflege 354

Art. 303	Falsche Anschuldigung	354
Art. 304	Irreführung der Rechtspflege	355
Art. 305	Begünstigung	356
Art. 305bis	Geldwäscherei	358
Art. 305ter	Mangelnde Sorgfalt bei Finanzgeschäften und Melderecht	359
Art. 306	Falsche Beweisaussage der Partei	360
Art. 307	Falsches Zeugnis. Falsches Gutachten. Falsche Übersetzung	360
Art. 308	Strafmilderungen	362
Art. 309	Verwaltungssachen und Verfahren vor internationalen Gerichten	363
Art. 310	Befreiung von Gefangenen	363
Art. 311	Meuterei von Gefangenen	364

Achtzehnter Titel: Strafbare Handlungen gegen die Amts- und Berufspflicht 364

Art. 312	Amtsmissbrauch	364
Art. 313	Gebührenüberforderung	365
Art. 314	Ungetreue Amtsführung	365
Art. 315–316		366
Art. 317	Urkundenfälschung im Amt	366
Art. 317bis	Nicht strafbare Handlungen	367
Art. 318	Falsches ärztliches Zeugnis	368
Art. 319	Entweichenlassen von Gefangenen	368
Art. 320	Verletzung des Amtsgeheimnisses	368
Art. 321	Verletzung des Berufsgeheimnisses	370
Art. 321bis	Berufsgeheimnis in der medizinischen Forschung	372
Art. 321ter	Verletzung des Post- und Fernmeldegeheimnisses	373
Art. 322	Verletzung der Auskunftspflicht der Medien	374
Art. 322bis	Nichtverhinderung einer strafbaren Veröffentlichung	374

Neunzehnter Titel: Bestechung 375

Art. 322ter	1. Bestechung schweizerischer Amtsträger. Bestechen	375
Art. 322^{quater}	Sich bestechen lassen	376
Art. 322^{quinquies}	Vorteilsgewährung	377
Art. 322^{sexies}	Vorteilsannahme	377
Art. 322^{septies}	2. Bestechung fremder Amtsträger	378
Art. 322^{octies}	3. Gemeinsame Bestimmungen	379

Inhaltsverzeichnis

Zwanzigster Titel: Übertretungen bundesrechtlicher Bestimmungen 379

Art. 323	Ungehorsam des Schuldners im Betreibungs- und Konkursverfahren	379
Art. 324	Ungehorsam dritter Personen im Betreibungs-, Konkurs- und Nachlassverfahren	380
Art. 325	Ordnungswidrige Führung der Geschäftsbücher	381
Art. 325bis	Widerhandlungen gegen die Bestimmungen zum Schutz der Mieter von Wohn- und Geschäftsräumen	381
Art. 326	Anwendung auf juristische Personen, Handelsgesellschaften und Einzelfirmen. 1. ...	381
Art. 326bis	2. im Falle von Artikel 325bis	382
Art. 326ter	Übertretung firmenrechtlicher Bestimmungen	382
Art. 326[quater]	Unwahre Auskunft durch eine Personalvorsorgeeinrichtung	383
Art. 327	....	383
Art. 328	Nachmachen von Postwertzeichen ohne Fälschungsabsicht	383
Art. 329	Verletzung militärischer Geheimnisse	384
Art. 330	Handel mit militärisch beschlagnahmtem Material	384
Art. 331	Unbefugtes Tragen der militärischen Uniform	384
Art. 332	Nichtanzeigen eines Fundes	384

Drittes Buch: Einführung und Anwendung des Gesetzes 385

Erster Titel: Verhältnis dieses Gesetzes zu andern Gesetzen des Bundes und zu den Gesetzen der Kantone 385

Art. 333	Anwendung des Allgemeinen Teils auf andere Bundesgesetze	385
Art. 334	Verweisungen auf aufgehobene Bestimmungen	388
Art. 335	Gesetze der Kantone	388

Zweiter Titel: Bundesgerichtsbarkeit und kantonale Gerichtsbarkeit 391

Art. 336	1. Bundesgerichtsbarkeit. Umfang	391
Art. 337	Bei organisiertem Verbrechen, Finanzierung des Terrorismus und Wirtschaftskriminalität	393
Art. 338	2. Kantonale Gerichtsbarkeit	396

Dritter Titel: Kantonale Behörden: Sachliche und örtliche Zuständigkeit, Verfahren 396

Art. 339	1. Sachliche Zuständigkeit	396
Art. 340	2. Örtliche Zuständigkeit. Gerichtsstand des Begehungsortes	397
Art. 341	Gerichtsstand bei Delikten durch Medien	399
Art. 342	Gerichtsstand bei strafbaren Handlungen im Ausland	400
Art. 343	Gerichtsstand der Teilnehmer	400

Inhaltsverzeichnis

Art. 344	Gerichtsstand bei Zusammentreffen mehrerer strafbarer Handlungen	401
Art. 344a	Gerichtsstand bei selbständiger Einziehung	404
Art. 345	Streitiger Gerichtsstand	404
Art. 346	3. Verfahren. Verfahren der kantonalen Strafbehörden	406
Art. 347	Parlamentarische Immunität. Strafverfolgung gegen Mitglieder der obersten Behörden	407
Art. 348	Schutz der persönlichen Geheimsphäre	407

Vierter Titel: Amtshilfe und Rechtshilfe ... 408

Art. 349	1. Amtshilfe im Bereich der Polizei. a. Automatisiertes Fahndungssystem (RIPOL)	408
Art. 350	b. Zusammenarbeit mit INTERPOL. Zuständigkeit	409
Art. 351	Aufgaben	410
Art. 352	Datenschutz	410
Art. 353	Finanzhilfen und Abgeltungen	410
Art. 354	c. Zusammenarbeit bei der Identifizierung von Personen	410
Art. 355	d. Informatisiertes Personennachweis-, Aktennachweis- und Verwaltungssystem im Bundesamt für Polizei	412
Art. 355a	e. Zusammenarbeit mit Europol Datenaustausch	413
Art. 355b	Mandatserweiterung	414
Art. 356	2. Rechtshilfe. Verpflichtung gegenüber dem Bund und unter den Kantonen	414
Art. 357	Verfahren	416
Art. 358	Unentgeltlichkeit	416
Art. 359	Amtshandlungen in andern Kantonen	416
Art. 360	Nachteile	417
Art. 361	Anstände zwischen Kantonen	418
Art. 362	Mitteilung bei Pornographie	419

Fünfter Titel: Mitteilung bei strafbaren Handlungen gegen Unmündigen ... 419

Art. 363	Mitteilungspflicht	419
Art. 364	Mitteilungsrecht	419

Sechster Titel: Strafregister ... 419

Art. 365	Zweck	419
Art. 366	Inhalt	420
Art. 367	Bearbeitung der Daten und Einsicht	421
Art. 368	Mitteilung registrierungspflichtiger Tatsachen	423
Art. 369	Entfernung des Eintrags	423
Art. 370	Einsichtsrecht	424
Art. 371	Strafregisterauszug für Privatpersonen	425

Inhaltsverzeichnis

Siebenter Titel: Straf- und Massnahmenvollzug, Bewährungshilfe, Anstalten
und Einrichtungen 426

Art. 372	1. Pflicht zum Straf- und Massnahmenvollzug.............................	426
Art. 373	2. Geldstrafen, Bussen, Kosten und Einziehungen. Vollstreckung	426
Art. 374	Verfügungsrecht...	426
Art. 375	3. Gemeinnützige Arbeit..	427
Art. 376	4. Bewährungshilfe...	428
Art. 377	5. Anstalten und Einrichtungen. Pflicht der Kantone zur Errichtung und zum Betrieb.........................	428
Art. 378	Zusammenarbeit zwischen den Kantonen.................................	429
Art. 379	Zulassung von Privatanstalten..	429
Art. 380	Kostentragung..	429

Achter Titel: Begnadigung, Amnestie, Wiederaufnahme des Verfahrens.............. 430

Art. 381	1. Begnadigung. Zuständigkeit...	430
Art. 382	Begnadigungsgesuch...	431
Art. 383	Wirkungen...	432
Art. 384	2. Amnestie...	432
Art. 385	3. Wiederaufnahme des Verfahrens...	432

Neunter Titel: Präventionsmassnahmen, ergänzende Bestimmungen und
allgemeine Übergangsbestimmungen 434

Art. 386	1. Präventionsmassnahmen...	434
Art. 387	2. Ergänzende Bestimmungen des Bundesrates.........................	434
Art. 388	3. Allgemeine Übergangsbestimmungen. Vollzug früherer Urteile.....	436
Art. 389	Verjährung...	436
Art. 390	Antragsdelikte..	436
Art. 391	4. Kantonale Einführungsbestimmungen..................................	437
Art. 392	5. Inkrafttreten dieses Gesetzes...	437

Schlussbestimmungen der Änderung vom 18. März 1971 438

Schlussbestimmungen der Änderung vom 13. Dezember 2002 438

Inhaltsverzeichnis

Weitere Erlasse *441*

Nr. 2   Verordnung zum Strafgesetzbuch und zum Militärstrafgesetz
(V-StGB-MStG) 442

Nr. 3   Auszug aus dem Strassenverkehrsgesetz (SVG) 449

Nr. 4   Auszug aus dem Bundesgesetz über die Betäubungsmittel und die
psychotropen Stoffe (Betäubungsmittelgesetz, BetmG) 485

Nr. 5   Auszug aus dem Bundesgesetz über Aufenthalt und Niederlassung
der Ausländer (ANAG) 505

Nr. 6   Konkordat über die Rechtshilfe und die interkantonale
Zusammenarbeit in Strafsachen 516

Nr. 7   Auszug aus dem Bundesgesetz über das Bundesgericht
(Bundesgerichtsgesetz, BGG) 522

Nr. 8   Auszug aus dem Bundesgesetz über die Bundesstrafrechtspflege
(BStP) 538

Nr. 9   Bundesgesetz über das Bundesstrafgericht
(Strafgerichtsgesetz, SGG) 543

Nr. 10   Bundesgesetz über die Hilfe an Opfer von Straftaten
(Opferhilfegesetz, OHG) 554

Nr. 11   Verordnung über die Hilfe an Opfer von Straftaten
(Opferhilfeverordnung, OHV) 561

Nr. 12   Frühere Bestimmungen des Schweizerischen Strafgesetzbuches,
Allgemeiner Teil 565

Sachregister *607*

Vorwort zur Ausgabe 2006

Auf den 1.1.2007 tritt der revidierte Allgemeine Teil des Strafgesetzbuches in Kraft. Das vorliegende Werk ist zeitlich so terminiert worden, dass seinen Benützern bereits kurze Zeit vor dem Zeitpunkt des Inkrafttretens eine kommentierte Gesetzesausgabe zur Verfügung steht.

Erstmals werden in dieser Auflage nicht nur die Normen des StGB, sondern zusätzlich die Strafbestimmungen des SVG, des BetmG sowie des ANAG kommentiert.

Die Ausgabe basiert auf dem Stand der Strafrechtsgesetzgebung (soweit Ende August 2006 bekannt) per 1. Januar 2007. Da die Arbeiten an der Kommentierung bereits Ende August 2006 abgeschlossen werden mussten, konnte nur die bis zu diesem Zeitpunkt veröffentlichte Judikatur berücksichtigt werden.

Im Anhang finden sich weitere für den Strafrechtspraktiker wichtige Erlasse ohne Kommentierung. Unter anderem wird der AT StGB (Art. 1–110) in der vor der Revision geltenden Fassung abgedruckt. Das erleichtert es, Fragen des intertemporalen Rechts zu beurteilen.

Ich danke meinen Mitkommentatoren für die speditive Zusammenarbeit, den Assistierenden des Lehrstuhls Donatsch (lic.iur. Felix Blocher, lic.iur. Claudine Cavegn, RA Dr. iur. Cornel Borbély, lic.iur. Simone Zuberbühler) für die inhaltlichen Anregungen und formellen Korrekturen, sowie Herrn Gebhard vom Orell Füssli Verlag, welcher die Neuauflage umsichtig betreute.

Gerne hoffe ich, Studierenden wie auch Praktikerinnen und Praktikern des Strafrechts mit der Neuauflage des StGB wiederum ein nützliches Hilfsmittel zur Verfügung zu stellen. Für Hinweise auf Fehler, Kritik und Anregungen bin ich jederzeit dankbar.

8001 Zürich, im August 2006 Andreas Donatsch
Rämistrasse 74/14 Herausgeber

Abkürzungen

Abs.	Absatz
AG	Aktiengesellschaft
AGVE	Aargauische Gerichts- und Verwaltungsentscheide, zitiert nach Jahrgang, Seitenzahl und Nummer des Entscheides
AHVG	BG über die Alters- und Hinterbliebenenversicherung vom 20. Dezember 1946 (SR 831.10)
AIDS	Acquired Immune Deficiency Syndrome (Immun-Schwäche-Syndrom)
AJP	Aktuelle juristische Praxis, zitiert nach Jahrgang und Seitenzahl
al.	Alinea
allg.	allgemein
alt Art.	alter Artikel
alt BV	alte Fassung BV
alt UWG	alte Fassung UWG
a.M.	anderer Meinung
ANAG	BG über Aufenthalt und Niederlassung der Ausländer vom 26. März 1931 (SR 142.20), teilweise abgedruckt in Anhang 5
ANAV	Vollziehungsverordnung zum ANAG vom 1. März 1949 (SR 142.201)
ArG	BG über die Arbeit in Industrie, Gewerbe und Handel vom 13. März 1964 (SR 822.11)
Art.	Artikel
ARV 1	Verordnung über die Arbeits- und Ruhezeit der berufsmässigen Motorfahrzeugführer und -führerinnen vom 19. Juni 1995 (SR 822.221)
ARV 2	Verordnung über die Arbeits- und Ruhezeit der berufsmässigen Führer von leichten Personentransportfahrzeugen und schweren Personenwagen vom 6. Mai 1981 (SR 822.222)
AS	Amtliche Sammlung der Bundesgesetze, zitiert nach Band- und Seitenzahl
AsylG	Asylgesetz vom 26. Juni 1998 (SR 142.31)
AT	Allgemeiner Teil
BankG	BG über die Banken und Sparkassen vom 8. November 1934 (SR 952.0)
BB	Bundesbeschluss
BBl	Bundesblatt, zitiert nach Jahrgang und Seitenzahl (Jahrgänge vor 1998 zusätzlich nach Bandnummer)

Abkürzungen

Bd.	Band
bed.	bedingt
Bem.	Bemerkung/-en
BetmG	BG über die Betäubungsmittel vom 3. Oktober 1951 (SR 812.121), teilweise abgedruckt in Anhang 4
betr.	betreffend
BG	Bundesgesetz
BGE	Amtliche Sammlung der Entscheidungen des Bundesgerichts, zitiert nach Bandzahl, Teil und Seitenzahl
BGer	Bundesgericht
BGG	Bundesgesetz über das Bundesgericht vom 17. Juni 2005 (SR 173.110), teilweise abgedruckt in Anhang 7
BJM	Basler Juristische Mitteilungen, zitiert nach Jahrgang und Seitenzahl
BRB	Bundesratsbeschluss
BSK StGB II	Marcel Alexander Niggli/Hans Wiprächtiger (Herausgeber), Basler Kommentar, Strafgesetzbuch II, Art. 111-401 StGB, Basel, Genf, München 2003, zitiert mit Namen des Bearbeiters / der Bearbeiterin, Artikel und Randnote
Bst.	Buchstabe
BStP	BG über die Bundesstrafrechtspflege vom 15. Juni 1934 (SR 312.0), teilweise abgedruckt in Anhang 8
BStR	Bundesstrafgericht
BÜPF	BG betreffend die Überwachung des Post- und Fernmeldeverkehrs vom 6. Oktober 2000 (SR 780.1)
BV	Bundesverfassung vom 29. Mai 1874 (SR 101)
BVE	Bundesgesetz über die verdeckte Ermittlung vom 20. Juni 2003 (SR 312.8)
BVers	Bundesversammlung
BVG	BG über die berufliche Alters-, Hinterlassenen- und Invaliditätsvorsorge vom 25. Juni 1982 (SR 831.40)
bzgl.	bezüglich
bzw.	beziehungsweise
CD-Rom	Compact Disc – «Read only memory»
DBG	Bundesgesetz über die direkte Bundessteuer vom 14. Dezember 1990 (SR 642.11)
d.h.	das heisst
DNA	Deoxyribonucleic Acid (DNS)
DSG	Bundesgesetz über den Datenschutz vom 19. Juni 1992 (SR 235.1)
EBG	Eisenbahngesetz vom 20. Dezember 1957 (SR 742.101)
EDV	Elektronische Datenverarbeitung
EG	Einführungsgesetz, auch Europäische Gemeinschaft
eidg.	eidgenössische
EJPD	Eidgenössisches Justiz- und Polizeidepartement

Abkürzungen

ELG	Bundesgesetz über Ergänzungsleistungen zur Alter-, Hinterlassenen- und Invalidenversicherung vom 19. März 1965 (SR 831.30)
EMRK	Europäische Konvention zum Schutze der Menschenrechte und Grundfreiheiten vom 4. November 1950 (SR 0.101)
Erw.	Erwägung
etc.	et cetera
ETH	Eidgenössische Technische Hochschule
EU	Europäische Union
EuGRZ	Europäische Grundrechte – Zeitschrift, zitiert nach Band, Jahrgang und Seitenzahl
europ.	europäisch
evtl.	eventuell
f./ff.	und folgende (Seite/Seiten)
FIS	Fédération Internationale de Ski
FMG	Fernmeldegesetz vom 30. April 1997 (SR 784.10)
GebrV	Verordnung über Gebrauchsgegenstände vom 1. März 1995 (SR 817.04)
GRN	Geschäftsreglement des Nationalrates vom 3. Oktober 2003 (SR 171.13)
GSchG	BG über den Schutz der Gewässer vom 24. Januar 1991 (SR 814.20)
GTG	BG über die Gentechnik im Ausserhumanbereich vom 21. März 2003 (SR 814.91)
GVG	BG über den Geschäftsverkehr der Bundesversammlung sowie über die Form, die Bekanntmachung und das Inkrafttreten ihrer Erlasse vom 23. März 1962 (SR 171.11)
GwG	BG zur Bekämpfung der Geldwäscherei im Finanzsektor vom 10. Oktober 1997 (SR 955.0)
HIV	Human Immunodeficiency Virus (menschliches Immun-Schwäche-Virus)
i.c.	in casu
i.d.R.	in der Regel
INTERPOL	Internationale Kriminalpolizeiliche Organisation
IPAS	informatisiertes Personennachweis-, Aktennachweis- und Verwaltungssystem im Bundesamt für Polizei
IPBPR	Internationaler Pakt über bürgerliche und politische Rechte vom 16. Dezember 1966 (SR 0.103.2)
IRSG	BG über internationale Rechtshilfe in Strafsachen vom 20. März 1981 (SR 351.1)
IRSV	VO über internationale Rechtshilfe in Strafsachen vom 24. Februar 1982 (SR 351.11)
i.S.	im Sinne
i.V.	in Verbindung
JdT	Journal des Tribunaux, zitiert nach Jahrgang und Seitenzahl
kant.	kantonal

Abkürzungen

Krim	Kriminalistik, Zeitschrift für die gesamte kriminalistische Wissenschaft und Praxis, zitiert nach Jahrgang und Seitenzahl
KUVG	BG über die Krankenversicherung vom 13. Juni 1911; heute UVG
KVG	BG über die Krankenversicherung vom 18. März 1994 (SR 832.10)
leg. cit.	legis citatae (des zitierten Gesetzes)
LFG	Bundesgesetz über die Luftfahrt vom 21. Dezember 1948 (SR 748.0)
lit.	litera
LMG	BG über Lebensmittel und Gebrauchsgegenstände vom 9. Oktober 1992 (SR 817.0)
LMV	Lebensmittelverordnung vom 1. März 1995 (SR 817.02)
LS	Gesetzessammlung des Kantons Zürich (Losebatt-Sammlung)
MKGE	Entscheidungen des Militärkassationsgerichts, zitiert nach Band und Nummer des Entscheides
MStG	Militärstrafgesetz vom 13. Juni 1927 (SR 321.0)
MStP	Militärstrafprozess vom 23. März 1979 (SR 322.1)
m.w.H.	mit weiteren Hinweisen
neu Art.	neuer Artikel
Nr.	Nummer
OBG	Ordnungsbussengesetz vom 24. Juni 1970 (SR 741.03)
OBV	Ordnungsbussenverordnung vom 4. März 1996 (SR 741.031)
OECD	Organisation for Economic Co-operation and Development
OG	BG über die Organisation der Bundesrechtspflege vom 16. Dezember 1943, aufgehoben auf den 1. Januar 2007
OHG	BG über die Hilfe an Opfer von Straftaten vom 4. Oktober 1991 (SR 312.5), abgedruckt in Anhang 10
OHV	Verordnung über die Hilfe an Opfer von Straftaten vom 18. November 1992 (SR 312.51), abgedruckt in Anhang 11
OR	Obligationenrecht vom 30. März 1911 (SR 220)
PatG	BG über die Erfindungspatente vom 25. Juni 1954 (SR 232.14)
PFLP	Volksfront zur Befreiung Palästinas
PG	Postgesetz vom 30. April 1997 (SR 783.0)
PKG	Die Praxis des Kantonsgerichtes von Graubünden, zitiert nach Jahrgang und Nummer des Entscheides
plädoyer	plädoyer. Magazin für Recht und Politik, zitiert nach Jahrgang, Heft und Seitenzahl
Pr	Die Praxis des Bundesgerichts, zitiert nach Band, Jahrgang und Nummer des Entscheides
PTT	Post, Telefon, Telegraph
PVG	Postverkehrsgesetz vom 2. Oktober 1924, aufgehoben auf den 31. Dezember 1997

Abkürzungen

recht	recht, Zeitschrift für juristische Ausbildung und Praxis, zitiert nach Jahrgang und Seitenzahl
Repertorio	Repertorio di Giurisprudenza Patria, zitiert nach Band, Jahrgang, Nummer des Entscheides und Seitenzahl
RIPOL	Automatisiertes Personen- und Sachfahndungssystem
RS	Rechtsprechung in Strafsachen, mitgeteilt durch die Schweizerische Kriminalistische Gesellschaft, zitiert nach Jahrgang und Nummer des Entscheides
S.	Seite
s.	siehe
SBB	Schweizerische Bundesbahnen
SchKG	BG über Schuldbetreibung und Konkurs vom 11. April 1889, geändert am 16. Dezember 1994 (SR 281.1)
SchlB	Schlussbestimmungen
schweiz.	Schweizerisch
Sem	Semaine judiciaire, zitiert nach Band, Jahrgang und Seitenzahl
SGG	BG über das Bundesstrafgericht vom 4. Oktober 2002 (SR 173.71), abgedruckt in Anhang 9
SJK	Schweizerische Juristische Kartothek
SJZ	Schweizerische Juristenzeitung, zitiert nach Band, Jahrgang und Seitenzahl
sog.	so genannt
SR	Systematische Sammlung des Bundesrechts
SSV	Signalisationsverordnung vom 5. September 1979 (SR 741.21)
StGB	Schweizerisches Strafgesetzbuch vom 21. Dezember 1937 (SR 311.0)
StHG	BG über die Harmonisierung der direkten Steuern der Kantone und Gemeinden vom 14. Dezember 1990 (SR 642.14)
StPO	Strafprozessordnung
StVG	Gesetz über das kantonale Strafrecht und den Vollzug von Strafen und Massnahmen des Kantons ZH vom 30. Juni 1974 (LS 331)
StVS	Der Strafvollzug in der Schweiz, Vierteljahresschrift, zitiert nach Jahrgang, Heft und Seitenzahl
SUVA	Schweizerische Unfallversicherungsanstalt
SVG	Strassenverkehrsgesetz vom 19. Dezember 1958 (SR 741.01), teilweise abgedruckt in Anhang 3
SZW	Schweizerische Zeitung für Wirtschaftsrecht, zitiert nach Band, Jahrgang und Seitenzahl
TGV	Verordnung über die Typengenehmigung von Strassenfahrzeugen vom 19. Juni 1995 (SR 741.511)
Tit.	Titel
TVGE	BG über die Teilung eingezogener Vermögenswerte vom 19. März 2004 (SR 312.4)
u.a.	unter anderem

Abkürzungen

u.E.	unseres Erachtens
UNO	United Nations Organisation
USA	United States of America
usw.	und so weiter
u.U.	unter Umständen
UVG	BG über die Unfallversicherung vom 20. März 1981 (SR 832.20)
UWG	BG gegen den unlauteren Wettbewerb vom 19. Dezember 1986 (SR 241)
V	Verordnung
v.a.	vor allem
VB-GwG	Verordnung der Kontrollstelle für die Bekämpfung der Geldwäscherei über die berufsmässige Ausübung der Finanzintermediation im Nichtbankensektor vom 20. August 2002 (SR 955.20)
VBZ	Verkehrsbetriebe der Stadt Zürich
VEA	VO über Einreise und Anmeldung von Ausländerinnen und Ausländern vom 14. Januar 1998 (SR 142.211)
VEB	Verwaltungsentscheide der Bundesbehörden (seit 1964 VPB = Verwaltungspraxis der Bundesbehörden)
VG	BG über die Verantwortlichkeit des Bundes sowie seiner Behördenmitglieder und Beamten (Verantwortlichkeitsgesetz) vom 14. März 1958 (SR 170.32)
vgl.	vergleiche
VO	Verordnung
VPB	Verwaltungspraxis der Bundesbehörden, zitiert nach Jahrgang und Nummer des Entscheides
VRV	Verkehrsregelnverordnung vom 13. November 1962 (SR 741.11)
VStGB	Verordnung zum Strafgesetzbuch und zum Militärstrafgesetz vom 29. September 2006 (Stand am 2. Oktober 2006), abgedruckt in Anhang 2
VStGB 1	Verordnung (1) zum Schweizerischen Strafgesetzbuch vom 13. November 1973, aufgehoben auf den 1. Januar 2007
VStGB 2	Verordnung (2) zum Schweizerischen Strafgesetzbuch vom 6. Dezember 1982, aufgehoben auf den 1. Januar 2007
VStGB 3	Verordnung (3) zum Schweizerischen Strafgesetzbuch vom 16. Dezember 1985, aufgehoben auf den 1. Januar 2007
VStrR	BG über das Verwaltungsstrafrecht vom 22. März 1974 (SR 313.0)
VTS	Verordnung über die technischen Anforderungen an Strassenfahrzeuge vom 19. Juni 1995 (SR 741.41)
VVV	Verkehrsversicherungsverordnung vom 20. November 1959 (SR 741.31)
VwVG	BG über das Verwaltungsverfahren vom 20. Dezember 1968 (SR 172.021)
VZV	Verordnung über die Zulassung von Personen und Fahrzeugen zum Strassenverkehr vom 27. Oktober 1976 (SR 741.51)
WaG	BG über den Wald vom 4. Oktober 1991 (SR 921.0)

Abkürzungen

WG	BG über Waffen, Waffenzubehör und Munition (Waffengesetz) vom 20. Juni 1997 (SR 514.54)
WZG	BG über die Währung und die Zahlungsmittel vom 22. Dezember 1999 (SR 941.10)
z.B.	zum Beispiel
ZBJV	Zeitschrift des Bernischen Juristenvereins, zitiert nach Band, Jahrgang und Seitenzahl
ZBl	Schweizerisches Zentralblatt für Staats- und Gemeindeverwaltung, zitiert nach Band, Jahrgang und Seitenzahl
ZGB	Schweizerisches Zivilgesetzbuch vom 10. Dezember 1907 (SR 210)
ZH	Zürich
Ziff.	Ziffer
ZISG	Bundesgesetz über die Zusammenarbeit mit dem Internationalen Gerichtshof vom 22. Juni 2001 (SR 351.6)
ZP	Zusatzprotokoll
ZPO	Zivilprozessordnung
ZR	Blätter für Zürcherische Rechtsprechung, zitiert nach Band, Jahrgang und Nummer des Entscheides
ZSR	Zeitschrift für Schweizerisches Recht, zitiert nach Band, Jahrgang und Seitenzahl
ZStrR	Schweizerische Zeitschrift für Strafrecht, zitiert nach Band, Jahrgang und Seitenzahl
z.T.	zum Teil
z.Z.	zur Zeit

Kommentar StGB

Nr. 1 Schweizerisches Strafgesetzbuch (StGB)

Vom 21. Dezember 1937 (Stand am 1.1.2007, soweit zum Zeitpunkt der Drucklegung bekannt)

SR 311.0

Die Bundesversammlung der Schweizerischen Eidgenossenschaft,
gestützt auf Artikel 64bis der Bundesverfassung, nach Einsicht in eine Botschaft des Bundesrates vom 23. Juli 1918
beschliesst:

Erstes Buch: Allgemeine Bestimmungen

Erster Teil: Verbrechen und Vergehen

Erster Titel: Geltungsbereich

Art. 1 1. Keine Sanktion ohne Gesetz

Eine Strafe oder Massnahme darf nur wegen einer Tat verhängt werden, die das Gesetz ausdrücklich unter Strafe stellt.

Bisheriges Recht: Die Norm entspricht im Wesentlichen dem bisherigen StGB Art. 1, mit dem Unterschied, dass nicht mehr ausschliesslich von «Strafe», sondern von «Sanktion» bzw. «Strafe oder Massnahme» die Rede ist. Damit sind alle durch das Gesetz vorgesehenen Rechtsfolgen erfasst. Der Gesetzesvorbehalt gilt namentlich auch für die «anderen Massnahmen» gemäss StGB Art. 66 ff., Botschaft, BBl 1999, 1991.

Zu Art. 1–110: Die *Anwendung* der Bestimmungen auf andere Bundesgesetze (Nebenstrafgesetze) ergibt sich aus StGB Art. 333 Abs. 1. Vgl. auch SVG Art. 102. Werden die Allgemeinen Bestimmungen des StGB auf das den Kantonen vorbehaltene Strafrecht (StGB Art. 335) für anwendbar erklärt, so gelten sie als Ersatzrecht, das mit Blick auf das materielle Strafrecht keiner Überprüfung mittels Strafrechtsbeschwerde untersteht. Das StGB bezieht sich auf die Täterschaft der *natürlichen Personen:* BGE 105 IV 175 Erw. 3. Eine Ausnahme gilt für *juristische Personen* bzw. *Unternehmen,* gestützt auf StGB Art. 102 und StGB Art. 102a sowie für juristische Personen dort, wo dies ausdrücklich vorgeschrieben ist, so insbesondere in VStrR Art. 7, UWG Art. 26 und in anderen Nebengesetzen.

Auch für das Strafrecht gilt der in ZGB Art. 2 verankerte Grundsatz von *Treu und Glauben.* Rechtsmissbrauch ist beachtlich bei der Ausübung des Strafantragsrechts nach StGB Art. 30 ff.: BGE 104 IV 94, 105 IV 237, 121 IV 152, 128 IV 163 f. Im Offizialverfahren kann jedoch der Einwand nicht gehört werden, die Einreichung einer Strafanzeige sei missbräuchlich erfolgt: BGE 108 IV 135.

Die *Vermutung der Unschuld* findet sich in BV Art. 32 Abs. 1, EMRK Art. 6 Ziff. 2 (BGE 106 IV 89 f., 127 IV 40) und in IPBPR Art. 14 Ziff. 2, der Grundsatz «in dubio pro reo» als Beweislastregel wird aus BV Art. 32 Abs. 1 abgeleitet: BGE 127 I 40, vgl. auch BGE 120 I 31. Die Bestrafung wegen Vereitelung einer Blutprobe gemäss SVG Art. 91 Abs. 3 läuft nicht auf eine gegen die Unschuldsvermutung verstossende Verdachtsstrafe hinaus (Vereitelung einer Blutprobe): BGE 131 IV 47.

Zur *Auslegung (Interpretation):* Ziel der Auslegung ist die Ermittlung des *aktuellen* («geltungszeitlichen») Sinnes des Gesetzes: «geltungszeitliche Methode»: BGE 90 IV 187, 105 Ib 60 f., 112 Ia 313, 122 IV 295, 124 IV 109, 127 IV 200. Dieser bildet die Leitlinie für das Ziel der Auslegung, nämlich den sachlich richtigen Entscheid «im normativen Gefüge», BGE 124 IV 109.

Die Auslegung ist im Strafrecht – abgesehen von der besonderen Bedeutung von StGB Art. 1 («keine Sanktion ohne Gesetz») – die gleiche wie in den übrigen Rechtsgebieten: BGE 76 IV 241. Das Prinzip «keine Sanktion ohne Gesetz» verbietet allerdings nur, Verhalten zu bestrafen, welches nicht unter die richtig ausgelegte Norm subsumiert werden kann, BGE 128 IV 274. Nach einer Formulierung des BGer sind die gesetzlichen Regelungen so auszulegen, wie sie vernünftigerweise vom Rechtsuchenden verstanden werden dürfen, BGE 114 Ia 28. Ein wesentliches Kriterium stellt dabei das Interesse an der Unversehrtheit des Rechtsguts dar, welches durch die betreffende Norm geschützt werden soll, BGE 124 IV 113, 127 IV 180, 129 IV 8 f., 75, 101, 340 f. Die Auslegung gebietet eine präzise und umfassende Berücksichtigung der sprachlichen, historischen, systematischen und teleologischen Aspekte einer Strafbestimmung. Bei unterschiedlicher Formulierung in den drei Amtssprachen ist der Text verbindlich, welcher den wahren Sinn wiedergibt: BGE 77 IV 78, 107 IV 122, 109 IV 119, 118 IV 409, 129 IV 76, 233, 335, 351. Die Titelüberschriften oder Marginale gestatten nicht, den sich aus dem Wortlaut ergebenden Sinn umzudeuten, doch können sie zur Auslegung herangezogen werden: BGE 108 IV 163, 119 IV 62. – Bei der Auslegung ist der Richter nicht an die Rechtsauffassung der Verfahrensbeteiligten gebunden, «ius novit curia»: BGE 72 IV 212. – Der Grundsatz «in dubio pro reo» gilt nicht für Auslegungsfragen: BGE 83 IV 205. – Die Auslegung kann auch zu Lasten des Angeklagten erfolgen: BGE 111 IV 122, 116 IV 136, 118 Ib 451, 555, 127 IV 200. Im Rahmen einer solchen Auslegung kann die Analogie- wie der Umkehrschluss erlaubt, sofern diese lediglich als Mittel sinngemässer Auslegung eingesetzt werden (BGE 116 IV 138, 127 IV 200, 128 IV 274).

Das Gesetz ist in erster Linie nach seinem Wortlaut auszulegen («grammatikalische Interpretation»). Dieser ist massgebend, wenn sich daraus zweifelsfrei eine sachlich richtige Lösung ergibt: BGE 105 Ib 53, 110 Ib 8, 128 IV 274. Vom klaren Wortlaut darf nur abgewichen werden, wenn triftige Gründe zur Annahme berechtigen, dass die Bestimmung nicht ihren wahren Sinn wiedergibt, oder wenn das Gesetz in störender Weise dem Gerechtigkeitsdenken zuwiderläuft: BGE 102 IV 155, 106 Ia 211, 113 Ia 14, 127 IV 200, 128 IV 274, 129 IV 90 f., 169, 334. – Ist der Text nicht völlig eindeutig, so ist die Tragweite der Norm unter Berücksichtigung aller massgebenden Elemente zu ermitteln. In Betracht kommen: Die (unverbindlichen) Materialien (BGE 111 IV 86, 113 Ia 314, 117 IV 2, 247, 279, 489, 118 Ib 556, 118 IV 489, 125 IV 29, 129 IV 75, 169, 226, 231 f., 317, 351), die Berücksichtigung von neuen Bestimmungen, die noch dem Referendum unterstehen, bei der Auslegung noch geltender Bestimmungen (BGE 117 IV 456, 118 IV 55), der Zusammenhang mit andern Vorschriften, «systematische Interpretation». Zu berücksichtigen sind: das StGB (BGE 79 IV 11 [Gewerbsmässigkeit], BGE 116 IV 314 [besondere Gefährlichkeit], 102 IV 19 [StGB Art. 139 Ziff. 2], 97 [StGB Art. 195 Abs. 2]), die Beziehungen des StGB zu andern Gesetzen (BGE 85 IV 230 [ZGB und OR]; das Strafrecht kann aber auch autonom ausgelegt werden [BGE 87 IV 117]; zum Ganzen BGE 83 IV 186, 97 IV 239 [Fristenlauf nach StGB Art. 31 gemäss den Prozessgesetzen]), die angedrohte Strafe (BGE 74 IV 84, 81 IV 227, 83 IV 154, 102 IV 97, 105 IV 202, 106 IV 191, 116 IV 314, 319, 117 IV 22, 318, 446, 118 IV 56, 65, 204, 119 IV 49, 121 IV 182), sowie die dem Gesetz innewohnenden Wertungen und

Art. 1 Nr. 1 StGB

Zweckgedanken (ratio legis), «teleologische Interpretation» (BGE 90 IV 187, 105 Ib 53, 113 Ia 314, 116 IV 141, 118 Ib 452, 118 IV 179, 127 IV 182).

Dabei kann das Schutzobjekt einer Strafbestimmung eine Rolle spielen: BGE 83 IV 102 (alt Handelsreisendengesetz Art. 2), 95 IV 117 (StGB Art. 317), 98 IV 202 (StGB Art. 191), 109 IV 31 (StGB Art. 140 Ziff. 1 Abs. 2), 127 IV 172 (BetmG, LMG), 129 IV 75 (StGB Art. 195), 129 IV 317 (StGB Art. 147).

Für die Auslegung sind alle genannten Hilfsmittel geeignet. Methodenpluralismus: BGE 83 IV 128, 110 Ib 8, 124 IV 109; die Methoden stehen insbesondere nicht im Verhältnis einer fixen hierarchischen Prioritätenordnung, BGE 124 IV 109.

Sind verschiedene Auslegungen vertretbar, so ist jene, die im Einklang mit der Verfassung sowie gegebenenfalls mit der EMRK sowie dem IPBPR steht, zu wählen («verfassungskonforme Auslegung»), wobei aber die Bindung des Richters an das Gesetz zu beachten ist: BGE 102 IV 155, 105 Ib 53, 108 IV 38, 116 IV 298, 118 IV 162, 119 IV 110, 123 IV 216.

Zur *Überprüfungsbefugnis* des Strafrichters: Gemäss BV Art. 191 sind das Bundesgericht und mit ihm die übrige Justiz an die Bundesgesetze und die Staatsverträge gebunden: BGE 113 Ia 169 (keine Überprüfung der StGB Art. 340 ff. auf ihre Verfassungsmässigkeit, 126 IV 248 (Vereinbarkeit des Verbots der Veröffentlichung amtlicher geheimer Verhandlungen mit der Meinungsäusserungsfreiheit nach EMRK Art. 10) und 128 IV 204 f. (Vereinbarkeit des Verbots des Verkaufs und Verleihs pornographischer Magazine und Filme mit der Meinungsäusserungsfreiheit nach EMRK Art. 10), aber auch BGE 125 II 424: Überprüfungsmöglichkeit von völkerrechtswidrigem Landesrecht). – Verordnungen überprüft der Richter dahin, ob sie auf einer gesetzlichen Ermächtigung beruhen und ob sich ihr Inhalt im Rahmen der Delegation hält: BGE 107 IV 193, 112 Ib 368, 113 Ib 209 Erw. 4b, 114 Ia 112, Ib 19 Erw. 2, 126 II 404, 128 II 40. – Der Richter hat gegebenenfalls von Amtes wegen zu prüfen, ob die anzuwendende kantonale Norm mit dem Bundesrecht vereinbar ist; bundesrechtswidriges Recht hat er unbeachtet zu lassen: BGE 112 Ia 313 Erw. 2c. – Bezüglich der richterlichen Kognition gegenüber Verwaltungsverfügungen hat VStrR Art. 77 Abs. 4 für Entscheide der Verwaltungsbehörden über Leistungs- und Rückleistungspflichten eine Regelung getroffen. Der Strafrichter kann die Entscheidung der Verwaltung (nicht aber der Gerichte) hinsichtlich offensichtlicher Gesetzesverletzungen oder Ermessensmissbrauch überprüfen; gegebenenfalls weist der Richter die Akten an die Verwaltungsbehörde zur neuen Entscheidung zurück: BGE 111 IV 195 Erw. 4 (Verbindlichkeit der Entscheidung der Zollrekurskommission), vgl. auch BGE 116 IV 225. Für andere Verwaltungsakte ist die etwas ausgedehntere Prüfungsbefugnis gemäss der Rechtsprechung zu StGB Art. 292 zu beachten, vgl. BGE 121 IV 31 f., 124 IV 307 f.

Verhältnis des Strafrechts zu *administrativen Massnahmen und Ordnungs- oder Disziplinarrecht:* Die auf diesem Gebiete ergehenden Anordnungen sind ihrem Wesen nach verschieden von Strafen und von diesen unabhängig. Die Verwaltungsbehörde behandelt den Fall unabhängig vom Urteil des Strafrichters. Das Interesse an der Einheit der Rechtsordnung verlangt jedoch, dass die Verwaltung an die rechtliche Qualifikation des Sachverhalts durch das Strafurteil gebunden ist, wenn diese sehr stark von der Würdigung von Tatsachen abhängt, welche der Strafrichter besser kennt als die Verwaltungsbehörde: BGE 96 I 774 Erw. 4, 98 IV 89, 101 Ia 175, 307, 101 Ib 273, 119 Ib 164, 125 II 405. Wenn das Verschulden und die rechtliche Qualifikation der Tat bestritten sind, soll der Entscheid des Strafrichters in der Regel abgewartet werden: BGE 106 Ib 398, 109 Ib 204.

Art. 1

Art. 1: Der Grundsatz der Gesetzmässigkeit folgt aus BV Art. 5 Abs. 1 sowie 164 Abs. 1 lit. c (BV alt Art. 4) sowie EMRK Art. 7 Ziff. 1 und IPBPR Art. 15 Ziff. 1. Er gilt unmittelbar auch für das kantonale und kommunale Strafrecht: BGE 112 Ia 112 Erw. 3a, 118 Ia 318, 129 IV 278. Der Bundesgesetzgeber hat diese Regelung für das eidgenössische Strafrecht in StGB Art. 1 und 333 Abs. 1 übernommen. Sie gilt ausdrücklich auch für Massnahmen, jedoch nicht für rein fürsorgerische Massnahmen ohne Sanktionscharakter (z.B. ZGB Art. 397 ff.), die keine Straftat voraussetzen.

Das Gebot von StGB Art. 1 ist verletzt, wenn ein Bürger wegen einer Handlung, die im Gesetz überhaupt nicht als strafbar bezeichnet ist, strafrechtlich verfolgt wird oder wenn eine Handlung, derentwegen ein Bürger strafrechtlich verfolgt wird, zwar in einem Gesetz mit Strafe bedroht ist, dieses Gesetz selber aber nicht als rechtsbeständig angesehen werden kann: BGE 112 Ia 112, 114 Ia 113, 123 IV 16, 128 IV 122. Nach dem Legalitätsprinzip bedarf jede freiheitsentziehende oder -beschränkende Sanktion einer klaren gesetzlichen Grundlage in einem formellen Gesetz. Eine Ausnahme kennt dieser Grundsatz nur im Falle eines *«Polizeinotstandes»* (BV Art. 36 Abs. 1 Satz 3): BGE 122 IV 261 f., 123 IV 36 ff. – Beim Fehlen einer entsprechenden Bestimmung im Landesrecht ist die Strafbarkeit eines Verhaltens allein gestützt auf einen Staatsvertrag ausgeschlossen, wenn dieser nicht direkt anwendbar ist: BGE 128 IV 122. Eine blosse Konkretisierung des strafbaren Verhaltens auf Verordnungsstufe ist zulässig, soweit der Umfang der Strafbarkeit in einem formellen Gesetz umschrieben ist (BGE 124 IV 292). Für Sanktionen, welche nicht freiheitsentziehender oder -beschränkender Natur sind, genügt eine Verordnung, die sich im Rahmen von Verfassung und Gesetz hält (BGE 118 IV 192, 119 IV 262). Letzteres ist nicht der Fall, wenn eine Verordnung ein Verhalten mit Busse bedroht, welches das Gesetz nicht verbieten wollte: BGE 112 Ia 112 Erw. 3b, dazu ZBJV 124 (1988) 500 f. – StGB Art. 1 verbietet insbesondere die Ausfüllung von Lücken im Strafgesetz durch sog. Analogieschluss, soweit sie nicht zugunsten des Beschuldigten (dazu BGE 103 IV 130, 105 IV 17, 116 IV 139) erfolgt. Zu solchen Fällen von Lücken BGE 103 Ia 96, 103 IV 130, 105 IV 17, 117 IV 307. Nach nicht unproblematischer Auffassung des BGer soll eine berichtigende Auslegung über den Wortlaut hinaus zulässig sein, da StGB Art. 1 jede Auslegung zulasse, «die dem wahren Sinn des Gesetzes entspricht, wie er sich aus den dem Gesetz innewohnenden Wertungen und seinem Zweckgedanken logisch ergibt. Art. 1 verbietet bloss, über den dem Gesetz bei richtiger Auslegung zukommenden Sinn hinauszugehen (…)», BGE 121 IV 385, vgl. auch 122 IV 294 ff., 124 IV 109, 128 IV 274. Dasselbe gilt, wenn – was sich unter anderem aus den Materialien ergeben muss – ein offensichtliches Versehen des Gesetzgebers vorliegt (BGE 127 IV 201). Handelt es sich demgegenüber nicht um ein solches Versehen, sondern um ein qualifiziertes Schweigen, so ist eine Bestrafung ausgeschlossen (BGE 126 IV 12).

Die Garantiefunktion des Legalitätsprinzips erheischt, dass das strafbare Verhalten und dessen Folgen im Zeitpunkt seiner Ausführung bestimmt und für jedermann klar erkennbar sein müssen: BGE 112 Ia 113, ZR 88 (1989) Nr. 25. Daraus folgt das Rückwirkungsverbot, welches in StGB Art. 2 Abs. 1 verankert ist, und das Bestimmtheitsgebot (dazu BGE 122 IV 35 f., 274, 123 IV 16 f., 125 IV 47 f., 126 IV 11 f.). Das Gesetz muss aber lediglich so präzise formuliert sein, dass der Bürger sein Verhalten danach richten und die Folgen eines bestimmten Verhaltens mit einem den Umständen entsprechenden Grad an Gewissheit erkennen kann (BGE 109 Ia 282, 119 IV 244, vgl. auch BGE 123 I 5, 127 IV 200). Offen umschriebene Tatbestandsmerkmale sollen deshalb restriktiv ausgelegt werden (vgl. BGE 129 IV 264 zur Tatbestandsvariante «andere Beschränkungen der Handlungsfreiheit» der Nötigung). Eine ständig publizlierte Gerichtspraxis zum Bedeutungsgehalt vager gesetzlicher Begriffe kann genügen, um deren Anwendung vorhersehbar zu machen: BGE 125 I 379 f.

Aus dem strafrechtlichen Legalitätsprinzip ist nicht zu folgern, dass alle Mitbeschuldigten verfolgt und bestraft werden müssen: BGE 105 IV 11. Zur Zulässigkeit einer alternativen Verurteilung nach zwei verschiedenen Bestimmungen: SJZ 90 (1994) 1.

Art. 2 2. Zeitlicher Geltungsbereich

¹ Nach diesem Gesetze wird beurteilt, wer nach dessen Inkrafttreten ein Verbrechen oder Vergehen begeht.

² Hat der Täter ein Verbrechen oder Vergehen vor Inkrafttreten dieses Gesetzes begangen, erfolgt die Beurteilung aber erst nachher, so ist dieses Gesetz anzuwenden, wenn es für ihn das mildere ist.

Bisheriges Recht: Die Bestimmung stimmt bis auf kleine sprachliche Änderungen mit StGB alt Art. 2 überein.

Art. 2: Keine Anwendbarkeit auf blosse Änderungen bezüglich der Auslegung eines Straftatbestandes: Pr 72 (1983) Nr. 69, vgl. RS 1985 Nr. 910.

Abs. 1: Vgl. StGB Art. 392 – Grundsatz: Keine Nachwirkung alten Rechts, keine Rückwirkung neuen Rechts (ergibt sich auch aus EMRK Art. 7 Ziff. 1, IPBPR Art. 15 Ziff. 1). – Verhältnis des neuen zum alten Recht: StGB Art. 388–392 inkl. Übergangsbestimmungen. – StGB Art. 2 gilt auch bei Teilrevisionen des StGB: BGE 77 IV 105, 145, 117 IV 375, 123 IV 86. – StGB Art. 2 kann nicht angerufen werden bei Zeitgesetzen, die nach ihrem Wegfall die Bestrafung noch nicht beurteilter Delikte zulassen: BGE 102 IV 202, 116 IV 262. Die Bestimmung ist ferner nicht anwendbar auf Verfahrensnormen einschliesslich Zuständigkeitsvorschriften: Pr 81 (1992) Nr. 220 Erw. 4d, BGE 113 Ia 425, 117 IV 375; für das IRSG vgl. Pr 81 (1992) Nr. 220 Erw. 4 f. Die Anwendung von Art. 197 Ziff. 3bis StGB auf denjenigen, der kinderpornographische Produkte vor dem 1. April 2002 besessen hat, verletzt das Rückwirkungsverbot nicht: BGE 131 IV 77. Wird ein Offizialdelikt zu einem Antragsdelikt umgewandelt, so beginnt die Frist zur Stellung des Antrags mit dem Inkrafttreten des neuen Rechts (StGB Art. 390 Abs. 2), wird ein Antragsdelikt zu einem Offizialdelikt umgewandelt, so sind vor dem Inkrafttreten begangene Taten nur auf Antrag zu verfolgen (StGB Art. 390 Abs. 3). Als massgebender Zeitpunkt gilt derjenige des tatbestandsmässigen Handelns bzw. bei Unterlassungsdelikten der Zeitpunkt, zu dem hätte gehandelt werden müssen.

Abs. 2: *Grundsatz des milderen Rechts* (lex mitior). Er findet Anwendung für das gesamte Bundesstrafrecht: BGE 76 IV 53, 123 IV 86, Pr 80 (1991) Nr. 24 (Verwaltungsstrafrecht). Der Grundsatz gilt nach nicht unproblematischer neuer Praxis aber nicht im Falle der Änderung einer Verwaltungsvorschrift, welche für den Inhalt der Strafvorschrift von Bedeutung ist: BGE 116 IV 261, 123 IV 86, anders noch BGE 97 IV 236. – Nach dem Grundsatz von StGB Art. 2 Abs. 2 ist auf die Tat sowohl das alte als auch das neue Recht anzuwenden und durch Vergleich das Ergebnis festzustellen, nach welchem Recht der Täter besser fährt: BGE 114 IV 82, 118 IV 124, 119 IV 151, 310, 120 IV 8, 121 IV 87, 133, 123 IV 136, 126 IV 8. Ob das Ubiquitätsprinzip nach StGB Art. 8 auch für das zeitliche Distanzdelikt gilt, ist umstritten; jedenfalls bewirkt der Eintritt einer objektiven Strafbarkeitsbedingung im Zeitpunkt des neuen Rechts keine Anwendung der lex mitior: BGE 103 IV 233. Eine Tat darf nicht teilweise nach altem und teilweise nach neuem Recht beurteilt werden: BGE 114 IV 82. Verübt ein Täter mehrere Taten verschiedener Art, so ist es möglich, auf einen Sachverhalt altes und auf einen andern das neue mildere Recht anzuwenden: BGE 102 IV 197, 114 IV 5. – Während das Prinzip auf die Einziehung anwendbar ist (BGE 126 IV 265), soll es für sichernde Massnahmen – entgegen herrschender Lehre – nicht gelten, weil der Kassationshof hier nur Gesichtspunkte der Zweckmässigkeit als massgebend erachtet, BGE 68 IV 37 und 66, 97 I 923, 101 Ib 158.

Zur Anwendung des Grundsatzes bei Änderungen der Verjährungsfristen vgl. StGB Art. 389 sowie BGE 105 IV 9, 114 IV 4 f., 120 IV 8, 129 IV 51. Wenn das kantonale Urteil unter altem Recht gefällt worden ist, kann der Kassationshof auf Strafrechtsbeschwerde hin nicht milderes neues Recht anwenden: BGE 101 IV 361, ausser in Fragen der Verjährung: 129 IV 52. Hingegen hat dies eine kantonale Kassationsinstanz mit sachrichterlichen Funktionen zu tun: BGE 117 IV 369.

Art. 3   3. Räumlicher Geltungsbereich.
Verbrechen oder Vergehen im Inland

[1] Diesem Gesetz ist unterworfen, wer in der Schweiz ein Verbrechen oder Vergehen begeht.

[2] Ist der Täter wegen der Tat im Ausland verurteilt worden und wurde die Strafe im Ausland ganz oder teilweise vollzogen, so rechnet ihm das Gericht die vollzogene auf die auszusprechende Strafe an.

[3] Ist ein Täter auf Ersuchen der schweizerischen Behörde im Ausland verfolgt worden, so wird er, unter Vorbehalt eines krassen Verstosses gegen die Grundsätze der Bundesverfassung und der Konvention vom 4. November 1950 zum Schutze der Menschenrechte (EMRK), in der Schweiz wegen der Tat nicht mehr verfolgt, wenn:
a.   das ausländische Gericht ihn endgültig freigesprochen hat;
b.   die Sanktion, zu der er im Ausland verurteilt wurde, vollzogen, erlassen oder verjährt ist.

[4] Hat der auf Ersuchen der schweizerischen Behörde im Ausland verfolgte Täter die Strafe im Ausland nicht oder nur teilweise verbüsst, so wird in der Schweiz die Strafe oder deren Rest vollzogen. Das Gericht entscheidet, ob eine im Ausland nicht oder nur teilweise vollzogene Massnahme in der Schweiz durchzuführen oder fortzusetzen ist.

Zu Art. 3–7: Die Bestimmungen, welche im Verhältnis zu StGB Art. 3–7 teilweise erhebliche Änderungen – inhaltlich neu sind StGB Art. 5 und zu einem grossen Teil StGB Art. 7 (StGB Art. 7 Abs. 1 entspricht teilweise StGB alt Art. 5 und 6) – erfahren haben, regeln nicht nur den Anwendungsbereich des Gesetzes, sondern umschreiben gleichzeitig auch, in welchen Fällen die Schweiz Strafhoheit beansprucht und sich zur Verfolgung und Bestrafung eines Verhaltens zuständig erklärt (Gerichtsbarkeit): BGE 108 IV 146, 113 Ia 170, 117 IV 375. Ergibt sich nach der Anklageerhebung, dass schweizerisches Strafrecht nicht anwendbar ist, muss der Angeklagte freigesprochen werden: BGE 105 IV 330. – Unter bestimmten Voraussetzungen kann auch kantonales Recht extraterritoriale Anwendung finden: BGE 118 Ia 137. – Die Einziehung von Vermögenswerten kann nur angeordnet werden, wenn die Anlasstat unter die schweizerische Gerichtsbarkeit fällt (BGE 128 IV 145). – Welcher Kanton bei gegebener Gerichtsbarkeit der Schweiz für die Verfolgung und Beurteilung zuständig ist, ergibt sich aus den Gerichtsstandsvorschriften von StGB Art. 340 ff. (vgl. BGE 108 IV 146, 113 Ia

170 zu StGB alt Art. 346 ff.). Die Anwendbarkeit von StGB Art. 340 ff. (StGB alt Art. 346 ff.) setzt schweizerische Gerichtsbarkeit voraus (BGE 122 IV 167).

Zum *Auslieferungsrecht:* IRSG und Europäisches Auslieferungsübereinkommen vom 13. Dezember 1957 (SR 0.353.1).

Über die originäre Gerichtsbarkeit (StGB Art. 3 ff.) hinaus sehen die Möglichkeit einer Strafverfolgung durch die Schweiz beispielsweise vor: StGB Art. 240 Abs. 3 und StGB Art. 245 Ziff. 1 Abs. 3, StGB Art. 264 Abs. 2, JStG Art. 38 Abs. 4, IRSG Art. 85 f., SVG Art. 101, BetmG Art. 19 Ziff. 4, LFG Art. 97 (vgl. BGE 128 IV 279). Die StGB Art. 3 ff. betreffen nicht das Verhältnis zu ausländischen Strafrechtsordnungen, weshalb es zu Doppelverfolgungen oder -bestrafungen ohne Rücksicht auf den Grundsatz «ne bis in idem» kommen kann: BGE 114 IV 84. – Die Schweizer Behörden können ebenfalls die *Vollstreckung* von Strafen und Massnahmen, die im Ausland verhängt wurden, nach IRSG Art. 94 ff. und dem Übereinkommen über die Überstellung verurteilter Personen vom 21. März 1983 (SR 0.343) übernehmen. – Gemäss dem *Auswirkungsprinzip* kann ein die Strafrechtshoheit begründender Anknüpfungspunkt auch im zu schützenden inländischen Rechtsgut liegen: BGE 118 Ia 142, 127 IV 25.

Bei Überschneidung der für die Geltung des StGB massgebenden Regeln geht grundsätzlich die Regel vor, die die Anwendung des schweizerischen Rechts von weniger Einschränkungen abhängig macht, u.U. sind überschneidende Regeln zu kombinieren (BGE 108 IV 84 f., 116 IV 247). Das Territorialitätsprinzip hat stets Vorrang vor allen anderen Prinzipien, insbesondere vor StGB Art. 6 und 7 (vgl. zu StGB alt Art. 5 und 6: BGE 108 IV 146 f., 121 IV 148 f.). – Die örtliche Zuständigkeit richtet sich nach StGB Art. 340 ff.

Art. 3: Bisheriges Recht: Art. 3 stimmt weitgehend mit StGB alt Art. 3 überein.

Art. 3 Abs. 1: Das *Territorialitätsprinzip* bildet Grundlage des internationalen Strafrechts (vgl. BGE 121 IV 148). Begriff des «Begehens» einer Straftat: StGB Art. 8 (Ubiquitätsprinzip, vgl. BGE 124 IV 75, 125 IV 16, 180). Bei Unterlassungsdelikten ist gemäss StGB Art. 8 Abs. 1 der Ort massgebend, an welchem der Täter hätte handeln sollen (BGE 125 IV 16 [Verweigerung der Rückgabe der Kinder an die Mutter nach einem Ferienaufenthalt im Ausland]). Als *«in der Schweiz verübt»* gelten wenigstens der Sache nach auch Delikte auf schweizerischen Schiffen oder Luftfahrzeugen, wobei die Grundsätze des milderen Rechts und der beidseitigen Strafbarkeit nicht gelten (*Flaggenprinzip,* vgl. Seeschifffahrtsgesetz [BG über die Seeschifffahrt unter schweizer Flagge vom 23.9.1953, SR 747.30] Art. 4 Abs. 2 und 3, LFG Art. 11 Abs. 4 i.V.m. LFG Art. 97 Abs. 1 und BGE 128 IV 281 ff.). – Die Schweiz beansprucht auch dann die Gerichtsbarkeit, wenn bei einer einheitlichen Tathandlung nur ein Teil in der Schweiz begangen wurde und ein ausländischer Staat sich wegen des auf seinem Gebiet begangenen Tatanteils ebenfalls zur Strafverfolgung zuständig erachtet: BGE 111 IV 2 (Fahren in angetrunkenem Zustand), vgl. auch BGE 109 IV 146, 127 IV 24 (Transport von verstecktem, aus dem Drogenhandel stammendem Geld über die Landesgrenzen). – Es besteht keine Extraterritorialität bezüglich ausländischer Botschaften (BGE 109 IV 157) oder Zollfreilager (BGE 110 IV 108).

Die in der Schweiz begangene *Anstiftung* oder *Beihilfe* zu einer im Ausland begangenen Tat gilt nach dem Grundsatz der Akzessorietät als im Ausland verübt, so dass das Territorialitätsprinzip insoweit eingeschränkt wird: BGE 80 IV 34, 81 IV 37, 104 IV 86, vgl. auch Sem 106 (1984) 161 (betr. Anstiftungsversuch).

Abs. 2: Es gilt das *Anrechnungsprinzip,* wenn der Täter ohne Dazutun der schweizerischen Behörden im Ausland für die in der Schweiz verübte Tat verurteilt und die ausländische Strafe vom Täter ganz oder teilweise verbüsst worden ist bzw. der Täter eine Geldstrafe oder Busse bezahlt hat. Das Anrechnungsprinzip ist auch für eine straffähnliche Sanktion des ausländischen Rechts zu beachten, wie z.B. die Auflage an den Verurteilten, gemäss Deutschem Strafgesetzbuch § 56b einen Geldbetrag an eine gemeinnützige Einrichtung oder an die Staatskasse zu zahlen: BGE 114 IV 84 Erw. 2, vgl. auch BGE 123 II 465 (trotz Bestrafung wegen Verkehrsregelverletzung und Verzicht auf den Führerausweisentzug im Ausland ist die Frage des Führerausweisentzugs in der Schweiz erneut zu prüfen). Das *Anrechnungsprinzip* gilt als Ausgleich für den im Verhältnis zum Ausland nicht geltenden Grundsatz von «ne bis in idem» (BGE 105 IV 227).

Abs. 3: Ist die Verfolgung im Ausland auf Ersuchen einer schweizerischen Behörde eingeleitet (sog. Strafübernahmebegehren) worden, so findet nach dem *Erledigungsprinzip* in der Schweiz kein neues Verfahren statt, falls der Täter durch das ausländische Gericht freigesprochen worden oder falls die durch das ausländische Gericht verhängte Sanktion vollzogen, erlassen oder verjährt ist. Voraussetzung ist allerdings, dass das zum Freispruch bzw. zur Sanktion führende Verfahren nicht dem «ordre public» widerspricht, d.h. in schwerwiegender Weise gegen Grundsätze der BV sowie der EMRK verstösst. Das Prinzip «ne bis in idem», welches in Art. 4 des 7. Zusatzprotokolls zur EMRK sowie in IPBPR Art. 14 Abs. 7 verankert ist, vermag eine zweimalige Bestrafung des Täters in zwei Ländern nicht zu verhindern, BGE 123 II 466. Im Rahmen des Flaggenprinzips gilt ebenfalls das Erledigungsprinzip, jedoch im Gegensatz zu StGB Art. 3 auch dann, wenn die Schweiz kein Strafübernahmebegehren gestellt hat: vgl. Seeschifffahrtsgesetz Art. 4 Abs. 4.

Abs. 4: Die Vorschrift betreffend die Vollstreckung entspricht dem *Vollzugsprinzip*. Für Massnahmen findet sich in ***Abs. 4 Satz 2*** eine spezielle Regelung.

Art. 4 Verbrechen oder Vergehen im Ausland gegen den Staat

¹ Diesem Gesetz ist auch unterworfen, wer im Ausland ein Verbrechen oder Vergehen gegen den Staat und die Landesverteidigung (Art. 265–278) begeht.

² Ist der Täter wegen der Tat im Ausland verurteilt worden und wurde die Strafe im Ausland ganz oder teilweise vollzogen, so rechnet ihm das Gericht die vollzogene Strafe auf die auszusprechende Strafe an.

Bisheriges Recht: Art. 4 stimmt weitgehend mit StGB alt Art. 4 überein, wobei nach dem geltenden Recht nunmehr alle Delikte des dreizehnten Titels erfasst sind.

Art. 4: *Real- bzw. Staatsschutzprinzip.* Der Deliktskatalog ist abschliessend. – Gerichtsstand: StGB Art. 342.

Art. 5 Straftaten gegen Unmündige im Ausland

¹ Diesem Gesetz ist ausserdem unterworfen, wer sich in der Schweiz befindet, nicht ausgeliefert wird und im Ausland eine der folgenden Taten begangen hat:
a. sexuelle Nötigung (Art. 189), Vergewaltigung (Art. 190), Schändung (Art. 191), Förderung der Prostitution (Art. 195) oder Menschenhandel (Art. 196), wenn das Opfer weniger als 18 Jahre alt war;
b. sexuelle Handlungen mit Kindern (Art. 187), wenn das Opfer weniger als 14 Jahre alt war;

Art. 5   Nr. 1   StGB

c. qualifizierte Pornografie (Art. 197 Ziff. 3), wenn die Gegenstände oder Vorführungen sexuelle Handlungen mit Kindern zum Inhalt hatten.

² Der Täter wird, unter Vorbehalt eines krassen Verstosses gegen die Grundsätze der Bundesverfassung und der EMRK, in der Schweiz wegen der Tat nicht mehr verfolgt, wenn:
a. ein ausländisches Gericht ihn endgültig freigesprochen hat;
b. die Sanktion, zu der er im Ausland verurteilt wurde, vollzogen, erlassen oder verjährt ist.

³ Ist der Täter wegen der Tat im Ausland verurteilt worden und wurde die Strafe im Ausland nur teilweise vollzogen, so rechnet ihm das Gericht den vollzogenen Teil auf die auszusprechende Strafe an. Das Gericht entscheidet, ob eine im Ausland angeordnete, dort aber nur teilweise vollzogene Massnahme fortzusetzen oder auf die in der Schweiz ausgefällte Strafe anzurechnen ist.

Bisheriges Recht: Eine StGB Art. 5 entsprechende Bestimmung fand sich im bisherigen Recht nicht.

Art. 5 Abs. 1: Nach StGB Art. 5 ist es möglich, das schweizerische Strafrecht auf Straftaten gemäss StGB Art. 5 Abs. 1 lit. a–c anzuwenden, obschon diese Taten im Ausland begangen worden sind und unabhängig davon, ob und gegebenenfalls in welcher Form diese Taten gemäss dem Recht des Tatortstaates strafbar sind. Entsprechend wird auf das Erfordernis der beidseitigen Strafbarkeit wie auch auf die Pflicht zur Berücksichtigung des allenfalls milderen Rechts am Begehungsort verzichtet. Vorausgesetzt wird lediglich, dass sich die Person, welcher derartige Taten vorgeworfen werden, in der Schweiz befindet und nicht ausgeliefert wird.

Wenn von «Unmündigen» die Rede ist, so sind damit Personen gemeint, welche weniger als 18 Jahre alt sind. Einzig beim Tatbestand der sexuellen Handlungen mit Kindern gemäss Art. 5 Abs. 1 lit. b sind Personen gemeint, welche weniger als 14 Jahre alt sind. Die Begründung dafür liegt darin, dass sogar die meisten der an die Schweiz grenzenden Länder eine tiefere Schutzaltersgrenze kennen als sechzehn Jahre (Botschaft, BBl 1999, 1995).

Um Beweisprobleme zu vermeiden, welche sich daraus ergeben, dass die betreffende Tat am Begehungsort nicht strafbar ist, ist in IRSG Art. 64 Abs. 2 lit. b vorgesehen, dass strafprozessuale Zwangsmassnahmen gemäss IRSG Art. 63 zulässig sind. Entsprechend kann die Schweiz an den Tatortstaat in Anwendung von IRSG Art. 30 ein Ersuchen um Rechtshilfe, namentlich strafprozessuale Zwangsmassnahmen, richten. Demgegenüber kann die Auslieferung gemäss IRSG Art. 35 Abs. 1 lit. a nicht verlangt werden, weil diese die beidseitige Strafbarkeit voraussetzt. Überdies ist der Tatortstaat zur Rechtshilfe nicht verpflichtet.

Abs. 2: Die Regelung des Erledigungsprinzips entspricht im Wesentlichen derjenigen nach StGB Art. 3 Abs. 3.

Abs. 3: Die Regelung des Anrechnungsprinzips entspricht weitgehend derjenigen gemäss StGB Art. 3 Abs. 4, wobei in StGB Art. 5 Abs. 3 allerdings nur der Fall der teilweise im Ausland vollzogenen Strafe oder Massnahme geregelt wird.

Art. 6 Gemäss staatsvertraglicher Verpflichtung verfolgte Auslandtaten

¹ Wer im Ausland ein Verbrechen oder ein Vergehen begeht, zu dessen Verfolgung sich die Schweiz durch ein internationales Übereinkommen verpflichtet hat, ist diesem Gesetz unterworfen, wenn:

a. die Tat auch am Begehungsort strafbar ist oder der Begehungsort keiner Strafgewalt unterliegt; und
b. der Täter sich in der Schweiz befindet und nicht an das Ausland ausgeliefert wird.

² Das Gericht bestimmt die Sanktionen so, dass sie insgesamt für den Täter nicht schwerer wiegen als diejenigen nach dem Recht des Begehungsortes.

³ Der Täter wird, unter Vorbehalt eines krassen Verstosses gegen die Grundsätze der Bundesverfassung und der EMRK, in der Schweiz wegen der Tat nicht mehr verfolgt, wenn:

a. ein ausländisches Gericht ihn endgültig freigesprochen hat;
b. die Sanktion, zu der er im Ausland verurteilt wurde, vollzogen, erlassen oder verjährt ist.

⁴ Ist der Täter wegen der Tat im Ausland verurteilt worden und wurde die Strafe im Ausland nur teilweise vollzogen, so rechnet ihm das Gericht den vollzogenen Teil auf die auszusprechende Strafe an. Das Gericht entscheidet, ob eine im Ausland angeordnete, dort aber nur teilweise vollzogene Massnahme fortzusetzen oder auf die in der Schweiz ausgesprochene Strafe anzurechnen ist.

Bisheriges Recht: Inhaltlich stimmt StGB Art. 6 mit StGB alt Art. 6bis überein.

Art. 6 Abs. 1: Die Anwendung dieser Bestimmung setzt eine Auslandstat voraus, da ansonsten StGB Art. 3 einschlägig ist. Eine staatsvertragliche Verpflichtung besteht nur, wenn durch das betreffende Abkommen eine strafrechtliche Verfolgung geboten ist. Ein Verbot zur Beeinträchtigung des jeweils geschützten Rechtsguts oder die Umschreibung allgemeiner Massnahmen reichen nicht aus. Eine Verfolgungspflicht kann in Art. 9 Abs. 1 des Internationalen Abkommens zur Bekämpfung der Falschmünzerei vom 20. April 1929 (SR 0.311.51) gesehen werden, nicht aber im Übereinkommen über die Verhütung und Bestrafung des Völkermords vom 9. Dezember 1948 (SR 0.311.11). Bei Betäubungsmitteldelikten gilt BetmG Art. 19 Ziff. 4: vgl. BGE 116 IV 247. Erforderlich ist sodann, dass die Tat auch am Begehungsort strafbar ist, oder dass der Begehungsort keiner Strafgewalt unterliegt, sowie dass sich der Täter in der Schweiz befindet und nicht ausgeliefert wird. Das *Weltrechtsprinzip* findet sich auch in einzelnen Bestimmungen des Besonderen Teils des StGB, z.B. bei Geiselnahme (StGB Art. 185 Ziff. 5), Geld- bzw. Wertzeichenfälschung (StGB Art. 240 Abs. 3 bzw. Art. 245 Ziff. 1), und im Nebenstrafrecht.

Abs. 2: Das Gericht ist bei der Bestimmung der Sanktion an den Grundsatz der lex mitior gebunden. Dabei sind die durch das Gericht auszufällenden Sanktionen unter Berücksichtigung ihrer Gesamtauswirkungen zu gewichten und zu vergleichen. Das schweizerische Gericht ist – anders als nach bisherigem Recht – von der Verpflichtung zur Anwendung des ausländischen Rechts entbunden. Es hat ausschliesslich der im ausländischen Recht des Begehungsortes vorgesehenen milderen Regelung als oberer Begrenzung seines Ermessensbereichs Rechnung zu tragen.

Abs. 3 und 4: Die Regelung des Erledigungs- und Anrechnungsprinzips entspricht derjenigen nach StGB Art. 5 Abs. 2 und 3.

Art. 7 Andere Auslandtaten

¹ Wer im Ausland ein Verbrechen oder ein Vergehen begeht, ohne dass die Voraussetzungen der Artikel 4, 5 oder 6 erfüllt sind, ist diesem Gesetz unterworfen, wenn

a. die Tat auch am Begehungsort strafbar ist oder der Begehungsort keiner Strafgewalt unterliegt;

b. der Täter sich in der Schweiz befindet oder ihr wegen dieser Tat ausgeliefert wird; und

c. nach schweizerischem Recht die Tat die Auslieferung zulässt, der Täter jedoch nicht ausgeliefert wird.

² Ist der Täter nicht Schweizer und wurde das Verbrechen oder Vergehen nicht gegen einen Schweizer begangen, so ist Absatz 1 nur anwendbar, wenn:

a. das Auslieferungsbegehren aus einem Grund abgewiesen wurde, der nicht die Art der Tat betrifft; oder

b. der Täter ein besonders schweres Verbrechen begangen hat, das von der internationalen Rechtsgemeinschaft geächtet wird.

³ Das Gericht bestimmt die Sanktionen so, dass sie insgesamt für den Täter nicht schwerer wiegen als die Sanktionen nach dem Recht des Begehungsortes.

⁴ Der Täter wird, unter Vorbehalt eines krassen Verstosses gegen die Grundsätze der Bundesverfassung und der EMRK, in der Schweiz wegen der Tat nicht mehr verfolgt, wenn:

a. ein ausländisches Gericht ihn endgültig freigesprochen hat;

b. die Sanktion, zu der er im Ausland verurteilt wurde, vollzogen, erlassen oder verjährt ist.

⁵ Ist der Täter wegen der Tat im Ausland verurteilt worden und wurde die Strafe im Ausland nur teilweise vollzogen, so rechnet ihm das Gericht den vollzogenen Teil auf die auszusprechende Strafe an. Das Gericht entscheidet, ob eine im Ausland angeordnete, aber dort nur teilweise vollzogene Massnahme fortzusetzen oder auf die in der Schweiz ausgesprochene Strafe anzurechnen ist.

Bisheriges Recht: Die Bestimmung ist teilweise neu. StGB Art. 7 Abs. 1 regelt das aktive und passive Personalitätsprinzip. Jenes war in StGB alt Art. 6, dieses in StGB alt Art. 5 normiert.

Art. 7: StGB Art. 7 ist im Verhältnis zu StGB Art. 4–6 subsidiär. Beim in Frage stehenden Delikt muss es sich um ein Auslieferungsdelikt handeln (StGB Art. 7 Abs. 1 i.V. mit Abs. 2). Nach IRSG Art. 35 ist die Auslieferung zulässig, wenn das Recht des ausländischen Staates und dasjenige der Schweiz die Tat mit einer freiheitsbeschränkenden Sanktion im Höchstmass von mindestens einem Jahr oder mit einer schwereren Sanktion bedrohen.

Es gilt das Erfordernis der beidseitigen Strafbarkeit bzw. der fehlenden Strafgewalt am Begehungsort (StGB Art. 7 Abs. 1 lit. a i.V. mit Abs. 2). Weiter muss sich der Täter in der Schweiz befinden oder ihr wegen der in Frage stehenden Tat ausgeliefert werden (StGB Art. 7 Abs. 1 lit. b i.V. mit Abs. 2). An diesem Erfordernis fehlt es, wenn er sich als Folge einer Entführung, Drohung, Täuschung oder einer anderen Umgehung des Auslieferungsrechts in der Schweiz aufhält. Die Durchführung eines Abwesenheitsverfahrens ist ausgeschlossen, BGE 108 IV 146.

Abs. 1: Es genügt, dass wegen der in Frage stehenden Tat die Auslieferung zulässig ist, der Täter aber *aus irgendeinem Grund* nicht an einen ausländischen Staat ausgeliefert wird. Erfasst ist insbesondere auch die Konstellation, in welcher gar kein Auslieferungsbegehren gestellt wird (Botschaft, BBl 1999, 1998).

Das *aktive Personalitätsprinzip* gemäss StGB Art. 7 Abs. 1 entspricht weitgehend StGB alt Art. 6. Ein Schweizer – er kann daneben weitere Staatsbürgerschaften besitzen –, der nach der Verübung eines Delikts im Ausland in die Schweiz zurückkehrt, soll nicht deshalb ungestraft bleiben, weil er gemäss BV Art. 25 Abs. 1 sowie IRSG Art. 7 Abs. 1 ohne seine schriftliche Zustimmung nicht an den Tatortstaat ausgeliefert werden darf. Aus diesem Grund gilt StGB Art. 7 Abs. 1 auch für den Fall, dass der Täter erst nach Verübung des Delikts Schweizer Bürger geworden ist, BGE 117 IV 379 E. 6 = Pr 81 (1992) Nr. 220. Begibt sich der Täter vor der Beurteilung der Tat ins Ausland, so entfällt die Voraussetzung für die Anwendung schweizerischen Strafrechts gemäss StGB Art. 7 Abs. 1, BGE 108 IV 146 ff. Gegenüber internationalen Gerichten ist die Auslieferung von Schweizern möglich (BB vom 21. Dezember 1995 über die Zusammenarbeit mit den Internationalen Gerichten zur Verfolgung von schwerwiegenden Verletzungen des humanitären Völkerrechts [SR 351.20], ZISG Art. 16).

Ein Strafübernahmebegehren des Tatortstaates an die Schweiz ist nicht erforderlich, vgl. BGE 119 IV 116, 122 IV 170.

Nach dem *passiven Personalitätsprinzip* gemäss StGB Art. 7 Abs. 1 (StGB alt Art. 5) ist schweizerisches Strafrecht anwendbar, wenn die Tat im Ausland gegen einen Schweizer begangen worden ist. Ob dieser daneben weitere Staatsbürgerschaften besitzt, spielt keine Rolle. Nach der – allerdings umstrittenen – Rechtsprechung gelangt das passive Personalitätsprinzip auch zur Anwendung, wenn eine schweizerische juristische Person geschädigt worden ist, BGE 121 IV 147.

Abs. 2: Die Norm basiert auf dem Gedanken, dass die inländische Strafgewalt nach dem Subsidiaritätsprinzip unter bestimmten Voraussetzungen einzugreifen hat, wenn die zufolge des Territorialitätsprinzips an sich zuständigen ausländischen Strafverfolgungsorgane deshalb an der Durchsetzung ihres Strafanspruchs gehindert sind, weil die Schweiz die *Auslieferung verweigert*. Eine Ausnahme besteht dann, wenn das Auslieferungsbegehren wegen der Art der Tat abgelehnt wird (IRSG Art. 3 Abs. 1 und 3, vorbehaltlich der Ausnahmen in IRSG Art. 3 Abs. 2). Im letzteren Fall ist schweizerisches Strafrecht nicht anwendbar. Überdies setzt die Anwendung schweizerischen Strafrechts gemäss StGB Art. 7 Abs. 2 lit. b voraus, dass «der Täter ein besonders schweres Verbrechen begangen hat, das von der internationalen Rechtsgemeinschaft geächtet wird».

Abs. 3: Es gilt der Grundsatz der lex mitior, vgl. Bem. zu StGB Art. 6 Abs. 2.

Abs. 4 und 5: Für den Fall einer bereits erfolgten Beurteilung der Tat im Ausland ist – unter den gleichen Voraussetzungen wie gemäss StGB Art. 6 Abs. 3 und StGB Art. 5 Abs. 2 – das Erledigungsprinzip (StGB Art. 7 Abs. 4) vorgesehen. Die Regelung des Anrechnungsprinzips in StGB Art. 7 Abs. 5 entspricht derjenigen nach StGB Art. 6 Abs. 4 und StGB Art. 5 Abs. 3.

Art. 8 Begehungsort

¹ Ein Verbrechen oder ein Vergehen gilt als da begangen, wo der Täter es ausführt oder pflichtwidrig untätig bleibt, und da, wo der Erfolg eingetreten ist.

² Der Versuch gilt als da begangen, wo der Täter ihn ausführt, und da, wo nach seiner Vorstellung der Erfolg hätte eintreten sollen.

Bisheriges Recht: StGB alt Art. 7 ist nur redaktionell geändert und mit Bezug auf das Unterlassungsdelikt ergänzt worden. Beim Versuch wird nicht mehr auf die Absicht, sondern auf die Vorstellung des Täters abgestellt.

Art. 8: Die Strafbarkeit wird beim Distanzdelikt nach dem *Ubiquitätsprinzip* behandelt. Die Tat gilt nicht nur als da verübt (BGE 124 IV 75 f., 77 f.), wo der Täter die tatbestandsmässige Handlung vornimmt (unter Ausschluss der Vorbereitungshandlungen [Bem. zu StGB Art. 22 Abs. 1] und des Verhaltens nach der Beendigung der Tat), sondern auch dort, wo ihr Erfolg eintritt. Es genügt somit ein in der Schweiz gelegener Ausführungs- *oder* Erfolgsort. – Teilhandlungen in der Schweiz oder Mitwirkungshandlungen des Teilnehmers nach der Vollendung und vor der Beendigung der Tat reichen aus: BGE 99 IV 124. – Der Begriff des Erfolgs ist zunächst i.S. des Erfolgsdelikts zu verstehen: BGE 105 IV 328, 124 IV 77. Als Erfolgsorte gelten jedoch auch diejenigen Orte, an denen die geschützten Interessen verletzt oder gefährdet werden oder an denen sich die Absicht des Täters verwirklichen soll: BGE 109 IV 2, 117 Ib 214, 124 IV 245, 125 IV 18 2 f., 128 IV 153 f. – Unterlassungsdelikte (Bem. zu StGB Art. 11) gelten als dort ausgeführt, wo der Täter hätte handeln sollen: BGE 69 IV 129, 99 IV 181, 125 IV 16 (Verweigerung der Rückgabe der Kinder an die Mutter nach einem Ferienaufenthalt im Ausland). Das Ubiquitätsprinzip ist eng auszulegen, um eine unbillige Ausweitung der Anwendung schweizerischen Strafrechts und Doppelbestrafungen (Grundsatz von «ne bis in idem») zu vermeiden.

Einzelne Probleme: Anstiftung und Gehilfenschaft zu einer Auslandstat sind im Gesetz nicht geregelt: Bei blosser Teilnahme ist der Begehungsort allein dort, wo die Tat selbst ausgeführt wird: BGE 80 IV 34, 81 IV 37, 104 IV 86, Sem 106 (1984) 161. Eine ausdrückliche Regelung findet sich für Fälle gemäss StGB Art. 260bis. – Mittäterschaft: BGE 99 IV 124. – Mittelbare Täterschaft: Begehungsort ist sowohl Ort, wo der Hintermann, als auch Ort, wo der Tatmittler handelt: BGE 78 IV 252, 85 IV 203 f. – Versuch: Begehungsort ist der Ort, an welchem mit der Ausführung der tatbestandsmässigen Handlung über das blosse Vorbereitungsstadium hinaus im Sinne der Schwellentheorie begonnen wurde: BGE 104 IV 181. Betrug: BGE 109 IV 2, 117 Ib 214. – Wucher (StGB Art. 157): BGE 86 IV 68. – Ehrverletzung mittels eines ausländischen Presseerzeugnisses (StGB Art. 173 f.): BGE 102 IV 38 (vgl. aber auch nicht publiziertes Urteil des Bundesgerichts vom 24.12.1998 i.S. N [teilweise wiedergegeben in BGE 125 IV 181 f.] und Sem 2005 I 461); mittels Briefen: BGE 125 IV 180 ff.; durch Äusserungen über einen Einwohner der Schweiz im Ausland: RS 1985 Nr. 764. – Mehrfache Ehe (StGB Art. 215): BGE 105 IV 330. – Entziehen von Unmündigen (StGB Art. 220): BGE 125 IV 14. – Gebrauch im Ausland gefälschter Urkunden (StGB Art. 251 Ziff. 1 Abs. 2): BGE 96 IV 167. – Fälschung von Ausweisen (StGB Art. 252): BGE 97 IV 210. – Erschleichung einer falschen Beurkundung (StGB Art. 253): RS 1983 Nr. 456. – Markenschutz: BGE 109 IV 146. – Strafbestimmungen des UWG: BGE 124 IV 74. – Für die Einziehung gemäss StGB Art. 69 ff. genügt es nicht, dass sich die einzuziehenden Gegenstände oder Vermögenswerte in der Schweiz befinden, es sei denn, dafür bestehe eine spezielle gesetzliche Grundlage, wie dies mit BetmG Art. 24 der Fall ist. Erforderlich ist vielmehr, dass die Anlasstat unter die schweizerische Gerichtsbarkeit fällt, BGE 128 IV 149.

Art. 9 4. Persönlicher Geltungsbereich

¹ Dieses Gesetz ist nicht anwendbar auf Personen, soweit deren Taten nach dem Militärstrafrecht zu beurteilen sind.

² Für Personen, welche zum Zeitpunkt der Tat das 18. Altersjahr noch nicht vollendet haben, bleiben die Vorschriften des Jugendstrafgesetzes vom 20. Juni 2003 (JStG) vorbehalten. Sind gleichzeitig eine vor und eine nach der Vollendung des 18. Altersjahres begangene Tat zu beurteilen, so ist Artikel 3 Absatz 2 JStG anwendbar.

Bisheriges Recht: Die Änderung im Verhältnis zu StGB alt Art. 8 ist mit Bezug auf das Militärstrafrecht lediglich redaktioneller Natur. Mit ihr soll zum Ausdruck gebracht werden, dass Taten von Personen, die dem Militärstrafrecht unterstehen, nach MStG beurteilt werden und nach dem StGB nur dann, wenn diese Taten im MStG nicht mit Strafe bedroht sind. Gemäss StGB alt Art. 82–99 war das Jugendstrafrecht im AT StGB geregelt. Aus dessen Revision im Rahmen der Gesamtrevision des AT StGB ist das Bundesgesetz über das Jugendstrafrecht hervorgegangen. Dieses ist nicht mehr zusammen mit dem Erwachsenenstrafrecht, sondern in einem besonderen Gesetz geregelt. Im Verhältnis zu StGB alt Art. 82 Abs. 1 ist die untere Strafmündigkeitsgrenze von sieben auf zehn Jahre erhöht worden, während die obere Altersgrenze beibehalten worden ist (StGB alt Art. 89).

Art. 9 Abs. 1: Ob eine Person dem Militärstrafrecht untersteht, ergibt sich aus MStG Art. 3–7. Der Geltungsbereich dieses Gesetzes ist enger oder weiter gefasst, je nachdem ob Friedenszeit, Zeit aktiven Dienstes oder Kriegszeit herrscht. Grundsätzlich unterstehen dem MStG ausschliesslich Militärpersonen; auf andere Personen ist es nur anwendbar, wenn sie in enger Verbindung zum Militär stehen oder ausgesprochen militärische Interessen verletzen, beispielsweise durch Verletzung militärischer Geheimnisse oder Sabotage (MStG Art. 3 Ziff. 7).

Abs. 2: Für Personen, welche zum Zeitpunkt der Tat das zehnte (JStG Art. 3 Abs. 1), noch nicht aber das 18. Altersjahr vollendet haben, bleiben gemäss StGB Art. 9 Abs. 2 und MStG Art. 9 die Vorschriften des JStG vorbehalten. In diesen Fällen sind die zivilen Behörden zuständig.

Das Jugendstrafrecht regelt die vom Erwachsenenstrafrecht abweichenden besonderen Sanktionen, mit welchen der Jugendliche zu rechnen hat, wenn er eine nach Bundesstrafrecht mit Strafe bedrohte Handlung begeht (JStG Art. 1 Abs. 1 lit. a). Ausserdem enthält das Gesetz für die Umsetzung des Jugendstrafrechts wichtige Verfahrensgrundsätze (JStG Art. 1 Abs. 1 lit. b).

Kompetenzkonflikte zwischen militärischer und bürgerlicher Gerichtsbarkeit entscheidet das Bundesstrafgericht, MStG Art. 223, vgl. zur früheren Praxis der II. Öffentlichrechtlichen Abteilung des BGer BGE 97 I 147, 98 Ia 221, 99 Ia 97, 101 Ia 428, 106 Ia 51.

Parlamentarische Immunität: Vgl. StGB Art. 347 Abs. 1 i.V.m. Verantwortlichkeitsgesetz Art. 2 Abs. 2, Parlamentsgesetz Art. 16 f., für kantonale Bestimmungen vgl. die Ermächtigung in StGB Art. 347 Abs. 2.

Diplomatische Immunität: Es fehlt nur an der Prozessvoraussetzung der Verfolgbarkeit (vgl. Wiener Übereinkommen über diplomatische Beziehungen vom 18.4.1961, [SR 0.191.01]), das StGB bleibt aber anwendbar, z.B. indem bei Zuwiderhandlung Abberufung (nach dem Wiener Übereinkommen über diplomatische Beziehungen vom 18.4.1961 Art. 9 und dem Wiener Übereinkommen über konsularische Beziehungen vom 24.4.1963 [SR 0.191.02] Art. 23) verlangt und auch gegen exterritoriale Personen Notwehr geübt werden kann (vgl. BGE 109 IV 158, Voraussetzungen i.c. verneint).

Zweiter Titel: Strafbarkeit

Art. 10   1. Verbrechen und Vergehen.
Begriff

¹ Dieses Gesetz unterscheidet die Verbrechen von den Vergehen nach der Schwere der Strafen, mit der die Taten bedroht sind.

² Verbrechen sind Taten, die mit Freiheitsstrafe von mehr als drei Jahren bedroht sind.

³ Vergehen sind Taten, die mit Freiheitsstrafe bis zu drei Jahren oder mit Geldstrafe bedroht sind.

Bisheriges Recht: An der bisherigen Unterscheidung von Verbrechen und Vergehen wird festgehalten, jedoch wird auf die Unterscheidung von Zuchthaus- und Gefängnisstrafe zugunsten einer einheitlichen Freiheitsstrafe verzichtet. Ausserdem wird für Vergehen die Geldstrafe eingeführt, welche von der Busse zu unterscheiden ist.

Art. 10: Freiheitsstrafe: StGB Art. 40 f., Geldstrafe: StGB Art. 34. *Übertretungen* sind die mit Busse bedrohten Handlungen: StGB Art. 103 (vgl. auch StGB Art. 333 Abs. 3). – Die Qualifikation einer Tat als Verbrechen oder Vergehen richtet sich allein nach dem für den betreffenden Tatbestand angedrohten Strafmass, ohne Rücksicht auf die nach den Grundsätzen über die Strafzumessung im gegebenen Fall verwirkte Sanktion (StGB Art. 47 ff., 34 Abs. 2).

Art. 11   Begehen durch Unterlassen

¹ Ein Verbrechen oder Vergehen kann auch durch pflichtwidriges Untätigbleiben begangen werden.

² Pflichtwidrig untätig bleibt, wer die Gefährdung oder Verletzung eines strafrechtlich geschützten Rechtsgutes nicht verhindert, obwohl er aufgrund seiner Rechtsstellung dazu verpflichtet ist, namentlich auf Grund:
a. des Gesetzes;
b. eines Vertrages;
c. einer freiwillig eingegangenen Gefahrengemeinschaft; oder
d. der Schaffung einer Gefahr.

³ Wer pflichtwidrig untätig bleibt, ist gestützt auf den entsprechenden Tatbestand nur dann strafbar, wenn ihm nach den Umständen der Tat derselbe Vorwurf gemacht werden kann, wie wenn er die Tat durch ein aktives Tun begangen hätte.

⁴ Das Gericht kann die Strafe mildern.

Bisheriges Recht: Nach der Rechtsprechung und mit Billigung der Lehre wurde die Unterlassung unter bestimmten Voraussetzungen auch nach bisherigem Recht bestraft, was mit Blick auf StGB Art. 1, EMRK Art. 7 sowie IPBPR Art. 15 nicht unproblematisch war. Die gesetzliche Regelung der Voraussetzungen für die Strafbarkeit des unechten Unterlassungsdelikts in StGB Art. 11 ist neu.

Art. 11: Strafbare *Unterlassungen: Echte Unterlassungsdelikte* sind im Gesetz als passives Verhalten formuliert, so z.B. in StGB Art. 128 und 217. – *Unechte Unterlassungsdelikte* sind in den entsprechenden Straftatbeständen als Begehungen umschrieben. Zur Abgrenzung zwischen Handlung und Unterlassung stellen das Bundesgericht und die herrschende Lehre auf das Subsidiaritätsprinzip ab: vgl. BGE 115 IV 204, 117 IV 131, 120 IV 271, 121 IV 14 und 120, 122 IV 146, 129 IV 122 = Pr 92 (2003) Nr. 165 Erw. 2.2.

Abs. 1: Nach Art. 11 Abs. 1 können Verbrechen und Vergehen sowie nach Art. 104 i.V. mit Art. 11 auch Übertretungen, welche als Begehungsdelikte umschrieben sind, durch passives Verhalten erfüllt werden, wenn jemand ein Gebot gemäss StGB Art. 11 Abs. 2 zum Handeln missachtet und in der Lage ist, die gebotene Handlung vorzunehmen (BGE 109 IV 139, *Tatmacht*). Bei Erfolgsdelikten ist zudem vorausgesetzt, dass der Eintritt der verpönten Schädigung durch das gebotene Handeln hätte abgewendet werden können *(«hypothetische Kausalität»)*, BGE 108 IV 7, 109 IV 139 f., 120 IV 142 = Pr 84 Nr. 260. Der nicht verhinderte Erfolgseintritt muss stets vom *Vorsatz* des Garanten erfasst sein, bei Fahrlässigkeitsdelikten auf dessen *pflichtwidrigem* Verhalten beruhen (vgl. Bem. zu StGB Art. 12).

Abs. 2: Die strafrechtlich sanktionierte Pflicht, Beeinträchtigungen von Rechtsgütern zu verhindern, obliegt nur einem engen Kreis von Personen, welche entweder alle Gefahren und Schädigungen von einer bestimmten Person abzuwehren oder aber eine bestimmte Gefahrenquelle unter Kontrolle zu halten haben, damit Schädigungen von Rechtsgütern beliebiger Träger vermieden werden. Derartige Personen bezeichnet man als *Garanten*, die entsprechenden Pflichten als *Garantenpflichten*.

lit. a: Garantenstellungen können sich aus *gesetzlichen Bestimmungen* ergeben, BGE 105 IV 174, 117 IV 133. Ob eine gesetzlich statuierte Pflicht als Garantenpflicht zu qualifizieren ist, muss aufgrund strafrechtlicher Wertungen festgelegt werden. Folglich ist nicht jede gesetzlich statuierte Pflicht ohne weiteres als strafrechtliche Garantenpflicht zu erachten, BGE 118 IV 314 f., 120 IV 106. – Die echten Unterlassungsdelikten zugrunde liegende Handlungspflicht (z.B. diejenige gemäss StGB Art. 128) vermag keine Garantenstellung mit Blick auf Verletzungsdelikte zu begründen. – Garantenstellungen können sich aus dem ZGB ergeben, so für Ehegatten untereinander (ZGB Art. 159 Abs. 3, BGE 83 IV 13) und Eltern gegenüber ihren Kindern (ZGB Art. 272). Moralische Pflichten in Lebensgemeinschaften schaffen für sich allein noch keine Garantenstellung. – Polizeibeamte, Untersuchungsrichter und Staatsanwälte – nicht aber generell jeder Beamte (BGE 118 IV 312) – sind Garanten mit Bezug auf den Gang der Rechtspflege und können sich einer Begünstigung nach StGB Art. 305 schuldig machen, wenn sie diesen Pflichten nicht nachkommen, BGE 109 IV 47 ff. Ein Jagdaufseher, welcher einen Wilderer nicht anzeigt, macht sich der Begünstigung gemäss StGB Art. 305 strafbar (BGE 74 IV 167, 86 IV 221 f.), nicht aber ein Tierpräparator, der nicht anzeigt, dass ihm zum Ausstopfen übergebene Tiere nach jagdgesetzlichen Vorschriften geschützt sind, BGE 123 IV 72 f. Strafprozessuale Zeugnis- und Herausgabepflichten begründen keine Garantenstellung mit Blick auf die Begünstigung, BGE 106 IV 277 f., 120 IV 101 ff. – Nach BGE 122 IV 126 liess sich aus dem früheren

Art. 19 Abs. 2 des Bundesgesetzes über das Kriegsmaterial vom 30. Juni 1972 (KMG, SR 514.51) ableiten, dass Verantwortliche eines in der Stahlproduktion tätigen Unternehmens verpflichtet sind, Sicherheitsvorkehrungen zu treffen, die Widerhandlungen gegen das KMG nach Möglichkeit ausschliessen.

lit. b: Als Entstehungsgründe für Garantenpflichten kommen *Verträge* in Betracht, gemäss welchen bestimmte Personen, beispielsweise Bergführer, Reitlehrer, Ärzte, Ladendetektive, Treuhänder (BGE 113 IV 74 ff.), Geschäftsleiter etc. zur Beherrschung oder Minimierung von Risiken verpflichtet werden, BGE 81 IV 121, 96 IV 174, 105 IV 176, 108 IV 6, 113 IV 73 f. Die Verhinderung der Rechtsgüterbeeinträchtigung muss zum zentralen Inhalt der vertraglichen oder öffentlichrechtlich übertragenen Aufgaben gehören, sich bloss aus Treu und Glauben (ZGB Art. 2) oder darauf gestützte Nebenpflichten (z.B. OR Art. 321a Abs. 1) usw. ergebende Nebenpflichten reichen nicht (BGE 113 IV 72 ff.). Nicht entscheidend ist die zivilrechtliche Wirksamkeit des Vertrages. Eine Garantenpflicht entsteht erst dann, wenn der vertraglich Verpflichtete die betreffende Stelle oder Aufgabe auch tatsächlich angetreten hat, bei Nichtantritt kommt allenfalls eine Garantenstellung aus Ingerenz in Frage, falls der Vertragspartner im Vertrauen auf Erfüllung weitere Vorkehren unterlässt und dadurch eine Gefahr entsteht.

lit. c: Eine Garantenstellung kann für den Angehörigen einer *freiwillig begründeten Gefahrengemeinschaft*, beispielsweise auf einer Hochgebirgstour (BGE 83 IV 13 f., 100 IV 213 f.), einer Wildwasserfahrt, einem Tauchgang etc. entstehen, weil bzw. soweit sich die Angehörigen dieser Gemeinschaft – ausdrücklich oder konkludent – deshalb zusammengetan haben, um drohende Gefahren durch den Zusammenschluss zu minimieren bzw. besser zu bestehen. Die Beistandspflicht ist auf Rechtsgüter beschränkt, denen Gefahr aufgrund des gemeinsam in Angriff genommenen Unternehmens droht.

lit. d: Derjenige, welcher durch sein Handeln adäquat kausal Gefahren für ein Rechtsgut geschaffen oder vergrössert hat, ist zur Sorge dafür verpflichtet, dass sich diese Gefahren nicht verwirklichen (Garantenpflicht aus *Ingerenz*), BGE 108 IV 5 (Empfehlung «kosmischer Ernährung»), vgl. auch BGE 83 IV 27 (Deponierung heisser Asche), 90 IV 250 und 101 IV 30 f. (Erdarbeiten), 106 IV 278, BGer vom 18.2.2002, 6S.529/2001 (Überlassen eines Gartengrills an Kinder). Umstritten ist, ob die Gefahrenlage Resultat sorgfaltswidrigen Verhaltens sein muss, oder ob auch das Eingehen erlaubter Risiken eine Garantenpflicht begründet.

Die in Abs. 2 lit. a–d erwähnten Entstehungsgründe für Garantenpflichten sind *nicht abschliessend* aufgezählt.

Wenig geklärt ist, ob und gegebenenfalls inwiefern demjenigen eine Garantenstellung obliegt, der die *Herrschaft über eine Gefahrenquelle* innehat. Allein kann weder die Herrschaftsmöglichkeit noch die tatsächliche Ausübung der Herrschaft über eine Gefahrenquelle eine Garantenstellung bewirken. Eine solche setzt zusätzlich voraus, dass der durch die betreffende Gefahr Tangierte sich anerkanntermassen auf die Eindämmung der Gefahr durch den Betreffenden verlassen darf. Nach ständiger Rechtsprechung ist eine Bergbahn, welche Pisten zur Abfahrt mit Skis etc. anbietet, ganz generell verpflichtet, die Benutzer dieser Pisten vor alpinen und anderen Gefahren zu schützen, BGE 109 IV 100, 111 IV 16 f., 115 IV 191, 122 IV 194, 125 IV 12. Das Bestehen dieser Schutzpflicht hängt nicht davon ab, ob der Benützer der Abfahrt mit dieser Bahn einen Transportvertrag abgeschlossen hat. Zu den Sicherheitsvorkehren, welche der für die Gefahrenquelle Verantwortliche zu treffen hat, gehört insbesondere die Pflicht, ein den konkreten Umständen angepasstes Sicherheitsdispositiv aufzustellen, BGE 122 IV 103, 125 IV 12.

Einen Anwendungsfall von Garantenpflichten zufolge der Herrschaft über eine Gefahrenquelle stellt die *Geschäftsherrenhaftung* dar. Nach BGE 96 IV 173 (vgl. auch schon 81 IV 121, 201 f.) ist der Geschäftsherr verpflichtet, strafbare Handlungen zu unterbinden. Die Garantenpflicht gilt allerdings nicht generell hinsichtlich aller im betreffenden Betrieb begangenen Straftaten (BGE 105 IV 176 f.), sondern nur für solche Delikte, welche mit für den betreffenden Betrieb typischen Gefahren zusammenhängen, BGE 118 IV 244. Bei der Person des Garanten muss es sich um einen Angehörigen des Unternehmens handeln, der für die betreffende Gefahrenquelle verantwortlich bzw. zuständig ist, BGE 113 IV 76, 120 IV 310, 122 IV 126 ff., 126 IV 18. Fehlen organisatorische Vorkehrungen zur Vermeidung bzw. Verminderung der betriebstypischen Gefahren, ist grundsätzlich derjenige als Garant zu erachten, der diese Vorkehren hätte anordnen müssen, BGE 117 IV 133, 122 IV 126 ff., 125 IV 13. Ihn trifft die Pflicht, entweder das Sicherheitsdispositiv selbst zu erstellen oder aber jemanden damit zu betrauen, der für diese Aufgabe geeignet ist (cura in eligendo), diese Person einzuführen und weiterzubilden (cura in instruendo, BGE 125 IV 13) sowie sie bei ihrer Tätigkeit zu überwachen (cura in custodiendo), BGE 117 IV 133, 122 IV 127, 129, 125 IV 13.

Zur Garantenpflicht des Quasi-Monopolisten aufgrund des Abhängigkeitsverhältnisses zwischen Käufer und Verkäufer: Pr 90 (2001) Nr. 55 Erw. 2c (Blutpräparate für Hämophile, i.c. offengelassen). – Zur Garantenpflicht der Auskunftsperson: 129 IV 119 = Pr 92 (2003) Nr. 165 (Empfehlung eines nicht über die notwendigen Bewilligungen verfügenden Sportveranstalters, i.c. Begehungsdelikt angenommen), BGer vom 24.6.2000, 6S.167/2000 (keine Garantenpflicht wegen fehlerhafter Auskunft, soweit das Opfer erkennen konnte, dass die Auskunft nicht vertrauenswürdig war).

Abs. 3: Die Strafbarkeit wegen eines unechten Unterlassungsdelikts setzt voraus, dass der potentielle Täter infolge seiner besonderen Rechtsstellung zur Abwendung der Gefahr für das betreffende Rechtsgut «so sehr verpflichtet ist, dass die Unterlassung der Erfolgsherbeiführung durch aktives Handeln *gleichwertig* erscheint», BGE 113 IV 72 mit Hinweisen.

Abs. 4: Die Begründung für die *fakultative Strafmilderung* wird darin gesehen, dass die kriminelle Energie bei einem Unterlassungsdelikt häufig – keineswegs jedoch immer – geringer sein kann als bei einem Begehungsdelikt und i.d.R. beim Unterlassungsdelikt nicht zwischen Täterschaft und Teilnahme unterschieden werden kann. Ob dem so ist, ist im Einzelfall zu prüfen, wobei von einer Strafmilderung abzusehen ist, wenn keine besonderen Umstände vorliegen, welche eine solche nahe legen. Bei dem Elternteil, der sein Kind verhungern lässt, kommt eine Strafmilderung sicherlich nicht in Betracht. Dagegen ist Strafmilderung möglich, wenn die Beachtung des Gebots zum Tätigwerden an der Grenze des Zumutbaren liegt. Fahrlässige Unterlassungen sind in der Regel nicht weniger strafwürdig als entsprechende Begehungen.

Art. 12   2. Vorsatz und Fahrlässigkeit.
Begriffe

[1] Bestimmt es das Gesetz nicht ausdrücklich anders, so ist nur strafbar, wer ein Verbrechen oder Vergehen vorsätzlich begeht.

² Vorsätzlich begeht ein Verbrechen oder Vergehen, wer die Tat mit Wissen und Willen ausführt. Vorsätzlich handelt bereits, wer die Verwirklichung der Tat für möglich hält und in Kauf nimmt.

³ Fahrlässig begeht ein Verbrechen oder Vergehen, wer die Folge seines Verhaltens aus pflichtwidriger Unvorsichtigkeit nicht bedenkt oder darauf nicht Rücksicht nimmt. Pflichtwidrig ist die Unvorsichtigkeit, wenn der Täter die Vorsicht nicht beachtet, zu der er nach den Umständen und nach seinen persönlichen Verhältnissen verpflichtet ist.

Bisheriges Recht: StGB Art. 12 entspricht – abgesehen von redaktionellen Änderungen – weitgehend dem bisherigen StGB alt Art. 18, mit der Einschränkung, dass StGB Art. 12 Abs. 2 durch die Umschreibung des Eventualvorsatzes ergänzt wird.

Art. 12 Abs. 1 gilt auch für die Übertretungstatbestände des StGB (StGB Art. 104), dagegen nicht für jene der Nebenstrafgesetzgebung: StGB Art. 333 Abs. 7.

Abs. 2: *Wissen:* Das Wissen bezieht sich auf die Tatumstände, welche sich unter die objektiven Merkmale des Deliktstatbestandes subsumieren lassen sowie – bei Erfolgsdelikten – auf den Geschehensverlauf, der zum Eintritt des Erfolges führt (BGE 130 IV 60). Der Vorsatz umfasst den tatbestandsmässigen Erfolg auch dann, wenn dieser durch einen von den Vorstellungen des Täters nur unwesentlich abweichenden Kausalverlauf bewirkt wurde, wenn «die irrige Vorstellung die Schwere der Tat in einem andern Lichte erscheinen lässt»: BGE 109 IV 95. Wissen liegt andrerseits aber auch vor, wenn der Täter einen unwahrscheinlichen Erfolg gerade anstrebt. – Vom Wissen wird nicht nur bei aktueller Kenntnis der Tatumstände ausgegangen, sondern auch im Falle des sog. Begleitwissens (BGE 125 IV 253), aber auch, wenn der Täter die Erfüllung des Tatbestandes für (ernsthaft) möglich hält (BGE 103 IV 68, 125 IV 249, 130 IV 60). Bei normativen Tatbestandsmerkmalen wie «fremd», «pornographisch» etc. wird nicht das juristisch zutreffende Verständnis dieser Begriffe vorausgesetzt, sondern eine sog. «Parallelwertung» in der Laiensphäre (BGE 99 IV 59, 112 IV 137, 119 IV 249, 129 IV 243). – Nicht zum Wissen als Bestandteil des Vorsatzes gehört das Bewusstsein der Rechtswidrigkeit oder gar dasjenige der Strafbarkeit: BGE 99 IV 58, 104 IV 182, 107 IV 192, 207, 127 IV 184. Fehlt das Bewusstsein der Rechtswidrigkeit, so ist StGB Art. 21 anwendbar (zu StGB alt Art. 20: BGE 90 IV 49).

Willen: Der Täter muss sich gegen das rechtlich geschützte Gut entscheiden, BGE 130 IV 60. Der deliktische Erfolg muss mit dem vom Täter erstrebten Ziel nicht übereinstimmen; es genügt, dass er jenen Erfolg, mag ihm dieser gleichgültig oder sogar unerwünscht sein, als notwendige Folge oder als Mittel zur Erreichung des verfolgten Zwecks in seinen Entschluss miteinbezogen hat: BGE 98 IV 66, 99 IV 60, 119 IV 194 (auch dann liegt direkter Vorsatz vor). Ebenso irrelevant ist das Motiv: BGE 100 IV 182, 101 IV 66. – Aus dem Wissen des Täters um das Vorliegen eines objektiven Tatbestandsmerkmals allein kann ohne weiteres auf das Wollen geschlossen werden, wenn das (jenes Merkmal umfassende) täterschaftliche Handeln vernünftigerweise nicht anders denn als Billigung des vom Gesetz verpönten Verhaltens ausgelegt werden kann: BGE 99 IV 62 (Unzüchtigkeit eines vorgeführten Films), 101 IV 46 (Nötigung), 126 IV 202 (Verwendung von verkauftem Hanf als Betäubungsmittel).

Abs. 2 Satz 1 umschreibt den *direkten Vorsatz,* ***Abs. 2 Satz 2*** den *Eventualvorsatz.* – Eventualvorsatz liegt vor, wenn «der Täter den Eintritt des Erfolgs bzw. die Tatbestandsverwirklichung für (ernsthaft) möglich hält, aber dennoch handelt, weil er den Erfolg für den Fall seines Eintritts billigt, sich mit ihm abfindet, mag er ihm auch unerwünscht sein», BGE 125 IV 251, 130 IV 61, vgl. weiter BGE 96 IV 100 f., 98 IV 66, 104 IV 36, 105 IV 14 (das Willenselement muss in gleicher Weise erfüllt sein wie beim direkten Vorsatz), 109 IV 151, 119 IV 3, 194, 121 IV 253. – Aus dem Wissen des Täters um den möglichen Eintritt des Erfolges allein darf auf das Wollen geschlossen werden, wenn sich ihm dieser als so wahrscheinlich aufdrängte, dass sein Verhalten vernünftigerweise nicht anders denn als Billigung jenes Erfolges ausgelegt werden kann: BGE 92 IV 67, vgl. BGE 99 IV 62, 101 IV 46, 104 IV 36, 109 IV 140, 125 IV 253, 130 IV 62; nach BGE 80 IV 191, 101 IV 46 *muss* der Richter alsdann diesen Schluss ziehen. – Die Abgrenzung zwischen *Eventualvorsatz und bewusster Fahrlässigkeit* kann schwierig sein. Wie der eventualvorsätzlich Handelnde weiss der bewusst Handelnde um das Risiko der Tatbestandsverwirklichung. Der Unterschied liegt im Willensmoment. Während der eventualvorsätzlich handelnde Täter mit der Tatbestandsverwirklichung rechnet und ihn in Kauf nimmt, vertraut der bewusst fahrlässig Handelnde darauf, dass sich das Risiko der Tatbestandserfüllung nicht verwirklichen wird, BGE 130 IV 61. Die blosse Hoffnung auf das Ausbleiben der Tatbestandserfüllung schliesst dessen Inkaufnahme – anders als das (auch leichtsinnige) Vertrauen darauf – nicht aus, BGE 130 IV 64. Auch die dem Täter bekannte Nähe des Verletzungsrisikos ist entscheidend: BGE 121 IV 249, Pr 89 (2000) Nr. 17. – Eventualvorsatz genügt *nicht,* wenn das Gesetz ein Verhalten «wider besseres Wissen» oder eine «wissentliche Gefährdung» verlangt: BGE 76 IV 244, 94 IV 66, 100 IV 218, 123 IV 130, Pr 90 (2001) Nr. 55. – Vorsatz bei Unterlassungsdelikten (vgl. zu diesen Bem. zu StGB Art. 11): Der Garant ist als Vorsatztäter strafbar, wenn er die Tatbestandsverwirklichung erkennt oder als möglich voraussieht und sie dennoch nicht nach seinen Möglichkeiten in ihrer Wirkung aufhebt oder verhindert, weil er sie will oder zumindest in Kauf nimmt: BGE 105 IV 174. – Was der Täter weiss, will oder in Kauf nimmt, ist *Tatfrage* (BStP Art. 277bis): BGE 98 IV 66 und 259, 100 IV 121, 221, 237 und 247, 101 IV 50, 104 IV 36, 119 IV 2, 126 IV 201, 129 IV 13, 130 IV 23, 62. – Wo das Gesetz eine über den zur Vollendung des Deliktes gehörenden objektiven Tatbestand hinausgehende *Absicht* verlangt, ist darunter nicht der Beweggrund der Tat zu verstehen, sondern ein besonderer, auf eine künftige Handlung oder den zukünftigen Eintritt eines Erfolges gerichteter *Vorsatz;* nach der teilweise abgelehnten Praxis des Bundesgerichts genügt Eventualabsicht: BGE 74 IV 45, 105 IV 36, vgl. BGE 101 IV 206, 102 IV 83, 105 IV 335, 118 IV 34, 128 IV 15. – Das Vorliegen der Absicht ist Tatfrage: BGE 99 IV 8, 100 IV 148, 178. – Objektive Strafbarkeitsbedingungen müssen nicht vom Vorsatz erfasst sein: BGE 106 IV 251 f., 108 IV 36.

Abs. 3: Es genügt, dass der Täter durch eine Handlung den tatbestandsmässigen Erfolg – gegebenenfalls in einer bestimmten Weise (z.B. StGB Art. 225) – unvorsätzlich verursacht. Ob der eingetretene Erfolg durch das täterschaftliche Verhalten verursacht worden ist, ist unter Auswertung aller bekannten – auch der nachträglich bekannt werdenden – Tatsachen nach den Grundsätzen der Logik gestützt auf naturwissenschaftliche Erkenntnisse zu beurteilen, BGE 116 IV 311. Für normative Überlegungen rechtlicher Art bleibt dabei kein Raum.

Pflichtwidrige Unvorsichtigkeit: Die Vorsicht, welche der Täter zu beachten hat, besteht darin, entweder ein Risiko für strafrechtlich geschützte Rechtsgüter überhaupt nicht einzugehen oder aber das höchstzulässige Risiko nicht zu überschreiten. – Bei der Bemessung des Sorgfaltsinhalts und damit des höchstzulässigen Risikos ist in erster Linie von gesetzlichen Normen auszugehen, deren Schutzzweck in der Vermeidung der fraglichen Gefahren liegt, BGE 116 IV 308, 118 IV 133, 121 IV 14, 211, 289, 122 IV 20, 147, 129 IV 121, 284, 130 IV 11). Gesetzliche Normen können auch zur Bemessung des höchstzulässigen Risikos für darin nicht geregelte, jedoch ähnliche Sachverhalte beigezogen werden: BGE 128 IV 52 (Herbeiziehung von WG Art. 26 Abs. 1 zur Auslegung der Sorgfaltspflicht bei der Aufbewahrung von Luftgewehren). Soweit eine gesetzliche Regel im Einzelfall fehlt, ist die Sorgfaltspflicht aufgrund allgemein anerkannter Verhaltensregeln und Verkehrsnormen zu bestimmen, auch wenn diese von Privaten oder einem halböffentlichen Verband erlassen wurden und keine Rechtsnormen sind: BGE 120 IV 309 (Sicherheitsdispositiv eines Privatbetriebes), 121 IV 256 (Eishockeyspielregeln), 121 IV 252 und 122 IV 20 (FIS-Regeln), 129 IV 121 (Sportveranstaltung), 130 IV 11 (fachgerechte Behandlung des Patienten nach den Grundsätzen der ärztlichen Wissenschaft und Humanität). Der Vorwurf der Pflichtwidrigkeit kann schliesslich auch auf den allgemeinen Gefahrensatz abgestützt werden (BGE 106 IV 81, 121 IV 14 f., 122 IV 20, 126 IV 17, 127 IV 65, BGer vom 18.2.2002, 6S.529/2001). – Nicht jeder Verstoss gegen eine gesetzliche oder sonstige Verhaltensregel rechtfertigt den Vorwurf der Fahrlässigkeit, wie umgekehrt ein solcher begründet sein kann, auch wenn nicht gegen eine bestimmte Verhaltensregel verstossen wird: BGE 106 IV 81 (Sprengarbeiten), vgl. schon BGE 85 IV 48 (Strassenverkehr), 99 IV 65 und 104 IV 19 (Eisenbahnverkehr), 121 IV 14 f. (Hebebühne). Im Einzelfall ist im Zusammenhang mit der Konkretisierung der betreffenden Regeln bzw. Pflichten zu prüfen, ob die Regeln so zu verstehen sind, dass ihrem Adressaten ein gewisser Ermessensspielraum bei der Auswahl der risikominimierenden Massnahmen zugestanden wird (so beim Arzt, der die Diagnose stellt und therapeutische Massnahmen anordnet, BGE 130 IV 12 m.w.H) oder ob nur die Ergreifung einer bestimmten Massnahme den Anforderungen zu genügen vermag. – Die gesetzliche oder sonst allgemein anerkannte Verhaltensregel ist gemäss StGB Art. 12 Abs. 3 den konkreten Umständen sowie den persönlichen Verhältnissen des potentiellen Täters anzupassen, wobei diesem die Beachtung der entsprechenden Pflicht möglich sein muss (BGE 127 IV 44). Dem Täter kann als strafrechtliche Fahrlässigkeit nur das angerechnet werden, was unter den Tatumständen von ihm bei Anwendung der gebotenen Vorsicht und bei Berücksichtigung seiner Kenntnisse und Erfahrungen erwartet werden darf: BGE 99 IV 65, 131, 103 IV 13, 292, 106 IV 80, 120 IV 309, 121 IV 211, 122 IV 147, 129 IV 121, 284, 130 IV 10. Daraus folgt, dass besondere Kenntnisse oder Erfahrungen des Täters zu einer erhöhten Sorgfaltspflicht führen, BGE 97 IV 172, vgl. auch BGE 98 IV 177, 103 IV 292, 104 IV 19, 118 IV 134, 122 IV 22, 126 IV 16. Richtigerweise darf der Begriff der Pflichtverletzung nicht so verstanden werden, dass darunter jede Massnahme oder Unterlassung fällt, welche bei nachträglicher Betrachtung den Schaden verhindert oder verursacht hätte, BGE 130 IV 12. – Pflichtwidrig handelt schon, wer eine Aufgabe übernimmt, obschon ihm die fachlichen Voraussetzungen für ihre Bewältigung erkennbarerweise fehlen (Übernahmeverschulden): BGE 106 IV 313 (Anstellung als Sprengmeister), 108 IV 8 f. (Heilversuch mittels «kosmischer Ernährung»). – Bei sorgfaltswidrigem Verhalten wird zwischen «bewusster» und «unbewusster» Fahrlässigkeit unterschieden, je nachdem, ob der Täter in Kenntnis der Gefahr leichtsinnig auf das Ausbleiben des Erfolgs vertraut, oder ob die Gefahr der Tatbestandsverwirklichung überhaupt nicht bedenkt. Die Schwere der Sorgfaltsverletzung lässt sich jedoch aufgrund dieser Unterscheidung nicht generell, sondern nur von Fall zu Fall beantworten: BGE 69 IV 230 f., 123 IV 94 f.

Adäquanz/Voraussehbarkeit des Erfolgseintrittes: Für den Täter muss nicht nur dieser, sondern in groben Zügen auch der dazu führende Kausalverlauf voraussehbar sein, was wiederum nach seinen persönlichen Verhältnissen und den Umständen des konkreten Einzelfalls zu beurteilen ist (BGE 120 IV 171, 121 IV 15, 289, 122 IV 148, 227, 126 IV 17, 127 IV 38, 65, 129 IV 121, 284, 130 IV 10). Ob dies der Fall ist, wird vom BGer gestützt auf den Massstab der Adäquanz geprüft. Danach muss das Verhalten geeignet sein, nach dem gewöhnlichen Lauf der Dinge und den Erfahrungen des Lebens einen Erfolg wie den eingetretenen herbeizuführen oder mindestens zu begünstigen (BGE 120 IV 311 f., 121 IV 15, 196, 290, 122 IV 23, 126 IV 17, 127 IV 38, 65, 129 IV 284, 289, 130 IV 10, 18); das

Verhalten braucht daher nicht die einzige oder unmittelbare Ursache der Schädigung zu sein (BGE 115 IV 102 und 243). Eine gesundheitliche Beeinträchtigung oder anderweitige Prädisposition des Opfers vermag den adäquaten Kausalzusammenhang nicht auszuschliessen (BGE 131 IV 148). Ob der Täter hätte bedenken können und sollen, dass sich die Ereignisse gerade so abspielen würden, wie sie sich dann zugetragen haben, ist jedoch unerheblich: BGE 98 IV 17, 115 IV 207, 120 IV 171, 121 IV 15, 122 IV 148, 126 IV 17, 129 IV 121, 284. Die Voraussehbarkeit ist nur zu verneinen, «wenn ganz aussergewöhnliche Umstände, wie das Mitverschulden eines Dritten oder Material- oder Konstruktionsfehler, als Mitursache hinzutreten, mit denen schlechthin nicht gerechnet werden musste und die derart schwer wiegen, dass sie als wahrscheinlichste und unmittelbarste Ursache des Erfolgs erscheinen und so alle anderen mitverursachenden Faktoren – namentlich das Verhalten des Angeschuldigten – in den Hintergrund drängen» (BGE 121 IV 10, 286, 122 IV 23, 127 IV 39, 130 IV 10). Ob Voraussehbarkeit vorliegt, ist Rechtsfrage: BGE 99 IV 131.

Vertrauensgrundsatz: Danach darf jedermann davon ausgehen, dass sich seine Mitbürger pflichtgemäss verhalten. Dieses Prinzip wird für den Bereich des Strassenverkehrs aus SVG Art. 26 abgeleitet (BGE 120 IV 253 f., 122 IV 136, 127 IV 40, 42, 128 IV 186, 129 IV 43, 285). Der Vertrauensgrundsatz gilt jedoch nicht nur für diesen Verhaltensbereich, sondern ganz allgemein im Falle des Zusammenwirkens bzw. des Zusammentreffens mehrerer Personen bei risikobehaftetem Tun (BGE 120 IV 310). Anders verhält es sich, wenn jemand gerade verpflichtet ist, eine andere Person zu beaufsichtigen (Pr 90 [2001] Nr. 54 Erw. 3c: Organisations- und Koordinationsfehler des Garanten und Aufsichtspflichtigen), oder wenn mehrere Personen im Rahmen eines Mehrfachsicherungssystems zusammenwirken (BGE 120 IV 310). – Der vorschriftsgemäss fahrende Strassenbenützer braucht nach dem Vertrauensgrundsatz (SVG Art. 26) in der Regel Fehlverhalten anderer Verkehrsteilnehmer nicht in Rechnung zu stellen: BGE 99 IV 21, 175, 101 IV 241, 104 IV 30, 106 IV 393, 107 IV 46, 118 IV 280 und Pr 85 (1996) Nr. 213, BGE 120 IV 253 ff., 125 IV 87 f., 128 IV 185, 129 IV 41, 43, 285, vgl. aber BGE 106 IV 395, 129 IV 43 (erkennbare Anzeichen für Fehlverhalten), BGE 128 IV 185 (Pflicht zur Beachtung von rechtswidrigen Verkehrszeichen zufolge Vertrauensgrundsatz), 129 IV 285 («Misstrauensgrundsatz» bei Kindern im Strassenverkehr, Anwendung des Vertrauensgrundsatzes abgelehnt im Falle einer 18-jährigen Frau mit einem kleinen Kind, welche im Begriffe standen, die Strasse zu überqueren, wobei der Fahrzeuglenker das Kind nur teilweise sah und daher sowie angesichts der übrigen Umstände nicht darauf vertrauen durfte, das Kind werde von der Begleiterin überwacht bzw. an der Hand gehalten). Auch der Strassenbenützer, der selbst Verkehrsregeln verletzt, darf sich u.U. auf das Vertrauensprinzip berufen (Pr 92 [2003] Nr. 147). – Nach BGE 120 IV 310 kann der Vertrauensgrundsatz auch beim Zusammenwirken verschiedener Personen in einem arbeitsteiligen Betrieb Bedeutung erlangen.

Selbstgefährdung des Verletzten: Gefährdet sich das Opfer selbst, so kann die Mitwirkung eines Dritten dann nicht pflichtwidrig sein, wenn das Verhalten des Betroffenen als derart unvernünftig oder absonderlich zu erachten ist, dass der potentielle Täter damit nicht rechnen muss (BGE 106 IV 403, 111 IV 18 f., 121 IV 15, 122 IV 23 f., 196, 310, 126 IV 17, Pr 92 [2003] Nr. 147 Erw. 5.4) bzw. wenn durch das Verhalten des Verletzten das Risiko für dessen Rechtsgüter in relevantem Mass erhöht wird (BGE 125 IV 194). Namentlich dann, wenn der Betroffene seine Rechtsgüter Gesundheit und körperliche Integrität in eigenverantwortlicher Weise in einer Art gefährdet, die einer Selbstverletzung entspricht, muss eine Sorgfaltspflichtverletzung ausgeschlossen werden, weil die Verhinderung eigenverantwortlicher Selbstverletzung und -gefährdung nicht zum Schutzzweck strafrechtlicher Normen gehört.

Vermeidbarkeit: Bei der Bemessung der Sorgfaltspflicht ist den menschlichen Fähigkeiten Rechnung zu tragen. Dementsprechend muss es dem Normadressaten grundsätzlich möglich sein, durch sein Verhalten den Eintritt des voraussehbaren Erfolgseintritts zu vermeiden (BGE 127 IV 41 f., 130 IV 10). Sieht der Handelnde voraus, dass sein Tun zu einem tatbestandsmässigen Erfolg führen kann, verfügt er jedoch nicht über die gebotenen Fähigkeiten zur Beherrschung der mit seinem Verhalten verbundenen Risiken, muss er auf die Ausführung der betreffenden Tätigkeiten verzichten (Übernahmefahrlässigkeit).

Hypothetischer Kausalzusammenhang/Relevanz des Zusammenhangs zwischen Pflichtwidrigkeit und Erfolg: Nachdem mit der Sorgfaltsbemessung das angesichts der konkreten Situation und den persönlichen Verhältnissen höchstzulässige Risiko umschrieben ist, bleibt daher nur noch, diejenigen natürlichen Kausalverläufe auszuscheiden, welche als Folgen des *zulässigen* Risikos zu erachten sind. Anders ausgedrückt ist zu prüfen, ob der Erfolgseintritt gerade auf die Überschreitung des höchstzulässigen Risikos zurückzuführen ist, welche die Sorgfaltsverletzung ausmacht. Das BGer prüft in diesem Zusammenhang, ob der Erfolg bei pflichtgemässem Verhalten ausgeblieben wäre. Da sich ein solcher hypothetischer Kausalzusammenhang nicht mit Gewissheit beweisen lässt, lässt es für die Zurechnung des Erfolgs genügen, «wenn das pflichtwidrige Verhalten des Täters mindestens mit einem hohen Grad der Wahrscheinlichkeit oder mit an Sicherheit grenzender Wahrscheinlichkeit die Ursache des Erfolges bildete» (Wahrscheinlichkeitstheorie, BGE 121 IV 290, 130 IV 11, 18); keinen Unterschied macht es dabei aus, ob die Pflichtwidrigkeit in einem Tun oder Unterlassen liegt: BGE 105 IV 20, 106 IV 395, 108 IV 20, 110 IV 74, 116 IV 310, 116 IV 185, 310, 121 IV 291.

Rechtfertigungsgründe: Als solche kommen in Betracht: Notwehr (vgl. BGE 79 IV 151), Notstand (vgl. BGE 75 IV 49, 98 IV 10, 106 IV 3, 116 IV 366), Wahrung berechtigter Interessen (BGE 113 IV 7) und Einwilligung des Verletzten in die Gefährdung (vgl. BGE 109 IV 105, 114 IV 103). Beim Letztgenannten ist die Unterscheidung zwischen der straflosen Mitwirkung an fremder Selbstgefährdung und der grundsätzlich strafbaren Mitwirkung an einverständlicher Fremdgefährdung wesentlich für die Beurteilung, ob der fahrlässig (oder vorsätzlich) bewirkte Erfolg von der Einwilligung des Opfers gedeckt ist: BGE 125 IV 193 ff., 131 IV 9.

Beteiligung: Die Konstruktion einer Mittäterschaft beim fahrlässigen Erfolgsdelikt bei fehlendem Nachweis, wer von zwei sorgfaltswidrig handelnden Personen den schädigenden Erfolg verursachte (BGE 113 IV 58), ist mit dem Gesetz nicht vereinbar.

Sorgfaltspflichten im Einzelnen: Sport/Sportveranstalter: BGE 75 IV 9 (Schlittschuhläufer), 80 IV 50, 106 IV 350 und 122 IV 19 (Skifahrer, FIS-Regeln als Massstab für die zu beachtende Sorgfalt), 91 IV 118 und 118 IV 140 (Leitung einer Skifahrergruppe bei Lawinengefahr), 103 IV 292 (Betrieb eines Skiliftes ohne «Zielwächter»), 101 IV 396, 109 IV 100, 111 IV 16, 115 IV 189, 117 IV 417, 122 IV 194, SJZ 85 (1989) 323 (Verkehrssicherungspflicht für Skipisten), BGE 83 IV 15 (Hochgebirgstour mit ungeübter Begleiterin), 91 IV 183 (Leitung eines Gebirgskurses), Pr 85 (1996) Nr. 212 (Bergführer unterlassen Anseilen), BGE 122 IV 304 (Traversieren eines abschüssigen Schneefeldes mit einer Primarschulklasse), 100 IV 212 (faktischer Leiter einer Bergsteigergruppe). – 91 IV 129 (Delegation der Leitung eines Ausrittes durch Reitlehrer), 88 IV 2 (Wasserskifahrer), 109 IV 104 (regelwidriges Fussballspiel; dazu recht 1984, 56), 121 IV 252 (Eishockeyspieler im Wettkampf), 127 IV 64 (Sicherheitsdispositiv bei Reitlektionen in einer Halle), 129 IV 121 (Pflichten von Sportveranstaltern und Pflichten beim Empfehlen von Sportveranstaltern). – *Bau/Handwerk/Produktion/Transporte:* 90 IV 9 (Transport von Betonplatten), 90 IV 248 (Grabarbeiten im Bereich von Leitungen), 91 IV 158 (Signalisation einer Baustelle), 99 IV 130 (unrichtiges Auffüllen eines Grabens; Gasaustritt), ZR 69 (1970) Nr. 39 (Verantwortlichkeit eines Werkplatzleiters für richtige Instruktion des Personals), BGE 92 IV 86, 101 IV 149 (vorschriftswidriges Verhalten bei Installationsarbeiten), 121 IV 15 (unterlassene Funktionskontrolle bei einer Hebebühne), 110 IV 70 (Überlassung eines Gerätes ohne Instruktion über die mit seiner Verwendung verbundenen speziellen Unfallgefahren), 101 IV 30 (unterlassene Instruktion von Arbeitern über Gefahren bei Grabarbeiten), 104 IV 97 (Überwachungspflichten des Bauführers), 122 IV 146 (ungelernter, unerfahrener Arbeiter), 106 IV 265 (Sorgfaltspflicht bei Wahl einer ungewöhnlichen Konstruktionsmethode), 112 IV 4, SJZ 73 (1977) 205 (bewusste und unbewusste Fahrlässigkeit bei unsachgemässem Gebrauch von Propangasflaschen), BGE 103 IV 154 (Änderung von Herstellungsverfahren in einer chemischen Fabrik). *Bahnbetrieb:* 79 IV 168 (Rangierleiter), 88 IV 102 (unterbliebenes Abschalten der Fahrleitung bei Entladearbeiten im Bahnbetrieb), 96 IV 3 (Barrierenwärterin), 99 IV 64 (Bedienung eines Stellwerkes durch Stationslehrling), 122 IV 64 (ungenügender Unterhalt einer Seilbahn), 126 IV 15 (Pflichten eines Vorwarners im Bahnbetrieb). – *Strassenverkehr und -unterhalt:* 116 IV 185 (unterlassene Schliessung einer lawinengefährdeten Strasse), 116 IV 310 (ungenügende Signalisation einer Strassenbaustelle). – 89 IV 9 (Vorsichtspflicht des Fahrzeugführers gegenüber am Strassenrand befindlichen Kindern), 91 IV 80, 92 IV 23, 121 IV 290, 129 IV 41 (Vorsichtspflicht bei Fussgängerstreifen), 103 IV 108, 106 IV 393, 129 IV 285 (Vorsichtspflicht gegenüber Fussgängern ausserhalb von Fussgängerstreifen), 103 IV 103 (Verletzung der Vorsichtspflicht eines Automobilisten gegenüber einem sich verkehrswidrig verhaltenden Mopedfahrer verneint), 129 IV 45 (Vortrittsrecht auf Strassenverzweigungen, Rechtsfahrgebot), 94 IV 25, 126 IV 92 (zulässige Geschwindigkeit bei nächtlicher Autofahrt), 106 IV 399 (nächtliches Abstellen eines Anhängers ohne Pannendreieck), 95 IV 140 (sichtbehindernde Strassenreinigung), 97 IV 163 (Fahrt mit Strassenbelagsmaschine bei unsichtigem Wetter), 122 IV 135, 127 IV 39 (Vorsichtspflicht des Fahrzeugführers bei stark eingeschränkter Sicht), 98 IV 11 (Überlassen eines Autos an einen fahrunfähigen Führer), 104 IV 208 (Berechnung der Nutzlast eines Fahrzeuges). – *Luftverkehr:* 97 IV 171, 98 IV 5 (Helikopterpilot), 104 IV 49 (unterlassene Abklärung von Wetter- und Sichtverhältnissen vor Antritt eines Fluges). – *Gesundheitswesen:* ZR 71 (1972) Nr. 110 (Vorkehren bei Operation durch einen Privatarzt), BGE 108 IV 5 (angeblicher Fachmann ermuntert eine Patientin zur Weiterführung einer totalen Fastenkur und zieht bei Verschlechterung ihres Gesundheitszustandes keinen Arzt bei), BGE 130 IV 7 (Entscheidungsspielraum bei Diagnosestellung). – *Umgang mit Waffen:* 103 IV 13 (Aufbewahren von Waffen und Munition), 127 IV 51 (Umgang mit Luftgewehr samt Munition, Instruktion von Jugendlichen). – *Weitere Anwendungsfälle:* 83 IV 141 (Überanstrengung eines jugendlichen Angestellten), 91 IV 139 (Ablegen einer brennenden Zigarette im Freien), 102 IV 141 (fahrlässiges Jagenlassen von Hunden), 122 IV 118 (mit der Stahlproduktion verbundene Gefahr der Verwendung der Produkte für Kriegsmaterial), 125 IV 70 (Leiterin einer Schule bei sexuellem Missbrauch einer unmündigen Schülerin durch Schüler), SJZ 79 (1983) 44 (Pflichten des Leiters eines Lagers für Jugendliche), RS 1985 Nr. 66 (Pflichten des Leiters eines Fallschirmspringens).

Art. 13   Sachverhaltsirrtum

[1] Handelt der Täter in einer irrigen Vorstellung über den Sachverhalt, so beurteilt das Gericht die Tat zu Gunsten des Täters nach dem Sachverhalt, den sich der Täter vorgestellt hat.

² Hätte der Täter den Irrtum bei pflichtgemässer Vorsicht vermeiden können, so ist er wegen Fahrlässigkeit strafbar, wenn die fahrlässige Begehung der Tat mit Strafe bedroht ist.

Bisheriges Recht: Die Bestimmung stimmt beinahe wörtlich mit StGB alt Art. 19 überein; einzig «der Richter» wurde durch «das Gericht» ersetzt.

Art. 13: Die irrige Vorstellung über den Sachverhalt kann sich einerseits als sog. Sachverhalts- bzw. Tatbestandsirrtum, andererseits als Irrtum über das Vorliegen der tatsächlichen Voraussetzungen eines Rechtfertigungsgrundes auswirken.

Ein *Sachverhaltsirrtum* liegt vor, wenn dem Täter das Wissen um das Vorliegen eines von ihm objektiv verwirklichten Merkmals des Tatbestandes und damit der gemäss StGB Art. 12 Abs. 1 geforderte Vorsatz fehlt. Erforderlich ist ausserdem, dass sich der Irrtum zugunsten des Täters auswirkt; wirkt er sich zu Ungunsten des Täters aus, kann ein untauglicher Versuch vorliegen (BGE 124 IV 99, 126 IV 57, 129 IV 240). Irrtümer über Umstände, die den Tatbestand nicht berühren, z.B. über die Identität eines vom Täter angegriffenen Menschen oder der von ihm weggenommenen Sache, fallen ausser Betracht, so z.B. wenn ein Polizist anlässlich einer Hausdurchsuchung vermeintliche Drogengelder einsteckt, die seine Kollegen deponiert haben, um ihn auf die Probe zu stellen (Pr 90 [2001] Nr. 36). Bedeutsam sind dagegen falsche Vorstellungen über alle Tatbestandselemente, die vom Vorsatz erfasst sein müssen, auch wenn ihr Vorliegen von Rechtsnormen oder Rechtsverhältnissen abhängt (BGE 82 IV 202, 109 IV 66, 129 IV 241), wobei allerdings diesbezüglich die Parallelwertung in der Laiensphäre genügt (BGE 129 IV 243). Zur Abgrenzung zum Rechtsirrtum nach StGB Art. 21: BGE 109 IV 67, 124 IV 292, 129 IV 241. Nach BGE 117 IV 272 ist StGB Art. 13 auch anwendbar bei einem Irrtum über einen Umstand tatsächlicher Natur, der einen Strafausschluss- oder Strafmilderungsgrund bildet. – Zur Abgrenzung zum Putativdelikt: Beim Putativdelikt hält der Täter Strafloses für strafbar: BGE 120 IV 206.

Rechtsfolgen des Sachverhaltsirrtums: Gemäss StGB Art. 13 Abs. 1 ist der Täter, wenn seine Vorstellung einem mit geringerer Strafe bedrohten Tatbestand entspricht, nach diesem zu bestrafen (und zwar wegen vollendeter Tat), sonst entfällt seine Strafbarkeit wegen eines Vorsatzdeliktes. In beiden Fällen ist weiter abzuklären, ob die Voraussetzungen von StGB Art. 13 Abs. 2 (vgl. hierzu BGE 101 Ib 36, 104 IV 262, 125 IV 55 ff.) gegeben sind. Ist dies der Fall, tritt die Verurteilung wegen des betreffenden Fahrlässigkeitsdeliktes zur allfälligen Bestrafung nach Abs. 1 hierzu.

Einzelne Fälle: BGE 71 IV 90 und 185 (der Täter hält die von ihm behändigte, tatsächlich noch in fremdem Gewahrsam befindliche Sache für verloren: Beurteilung als Fundunterschlagung statt als Diebstahl), 82 IV 201 (irrtümliche Annahme, eine Münzart besitze den von StGB Art. 240 ff. geforderten gesetzlichen Kurs nicht), 85 IV 191 (Straflosigkeit der Aneignung von Sachen bei irrtümlicher Annahme, der Eigentümer habe sie nicht verloren, sondern das Eigentum daran aufgegeben), 98 IV 20 (Wegnahme einer Sache, auf die der Täter einen Anspruch zu haben glaubt: Mangels Absicht der unrechtmässigen Bereicherung Beurteilung als Sachentziehung statt als Diebstahl), 105 IV 36 (Ausschluss von Veruntreuung mangels Absicht unrechtmässiger Bereicherung, weil der Täter irrtümlich das Bestehen einer Schuld ihm gegenüber annahm, für die er sich bezahlt machen wollte), 116 IV 145 (der Täter hält den von ihm verletzten, einem anderen gehörenden Habicht, einen Jagdvogel, irrtümlich für einen wildlebenden Sperber), 116 IV 156 (vermeintlich fehlende Befugnis eines Beamten zu einer Handlung bei StGB Art. 286), 129 IV 242 (der Täter nahm an, vor mehr als zehn Jahren auf ein Konto überwiesene deliktische Gelder seien nicht mehr einziehbar, womit ein Merkmal der Geldwäscherei nicht erfüllt sei), vgl. ferner BGE 75 IV 75, 80 IV 92, 102 IV 11, Pr 83 (1994) Nr. 175.

Irrtümliche Annahme der *tatsächlichen Voraussetzungen eines Rechtfertigungsgrundes:* vgl. BGE 93 IV 83, 102 IV 67 und 122 IV 4, zur Putativnotwehr, BGE 75 IV 52, 98 IV 50 und 125 IV 55 zum Putativnotstand. Ein derartiger Irrtum führt zur Straflosigkeit wegen des vom Täter verwirklichten Vorsatzdeliktes, sofern kein Notwehr- bzw. Notstandsexzess vorliegt (vgl. RS 1983 Nr. 420). – Was sich der Täter vorstellte, ist Tatfrage (BGE 116 IV 145).

Art. 14   3. Rechtmässige Handlungen und Schuld.
Gesetzlich erlaubte Handlung

Wer handelt, wie es das Gesetz gebietet oder erlaubt, verhält sich rechtmässig, auch wenn die Tat nach diesem oder einem andern Gesetz mit Strafe bedroht ist.

Zu Art. 14–18: Bisheriges Recht: Die bisherigen in StGB alt Art. 32–34 geregelten Rechtfertigungsgründe werden in den StGB Art. 14, 15 und 17 mit einigen Änderungen übernommen. Neu werden in StGB Art. 16 die entschuldbare Notwehr und in StGB Art. 18 der entschuldbare Notstand geregelt. Es wurde darauf verzichtet, die Rechtfertigungsgründe der Einwilligung des Verletzten sowie der Wahrung überwiegender Interessen ins Gesetz aufzunehmen.

Das StGB enthält neben StGB Art. 14, 15 und 17 weitere Rechtfertigungsgründe in StGB Art. 119 Abs. 1 und 2, 179octies, 320 Ziff. 2, 321 Ziff. 2, 321bis Abs. 2 und 364 sowie in der Nebenstrafgesetzgebung. Die Rechtfertigungsgründe des Allgemeinen Teils des StGB, so auch derjenige der Berufspflicht, haben Vorrang vor dem Entlastungsbeweis gemäss StGB Art. 173 Ziff. 2: BGE 116 IV 213 f., 123 IV 98, 131 IV 157.

Die *irrige Annahme* der Voraussetzungen eines Rechtfertigungsgrundes ist nach den Regeln des Sachverhaltsirrtums gemäss StGB Art. 13 zu behandeln (BGE 129 IV 17), die irrige Annahme betreffend das Bestehen eines Rechtfertigungsgrundes als Rechtsirrtum nach StGB Art. 21 (SJZ 65 [1969] 241 Erw. 7).

Übergesetzliche, d.h. in keinem Gesetz genannte *Rechtfertigungsgründe* sind möglich, doch dürfen sie nicht weniger streng gehandhabt werden als StGB Art. 17: BGE 94 IV 70, ZR 72 (1973) Nr. 107, 76 (1977) Nr. 98, zum Teil kritisch ZBJV 105 (1969) 387.

Ein solcher übergesetzlicher Rechtfertigungsgrund kann in der *Einwilligung des Verletzten* liegen, auch die mutmassliche Einwilligung für die in dessen Interesse gelegenen Handlungen rechtfertigt die Tat. Die Einwilligung kann nur bei Straftaten wirksam erfolgen, welche ausschliesslich individuelle Rechtsgüter schützen. Zur Erforderlichkeit einer dieser Gründe zur Rechtfertigung ärztlicher Eingriffe: BGE 124 IV 260. Voraussetzung ist, dass der Verletzte über das Rechtsgut verfügen kann, was z.B. bei StGB Art. 114 und 118 Abs. 1 nicht zutrifft, und dass die Zustimmung nicht sittenwidrig (ZGB Art. 27) ist: BGE 99 IV 209 (medizinischer Eingriff), 100 IV 159. Weiter muss der Einwilligende die Tragweite seines vor der tatbestandsmässigen Handlung erklärten Verzichts kennen und dieser muss frei von Willensmängeln sein. Der tatsächliche Umfang der Einwilligung hängt vom Willen des Berechtigten ab. Eine Einwilligung unter Bedingungen, die vom Täter missachtet werden, genügt nicht: BGE 100 IV 159. Der gesetzliche Vertreter kann einwilligen, wenn die Verletzung im Interesse des Verletzten oder höherrangiger fremder Interessen liegt: SJZ 62 (1966) 59. Einwilligung des Geschädigten in eine *fahrlässige* Körperverletzung: BGE 109 IV 104 und 121 IV 256 (verneint für Schädigung eines Fussballers bzw. Eishockey-Spielers infolge vorsätzlicher oder schwerer Missachtung von Spielregeln durch einen anderen Spieler).

Von der Einwilligung in die Beeinträchtigung eines Rechtsguts gegenüber einem Dritten ist die *Selbstverletzung und die Selbstgefährdung* zu unterscheiden. Diese unterscheiden sich von der Einwilligung in eine Verletzung bzw. Gefährdung dadurch, dass der sich selbst Verletzende bzw. Gefährdende während der Ausführung der betreffenden Handlung in eigenverantwortlicher Weise die (alleinige) Tatherrschaft innehat. Der sich auf diese Weise selbst Verletzende bzw. Gefährdende bleibt grundsätzlich straflos, ebenso derjenige, welcher daran mitwirkt: BGE 125 IV 191 ff. (Selbstgefährdung durch «Anhängen» an einen korrekt fahrenden Motorfahrradlenker), BGE 131 IV 2 ff. (Selbstgefährdung bezüglich schwerer Körperverletzung durch ungeschützten Geschlechtsverkehr mit HIV-infizierter Person). Anders verhält es sich nur, wenn der sich selbst Verletzende oder Gefährdende die mit seinem Verhalten verbundenen Risiken verkennt und aus diesem oder einem anderen Grund nicht in eigenverantwortlicher Weise sowie mit Tatherrschaft handelt. Demgegenüber ist die einverständliche Fremdgefährdung grundsätzlich strafbar. In dieser Konstellation ist zu prüfen, ob die Voraussetzungen einer Einwilligung gegeben sind.

Als weitere übergesetzliche Rechtfertigungsgründe kommen namentlich in Betracht: *rechtfertigende Pflichtenkollision*, wenn jemand einen Tatbestand erfüllt, weil er nur auf diese Weise den Verstoss gegen ein anderes, höherwertige Interessen wahrendes Verbot zu vermeiden vermag (verneint in BGE 130 IV 19 f.), *notstandsähnliches Widerstandsrecht* gegen eine Amtshandlung (BGE 98 IV 45, 103 IV 75, 120 IV 213, 126 IV 254, 127 IV 135, 168 und 129 IV 14 zu den Voraussetzungen) und *Wahrung berechtigter Interessen,* so z.B. solcher finanzieller Natur (BGE 82 IV 18 betr. Fernbleiben von einer Pfändung), zur Orientierung der Öffentlichkeit über Missstände in der Verwaltung (BGE 94 IV 70 betr. Verletzung des Amtsgeheimnisses), zur Verkehrssicherung (BGE 113 IV 7 betr. Missachtung von Verkehrsregeln durch den Begleitmotorradfahrer eines Velorennens), zur Geheimhaltung eines Informanten über eine Gewässerverschmutzung durch einen Politiker (SJZ 77 [1981] 267 betr. StGB Art. 293; problematisch), zur Einreise eines Staatenlosen mit gefälschten Papieren, um die Eheschliessung mit einer Schweizerin, der Mutter seiner anderthalbjährigen Tochter, vorzubereiten (BGE 117 IV 177 betr. ANAG Art. 23 Abs. 1 al. 1), zur Vervielfältigung und Weiterverbreitung eines urheberrechtlich geschützten Werks (BGE 120 IV 213), zur Veröffentlichung geheimer Passagen aus einem entsprechenden Papier, welches unter den Schutzbereich von StGB Art. 293 fällt (BGE 126 IV 254), im Zusammenhang mit journalistischer Tätigkeit begangene Anstiftung zur Amtsgeheimnisverletzung (BGE 127 IV 135), zu den Recherchen eines Journalisten, welcher mit einer Gruppe von Flüchtlingen rechtswidrig in die Schweiz einreiste, um Informationen darüber zu veröffentlichen (BGE 127 IV 168 f.), zum Widerstand gegen den Transport von nuklearen Brennelementen zur Wiederaufbereitung, welche gegen die umweltpolitischen und ideellen Auffassungen des Handelnden verstösst (BGE 129 IV 14). Vorauszusetzen ist stets, dass zuvor der Rechtsweg mit legalen Mitteln beschritten worden ist (BGE 129 IV 15) und dass der Täter die zur Erreichung des berechtigten Zieles notwendigen und diesem angemessenen Mittel angewendet hat, sowie dass seine Tat den einzig möglichen Weg darstellt und offenkundig weniger schwer wiegt als die zu wahrenden Interessen: BGE 113 IV 7, 117 IV 178, 120 IV 213, 127 IV 135, 169, 129 IV 15. – Die Erfüllung einer sittlichen Pflicht begründet für sich allein keinen Rechtfertigungsgrund: BGE 97 IV 23. – In den kantonalem Recht unterstellten Strafsachen kann die Nichtanwendung von StGB Art. 15 und 17 nicht als Verletzung eidgenössischen Rechts gerügt werden: BGE 97 IV 69.

Art. 14: Bisheriges Recht: Anders als in StGB alt Art. 32 werden in Art. 14 die Amts- und die Berufspflicht nicht mehr erwähnt, da diese nur rechtfertigend wirken können, wenn sie im öffentlichen Recht begründet sind. Zudem wird klargestellt, dass sich rechtmässig verhält, wer gestützt auf ein gesetzliches Gebot bzw. eine gesetzliche Erlaubnis handelt.

Art. 14: Das *gesetzliche Gebot bzw. die gesetzliche Erlaubnis* kann sich aus einem *eidgenössischen* wie auch aus einem *kantonalen* oder *kommunalen Erlass* bzw. einer Direktive (BGE 129 IV 175) und aus einem Reglement ergeben: BGE 94 IV 7, 101 Ib 16. – Ein gesetzliches Gebot oder eine gesetzliche Erlaubnis kann nur rechtfertigend wirken, wenn im konkreten Fall die Grundsätze der Subsidiarität und Proportionalität beachtet werden: BGE 94 IV 8, 96 IV 20, 99 IV 255, 101 IV 316, 111 IV 116, 121 IV 212.

Als Rechtfertigung zufolge *gesetzlicher Erlaubnis* kommen u.a. in Frage: Erlaubte Selbsthilfe nach ZGB Art. 701, 926 (dazu BGE 85 IV 5, 118 IV 292, 128 IV 253, SJZ 63 [1967] 243), OR Art. 52 Abs. 3, OR Art. 57 (dazu BGE 76 IV 228, 77 IV 196, 78 IV 83, 104 IV 93 betr. Durchsetzung des Besuchsrechts). – Die Ehre der Gegenpartei tangierende Äusserungen von Anwälten im Prozess: BGE 131 IV 156 – Melderecht des Arztes nach SVG Art. 14 Abs. 4 (dazu SJZ 56 [1960] 130) und BetmG Art. 15. – Entgegennahme von Betäubungsmitteln durch einen Fahndungsbeamten nach BetmG Art. 23: BGE 108 Ib 538. – Recht des Privaten zur Festnahme und Beschlagnahme im Strafprozess: SJZ 57 (1961) 26 (kein Schusswaffengebrauch), 64 (1968) 9, BGE 129 IV 17. – Zeugenaussage über ein unehrenhaftes Verhalten: BGE 80 IV 60, SJZ 74 (1978) 128. – Behauptungspflicht der Partei im Zivilprozess: BGE 116 IV 213. – Aussagen als Angeschuldigter in einem Strafverfahren: BGE 118 IV 250. – In Anbetracht der gesetzlichen Pflichten der Ehegatten (ZGB Art. 159) ist die Erleichterung des gesetzwidrigen Verweilens gemäss ANAG Art. 23 Abs. 1 al. 5 nach ANAG Art. 14 nicht rechtswidrig (BGE 127 IV 33). – Anwaltliche Standesregeln begründen kein Aktenretentionsrecht, auch nicht im Fall, in welchem der frühere Anwalt noch nicht bezahlt ist (BGE 122 IV 231). – Aus dem Umstand der Anstellung bei einem Bestattungsinstitut folgt nicht die Erlaubnis, bei einer Leiche den Herzschrittmacher zu entfernen: BGE 129 IV 174. – Die Anstiftung zur Amtsgeheimnisverletzung lässt sich nach dem BGer nicht mit journalistischen Berufsregeln rechtfertigen: BGE 127 IV 134 (vgl. aber EGMR vom 25.4.2006, Dammann, Nr. 77551/01). – Ob ein allfälliges elterliches Züchtigungsrecht einen Rechtfertigungsgrund darstellt, lässt das BGer in einem neueren Entscheid offen: BGE 129 IV 221 f.

Amtspflichten gebieten bzw. erlauben die Erfüllung von Straftatbeständen in Ausübung hoheitlicher Befugnisse. Voraussetzungen ihrer rechtfertigenden Wirkung: BGE 96 IV 20, 111 IV 113, 115 IV 163, 121 IV 212. Der Beamte ist nicht verpflichtet, eine Ermächtigungsvorschrift auf ihre Verfassungs- und Gesetzesmässigkeit zu überprüfen: BGE 100 Ib 17. – Im Einzelnen: Ehrenrührige Ausführungen in einem Polizeirapport: BGE 76 IV 26; in der Begründung des Entscheides eines Gerichtes oder einer Verwaltungsbehörde: BGE 106 IV 181 (wer in amtlicher Funktion ehrenrührige Fakten erwähnen und persönliche Eigenschaften und Motive werten muss, ist durch StGB Art. 14 gedeckt, soweit er nicht über das Notwendige hinausgeht oder wider besseres Wissen handelt), in Äusserungen eines Funktionärs gegenüber der Presse: BGE 108 IV 95 (wem in amtlicher Funktion eine Informationspflicht obliegt, ist durch Art. 14 gedeckt, soweit die für die Öffentlichkeit bestimmten Äusserungen den gebotenen Sachbezug haben, nicht wider besseres Wissen getan wurden sowie nicht unnötig verletzend und unverhältnismässig sind). – Polizeilicher Waffengebrauch und andere physische Gewalt durch die Polizei: BGE 94 IV 7, 96 IV 20, 99 IV 255, 107 IV 85, 111 IV 113, 115 IV 163, 121 IV 209, 122 IV 210 = Pr 85 (1996) Nr. 159. – Recht und Pflicht einer Behörde zur Erstattung einer Strafanzeige: BGE 93 I 86. – Erziehungspflicht des Lehrers: BGE 72 IV 178 (Ehrverletzung), ein allfälliges Züchtigungsrecht des Lehrers setzt eine formelle gesetzliche Grundlage voraus: BGE 117 IV 18. – Abgelehnt wurde die Rechtfertigung zufolge Gesetzes oder Gewohnheitsrechts im Zusammenhang mit der Errichtung eines «Telekiosks» mit z.T. pornographischen Aufzeichnungen, für die sich der Verurteilte auf die Pflicht der PTT berufen hatte, ihre Einrichtungen den Interessenten zur Verfügung zu stellen (in BGE 121 IV 123).

Art. 15 Rechtfertigende Notwehr

Wird jemand ohne Recht angegriffen oder unmittelbar mit einem Angriff bedroht, so ist der Angegriffene und jeder andere berechtigt, den Angriff in einer den Umständen angemessenen Weise abzuwehren.

Bisheriges Recht: Die bisher in StGB alt Art. 33 Abs. 1 geregelten Rechtfertigungsgründe der Notwehr und der Notwehrhilfe stimmen mit StGB Art. 15 überein.

Art. 15: Der Angriff kann sich gegen alle persönlichen Rechtsgüter richten: BGE 102 IV 3 (Hausrecht), 104 IV 55 (Bewegungsfreiheit), 107 IV 13 (Eigentum). Unterlassen kann ein Angriff sein, wenn eine Rechtspflicht zum Handeln besteht (BGE 102 IV 4, 104 IV 55). Der Angriff muss rechtswidrig und im Gang sein oder unmittelbar bevorstehen: BGE 93 IV 83, 104 IV 236 (die aggressive Haltung einer gegenüberstehenden Gruppe genügt nicht), 107 IV 14. Bei nicht unmittelbar drohender, aber ständiger Gefahr, angegriffen zu werden, kann immerhin auch eine «präventive Notwehr» unter den Voraussetzungen eines entschuldigenden Notstandes nach StGB Art. 18 straflos sein: BGE 122 IV 5. Abgeschlossen ist der Angriff erst, wenn das Delikt beendet ist; beim Dauerdelikt (z.B. Hausfriedensbruch) dauert er so lange, als der Täter den rechtswidrigen Zustand aufrechterhält: BGE 102 IV 5. Ein Angriff auf das Eigentum und seine Abwehr i.S. von StGB Art. 15 dauern an, solange der Berechtigte und der Angreifer unmittelbar im Anschluss an die Tat um den Gewahrsam an der Sache streiten: BGE 107 IV 13. Nach BGE 109 IV 7 soll der Angriff auf das Vermögen eines Taxichauffeurs noch andauern, während der Fahrgast nach Abschluss der von ihm ohne Zahlung erschlichenen Fahrt flieht. – Auch wer schuldhaft zum Angriff Anlass gegeben hat, ist rechtswidrig angegriffen, wenn er die Situation nicht direkt provoziert hat: BGE 102 IV 230, 104 IV 56. – Der Angriff muss *rechtswidrig* sein: BGE 129 IV 16. Dies trifft namentlich nicht zu, wenn der Angreifer sich seinerseits auf einen Rechtfertigungsgrund berufen kann: BGE 93 IV 84, 109 IV 7 betr. Notwehrsituation für den Angreifer. Die Abwehr des Angriffs eines Tieres fällt nur unter StGB Art. 15, wenn er durch dessen Halter veranlasst wurde; im Übrigen ist StGB Art. 17 anzuwenden: BGE 97 IV 73. – *Putativnotwehr* liegt vor, wenn der Täter über das Vorliegen eines rechtswidrigen Angriffes irrt; der Irrtum hierüber ist nach StGB Art. 13 zu beurteilen: BGE 93 IV 83, 102 IV 67, 129 IV 17.

Zur Notwehr berechtigt sind sowohl der Angegriffene wie auch Dritte *(Notwehrhilfe):* BGE 129 IV 14. – Durch Notwehr können sowohl vorsätzlich wie unvorsätzlich verursachte Rechtsgüterverletzungen gedeckt sein: BGE 79 IV 148, 86 IV 1, 104 IV 1, 56. Stets wird jedoch vorausgesetzt, dass der in Notwehr Handelnde die Handlung, die zu einem deliktischen Erfolg führt, bewusst und gewollt zum Zweck der Abwehr eines Angriffs vorgenommen hat: BGE 93 IV 83, 104 IV 2. – Die Abwehr ist nur gegen den Angreifer zulässig; im Verhältnis zu einem unbeteiligten Dritten kann aber Notstand vorliegen: BGE 75 IV 51.

Der Notwehrtäter muss die ungefährlichste Art der Verteidigung wählen, sofern ihm mehrere erfolgversprechende Abwehrmittel zur Verfügung stehen *(Grundsatz der Subsidiarität):* BGE 102 IV 6 (Überschreitung der Grenzen der Notwehr durch Abgabe eines Warnschusses bei Hausfriedensbruch). Die Abwehr muss zudem verhältnismässig sein, d.h. sie muss in etwa der Schwere des tatsächlichen oder drohenden Angriffs sowie der Wichtigkeit des gefährdeten Rechtsgutes einerseits und der Bedeutung des Gutes, das durch die Abwehr verletzt wird, anderseits angepasst werden *(Grundsatz der Proportionalität):* Sem 110 (1988) 121, BGE 102 IV 68, 102 IV 230 (Unangemessenheit eines Messerstiches in den Bauch als Abwehr eines Angriffes mit Faustschlägen und Fusstritten), 106 IV 249 (Überschreitung der Notwehr durch Herabstossen des mit einem Haselstecken bewehrten Angreifers von einer Rampe), 107 IV 12 (Anschiessen eines mit grosser Beute fliehenden Diebes als angemessene Abwehr), 109 IV 15 (Abwehr von Schlägen mit einem Kabelstück durch Messerstiche gegen den Angreifer als Notwehrüberschreitung), Sem 117 (1985) 138 (offenkundige Unverhältnismässigkeit zwischen dem dem Angreifer erwachsenden Schaden und einem solchen, der dem Angegriffenen drohte). Für die Angemessenheit eines Abwehrmittels kommt es nicht auf dessen Gefährlichkeit, sondern auf diejenige seiner Verwendung an: BGE 101 IV 120, vgl. auch BGE 107 IV 15. Immerhin dürfen nachträglich nicht allzu subtile Überlegungen dazu angestellt werden, ob nicht allenfalls eine weniger einschneidende Abwehrhandlung ebenfalls zum Ziel geführt hätte (BGE 107 IV 15). – Der Bedrohte braucht einem Angriff nicht aus dem Wege zu gehen oder vor dem Angreifer zu flüchten, auch wenn dies möglich wäre: BGE 101 IV 121, 102 IV 230.

Art. 16 Entschuldbare Notwehr

¹ Überschreitet der Abwehrende die Grenzen der Notwehr nach Artikel 15, so mildert das Gericht die Strafe.

² Überschreitet der Abwehrende die Grenzen der Notwehr in entschuldbarer Aufregung oder Bestürzung über den Angriff, so handelt er nicht schuldhaft.

Bisheriges Recht: Die entsprechenden Regelungen finden sich – abgesehen von redaktionellen Änderungen praktisch gleichlautend – in StGB alt Art. 33 Abs. 2 Sätze 1 und 2. In der ersten Fallkonstellation war «Strafmilderung nach freiem Ermessen» vorgesehen, in der zweiten wurde festgestellt, der Betreffende «bleibe straflos».

Art. 16 Abs. 1: Die Überschreitung der durch StGB Art. 15 gezogenen Grenzen der Notwehr bleibt rechtswidrig. Sie liegt vor, wenn der Verteidiger den Angriff in einer den Umständen *nicht angemessenen Weise* abwehrt, indem er gegen die Grundsätze von Subsidiarität oder Proportionalität verstösst. Überdies ist von Notwehrexzess auszugehen, wenn eine bereits bei unmittelbar drohendem oder im Gang befindlichen Angriff begonnene Abwehr über dessen Abschluss hinaus fortgesetzt wird. – Die Strafmilderung nach StGB Art. 48a ist obligatorisch.

Abs. 2: Der Täter handelt nicht schuldhaft und bleibt straflos, wenn Art und Umstände des Angriffs eine *entschuldbare* Aufregung oder Bestürzung hervorriefen: BGE 115 IV 169. Die Gemütsbewegung muss nicht heftig sein, aber eine gewisse Stärke aufweisen: BGE 102 IV 7, vgl. auch BGE 101 IV 21 (Strafloserklärung ist gleichbedeutend mit Freispruch). Wer selber durch deliktisches oder provokantes Verhalten die Ursache des Angriffs gesetzt hat, kann nicht geltend machen, eine unangemessene Abwehr sei auf eine *entschuldbare* Aufregung oder Bestürzung zurückzuführen: BGE 109 IV 7, Pr 85

(1996) Nr. 134. – Die in Notwehrexzess begangene Tötung kann auch unter StGB Art. 113 (Totschlag) fallen: BGE 102 IV 229.

Art. 17 Rechtfertigender Notstand

Wer eine mit Strafe bedrohte Tat begeht, um ein eigenes oder das Rechtsgut einer anderen Person aus einer unmittelbaren, nicht anders abwendbaren Gefahr zu retten, handelt rechtmässig, wenn er dadurch höherwertige Interessen wahrt.

Bisheriges Recht: Der rechtfertigende Notstand entspricht sachlich StGB alt Art. 34 Ziff. 1 Abs. 1 sowie Ziff. 2 Satz 1. Anders als gemäss altem Recht fehlt jedoch die beispielhafte Aufzählung der zu schützenden Rechtsgüter. Zudem wird ausdrücklich festgehalten, dass mit dem Eingriff *höherwertige Interessen* gewahrt werden müssen. Das neue Recht verzichtet auf das Erfordernis von StGB alt Art. 34 Ziff. 1, wonach die Gefahr nicht vom Täter verschuldet sein darf.

Art. 17: Die Bestimmung ist im Verhältnis zu StGB Art. 15 subsidiär (vgl. BGE 75 IV 151, 97 IV 73, 122 IV 3 und Bem. zu StGB Art. 15). Sie schafft einen Rechtfertigungsgrund für den Fall, dass das zu schützende Interesse *höherwertig* ist als dasjenige, in welches zu dessen Rettung eingegriffen wird (BGE 122 IV 4, 125 IV 55, 129 IV 14). – Die Bestimmung erfasst nur den individuellen Notstand, nicht aber die Wahrung allgemeiner Rechtsgüter, in Bezug auf solche kommen nur übergesetzliche Rechtfertigungsgründe in Frage: BGE 94 IV 70, ZR 76 (1977) Nr. 95 (verkannt in BGE 106 IV 68). Auch Beweisnotstand kommt in Betracht: Sem 108 (1986) 36. – Wer zur Duldung von Eingriffen in Rechtsgüter verpflichtet ist, kann diese nicht unter Berufung auf Notstand abwenden: BGE 104 IV 232. – Die Gefahr muss *unmittelbar* und damit auch *konkret* sein, d.h. sich nur durch sofortiges Eingreifen abwenden lassen: BGE 101 IV 5, 108 IV 128, 109 IV 158, 122 IV 5, 129 IV 14, 16, ZBJV 123 (1987) 449 (Zeitnot und Mitführen schwerer Lasten begründen keinen Notstand, der die Missachtung eines Fahrverbotes rechtfertigen könnte), Pr 85 (1996) Nr. 134.

Die Rettungshandlung kann in Individualrechtsgüter wie auch in Rechtsgüter der Allgemeinheit eingreifen: vorausgesetzt in BGE 106 IV 2 und 68 (Verletzung von Verkehrsvorschriften). Voraussetzung der Notstandshandlung ist zunächst, dass die Gefahr nicht anders als durch die Notstandshandlung abwendbar ist *(Grundsatz der Subsidiarität):* BGE 75 IV 51, 97 IV 75, 98 IV 10, 50, 101 IV 5, 106 IV 3, 108 IV 128, 122 IV 6 (bei dauernder Bedrohung durch einen «Haustyrannen»), 129 IV 14. Im Weiteren ist die Notstandshandlung nur *rechtmässig*, wenn der rettende Eingriff *zum Schutze höherwertiger Interessen* erfolgt *(Grundsatz der Proportionalität):* vgl. BGE 116 IV 366, 122 IV 4, 125 IV 55, 129 IV 14. In die Abwägung mit einzubeziehen ist nicht nur das Gewicht der beteiligten Rechtsgüter, sondern auch der Grad ihrer Gefährdung, das Ausmass der befürchteten Rechtsgutverletzung sowie alle weiteren beteiligten Interessen und Umstände.

Die irrtümliche Annahme einer unmittelbaren Gefahr ist nach StGB Art. 13 zu behandeln: SJZ 75 (1979) 44 (Abschuss eines vermeintlich tollwütigen Hasen). – Rechtsirrtum und Notstand: SJZ 70 (1974) 56.

Zur Notstandshandlung berechtigt sind sowohl der Betroffene wie auch Dritte *(Notstandshilfe):* BGE 129 IV 14. – Der Nothelfer ist nicht gehalten, sich selber der dem Dritten drohenden Gefahr auszusetzen: BGE 98 IV 75. Die Überschreitung der Höchstgeschwindigkeit durch einen Automobilisten, um dem Begleiter ein letztes Gespräch mit dem sterbenden Ehegatten zu ermöglichen, kann durch StGB

Art. 17 gedeckt sein: SJZ 70 (1974) 86. Zur Frage der Verhältnismässigkeit der Verletzung von Verkehrsregeln, um einen Patienten notfallmässig in eine Klinik zu bringen: BGE 106 IV 2, RS 1991 Nr. 3, vgl. auch SJZ 87 (1991) 398, zur Frage einer Fahrt in angetrunkenem Zustand als Notstandshilfe: BGE 116 IV 366. – Dem Inhaber eines privaten Polizeiunternehmens zum Schutz von Kunden ist es nicht erlaubt, ohne Bewilligung die den vortrittsberechtigten Fahrzeugen vorbehaltenen besonderen akustischen und optischen Signale an seinem Wagen anzubringen: BGE 101 IV 5. Wer eine Botschaft besetzt und deren Angehörige gefangen hält, um dadurch auf die schwierige Lage des Volkes in seiner Heimat aufmerksam zu machen, kann sich nicht auf StGB Art. 17 berufen: BGE 109 IV 158.

Art. 18 Entschuldbarer Notstand

¹ Wer eine mit Strafe bedrohte Tat begeht, um sich oder eine andere Person aus einer unmittelbaren, nicht anders abwendbaren Gefahr für Leib, Leben, Freiheit, Ehre, Vermögen oder andere hochwertige Güter zu retten, wird milder bestraft, wenn ihm zuzumuten war, das gefährdete Gut preiszugeben.

² War dem Täter nicht zuzumuten, das gefährdete Gut preiszugeben, so handelt er nicht schuldhaft.

Bisheriges Recht: Im Gegensatz zu StGB alt Art. 34 Ziff. 1 wird in StGB Art. 18 ausdrücklich vorausgesetzt, dass die zu schützenden Rechtsgüter *hochwertiger Natur* sind. Wie StGB alt Art. 34 Ziff. 2 erfasst StGB Art. 18 auch die Notstandshilfe.

Art. 18: Dient die Notstandshandlung nicht der Wahrung höherwertiger Interessen oder wird der Grundsatz der Subsidiarität nicht beachtet, so entspricht die Notstandshandlung nicht dem Grundsatz der Verhältnismässigkeit und bleibt rechtswidrig *(Notstandsexzess)*. Zur Beantwortung der Frage, ob die Preisgabe des Guts zumutbar gewesen wäre, ist in Beachtung des Ausmasses der psychischen Belastung des Täters zu prüfen, ob bzw. inwieweit ihm persönlich für seine Notstandshandlung ein Vorwurf gemacht werden kann. Mit zu berücksichtigen sind insbesondere das konkrete Wertverhältnis der kollidierenden Interessen, allfällige Gefahrtragungspflichten des Täters oder der Umstand, dass dieser selbst die Gefahr in pflichtwidriger Weise herbeigeführt hat. – Was das Ausmass der psychischen Belastung betrifft, so dürfte diese beim Dritten, welcher Notstandshilfe leistet, mit zunehmender Distanz zum Bedrohten bzw. zum bedrohten Rechtsgut geringer werden.

Abs. 1: *Schuldmilderungsgrund:* War dem Täter die Preisgabe des gefährdeten Gutes zuzumuten, ist dieser stets milder zu bestrafen.

Abs. 2: *Schuldausschlussgrund:* Überschreitet der Täter die Grenzen des Notstands, so besteht die Möglichkeit, dass ihm die Notstandshandlung persönlich nicht vorgeworfen werden kann: vgl. BGE 122 IV 4. – Das ist dann der Fall, wenn dem Bedrohten rechtmässiges Verhalten, d.h. die Preisgabe des gefährdeten Guts, nicht zugemutet werden kann, obwohl das durch die Notstandshandlung bedrohte Rechtsgut ebenso gewichtig oder gar gewichtiger ist als das durch die Notlage gefährdete.

Art. 19 Schuldunfähigkeit und verminderte Schuldfähigkeit

¹ War der Täter zur Zeit der Tat nicht fähig, das Unrecht seiner Tat einzusehen oder gemäss dieser Einsicht zu handeln, so ist er nicht strafbar.

Art. 19   Nr. 1 StGB

² War der Täter zur Zeit der Tat nur teilweise fähig, das Unrecht seiner Tat einzusehen oder gemäss dieser Einsicht zu handeln, so mildert das Gericht die Strafe.

³ Es können indessen Massnahmen nach den Artikeln 59–61, 63, 64, 67 und 67b getroffen werden.

⁴ Konnte der Täter die Schuldunfähigkeit oder die Verminderung der Schuldfähigkeit vermeiden und dabei die in diesem Zustand begangene Tat voraussehen, so sind die Absätze 1–3 nicht anwendbar.

Bisheriges Recht: StGB Art. 19 enthält die Regelungsmaterie von StGB alt Art. 10, 11 und 12. Anders als in StGB alt Art. 10 und 11 ist nach dem geltenden Recht nicht mehr von Unzurechnungsfähigkeit bzw. (verminderter) Zurechnungsfähigkeit, sondern von Schuldunfähigkeit bzw. (verminderter) Schuldfähigkeit die Rede. Auf die Aufzählung der möglichen («biologischen») Gründe der Schuldunfähigkeit bzw. der verminderten Schuldfähigkeit ist verzichtet worden. Trotzdem geht es auch im geltenden Recht um die in der bisherigen Fassung angeführten Fälle psychischer Anomalien. Zu den Massnahmen, deren Anordnung trotz Schuldunfähigkeit bereits nach dem bisherigen Recht möglich war, kommen explizit das Berufs- (StGB Art. 67) und das Fahrverbot (StGB Art. 67b) hinzu. – Anders als nach StGB alt Art. 11 ist die Strafmilderung im Falle verminderter Schuldfähigkeit obligatorisch.

Art. 19: Nicht strafmündig sind Kinder unter 10 Jahren (JStG Art. 3 Abs. 1 und Art. 4).

Zur Untersuchung der Schuldfähigkeit vgl. StGB Art. 20, zu den Massnahmen bei Übertretungen StGB Art. 105 Abs. 3. – StGB Art. 19 ist auf das Fahren in angetrunkenem Zustand anwendbar: BGE 117 IV 295, 119 IV 122.

Abs. 1: Für die Schuldunfähigkeit ist erforderlich, dass dem Täter bei der Verübung der Straftat wegen einer psychischen Abnormität entweder die sog. Einsichtsfähigkeit oder die sog. Bestimmungsfähigkeit gänzlich fehlt. Auch der Schuldunfähige kann willentlich handeln: BGE 115 IV 223. Bei Schuldunfähigkeit darf – auch bei sehr schweren Straftaten – keine Strafe ausgefällt werden (BGE 118 IV 5). Es kommt nur die Anordnung von Massnahmen nach StGB Art. 59–61, 63, 64, 67 und 67b in Frage (vgl. auch BGE 123 IV 3). Die Anordnung dieser Massnahmen ist trotz unterbleibendem Schuldspruch dem *Richter* vorbehalten. Die Einziehung ist bei unterbliebenem Schuldspruch zufolge Schuldunfähigkeit zulässig (BGE 117 IV 238).

Abs. 2: Verminderte Schuldfähigkeit besteht bei bloss herabgesetzter Einsichts- oder Bestimmungsfähigkeit, welche minder schwere Formen der Defektzustände gemäss Abs. 1 darstellen. Zum Begriff der verminderten Schuldfähigkeit (zu StGB alt Art. 11, Zurechnungsfähigkeit: BGE 91 IV 68, 100 IV 130, 102 IV 226). Nach diesen Entscheiden werden psychische Abweichungen erst dann relevant, wenn sie in hohem Masse in den Bereich des Abnormen fallen. Dies braucht z. B. nicht zuzutreffen bei Pädophilie (BGE 75 IV 148), Triebhaftigkeit (BGE 91 IV 68), Pubertätskrise (BGE 98 IV 132), Psychopathie (BGE 98 IV 154 und 100 IV 131, wo immerhin Extremfälle vorbehalten werden), Alkoholisierung (BGE 107 IV 5, vgl. auch BGE 95 IV 98 und 102 IV 226). Immerhin kann eine alkoholbedingte Verminderung der Schuldfähigkeit auch beim Tatbestand des Fahrens in angetrunkenem Zustand vorliegen (BGE 117 IV 296, 118 IV 4). Bei einer Blutalkoholkonzentration zwischen 2 und 3 Promillen besteht eine Vermutung für die Verminderung der Schuldfähigkeit des Täters, die aber im Einzelfall durch Gegenindizien umgestossen werden kann: BGE 122 IV 50. Nach BGE 106 IV 242 ist der Sachverständige gehalten, im Falle verminderter Schuldfähigkeit zwischen leichter, mittelgradiger und schwerer Herabsetzung zu unterscheiden. Der fremde kulturelle Hintergrund eines Ausländers kann in Ausnahmefällen zu einer leicht verminderten Schuldfähigkeit führen (BGE 127 IV 19).

Verminderte Schuldfähigkeit führt obligatorisch zur Strafmilderung i.S. von StGB Art. 48a (vgl. zu StGB alt Art. 11 BGE 116 IV 303, 118 IV 4, 123 IV 51). Die Strafe ist dem Grad der Verminderung entsprechend zu mildern, auch wenn die Tat objektiv schwer wiegt: BGE 118 IV 4, 123 IV 3, 129 IV 35. Daneben können bei Vorliegen der entsprechenden Voraussetzungen stets die in Abs. 3 genannten Massnahmen getroffen werden (vgl. BGE 123 IV 3 für den Fall der Gefährlichkeit des Täters).

Abs. 3: Sowohl bei Schuldunfähigkeit wie auch bei verminderter Schuldfähigkeit können im Falle von Sicherheitsbedürfnissen die im Gesetz erwähnten Massnahmen nach den StGB Art. 59–61 (stationäre Behandlung psychisch schwer gestörter oder süchtiger Täter), 63 (ambulante Behandlung solcher Täter), 64 (Verwahrung), 67 und 67b (Berufs- und Fahrverbot) angeordnet werden (vgl. auch BGE 123 IV 3).

Abs. 4: Sog. actio libera in causa. Abs. 4 findet Anwendung, wenn der schuldfähige Täter vorsätzlich (namentlich durch Alkohol- oder Drogenkonsum) sein Bewusstsein mindestens bis zur Verminderung seiner Schuldfähigkeit beeinträchtigt und in diesem Zustand eine schon vorher beabsichtigte oder vorausgesehene und in Kauf genommene Straftat begeht (BGE 117 IV 295, 120 IV 170). Sie kommt namentlich auch für den Tatbestand des Fahrens in angetrunkenem Zustand in Betracht: BGE 117 IV 295 (mit differenzierter Erörterung verschiedener Situationen), 118 IV 4. Führt der Täter den Ausschluss oder die Verminderung seiner Schuldfähigkeit im Zeitpunkt herbei, in dem er noch schuldfähig ist, und sieht er voraus, dass er in diesem Zustand das betreffende Delikt begehen kann, so ist er wegen fahrlässiger Begehung dieses Delikts zu bestrafen (BGE 93 IV 41, 104 IV 254, 117 IV 295, 120 IV 170). – Wenn weder die Voraussetzungen der vorsätzlichen noch der fahrlässigen actio libera in causa gegeben sind, kommt Bestrafung nach StGB Art. 263 in Betracht: BGE 93 IV 41, 104 IV 254, RS 1975 Nr. 876, 1978 Nr. 512.

Art. 20 Zweifelhafte Schuldfähigkeit

Besteht ernsthafter Anlass, an der Schuldfähigkeit des Täters zu zweifeln, so ordnet die Untersuchungsbehörde oder das Gericht die sachverständige Begutachtung durch einen Sachverständigen an.

Bisheriges Recht: Die Bestimmung entspricht weitgehend StGB alt Art. 13. Die Begutachtung setzt aber nicht mehr Zweifel an der Schuldfähigkeit voraus, sondern ernsthaften Anlass, daran zu zweifeln. Das entspricht der bisherigen Praxis zu StGB alt Art. 13 Abs. 1. Im Gegensatz zu StGB alt Art. 13 werden die sichernden Massnahmen im geltenden Recht nicht speziell erwähnt. Die Regelungsmaterie gemäss StGB alt Art. 13 Abs. 2 findet sich im geltenden Recht nicht.

Art. 20: Die Untersuchung ist unabhängig davon anzuordnen, ob der Richter aufgrund objektiver Anhaltspunkte an der Schuldfähigkeit zweifelt. Entscheidend ist allein, ob er nach den Umständen des Falles Zweifel an der Schuldfähigkeit haben *sollte;* ernsthafter Anlass zu derartigen Zweifeln genügt: BGE 98 IV 157, 102 IV 75, 106 IV 242, 116 IV 273 (mit Auflistung bedeutsamer Umstände), 118 IV 7 (Beginn der Straffälligkeit deckt sich mit jenem einer schweren allergischen oder psychosomatischen Erkrankung). Die Begehung der Tat in *angetrunkenem Zustand* bildet noch keinen Grund, um an der Schuldfähigkeit des Täters zu zweifeln, wenn ausser der Blutalkoholkonzentration keine weiteren

Indizien für Zweifel an der Schuldfähigkeit bestehen: BGE 91 IV 68, 107 IV 6, 119 IV 123. – Bei *Drogensüchtigen* muss sich der kantonale Richter ausdrücklich über die Erforderlichkeit eines Gutachtens äussern: BGE 102 IV 75, BJM 1984, 42. Dieses ist u. U. auch dann einzuholen, wenn die körperliche Drogenabhängigkeit nicht mehr besteht: Pr 79 (1990) Nr. 176. – Allein der Hinweis auf zwei früher erlittene Hirnerschütterungen vermag keinen Zweifel an der Schuldfähigkeit zu begründen: Sem 1977, 248. – Zweifel können sich ferner ergeben aufgrund auffälliger Begleiterscheinungen (BGE 116 IV 276 [unverständliches Gewaltdelikt]) sowie aus den Lebensumständen und der Vorgeschichte (BGE 72 IV 62, 98 IV 157, 116 IV 276, 118 IV 8). – Liegen ernsthafte Zweifel vor, so ist ein Sachverständigengutachten einzuholen. Insbesondere soll der Richter seine Zweifel – etwa durch Beizug von Fachliteratur – nicht selber beseitigen (BGE 119 IV 123). Ob auch eine von der Verteidigung eingereichte Privatexpertise ausreicht, entscheidet der Richter nach seinem Ermessen (BGE 113 IV 1). – Auf ein früher erstattetes Gutachten darf abgestellt werden, wenn sich der Geisteszustand des Täters seither nicht geändert hat; dies ist Tatfrage: BGE 88 IV 51, 106 IV 237. – Im *Wiederaufnahmeverfahren* darf von einer weiteren Begutachtung abgesehen werden, wenn voraussichtlich keine wesentlich neuen Tatsachen mehr festgestellt werden können, die möglicherweise zu erheblich milderer Bestrafung führen: BGE 101 IV 249. – Beim Sachverständigen handelt es sich in der Regel um einen *Facharzt* für Psychiatrie: BGE 84 IV 138. – Das Gutachten unterliegt der *freien Beweiswürdigung* durch den Richter; dieser braucht der Auffassung des Experten nicht zu folgen: BGE 81 IV 7, 96 IV 97, 118 Ia 146. Eine Abweichung vom Sachverständigengutachten ist aber nur dann erlaubt, wenn zuverlässig bewiesene Tatsachen dessen Überzeugungskraft ernstlich erschüttern: BGE 101 IV 129, wenn triftige Gründe für ein Abweichen in *Fachfragen* sprechen: BGE 118 Ia 147, BGE 102 IV 226 (keine Ermessensüberschreitung, wenn gutachtlich festgestellter biologischer Zustand nicht angezweifelt, aber für Annahme verminderter Schuldfähigkeit als nicht ausreichend erachtet wird), 107 IV 8 (bei Vorliegen mehrerer voneinander abweichender Gutachten kann der Richter «in freier Würdigung seine Wahl treffen, ohne an eine andere Schranke als diejenige des Willkürverbotes gebunden zu sein»). – Das Gutachten hat sich bei verminderter Schuldfähigkeit auch über den Grad ihrer Herabsetzung zu äussern: BGE 106 IV 242.

Art. 21 Irrtum über die Rechtswidrigkeit

Wer bei Begehung der Tat nicht weiss und nicht wissen kann, dass er sich rechtswidrig verhält, handelt nicht schuldhaft. War der Irrtum vermeidbar, so mildert das Gericht die Strafe.

Bisheriges Recht: Die Regelung entspricht zwar nicht dem Wortlaut, wohl aber der Sache nach StGB alt Art. 20 sowie der dazu entwickelten Praxis. Während gemäss bisheriger Formulierung die Strafe nach freiem Ermessen gemildert oder von einer Bestrafung Umgang genommen werden konnte, wird in der geltenden Fassung präzisiert, dass im Falle eines unvermeidbaren Irrtums die Schuld entfällt, während im Falle eines vermeidbaren Irrtums ein Strafmilderungsgrund vorliegt.

Art. 21: Verhältnis des Rechtsirrtums bzw. Verbotsirrtums zum Vorsatz: BGE 90 IV 49, 99 IV 58, 107 IV 207, 129 IV 242 (kein Entfallen des Vorsatzes, das Unrechtsbewusstsein bildet ein vom Vorsatz getrenntes Schuldelement), zum Sachverhaltsirrtum BGE 103 IV 253 (Rechtsirrtum bezieht sich auf die Frage der Rechtswidrigkeit des Sachverhaltes, den sich der Täter richtig vorstellt), BGE 109 IV 66, 115 IV 167, 118 IV 175, 124 IV 292, 129 IV 241. Von einem Rechtsirrtum ist nur dann auszugehen, wenn das Fehlen des Unrechtsbewusstseins nicht auf einen Sachverhaltsirrtum zurückzuführen ist (BGE 115 IV 167).

Unvermeidbar ist der Rechtsirrtum, wenn dem Täter daraus kein Vorwurf gemacht werden kann, weil er auf Tatsachen beruht, durch die sich auch ein gewissenhafter Mensch hätte in die Irre führen lassen: BGE 98 IV 303, 99 IV 186, 251, 104 IV 221. – Auf Rechtsirrtum kann sich nur berufen, wer zureichende Gründe zur Annahme hatte, er tue *überhaupt nichts Unrechtes,* und nicht schon, wer die Tat bloss für straflos hielt: BGE 98 IV 303, 99 IV 185 und 250 (für den Ausschluss eines Rechtsirrtums genügt schon das unbestimmte Empfinden, dass das in Aussicht genommene Verhalten gegen das verstösst, was recht ist; dabei sind die Auffassungen der Rechtsgemeinschaft massgebend, welcher der Täter angehört (fehlendes Bewusstsein der Rechts- und Sittenwidrigkeit des Beischlafes mit einem 15-jährigen Mädchen bei einem Süditaliener, BGE 104 IV 221). Das Empfinden des Täters, seine Handlung widerspreche den herrschenden sittlichen Vorstellungen über die sozialen Beziehungen, mag einen gewichtigen Hinweis auf sein Unrechtsbewusstsein darstellen, kann aber für sich allein nicht genügen, jedenfalls dann nicht, wenn es sich nicht um schwerwiegende Verstösse gegen grundlegende Verhaltensnormen handelt: BGE 99 IV 251). – Entsprechend kann Unvermeidbarkeit angenommen werden zufolge unrichtiger Belehrung durch die zuständige Behörde: BGE 79 IV 41, 98 IV 287 (vgl. auch RS 1984 Nr. 647), vorausgegangenem Freispruch des Täters wegen einer ähnlichen Handlung: BGE 91 IV 164, 99 IV 186, jahrelangem Dulden der gleichen strafbaren Handlung durch die Polizei: BGE 91 IV 204, ZR 78 Nr. 89, vgl. aber auch BGE 99 IV 125 (Duldung in anderem Kanton genügt nicht), der Unklarheit einer Bestimmung, die zu entgegengesetzten Auffassungen innerhalb der Justizbehörden führt: BGE 97 IV 66. 218. – Die unrichtige Auskunft eines Rechtsanwaltes gibt indessen dem falsch Beratenen nicht in jedem Falle Anspruch auf Strafbefreiung wegen Rechtsirrtums: BGE 92 IV 73 (unlauterer Wettbewerb), vgl. auch BGE 98 IV 303. In BGE 116 IV 68 billigte das Bundesstrafgericht einer Beamtin trotz ihrer juristischen Ausbildung in problematischer Weise «zureichende Gründe» für einen Rechtsirrtum bei einer Verletzung des Amtsgeheimnisses zu, weil sie die Befugnisse ihrer von ihr geschätzten Vorgesetzten, auf deren Weisung sie handelte, ausserordentlich hoch eingeschätzt habe.

Handeln im Bewusstsein, Unrecht zu tun, schliesst einen nach StGB Art. 21 unvermeidbaren Rechtsirrtum schlechthin aus: BGE 99 IV 250, 104 IV 184, 118 IV 175, 120 IV 215. Dasselbe gilt, wenn der Täter an der Rechtsmässigkeit seines Verhaltens zweifelt (BGE 104 IV 221, 112 IV 138, 120 IV 215, 129 IV 18) oder hätte zweifeln müssen, weil er von der Behörde auf die Rechtslage hingewiesen worden ist (BGE 83 IV 202, 88 IV 123, 90 IV 119, 95 IV 170, 100 IV 51, 108 IV 170, 121 IV 126, 129 IV 18) oder weil er sich über behördliche Anordnungen hinwegsetzt (BGE 80 IV 275, 82 IV 17, 120 IV 215, 129 IV 18). – Rechtsunkenntnis entschuldigt grundsätzlich nicht, sofern die Rechtsnorm genügend klar ist: BGE 97 IV 66, 98 IV 303, 100 IV 247, 104 IV 184 (Ausnahme für Rechtsfragen, die der Täter wegen ihrer besonderen Natur und erhöhten Kompliziertheit nicht erkennen konnte), 106 IV 319, 112 IV 132, ebensowenig Verkennen einer Rechtsnorm, wenn sie so klar ist, dass auch ein Rechtsunkundiger das darin enthaltene Verbot oder Gebot erkennen kann (Parallelwertung in der Laiensphäre): BGE 100 IV 246 (Zumutbarkeit, sich bei erlassender Behörde über Tragweite einer Ausweisungsverfügung zu erkundigen), 129 IV 243. Gleiches gilt für den sog. Subsumtionsirrtum, d. h. jenen über die anwendbare Strafbestimmung (BGE 112 IV 132, 129 IV 243). – Vom Täter wird eine gewissenhafte Überlegung oder ein Erkundigen bei Behörden oder vertrauenswürdigen Personen verlangt. Hat der Täter von einer ihm objektiv gegebenen Gelegenheit, auf solche Weise die Rechtswidrigkeit seines Verhaltens zu erkennen, keinen Gebrauch gemacht, obgleich dazu für ihn Anlass bestand, so handelt es sich um einen nach StGB Art. 21 vermeidbaren Rechtsirrtum. Besonders sorgfältig ist das Vorliegen zureichender Gründe zu prüfen, wenn der Täter annimmt, seine Handlung sei wohl erlaubt, aber nach vorherrschender sittlicher Anschauung verpönt. – BGE 99 IV 251 (wer sich Rechenschaft gibt oder geben sollte von der Missbilligung, die seine Handlung bei den meisten seiner Mitbürger unfehlbar erregen wird, ist verpflichtet, geeignete Erkundigungen einzuziehen), BGE 103 IV 254, 104 IV 220, 265 (zureichende Gründe des Täters dafür, seine Tat für *nicht strafbar* zu halten, sind ungenügend), 116 IV 68 (fraglich).

Einzelfälle, in denen die Voraussetzungen von StGB Art. 21 *verneint* wurden, sind: BGE 70 IV 162 (Unzucht mit unmündiger Pflegebefohlenen, die mit dem Täter verlobt ist), 75 IV 152 (Unzucht mit weniger als 16 Jahre altem, aber geistig und körperlich reifem Kind), 75 IV 173 (Strafschuss auf Jagdhund), 79 IV 133 (Gültigkeit des Lernfahrausweises nur für begleitete Fahrten), 80 IV 275 (widersprüchliche Strassensignalisation), 81 IV 111 (nach StGB alt Art. 206 unzulässiges Anlocken zur Unzucht auch bei Duldung der Gewerbsunzucht durch die Polizei), 81 IV 295 (Regelung des Vortrittsrechts innerorts), 82 IV 17 (Fernbleiben von der angekündigten Pfändung wegen deren vermeintlicher Unzulässigkeit an Samstagen), 83 IV 202 (Gültigkeitsdauer von Retourbilletten), 86 IV 214 (Unzucht mit Kind, welches nach Heimatrecht ehemündig ist), 88 IV 123 (Glaubens- und Gewissensfreiheit schliesst Militärpflichtersatz nicht aus), 90 IV 118 (zulässige Zahl von Lehrlingen in einem Betrieb), 94 IV 39 (unlauterer Wettbewerb, Berufung auf gleiches Verhalten anderer Kaufleute), 95 IV 170 (Führerausweisentzug verbietet auch Fahren mit ausländischem Ausweis), 97 IV 83 (vermeintliche Rechtfertigung einer Betriebsstörung durch die Demonstrationsfreiheit), 98 IV 303 (Werbeveranstaltung als unerlaubte Lotterie), 99 IV 185 und 250 (Zulässigkeit der Vorführung anstössiger Filme), 100 IV 51 (Verwendung einer nicht bewilligten Abhöranlage zur Aufzeichnung von Telefongesprächen), 101 Ib 36 (Annahme, Automobil gelte bei Grenzübertritt als «persönliche Habe»), 101 IV 404 (private Festnahme), 102 IV 88 (notarielle Feststellung der Gleichzeitigkeit zweier Willenserklärungen), 103 IV 205 (Verwendung einer anderen als der im Handelsregister eingetragenen Firma), 103 IV 254 (Zulässigkeit der Darstellung geschlechtlicher Vorgänge in einer Jugendzeitschrift), 104 IV 183 (wirtschaftlicher Nachrichtendienst), 104 IV 46 (Verletzung des Gewässerschutzgesetzes durch Versenken eines Tresors), 104 IV 264 (Pflicht zur Bedienung des Fahrtenschreibers), 106 IV 315 (Abschiessen streunender Hunde in Tollwutsperrgebieten), 108 IV 170 (Annahme, ein «Menschenteppich» sei zulässig, obwohl auf die Möglichkeit einer Strafverfolgung wegen Nötigung hingewiesen worden war), 120 IV 114 (Annahme, eine Verletzung des Berufsgeheimnisses sei durch Notstand gerechtfertigt), 121 IV 125 (Verantwortlicher von Telekiosk, der auf den illegalen Gebrauch und das Risiko der Strafbarkeit hingewiesen wurde), 129 IV 18 (der Umstand, dass der Täter gestützt auf ein Privatgutachten einen von der bundesgerichtlichen Praxis abweichenden Rechtsstandpunkt vertritt, begründet keinen Verbotsirrtum).

Befindet sich der Täter in einem unvermeidbaren Rechtsirrtum, handelt er nicht schuldhaft und muss daher freigesprochen werden (vgl. dazu BGE 120 IV 315). Ist der Rechtsirrtum demgegenüber vermeidbar, so ist die Strafe nach StGB Art. 48a zu mildern.

Art. 22 4. Versuch.
Strafbarkeit des Versuchs

¹ Führt der Täter, nachdem er mit der Ausführung eines Verbrechens oder eines Vergehens begonnen hat, die strafbare Tätigkeit nicht zu Ende oder tritt der zur Vollendung der Tat gehörende Erfolg nicht ein oder kann dieser nicht eintreten, so kann das Gericht die Strafe mildern.

² Verkennt der Täter aus grobem Unverstand, dass die Tat nach der Art des Gegenstandes oder des Mittels, an oder mit dem er sie ausführen will, überhaupt nicht zur Vollendung gelangen kann, so bleibt er straflos.

Bisheriges Recht: Im bisherigen Recht finden sich der unvollendete Versuch (StGB Art. 22 Abs. 1, Variante 1), inkl. Rücktritt, in StGB Art. alt 21, der vollendete Versuch (StGB Art. 22 Abs. 1, Variante 2), inkl. tätige Reue, in StGB alt Art. 22 und der untaugliche Versuch (StGB Art. 22 Abs. 2) in StGB alt Art. 23. Demgegenüber sind alle diese Versuchsarten im geltenden Recht – abgesehen vom Rücktritt bzw. der tätigen Reue – in StGB Art. 22 aufgeführt. Während der unvollendete Versuch – bis auf Änderungen redaktioneller Art – in beiden Fassungen gleich geregelt ist, statuiert die geltende Fassung des vollendeten Versuchs nicht nur wie die bisherige, dass der Erfolg nicht eintritt, sondern alternativ, dass er «nicht eintreten kann». Beim untauglichen Versuch gemäss StGB Art. 22 Abs. 2 wird auf die in StGB alt Art. 23 getroffene Unterscheidung zwischen «gewöhnlichem» untauglichem Versuch und demjenigen «aus Unverstand» verzichtet.

Art. 22: Diese Bestimmung regelt den unvollendeten, den vollendeten und den untauglichen Versuch bei Verbrechen und Vergehen. Für Übertretungen ist StGB Art. 105 Abs. 2 zu beachten. – Versuch setzt Vorsatz voraus, wobei Eventualvorsatz genügt: BGE 103 IV 67, 112 IV 65, 120 IV 206, 122 IV 248. Wo sie gemäss Gesetz verlangt sind, müssen auch die entsprechenden subjektiven Merkmale wie Absichten etc. gegeben sein: BGE 120 IV 207, 122 IV 248, 128 IV 21. – Der Versuch eines *qualifizierten* Delikts braucht nicht schon mit dem Beginn der Ausführung des Grunddelikts gegeben zu sein; erforderlich ist vielmehr, dass durch den qualifizierten Tatbestand ein weiteres Rechtsgut geschützt wird und ihm damit selbständige Bedeutung zukommt sowie dass die zwischen den beiden Tatbeständen liegende Schwelle überschritten wird: BGE 120 IV 114 = Pr 83 (1994) Nr. 255, 123 IV 131, BGE 124 IV 100. – Die Bestrafung wegen der vollendeten Tat gilt auch die unmittelbar vorausgegangenen Versuche ab: ZR 64 Nr. 32 (zu eng BGE 79 IV 60). Gleiches gilt bei Verurteilung wegen gewerbsmässiger Verübung bestimmter Straftaten in Bezug auf die Fälle, wo es beim Versuch blieb: BGE 123 IV 116.

Abs. 1: Strafbarkeit tritt regelmässig erst bei Beginn der Ausführung einer Straftat gemäss StGB Art. 21 Abs. 1 ein; vorausgehende Vorbereitungshandlungen werden nur ausnahmsweise mit Strafe bedroht (StGB Art. 260bis). Zur Abgrenzung von StGB Art. 21 Abs. 1 zu Art. 260bis Abs. 2: BGE 115 IV 121, 118 IV 369. – Was die *Abgrenzung zwischen strafloser Vorbereitungshandlung und Beginn der Ausführung* betrifft, so beginnt der Täter mit der «Ausführung» der Tat, wenn er den letzten entscheidenden Schritt vollzieht, von dem es in der Regel kein Zurück mehr gibt, es sei denn wegen äusserer Umstände, die eine Weiterverfolgung der Absicht erschweren oder verunmöglichen: BGE 87 IV 155, 99 IV 153, 104 IV 181, 114 IV 114, 115 IV 223, 117 IV 384, 396, 119 IV 227, 253, 122 IV 249 f., 128 IV 22, 131 IV 104. – *Im Einzelnen:* Ausführungsbeginn bei Abtreibung: BGE 87 IV 155, bei Tötungsdelikten: BGE 115 IV 15, 117 IV 383, bei Raub: BGE 83 IV 145, 100 IV 163, Sem 1978,

65, bei Einbruchdiebstahl: BGE 71 IV 205, bei Betrug: BGE 73 IV 26, 75 IV 177, 115 IV 272 f., 122 IV 249 f., bei sexuellen Handlungen mit Kindern: BGE 80 IV 178 f. und 131 IV 104 f., bei Vergewaltigung: BGE 99 IV 153, 119 IV 225, bei Brandstiftung: BGE 115 IV 223 und 123 IV 131, bei Gefangenenbefreiung: BGE 117 IV 396. Kein Versuch des In-Umlaufsetsens von Falschgeld gemäss StGB Art. 242 liegt in dessen Übergabe an einen Eingeweihten (BGE 124 IV 14). – Beispiele für vollendete Versuche: BGE 78 IV 146 (Tötungsversuch durch Verabfolgen eines zur Tötung an sich tauglichen Giftes in ungenügender Menge), BGE 77 IV 163 (Sachentziehung), ZBJV 82 (1946) 229 (Sachbeschädigung), BGE 73 IV 24, 100 IV 179 (Betrug), BGE 100 IV 167 (Betrug und ungetreue Geschäftsführung), BGE 100 IV 163 (Raub), BGE 103 IV 67 (eventualvorsätzliche Tötung), Pr 71 (1982) Nr. 278 (eventualvorsätzlicher Mord), BGE 111 IV 100 (Transport von Betäubungsmitteln), BGE 122 IV 248 und 128 IV 21 (versuchter Betrug), BGE 125 IV 255 (ungeschützter Sexualkontakt eines HIV-Infizierten stellt keinen Tötungsversuch dar).

Die Unterscheidung zwischen dem unvollendeten und dem vollendeten Versuch ist nur mehr von geringer Bedeutung (vgl. dazu Bem. zu StGB Art. 23 sowie BGE 127 IV 99).

Die Annahme eines Versuchs ist ausgeschlossen, wenn der objektive (wie auch der subjektive) Tatbestand vollständig erfüllt sind.

Für den Versuch ist eine fakultative Strafmilderung gemäss StGB Art. 48a vorgesehen. Soweit nicht besondere Umstände vorliegen, sollte der Umstand, dass die Tat im Versuchsstadium stecken geblieben ist, in der Regel zu einer Strafmilderung führen (BGE 121 IV 54 f.).

Abs. 2: Strafbar ist sowohl der mit untauglichen Mitteln wie der am untauglichen Objekt begangene Versuch: BGE 83 IV 133, 124 IV 99, 126 IV 57. – Die Regelung bezieht sich nur auf Handlungen mit Mitteln oder Objekten, die sich gestützt auf eine nachträgliche Prognose aus der Sicht des Täters von vornherein und nicht bloss unter den besonderen Umständen des Einzelfalls als untauglich erweisen, das betreffende Rechtsgut ernstlich zu gefährden. – Was die Untauglichkeit des *Mittels* betrifft, so muss dieses abstrakt, d.h. nicht nur wegen unzulänglicher Anwendung, ungeeignet sein, den Tatbestand zu verwirklichen: BGE 78 IV 174, vgl. auch BGE 111 IV 100. – Damit das *Objekt* als ungeeignet erachtet werden kann, müssen diesem die Eigenschaften fehlen, welche dem entsprechenden Objekt im fraglichen Tatbestand zukommen: BGE 73 IV 169 (Aussetzung eines Kindes, welches nicht mehr gerettet werden kann), 90 IV 89, 194 und 106 IV 255 (Veruntreuung einer bloss vermeintlich mit dem Eigentumsvorbehalt zugunsten einer anderen Person behafteten und daher für den Täter nicht «fremden» Sache), 124 IV 101 (irrige Annahme, die zum Raub mitgeführte Waffe des Mittäters sei geladen). Gleichgestellt ist der Fall, dass es an einem Angriffsobjekt überhaupt *fehlt:* BGE 76 IV 154 und 83 IV 133 (Abtreibungsversuch bei nicht vorhandener Leibesfrucht), 126 IV 57 (der Fahrzeuglenker, welcher irrtümlich annahm, einen Mast beschädigt zu haben und damit gestützt auf SVG Art. 51 Abs. 3 der Polizei Meldung erstatten zu müssen, wurde wegen untauglichen Versuchs der Vereitelung einer Blutprobe nach SVG Art. 93 Abs. 3 bestraft). Gegenbeispiele: BGE 80 IV 179, 87 IV 18. – Untauglicher Versuch eines *qualifizierten* Deliktes: BGE 124 IV 98.

Der Versuch gemäss StGB Art. 22 Abs. 2 setzt zudem voraus, dass der Täter *«aus grobem Unverstand»* gehandelt hat. Das ist der Fall, wenn die Untauglichkeit des Versuchs von jedem normal denkenden Menschen ohne weiteres erkannt werden kann und vom Täter nur aus besonderer Dummheit verkannt worden ist: BGE 70 IV 50.

Zur Abgrenzung des straflosen «Putativdeliktes» vom untauglichen Versuch: BGE 120 IV 206, zur Abgrenzung des untauglichen Versuchs vom Sachverhaltsirrtum: BGE 124 IV 99, 126 IV 57. – Ist das

Subjekt untauglich, besteht überhaupt keine Strafbarkeit, auch wenn der Täter nicht aus grobem Unverstand handelt (verkannt in BGE 94 IV 2, der untauglichen Versuch des falschen Zeugnisses annahm, obwohl dem Einvernommenen die Zeugeneigenschaft fehlte).

Art. 23 Rücktritt und tätige Reue

¹ Führt der Täter aus eigenem Antrieb die strafbare Tätigkeit nicht zu Ende oder trägt er dazu bei, die Vollendung der Tat zu verhindern, so kann das Gericht die Strafe mildern oder von einer Bestrafung absehen.

² Sind an einer Tat mehrere Täter oder Teilnehmer beteiligt, so kann das Gericht die Strafe dessen mildern oder von der Bestrafung dessen absehen, der aus eigenem Antrieb dazu beiträgt, die Vollendung der Tat zu verhindern.

³ Das Gericht kann die Strafe auch mildern oder von der Bestrafung absehen, wenn der Rücktritt des Täters oder des Teilnehmers die Vollendung der Tat verhindert hätte, diese aber aus anderen Gründen ausbleibt.

⁴ Bemüht sich einer von mehreren Tätern oder Teilnehmern aus eigenem Antrieb ernsthaft, die Vollendung der Tat zu verhindern, so kann das Gericht seine Strafe mildern oder von seiner Bestrafung absehen, wenn die Tat unabhängig von seinem Tatbeitrag begangen wird.

Bisheriges Recht: Rücktritt und tätige Reue sind im bisherigen Recht für den unvollendeten Versuch in StGB alt Art. 21 Abs. 2 und für den vollendeten Versuch in StGB alt Art. 22 Abs. 2 geregelt. Die bisherige Regelung entspricht sachlich derjenigen in StGB Art. 23 Abs. 1.

Art. 23 Abs. 1: Hat der Täter die tatbestandsmässige Handlung (endgültig) nicht vollständig ausgeführt, so liegt ein *unvollendeter Versuch* vor, bei welchem Rücktritt möglich ist. – Der Rücktritt muss aus eigenem Antrieb erfolgen. Das setzt voraus, dass der Täter sein Vorhaben freiwillig aufgibt, mithin obwohl er die Vollendung seiner Tat immer noch für möglich hielt; das Motiv zu diesem Entschluss ist nicht entscheidend (vgl. BGE 83 IV 1, 108 IV 104, 118 IV 370, Sem 1978, 65). Kein Rücktritt liegt demnach vor, wenn der Täter die Tat nicht zu Ende führt, weil er tatsächliche oder vermeintliche Hindernisse vor sich sieht, die tatsächlich oder nach seiner Beurteilung praktisch unüberwindbar sind (BGE 119 IV 227).

Die Verhinderung der Vollendung der Tat ist nur bei Erfolgsdelikten im technischen Sinne möglich. Bei diesen ist *vollendeter Versuch* möglich. – Vollendeter Versuch liegt vor, wenn der Täter einerseits alles nach seiner Vorstellung Erforderliche getan hat, um den tatbestandsmässigen Erfolg herbeizuführen, dieser aber ausgeblieben ist und andrerseits der subjektive Tatbestand vollständig erfüllt ist (BGE 128 IV 21). Führt die strafbare Tätigkeit den tatbestandsmässigen Erfolg auf einem anderen Wege herbei, als sich der Täter vorstellte, so ist die Tat vollendet und nicht bloss versucht, wenn es sich um eine nur unwesentliche Abweichung vom angenommenen Kausalverlauf handelt: BGE 109 IV 95. – Mit *«tätiger Reue»* ist gemeint, dass der Täter *aus eigenem Antrieb* dazu beitragen muss, durch geeignete Gegenmassnahmen den Eintritt des Erfolgs zu verhindern oder zum Nichteintritt des Erfolges beizutragen (vgl. BGE 77 IV 163, 108 IV 104, 112 IV 67).

Die Voraussetzungen für die Merkmale «eigener Antrieb» und «tätige Reue» sind dieselben (vgl. zu StGB alt Art. 21 Abs. 2 und 22 Abs. 2: BGE 127 IV 100).

Art. 24

Im Falle eines Rücktritts oder im Falle tätiger Reue kann das Gericht die Strafe mildern (StGB Art. 48a) oder von einer Bestrafung gänzlich absehen.

Abs. 2: Die Wirkung des Rücktritts kommt nur demjenigen Täter oder Teilnehmer zugute, der die betreffenden Voraussetzungen erfüllt.

Abs. 3: Die Wirkung des Rücktritts kann dem Beteiligten auch dann zugute kommen, wenn er die strafbare Tätigkeit nicht zu Ende führt, die Nichtvollendung der Tat aber nicht darauf zurückzuführen ist.

Abs. 4: Ist der Versuch vollendet, so erfordert die tätige Reue, dass sich der Beteiligte ernstlich darum bemüht, den Eintritt des Erfolgs durch geeignete Gegenmassnahmen zu verhindern.

Art. 24   5. Teilnahme.
Anstiftung

[1] Wer jemanden vorsätzlich zu dem von diesem verübten Verbrechen oder Vergehen bestimmt hat, wird nach der Strafandrohung, die auf den Täter Anwendung findet, bestraft.

[2] Wer jemanden zu einem Verbrechen zu bestimmen versucht, wird wegen Versuchs dieses Verbrechens bestraft.

Art. 24–27: Beteiligungsformen sind die *Täterschaft* (Alleintäter, Mittäter, Nebentäter, mittelbarer Täter) sowie die *Teilnahme* (Anstiftung, Gehilfenschaft).

Begriff des Mittäters: Nach ständiger Praxis ist Mittäter, «wer bei der Entschliessung, Planung oder Ausführung eines Delikts vorsätzlich und in «massgeblicher» bzw. «massgebender» Weise (BGE 118 IV 230, 399, 120 IV 271 f., 130 IV 66), «de manière déterminante» (BGE 118 IV 230, 399 f., 120 IV 23, 141, 125 IV 136, 126 IV 88) mitwirkt, so dass er «als Hauptbeteiligter», als «l'un des participants principaux» (BGE 118 IV 230, 399 f., 120 IV 23, 141, 125 IV 136, 126 IV 88) erachtet werden kann. Im Blickfeld steht damit die *Gesamtheit der Umstände des Tatgeschehens.* Damit von Tatherrschaft («Mit-Tatherrschaft») ausgegangen werden kann, muss der Betreffende somit in einer für die Tat *massgebenden Weise* mit dem bzw. den anderen Tätern zusammenwirken. – Mit Blick auf die *Entschlussfassung* setzt Tatherrschaft voraus, dass das deliktische Verhalten aufgrund eines von mehreren Personen *gemeinsam getragenen Tatentschlusses* verwirklicht wird, der auch bloss konkludent zum Ausdruck kommen kann (BGE 118 IV 230, 399, 119 IV 215, 120 IV 272, 125 IV 136, 126 IV 88, 130 IV 66). Inhaltlich muss sich dieser Entschluss auf die gemeinsame Verwirklichung des deliktischen Vorhabens beziehen. Eventualdolus genügt (BGE 115 IV 161, 125 IV 136, 126 IV 88, 130 IV 66, 68). Dabei reicht es, wenn jemand nachträglich dem bereits von einem oder mehreren anderen gefassten Entschluss beitritt, sich also deren Vorsatz «zu eigen macht» (BGE 118 IV 230, 120 IV 23 = Pr 84 (1995) Nr. 262 Erw. 2d, BGE 120 IV 272, 125 IV 136, 130 IV 66). Dies kann selbst noch während der Ausführung der geplanten Straftat geschehen (BGE 125 IV 136). Tatentschluss und Planung müssen sich nicht auf alle Einzelheiten beziehen. So genügt auch eine generelle Vereinbarung darüber, dass und wie man sich in gegenseitigem Zusammenwirken zur Wehr setze, wenn die gemeinsame Aktivität durch Interventionen Dritter gestört oder gefährdet werde: BGE 108 IV 93 (Mittäterschaft des Täters auch für nach dessen Festnahme von seinen Komplizen begangene Taten bejaht). – Die Tat muss gemeinsam ausgeführt werden. Dies ist auch dann der Fall, wenn der Mittäter im Rahmen der Ausführung die Bereitschaft zur Übernahme einer wesentlichen Funktion manifestiert. Gemeinsame Ausführung der Tat setzt nicht notwendigerweise voraus, dass der Beteiligte am Tatort zugegen ist. So kann ein «Drahtzieher» die kriminellen Aktionen aus dem Hintergrund leiten oder überwachen (vgl. dazu auch BGE 104 IV 169, 98 IV 257 ff.). Nach einzelnen Entscheiden ist nur dann von einer «für den Erfolg wesentlichen» Mitwirkung auszugehen, falls die Ausführung des Deliktes nach den Umständen des konkreten Falls und dem Plan mit dem betreffenden Tatbeitrag steht oder fällt (BGE 118 IV 230, 399, 120 IV 272, anders BGE 108 IV 91 ff.), was zu weit gehen dürfte.

Mittäterschaft kann nach Meinung des Bundesgerichts auch durch *Unterlassung* gegeben sein: BGE 96 IV 169 (Leiter eines Betriebs, der strafbare Handlungen seiner Angestellten nicht unterbindet). Sie soll selbst erst nach der Vollendung des Deliktes durch einen anderen möglich sein: BGE 106 IV 296, Pr 70 Nr. 121). Unhaltbar ist die Konstruktion einer Mittäterschaft beim fahrlässigen Erfolgsdelikt (entgegen BGE 113 IV 58, vgl. aber BGE 123 IV 173).

Begriff des mittelbaren Täters in der Formulierung des Bundesgerichtes: Der mittelbare Täter benutzt einen anderen Menschen (den Tatmittler) als sein willenloses oder wenigstens nicht vorsätzlich handelndes Werkzeug, um durch ihn die beabsichtigte strafbare Tat ausführen zu lassen: BGE 71 IV 136, 77 IV 91, 85 IV 23, 101 IV 310, 120 IV 22 = Pr 84 Nr. 262, vgl. auch BGE 116 IV 348. – *Strafbar* (wegen vorsätzlicher Tatbegehung) ist nur der mittelbare Täter, nicht aber der Tatmittler: BGE 77 IV 91 (der Tatmittler kann nicht Mittäter sein).

Verhältnis zwischen Täterschaft und Anstiftung: Anstiftung geht in der Mittäterschaft auf: BGE 100 IV 3 (Kritik in ZBJV 111 [1975] 482), 101 IV 50; zur *Gehilfenschaft:* Während der Gehilfe die Stellung eines nebensächlich Beteiligten einnimmt, wirkt der Mittäter hauptsächlich in «massgebender» bzw. «massgeblicher» Weise an der Tat mit: BGE 69 IV 98, 70 IV 36, 102, 118 IV 230, 120 IV 23, 141, 125 IV 136, 126 IV 88. Wer in eigener Person alle objektiven und subjektiven Merkmale eines Tatbestandes erfüllt, kann nur Täter, nicht zusätzlich Gehilfe sein: BGE 106 IV 73.

Bei sog. *echten Sonderdelikten kann* als Täter nur bestraft werden, wer die im betreffenden Tatbestand genannten besonderen Eigenschaften aufweist. Fehlen sie einem Mitwirkenden, kann er stets nur nach StGB Art. 26 verurteilt werden. – Bei *eigenhändigen Delikten* kann Täter nur sein, wer die betreffende Pflicht ausschliesslich in eigener Person befolgen kann (Verkehrsdelikte sind nach BGE 126 IV 85 keine eigenhändigen Delikte, anders noch BGE 116 IV 79 betr. Fahren in angetrunkenem Zustand). – Im Falle der *notwendigen Beteiligung* erfordert die Erfüllung des Tatbestandes die Beteiligung mehrerer. In diesem kann es sich um eine der Teilnahme wie auch der Mittäterschaft entsprechende Mitwirkung handeln (vgl. BGE 126 IV 10).

Bei der Teilnahme nach StGB Art. 24 und 25 gilt der *Grundsatz der Akzessorietät:* Die Teilnahmehandlung ist in dreifacher Hinsicht von der Haupttat abhängig: Gemäss dem Grundsatz der *logischen Akzessorietät* muss die Teilnahmehandlung sich auf eine bestimmte fremde Haupttat beziehen. Der Grundsatz der *tatsächlichen Akzessorietät* verlangt einerseits, dass die Haupttat mindestens versucht worden (vgl. aber StGB Art. 24 Abs. 2): BGE 81 IV 291, und andrerseits, dass sie noch nicht *vollendet* oder – bei Delikten mit überschiessender Innentendenz – noch nicht *beendet* ist. – Nach dem Grundsatz der *limitierten Akzessorietät* muss die Haupttat nur tatbestandsmässig und rechtswidrig sein: BGE 74 IV 123 (Haupttäter erfüllt Tatbestand nicht), 80 IV 32 (juristische Person als «Haupttäter»), 129 IV 126. Nicht erforderlich ist, dass der Täter schuldhaft gehandelt hat (BGE 73 IV 99) oder dass der Haupttäter bestraft wird: BGE 74 IV 74 (Haupttäter dem Gericht unbekannt), 80 IV 33 (keine Anklage gegen Haupttäter), 82 IV 130 (Rückzug des Strafantrags gegen den Haupttäter).

Gemäss dem Grundsatz der *Akzessorietät der Strafdrohung* unterliegt der Teilnehmer der gleichen Strafdrohung wie der Haupttäter: *Sachliche* Merkmale der Tat sind akzessorisch zu behandeln: BGE 75 IV 8 (Gehilfenschaft beim untauglichen Versuch der Selbstabtreibung durch eine Nichtschwangere), 85 IV 135 (Anstiftung zu Gehilfenschaft bei qualifizierter Brandstiftung, Ausführung einer einfachen Brandstiftung; vgl. aber StGB Art. 24 Abs. 2), BGE 87 IV 51 (Geringfügigkeit des Schadens), vgl. auch 95 IV 115. – Nicht akzessorisch zu behandeln sind nach StGB Art. 27 die *persönlichen* Merkmale, welche die Strafbarkeit erhöhen, vermindern oder ausschliessen. – Für die Teilnahme an Sonderdelikten ist StGB Art. 26 massgebend.

Bisheriges Recht: StGB Art. 24 entspricht abgesehen von redaktionellen Änderungen StGB alt Art. 24.

Art. 24 Abs. 1: Vollendete Anstiftung zu einer Übertretung ist nach StGB Art. 104 strafbar. – *Das Hervorrufen des Tatentschlusses* kann durch Überreden, konkludente Aufforderung, Bitten usw. erfolgen (BGE 127 IV 128, 128 IV 14), wobei die Überwindung eines erheblichen Widerstandes nicht erforderlich ist: BGE 100 IV 2, 116 IV 1, 124 IV 37, 127 IV 125, 127, 128 IV 14. Wird der Tatbestand durch das Erteilen einer Auskunft erfüllt, ist das Ersuchen als Anstiftung zu erachten (BGE 127 IV 128, in dieser Absolutheit problematisch). Wer lediglich eine Situation schafft, in der sich ein anderer voraussichtlich zur Verübung einer Straftat entschliesst, ist nicht Anstifter (BGE 127 IV 127, 128 IV 15). Angestiftet werden kann auch jemand, der allgemein zur Begehung gewisser Delikte bereit ist (durch Anregung einer näher bestimmten einzelnen Tat) oder sich zur Begehung von Straftaten anbietet (BGE 124 IV 37, 127 IV 127, 128 IV 14), nicht aber, wer als sog. «omnimodo facturus» von vornherein zur konkreten vorgeschlagenen Tat bereit ist: BGE 72 IV 100, 81 IV 148, 93 IV 57, 100 IV 2, 116 IV 2, 124 IV 37, 127 IV 127, 128 IV 15. Das gilt entgegen BGE 81 IV 148 und Sem 1969, 209 auch, wenn der Tatentschluss aufgrund einer früheren Anstiftung gefasst wurde. Jedenfalls muss die Begehung des Delikts die Folge der Anstiftung sein (BGE 127 IV 127, 128 IV 14). Erkennt der Anstifter den bereits getroffenen Tatentschluss nicht, liegt entgegen BGE 72 IV 100 tauglicher Anstiftungsversuch vor. Im Übrigen kann sein Verhalten evtl. als psychische Gehilfenschaft erfasst werden (vgl. Bem. zu StGB Art. 25). – *Straftat:* Es müssen weder das Opfer noch die gewünschten Handlungen im Detail beschrieben werden, sondern lediglich Straftaten bestimmter Art ins Auge gefasst werden: BGE 74 IV 217 («irgendeinen Juden verschwinden lassen»). Die gewünschte Tat muss eine *vorsätzliche* und *strafbare* Handlung sein: BGE 71 IV 135 (keine Anstiftung zu unbewusster falscher Zeugenaussage), 98 IV 215 (keine Anstiftung zu falschem Zeugnis, wenn nicht voraussehbar war, dass der zu Befragende nicht als Angeschuldigter, sondern als Zeuge einvernommen werden würde), 115 IV 231, 118 IV 182 (Anstiftung zu Selbstbegünstigung bleibt straflos), 127 IV 125 (Anstiftung zur Auskunft über Vorstrafen bestimmter Personen); sie kann in einem Verbrechen, Vergehen oder in einer Übertretung bestehen, auch in einer Teilnahmehandlung: BGE 73 IV 217 (Anstiftung), 100 IV 2 (Gehilfenschaft). – Abgrenzung zwischen Anstiftung und Versuch: BGE 124 IV 13.

Subjektiv muss der Anstifter wenigstens mit dem Eventualvorsatz handeln, in der von ihm angegangenen Person den Entschluss zur Verübung einer strafbaren Handlung hervorzurufen: BGE 74 IV 41, 124 IV 37, 127 IV 125, 128 IV 15. Wer dies nur durch unbedachte Äusserungen bewirkt, kann grundsätzlich auch nicht wegen fahrlässiger Verübung des von der anderen Person in der Folge begangenen Deliktes bestraft werden: BGE 105 IV 333. Ausserdem ist erforderlich, dass sich der Anstifter alle objektiven und subjektiven Merkmale der von ihm angeregten Straftat vorstellt (vgl. BGE 98 IV 215 betr. falsches Zeugnis und 105 IV 40 betr. Brandstiftung, 127 IV 125) sowie will, dass der

Angestiftete den betreffenden Tatbestand auch verwirklicht. Hieran fehlt es im Fall des sog. *agent provocateur*, der nur den Tatentschluss hervorrufen will (umstritten); vgl. ZR 83 Nr. 124, BJM 1984, 258, Krim 1954, 538, ferner BGE 108 Ib 538, 112 Ia 21, 118 IV 115, 124 IV 39. Nach dem BG über die verdeckte Ermittlung vom 20. Juni 2003 (BVE, SR 312.8) Art. 10 Abs. 1 und 2 dürfen die Ermittler weder eine allgemeine Tatbereitschaft wecken noch die Tatbereitschaft auf schwerere Straftaten lenken; überdies haben sie sich auf die Konkretisierung eines bereits vorhandenen Tatentschlusses zu beschränken. Der durch einen V-Mann Provozierte kann u. U. straflos bleiben: BGE 124 IV 42. – Die Anstiftung wird im Sinne von StGB Art. 24 Abs. 1 erst damit *vollendet*, dass der Angestiftete die Tat begeht oder mindestens in strafbarer Weise versucht (BGE 127 IV 117, 128 IV 15).

Konkurrenz mit *Mittäterschaft* vgl. Bemerkungen zu StGB Art. 24–27, von Anstiftung zur Vortat mit *Hehlerei:* BGE 70 IV 69 (echte Konkurrenz).

Abs. 2: Der *Anstiftungsversuch* ist nur bei Verbrechen strafbar, vgl. BGE 81 IV 146, 126 IV 182, 127 IV 117. – *Konkurrenz von vollendeter und versuchter Anstiftung:* Bezieht sich die Anstiftung auf ein Verbrechen, wird aber nur ein gleichartiges Vergehen ausgeführt, macht sich der Anstifter sowohl der versuchten Anstiftung zum Verbrechen als auch der vollendeten Anstiftung zum Vergehen strafbar: BGE 85 IV 135 (einfache und qualifizierte Brandstiftung).

Art. 25 Gehilfenschaft

Wer zu einem Verbrechen oder Vergehen vorsätzlich Hilfe leistet, wird milder bestraft.

Bisheriges Recht: Die Regelung entspricht StGB alt Art. 25, mit der Ausnahme, dass die Strafmilderung nach geltendem Recht nicht mehr fakultativ, sondern obligatorisch ist.

Art. 25: Die Beihilfe zu Übertretungen ist in der Regel nicht strafbar (StGB Art. 105 Abs. 2). Anders als bei der Anstiftung (StGB Art. 24 Abs. 2) bleibt die bloss versuchte Gehilfenschaft zu Verbrechen und Vergehen straflos. Zur Abgrenzung der Beihilfe zur Mittäterschaft vgl. Bem. zu StGB Art. 24. StGB Art. 260quater kommt im Verhältnis zu StGB Art. 25 eine selbständige Bedeutung zu und geht letzterer Bestimmung vor (BGE 130 IV 25). Dasselbe gilt für das Verhältnis von StGB Art. 115, 118 Abs. 1 (Hilfe beim Schwangerschaftsabbruch), 260ter etc. zu StGB Art. 25.

Gehilfenschaft ist jeder kausale Beitrag, der eine ihm in den groben Umrissen bekannte strafbare Tat *fördert*, so dass sich diese ohne Mitwirkung des Gehilfen anders abgespielt hätte, nicht aber, dass sie dann überhaupt unterblieben wäre: BGE 98 IV 85, 108 Ib 302, 109 IV 149, 117 IV 188, 118 IV 312, 119 IV 292, 120 IV 272, 121 IV 119, 128 IV 68, 129 IV 126. In BGE 117 IV 188, 119 IV 292 und 129 IV 126 wird zusätzlich gefordert, dass der Gehilfe die Erfolgschancen der tatbestandsmässigen Handlung erhöhen muss. Umstritten ist, ob bzw. gegebenenfalls inwieweit «harmlose» Alltagsgeschäfte und entsprechende Dienstleistungen als Gehilfenschaft strafbar sein können, wenn sie die Tat objektiv gefördert haben. Ein wichtiges Kriterium zur Grenzziehung ist sicherlich der Vorsatz (vgl. BGE 117 IV 192, 119 IV 294, 121 IV 122). Die Unterstützung kann vor der Tat geleistet werden oder während ihrer Ausführung bis zur Vollendung, bei sog. Dauer- und Absichtsdelikten bis zu deren Beendigung: BGE 98 IV 85, 99 IV 124, 106 IV 295, 118 IV 312, 121 IV 120, Pr 70 Nr. 121, SJZ 76 (1980) 195. *Unterlassungen* können nur als Beihilfe bestraft werden, wenn jemand rechtlich zum Einschreiten gegen die Tat eines anderen verpflichtet ist, aber untätig bleibt: BGE 118 IV 313, vgl. BGE 79 IV 147, 87 IV 49, 118 IV 312, 121 IV 119, Sem 1978, 182, ZR 71 Nr. 107.

Beispiele für Gehilfenschaft: BGE 75 IV 180 (Brandlegung am Auto des Täters zum Zwecke des Versicherungsbetruges), 78 IV 7 (Bekanntmachen mit einem Vermittler von Abtreiberadressen), 88 IV 27 (Weiterleiten von Briefen eines Untersuchungshäftlings zum Zwecke des Pfändungsbetruges), 87 IV 49 (Nichteinschreiten gegen Unzucht mit dem eigenen Kind), 98 IV 85 (Wegschaffen der von einer anderen Person gestohlenen Ware), 104 IV 160 (Übergabe eines Schlüssels zur Verübung von Diebstählen), 108 Ib 303 (Übergabe einer in der Folge für ein Attentat verwendeten Schusswaffe), 111 IV 34 (Aushändigen einer Liste von Radiofrequenzen, deren Empfang verboten ist), 116 IV 74, 117 IV 187 (Überlassen eines Wagens an einen angetrunkenen Lenker), 119 IV 289 (Lieferung von Waren an einen Verkäufer im Bewusstsein, dass dieser sie nur betrügerisch verwenden kann), 120 IV 273 (Autolenker, der weiterfährt, obwohl zwei Fahrgäste eine Begleiterin zu erdrosseln beginnen), 121 IV 119 (Gehilfenschaft zur unzüchtigen Veröffentlichung, indem die für den Betrieb eines Telekiosks notwendigen Einrichtungen zur Verfügung gestellt werden), 128 IV 68 (Gehilfenschaft zu übler Nachrede), 129 IV 126 (Gehilfenschaft zu ungetreuer Geschäftsführung). Verneint wurde Gehilfenschaft eines passiven Passagiers zu Fahren in angetrunkenem Zustand (BGE 113 IV 96) und eines Pannenhelfers auf verbotenem Drogentransport (BGE 113 IV 90). – Unter StGB Art. 25 fällt auch die sog. psychische Gehilfenschaft, als welche nach BGE 79 IV 147 jede seelische Einwirkung auf den Haupttäter zur Stützung oder Förderung seiner Tatbereitschaft gelten soll. Dafür genügt die blosse Billigung des Tatentschlusses nicht (BGE 70 IV 19), nach BGE 72 IV 100 wohl aber die Aufforderung, eine Tat zu begehen, zu welcher der Aufgeforderte schon bereit war (fraglich).

Subjektiv ist erforderlich, dass der Gehilfe weiss oder damit rechnet, eine bestimmt geartete Straftat zu unterstützen, und dass er dies will oder in Kauf nimmt (vgl. BGE 109 IV 150, 111 IV 35, 117 IV 188, 119 IV 294, 121 IV 119, 128 IV 69). Er muss überdies Kenntnis vom Vorsatz des Haupttäters haben (BGE 117 IV 189, 128 IV 69). Die von ihm geförderte Straftat braucht ihm jedoch nicht in ihren Einzelheiten bekannt zu sein: BGE 108 Ib 303. – Die Beihilfe ist *vollendet*, wenn die Haupttat begangen oder mindestens in strafbarer Weise versucht und zudem vom Gehilfen tatsächlich gefördert wurde.

Die von StGB Art. 25 vorgesehene Strafmilderung (StGB Art. 48a) ist obligatorisch.

Art. 26 Teilnahme am Sonderdelikt

Wird die Strafbarkeit durch eine besondere Pflicht des Täters begründet oder erhöht, so wird der Teilnehmer, dem diese Pflicht nicht obliegt, milder bestraft.

Bisheriges Recht: Im bisherigen Recht war die Frage, ob Sonderpflichten als sachliche oder persönliche Umstände zu erachten sind, nicht geregelt und daher umstritten. Mit StGB Art. 26 sind die entsprechenden Unklarheiten mit Bezug auf die Teilnahme beseitigt worden.

Art. 26: In dieser Bestimmung wird festgehalten, dass der Teilnehmer – Anstifter oder Gehilfe – am echten oder unechten Sonderdelikt (Extraneus) für die Mitwirkung am Delikt des Haupttäters bestraft wird, dessen Strafbarkeit aufgrund einer Sonderpflicht begründet oder erhöht wird. Für den Teilnehmer am echten oder unechten Sonderdelikt ist demnach immer der Strafrahmen des jeweiligen Sonderdelikts massgebend. Das ist deshalb nicht selbstverständlich, weil dem Teilnehmer keine entsprechende Sonderpflicht zukommt. Diesem Umstand, nämlich der fehlenden Sonderpflicht, wird durch eine obligatorische Strafmilderung i.S. von StGB Art. 48a Rechnung getragen.

Art. 27   Persönliche Verhältnisse

Besondere persönliche Verhältnisse, Eigenschaften und Umstände, welche die Strafbarkeit erhöhen, vermindern oder ausschliessen, werden bei dem Täter oder Teilnehmer berücksichtigt, bei dem sie vorliegen.

Bisheriges Recht: StGB Art. 27 entspricht – abgesehen von Änderungen redaktioneller Art – StGB alt Art. 26. Im Zusammenhang mit StGB Art. 26 ist nunmehr geklärt, dass StGB Art. 27 für die Teilnahme an Sonderdelikten nicht einschlägig ist, sondern ausschliesslich StGB Art. 26

Art. 27: Die Norm betrifft nicht nur den allgemeinen Teil des StGB; auch Merkmale der einzelnen Straftatbestände können persönliche Verhältnisse, Eigenschaften und Umstände im Sinne jener Bestimmung darstellen: BGE 105 IV 187. – *Persönliche straferhöhende Merkmale,* die auf besonderen Eigenschaften eines Beteiligten beruhen, können nur diesem gegenüber die Strafbarkeit beeinflussen: BGE 87 IV 50. *Sachliche straferhöhende Merkmale,* welche die objektive Schwere der Tat verändern, berühren die Akzessorietät dagegen nicht: BGE 95 IV 115; der Beteiligte untersteht, sofern er um das Vorhandensein des Merkmals wusste, der gleichen Strafdrohung wie der Haupttäter. Zu den sachlichen Merkmalen müssen insbesondere auch die subjektiven Unrechtsmerkmale, etwa die Absicht unrechtmässiger Bereicherung, gezählt werden, jedenfalls soweit diese das Unrecht der Tat prägen.

Bei *strafbegründenden* Merkmalen – sofern es diese überhaupt noch gibt – gilt die strenge Akzessorietät (BGE 95 IV 117, 105 IV 187).

Persönliche Umstände sind insbesondere das *jugendliche Alter* des Haupttäters (BGE 81 IV 145) und die *Schuld.* Danach wird jeder Beteiligte nach Massgabe seiner persönlichen Schuld bestraft (BGE 87 IV 51, 95 IV 118, 120 IV 275). Weiter gehören zu den persönlichen Umständen die bei verschiedenen Tatbeständen straferhöhende *gewerbsmässige* Deliktbegehung (BGE 70 IV 125), das skrupellose Handeln bei Mord nach StGB Art. 112 (BGE 120 IV 275), der Affekt bei Totschlag nach StGB Art. 113 (BGE 87 IV 52), der Umstand, dass der Täter durch die unmittelbaren Folgen seiner Tat so schwer betroffen ist, dass eine Strafe unangemessen wäre (StGB Art. 54), das entschuldbare Verhalten des Begünstigenden nach StGB Art. 305 Abs. 2 (BGE 73 IV 240) oder die Zwangslage nach StGB Art. 308 Abs. 2: BGE 118 IV 182.

Zu den *sachlichen Umständen* vgl. Bem. zu StGB Art. 24.

Art. 28   6. Strafbarkeit der Medien

1 Wird eine strafbare Handlung durch Veröffentlichung in einem Medium begangen und erschöpft sie sich in dieser Veröffentlichung, so ist, unter Vorbehalt der nachfolgenden Bestimmungen, der Autor allein strafbar.

2 Kann der Autor nicht ermittelt oder in der Schweiz nicht vor Gericht gestellt werden, so ist der verantwortliche Redaktor nach Artikel 322bis strafbar. Fehlt ein verantwortlicher Redaktor, so ist jene Person nach Artikel 322bis strafbar, die für die Veröffentlichung verantwortlich ist.

3 Hat die Veröffentlichung ohne Wissen oder gegen den Willen des Autors stattgefunden, so ist der Redaktor oder, wenn ein solcher fehlt, die für die Veröffentlichung verantwortliche Person als Täter strafbar.

⁴ Die wahrheitsgetreue Berichterstattung über öffentliche Verhandlungen und amtliche Mitteilungen einer Behörde ist straflos.

Bisheriges Recht: Die Vorschrift entspricht wörtlich StGB alt Art. 27.

Art. 28: Es muss sich um eine strafbare Tat handeln, die «durch Veröffentlichung in einem Medium» begangen wird. Als *Medien* gelten nicht nur das Fernsehen, das Radio sowie die Presse, sondern alle Kommunikationsmittel. Erfasst werden demnach überdies alle Arten von Druckschriften (Blatt, Brief, Bücher, Flugblätter, Plakate, Prospekte, Kataloge etc.), Gemälde, Foto, Film, Kassette, DVD, Videos, der Memory-Stick, die elektronische Textübertragung (Teletext, Videotex, CD-Rom), die telefonische Tonübertragung (Festnetz-, Mobil-, Internet-Telefonie), Mailing-Listen, Newsgroups, der Chat, das Web-Streaming (Ton- oder Bildübertragung via Web) und das World Wide Web. Der Begriff des Mediums ist in einem weiten Sinne zu verstehen (BGE 128 IV 65). – Da die fragliche Mitteilung veröffentlicht werden muss, muss sie einem grösseren Adressatenkreis zur Verfügung stehen, wobei innerhalb dieses Kreises alle, die dies wollen, davon Kenntnis nehmen können (BGE 125 IV 183, 126 IV 178, 128 IV 65). – Schliesslich muss sich die strafbare Handlung in der Veröffentlichung durch das Medium erschöpfen (BGE 125 IV 211, 128 IV 66). Letzteres wurde mit Bezug auf Gedankenäusserungsdelikte für Ehrverletzungen gemäss StGB Art. 173 ff. (BGE 118 IV 160, 122 IV 313), für den Aufruf zu Dienstpflichtverletzungen nach StGB Art. 276 Ziff. 1 (BGE 100 IV 6) sowie für unvollständige Auskündigungen betreffend Kleinkredite gemäss UWG Art. 3 Abs. 1 (BGE 117 IV 365) angenommen, nicht aber für die Gewaltdarstellung gemäss StGB Art. 135, die harte Pornographie gemäss StGB Art. 197 Ziff. 3 sowie die Rassendiskriminierung gemäss StGB Art. 261bis (BGE 125 IV 211; umstritten). – StGB Art. 28 ist nicht auf periodisch erscheinende Mitteilungen beschränkt (anders als StGB Art. 28a).

Abs. 1: Strafbar ist der Autor bzw. sind die Autoren (dazu BGE 128 IV 66), weitere notwendigerweise an der Veröffentlichung durch das betreffende Medium beteiligte Personen wie Redaktoren, Drucker, Verleger, Kameraleute oder Internet-Provider werden neben ihm strafrechtlich nicht zur Verantwortung gezogen (umstritten).

Abs. 2: Diese Bestimmung statuiert die subsidiäre Haftung (Kaskadenhaftung) des Redaktors sowie der für die Veröffentlichung verantwortlichen Person. Diese Personen müssen gemäss StGB Art. 322 bekannt gegeben werden. Bei der für die Veröffentlichung verantwortlichen Person muss es sich um die Person handeln, die über die Publikation entscheidet oder mindestens eine Überwachungsfunktion mit der Möglichkeit des Einschreitens innehat (vgl. hierzu Botschaft, BBl 1996 IV 551), also v.a. der Verleger bzw. Herausgeber bei nicht periodischen Druckerzeugnissen und der verantwortliche Ressortleiter für Zeitungsinserate und Reklamesendungen. Nicht in Betracht fällt der blosse Drucker. Die genannten Personen werden in Anwendung von StGB Art. 322bis bestraft.

Abs. 3 regelt den Sonderfall, dass die Veröffentlichung ohne Wissen oder gegen den Willen des Autors stattgefunden hat, in dem Sinne, dass der Redaktor bzw. die für die Publikation verantwortliche Person als *Täter* strafbar ist, also wegen des damit begangenen Mediendelikts.

Abs. 4: Für wahrheitsgetreu, d.h. korrekt, unter Quellenangabe wiedergegebene amtliche Mitteilungen ist eine Bestrafung wie auch eine zivilrechtliche Sanktion (BGE 126 III 213) ausgeschlossen.

Art. 28a   Quellenschutz

¹ Verweigern Personen, die sich beruflich mit der Veröffentlichung von Informationen im redaktionellen Teil eines periodisch erscheinenden Mediums befassen, oder ihre Hilfspersonen das Zeugnis über die Identität des Autors oder über Inhalt und Quellen ihrer Informationen, so dürfen weder Strafen noch prozessuale Zwangsmassnahmen gegen sie verhängt werden.

² Absatz 1 gilt nicht, wenn der Richter feststellt, dass:
a. das Zeugnis erforderlich ist, um eine Person aus einer unmittelbaren Gefahr für Leib und Leben zu retten; oder
b. ohne das Zeugnis ein Tötungsdelikt im Sinne der Artikel 111–113 oder ein anderes Verbrechen, das mit einer Mindeststrafe von 3 Jahren Freiheitsstrafe bedroht ist, oder eine Straftat nach den Artikeln 187, 189–191, 197 Ziffer 3, 260ter, 260^{quinquies}, 305bis, 305ter und 322ter–322^{septies} des vorliegenden Gesetzes sowie nach Artikel 19 Ziffer 2 des Betäubungsmittelgesetzes vom 3. Oktober 1951 nicht aufgeklärt werden oder der einer solchen Tat Beschuldigte nicht ergriffen werden kann.

Bisheriges Recht: Die Vorschrift entspricht – abgesehen von einer redaktionellen Änderung – StGB alt Art. 27bis. In Abs. 2 lit. b ist im bisherigen Recht von einer Mindeststrafe von drei Jahren Zuchthaus, in der geltenden Fassung ist richtigerweise von einer solchen von drei Jahren Freiheitsstrafe die Rede.

Art. 28a Abs. 1 gewährleistet das Redaktionsgeheimnis mit Bezug auf die Identität des Autors sowie Inhalt und Quellen von Informationen. Dem Redaktionsgeheimnis unterstehen alle professionellen (nicht Gelegenheitsjournalisten), redaktionellen Mitarbeiter periodisch erscheinender Medien (ausser Journalisten z.B. auch Kameraleute, Toningenieure, Cutterinnen usw.) und ihre Hilfspersonen. Das Redaktionsgeheimnis wird auf den redaktionellen Teil des periodisch erscheinenden Mediums beschränkt. – Wird eine Person mit den in Abs. 1 umschriebenen Eigenschaften wegen eines Delikts im Zusammenhang mit der Ausübung ihrer beruflichen Tätigkeit angeschuldigt, so verstösst dies nicht gegen den Sinn und Zweck des journalistischen Quellenschutzes gemäss StGB Art. 27bis, da sie – wie jeder Angeschuldigte – die Aussage verweigern kann (BGE 127 IV 133).

Abs. 2: Dieser abschliessenden Ausnahmeregelung liegt der Gedanke zugrunde, dass Informationen von Abs. 1 ausgenommen werden müssen, deren Mitteilung in einem höheren Interesse erforderlich ist.

Art. 29   7. Vertretungsverhältnisse

Eine besondere Pflicht, deren Verletzung die Strafbarkeit begründet oder erhöht, und die nur der juristischen Person, der Gesellschaft oder der Einzelfirma obliegt, wird einer natürlichen Person zugerechnet, wenn diese handelt:
a. als Organ oder als Mitglied eines Organs einer juristischen Person;
b. als Gesellschafter;
c. als Mitarbeiter mit selbständigen Entscheidungsbefugnissen in seinem Tätigkeitsbereich einer juristischen Person, einer Gesellschaft oder einer Einzelfirma; oder

d. ohne Organ, Mitglied eines Organs, Gesellschafter oder Mitarbeiter zu sein, als tatsächlicher Leiter.

Bisheriges Recht: Im bisherigen Recht sind die Organ- und Vertreterhaftung in StGB alt Art. 172 und StGB alt Art. 326 geregelt. Die neue Regelung gemäss StGB Art. 29 findet auf alle Tatbestände des StGB Anwendung, nicht nur – wie gemäss früherem Recht – auf die Tatbestände des zweiten Titels des zweiten Buchs (StGB alt Art. 172) bzw. auf die StGB Art. 323–325 (StGB alt Art. 326). Anders als nach früherem Recht erfasst StGB Art. 29 die Einzelfirma sowie den Verein und die Stiftung. Schliesslich ist im geltenden StGB Art. 29 von «besonderen Pflichten» und nicht mehr von «besonderen persönlichen Merkmalen» die Rede, deren Verletzung die Strafbarkeit begründet oder erhöht.

Art. 29: Die Bestimmung sieht vor, dass eine besondere Pflicht, deren Verletzung die Strafbarkeit begründet oder erhöht (Sonderdelikt) und die nur einem der nachstehend umschriebenen Geschäftsbetriebe obliegt, der natürlichen Person zugerechnet wird, welche für dieses Unternehmen handelt. Diese hat folglich für die von ihr begangenen Delikte einzustehen, ohne die entsprechenden besonderen Täterqualifikationen des Sonderdelikts in eigener Person erfüllen zu müssen (BGE 105 IV 175 f., 116 IV 28 f., 131 IV 53, vgl. auch 110 IV 17 f.). Delikte im Privatbereich fallen dagegen nicht unter StGB Art. 29.

Der Geschäftsbetrieb, dem die betreffende Pflicht obliegt, kann gemäss StGB Art. 29 eine *juristische Person*, eine *Gesellschaft* oder eine *Einzelfirma* sein. Der Begriff der *juristischen Person* (ZGB Art. 52 ff.) umfasst die Handelsgesellschaften (Aktiengesellschaft [OR Art. 620 ff.], Kommandit-Aktiengesellschaft [OR Art. 764 ff.] und Gesellschaft mit beschränkter Haftung [OR Art. 772 ff.]) sowie die Genossenschaft (OR Art. 828 ff.), den Verein (ZGB Art. 60 ff.) und die Stiftung (ZGB Art. 80 ff.). Die Kollektiv- (OR Art. 552 ff.) und die Kommanditgesellschaft (OR Art. 594 ff.) sowie die einfache Gesellschaft (OR Art. 530 ff.) fallen unter den Begriff der *Gesellschaft*. Bei der *Einzelfirma* handelt es sich um Personen und Personengesamtheiten, die ein Handels- oder Fabrikationsgewerbe betreiben oder eine andere wirtschaftliche Tätigkeit unter Berücksichtigung kaufmännischer Grundsätze verfolgen, weshalb der Begriff der Einzelfirma den Betrieb eines kaufmännischen Unternehmens i.S. von OR Art. 934 und HRegV Art. 52 Abs. 3 (Handelsregisterverordnung vom 7. Juni 1937 [HRegV], SR 221.411) voraussetzt.

lit. a: Die Bestimmung bezieht sich auf *Organe* und (bei Kollektivorganen wie dem Verwaltungsrat der AG) Mitglieder von Organen, also auf jene Personen, die *formell* zu Organen bestimmt worden sind. Der Begriff des Organs richtet sich dabei nach dem Zivilrecht.

lit. b: *Gesellschafter* sind Mitglieder von Kollektiv- und Kommanditgesellschaften.

lit. c: Erfasst werden Personen ohne Organeigenschaften, denen als Mitarbeiter in einem Unternehmen selbständige Entscheidungsbefugnisse im eigenen Tätigkeitsbereich zukommen (BGE 106 IV 23, 116 IV 28), also z.B. Prokuristen oder Handlungsbevollmächtigte.

lit. d: Normadressaten sind Personen, die das Unternehmen faktisch leiten, und zwar ohne Organ, Mitglied eines Organs, Gesellschafter oder Mitarbeiter zu sein. Eine *faktische Organstellung* liegt dann vor, wenn die betreffende Person in elementarer Weise auf die Willensbildung bzw. die Führung des Unternehmens Einfluss nimmt, wie dies in der Regel durch Organe im formellen Sinne erfolgt.

Art. 30 8. Strafantrag. Antragsrecht

¹ Ist eine Tat nur auf Antrag strafbar, so kann jede Person, die durch sie verletzt worden ist, die Bestrafung des Täters beantragen.

² Ist die verletzte Person handlungsunfähig, so ist ihr gesetzlicher Vertreter zum Antrag berechtigt. Ist sie bevormundet, so steht das Antragsrecht auch der Vormundschaftsbehörde zu.

³ Ist die verletzte Person unmündig oder entmündigt, so ist auch sie zum Antrag berechtigt, wenn sie urteilsfähig ist.

⁴ Stirbt die verletzte Person, ohne dass sie den Strafantrag gestellt oder auf den Strafantrag ausdrücklich verzichtet hat, so steht das Antragsrecht jedem Angehörigen zu.

⁵ Hat eine antragsberechtigte Person ausdrücklich auf den Antrag verzichtet, so ist ihr Verzicht endgültig.

Zu Art. 30–33: Begriff des Strafantrags: BGE 106 IV 245, 115 IV 3, 128 IV 83 = Pr 91 (2002) Nr. 114 S. 652 (Willenserklärung der verletzten Person, dass für die angezeigte Handlung die Strafverfolgung stattfinden solle; rechtliche Würdigung des Sachverhalts gehört nicht dazu). Zur erforderlichen Präzision des Strafantrags vgl. auch BGE 97 IV 159. Rechtsnatur: Prozessvoraussetzung, nicht objektive Strafbarkeitsbedingung: BGE 81 IV 92, 99 IV 262 (Auswirkung auf die beidseitige Strafbarkeit und das mildere Recht gemäss StGB Art. 7 Abs. 1 lit. a und Abs. 3), 129 IV 311 (Einziehung nach StGB Art. 70 bei Antragsdelikten auch ohne Strafantrag zulässig), ZR 81 (1982) Nr. 136 S. 318 (wird der Strafantrag nicht innert Frist gestellt, bedarf es keiner formellen Einstellungsverfügung, da von Bundesrechts wegen Fehlens einer Prozessvoraussetzung kein Strafverfahren durchgeführt werden darf), BGer vom 24.2.2004, i.S. X gg. A, 6S.273/2003, Erw. 3.3 (der Rückzug des Strafantrags macht das Delikt nicht zum legalen Akt). Für den nötigen Inhalt der Erklärungen gemäss StGB Art. 30 Abs. 1 und Abs. 5 sowie StGB Art. 33 Abs. 1 ist Bundesrecht, für ihre Form und die Behörde, an welche sie zu richten sind, ist kantonales Recht massgebend: BGE 80 IV 145, 89 IV 58, 98 IV 248 (Gültigkeit des bei einer unzuständigen Behörde gestellten Strafantrags beurteilt sich nach kantonalem Recht), 103 IV 132 (Fristberechnung), 106 IV 245 (ein gültiger Strafantrag liegt vor, wenn die antragsberechtigte Person innert Frist bei der nach kantonalem Recht zuständigen Behörde und in der ebenfalls von kantonalem Recht vorgeschriebenen Form so erklärt, dass das Strafverfahren ohne weitere Willenserklärung weiterläuft), 108 IV 171 und SJZ 92 (1996) 400 (Anerkennung eines frist- und formgerecht gestellten Strafantrags, wenn das Strafverfahren gegen den Täter gemäss StGB Art. 344 an einen anderen Kanton übergeht).

Rechtsmissbräuchliche Ausübung des Strafantragsrechts: Das StGB sieht in StGB Art. 165 Ziff. 2 Abs. 3 den Ausschluss der verletzten Person vom Antragsrecht bei rechtsmissbräuchlicher Ausübung vor. Es handelt sich um einen Anwendungsfall des allgemein gültigen Verbots des Rechtsmissbrauchs: BGE 104 IV 94. Voraussetzung bildet, dass der Antragsteller durch grobes, rechtswidriges Verhalten zur strafbaren Handlung unmittelbar Anlass geboten hat: BGE 104 IV 95, 105 IV 230, 128 IV 163. Siehe im Einzelnen BGE 86 IV 150 (missbräuchliche Antragstellung, nachdem der Anzeiger vorher zugesichert hat, er werde keine Strafverfolgung einleiten), 90 IV 171 (kein Rechtsmissbrauch, wenn bei einem fortgesetzten Delikt mit dem Strafantrag lange zugewartet wird), 104 IV 95, 105 IV 232 (schikanöses Verhalten des Antragstellers, das zum Entziehen von Unmündigen nach StGB Art. 220 führt, kann das Strafantragsrecht illusorisch machen), 128 IV 163 (der Strafantrag des Registervaters, der die Elternfunktion während elf Jahren tatsächlich ausgeübt hat, gegenüber der Registermutter wegen Entziehens von Unmündigen gemäss StGB Art. 220 ist nicht rechtsmissbräuchlich, selbst wenn die Eltern zusammen den unzutreffenden Registereintrag erschlichen haben), BGer vom 14.10.2004, 6P.94/2004 und 6S.254/2004, Erw. 7 (bestehen gewichtige Anhaltspunkte für die Täterschaft, so verstösst die Stellung des Strafantrags nicht gegen Treu und Glauben).

Art. 30: Bisheriges Recht: StGB Art. 30 Abs. 1, 2, 4 und 5 stimmen mit StGB alt Art. 28 überein, wobei die Bestimmung bezüglich der antragsberechtigten Person nunmehr geschlechtsneutral formuliert ist. Abs. 3 stellt für das Strafantragsrecht von handlungsunfähigen Personen nicht mehr auf das Alter (alt Abs. 3: 18 Jahre), sondern nur noch auf die *Urteilsfähigkeit* ab.

Abs. 1: «Verletzt» ist nur der Träger des unmittelbar angegriffenen Rechtsguts, nicht aber die durch die Tat bloss mittelbar Betroffene. Bei Eigentumsdelikten gilt indessen neben der Eigentümerin der Sache auch jemand als verletzt, in dessen Rechtskreis die Tat unmittelbar eingreift, und derjenige, dem eine besondere Verantwortung für die Erhaltung der Sache obliegt (z.B. ein Mieter oder jemand, dem sie anvertraut wurde): BGE 118 IV 211, vgl. BGE 121 IV 260. – Zur Legitimation bei Delikten nach StGB Art. 177: BGE 86 IV 82, 92 IV 116 (der Ehemann wird durch eine Beleidigung seiner Ehefrau nur dann verletzt, wenn die Beleidigung auch einen verdeckten Angriff gegen ihn selber enthält), StGB Art. 179bis: BGE 111 IV 63 (fehlende Legitimation einer Gemeinde, wenn anlässlich ihrer Gemeindeversammlung ein Teilnehmer die Äusserung von Votanten ohne deren Einwilligung aufnimmt), BGer vom 10. Juni 2005, 6S.179/2005, Erw. 2 a.E. (wer nicht Halter des überwachten Telefongeräts ist, kommt nur dann als Verletzter in Frage, wenn er auf dieses angerufen hat), StGB Art. 186: BGE 87 IV 121 (keine Antragsberechtigung von Angehörigen und Familiengenossen des Wohnungsinhabers), 128 IV 84 = Pr 91 (2002) Nr. 114 S. 653 (Antragsberechtigung des neuen Eigentümers ab Erwerb durch Zwangsversteigerung), StGB Art. 220: BGE 108 IV 25 = Pr 71 (1982) Nr. 223 S. 568, 128 IV 163, StGB Art. 321: BGE 87 IV 106 (die Eltern bezüglich Verletzung von Geheimnissen in Bezug auf ihr Kind). – Juristische Personen: BGE 99 IV 3 (befugt ist dasjenige Organ, das die durch das Delikt verletzten Interessen wahrt), bei Handelsgeschäften kommen je nach Rechtsgut die Verwaltung oder ein Generalbevollmächtigter in Frage (BGE 118 IV 169 = Pr 82 [1993] Nr. 19 S. 56). SJZ 68 (1972) 142 (Bauführer und Werkchef im Namen ihrer Arbeitgeberfirmen). Einfache Gesellschaft: BGE 117 IV 439 (jeder Gesellschafter antragsberechtigt). Vereine: BGE 117 IV 439 (Präsident befugt). Anstalten und Körperschaften des öffentlichen Rechts: Antragsbefugt ist das nach dem betreffenden Recht zur Ausübung der Verfügungsgewalt über das Rechtsgut zuständige Organ: BGE 90 IV 76 (leitende Spitalorgane bei widerrechtlichem Eindringen in Krankenzimmer), RS 1972 Nr. 214 S. 3 (Vorsteher einer kant. Verwaltungsabteilung in Bezug auf die dieser dienenden Vermögenswerte und unberechtigtes Eindringen in ihre Amtsräume). – Das Recht, Strafantrag zu stellen, ist grundsätzlich höchstpersönlicher Natur und unübertragbar: BGE 99 IV 2. Doch kann ein Vertreter zur Abgabe der Willenserklärung ermächtigt werden: BGE 86 IV 83. Wo es um nicht direkt von der Person des Berechtigten abhängige Rechtsgüter geht (z.B. bei StGB Art. 186, 217) genügt eine generelle, auch schon vor der Tat erteilte Vollmacht: BGE 122 IV 208. Das kantonale Prozessrecht kann dazu Formvorschriften (Mündlichkeit oder Schriftlichkeit) erlassen; ist dies nicht der Fall, genügt ein vom Anwalt nach erfolgter Instruktion mündlich oder schriftlich eingereichter Strafantrag: BGE 106 IV 245. Eine Handlungsvollmacht i.S. von OR Art. 462 Abs. 1 umfasst die Ermächtigung zum Strafantrag nicht, hiefür ist eine besondere Vollmacht i.S. von OR Art. 462 Abs. 2 erforderlich: BGE 99

IV 3. Wesentlich ist, dass die Vollmacht zur Stellung eines Strafantrags von der verletzten Person vor Ablauf der Antragfrist nach StGB Art. 31 ausgesprochen oder nachgebracht wird: SJZ 77 (1981) 68, RS 1989 Nr. 559 S. 33.

Der Antrag auf strafrechtliche Verfolgung muss (abgesehen von deren gesetzlichen Bedingungen) vorbehaltlos erklärt werden: BGE 80 IV 145. Bei Verfolgung im Zivil- bzw. Privatstrafklageverfahren ist erforderlich, dass die Erklärung nach dem anwendbaren Prozessrecht die Strafverfolgung in Gang setzt und das Verfahren ohne weitere Erklärung des Antragstellers seinen Lauf nehmen lässt: BGE 98 IV 247 (Sühnbegehren gilt nur dann als Strafantrag, wenn es den Streit hängig macht). Es ist nicht bundesrechtswidrig, wenn das kantonale Recht im Privatstrafklageverfahren bei Bekanntwerden des Verdächtigen ein Sühnbegehren zwecks Durchführung der bis dahin gar nicht möglichen Sühnverhandlung verlangt: BGer vom 7.10.2004 i.S. X. gg. A., 6S.244/2004, Erw. 2.3. Die verletzte Person kann einen Sachverhalt auch nur teilweise zur Verfolgung stellen sowie ein Offizialdelikt anzeigen, ohne die Verfolgung der damit einhergehenden Antragsdelikte zu verlangen: BGE 85 IV 75. Immerhin soll nach BGE 115 IV 2 eine Anzeige wegen falscher Anschuldigung auch einen Strafantrag wegen Ehrverletzung umfassen können; vgl. dagegen BGer vom 10.10.2003 i.S. G. und P. gg. L., 6S.306/2003, Erw. 2.1, wonach ein Strafantrag wegen falscher Anschuldigung nicht notwendigerweise auch als Strafantrag wegen Verstosses gegen das UWG gilt. Bei Vorliegen eines Strafantrags wegen sexueller Nötigung und Vergewaltigung in der Ehe i.S. von StGB Art. 189 Abs. 2 bzw. 190 Abs. 2 kann der Täter entgegen dem Willen des Opfers für die durch den Strafantrag nicht erfasste Zeitspanne nicht subsidiär wegen Nötigung i.S. von StGB Art. 181 verurteilt werden, auch wenn es sich bei letzterem Delikt um ein Offizialdelikt handelt. Die vom Strafantrag nicht erfasste Zeitspanne ist dem Fall gleichzustellen, in welchem kein Strafantrag gestellt oder ein solcher zurückgezogen wird (BGE 126 IV 121). Ein Strafantrag gegen unbekannte Täterschaft ist zulässig und braucht nach deren Ermittlung nicht in einen namentlichen Antrag umgewandelt zu werden: BGE 92 IV 75 = Pr 55 (1966) Nr. 138 S. 495. Bei Mediendelikten muss indessen der Verfasser im Antrag namentlich bezeichnet werden, wenn er bekannt ist: BGE 97 IV 158. Der Strafantrag gibt von Bundesrechts wegen nur Anspruch auf Einleitung des Verfahrens, nicht auf die Beteiligung des Antragstellers daran: BGE 84 IV 131.

Abs. 2: Je selbständiges Recht des gesetzlichen Vertreters und der Vormundschaftsbehörde (sowie der urteilsfähigen unmündigen oder entmündigten Person: Abs. 3) zur Stellung eines Strafantrags: BGE 127 IV 194 = Pr 91 (2002) Nr. 11 S. 49.

Abs. 3: Die verletzte Person als antragsberechtigtes Opfer einer Straftat braucht sich nur dann vertreten zu lassen, wenn sie in Bezug auf die Stellung eines Strafantrags urteils*un*fähig ist (vgl. BBl 1999, 2016).

Abs. 4: Der Strafantrag fällt mit dem Tod der verletzten Person nicht dahin: BGE 95 IV 161. – Strafantragsrecht der Eltern eines minderjährigen Kindes wegen Verletzung des Arztgeheimnisses (StGB Art. 321) nach dem Tode des Kindes: BGE 87 IV 105 = Pr 51 (1962) Nr. 11 S. 27. Das Bundesgericht hat das Antragsrecht der Angehörigen auf Delikte nach StGB Art. 186 sowie 179quater Abs. 1 ausgedehnt, die *nach* dem Tode des Betroffenen begangen wurden, da dessen höchstpersönliche Rechte noch nach seinem Ableben während einer gewissen Zeit weiterbestünden (BGE 118 IV 322 = Pr 84 [1995] Nr. 210 S. 689, fragwürdig). – Aus dieser Bestimmung lässt sich keine Legitimation der Angehörigen zur eidgenössischen Nichtigkeitsbeschwerde im Strafpunkt i.S. von OHG Art. 8 Abs. 1 lit. c nach dem Tod des Geschädigten ableiten (BGE 126 IV 155). *Zum Verfahren* vgl. StGB Art. 346.

– Die zur Bestimmung des *Gerichtsstands* (StGB Art. 340 ff.) nötigen Feststellungen sind bei Antragsdelikten vom Strafkläger zu treffen: BGE 73 IV 63.

Abs. 5: Erfordernis des *ausdrücklichen* Verzichts: BGE 68 IV 70 (Erklärung des «Desinteressements» am betreffenden Strafprozess genügt), 74 IV 87 (Versöhnung zwischen Täter und Opfer ist noch kein Verzicht, vgl. auch RS 1975 Nr. 843 S. 38), 75 IV 19 (ebensowenig das lange Zuwarten mit der Antragstellung bei Einheitstaten), BGer vom 3. Juni 2005, 6S.56/2005, i.S. X gg. Y., Erw. 4 (kein ausdrücklicher Verzicht durch blosses Zuwarten, auch wenn ein solcher in Aussicht gestellt wurde); vgl. demgegenüber auch BGE 115 IV 4. Verzicht auf die Verfolgung einer Tat verhindert die Bestrafung des Täters unter allen rechtlichen Gesichtspunkten, die einen Strafantrag erfordern: BGE 68 IV 70. Er gilt für alle Beteiligten (vgl. StGB Art. 32).

Art. 31 Antragsfrist

Das Antragsrecht erlischt nach Ablauf von drei Monaten. Die Frist beginnt mit dem Tag, an welchem der antragsberechtigten Person der Täter bekannt wird.

Bisheriges Recht: Die Bestimmung stimmt inhaltlich mit StGB alt Art. 29 überein, wobei sie bezüglich der antragsberechtigten Person nunmehr geschlechtsneutral formuliert ist.

Art. 31: Für den *Fristbeginn* ist die Kenntnis sowohl von der verletzten Person wie auch von der *Tat* erforderlich: BGE 101 IV 116 (offen gelassen, ob nur die objektiven oder auch die subjektiven Tatbestandsmerkmale bekannt sein müssen), 105 IV 165, 107 IV 10. Wenn der Täter im Sinne einer «Einheitstat» während einer ganzen Zeit und ohne Unterbrechung einen Tatbestand mehrfach erfüllt, beginnt die Antragsfrist erst mit dessen letzter schuldhafter Erfüllung zu laufen (BGE 118 IV 328, 126 IV 132). Bei einem Dauerdelikt – wie z.B. Hausfriedensbruch i.S. von StGB Art. 186 – beginnt die dreimonatige Frist erst zu laufen, wenn der Täter sich von der Örtlichkeit wieder entfernt hat (BGE 128 IV 83 = Pr 91 [2002] Nr. 114 S. 652, mit Verweis auf BGE 118 IV 172). Die Kenntnis von Tat und Täter muss so sicher und zuverlässig sein, dass die antragsberechtigte Person bei der Verfolgung des Betroffenen erhebliche Erfolgsaussichten hat und nicht selber riskieren muss, wegen übler Nachrede oder falscher Anschuldigung verfolgt zu werden. Blosses «Kennenmüssen» oder blosser Verdacht genügt nicht, doch braucht die antragsberechtigte Person andererseits noch über keine Beweismittel zu verfügen: BGE 101 IV 116, RS 1988 Nr. 443 S. 81. Massgebend ist nur die persönliche Kenntnis der verletzten Person, nicht ihres bevollmächtigten Vertreters: BGE 80 IV 213, 130 IV 99. Zur Beweislast in Bezug auf das Vorliegen der Voraussetzungen für den Fristbeginn: BGE 97 I 774. – Ein Strafantrag gegen unbekannte Täterschaft kann schon vor Fristbeginn gestellt werden und braucht nach dem Bekanntwerden des Täters nicht erneuert zu werden: BGE 92 IV 75 = Pr 55 (1966) Nr. 138 S. 495.

Berechnung und Wahrung der Frist: Der Tag, an dem die verletzte Person die nötige Kenntnis erlangte, wird nicht mitgezählt: BGE 97 IV 238. Berechnung der drei Monate: StGB Art. 110 Abs. 6. Die Frist ist gewahrt, wenn der Antrag am letzten Tag der Frist bei der zuständigen Behörde gestellt oder zu ihren Handen der schweizerischen Post übergeben wird: BGE 81 IV 322. Fällt der letzte Tag auf einen Samstag, Sonntag oder staatlich anerkannten Feiertag, so endet die Frist am darauf folgenden Werktag: BGE 83 IV 186, BG über den Fristenlauf an Samstagen vom 21. Juni 1963 (SR 173.110.3). Ob auch der rechtzeitig, aber bei einer unzuständigen Behörde gestellte Antrag gültig ist, bestimmt sich nach kantonalem Recht: BGE 98 IV 248, BJM 1992, 275. Der durch einen nicht bevollmächtigten Vertreter gestellte Strafantrag ist nur wirksam, wenn ihn die antragsberechtigte Person noch innert der Frist genehmigt: BGE 103 IV 72 = Pr 66 (1977) Nr. 174 S. 430. Bei Verfolgung im Zivil- oder Privatstrafklageverfahren genügt im Allgemeinen nur Klageeinleitung, nicht aber Sühnbegehren innerhalb der Dreimonatefrist: vgl. die Bemerkungen zu StGB Art. 30; BGE 103 IV 132 (Anklageerhebung beim Bezirksgericht *und* Sühnbegehren beim Friedensrichter nach Zürcher Recht). Vgl. ferner BGE 105 IV 164 und 106 IV 244 (Ehrverletzungssachen in den Kantonen St. Gallen und Aargau). Inhalt des Urteilsspruchs bei Verwirkung des Antragsrechtes: BGE 80 IV 5.

Art. 32 Unteilbarkeit

Stellt eine antragsberechtigte Person gegen einen an der Tat Beteiligten Strafantrag, so sind alle Beteiligten zu verfolgen.

Bisheriges Recht: Die Bestimmung stimmt inhaltlich mit StGB alt Art. 30 überein, wobei sie bezüglich der antragsberechtigten Person nunmehr geschlechtsneutral formuliert ist.

Art. 32: «Beteiligte» sind Mittäter, Anstifter und Gehilfen, nicht aber Nebentäter: BGE 80 IV 211, 81 IV 274 = Pr 45 (1956) Nr. 15 S. 47, 86 IV 147 (auch bei Strafantrag gegen den Verfasser eines Artikels bei Pressedelikten), 97 IV 4. Sie müssen den Tatbestand objektiv und subjektiv erfüllt haben: SJZ 68 (1972) 240. Der gültig gegen Unbekannt oder gegen einen oder mehrere Beteiligte gestellte Strafantrag wirkt gegenüber allen an der Tat Beteiligten, auch gegenüber denjenigen, die nur während eines bestimmten Zeitraumes an der Tat beteiligt waren. Wird bei einem Dauerdelikt Strafantrag gestellt, während dieses Delikt noch erfüllt wird, gilt der Strafantrag auch gegenüber jenen Beteiligten, die erst nach der Stellung des Antrags am Dauerdelikt teilnehmen (StGB Art. 186: BGE 128 IV 83 = Pr 91 [2002] Nr. 114 S. 652). Haben die Strafbehörden trotz eines rechtsgültig gegen einen Beteiligten gestellten Antrags das Verfahren nicht oder nicht rechtzeitig auf die anderen ausgedehnt, so dass diese nicht mehr bestraft werden können, so geht es nach BGE 97 IV 3 nicht an, den Strafantrag als nicht gestellt zu betrachten und das Verfahren gegen alle Beteiligten einzustellen (vgl. auch BGE 110 IV 90). Zu den Auswirkungen der Unteilbarkeit des Antrages auf das Privatstrafklageverfahren: BGE 80 IV 212, 86 IV 147. – Ein auf einzelne von mehreren Tatbeteiligten beschränkter Strafantrag ist nach StGB Art. 32 ungültig, wenn der Geschädigte die anderen vor der Verfolgung schonen will. Ob dies zutrifft, hat die Behörde nach Aufklärung des Antragstellers über den Grundsatz der Unteilbarkeit festzustellen: BGE 121 IV 151.

Der Grundsatz der Unteilbarkeit gilt sinngemäss auch für den Verzicht auf Strafantrag (StGB Art. 30 Abs. 5) sowie ausdrücklich für dessen Rückzug (StGB Art. 33 Abs. 3): Er bezieht sich nicht auf die sog. relativen Antragsdelikte, bei denen nur die Verfolgung von Angehörigen und Familiengenossen der verletzten Person einen Strafantrag voraussetzt und die übrigen Beteiligten von Amtes wegen zu verfolgen sind.

Art. 33 Rückzug

[1] **Die antragsberechtigte Person kann ihren Strafantrag zurückziehen, solange das Urteil der zweiten kantonalen Instanz noch nicht eröffnet ist.**

Art. 33

² Wer seinen Strafantrag zurückgezogen hat, kann ihn nicht nochmals stellen.

³ Zieht die antragsberechtigte Person ihren Strafantrag gegenüber einem Beschuldigten zurück, so gilt der Rückzug für alle Beschuldigten.

⁴ Erhebt ein Beschuldigter gegen den Rückzug des Strafantrages Einspruch, so gilt der Rückzug für ihn nicht.

Bisheriges Recht: StGB Art. 33 Abs. 2–4 stimmen mit StGB alt Art. 31 Abs. 2–4 überein, wobei die Bestimmung bezüglich der antragsberechtigten Person nunmehr geschlechtsneutral formuliert ist. Während das alte Recht den Rückzug erlaubte, solange das Urteil *erster Instanz* noch nicht *verkündet* war (was der Bundesrat ausdrücklich beibehalten wollte [BBl 1999, 2017]), ist der Rückzug gemäss dem neuen Abs. 1 solange möglich, als das Urteil der *zweiten kantonalen Instanz* noch nicht *eröffnet* ist (eingefügt durch das Parlament auf Vorschlag der Kommission [vgl. Amtl.Bull. 1999, 1114]; anders noch der Vorschlag der Expertenkommission, welche den Rückzug zulassen wollte, solange das Urteil der *letzten kantonalen Instanz* noch nicht *verkündet* ist [Arbeitspapiere des Plenums der Expertenkommission, P1 S. 30]).

Art. 33 Abs. 1: Form und zuständige Behörde für die Rückzugserklärung richten sich nach kantonalem Recht: BGer vom 11.8.2004 i.S. X gg. Y, 6S.439/2003, Erw. 5.3. Für den Rückzug genügt statt einer ausdrücklichen Erklärung auch konkludentes Verhalten, sofern es sich dabei um eine unmissverständliche Willensäusserung handelt: BGE 86 IV 149, 89 IV 58. Der Rückzug muss bedingungslos sein: BGE 79 IV 100. Bedingt ist der Rückzug, wenn er vom Eintritt eines zukünftigen, ungewissen Ereignisses abhängig gemacht wird: BGer vom 11.8.2004 i.S. X gg. Y, 6S.439/2003, Erw. 4 (es ist aber zulässig, den Rückzug auf bestimmte rechtliche Aspekte des Täterverhaltens zu beschränken [Erw. 5.2]). Nach BGE 79 IV 100 sollen dem Rückzug zugrunde liegende Willensmängel unbeachtlich sein (fraglich). – Die Nichterfüllung der vertraglich eingegangenen, infolge des Eintritts einer vereinbarten aufschiebenden Bedingung unbedingt gewordenen Verpflichtung zum Rückzug eines Strafantrags kann gegen Treu und Glauben verstossen: BGE 106 IV 174 (Zusicherung zum Rückzug des Strafantrags wegen Vernachlässigung von Unterstützungspflichten bei Einhaltung neu eingegangener Verpflichtungen). – Ob ein *Urteil* vorliegt, dürfte sich nach der bisherigen Rechtsprechung entscheiden. Danach gilt als Urteil ein Sachentscheid, der im ordentlichen Gerichtsverfahren – wenn auch ohne mündliche Parteiverhandlung – ergangen ist (BGE 96 IV 7). Der Strafbefehl ist im Falle seiner Anfechtung kein Urteil erster Instanz: BGE 92 IV 163 (vgl. auch BGE 96 IV 7). – *«Eröffnet»* bedeutet dasselbe wie *«verkündet»* nach StGB Art. 31 Abs. 1 (vgl. die romanischen Gesetzestexte, die sowohl in der alten wie auch in der neuen Fassung von *«prononcé»* bzw. *«pronunciata»* sprechen). Ein Urteil gilt dann als *verkündet,* wenn das Dispositiv mündlich oder schriftlich mitgeteilt wurde: BGE 117 IV 3. – Der von der verletzten Person gestellte Antrag kann nach seinem Tode von seinen Angehörigen nicht zurückgezogen werden: BGE 73 IV 74 = Pr 36 (1947) Nr. 93 S. 243. Wird der Strafantrag von einem urteilsfähigen Entmündigten zurückgezogen, bleiben die von dessen gesetzlichem Vertreter und der Vormundschaftsbehörde gestellten Anträge bestehen: BGE 127 IV 197 = Pr 91 (2002) Nr. 11 S. 52. – Dem zivilrechtlich vorwerfbar handelnden Angeschuldigten können die Kosten des Verfahrens trotz Rückzugs des Strafantrags auferlegt werden: BGer vom 2.6.2004, i.S. X., 1P.1/2004, Erw. 2.3.

Abs. 2: Es ist zulässig, nach dem Rückzug einen neuen Strafantrag zu stellen, der sich auf einen anderen Sachverhalt bezieht: BGer vom 14.10.2004 i.S. X., 6P.94/2004 und 6S.254/2004, Erw. 7

(bezieht sich der Rückzug des Strafantrags wegen Vernachlässigung von Unterhaltspflichten nur auf einen bestimmten Zeitraum, kann für einen anderen Zeitraum ein neuer Strafantrag gestellt werden).

Abs. 3: «Beschuldigte» sind Beteiligte im Sinne von StGB Art. 32 (siehe dort). Die Bestimmung findet keine Anwendung, wenn der Rückzug des Strafantrags gegen einen Beschuldigten nur deshalb erfolgt, weil er offensichtlich nicht beteiligt ist: BGE 80 IV 213, ZBJV 101 (1965) 272. Der Rückzug des Strafantrags gegen einen Mitbeteiligten ist auch nach rechtskräftiger Verurteilung des Haupttäters noch zulässig, solange gegen den Mitbeteiligten noch kein erstinstanzliches (gemäss geltendem Recht: zweitinstanzliches) Urteil verkündet wurde: ZR 97 (1998) Nr. 46 S. 138.

Abs. 4: Der Einspruch des Beschuldigten gegen den Rückzug des Strafantrags muss als Willenserklärung in den Formen des kantonalen Rechts bei der zuständigen Behörde eingereicht werden. Das Prozessrecht ist auch für die Einzelheiten des Verfahrens, in dem der Einspruch behandelt und entschieden wird, massgebend: SJZ 52 (1956) 361.

Dritter Titel: Strafen und Massnahmen
Erstes Kapitel: Strafen
Erster Abschnitt: Geldstrafe, gemeinnützige Arbeit, Freiheitsstrafe

Art. 34 1. Geldstrafe.
Bemessung

¹ Bestimmt es das Gesetz nicht anders, so beträgt die Geldstrafe höchstens 360 Tagessätze. Das Gericht bestimmt deren Zahl nach dem Verschulden des Täters.

² Ein Tagessatz beträgt höchstens 3000 Franken. Das Gericht bestimmt die Höhe des Tagessatzes nach den persönlichen und wirtschaftlichen Verhältnissen des Täters im Zeitpunkt des Urteils, namentlich nach Einkommen und Vermögen, Lebensaufwand, allfälligen Familien- und Unterstützungspflichten sowie nach dem Existenzminimum.

³ Die Behörden des Bundes, der Kantone und der Gemeinden geben die für die Bestimmung des Tagessatzes erforderlichen Auskünfte.

⁴ Zahl und Höhe der Tagessätze sind im Urteil festzuhalten.

Zur Revision im Allgemeinen: Die vollumfänglich revidierten Bestimmungen über die Strafen und Massnahmen, welche am 1.1.2007 in Kraft traten, wurden von den eidg. Räten im Wesentlichen am *13.12.2002* verabschiedet (BBl 2002, 8241 ff., basierend auf der Botschaft vom 21.9.1998, BBl 1999, 1979 ff.), wobei für das Jugendstrafrecht ein separates Gesetz erlassen wurde (JStG vom 20.6.2003). Bereits vor dem Inkrafttreten kam es am *24.3.2006* zu einer *Revision der Revision*, indem folgende Bestimmungen geändert oder neu eingefügt wurden: StGB Art. 42 Abs. 4, Art. 59 Abs. 3, Art. 64 Abs. 1 Einleitungssatz, Abs. 2 und 3, Art. 64b, Art. 65 Abs. 2, Art. 75a, Art. 90 Abs. 2bis und 4bis, Art. 91 Abs. 2 lit. c und d, ferner Art. 369 Abs. 4, 4bis, 4ter und 6, Art. 371 Abs. 1 und 3bis, Übergangsbestimmungen Ziff. 2 sowie Ziff. 3 Abs. 2 und 3 (BBl 2006, 3557 ff.; vgl. dazu Botschaft,

Art. 34 Nr. 1 StGB

BBl 2005, 4689 ff.). Anlässlich der Einführung des Partnerschaftsgesetzes vom 18. Juni 2004 (SR 211.231) wurden zudem StGB Art. 55a und 110 Abs. 1 auf die eingetragene Partnerin und den eingetragenen Partner ausgedehnt (BBl 2004, 3145 f.). Im Zuge einer weiteren Revision zur Umsetzung von BV Art. 123a («Verwahrungsinitiative») sollen folgende Bestimmungen geändert oder neu eingefügt werden: StGB E Art. 56 Abs. 4bis, E Art. 64 Abs. 1bis, E Art. 64a Abs. 1 erster Satz, E Art. 64c, E Art. 65 erster Satz, E Art. 84 Abs. 6bis, E Art. 90 Abs. 4ter, Titel vor Art. 380bis, E Art. 380bis, E Art. 387 Abs. 1bis (vgl. dazu die Botschaft, BBl 2006, 889 ff.).

Übergangsrecht: Die Grundregeln ergeben sich aus StGB Art. 2 und 388. Wer vor dem 1.1.2007 eine Tat verübt hat, aber erst nachher verurteilt wird, wird nach dem alten Recht beurteilt, es sei denn, das neue Recht sei das mildere (StGB Art. 2). Der Vollzug richtet sich für Urteile, die vor dem 1.1.2007 gefällt wurden, an sich nach dem alten Recht (StGB Art. 388 Abs. 1), wobei es von diesem Grundsatz verschiedene Ausnahmen gibt: Das Vollzugs*regime* früherer Urteile richtet sich aufgrund von StGB Art. 388 Abs. 3 grundsätzlich nach dem neuen Recht. Aus den (am 24.3.2006 teilweise revidierten) Übergangsbestimmungen ergibt sich zudem Folgendes: Der Widerruf des bed. Strafvollzugs (StGB 46 Abs. 1) von früheren Urteilen richtet sich nach neuem Recht, wobei das Gericht an Stelle der Freiheitsstrafe eine Geldstrafe (StGB Art. 34 ff.) oder gemeinnützige Arbeit (StGB Art. 37 ff.) anordnen kann (Ziff. 1 Abs. 1 der Übergangsbestimmungen). Die nach bisherigem Recht ausgesprochenen *Nebenstrafen* sind mit Ausnahme des Berufsverbotes aufgehoben (Ziff. 1 Abs. 2 der Übergangsbestimmungen). Die den *Vollzug* therapeutischer Massnahmen und Strafen sowie die Bewährungshilfe etc. regelnden Bestimmungen (StGB Art. 56–65, Art. 74–92 bzw. Art. 93–96) sind mit *Ausnahme der Regeln über die bed. Entlassung* (StGB Art. 86–89) auch auf frühere Urteile anwendbar (StGB Art. 388; Ziff. 1 Abs. 3 und Ziff. 2 Abs. 1 der Übergangsbestimmungen); zu den Sonderregelungen im Zusammenhang mit der *Verwahrung* und den Massnahmen gegen junge Erwachsene vgl. Bem. zu StGB Art. 56, 61 und 65.

Art. 34 ff.: Das StGB in der Fassung vom 13.12.2002 kennt für Verbrechen und Vergehen grundsätzlich drei Arten von Strafen, nämlich die *Geldstrafe* von höchstens 360 Tagessätzen (StGB Art. 34–36), die *gemeinnützige Arbeit* von höchstens 720 Stunden (an Stelle einer Freiheitsstrafe von weniger als 6 Monaten oder einer Geldstrafe bis zu 180 Tagessätzen; StGB Art. 37–39) sowie die *Freiheitsstrafe*, welche minimal «in der Regel» sechs Monate und maximal 20 Jahre bzw. lebenslänglich beträgt (Art. 40–41). Ausnahmsweise können für Verbrechen und Vergehen zudem auch *Bussen* ausgesprochen werden, nämlich in Verbindung mit einer bed. Strafe (StGB Art. 42 Abs. 4; maximal CHF 10'000) oder gegenüber Unternehmen (StGB Art. 102 Abs. 1; maximal 5 Millionen Franken). Zu den Strafen für Übertretungen (Busse bis CHF 10'000 oder gemeinnützige Arbeit) vgl. Bem. zu StGB Art. 106 f.

Die Geldstrafe wurde mit der Revision des StGB vom 13.12.2002 ins schweizerische Strafrecht eingeführt. Die gemeinnützige Arbeit war im StGB bis zur Revision vom 13.12.2002 ebenfalls noch nicht geregelt, war aber als Form für den Vollzug von Freiheitsstrafen bis zu drei Monaten bereits bekannt (VStGB 3 alt Art. 3a).

Das Gesetz schweigt sich darüber aus, auf welche Sanktion zu erkennen ist, wenn mehrere Strafarten in Frage kommen. Es ist indessen davon auszugehen, dass die vom Gesetzgeber gewählte Reihenfolge (1. Geldstrafe, 2. gemeinnützige Arbeit, 3. Freiheitsstrafe) nicht zufällig ist. Die Geldstrafe ist wesentlich problemloser als die gemeinnützige Arbeit zu vollziehen, und auf die Freiheitsstrafe als schwerwiegendster Eingriff ist aufgrund des Subsidiaritätsprinzips erst an letzter Stelle zurückzugreifen.

Bei der Geldstrafe, der gemeinnützigen Arbeit und der Freiheitsstrafe (bis maximal zwei bzw. drei Jahren), nicht aber bei den Bussen, ist der *bed. oder teilbed. Strafvollzug* möglich (StGB Art. 42 Abs. 1 und 43 Abs. 1).

Zum Verhältnis zwischen Strafen und resozialisierenden Massnahmen: BGE 120 IV 3, 124 IV 247, 129 IV 163.

Art. 34: Vollzug: StGB Art. 35. – Bed. und teilbed. Vollzug: StGB Art. 42 und 43. – Die Geldstrafe kann im ursprünglichen Urteil als einzige Strafart angeordnet werden oder nachträglich im Umwandlungsverfahren gemäss StGB Art. 39 Abs. 1 an die Stelle der gemeinnützigen Arbeit treten; bei Übertretungen kann sie gemäss StGB Art. 107 Abs. 1 StGB an die Stelle der ausgesprochenen Busse treten.

Die Festlegung der Geldstrafe erfolgt auf zwei Ebenen. Die *Anzahl* Tagessätze bestimmt sich gemäss Abs. 1 nach dem Verschulden, die *Höhe* der Tagessätze gemäss Abs. 2 nach den persönlichen und wirtschaftlichen Verhältnissen.

Art. 34 Abs. 1: Vgl. StGB Art. 305bis: Maximum 500 Tagessätze. Der Begriff des Verschuldens bezieht sich nicht nur auf die Legaldefinition von StGB Art. 47 Abs. 2, sondern er erfasst auch das Vorleben und die persönlichen Umstände gemäss StGB Art. 47 Abs. 1 Satz 2; ausgeklammert bleiben indessen die wirtschaftlichen Verhältnisse bzw. die in Abs. 2 genannten persönlichen Verhältnisse, soweit sie bei der Bemessung der Höhe des Tagessatzes zu berücksichtigen sind.

Abs. 2: Von den am 13.12.2002 revidierten Bestimmungen dürfte die Bemessung der Tagessätze der Praxis wohl das grösste Kopfzerbrechen bereiten. Zunächst soll die Regelung dem Prinzip der *Opfergleichheit* gerecht werden, damit von den ausgefällten Geldstrafen «der wirtschaftlich Starke nicht minder hart getroffen werde als der wirtschaftlich Schwache» (Botschaft, BBl 1999, 2019, unter Hinweis auf BGE 92 IV 5, 101 IV 16). Weiter darf die Geldstrafe den Gedanken der *Resozialisierung* nicht aus den Augen verlieren; zu hohe Tagessätze können kontraproduktiv sein, zumal die Verfahrenskosten und die Zivilansprüche der Geschädigten nicht ausser Acht gelassen werden dürfen (Botschaft, BBl 1999, 2020). Der Vollzug der Ersatzfreiheitsstrafe im Sinne von StGB Art. 36 Abs. 5 darf nicht zur Regel werden. Schliesslich muss die Regelung auch *praktikabel* sein.

Entgegen dem bundesrätlichen Entwurf (vgl. Botschaft, BBl 1999, 2021) hat sich das sog. Nettoeinkommenssystem nicht durchgesetzt. Kriterien für die *Bemessung der Tagessätze* sind Einkommen, Vermögen, Lebensaufwand, Unterstützungspflichten und Existenzminimum. Unklar ist, welche Bedeutung den einzelnen Kriterien zuzumessen ist. Mit dem vom Gesetz an erster Stelle genannten *Einkommen* wird auf die durchschnittlichen Nettoeinkünfte jeglicher Herkunft Bezug genommen, wie Einkommen aus einer bezahlten Tätigkeit, aus Renten oder Pensionen, aus Grundstückvermögen, Wertpapieren und anderen Kapitalanlagen sowie Leistungen in Naturalien, jeweils nach Abzug allfälliger Sozialleistungen. Bei rechtsmissbräuchlichem Verhalten des Täters ist auf ein hypothetisches Einkommen (vgl. Botschaft, BBl 1999, 2019) bzw. auf den vom Gesetz erwähnten *Lebensaufwand* abzustellen. Bei der Berechnung des *Existenzminimums* sind – unter Berücksichtigung der Kostenbeteiligung von ebenfalls verdienenden Hausgenossen – nebst dem Grundbetrag und allfälligen Familien- und Unterstützungspflichten (die explizit im Gesetz erwähnt werden) der Grundbetrag, die Mietkosten, die Beiträge an Kranken- und Unfallversicherung, weitere gesundheitlich bed. Kosten, die Berufskosten sowie die Steuern zu berücksichtigen (ähnlich Botschaft, BBl 1999, 2019; vgl. SchKG

Art. 92 f.), überdies die Aufwendungen für die Gerichtskosten und Zivilforderungen (vgl. Botschaft, BBl 1999, 2020). Das Existenzminimum stellt ein Berechnungs*kriterium*, aber keine Grenze für die Höhe des Tagessatzes dar; wären Eingriffe in das Existenzminimum nicht zulässig, könnte – entgegen dem Willen des Gesetzgebers – die Geldstrafe in einer Vielzahl von Fällen gar nicht erst zur Anwendung gelangen. Das *Vermögen* ist für die Bemessung des Tagessatzes nicht generell, sondern nur als Korrektiv vor allem bei Tätern in Betracht zu ziehen, die über ein grosses Vermögen verfügen oder aber kein oder bloss ein geringes Einkommen ausweisen (ähnlich Botschaft, BBl 1999, 2020, basierend allerdings auf dem später geänderten Entwurf von StGB Art. 34 Abs. 2).

Abs. 3: Eine blosse Schätzung der Finanzlage des Verurteilten ist grundsätzlich nicht vorgesehen; sollte sich allerdings die Aufstellung der Rechnung als unverhältnismässig schwierig erweisen, ist es dem Gericht nicht verwehrt, sich auf Schätzungen und prozentuale Ansätze zu stützen (Botschaft, BBl 1999, 2020), zumal das vom Gesetz in Abs. 2 erwähnte Kriterium des «Lebensaufwandes» ausgesprochen unbestimmt ist und sich kaum aufgrund von Dokumenten konkretisieren lässt.

Art. 35   Vollzug

¹ Die Vollzugsbehörde bestimmt dem Verurteilten eine Zahlungsfrist von einem bis zu zwölf Monaten. Sie kann Ratenzahlung anordnen und auf Gesuch die Fristen verlängern.

² Besteht der begründete Verdacht, dass der Verurteilte sich der Vollstreckung der Geldstrafe entziehen wird, so kann die Vollzugsbehörde die sofortige Bezahlung oder eine Sicherheitsleistung verlangen.

³ Bezahlt der Verurteilte die Geldstrafe nicht fristgemäss, so ordnet die Vollzugsbehörde die Betreibung an, wenn davon ein Ergebnis zu erwarten ist.

Art. 35 Abs. 1: Es ist in der Regel eine Zahlungsfrist zu gewähren, die der Zahl der ausgefällten Tagessätze entspricht, sodass die Verurteilten ihre Geldstrafe aus den laufenden Einkünften bezahlen können (Botschaft, BBl 1999, 2022). Die Anrechnung einer Teilzahlung an die Prozess- und Betreibungskosten anstatt an die Geldstrafe ist unvereinbar mit dem Verbot des Schuldverhafts, sofern sie zur Folge hat, dass die Umwandlung der Geldstrafe in eine Freiheitsstrafe zulässig wird (BGE 130 I 172 betr. Busse).

Abs. 2: Der fehlende Wohnsitz stellt weder ein zwingendes noch das einzige mögliche Indiz dafür dar, dass sich verurteilte Personen der Eintreibung der Geldstrafe entziehen könnten (Botschaft, BBl 1999, 2022). Beachte auch StGB Art. 41 Abs. 1.

Art. 36   Ersatzfreiheitsstrafe

¹ Soweit der Verurteilte die Geldstrafe nicht bezahlt und sie auf dem Betreibungsweg (Art. 35 Abs. 3) uneinbringlich ist, tritt an die Stelle der Geldstrafe eine Freiheitsstrafe. Ein Tagessatz entspricht einem Tag Freiheitsstrafe. Die Ersatzfreiheitsstrafe entfällt, soweit die Geldstrafe nachträglich bezahlt wird.

² Wurde die Geldstrafe durch eine Verwaltungsbehörde verhängt, so entscheidet das Gericht über die Ersatzfreiheitsstrafe.

³ Kann der Verurteilte die Geldstrafe nicht bezahlen, weil sich ohne sein Verschulden die für die Bemessung des Tagessatzes massgebenden Verhältnisse seit dem Urteil erheblich verschlechtert haben, so kann er dem Gericht beantragen, den Vollzug der Ersatzfreiheitsstrafe zu sistieren und stattdessen:

a. die Zahlungsfrist bis zu 24 Monaten zu verlängern; oder
b. den Tagessatz herabzusetzen; oder
c. gemeinnützige Arbeit anzuordnen.

⁴ Ordnet das Gericht gemeinnützige Arbeit an, so sind die Artikel 37, 38 und 39 Absatz 2 anwendbar.

⁵ Soweit der Verurteilte die Geldstrafe trotz verlängerter Zahlungsfrist oder herabgesetztem Tagessatz nicht bezahlt oder die gemeinnützige Arbeit trotz Mahnung nicht leistet, wird die Ersatzfreiheitsstrafe vollzogen.

Art. 36 Abs. 1: Eine Teilzahlung wird im Sinne der bisherigen Praxis (BGE 103 Ib 190 f.) angerechnet; nur der unbezahlte Rest wird umgewandelt. Der Verurteilte kann auch nach dem Umwandlungsentscheid den Vollzug der Freiheitsstrafe durch entsprechende Zahlungen jederzeit (auch nach Strafantritt) wie bisher (BGE 105 IV 16) ganz oder teilweise abwenden (vgl. Botschaft, BBl 1999, 2023).

Abs. 3: Der Verurteilte kann sich nicht mit einer schlechten finanziellen Lage entschuldigen, die bereits im Zeitpunkt des Urteils bestand, hat doch das Gericht, als es den Tagessatz festlegte, seiner persönlichen und wirtschaftlichen Lage bereits Rechnung getragen (Botschaft, BBl 1999, 2023).

Abs. 3 lit. c: Eine Umwandlung zu einer *bed.* gemeinnützigen Arbeit ist *nicht* möglich.

Abs. 5: Der bed. Vollzug der Ersatzfreiheitsstrafe ist nicht möglich (Botschaft, BBl 1999, 2023).

Art. 37   2. Gemeinnützige Arbeit.
Inhalt

¹ Das Gericht kann mit Zustimmung des Täters an Stelle einer Freiheitsstrafe von weniger als sechs Monaten oder einer Geldstrafe bis zu 180 Tagessätzen gemeinnützige Arbeit von höchstens 720 Stunden anordnen.

² Die gemeinnützige Arbeit ist zu Gunsten sozialer Einrichtungen, Werken in öffentlichem Interesse oder hilfsbedürftiger Personen zu leisten. Sie ist unentgeltlich.

Art. 37: Die gemeinnützige Arbeit war im StGB bis zur Revision vom 13.12.2002 noch nicht geregelt, aber als Form für den Vollzug von Freiheitsstrafen bis zu drei Monaten bereits bekannt (VStGB 3 alt Art. 3a); jetzt stellt sie eine *eigenständige Strafart* dar, wobei der *bed. oder teilbed. Vollzug* gemäss StGB Art. 42 Abs. 1 und 43 Abs. 1 möglich ist. Bei Vergehen und Verbrechen kann sie bereits im Urteil angeordnet werden oder nachträglich im Sinne von StGB Art. 36 Abs. 3 lit. c an die Stelle der Geldstrafe treten; bei Übertretungen kann sie gemäss StGB Art. 107 Abs. 1 StGB an die Stelle der ausgesprochenen Busse treten. Wird die gemeinnützige Arbeit nicht geleistet, muss der Richter im einem *Nachverfahren* entscheiden, ob eine Geldstrafe oder (ausnahmsweise) eine Freiheitsstrafe anzuordnen ist (StGB Art. 39; anders dagegen bei Übertretungen gemäss StGB Art. 107 Abs. 3, wo sofort zur Vollstreckung der Busse geschritten werden kann).

Art. 37 Abs. 1: Notwendig ist die *Zustimmung*, nicht aber ein Gesuch des Täters (Botschaft, BBl 1999, 2025 f.). Es ist davon auszugehen, dass die *Mindeststrafe vier Stunden* beträgt, d.h. dass die Division der Anzahl Stunden durch 4 eine ganze Zahl ergeben muss. Nur so kann die gemeinnützige Arbeit sinnvoll entsprechend StGB Art. 39 Abs. 2 (4 Stunden = 1 Tagessatz bzw. 1 Tag Freiheitsstrafe) allenfalls umgewandelt werden.

Art. 38   Vollzug

Die Vollzugsbehörde bestimmt dem Verurteilten eine Frist von höchstens zwei Jahren, innerhalb der er die gemeinnützige Arbeit zu leisten hat.

Art. 38: Bei Übertretungen beträgt die Frist lediglich ein Jahr (StGB Art. 107 Abs. 2). Eine vorzeitige Entlassung entsprechend StGB Art. 86 ist nicht möglich (Botschaft, BBl 1999, 2026).

Art. 39   Umwandlung

¹ Soweit der Verurteilte die gemeinnützige Arbeit trotz Mahnung nicht entsprechend dem Urteil oder den von der zuständigen Behörde festgelegten Bedingungen und Auflagen leistet, wandelt sie das Gericht in Geld- oder Freiheitsstrafe um.

² Vier Stunden gemeinnütziger Arbeit entsprechen einem Tagessatz Geldstrafe oder einem Tag Freiheitsstrafe.

³ Freiheitsstrafe darf nur angeordnet werden, wenn zu erwarten ist, dass eine Geldstrafe nicht vollzogen werden kann.

Art. 39: Es muss in einem *gerichtlichen Nachverfahren* darüber befunden werden, ob auf eine Geld- oder Freiheitsstrafe zu erkennen ist (im Rahmen der Einschränkungen von Abs. 3); vgl. die Bem. zu StGB Art. 37. Der bed. Vollzug der umgewandelten Strafe ist nicht möglich (vgl. die Bem. zu StGB Art. 36 Abs. 5).

Art. 39 Abs. 2: Zu den Hintergründen für die aus dem bisherigen Recht übernommene Formel vgl. Botschaft, BBl 1999, 2027 f.

Art. 40   3. Freiheitsstrafe.
Im Allgemeinen

Die Dauer der Freiheitsstrafe beträgt in der Regel mindestens sechs Monate; die Höchstdauer beträgt 20 Jahre. Wo es das Gesetz ausdrücklich bestimmt, dauert die Freiheitsstrafe lebenslänglich.

Art. 40: Die Freiheitsstrafe kann auf sehr unterschiedliche Art und Weise vollzogen werden; vgl. StGB Art. 77–80. Die Vollzugsformen der *Halbgefangenschaft* bis zu einem Jahr (StGB Art. 77b und 79 Abs. 1, bisher VStGB 1 alt Art. 4 Abs. 3 und VStGB 3 alt Art. 1) und *des tageweisen Vollzuges* von maximal 4 Wochen (StGB Art. 79 Abs. 2; bisher VStGB 1 alt Art. 4, maximal 2 Wochen), die bisher auf Verordnungsstufe geregelt waren, wurden mit der Revision vom 13.12.2002 ins StGB integriert.

Die gemeinnützige Arbeit ist nach neuem Recht keine Form des Freiheitsentzuges mehr, sondern eine eigenständige Strafart (StGB Art. 37–39).

Kurze Freiheitsstrafen zwischen einem Tag und sechs Monaten sollen im Normalfall durch die Geldstrafe (StGB Art. 34) und die gemeinnützige Arbeit (StGB Art. 37) ersetzt werden (Botschaft, BBl 1999, 2029). Die *lebenslange Freiheitsstrafe* ist vorgesehen in StGB Art. 112 (Mord), 185 Ziff. 3 (qualifizierte Geiselnahme), 264 Abs. 1 (Völkermord) und 266 Ziff. 2 Abs. 2 (Angriffe auf die Unabhängigkeit der Eidgenossenschaft); zur bed. Entlassung nach fünfzehn, ausnahmsweise sogar nach zehn Jahren: StGB Art. 86 Abs. 5.

Art. 41 Kurze unbedingte Freiheitsstrafe

1 Das Gericht kann auf eine vollziehbare Freiheitsstrafe von weniger als sechs Monaten nur erkennen, wenn die Voraussetzungen für eine bedingte Strafe (Art. 42) nicht gegeben sind und zu erwarten ist, dass eine Geldstrafe oder gemeinnützige Arbeit nicht vollzogen werden kann.

2 Es hat diese Strafform näher zu begründen.

3 Vorbehalten bleibt die Freiheitsstrafe an Stelle einer nicht bezahlten Geldstrafe (Art. 36) oder nicht geleisteter gemeinnütziger Arbeit (Art. 39).

Art. 41 Abs. 2: Das Zurückdrängen der kurzen Freiheitsstrafen bis zu sechs Monaten (deren Anteil über 90 Prozent aller ausgesprochenen Freiheitsstrafen betrug) durch alternative Sanktionen war ein zentrales Anliegen der Revision vom 13.12.2002 (Botschaft, BBl 1999, 2032 und 2038). Die Ausnahmebestimmung ist daher *restriktiv auszulegen*. Die Möglichkeit, ausnahmsweise eine unbed. Freiheitsstrafe von weniger als sechs Monaten zu verhängen, ist lediglich in denjenigen Fällen gerechtfertigt, in denen der Strafanspruch des Staates nicht auf eine andere Weise durchgesetzt werden kann. Dies ist namentlich der Fall, wenn der Verurteilte gemeinnützige Arbeit zum Vornherein verweigert und auch eine Geldstrafe mit grosser Wahrscheinlichkeit nicht bezahlen wird, so etwa bei Fluchtgefahr (vgl. Botschaft, BBl 1999, 2044).

Die Ausnahmeklausel ist zudem im Wesentlichen nur auf *rückfällige Straftäter* anwendbar, wenn aufgrund von StGB Art. 42 Abs. 2 der bed. Strafvollzug verweigert werden muss. Solange eine Freiheitsstrafe von weniger als sechs Monaten in Betracht käme, indessen gemäss StGB Art. 42 Abs. 1 der bed. Strafvollzug zu gewähren ist, ist auf eine bed. Geldstrafe oder bed. gemeinnützige Arbeit zu erkennen, selbst wenn für den Fall des Widerrufs (StGB Art. 46) Vollzugsprobleme absehbar sein sollten (so sinngemäss Botschaft, BBl 1999, 2044, allerdings mit Bezug auf das nicht in das Gesetz übernommene Institut des Aussetzens der Strafe).

Freiheitsstrafen (inkl. Reststrafen) von weniger als sechs Monaten sollten in der Regel in der Form der *Halbgefangenschaft* (StGB Art. 79 Abs. 1) verbüsst werden, wobei bei Strafen bis zu vier Wochen auch der *tageweise Vollzug* möglich ist (StGB Art. 79 Abs. 2).

Abs. 2: Damit der Vorrang der alternativen Strafen in der Praxis die nötige Beachtung findet, ist der Richter verpflichtet, das Ausfällen einer kurzen Freiheitsstrafe besonders zu begründen (Botschaft, BBl 1999, 2044).

Zweiter Abschnitt: Bedingte und teilbedingte Strafen

Art. 42 1. Bedingte Strafen

¹ Das Gericht schiebt den Vollzug einer Geldstrafe, von gemeinnütziger Arbeit oder einer Freiheitsstrafe von mindestens sechs Monaten und höchstens zwei Jahren in der Regel auf, wenn eine unbedingte Strafe nicht notwendig erscheint, um den Täter von der Begehung weiterer Verbrechen oder Vergehen abzuhalten.

² Wurde der Täter innerhalb der letzten fünf Jahre vor der Tat zu einer bedingten oder unbedingten Freiheitsstrafe von mindestens sechs Monaten oder zu einer Geldstrafe von mindestens 180 Tagessätzen verurteilt, so ist der Aufschub nur zulässig, wenn besonders günstige Umstände vorliegen.

³ Die Gewährung des bedingten Strafvollzuges kann auch verweigert werden, wenn der Täter eine zumutbare Schadenbehebung unterlassen hat.

⁴ Eine bedingte Strafe kann mit einer unbedingten Geldstrafe oder mit einer Busse nach Artikel 106 verbunden werden.

Art. 42 Abs. 1: Die Bestimmung ist grundsätzlich auf den bed. Vollzug von Freiheitsstrafen zugeschnitten, wobei nach dem Willen des Gesetzgebers im Rahmen der gleichen subjektiven Kriterien auch die Geldstrafe und die Verpflichtung zu gemeinnütziger Arbeit «in der Regel» aufzuschieben sind. Das Gesetz nennt lediglich im Zusammenhang mit dem bedingten Vollzug von Freiheitsstrafen *objektive Voraussetzungen*, nämlich eine Freiheitsstrafe zwischen sechs Monaten und zwei Jahren. Freiheitsstrafen von weniger als sechs Monaten, die nach dem klaren Wortlaut dieser Bestimmung nicht aufgeschoben werden können, werden von StGB Art. 41 erfasst. Bei Freiheitsstrafen bis zu drei Jahren (wie auch bei der Geldstrafe und bei der gemeinnützigen Arbeit) ist zudem der teilbed. Vollzug gemäss StGB Art. 43 möglich. Massgebend ist die Länge der ausgesprochenen, nicht der noch zu vollziehenden Strafe: BGE 68 IV 102. Wenn eine Freiheitsstrafe von knapp über zwei Jahren in Betracht fällt, muss die Grenze von zwei Jahren bei der Strafzumessung gemäss BGE 118 IV 337 und 127 IV 101 mitberücksichtigt (d.h. die Strafe allenfalls auf zwei Jahre herabgesetzt) werden; einschränkend mit Blick auf die Revision des AT vom 13.12.2002: BGer vom 19.10.2003, 6S.262/2003, Erw. 5. 3. – Bed. Strafvollzug ist auch möglich, wenn eine Strafe ganz als durch Untersuchungshaft getilgt erklärt wird: BGE 81 IV 212, 84 IV 10 (beachte die Auswirkungen auf den Strafregisterauszug gemäss StGB Art. 371 Abs. 3bis). – Zur Frage, ob der bed. Vollzug für die *Zusatzstrafe* möglich ist, wenn diese zusammen mit der früher ausgefällten Strafe zwei Jahre übersteigt: vgl. Bem. zu StGB Art. 49 Abs. 2.

In *subjektiver Hinsicht* ist für die Gewährung des bed. Strafvollzuges das *Fehlen einer ungünstigen Prognose* vorausgesetzt (vgl. Botschaft, BBl 1999, 2049). Anders ausgedrückt: die *günstige Prognose wird vermutet,* doch kann diese Vermutung widerlegt werden (genau umgekehrt verhält es sich in den Fällen von Abs. 2). Bei der *Prognosestellung* sind die Tatumstände, das Vorleben, der Leumund sowie alle weiteren Tatsachen, die gültige Schlüsse auf den Charakter des Täters und die Aussichten seiner Bewährung zulassen, zu berücksichtigen. Für die Einschätzung des Rückfallrisikos ist ein Gesamtbild der Täterpersönlichkeit unerlässlich. Relevante Faktoren sind etwa strafrechtliche Vorbelastung, Sozialisationsbiografie und Arbeitsverhalten, das Bestehen sozialer Bindungen, Hinweise auf Suchtgefährdungen usw. Dabei sind die persönlichen Verhältnisse bis zum Zeitpunkt des Entscheides mit einzubeziehen (BGE 117 IV 4, 118 IV 101, 128 IV 199). – Die günstige Prognose darf sich nicht auf die Dauer der Probezeit oder auf Verbrechen und Vergehen von der Art des verübten Deliktes beschränken: BGE 74 IV 196, 91 IV 59, 95 IV 52, 102 IV 64. Ungenügend ist die Annahme, der bed. Strafvollzug vermöge den Verurteilten eher zu bessern als die Vollstreckung der Strafe: BGE 74 IV 195 (fraglich), oder die unbestimmte Hoffnung auf Bewährung: BGE 91 IV 1. – Mitberücksichtigt werden müssen die voraussichtlichen Wirkungen unterstützender Massnahmen (Bewährungshilfe, Weisungen): BGE 99 IV 69, 100 IV 257, 128 IV 200.

Bei der Anordnung von *therapeutischen Massnahmen* kann der Vollzug gleichzeitig ausgefällter Strafen nicht nach StGB Art. 42 und 43, sondern nur nach StGB Art. 57 Abs. 2 bzw. 63 Abs. 2 aufgeschoben werden, da die Anordnung einer Massnahme gemäss StGB Art. 56 Abs. 1 lit. a die «Gefahr weiterer Straftaten» voraussetzt und damit von einer ungünstigen Prognose auszugehen ist; vgl. ZBJV 111 (1975) 87 und 233, RS 1983 Nr. 543, 1985 Nr. 769, ferner BGE 69 IV 9 und 71 IV 3. Indessen kann eine *Reststrafe nach Aufhebung des Massnahmevollzuges* (vor Eintritt des Erfolges) *nachträglich* bed. aufgeschoben werden, wenn die entsprechenden Voraussetzungen erfüllt sind (StGB Art. 62c Abs. 2 Satz 2, 63b Abs. 4 Satz 2).

Unzulässig sind zusätzliche *allgemeine* Voraussetzungen für die Gewährung des bed. Strafvollzuges: BGE 71 IV 3 (Wohnsitz in der Schweiz). Die Berücksichtigung *generalpräventiver Gründe* lässt sich mit dem Wortlaut von StGB Art. 42 Abs. 1 nicht vereinbaren (vgl. indessen zum bisherigen Recht: BGE 91 IV 60, 118 IV 100); kein Ausschluss bestimmter Deliktskategorien von der Gewährung des bed. Strafvollzuges: BGE 118 IV 100. Zur Bedeutung der Alkoholtotalabstinenz beim Fahren in angetrunkenem Zustand: BGE 128 IV 199.

Dem Sachrichter steht bei der Beurteilung der Prognose auch nach der Revision vom 13.12.2002 ein erhebliches Ermessen zu. Es ist nach wie vor davon auszugehen, dass das BGer einen Entscheid nur dann aufheben wird, wenn die Vorinstanz nicht von rechtlich massgeblichen Gesichtspunkten ausgegangen ist oder diese in Überschreitung oder Missbrauch ihres Ermessens unrichtig gewichtet hat: BGE 116 IV 280, 128 IV 198.

Abs. 2: Während Abs. 1 von der Vermutung einer günstigen Prognose bzw. des Fehlens einer ungünstigen Prognose ausgeht, basiert Abs. 2 auf der gegenteiligen Annahme.

Besonders günstige Umstände für die Gewährung des bed. Strafvollzuges sind dann erforderlich, wenn «eine» Verurteilung von einer gewissen Tragweite aus den letzten fünf Jahren vor der Tat vorliegt *(sechs Monate Freiheitsstrafe, 180 Tagessätze Geldstrafe).* Abs. 2 ist nur dann anwendbar, wenn aufgrund einer *einzelnen* Verurteilung und nicht erst aufgrund der Addition mehrerer Vorstrafen die erwähnten Minimalwerte überschritten werden. Dies ergibt sich nicht nur aus der Verwendung des Singulars, sondern auch aus dem Umstand, dass die gemeinnützige Arbeit in diesem Absatz nicht erwähnt wird (vgl. auch die Praxis zum bisherigen Recht, wonach auf die Strafverbüssung in einem Zug abgestellt wurde: BGE 99 IV 134, 108 IV 149). Es ist allerdings nicht nachvollziehbar, weshalb die Prognose bei zwei früheren Verurteilungen zu je 150 Tagessätzen günstiger sein soll als bei einer einzigen Verurteilung zu 300 Tagessätzen.

Unmassgeblich ist gemäss Rechtsprechung zu StGB alt Art. 41 Ziff. 1 Abs. 1 grundsätzlich der *Zeitpunkt der Beurteilung* des neuen strafbaren Verhaltens (BGE 110 IV 1 betr. eine Verurteilung nach über zehn Jahren), wobei allerdings ein Wohlverhalten während mehrerer Jahre auf *besonders günstige Umstände* hindeutet.

Bei der Beurteilung der *Prognose*, d.h. der Umstände, die *«besonders günstig»* sein müssen, ist mitentscheidend, ob es sich um sog. *einschlägige Vorstrafen*, d.h. Verurteilungen auf gleichem oder ähnlichem Gebiet handelt, weisen diese doch auf eine ungünstige Prognose hin: BGE 100 IV 132 (zu apodiktisch); vgl. 101 IV 195 und 105 IV 226 (auch Straftaten und Verurteilungen im Ausland sind für die Prognose von Bedeutung). Selbst bei einschlägigen Vorstrafen können indessen *besonders günstige Umstände* vorliegen; vgl. in diesem Zusammenhang die zu Kontroversen Anlass gebende Praxis betr. Fahren in angetrunkenem Zustand (BGE 118 IV 101, 128 IV 199) sowie betr. Verurteilung wegen Vereitelung einer Blutprobe (SVG Art. 91 Abs. 3: BGE 92 IV 168, 106 IV 6, 117 IV 300); zur Bedeutung der Alkoholtotalabstinenz beim Fahren in angetrunkenem Zustand: BGE 128 IV 199.

Zu berücksichtigen sind zudem *Schock- und Warnwirkung* des im gleichen Verfahren angeordneten Vollzuges einer früher bed. ausgesprochenen Freiheitsstrafe: BGE 116 IV 100.

Abs. 3: Vgl. auch StGB Art. 48 lit. d und 53. Einbezug von Genugtuungsleistungen: BGE 79 IV 105. Zumutbarkeit des Ersatzes: BGE 77 IV 141.

Abs. 4: Die ursprüngliche Fassung vom 13.12.2002 wurde vor Inkrafttreten durch die Fassung vom 24.3.2006 ersetzt; der Gesetzgeber hat nachträglich festgelegt, dass eine bed. Strafe (Geldstrafe, gemeinnützige Arbeit, Freiheitsstrafe) nur mit einer unbed. Geldstrafe sowie neu auch einer (ohnehin unbed.) *Busse* (entsprechend StGB alt Art. 50) verbunden werden kann (zur Problematik eingehend Botschaft, BBl 2005, 4699 ff.), wobei ergänzend zur Busse eine Ersatzfreiheitsstrafe auszusprechen ist (StGB Art. 106 Abs. 2). Im Ergebnis handelt es sich um eine teilbed. Strafe, weshalb wohl auch in diesem Zusammenhang «das Verschulden» gemäss StGB Art. 43 Abs. 1 eine Rolle spielen dürfte; inwiefern sich die Kombination von einer bed. mit einer unbed. Geldstrafe gemäss StGB Art. 42 Abs. 4 bzw. Art. 43 unterscheiden soll, ist ohnehin unerfindlich. Begeht ein Täter neben einem Verbrechen oder Vergehen noch zusätzlich eine Übertretung, ist aufgrund von StGB Art. 49 Abs. 1 zusätzlich eine Busse auszusprechen (vgl. die Bem. zu StGB Art. 49 Abs. 1 sowie Botschaft, BBl 2005, 4707).

Art. 43   2. Teilbedingte Strafen

¹ Das Gericht kann den Vollzug einer Geldstrafe, von gemeinnütziger Arbeit oder einer Freiheitsstrafe von mindestens einem Jahr und höchstens drei Jahren nur teilweise aufschieben, wenn dies notwendig ist, um dem Verschulden des Täters genügend Rechnung zu tragen.

² Der unbedingt vollziehbare Teil darf die Hälfte der Strafe nicht übersteigen.

³ Bei der teilbedingten Freiheitsstrafe muss sowohl der aufgeschobene wie auch der zu vollziehende Teil mindestens sechs Monate betragen. Die Bestimmungen über die Gewährung der bedingten Entlassung (Art. 86) sind auf den unbedingt zu vollziehenden Teil nicht anwendbar.

Art. 43 Abs. 1 und 2: In *objektiver Hinsicht* kann der teilbed. Strafvollzug immer dann gewährt werden, wenn eine Verurteilung zu einer Freiheitsstrafe zwischen einem und drei Jahren, zu einer Geldstrafe oder einer gemeinnützigen Arbeit erfolgt; betr. Geldstrafe beachte auch StGB Art. 42 Abs. 4. Bei allen drei Strafarten darf der unbed. Teil maximal die Hälfte der Strafe (Abs. 2) betragen, bei Freiheitsstrafen überdies nicht unter sechs Monaten liegen. Vgl. auch StGB Art. 47 Abs. 2, wo das

Erstes Buch Erster Teil: Verbrechen und Vergehen   Art. 44

«Verschulden» im Zusammenhang mit der Strafzumessung definiert wird, wobei fraglich ist, ob die entsprechende Legaldefinition im vorliegenden Zusammenhang herangezogen werden kann.

Soweit nicht Freiheitsstrafen zwischen zwei und drei Jahren zur Diskussion stehen, ist der Anwendungsbereich dieser Bestimmung bzw. die Abgrenzung zu StGB Art. 42 völlig unklar, droht doch damit der bed. Vollzug den spezialpräventiven Charakter zu verlieren (Botschaft, BBl 1999, 2052). Gemäss der Botschaft des Bundesrates zur Revision vom 13.12.2002 steht das Gericht mit dem «sursis partiel» nicht mehr vor dem Entscheid «alles oder nichts», sondern erhält einen grösseren Ermessensspielraum und kann die Strafe besser «individualisieren» (Botschaft, BBl 1999, 2052). Es mag nun allenfalls sinnvoll sein, zum Mittel des teilbed. Strafvollzuges zu greifen, wenn eine günstige Prognose nur unter Berücksichtigung der Warnwirkung (d.h. des Denkzettels) des unbed. zu vollziehenden Teils gestellt werden kann, namentlich in den Fällen von StGB Art. 42 Abs. 2 bzw. wenn der Täter bereits einmal eine «leichte, bedingte Strafe» erhalten hat (Botschaft, BBl 2005, 4708). Da sich der teilbed. Vollzug primär an der Einzelfallbeurteilung und der Einzelfallgerechtigkeit orientiert, wäre es indessen unangebracht, StGB Art. 43 als Einfallstor für generalpräventive Überlegungen zu nutzen (ähnlich Botschaft, BBl 2005, 4708).

Abs. 3: Keine vorzeitige Entlassung nach Verbüssung von zwei Dritteln bzw. der Hälfte der Strafe im Sinne von StGB Art. 86 Abs. 1 und 4.

Art. 44   3. Gemeinsame Bestimmungen.
            Probezeit

¹ Schiebt das Gericht den Vollzug einer Strafe ganz oder teilweise auf, so bestimmt es dem Verurteilten eine Probezeit von zwei bis fünf Jahren.

² Für die Dauer der Probezeit kann das Gericht Bewährungshilfe anordnen und Weisungen erteilen.

³ Das Gericht erklärt dem Verurteilten die Bedeutung und die Folgen der bedingten und der teilbedingten Strafe.

Art. 44 Abs. 1: Die Dauer der Probezeit ist nach den Umständen des Einzelfalls, insbesondere nach Persönlichkeit und Charakter des Verurteilten sowie der Gefahr seiner Rückfälligkeit zu bemessen: BGE 95 IV 122. Sie beginnt mit der nach kantonalem Recht massgeblichen Eröffnung: BGE 90 IV 242, 104 IV 59, 109 IV 89, 118 IV 104. Bei einer Zusatzstrafe beginnt die Frist erst mit deren Ausfällung: BGE 105 IV 295. Bei einer teilbed. Strafe ist davon auszugehen, dass StGB Art. 99 Abs. 2 lit. a analog anwendbar ist, d.h. dass die Probezeit während des Vollzuges «ruht». – Bei erneuter Verurteilung zu einer bed. vollziehbaren Strafe im Wiederaufnahmeverfahren oder nach Kassation des früheren Urteils ist die bereits erstandene Probezeit anzurechnen: BGE 114 IV 138, 120 IV 175.

Abs. 2: StGB Art. 93–95; zum Inhalt möglicher Weisungen vgl. die Bem. zu StGB Art. 94. Vgl. auch StGB Art. 87 Abs. 2 betr. bed. Entlassung aus dem Strafvollzug.

Art. 45   Bewährung

Hat sich der Verurteilte bis zum Ablauf der Probezeit bewährt, so wird die aufgeschobene Strafe nicht mehr vollzogen.

Art. 45: Zur Bewährung bei der probeweisen bed. Entlassung: StGB Art. 88.

Art. 46 Nichtbewährung

¹ Begeht der Verurteilte während der Probezeit ein Verbrechen oder Vergehen und ist deshalb zu erwarten, dass er weitere Straftaten verüben wird, so widerruft das Gericht die bedingte Strafe oder den bedingten Teil der Strafe. Es kann die Art der widerrufenen Strafe ändern, um mit der neuen Strafe in sinngemässer Anwendung von Artikel 49 eine Gesamtstrafe zu bilden. Dabei kann es auf eine unbedingte Freiheitsstrafe nur erkennen, wenn die Gesamtstrafe mindestens sechs Monate erreicht oder die Voraussetzungen nach Artikel 41 erfüllt sind.

² Ist nicht zu erwarten, dass der Verurteilte weitere Straftaten begehen wird, so verzichtet das Gericht auf einen Widerruf. Es kann den Verurteilten verwarnen oder die Probezeit um höchstens die Hälfte der im Urteil festgesetzten Dauer verlängern. Für die Dauer der verlängerten Probezeit kann das Gericht Bewährungshilfe anordnen und Weisungen erteilen. Erfolgt die Verlängerung erst nach Ablauf der Probezeit, so beginnt sie am Tag der Anordnung.

³ Das zur Beurteilung des neuen Verbrechens oder Vergehens zuständige Gericht entscheidet auch über den Widerruf.

⁴ Entzieht sich der Verurteilte der Bewährungshilfe oder missachtet er die Weisungen, so ist Artikel 95 Absätze 3–5 anwendbar.

⁵ Der Widerruf darf nicht mehr angeordnet werden, wenn seit dem Ablauf der Probezeit drei Jahre vergangen sind.

Art. 46: Vgl. die weiteren Regelungen betr. Nichtbewährung in StGB Art. 89 (bed. Entlassung aus Strafvollzug), StGB Art. 95 Abs. 3–5 (Bewährungshilfe, Weisungen), StGB Art. 62a, 63a Abs. 3–4, 64a Abs. 3–4, 66 Abs. 2, 67a Abs. 2 (Massnahmen). Zum möglichen Verzicht auf den Widerruf bzw. die Rückversetzung, wenn die Voraussetzungen der Strafbefreiung erfüllt sind: StGB Art. 55 i.V.m. Art. 52–54.

Übergangsrecht: Die Bestimmung ist auch auf den Widerruf des bed. Strafvollzugs von rechtskräftigen Urteilen anwendbar, die vor dem 1.1.2007 ergangen sind. Das Gericht kann an Stelle der Freiheitsstrafe eine Geldstrafe (StGB Art. 34 ff.) oder gemeinnützige Arbeit (StGB Art. 37 ff.) anordnen (Ziff. 1 Abs. 1 der Übergangsbestimmungen); vgl. die Bem. zur Revision im Allgemeinen bei StGB Art. 34.

Anlass für die Überprüfung des gewährten bed. Strafvollzuges ist (abgesehen von Abs. 4 bzw. StGB Art. 95 Abs. 3–5) ein neues Verbrechen oder Vergehen während der Probezeit, das zu einer rechtskräftigen Verurteilung führt. – Gleichgestellt sind, unter dem Vorbehalt, dass sie dem schweizerischen ordre public nicht widersprechen, ausländische Verurteilungen wegen strafbarer Handlungen, die nach schweizerischem Recht Verbrechen oder Vergehen darstellen: BGE 80 IV 214, 95 IV 126, vgl. auch BGE 86 IV 152 (Berücksichtigung nur, wenn die Voraussetzungen von StGB Art. 7 Abs. 1 erfüllt sind) und andererseits ZR 83 (1984) Nr. 61 (richtigerweise ohne diese Einschränkung). Bei Auslieferung an die Schweiz wegen der neuen Straftat muss sich deren Bewilligung nach dem Grundsatz der Spezialität auch auf das Widerrufsverfahren erstrecken: BGE 90 IV 124, 117 IV 223.

Ein Vergehen oder Verbrechen während der Probezeit führt indessen – unabhängig von der Tragweite des neuen Delikts und der Dauer der Strafe für die neue Tat – nicht zwingend zum Widerruf. Entscheidend ist nach wie vor, ob eine *günstige Prognose* gestellt werden kann. Unklar ist, *wie* günstig die *«Erwartung»* sein muss, um den Vollzug anzuordnen bzw. von einem Widerruf abzusehen. Gestützt auf StGB Art. 46 Abs. 1 könnte man den Eindruck gewinnen, bei der Beurteilung der Prognose sei einzig auf die neue Tat abzustellen («deshalb»); Abs. 2 legt indessen – richtigerweise und in Übereinstimmung zu StGB Art. 42 Abs. 1 und 2 – eine Gesamtbetrachtung nahe. Bei einer neuen Bestrafung zu einer Freiheitsstrafe von über sechs Monaten oder einer Geldstrafe von mehr als 180 Tagessätzen (vgl. StGB Art. 42 Abs. 2) werden aber wohl ganz besonders günstige Umstände vorliegen müssen, um von einem Widerruf abzusehen.

Ist der Betroffene seit der Verurteilung nicht mehr straffällig geworden, lebt er in stabilen familiären Verhältnissen und bewährt er sich am Arbeitsplatz, soll von der Möglichkeit des Widerrufs nur mit Zurückhaltung Gebrauch gemacht werden: BGE 118 IV 335 f. Bei der Bewertung der Besserungsaussichten sind die Wirkungen unterstützender Massnahmen (Bewährungshilfe, Weisungen) sowie einer zweiten, vollziehbaren Strafe einzubeziehen: BGE 99 IV 69, 107 IV 93, 116 IV 178, 117 IV 106.

Abs. 1 regelt einerseits die Voraussetzungen, andererseits aber auch die Folgen des Widerrufs. Zur Bildung einer Gesamtstrafe vgl. auch StGB Art. 62a Abs. 2 (Probezeit nach stationärer Massnahme) und Art. 89 Abs. 6 (Probezeit nach bed. Entlassung).

Abs. 2: Vgl. die analoge Regelung bei der Nichtbewährung nach der bed. Entlassung: StGB Art. 89 Abs. 2. Der Begriff *«Straftaten»* erfasst auch Übertretungen (anders als bei der Prognose im Rahmen von StGB Art. 42 Abs. 1). Bei Verzicht auf den Widerruf muss sich die ersatzweise angeordnete zusätzliche Probezeit nicht an die ursprüngliche anschliessen. In diesem Fall ist die Zwischenzeit bei der Berechnung der höchstzulässigen Dauer der Verlängerung nicht anzurechnen: BGE 104 IV 147, 110 IV 4 (Berechnung von der Eröffnung des Verlängerungsbeschlusses an).

Abs. 3 ist blosse *Zuständigkeitsregel* (Botschaft, BBl 1999, 2058). Der für das neue Verbrechen oder Vergehen zuständige Richter entscheidet auch über den Vollzug einer bed. aufgeschobenen *Jugendstrafe:* BGE 98 IV 166 f., 104 IV 75 (vgl. JStG Art. 35 Abs. 2 i.V.m. Art. 31) sowie über einen vom Bundesstrafgericht angeordneten bedingten Strafvollzug: BGE 101 IV 263. – Obschon bei der Revision vom 13.12.2002 der zweite Satz von StGB alt Art. 41 Ziff. 3 Abs. 3 weggefallen ist, ist bei einer *Auslandstat* für den Entscheid nach wie vor derjenige Richter zuständig, der seinerzeit den bedingten Strafvollzug gewährt hat: BGE 106 IV 7; es sei denn, ein Schweizer Richter beurteile jene Tat: GVP 1981, 102. Der frühere Richter entscheidet auch, wenn keine neuen Verbrechen oder Vergehen begangen wurden, aber andere Widerrufsgründe (StGB Art. 95) vorliegen: SJZ 71 (1975) 338. – Die Begnadigungskompetenz im Falle eines Widerrufs steht der Behörde desjenigen Kantons zu, in welchem die bed. aufgeschobene Strafe ausgesprochen wurde (BGE 101 Ia 283) bzw. der Bundesversammlung bei Urteilen des Bundes gemäss StGB Art. 381 lit. a. – Militärgerichte können den von bürgerlichen Gerichten gewährten bed. Strafvollzug widerrufen und umgekehrt: ZR 81 (1982) Nr. 50, RS 1983 Nr. 424. *Anspruch auf rechtliches Gehör* im Widerrufsverfahren: BGE 98 Ib 175, 102 Ib 250, 106 IV 333 f.

Abs. 5: Vgl. die analoge Regelung bei der Nichtbewährung nach der bed. Entlassung: StGB Art. 89 Abs. 4. Im Falle einer nachträglichen Verlängerung der Probezeit beginnt die neue Widerrufsfrist erst mit der Eröffnung des Verlängerungsbeschlusses: BGE 104 IV 148, 110 IV 4.

Dritter Abschnitt: Strafzumessung

Art. 47   1. Grundsatz

¹ Das Gericht misst die Strafe nach dem Verschulden des Täters zu. Es berücksichtigt das Vorleben und die persönlichen Verhältnisse sowie die Wirkung der Strafe auf das Leben des Täters.

² Das Verschulden wird nach der Schwere der Verletzung oder Gefährdung des betroffenen Rechtsguts, nach der Verwerflichkeit des Handelns, den Beweggründen und Zielen des Täters sowie danach bestimmt, wie weit der Täter nach den inneren und äusseren Umständen in der Lage war, die Gefährdung oder Verletzung zu vermeiden.

Art. 47 ff.: Die Regeln über die Strafzumessung blieben anlässlich der Revision vom 13.12.2002 in den wesentlichen Grundzügen zwar an sich unverändert, doch wurden verschiedene Details modifiziert. So wurde die Unterscheidung zwischen den «mildernden Umständen» (StGB alt Art. 64 f.) und der «Strafmilderung nach freiem Ermessen» (StGB alt Art. 66) aufgegeben; zudem wurde der Strafschärfungsgrund des «Rückfalls» (StGB alt Art. 67) gestrichen. Schliesslich wurde ins Gesetz neu eine – nicht vollauf geglückte – Legaldefinition des Verschuldens (StGB Art. 47 Abs. 2) aufgenommen. Vgl. betr. die Geldstrafe – ergänzend – StGB Art. 34 Abs. 1 und 2, betr. die Busse StGB Art. 106 Abs. 3 (dazu BGE 129 IV 20).

Ausgangsbasis bei der Strafzumessung ist der in den einzelnen Bestimmungen des Besonderen Teils vorgesehene (ordentliche) Strafrahmen, wobei die für die einzelnen Strafarten vorgesehenen Minimal- und Maximalstrafen zu berücksichtigen sind (Geldstrafe: StGB Art. 34; Freiheitsstrafe: StGB Art. 40 f.), soweit der Besondere Teil keine davon abweichenden Bestimmungen enthält. Die gemeinnützige Arbeit kann im Rahmen von StGB Art. 37 «an Stelle» der im Besonderen Teil angedrohten Strafen treten. Bei einer *Konkurrenz* von Straftaten mit gleichartigen Strafen erhöht sich das mögliche Maximum um die Hälfte, begrenzt allerdings durch das gesetzliche Höchstmass der Strafart (StGB Art. 49 Abs. 1; sog. «Strafschärfung», wobei das Gesetz diesen Begriff in der Fassung vom 13.12.2002 nicht mehr verwendet); Bussen für zusätzlich begangene Übertretungen sind keine «gleichartigen Strafen» und daher immer zusätzlich auszusprechen. Liegen *Strafmilderungsgründe* vor (vgl. StGB Art. 48 sowie die weiteren bei den Bem. zu StGB Art. 48a erwähnten Bestimmungen), ist das Gericht weder an die im Besonderen Teil angedrohte Mindeststrafe noch an die Strafart gebunden, wohl aber an die im Allgemeinen Teil aufgeführten Grenzen der jeweiligen Strafart (StGB Art. 48a).

Art. 47 bezieht sich auf die Festsetzung der Strafe innerhalb des von den einzelnen Bestimmungen vorgesehenen (ordentlichen) Strafrahmens. Zur Frage, inwieweit diejenigen Umstände, die zu einer Strafmilderung nach StGB Art. 48 und 48a bzw. zu einer Strafschärfung nach StGB Art. 49 führen, innerhalb des geänderten Strafrahmens noch einmal als Strafschärfungs- oder Strafminderungsgrund berücksichtigt werden dürfen: BGE 118 IV 347, 120 IV 72 (Doppelverwertungsverbot: Berücksichtigung des Ausmasses eines qualifizierenden oder privilegierenden Tatumstandes; vgl. dazu auch die Bem. zu StGB Art. 48a).

Der Begriff des Verschuldens muss sich auf den gesamten Unrechts- und Schuldgehalt der konkreten Straftat beziehen. Zu unterscheiden ist zwischen der Tat- und der Täterkomponente (vgl. allgemein

BGE 117 IV 113, 122 IV 241, 123 IV 153, 127 IV 103, 129 IV 20). Bei der Tatkomponente sind das Ausmass des verschuldeten Erfolges, die Art und Weise der Herbeiführung dieses Erfolges, die Willensrichtung, mit der der Täter gehandelt hat, und die Beweggründe des Schuldigen, die StGB Art. 47 Abs. 2 ausdrücklich erwähnt, zu beachten. Ausgangspunkt ist die objektive Schwere des Deliktes, wie sie vom Vorsatz bzw. der Fahrlässigkeit umfasst wird, so etwa der Deliktsbetrag (vgl. z.B. BGE 75 IV 105), die Art des Vergehens (vgl. z.B. BGE 96 IV 177) oder das Ausmass des durch ein abstraktes Gefährdungsdelikt eröffneten Risikos (vgl. BGE 104 IV 37). Sodann sind für das Verschulden auch das «Mass an Entscheidungsfreiheit» beim Täter (BGE 117 IV 8, 114, 118 IV 25) sowie die sog. Intensität des deliktischen Willens bedeutsam (vgl. z.B. BGE 94 IV 111, 98 IV 131, 107 IV 63). Dass die Tatbegehung durch einen «verdeckten Fahnder» veranlasst wurde oder er sie erleichtert hat, ist nach bundesgerichtlicher Praxis (BGE 116 IV 294, 118 IV 115, 124 IV 39 f.) stets strafmindernd zu berücksichtigen, in höherem Masse dann, wenn die V-Leute Druck auf den Täter ausübten. Anders verhält es sich beim «Kulturkonflikt» bei einem Ausländer, der um die Strafbarkeit der Tat auch in seinem Heimatstaat weiss: BGE 117 IV 9. – Bei der Berücksichtigung der Beweggründe wird v.a. darauf abzustellen sein, ob sie egoistischer Natur waren (vgl. BGE 98 IV 131, 107 IV 62 f.) und ob der Täter aus eigenem Antrieb oder Veranlassung eines anderen handelte. – Die Täterkomponente (vgl. Abs. 1 Satz 2) umfasst das Vorleben, die persönlichen Verhältnisse sowie das Verhalten nach der Tat und im Strafverfahren. Bei der Beurteilung des Vorlebens fallen einerseits früheres Wohlverhalten, andererseits Zahl, Schwere und Zeitpunkt von Vorstrafen ins Gewicht: vgl. BGE 92 IV 121, 96 IV 179, 102 IV 233, 105 IV 226 f. (auch Vorstrafen im Ausland); aus dem Strafregister entfernte Vorstrafen dürfen aber entgegen BGE 121 IV 9 nicht berücksichtigt werden (StGB Art. 369 Abs. 7). Unter dem Gesichtspunkt der persönlichen Verhältnisse ist etwa zu berücksichtigen, ob der Täter Reue und Einsicht zeigte (BGE 117 IV 114, 118 IV 25 und 349, 121 IV 205), ob er mehr oder weniger strafempfindlich ist (BGE 92 IV 204 f., 96 IV 179, 102 IV 233; umstritten) oder ob in den Medien eine Vorverurteilung erfolgte (BGE 128 IV 104). Kooperatives Verhaltens des Täters bei der Aufklärung der Straftaten sowie dessen Einsicht und Reue kann eine Strafreduktion im Bereich von einem Fünftel bis zu einem Drittel als angemessen erscheinen lassen (BGE 121 IV 205). Dem Gesichtspunkt seiner Gefährlichkeit darf nicht durch eine schuldunangemessene lange Freiheitsstrafe Rechnung getragen werden: BGE 123 IV 6 (ein stark vermindert schuldfähiger, gefährlicher Mörder ist nach StGB Art. 64 zu verwahren).

Wenn eine Freiheitsstrafe von knapp über zwei oder drei Jahren in Betracht fällt, müssen die Grenzwerte, welche noch den bed. oder teilbed. Strafvollzug erlauben, bei der Strafzumessung mitberücksichtigt werden (zu StGB alt Art. 38 Ziff. 4, alt Art. 41 und alt Art. 45 Ziff. 3 vgl. BGE 118 IV 337, 119 IV 125, 127 IV 101, 128 IV 79; einschränkend mit Blick auf die Revision des AT vom 13.12.2002: BGer vom 19.10.2003, 6S.262/2003, Erw. 5.3). In analoger Weise sind auch die Grenzwerte für die Geldstrafe, für die gemeinnützige Arbeit sowie für die Vollzugsformen der Halbgefangenschaft (StGB Art. 77b; BGE 121 IV 101) und des tageweisen Vollzuges (StGB Art. 79 Abs. 2) zu beachten, da sie sich im Sinne von StGB Art. 47 Abs. 1 Satz 2 auf *«das Leben des Täters»* auswirken können (vgl. BGE 121 IV 97). Generalpräventive Gesichtspunkte sollten dagegen ausser Betracht fallen (anders aber BGE 92 IV 122, 107 IV 63, 116 IV 290, 118 IV 16, 25, 350). Zum Kriterium der Gleichbehandlung von Mittätern: grundlegend BGE 116 IV 292; ferner 120 IV 144.

Auch das *Verhalten des Staates* (wie die Verletzung des Beschleunigungsgebotes) kann ein bei der Strafzumessung zu berücksichtigender Faktor sein. Bei überlanger Verfahrensdauer etwa wird der Beschuldigte länger als notwendig den Belastungen eines Strafverfahrens ausgesetzt, was als unmittelbar persönlichkeitsrelevanter Umstand strafmindernd zu werten ist (grundlegend BGE 117 IV 124; vgl. auch BGE 119 IV 109, 122 IV 111, 124 I 142, 130 IV 54, 130 I 269). Eine darüber hinausgehende, generelle Strafminderungspflicht für die als Folge eines teilweisen Freispruchs erstandene Überhaft besteht dagegen nicht (BGer vom 23.3.2006, 6S.421/2005, Erw. 1.3).

Art. 48 2. Strafmilderung.
Gründe

Das Gericht mildert die Strafe, wenn:
a. der Täter gehandelt hat:
   1. aus achtenswerten Beweggründen,
   2. in schwerer Bedrängnis,
   3. unter dem Eindruck einer schweren Drohung,
   4. auf Veranlassung einer Person, der er Gehorsam schuldet oder von der er abhängig ist;
b. der Täter durch das Verhalten der verletzten Person ernsthaft in Versuchung geführt worden ist;
c. der Täter in einer nach den Umständen entschuldbaren heftigen Gemütsbewegung oder unter grosser seelischer Belastung gehandelt hat;
d. der Täter aufrichtige Reue betätigt, namentlich den Schaden, soweit es ihm zuzumuten war, ersetzt hat;
e. das Strafbedürfnis in Anbetracht der seit der Tat verstrichenen Zeit deutlich vermindert ist und der Täter sich in dieser Zeit wohl verhalten hat.

Art. 48: Diese Bestimmung entspricht weitgehend StGB alt Art. 64. Auf eine Milderung für Täter im Alter zwischen 18 und 20 Jahren wurde indessen verzichtet. Zudem wurde die Bestimmung in eine *«Muss»-Vorschrift* umgewandelt (Botschaft, BBl 1999, 2061); dazu sowie zu den weiteren Strafmilderungsgründen vgl. die Bem. zu StGB Art. 48a.

Art. 48 lit. a Ziff. 1: Achtenswerte Beweggründe: BGE 75 IV 44, 97 IV 80, 101 IV 387, 104 IV 245, 128 IV 64 (politische Motive sind nicht schon an sich achtenswert), 106 IV 340 (wo die Verwerflichkeit der Tat die allfällige Ehrenhaftigkeit der Motive völlig zurücktreten lässt, kann der Richter eine Milderung der Strafe ablehnen, ohne überhaupt über das Vorhandensein achtenswerter Beweggründe zu befinden), 107 IV 30, 112 IV 131, 114 IV 54, 115 IV 15, 66 (keine Milderung, wenn die achtenswerten Beweggründe gegenüber der verübten Tat völlig in den Hintergrund treten und sie mit diesen in keiner besonderen Beziehung stehen, im entschiedenen Fall bei Nichtbezahlen des Militärpflichtersatzes), 118 IV 76 (gleiches Problem und Ergebnis mit differenzierterer Begründung). Aus welchem Beweggrund der Täter handelte, ist Tatfrage, ob er achtenswert war, Rechtsfrage: BGE 107 IV 30.

Ziff. 2: Schwere Bedrängnis setzt eine – allenfalls vom Täter sogar selbst verschuldete – notstandsähnliche Lage voraus, aus der er nur durch die strafbare Handlung einen Ausweg zu finden glaubt: BGE 83 IV 188, 107 IV 94 (psychische Bedrängnis), 110 IV 10 (keine Strafmilderung erfolgt bei fehlender Verhältnismässigkeit zwischen den Motiven des Täters und dem Wert des von ihm verletzten Rechtsgutes; hier Tötungsdelikt wegen finanzieller Notlage), 127 IV 19 (verneint bei der Tötung mit fremdem Ehrenkodex).

Ziff. 3: *Schwere Drohung:* BGE 104 IV 189 (bei Sonderfällen schwerer Nötigung kann u.U. Schuld und damit Strafe gänzlich ausgeschlossen sein).

Ziff. 4: *Handeln auf Veranlassung eines anderen:* Dessen Einfluss muss für die Tat entscheidend gewesen sein und die Entscheidungsfreiheit des Täters in gleicher Weise herabgesetzt haben wie beim Handeln in schwerer Bedrängnis oder unter dem Eindruck einer schweren Drohung: BGE 102 IV 238.

lit. b: *Ernstliche Versuchung:* Das Verhalten des Opfers muss so provozierend gewesen sein, dass selbst ein verantwortungsbewusster Mensch in der Situation des Täters Mühe gehabt hätte, zu widerstehen: BGE 102 IV 278 (Unzucht mit Kind), vgl. schon BGE 97 IV 76 (Notzucht) und 98 IV 67 (Unzucht mit Kind).

lit. c: *Handeln in entschuldbarer heftiger Gemütsbewegung oder unter grosser seelischer Belastung:* Vgl. StGB Art. 113. Diese Bestimmung ist anwendbar, wenn der Täter durch eine ungerechte Reizung oder Kränkung zutiefst aufgewühlt war und zu einer spontanen Reaktion getrieben wurde: BGE 104 IV 237.

lit. d: *Betätigung aufrichtiger Reue* (dazu allgemein BGE 117 Ia 406; vgl. ferner StGB Art. 23 Abs. 4 und Art. 53): Sie setzt voraus, dass der Täter aus eigenem Entschluss etwas tut, das als Ausdruck seines Willens anzusehen ist, geschehenes Unrecht wieder gutzumachen. Nicht jede Schadensdeckung genügt. Verlangt wird vielmehr eine besondere Anstrengung von Seiten des Fehlbaren, die er freiwillig, nicht nur vorübergehend und nicht nur unter dem Druck des drohenden oder hängigen Strafverfahrens erbringt: BGE 107 IV 99, vgl. schon BGE 96 IV 110 (Unzumutbarkeit der Schadensdeckung), 98 IV 309. Tätige Reue kann aber auch dann vorliegen, wenn kein Schadensausgleich erfolgt, z.B. wenn sich ein Täter lange Zeit nach dem Delikt selbst anzeigt: ZR 105 (2006) Nr. 21.

lit. e: «*Verhältnismässig lange Zeit*» im Sinne dieser Bestimmung ist grundsätzlich dann verstrichen, wenn zwei Drittel der Verfolgungsverjährungsfrist abgelaufen sind, namentlich wenn die Verjährungsfrist von 15 Jahren (StGB Art. 97 Abs. 1 lit. b) betroffen ist: BGE 132 IV 4 (vgl. zur früheren Rechtsprechung betr. die kürzeren relativen Verjährungsfristen: BGE 73 IV 159, 89 IV 5, 92 IV 203, 102 IV 209, 115 IV 96). Ob die Strafverfolgung der Verjährung (zu zwei Dritteln) nahe ist, entscheidet sich im Zeitpunkt der Ausfällung des Sachurteils: BGE 115 IV 96; dieser Milderungsgrund gilt nur für die Tatbestände, die den allgemeinen, nicht den in der Regel wesentlich kürzeren besonderen Verjährungsfristen unterliegen: BGE 89 IV 3, 92 IV 202. Anwendungsfall: BGE 116 IV 14. Betr. unverjährbare Delikte vgl. die fakultative Strafmilderung nach StGB Art. 101 Abs. 2. Eine Verletzung des Beschleunigungsgebotes ist im Rahmen von StGB Art. 47 strafmindernd zu berücksichtigen: BGE 117 IV 124, 124 I 142, 130 IV 54, 130 I 269. Zum Begriff des *Wohlverhaltens* vgl. ZR 105 (2006) Nr. 21, wobei in diesem Zusammenhang berücksichtigt wurde, dass sich der Täter gestellt hat (fragwürdig).

Art. 48a Wirkung

¹ Mildert das Gericht die Strafe, so ist es nicht an die angedrohte Mindeststrafe gebunden.

² Das Gericht kann auf eine andere als die angedrohte Strafart erkennen, ist aber an das gesetzliche Höchst- und Mindestmass der Strafart gebunden.

Art. 48a: Ergänzend zu StGB Art. 48 finden sich weitere Strafmilderungsgründe im Allgemeinen Teil in StGB Art. 11 Abs. 4 (Unterlassungsdelikte), Art. 16 Abs. 1 und 18 Abs. 1 (Notwehr- und Notstandsexzess), Art. 19 Abs. 2 (verminderte Schuldfähigkeit), Art. 21 Satz 2 (vermeidbarer Irrtum über Rechtswidrigkeit), Art. 22 (Versuch), Art. 23 (Rücktritt und tätige Reue), Art. 25 (Gehilfenschaft), Art. 26 (Teilnahme am Sonderdelikt), Art. 101 Abs. 2 (unverjährbare Delikte); im Besonderen Teil in StGB Art. 123 Ziff. 1 Abs. 2, 173 Ziff. 4, 174 Ziff. 3, 185 Ziff. 4, 308.

StGB alt Art. 64 f. stellte es im Ermessen des Richters, ob er die Strafe mildern wollte. Fand er, dass die Umstände des Falles dies nicht rechtfertigten, musste er dem Strafmilderungsgrund entsprechend seinem Ausmass (BGE 118 IV 347) in der Regel dennoch innerhalb des angedrohten ordentlichen Strafrahmens Rechnung tragen. Das BGer schritt auf Beschwerde hin nur ein, wenn der Richter die Strafmilderung aus unsachlichen Gründen verweigerte oder rechtlich erhebliche Gründe nicht oder unrichtig angewendet hatte: BGE 98 IV 49, 311, 101 IV 390, 106 IV 340, 107 IV 97, 128 IV 64, 129 IV 21.

Anlässlich der Revision vom 13.12.2002 wurde die «Kann»-Vorschrift von StGB alt Art. 64 bewusst in eine *«Muss»-Vorschrift* umgewandelt, dies mit der Begründung, mit dem Schuldstrafrecht sei nur eine zwingende Strafmilderung vereinbar (Botschaft, BBl 1999, 2061). Dennoch finden sich noch sog. fakultative Strafmilderungsgründe im Gesetz (StGB Art. 11 Abs. 4, 22, 23, 101 Abs. 2 sowie durchwegs im Besonderen Teil), wobei in sprachlicher Hinsicht am fakultativen Charakter der Strafmilderung des *Versuches* gemäss StGB Art. 22 und 23 bewusst, aber ohne weitere Begründung festgehalten wurde (Botschaft, BBl 1999, 2010 f.; entgegen BGE 121 IV 55).

Vorzuziehen ist indessen eine andere Vorgehensweise: Strafmilderungs- und -schärfungsgründe sind immer (obligatorisch) bei der Strafzumessung innerhalb des ordentlichen Strafrahmens zu berücksichtigen (ähnlich BGE 116 IV 302, 121 IV 55), wobei das Gewicht je nach dem Ausmass des privilegierenden oder qualifizierenden Umstandes sehr unterschiedlich sein kann. Nur in Ausnahmefällen führt dies indessen dazu, dass der ordentliche Strafrahmen verlassen werden muss (nur dann, wenn die Strafe sich ohne Berücksichtigung der Strafmilderungs- oder Strafschärfungsgründe ohnehin am unteren oder oberen Rand des ordentlichen Strafrahmens bewegen würde bzw. deren Ausmass besonders stark ins Gewicht fällt). Zur Kompensation von Strafschärfungs- und Strafmilderungsgründen: BGE 116 IV 302.

Der in der Praxis wohl bedeutsamste Strafmilderungsgrund stellt die *verminderte Schuldfähigkeit* dar (StGB Art. 19 Abs. 2). Liegt eine solche vor, ist der Verminderung *im ganzen Ausmass* Rechnung zu tragen. Liegt z.B. eine mittlere Einschränkung der Schuldfähigkeit vor, darf die Strafe nicht etwa nur im Umfang von 40% reduziert werden, wenn für eine solche – nicht lineare – Reduktion keine schlüssige Erklärung vorliegt. Ebenso wenig kann der Richter die Strafe lediglich um die Hälfte reduzieren, wenn er feststellt, die Schuldfähigkeit sei in schwerwiegendem Masse eingeschränkt. Zwar zieht eine leichte, mittlere oder schwere Verminderung der Schuldfähigkeit nicht notwendigerweise eine Reduktion der Strafe von 25%, 50% oder 75% nach sich, doch muss ein bestimmtes Verhältnis zwischen der festgestellten Verminderung der Schuldfähigkeit und den Folgen für die Strafe bestehen; mit anderen Worten verlangt das BGer grundsätzlich eine besondere Begründung, wenn der verminderten Schuldfähigkeit nicht linear Rechnung getragen wird (BGE 118 IV 5, 123 IV 51, 129 IV 35 f. = Pr 92 (2003) Nr. 132 Erw. 6.2).

Beim – gemäss bundesgerichtlicher Praxis obligatorischen – Strafmilderungsgrund des *Versuchs* gemäss StGB Art. 22 Abs. 1 hängt das Ausmass der zulässigen Reduktion der Strafe unter anderem von der Nähe des tatbestandsmässigen Erfolgs und den tatsächlichen Folgen der Tat ab; die Reduktion der Strafe ist also mit anderen Worten umso geringer, je näher der tatbestandsmässige Erfolg und je schwerer die tatsächliche Folge der Tat war (vgl. BGE 121 IV 54).

Art. 49 3. Konkurrenz

¹ Hat der Täter durch eine oder mehrere Handlungen die Voraussetzungen für mehrere gleichartige Strafen erfüllt, so verurteilt ihn das Gericht zu der Strafe der schwersten Straftat und erhöht sie angemessen. Es darf jedoch das Höchstmass der angedrohten Strafe nicht um mehr als die Hälfte erhöhen. Dabei ist es an das gesetzliche Höchstmass der Strafart gebunden.

² Hat das Gericht eine Tat zu beurteilen, die der Täter begangen hat, bevor er wegen einer andern Tat verurteilt worden ist, so bestimmt es die Zusatzstrafe in der Weise, dass der Täter nicht schwerer bestraft wird, als wenn die strafbaren Handlungen gleichzeitig beurteilt worden wären.

³ Hat der Täter eine oder mehrere Taten vor Vollendung des 18. Altersjahres begangen, so dürfen diese bei der Bildung der Gesamtstrafe nach den Absätzen 1 und 2 nicht stärker ins Gewicht fallen, als wenn sie für sich allein beurteilt worden wären.

Art. 49 Abs. 1: Die Bestimmung bezieht sich a) auf die *Realkonkurrenz,* das heisst das Zusammentreffen *mehrerer* strafbarer Handlungen, sei es durch Wiederholung derselben strafbaren Handlung, sei es durch Begehung verschiedener strafbarer Handlungen oder durch mehrfache Verübung gleichartiger Taten, b) auf die *Idealkonkurrenz,* d.h. die Begehung *einer* Handlung (dazu BGE 111 IV 149), welche den Tatbestand der gleichen Strafbestimmung mehrfach (dazu BGE 124 IV 147 f.) oder welche die Tatbestände *verschiedener* Strafbestimmungen erfüllt; sie ist zu unterscheiden von der sog. *unechten Gesetzeskonkurrenz,* wo dieselbe strafbare Handlung zwar verschiedene Straftatbestände zu erfüllen scheint, aber nur *eine* Strafbestimmung zur Anwendung gelangt, die den andern wegen *Spezialität* oder *Konsumtion* vorgeht oder wegen *Subsidiarität* allein noch in Betracht fällt. – Die Rechtsfigur des sog. fortgesetzten Delikts (zuletzt BGE 109 IV 84) wurde zutreffenderweise aufgegeben: BGE 116 IV 123, 119 IV 77 f., 120 IV 8, zuletzt – dem Grundsatze nach – im Zusammenhang mit dem Begriff der verjährungsrechtlichen Einheit; vgl. BGE 131 IV 93, 132 IV 54 f. Beim *gewerbsmässigen* Delinquieren ist StGB Art. 49 anzuwenden, wenn es in mehreren getrennten Phasen erfolgt, denen kein umfassender Willensentschluss zugrunde liegt und es auch objektiv nicht als Einheit i.S. eines zusammenhängenden Geschehens erscheint (BGE 116 IV 123). Keine Strafschärfung tritt ein, wenn der *gewerbsmässig* handelnde Täter neben vollendeten Taten auch blosse Versuche verübt hat: BGE 105 IV 157.

Schwerste Tat ist diejenige, welche unter den mit der höchsten Strafe *bedrohten* Tatbestand fällt: BGE 95 IV 61, 116 IV 304.

Bussen für zusätzlich begangene Übertretungen sind keine gleichartigen Strafen und daher immer zusätzlich auszusprechen; vgl. dazu auch BGE 102 IV 245 sowie Botschaft, BBl 2005, 4707.

Zur *Vorgehensweise* und zur Kompensation von Strafschärfungs- und -milderungsgründen vgl. die Bem. zu StGB Art. 48a.

Abs. 2: Die sog. retrospektive Konkurrenz wurde vom Gesetzgeber nicht neu geregelt, obschon sich eine Koordination aufgrund der Einführung neuer Strafarten (Geldstrafe, gemeinnützige Arbeit) und des teilbed. Strafvollzuges (StGB Art. 43) sowie der Festlegung einer Mindesthöhe von sechs Monaten für Freiheitsstrafen (StGB Art. 40) aufgedrängt hätte.

Die Bestimmung gibt dem Verurteilten kein Recht, von ein und demselben Richter beurteilt zu werden: BGE 102 IV 241. Nach der Vorschrift ist nicht das frühere Urteil aufzuheben und eine Gesamtstrafe zu fällen, sondern eine *Zusatzstrafe* auszusprechen: 124 II 41, 129 IV 115. Zum Vorgehen bei deren Bemessung BGE 109 IV 93, 116 IV 14 = Pr 79 (1990) Nr. 143, 118 IV 121, 275; vgl. auch BGE 121 IV 103, wonach für die persönlichen Verhältnisse auf den Zeitpunkt der Zusatzstrafe abzustellen ist. Zur Problematik der Zusatzstrafe im Zusammenhang mit einer lebenslänglichen Freiheitsstrafe: ZR 105 (2006) Nr. 21. Ins Gewicht kann auch der Umstand fallen, dass der Vollzug einer Freiheitsstrafe von sechs bis zwölf Monaten in Form der Halbgefangenschaft zu erfolgen hat (StGB Art. 77b; für Strafen bis zu 6 Monaten vgl. StGB Art. 79 Abs. 1). Die Bestimmung ist auch anwendbar, wenn das erste Urteil im Ausland gefällt wurde: BGE 109 IV 91 (die Strafzumessung für die Zusatzstrafe erfolgt jedoch ausschliesslich nach schweizerischem Recht), 115 IV 22, 127 IV 108. – Eine Verurteilung wegen einer anderen Tat liegt schon mit der *Fällung des erstinstanzlichen Urteils* vor, sofern dieses in der Folge rechtskräftig wird; für später begangene Delikte kommt in diesem Fall keine Zusatzstrafe in Betracht: BGE 129 IV 117. Liegt im Zeitpunkt des zweiten Verfahrens noch kein rechtskräftiges Urteil im ersten Verfahren vor, kann der Zweitrichter unter Beachtung des Beschleunigungsgebots ein rechtskräftiges Urteil abwarten und danach eine Zusatzstrafe aussprechen. Der Zweitrichter kann aber auch sofort entscheiden und ein selbständiges Urteil fällen. Erwächst dann bei dieser zweiten Konstellation im ersten Verfahren schliesslich ein Urteil in Rechtskraft, so kann der mit einer Freiheitsstrafe belegte Betroffene unter den Voraussetzungen des StGB Art. 344 Abs. 2 ein Gesuch stellen, dass für beide selbständig abgeurteilten Delikte oder Deliktskomplexe eine Gesamtstrafe festgesetzt wird (BGE 129 IV 117).

Der die Zusatzstrafe aussprechende Richter ist an die im früheren Urteil vertretenen Rechtsauffassungen nicht gebunden und kann namentlich den *bed. Strafvollzug* verweigern, auch wenn er für die Grundstrafe gewährt worden war: BGE 105 IV 295. Gemäss der Rechtsprechung zu StGB alt Art. 41 Ziff. 1 Abs. 1 und alt Art. 68 Abs. 2 *musste* der bed. Vollzug der Zusatzstrafe verweigert werden, wenn diese zusammen mit der früher ausgefällten Strafe die Maximalgrenze für die Gewährung des bed. Strafvollzuges überstieg: BGE 94 IV 49, 105 IV 82, 109 IV 71. Gemäss neuem Recht muss es zulässig sein, bei einer Gesamtstrafe von nicht über drei Jahren im Rahmen von StGB Art. 43 StGB den teilbed. Strafvollzug zu gewähren.

Zu StGB alt Art. 68 Abs. 2 hat das BGer festgehalten, dass der Richter auch hinsichtlich der *Wahl der Strafart* für die Gesamtstrafe und *damit* für die Zusatzstrafe nicht an das erste Urteil gebunden sei. Die Art der Zusatzstrafe musste indessen der Art der Gesamtstrafe entsprechen, welche der Richter ausgesprochen hätte, wenn alle Delikte gleichzeitig beurteilt worden wären (BGer vom 23.2.2001,

6S.442/2000, E. 2a und 2c, ungenau BGE 129 IV 115). Auch nach Inkrafttreten der Revision vom 13.12.2002 ist zu verlangen, dass der Richter für die Zusatzstrafe lediglich die Möglichkeit hat, eine Strafart zu wählen, welche mit der Gesamtstrafe in Einklang steht. Damit wird zwar der Grundsatz verletzt, wonach nur ausnahmsweise auf (unbed. auszusprechende) Freiheitsstrafen von weniger als sechs Monaten erkannt werden darf (StGB Art. 40 f.). Bei der Zusatzstrafenbildung sind systembedingt Kompromisse und Ungereimtheiten indessen unvermeidlich, wenn der Täter weder benachteiligt noch besser gestellt werden soll. Ist der Widerruf der bed. Zusatzstrafe anzuordnen, wird in vielen Fällen ohnehin gleichzeitig auch der für die Grundstrafe gewährte bed. Strafvollzug zu widerrufen sein. Erfolgt der Widerruf aufgrund einer neuen Straftat im Sinne von StGB Art. 46 Abs. 1, kann sodann eine Gesamtstrafe ausgesprochen werden. Und ist schliesslich ausnahmsweise doch einmal eine Freiheitsstrafe von weniger als sechs Monten zu vollstrecken, stehen dafür die relativ milden Formen der Halbgefangenschaft oder des tageweisen Vollzuges zur Verfügung (StGB Art. 79).

Abs. 3: Vgl. JStG Art. 3 Abs. 2, wonach nur das Erwachsenenstrafrecht anzuwenden ist, wenn gleichzeitig Taten vor und Taten nach Vollendung des 18. Altersjahres zu beurteilen sind, was auch für Zusatzstrafen gilt.

Art. 50 4. Begründungspflicht

Ist ein Urteil zu begründen, so hält das Gericht in der Begründung auch die für die Zumessung der Strafe erheblichen Umstände und deren Gewichtung fest.

Art. 50: Um die Strafzumessung überprüfen zu können, verlangte das BGer, sämtliche Tat- und Täterkomponenten seien so zu erörtern, dass festgestellt werden kann, ob alle rechtlich massgebenden Punkte Berücksichtigung fanden und ob und in welchem Masse sie strafmindernd oder -schärfend in die Waagschale fielen (BGE 117 IV 114, 151, 118 IV 16, 20, 338, 120 IV 43 = Pr 84 [1995] Nr. 243 Erw. 3, BGE 127 IV 103 = Pr 90 [2001] Nr. 140). Dieser Rechtsprechung wurde mit StGB Art. 50 Rechnung getragen. Dem kant. Richter verbleibt aber immer noch ein weites Ermessen (127 IV 103, 128 IV 77, 129 IV 21; vgl. zur Unzulässigkeit einer Zuständigkeitsordnung, welche dieses einschränkt, BGE 119 IV 277 = Pr 85 [1996] Nr. 87). Er ist auch nicht an die Praxis anderer Kantone gebunden: BGE 124 IV 47 = Pr 87 (1998) Nr. 113 Erw. 2c. Das BGer betrachtet es im Hinblick darauf, dass der Grundsatz der Individualisierung zu einer gewissen (vom Gesetzgeber gewollten) Ungleichheit führt, nicht als seine Sache, für eine peinlich genaue Übereinstimmung einzelner Strafmasse zu sorgen. Es hat demnach nur darüber zu wachen, dass das Bundesrecht korrekt angewendet wird, d.h. dass die Strafe festgesetzt wird innerhalb des gesetzlichen Strafrahmens, einzig gestützt auf die in StGB Art. 47 ff. vorgesehenen Beurteilungsmerkmale und ohne dass der Richter das ihm zustehende Ermessen missbraucht: BGE 123 IV 152, 107 IV 103 (vgl. hierzu als Beispiele BGE 123 IV 49 = Pr 86 [1997] Nr. 94 und – betr. Verminderung der Schuldfähigkeit – BGE 129 IV 35).

Art. 51   5. Anrechnung der Untersuchungshaft

Das Gericht rechnet die Untersuchungshaft, die der Täter während dieses oder eines anderen Verfahrens ausgestanden hat, auf die Strafe an. Ein Tag Haft entspricht 1 Tagessatz Geldstrafe oder 4 Stunden gemeinnütziger Arbeit.

Art. 51: «Untersuchungshaft» wird in StGB Art. 110 Abs. 7 definiert. Dazu gehören nebst der in StGB Art. 110 Abs. 7 neu erwähnten Auslieferungshaft (dazu BGE 124 IV 3) auch der Beobachtungsaufenthalt nach StGB Art. 20 in einer Klinik (BGE 85 IV 122, mit fragwürdiger Beschränkung auf geschlossene Anstalten) und andere freiheitsentziehende Ersatzmassnahmen (BGE 113 IV 120, 122 IV 54). Gleiches gilt für die in der Schweiz verbrachte *Ausschaffungshaft,* jedenfalls dann, wenn auch die Voraussetzungen der Untersuchungshaft gegeben waren und die Erstere faktisch die Funktion der Letzteren übernommen hat: BGE 124 IV 3.

Entgegen der zuletzt aufgegebenen Rechtsprechung des BGer zu StGB alt Art. 69 verlangt das Gesetz für die Anrechnung *keine Tatidentität.* Zu entziehende soll wenn immer möglich mit bereits entzogener Freiheit kompensiert werden. Deshalb kann die Untersuchungshaft auch an die in einem früheren Urteil bed. ausgefällte, im neuen Verfahren zu widerrufende Freiheitsstrafe angerechnet werden (vgl. dazu BGer vom 23.3.2006, 6S.421/2005, E. 3; anders noch 104 IV 6). Der alleinige Umstand, dass die Untersuchungshaft durch einen Polizeioffizier und nicht durch einen Richter angeordnet wurde, rechtfertigt es nicht, sie nicht an die Freiheitsstrafe anzurechnen: BGE 124 IV 272 = Pr 88 (1999) Nr. 38 Erw. 4. *Berechnung* der Dauer: Hat jemand am Tage der Verhaftung und an jenem der Entlassung zusammen mehr als 24 Stunden in Haft verbracht, so sind ihm beide Tage anzurechnen: SJZ 81 (1985) 375.

Vierter Abschnitt: Strafbefreiung und Einstellung des Verfahrens

Art. 52   1. Gründe für die Strafbefreiung.
Fehlendes Strafbedürfnis

Die zuständige Behörde sieht von einer Strafverfolgung, einer Überweisung an das Gericht oder einer Bestrafung ab, wenn Schuld und Tatfolgen geringfügig sind.

Art. 52: Mit dieser Bestimmung wird ein gemässigtes Opportunitätsprinzip eingeführt. Die Strafbefreiung ist von der kumulativen Bedingung abhängig, dass sowohl die Schuld als auch die Tatfolgen gering sind. Die Bestimmung ist somit weder anwendbar, wenn die Schuld des Täters schwer, die Folgen seiner Tat jedoch unbedeutend sind (wie z.B. im Falle einer böswillig begangenen Schädigung des Eigentums von einem Franken), noch dann, wenn die Tatfolgen schwer sind, das Verschulden indessen leicht ist (z.B. bei einer fahrlässigen Tötung, die Folge einer ganz leichten Unvorsichtigkeit ist). Wenn die genannten Voraussetzungen erfüllt sind, muss die zuständige Behörde darauf verzichten, das laufende Verfahren fortzusetzen oder eine Strafe aufzuerlegen (Botschaft, BBl 1999, 2064). Es ist allerdings anzunehmen, dass die Praxis diese Bestimmung sehr restriktiv auslegen wird, namentlich im Zusammenhang mit der Nebenstrafgesetzgebung wie dem SVG.

Art. 53 Wiedergutmachung

Hat der Täter den Schaden gedeckt oder alle zumutbaren Anstrengungen unternommen, um das von ihm bewirkte Unrecht auszugleichen, so sieht die zuständige Behörde von einer Strafverfolgung, einer Überweisung an das Gericht oder einer Bestrafung ab, wenn:

a. die Voraussetzungen für die bedingte Strafe (Art. 42) erfüllt sind; und
b. das Interesse der Öffentlichkeit und des Geschädigten an der Strafverfolgung gering sind.

Art. 53: Vgl. auch StGB Art. 42 Abs. 3, 48 lit. d. Die Wiedergutmachung appelliert an das Verantwortungsbewusstsein des Täters und soll ihm das Unrecht seiner Tat vor Augen führen. Durch sie soll auch die Beziehung zwischen Täter und Opfer verbessert werden, was den öffentlichen Frieden wiederherstellt (Botschaft, BBl 1999, 2065). Sie kann in jedem Verfahrensstadium erfolgen (Botschaft, BBl 1999, 2066). Es ist nicht nötig, dass der ganze Schaden gedeckt wird, wenn dem Täter die entsprechenden Mittel fehlen. Liegt kein konkreter Schaden vor (z.B. beim Versuch), kann die Wiedergutmachung auch symbolischen Charakter haben (z.B. Zahlung an eine gemeinnützige Organisation; Botschaft, BBl 1999, 2066).

lit. a: Die Bestimmung verweist nur auf die objektiven und subjektiven Voraussetzungen des bed., nicht auch des teilbed. Strafvollzuges.

lit. b: Damit soll den Fällen Rechnung getragen werden, in denen keine bestimmte Person geschädigt wurde. Es soll zudem eine Privilegierung wohlhabender Täter, die sich von der Strafe freikaufen könnten, verhindert werden (Botschaft, BBl 1999, 2066).

Art. 54 Betroffenheit des Täters durch seine Tat

Ist der Täter durch die unmittelbaren Folgen seiner Tat so schwer betroffen, dass eine Strafe unangemessen wäre, so sieht die zuständige Behörde von einer Strafverfolgung, einer Überweisung an das Gericht oder einer Bestrafung ab.

Art. 54: Die Bestimmung, die StGB alt Art. 66bis entspricht, ist auf *Vorsatz- und Fahrlässigkeitsdelikte* anwendbar: BGE 121 IV 175 f. *Unmittelbar* betroffen durch die Folgen seiner Tat ist der Täter, wenn diese seine eigenen Rechtsgüter schädigte (so z.B., wenn er bei seinem Delikt oder der Notwehr gegen dieses verletzt wurde), aber auch, wenn sie bei ihm seelisches Leiden bewirkte (so etwa, wenn bei einem von ihm fahrlässig verursachten Unfall ihm nahe stehende Menschen körperlich geschädigt wurden). Unzureichend sind bloss mittelbare Folgen wie die Eröffnung eines Strafverfahrens gegen den Täter, die auf die Tat zurückzuführende Einbusse einer Arbeitsstelle oder Scheidung. Kriterien für die Angemessenheit der Strafe: BGE 117 IV 247 = Pr 81 (1992) Nr. 211 Erw. 2a, BGE 119 IV 281 f. Anwendungsfall einer Vorsatztat: BGE 121 IV 176. – Zuständig für die Anwendung der Bestimmung sind von den Kantonen zu bezeichnende Organe der Strafrechtspflege, also Untersuchungs-, Anklage- oder Gerichtsbehörden, nicht aber die Polizei.

Art. 55 2. Gemeinsame Bestimmungen

¹ Das Gericht sieht bei der bedingten Strafe vom Widerruf und bei der bedingten Entlassung von der Rückversetzung ab, wenn die Voraussetzungen der Strafbefreiung gegeben sind.

² Als zuständige Behörden nach den Artikeln 52, 53 und 54 bezeichnen die Kantone Organe der Strafrechtspflege.

Art. 55 Abs. 1: Vgl. StGB Art. 46 und 89.

Abs. 2: Aus verfahrensökonomischen Gründen wurde die Möglichkeit, eine Strafbefreiung anzuordnen, nicht einzig dem Richter in der Sache vorbehalten, sondern wurde jeder zuständigen Behörde zugestanden. Unter keinen Umständen ist die Polizei zur Strafbefreiung befugt (Botschaft, BBl 1999, 2067 f.).

Art. 55a 3. Einstellung des Verfahrens.
Ehegatte, eingetragene Partnerin, eingetragener Partner oder Lebenspartner als Opfer

¹ Bei einfacher Körperverletzung (Art. 123 Ziff. 2 Abs. 3–5), wiederholten Tätlichkeiten (Art. 126 Abs. 2 Bst. b, b^{bis} und c), Drohung (Art. 180 Abs. 2) und Nötigung (Art. 181) kann die zuständige Behörde der Strafrechtspflege das Verfahren provisorisch einstellen, wenn:

a. das Opfer
   1. der Ehegatte des Täters ist und die Tat während der Ehe oder innerhalb eines Jahres nach deren Scheidung begangen wurde, oder
   2. die eingetragene Partnerin oder der eingetragene Partner des Täters ist und die Tat während der Dauer der eingetragenen Partnerschaft oder innerhalb eines Jahres nach deren Auflösung begangen wurde, oder
   3. der hetero- oder homosexuelle Lebenspartner beziehungsweise der noch nicht ein Jahr getrennt lebende Ex-Lebenspartner des Täters ist; und
b. das Opfer oder, falls dieses nicht handlungsfähig ist, sein gesetzlicher Vertreter darum ersucht oder einem entsprechenden Antrag der zuständigen Behörde zustimmt.

² Das Verfahren wird wieder aufgenommen, wenn das Opfer oder, falls dieses nicht handlungsfähig ist, sein gesetzlicher Vertreter seine Zustimmung innerhalb von sechs Monaten seit der provisorischen Einstellung des Verfahrens schriftlich oder mündlich widerruft.

³ Wird die Zustimmung nicht widerrufen, verfügt die zuständige Behörde der Strafrechtspflege die definitive Einstellung.

⁴ Der definitive Einstellungsentscheid der letzten kantonalen Instanz unterliegt der Nichtigkeitsbeschwerde an den Kassationshof des Bundesgerichts. Beschwerdeberechtigt sind der Beschuldigte, der öffentliche Ankläger und das Opfer.

Art. 55a: Revision gemäss Änderung vom 3. Oktober 2000 (BBl 2003, 6621), Datum des Inkrafttretens 1. April 2004 als StGB alt Art. 66ter. Im Zuge der Einführung des Partnerschaftsgesetzes (SR 211.231) wurden auch die eingetragene Partnerin und der eingetragene Partner erfasst (Inkrafttreten 1.1.2007).

Art. 55a Abs. 1: Liegt ein Ersuchen des Opfers um Einstellung des Verfahrens vor, kann die Behörde grundsätzlich nur dann an der Strafverfolgung festhalten, wenn sie zum Schluss kommt, der Antrag auf Verfahrenseinstellung entspreche nicht dem freien Willen des Opfers. Weil die offene Formulierung von StGB Art. 55a der Behörde beim Einstellungsentscheid ein sehr weites Ermessen einräumt, ist der Entscheid, die Strafverfolgung gegen den bekundeten Willen des Opfers weiterzuführen, angemessen zu begründen (BGer vom 21.3.2006, 6S.454/2004, Erw. 3).

Abs. 4: Mit Inkrafttreten des BGG am 1.7.2007 ist die Nichtigkeitsbeschwerde an den Kassationshof durch die Beschwerde in Strafsachen ans Bundesgericht (BGG Art. 78 ff.) abgelöst worden.

Zweites Kapitel: Massnahmen
Erster Abschnitt: Therapeutische Massnahmen und Verwahrung

Art. 56 1. Grundsätze

¹ Eine Massnahme ist anzuordnen, wenn:

a. eine Strafe allein nicht geeignet ist, der Gefahr weiterer Straftaten des Täters zu begegnen;

b. ein Behandlungsbedürfnis des Täters besteht oder die öffentliche Sicherheit dies erfordert; und

c. die Voraussetzungen der Artikel 59–61, 63 oder 64 erfüllt sind.

² Die Anordnung einer Massnahme setzt voraus, dass der mit ihr verbundene Eingriff in die Persönlichkeitsrechte des Täters im Hinblick auf die Wahrscheinlichkeit und Schwere weiterer Straftaten nicht unverhältnismässig ist.

³ Das Gericht stützt sich beim Entscheid über die Anordnung einer Massnahme nach den Artikeln 59–61, 63 und 64 sowie bei der Änderung der Sanktion nach Artikel 65 auf eine sachverständige Begutachtung. Diese äussert sich über:

a. die Notwendigkeit und die Erfolgsaussichten einer Behandlung des Täters;

b. die Art und die Wahrscheinlichkeit weiterer möglicher Straftaten; und

c. die Möglichkeiten des Vollzugs der Massnahme.

⁴ Hat der Täter eine Tat im Sinne von Artikel 64 Absatz 1 begangen, so ist die Begutachtung durch einen Sachverständigen vorzunehmen, der den Täter weder behandelt noch in anderer Weise betreut hat.

⁵ Das Gericht ordnet eine Massnahme in der Regel nur an, wenn eine geeignete Einrichtung zur Verfügung steht.

⁶ Eine Massnahme, für welche die Voraussetzungen nicht mehr erfüllt sind, ist aufzuheben.

Art. 56 ff.: Im neu konzipierten Kapitel «Massnahmen» regelt das StGB einerseits in nicht weniger als 19 Art. die therapeutischen Massnahmen und die Verwahrung (StGB Art. 56–65; bisher: StGB alt Art. 42–45 sowie alt Art. 100bis), andererseits die sog. «anderen Massnahmen» (StGB Art. 66–73; vgl. dazu die Bem. zu StGB Art. 66 ff.). Ergänzende Vollzugsbestimmungen zu den Massnahmen finden sich in StGB Art. 90–92. Das StGB unterscheidet bei den therapeutischen Massnahmen nach wie vor zwischen der *stationären* (StGB Art. 59–62) und der *ambulanten* Behandlung (StGB Art. 63), wobei die Arbeitserziehungsanstalt (StGB alt Art. 100bis) unter einer neuen Bezeichnung bei den stationären Massnahmen geregelt wird (StGB Art. 61: «Massnahmen für junge Erwachsene»). Beibehalten wurde im Wesentlichen die Unterscheidung zwischen der Behandlung von *psychischen Störungen* (StGB Art. 59 sowie Art. 63 Abs. 1; bisher: StGB alt Art. 43) und der *Suchtbehandlung* (StGB Art. 60 sowie Art. 63 Abs. 1; bisher: StGB alt Art. 44).

Die revidierten Bestimmungen über die therapeutischen Massnahmen und insbesondere die Verwahrung wurden bereits vor Inkrafttreten teilweise revidiert (Änderungen vom 24.3.2006: StGB Art. 59 Abs. 3; Art. 64 Abs. 1 Einleitungssatz, Abs. 2 und 3, Art. 64b sowie Art. 65; vgl. dazu Botschaft, BBl 2005, 4709 ff.); zur geplanten Revision im Zusammenhang mit der Umsetzung von BV Art. 123a («*Verwahrungsinitiative*») vgl. die Bem. zur Revision im Allgemeinen bei StGB Art. 34.

Die therapeutischen Massnahmen und die Verwahrung können – wie auch das Berufs- und Fahrverbot (StGB Art. 67 und 67b) – bei Schuldunfähigkeit oder verminderter Schuldfähigkeit angeordnet werden (StGB Art. 19 Abs. 3). Auch bei Anordnung von Massnahmen gegenüber Schuldunfähigen besteht Anspruch auf gerichtliche Überprüfung: BGE 116 Ia 63 f. – Beschränkte Anwendung bei Übertretungen: StGB Art. 105 Abs. 3.

Zum *Konkretisierungsgrad der richterlichen Anordnung:* Dem Richter obliegt der Entscheid über die Anordnung der Sanktionen, insbesondere über die Sanktionsart und die Reihenfolge des Vollzugs. Er besitzt bei der Umschreibung einen erheblichen Ermessensspielraum und legt in der Praxis vielfach die Ausgestaltung der Massnahme recht weitgehend fest. Alle den Vollzug betr. Fragen liegen dagegen in der Kompetenz der Administrativbehörden (BGE 130 IV 51). Steht z.B. bereits bei der Anordnung der Massnahme fest, dass zur Behandlung des Täters eine zwangsweise Verabreichung von Medikamenten unumgänglich ist, wird der Strafrichter dies – zumindest in den Urteilserwägungen – ausdrücklich festhalten. Es ist aber auch denkbar, dass sich die Notwendigkeit einer Zwangsmedikation erst im Verlaufe des Massnahmenvollzugs herausstellt; in diesem Fall sind die Vollzugsbehörden zu deren Anordnung zuständig, soweit sie dem Zweck der Massnahme entspricht und sie sich in den Rahmen der Behandlung einfügt, wie er im Strafurteil vorgezeichnet ist (BGE 130 IV 52).

Rückwirkung und Übergangsrecht: Eine Freiheitsstrafe oder eine Verwahrung können durch eine stationäre therapeutische Massnahme ersetzt werden, wenn sich die Voraussetzungen nach dem Urteil vor oder während des Vollzuges nachträglich ändern (StGB Art. 65 Abs. 1). Im Rahmen eines Wiederaufnahmeverfahrens kann zudem unter Umständen nachträglich eine Verwahrung angeordnet werden (StGB Art. 65 Abs. 2). StGB Art. 56–65 (sowie StGB Art. 90) sind sodann auch auf sämtliche Täter anwendbar, welche vor dem Inkrafttreten der Revision am 1.1.2007 eine Straftat begangen haben oder verurteilt worden sind, mit gewissen Einschränkungen bei den Massnahmen für junge Erwachsene (StGB Art. 61) und der nachträglichen Verwahrung (Ziff. 2 Abs. 1 der Übergangsbestimmungen, Fassung vom 24.3.2006; dazu Botschaft, BBl 2005, 4715 f.). Bis spätestens Ende 2007 müssen die Gerichte zudem überprüfen, ob bei Personen, die nach den StGB alt Art. 42 oder 43 Ziff. 1 Abs. 2 verwahrt sind, die Voraussetzungen für eine therapeutische Massnahme (StGB Art. 59–61 oder 63) erfüllt sind. Trifft dies zu, so ordnet das Gericht die entsprechende Massnahme an; andernfalls wird die Verwahrung nach neuem Recht weitergeführt (Ziff. 2 Abs. 2 der Übergangsbestimmungen, Fassung vom 24.3.2006). Vgl. auch die Bem. zur Revision im Allgemeinen bei StGB Art. 34.

Art. 56 Abs. 1: Aus Abs. 1 geht hervor, dass das Massnahmenrecht zwei verschiedene Zielrichtungen hat, die sich im Einzelfall nicht zwingend decken müssen. Einerseits soll dem *Behandlungsbedürfnis* des Täters, anderseits aber auch dem *Sicherheitsbedürfnis* der Öffentlichkeit – namentlich durch die Verwahrung – Rechnung getragen werden.

Abs. 2: Diese Bestimmung konkretisiert das Verhältnismässigkeitsprinzip i.e.S., wonach selbst eine geeignete und notwendige Massnahme unverhältnismässig sein kann, wenn der mit ihr verbundene Eingriff in Relation zum angestrebten Ziel unangemessen schwer wiegt (Botschaft, BBl 1999, 2070).

Abs. 3: Vgl. StGB Art. 20 (Begutachtung bei zweifelhafter Schuldfähigkeit); dazu BGE 132 IV 37 f. Vgl. auch StGB Art. 62d Abs. 2 und 64b Abs. 2 lit. b. – Das Einholen eines Gutachtens bei der Anordnung von Massnahmen ist wie schon gemäss StGB alt Art. 43 Ziff. 1 Abs. 3 zwingend: vgl. BGE 101 IV 128, 116 IV 103 = Pr 81 (1992) Nr. 19 Erw. 1.b (Gutachten bezüglich der Frage, ob im Hinblick auf eine ambulante Behandlung der Vollzug der Strafe aufzuschieben ist oder nicht), 118 IV 107, 128 IV 244. Neu ist ein Gutachten aber auch dann unerlässlich, wenn eine Verwahrung «psychisch gesunder Straftäter» zu prüfen ist (StGB Art. 64 Ziff. 1 lit. a; anders noch StGB alt Art. 42 Ziff. 1 Abs. 2; dazu BGE 118 IV 107). – Angesichts der hohen Anforderungen, die an ein Gutachten zu stellen sind, wird dieses in aller Regel von einem Psychiater erstellt werden müssen (vgl. Botschaft, BBl 1999, 2072). – Vor längerer Zeit erstattetes Gutachten vgl. BGE 99 Ib 355, 128 IV 247. Zu beachten gilt, dass nach neuerer forensisch-psychiatrischer Lehre Gefährlichkeitsprognosen lediglich für den Zeitraum eines Jahres zuverlässig gestellt werden können: BGE 128 IV 248. – Das Gericht darf in Fachfragen nicht ohne triftige Gründe vom Gutachten abweichen und muss Abweichungen begründen: BGE 101 IV 129, 128 I 81, 129 I 57.

Abs. 4: Vgl. auch StGB Art. 62d Abs. 2 und 64b Abs. 2 lit. b. – Wenn ein Delikt begangen wurde, welches die Verwahrung gemäss StGB Art. 64 Abs. 1 erlaubt, und wenn tatsächlich eine therapeutische Massnahme oder Verwahrung zu prüfen ist, darf der Gutachter den Täter zuvor noch nie behandelt oder betreut haben. Von dieser Regel sollte auch dann nur in Ausnahmefällen abgewichen werden, wenn keine in StGB Art. 64 Abs. 1 erwähnte Straftat begangen wurde.

Abs. 5: Der Richter erhält diese Information vom Sachverständigen, der sich in seinem Gutachten dazu zu äussern hat, und von den Vollzugsbehörden. Er soll indessen nicht Vollzugsaufgaben übernehmen und hat deshalb nicht die geeignete Institution zu bestimmen. Die Zuweisung erfolgt nach wie vor durch die zuständige Vollzugsbehörde. Fraglich ist, inwiefern angesichts von StGB Art. 62c Abs. 1 lit. c Abweichungen von der «Regel» möglich sind, wonach eine geeignete Institution zur Verfügung stehen muss. Die Bereitschaft einer geeigneten Institution, den Verurteilten aufzunehmen, ist nicht Voraussetzung für die Anordnung einer Massnahme (Botschaft, BBl 1999, 2073).

Abs. 6: Vgl. StGB Art. 62c Abs. 1 lit. a.

Art. 56a Zusammentreffen von Massnahmen

¹ Sind mehrere Massnahmen in gleicher Weise geeignet, ist aber nur eine notwendig, so ordnet das Gericht diejenige an, die den Täter am wenigsten beschwert.

² Sind mehrere Massnahmen notwendig, so kann das Gericht diese zusammen anordnen.

Art. 56a: Die Bestimmung konkretisiert das Verhältnismässigkeitsprinzip.

Art. 57 Verhältnis der Massnahmen zu den Strafen

¹ Sind die Voraussetzungen sowohl für eine Strafe wie für eine Massnahme erfüllt, so ordnet das Gericht beide Sanktionen an.

² Der Vollzug einer Massnahme nach den Artikel 59–61 geht einer zugleich ausgesprochenen sowie einer durch Widerruf oder Rückversetzung vollziehbaren Freiheitsstrafe voraus. Ebenso geht die Rückversetzung in eine Massnahme nach Artikel 62a einer zugleich ausgesprochenen Gesamtstrafe voraus.

³ Der mit der Massnahme verbundene Freiheitsentzug ist auf die Strafe anzurechnen.

Art. 57: Diese Bestimmung, die sich teilweise an StGB alt Art. 41 Ziff. 3, 43 Ziff. 3 und 5 sowie 44 Ziff. 5 anlehnt, bezieht sich ihrem Sinne nach nicht auf die im zweiten Abschnitt dieses Titels (StGB Art. 66 ff.) geregelten «anderen Massnahmen». Sie bringt zum Ausdruck, dass das Massnahmerecht auf dem *dualistisch-vikariierenden System* basiert, wonach die Strafe und Massnahme nebeneinander ausgesprochen werden (Abs. 1), im Vollzug aber die Massnahme an die Stelle der Strafe tritt (Abs. 2; vgl. Botschaft, BBl 1999, 2074; vgl. ferner BGE 121 IV 158, 125 II 524, 126 I 177). Abweichend betr. die Verwahrung StGB Art. 64 Abs. 2.

Abs. 1: Neu gilt dieses System auch für *Massnahmen für junge Erwachsene* gemäss StGB Art. 61; die Arbeitserziehungsanstalt gemäss StGB alt Art. 100bis war monistisch geprägt (BGE 125 II 524). Das System ist auch für das Jugendstrafrecht massgebend (JStG Art. 11 Abs. 1 und Art. 32).

Abs. 2: Diese Bestimmung bezieht sich ausschliesslich auf die stationären Massnahmen; betr. die ambulante Massnahme, wo die Strafe zu Gunsten einer ambulanten Behandlung aufgeschoben werden kann, um der Art der Behandlung Rechnung zu tragen: StGB Art. 63 Abs. 2; betr. Verwahrung, die dem Vollzug der Freiheitsstrafe vorausgeht: StGB Art. 64 Abs. 2 Satz 1.

Abs. 3: Verläuft eine (stationäre oder ambulante) therapeutische Massnahme erfolgreich und bewährt sich der Verurteilte nach der Entlassung aus der stationären Massnahme während der Probezeit, ist die Strafe ohnehin nicht mehr zu vollziehen: StGB Art. 62b Abs. 1 und 3, Art. 63b Abs. 1; betr. Anrechnung der Massnahme bei einer Aufhebung vor Eintritt des Erfolges vgl. auch StGB Art. 62c Abs. 2 und 63b Abs. 4, wobei nach einer ambulanten Massnahme gemäss StGB Art. 63b Abs. 4 darüber zu entscheiden ist, inwieweit der mit der Massnahme verbundene Freiheitsentzug anzurechnen ist.

Nach der Rechtsprechung des BGer zum bisherigen Recht (StGB alt Art. 43 Ziff. 3 Abs. 1 und alt Art. 44 Ziff. 3 Abs. 1) war die Massnahme bei einem Misserfolg (nur) dann nicht anzurechnen, wenn dieser auf vorwerfbarer, böswilliger Obstruktion des Betroffenen beruhte (BGE 109 IV 83, 117 IV

227); diese Ausnahme fällt nun weg (Botschaft, BBl 1999, 2074). Entgegen der in der Botschaft vertretenen Auffassung (Botschaft, BBl 1999, 2075) und der früheren Praxis des BGer (BGE 109 IV 83, 117 IV 227) besteht bei stationären Massnahmen – anders als bei ambulanten Massnahmen (StGB Art. 63b Abs. 4) – kein Raum, bei der Berechnung der anrechenbaren Dauer das Ausmass der Freiheitsbeschränkung zu berücksichtigen.

Privat gewählte Anstaltsaufenthalte sind dann auf eine Strafe anzurechnen, wenn die freiwillig durchgeführte Massnahme eine vom Richter anzuordnende Sanktion mit ausdrücklicher oder stillschweigender Zustimmung der Strafverfolgungsbehörden antizipiert hat; einen Anstaltsaufenthalt, den das Gericht nicht angeordnet hätte, braucht es dagegen bei der nachträglichen Beurteilung nicht zu berücksichtigen (BGE 105 IV 299, 114 IV 92).

Art. 58   Vollzug

¹ Ist die Anordnung einer Massnahme nach den Artikeln 59–61 oder Artikel 63 zu erwarten, so kann dem Täter gestattet werden, den Vollzug vorzeitig anzutreten.

² Die therapeutischen Einrichtungen im Sinne der Artikel 59–61 sind vom Strafvollzug getrennt zu führen.

Art. 58: Vgl. die Bem. zum vorzeitigen Strafantritt (StGB Art. 75 Abs.2).

Art. 59   2. Stationäre therapeutische Massnahmen.
Behandlung von psychischen Störungen

¹ Ist der Täter psychisch schwer gestört, so kann das Gericht eine stationäre Behandlung anordnen, wenn:
a. der Täter ein Verbrechen oder Vergehen begangen hat, das mit seiner psychischen Störung in Zusammenhang steht; und
b. zu erwarten ist, dadurch lasse sich der Gefahr weiterer mit seiner psychischen Störung in Zusammenhang stehender Taten begegnen.

² Die stationäre Behandlung erfolgt in einer geeigneten psychiatrischen Einrichtung oder einer Massnahmevollzugseinrichtung.

³ Solange die Gefahr besteht, dass der Täter flieht oder weitere Straftaten begeht, wird er in einer geschlossenen Einrichtung behandelt. Er kann auch in einer Strafanstalt nach Artikel 76 Absatz 2 behandelt werden, sofern die nötige therapeutische Behandlung durch Fachpersonal gewährleistet ist.

⁴ Der mit der stationären Behandlung verbundene Freiheitsentzug beträgt in der Regel höchstens fünf Jahre. Sind die Voraussetzungen für die bedingte Entlassung nach fünf Jahren noch nicht gegeben und ist zu erwarten, durch die Fortführung der Massnahme lasse sich der Gefahr weiterer mit der psychischen Störung des Täters in Zusammenhang stehender Verbrechen und Vergehen begegnen, so kann das Gericht auf Antrag der Vollzugsbehörde die Verlängerung der Massnahme um jeweils höchstens fünf Jahre anordnen.

Art. 59: Diese Bestimmung entspricht in den Grundzügen StGB alt Art. 43 Ziff. 1 Abs. 1 Satz 1 (vgl. Botschaft, BBl 1999, 2075). Die Verwahrung von gefährlichen Straftätern, die an einer Geisteskrankheit leiden (StGB alt Art. 43 Abs. 2), wird neu in StGB Art. 59 Abs. 3 (Vollzug in geschlossenen Einrichtungen) und StGB Art. 64 (Verwahrung) geregelt. Zum Abschluss der Massnahme vgl. StGB Art. 62–62d.

Abs. 1: Massnahmen gemäss StGB Art. 59 sind spezifische Formen der strafrechtlichen Sanktion und bezwecken die Verhinderung von Straftaten und die Wiedereingliederung der Täter. Vorausgesetzt sind Behandlungsbedürftigkeit und -fähigkeit. Anders als bei der Suchtbehandlung (StGB Art. 60 Abs. 2) wird indessen die Behandlungsbereitschaft im Gesetz nicht erwähnt. Das entscheidende Abgrenzungskriterium gegenüber den Strafen und sonstigen Massnahmen bildet die *«psychisch schwere Störung»*, also eine ärztlich-psychiatrische Indikation (BGE 127 IV 158). Der Begriff der *«psychischen Störung»* lehnt sich an den Titel der deutschen Übersetzung der diagnostischen Leitlinien, ICD-10 Kapitel V der Weltgesundheitsorganisation an (Botschaft, BBl 1999, 2076). Nicht jede geistige Anomalie im sehr weiten medizinischen Sinne ist eine schwere psychische Störung im rechtlichen Sinne (BGer vom 6.4.2006, 6S.427/2005, Erw. 2.3).

Der Begriff der (stationären oder ambulanten) therapeutischen *Behandlung* wird vom BGer sehr weit definiert: Darunter können sämtliche Behandlungsformen im medizinischen Umfeld und auch solche der «Paramedizin» fallen, unter der Bedingung, dass sich durch die Behandlung die Gefahr weiterer mit Strafe bedrohter Taten verhindern oder vermindern lässt (BGE 124 IV 246). StGB Art. 59 kann (wie auch StGB Art. 60 und 63) als bundesstrafrechtliche Grundlage für die nach den Regeln der ärztlichen Kunst und Ethik mit dem Heilungs- und Sicherungszweck im Einzelfall begründeten Massnahmen gesehen werden, auch für ärztliche Zwangsmassnahmen gegen den Willen des Betroffenen: BGE 127 IV 159, 130 IV 52. Als Behandlung gilt auch eine medikamentöse Beeinflussung: BGE 100 IV 202, 127 IV 159, 130 IV 52.

Anlasstat ist ein Verbrechen oder Vergehen, das nicht schuldhaft begangen sein muss (StGB Art. 19 Abs. 3). Bei Übertretungen kommen freiheitsentziehende Massnahmen (inkl. Verwahrung) nur in den vom Gesetz ausdrücklich bestimmten Fällen in Betracht (StGB Art. 105 Abs. 3).

StGB Art. 59 (wie auch StGB Art. 60, 61 und 63) bezweckt gemäss Abs. 1 lit. b nicht primär die Heilung als solche, sondern die *Verhinderung von Straftaten* und die Wiedereingliederung der Täter (BGE 124 IV 246, 127 IV 159). Als Behandlung kommt daher auch eine solche in Betracht, die nicht in erster Linie eine Besserung des geistigen Zustandes des Täters anstrebt, sondern ihn befähigt, mit seiner geistigen Krankheit sozialverträglich umzugehen und damit die Legalprognose verbessert (Botschaft, BBl 1999, 2076; BGE 124 IV 252). Schon geringe Erfolgsaussichten können genügen (BGE 105 IV 90).

Abs. 2: Bei der Vollzugseinrichtung braucht es sich nicht um eine psychiatrische Klinik zu handeln. Es genügt eine ärztlich geleitete oder regelmässig betreute Anstalt mit entsprechenden therapeutischen Einrichtungen und ausgebildetem, ärztlich überwachtem Personal: BGE 108 IV 86. – Welche der vorgesehenen Massnahmen angeordnet werden soll, ist Ermessensfrage. Das BGer schreitet nur dann ein, wenn der kantonale Richter sein Ermessen überschreitet, von rechtlich unzulässigen Erwägungen ausgeht oder es unterlässt, gemäss StGB Art. 56 Abs. 3 ein Gutachten einzuholen: BGE 100 IV 16.

Abs. 3: Die ursprüngliche Fassung vom 13.12.2002 wurde vor Inkrafttreten durch die Fassung vom 24.3.2006 ersetzt. Liegt Flucht- oder Wiederholungsgefahr vor, soll diese Bestimmung den Vollzug der Massnahme gewährleisten bzw. dem Sicherheitsbedürfnis der Öffentlichkeit in denjenigen Fällen Rechnung tragen, in welchen eine Verwahrung nach StGB Art. 64 noch nicht notwendig oder nicht möglich ist.

Abs. 4: Im Gegensatz zum bisherigen Recht (StGB alt Art. 43 Ziff. 4) ist die Massnahmedauer befristet. Vgl. StGB Art. 63 Abs. 4.

Art. 60 Suchtbehandlung

¹ Ist der Täter von Suchtstoffen oder in anderer Weise abhängig, so kann das Gericht eine stationäre Behandlung anordnen, wenn:

a. der Täter ein Verbrechen oder Vergehen begangen hat, das mit seiner Abhängigkeit in Zusammenhang steht; und

b. zu erwarten ist, dadurch lasse sich der Gefahr weiterer mit der Abhängigkeit in Zusammenhang stehender Taten begegnen.

² Das Gericht trägt dem Behandlungsgesuch und der Behandlungsbereitschaft des Täters Rechnung.

³ Die Behandlung erfolgt in einer spezialisierten Einrichtung oder, wenn nötig, in einer psychiatrischen Klinik. Sie ist den besonderen Bedürfnissen des Täters und seiner Entwicklung anzupassen.

⁴ Der mit der stationären Behandlung verbundene Freiheitsentzug beträgt in der Regel höchstens drei Jahre. Sind die Voraussetzungen für die bedingte Entlassung nach drei Jahren noch nicht gegeben und ist zu erwarten, durch die Fortführung der Massnahme lasse sich der Gefahr weiterer mit der Abhängigkeit des Täters in Zusammenhang stehender Verbrechen und Vergehen begegnen, so kann das Gericht auf Antrag der Vollzugsbehörde die Verlängerung der Massnahme einmal um ein weiteres Jahr anordnen. Der mit der Massnahme verbundene Freiheitsentzug darf im Falle der Verlängerung und der Rückversetzung nach der bedingten Entlassung die Höchstdauer von insgesamt sechs Jahren nicht überschreiten.

Art. 60: Die Bestimmung entspricht grundsätzlich StGB alt Art. 44, ist aber wesentlich weiter gefasst. Zum Abschluss der Massnahme vgl. StGB Art. 62–62d.

Abs. 1: Zum Begriff der *«Behandlung»*, der Anlasstat und zum Massnahmezweck (Verhinderung von Straftaten) vgl. Bem. zu StGB Art. 59 Abs. 1.

Die Bestimmung erfasst in erster Linie die Abhängigkeit von Alkohol, Betäubungsmitteln und Arzneimitteln (vgl. Botschaft, BBl 1999, 2079). Der Anwendungsbereich ist im Verlaufe der parlamentarischen Beratungen erweitert worden, indem auch eine Abhängigkeit in *«anderer Weise»* als Massnahmeindikation ausreichen kann. Die ohnehin in der Praxis nicht einfache Abgrenzung zu den schweren psychischen Störungen im Sinne von StGB Art. 59 Abs. 1 dürfte mit der Erweiterung nicht einfacher geworden sein.

Abs. 2: Anders als bei der Massnahme gestützt auf StGB Art. 59 legt der Gesetzgeber grossen Wert auf die Massnahmewilligkeit, gilt es doch dem Behandlungsgesuch und der Behandlungsbereitschaft Rechnung zu tragen.

Abs. 3: Bis auf redaktionelle Anpassungen entspricht Abs. 3 erster Satz bisherigem Recht. Neu wird im zweiten Satz festgehalten, dass die Behandlung den im Einzelfall bestehenden Behandlungsbedürfnissen (insbesondere auch frauenspezifischen Bedürfnissen) und der Entwicklung des Betroffenen anzupassen ist. In diesem Sinne ist es zulässig, dass vor Beginn einer stationären Behandlung in einer spezialisierten Klinik für Alkohol- oder Drogenabhängige ein in der Regel kürzerfristiger Aufenthalt in einer somatischen oder psychiatrischen Klinik vorgeschaltet wird (Botschaft, BBl 1999, 2080).

Abs. 4: Vgl. auch StGB Art. 59 Abs. 4. Die bisherige Höchstdauer von zwei Jahren gemäss StGB alt Art. 44 Ziff. 3 war vor allem bei der Behandlung von Drogenabhängigen sehr oft zu kurz (Botschaft, BBl 1999, 2080).

Art. 61 Massnahmen für junge Erwachsene

[1] War der Täter zur Zeit der Tat noch nicht 25 Jahre alt und ist er in seiner Persönlichkeitsentwicklung erheblich gestört, so kann ihn das Gericht in eine Einrichtung für junge Erwachsene einweisen, wenn:

a. der Täter ein Verbrechen oder Vergehen begangen hat, das mit der Störung seiner Persönlichkeitsentwicklung in Zusammenhang steht; und

b. zu erwarten ist, dadurch lasse sich der Gefahr weiterer mit der Störung seiner Persönlichkeitsentwicklung in Zusammenhang stehender Taten begegnen.

[2] Die Einrichtungen für junge Erwachsene sind von den übrigen Anstalten und Einrichtungen dieses Gesetzes getrennt zu führen.

[3] Dem Täter sollen die Fähigkeiten vermittelt werden, selbstverantwortlich und straffrei zu leben. Insbesondere ist seine berufliche Aus- und Weiterbildung zu fördern.

[4] Der mit der Massnahme verbundene Freiheitsentzug beträgt höchstens vier Jahre. Er darf im Falle der Rückversetzung nach bedingter Entlassung die Höchstdauer von insgesamt sechs Jahren nicht überschreiten. Die Massnahme ist spätestens dann aufzuheben, wenn der Täter das 30. Altersjahr vollendet hat.

[5] Wurde der Täter auch wegen einer vor dem 18. Altersjahr begangenen Tat verurteilt, so kann die Massnahme in einer Einrichtung für Jugendliche vollzogen werden.

Art. 61: Bei der neuen Massnahme geht es nicht mehr – wie ursprünglich bei der Arbeitserziehungsanstalt gemäss StGB alt Art. 100bis – um eine «Nacherziehung» oder um die Disziplinierung des jungen Straftäters im traditionellen Sinne, sondern um eine sozialpädagogische und therapeutische Hilfe, die dem Eingewiesenen die Fähigkeit vermittelt, selbstverantwortlich und straffrei zu leben. Die Massnahme für junge Erwachsene ist im Gegensatz zum bisherigen Recht nicht mehr monistisch, sondern dualistisch-vikariierend ausgestaltet (Botschaft, BBl 1999, 2081). Zum Abschluss der Massnahme vgl. StGB Art. 62–62d.

Übergangsrecht: Die Bestimmung ist auch auf die Täter anwendbar, die vor dem Inkrafttreten der Revision am 1.1.2007 eine Straftat begangen haben oder verurteilt worden sind. Die Einweisung junger Erwachsener in eine Arbeitserziehungsanstalt (StGB alt Art. 100bis) und eine Massnahme für junge Erwachsene (StGB Art. 61) dürfen indessen nicht länger als vier Jahre dauern (Ziff. 2 Abs. 1

lit. b der Übergangsbestimmungen, Fassung vom 24.3.2006); vgl. die Bem. zur Revision im Allgemeinen bei StGB Art. 34.

Abs. 1: Zum *Massnahmezweck* (Verhinderung von Straftaten) vgl. Bem. zu StGB Art. 59 Abs. 1. – Es sollen junge Erwachsene in eine solche Einrichtung eingewiesen werden, deren Entwicklung sich noch wesentlich beeinflussen lässt und die dieser Erziehung zugänglich erscheinen. Die Einweisung wird daher umso weniger in Betracht kommen, je weniger der Betroffene beeinflussbar erscheint. In dem Masse, in dem der junge Erwachsene in Person und Tat dem Erwachsenenstrafrecht zugeordnet werden muss, erhöhen sich die Anforderungen für eine Einweisung. Gefährliche Gewalttäter gehören nicht in diese Einrichtung (grundlegend BGE 125 IV 240; vgl. auch 121 IV 155, 123 IV 113).

Anlasstat ist ein Verbrechen oder Vergehen, das nicht schuldhaft begangen sein muss (StGB Art. 19 Abs. 3). Bei Übertretungen kommt diese Massnahme nur in den vom Gesetz ausdrücklich bestimmten Fällen in Betracht (StGB Art. 105 Abs. 3). Sie kann selbst bei *schweren Anlasstaten* angeordnet werden (BGE 118 IV 352: Mord, 125 IV 241). Der Gesetzgeber hat bewusst keine Höchstgrenze festgesetzt (Botschaft, BBl 1999, 2081); je höher indessen die gemäss Erwachsenenstrafrecht auszufällende Strafe ist, desto eher ist anzunehmen, dass die Voraussetzungen nicht erfüllt sind (BGE 125 IV 241). Bisher positive Einstellung zur Arbeit schliesst die Einweisung im Hinblick auf die beruflichen Ausbildungsmöglichkeiten und die therapeutische Betreuung in der Anstalt nicht aus. Erforderlich ist indessen ein Mindestmass an Kooperationsbereitschaft: BGE 123 IV 122.

Zur Begutachtung vgl. Bem. zu StGB Art. 56 Abs. 3 und 4.

Abs. 2: Diese Bestimmung entspricht StGB alt Art. 100bis Ziff. 2.

Abs. 4: Das Gesetz enthält keine Mindestdauer. Die Höchstdauer wurde – für den Fall der Rückversetzung – von vier auf sechs Jahre erhöht; vgl. Botschaft, BBl 1999, 2082 f.

Art. 62   Bedingte Entlassung

¹ Der Täter wird aus dem stationären Vollzug der Massnahme bedingt entlassen, sobald sein Zustand es rechtfertigt, dass ihm Gelegenheit gegeben wird, sich in der Freiheit zu bewähren.

² Bei der bedingten Entlassung aus einer Massnahme nach Artikel 59 beträgt die Probezeit ein bis fünf Jahre, bei der bedingten Entlassung aus einer Massnahme nach den Artikeln 60 und 61 ein bis drei Jahre.

³ Der bedingt Entlassene kann verpflichtet werden, sich während der Probezeit ambulant behandeln zu lassen. Die Vollzugsbehörde kann für die Dauer der Probezeit Bewährungshilfe anordnen und Weisungen erteilen.

⁴ Erscheint bei Ablauf der Probezeit eine Fortführung der ambulanten Behandlung, der Bewährungshilfe oder der Weisungen notwendig, um der Gefahr weiterer mit dem Zustand des bedingt Entlassenen in Zusammenhang stehender Verbrechen und Vergehen zu begegnen, so kann das Gericht auf Antrag der Vollzugsbehörde die Probezeit wie folgt verlängern:

a.   bei der bedingten Entlassung aus einer Massnahme nach Artikel 59 jeweils um ein bis fünf Jahre;

b. bei der bedingten Entlassung aus einer Massnahme nach den Artikeln 60 und 61 um ein bis drei Jahre.

⁵ Die Probezeit nach der bedingten Entlassung aus einer Massnahme nach den Artikeln 60 und 61 darf insgesamt höchstens sechs Jahre dauern.

⁶ Hat der Täter eine Straftat im Sinne von Artikel 64 Absatz 1 begangen, so kann die Probezeit so oft verlängert werden, als dies notwendig erscheint, um weitere Straftaten dieser Art zu verhindern.

Art. 62: Diese Bestimmung regelt die Entlassung aus den stationären therapeutischen Massnahmen; das bisherige Recht (StGB alt Art. 43 Ziff. 4, 44 Ziff. 4, 45 Ziff. 2 und 100ter) wurde punktuell modifiziert. Neu ist im Wesentlichen, dass *zwingend* eine verlängerbare Bewährungszeit von einem bis zu drei (Massnahmen nach StGB Art. 60 und 61) bzw. von einem bis zu fünf Jahren (Massnahme nach StGB Art. 59) vorgeschrieben ist.

Abs. 1: Gemäss Botschaft soll mit dieser Bestimmung zum Ausdruck gebracht werden, dass die Entlassung von einer *günstigen Prognose* abhängig ist (Botschaft, BBl 1999, 2083). Vgl. auch StGB Art. 64a Abs. 1.

Abs. 3: Ambulante Behandlung: StGB Art. 63; Bewährungshilfe: StGB Art. 93; Weisungen: StGB Art. 94.

Art. 62a Nichtbewährung

¹ Begeht der bedingt Entlassene während der Probezeit eine Straftat und zeigt er damit, dass die Gefahr, der die Massnahme begegnen soll, fortbesteht, so kann das für die Beurteilung der neuen Tat zuständige Gericht nach Anhörung der Vollzugsbehörde:

a. die Rückversetzung anordnen;
b. die Massnahme aufheben und, sofern die Voraussetzungen dazu erfüllt sind, eine neue Massnahme anordnen; oder
c. die Massnahme aufheben und, sofern die Voraussetzungen dazu erfüllt sind, den Vollzug einer Freiheitsstrafe anordnen.

² Sind auf Grund der neuen Straftat die Voraussetzungen für eine unbedingte Freiheitsstrafe erfüllt und trifft diese mit einer zu Gunsten der Massnahme aufgeschobenen Freiheitsstrafe zusammen, so spricht das Gericht in Anwendung von Artikel 49 eine Gesamtstrafe aus.

³ Ist auf Grund des Verhaltens des bedingt Entlassenen während der Probezeit ernsthaft zu erwarten, dass er eine Tat im Sinne von Artikel 64 Absatz 1 begehen könnte, so kann das Gericht, das die Massnahme angeordnet hat, auf Antrag der Vollzugsbehörde die Rückversetzung anordnen.

⁴ Die Rückversetzung dauert für die Massnahme nach Artikel 59 höchstens fünf Jahre, für die Massnahmen nach den Artikeln 60 und 61 höchstens zwei Jahre.

⁵ Sieht das Gericht von einer Rückversetzung oder einer neuen Massnahme ab, so kann es:

a. den bedingt Entlassenen verwarnen;
b. eine ambulante Behandlung oder Bewährungshilfe anordnen;
c. dem bedingt Entlassenen Weisungen erteilen; und
d. die Probezeit bei einer Massnahme nach Artikel 59 um ein bis fünf Jahre, bei einer Massnahme nach den Artikeln 60 und 61 um ein bis drei Jahre verlängern.

⁶ Entzieht sich der bedingt Entlassene der Bewährungshilfe oder missachtet er die Weisungen, so ist Artikel 95 Absätze 3–5 anwendbar.

Art. 62a: Vgl. die weiteren Regelungen betr. Nichtbewährung in StGB Art. 46 (bed. Strafvollzug), StGB Art. 63a Abs. 3–4 (ambulante Massnahmen), StGB Art. 64a Abs. 3–4 (Verwahrung), StGB Art. 66 Abs. 2 (Friedensbürgschaft), StGB Art. 67a Abs. 2 (Berufsverbot), StGB Art. 89 (bed. Entlassung aus Strafvollzug), StGB Art. 95 Abs. 3–5 (Bewährungshilfe, Weisungen). – Zum bisherigen Recht vgl. StGB alt Art. 45 Ziff. 3 und Art. 100ter.

Das Gesetz unterscheidet grundsätzlich drei Fälle der Nichtbewährung, nämlich eine neue Straftat während der Probezeit (StGB Art. 62a Abs. 1), die Missachtung von Bewährungshilfe und Weisungen (StGB Art. 95 Abs. 3–5 i.V. mit 62 Abs. 3 und 4) sowie die Ausführungsgefahr (StGB Art. 62a Abs. 3 i.V. mit Art. 64 Abs. 1).

Abs. 1: *Anlasstat* ist eine Straftat; es kann sich somit auch um eine Übertretung handeln. Massgebend ist allein der Symptomcharakter des neuen Delikts, nicht aber die Schwere der Tat (Botschaft, BBl 1999, 2084). Die Tat muss gemäss dem Wortlaut dieser Bestimmung *während der Probezeit* im Sinne von StGB Art. 62 begangen worden sein; es stellt sich indessen die Frage, ob die Bestimmung nicht ebenfalls anzuwenden ist, wenn der Verurteilte während des Massnahmevollzugs ein neuerliches Delikt begeht; nicht nur während der ambulanten (StGB Art. 63a Abs. 2), sondern auch während der stationären Massnahme kann es zu neuen Straftaten kommen. Das neue Delikt muss schliesslich das *Fortbestehen der Gefahr* zeigen, der die Massnahme begegnen soll (Botschaft, BBl 1999, 2084).

Sind die Eingangsvoraussetzungen erfüllt, kann eine Rückversetzung in die Massnahme oder der Vollzug der Freiheitsstrafe angeordnet werden (lit. a und c). Es besteht aber auch die Möglichkeit, die alte Massnahme aufzuheben und eine *neue Massnahme derselben oder einer anderen Art* auszusprechen, sofern die Voraussetzungen für diese Massnahme vorliegen (lit. b; vgl. Botschaft, BBl 1999, 2084); es besteht kein Grund, einen zweiten Versuch mit einer gleichartigen Massnahme auszuschliessen (BGE 106 IV 106). Vgl. in diesem Sinne auch StGB Art. 62c Abs. 6; vgl. ferner StGB Art. 62c Abs. 3.

Um Doppelspurigkeiten zu vermeiden, ist es die Aufgabe des *Richters*, der die in der Probezeit begangene Straftat beurteilt, und nicht der Vollzugsbehörde, die Konsequenzen der Nichtbewährung zu regeln (Botschaft, BBl 1999, 2084; vgl. auch BGE 125 IV 230).

Abs. 2: Zur Bildung einer Gesamtstrafe vgl. auch StGB Art. 46 Abs. 1 und Art. 89 Abs. 6. Durch diese Neuerung werden nicht nur Doppelspurigkeiten abgeschafft und die Gefahr von widersprüchlichen Anordnungen vermieden, sondern es wird auch sichergestellt, dass sich nicht über Jahre hinweg verschiedene aufgeschobene Freiheitsstrafen ansammeln können, deren kumulierter Vollzug nach einer bestimmten Zeit unter spezialpräventiven Gesichtspunkten fragwürdig sein kann (Botschaft, BBl 1999, 2085).

Abs. 3: Zu dieser nicht unproblematischen Bestimmung («*Verhalten*»), die im bisherigen Recht noch unbestimmter formuliert war (StGB alt Art. 45 Ziff. 3 Abs. 3): vgl. Botschaft, BBl 1999, 2085. Vgl. auch StGB Art. 62c Abs. 4, 64a Abs. 3.

Abs. 5: Ambulante Behandlung: StGB Art. 63; Bewährungshilfe: StGB Art. 93; Weisungen: StGB Art. 94.

Art. 62b   Endgültige Entlassung

¹ Hat sich der bedingt Entlassene bis zum Ablauf der Probezeit bewährt, so ist er endgültig entlassen.

² Der Täter wird endgültig entlassen, wenn die Höchstdauer einer Massnahme nach den Artikeln 60 und 61 erreicht wurde und die Voraussetzungen für die bedingte Entlassung eingetreten sind.

³ Ist der mit der Massnahme verbundene Freiheitsentzug kürzer als die aufgeschobene Freiheitsstrafe, so wird die Reststrafe nicht mehr vollzogen.

Art. 62b: Zum bisherigen Recht vgl. StGB alt Art. 43 Ziff. 5, 44 Ziff. 4, 45 Ziff. 4 und Art. 100ter Ziff. 3.

Abs. 1: Die Probezeit gilt als bestanden, wenn keine Rückversetzung angeordnet wurde und die Weiterführung der ambulanten Behandlung, der Bewährungshilfe oder der Weisungen nicht mehr notwendig ist (Botschaft, BBl 1999, 2086).

Abs. 2: Die Höchstdauer der Probezeit bei Massnahmen gestützt auf StGB Art. 60 und 61 beträgt 6 Jahre, wenn die Anlasstat nicht von StGB Art. 64 Abs. 1 erfasst wird (StGB Art. 62 Abs. 5). Eine bed. Entlassung wäre nach Ablauf der Höchstdauer systemwidrig, weil eine Rückversetzung nicht mehr möglich ist. Sind die Bedingungen für eine bed. Entlassung eingetreten, so bedeutet dies, dass der Zustand des Eingewiesenen erwarten lässt, dass die Gefahr weiterer Verbrechen oder Vergehen gering ist und ihm die Gelegenheit gegeben werden kann, sich in Freiheit zu bewähren (Botschaft, BBl 1999, 2086). Sind die Voraussetzungen der bed. Entlassung nicht eingetreten: vgl. StGB Art. 62 c. Abs. 1 lit. b.

Abs. 3: Vgl. auch die Bem. zu StGB Art. 57 Abs. 3 sowie Art. 62c Abs. 2.

Art. 62c   Aufhebung der Massnahme

¹ Die Massnahme wird aufgehoben, wenn:
a. deren Durch- oder Fortführung als aussichtslos erscheint;
b. die Höchstdauer nach den Artikeln 60 und 61 erreicht wurde und die Voraussetzungen für die bedingte Entlassung nicht eingetreten sind; oder
c. eine geeignete Einrichtung nicht oder nicht mehr existiert.

² Ist der mit der Massnahme verbundene Freiheitsentzug kürzer als die aufgeschobene Freiheitsstrafe, so wird die Reststrafe vollzogen. Liegen in Bezug auf die Reststrafe die Voraussetzungen der bedingten Entlassung oder der bedingten Freiheitsstrafe vor, so ist der Vollzug aufzuschieben.

³ An Stelle des Strafvollzugs kann das Gericht eine andere Massnahme anordnen, wenn zu erwarten ist, dadurch lasse sich der Gefahr weiterer mit dem Zustand des Täters in Zusammenhang stehender Verbrechen und Vergehen begegnen.

⁴ Ist bei Aufhebung einer Massnahme, die auf Grund einer Straftat nach Artikel 64 Absatz 1 angeordnet wurde, ernsthaft zu erwarten, dass der Täter weitere Taten dieser Art begeht, so kann das Gericht auf Antrag der Vollzugsbehörde die Verwahrung anordnen.

⁵ Hält die zuständige Behörde bei Aufhebung der Massnahme eine vormundschaftliche Massnahme für angezeigt, so teilt sie dies der Vormundschaftsbehörde mit.

⁶ Das Gericht kann ferner eine stationäre therapeutische Massnahme vor oder während ihres Vollzugs aufheben und an deren Stelle eine andere stationäre therapeutische Massnahme anordnen, wenn zu erwarten ist, mit der neuen Massnahme lasse sich der Gefahr weiterer mit dem Zustand des Täters in Zusammenhang stehender Verbrechen und Vergehen offensichtlich besser begegnen.

Art. 62c: Zum bisherigen Recht vgl. StGB alt Art. 43 Ziff. 3, 44 Ziff. 3 und Art. 100ter Ziff. 2.

Abs. 1: Vgl. StGB Art. 56 Abs. 6 (zu lit. a), 62b Abs. 2 (zu lit. b) und 56 Abs. 5 (zu lit. c).

Abs. 2: Satz 2 entspricht StGB Art. 63b Abs. 4 Satz 2. – Dem Verurteilten kann allenfalls dann eine günstige Prognose attestiert werden, wenn die Massnahme aufgehoben wird, weil sich im Verlauf des Massnahmenvollzugs herausstellt, dass er nicht therapiebedürftig ist (Botschaft, BBl 1999, 2087; vgl. dazu auch BGE 114 IV 93).

Abs. 3: Vgl. die Bem. zu StGB Art. 62a Abs. 1.

Abs. 4: Vgl. auch StGB Art. 62a Abs. 3 und 64a Abs. 3; dazu auch BGE 123 IV 104.

Abs. 6: Vgl. die Bem. zu StGB Art. 62a Abs. 1.

Art. 62d Prüfung der Entlassung und der Aufhebung

¹ Die zuständige Behörde prüft auf Gesuch hin oder von Amtes wegen, ob und wann der Täter aus dem Vollzug der Massnahme bedingt zu entlassen oder die Massnahme aufzuheben ist. Sie beschliesst darüber mindestens einmal jährlich. Vorher hört sie den Eingewiesenen an und holt einen Bericht der Leitung der Vollzugseinrichtung ein.

² Hat der Täter eine Tat im Sinne von Artikel 64 Absatz 1 begangen, so beschliesst die zuständige Behörde gestützt auf das Gutachten eines unabhängigen Sachverständigen und nach Anhörung einer Kommission aus Vertretern der Strafverfolgungsbehörden, der Vollzugsbehörden sowie der Psychiatrie. Sachverständige und Vertreter der Psychiatrie dürfen den Täter nicht behandelt oder in anderer Weise betreut haben.

Art. 62d Abs. 1: Vgl. StGB alt Art. 45 Ziff. 1. – Es kann Fälle geben, in denen die betroffene Person angesichts veränderter Verhältnisse bereits vor der nächsten periodischen Überprüfung ein berechtigtes Interesse daran hat, dass ein Gericht auf ihren Antrag hin eine Überprüfung vornimmt. Gestützt auf EMRK Art. 5 Ziff. 4 wird die zuständige Behörde daher in besonderen Fällen *auch ausserhalb des Intervalls von einem Jahr* auf Grund eines Gesuches über die Rechtmässigkeit der Massnahme entscheiden müssen. Bei der *zuständigen Behörde* muss es sich nicht um ein Gericht handeln, doch muss sie aufgrund von EMRK Art. 5 Ziff. 4 funktionell, organisatorisch und personell unabhängig sein (vgl. Botschaft, BBI 1999, 2088; ferner BGE 114 Ia 185, 115 Ia 299, 116 Ia 63).

Abs. 2: Vgl. StGB Art. 56 Abs. 3 und 4 sowie 64b Abs. 2 lit. b. Die zuständige Behörde muss sich auf ein *Gutachten und* zusätzlich auf eine *Stellungnahme einer Fachkommission* stützen. Zu beachten gilt, dass nach neuerer forensisch-psychiatrischer Lehre Gefährlichkeitsprognosen lediglich für den Zeitraum eines Jahres zuverlässig gestellt werden können: BGE 128 IV 248.

Art. 63 3. Ambulante Behandlung. Voraussetzungen und Vollzug

¹ Ist der Täter psychisch schwer gestört, ist er von Suchtstoffen oder in anderer Weise abhängig, so kann das Gericht anordnen, dass er nicht stationär, sondern ambulant behandelt wird, wenn:

a. der Täter eine mit Strafe bedrohte Tat verübt, die mit seinem Zustand in Zusammenhang steht; und

b. zu erwarten ist, dadurch lasse sich der Gefahr weiterer mit dem Zustand des Täters in Zusammenhang stehender Taten begegnen.

² Das Gericht kann den Vollzug einer zugleich ausgesprochenen unbedingten Freiheitsstrafe, einer durch Widerruf vollziehbar erklärten Freiheitsstrafe sowie einer durch Rückversetzung vollziehbar gewordenen Reststrafe zu Gunsten einer ambulanten Behandlung aufschieben, um der Art der Behandlung Rechnung zu tragen. Es kann für die Dauer der Behandlung Bewährungshilfe anordnen und Weisungen erteilen.

³ Die zuständige Behörde kann verfügen, dass der Täter vorübergehend stationär behandelt wird, wenn dies zur Einleitung der ambulanten Behandlung geboten ist. Die stationäre Behandlung darf insgesamt nicht länger als zwei Monate dauern.

⁴ Die ambulante Behandlung darf in der Regel nicht länger als fünf Jahre dauern. Erscheint bei Erreichen der Höchstdauer eine Fortführung der ambulanten Behandlung notwendig, um der Gefahr weiterer mit einer psychischen Störung in Zusammenhang stehender Verbrechen und Vergehen zu begegnen, so kann das Gericht auf Antrag der Vollzugsbehörde die Behandlung um jeweils ein bis fünf Jahre verlängern.

Art. 63: Bisheriges Recht: StGB alt Art. 43 Ziff. 1 Abs. 1 und Ziff. 2 Abs. 2, alt Art. 44 Ziff. 1 Abs. 1. – Zur ambulanten Behandlung nach der bed. Entlassung aus dem stationären Massnahmevollzug: StGB Art. 62 Abs. 3 und 4, 62a Abs. 5 lit. b.

Abs. 1: Zu den Begriffen der *«psychisch schweren Störung»* und der *«Behandlung»* sowie zum Massnahmezweck (Verhinderung von Straftaten) vgl. Bem. zu StGB Art. 59 Abs. 1, zum Begriff der Abhängigkeit von Suchtstoffen *«oder in anderer Weise»* vgl. Bem. zu StGB Art. 60 Abs. 1. *Anlasstat* ist eine Straftat, die nicht schuldhaft begangen sein muss (StGB Art. 19 Abs. 3). Es kann sich – anders als bei den stationären Massnahmen – auch um eine blosse Übertretung handeln (StGB Art. 105 Abs. 3 e contrario).

Bei gutachtlicher Empfehlung blosser Gespräche mit dem Psychiater während der Vollstreckung einer Freiheitsstrafe kann von einer Massnahme nach StGB Art. 63 abgesehen und es der Vollzugsbehörde überlassen werden, das Nötige vorzukehren: BGE 102 IV 15.

Abs. 2: Bewährungshilfe: StGB Art. 93; Weisungen: StGB Art. 94. – Entsprechend StGB alt Art. 43 Ziff. 2 Abs. 2 kann der Richter den Vollzug der Behandlung aufschieben, um der «Art der Behandlung Rechnung zu tragen». Aufschiebbar ist lediglich die *unbed. Freiheitsstrafe*, nicht aber die Geldstrafe oder die gemeinnützige Arbeit. Der Strafaufschub ist anzuordnen, wenn eine tatsächliche Aussicht auf erfolgreiche Behandlung durch den sofortigen Vollzug der ausgefällten Freiheitsstrafe *erheblich beeinträchtigt* würde. Die Therapie geht vor, falls eine sofortige Behandlung gute Resozialisierungschancen bietet, welche der Strafvollzug klarerweise verhindern oder vermindern würde. Dabei sind einerseits die Auswirkungen des Strafvollzuges, die Erfolgsaussichten der ambulanten Behandlung und die bisherigen Therapiebemühungen zu berücksichtigen, andererseits aber auch das kriminalpolitische Erfordernis, Straftaten schuldangemessen zu ahnden bzw. rechtskräftige Strafen grundsätzlich zu vollziehen. Eine erhebliche Beeinträchtigung der Erfolgsaussichten ist nicht erst anzunehmen, wenn der Strafvollzug eine Therapie verunmöglicht oder den Behandlungserfolg völlig in Frage stellt (BGE 129 IV 162 m.w.H., vgl. auch 124 IV 246). Auch eine Freiheitsstrafe, für welche der bed. oder teilbed. Vollzug aus objektiven Gründen nicht mehr in Betracht kommt, kann zugunsten einer Behandlung aufgeschoben werden (vgl. BGE 120 IV 4, 129 IV 163). Es ist indessen zu vermeiden, dass Straftäter mit therapierbaren Persönlichkeitsstörungen in einem mit dem strafrechtlichen Schuldprinzip nicht mehr zu vereinbarenden Masse privilegiert werden. Dies gilt besonders bei längeren Freiheitsstrafen und bei Verurteilten, deren diagnostizierte Persönlichkeitsstörung nur zu einer leicht verminderten Schuldfähigkeit geführt hat (BGE 129 IV 164). – Ob die Behandlung mit dem Strafvollzug vereinbar sei oder nicht, ist Ermessensfrage: BGE 129 IV 165. Ein Gutachten hat sich dazu auszusprechen: BGE 100 IV 204, 105 IV 91, 115 IV 93, 116 IV 102 = Pr 81 (1992) Nr. 19. – Wird die Strafe nicht aufgeschoben, so gilt dies auch für eine frühere, durch Widerruf des bed. Strafvollzuges vollstreckbar gewordene Strafe: BGE 100 IV 200.

Abs. 3: Der Betroffene kann in einer Anfangsphase vorübergehend interniert werden, um ihn beispielsweise so lange vom Alkohol oder von einer Droge wegzubringen, bis er therapeutisch ansprechbar wird. Es geht um eine einem praktischen Bedürfnis Rechnung tragende «Erweiterung der Reaktionsmöglichkeiten» (Botschaft, BBl 1999, 2091).

Abs. 4: Im Gegensatz zum bisherigen Recht (StGB alt Art. 43 Ziff. 4) ist die Massnahmedauer befristet. Vgl. StGB Art. 59 Abs. 4.

Art. 63a   Aufhebung der Massnahme

¹ Die zuständige Behörde prüft mindestens einmal jährlich, ob die ambulante Behandlung fortzusetzen oder aufzuheben ist. Sie hört vorher den Täter an und holt einen Bericht des Therapeuten ein.

² Die ambulante Behandlung wird durch die zuständige Behörde aufgehoben, wenn:

a.   sie erfolgreich abgeschlossen wurde;

b.   deren Fortführung als aussichtslos erscheint; oder

c. die gesetzliche Höchstdauer für die Behandlung von Alkohol-, Betäubungsmittel- oder Arzneimittelabhängigen erreicht ist.

³ Begeht der Täter während der ambulanten Behandlung eine Straftat und zeigt er damit, dass mit dieser Behandlung die Gefahr weiterer mit dem Zustand des Täters in Zusammenhang stehender Taten voraussichtlich nicht abgewendet werden kann, so wird die erfolglose ambulante Behandlung durch das für die Beurteilung der neuen Tat zuständige Gericht aufgehoben.

⁴ Entzieht sich der Täter der Bewährungshilfe oder missachtet er die Weisungen, so ist Artikel 95 Absätze 3–5 anwendbar.

Art. 63a: Bisheriges Recht: StGB alt Art. 43 Ziff. 4, 45 Ziff. 1 Abs. 1. Bei der ambulanten Massnahme ist keine bed. oder probeweise Entlassung vorgesehen; die Massnahme endet stets mit ihrer Aufhebung (Botschaft, BBl 1999, 2092).

Abs. 1: Vgl. betr. stationäre therapeutische Massnahmen StGB Art. 62d Abs. 1.

Abs. 2: Lit. c ist redaktionell missglückt, d.h. die Bestimmung entspricht der Terminologie des bundesrätlichen Entwurfes zu StGB Art. 60 (vgl. Botschaft, BBl 1999, 2079 und 2092), der später abgeändert wurde; erfasst werden die Abhängigkeiten von Suchtstoffen *«oder in anderer Weise»* (StGB Art. 63 Abs. 1 i.V. mit Art. 60), nicht aber psychische Störungen i. S. von StGB Art. 59.

Abs. 3: Vgl. die Bem. zu StGB Art. 62a Abs. 1; dazu Botschaft, BBl 1999, 2092.

Abs. 4: Bewährungshilfe: StGB Art. 93, Weisungen: StGB Art. 94.

Art. 63b Vollzug der aufgeschobenen Freiheitsstrafe

¹ Ist die ambulante Behandlung erfolgreich abgeschlossen, so wird die aufgeschobene Freiheitsstrafe nicht mehr vollzogen.

² Wird die ambulante Behandlung wegen Aussichtslosigkeit (Art. 63a Abs. 2 Bst. b), Erreichen der gesetzlichen Höchstdauer (Art. 63a Abs. 2 Bst. c) oder Erfolglosigkeit (Art. 63a Abs. 3) aufgehoben, so ist die aufgeschobene Freiheitsstrafe zu vollziehen.

³ Erscheint die in Freiheit durchgeführte ambulante Behandlung für Dritte als gefährlich, so wird die aufgeschobene Freiheitsstrafe vollzogen und die ambulante Behandlung während des Vollzugs der Freiheitsstrafe weitergeführt.

⁴ Das Gericht entscheidet darüber, inwieweit der mit der ambulanten Behandlung verbundene Freiheitsentzug auf die Strafe angerechnet wird. Liegen in Bezug auf die Reststrafe die Voraussetzungen der bedingten Entlassung oder der bedingten Freiheitsstrafe vor, so schiebt es den Vollzug auf.

⁵ An Stelle des Strafvollzugs kann das Gericht eine stationäre therapeutische Massnahme nach den Artikeln 59–61 anordnen, wenn zu erwarten ist, dadurch lasse sich der Gefahr weiterer, mit dem Zustand des Täters in Zusammenhang stehender Verbrechen und Vergehen begegnen.

Art. 63b: Bisheriges Recht: Vgl. StGB alt Art. 43 Ziff. 3 und 5. Es gelten für das Ende der ambulanten Massnahme die gleichen Grundsätze wie bei der stationären Massnahme (Botschaft, BBl 1999, 2093).

Abs. 2: Vgl. auch StGB Art. 57 Abs. 3 und die dortigen Bem. Vorbehalten bleibt der Fall, in dem die angeordnete ambulante Behandlung zwar nicht angetreten worden ist, die Drogenfreiheit jedoch durch eine andere, freiwillig durchgeführte Therapie (z. B. den Eintritt in ein ausländisches Drogenentzugszentrum) dennoch erreicht worden ist, kann doch hier auf den Vollzug der zu Gunsten der Massnahme aufgeschobenen Strafe nachträglich verzichtet werden, wenn zu befürchten ist, dass der Strafvollzug den eingetretenen Erfolg erheblich gefährdet oder vereitelt (BGE 114 IV 85; Botschaft, BBl 1999, 2093). Wird eine ambulante Behandlung infolge eines behördlichen Fehlverhaltens während vieler Jahre nicht durchgeführt, so wäre es stossend, nach Jahr und Tag eine aufgeschobene Strafe noch anzuordnen, die, wäre sie nicht aufgeschoben worden, schon lange verjährt wäre (BGE 130 I 275).

Abs. 4: Satz 2 entspricht StGB Art. 62c Abs. 2 Satz 2. – In dem Masse, wie eine tatsächliche Beschränkung der persönlichen Freiheit vorliegt, ist die Behandlung auf die Freiheitsstrafe anzurechnen. Von Bedeutung ist hiefür im Wesentlichen, mit welchem Zeit- und Kostenaufwand die Massnahme für den Betroffenen verbunden war. Wegen der grundsätzlichen Verschiedenheit von ambulanter Massnahme und Strafvollzug kommt in der Regel nur eine beschränkte Anrechnung der ambulanten Behandlung in Frage. Dem Richter steht in der Frage, ob und in welchem Umfang die Behandlung anzurechnen ist, ein erheblicher Spielraum des Ermessens zu: BGE 120 IV 177, 121 IV 305, 122 IV 54, 124 IV 4. Nicht angerechnet werden kann eine (im konkreten Fall im Ausland durchgeführte) Massnahme, die einer blossen Bewährungshilfe gleichkommt: BGE 122 IV 53.

Art. 64 4. Verwahrung.
Voraussetzungen und Vollzug

¹ Das Gericht ordnet die Verwahrung an, wenn der Täter einen Mord, eine vorsätzliche Tötung, eine schwere Körperverletzung, eine Vergewaltigung, einen Raub, eine Geiselnahme, eine Brandstiftung, eine Gefährdung des Lebens oder eine andere mit einer Höchststrafe von fünf oder mehr Jahren bedrohte Tat begangen hat, durch die er die physische, psychische oder sexuelle Integrität einer andern Person schwer beeinträchtigt hat oder beeinträchtigen wollte, und wenn:

a. auf Grund der Persönlichkeitsmerkmale des Täters, der Tatumstände und seiner gesamten Lebensumstände ernsthaft zu erwarten ist, dass er weitere Taten dieser Art begeht; oder

b. auf Grund einer anhaltenden oder langdauernden psychischen Störung von erheblicher Schwere, mit der die Tat in Zusammenhang stand, ernsthaft zu erwarten ist, dass der Täter weitere Taten dieser Art begeht und die Anordnung einer Massnahme nach Artikel 59 keinen Erfolg verspricht.

² Der Vollzug der Freiheitsstrafe geht der Verwahrung voraus. Die Bestimmungen über die bedingte Entlassung aus der Freiheitsstrafe (Art. 86–88) sind nicht anwendbar.

³ Ist schon während des Vollzugs der Freiheitsstrafe zu erwarten, dass der Täter sich in Freiheit bewährt, so verfügt das Gericht die bedingte Entlassung aus der Freiheitsstrafe

frühestens auf den Zeitpunkt hin, an welchem der Täter zwei Drittel der Freiheitsstrafe oder 15 Jahre der lebenslänglichen Freiheitsstrafe verbüsst hat. Zuständig ist das Gericht, das die Verwahrung angeordnet hat. Im Übrigen ist Artikel 64a anwendbar.

[4] Die Verwahrung wird in einer Massnahmevollzugseinrichtung oder in einer Strafanstalt nach Artikel 76 Absatz 2 vollzogen. Die öffentliche Sicherheit ist zu gewährleisten. Der Täter wird psychiatrisch betreut, wenn dies notwendig ist.

Art. 64: Zum bisherigen Recht vgl. StGB alt Art. 42 Ziff. 1 Abs. 1 und 43 Ziff. 1 Abs. 2. Die ursprüngliche Fassung vom 13.12.2002 wurde vor Inkrafttreten durch die Fassung vom 24.3.2006 fast vollumfänglich ersetzt (Abs. 1 Einleitungssatz, Abs. 2 Satz 2 und Abs. 3), dazu Botschaft, BBl 2005, 4709 ff.

Abs. 1: *Anlasstaten* sind diejenigen Taten, die erstens mit einer Höchststrafe von mindestens fünf Jahren Freiheitsstrafe bedroht sind und sich zweitens in schwerer Weise gegen die physische, psychische oder sexuelle Integrität einer anderen Person richten. Irrelevant ist, ob der Täter schuldfähig war (StGB Art. 19 Abs. 3).

Zudem muss eine *ernsthafte Wiederholungsgefahr* bestehen. Eine solche kann sich gemäss lit. a aus den Persönlichkeitsmerkmalen und Lebensumständen des Täters oder aus Tatumständen ergeben. Angesichts der völligen Offenheit dieser Formulierung müssen diese Merkmale mit Bezug auf die Wiederholungsgefahr ähnlich signifikant sein wie die in lit. b überdies erwähnte anhaltende oder langdauernde psychische Störung von erheblicher Schwere; ansonsten wäre lit. b überflüssig. Von beiden Varianten werden auch die Ersttäter, nicht nur die «Gewohnheitsverbrecher» (vgl. StGB alt Art. 42 Ziff. 1) erfasst. Die Wiederholungsgefahr muss sich zudem auf eine von Abs. 1 erfasste Tat beziehen.

Abs. 2: Damit wird vom in StGB Art. 57 Abs. 2 aufgestellten Grundsatz abgewichen, wonach der Massnahmenvollzug dem Strafvollzug vorausgeht. Das Gericht ordnet folglich die Verwahrung aus rechtsstaatlichen Gründen schon im Urteil an, doch wird der Vollzug von einer weiteren richterlichen Entscheidung abhängig gemacht, die bei der Entlassung aus dem Strafvollzug auf Grund erneuter Begutachtung des Verurteilten und nach Anhörung einer Kommission zu treffen ist (Botschaft, BBl 1999, 2097 f.). *Satz 2* führt dazu, dass eine bed. Entlassung nur gemäss Abs. 3 veranlasst werden kann, womit die ausnahmsweise Entlassung nach Verbüssung der Hälfte der Strafe (StGB Art. 86 Abs. 4) nicht in Frage kommt.

Abs. 3: Mit der Neufassung dieser Bestimmung soll geklärt werden, dass eine vorzeitige Entlassung der zu einer Verwahrung verurteilten Person möglich sein sollte, wenn ihre Gefährlichkeit tatsächlich nicht mehr besteht. Anders ausgedrückt: Es ist im günstigsten Fall denkbar, dass der Verurteilte trotz Verwahrung nach Verbüssung von zwei Dritteln der Strafe entlassen wird. Vom Zeitpunkt der Entlassung an gelten für den Entlassenen dieselben Bestimmungen wie für Personen, die bed. aus der Verwahrung entlassen werden (StGB Art. 64a). Muss der Verurteilte die Verwahrung voraussichtlich antreten, ist von der zuständigen Behörde i. S. von StGB Art. 64b Abs. 1 lit. b zu prüfen, ob er inzwischen die Voraussetzungen einer therapeutischen Behandlung nach StGB Art. 59 erfüllt (Botschaft, BBl 2005, 4712).

Art. 64a Aufhebung und Entlassung

¹ Der Täter wird aus der Verwahrung bedingt entlassen, sobald zu erwarten ist, dass er sich in der Freiheit bewährt. Die Probezeit beträgt zwei bis fünf Jahre. Für die Dauer der Probezeit kann Bewährungshilfe angeordnet und können Weisungen erteilt werden.

² Erscheint bei Ablauf der Probezeit eine Fortführung der Bewährungshilfe oder der Weisungen als notwendig, um der Gefahr weiterer Straftaten im Sinne von Artikel 64 Absatz 1 zu begegnen, so kann das Gericht auf Antrag der Vollzugsbehörde die Probezeit jeweils um weitere zwei bis fünf Jahre verlängern.

³ Ist auf Grund des Verhaltens des bedingt Entlassenen während der Probezeit ernsthaft zu erwarten, dass er weitere Straftaten im Sinne von Artikel 64 Absatz 1 begehen könnte, so ordnet das Gericht auf Antrag der Vollzugsbehörde die Rückversetzung an.

⁴ Entzieht sich der bedingt Entlassene der Bewährungshilfe oder missachtet er die Weisungen, so ist Artikel 95 Absätze 3–5 anwendbar.

⁵ Hat sich der bedingt Entlassene bis zum Ablauf der Probezeit bewährt, so ist er endgültig entlassen.

Art. 64a: Zu den weiteren Regelungen betr. Nichtbewährung vgl. Bem. zu StGB Art. 62a.

Abs. 1: Erforderlich ist eine günstige Prognose. Diese ist indessen strenger formuliert als die Prognose für die Entlassung aus einer therapeutischen Massnahme gemäss StGB Art. 62 Abs. 1, muss doch «erwartet werden können», d.h. eine hohe Wahrscheinlichkeit bestehen, dass der Verurteilte sich in Freiheit bewährt (Botschaft, BBl 1999, 2098). Zur Dauer der Probezeit vgl. auch StGB Art. 62 Abs. 2. Auf die Möglichkeit einer Verlängerung der Probezeit analog StGB Art. 62 Abs. 4 wurde bewusst verzichtet (Botschaft, BBl 1999, 2098).

Abs. 3: Zu dieser problematischen Bestimmung (*«Verhalten»*), die im bisherigen Recht noch unbestimmter formuliert war (StGB alt Art. 45 Ziff. 3 Abs. 3), vgl. Botschaft, BBl 1999, 2085 und 2099. Vgl. auch StGB Art. 62a Abs. 3, 62c Abs. 4. Die gewählte Formulierung (*«ernsthaft»*) stelle klar, dass es ernst zu nehmender Anhaltspunkte für eine Rückfallgefahr bedarf, ein blosser Verdacht also nicht genügt (Botschaft, BBl 1999, 2098).

Abs. 4: Bewährungshilfe: StGB Art. 93, Weisungen: StGB Art. 94.

Art. 64b Prüfung der Entlassung

¹ Die zuständige Behörde prüft auf Gesuch hin oder von Amtes wegen:

a. mindestens einmal jährlich, und erstmals nach Ablauf von zwei Jahren, ob und wann der Täter aus der Verwahrung bedingt entlassen werden kann (Art. 64a Abs. 1);
b. mindestens alle zwei Jahre, und erstmals vor Antritt der Verwahrung, ob die Voraussetzungen für eine stationäre therapeutische Behandlung gegeben sind und beim zuständigen Gericht entsprechend Antrag gestellt werden soll (Art. 65 Abs. 1).

² Die zuständige Behörde trifft die Entscheide nach Absatz 1 gestützt auf:
a. einen Bericht der Anstaltsleitung;
b. eine unabhängige sachverständige Begutachtung im Sinne von Artikel 56 Absatz 4;
c. die Anhörung einer Kommission nach Artikel 62d Absatz 2;
d. die Anhörung des Täters.

Art. 64b: Die ursprüngliche Fassung vom 13.12.2002 wurde vor Inkrafttreten durch die Fassung vom 24.3.2006 ersetzt, dazu Botschaft, BBl 2005, 4712; vgl. auch zur ursprünglichen Fassung Botschaft, BBl 1999, 2099.

Abs. 1: Die periodische Überprüfung der Verwahrung entspricht an sich StGB alt Art. 45 Ziff. 1. Weshalb die erste Überprüfung erst nach zwei Jahren und nicht bereits nach einem Jahr stattfindet, ist schwer nachvollziehbar, zumal es gemäss StGB Art. 64 Abs. 3 nicht zwingend ist, dass die Verwahrung überhaupt angetreten werden muss.

Abs. 2: Vgl. StGB Art. 56 Abs. 3 und 4 sowie 62d Abs. 2. Zu beachten gilt, dass nach neuerer forensisch-psychiatrischer Lehre Gefährlichkeitsprognosen lediglich für den Zeitraum eines Jahres zuverlässig gestellt werden können: BGE 128 IV 248.

Art. 65 5. Änderung der Sanktion

¹ Sind bei einem Verurteilten vor oder während des Vollzugs einer Freiheitsstrafe oder einer Verwahrung die Voraussetzungen einer stationären therapeutischen Massnahme nach den Artikeln 59–61 gegeben, so kann das Gericht diese Massnahme nachträglich anordnen. Zuständig ist das Gericht, das die Strafe ausgesprochen oder die Verwahrung angeordnet hat. Der Vollzug einer Reststrafe wird aufgeschoben.

² Ergibt sich bei einem Verurteilten während des Vollzuges der Freiheitsstrafe aufgrund neuer Tatsachen oder Beweismittel, dass die Voraussetzungen der Verwahrung gegeben sind und im Zeitpunkt der Verurteilung bereits bestanden haben, ohne dass das Gericht davon Kenntnis haben konnte, so kann das Gericht die Verwahrung nachträglich anordnen. Zuständigkeit und Verfahren bestimmen sich nach den Regeln, die für die Wiederaufnahme gelten.

Art. 65: Die ursprüngliche Fassung vom 13.12.2002 wurde vor Inkrafttreten durch die Revision vom 24.3.2006 um einen zweiten Abs. ergänzt, dazu Botschaft, BBl 2005, 4713 ff. Sie regelt die Voraussetzungen einer nachträglichen stationären Massnahme (Abs. 1) bzw. einer Verwahrung (Abs. 2).

Übergangsrecht: Die Bestimmung ist auch auf die Täter anwendbar, die vor dem Inkrafttreten der Revision am 1.1.2007 eine Straftat begangen haben oder verurteilt worden sind. Die nachträgliche Verwahrung gemäss StGB Art. 65 Abs. 2 ist allerdings nur zulässig, wenn die Verwahrung auch gestützt auf StGB alt Art. 42 oder 43 Ziff. 1 Abs. 2 des bisherigen Rechts möglich gewesen wäre (Ziff. 2 Abs. 1 lit. a der Übergangsbestimmungen, Fassung vom 24.3.2006; dazu Botschaft, BBl 2005, 4715 f.). Bis spätestens Ende 2007 müssen die Gerichte zudem überprüfen, ob bei Personen, die nach den StGB alt Art. 42 oder 43 Ziff. 1 Abs. 2 verwahrt sind, die Voraussetzungen für eine therapeutische Massnahme (StGB Art. 59–61 oder 63) erfüllt sind. Trifft dies zu, so ordnet das Gericht die entsprechende Massnahme an; andernfalls wird die Verwahrung nach neuem Recht weitergeführt (Ziff. 2 Abs. 2 der Übergangsbestimmungen, Fassung vom 24.3.2006). Vgl. die Bem. zur Revision im Allgemeinen bei StGB Art. 34 sowie zu StGB Art. 56.

Abs. 1: Durch diese Bestimmung wurde StGB alt Art. 44 Ziff. 6 Satz 2, wonach ein zu Freiheitsstrafe verurteilter Täter nachträglich in eine Anstalt für Rauschgiftsüchtige eingewiesen werden konnte, wesentlich erweitert. Der Wechsel ist nicht nur für Strafgefangene, sondern auch für Verwahrte möglich, und als neu anzuordnende Massnahme kommen alle Formen der stationären therapeutischen Massnahme (StGB Art. 59–61) in Frage. Die Änderung der Sanktion ist auch dann möglich, wenn sich in der Zeit zwischen dem Urteil und dem Vollzugsantritt herausstellt, dass die Voraussetzungen für eine stationäre therapeutische Massnahme gegeben sind (Botschaft, BBl 1999, 2100).

Abs. 2: Es handelt sich bei dieser Bestimmung um eine Revision zu Ungunsten des Verurteilten (Botschaft, BBl 2005, 4713). Sie wurde mit Blick auf die beharrlichen Warnungen der Vollzugspraktiker vor schweren Rückfällen gefährlicher Gewalt- oder Sexualstraftäter, die man mangels einer solchen Bestimmung heute und in Zukunft entlassen müsse, nachträglich eingefügt (Botschaft, BBl 2005, 4714). Bereits nach bisherigem Recht war eine nachträgliche Verwahrung zulässig, wenn vom urteilenden Gericht gegenüber dem Täter neben einer unbed. Freiheitsstrafe bloss eine vollzugsbegleitende ambulante Therapie angeordnet wurde (BGE 123 IV 104).

Zweiter Abschnitt: Andere Massnahmen

Art. 66 1. Friedensbürgschaft

¹ Besteht die Gefahr, dass jemand ein Verbrechen oder Vergehen ausführen wird, mit dem er gedroht hat, oder legt jemand, der wegen eines Verbrechens oder eines Vergehens verurteilt wird, die bestimmte Absicht an den Tag, die Tat zu wiederholen, so kann ihm das Gericht auf Antrag des Bedrohten das Versprechen abnehmen, die Tat nicht auszuführen, und ihn anhalten, angemessene Sicherheit dafür zu leisten.

² Verweigert er das Versprechen oder leistet er böswillig die Sicherheit nicht innerhalb der bestimmten Frist, so kann ihn das Gericht durch Sicherheitshaft zum Versprechen oder zur Leistung von Sicherheit anhalten. Die Sicherheitshaft darf nicht länger als zwei Monate dauern. Sie wird wie eine kurze Freiheitsstrafe vollzogen (Art. 79).

³ Begeht er das Verbrechen oder das Vergehen innerhalb von zwei Jahren, nachdem er die Sicherheit geleistet hat, so verfällt die Sicherheit dem Staate. Andernfalls wird sie zurückgegeben.

Art. 66 ff.: Das StGB in der Fassung vom 13.12.2002 kennt keine Nebenstrafen mehr, womit die frühere Praxis zum bed. Aufschub der Nebenstrafe (vgl. BGE 114 IV 97) gegenstandslos wurde. Die Amtsunfähigkeit (StGB alt Art. 51), die Entziehung der elterlichen Gewalt und der Vormundschaft (StGB alt Art. 53), die Landesverweisung (StGB alt Art. 55) sowie das Wirthausverbot (StGB alt Art. 56) wurden aus dem StGB ersatzlos gestrichen. Das Berufsverbot stellt neu keine Nebenstrafe mehr dar (StGB alt Art. 54), sondern eine Massnahme (StGB Art. 67 und 67a). Es ergänzt die aus dem bisherigen Recht übernommen Massnahmen der Friedensbürgschaft (StGB Art. 66), der Veröffentlichung des Urteils (StGB Art. 68) und der Einziehung (StGB Art. 69 ff.) sowie das neu aufgenommene Fahrverbot (StGB Art. 67b). Die Entfernung aus dem Strafregister (bisher StGB alt Art. 80) wird neu in StGB Art. 369 ff. geregelt.

Art. 66: Die ohne materielle Änderungen aus dem bisherigen Recht übernommene (StGB alt Art. 57), nur sehr selten angeordnete (Botschaft, BBl 1999, 2103) Friedensbürgschaft stellt eine *vorsorgliche Massnahme* dar. – Voraussetzungen, Höhe der Sicherheit und Sicherheitshaft: BGE 71 IV 72, ZR (1959) 58 Nr. 66. – Vgl. Verwendung zugunsten des Geschädigten: StGB Art. 73 Abs. 1 lit. d.

Art. 67   2. Berufsverbot

¹ Hat jemand in Ausübung eines Berufes, Gewerbes oder Handelsgeschäftes ein Verbrechen oder Vergehen begangen, für das er zu einer Freiheitsstrafe von über sechs Monaten oder einer Geldstrafe von über 180 Tagessätzen verurteilt worden ist, und besteht die Gefahr weiteren Missbrauchs, so kann ihm das Gericht die betreffende oder vergleichbare Tätigkeit für sechs Monate bis zu fünf Jahren ganz oder teilweise verbieten.

² Mit dem Berufsverbot wird ausgeschlossen, dass der Täter die Tätigkeit selbstständig, als Organ einer juristischen Person oder Handelsgesellschaft, als Beauftragter oder als Vertreter eines andern ausübt. Besteht die Gefahr, der Täter werde seine Tätigkeit auch zur Begehung von Straftaten missbrauchen, wenn er sie nach Weisung und unter Kontrolle eines Vorgesetzten ausübt, so ist ihm die Tätigkeit ganz zu untersagen.

Art. 67: Es werden auch nicht bewilligungspflichtige Berufe und *«vergleichbare Tätigkeiten»* erfasst (anders noch StGB alt Art. 54). In erster Linie sollen Wirtschafts- und Sexualdelikte verhindert werden (Botschaft, BBl 1999, 2103). Obschon Abs. 1 eine Mindestdauer der mit dem Berufsverbot verbundenen Strafe von sechs Monaten Freiheitsstrafe oder 180 Tagessätzen Geldstrafe vorsieht, können ausnahmsweise auch Übertretungen erfasst werden: StGB Art. 105 Abs. 3. – Die Massnahme kann auch bei *Schuldunfähigkeit* oder verminderter Schuldfähigkeit angeordnet werden (StGB Art. 19 Abs. 3). – Zur Verletzung des Verbotes (die nach neuem Recht keine Übertretung, sondern ein Vergehen mit einer Maximalstrafe von einem Jahr darstellt): StGB Art. 294. – Aufhebung: StGB Art. 67a. – Zum Strafregistereintrag: StGB Art. 371 Abs. 1.

Abs. 1: Verhältnis zur Weisung während der Probezeit nach StGB Art. 94: Aufgrund der Ausdehnung des Anwendungsbereiches von StGB Art. 67 ist fraglich, ob im Rahmen der Weisungen betr. die Berufsausübung eigentliche Berufsverbote ausgesprochen werden dürfen; zum alten Recht vgl. BGE 130 IV 3 f. – Zur administrativen Entziehung der Bewilligung zur Berufsausübung: BGE 71 I 85, 378.

Art. 67a   Vollzug

¹ Das Berufsverbot wird am Tag wirksam, an dem das Urteil rechtskräftig wird. Die Dauer des Vollzugs einer Freiheitsstrafe oder einer freiheitsentziehenden Massnahme (Art. 59–61 und 64) wird auf die Dauer des Verbots nicht angerechnet.

² Hat der Täter die ihm auferlegte Probezeit nicht bestanden und wird die bedingte Freiheitsstrafe vollzogen oder die Rückversetzung in eine Strafe oder Massnahme angeordnet, so wird die Dauer des Verbots erst von dem Tage an gerechnet, an dem er bedingt oder endgültig entlassen wird oder an dem die Sanktion aufgehoben oder erlassen wird.

³ Hat der Täter die ihm auferlegte Probezeit bestanden, so entscheidet die zuständige Behörde über eine inhaltliche oder zeitliche Einschränkung oder über die Aufhebung des Berufsverbots.

⁴ Ist das Berufsverbot seit mindestens zwei Jahren vollzogen, so kann der Täter bei der zuständigen Behörde um eine inhaltliche oder zeitliche Einschränkung oder um die Aufhebung des Verbots ersuchen.

⁵ Ist ein weiterer Missbrauch nicht zu befürchten und hat der Täter den von ihm verursachten Schaden soweit zumutbar ersetzt, so ist das Berufsverbot im Fall von Absatz 3 oder 4 von der zuständigen Behörde aufzuheben.

Art. 67a Abs. 1: Entgegen der Praxis zum früheren Recht (BGE 78 IV 219) wird die Dauer des Vollzugs einer freiheitsentziehenden Massnahme auf die Dauer des Verbotes nicht mehr angerechnet. Zudem ist es nicht mehr zulässig, nach der bed. Entlassung aus dem Strafvollzug das Berufsverbot probeweise aufzuheben (Botschaft, BBl 1999, 2106; anders noch StGB alt Art. 54 Abs. 2).

Abs. 3: Zu den weiteren Regelungen bei Nichtbewährung vgl. Bem. zu StGB Art. 95 Abs. 3.

Abs. 4 und 5: Diese Regelung entspricht weitgehend StGB alt Art. 79, wobei die Massnahme aufgehoben werden *muss*, wenn die Voraussetzungen von Abs. 5 erfüllt sind. Indem die Aufhebung der Massnahme an die Wiedergutmachung des Schadens anknüpft, ist ersichtlich, dass das Berufsverbot seine Eigenschaft als Neben*strafe* noch nicht ganz verloren hat.

Art. 67b 3. Fahrverbot

Hat der Täter ein Motorfahrzeug zur Begehung eines Verbrechens oder Vergehens verwendet und besteht Wiederholungsgefahr, so kann das Gericht neben einer Strafe oder einer Massnahme nach den Artikeln 59–64 den Entzug des Lernfahr- oder Führerausweises für die Dauer von einem Monat bis zu fünf Jahren anordnen.

Art. 67b: Um Doppelspurigkeiten und Abgrenzungsprobleme zu den Administrativmassnahmen zu beseitigen, wurde die Landesverweisung als Nebenstrafe aufgehoben (StGB alt Art. 55). Indem das Parlament das Fahrverbot als Massnahme eingefügt hat, wurden neue Abgrenzungsprobleme, nämlich solche zum SVG geschaffen. Eine konsequente Abgrenzung wäre möglich, würde man StGB Art. 67b (subsidiär zu den Regeln des SVG) nur in solchen Fällen anwenden, wenn ein Fahrzeug zur Begehung eines Deliktes verwendet wird, ohne dass Strassenverkehrsregeln verletzt werden (z.B. regelmässige Diebestouren unter Verwendung eines Fahrzeuges). Im Rahmen eines derart eingeschränkten Rahmens ergäbe diese Bestimmung indessen kaum einen Sinn. Es ist zudem nicht anzunehmen, dass die Gerichte die Chance ungenutzt lassen werden, Verkehrssünder für Vergehen oder sogar Übertretungen im Rahmen des Strassenverkehrs (vgl. StGB Art. 105 Abs. 3, e contrario) zusätzlich zu den Administrativbehörden unter dem Deckmantel einer Massnahme zu bestrafen. Der Wortlaut von StGB Art. 67b und Art. 105 Abs. 3 schliesst jedenfalls nicht aus, dass regelmässige Falschparkierer mit einem Fahrverbot belegt werden.

Verhältnis zur Weisung während der Probezeit nach StGB Art. 94: Aufgrund der Ergänzung des Gesetzes durch StGB Art. 67b ist fraglich, ob im Rahmen der Weisungen betr. das Führen eines Motorfahrzeuges eigentliche Fahrverbote ausgesprochen werden dürfen (anders, allerdings ohne Berücksichtigung von StGB Art. 67b, Botschaft, BBl 1999, 2129).

Die Massnahme kann auch bei *Schuldunfähigkeit* oder verminderter Schuldfähigkeit angeordnet werden (StGB Art. 19 Abs. 3).

Art. 68 4. Veröffentlichung des Urteils

¹ Ist die Veröffentlichung eines Strafurteils im öffentlichen Interesse, im Interesse des Verletzten oder des Antragsberechtigten geboten, so ordnet sie das Gericht auf Kosten des Verurteilten an.

² Ist die Veröffentlichung eines freisprechenden Urteils oder einer Einstellungsverfügung der Strafverfolgungsbehörde im öffentlichen Interesse, im Interesse des Freigesprochenen oder Entlasteten geboten, so ordnet sie das Gericht auf Staatskosten oder auf Kosten des Anzeigers an.

³ Die Veröffentlichung im Interesse des Verletzten, Antragsberechtigten, Freigesprochenen oder Entlasteten erfolgt nur auf deren Antrag.

⁴ Das Gericht bestimmt Art und Umfang der Veröffentlichung.

Art. 68: Die Bestimmung wurde mit einer Ausnahme (vgl. die neu in Abs. 2 erwähnten Einstellungsverfügungen) unverändert von StGB alt Art. 61 übernommen. Vgl. auch StGB Art. 105 Abs. 3 betr. Übertretungen. – Die Norm bildet eine hinreichende Grundlage dafür, die Zeitung, in der eine verletzende Äusserung erschienen ist, und gegebenenfalls auch ein drittes Presseerzeugnis zu verpflichten, das Urteil auf den entsprechenden Beschluss des Gerichtes hin zu veröffentlichen: BGE 113 IV 115.

Abs. 1: Als «andere Massnahme» i.S. des StGB ist die Urteilspublikation dem bed. Strafvollzug nicht zugänglich; dazu einschränkend zum alten Recht BGE 108 IV 159. – Das öffentliche Interesse kann nach BGE 92 IV 186 einerseits darin liegen, dass der Täter von Wiederholungen abgehalten wird und damit auch die Öffentlichkeit in Zukunft vor ihm geschützt wird, andererseits aber auch in der Abschreckung anderer Personen vor der Verübung ähnlicher Delikte (problematisch). – Öffentliches Interesse bei Verkehrsdelikten: BGE 78 IV 14, 18; bei Warenfälschung: BGE 88 IV 11 (Warnung des Publikums), bei Erhebung wucherischer Mietzinsen: BGE 93 IV 90, bei unlauterem Wettbewerb (um eine weitere Irreführung des Publikums zu vermeiden): BGE 101 IV 348, bei Delinquenz eines Anwaltes: BGE 108 IV 159. – Interesse des Verletzten: ZR 46 (1947) Nr. 127 (Ehrverletzung im Wahlkampf), vgl. auch ZR 86 (1987) Nr. 88. – Statt Veröffentlichung Urteilsmitteilung an bestimmte Drittpersonen: RS 1956 Nr. 184.

Abs. 2: Die Bestimmung erwähnt in der Fassung vom 13.12.2002 auch die Einstellungsverfügung. Die gegenteilige, fragwürdige frühere Praxis des BGer (BGE 81 IV 220) ist damit obsolet.

Abs. 4: Namensnennung in der Urteilspublikation entscheidet sich nach dem Zweck der Publikation: BGE 88 IV 12. – Wird die Veröffentlichung eines Urteils wegen eines bestimmten Delikts angeordnet, dürfen Schuldsprüche für weitere Delikte nur in die Veröffentlichung einbezogen werden, wenn auch dafür ein wesentliches Interesse besteht: BGE 101 IV 291. – Publikationsorgan: BGE 88 IV 14, ZR 55 (1956) Nr. 125, SJZ 61 (1965) 65, RS 1959 Nr. 196, 1965 Nr. 13.

Art. 69   5. Einziehung.
a. Sicherungseinziehung

¹ Das Gericht verfügt ohne Rücksicht auf die Strafbarkeit einer bestimmten Person die Einziehung von Gegenständen, die zur Begehung einer Straftat gedient haben oder bestimmt waren oder die durch eine Straftat hervorgebracht worden sind, wenn diese Gegenstände die Sicherheit von Menschen, die Sittlichkeit oder die öffentliche Ordnung gefährden.

² Das Gericht kann anordnen, dass die eingezogenen Gegenstände unbrauchbar gemacht oder vernichtet werden.

Art. 69–73: Die Einziehung wurde im Jahre 1994 einer grundlegenden Reform unterzogen (Inkrafttreten am 1.8.1994). Zur dieser Revision vgl. Botschaft des Bundesrates über die Änderung des StGB und des MStG (Revision des Einziehungsrechts, Strafbarkeit der kriminellen Organisation, Melderecht des Financiers) in BBl 1993 III 277 ff. Die Fassung vom 13.12.2002 hat das alte Recht (StGB alt Art. 58–60) inhaltlich weitgehend unverändert übernommen.

Zu beachten ist, dass die kant. Strafprozessordnungen darüber hinaus die Möglichkeit kennen, Vermögenswerte zur Deckung der *Verfahrens- und Vollzugskosten* zu beschlagnahmen und einzuziehen, was mit SchKG Art. 44 in Einklang steht (BGE 115 III 1, 126 I 108).

Beschlagnahmeentscheide haben nach der Rechtsprechung des BGer immer einen nicht wieder gutzumachenden Nachteil i.S. von BGG Art. 93 Abs. 1 lit. a zur Folge (BGE 126 I 101, 128 I 131), so dass auf solche Beschwerden stets eingetreten wird. Dies gilt auch dann, wenn der Geschädigte die Aufhebung einer Beschlagnahme bzw. die Wiederherstellung des rechtmässigen Zustands vor Abschluss des Verfahrens gestützt auf StGB Art. 70 Abs. 1 verlangt (BGE 128 I 131). Hat die Sicherungsverfügung faktische Auswirkungen, die sich nicht im vorläufigen Entzug des Verfügungsrechts erschöpfen, sondern darüber hinausgehen und irreversibel sind, sind die Verfahrensgarantien von EMRK Art. 6 Ziff. 1. bzw. IPBPR Art. 14 Ziff. 1 anwendbar, so dass dem Betroffenen der Zugang zu einer kant. gerichtlichen Instanz zu ermöglichen ist; dieser obliegt es, die tatsächlichen und rechtlichen Voraussetzungen der Beschlagnahmeverfügung der Untersuchungsbehörde umfassend zu überprüfen (BGE 129 I 108, betr. Hanfpflanzen). Zum *vorgezogenen Einziehungsverfahren* während der Untersuchung: BGE 130 I 363 f.

Der *Geschädigte* hat, selbst wenn er auch in der Zukunft faktisch mehr als andere Personen gefährdet sein sollte, kein rechtlich geschütztes Interesse an der Anordnung einer Sicherungseinziehung (BGE 130 IV 149 f.).

Abs. 1: Die Einziehung setzt zunächst eine *Anlasstat* voraus, die objektiv und subjektiv tatbestandsmässig und rechtswidrig ist. Sie ist auch bei Übertretungen möglich (vgl. StGB Art. 105). Zweifelhaft ist, ob der subjektive Tatbestand entbehrlich ist, wenn ein nur deliktisch verwendbarer Gegenstand eingezogen werden soll (in diesem Sinne ZR 81 [1982] Nr. 1, vgl. BGE 89 IV 65), was auf Schusswaffen jedenfalls nicht zutrifft (BGE 129 IV 93; zutreffend zum subjektiven Tatbestand bei StGB Art. 70

BGE 129 IV 310). Die Einziehung ist zudem selbst dann zu verfügen, wenn der Täter unbekannt bleibt oder im Ausland gehandelt hat (BGE 124 IV 123, 127 IV 207). Die Verjährung der Anlasstat steht einer Einziehung gestützt auf StGB Art. 69 nicht zwingend entgegen (BGE 117 IV 242; vgl. auch StGB Art. 70 Abs. 3 hinsichtlich der Einziehung von Vermögenswerten). Zur Frage, ob die Einziehung auch im Zusammenhang mit (ausgeführten oder geplanten) Taten zulässig ist, die nicht der schweizerischen Gerichtsbarkeit unterliegen: BGE 122 IV 94, 124 IV 123, 128 IV 148 ff; zu IRSG Art. 74a: BGE 129 II 461.

Das Erfordernis einer Anlasstat und eines *Konnexes* zum Delikt wird nun dadurch erheblich relativiert, indem ohne Rücksicht auf die Strafbarkeit einer bestimmten Person auch Gegenstände eingezogen werden können, die *zu einer Straftat «bestimmt»* waren. Das Delikt muss also noch nicht ins Stadium des Versuches oder einer strafbaren Vorbereitungshandlung gelangt sein (BGE 125 IV 187, 127 IV 207). Bei Gegenständen, die wie z.B. Schusswaffen nicht von vornherein zur Begehung von strafbaren Handlungen bestimmt, sondern bloss dazu geeignet sind, kommt die Einziehung nach StGB Art. 69 indessen nur in Betracht, wenn sie entweder zur Verübung eines Delikts tatsächlich gedient haben oder aber im Hinblick auf eine zu begehende Straftat ernstlich als Tatmittel in Aussicht genommen worden sind: BGE 112 IV 72 (anschlussbereites Radarwarngerät), BGE 114 IV 99 (Einziehung eines Hauses), BGE 119 IV 82 (Einziehung eines schon am Zoll beschlagnahmten Radarwarngerätes nur nach SVG Art. 57b Abs. 3), BGE 124 IV 121 (Medien mit rassendiskriminierendem Inhalt, vgl. auch BGE 127 IV 203), BGE 125 IV 187 (Hanfsamen), BGE 129 IV 93 (Schusswaffen).

Die *Gefahr der (weiteren) deliktischen Verwendung des Gegenstandes* kann sich sowohl aus dessen Beschaffenheit als auch nur aus dem zu erwartenden Gebrauch durch ihren Inhaber ergeben. Der Richter hat demzufolge eine Prognose darüber anzustellen, ob es hinreichend wahrscheinlich ist, dass der Gegenstand in der Hand des Täters in der Zukunft die Sicherheit von Menschen, die Sittlichkeit oder die öffentliche Ordnung gefährdet (BGE 116 IV 119 f., 125 IV 187, 127 IV 207). Die Sicherungseinziehung wird nicht schon wegen der bereits begangenen Straftat zum Schutze des konkreten Geschädigten verfügt, sondern wegen einer künftigen Gefährdung der Allgemeinheit angeordnet (BGE 130 IV 149).

Anwendungsbeispiele: Schusswaffen (BGE 103 IV 77, 116 IV 118, 129 IV 93); Kriegsmaterial (BGE 117 IV 339); Radarwarngeräte (BGE 112 IV 72, 119 IV 82); gefälschte Waren, die möglicherweise von späteren Erwerbern als echt in Verkehr gebracht werden (BGE 89 IV 70, 101 IV 41); urheberrechtlich geschützte Möbel (BGE 130 IV 149); zur Störung der Tätigkeit öffentlicher Dienste geeignete Funkgeräte (BGE 104 IV 149); Spionageausrüstung (BGE 102 IV 211); Haus, das als wesentliches Hilfsmittel für unerlaubten Nachrichtendienst dient (BGE 114 IV 99); Medien mit rassendiskriminierendem Inhalt (BGE 124 IV 121, 127 IV 203); Hanfsamen (BGE 125 IV 187); durch deliktisches Recherchieren erlangte Unterlagen für die Pressebildberichterstattung (BGE 118 IV 325); wildernde Hunde (ZBJV 113 [1977] 279); anlässlich der Tatausführung verwendetes Auto (Pr 90 [2001] Nr. 37: keine Beschlagnahmung); Auto eines chronischen Unfallverursachers (SJZ 82 [1986] 114).

Die Einziehung stellt einen Eingriff in die Eigentumsgarantie gemäss BV Art. 26 dar (BGE 131 I 362); sie ist nur zulässig, wenn das *Verhältnismässigkeitsprinzip* beachtet wird (BGE 125 IV 187). – Ausnahmsweise ist daher von einer Einziehung abzusehen, wenn eine weniger weit gehende Massnahme dem Zweck der Einziehung genügt: BGE 104 IV 149, 125 IV 187. *Sonderbestimmungen betr. obligatorische Einziehung:* S. Sachregister unter «Einziehung»; vgl. in diesem Zusammenhang auch BGE 123 IV 57 (Einzug eines falschen Goldvrenelis, Verhältnis zu StGB Art. 249).

Abs. 2: Die Bestimmung bezieht sich sinngemäss nur auf Gegenstände, die schon ihrer *Beschaffenheit* nach deliktsgefährlich sind. Statt die Gegenstände vernichten oder unbrauchbar machen zu lassen, kann der Richter weniger weit gehende Ersatzmassnahmen treffen: BGE 89 IV 138 (Beschränkung des Zugangs zu unzüchtigen Kunstwerken auf den beschränkten Kreis «ernsthafter Interessenten»), 101 IV 211 (Übergabe der Ausrüstung von Spionen an die Bundesanwaltschaft zu Instruktionszwecken), 124 IV 126 (Löschung der rechtswidrigen Daten auf einer CD). – Verwendung nicht zu vernichtender oder unbrauchbar zu machender Gegenstände: StGB Art. 73 (Verwendung zugunsten des Geschädigten), StGB Art. 374 (Verfügungsrecht von Kantonen und Bund).

Art. 70 b. Einziehung von Vermögenswerten. Grundsätze

¹ Das Gericht verfügt die Einziehung von Vermögenswerten, die durch eine Straftat erlangt worden sind oder dazu bestimmt waren, eine Straftat zu veranlassen oder zu belohnen, sofern sie nicht dem Verletzten zur Wiederherstellung des rechtmässigen Zustandes ausgehändigt werden.

² Die Einziehung ist ausgeschlossen, wenn ein Dritter die Vermögenswerte in Unkenntnis der Einziehungsgründe erworben hat und soweit er für sie eine gleichwertige Gegenleistung erbracht hat oder die Einziehung ihm gegenüber sonst eine unverhältnismässige Härte darstellen würde.

³ Das Recht zur Einziehung verjährt nach sieben Jahren; ist jedoch die Verfolgung der Straftat einer längeren Verjährungsfrist unterworfen, so findet diese Frist auch auf die Einziehung Anwendung.

⁴ Die Einziehung ist amtlich bekannt zu machen. Die Ansprüche Verletzter oder Dritter erlöschen fünf Jahre nach der amtlichen Bekanntmachung.

⁵ Lässt sich der Umfang der einzuziehenden Vermögenswerte nicht oder nur mit unverhältnismässigem Aufwand ermitteln, so kann das Gericht ihn schätzen.

Art. 70–72: StGB Art. 70 (Grundsätze der Einziehung von Vermögenswerten) entspricht StGB alt Art. 59 Ziff. 1 und 4, StGB Art. 71 (Ersatzforderungen) StGB alt Art. 59 Ziff. 2 und StGB Art. 72 (Vermögenswerte krimineller Organisationen) StGB alt Art. 59 Ziff. 3. Beachte auch IRSG Art. 74a (dazu BGE 129 II 461).

Strafbare Handlung i.S. von StGB Art. 70 Abs. 1 ist eine objektiv und subjektiv tatbestandsmässige und rechtswidrige Tat. Nicht erforderlich ist hingegen, dass die Handlung schuldhaft begangen worden ist (BGE 129 IV 310; vgl. auch Bem. zu StGB Art. 69). Die Vermögenseinziehung ist, wie die Sicherungseinziehung, ohne Rücksicht auf die Strafbarkeit einer bestimmten Person anzuordnen, auch wenn StGB Art. 70 dies im Unterschied zu StGB Art. 69 nicht ausdrücklich erwähnt. Daraus folgt, dass die Einziehung der durch eine strafbare Handlung erlangten Vermögenswerte auch möglich ist, wenn die Straftat wegen eines Verfahrenshindernisses oder wegen Fehlens einer Prozessvoraussetzung nicht verfolgt werden kann (BGE 129 IV 310). Selbst bei verjährten Delikten (innerhalb der siebenjährigen Verjährungsfrist von Abs. 3) und beim Fehlen eines Strafantrages ist eine Einziehung möglich (BGE 129 IV 312). Die Regelung bezieht sich auch auf in der Schweiz befindliche Vermögenswerte, die durch strafbare Handlungen im Ausland erlangt wurden, sofern die Anlasstat unter die schweiz. Gerichtsbarkeit fällt (zur Einschränkung vgl. BGE 128 IV 150). Zu den Befugnissen des Bundesanwaltes bei Betäubungsmitteldelikten: BGE 122 IV 93; vgl. auch 126 IV 264 (betr. BetmG Art. 24).

Notwendig ist ein *Kausalzusammenhang* zwischen dem Delikt und dem Vermögenswert (BGE 129 II 461); zum Konnex zwischen dem durch die Vortat erlangten Vermögenswert und StGB Art. 305bis: BGE 129 II 326, 129 IV 344. Liegt allerdings keine strafbare Vortat vor, ist eine Massnahme nach StGB Art. 70 ff. nicht möglich (BGE 125 IV 7 betr. untauglicher Versuch der Hehlerei).

Die unrichtige Auslegung der Bestimmung ist vom Geschädigten mit Beschwerde in Strafsachen geltend zu machen: BGE 122 IV 367.

Grundsätzlich sind StGB Art. 70 ff. auch auf die *Nebenstrafgesetzgebung* anwendbar; der Vorbehalt in StGB Art. 333 Abs. 1 betrifft lediglich Bestimmungen, deren Anwendungsbereich weiter ist als derjenige von StGB Art. 72 ff., sowie insbesondere Vorschriften, durch welche der Gesetzgeber bewusst eine von StGB Art. 70 ff. abweichende Regelung getroffen hat (BGE 129 IV 110).

Abs. 1: Als *Vermögenswerte* gelten alle wirtschaftlichen Vorteile in Form der Vermehrung von Aktiven und Erträgen oder Verminderung von Passiven und Aufwendungen (vgl. BGE 119 IV 16 betr. Kostenersparnis), auch beschränkte dingliche Rechte, Forderungen und immaterielle Rechte. Anwendungsfälle der Einziehung: BGE 117 IV 238 (Verstoss gegen das Spielbankengesetz), 119 IV 152 (Gewinn aus pornographischen Vorführungen), 120 IV 367 (Steuerhinterziehung). Wie Originalwerte können auch *unechte und echte Surrogate* gemäss StGB Art. 70 Abs. 1 eingezogen werden, wenn sie beim Täter oder beim Begünstigten noch vorhanden sind. Während ein unechtes Surrogat (d.h. der Deliktserlös besteht aus Bargeldern, Devisen, Checks, Guthaben oder anderen Forderungen und es erfolgt ein Umtausch oder eine Vermischung) ohnehin nur dann vorliegt, wenn eine «Papierspur» zum Originalwert vorhanden ist, darf auch ein echtes Surrogat nur dann angenommen werden, wenn es nachweislich an die Stelle des Originalwertes getreten ist, d.h. solange der Weg des Surrogats sich nach dem Delikt zu diesem zurückverfolgen lässt (BGE 126 I 106, 129 II 461).

Die Regelung des Rückerstattungsanspruchs am Schluss des Abs. stellt klar, dass nicht der Umweg über eine Einziehung beschritten werden muss, wenn die Vermögenswerte von einem bestimmten Geschädigten erlangt wurden und daher diesem herauszugeben sind (BGE 128 I 133); der Rückerstattungsanspruch des Geschädigten hat Vorrang gegenüber der Einziehung, und der Täter soll nicht doppelt belangt werden (BGE 129 II 462; 129 IV 327). Andere eingezogene Werte können in Anwendung von StGB Art. 73 zugunsten von Geschädigten verwendet werden, soweit der Täter denselben nicht bereits Schadenersatz geleistet hat (vgl. BGE 117 IV 109, 122 IV 374).

Abs. 2 bezieht sich auf den Fall, dass deliktisch erlangte und daher der Einziehung unterliegende *Objekte einem Dritten übertragen* wurden; er wird unter den beiden in der Bestimmung zuerst genannten, kumulativ zu erfüllenden Voraussetzungen in seinem Erwerb geschützt. Das geschieht aber bereits nicht mehr, wenn er nach den Umständen die deliktische Herkunft der Sachen annehmen musste oder für diese nur eine erheblich unter dem Marktpreis liegende Gegenleistung erbracht hat. Im letzteren Fall kann sich der Richter immerhin mit einer Teileinziehung begnügen oder von einer solchen Massnahme gänzlich absehen, wenn sie gegenüber dem Inhaber eine unverhältnismässige Härte darstellen würde (vgl. Botschaft, BBl 1993 III 309). Unanwendbarkeit der Bestimmung auf Kriegsmaterial: BGE 121 V 369.

Abs. 3: Diese Bestimmung ist in dieser Fassung seit dem 1.10.2002 in Kraft. Sie ergänzt StGB Art. 97 f. (BGE 126 IV 267). Die Einziehung ist bis zum Ablauf der erwähnten Frist selbst dann möglich, wenn die Tat bereits verjährt ist, weil es sich um eine Übertretung handelt (BGE 129 IV 310; vgl. auch BGE 126 IV 263). Bei der im Ausland begangenen Vortat bemisst sich die (längere) Frist nach ausländischem Recht (BGE 126 IV 262).

Abs. 4 bezieht sich auf den Fall, dass die Anspruchsberechtigten nicht oder nicht vollständig bekannt sind. Es handelt sich um eine Verwirkungsfrist.

Art. 71 Ersatzforderungen

¹ Sind die der Einziehung unterliegenden Vermögenswerte nicht mehr vorhanden, so erkennt das Gericht auf eine Ersatzforderung des Staates in gleicher Höhe, gegenüber einem Dritten jedoch nur, soweit dies nicht nach Artikel 70 Absatz 2 ausgeschlossen ist.

² Das Gericht kann von einer Ersatzforderung ganz oder teilweise absehen, wenn diese voraussichtlich uneinbringlich wäre oder die Wiedereingliederung des Betroffenen ernstlich behindern würde.

³ Die Untersuchungsbehörde kann im Hinblick auf die Durchsetzung der Ersatzforderung Vermögenswerte des Betroffenen mit Beschlag belegen. Die Beschlagnahme begründet bei der Zwangsvollstreckung der Ersatzforderung kein Vorzugsrecht zu Gunsten des Staates.

Art. 71: Diese Bestimmung entspricht inhaltlich StGB alt Art. 59 Ziff. 2.

Abs. 1: Die Regelung soll verhindern, dass derjenige, welcher sich einschlägiger Vermögenswerte entledigt hat, besser gestellt wird als jemand, der sie behielt (BGE 129 IV 109). Sie setzt voraus, dass die der Einziehung unterliegenden Objekte verbraucht, versteckt, veräussert worden oder aus anderen Gründen nicht mehr verfügbar sind, auch nicht als (echte oder unechte) Surrogate (BGE 126 I 106), ansonsten StGB Art. 70 zum Zuge kommt (BGE 129 II 461). Zum unrechtmässigen Vorteil aus einem von vornherein verbotenen Geschäft gehörte nach der stark umstrittenen Praxis des BGer zum alten Recht der ganze Erlös ohne Abzug der Aufwendungen des Bevorteilten (vgl. die Hinweise in BGE 124 I 9). Das BGer ist nun aber offenbar der Auffassung, dass die Frage angesichts der Reduktionsmöglichkeiten gemäss Abs. 2 an Tragweite verloren hat (BGE 124 IV 9).

Abs. 2: Die Möglichkeit des ganzen oder teilweisen Absehens von einer Ersatzforderung entspricht der Bundesgerichtspraxis zum früheren Recht (vgl. die Hinweise in BGE 124 IV 9, wo die Anwendung des reinen Bruttoprinzips als unverhältnismässig betrachtet wurde).

Abs. 3: Die Bestimmung trägt dem Umstand Rechnung, dass den Strafbehörden – anders als bei den Einziehungsobjekten gemäss Abs. 1 – eine direkte Zugriffsmöglichkeit auf Werte fehlt, die für eine Ersatzforderung in Frage kommen; diese muss auf betreibungsrechtlichem Wege durchgesetzt werden. Die Regelung soll verhindern, dass der Betroffene bis dahin Dispositionen treffen kann, die ihn als zahlungsunfähig erscheinen lassen. Satz 2 stellt klar, dass die beschlagnahmten Werte in einem Zwangsvollstreckungsverfahren, an dem auch weitere Gläubiger beteiligt sind, diesen nicht zugunsten des Staates entzogen werden dürfen. Derartige Vermögenswerte dürfen deshalb zur Sicherung einer Schadenersatzforderung des Staates oder des Geschädigten nicht mehr beschlagnahmt werden, wenn über das Vermögen des Täters oder des durch die Straftat Begünstigten der Konkurs eröffnet worden ist und die Vermögenswerte zur Konkursmasse gehören (BGE 126 I 110).

Art. 72 Einziehung von Vermögenswerten einer kriminellen Organisation

Das Gericht verfügt die Einziehung aller Vermögenswerte, welche der Verfügungsmacht einer kriminellen Organisation unterliegen. Bei Vermögenswerten einer Person, die sich an einer kriminellen Organisation beteiligt oder sie unterstützt hat (Art. 260ter), wird die Verfügungsmacht der Organisation bis zum Beweis des Gegenteils vermutet.

Art. 72: Diese Bestimmung entspricht inhaltlich StGB alt Art. 59 Ziff. 3; vgl. dazu Botschaft, 1993 III 316 ff. Sie dient der verbesserten Bekämpfung der organisierten Kriminalität, indem die Bestimmung den Zugriff auf derart deliktisch erlangte Vermögenswerte, welche wiederum als «Betriebskapital» eingesetzt werden, erleichtert. Eine Einziehung ist möglich, ohne dass nachgewiesen werden muss, aus welcher konkreten Tat ein bestimmter Vermögenswert stammt. Die Regelung geht davon aus, dass die der Verfügungsmacht einer kriminellen Organisation (vgl. zu diesem Begriff Bem. zu StGB Art. 260ter) unterstehenden Vermögenswerte mit grosser Wahrscheinlichkeit deliktischer Herkunft sind. Neben der rechtlichen reicht auch die tatsächliche Verfügungsmacht (Herrschaftsmöglichkeit und -willen) der Organisation aus. Der erste Satz dieser Bestimmung soll v.a. die rechtshilfeweise Einziehung der in der Schweiz befindlichen Vermögenswerte einer im Ausland operierenden Organisation ermöglichen. Die Bestimmung von Satz 2 trägt dem Umstand Rechnung, dass die durch organisierte Kriminalität erlangten Mittel vielfach formell Eigentum eines einzelnen Beteiligten bilden bzw. entsprechende Guthaben bei Banken usw. auf einen solchen lauten. Die Einziehung derartiger Vermögenswerte (zu denen auch jene von juristischen und natürlichen Personen gehören, die vom Betroffenen beherrscht werden) setzt voraus, dass sich dieser nach StGB Art. 260ter strafbar gemacht hat. Es wird vermutet, dass alle formell ihm zustehenden Werte in Wahrheit der Verfügungsmacht der Organisation unterstehen (was z.B. nicht zutrifft, wenn diese nur durch Erpressung an sie herankommen kann). Der Betroffene hat, um die Einziehung zu verhindern, den Gegenbeweis zu erbringen, z.B. zu belegen, dass er die dafür in Frage kommenden Objekte legal erworben hat.

Art. 73 6. Verwendung zu Gunsten des Geschädigten

¹ Erleidet jemand durch ein Verbrechen oder ein Vergehen einen Schaden, der nicht durch eine Versicherung gedeckt ist, und ist anzunehmen, dass der Täter den Schaden nicht ersetzen oder eine Genugtuung nicht leisten wird, so spricht das Gericht dem Geschädigten auf dessen Verlangen bis zur Höhe des Schadenersatzes beziehungsweise der Genugtuung, die gerichtlich oder durch Vergleich festgesetzt worden sind, zu:

a. die vom Verurteilten bezahlte Geldstrafe oder Busse;
b. eingezogene Gegenstände und Vermögenswerte oder deren Verwertungserlös unter Abzug der Verwertungskosten;
c. Ersatzforderungen;
d. den Betrag der Friedensbürgschaft.

² Das Gericht kann die Verwendung zu Gunsten des Geschädigten jedoch nur anordnen, wenn der Geschädigte den entsprechenden Teil seiner Forderung an den Staat abtritt.

3 Die Kantone sehen für den Fall, dass die Zusprechung nicht schon im Strafurteil möglich ist, ein einfaches und rasches Verfahren vor.

Art. 73: Diese Bestimmung entspricht grösstenteils StGB alt Art. 60. Neu ist, dass in Abs. 2 zusätzlich die Genugtuung erwähnt wird, was jedoch der Auslegung der bisherigen Bestimmung entspricht (BGE 123 IV 146). Zudem werden in Abs. 1 lit. b auch die «dem Staat verfallenden Zuwendungen» erfasst.

Die Verwendung zugunsten des Geschädigten gemäss StGB Art. 73 *muss* angeordnet werden, wenn die hier genannten Voraussetzungen erfüllt sind, insoweit der Täter nicht bereits Schadenersatz geleistet hat (vgl. BGE 117 IV 111, 123 IV 149).

Vierter Titel: Vollzug von Freiheitsstrafen und freiheitsentziehenden Massnahmen

Art. 74   1. Vollzugsgrundsätze

Die Menschenwürde des Gefangenen oder des Eingewiesenen ist zu achten. Seine Rechte dürfen nur so weit beschränkt werden, als der Freiheitsentzug und das Zusammenleben in der Vollzugseinrichtung es erfordern.

Art. 74 ff.: Übergangsrecht: Die Bestimmungen dieses Titels (StGB Art. 74–92) sind mit *Ausnahme der Regeln über die bed. Entlassung* (StGB Art. 86–89) auch auf rechtskräftige Urteile anwendbar, die vor dem 1.1.2007 ergangen sind (StGB Art. 388; Ziff. 1 Abs. 3 und Ziff. 2 Abs. 1 der Übergangsbestimmungen); vgl. die Bem. zur Revision im Allgemeinen bei StGB Art. 34 sowie zu StGB Art. 56, 61 und 65.

Die *Grundzüge* des Straf- und Massnahmevollzuges werden in einem eigenen Titel des StGB geregelt; die Umsetzung ist indessen Sache der Kantone (Botschaft, BBl 1999, 2109). Die auf dem ergänzenden kant. Recht beruhenden *Freiheitsbeschränkungen* müssen in einem kant. Gesetz oder Reglement festgelegt sein, welches das Regime in der Anstalt wenigstens in groben Zügen ordnet; sie haben dem Grundsatz der Verhältnismässigkeit zu entsprechen und dürfen nicht über das hinausgehen, was der Haftzweck und das normale Funktionieren der Strafanstalt erfordern: BGE 106 IV 280, 113 Ia 304, 118 IV 84, 129 I 76.

Art. 75   2. Vollzug von Freiheitsstrafen.
Grundsätze

1 Der Strafvollzug hat das soziale Verhalten des Gefangenen zu fördern, insbesondere die Fähigkeit, straffrei zu leben. Der Strafvollzug hat den allgemeinen Lebensverhältnissen so weit als möglich zu entsprechen, die Betreuung des Gefangenen zu gewährleisten, schädlichen Folgen des Freiheitsentzugs entgegenzuwirken und dem Schutz der Allgemeinheit, des Vollzugspersonals und der Mitgefangenen angemessen Rechnung zu tragen.

² Ist zu erwarten, dass der Täter zu einer unbedingten Freiheitsstrafe verurteilt wird, so kann ihm gestattet werden, den Vollzug vorzeitig anzutreten.

³ Die Anstaltsordnung sieht vor, dass zusammen mit dem Gefangenen ein Vollzugsplan erstellt wird. Dieser enthält namentlich Angaben über die angebotene Betreuung, die Arbeits- sowie die Aus- und Weiterbildungsmöglichkeiten, die Wiedergutmachung, die Beziehungen zur Aussenwelt und die Vorbereitung der Entlassung.

⁴ Der Gefangene hat bei den Sozialisierungsbemühungen und den Entlassungsvorbereitungen aktiv mitzuwirken.

⁵ Den geschlechtsspezifischen Anliegen und Bedürfnissen der Gefangenen ist Rechnung zu tragen.

⁶ Wird der Gefangene bedingt oder endgültig entlassen und erweist sich nachträglich, dass bei der Entlassung gegen ihn ein weiteres, auf Freiheitsstrafe lautendes und vollziehbares Urteil vorlag, so ist vom Vollzug der Freiheitsstrafe abzusehen, wenn:

a. sie aus einem von den Vollzugsbehörden zu vertretenden Grund nicht zusammen mit der andern Freiheitsstrafe vollzogen wurde;
b. der Gefangene in guten Treuen davon ausgehen konnte, dass bei seiner Entlassung kein weiteres auf Freiheitsstrafe lautendes und vollziehbares Urteil gegen ihn vorlag; und
c. damit die Wiedereingliederung des Gefangenen in Frage gestellt würde.

Art. 75 Abs. 1: Hauptziel bleibt die Spezialprävention. Die Bestimmung nennt indessen verschiedene weitere Vollzugsziele (wie den Schutz der Allgemeinheit), die teilweise zueinander in einem Spannungsverhältnis stehen (Botschaft, BBl 1999, 2110).

Abs. 2: Vorzeitiger Massnahmeantritt: StGB Art. 58 Abs. 1. Der vorzeitige Strafvollzug setzt die Einwilligung des Betroffenen voraus (vgl. Botschaft, BBl 1999, 2110). Die Bewilligung des vorzeitigen Strafantritts setzt voraus, dass der Zweck des Strafverfahrens nicht gefährdet ist (vgl. StPO-ZH § 71a Abs. 3); dies ist in der Regel dann der Fall, wenn keine Kollusionsgefahr mehr besteht. Dem Angeschuldigten bleibt die Möglichkeit, jederzeit seine Entlassung aus dem vorzeitigen Strafvollzug zu fordern, sofern etwa die eine Untersuchungshaft rechtfertigenden Gründe weggefallen sind (Botschaft, BBl 1999, 2110) bzw. wenn eine Überhaft droht.

Abs. 3: Zum Vollzugsplan bei Massnahmen: StGB Art. 90 Abs. 2

Abs. 5: Frauenspezifische Anliegen und Bedürfnisse bestehen u.a. bei der Frage der beruflichen Aus- und Weiterbildung (Botschaft, BBl 1999, 2110). Vgl. auch die Spezialvorschrift bezüglich abweichender Vollzugsformen bei einer Schwangerschaft, der Geburt und der Zeit unmittelbar danach (StGB Art. 80 Abs. 1 lit. b).

Art. 75a Besondere Sicherheitsmassnahmen

¹ Die Kommission nach Artikel 62d Absatz 2 beurteilt im Hinblick auf die Einweisung in eine offene Strafanstalt und die Bewilligung von Vollzugsöffnungen die Gemeingefährlichkeit des Täters, wenn:

a. dieser ein Verbrechen nach Artikel 64 Absatz 1 begangen hat; und

b. die Vollzugsbehörde die Frage der Gemeingefährlichkeit des Gefangenen nicht eindeutig beantworten kann.

² Vollzugsöffnungen sind Lockerungen im Freiheitsentzug, namentlich die Verlegung in eine offene Anstalt, die Gewährung von Urlaub, die Zulassung zum Arbeitsexternat oder zum Wohnexternat und die bedingte Entlassung.

³ Gemeingefährlichkeit ist anzunehmen, wenn die Gefahr besteht, dass der Gefangene flieht und eine weitere Straftat begeht, durch die er die physische, psychische oder sexuelle Integrität einer anderen Person schwer beeinträchtigt.

Art. 75a: Die ursprüngliche Fassung vom 13.12.2002 wurde vor Inkrafttreten durch die Fassung vom 24.3.2006 ersetzt, dazu Botschaft, BBl 2005, 4717 f. Die Überprüfung durch die Fachkommission (StGB Art. 62d Abs. 2) beschränkt sich auf Täter, die wegen Verbrechen verurteilt wurden, mit denen sie andere Personen körperlich, psychisch oder sexuell schwer beeinträchtigt haben oder beeinträchtigen wollten. Sie bezieht sich auf alle Vollzugsöffnungen, mit denen eine Gefahr für die Öffentlichkeit verbunden sein kann. Sie kann gemäss Abs. 1 lit. b entfallen, wenn bereits die Vollzugsbehörde die Frage nach der Gemeingefährlichkeit eines Täters eindeutig beantworten kann (Botschaft, BBl 2005, 2717).

Art. 76   Vollzugsort

¹ Freiheitsstrafen werden in einer geschlossenen oder offenen Strafanstalt vollzogen.

² Der Gefangene wird in eine geschlossene Strafanstalt oder in eine geschlossene Abteilung einer offenen Strafanstalt eingewiesen, wenn die Gefahr besteht, dass er flieht, oder zu erwarten ist, dass er weitere Straftaten begeht.

Art. 76: Offene Anstalten sind die bisher als offen oder halb-offen bezeichneten Vollzugseinrichtungen, welche über vergleichsweise geringe Sicherheitsvorkehren organisatorischer, personeller und baulicher Art verfügen (Botschaft, BBl 1999, 2112). Die Kantone sind *verpflichtet*, offene und geschlossene Einrichtungen zu betreiben (StGB Art. 377 Abs. 1).

Art. 77   Normalvollzug

Der Gefangene verbringt seine Arbeits-, Ruhe- und Freizeit in der Regel in der Anstalt.

Art. 77: Ausnahmen von der Regel, wonach sich ein Gefangener im Normalvollzug während 24 Stunden in der Strafanstalt aufhalten muss, sind möglich (Botschaft, BBl 1999, 2112). Betr. Urlaub vgl. StGB Art. 84 Abs. 6.

Art. 77a   Arbeitsexternat und Wohnexternat

¹ Die Freiheitsstrafe wird in der Form des Arbeitsexternats vollzogen, wenn der Gefangene einen Teil der Freiheitsstrafe, in der Regel mindestens die Hälfte, verbüsst hat und nicht zu erwarten ist, dass er flieht oder weitere Straftaten begeht.

² Im Arbeitsexternat arbeitet der Gefangene ausserhalb der Anstalt und verbringt die Ruhe- und Freizeit in der Anstalt. Der Wechsel ins Arbeitsexternat erfolgt in der Regel nach einem Aufenthalt von angemessener Dauer in einer offenen Anstalt oder der offenen Abteilung einer geschlossenen Anstalt. Als Arbeiten ausserhalb der Anstalt gelten auch Hausarbeit und Kinderbetreuung.

³ Bewährt sich der Gefangene im Arbeitsexternat, so erfolgt der weitere Vollzug in Form des Wohn- und Arbeitsexternats. Dabei wohnt und arbeitet der Gefangene ausserhalb der Anstalt, untersteht aber weiterhin der Strafvollzugsbehörde.

Art. 77a: Die Bestimmung regelt die sog. *Halbfreiheit* (Botschaft, BBl 1999, 2113). Eine Sonderregelung für die lebenslängliche Freiheitsstrafe fehlt in der Fassung vom 13.12.2002 (anders noch StGB alt Art. 37 Ziff. 3 Abs. 2: Vollzugserleichterungen in der Regel nach 10 Jahren). Betr. den Vollzug von Massnahmen im Wohn- und Arbeitsexternat: StGB Art. 90 Abs. 2bis. Der Vollzug kann auch privaten Anstalten übertragen werden: StGB Art. 379. Betr. die Aufgabe der Kantone: StGB Art. 377 Abs. 1; betr. die Kostentragung: StGB Art. 380 Abs. 2 lit. c und Abs. 3; betr. allfällige bewilligungspflichtige alternative Vollzugsformen (wie Electronic Monitoring): StGB Art. 387 Abs. 4. – Ausnahmen von der im Regelfall vorgesehenen Minimaldauer können nur mit Zurückhaltung gewährt werden: BGE 116 IV 278 (Verweigerung bei einem Gefangenen, bei dem angesichts seines vorangegangenen Verhaltens ein erhöhtes Rückfallrisiko besteht).

Art. 77b Halbgefangenschaft

Eine Freiheitsstrafe von sechs Monaten bis zu einem Jahr wird in der Form der Halbgefangenschaft vollzogen, wenn nicht zu erwarten ist, dass der Gefangene flieht oder weitere Straftaten begeht. Der Gefangene setzt dabei seine Arbeit oder Ausbildung ausserhalb der Anstalt fort und verbringt die Ruhe- und Freizeit in der Anstalt. Die für diese Vollzugsdauer notwendige Betreuung des Verurteilten ist zu gewährleisten.

Art. 77b: Bei der seit 1974 bekannten Vollzugsform der *Halbgefangenschaft* (bisher: VStGB 1 alt Art. 4 Abs. 3 und VStGB 3 alt Art. 1) arbeitet der Gefangene von Beginn des Strafvollzuges an (zumindest teilzeitlich) auswärts, er nimmt an einem Arbeitslosenprogramm teil, er absolviert eine Ausbildung oder er verrichtet Haus- und Erziehungsarbeit (vgl. § 26 der Justizvollzugsverordnung des Kantons Zürich). Diese Vollzugsform soll für Freiheitsstrafen mit einer Dauer von sechs bis zwölf Monaten die *Regel* sein, wenn nicht zu erwarten ist, dass der Gefangene flieht oder weitere Straftaten begeht (Botschaft, BBl 1999, 2114; betr. Freiheitsstrafen bis zu sechs Monaten, welche normalerweise ebenfalls in Form der Halbgefangenschaft zu verbüssen sind, vgl. StGB Art. 79 Abs. 1); sie stellt auch für Jugendstrafen von bis zu einem Jahr die Regel dar (JStG Art. 27 Abs. 1). Bei der Berechnung der Dauer ist die *Gesamtdauer* der gleichzeitig zu verbüssenden Strafen massgebend (betr. Halbgefangenschaft: BGE 113 IV 8); die Anrechnung der Dauer der *Untersuchungshaft* wird über StGB Art. 79 Abs. 1 erfasst.

Der *Vollzug* kann auch privaten Anstalten übertragen werden: StGB Art. 379. Betr. die Aufgabe der Kantone: StGB Art. 377 Abs. 1; betr. die Kostentragung: StGB Art. 380 Abs. 2 lit. c und Abs. 3; betr. allfällige bewilligungspflichtige alternative Vollzugsformen (wie Electronic Monitoring): StGB Art. 387 Abs. 4.

Art. 78 Einzelhaft

Einzelhaft als ununterbrochene Trennung von den anderen Gefangenen darf nur angeordnet werden:
a. bei Antritt der Strafe und zur Einleitung des Vollzugs für die Dauer von höchstens einer Woche;
b. zum Schutz des Gefangenen oder Dritter;
c. als Disziplinarsanktion.

Art. 78: Zur Isolation im Massnahmevollzug: StGB Art. 90 Abs. 1. Charakteristisch ist nicht die Unterbringung in einer Einer-Zelle (welche im Strafvollzug ohnehin die Regel ist), sondern die ununterbrochene *Isolation* von den Mitgefangenen, auch wenn das Gesetz den Begriff der Isolation bewusst nicht verwendet (Botschaft, BBl 1999, 2124). Wegen der Gefahr von Persönlichkeitsstörungen ist nur mit grösster Zurückhaltung zu diesem Mittel zu greifen (Botschaft, BBl 1999, 2114).

Art. 79 Vollzugsform für kurze Freiheitsstrafen

¹ Freiheitsstrafen von weniger als sechs Monaten und nach Anrechnung der Untersuchungshaft verbleibende Reststrafen von weniger als sechs Monaten werden in der Regel in der Form der Halbgefangenschaft vollzogen.

² Freiheitsstrafen von nicht mehr als vier Wochen können auf Gesuch hin tageweise vollzogen werden. Die Strafe wird in mehrere Vollzugsabschnitte aufgeteilt, die auf Ruhe- oder Ferientage des Gefangenen fallen.

³ Halbgefangenschaft und tageweiser Vollzug können auch in einer besonderen Abteilung eines Untersuchungsgefängnisses vollzogen werden.

Art. 79: Vgl. Botschaft, BBl 1999, 2114 f. An sich ist diese Bestimmung auf den Vollzug von Strafen nach StGB Art. 41 zugeschnitten, doch stellt sich die Frage, inwieweit die Voraussetzungen StGB Art. 79 überhaupt erfüllt sein können, wenn weder eine Geldstrafe noch gemeinnützige Arbeit in Betracht kommen. Hauptanwendungsfall dürften folglich unbed. Freiheitsstrafen mit einer Reststrafe nach Abzug der Untersuchungshaft von weniger als sechs Monaten sein, sofern keine Fluchtgefahr besteht. Als Vollzugsform für Jugendstrafen bis zu einem Jahr: JStG Art. 27 Abs. 1.

Abs 2: vgl. VStGB 1 alt Art. 4. Als Vollzugsform für Jugendstrafen bis zu einem Monat: JStG Art. 27 Abs. 1.

Art. 80 Abweichende Vollzugsformen

¹ Von den für den Vollzug geltenden Regeln darf zu Gunsten des Gefangenen abgewichen werden:
a. wenn der Gesundheitszustand des Gefangenen dies erfordert;
b. bei Schwangerschaft, Geburt und für die Zeit unmittelbar nach der Geburt;

c. zur gemeinsamen Unterbringung von Mutter und Kleinkind, sofern dies auch im Interesse des Kindes liegt.

² Wird die Strafe nicht in einer Strafanstalt, sondern in einer anderen geeigneten Einrichtung vollzogen, so untersteht der Gefangene den Reglementen dieser Einrichtung, soweit die Vollzugsbehörde nichts anderes verfügt.

Art. 80: Kompetenz des Bundesrates für den Erlass ergänzender Bestimmungen: StGB Art. 387 Abs. 1 lit. d.

Art. 80 Abs. 1 lit. a: Hafterstehungsunfähigkeit führt nicht zwingend zur Unterbrechung des Vollzuges. Pflege und Heilung eines kranken Strafgefangenen sind grundsätzlich im Rahmen des gegebenenfalls modifizierten Strafvollzuges durchzuführen: BGE 106 IV 323, vgl. ZR 85 (1986) Nr. 4 und RS 1987 Nr. 253 (kein Unterbruch wegen Risiko eines Selbstmordes). Ein Klinikaufenthalt zur Abklärung der Straferstehungsfähigkeit gilt als Strafhaft: RS 1981 Nr. 8. Der Strafvollzug muss nicht unterbrochen werden, wenn dem Gesundheitszustand des Inhaftierten durch Einweisung in eine Klinik Rechnung getragen werden kann: BGE 103 Ib 185; Anrechnung: SJZ 65 (1969) 348, RS 1975 Nr. 846/47. Zur Anrechnung von Massnahmen, die nach Überstellung des Verurteilten in sein Heimatland zur Fortsetzung des Strafvollzuges dort durchgeführt wurden: BGE 122 IV 53 (keine Anrechnung, wenn sie einer blossen Bewährungshilfe gleichkommen).

lit. b und c: vgl. Botschaft, BBl 1999, 2115 f.

Art. 81 Arbeit

¹ Der Gefangene ist zur Arbeit verpflichtet. Die Arbeit hat so weit als möglich seinen Fähigkeiten, seiner Ausbildung und seinen Neigungen zu entsprechen.

² Der Gefangene kann mit seiner Zustimmung bei einem privaten Arbeitgeber beschäftigt werden.

Art. 81 Abs. 1: Zum Arbeitsentgelt: StGB Art. 83; zur Beteiligung an den Vollzugskosten: StGB Art. 380 Abs. 2 lit. a. – Einem Insassen kann nicht völlig freigestellt werden, an welchen Kalendertagen er unter Berufung auf einen religiösen Feiertag Befreiung von der Arbeitspflicht beanspruchen kann und will, da dies dem Erfordernis der Einhaltung eines geordneten Anstaltsbetriebes widerspräche: BGE 129 I 82.

Abs. 2: Die Bestimmung nimmt Bezug auf Anstalten, die Gefangene im ordentlichen Strafvollzug *extern* bei privaten Arbeitgebern beschäftigen oder *anstaltsintern* Ateliers haben, die von privaten Arbeitgebern in Regie betrieben werden. Das Erfordernis der *Zustimmung* des Gefangenen in diesen Fällen vermeidet Schwierigkeiten mit dem Übereinkommen Nr. 29 vom 28.6.1930 über Zwangs- oder Pflichtarbeit (SR 0.822.713.9; dazu Botschaft, BBl 1999, 2116). – Der Entscheid, ob die Durchführung einer *beruflichen Eingliederungsmassnahme* mit dem Vollzug einer Freiheitsstrafe vereinbar ist, fällt in den Zuständigkeitsbereich der Strafvollzugsbehörde. Mit deren Einverständnis und unter Vorbehalt der von ihr gestellten Bedingungen ist die Zusprechung von Eingliederungsmassnahmen an einen Versicherten, der eine Freiheitsstrafe verbüsst, nicht ausgeschlossen (BGE 129 V 123).

Art. 82 Aus- und Weiterbildung

Dem Gefangenen ist bei Eignung nach Möglichkeit Gelegenheit zu einer seinen Fähigkeiten entsprechenden Aus- und Weiterbildung zu geben.

Art. 82: Vgl. StGB Art. 75 Abs. 3 betr. Vollzugsplan. Das Angebot an Aus- und Weiterbildung darf entweder in der Freizeit beansprucht werden, oder es kann die Arbeitspflicht ersetzen (StGB Art. 83 Abs. 3; vgl. Botschaft, BBl 1999, 2116).

Art. 83 Arbeitsentgelt

¹ Der Gefangene erhält für seine Arbeit ein von seiner Leistung abhängiges und den Umständen angepasstes Entgelt.

² Der Gefangene kann während des Vollzugs nur über einen Teil seines Arbeitsentgeltes frei verfügen. Aus dem anderen Teil wird für die Zeit nach der Entlassung eine Rücklage gebildet. Das Arbeitsentgelt darf weder gepfändet noch mit Arrest belegt noch in eine Konkursmasse einbezogen werden. Jede Abtretung und Verpfändung des Arbeitsentgeltes ist nichtig.

³ Nimmt der Gefangene an einer Aus- und Weiterbildung teil, welche der Vollzugsplan an Stelle einer Arbeit vorsieht, so erhält er eine angemessene Vergütung.

Art. 83 Abs. 1: Voraussetzungen des Anspruchs auf Verdienstanteil sind produktive Arbeit und gute Führung: BGE 106 IV 381 (verneint bei Flucht aus der Anstalt und Nichtrückkehr aus dem Urlaub; Berechnung der Höhe der Abzüge). Es besteht kein Anspruch auf eine der Arbeitsleistung angemessene Entlöhnung: BGE 106 Ia 360. Betr. sozialversicherungsrechtliche Eingliederungsmassnahmen: BGE 129 V 123.

Abs. 2: Aus dem sog. Pekulium sollen nicht nur die persönlichen Bedürfnisse des Strafgefangenen gedeckt werden; vielmehr soll dieser auch die Möglichkeit haben, seinen familienrechtlichen Verpflichtungen nachzukommen und Leistungen zur Wiedergutmachung zu erbringen; schliesslich muss er sich ein Startkapital für die Zeit nach der Haftentlassung ersparen (Botschaft, BBl 1999, 2117). – Verfügungen über Zahlungen aus dem Verdienstanteil eines Gefangenen bedürfen einer entsprechenden Vorschrift in der Anstaltsverordnung: BGE 103 Ia 414 (Kauf einer Brille). Aus dem frei verfügbaren Teil des Pekuliums hat der Strafgefangene, der die Umwandlung der Busse in eine Ersatzfreiheitsstrafe gemäss StGB Art. 106 Abs. 2 vermeiden will, eine Busse zu bezahlen, sofern ihn dies nicht allzu stark einschränkt und es ihm dadurch nicht verunmöglicht wird, für seine persönlichen Bedürfnisse während des Vollzugs aufzukommen (BGE 125 IV 236).

Abs. 3: Vollzugsplan: StGB Art. 75 Abs. 3.

Art. 84 Beziehungen zur Aussenwelt

¹ Der Gefangene hat das Recht, Besuche zu empfangen und mit Personen ausserhalb der Anstalt Kontakt zu pflegen. Der Kontakt mit nahe stehenden Personen ist zu erleichtern.

² Der Kontakt kann kontrolliert und zum Schutz der Ordnung und Sicherheit der Strafanstalt beschränkt oder untersagt werden. Die Überwachung von Besuchen ist ohne Wissen der Beteiligten nicht zulässig. Vorbehalten bleiben strafprozessuale Massnahmen zur Sicherstellung einer Strafverfolgung.

³ Geistlichen, Ärzten, Rechtsanwälten, Notaren und Vormündern sowie Personen mit vergleichbaren Aufgaben kann innerhalb der allgemeinen Anstaltsordnung der freie Verkehr mit den Gefangenen gestattet werden.

⁴ Der Kontakt mit Verteidigern ist zu gestatten. Besuche des Verteidigers dürfen beaufsichtigt, die Gespräche aber nicht mitgehört werden. Eine inhaltliche Überprüfung der Korrespondenz und anwaltlicher Schriftstücke ist nicht gestattet. Der anwaltliche Kontakt kann bei Missbrauch von der zuständigen Behörde untersagt werden.

⁵ Der Verkehr mit den Aufsichtsbehörden darf nicht kontrolliert werden.

⁶ Dem Gefangenen ist zur Pflege der Beziehungen zur Aussenwelt, zur Vorbereitung seiner Entlassung oder aus besonderen Gründen in angemessenem Umfang Urlaub zu gewähren, soweit sein Verhalten im Strafvollzug dem nicht entgegensteht und keine Gefahr besteht, dass er flieht oder weitere Straftaten begeht.

⁷ Vorbehalten bleiben Artikel 36 des Wiener Übereinkommens vom 24. April 1963 über konsularische Beziehungen sowie andere für die Schweiz verbindliche völkerrechtliche Regeln über den Besuchs- und Briefverkehr.

Art. 84: Die Bestimmung soll durch einen Abs. 6bis ergänzt werden, wonach lebenslänglich verwahrten Straftätern während des der Verwahrung vorausgehenden Strafvollzugs keine Urlaube oder andere Vollzugsöffnungen gewährt werden dürfen (BBl 2006, 921; vgl. BV Art. 123a Abs. 1); vgl. die Bem. zur Revision im Allgemeinen bei StGB Art. 34.

Abs. 1: Der Ausdruck «Kontakt» umfasst neben dem direkten persönlichen Kontakt auch Formen der brieflichen und telefonischen Kommunikation (Botschaft, BBl 1999, 2118).

Abs. 4: Gemäss Botschaft soll beim Sprechverkehr «höchstens» dasjenige überwacht werden dürfen, was optisch wahrgenommen werden könne. Eine solche Kontrolle könne z. B. in der Weise erfolgen, dass der Anwalt und der Gefangene mittels einer Trennscheibe oder einer Glaskabine von der beaufsichtigenden Person getrennt seien (Botschaft, BBl 1999, 2118); indessen setzen auch solche Einschränkungen des mündlichen Verkehrs sehr konkrete Anzeichen für einen Missbrauch voraus.

Abs. 6: *«Besondere Gründe»:* namentlich Urlaub zur Verrichtung unaufschiebbarer persönlicher, existenzerhaltender oder rechtlicher Angelegenheiten, für welche die Anwesenheit des Eingewiesenen ausserhalb der Anstalt unerlässlich ist (Botschaft, BBl 1999, 2119).

Abs. 7: vgl. SR 0.191.02

Art. 85   Kontrollen und Untersuchungen

¹ Die persönlichen Effekten und die Unterkunft des Gefangenen können zum Schutz der Ordnung und Sicherheit der Strafanstalt durchsucht werden.

² Beim Gefangenen, der im Verdacht steht, auf sich oder in seinem Körper unerlaubte Gegenstände zu verbergen, kann eine Leibesvisitation durchgeführt werden. Diese ist

von einer Person gleichen Geschlechts vorzunehmen. Ist sie mit einer Entkleidung verbunden, so ist sie in Abwesenheit der anderen Gefangenen durchzuführen. Untersuchungen im Körperinnern sind von einem Arzt oder von anderem medizinischem Personal vorzunehmen.

Art. 85: Zu beachten sind der Grundsatz der Verhältnismässigkeit und die Menschenwürde (vgl. StGB Art. 74).

Art. 86 Bedingte Entlassung.
a. Gewährung

¹ Hat der Gefangene zwei Drittel seiner Strafe, mindestens aber drei Monate verbüsst, so ist er durch die zuständige Behörde bedingt zu entlassen, wenn es sein Verhalten im Strafvollzug rechtfertigt und nicht anzunehmen ist, er werde weitere Verbrechen oder Vergehen begehen.

² Die zuständige Behörde prüft von Amtes wegen, ob der Gefangene bedingt entlassen werden kann. Sie holt einen Bericht der Anstaltsleitung ein. Der Gefangene ist anzuhören.

³ Wird die bedingte Entlassung verweigert, so hat die zuständige Behörde mindestens einmal jährlich neu zu prüfen, ob sie gewährt werden kann.

⁴ Hat der Gefangene die Hälfte seiner Strafe, mindestens aber drei Monate verbüsst, so kann er ausnahmsweise bedingt entlassen werden, wenn ausserordentliche, in der Person des Gefangenen liegende Umstände dies rechtfertigen.

⁵ Bei einer lebenslangen Freiheitsstrafe ist die bedingte Entlassung nach Absatz 1 frühestens nach 15, nach Absatz 4 frühestens nach zehn Jahren möglich.

Art. 86: Übergangsrecht: Die Bestimmungen über die *bed. Entlassung* (StGB Art. 86–89) werden von der Regel, wonach die Bestimmungen über den Vollzug (StGB Art. 74–92) auch auf rechtskräftige Urteile anwendbar sind, die vor dem 1.1.2007 ergangen sind, *nicht* erfasst (StGB Art. 388 Abs. 1, Ziff. 1 Abs. 3 der Übergangsbestimmungen); vgl. die Bem. zur Revision im Allgemeinen bei StGB Art. 34.

StGB Art. 86 ff. sind auf den zu vollziehenden Teil einer *teilbed. Strafe* (StGB Art. 43 Abs. 3) sowie auf den *verwahrten Täter* (StGB Art. 64 Abs. 2) *nicht* anwendbar. Beim verwahrten Täter kann allerdings das erkennende Gericht (und nicht die Vollzugsbehörde) die bed. Entlassung gemäss StGB Art. 64 Abs. 3 verfügen, wenn schon während des Vollzuges der Freiheitsstrafe zu erwarten ist, dass sich der Täter in Freiheit bewährt. Zur bed. Entlassung aus der Verwahrung nach verbüsster Freiheitsstrafe: StGB Art. 64a Abs. 1.

Abs. 1: Der *früheste Zeitpunkt* der bed. Entlassung berechnet sich auf Grund der Gesamtdauer der Strafen, die gemeinsam vollzogen werden (so bisher: VStGB 1 alt Art. 2 Abs. 5). Als verbüsste Strafzeit gilt auch die angerechnete Untersuchungshaft: BGE 110 IV 67; vgl. auch StGB Art. 89 Abs. 5. Zur Anrechnung einer teilweise im Ausland vollzogenen Sanktion (im konkreten Fall in Form einer Massnahme) vgl. BGE 122 IV 53.

In subjektiver Hinsicht ist primär massgeblich, dass dem Strafgefangenen eine *günstige Prognose* gestellt werden kann (Botschaft, BBl 1999, 2121), auch wenn das Gesetz das *«Verhalten im Strafvollzug»*, welches immerhin Rückschlüsse auf die Prognose zulassen kann (BGE 104 IV 282, vgl. auch BGE 103 Ib 27, 119 IV 6, 124 IV 195, 125 IV 115), auf die gleiche Stufe stellt. Die Prognose erfordert eine Gesamtwürdigung, in welcher das gesamte Vorleben, die Täterpersönlichkeit, das deliktische und sonstige Verhalten des Täters und die zu erwartenden Lebensverhältnisse zu prüfen sind (vgl. dazu BGE 128 IV 198 im Zusammenhang mit der Gewährung des bed. Strafvollzuges nach StGB Art. 42 Abs. 1). Hierbei fallen auch die seelische Einstellung, der Grad der Reife des Gefangenen sowie die Wirkungen von allfälligen Weisungen und Bewährungshilfe während der Probezeit ins Gewicht (BGE 124 IV 195 f.). Die Schwere eines möglichen Rückfalles ist in Rechnung zu stellen: BGE 103 Ib 27, 125 IV 116. Im *Regelfall* ist – entsprechend der bisherigen Praxis – von einer *günstigen Prognose* auszugehen. Die einer bed. Entlassung entgegenstehende «Annahme» einer Gefahr für die Begehung weiterer Straftaten muss zwar nicht einer Gewissheit gleichkommen. Immerhin hat eine derartige ungünstige Voraussage einer auf Tatsachen begründeten Wahrscheinlichkeit zu entsprechen (Botschaft, BBl 1999, 2120). – Prognose bei einem ausländischen Berufsverbrecher BGE 101 Ib 153, bei einem Alkoholiker BGE 101 Ib 454, bei Drogentätern BGE 104 IV 282 und 105 IV 167.

Eine (erneute) bed. Entlassung ist auch *nach Rückversetzung in den Strafvollzug* gemäss StGB Art. 89 Abs. 6 Satz 2 und 3 zulässig.

Abs. 2: Bei Delikten, die unter den Katalog von StGB Art. 64 Abs. 1 fallen, ist gemäss StGB Art. 75a die Zustimmung der *Fachkommission* einzuholen, wenn die Vollzugsbehörde die Frage der Gemeingefährlichkeit des Gefangenen nicht eindeutig beantworten kann; vgl. auch StGB Art. 87 Abs. 3. – *Anspruch auf rechtliches Gehör:* BGE 98 Ib 172, 99 Ib 349, 101 Ib 250 (persönliches Auftreten vor der entscheidenden Behörde), BGE 105 IV 166 (lässt Anhörung durch einen Sekretär genügen, statuiert aber andererseits auch ein Recht auf Akteneinsicht). Die einer bed. Entlassung entgegenstehenden Gründe sind im Entscheid in einer nachprüfbaren Art und Weise anzugeben (BGE 119 IV 8, 124 IV 198, 125 IV 115). – *Eidg. Rechtsmittel* gegen die Verweigerung der bed. Entlassung ist die Beschwerde in Strafsachen an das BGer (BGG Art. 78 Abs. 2 lit. b). Zur Beschwerde gegen die Entlassung eines Verurteilten ist die seinerzeit von ihm geschädigte Person nicht legitimiert: BGE 111 Ib 62; zur Beschwerdelegitimation der Behörden des Bundes vgl. BGG Art. 81 Abs. 3.

Abs. 4: Die Entlassung nach der Hälfte der Strafverbüssung stellt eine Ausnahme dar. Denkbare Anwendungsfälle: krankheitsbedingte beschränkte Lebenserwartung, sehr gefährlicher Einsatz im Rahmen einer Katastrophenhilfe (Botschaft, BBl 1999, 2122).

Art. 87   b. Probezeit

[1] Dem bedingt Entlassenen wird eine Probezeit auferlegt, deren Dauer dem Strafrest entspricht. Sie beträgt jedoch mindestens ein Jahr und höchstens fünf Jahre.

[2] Die Vollzugsbehörde ordnet in der Regel für die Dauer der Probezeit Bewährungshilfe an. Sie kann dem bedingt Entlassenen Weisungen erteilen.

[3] Erfolgte die bedingte Entlassung aus einer Freiheitsstrafe, die wegen einer Straftat nach Artikel 64 Absatz 1 verhängt worden war, und erscheinen bei Ablauf der Probezeit die Bewährungshilfe oder Weisungen weiterhin notwendig, um der Gefahr weiterer Straftaten dieser Art zu begegnen, so kann das Gericht auf Antrag der Vollzugsbe-

hörde die Bewährungshilfe oder die Weisungen jeweils um ein bis fünf Jahre verlängern oder für diese Zeit neue Weisungen anordnen. Die Rückversetzung in den Strafvollzug nach Artikel 95 Absatz 5 ist in diesem Fall nicht möglich.

Art. 87 Abs. 1: Durch die Herstellung des Bezugs zwischen Strafrest und Probezeit wird verdeutlicht, dass die Probezeit nach der bed. Entlassung ein Teil der Strafverbüssung ist (Botschaft, BBl 1999, 2122).

Abs. 2: Bewährungshilfe: StGB Art. 93; Weisungen: StGB Art. 94; zur Begründungspflicht StGB Art. 95 Abs. 2. Vgl. auch StGB Art. 44 Abs. 2 betr. bed. Strafvollzug. – Die Bewährungshilfe soll dem Betroffenen vor allem eine Hilfe sein; ihre Anordnung ist daher in weitem Umfang zulässig: BGE 118 IV 219. – Die bed. Entlassung eines Ausländers gibt diesem keinen Anspruch auf eine Aufenthaltsbewilligung: BGE 109 Ib 178. – Zulässige Weisungen: vgl. Bem. zu StGB Art. 94. – Bedeutung der Ablehnung einer Weisung durch den Entlassenen: BGE 101 Ib 454 (Prüfung, ob eine günstige Prognose in Verbindung mit einer anderen Weisung möglich ist).

Abs. 3: Das Gesetz lässt die Fragen offen, welches die Sanktionen sind, wenn die Auflagen nicht beachtet werden, da eine Rückversetzung in den Strafvollzug nicht in Frage kommt.

Art. 88   c. Bewährung

Hat sich der bedingt Entlassene bis zum Ablauf der Probezeit bewährt, so ist er endgültig entlassen.

Art. 88: Zur Bewährung beim bed. Strafvollzug: StGB Art. 45. Betr. allfällige Bewährungshilfe und Weisungen nach Ablauf der Probezeit: StGB Art. 87 Abs. 3.

Art. 89   d. Nichtbewährung

¹ Begeht der bedingt Entlassene während der Probezeit ein Verbrechen oder Vergehen, so ordnet das für die Beurteilung der neuen Tat zuständige Gericht die Rückversetzung an.

² Ist trotz des während der Probezeit begangenen Verbrechens oder Vergehens nicht zu erwarten, dass der Verurteilte weitere Straftaten begehen wird, so verzichtet das Gericht auf eine Rückversetzung. Es kann den Verurteilten verwarnen und die Probezeit um höchstens die Hälfte der von der zuständigen Behörde ursprünglich festgesetzten Dauer verlängern. Erfolgt die Verlängerung erst nach Ablauf der Probezeit, so beginnt sie am Tag der Anordnung. Die Bestimmungen über die Bewährungshilfe und die Weisungen sind anwendbar (Art. 93–95).

³ Entzieht sich der bedingt Entlassene der Bewährungshilfe oder missachtet er die Weisungen, so sind die Artikel 95 Absätze 3–5 anwendbar.

⁴ Die Rückversetzung darf nicht mehr angeordnet werden, wenn seit dem Ablauf der Probezeit drei Jahre vergangen sind.

⁵ Die Untersuchungshaft, die der Täter während des Verfahrens der Rückversetzung ausgestanden hat, ist auf den Strafrest anzurechnen.

Art. 90 Nr. 1 StGB

⁶ Sind auf Grund der neuen Straftat die Voraussetzungen für eine unbedingte Freiheitsstrafe erfüllt und trifft diese mit der durch den Widerruf vollziehbar gewordenen Reststrafe zusammen, so bildet das Gericht in Anwendung von Artikel 49 eine Gesamtstrafe. Auf diese sind die Regeln der bedingten Entlassung erneut anwendbar. Wird nur die Reststrafe vollzogen, so ist Artikel 86 Absätze 1–4 anwendbar.

⁷ Trifft eine durch den Entscheid über die Rückversetzung vollziehbar gewordene Reststrafe mit dem Vollzug einer Massnahme nach den Artikeln 59–61 zusammen, so ist Artikel 57 Absätze 2 und 3 anwendbar.

Art. 89: Vgl. die weiteren Regelungen betr. Nichtbewährung in StGB Art. 46 (bed. Strafvollzug), StGB Art. 95 Abs. 3–5 (Bewährungshilfe, Weisungen), StGB Art. 62a, 63a Abs. 3–4, 64a Abs. 3–4, 67a Abs. 2 (Massnahmen). Zum möglichen Verzicht auf die Rückversetzung, wenn die Voraussetzungen der Strafbefreiung erfüllt sind: StGB Art. 55 i.V. mit Art. 52–54.

Abs. 1: Das Gesetz geht von der Regel der Rückversetzung aus, wenn während der Probezeit ein Verbrechen oder Vergehen (nicht aber eine Übertretung) begangen wird. Der Grundsatz, wonach in der Regel (erst, dann aber zwingend) bei einer Verurteilung zu einer unbed. Freiheitsstrafe von über drei Monaten eine Rückversetzung zu erfolgen hatte (StGB alt Art. 38 Ziff. 4 Abs. 1), entfällt damit. Damit erübrigen sich Strafausscheidungen, wenn ein Teil der Delikte innerhalb, ein Teil ausserhalb der Probezeit verübt wurden (vgl. dazu BGE 129 IV 212). Zuständig für die Rückversetzung ist das *Gericht*, nicht die Vollzugsbehörde.

Abs. 2: Vgl. die analoge Regelung der Nichtbewährung bei bed. Strafen: StGB Art. 46 Abs. 2. Der Begriff *«Straftaten»* erfasst auch Übertretungen (anders als bei der Prognose im Rahmen von StGB Art. 42 Abs. 1). Zum Begriff der *günstigen Prognose* vgl. die Bem. zu StGB Art. 42; eine blosse «Zufallsstraftat» darf nicht unbesehen als Indiz für die Nichtbewährung bewertet werden (Botschaft, BBl 1999, 2123).

Abs. 4: Vgl. StGB Art. 46 Abs. 5.

Abs. 6: Zur Bildung einer Gesamtstrafe vgl. auch StGB Art. 46 Abs. 1 und 62a Abs. 2. Es ist nicht nachvollziehbar, weshalb die Übergangsbestimmungen nicht vorsehen, dass auch hinsichtlich altrechtlicher Entscheide eine Gesamtstrafe zu bilden ist; anders dagegen die Übergangsregelung betr. StGB Art. 46.

Art. 90 3. Vollzug von Massnahmen

¹ Eine Person, die sich im Vollzug einer Massnahme nach den Artikeln 59–61 befindet, darf nur dann ununterbrochen von den andern Eingewiesenen getrennt untergebracht werden, wenn dies unerlässlich ist:

a. als vorübergehende therapeutische Massnahme;
b. zum Schutz des Eingewiesenen oder Dritter;
c. als Disziplinarsanktion.

² Zu Beginn des Vollzugs der Massnahme wird zusammen mit dem Eingewiesenen oder seinem gesetzlichen Vertreter ein Vollzugsplan erstellt. Dieser enthält namentlich

Angaben über die Behandlung der psychischen Störung, der Abhängigkeit oder der Entwicklungsstörung des Eingewiesenen sowie zur Vermeidung von Drittgefährdung.

2bis Massnahmen nach den Artikeln 59–61 und 64 können in der Form des Wohn- und Arbeitsexternates vollzogen werden, wenn begründete Aussicht besteht, dass dies entscheidend dazu beiträgt, den Zweck der Massnahme zu erreichen, und wenn keine Gefahr besteht, dass der Eingewiesene flieht oder weitere Straftaten begeht. Artikel 77a Absätze 2 und 3 gilt sinngemäss.

3 Ist der Eingewiesene arbeitsfähig, so wird er zur Arbeit angehalten, soweit seine stationäre Behandlung oder Pflege dies erfordert oder zulässt. Die Artikel 81–83 sind sinngemäss anwendbar.

4 Für die Beziehungen des Eingewiesenen zur Aussenwelt gilt Artikel 84 sinngemäss, sofern nicht Gründe der stationären Behandlung weiter gehende Einschränkungen gebieten.

4bis Für die Einweisung in eine offene Einrichtung und für die Be-willigung von Vollzugsöffnungen gilt Artikel 75a sinngemäss.

5 Für Kontrollen und Untersuchungen gilt Artikel 85 sinngemäss.

Art. 90: Die ursprüngliche Fassung vom 13.12.2002 wurde vor Inkrafttreten durch die Fassung vom 24.3.2006 ergänzt (Abs. 2bis und 4bis, dazu Botschaft, BBl 2005, 4717 f.). Sie soll überdies durch einen Abs. 4ter ergänzt werden, wonach lebenslänglich verwahrten Straftätern keine Urlaube oder andere Vollzugsöffnungen gewährt werden dürfen (BBl 2006, 921; vgl. BV Art. 123a Abs. 1); vgl. die Bem. zur Revision im Allgemeinen bei StGB Art. 34.

Übergangsrecht: Diese Bestimmung ist (wie StGB Art. 74–85 und 91–96) auch auf rechtskräftige Urteile anwendbar, die vor dem 1.1.2007 ergangen sind (Ziff. 2 Abs. 1 der Übergangsbestimmungen); vgl. die Bem. zur Revision im Allgemeinen bei StGB Art. 34 sowie zu StGB Art. 56, 61 und 65.

Abs. 1: Vgl. StGB Art. 78 zur Isolationshaft im Strafvollzug. Der charakteristische Begriff der «Isolation» wird vom Gesetzgeber bewusst nicht verwendet (Botschaft, BBl 1999, 2124).

Abs. 2: Vgl. StGB Art. 75 Abs. 3 zum Vollzugsplan im Strafvollzug.

Abs. 2bis: Diese dem bisherigen Recht entsprechende Möglichkeit (VStGB 3 alt Art. 3) ging bei der Revision ursprünglich vergessen (Botschaft, BBl 2005, 4718).

Art. 91   4. Gemeinsame Bestimmungen.
Disziplinarrecht

1 Gegen Gefangene und Eingewiesene, welche in schuldhafter Weise gegen Strafvollzugsvorschriften oder den Vollzugsplan verstossen, können Disziplinarsanktionen verhängt werden.

2 Disziplinarsanktionen sind:

a. der Verweis;

b. der zeitweise Entzug oder die Beschränkung der Verfügung über Geldmittel, der Freizeitbeschäftigung oder der Aussenkontakte;

c. die Busse; sowie
d. der Arrest als eine zusätzliche Freiheitsbeschränkung.

³ Die Kantone erlassen für den Straf- und Massnahmenvollzug ein Disziplinarrecht. Dieses umschreibt die Disziplinartatbestände, bestimmt die Sanktionen und deren Zumessung und regelt das Verfahren.

Art. 91: Abs. 2 in der Fassung vom 13.12.2002 wurde vor Inkrafttreten anlässlich der Revision vom 24.3.2006 ergänzt (Busse).

Art. 92   Unterbrechung des Vollzugs

Der Vollzug von Strafen und Massnahmen darf aus wichtigen Gründen unterbrochen werden.

Art. 92: Bisheriges Recht: StGB alt Art. 40 Abs. 1 und alt Art. 45 Ziff. 5 wurden ohne materielle Änderungen zusammengefasst. Die bisher in StGB alt Art. 40 Abs. 2 erwähnte Verlegung in eine Heil- oder Pflegeanstalt wird neu in StGB Art. 80 Abs. 1 lit. a ansatzweise geregelt.

Fünfter Titel: Bewährungshilfe, Weisungen und freiwillige soziale Betreuung

Art. 93   Bewährungshilfe

¹ Mit der Bewährungshilfe sollen die betreuten Personen vor Rückfälligkeit bewahrt und sozial integriert werden. Die für die Bewährungshilfe zuständige Behörde leistet und vermittelt die hierfür erforderliche Sozial- und Fachhilfe.

² Personen, die in der Bewährungshilfe tätig sind, haben über ihre Wahrnehmungen zu schweigen. Sie dürfen Auskünfte über die persönlichen Verhältnisse der betreuten Person Dritten nur geben, wenn die betreute Person oder die für die Bewährungshilfe zuständige Person schriftlich zustimmt.

³ Die Behörden der Strafrechtspflege können bei der für die Bewährungshilfe zuständigen Behörde einen Bericht über die betreute Person einholen.

Art. 93 ff.: Übergangsrecht: Die Bestimmungen dieses Titels (StGB Art. 93–96) sind auch auf rechtskräftige Urteile anwendbar, die vor dem 1.1.2007 ergangen sind (Ziff. 1 Abs. 3 der Übergangsbestimmungen; vgl. die Bem. zur Revision im Allgemeinen bei StGB Art. 34).

Bewährungshilfe und Weisungen stellen eine besondere Art von flankierenden, ambulanten Massnahmen dar, die der Verminderung der Rückfallgefahr während einer Probezeit (vgl. StGB Art. 44 Abs. 2, 62 Abs. 3 und 4, 62a Abs. 5 lit. b und c, 64a Abs. 1, 87 Abs. 2) oder während einer ambulanten Behandlung in Freiheit (StGB Art. 63 Abs. 2) dienen (Botschaft, BBl 1999, 2126).

Art. 93 Abs. 2: Der Bewährungshelfer wird durch die OHG Art. 4 Abs. 1 nachgebildete Geheimhaltungspflicht nicht von jeglicher Pflicht enthoben, die Entwicklung der betreuten Person zu beobachten und darüber Bericht zu erstatten (StGB Art. 93 Abs. 3, Art. 95 Abs. 3; vgl. Botschaft, BBl 1999, 2127).

Art. 94 Weisungen

Die Weisungen, welche das Gericht oder die Strafvollzugsbehörde dem Verurteilten für die Probezeit erteilen kann, betreffen insbesondere die Berufsausübung, den Aufenthalt, das Führen eines Motorfahrzeuges, den Schadenersatz sowie die ärztliche und psychologische Betreuung.

Art. 94: Zur Problematik des Verhältnisses zum Berufs- und Fahrverbot vgl. die Bem. zu StGB Art. 67 ff. Gemäss Botschaft des Bundesrates sei eine Koordination mit der zum Entzug des Führerausweises kompetenten Verwaltungsbehörde «nicht unbedingt erforderlich», insbesondere ersetze der Entzug des Ausweises die Weisung nicht (Botschaft, BBl 1999, 2129).

Wahl und Inhalt müssen sich nach dem spezialpräventiven Zweck des bed. Strafvollzuges (Besserung, erzieherische Einwirkung) richten; unzulässig sind unerfüllbare oder unzumutbare Weisungen sowie solche, die vorwiegend darauf abzielen, dem Verurteilten Nachteile zuzufügen oder Dritte vor ihm zu schützen. Innerhalb der sich daraus ergebenden Schranken sind Wahl und Inhalt ins richterliche Ermessen gestellt: BGE 94 IV 12, 95 IV 123, 102 IV 8, 103 IV 136, 105 IV 206, 289, 106 IV 327, 108 IV 152 (Unzulässigkeit der Verpflichtung zu einer sühnenden Arbeitsleistung als Weisung), 130 IV 2 f.; vgl. auch BGE 107 IV 89.

Der Katalog ist beispielhaft (*«insbesondere»*). Zum *Fahrverbot* (vgl. auch StGB Art. 67b): BGE 94 IV 12, 100 IV 257, 106 IV 327, vgl. auch BGE 102 IV 9. – Zum *Berufsverbot* (vgl. auch StGB Art. 67): Gebot der Ausübung einer unselbständigen Erwerbstätigkeit (BGE 95 IV 122, 107 IV 89), Verbot des Betriebs von «Sex-Shops» (BGE 105 IV 289), Verbot beruflicher Aktivitäten mit Hanfprodukten (BGE 130 IV 1). – Zur Weisung der *Schadensdeckung*: BGE 92 IV 171 (Nichtbezahlung des Militärpflichtersatzes), 103 IV 136 (Einschränkung bei Vorliegen eines Konkursverlustscheines), 105 IV 204 (verfallene Alimente und Gebot der pünktlichen Bezahlung künftiger Unterhaltsleistungen), 105 IV 236 (Weisung ist auch dann zulässig, wenn der Richter nicht zur Beurteilung der Frage des Schadenersatzes angerufen wird und dieser auch noch nicht Gegenstand eines Zivilurteils oder Vergleichs war), 127 IV 145. – Zu Weisungen betr. *Alkoholproblematik*: BGE 101 Ib 454 (Aufsicht durch Alkoholfürsorger), 128 IV 199 (Alkoholtotalabstinenz). – Zur Weisung, sich einer *ambulanten Behandlung* zu unterziehen: StGB Art. 62 Abs. 3, 62a Abs. 5 lit. b (vgl. auch StGB Art. 63). – Die Kognition des BGer beschränkt sich auf Missbrauch und Überschreitung des Ermessens der kant. Behörden: BGE 106 IV 328. Bedeutung der Ablehnung einer Weisung durch den Betroffenen: BGE 101 Ib 454 (Prüfung, ob eine günstige Prognose in Verbindung mit einer anderen Weisung möglich ist).

Art. 95 Gemeinsame Bestimmungen

¹ Das Gericht und die Strafvollzugsbehörde können vor ihrem Entscheid über Bewährungshilfe und Weisungen einen Bericht der für die Bewährungshilfe und die Kontrolle

der Weisungen zuständigen Behörde einholen. Die betroffene Person kann zum Bericht Stellung nehmen. Abweichende Stellungnahmen sind im Bericht festzuhalten.

2 Die Anordnung von Bewährungshilfe und die Weisungen sind im Urteil oder im Entscheid festzuhalten und zu begründen.

3 Entzieht sich der Verurteilte der Bewährungshilfe oder missachtet er die Weisungen oder sind die Bewährungshilfe oder die Weisungen nicht durchführbar oder nicht mehr erforderlich, so erstattet die zuständige Behörde dem Gericht oder den Strafvollzugsbehörden Bericht.

4 Das Gericht oder die Strafvollzugsbehörde kann in den Fällen nach Absatz 3:

a. die Probezeit um die Hälfte verlängern;
b. die Bewährungshilfe aufheben oder neu anordnen;
c. die Weisungen ändern, aufheben oder neue Weisungen er-teilen.

5 Das Gericht kann in den Fällen nach Absatz 3 die bedingte Strafe widerrufen oder die Rückversetzung in den Straf- oder Massnahmenvollzug anordnen, wenn ernsthaft zu erwarten ist, dass der Verurteilte neue Straftaten begeht.

Art. 95: Vgl. StGB Art. 44 Abs. 2, 46 Abs. 2 (bed. Strafvollzug), 62 Abs. 3 (Entlassung aus stationärer therapeutischer Massnahme), 63 Abs. 2 (Entlassung ambulante Behandlung), 64a Abs. 1 und 2 (Entlassung aus Verwahrung), 87 (bed. Entlassung aus Strafvollzug).

Art. 95 Abs. 1: Die Bewährungshilfe und Weisungen sollen gezielt und nur bei nachgewiesenem Bedarf angeordnet werden (Botschaft, BBl 1999, 2130).

Abs. 2: Aus der (obligatorischen) Begründung muss namentlich hervorgehen, welche Ziele mit der Anordnung von Bewährungshilfe angestrebt werden (Schuldensanierung, Arbeitsplatzsuche usw.; vgl. Botschaft 1999, 2130).

Abs. 3: Vgl. die weiteren Regelungen betr. Nichtbewährung in StGB Art. 46 (bed. Strafvollzug), StGB Art. 62a (stationäre therapeutische Massnahmen), 63a Abs. 3–4 (ambulante Massnahmen), 64a Abs. 3–4 (Verwahrung), 66 Abs. 2 (Friedensbürgschaft), 67a Abs. 2 (Berufsverbot), 89 (bed. Entlassung aus Strafvollzug).

Auch wenn die vorgängige «förmliche Mahnung» im Gesetz in der Fassung vom 13.12.2002 nicht mehr erwähnt wird (dazu BGE 86 IV 4), kann von einem *«Entziehen»* oder *«Missachten»* erst dann die Rede sein, wenn sich eine vorgängige Mahnung als wirkungslos erwiesen hat.

Abs. 5: Entgegen der Auffassung in der Botschaft kommt ein Widerruf oder eine Rückversetzung nur in den Abs. 3 und an anderer Stelle im StGB genannten Fällen in Betracht (vgl. die Hinweise in Abs. 3) und nicht «aus irgendwelchen Gründen» (so aber Botschaft, BBl 1999, 2131); im neuen Recht kann eine entsprechende Anordnung nicht mehr erlassen werden, wenn das Vertrauen des Richters «auf andere Weise» getäuscht wird (vgl. StGB alt Art. 38 Ziff. 4 Abs. 2, alt Art. 41 Ziff. 3 Abs. 1, alt Art. 45 Ziff. 3 Abs. 3). Die Missachtung einer Weisung muss schuldhaft sein und eine zulässige Weisung betreffen: BGE 71 IV 179, 100 IV 197, 118 IV 333.

Zum möglichen Verzicht auf den Widerruf bzw. die Rückversetzung, wenn die Voraussetzungen der Strafbefreiung erfüllt sind: StGB Art. 55 i.V.m. Art. 52–54.

Art. 96　Soziale Betreuung

Die Kantone stellen für die Dauer des Strafverfahrens und des Strafvollzugs eine soziale Betreuung sicher, die freiwillig in Anspruch genommen werden kann.

Art. 96: Mit der Revision vom 13.12.2002 neu eingefügte Bestimmung; vgl. Botschaft, BBl 1999, 2132.

Sechster Titel: Verjährung

Art. 97　1. Verfolgungsverjährung. Fristen

¹ Die Strafverfolgung verjährt in:

a. 30 Jahren, wenn die Tat mit lebenslänglicher Freiheitsstrafe bedroht ist;

b. 15 Jahren, wenn die Tat mit einer Freiheitsstrafe von mehr als drei Jahren bedroht ist;

c. sieben Jahren, wenn die Tat mit einer anderen Strafe bedroht ist.

² Bei sexuellen Handlungen mit Kindern (Art. 187) und unmündigen Abhängigen (Art. 188) sowie bei Straftaten nach den Artikeln 111, 113, 122, 189–191, 195 und 196, die sich gegen ein Kind unter 16 Jahren richten, dauert die Verfolgungsverjährung in jedem Fall mindestens bis zum vollendeten 25. Lebensjahr des Opfers.

³ Ist vor Ablauf der Verjährungsfrist ein erstinstanzliches Urteil ergangen, so tritt die Verjährung nicht mehr ein.

⁴ Die Verjährung der Strafverfolgung von sexuellen Handlungen mit Kindern (Art. 187) und unmündigen Abhängigen (Art. 188) sowie von Strafverfolgungen nach den Artikeln 111–113, 122, 189–191, 195 und 196, die sich gegen ein Kind unter 16 Jahren richten, bemisst sich nach den Absätzen 1–4, wenn die Straftat vor dem Inkrafttreten der Änderung vom 5. Oktober 2001 begangen worden ist und die Verfolgungsverjährung zu diesem Zeitpunkt noch nicht eingetreten ist.

Art. 97 ff.: Die Bestimmungen über die Verfolgungsverjährung wurden bereits im Jahre 2002 umfassend revidiert; diese Änderungen (StGB alt Art. 70 f.) traten am 1.10.2002 in Kraft (vgl. dazu ZStrR 120 [2002] 321 ff.). Die Änderungen vom 13.12.2002 stellen primär Anpassungen an die abgeschaffte Differenzierung zwischen Zuchthaus und Gefängnis dar. Zur Verjährung von Übertretungen (3 Jahre) vgl. StGB Art. 109. Zur Nebenstrafgesetzgebung vgl. StGB Art. 333 Abs. 6. Zum Einfluss der Verjährungsfristen bei noch nicht ganz verjährten Delikten auf die Strafzumessung: Strafmilderung nach StGB Art. 48 lit. e; dazu BGE 132 IV 4.

Die per 1.10.2002 aufgehobenen Bestimmungen werden noch längere Zeit anwendbar sein, da das alte Recht in der Regel das mildere ist und der Grundsatz der «lex mitior» auch bei der Verjährung zur Anwendung gelangt (StGB Art. 389; vgl. BGE 129 IV 51, 130 IV 102, 131 IV 89 f.). Im alten Recht

(StGB alt Art. 70) betrugen die relativen Verjährungsfristen 20 (lit. a), 10 (lit. b) und 5 Jahre (lit. c), die absoluten Verjährungsfristen das Anderthalbfache der relativen Fristen.

Unverjährbare Delikte: StGB Art. 101. Kürzere Verjährung bei StGB Art. 118 Abs. 1 und 3 i.V. mit Abs. 4 (3 Jahre), 178 (4 Jahre, vgl. dazu BGE 116 IV 81), 296 und 297 i.V.m. 302 Abs. 3 (2 Jahre) und in der Nebenstrafgesetzgebung. Verjährung im Abwesenheitsverfahren: ZStrR 113 (1995) 161. Das Jugendstrafrecht enthält besondere Bestimmungen über die Verfolgungs- und Vollstreckungsverjährung (JStG Art. 36 f.); im Übrigen ist das Verjährungsrecht des StGB analog anwendbar (JStG Art. 1 Abs. 2 lit. j). – Zur Berechnung der Frist StGB Art. 110 Abs. 6. Der Tag des Fristbeginns wird nicht mitgezählt: BGE 107 Ib 75.

Art. 97 Abs. 1: Massgebend für die Dauer der Verjährungsfrist ist die vom Gesetz auf die betr. Tat angedrohte Höchststrafe unter Berücksichtigung der auf objektiven Kriterien beruhenden Schärfungs- und Milderungsgründe des Besonderen Teils des StGB, nicht die Strafe, welche der Täter nach den Grundsätzen der Strafzumessung (StGB Art. 47 ff.) im Einzelfall verwirkt hat: BGE 108 IV 42; vgl. auch StGB Art. 266bis und 273 Abs. 3, wo in «schweren Fällen» eine längere Verjährungsfrist gilt.

Abs. 2 und 4: Bei Gewalt- und Sexualdelikten an Kindern soll die allgemeine Verjährungsregelung, welche für die in dieser Bestimmung erwähnten Delikte (mit Ausnahme von StGB Art. 188) eine Frist von 15 Jahren vorsieht, nicht ausreichen, da Kinder bei solchen Straftaten oft erst nach Ablauf der Verjährungsfristen in der Lage seien, strafrechtlich gegen die Täter vorzugehen, insbesondere wenn diese aus dem familiären oder sozialen Umfeld stammen (BBl 2000, 2957). Dies ist an sich richtig. Faktische Konsequenzen hat diese Regelung indessen nur dann, wenn ein Delikt gegenüber einem Kind von unter 10 Jahren untersucht werden muss; die Beschränkung im Gesetzestext auf Kinder unter 16 Jahren ist demgemäss sinnlos. Ob diese Neuregelung aus dem Jahre 2002, betr. StGB Art. 187 schon die dritte seit 1992, wirklich im Interesse der Opfer ist, ist zumindest fraglich; vgl. ZStrR 120 (2002) 332. Ein Sonderfall ist StGB Art. 188; hier wird die allgemeine Verjährungsfrist von 7 auf maximal 9 Jahre verlängert.

Abs. 3: Dem Wortlaut der Bestimmung kann entnommen werden, dass die Verjährung selbst dann nicht mehr eintreten kann, wenn ein freisprechendes erstinstanzliches Urteil ergeht und dieses allenfalls angefochten wird. Der Lauf der Verjährung endet bereits mit der *Fällung* und nicht erst mit der Eröffnung des erstinstanzlichen Urteils, dies unter der Voraussetzung, dass das Urteil überhaupt je eröffnet wird; ausserdem wäre von dieser Regel abzuweichen, wenn zwischen der Fällung und Eröffnung ein so grosser Zeitraum läge, dass er mit Blick auf die Dauer der massgeblichen Verjährungsfrist nicht ausser Acht gelassen werden kann (BGE 130 IV 105 f.). Ein *Strafbefehl* ist nur dann ein erstinstanzliches Urteil, wenn er in Rechtskraft erwächst (Botschaft, BBl 1999, 2134; vgl. die analoge Regelung in StGB Art. 33 Abs. 2 betr. Rückzug des Strafantrages; dazu 92 IV 163); das BGer liess diese Frage allerdings noch offen (BGE 129 IV 52). Wirkung der Verjährung: RS 1991 Nr. 11 (das Verfahren muss eingestellt werden, nicht Freispruch). Ob die Verjährung eintrat, ist Rechtsfrage: BGE 97 IV 157.

Für die nach dem (per 1.10.2002 revidierten) *alten Recht* ergehenden Entscheide gilt nach wie vor Folgendes: Letztinstanzliche verurteilende Entscheide, die mit keinem kantonalen ordentlichen Rechtsmittel mehr angefochten werden können, schliessen die Strafverfolgung auch dann ab, wenn gegen sie die Beschwerde an das BGer ergriffen wird: BGE 100 Ia 303, 105 IV 309. Die gleiche Wirkung kommt schon erstinstanzlichen Urteilen zu, sofern gegen sie im Kanton nur ein ausserordentliches Rechtsmittel zur Verfügung steht; entscheidend ist die formelle Rechtskraft, nicht die

Vollstreckbarkeit des Urteils. Das dagegen bestehende Rechtsmittel ist ausserordentlich, wenn ihm vorwiegend der Devolutiveffekt abgeht. Das bestimmt sich nach kantonalem Recht: BGE 105 IV 310, 111 IV 89. – Hebt das BGer auf Beschwerde des Verurteilten hin einen Entscheid auf und weist es die Sache zur Fortsetzung der Strafverfolgung an das kant. Gericht zurück, so beginnt der noch nicht abgelaufene Teil der Verfolgungsverjährung von der Eröffnung des Bundesgerichtsentscheides an weiter zu laufen (BGE 92 IV 173, 111 IV 90, 129 IV 313), soweit die Gutheissung der Beschwerde mit dem in Frage stehenden Tatbestand in Zusammenhang steht: BGE 92 IV 173, 111 IV 90, 129 IV 313 f., SJZ 102 (2006) 237; das Gleiche gilt bei Aufhebung eines Entscheides durch eine kant. Kassationsinstanz: BGE 111 IV 89. – Kein erneutes Aufleben der Verfolgungsverjährung im Wiederaufnahmeverfahren zugunsten des Verurteilten: BGE 85 IV 170. – Bei Abschluss eines Verfahrens durch Einstellung oder Freispruch läuft die Verfolgungsverjährung weiter, auch wenn der Ankläger Beschwerde ans BGer erhebt: BGE 97 IV 157 (vgl. BGE 111 IV 90), ebenso bei kantonalzürcherischer Nichtigkeitsbeschwerde des Anklägers gegen einen Freispruch: ZR 87 (1988) Nr. 98.

Für altrechtliche Fälle ist zudem nach wie vor die Regelung betr. das Ruhen und die Unterbrechung der Verjährung gemäss alt Art. 72 von Relevanz. Die Fristen stehen still, solange der Täter im Ausland eine Freiheitsstrafe verbüsst (StGB alt Art. 72 Ziff. 1; vgl. zudem BGE 90 IV 63), und es beginnt eine neue relative Verjährungsfrist zu laufen, wenn die Strafverfolgungsbehörden Tätigkeiten vornehmen, die dem Fortgang des Verfahrens dienen und nach aussen in Erscheinung treten (StGB alt Art. 72 Ziff. 2; dazu BGE 126 IV 7 m.w.H.).

Art. 98 Beginn

Die Verjährung beginnt:
a. mit dem Tag, an dem der Täter die strafbare Tätigkeit ausführt;
b. wenn der Täter die strafbare Tätigkeit zu verschiedenen Zeiten ausführt, mit dem Tag, an dem er die letzte Tätigkeit ausführt;
c. wenn das strafbare Verhalten dauert, mit dem Tag, an dem dieses Verhalten aufhört.

Art. 98: Die Bestimmung entspricht vollumfänglich StGB alt Art. 71.

lit. a: Der Tag, mit dem die Verjährungsfrist beginnt, wird nicht mitgezählt: BGE 97 IV 238, 107 Ib 75. – Beginn der Verjährung bei Antragsdelikten: BGE 69 IV 74 (nicht erst im Zeitpunkt der Antragstellung), bei Delikten mit objektiven Strafbarkeitsbedingungen: BGE 101 IV 20 (nicht erst der Tag, an dem die objektive Strafbarkeitsbedingung eintritt; vgl. auch BGE 103 IV 233, 109 IV 116), bei mittelbarer Täterschaft und Anstiftung: BGE 69 IV 63 (mit der Tat des Werkzeuges bzw. Angestifteten), bei Mitwirkung mehrerer Personen als Mittäter oder Teilnehmer: BGE 102 IV 81 (Setzen des letzten Teilaktes, der unter das gesetzlich umschriebene strafbare Verhalten fällt, durch einen der Beteiligten), bei Unterlassungsdelikten: BGE 107 IV 10, ZR 66 (1967) Nr. 145 (Tag, an dem oder bis zu welchem der Täter hätte handeln sollen). Mit dem Wegwerfen von Geschäftsbüchern beginnt die Verjährung wegen Verletzung der Aufbewahrungspflicht nach StGB Art. 325 (Übertretung) zu laufen: BGE 131 IV 64.

lit. b: Auf diese Bestimmung stützte das BGer die Figur der sog. Einheitstaten (BGE 126 IV 142, 127 IV 54, 129 II 393, vgl. dazu 131 IV 90 f., 132 IV 53). Unter den Begriff der Einheitstaten fielen Straftaten, die gleichartig sowie gegen das gleiche Rechtsgut gerichtet waren und ein andauerndes pflichtwidriges Verhalten bildeten. Ob dies zutraf, hatte der Richter im konkreten Einzelfall zu prüfen, wobei auch die konkreten Umstände des Sachverhalts Bedeutung erlangen konnten. Jedenfalls musste aber die andauernde Pflichtverletzung von dem in Frage stehenden Straftatbestand ausdrücklich oder sinngemäss mitumfasst sein (zur Kasuistik vgl. auch BGE 131 IV 91): BGE 117 IV 208 (ungetreue Geschäftsführung), 120 IV 6 (sexuelle Handlungen mit Kindern), 126 IV 143 (Bestechungshandlungen), 126 IV 266 (Drogenhandel). Eine Serie von Veruntreuungen konnte grundsätzlich ebenfalls eine verjährungsrechtliche Einheit bilden, es sei denn, die Delikte richteten sich gegen verschiedene Personen und ergaben sich aus unterschiedlichen Rechtsverhältnissen (BGE 124 IV 6, 127 IV 55). Nach BGE 124 IV 60 bildeten hingegen die einzelnen strafbaren Handlungen im Rahmen eines gewerbsmässigen Deliktes keine verjährungsrechtliche Einheit.

Das BGer hat nun aber die der Rechtsfigur der verjährungsrechtlichen Einheit richtigerweise *aufgegeben* (BGE 131 IV 93, 132 IV 54 f.). In gewissen Fällen können indessen nach wie vor mehrere tatsächliche Handlungen als Einheit qualifiziert werden. Zunächst ist an Fälle der *tatbestandlichen Handlungseinheit* zu denken. Eine solche liegt vor, wenn das tatbestandsmässige Verhalten schon begrifflich, faktisch oder doch typischerweise mehrere Einzelhandlungen voraussetzt (z.B. Raub nach StGB Art. 140). Ausserdem kann der Tatbestand ein *typischerweise länger dauerndes Verhalten* umschreiben, das aus mehreren Einzelhandlungen besteht (z.B. StGB Art. 165, 272 und 274). Ferner bildet bei *Dauerdelikten* im Sinne von StGB Art. 98 lit. c die Handlung, die den rechtswidrigen Zustand herbeiführt, eine Einheit mit den weiteren Akten, die zur Aufrechterhaltung des rechtswidrigen Zustandes notwendig sind. Schliesslich sind mehrere Einzelhandlungen rechtlich ebenfalls als Einheit anzusehen, wenn sie auf einem *einheitlichen Willensakt* beruhen und wegen des *engen räumlichen und zeitlichen Zusammenhangs* bei objektiver Betrachtung noch als ein einheitliches zusammengehörendes Geschehen erscheinen (so genannte natürliche Handlungseinheit; vgl. dazu BGE 118 IV 91 E. 4a). Dazu zählen namentlich Fälle der iterativen Tatbestandsverwirklichung (z.B. eine «Tracht Prügel») oder der sukzessiven Tatbegehung (z.B. Besprayen einer Mauer mit Graffiti in mehreren aufeinander folgenden Nächten; diskutabel). Eine natürliche Handlungseinheit fällt jedoch ausser Betracht, wenn zwischen den einzelnen Handlungen – selbst wenn diese aufeinander bezogen sind – ein längerer Zeitraum liegt (BGE 131 IV 93 f., 132 IV 54).

lit. c: Ein *Dauerdelikt* liegt vor, wenn die Begründung des rechtswidrigen Zustandes mit den Handlungen, die zu seiner Aufrechterhaltung vorgenommen werden, bzw. mit der Unterlassung seiner Aufhebung eine Einheit bildet und das auf Perpetuierung des deliktischen Erfolgs gerichtete Verhalten vom betr. Straftatbestand ausdrücklich oder sinngemäss umfasst wird: BGE 84 IV 17 (Hausfriedensbruch, Freiheitsberaubung), 93 IV 95 (nicht Ehrverletzung), 105 IV 237 (nicht Mehrfachehe), BGE 131 IV 93, 132 IV 55 f. Anwendung auf Erschleichung eines gerichtlichen Nachlassvertrages (StGB Art. 170): BGE 109 IV 116.

Art. 99 2. Vollstreckungsverjährung.
Fristen

¹ Die Strafen verjähren in:
a. 30 Jahren, wenn eine lebenslängliche Freiheitsstrafe ausgesprochen wurde;
b. 25 Jahren, wenn eine Freiheitsstrafe von zehn oder mehr Jahren ausgesprochen wurde;
c. 20 Jahren, wenn eine Freiheitsstrafe von mindestens fünf und weniger als zehn Jahren ausgesprochen wurde;
d. 15 Jahren, wenn eine Freiheitsstrafe von mehr als einem und weniger als fünf Jahren ausgesprochen wurde;
e. fünf Jahren, wenn eine andere Strafe ausgesprochen wurde.

² Die Verjährungsfrist einer Freiheitsstrafe verlängert sich:
a. um die Zeit, während der sich der Täter im ununterbrochenen Vollzug dieser oder einer anderen Freiheitsstrafe oder Massnahme, die unmittelbar vorausgehend vollzogen wird, befindet;
b. um die Dauer der Probezeit bei bedingter Entlassung.

Art. 99 f.: Die Fristen wurden im Wesentlichen aus dem bisherigen Recht (StGB alt Art. 73–75) übernommen. Indessen wurde die Unterscheidung zwischen relativen und absoluten Verjährungsfristen bei der Vollstreckungs- wie zuvor schon bei der Verfolgungsverjährung aufgegeben. Die Fristen können sich jedoch nach Massgabe von StGB Art. 99 Abs. 2 «verlängern»; die Fristen können also nach wie vor ruhen, aber nicht mehr unterbrochen werden (vgl. StGB alt Art. 75). Da das neue Recht keine Nebenstrafen mehr kennt, konnte auf eine diesbezügliche Regelung verzichtet werden.

Zur Verjährung von Übertretungsstrafen (Frist neu 3 Jahre) vgl. StGB Art. 109. Zum Verwaltungsstrafrecht und zur Nebenstrafgesetzgebung vgl. VStrR Art. 11 und StGB Art. 333 Abs. 6. Zur Sonderregelung in StGB alt Art. 45 Ziff. 6 betr. die Verwahrung gestützt auf StGB alt Art. 42 (und nicht auch auf StGB alt Art. 43): BGE 126 IV 1. – Zum Jugendstrafrecht vgl. JStG Art. 37.

Art. 99 Abs. 1: Das Beschleunigungsgebot ist auch im Rahmen des Strafvollzuges zu beachten. Das Gesetz geht indessen davon aus, dass eine rechtskräftige Strafe bis zum Ablauf dieser Dauer vollstreckt werden kann. Das Beschleunigungsgebot ist nicht schon deshalb verletzt, weil eine Strafe erst kurz vor dem Ende der Vollstreckungsverjährung vollzogen wird (BGE 130 I 273 f.).

Abs. 2: Nach dem vor dem 1.10.2002 anwendbaren Recht ruhte die Verjährung auch dann, wenn einer Nichtigkeitsbeschwerde an das BGer aufschiebende Wirkung zuerkannt wurde (BStP alt Art. 272 Abs. 7): BGE 92 IV 173; vgl. auch BGE 101 Ia 109, 303. Diese Praxis lässt sich indessen mit der neuen Formulierung von StGB Art. 99 Abs. 2 nicht mehr vereinbaren.

Für nach *altem Recht* ergangene Urteile ist nach wie vor Folgendes zu beachten: Unterbruch der Verjährung auch durch ein aussichtsloses Gesuch um Einleitung eines Auslieferungsverfahrens: RS 1975 Nr. 869, durch später widerrufene Vorladung zum Strafantritt: RS 1988 Nr. 462. Bei Bussen gelten als Unterbrechungshandlungen alle zur Eintreibung der Busse vorgenommenen Akte, die nach aussen in Erscheinung treten, so die Zahlungsaufforderung, die Mahnung, die Betreibung, das Pfändungsbegehren und das Gesuch um Umwandlung der Busse in Haft: BGE 124 IV 207.

Art. 100 Beginn

Die Verjährung beginnt mit dem Tag, an dem das Urteil rechtlich vollstreckbar wird. Bei der bedingten Strafe oder beim vorausgehenden Vollzug einer Massnahme beginnt sie mit dem Tag, an dem der Vollzug der Strafe angeordnet wird.

Art. 100: Die Bestimmung entspricht vollumfänglich StGB alt Art. 74.

Der Eintritt der Vollstreckbarkeit bestimmt sich nach kant. Recht. Massgebend ist der Zeitpunkt der Ausfällung, nicht der Eröffnung des vollstreckbaren Entscheides: BGE 101 IV 392; vgl. auch BGE 130 IV 104. Der Beginn der Vollstreckungsverjährung fällt in der Regel nicht mit dem Ende der Verfolgungsverjährung zusammen.

Sieht man von den in Satz 2 explizit geregelten Sonderfällen ab, sind allfällige nachträgliche Vollzugsentscheide nicht massgeblich. Die Verjährung beginnt also immer mit dem Urteil zu laufen, auch wenn nachträglich noch Umwandlungsentscheide (gestützt auf StGB Art. 36, 39 bzw. 106 Abs. 5 StGB) gefällt werden (vgl. BGE 105 IV 16 zur Umwandlung von Busse in Haft).

Wenn bei einer bed. ausgesprochenen Freiheitsstrafe nach Ablauf der Probezeit drei Jahre verstrichen sind, darf der Vollzug der aufgeschobenen Strafe nicht mehr angeordnet werden (StGB Art. 46 Abs. 5). Wird eine ambulante Behandlung infolge eines behördlichen Fehlverhaltens während vieler Jahre nicht durchgeführt, so wäre es stossend und im Widerspruch zum Beschleunigungsgebot, nach Jahr und Tag den Vollzug einer aufgeschobene Strafe noch anzuordnen, die, wäre sie nicht aufgeschoben worden, schon lange verjährt wäre (BGE 130 I 275).

Art. 101 3. Unverjährbarkeit

¹ Keine Verjährung tritt ein für Verbrechen, die:

a. auf die Ausrottung oder Unterdrückung einer Bevölkerungsgruppe aus Gründen ihrer Staatsangehörigkeit, Rasse, Religion oder ihrer ethnischen, sozialen oder politischen Zugehörigkeit gerichtet waren;
b. in den Genfer Übereinkommen vom 12. August 1949 und den andern von der Schweiz ratifizierten internationalen Vereinbarungen über den Schutz der Kriegsopfer als schwer bezeichnet werden, sofern die Tat nach Art ihrer Begehung besonders schwer war; oder
c. als Mittel zu Erpressung oder Nötigung Leib und Leben vieler Menschen in Gefahr brachten oder zu bringen drohten, namentlich unter Verwendung von Massenvernichtungsmitteln, Auslösen von Katastrophen oder in Verbindung mit Geiselnahmen.

² Wäre die Strafverfolgung bei Anwendung der Artikel 97 und 98 verjährt, so kann das Gericht die Strafe mildern.

³ Die Absätze 1 und 2 gelten, wenn die Strafverfolgung oder die Strafe am 1. Januar 1983 nach dem bis zu jenem Zeitpunkt geltenden Recht noch nicht verjährt war.

Art. 101 Abs. 1 lit. c: Im Gegensatz zu StGB alt Art. 75bis Abs. 1 Ziff. 3 StGB setzt diese Bestimmung voraus, dass sich das Delikt gegen das Leben *vieler* Menschen richtet; die unterste Grenze soll bei 20 Personen liegen (Botschaft, BBl 1999, 2136; vgl. auch BGE 108 IV 66 sowie StGB Art. 156 Ziff. 4, 185 Ziff. 3 und BetmG Art. 19 Ziff. 2).

Abs. 2: Vgl. StGB Art. 48a. Die Bestimmung betr. die Strafmilderung wurde redaktionell angepasst.

Abs. 3: Von dieser Einschränkung ausgenommen sind gemäss IRSG Art. 110 Abs. 3 die Auslieferung und andere Formen der internationalen Rechtshilfe (BGE 126 II 156 f.). Der Grundsatz, dass bei einer längeren strafrechtlichen Verjährung diese auch für den Zivilanspruch gilt, kann im Zusammenhang mit StGB Art. 101 nicht verallgemeinernd übernommen werden (BGE 126 II 157).

Siebenter Titel: Verantwortlichkeit des Unternehmens

Art. 102 Strafbarkeit

¹ Wird in einem Unternehmen in Ausübung geschäftlicher Verrichtung im Rahmen des Unternehmenszwecks ein Verbrechen oder Vergehen begangen und kann diese Tat wegen mangelhafter Organisation des Unternehmens keiner bestimmten natürlichen Person zugerechnet werden, so wird das Verbrechen oder Vergehen dem Unternehmen zugerechnet. In diesem Fall wird das Unternehmen mit Busse bis zu 5 Millionen Franken bestraft.

² Handelt es sich um eine Straftat nach den Artikeln 260ter, $260^{quinquies}$, 305bis, 322ter, $322^{quinquies}$ oder $322^{septies}$ Absatz 1 oder um eine Straftat nach Artikel 4a Absatz 1 Buchstabe a des Bundesgesetzes vom 19. Dez. 1986 gegen den unlauteren Wettbewerb, so wird das Unternehmen unabhängig von der Strafbarkeit natürlicher Personen bestraft, wenn dem Unternehmen vorzuwerfen ist, dass es nicht alle erforderlichen und zumutbaren organisatorischen Vorkehren getroffen hat, um eine solche Straftat zu verhindern.

³ Das Gericht bemisst die Busse insbesondere nach der Schwere der Tat und der Schwere des Organisationsmangels und des angerichteten Schadens sowie nach der wirtschaftlichen Leistungsfähigkeit des Unternehmens.

⁴ Als Unternehmen im Sinne dieses Titels gelten:

a. juristische Personen des Privatrechts;
b. juristische Personen des öffentlichen Rechts mit Ausnahme der Gebietskörperschaften;
c. Gesellschaften;
d. Einzelfirmen.

Bisheriges Recht: Die Norm entspricht dem bisherigen StGB Art. 100quater.

Zu Art. 102 und 102a: Seit dem 1. Oktober 2003 können sich – nebst natürlichen Personen – gemäss StGB Art. 102 (StGB alt Art. 100quater) auch Unternehmen strafbar machen. Weil den Unternehmen die Straftat nicht als individuelle Verfehlung vorgeworfen werden kann, wird das dem schweizerischen Strafrecht zugrundeliegende Schuldprinzip im Bereich des Unternehmensstrafrechts notwendigerweise umgedeutet und der Vorwurf mangelhafter Organisation erhoben. Es handelt sich dabei um einen Schuldvorwurf sui generis (Botschaft, BBl 1999, 2142/2144).

Soweit die Verfolgung und Beurteilung von Widerhandlungen gegen die Nebenstrafgesetzgebung einer Verwaltungsbehörde des Bundes obliegt, geht VStrR Art. 7 im Rahmen seines Anwendungsbereichs StGB Art. 102 vor (Botschaft, BBl 1999, 2143). – Im *internationalen Verhältnis* ist StGB Art. 102 nur anwendbar, wenn die Anlasstat in den räumlichen Geltungsbereich des StGB (StGB Art. 3 und 8) fällt. Dies kann insbesondere bei international tätigen Grosskonzernen von Bedeutung sein.

Art. 102 StGB Art. 102 Abs. 1 ist nicht anwendbar, wenn der *Geschäftsherr* strafrechtlich zur Verantwortung zu ziehen ist, da in diesem Fall die betreffende (Anlass-)Tat einer natürlichen Person – dem Geschäftsherrn – zugeordnet werden kann. Die strafrechtliche Verantwortlichkeit des Unternehmens ist insofern *subsidiär* zur Geschäftsherrenhaftung. Dasselbe gilt für das Verhältnis zwischen der Unternehmenshaftung nach StGB Art. 102 Abs. 2 und Geschäftsherrenhaftung.

Nach StGB Art. 102 Abs. 1 muss das *Anknüpfungsdelikt* – ein Verbrechen oder Vergehen, nicht aber eine Übertretung – in objektiver sowie grundsätzlich auch in subjektiver Hinsicht erfüllt sein. Gemäss StGB Art. 333 Abs. 1 ist StGB Art. 102 nicht nur auf das Kern-, sondern auch für das Nebenstrafrecht anwendbar, sodass als Anlasstat auch ein Delikt aus diesem Normbereich in Frage kommt. – Die betreffenden Delikte müssen mit hinreichender Sicherheit nachgewiesen sein. – Für die originäre bzw. konkurrierende Unternehmenshaftung sind die Anlasstaten in StGB Art. 102 Abs. 2 abschliessend aufgezählt. – Was den *Urheber der Anlasstat* betrifft, so muss dieser organisatorisch und hierarchisch in das Unternehmen eingebunden sein und damit der Aufsicht und Kontrolle unterstehen. Dies trifft insbesondere für Organe und Mitarbeiter zu. Nicht massgebend ist, auf welcher Stufe der Hierarchie sich der Mitarbeiter befindet, da das Unternehmen nicht für fremdes Verschulden einstehen muss. Werden eigentliche betriebliche Aufgaben des Unternehmens, welche für die Kontrolle der betriebstypischen Gefahren von Relevanz sind, an aussenstehende Dritte übertragen *(Outsourcing)*, so gehört richtigerweise auch dieser Aussenstehende zum Kreis der im Unternehmen Tätigen, weil und soweit das Unternehmen die Leistungen des Outsourcingnehmers gestützt auf rechtliche Pflichten beaufsichtigen und/oder kontrollieren sollte. In diesem Rahmen kann eine Pflichtverletzung darin liegen, dass der Outsourcinggeber den Outsourcingnehmer nicht sorgfältig auswählt, instruiert sowie überwacht und/oder dass er Zuständigkeitsbereiche und Schnittstellen nicht definiert. – *Personen mit ausschliesslich beratender Tätigkeit* kommen als Urheber von Anlasstaten nicht in Frage, es sei denn, sie wären aufgrund ihrer dominierenden Stellung als faktische Organe zu erachten. Die Identität des Urhebers der Anlasstat muss nicht festgestellt werden.

Die Anlasstat muss *tatbestandsmässig* und *rechtswidrig sein.* Dass sie schuldhaft begangen worden ist, ist nicht erforderlich.

Die Formulierung «*in Ausübung geschäftlicher Verrichtung im Rahmen des Unternehmenszwecks*» stellt klar, dass Delikte von Angestellten, die nichts mit der Aktivität des Unternehmens zu tun haben (sog. Exzesstaten oder Privatdelikte), nicht zur Strafbarkeit des Unternehmens führen können. Somit sind nur Delikte relevant, die in unternehmenstypischen Gefahrenbereichen im normalen und regelmässig legalen Rahmen der Unternehmensaktivität verübt werden. Selbst in diesen Bereichen vermögen nicht alle deliktischen Verhaltensweisen von Angestellten eine Strafbarkeit des Unternehmens zu begründen. Das ist etwa der Fall, wenn ein Verwaltungsratsmitglied durch eine Pflichtverletzung die *Gesellschaft* am Vermögen schädigt (StGB Art. 158 bzw. StGB Art. 138).

Art. 102 Abs. 1: Der Grund für die Bestrafung gestützt auf Art. 102 Abs. 1 liegt in der mangelhaften Organisation des Unternehmens. Der sich gegen das Unternehmen richtende Vorwurf besteht darin, dass die Strafverfolgungsbehörden wegen mangelhafter Organisation keine verantwortliche natürliche Person ausfindig machen können, woran das Unternehmen eine Mitschuld trägt. Dass dargelegt wird, wer im Unternehmen die Organisationspflicht nicht erfüllt hat, ist nicht erforderlich; es genügt der Nachweis, dass wegen mangelhafter Organisation die verantwortliche Person nicht ermittelt werden kann.

Abs. 2: Diese Bestimmung sieht für die *enumerativ* und *abschliessend* aufgezählten Delikte eine *originäre* resp. *kumulative* Strafbarkeit von Unternehmen und Individualtäter vor. Danach wird das Unternehmen unabhängig von der Möglichkeit der Auffindung einer natürlichen Person als Täter bestraft, wenn es die geeigneten organisatorischen Vorkehren nicht oder nur in ungenügendem Masse getroffen hat, um der Verwirklichung der in dieser Bestimmung aufgeführten Delikte durch Angehörige des Unternehmens entgegenzuwirken. – Der Pflichtverstoss liegt also in der *Missachtung von Organisationspflichten, welche die Anlasstat begünstigen.* – Diese dem Unternehmen im Einzelfall obliegenden Pflichten bedürfen mit Blick auf die Anlasstat einer *Konkretisierung sowie Individualisierung.* – Für die Bemessung derartiger Pflichten kann sinngemäss auf die Kriterien zurückgegriffen werden, wie sie für das fahrlässige Erfolgsdelikt entwickelt worden sind. Soweit Teilbereiche in öffentlich-rechtlichen Regelungen eine Normierung erfahren haben, kommt diesen Vorrang gegenüber privaten Regelwerken zu. Bezüglich privater Regelwerke ist grundsätzlich die bundesgerichtliche Rechtsprechung zu beachten, wonach der Strafrichter Standesregeln als Auslegungshilfe beziehen kann, «bei aller Anerkennung selbstregulierender Anstrengungen» aber nicht daran gebunden ist (BGE 125 IV 144, 111 Ib 128). – Die Bemessung der Pflicht erfolgt zwar anlässlich der strafrechtlichen Beurteilung, also «ex post», jedoch aus dem Blickwinkel im Zeitpunkt, zu welchem die betreffenden organisatorischen Massnahmen getroffen worden sind bzw. hätten getroffen werden sollen. Generell ist zu beachten, dass jede Geschäftstätigkeit mit Risiken verschiedenster Art verbunden ist. Diesem Umstand ist bei der Bestimmung des Inhalts der Organisationspflicht Rechnung zu tragen. Entsprechend können ausschliesslich solche Organisationsmängel von strafrechtlicher Relevanz sein, welche zur Überschreitung des *höchstzulässigen* Risikos führen.

Abs. 3: Das Gericht bemisst die Busse lediglich gestützt auf die Kriterien «Schwere der Tat», «Schwere des Organisationsmangels und des angerichteten Schadens» und nach der «wirtschaftlichen Leistungsfähigkeit des Unternehmens». Unter Umständen gravierender als die Busse kann für Unternehmen die Einziehung des unrechtmässigen Gewinns sein. Neben der Busse können keine weiteren Sanktionen – wie z.B. die Auflösung des Unternehmens oder ein Tätigkeitsverbot – gegenüber dem Unternehmen angeordnet werden.

Abs. 4: Der Begriff der *juristischen Personen des Privatrechts* bestimmt sich nach dem Privatrecht und erfasst in erster Linie die Aktiengesellschaft (OR Art. 620 ff.), die Kommanditaktiengesellschaft (OR Art. 764 ff.), die GmbH (OR Art. 772 ff.) und die Genossenschaft (OR Art. 828 ff.). Unter der Voraussetzung, dass sie sich wirtschaftlich betätigen, gelten auch die Vereine (ZGB Art. 60 ff.) und Stiftungen (ZGB Art. 80 ff.) sowie die privatrechtlichen Körperschaften des kantonalen Rechts gemäss ZGB Art. 59 Abs. 3 als Unternehmen. – *Gebilde des öffentlichen Rechts* fallen gemäss StGB Art. 102 Abs. 4 lit. b nur dann unter den Unternehmensbegriff, wenn sie mit Rechtspersönlichkeit ausgestattet sind und einer wirtschaftlichen Tätigkeit nachgehen. Erfasst werden somit die selbständigen (z.B. Post, SUVA), nicht aber die unselbständigen Anstalten öffentlichen Rechts (z.B. kantonale Strafanstalten, Kantonsspitäler). – Zu den *Gesellschaften* i.S. von StGB Art. 102 Abs. 4 lit. c zählen die Kollektiv- (OR Art. 552 ff.) und Kommanditgesellschaft (OR Art. 594 ff.) sowie nach herrschender Lehre die einfache Gesellschaft (OR Art. 530 ff.). – Der in Abs. 4 lit. d enthaltene Begriff der *Einzelfirma* ist schliesslich in einem weiteren Sinne zu verstehen. Er umfasst in Übereinstimmung mit StGB Art. 29 StGB «Personen und Personengesamtheiten, die ein Handels- oder Fabrikationsgewerbe betreiben oder eine andere wirtschaftliche Tätigkeit nach kaufmännischen Prinzipien verfolgen».

Art. 102a Strafverfahren

¹ In einem Strafverfahren gegen das Unternehmen wird dieses von einer einzigen Person vertreten, die uneingeschränkt zur Vertretung des Unternehmens in zivilrechtlichen Angelegenheiten befugt ist. Bestellt das Unternehmen nicht innert angemessener Frist einen derartigen Vertreter, so bestimmt die Untersuchungsbehörde oder das Gericht, wer von den zur zivilrechtlichen Vertretung befugten Personen das Unternehmen im Strafverfahren vertritt.

² Der Person, die das Unternehmen im Strafverfahren vertritt, kommen die gleichen Rechte und Pflichten wie einem Beschuldigten zu. Die andern Personen nach Absatz 1 sind im Strafverfahren gegen das Unternehmen nicht zur Aussage verpflichtet.

³ Wird gegen die Person, die das Unternehmen im Strafverfahren vertritt, wegen des gleichen oder eines damit zusammenhängenden Sachverhalts eine Strafuntersuchung eröffnet, so ist vom Unternehmen ein anderer Vertreter zu bezeichnen. Nötigenfalls bestimmt die Untersuchungsbehörde oder das Gericht zur Vertretung eine andere Person nach Absatz 1 oder, sofern eine solche nicht zur Verfügung steht, eine geeignete Drittperson.

Bisheriges Recht: Die Norm entspricht dem bisherigen StGB Art. 100quinquies.

Lediglich rudimentär hat der Gesetzgeber das Verfahren und die Verfahrensrechte im Falle der Durchführung eines Strafverfahrens gegen ein Unternehmen normiert. Nicht geregelt ist, wie die Strafverfolgungsbehörden bei Fusionen, Abspaltungen, Liquidationen etc. vorzugehen haben.

Art. 102a Abs. 1: Das Unternehmen wird im Strafverfahren durch eine Person vertreten, die uneingeschränkt zu ihrer Vertretung in zivilrechtlichen Angelegenheiten befugt ist. Sofern das Unternehmen auf Aufforderung hin einen solchen Vertreter nicht bezeichnet, wird er aus dem Kreis der zur zivilrechtlichen Vertretung befugten Personen durch die Untersuchungsbehörde oder das Gericht bestimmt. Wie bei Abs. 3 muss auch im Zusammenhang mit Abs. 1 eine Drittperson bezeichnet werden können, wenn keine zur zivilrechtlichen Vertretung befugte Person zur Verfügung steht.

Abs. 2: Dem Prozessvertreter kommen dieselben Rechte und Pflichten zu wie einem Beschuldigten. Insbesondere müssen die Grundsätze *in dubio pro reo* und des *fairen Verfahrens* sowie der *Waffengleichheit*, das *Verbot der Verpflichtung zur Selbstbelastung* sowie der *Grundsatz des rechtlichen Gehörs* auch für Unternehmen gelten. – Andere Angehörige des Unternehmens, welche zivilrechtlich zu dessen Vertretung berechtigt sind, sind wie der Prozessvertreter nicht zur Aussage verpflichtet.

Abs. 3: Wird gegen den Prozessvertreter in der gleichen Angelegenheit eine Strafuntersuchung eröffnet, so ist das Unternehmen gehalten, einen neuen Vertreter zu bezeichnen; unterlässt es dies, so wird ein solcher durch die Untersuchungsbehörde oder den Richter bestimmt.

Zweiter Teil: Übertretungen

Art. 103 Begriff

Übertretungen sind Taten, die mit Busse bedroht sind.

Art. 103: Das revidierte Recht kennt bei Übertretungen nur noch eine einzige Strafart, nämlich die Busse, diese allerdings in Verbindung mit einer Ersatzfreiheitsstrafe (StGB Art. 106 Abs. 2). Zudem kann mit dem Einverständnis des Täters an Stelle der Freiheitsstrafe gemeinnützige Arbeit angeordnet werden (StGB Art. 107). Dagegen ist die Haftstrafe aus dem Strafenkatalog gestrichen worden.

Die Busse ist von der Geldstrafe (StGB Art. 34) zu unterscheiden, die für Verbrechen oder Vergehen im Tagessatzsystem ausgesprochen wird.

Massgebend ist die auf den betr. Tatbestand *angedrohte Strafart*, nicht die konkret verwirkte Sanktion: BGE 96 IV 32. – Strafregister: StGB Art. 366 Abs. 2 lit. b; im vom Verurteilten angeforderten Strafregisterauszug erscheinen Übertretungen lediglich dann, wenn überdies ein Berufsverbot ausgesprochen wurde: StGB Art. 371 Abs. 1. – Übertretungen gemäss Nebenstrafgesetzen: StGB Art. 333 Abs. 3–7. – Kant. Übertretungsstrafrecht: StGB Art. 335.

Art. 104 Anwendbarkeit der Bestimmungen des Ersten Teils

Die Bestimmungen des Ersten Teils gelten mit den nachfolgenden Änderungen auch für die Übertretungen.

Art. 104: Erster Teil: StGB Art. 1–102.

Art. 105 Keine oder bedingte Anwendbarkeit

¹ Die Bestimmungen über die bedingte und die teilbedingte Strafe (Art. 42 und 43) sowie über die Verantwortlichkeit des Unternehmens (Art. 102 und 102a) sind bei Übertretungen nicht anwendbar.

² Versuch und Gehilfenschaft werden nur in den vom Gesetz ausdrücklich bestimmten Fällen bestraft.

³ Freiheitsentziehende Massnahmen (Art. 59–61 und 64), das Berufsverbot (Art. 67) sowie die Veröffentlichung des Urteils (Art. 68) sind nur in den vom Gesetz ausdrücklich bestimmten Fällen zulässig.

Art. 105 Abs. 1: Im Gegensatz zur Geldstrafe ist bei der Busse der bed. Strafvollzug nicht möglich. Diese Ungleichbehandlung wurde vom Gesetzgeber nachträglich nur insoweit etwas korrigiert, indem in Kombination mit einer bed. Strafe nur eine *unbed. Geldstrafe* (oder Busse) ausgesprochen werden kann (StGB Art. 42 Abs. 4).

Abs. 2: Der Wortlaut wurde unverändert von StGB alt Art. 104 Abs. 1 übernommen. Versuch: StGB Art. 22 f.; Anwendungsfall: BGE 123 IV 156 (Diebstahl von Sache mit geringem Vermögenswert). – Gehilfenschaft: StGB Art. 25.

Abs. 3: Diese gegenüber StGB alt Art. 104 Abs. 2 leicht modifizierte Bestimmung bezieht sich auf die stationären therapeutischen Massnahmen (Behandlung von psychischen Störungen, StGB Art. 59; Suchtbehandlung, StGB Art. 60; Massnahmen für junge Erwachsene, StGB Art. 61) und die Verwahrung (StGB Art. 64) sowie auf das Berufsverbot und die Urteilspublikation, nicht dagegen auf die ambulante Behandlung (StGB Art. 63) oder das Fahrverbot (StGB Art. 67b).

Art. 106 Busse

¹ Bestimmt es das Gesetz nicht anders, so ist der Höchstbetrag der Busse 10 000 Franken.

² Der Richter spricht im Urteil für den Fall, dass die Busse schuldhaft nicht bezahlt wird, eine Ersatzfreiheitsstrafe von mindestens einem Tag und höchstens drei Monaten aus.

³ Das Gericht bemisst Busse und Ersatzfreiheitsstrafe je nach den Verhältnissen des Täters so, dass dieser die Strafe erleidet, die seinem Verschulden angemessen ist.

⁴ Die Ersatzfreiheitsstrafe entfällt, soweit die Busse nachträglich bezahlt wird.

⁵ Auf den Vollzug und die Umwandlung sind die Artikel 35 und 36 Absätze 2–5 sinngemäss anwendbar.

Art. 106: Urteile wegen Übertretungen werden in der Regel nicht ins Strafregister aufgenommen (StGB Art. 366 Abs. 2 lit. b; vgl. ferner StGB Art. 371 Abs. 1 sowie die Verordnung über das automatisierte Strafregister vom 1.12.1999 [SR 331]).

Abs. 1: Die Maximalhöhe der Busse wurde im Vergleich zum bisherigen Recht verdoppelt, gilt indessen auch dann, wenn der Täter aus Gewinnsucht gehandelt hat (vgl. StGB alt Art. 106 Abs. 1 und 2).

Abs. 2: Der Richter muss zusammen mit der Busse eine Ersatzfreiheitsstrafe aussprechen. Wurde dagegen die Busse von einer Verwaltungsbehörde ausgesprochen, setzt ein Gericht nachträglich die Ersatzfreiheitsstrafe fest (StGB Art. 36 Abs. 2).

Abs. 3: Bei der Bemessung der Busse ist auch der finanziellen Leistungsfähigkeit Rechnung zu tragen. Für die Verhältnisse des Täters relevant sind namentlich sein Einkommen und sein Vermögen, sein Familienstand und seine Familienpflichten, sein Beruf und Erwerb, sein Alter und seine Gesundheit (BGE 129 IV 21; vgl. auch StGB Art. 34 Abs. 2 betr. Geldstrafe). Aus Gründen der Praktikabilität wird ein gewisser Schematismus nach wie vor unabdingbar sein (vgl. Botschaft, BBl 1999, 2146). Die bisherige Umwandlungsformel, wonach CHF 30 Busse einem Tag Haft entsprach (StGB alt Art. 49 Ziff. 3 Abs. 3), muss indessen zumindest der Teuerung (auf CHF 50?) angepasst werden.

Abs. 4: Diese Bestimmung entspricht dem letzten Satz von StGB Art. 36 Abs. 1. Sie bringt zum Ausdruck, dass der Verurteilte auch nach der Anordnung des Vollzuges der Ersatzfreiheitsstrafe diesen durch entsprechende Zahlungen ganz oder teilweise abwenden kann. – Die Anrechnung einer Teilzahlung an die Prozess- und Betreibungskosten anstatt an die Busse ist unvereinbar mit dem Verbot des Schuldverhafts, sofern sie zur Folge hat, dass die Umwandlung der Busse in Haft zulässig wird (BGE 130 I 172). Der Vollzug einer *Massnahme* kann nicht nachträglich auf die Bussenumwandlungsstrafe angerechnet werden (BGE 129 IV 215).

Abs. 5: Kann der Verurteilte die Busse nicht bezahlen, weil sich seine finanziellen Verhältnisse ohne sein Verschulden seit dem Urteil erheblich verschlechtert haben, kann das Gericht gemäss StGB Art. 36 Abs. 3 auf Antrag des Verurteilten die Zahlungsfrist bis zu 24 Monate verlängern, den Tagessatz herabsetzen oder mit dessen Zustimmung (StGB Art. 37 Abs. 1) gemeinnützige Arbeit anordnen.

Art. 107   Gemeinnützige Arbeit

¹ Das Gericht kann mit Zustimmung des Täters an Stelle der ausgesprochenen Busse gemeinnützige Arbeit bis zu 360 Stunden anordnen.

² Die Vollzugsbehörde bestimmt eine Frist von höchstens einem Jahr, innerhalb der die gemeinnützige Arbeit zu leisten ist.

³ Leistet der Verurteilte die gemeinnützige Arbeit trotz Mahnung nicht, so ordnet das Gericht die Vollstreckung der Busse an.

Art. 107: Gemeinnützige Arbeit kann entweder von Anfang an (StGB Art. 107) oder bei nachträglichen unverschuldeten Zahlungsproblemen (StGB Art. 36 Abs. 3 lit. c) mit Zustimmung des Täters (StGB Art. 37) angeordnet werden. Die Anordnung einer gemeinnützigen Arbeit entbindet den Richter indessen nicht davon, eine Busse und eine Ersatzfreiheitsstrafe auszusprechen; die gemeinnützige Arbeit tritt an die Stelle der *«ausgesprochenen»* Busse, die allenfalls nach Massgabe von Art. 3 später noch vollstreckt werden kann. StGB Art. 107 erweitert somit StGB Art. 106 um eine zusätzliche Möglichkeit.

Art. 108

Aufgehoben.

Art. 109   Verjährung

Die Strafverfolgung und die Strafe verjähren in drei Jahren.

Art. 109: Die Verfolgungs- und die Vollstreckungsverjährung werden einheitlich geregelt. Die frühere Unterscheidung zwischen relativen und absoluten Fristen wurde auch für die Nebenstrafgesetzgebung aufgehoben, ebenso die Regelung über das Ruhen und die Unterbrechung der Verfolgungsverjährung, dies mit Ausnahme von VStrR Art. 11 Abs. 3 (StGB Art. 333 Abs. 6). Zum Verhältnis von VStrR 11 Abs. 3 StGB zu Art. 109 vgl. BGE 104 IV 267. – Die Vollstreckungsverjährung beginnt mit der Rechtskraft des Bussenurteils und nicht etwa im Zeitpunkt einer allfälligen Umwandlungsanordnung zu laufen (BGE 105 IV 16, 124 IV 207). Eine Verlängerung der Vollstreckungsverjährung gestützt auf StGB Art. 99 Abs. 2 ist ausgeschlossen, da davon nur «Freiheitsstrafen» erfasst werden. Da auch der Ersatzfreiheitsstrafe lediglich ein behelfsmässiger Charakter zur Durchsetzung des primär auf Geldleistung gerichteten Strafanspruchs des Staates zukommt (BGE 129 IV 215), ist StGB Art. 99 Abs. 2 auch auf die Ersatzfreiheitsstrafe nicht anwendbar.

Dritter Teil: Begriffe
Art. 110

¹ *Angehörige* einer Person sind ihr Ehegatte, ihre eingetragene Partnerin oder ihr eingetragener Partner, ihre Verwandten gerader Linie, ihre vollbürtigen und halbbürtigen Geschwister, ihre Adoptiveltern, ihre Adoptivgeschwister und Adoptivkinder.

² *Familiengenossen* sind Personen, die in gemeinsamem Haushalt leben.

³ Als *Beamte* gelten die Beamten und Angestellten einer öffentlichen Verwaltung und der Rechtspflege sowie die Personen, die provisorisch ein Amt bekleiden oder provisorisch bei einer öffentlichen Verwaltung oder der Rechtspflege angestellt sind oder vorübergehend amtliche Funktionen ausüben.

3bis Stellt eine Bestimmung auf den Begriff der Sache ab, so findet sie entsprechende Anwendung auf Tiere.

⁴ *Urkunden* sind Schriften, die bestimmt und geeignet sind, oder Zeichen, die bestimmt sind, eine Tatsache von rechtlicher Bedeutung zu beweisen. Die Aufzeichnung auf Bild- und Datenträgern steht der Schriftform gleich, sofern sie demselben Zweck dient.

⁵ *Öffentliche Urkunden* sind Urkunden, die von Mitgliedern einer Behörde, Beamten und Personen öffentlichen Glaubens in Wahrnehmung hoheitlicher Funktionen ausgestellt werden. Nicht als öffentliche Urkunden gelten Urkunden, die von der Verwaltung der wirtschaftlichen Unternehmungen und Monopolbetriebe des Staates oder anderer öffentlich-rechtlicher Körperschaften und Anstalten in zivilrechtlichen Geschäften ausgestellt werden.

⁶ Der *Tag* hat 24 aufeinander folgende Stunden. Der Monat und das Jahr werden nach der Kalenderzeit berechnet.

⁷ *Untersuchungshaft* ist jede in einem Strafverfahren verhängte Haft, Untersuchungs-, Sicherheits- und Auslieferungshaft.

Art. 110 Abs. 1: *Angehörige* sind seit der Revision vom 13.12.2002 nun auch (in Übereinstimmung mit ZGB Art. 267 Abs. 1) die Adoptivgeschwister. Im Zuge der Einführung des Partnerschaftsgesetzes (PartG, AS 2005, 5685 ff.) wurden auch die eingetragene Partnerin und der eingetragene Partner erfasst (Inkrafttreten 1.1.2007). *Keine Angehörigen* sind der geschiedene Ehegatte: BGE 71 IV 38 (beachte aber StGB Art. 217), Verschwägerte: BGE 74 IV 90, Stiefeltern und Stiefkinder: BGE 80 IV 98.

Abs. 2: *Familiengenossen* essen und wohnen gemeinsam und schlafen unter dem gleichen Dach: BGE 102 IV 163; die Dauer des Zusammenlebens spielt keine Rolle: ZBJV 82 (1946) 298, anders aber RS 1982 Nr. 340, vgl. auch RS 1983 Nr. 440. Die Bedeutung eines Spitalaufenthaltes für die Hausgemeinschaft hängt von den Umständen des Einzelfalles ab: BGE 102 IV 162. – Familiengenossen sind: Zöglinge der einer Schule angegliederten Pension: ZR 44 (1945) Nr. 25, Dienstboten (auch während ihrer Ferienabwesenheit): RS 1955 Nr. 125, *nicht* aber Hotelangestellte in einem grösseren Hotel: RS 1975 Nr. 885.

Abs. 3: Diese Norm wurde im Zuge der Revision vom 13.12.2002 redaktionell leicht überarbeitet, inhaltlich jedoch nicht geändert (Botschaft, BBl 1999, 2147). Entscheidend für die *Beamtenstellung* ist, dass dem Täter Funktionen amtlicher Natur übertragen werden, d.h. die zur Erfüllung einer dem Gemeinwesen zustehenden öffentlichrechtlichen Aufgabe dienen: BGE 121 IV 220. Als Beamter gilt auch der Amtsvormund, soweit er Pflichten ausübt, die auch seine Stellung zum Gemeinwesen berühren (BGE 121 IV 220: Erstellung von Inventar und Berichten, Rechnungslegung), *nicht* aber ein Privatvormund: BGE 121 IV 222, eidgenössische Geschworene: BGE 76 IV 102. – Entscheidend für die *vorübergehende Ausübung amtlicher Funktion* ist nicht das Arbeitsverhältnis zum Staat, sondern die Erfüllung einer diesem zustehenden öffentlichrechtlichen Aufgabe: BGE 70 IV 218, 71 IV 142, RS 1975 Nr. 927 (Verkehrskadetten), ZR 76 (1977) Nr. 35 (Waagmeister), Leiter eines Universitätslabors (BGE 118 IV 316; kant. Recht massgebend).

Abs. 3bis: Durch ein gesetzgeberisches Versehen fiel bei der Revision (Referendumsvorlage) des StGB Abs. 4bis weg, wonach *Tiere* im Strafrecht zwar nicht als Sachen behandelt werden, auf sie jedoch die für Sachen geltenden Bestimmungen zur Anwendung gelangen. Deshalb wurde die Bestimmung nachträglich als Abs. 3bis eingefügt.

Abs. 4: Neben den Schrifturkunden (Erklärungen in Schriftstücken, d.h. auf körperlicher Unterlage) erfasst die Legaldefinition seit der Revision vom 17.6.1994 auch Beweiszwecken dienende Aufzeichnungen auf Bild- und Datenträgern (vgl. schon BGE 111 IV 119, 116 IV 344 zum früheren Recht). Unter dem zweitgenannten Begriff sind Informationen zu verstehen, die in eine Datenverarbeitungsanlage (vgl. Bem. zu StGB Art. 143) eingegeben wurden und darin (namentlich auf einer Festplatte) oder auf einem separaten Träger (Diskette, Magnetband) gespeichert sind. Aufzeichnungen auf Bildträgern sind namentlich auf Mikrofilm aufgezeichnete Informationen.

Beweiszeichen, d.h. Symbole oder Kurztexte, können sich sowohl auf körperlicher Unterlage wie auch auf Bild- und Datenträgern befinden und haben die Besonderheit, dass sich hier der Erklärungsinhalt erst aus dem unmittelbaren Zusammenhang mit einem Objekt ergibt (z.B. Fleischstempel, BGE 103 IV 30, Etiketten an Waren mit deren Preis und Bezeichnung, vgl. BGE 119 IV 295, und entsprechende Strichcodes).

Das von der Rechtsprechung implizit anerkannte Merkmal der *Erkennbarkeit des Ausstellers* (vgl. BGE 120 IV 181) grenzt die Urkunde von anonymen Schriften ab, zu denen sich niemand bekennt. Das Merkmal erfordert indessen lediglich, dass die Urkunde den Anschein erweckt, von einer bestimmten Person als Aussteller herzurühren. Dass diese Person tatsächlich existiert oder dass sie gar aus einem konkreten Kreis von bestimmten Personen identifiziert werden kann, ist nicht notwendig (BGE 131 IV 130); eine handschriftliche Unterzeichnung ist bei entsprechender Verkehrssitte nicht unbedingt erforderlich (BGE 120 IV 181).

Auch *Fotokopien* sowie durch Telefax empfangene Fernkopien kommen als Schrifturkunden in Betracht (BGE 116 IV 193, 120 IV 181).

Vorausgesetzt wird sodann durchwegs, dass die Aufzeichnung sowohl dazu bestimmt als auch geeignet ist, eine Tatsache von rechtlicher Bedeutung zu beweisen. Ob dies zutrifft, bestimmt sich aufgrund gesetzlicher Bestimmungen oder der Verkehrsübung (BGE 123 IV 63, 125 IV 22). Massgebend für die erwähnte Eignung ist nicht die Beweiskraft der Erklärung im konkreten Einzelfall, sondern ihre allgemeine Beweistauglichkeit (BGE 105 IV 193, vgl. auch BGE 120 IV 126, 131 IV 131). Diese ist indessen zu verneinen, wenn die für die Gültigkeit eines Rechtsgeschäftes erforderlichen Formvorschriften nicht beachtet werden (vgl. BGE 103 IV 151). *Rechtserheblich* ist eine Tatsache dann, wenn sie allein oder in Verbindung mit anderen Fakten die Entstehung, Aufhebung, Veränderung oder Feststellung eines Rechts bewirkt: BGE 113 IV 79.

Art. 110

Nach diesen Kriterien hat u.a. die *kaufmännische Buchhaltung* samt ihren Bestandteilen Urkundencharakter: BGE 115 IV 228, 118 IV 40 125 IV 23, 129 IV 135. Dagegen kommt der vom Verwaltungsrat abgegebenen Vollständigkeitserklärung nicht die für die Falschbeurkundung notwendige erhöhte Glaubwürdigkeit zu: BGE 132 IV 19. Vgl. im Übrigen die Bem. zu StGB Art. 251–254.

Abs. 5: Die Bestimmung betr. die öffentlichen Urkunden wurde klarer gefasst (Botschaft, BBl 1999, 2147). Unklar bleibt aber, welches ihr heutiger Anwendungsbereich sein soll. StGB Art. 253 und 317 knüpfen an die Beamteneigenschaft des Täters und nicht an die Qualifikation der Urkunde an. – Zur Bundesurkunde vgl. Bem. zu StGB Art. 336 Abs. 1 lit. f, zur Urkunde des Auslandes Bem. zu StGB Art. 255.

Abs. 6: Berechnung von Monatsfristen: BGE 97 IV 240, 103 V 157, 127 II 176.

Abs. 7: vgl. Bem. zu StGB Art. 51. In Übereinstimmung mit der früheren bundesgerichtlichen Rechtsprechung (BGE 97 IV 160, 105 IV 85, 130 IV 6) und IRSG Art. 14 wird neu auch die *Auslieferungshaft* explizit erwähnt. Die *Ausschaffungshaft* ist in Fällen anzurechnen, in welchen der Beschuldigte, hätte er sich nicht in Ausschaffungshaft befunden, in Untersuchungshaft genommen worden wäre (BGE 124 IV 3). Zur Untersuchungshaft zählt auch die nicht durch einen Richter, sondern durch die Polizei angeordnete Haft: BGE 124 IV 272. Vgl. ferner BGE 85 IV 123 (Internierung in einer Heil- und Pflegeanstalt), 113 IV 120 (andere freiheitsentziehende Ersatzmassnahmen).

Nach dieser Bestimmung ist jede Art der Untersuchungshaft (im Sinne von StGB Art. 110 Abs. 7) in gleichem Ausmass anzurechnen. Es kommt allein auf die *Dauer* des Freiheitsentzugs an. Massstab ist ausschliesslich die Beschränkung der persönlichen Freiheit. Besondere Entbehrungen, die mit dem Freiheitsentzug zusammenhängen, sind unmassgeblich (BGE 130 IV 6 f.).

Zweites Buch: Besondere Bestimmungen
Erster Titel: Strafbare Handlungen gegen Leib und Leben

Art. 111 1. Tötung.
Vorsätzliche Tötung

Wer vorsätzlich einen Menschen tötet, ohne dass eine der besondern Voraussetzungen der nachfolgenden Artikel zutrifft, wird mit Freiheitsstrafe nicht unter fünf Jahren bestraft.

Zu Art. 111 ff.: Im Sinne der Tötungsdelikte strafrechtlich geschütztes Leben beginnt mit Beginn der Geburtswehen (vgl. StGB Art. 116: «...während der Geburt...»), vor Beginn der Geburt kommt allenfalls ein (strafbarer) Schwangerschaftsabbruch (StGB Art. 118) in Frage: BGE 119 IV 209. Zum Todesbegriff, insbesondere zum sog. Hirntod, Art. 9 Abs. 1 des geplanten Bundesgesetzes über die Transplantation von Organen, Geweben und Zellen (Transplantationsgesetz, BBl 2004, 5453, voraussichtliche Inkraftsetzung am 1.4.2007), sowie die Richtlinien der Schweiz. Akademie der medizinischen Wissenschaften zur «Feststellung des Todes mit Bezug auf Organtransplantationen» vom 20. Juni 2005 (www.samw.ch), weiter BGE 98 Ia 512 f.; 101 II 177, ZR 74 (1975) Nr. 92 278 ff., SJZ 65 (1969) 248. Abweichung des zum Tode führenden Kausalverlaufes von den Vorstellungen des Täters: BGE 109 IV 95 ff. (vollendete Tat auch bei unbedeutenden Abweichungen). Eventualvorsatz bei Tötungsdelikten: BGE 103 IV 67, Pr 71 (1981) Nr. 278, BGE 130 IV 60 ff. Tötungsvorsatz scheidet gemäss BGE 125 IV 255 im Falle eventualvorsätzlicher Ansteckung mit dem HI-Virus aus. – Zur Sterbehilfe vgl. Bem. zu StGB Art. 114.

Art. 111 ist Grundtatbestand. Liegt beim Täter oder bei einem Beteiligten eine «besondere Voraussetzung» vor, wird der Betreffende nach StGB Art. 112, 113, 114 oder 116 beurteilt. Es handelt sich um «persönliche Verhältnisse», die nach StGB Art. 27 die Qualifikation des Verhaltens anderer Beteiligter unberührt lassen (vgl. BGE 120 IV 275). – Weitere Anwendungsfälle von StGB Art. 111: BGE 102 IV 66, 103 IV 66, 104 IV 152, 109 IV 95, 125 IV 255.

Strafbare Vorbereitungshandlungen: StGB Art. 260bis. Verhältnis zu StGB Art. 112 und 113: BGE 104 IV 151 (unterschiedliche Gesinnungen des Täters).

Verjährung: Richtet sich die Tat gegen ein Kind unter 16 Jahren, so dauert die Verfolgungsverjährung gemäss StGB Art. 97 Abs. 2 in jedem Fall mindestens bis zu dem Zeitpunkt, in welchem das Opfer das 25. Lebensjahr vollendet (hätte). Innert dieser Frist muss ein erstinstanzliches Urteil ergehen (StGB Art. 97 Abs. 3).

Art. 112 Mord

Handelt der Täter besonders skrupellos, sind namentlich sein Beweggrund, der Zweck der Tat oder die Art der Ausführung besonders verwerflich, so ist die Strafe lebenslängliche Freiheitsstrafe oder Freiheitsstrafe nicht unter zehn Jahren.

Art. 112: Das skrupellose Verhalten muss aus der Tat selbst hervorgehen; Umstände aus der Zeit vor und nach ihrer Begehung fallen ausser Betracht (vgl. BGE 117 IV 389), sofern sie nicht tatbezogen sind und die Täterpersönlichkeit erhellen (BGE 127 IV 14). Die im Gesetz genannten Beispiele für solches Verhalten entsprechen im Wesentlichen der bundesgerichtlichen Praxis zum Merkmal der besonders verwerflichen Gesinnung nach früherem Recht. Diese braucht indessen in den betreffenden Fällen nicht unbedingt vorzuliegen; massgebend ist eine Gesamtwürdigung der Umstände (vgl. auch BGE 117 IV 394 = Pr 81 [1992] Nr. 220 Erw. 19 c, BGE 118 IV 124, 127 IV 14, Pr 89 [2000] Nr. 73).
– *Besonders verwerflicher Beweggrund bzw. Zweck* kann v.a. bestehen in Habgier: BGE 100 IV 148, 115 IV 188, Pr 79 (1990) Nr. 276 (Raubmord), 106 IV 345 (unbegründete Rache am Opfer, anders aber bei einer Hassreaktion auf andauernde Demütigungen, BGE 118 IV 129), in der Elimination eines vom Täter als lästig empfundenen Menschen: BGE 70 IV 8 (Zeuge für eine Straftat des Täters), 77 IV 64 (Ehemann, der einer anderweitigen Heirat seiner Frau im Wege steht), 101 IV 283 (vom Täter geschwängerte Frau), Pr 71 (1982) Nr. 278 (den Täter nach Verübung eines Deliktes verfolgende Personen), BGE 120 IV 275 (als aufdringlich empfundenes Mädchen, an dessen Gewohnheiten sich die Täter stiessen), 127 IV 18 (Bestrafung der Tochter für ihren Ungehorsam). – *Besonders verwerfliche Art der Ausführung:* Zufügung unnötiger physischer oder psychischer Leiden als besondere Grausamkeit: BGE 95 IV 163, 106 IV 345, 118 IV 124, 120 IV 275, heimtückisches Vorgehen: BGE 101 IV 282, namentlich bei Ahnungs- und Wehrlosigkeit des Opfers: BGE 120 IV 275 (vgl. schon BGE 77 IV 57, 80 IV 234, 95 IV 162 und 104 IV 152). Verwendung von Gift oder Feuer lässt für sich allein das Verbrechen noch nicht als besonders verwerflich erscheinen: BGE 118 IV 124. Ein «sehr blutiger Ablauf» der Tat begründet keine Skrupellosigkeit, wenn privilegierende Gesinnungsmerkmale vorhanden sind: Pr 89 (2000) Nr. 73.

Die Annahme besonders skrupellosen Handelns wird entsprechend der früheren Praxis zum Merkmal der besonders verwerflichen Gesinnung auch dann nicht auszuschliessen sein, wenn der Täter vermindert schuldfähig bzw. charakterlich abnorm veranlagt ist (BGE 80 IV 239, 81 IV 150, 82 IV 8, 95 IV 167), aufgrund einer kulturkonfliktbedingten psychischen Störung (BGE 127 IV 10) oder im Affekt handelte (BGE 98 IV 153, 101 IV 284, Sem 105 [1983] 273). Gleiches gilt ferner für den Umstand, dass der Täter nur mit eventuellem Tötungsvorsatz handelte (vgl. Pr 71 [1982] Nr. 278 und Pr 76 [1987] Nr. 53, BGer vom 12.5.2000, 6S.114/1999, BGer vom 1.10.2003, 6S.216/2003).

Zur Mittäterschaft bei Mord vgl. BGE 88 IV 54, 108 IV 91. Zur Strafzumessung bei wiederholtem Mord, begangen durch einen vermindert Schuldfähigen: BGE 116 IV 301 (lebenslange Strafe zulässig). – Strafbare Vorbereitungshandlungen: StGB Art. 260bis.

Art. 113   Totschlag

Handelt der Täter in einer nach den Umständen entschuldbaren heftigen Gemütsbewegung oder unter grosser seelischer Belastung, so ist die Strafe Freiheitsstrafe von einem Jahr bis zu zehn Jahren.

Art. 113: Handeln in *heftiger Gemütsbewegung:* Der Affekt muss sich auf die Verübung der Tat ausgewirkt haben. Entschuldbar ist die heftige Gemütsbewegung, wenn sie bei objektiver Bewertung nach den sie auslösenden äusseren Umständen gerechtfertigt erscheint; ihre blosse psychologische Erklärbarkeit genügt nicht: BGE 82 IV 87, 100 IV 151 (bei der Beurteilung sind auch die Persönlichkeit des Täters und weiter zurückliegende Umstände, die auf ihn einwirkten, zu berücksichtigen), 107 IV 106 und 162 (krankhafte Veranlagung des Täters begründet noch keine Entschuldbarkeit des Affektes), 108 IV 102 (entschuldbar ist die Gemütsbewegung, wenn sie in Anbetracht der gesamten Umstände menschlich verständlich erscheint, d.h. es muss angenommen werden können, auch ein anderer, an sich anständig Gesinnter wäre in der betreffenden Situation leicht in einen solchen Affekt geraten). Für die Beurteilung ist vom Durchschnittsmenschen der Rechtsgemeinschaft auszugehen, welcher der Täter nach Herkunft, Erziehung und täglicher Lebensführung angehört: BGE 107 IV 162, Pr 86 (1997) Nr. 14. Bei heftiger Gemütsbewegung infolge einer Konfliktsituation darf der Täter diese nicht oder wenigstens nicht überwiegend selber verschuldet haben: BGE 100 IV 152, 107 IV 106, 108 IV 101, SJZ 69 (1973) 240.

Handeln unter *grosser seelischer Belastung:* Psychischer Druckzustand, der im Gegensatz zum Affekt nicht plötzlich auftritt, sondern sich über eine längere Zeit entwickelt hat. Auch diese Gemütslage muss entschuldbar sein: BGE 118 IV 233 und 119 IV 202 (Konfliktsituationen im Zusammenhang mit Liebesverhältnissen). Vgl. auch SJZ 66 (1970) 344.

Die Annahme einer entschuldbaren heftigen Gemütsbewegung im Sinne von StGB Art. 113 schliesst die gleichzeitige Anwendung von StGB Art. 15 und 16 (Notwehr, Notwehrexzess) nicht aus: BGE 102 IV 229, 122 IV 1, 125 IV 49. Zum Affekt, der erst durch einen Angriff auf den Täter entsteht, vgl. StGB Art. 16 Abs. 2. Der Umstand, der zur Annahme einer heftigen Gemütsbewegung geführt hat, darf nicht zusätzlich als Strafmilderungsgrund nach StGB Art. 48 berücksichtigt werden.

Verjährung: Richtet sich die Tat gegen ein Kind unter 16 Jahren, so dauert die Verfolgungsverjährung gemäss StGB Art. 97 Abs. 2 in jedem Fall mindestens bis zu dem Zeitpunkt, in welchem das Opfer das 25. Lebensjahr vollendet (hätte). Innert dieser Frist muss ein erstinstanzliches Urteil ergehen (StGB Art. 97 Abs. 3).

Art. 114 Tötung auf Verlangen

Wer aus achtenswerten Beweggründen, namentlich aus Mitleid, einen Menschen auf dessen ernsthaftes und eindringliches Verlangen tötet, wird mit Freiheitsstrafe bis zu drei Jahren oder Geldstrafe bestraft.

Art. 114: Die Anwendung der Bestimmung setzt ein ernst gemeintes, intensives Bitten einer urteilsfähigen Person voraus, getötet zu werden, welches für den Tatentschluss des Täters kausal ist. Ausserdem muss dieser der Bitte aus achtenswerten Motiven nachkommen; blosses Fehlen egoistischer Beweggründe reicht im Gegensatz zu StGB Art. 115 nicht aus. Bei bloss irrtümlicher Annahme, alle diese Voraussetzungen seien gegeben, findet StGB Art. 13 Anwendung.

Abgrenzungen: Wer dem Sterbewilligen lediglich bei einer Selbsttötung hilft, fällt unter StGB Art. 115. Bittet dieser bei unheilbarer Krankheit um Absehen von lebensverlängernden medizinischen Massnahmen, stellt deren Unterlassung regelmässig straflos bleibende passive Sterbehilfe dar. Vgl. auch Richtlinien der Schweiz. Akademie der medizinischen Wissenschaften für die «Betreuung von Patientinnen und Patienten am Lebensende» vom 29. November 2004 (www.samw.ch). Vgl. ferner SJZ 73 (1977) 325 und ZStrR 95 (1978) 60.

Die Bestimmung befindet sich zum Zeitpunkt des Abschlusses der vorliegenden Gesetzesausgabe aufgrund einer am 14. März 1996 im Nationalrat eingereichten Motion in Revision, vgl. dazu Bericht der Arbeitsgruppe Sterbehilfe an das Eidg. Justiz- und Polizeidepartement vom 19. März 1999, in welchem ein neuer Art. 114 Abs. 2 mit folgendem Wortlaut vorgeschlagen wird: «Hat der Täter eine in ihrer Gesundheit unheilbar beeinträchtigte, kurz vor dem Tod stehende Person getötet, um sie von unerträglichen und nicht behebbaren Leiden zu erlösen, so sieht die zuständige Behörde von der Strafverfolgung, der Überweisung an das Gericht oder der Bestrafung ab». Am 17. Juni 2003 nahm der Ständerat die Motion der Kommission für Rechtsfragen «Sterbehilfe und Palliativmedizin» an. Die Motion beauftragt den Bundesrat, Vorschläge für eine gesetzliche Regelung der indirekten aktiven und der passiven Sterbehilfe zu unterbreiten und Massnahmen zur Förderung der Palliativmedizin zu treffen. Am 4. Juli 2003 beauftragte das Eidg. Justiz- und Polizeidepartement die Nationale Ethikkommission, die Gesamtproblematik der Sterbehilfe in ethischer und rechtlicher Hinsicht zu prüfen und bis zum Sommer 2004 einen Bericht und eine gesetzliche Regelung zu erarbeiten. Am 10. März 2004 nahm auch der Nationalrat die Motion an. Der Bundesrat prüft nun die Anliegen der Motion und klärt dabei ab, in welchem Rahmen eine Regelung der passiven und der indirekten aktiven Sterbehilfe notwendig ist. Er wird zudem die Förderung der Palliativmedizin und das Problem des Sterbetourismus in seine Prüfung einbeziehen. Vgl. auch Stellungnahme Nr. 9/2005 «Beihilfe zum Suizid» der Nationalen Ethikkommission im Bereich Humanmedizin.

Art. 115 Verleitung und Beihilfe zum Selbstmord

Wer aus selbstsüchtigen Beweggründen jemanden zum Selbstmorde verleitet oder ihm dazu Hilfe leistet, wird, wenn der Selbstmord ausgeführt oder versucht wurde, mit Freiheitsstrafe bis zu fünf Jahren oder Geldstrafe bestraft.

Art. 115: Selbstmord begeht, wer sich in eigenverantwortlicher Weise durch eigenes Handeln tötet. Das Opfer muss über die alleinige Tatherrschaft verfügen. – Das Verleiten entspricht der Anstiftung nach StGB Art. 24, die Hilfeleistung der Gehilfenschaft nach StGB Art. 25. – Strafbar sind diese Verhaltensweisen erst, wenn der Suizid mindestens versucht wurde. Vorausgesetzt sind zusätzlich egoistische Motive wie der Wunsch nach finanziellem Profit (vgl. ZR 48 [1949] Nr. 89) oder nach Befreiung des Täters von einem ihm lästig gewordenen Menschen.

StGB Art. 115 regelt die Teilnahme an der eigenverantwortlichen Selbsttötung abschliessend, so dass bei fehlendem Vorsatz des Verleitens oder der Hilfeleistung zum Suizid keine fahrlässige Tötung angenommen werden kann (RS 1983 Nr. 442). Aus dem gleichen Grunde darf eine für die Lebenserhaltung bei einem Menschen verantwortliche Person nicht wegen eines Tötungsdeliktes bestraft werden, wenn sie es aus altruistischen Beweggründen unterlässt, den Betroffenen vom Selbstmord abzuhalten oder nach einer darauf abzielenden Handlung dem Todeseintritt entgegenzuwirken. Anders verhält es sich, wenn dem Suizidenten die Fähigkeit zu eigenverantwortlichem Handeln fehlt.

Art. 116 Kindestötung

Tötet eine Mutter ihr Kind während der Geburt oder solange sie unter dem Einfluss des Geburtsvorganges steht, so wird sie mit Freiheitsstrafe bis zu drei Jahren oder Geldstrafe bestraft.

Art. 116: Die Anwendung der Bestimmung setzt keine besondere Bedrängnis oder Gemütsbewegung bei der Mutter voraus. Der Tatentschluss kann schon während der Schwangerschaft gefasst worden sein: RS 1943 Nr. 281, SJZ 41 (1945) 29. Andere Täter sowie Teilnehmer an der Tat der Mutter sind gemäss StGB Art. 27 nach StGB Art. 111–113 zu beurteilen. Tötungshandlungen an ungeborenen Kindern fallen bis zum Beginn der Geburtswehen unter StGB Art. 118 ff. (Abtreibung), vgl. BGE 119 IV 208.

Art. 117 Fahrlässige Tötung

Wer fahrlässig den Tod eines Menschen verursacht, wird mit Freiheitsstrafe bis zu drei Jahren oder Geldstrafe bestraft.

Art. 117: Zur Fahrlässigkeit und zum erforderlichen Zusammenhang zwischen ihr und dem Tod eines Menschen vgl. Bem. zu StGB Art. 12 Abs. 3. – Fahrlässigkeit bei Kindestötung: RS 1984 Nr. 656. Straflos bleibt die fahrlässige Vernichtung der Leibesfrucht in der Gebärmutter, und zwar auch nach Ablauf der Frist, innert welcher ein Schwangerschaftsabbruch straflos ist: BGE 119 IV 208. – Entgegen BGE 113 IV 58 lässt sich nicht nach dem Muster der Mittäterschaft eine gemeinsame Haftung zweier Leute konstruieren, die unvorsichtigerweise schwere Steine über einen Abhang hinunterrollen lassen, von denen einer jemanden tödlich trifft, ohne dass festgestellt werden kann, wer ihn anstiess.

Fahrlässige Tötung durch Verletzung von Verkehrsregeln (SVG Art. 90): Der Täter wird ausschliesslich nach StGB Art. 117 bestraft, wenn ausser dem Getöteten niemand konkret gefährdet wurde; im Übrigen besteht Idealkonkurrenz mit SVG Art. 90 (BGE 91 IV 32, 213, 106 IV 395). – Das Umgangnehmen von Strafe gemäss SVG Art. 100 Ziff. 1 Abs. 2 fällt bei fahrlässiger Tötung ausser Betracht: RS 1976 Nr. 131. Garantenstellung des Drogenverkäufers gegenüber dem Drogenkonsumenten aus Ingerenz: RS 1988 Nr. 467 (fragwürdig).

Art. 118 2. Schwangerschaftsabbruch. Strafbarer Schwangerschaftsabbruch

¹ Wer eine Schwangerschaft mit Einwilligung der schwangeren Frau abbricht oder eine schwangere Frau zum Abbruch der Schwangerschaft anstiftet oder ihr dabei hilft, ohne dass die Voraussetzungen nach Artikel 119 erfüllt sind, wird mit Freiheitsstrafe bis zu fünf Jahren oder Geldstrafe bestraft.

² Wer eine Schwangerschaft ohne Einwilligung der schwangeren Frau abbricht, wird mit Freiheitsstrafe von einem Jahr bis zu zehn Jahren bestraft.

³ Die Frau, die ihre Schwangerschaft nach Ablauf der zwölften Woche seit Beginn der letzten Periode abbricht, abbrechen lässt oder sich in anderer Weise am Abbruch beteiligt, ohne dass die Voraussetzungen nach Artikel 119 Absatz 1 erfüllt sind, wird mit Freiheitsstrafe bis zu drei Jahren oder Geldstrafe bestraft.

⁴ In den Fällen der Absätze 1 und 3 tritt die Verjährung in drei Jahren ein.

Zu Art. 118 ff.: Nach heute vorwiegender, zutreffender Auffassung beginnt der Schutz des ungeborenen Lebens nicht schon mit der Vereinigung von Ei und Samenzelle. Eine Schwangerschaft im Sinne des Gesetzes liegt vielmehr erst vor, wenn sich das befruchtete Ei in der Gebärmutterschleimhaut *einnistet*. Die geschlechtlichen Umgang pflegende Frau begeht daher keine Abtreibung im gesetzlichen Sinne, wenn sie nidationshemmende Mittel anwendet. Ab der Nidation ist der Embryo durch StGB Art. 118 f. geschützt. Vom Beginn der Geburtswehen wird der Schutz des kindlichen Lebens nicht mehr durch StGB Art. 118 f., sondern durch StGB Art. 111 ff., insbesondere StGB Art. 116 gewährleistet (vgl. BGE 119 IV 209). Mit der Gesetzesrevision wurden nicht nur der Inhalt der Regelung, sondern auch die Gesetzessystematik grundlegend geändert. Der geltende StGB Art. 118 stellt die Abtötung des Embryos grundsätzlich unter Strafe. Terminologisch wird die betreffende Handlung als «Schwangerschaftsabbruch» umschrieben. Dabei wird zwischen dem in StGB Art. 118 geregelten strafbaren und dem in StGB Art. 119 vorgesehenen straflosen Schwangerschaftsabbruch unterschieden.

Art. 118 Abs. 1: Der objektive Tatbestand kann von jeder beliebigen Person – ausser der Schwangeren – erfüllt werden. Als negative Voraussetzung setzt die Anwendung von StGB Art. 118 Abs. 1 einzig voraus, dass das Verhalten des die Schwangerschaft Abbrechenden nicht von StGB Art. 119 Abs. 1 oder Abs. 2 erfasst wird. Subjektiv ist Vorsatz erforderlich; die fahrlässige Tötung des Embryos ist nicht strafbar. – Anstiftung und Gehilfenschaft sind eigenständige Tatbestandsvarianten. Versuchte Anstiftung und Versuch der Gehilfenschaft sind (entgegen der allgemeinen Regel der Straflosigkeit der versuchten Gehilfenschaft) nach StGB Art. 118 Abs. 1 i.V.m. Art. 24 Abs. 2 strafbar.

Abs. 2: Handelt der Dritte ohne die Einwilligung der Schwangeren, so untersteht er der erhöhten Strafandrohung von Art. 118 Abs. 2. Diese ist gerechtfertigt, weil nicht nur das ungeborene Leben, sondern zusätzlich das Selbstbestimmungsrecht und die körperliche Integrität der Schwangeren geschützt wird. Der subjektive Tatbestand erfordert Vorsatz: BGer vom 27. April 2004, 6P.2/2004: Eventualvorsatz bei gezieltem Faustschlag auf den Unterleib (zu StGB alt Art. 119 Ziff. 2).

Abs. 3: Unter die Strafandrohung des StGB Art. 118 Abs. 3 fällt jede Art der Beteiligung (Täterschaft, Anstiftung, Gehilfenschaft) der Schwangeren an der Abtötung ihrer Leibesfrucht, sofern die Tat nach Ablauf der Frist von 12 Wochen seit Beginn der letzten Periode vorgenommen wird, und unter der negativen Voraussetzung, dass StGB Art. 119 Abs. 1 nicht anwendbar ist. Ist StGB Art. 119 Abs. 1 erfüllt, bleibt die Schwangere zufolge jener Bestimmung straflos. In subjektiver Hinsicht setzt StGB Art. 118 Abs. 3 Vorsatz voraus.

Abs. 4: Mit der Verjährungsfrist von drei Jahren soll im Falle von StGB Art. 118 Abs. 1 und 3 sichergestellt werden, dass über die Bestrafung von Schwangerschaftsabbrüchen innerhalb eines kurzen Zeitraumes entschieden wird. Im Falle von StGB Art. 118 Abs. 2 beträgt die Frist für die Verfolgungsverjährung nach der allgemeinen Bestimmung gemäss StGB Art. 97 Abs. 1 lit. b 15 Jahre.

Art. 119 Strafloser Schwangerschaftsabbruch

[1] Der Abbruch einer Schwangerschaft ist straflos, wenn er nach ärztlichem Urteil notwendig ist, damit von der schwangeren Frau die Gefahr einer schwerwiegenden körperlichen Schädigung oder einer schweren seelischen Notlage abgewendet werden kann. Die Gefahr muss umso grösser sein, je fortgeschrittener die Schwangerschaft ist.

[2] Der Abbruch einer Schwangerschaft ist ebenfalls straflos, wenn er innerhalb von zwölf Wochen seit Beginn der letzten Periode auf schriftliches Verlangen der schwangeren Frau, die geltend macht, sie befinde sich in einer Notlage, durch eine zur Be-

rufsausübung zugelassene Ärztin oder einen zur Berufsausübung zugelassenen Arzt vorgenommen wird. Die Ärztin oder der Arzt hat persönlich mit der Frau vorher ein eingehendes Gespräch zu führen und sie zu beraten.

³ Ist die Frau nicht urteilsfähig, so ist die Zustimmung ihrer gesetzlichen Vertreterin oder ihres gesetzlichen Vertreters erforderlich.

⁴ Die Kantone bezeichnen die Praxen und Spitäler, welche die Voraussetzungen für eine fachgerechte Durchführung von Schwangerschaftsabbrüchen und für eine eingehende Beratung erfüllen.

⁵ Ein Schwangerschaftsabbruch wird zu statistischen Zwecken der zuständigen Gesundheitsbehörde gemeldet, wobei die Anonymität der betroffenen Frau gewährleistet wird und das Arztgeheimnis zu wahren ist.

Art. 119 Abs. 1: Ein Schwangerschaftsabbruch, der nach Ablauf der Frist von 12 Wochen seit Beginn der letzten Periode vorgenommen wird, bleibt nur unter den Voraussetzungen von StGB Art. 119 Abs. 1 straflos. Diese Bestimmung bildet das Korrelat zu StGB Art. 118 Abs. 3. Die Konstellation entspricht der Interessenabwägung, wie sie für Rechtfertigungsgründe typisch ist. Weil bereits ab ca. fünf Monaten Schwangerschaft geborene Kinder am Leben erhalten werden können, sind mit zunehmender Entwicklung des Embryos höhere Anforderungen an die den Schwangerschaftsabbruch rechtfertigenden Gründe zu stellen. Anders als nach bisherigem Recht bedarf es nur der gutachterlichen Stellungnahme des Arztes, welcher den Eingriff durchführt.

Abs. 2: Die Frau, welche die Schwangerschaft in Anwendung von StGB Art. 119 Abs. 2 abbrechen will, muss dies schriftlich verlangen und dabei geltend machen, sie befinde sich in einer Notlage. Sie muss diese jedoch weder umschreiben noch begründen, vgl. Amtliches Bulletin des Nationalrats 2001, 183:«…die ungewollt schwangere Frau [befindet sich] per se in einer Notlage…». Der Arzt hat die geltend gemachte Notlage nicht zu überprüfen. Zudem muss dem Schwangerschaftsabbruch ein Beratungsgespräch vorausgehen, in dessen Verlauf der ausführende Arzt die Schwangere u.a. über die gesundheitlichen Risiken des Eingriffs informieren und ihr einen Leitfaden auszuhändigen hat. Bei den Erfordernissen des schriftlichen Verlangens wie auch des Beratungsgesprächs handelt es sich lediglich um Ordnungsvorschriften, d.h. ihre Missachtung vermag an der Straflosigkeit des Schwangerschaftsabbruchs nichts zu ändern. Die Schwangerschaft darf nur durch einen zur Berufsausübung zugelassenen Arzt abgebrochen werden.

Abs. 3: Die Schwangere muss urteilsfähig, d.h. in der Lage sein, die Tragweite des Eingriffs zu verstehen und in eigenverantwortlicher Weise den betreffenden Entscheid zu fällen. Fehlt der Schwangeren eine dieser Fähigkeiten, so ist der Abbruch zulässig, wenn die gesetzliche Vertreterin oder der gesetzliche Vertreter zustimmt (StGB Art. 119 Abs. 3).

Abs. 4 und 5: Bei diesen Regelungen handelt es sich um Ordnungsvorschriften. Werden sie missachtet, vermag dies an der Straflosigkeit des Schwangerschaftsabbruchs gestützt auf StGB Art. 119 Abs. 1 oder 2 nichts zu ändern.

Art. 120 Übertretungen durch Ärztinnen oder Ärzte

¹ Mit Busse wird die Ärztin oder der Arzt bestraft, die oder der eine Schwangerschaft in Anwendung von Artikel 119 Absatz 2 abbricht und es unterlässt, vor dem Eingriff:

a. von der schwangeren Frau ein schriftliches Gesuch zu verlangen;
b. persönlich mit der schwangeren Frau ein eingehendes Gespräch zu führen und sie zu beraten, sie über die gesundheitlichen Risiken des Eingriffs zu informieren und ihr gegen Unterschrift einen Leitfaden auszuhändigen, welcher enthält:
   1. ein Verzeichnis der kostenlos zur Verfügung stehenden Beratungsstellen,
   2. ein Verzeichnis von Vereinen und Stellen, welche moralische und materielle Hilfe anbieten, und
   3. Auskunft über die Möglichkeit, das geborene Kind zur Adoption freizugeben;
c. sich persönlich zu vergewissern, dass eine schwangere Frau unter 16 Jahren sich an eine für Jugendliche spezialisierte Beratungsstelle gewandt hat.

² Ebenso wird die Ärztin oder der Arzt bestraft, die oder der es unterlässt, gemäss Artikel 119 Absatz 5 einen Schwangerschaftsabbruch der zuständigen Gesundheitsbehörde zu melden.

Art. 120: Nach StGB Art. 120 macht sich die Ärztin oder der Arzt strafbar, die oder der eine Schwangerschaft zwar innerhalb der ersten 12 Wochen seit Beginn der letzten Periode abbricht, jedoch eine ihrer bzw. seiner damit in Zusammenhang stehenden Pflichten nicht befolgt.

Art. 121

Aufgehoben.

Art. 122   3. Körperverletzung.
Schwere Körperverletzung

Wer vorsätzlich einen Menschen lebensgefährlich verletzt,

wer vorsätzlich den Körper, ein wichtiges Organ oder Glied eines Menschen verstümmelt oder ein wichtiges Organ oder Glied unbrauchbar macht, einen Menschen bleibend arbeitsunfähig, gebrechlich oder geisteskrank macht, das Gesicht eines Menschen arg und bleibend entstellt,

wer vorsätzlich eine andere schwere Schädigung des Körpers oder der körperlichen oder geistigen Gesundheit eines Menschen verursacht,

wird mit Freiheitsstrafe bis zu zehn Jahren oder Geldstrafe nicht unter 180 Tagessätzen bestraft.

Art. 122 und 123: Ärztliche Eingriffe erfüllen, auch wenn sie medizinisch indiziert und kunstgerecht durchgeführt worden sind, jedenfalls insoweit den objektiven Tatbestand der Körperverletzung, als sie entweder in die Körpersubstanz eingreifen (z.B. bei Amputationen) oder mindestens vorübergehend die körperliche Leistungsfähigkeit oder das körperliche Wohlbefinden des Patienten nicht nur unerheblich beeinträchtigen oder verschlechtern. Solche Eingriffe können durch die ausdrückliche oder mutmassliche Einwilligung der Patienten gerechtfertigt werden: BGE 99 IV 208, 124 IV 260, 127 IV 157.

Art. 122: Zur Anwendung auf die Übertragung des HI-Virus: BGE 116 IV 133, 125 IV 247 (latentes Todesrisiko genügt), BGE 131 IV 7 ff. (keine Körperverletzung bei ungeschützten Sexualkontakten mit über die Infektion informiertem Sexualpartner) – Die «schwere» Körperverletzung ist ein unbestimmter Rechtsbegriff, so dass das Bundesgericht bei ihrer Beurteilung in Grenzfällen nur mit einer gewissen Zurückhaltung von der Auffassung der Vorinstanz abweicht (BGE 115 IV 20, 129 IV 3). – Vorbereitungshandlungen sind gemäss StGB Art. 260bis strafbar.

Abs. 1: Vorausgesetzt wird eine unmittelbare Gefahr, welche die Möglichkeit des Todes zur ernstlichen und dringenden Wahrscheinlichkeit macht. Wie lange dieser Zustand anhält und ob rechtzeitig wirksame ärztliche Hilfe geleistet werden kann, bleibt unerheblich: BGE 109 IV 18 (innere Blutung infolge Milzrisses). Erfasst wird nur eine Lebensgefahr, die durch eine *Verletzung* entsteht: BGE 124 IV 55 = Pr 87 (1998) Nr. 108 (lebensgefährliches Würgen fällt unter StGB Art. 129; Praxisänderung gegenüber BGE 91 IV 194).

Abs. 2: Wichtige Glieder sind neben Händen und Füssen z.B. Ellenbogen (SJZ 69 [1972] 379), Knie- und Hüftgelenke (BGE 105 IV 180). Als entsprechende Organe kommen neben lebenswichtigen wie Nieren, Leber usw. (in BGE 109 IV 20 für die Milz offengelassen) v.a. Sinnes- und Geschlechtsorgane in Betracht. Bei der Beurteilung der Wichtigkeit eines Gliedes oder Organs ist auch die berufliche und Freizeittätigkeit des Opfers zu berücksichtigen: BGE 105 IV 180. Unbrauchbar ist ein wichtiges Organ oder Glied nur, wenn es in seinen Grundfunktionen erheblich gestört ist. Eine zwar dauerhafte, jedoch nur geringfügige Einschränkung der Funktionen genügt nicht (BGE 129 IV 3). Zur Einwilligung des Betroffenen in eine Sterilisation vgl. die «Medizinisch-ethischen Richtlinien zur Sterilisation» der Schweiz. Akademie der medizinischen Wissenschaften vom 17. November 1981, Schweiz. Ärztezeitung Bd. 63 1982 Heft 11 und die «Empfehlungen zur Sterilisation von Menschen mit geistiger Behinderung» vom 12. Juni 2001 (www.samw.ch).

Als Gebrechlichkeit gelten auch das dauernde Kranksein und andere dauernde Beeinträchtigungen der Gesundheit wie chronische Vergiftungen oder Drogensucht. Zur argen und bleibenden Entstellung des Gesichtes: BGE 115 IV 19 (sichtbar bleibende Schnittwunde vom Mundwinkel bis zum Ohransatz), ZR 71 (1972) Nr. 60 (Verbrennungen).

Abs. 3: Generalklausel für Schädigungen, deren Schwere den vorgenannten Fällen gleichkommt, so v.a. im Hinblick auf langes oder schmerzhaftes Krankenlager, lange Heilungsdauer oder Arbeitsunfähigkeit. Vgl. dazu BGE 97 IV 9, 101 IV 383, 105 IV 180, 124 IV 57, RS 1969 Nr. 81, SJZ 68 (1972) 43.

Verjährung: Richtet sich die Tat gegen ein Kind unter 16 Jahren, so dauert die Verfolgungsverjährung gemäss StGB Art. 97 Abs. 2 in jedem Fall mindestens bis zu dem Zeitpunkt, in welchem das Opfer das 25. Lebensjahr vollendet. Innert dieser Frist muss ein erstinstanzliches Urteil ergehen (StGB Art. 97 Abs. 3).

Art. 123 Einfache Körperverletzung

1. Wer vorsätzlich einen Menschen in anderer Weise an Körper oder Gesundheit schädigt, wird, auf Antrag, mit Freiheitsstrafe bis zu drei Jahren oder Geldstrafe bestraft. In leichten Fällen kann der Richter die Strafe mildern (Art. 48a).

2. Die Strafe ist Freiheitsstrafe bis zu drei Jahren oder Geldstrafe, und der Täter wird von Amtes wegen verfolgt,

wenn er Gift, eine Waffe oder einen gefährlichen Gegenstand gebraucht,

wenn er die Tat an einem Wehrlosen oder an einer Person begeht, die unter seiner Obhut steht oder für die er zu sorgen hat, namentlich an einem Kind,

wenn er der Ehegatte des Opfers ist und die Tat während der Ehe oder bis zu einem Jahr nach der Scheidung begangen wurde,

wenn er die eingetragene Partnerin oder der eingetragene Partner des Opfers ist und die Tat während der Dauer der eingetragenen Partnerschaft oder bis zu einem Jahr nach deren Auflösung begangen wurde,

wenn er der hetero- oder homosexuelle Lebenspartner des Opfers ist, sofern sie auf unbestimmte Zeit einen gemeinsamen Haushalt führen und die Tat während dieser Zeit oder bis zu einem Jahr nach der Trennung begangen wurde.

Art. 123 Ziff. 1 Abs. 1: «*In anderer Weise*» schädigt der Täter jemanden an Körper oder Gesundheit, wenn die Verletzung nicht die Voraussetzungen von StGB Art. 122 erfüllt. Als Schädigung gilt auch die Verschlimmerung einer bereits bestehenden gesundheitlichen oder körperlichen Beeinträchtigung sowie das Verzögern ihrer Heilung (BGE 83 IV 140, 103 IV 70). – Abgrenzung der einfachen Körperverletzung von Tätlichkeiten nach StGB Art. 126: Diese Bestimmung ist auf geringfügige Eingriffe in die körperliche Integrität anwendbar, die höchstens eine vorübergehende Beeinträchtigung des Wohlbefindens mit sich bringen (so regelmässig noch bei kleineren Schwellungen, Quetschungen, Schürf- und Kratzwunden). Das Herbeiführen von selbst vorübergehenden Störungen, die einem krankhaften Zustand gleichkommen (z.B. Zufügen erheblicher Schmerzen, eines Nervenschocks, eines Rausch- oder Betäubungszustandes) oder eine wesentliche Beeinträchtigung des Aussehens mit sich bringen, gilt dagegen bereits als Schädigung i.S. von StGB Art. 123 Ziff. 1: BGE 103 IV 70, 107 IV 42, 119 IV 2, 27, 127 IV 61, Pr 83 (1994) Nr. 17, Urteil des Obergerichts TG vom 10.2.1994, in: RBOG-TG 1994, S. 111 ff., Nr. 13. Gleiches gilt nach der Praxis für erhebliche Eingriffe in die körperliche Integrität ohne gesundheitliche Störungen: BGE 103 IV 70 und 107 IV 42 (Kahlscheren), 99 IV 210 (Injektion). Alle Eingriffe jener Art, auch medizinischer Natur, sind daher nur mit Einwilligung des Betroffenen oder bei Vorliegen eines anderen Rechtfertigungsgrundes (StGB Art. 15 und 17) zulässig (vgl. BGE 124 IV 260). – Zum erforderlichen Vorsatz: BGE 74 IV 83, 103 IV 70, 119 IV 3 und 121 IV 252 betr. Eventualvorsatz.

Abs. 2: Diese Bestimmung ist auf Schädigungen anwendbar, die das Ausmass von Tätlichkeiten (StGB Art. 126) nur geringfügig überschreiten, sofern auch der Vorsatz des Täters nicht weiterging. Um zu beurteilen, ob ein leichter Fall der Körperverletzung vorliegt, ist auf die gesamten Umstände der Tat, nicht bloss auf die objektiven Verletzungsfolgen abzustellen (BGE 126 IV 60). – Bei der Abgrenzung zwischen dem Grundtatbestand und dem leichten einfachen Fall weicht das Bundesgericht in Grenzfällen nur mit einer gewissen Zurückhaltung von der Auffassung der Vorinstanz ab (BGE 127 IV 59, 129 IV 3).

Ziff. 2 Abs. 1: Das Bundesgericht versteht unter *Waffen* alle Gegenstände, die für Angriff und Verteidigung bestimmt sind: BGE 96 IV 18 (Gummiknüppel), 111 IV 51, 96, 112 IV 13, 113 IV 61. Doch muss darüber hinaus gefordert werden, dass sie zur Verursachung schwerer Verletzungen geeignet sind. Bei der Verwendung von *Gift* ist dies aber nicht erforderlich: SJZ 83 (1987) 245.

Gefährlicher Gegenstand (früher «gefährliches Werkzeug»): Entscheidend ist, dass die konkrete Art und Weise der Verwendung der betreffenden Sache die Gefahr einer schweren Schädigung nach StGB Art. 122 mit sich bringt: BGE 101 IV 286 (gezielt nach dem Kopf eines Menschen geschleudertes Bierglas), 111 IV 124 (kräftiger Hieb mit einem Schlittschuh gegen ein Bein des Opfers), SJZ 86 (1990) 425 (Schlag mit Eishockeystock), vgl. BGE 101 IV 220 (verneint für leichten Schlag mit einem Meissel gegen den Kopf einer Person).

Abs. 2: Als *wehrlos* gilt, wer mindestens unter den konkreten Umständen nicht in der Lage ist, sich gegen eine schädigende Einwirkung mit einiger Aussicht auf Erfolg zur Wehr zu setzen: vgl. BGE 85 IV 128, 105 IV 2, 129 IV 4. *Obhuts- oder Sorgeverhältnis zum Opfer:* Als Täter dürften neben Personen, die von Gesetzes wegen oder gemäss Vertrag eine Verantwortung für den Schutz von Leib und Leben des Geschädigten tragen, auch solche Personen in Frage kommen, welche vorübergehend dessen Betreuung übernehmen, wenn er mit Rücksicht auf sein Alter oder seinen physischen oder psychischen Zustand der Fürsorge bedarf. – Zur Tatverübung an Minderjährigen vgl. StGB Art. 363 f.

Art. 124

Aufgehoben.

Art. 125 Fahrlässige Körperverletzung

¹ Wer fahrlässig einen Menschen am Körper oder an der Gesundheit schädigt, wird, auf Antrag, mit Freiheitsstrafe bis zu drei Jahren oder Geldstrafe bestraft.
² Ist die Schädigung schwer, so wird der Täter von Amtes wegen verfolgt.

Art. 125: Zum adäquaten Kausalzusammenhang, Mitursache, Drittverschulden: BGE 121 IV 286. Zum Selbstverschulden: BGE 125 IV 62. Zu den Sorgfaltspflichten: BGE 128 IV 49 (Eltern gegenüber ihrem Kind), BGE 130 IV 14 ff. (Notfallarzt), BGE 127 IV 62 (Reitlehrer), ZR (2002) Nr. 38, 134 ff. (Lastwagenfahrer bezüglich «toten Winkel», BGer vom 11.2.2002, 6S.222/2002 (Sprengmeister, Kontrollpflichten gegenüber Untergebenen). Vgl. auch Bem. zu StGB Art. 12 Abs. 3.

Art. 125 Abs. 1: Körperverletzung infolge der Missachtung von Verkehrsregeln (SVG Art. 90): Diese Bestimmung ist neben StGB Art. 125 anwendbar, sofern der Täter ausser dem Verletzten weitere Menschen konkret gefährdete. Hat der als einziger konkret gefährdete Geschädigte im Falle von StGB Art. 125 Abs. 1 auf Strafantrag verzichtet oder diesen zurückgezogen, ist der Täter nach SVG Art. 90 zu bestrafen (vgl. BGE 91 IV 32, 213, 96 IV 41, 106 IV 395, ZR 84 [1985] Nr. 20).

Abs. 2: Schwer i.S. dieser Bestimmung ist die Körperverletzung, welche die Anforderungen von StGB Art. 122 erfüllt: BGE 93 IV 12, 97 IV 8, 109 IV 18, 121 IV 286, SJZ 72 (1976) 145 (krebskranke Patientin, die durch behandlungsunfähigen Naturheilarzt nicht dem Facharzt zugewiesen wird), vgl. Bem. zu StGB Art. 122.

Art. 126 Tätlichkeiten

¹ Wer gegen jemanden Tätlichkeiten verübt, die keine Schädigung des Körpers oder der Gesundheit zur Folge haben, wird, auf Antrag, mit Busse bestraft.

² Der Täter wird von Amtes wegen verfolgt, wenn er die Tat wiederholt begeht:

a. an einer Person, die unter seiner Obhut steht oder für die er zu sorgen hat, namentlich an einem Kind;
b. an seinem Ehegatten während der Ehe oder bis zu einem Jahr nach der Scheidung; oder
b^bis. an seiner eingetragenen Partnerin oder seinem eingetragenen Partner während der Dauer der eingetragenen Partnerschaft oder bis zu einem Jahr nach deren Auflösung; oder
c. an seinem hetero- oder homosexuellen Lebenspartner, sofern sie auf unbestimmte Zeit einen gemeinsamen Haushalt führen und die Tat während dieser Zeit oder bis zu einem Jahr nach der Trennung begangen wurde.

Art. 126 Abs. 1: Nach der Praxis des Bundesgerichts (BGE 117 IV 15, 119 IV 27) ist eine Tätlichkeit anzunehmen bei einer das allgemein übliche und gesellschaftlich geduldete Mass überschreitenden physischen Einwirkung auf einen Menschen, die keine Schädigung des Körpers oder der Gesundheit zur Folge hat; die Verursachung von Schmerzen wird nicht vorausgesetzt. Beispiele: Ohrfeigen, Faustschläge, Fusstritte, heftige Stösse, Bewerfen mit Gegenständen von einigem Gewicht, Begiessen mit Flüssigkeiten, Zerzausen einer kunstvollen Frisur, Verschmieren eines Stücks Patisserie im Gesicht eines andern, sog. «entartage» (BGer vom 08.10.2001, 6P.99/2001 bzw. 6S.436/2001). Die Berufung eines Lehrers auf ein *Züchtigungsrecht* setzt eine entsprechende Gesetzesgrundlage voraus (BGE 117 IV 18 f.). Zu den Grenzen eines allfälligen Züchtigungsrechts vgl. BGE 129 IV 219 ff. = Pr 92 (2003) Nr. 202 (regelmässige Züchtigungen), ZVW 2003 253 ff., BGer vom 24.9.2004, 6S. 273/2004 (Überschreitung des sozial Üblichen), BGer vom 22.6.2005, 6S.178/2005 (Züchtigungsrecht bei fremdem Kulturkreis) – Zur Abgrenzung der Tätlichkeiten von einfacher Körperverletzung vgl. Bem. zu StGB Art. 123, zur tätlichen Beschimpfung nach StGB Art. 177: BGE 82 IV 181. Bei der Abgrenzung zwischen Tätlichkeit und einfacher Körperverletzung weicht das Bundesgericht in Grenzfällen nur mit einer gewissen Zurückhaltung von der Auffassung der Vorinstanz ab (BGE 127 IV 59, 129 IV 3, BGer vom 26.4.2002, 6S.65/2002). – Verursacht jemand durch eine bloss vom Vorsatz auf Tätlichkeiten getragene Handlung in vorhersehbarer Weise eine Körperverletzung, so kommt neben StGB Art. 126 auch 125 zur Anwendung.

Art. 127 4. Gefährdung des Lebens und der Gesundheit.
Aussetzung

Wer einen Hilflosen, der unter seiner Obhut steht oder für den er zu sorgen hat, einer Gefahr für das Leben oder einer schweren unmittelbaren Gefahr für die Gesundheit aussetzt oder in einer solchen Gefahr im Stiche lässt, wird mit Freiheitsstrafe bis zu fünf Jahren oder Geldstrafe bestraft.

Art. 127: Der *objektive Tatbestand* setzt voraus, dass der Täter eine rechtliche Verantwortung für die Erhaltung bzw. Wiederherstellung der Gesundheit und körperlichen Unversehrtheit des Geschädigten trägt. Eine solche Garantenstellung kann sich v.a. aus dem Gesetz (namentlich für Ehegatten und Eltern des Opfers, vgl. auch Pr 90 [2001] Nr. 55 mit Bezug auf alt EPG Art. 29) und aus vertraglichen

Verpflichtungen (z.B. bei Pflegepersonal oder Bergführern) oder als Folge des Eingehens einer Gefahrengemeinschaft ergeben. Das Bundesgericht hat im Zusammenschluss zweier Personen zur Verübung eines Einbruchdiebstahls noch keine Gefahrengemeinschaft erblickt (BGE 108 IV 17 = Pr 71 [1982] Nr. 187). Der Geschädigte muss zur Zeit des tatbestandsmässigen Verhaltens hilflos sein, d.h. wegen seines Alters, Gesundheitszustandes oder äusserer Umstände fremder Hilfe bedürfen: Pr 90 (2001) Nr. 55 (Hämophile). Die Hilflosigkeit kann auch darin begründet sein, dass das Opfer die Gefahr für sein Leben oder seine Gesundheit überhaupt nicht oder nicht einmal in ihren Umrissen zu erkennen vermag: BGer vom 11.8.2004, 6P.85/2004. Es muss eine Individualgefahr für eine bestimmte oder mindestens bestimmbare Person oder Personengruppe vorliegen, das blosse Herbeiführen einer Gemeingefahr genügt nicht. Erfasst wird einerseits aktives Verhalten des Täters, welches das Opfer einer konkreten Gefahr für das Leben oder für seine Gesundheit aussetzt; sie muss sehr nahe liegen und die Möglichkeit einer schweren Schädigung eröffnen (z.B. bei intensivem Schütteln eines Kleinkindes, BGer vom 24.10.2005, 6S.287/2005). Andererseits fällt auch unter den Tatbestand, wer es unterlässt, dem bereits in einer solchen Gefahr befindlichen Geschädigten Hilfe zu bringen bzw. zu vermitteln. Die Garantenstellung des Täters muss aber jedenfalls schon *vor* dem Eintritt der Gefahr bestanden haben (BGE 108 IV 17).

Subjektiv ist erforderlich, dass der Täter das Opfer mit Wissen und Wollen in eine Gefahr der erwähnten Art bringt bzw. im Falle des Im-Stiche-Lassens ihr Bestehen und die möglichen Hilfsmassnahmen erkennt und sich dennoch entschliesst, diese nicht zu ergreifen.

Art. 128   Unterlassung der Nothilfe

Wer einem Menschen, den er verletzt hat, oder einem Menschen, der in unmittelbarer Lebensgefahr schwebt, nicht hilft, obwohl es ihm den Umständen nach zugemutet werden könnte,

wer andere davon abhält, Nothilfe zu leisten, oder sie dabei behindert,

wird mit Freiheitsstrafe bis zu drei Jahren oder Geldstrafe bestraft.

Art. 128: Die Kantone haben die Gesetzgebungskompetenz in diesem Gebiet verloren: BGE 116 IV 20 = Pr 81 (1992) Nr. 43.

Abs. 1: Fall der *Verletzung durch den Täter:* Dieser braucht sie nicht rechtswidrig oder schuldhaft verursacht zu haben. Eine Schädigung im Umfang einer einfachen Körperverletzung nach StGB Art. 123 genügt, doch muss der von ihr Betroffene überhaupt der Hilfe bedürfen; eine weitergehende Gefährdung ist indessen nicht erforderlich (BGE 111 IV 125). Das strafbare Verhalten besteht darin, dass der Täter die hiefür nötigen Massnahmen nicht erbringt, obwohl er dazu in der Lage und ihm dies zumutbar gewesen wäre.

Fall des Menschen *in Lebensgefahr:* Diese muss unmittelbar sein, d.h. alsbaldiges Einschreiten erfordern (nach BGE 121 IV 20 ist diese Voraussetzung erfüllt, wenn jemand nach Einnahme einer Überdosis von Heroin in einigen Stunden zu sterben droht), vgl. dazu auch Pr 85 (1996) Nr. 133. Ihre Ursache fällt nicht ins Gewicht, ausser bei Akten, die auf Selbsttötung gerichtet sind; hier kann keine Hilfeleistungspflicht bestehen, sofern der Suizidwillige in eigenverantwortlicher Weise handelt. Im Übrigen verpflichtet das Gesetz jedermann zur Hilfe, der die Möglichkeit dazu hat (vgl. z.B. BGE 121 IV 21: alle in der Wohnung des gefährdeten Menschen Anwesenden) und dem sie zumutbar ist (was v.a. nicht zuzutreffen braucht, wenn sie den Helfer selbst in erhebliche Gefahr bringen würde). Strafbar macht sich, wer unter solchen Umständen im Bewusstsein der bestehenden Lebensgefahr und der geeigneten Hilfemassnahmen diese nicht erbringt.

In allen Fällen bleibt unmassgeblich, ob die unterbliebene Hilfe wirksam gewesen wäre. – Verhältnis von StGB Art. 128 Abs. 1 zu SVG Art. 92 (pflichtwidriges Verhalten bei Unfall): Abs. 2 dieser Bestimmung ist im Falle der Führerflucht eines Fahrzeuglenkers nach Unfall mit Personenschaden allein anwendbar. Bleibt er am Unfallort, ohne dem Verletzten zu helfen, geht demgegenüber StGB Art. 128 vor. Gleiches gilt auch dann, wenn eine andere nach SVG Art. 51 Abs. 2 zur Hilfeleistung verpflichtete Person (Mitfahrer, unbeteiligter Anwesender) untätig bleibt, obwohl das Unfallopfer in Lebensgefahr schwebt. – Im-Stiche-Lassen des Opfers nach erfolgtem Tötungsversuch bleibt straflos: BGE 87 IV 8. Gleiches sollte entgegen BGE 111 IV 25 auch nach vorsätzlicher Körperverletzung gelten. Bei fahrlässiger Körperverletzung (allenfalls mit nachträglichem Todeseintritt) besteht echte Konkurrenz zu StGB Art. 125 oder 117.

Abs. 2: Strafbar macht sich jedermann, der einen anderen tätlich oder verbal von der beabsichtigten oder bereits im Gang befindlichen Nothilfe für einen Dritten abhält, sowie wer einen anderen dabei auch nur schon behindert. Unerheblich dürfte sein, ob der Nothelfer zu einem solchen Tun gemäss Abs. 1 verpflichtet war oder nicht.

Art. 128bis   Falscher Alarm

Wer wider besseres Wissen grundlos einen öffentlichen oder gemeinnützigen Sicherheitsdienst, einen Rettungs- oder Hilfsdienst, insbesondere Polizei, Feuerwehr, Sanität, alarmiert, wird mit Freiheitsstrafe bis zu drei Jahren oder Geldstrafe bestraft.

Art. 128bis: Die Bestimmung will verhindern, dass bedingt durch grundloses Ausrücken von solchen Diensten diese für eine gewisse Zeit nicht mehr oder nur beschränkt für tatsächliche Notlagen zur Verfügung stehen. Als weitere Rettungs- und Hilfsdienste kommen z.B. motorisierte Pikett-Notärzte, die REGA, Pistendienste und Organisationen zur Rettung von Bergsteigern in Betracht. Der Täter muss mindestens einem der Dienste persönlich oder durch eine Fernmeldeeinrichtung Meldung über ein angebliches Ereignis (Unfall, medizinischer Notfall, Brand, Deponierung eines auf Sprengstoff verdächtigen Koffers usw.) erstatten, welches einen unverzüglichen Einsatz erfordert. Die Bestimmung verlangt, dass der Täter im bestimmten Wissen darum handelt, dass der betreffende Dienst nicht benötigt wird.

Art. 129   Gefährdung des Lebens

Wer einen Menschen in skrupelloser Weise in unmittelbare Lebensgefahr bringt, wird mit Freiheitsstrafe bis zu fünf Jahren oder Geldstrafe bestraft.

Art. 129: *Objektiv* erfordert die Bestimmung zunächst, dass der Täter jemanden durch beliebiges Handeln in einen Zustand bringt, aufgrund dessen nach dem gewöhnlichen Lauf der Dinge die Wahrscheinlichkeit des Todeseintrittes besteht. Der Begriff der Lebensgefahr ist jedoch nach der Rechtsprechung des Bundesgerichts weniger restiktiv auszulegen als bei StGB Art. 140 Ziff. 4 und erfordert keine «sehr naheliegende» Gefahr: BGE 121 IV 70 = Pr 85 (1996) Nr. 24. Deren weiter erforderliche *Unmittelbarkeit* ist nach diesem Entscheid (vgl. schon BGE 106 IV 14) neben der zeitlichen Aktualität durch den direkten Zusammenhang zwischen der Gefahr und dem Verhalten des Täters charakterisiert. Jedenfalls genügt es nicht, wenn Handlungen anderer Personen oder weitere Umstände hinzukommen müssen, damit sich die Gefahr zu realisieren vermag. Richtigerweise wurde daher die Tatbestandsmässigkeit für das Aussetzen eines Betrunkenen im Freien in einer regnerischen Novembernacht (BGE 101 IV 159) und bei Abgabe von Heroin an einen Süchtigen (BGE 106 IV 14) verneint. In Abkehr von BGE 111 IV 54 lässt BGE 121 IV 70 auch das Ziehen einer Faustfeuerwaffe nicht mehr genügen, wenn die Schussbereitschaft erst noch durch eine Manipulation (Laden, Entsichern) erstellt werden muss. Dagegen reicht es aus, wenn der Abzugsbügel einer auf eine in der Nähe stehenden Person gerichteten Pistole zur Schussabgabe nur noch durchgedrückt werden muss, auch wenn dafür noch ein relativ grosser Widerstand (im konkreten Fall 5,5 kg) überwunden werden muss (vgl. schon BGE 94 IV 62, 100 IV 217). Ebenso fällt das lebensgefährliche Würgen einer Person unter den Tatbestand. Dieser ist allein anwendbar, sofern nicht wegen einer durch das Würgen bewirkten schweren Körperverletzung StGB Art. 122 vorgeht (BGE 124 IV 55 = Pr 87 [1998] Nr. 108). Vgl. ferner Pr 85 (1996) Nr. 173: Bei einem Schikanestopp auf der Autobahn vor einem im Abstand von ca. 20 m mit über 100 km/h folgenden Wagen werden dessen Insassen in unmittelbare Lebensgefahr gebracht.

Subjektiv wird – wie die frühere Formulierung «willentlich» ausdrücklich hervorhob – der direkte Vorsatz des Täters verlangt, jemanden in unmittelbare Lebensgefahr zu bringen (vgl. BGE 94 IV 63, 101 IV 160, 106 IV 15, 121 IV 75). Andererseits muss er darauf vertrauen, dass sich die Gefahr nicht verwirklicht; nimmt er dagegen den Tod des Opfers in Kauf, finden bereits StGB Art. 111 ff. Anwendung (vgl. BGE 107 IV 165). Das Element der *Skrupellosigkeit* entspricht dem der Gewissenlosigkeit im früheren Recht. Nach BGE 114 IV 108 soll die Handlung des Täters gewissenlos sein, wenn sie angesichts des Tatmittels und des Tatmotivs unter Berücksichtigung der Tatsituation den allgemein anerkannten Grundsätzen von Sitte und Moral zuwiderläuft. Neuere Entscheide verlangen eine besondere Hemmungs- oder Rücksichtslosigkeit, die indessen vorliegen soll, wenn der Erfolgseintritt so wahrscheinlich ist, dass es skrupellos ist, sich darüber hinwegzusetzen: BGE 121 IV 70, Pr 85 (1996) Nr. 173. Damit würde jedoch praktisch jeder, der einen anderen in unmittelbare Lebensgefahr bringt, skrupellos handeln. Wer jemanden vorsätzlich in unmittelbare Lebensgefahr bringt, dürfte jedenfalls dann nicht skrupellos handeln, wenn vom Gesetz anderweitig als entlastend anerkannte Umstände vorliegen, so wenn der Täter die Tat in Notwehrüberschreitung (vgl. BGer vom 10.4.2001, 6S.734/1999: Skrupellosigkeit trotzdem bejaht), auf Provokation durch das Opfer hin (BGer vom 30.11.2004, 6S.334/2004), in entschuldbarer Gemütsbewegung oder unter grosser seelischer Belastung beging. Teilweise Zurechnungsunfähigkeit schliesst Skrupellosigkeit nicht aus (BGer vom 30.11.2004, 6S.334/2004 mit Bezugnahme auf BGE 127 IV 10).

Zur Abgrenzung zwischen Versuch und Vollendung vgl. BGE 111 IV 51. Verursachte der Täter durch seine Handlung ungewollt eine Körperverletzung oder den Tod des Opfers, ist neben StGB Art. 129 auch 125 bzw. 117 anwendbar. Brachte er den Geschädigten durch eine vorsätzliche Körperverletzung in Lebensgefahr, fällt dies unter StGB Art. 122 Abs. 1: BGE 124 IV 55. – Vgl. ferner StGB Art. 221–230, 237 und 238, wo u.a. die Gefährdung von Menschen am Leben ebenfalls ein Tatbestandsmerkmal bildet.

Art. 130–132

Aufgehoben.

Art. 133 Raufhandel

¹ Wer sich an einem Raufhandel beteiligt, der den Tod oder die Körperverletzung eines Menschen zur Folge hat, wird mit Freiheitsstrafe bis zu drei Jahren oder Geldstrafe bestraft.

² Nicht strafbar ist, wer ausschliesslich abwehrt oder die Streitenden scheidet.

Art. 133: Raufhandel ist eine tätliche Auseinandersetzung, an der mindestens drei Personen teilnehmen und bei welcher zwei oder mehr Parteien wechselseitig tätlich gegeneinander vorgehen: BGE 100 IV 57 (Bewerfen mit harten Gegenständen genügt), 104 IV 57, 106 IV 249 und 107 IV 235 (als Beteiligter gilt auch, wer ausschliesslich tätlich vorgeht, um andere abzuwehren oder zu schlichten BGE 106 IV 252 ; er ist indessen straflos: BGE 131 IV 153, anders noch BGE 94 IV 105 S. 106, RS 1991 Nr. 16). Im Übrigen wird die Beteiligung am Raufhandel nur dann bestraft, wenn dieser zum Tod oder zur körperlichen Schädigung im Mindestumfang von StGB Art. 123 eines Teilnehmers oder eines Dritten führt: RS 1991 Nr. 17. Strafbar wird der Teilnehmer auch dann, wenn er vor Eintritt dieser Bedingung aus dem Kampf ausscheidet: BGE 106 IV 252. Nach dem gleichen Entscheid soll es sogar genügen, wenn sie erst nach Beendigung des Raufhandels eintritt, was indessen zu weit geht. – Der Vorsatz hat sich nur auf die Teilnahme an einem Raufhandel im erwähnten Sinn zu beziehen, vgl. dazu BGE 106 IV 251 (es reicht aus, wenn jemand sich zunächst nur mit *einer* Person auseinander setzt, aber das Eingreifen eines Dritten in Kauf nimmt).

Bei nachgewiesener (vorsätzlicher oder fahrlässiger) Verursachung der körperlichen Schädigung eines Teilnehmers durch einen bestimmten anderen Beteiligten ist dieser neben StGB Art. 133 auch nach StGB Art. 111 ff. bzw. StGB Art. 122 f. zu bestrafen: BGE 83 IV 192, 118 IV 229. Nur wegen des betreffenden Verletzungsdeliktes macht sich strafbar, wer zwar ausschliesslich Abwehr übt, aber dabei die Grenzen der Notwehr überschreitet: BGE 106 IV 249 (anders noch BGE 104 IV 56).

Art. 134 Angriff

Wer sich an einem Angriff auf einen oder mehrere Menschen beteiligt, der den Tod oder die Körperverletzung eines Angegriffenen oder eines Dritten zur Folge hat, wird mit Freiheitsstrafe bis zu fünf Jahren oder Geldstrafe bestraft.

Art. 134: Angriff ist die gewaltsame tätliche Einwirkung mindestens zweier Personen auf einen oder mehrere Menschen in feindseliger Absicht. Strafbar ist die Beteiligung daran erst, wenn ein Angegriffener oder Dritter infolge der Attacke verletzt oder getötet wird; diese objektive Strafbarkeitsbedingung entspricht jener beim Raufhandel (vgl. Bem. zu StGB Art. 133). Der Vorsatz des Täters bezieht sich darauf, an einem solchen Angriff aktiv teilzunehmen. Erstreckte er sich nachweisbar darüber hinaus auf die einem Angegriffenen zugefügte körperliche Schädigung, ist deren Urheber neben StGB Art. 134 auch wegen vorsätzlicher Körperverletzung (StGB Art. 122 f.) bzw. eines Tötungsdelikts (StGB Art. 111 ff.) zu bestrafen. War der Geschädigte die einzige angegriffene Person, wird StGB

Art. 134 durch den Verletzungstatbestand konsumiert: BGE 118 IV 229. Diese Bestimmung (und nicht StGB Art. 133) sollte auch dann angewendet werden, wenn ein einseitiger Angriff von der Gegenseite tätlich abgewehrt wird.

Art. 135 Gewaltdarstellungen

¹ Wer Ton- oder Bildaufnahmen, Abbildungen, andere Gegenstände oder Vorführungen, die, ohne schutzwürdigen kulturellen oder wissenschaftlichen Wert zu haben, grausame Gewalttätigkeiten gegen Menschen oder Tiere eindringlich darstellen und dabei die elementare Würde des Menschen in schwerer Weise verletzen, herstellt, einführt, lagert, in Verkehr bringt, anpreist, ausstellt, anbietet, zeigt, überlässt oder zugänglich macht, wird mit Freiheitsstrafe bis zu drei Jahren oder Geldstrafe bestraft.

¹bis Mit Freiheitsstrafe bis zu einem Jahr oder mit Geldstrafe wird bestraft, wer Gegenstände oder Vorführungen nach Absatz 1, soweit sie Gewalttätigkeiten gegen Menschen oder Tiere darstellen, erwirbt, sich über elektronische Mittel oder sonstwie beschafft oder besitzt.

² Die Gegenstände werden eingezogen.

³ Handelt der Täter aus Gewinnsucht, so ist die Strafe Freiheitsstrafe bis zu drei Jahren oder Geldstrafe. Mit Freiheitsstrafe ist eine Geldstrafe zu verbinden.

Art. 135: Die Bestimmung richtet sich gegen die befürchtete Eignung von Gewaltdarstellungen, Menschen und insbesondere Jugendliche zu verrohen und ihrerseits zu Gewalttätigkeiten gegen Mitmenschen und Tiere zu verleiten. Die gesetzliche Umschreibung der Darstellungsmittel erfasst allerdings literarische Schilderungen von Gewalttätigkeiten nicht. Werden solche im Rahmen sexueller Handlungen dargestellt, ist StGB Art. 197 Ziff. 3 und Ziff. 3bis («Harte» Pornographie) anwendbar.

Abs. 1: Die Bestimmung setzt die Darstellung grausamer Gewalttätigkeiten voraus. Das sind auf die Zufügung von Leiden ausgerichtete, brutale Einwirkungen. Diese müssen ausserdem eindringlich dargestellt sein, d.h. beim Betrachter oder Hörer einen intensiven Eindruck erwecken. Bei Vorliegen dieser Voraussetzungen dürfte die Darstellung praktisch auch immer die elementare Würde des Menschen in schwerer Weise verletzen, wie dies vom Gesetz weiter gefordert wird. Anwendungsfälle finden sich in SJZ 89 (1993) 160 und 93 (1997) 69, BGE 124 IV 110 (zur Auslegung des Begriffs «Lagern»). Nicht erfasst werden Darstellungen von schutzwürdigem kulturellen oder wissenschaftlichem Wert, d.h. Darstellungen von künstlerischer, historischer oder dokumentarischer Bedeutung, welche die Verwerflichkeit von Gewalttätigkeiten bewusst machen wollen. Im Zusammenhang mit StGB Art. 197 Ziff. 3 betrachtet das Bundesgericht jedes gezielte Herunterladen und Abspeichern von Daten aus dem Internet als *Herstellen:* BGE 131 IV 20 ff.

Abs. 1bis: Zur Auslegung des Tatbestandsmerkmals des *Besitzes* ist auf den strafrechtlichen Gewahrsamsbegriff abzustellen, allerdings in analoger Weise, weil im vorliegenden Zusammenhang Gewahrsam nicht nur an körperlichen Sachen, sondern auch an Daten möglich ist. Die Bestimmung betrifft Gegenstände oder Vorführungen gemäss Abs. 1. – *Beschaffen* ist nach der bundesgerichtlichen Rechtsprechung zu StGB Art. 197 Ziff. 3bis z.B. das Verschaffen eines dauernden und unbeschränkten Zugangs zu einer Webseite mit verbotenen Darstellungen, so dass der Täter über die Daten frei verfügen kann, oder das Belassen eines auf Täterinitiative zugesandten E-Mails mit strafbarem Datenanhang im Eingangsspeicher. Gezieltes Abspeichern illegaler Dateien ist hingegen herstellen: BGE 131 IV 20 ff. (zu StGB Art. 197 Ziff. 3bis).

Abs. 2: Die Einziehung der die Gewalttätigkeit darstellenden Gegenstände ist vorgeschrieben und hat auch zu erfolgen, wenn nicht alle Voraussetzungen von StGB Art. 69 gegeben sein sollten.

Abs. 3: Unter *«Gewinnsucht»* ist im Besonderen Teil des StGB nach Auffassung des Bundesgerichts ein moralisch verwerfliches Bereicherungsstreben zu verstehen, das nicht durch ein ungewöhnliches Ausmass charakterisiert zu sein braucht: BGE 107 IV 125, 109 IV 119, 113 IV 24, 118 IV 59.

Verhältnis zu StGB Art. 197 Ziff. 3: Erfüllt eine Darstellung sadistischer Sexualpraktiken zugleich alle Tatbestandsmerkmale von StGB Art. 135 Abs. 1, dürfte StGB Art. 197 ausschliesslich anwendbar sein. Zur Konkurrenzfrage vgl. auch SJZ 89 (1993) 160.

Art. 136   Verabreichen gesundheitsgefährdender Stoffe an Kinder

Wer einem Kind unter 16 Jahren alkoholische Getränke oder andere Stoffe in einer Menge, welche die Gesundheit gefährden kann, oder Betäubungsmittel im Sinne des Bundesgesetzes vom 3. Oktober 1951 über die Betäubungsmittel verabreicht oder zum Konsum zur Verfügung stellt, wird mit Freiheitsstrafe bis zu drei Jahren oder Geldstrafe bestraft.

Art. 136: Die Bestimmung erfasst Betäubungsmittel in beliebiger Quantität, alkoholische Getränke und weitere Stoffe wie Raucherwaren und nicht indizierte Medikamente in einer Menge, welche die Gesundheit gefährden kann. Diese kann schon erreicht sein, wenn sie eine bloss vorübergehende Schädigung im Ausmass einer einfachen Körperverletzung (StGB Art. 123) hervorruft. Neben dem Verabreichen (Eingeben, Anbieten zum sofortigen Konsum) ist auch die blosse Abgabe zur späteren Einnahme strafbar.

Zur Abgrenzung von eventualvorsätzlicher und bewusst fahrlässiger Tatbegehung vgl. Pr 89 (2000) Nr. 17 («gespickte» Ovomaltine).

Bei Abgabe von *Betäubungsmitteln* an Kinder entfällt die von BetmG Art. 19b unter bestimmten Umständen statuierte Straflosigkeit.

Zweiter Titel:
Strafbare Handlungen gegen das Vermögen

Art. 137   1. Strafbare Handlungen gegen das Vermögen.
Unrechtmässige Aneignung

1. Wer sich eine fremde bewegliche Sache aneignet, um sich oder einen andern damit unrechtmässig zu bereichern, wird, wenn nicht die besonderen Voraussetzungen der Artikel 138–140 zutreffen, mit Freiheitsstrafe bis zu drei Jahren oder Geldstrafe bestraft.

2. Hat der Täter die Sache gefunden oder ist sie ihm ohne seinen Willen zugekommen,

handelt er ohne Bereicherungsabsicht oder
handelt er zum Nachteil eines Angehörigen oder Familiengenossen,
so wird die Tat nur auf Antrag verfolgt.

Art. 137–172ter: Vgl. zur Revision des 2. Titels die Botschaft des Bundesrats über die Änderung des StGB und des MStG vom 24. April 1991 in BBl 1991 II 969 ff.

Art. 137: Die Bestimmung soll Anwendung finden, wenn sich ein solches Verhalten weder als Diebstahl bzw. Raub noch als Veruntreuung erfassen lässt.

Ziff. 1: Zum Begriff der *fremden, beweglichen Sache:* Körperlicher Gegenstand, nicht aber Rechte und Forderungen, soweit sie nicht in einem Wertpapier verkörpert sind: BGE 81 IV 158, 103 IV 88 f. (Schuldanerkennung ist keine Sache), 100 IV 32 (Zertifikat über Namensaktien als Sache), 116 IV 192, 128 IV 15 (Daten sind – anders als Datenträger – keine Sachen). Unbeweglich sind Grundstücke und ihre Bestandteile. Es genügt aber, wenn die Sache erst durch ihre Wegnahme beweglich wird: BGE 72 IV 54 (Weidenlassen auf fremdem Grund), 100 IV 158 f. (Abbrechen von Mineralien aus Felsen). Fremd ist eine Sache, wenn sie nicht im ausschliesslichen zivilrechtlichen Eigentum des Täters steht: BGE 85 IV 230, 88 IV 16, 90 IV 19, 100 IV 158 (Abgrenzung zur herrenlosen Sache), 115 IV 106 (Verhältnis zur derelinquierten Sache), 122 IV 182, 124 IV 104 (kein Eigentum an verkehrsunfähigen Sachen wie illegal erworbenen Betäubungsmitteln, vgl. BGE 124 IV 104, 131 IV 8 ff.). Bereits bei fremdem Mit- oder Gesamteigentum (ZGB Art. 646 ff., ZGB Art. 652) ist eine Sache für den Täter fremd. In BGE 110 IV 13 wird übersehen, dass das an einer Tankstelle bereits in den Behälter eines Wagens abgefüllte Benzin zum Eigentum des Käufers geworden ist (vgl. auch Kritik in recht 1986, 23 ff.).

Aneignung besteht nach bundesgerichtlicher Praxis darin, dass der Täter die fremde Sache oder ihren Wert wirtschaftlich seinem eigenen Vermögen einverleibt, um sie zu behalten, zu verbrauchen oder einem anderen zu veräussern, bzw. darin, dass er wie ein Eigentümer über die Sache verfügt, ohne diese Eigenschaft zu haben (BGE 129 IV 227). Ein entsprechender Wille (umfassend die dauernde Enteignung des Eigentümers und die zumindest vorübergehende Zueignung der Sache an sich selber) allein genügt nicht; er muss sich auch in einem äusserlichen Verhalten des Täters manifestieren (BGE 118 IV 151 f., 121 IV 25, 129 IV 227). *Absicht unrechtmässiger Bereicherung:* Mit dieser Letzteren ist jeder Vermögensvorteil gemeint, auf den der Täter keinen Rechtsanspruch hat (BGE 129 IV 227; in BGE 111 IV 75 = Pr 74 [1985] Nr. 133 wird der Vermögensvorteil fälschlicherweise als «Gebrauchswert» bezeichnet). Kein solcher Vermögenswert liegt im blossen Beweiswert einer Urkunde (verkannt in BGE 114 IV 137). Die Absicht braucht sich nicht zu verwirklichen. Nicht in der Absicht unrechtmässiger Bereicherung handelt, wer dem Eigentümer der Sache im Zeitpunkt der Tat den vollen Gegenwert derselben vergütet (gemäss BGE 107 IV 168 ausgenommen bei einem nicht ohne weiteres ersetzbaren Liebhaberobjekt), sowie wer irrtümlicherweise annimmt, einen Anspruch auf diese zu haben (BGE 98 IV 21).

StGB Art. 137 Ziff. 1 ist im Verhältnis zu den mit strengeren Strafdrohungen versehenen StGB Art. 138–140 subsidiär, d.h. nur dann anwendbar, wenn die Aneignung der Sache bzw. deren Behändigung zu diesem Zweck weder die Tatbestandsmerkmale der Veruntreuung nach StGB Art. 138 Ziff. 1 Abs. 1 noch jene des Diebstahls nach StGB Art. 139 (die auch für Raub nach StGB Art. 140 erforderlich sind) erfüllt.

Bei Ziff. 1 ist dem Täter eine Sache ohne seinen Willen *zugekommen*, wenn sie von einem anderen oder sonstwie ohne sein Zutun in seinen Herrschaftsbereich verbracht wurde. Im ersten Fall kann dies sowohl unbeabsichtigt geschehen sein (z.B. irrtümliche Zustellung einer Warensendung, vgl. BGE 98 IV 241) als auch mit Willen des bisherigen Inhabers (z.B. bei einer unbestellten Ansichtssendung, BGE 99 IV 7, vgl. aber auch OR Art. 6a).

Für StGB Art. 137 Ziff. 1 verbleiben v.a. folgende Konstellationen:

– Der Entschluss zur Aneignung wird erst *nach* der zunächst irrtümlich oder zu bloss vorübergehendem Gebrauch erfolgten Wegnahme einer Sache gefasst;

– die vom Täter behändigte Sache befand sich weit ausserhalb des Zugriffsbereiches ihres Eigentümers (z.B. auf dem Feld oder im Wald) oder auf einem Verstorbenen, so dass der Täter sie mangels eines Gewahrsamsbruches nicht i.S. von StGB Art. 139 jemandem weggenommen hat;

– jemand hat sie dem Täter kurz übergeben oder in seinem Herrschaftsbereich zurückgelassen, ohne sie ihm i.S. von StGB Art. 138 anzuvertrauen.

Ferner ist StGB Art. 137 Ziff. 1 auf Mittäter an einer Veruntreuung nach StGB Art. 138 Ziff. 1 Abs. 1 anzuwenden, denen die Sache nicht anvertraut ist (siehe dort).

Ziff. 2 Abs. 1 ist eine besondere Form des Grundtatbestandes von Ziff. 1. Sie (Fundunterschlagung) betrifft eine Sache, die ihrem Inhaber ohne seinen Willen abhanden kam und sich in niemandes Gewahrsam mehr befindet (BGE 71 IV 89, 184). Vgl. auch den subsidiären Tatbestand von StGB Art. 332 (Nichtanzeigen eines Fundes).

Abs. 2: Im Gegensatz zu StGB Art. 137 Ziff. 1 kann es sich auch um Sachen handeln, die dem Täter anvertraut worden sind oder die er wegnimmt. Die Absicht der (sinngemäss unrechtmässigen) Bereicherung wird dem Täter v.a. fehlen, wenn er einen Anspruch auf die Sache zu haben glaubt oder diese, mindestens für ihn, keinen Vermögenswert aufweist; vgl. auch BGE 129 IV 223: Mitnahme von Lebensmitteln, deren Konsumation am Arbeitsplatz erlaubt gewesen wäre.

Abs. 3: Der *Angehörige* bzw. *Familiengenosse* des Täters (vgl. zu diesen Begriffen StGB Art. 110 Abs. 1 und 2) muss Eigentümer, nicht bloss Inhaber des Deliktsobjektes sein. Die persönliche Beziehung zwischen Täter und Opfer muss zur Zeit der Tat vorhanden sein. Spätere Begründung oder Auflösung der Lebensgemeinschaft lässt das einmal begründete Strafantragserfordernis ebenso unberührt wie die allfällige Absicht des Täters, nach der Tat den gemeinsamen Haushalt zu verlassen: BGer vom 29.3.2001, 6S.623/2000.

Art. 138 Veruntreuung

1. Wer sich eine ihm anvertraute fremde bewegliche Sache aneignet, um sich oder einen andern damit unrechtmässig zu bereichern,

wer ihm anvertraute Vermögenswerte unrechtmässig in seinem oder eines anderen Nutzen verwendet,

wird mit Freiheitsstrafe bis zu fünf Jahren oder Geldstrafe bestraft.

Die Veruntreuung zum Nachteil eines Angehörigen oder Familiengenossen wird nur auf Antrag verfolgt.

2. Wer die Tat als Mitglied einer Behörde, als Beamter, Vormund, Beistand, berufsmässiger Vermögensverwalter oder bei Ausübung eines Berufes, Gewerbes oder Handelsgeschäftes, zu der er durch eine Behörde ermächtigt ist, begeht, wird mit Freiheitsstrafe bis zu zehn Jahren oder Geldstrafe bestraft.

Art. 138 Ziff. 1 Abs. 1: Begriff der fremden, beweglichen Sache: siehe Bem. zu StGB Art. 137 Ziff. 1. Auch beim Täter befindliches *Geld* fällt unter StGB Art. 138 Ziff. 1 Abs. 1 (nicht Abs. 2), wenn es noch im Eigentum eines anderen steht, insbesondere der Täter verpflichtet ist, es getrennt von seinem eigenen Geld aufzubewahren: BGE 81 IV 233, 105 IV 33 f. Fremd ist namentlich auch die vom Täter auf Abzahlung gekaufte Sache, sofern sie unter gültigem *Eigentumsvorbehalt* gemäss ZGB Art. 715 des Verkäufers oder Finanzierungsinstituts steht: BGE 90 IV 182 = Pr 54 (1965) Nr. 41, 192 (unterbliebener Registereintrag), BGE 95 IV 5, 118 IV 151. Vgl. ferner BGE 86 IV 165 und ZR 68 (1969) Nr. 36 (Mietvertrag zur Umgehung von ZGB Art. 715 bzw. der Bestimmungen über den Abzahlungskauf), SJZ 71 (1975) 112 (unzulässige Vereinbarung eines Eigentumsvorbehaltes zur Sicherung einer Darlehensschuld). Weiterverkauf oder Verpfändung der Sache in der irrtümlichen Annahme, sie stehe unter gültigem Eigentumsvorbehalt, war nach altem Recht versuchte Veruntreuung am untauglichen Objekt (StGB Art. 22): BGE 90 IV 182, 192, 106 IV 255, SJZ 71 (1975) 112.

Nach der Rechtsprechung des Bundesgerichtes gilt als dem Täter *anvertraut*, was er mit der Verpflichtung empfängt, es in bestimmter Weise im Interesse eines anderen zu verwenden, insbesondere es zu verwahren, zu verwalten und abzuliefern, und zwar gemäss Weisungen, die ausdrücklich oder stillschweigend sein können: zuletzt BGE 117 IV 257, 118 IV 33, 241, 120 IV 119, vgl. aber auch ZBJV 98 (1962) 112 (was mit rechtlich beschränkter Verfügungsmacht überlassen wird, ohne dass eine unmittelbare Kontrolle der Verwendung möglich oder üblich ist). Belanglos ist, ob der Täter die Sache vom Verletzten selber oder von einem Dritten erhielt: BGE 101 IV 163, vgl. BGE 106 IV 16 (Bestimmung des Geschädigten). Der Täter braucht daran keinen ausschliesslichen Gewahrsam zu haben: BGE 92 IV 90, 98 IV 25 (abzulehnen). In der bloss vorübergehenden Aufgabe des Gewahrsams oder im blossen Zugänglichmachen liegt noch kein «Anvertrauen»: BGE 80 IV 153 (z.B. sind Waren im Selbstbedienungsladen den Kunden nicht anvertraut). Als Täter kommt auch ein Vorgesetzter in Frage, der gegenüber dem Gewahrsamsinhaber weisungsberechtigt ist (BGE 105 IV 33), ebenso das Organ einer juristischen Person, die den Gegenstand empfangen hat (BGE 106 IV 22). Die Verpflichtung zur Verwendung der Sache im Interesse eines anderen kann sich aus Gesetz, Amts- und Dienstpflichten (BGE 72 IV 153, 81 IV 232) sowie aus dem ausdrücklichen oder stillschweigend geäusserten Parteiwillen ergeben; dieser muss beidseitig sein: BGE 99 IV 202, 101 IV 163, vgl. auch BGE 86 IV 165 («tatsächliches» Vertrauensverhältnis, wenn der Vertrag, welcher der Übergabe der Sache zugrunde liegt, ungültig ist, problematisch). Als anvertraut betrachtet wurden z.B. Kommissionsware (BGE 71 IV 25), Trödelware (BGE 75 IV 15), in der nur noch von der Frau bewohnten ehelichen Wohnung zurückgelassenes Mannesgut (BGE 88 IV 18), dem Agenten zum Verkauf übergebene Waren (BGE 92 IV 175).

Aneignung und Absicht unrechtmässiger Bereicherung: Vgl. Bem. zu StGB Art. 137 Ziff. 1, zur Aneignung insbes. BGE 118 IV 151 und 121 IV 25. Die Absicht unrechtmässiger Bereicherung liegt nicht vor, wenn sich der Täter auf Verrechnung beruft und davon überzeugt ist, dass seine eigene Forderung verrechnet werden dürfe: BGE 105 IV 35, Pr 93 (2004) Nr. 47, vgl. SJZ 77 (1981) 165 und RS 1983 Nr. 445. Die erwähnte Absicht kann ferner bei der Veruntreuung von Vermögenswerten gemäss Ziff. 1 Abs. 2 ausgeschlossen sein, wenn der Täter fähig und willens ist, das sich angeeignete Geld zu

Art. 138

ersetzen, und zwar *jederzeit*, falls er die ihm anvertrauten Mittel dem Berechtigten nach seiner vertraglichen Verpflichtung stets zur Verfügung halten muss: BGE 91 IV 133, 118 IV 30, 119 IV 128. *Teilnahme:* Anstifter und Gehilfen, denen die fremde Sache nicht selber anvertraut wurde, sind gemäss StGB Art. 26 i.V.m. Art. 138 Ziff. 1 Abs. 1 und Art. 48a milder zu bestrafen. Ist die Sache demgegenüber einem Mittäter nicht anvertraut worden, so macht sich dieser wegen StGB Art. 137 strafbar (Veruntreuung von Sachen als unechtes Sonderdelikt, vgl. noch zum alten Recht BGer vom 16.12.2005, 6S.321/2005 Erw. 2.2).

Ziff. 1 Abs. 2: Die Bestimmung bezieht sich auf die Veruntreuung von Objekten, die für den Täter nicht *«fremd»* sind (vgl. Bem. zu StGB Art. 137 Ziff. 1 sowie BGE 81 IV 233 f., 90 IV 184 = Pr 54 [1965] Nr. 41, BGE 117 IV 433, 120 IV 121, 129 IV 259), aber «wirtschaftlich zum Vermögen eines anderen gehören» (BGE 99 IV 206; zur Möglichkeit der Erfüllung des Tatbestandes durch den Alleinaktionär im Verhältnis zur Einmann-AG vgl. RS 1985 Nr. 783). – *Begriff der anvertrauten Vermögenswerte:* Dazu gehören zunächst vertretbare wie unvertretbare, d.h. individuell bestimmte *Sachen*, die durch fiduziarische Übereignung, Vermischung usw. ins Eigentum des Täters übergegangen sind. Ausserdem sind *Forderungen* geschützt, insbesondere Bank- und Postguthaben, einschliesslich allfällige damit verbundene Kreditmöglichkeiten: BGE 109 IV 29, 111 IV 21, 118 IV 33 f., 119 IV 128, 129 IV 259. Vorausgesetzt ist eine Pflicht des Täters zur ständigen Erhaltung des Wertes eines ihm übertragenen Gutes (BGE 120 IV 121, 124 IV 11 betr. Verwendung eines Darlehens). – Ein *Guthaben* ist dem Bevollmächtigten dann anvertraut, wenn er ohne Mitwirkung des Treugebers über die Werte verfügen kann, selbst wenn das Konto auf dessen Namen lautet: BGE 109 IV 29, 111 IV 21 (umstritten, vgl. ZBJV 124 [1988] 400). Das Anvertrauen kann auch durch Ausstellung eines Blankochecks auf das Konto erfolgen (BGE 119 IV 128). Eine «faktische Verfügungsbefugnis» genügt (BGE 117 IV 433). Anders verhält es sich, wenn jemand nicht direkt über ein Konto verfügt, sondern zu diesem Zweck andere täuschen muss (BGE 111 IV 130: Veranlassung von Zahlungen zu Lasten von Kundenkonten durch einen Bankdirektor zu seinen eigenen Gunsten durch gefälschte Aufträge ist Betrug).

Entscheide, in denen «anvertrautes» Gut i.S. des früheren Rechts angenommen wurde: BGE 70 IV 72 (Erlös aus dem im Auftrag des Malers verkauften Bild), 71 IV 25 (Erlös aus Kommissionsware), 73 IV 172 (auch zur Verübung einer unerlaubten Handlung übergebenes Geld), 75 IV 15 (Erlös aus Trödelware), 77 IV 12 (Wegnahme von Geld aus der Ladenkasse durch Verkäuferin), 92 IV 175 (Erlös aus dem Agenten zum Verkauf übergebenen Waren), 94 IV 138 (Lohnabzüge für Autokauf durch Arbeitnehmer), 98 IV 24 (dem Täter persönlich zugewendete Trinkgelder, die abmachungsgemäss in eine gemeinsame Kasse der Angestellten hätten gelegt werden sollen), 98 IV 31 (teilweise einem Mitgläubiger zustehende Zahlung auf Bankkonto), 101 IV 163 (für Materiallieferung und Arbeit eines anderen einkassiertes Geld), 106 IV 258 (unrechtmässige Verwendung von Umsatzvergütungen und Versicherungsleistungen, die für einen Hoteleigentümer bestimmt waren, durch den Geranten), 111 IV 20 (Devisenkonti einer Bank, über welche ein von ihr angestellter Devisenhändler allein verfügen kann), 120 IV 278 (Forderung einer Bank auf Übertragung der von ihr gezeichneten Namensaktien, die Angestellte der Bank sich intern vertragswidrig selbst zuteilen), 124 IV 10 (Baukredit mit der Verpflichtung, die bezogenen Gelder in das Bauwerk zu investieren).

Mangels «anvertrauten» Gutes wurde eine Veruntreuung *verneint* an pflichtwidrig angenommener Provisionen eines Sachwalters: BGE 80 IV 55, an Provision in Form von Fondszertifikaten durch Organ der Fondsleitung: BGE 103 IV 238, an Tantiemen für das Mitglied eines Verwaltungsrates, das in diesem eine Behörde vertritt (BGE 118 IV 242), an zum voraus empfangenem Mietzins durch der

Vermieter: BGE 73 IV 172, an Akontozahlungen des Mieters für Heizungskosten an den Vermieter: BGE 109 IV 24, durch zweckwidrige Verwendung eines Darlehens, wenn dieses im Interesse des Darlehensnehmers (BGE 85 IV 168) oder zu Spielzwecken (BGE 129 IV 259) gegeben wurde, bei Nichtablieferung von am Lohn der Arbeiter abgezogenen Beiträgen an die AHV; es gilt die Spezialbestimmung von AHVG Art. 87: BGE 82 IV 137, 122 IV 275; an dem einem Wirt vom Aufsteller geschuldeten Anteil an den Einnahmen eines in der Wirtschaft aufgestellten Spielautomaten: BGE 99 IV 202; an dem von der Krankenkasse einem Mitglied ausbezahlten Betrag, welchen dieses einer Klinik schuldet: BGE 117 IV 257; an den von einem Hotelier erhobenen Kurtaxen, die der Gemeinde abzuliefern gewesen wären: BGE 106 IV 357, bei Ausstellung ungedeckter Eurochecks: BGE 111 IV 137. – *Unrechtmässige Verwendung im Nutzen des Täters oder eines andern* besteht in einem Verhalten, durch welches der Täter eindeutig seinen Willen bekundet, den obligatorischen Anspruch des Treugebers zu vereiteln: BGE 121 IV 25. Sie liegt regelmässig darin, dass der Täter das Empfangene weisungswidrig verwendet (BGE 129 IV 259 = Pr 93 [2004] Nr. 15), insbesondere es zu seinen eigenen Gunsten oder im Interesse eines Dritten verbraucht, veräussert oder verpfändet, ohne dem Treugeber aus anderen Mitteln jederzeit entsprechende Werte zur Verfügung zu halten (vgl. BGE 81 IV 233, 118 IV 30, 34, 129, 120 IV 117, 129 IV 260 = Pr 93 [2004] Nr. 15, ZStrR 92 [1976] 38, vgl. ZStrR 114 [1996] 221). Bei Darlehen besteht in der Regel keine Werterhaltungspflicht; sie kann sich jedoch ausnahmsweise aus der getroffenen Vereinbarung ergeben (BGE 120 IV 120 [Darlehen, bei welchem sich der Darlehensnehmer zum Kauf einer bestimmten Liegenschaft mit dem betreffenden Geld verpflichtet hat], BGE 124 IV 10 [Darlehen, mit der Verpflichtung, die betreffenden Vermögenswerte in ein Bauwerk zu investieren], BGE 129 IV 259 = Pr 93 [2004] Nr. 15 [kein unrechtmässiges Verwenden, wenn das für ein Spiel gewährte Darlehen für einen anderen Zweck verwendet wird, weil die Forderung aus Spiel gemäss OR Art. 513 nicht klagbar ist]). – Unrechtmässige Verwendung eines dem Täter anvertrauten *Bankkontos* kann auch darin liegen, dass er die damit verbundenen Kreditmöglichkeiten unerlaubterweise ausschöpft und damit einen Passivsaldo des Kontos herbeiführt bzw. erhöht: BGE 109 IV 33. Ferner kann schon das Verheimlichen eines Zahlungseingangs gegenüber dem Berechtigten genügen: BGE 121 IV 25 (in casu Verschleierung der Einnahme von Steuergeldern). Auch bei Abs. 2 ist die Absicht unrechtmässiger Bereicherung vorauszusetzen: BGE 105 IV 34, 118 IV 29, vgl. Bem. zu Ziff. 1 Abs. 1.

Teilnehmer, denen der Vermögenswert nicht anvertraut wurde, sind nach StGB Art. 138 Ziff. 1 Abs. 2 i.V.m. Art. 26 und Art. 48a milder zu bestrafen (Veruntreuung von Vermögenswerten als echtes Sonderdelikt, vgl. noch zum alten Recht BGer vom 16.12.2005, 6S.321/2005 Erw. 2.2).

Abs. 4: Vgl. StGB Art. 110 Abs. 1 und 2.

Ziff. 2: Beamter: StGB Art. 110 Abs. 3; RS 1982 Nr. 348 (Kassiererin einer öffentlich-rechtlichen Kirchgemeinde). – Berufsmässiger Vermögensverwalter: BGE 69 IV 164, 97 IV 203 (Anlagefonds), 100 IV 30 (Vermögensverwaltung braucht nicht Haupttätigkeit zu sein), 117 IV 21 (die Verwaltung einer einzigen fremden Liegenschaft begründet keine solche Stellung), 106 IV 22, 110 IV 16, 120 IV 183 (berufsmässiger Vermögensverwalter ist auch der verantwortliche Angestellte eines Unternehmens, das zivilrechtlich die Verwaltung des Vermögens übernommen hat). Behördliche Ermächtigung: BGE 103 IV 18 (Zulassung von Banken). 106 IV 22 (lautet die Ermächtigung auf eine juristische Person, so ist qualifizierter Täter, wer sich als Organ mit der bewilligungspflichtigen Tätigkeit befasst).

Art. 139 Diebstahl

1. Wer jemandem eine fremde bewegliche Sache zur Aneignung wegnimmt, um sich oder einen andern damit unrechtmässig zu bereichern, wird mit Freiheitsstrafe bis zu fünf Jahren oder Geldstrafe bestraft.

2. Der Dieb wird mit Freiheitsstrafe bis zu zehn Jahren oder Geldstrafe nicht unter 90 Tagessätzen bestraft, wenn er gewerbsmässig stiehlt.

3. Der Dieb wird mit Freiheitsstrafe bis zu zehn Jahren oder Geldstrafe nicht unter 180 Tagessätzen bestraft,

wenn er den Diebstahl als Mitglied einer Bande ausführt, die sich zur fortgesetzten Verübung von Raub oder Diebstahl zusammengefunden hat,

wenn er zum Zweck des Diebstahls eine Schusswaffe oder eine andere gefährliche Waffe mit sich führt oder

wenn er sonstwie durch die Art, wie er den Diebstahl begeht, seine besondere Gefährlichkeit offenbart.

4. Der Diebstahl zum Nachteil eines Angehörigen oder Familiengenossen wird nur auf Antrag verfolgt.

Art. 139 Ziff. 1: Zum Begriff der *fremden, beweglichen Sache* siehe Bem. zu StGB Art. 137 Ziff. 1.

Wegnehmen ist Bruch fremden und Begründung neuen Gewahrsams; dieser besteht in der tatsächlichen Sachherrschaft mit dem Willen, sie auszuüben: BGE 97 IV 196, 101 IV 35, 104 IV 73, 110 IV 80, 115 IV 106 (Gewahrsam des bisherigen Eigentümers an Altpapier bejaht, welches auf der Strasse zum Abholen durch eine gemeinnützige Institution deponiert wird). Ob Gewahrsam gegeben ist, bestimmt sich nach den allgemeinen Anschauungen und den Regeln des sozialen Lebens: BGE 115 IV 106 f. Bestehender Mitgewahrsam des Täters schliesst Diebstahl nicht aus: BGE 92 IV 90, 101 IV 35. Auch der Gewahrsamsdiener bricht fremden Gewahrsam, wenn er sich die Sache aneignet: Pr 90 (2001) Nr. 36. – Wo früher in höchst problematischer Weise ein Weiterbestehen der Herrschaftsmöglichkeit des Geschädigten angenommen wurde (BGE 100 IV 58 betr. eine Kristallkluft im Gebirge, BGE 112 IV 11 betr. einen in einer Telefonkabine liegengelassenen Geldbeutel), ist nunmehr StGB Art. 137 (unrechtmässige Aneignung) anwendbar. Vorübergehende Verhinderung in seiner Ausübung hebt den Gewahrsam nicht auf: BGE 80 IV 153, 100 IV 159, 104 IV 73, 110 IV 84, 112 IV 12. Nach BGE 110 IV 13 soll sogar an dem schon in den Tank des Wagens eines Kunden eingefüllten Benzin immer noch ein Gewahrsam des Inhabers der Tankstelle bestehen (problematisch). Kein Wegnehmen i.S. von StGB Art. 137 liegt vor, wenn die Sache mit Einwilligung des Gewahrsamsinhabers behändigt wird; es sei denn, die von diesem für seine Zustimmung festgesetzten Bedingungen würden vom Täter nicht erfüllt: BGE 103 IV 84, 104 IV 74 (der Inhaber eines Warenautomaten gibt den Gewahrsam an der Ware nur gegen das geleistete Entgelt auf), vgl. auch BGE 100 IV 156 («Strahlen» von Mineralien unter Verletzung der vom Grundeigentümer aufgestellten Regeln, allerdings unter dem Gesichtspunkt eines Rechtfertigungsgrundes geprüft). Im Stellen einer «Diebesfalle» liegt keine Einwilligung in das Behändigen der Sache durch den Dieb: SJZ 79 (1983) 81, Pr 90 (2001) Nr. 36. Wegnahme kann auch dadurch erfolgen, dass der Täter die Ausübung des Gewahrsams durch dessen bisherigen Inhaber verunmöglicht: BGE 80 IV 154, oder dass er die Sache innerhalb der Herrschaftssphäre des bisherigen Inhabers versteckt, sofern er in der Lage ist, die tatsächliche Sachherrschaft auszuüben: BGE 104 IV 157. Zur Vollendung der Wegnahme und damit des Diebstahls: BGE 92 IV 91, 98 IV 84 (bei Waren in Selbstbedienungsgeschäften und Warenhäusern, wenn sie versteckt werden).

Absicht der Aneignung und der unrechtmässigen Bereicherung: siehe Bem. zu StGB Art. 137 Ziff. 1. Sind beide oder eine dieser Voraussetzungen nicht gegeben, kommen unrechtmässige Aneignung nach StGB Art. 137 Ziff. 2 Abs. 2 oder Sachentziehung gemäss StGB Art. 141 in Betracht. *Teilnahme:* Gehilfenschaft ist auch noch nach der Wegnahme der Sache durch den Täter bis zur sog. Beendigung der Tat (Eintritt der Bereicherung) möglich: BGE 98 IV 85 f. (Wegschaffen der von der Ladendiebin in einer Tasche versteckten Ware aus dem Geschäft). Entgegen Pr 70 (1981) Nr. 121 kann jedoch für Mittäterschaft nicht das Gleiche gelten.

Abgrenzung zu StGB Art. 138: Bei übergeordnetem Gewahrsam des Geschädigten an der dem Täter anvertrauten Sache liegt nach der problematischen Auffassung des Bundesgerichtes Diebstahl, bei gleichgeordnetem Gewahrsam Veruntreuung vor: BGE 101 IV 35 (vgl. ZBJV 109 [1973] 416 und BGE 92 IV 90, demgegenüber aber ZStrR 98 [1981] 356). *Zu StGB Art. 144:* Unter diese Bestimmung fällt mangels Aneignungsabsicht die Wegnahme einer Sache in der ausschliesslichen Absicht, sie zu zerstören oder unbrauchbar zu machen: BGE 85 IV 20.

Konkurrenzen: Diebstahl und Sachbeschädigung bei Einbruchdiebstahl: BGE 72 IV 116, 123 IV 121, Diebstahl und Betrug beim Verkauf gestohlener Ware an gutgläubige Dritte: BGE 94 IV 65, Diebstahl und unbefugte Datenbeschaffung: BGE 128 IV 15 (offen gelassen).

Ziff. 2: Gemäss der Praxis des Bundesgerichts zur *Gewerbsmässigkeit* bei Vermögensdelikten (BGE 116 IV 322, 336) ist diese bei *berufsmässigem* Handeln gegeben. Ein solches liegt vor, wenn sich aus der Zeit und den Mitteln, die der Täter für die deliktische Tätigkeit aufwendet, aus der Häufigkeit der Einzelakte innerhalb eines bestimmten Zeitraums sowie aus den angestrebten und erzielten Einkünften ergibt, dass er die deliktische Tätigkeit nach der Art eines Berufes ausübt. Diese Umschreibung hat nur Richtlinienfunktion und bedarf der Konkretisierung. Wesentlich ist, dass der Täter sich darauf eingerichtet hat, durch deliktische Handlungen relativ regelmässige Einnahmen zu erzielen, die einen namhaften Beitrag an die Kosten der Finanzierung seiner Lebenshaltung darstellen. Ob dies der Fall sei, ist aufgrund der gesamten Umstände zu entscheiden (Anzahl bzw. Häufigkeit der während eines bestimmten Zeitraums bereits verübten Taten, die Entwicklung eines bestimmten Systems bzw. einer bestimmten Methode, Aufbau einer Organisation, Investition usw.). Die Höhe der für gewerbsmässige Begehung des betreffenden Deliktes angedrohten Mindeststrafe ist mit zu berücksichtigen. Auch eine quasi nebenberufliche deliktische Tätigkeit kann als Voraussetzung für Gewerbsmässigkeit genügen. Dazu muss kommen, dass der Täter die Erzielung eines Erwerbseinkommens beabsichtigt und zur Verübung einer Vielzahl entsprechender Taten bereit ist: BGE 119 IV 132 f., 123 IV 116, 124 IV 63. Versuch geht im entsprechenden vollendeten gewerbsmässigen Delikt auf: BGE 123 IV 117.

Ziff. 3: *Bandenmässige Begehung* ist anzunehmen, wenn zwei oder mehrere Täter sich mit dem ausdrücklich oder konkludent geäusserten Willen zusammenfinden, inskünftig zur Verübung mehrerer selbständiger, im Einzelnen möglicherweise noch unbestimmter Diebstähle oder Raubtaten zusammenzuwirken: BGE 100 IV 222 (auf die Begehung von zwei Delikten beschränkter Wille genügt nicht), 102 IV 166 f., BGE 122 IV 267, vgl. auch BGE 124 IV 89. Der Täter braucht nicht zu wissen, dass nach der Rechtsprechung bereits zwei Personen zur Bildung einer Bande genügen: BGE 105 IV 182. Zum Begriff der Bande in Abgrenzung zur Verbrechensorganisation nach StGB Art. 305bis: BGE 129 IV 273 = Pr 93 (2004) Nr. 89 Erw. 2.3.1 – *Mitführen einer Waffe:* Es genügt Mitführen einer

Waffe oder eines gefährlichen Gegenstandes zum Zweck des Diebstahls, tatsächliche Benutzung oder Absicht der Benutzung sind nicht erforderlich: BGE 118 IV 146. Die Qualifikation von Ziff. 3 stellt ein abstraktes Gefährdungsdelikt mit Bezug auf die körperliche Integrität dar (BGE 124 IV 101), vgl. im Übrigen Bem. zu StGB Art. 140 Ziff. 2.– *Besondere Gefährlichkeit* (vgl. auch Bem. zu StGB Art. 140 Ziff. 3): Sie darf ausschliesslich aus der Art der Tatbegehung geschlossen werden (BBl 1980, 1256f.). Neben dem dort erwähnten besonders kühnen, verwegenen, heimtückischen oder skrupellosen Vorgehen dürften auch besondere organisatorische Vorkehren und die Verwendung besonderer technischer Hilfsmittel ins Gewicht fallen. – Die «besondere Gefährlichkeit» ist ein nicht unter StGB Art. 27 fallender sachlicher Umstand (vgl. BGE 109 IV 165). Demgemäss kann auch unter die qualifizierte Strafdrohung fallen, wer selber keine besondere Gefährlichkeit bekundet, aber mit entsprechenden Handlungen seiner Mittäter rechnet und sie billigt (BGE 109 IV 165).

Ziff. 4: Begriff von *Angehörigen und Familiengenossen:* StGB Art. 110 Abs. 1 und 2 und Bem. zu StGB Art. 137 Ziff. 2 Abs. 3. Nach BGE 84 IV 14 wird das Antragserfordernis nicht schon dadurch begründet, dass der Inhaber des Gewahrsams an der gestohlenen Sache Angehöriger oder Familiengenosse des Täters ist.

Art. 140   Raub

1. Wer mit Gewalt gegen eine Person oder unter Androhung gegenwärtiger Gefahr für Leib oder Leben oder nachdem er den Betroffenen zum Widerstand unfähig gemacht hat, einen Diebstahl begeht, wird mit Freiheitsstrafe bis zu zehn Jahren oder Geldstrafe nicht unter 180 Tagessätzen bestraft.
Wer, bei einem Diebstahl auf frischer Tat ertappt, Nötigungshandlungen nach Absatz 1 begeht, um die gestohlene Sache zu behalten, wird mit der gleichen Strafe belegt.
2. Der Räuber wird mit Freiheitsstrafe nicht unter einem Jahr bestraft, wenn er zum Zweck des Raubes eine Schusswaffe oder eine andere gefährliche Waffe mit sich führt.
3. Der Räuber wird mit Freiheitsstrafe nicht unter zwei Jahren bestraft,
wenn er den Raub als Mitglied einer Bande ausführt, die sich zur fortgesetzten Verübung von Raub oder Diebstahl zusammengefunden hat,
wenn er sonstwie durch die Art, wie er den Raub begeht, seine besondere Gefährlichkeit offenbart.
4. Die Strafe ist Freiheitsstrafe nicht unter fünf Jahren, wenn der Täter das Opfer in Lebensgefahr bringt, ihm eine schwere Körperverletzung zufügt oder es grausam behandelt.

Art. 140 Ziff. 1: Raub ist eine qualifizierte Form der Nötigung (StGB Art. 181, vgl. BGE 107 IV 108), um einen Diebstahl begehen oder die weggenommene Sache behalten zu können; Gewaltanwendung zur blossen Sicherung der Flucht des auf einem Diebstahl betretenen Täters genügt nicht, sondern führt höchstens zur Anwendung von StGB Art. 139 Ziff. 3 (vgl. BGE 92 IV 154, 100 IV 164). Vorbereitungshandlungen sind nach StGB Art. 260bis strafbar, vgl. hierzu BGE 111 IV 150 f., Pr 78 (1989) Nr. 233.

Die Nötigungshandlung muss sich gegen eine Person richten, die in Bezug auf die zu stehlende Sache eine Schutzposition einnimmt, d.h. gegen den Gewahrsamsinhaber bzw. -hüter oder einen Dritten, der Nothilfe leistet (BGE 113 IV 66). Gewaltanwendung und Drohung müssen nicht zur Widerstandsunfähigkeit des Opfers führen.

Verübung von Gewalt: Dafür kommt jede Art der unmittelbaren physischen Einwirkung auf den Körper des Opfers, wie z.B. durch Schussabgabe, Niederschlagen, Fesselung, Betäubung, Anwendung von Tränengas, in Betracht. So reicht es nach BGE 107 IV 108 bereits aus, wenn der Täter eine Frau umstösst. Im Entreissdiebstahl kann Gewalteinwirkung liegen, jedoch ist dies nicht notwendigerweise der Fall (BGE 81 IV 226, vgl. BGE 107 IV 108). Die Gewalt muss gerade zum Zwecke des Diebstahls oder der Beutesicherung ausgeübt werden (BGE 122 IV 100). Gewalt gegen Sachen ist nicht tatbestandsmässig. *Androhung gegenwärtiger Gefahr für Leib oder Leben* kann sowohl ausdrücklich, wenn auch nur andeutungsweise, oder konkludent, etwa durch Vorhalten einer Waffe (BGE 72 IV 56) erfolgen. Der Täter braucht die Drohung nicht verwirklichen zu wollen, nur beim Opfer muss dieser Eindruck erweckt werden (z.B. beim Vorhalten einer nicht schiesstauglichen Waffe, vgl. BGE 107 IV 33). *Bewirken von Widerstandsunfähigkeit:* Hierunter sind v.a. Freiheitsberaubung ohne Gewaltanwendung sowie Ausübung psychischen Drucks zu subsumieren. Ferner lässt sich diese Variante anwenden, wenn der Täter durch Irreführung bewirkt, dass sich das Opfer selber widerstandsunfähig macht, etwa wenn er ihm ein Betäubungsmittel enthaltendes Getränk vorsetzt (dazu BGE 116 IV 313 f.). Kein Raub liegt dagegen vor, wenn der Dieb jemanden bestiehlt, der sich selber betrunken und damit widerstandsunfähig gemacht hat: BGE 101 IV 156. Richtet sich die Gewalt oder die Drohung nicht gegen den Gewahrsamsinhaber, sondern gegen Dritte ohne zumindest faktische Schutzposition (auch solche, für die sich der Gewahrsamsinhaber verantwortlich fühlt), scheidet Raub aus (vgl. BGE 113 IV 66, anders noch 102 IV 20); zu prüfen sind in diesen Konstellationen Freiheitsberaubung und Geiselnahme. Unterläuft der Täter den voraussichtlichen Widerstand des Opfers, beispielsweise durch List oder Überraschung (Entreissdiebstahl), so scheidet Raub ebenfalls aus (BGE 81 IV 226 f., 107 IV 109).

Begehen eines Diebstahls (mit allen nach StGB Art. 139 erforderlichen objektiven und subjektiven Merkmalen) wird nach geltendem Recht für die Vollendung des Raubes stets vorausgesetzt. An Betäubungsmitteln lässt sich deshalb kein Raub begehen, denn ihr unrechtmässiger Erwerb begründet kein rechtlich anerkanntes Eigentum: BGE 124 IV 103, 131 IV 8 ff. Sinngemäss muss der Diebstahl im Falle von StGB Art. 140 Ziff. 1 Abs. 1 gerade durch die Nötigungshandlung ermöglicht worden sein. Wird erst nach Bewirken der Widerstandsunfähigkeit oder der Gewaltanwendung der Vorsatz gefasst, das Opfer zu bestehlen, liegt kein Raub vor: BGE 122 IV 100, SJZ 97 (2001) 282. – Von *Abs. 2* wird erfasst, wer *nach* der Vollendung des Diebstahls am Tatort oder bei Abtransport der Beute zu deren Sicherung Nötigungshandlungen der erwähnten Art gegenüber einer hinzukommenden Person begeht, von der er mindestens annimmt, sie könnte intervenieren. Bei dieser Variante ist die Tat bereits mit Vornahme einer Nötigungshandlung vollendet. Erfolgt die Anwendung von Gewalt ausschliesslich zur Sicherung der Flucht ohne Beute, scheidet StGB Art. 140 Ziff. 1 Abs. 2 aus.

Raub *konsumiert* Freiheitsberaubung (StGB Art. 183), soweit die Freiheitsberaubung nur dem Zweck des Raubes (inklusive Fluchtsicherung) dient (BGE 129 IV 63 ff. = Pr 92 [2003] Nr. 133 Erw. 2) und in einem engen zeitlichen Zusammenhang mit diesem steht, so dass bei natürlicher Betrachtung beide Taten als Einheit erscheinen: BGE 98 IV 316 (problematisch), BJM 1985, 37 (vgl. aber SJZ 76 [1980] 316). Ebenso wird eine einfache Körperverletzung (StGB Art. 123) konsumiert: RS 1974 Nr. 746.

Zwischen Raub und Geiselnahme besteht echte Konkurrenz, da keiner der beiden Tatbestände das Unrecht voll erfasst: BGE 113 IV 67, 121 IV 184. Vorbereitungshandlungen sind nach StGB Art. 260bis strafbar.

Ziff. 2: Es genügt, dass der Täter die Waffe *zur Verfügung* hat; er braucht sie beim Raub nicht auch zu verwenden. Tut er dies, so kommen statt Ziff. 2 die Qualifikationen von Ziff. 3 und 4 in Betracht (vgl. BGE 110 IV 78). Nach BGE 110 IV 81 und 111 IV 49 hängt das Qualifikationsmerkmal von Ziff. 2 vom *objektiv* gefährlichen Charakter der Waffe und nicht vom subjektiven Eindruck ab, den das Opfer oder ein Dritter von der Waffe haben könnte. Das Merkmal des Mitführens einer *Schusswaffe* ist daher nicht erfüllt, wenn diese defekt ist, dem Täter die erforderliche Munition nicht in nächster Nähe zur Verfügung steht oder er eine blosse Attrappe auf sich trägt. Lässt sich diese oder die nicht einsatzfähige Schusswaffe aber dank besonderen Vorrichtungen (und nicht nur im Hinblick auf Form und Gewicht) als Schlag- oder Stichwaffe verwenden, so kommt das Qualifikationsmerkmal des Mitführens einer *«anderen gefährlichen Waffe»* in Frage. Unter diesen Begriff fallen ausschliesslich Gegenstände, die nach ihrer Bestimmung zu Angriff oder Verteidigung dienen, nicht auch gefährliche Werkzeuge: BGE 111 IV 51, 112 IV 13, 113 IV 61 (bejaht für Geräte zum Versprühen von Tränengas in bestimmter chemischer Beschaffenheit), 117 IV 138 und 118 IV 146. Sie müssen sich dazu eignen, bei bestimmungsgemässem Gebrauch schwere Verletzungen zu verursachen (BGE 118 IV 147). Nur *gefährliche* Waffen werden erfasst, jedoch ist eine ähnliche Gefährlichkeit wie bei Schusswaffen nicht nötig: SJZ 101 (2005) 248 ff. (Gefährlichkeit eines Klappmessers mit defektem Feststellmechanismus verneint). – Untauglicher Versuch des qualifizierten Raubes bei einem Täter, der irrtümlich annahm, die Schusswaffe des Mittäters sei geladen: BGE 124 IV 98 ff.

Ziff. 3: *Zur bandenmässigen Begehung* und *besonderen Gefährlichkeit* des Täters vgl. Bem. zu StGB Art. 139 Ziff. 3. Nach BGE 116 IV 313 ist bei der Auslegung des zweitgenannten Begriffes der erhöhten Mindeststrafe und der Stellung dieses Qualifikationsgrundes zwischen jenen gemäss Ziff. 2 und Ziff. 4 von StGB Art. 140 Rechnung zu tragen. Voraussetzung für die Bejahung der besonderen Gefährlichkeit bildet eine gegenüber dem Grundtatbestand erhebliche Erhöhung des Unrechtsgehaltes der Tat. Die Gefährlichkeit muss sich auf die Art und Weise der Tatbegehung und nicht auf den Tätercharakter oder dessen Vorleben beziehen: BGE 116 IV 317, 117 IV 137 (anders noch: BGE 105 IV 184 f.). In BGE 109 IV 163 wurde diese Qualifikation vorgenommen im Hinblick darauf, dass sich die Täter durch einen Trick und unter Ausnützung der Hilfsbereitschaft älterer Leute Zugang zu deren Wohnung verschafften, sie brutal niederschlugen und fesselten, ebenso in BGE 110 IV 79, weil die Täter mit vorgehaltener Schusswaffe Postkunden am Boden in Schach hielten und damit gefährdeten sowie die Tat besonders vorbereiteten und sich die Flucht sicherten. Nach BGE 117 IV 423 kann besondere Gefährlichkeit darin erblickt werden, dass die Täterschaft eine gezogene Schusswaffe zur Bedrohung des Opfers verwendet, ohne sie durchgeladen oder gespannt bzw. entsichert zu haben. Gegenteilig wurde für den Fall des Vorhaltens eines Taschenmessers in BGE 117 IV 137 und des Betäubens mit einem Schlafmittel in BGE 116 IV 312 entschieden. Fall eines versuchten Raubes mit besonderer Gefährlichkeit: BGE 120 IV 117 = Pr 83 (1994) Nr. 255 Erw. 1b.

Ziff. 4: *Lebensgefahr* setzt voraus, dass der Täter das Opfer, d.h. eine Person, bei welcher die Wegnahme erzwungen werden soll (vgl. BGE 111 IV 130), vorsätzlich in konkrete Lebensgefahr bringt (zum Begriff der Lebensgefahr: BGE 121 IV 70 ff. = Pr 85 [1996] Nr. 24 Erw. 2b). Nach der neuen bundesgerichtlichen Praxis genügt hiefür die Bedrohung mit einer geladenen Schusswaffe regelmässig nur dann, wenn diese bereits durchgeladen und entsichert bzw. gespannt ist (BGE 117 IV 425, 121 IV

71, anders noch BGE 112 IV 14 und 17, 114 IV 9). Konkrete Lebensgefahr besteht auch, wenn das Opfer mit einem spitzen, in einem Abstand von 10–20 cm gegen seinen Hals gehaltenen Dolch bedroht wird: BGE 114 IV 9 f., 114 IV 428 f., oder bei erhöhter Erstickungsgefahr des allein gelassenen und geknebelten Opfers: SJZ 100 (2004) 472. Versuchter lebensgefährlicher Raub ist nicht schon mit dem Beginn der Ausführung des Grunddelikts, sondern erst damit gegeben, dass die Schwelle zwischen diesem und der qualifizierten Tat überschritten wird: BGE 120 IV 115 = Pr 83 (1994) Nr. 255 Erw. 1b. – *Schwere Körperverletzung* bezieht sich auf StGB Art. 122, wobei *Vorsatz* erforderlich ist und StGB Art. 140 Ziff. 4 als lex specialis StGB Art. 122 konsumiert. Grausame Behandlung entspricht dem Tatbestandsmerkmal von StGB Art. 184 Ziff. 2 und Art. 190 Abs. 3: BGer vom 12.8.2005, 6S.81/2005.

Art. 141 Sachentziehung

Wer dem Berechtigten ohne Aneignungsabsicht eine bewegliche Sache entzieht und ihm dadurch einen erheblichen Nachteil zufügt, wird, auf Antrag, mit Freiheitsstrafe bis zu drei Jahren oder Geldstrafe bestraft.

Art. 141: Die Sachentziehung *mit* Aneignungsabsicht fällt nach der Revision des Vermögensstrafrechts unter StGB Art. 137 Ziff. 2 Abs. 2. Spezialbestimmung für Entziehung von Motorfahrzeugen: SVG Art. 94 (Entwendung zum Gebrauch).

«Berechtigter» kann ausser dem Eigentümer auch sein, wer weniger umfassende dingliche Rechte oder blossen Besitz an der Sache hat: BGE 99 IV 141 f. *Entziehen* kann darin bestehen, dass man dem Berechtigten die Sache wegnimmt oder (bei bereits bestehendem Gewahrsam des Täters) vorenthält. Im ersten Fall kommt auch ihr Eigentümer als Täter in Betracht, z.B. der Vermieter, welcher den von ihm vermieteten Gegenstand dem Mieter wegnimmt: BGE 99 IV 142, 144. Im zweiten Fall kann die Sache dem Täter auch ohne seinen Willen zugekommen sein: BGE 99 IV 155. Die Verweigerung der Rückgabe einer beweglichen Sache entgegen einer vertraglichen Pflicht allein stellt keine Entziehung dar: BGE 115 IV 211. Im Gegensatz zum früheren Recht braucht dem Berechtigten durch den Entzug kein finanzieller Schaden mehr zu entstehen; auch ein anderweitiger erheblicher Nachteil genügt, so z.B. wenn die betroffene Sache nur Affektionswert hat oder für einige Zeit nicht für den Gebrauch zur Verfügung steht (vgl. BGE 96 IV 22). Zum *Strafantrag* legitimiert ist nur der an der Sache Berechtigte. Bei der Fristberechnung muss beachtet werden, dass Sachentziehung kein Dauerdelikt darstellt (vgl. Bem. zu StGB Art. 31).

Art. 141bis Unrechtmässige Verwendung von Vermögenswerten

Wer Vermögenswerte, die ihm ohne seinen Willen zugekommen sind, unrechtmässig in seinem oder eines andern Nutzen verwendet, wird, auf Antrag, mit Freiheitsstrafe bis zu drei Jahren oder Geldstrafe bestraft.

Art. 141bis: Als Vermögenswerte im Sinne dieses Tatbestandes kommen vertretbare Sachen und Buchgelder in Betracht, praktisch nur die letzteren. Die neue Bestimmung soll v.a. die widerrechtliche Verwendung von Zahlungen treffen, die irrtümlich und ohne Zutun des Täters auf ein Konto des Täters gutgeschrieben wurden. Die Formulierung «ohne seinen Willen» erscheint verfehlt; massgebend ist, dass der Vermögenswert nicht für den Täter bestimmt war: BGE 126 IV 163, 212 (der Überweisende nahm die Zahlung aufgrund eines Irrtums über seine Leistungspflicht vor). Die Bestimmung ist hingegen nicht anwendbar auf die Verfügung über Beträge, deren Überweisung der Täter selber durch Manipulationen veranlasste (BGE 123 IV 127). Dasselbe gilt, wenn eine Bank aufgrund einer irrtümlich falschen Auskunft des Empfängers eine Falschbuchung vornahm (BGE 131 IV 15 f.). Die tatbestandsmässige Handlung wird in gleicher Weise umschrieben wie bei der Veruntreuung von Vermögenswerten. Eine unrechtmässige Verwendung von Buchgeldern zum Nutzen des Täters oder eines anderen setzt voraus, dass er über den ihm irrtümlich gutgeschriebenen Betrag in einer Weise verfügt, die deutlich erkennen lässt, dass die Rückforderung durch den Veranlasser der Überweisung dauernd vereitelt werden soll (BGE 126 IV 213). Es genügt also nicht, wenn der Täter den empfangenen Betrag auf seinem Konto stehen lässt, ohne die Organe der Bank bzw. des Postcheckamts oder den Absender zu informieren. Anders verhält es sich, wenn der irrtümlich erlangte Betrag sogleich gänzlich auf ein anderes Konto «abdisponiert» wird (BGE 126 IV 214) oder daraus über das rechtmässige Guthaben hinausgehende Barbezüge für eigene Bedürfnisse des Empfängers getätigt werden (BGE 126 IV 162). Zusätzlich darf der Täter keinen Rechtsanspruch auf den ihm zugekommenen Vermögenswert haben: AJP 1998, 120, BGE 126 IV 163 f., 131 IV 15. Strafantragsberechtigt ist neben dem Auftraggeber der Fehlüberweisung auch die diese durchführende Bank, wenn sie wegen Verletzung ihrer Kontrollpflicht dafür mindestens teilweise einzustehen hat: BGE 121 IV 260 f.

Art. 142 Unrechtmässige Entziehung von Energie

¹ Wer einer Anlage, die zur Verwertung von Naturkräften dient, namentlich einer elektrischen Anlage, unrechtmässig Energie entzieht, wird, auf Antrag, mit Freiheitsstrafe bis zu drei Jahren oder Geldstrafe bestraft.

² Handelt der Täter in der Absicht, sich oder einen andern unrechtmässig zu bereichern, so wird er mit Freiheitsstrafe bis zu fünf Jahren oder Geldstrafe bestraft.

Art. 142 Abs. 1: Unrechtmässig ist der Energiebezug, wenn er ohne Zustimmung des Betreibers der Anlage oder gegen die dafür geltenden Bestimmungen (z.B. unter Umgehung des Zählers) erfolgt.

Abs. 2: Zur *Bereicherungsabsicht* vgl. Bem. zu StGB Art. 137 Ziff. 1.

Art. 143 Unbefugte Datenbeschaffung

¹ Wer in der Absicht, sich oder einen andern unrechtmässig zu bereichern, sich oder einem andern elektronisch oder in vergleichbarer Weise gespeicherte oder übermittelte Daten beschafft, die nicht für ihn bestimmt und gegen seinen unbefugten Zugriff besonders gesichert sind, wird mit Freiheitsstrafe bis zu fünf Jahren oder Geldstrafe bestraft.

² Die unbefugte Datenbeschaffung zum Nachteil eines Angehörigen oder Familiengenossen wird nur auf Antrag verfolgt.

Art. 143 Abs. 1: Daten sind Informationen, die von einem automatischen Datenverarbeitungssystem (auch als «EDV» oder «Computer» bezeichnet) mit Hilfe der dazugehörigen Programme in nicht direkt visuell erkennbarer, sondern codierter Form entgegengenommen, bearbeitet und wieder abgegeben werden. Der Datenverarbeitung auf elektronischer Basis sind entsprechende vergleichbare Verfahren gleichgestellt, wie z.B. die optische Speicherung mittels Laser-Technik auf CD. Die Bestimmung schützt auch die *Programme* (vgl. Botschaft, BBl 1991 II 988). Sie setzt voraus, dass die Daten nicht für den Täter bestimmt sind, d.h. einem anderen zustehen und jener nicht zu ihrer Verwendung befugt ist. Die tatbestandsmässige Handlung besteht darin, dass der Täter durch Kopieren von einem Computer oder einer Diskette, direktes Einlesen in eine eigene Einrichtung oder auf andere Weise die Verfügungsgewalt über die Daten erlangt (bei *Wegnahme* eines Datenträgers geht Diebstahl nach StGB Art. 139 vor, im Ergebnis BGE 128 IV 15 = Sem 124 [2002] 285). Der Tatbestand lässt sich nur erfüllen, wenn die dem Geschädigten zustehenden Daten gegen einen unbefugten Zugriff des Täters als Aussenstehendem (z.B. durch Zugangscode, Verschlüsselung, Einschliessung von Disketten) *besonders gesichert* sind. Zur *Absicht unrechtmässiger Bereicherung* vgl. Bem. zu StGB Art. 137 Ziff. 1.

Abs. 2: Zu den Begriffen der Angehörigen und Familiengenossen vgl. StGB Art. 110 Abs. 1 und 2.

Art. 143bis Unbefugtes Eindringen in ein Datenverarbeitungssystem

Wer ohne Bereicherungsabsicht auf dem Wege von Datenübertragungseinrichtungen unbefugterweise in ein fremdes, gegen seinen Zugriff besonders gesichertes Datenverarbeitungssystem eindringt, wird, auf Antrag, mit Freiheitsstrafe bis zu drei Jahren oder Geldstrafe bestraft.

Art. 143bis: Dieser sog. «Hackertatbestand» ist im Verhältnis zu StGB Art. 143, 144bis Ziff. 1, 147, 150 (in Form des «Zeitdiebstahls») und StGB Art. 179novies subsidiär, erfasst aber die verbleibenden Eingriffe nur, soweit der Täter ohne Bereicherungsabsicht handelt. Angriffsobjekt ist ein gegen den Zugriff des Täters besonders gesichertes fremdes Datenverarbeitungssystem (vgl. Bem. zu StGB Art. 143). Letzterer dringt darin ein, indem er sich Zugang dazu verschafft, d.h. sich in die Lage bringt, von darin befindlichen Daten Kenntnis zu nehmen, ohne dass ihm eine entsprechende Befugnis zusteht. Dies kann auch durch heimliches Umleiten von fremden E-Mails auf eine E-Mail-Adresse des Täters geschehen: BGE 130 III 32 ff. = Pr 93 (2003) Nr. 115. Für die Strafbarkeit nach StGB Art. 143bis wird vorausgesetzt, dass dies auf dem Wege von Datenübertragungseinrichtungen geschieht, d.h. der Täter muss sich einer drahtgebundenen Linie bedienen oder drahtlos in Kanäle der Datenfernübermittlung einschalten. Nicht erfasst wird also etwa das auch nach StGB Art. 143 nicht strafbare Kopieren von Aufzeichnungen auf einem Datenträger, das ohne Bereicherungsabsicht erfolgt.

Art. 144 Sachbeschädigung

¹ Wer eine Sache, an der ein fremdes Eigentums-, Gebrauchs- oder Nutzniessungsrecht besteht, beschädigt, zerstört oder unbrauchbar macht, wird, auf Antrag, mit Freiheitsstrafe bis zu drei Jahren oder Geldstrafe bestraft.

² Hat der Täter die Sachbeschädigung aus Anlass einer öffentlichen Zusammenrottung begangen, so wird er von Amtes wegen verfolgt.

³ Hat der Täter einen grossen Schaden verursacht, so kann auf Freiheitsstrafe von einem Jahr bis zu fünf Jahren erkannt werden. Die Tat wird von Amtes wegen verfolgt.

Art. 144 Abs. 1: Vgl. auch die Sondertatbestände von StGB Art. 254 und 267 Ziff. 1 Abs. 2 (Unterdrückung von Urkunden), StGB Art. 270 und 298 (Beschädigung staatlicher Hoheitszeichen), StGB Art. 221 ff. (gemeingefährliche Delikte), SVG Art. 93 (Beeinträchtigung der Betriebssicherheit eines Fahrzeuges).

Fremd ist für den Täter jede (auch unbewegliche) Sache, die nicht in seinem Eigentum steht; dies gilt auch für den Dienstbarkeitsberechtigten in Bezug auf das von ihm beschädigte Grundstück (BGE 115 IV 27) oder für den Mieter bei vertragswidriger Beschädigung der Mietsache (BGer vom 11.6.2003, 6S.388/2003). Wo einem anderen ein Gebrauchs- oder Nutzniessungsrecht zusteht, kommt auch der Eigentümer der Sache als Täter in Betracht.

Das *Beschädigen* umfasst Substanzveränderung, Minderung der Funktionsfähigkeit und Minderung der Ansehnlichkeit: BGE 115 IV 28 (Entfernen der Grasnarbe von einer Böschung), 117 IV 441 (Zerbrechen einer Statue), 120 IV 321 (eigenmächtiges Besprayen einer Gebäudefassade, selbst wenn diese schon vorher durch einen andern verunziert worden war), 128 IV 252 = Pr 92 (2003) Nr. 17 (Verstopfen einer Abwasserleitung). Auch eigenmächtiges Anbringen von Malereien mit künstlerischem Wert an Fassaden erfüllt den Tatbestand (BGer vom 20.11.1981), vgl. auch BGE 99 IV 145 (sichtbehinderndes Bekleben der Frontscheibe eines Autos). Der Berechtigte braucht keinen Vermögensschaden zu erleiden. Das Bundesgericht erachtet indessen StGB Art. 172ter für anwendbar, wenn der Schaden nicht mehr als CHF 300 beträgt: BGE 123 IV 119 (ausgenommen bei Sachbeschädigungen im Rahmen gewerbsmässiger Diebstähle).

Rechtfertigungsgründe: OR Art. 57 Abs. 1 (Töten Dritten gehörender Tiere, die auf einem Grundstück Schaden anrichten): BGE 77 IV 196. – ZGB Art. 737 (Dienstbarkeitsberechtigung): BGE 115 IV 29. – ZGB Art. 926 (Besitzesschutz): SJZ 63 (1967) 243 (Beschädigung eines unberechtigt auf einem Privatparkplatz abgestellten, die Wegfahrt des Berechtigten hindernden Autos), BGE 128 IV 253 f. = Pr 92 (2003) Nr. 17 (kein Selbsthilferecht bei Unverhältnismässigkeit der Selbsthilfe). Zum *Strafantrag* vgl. Bem. zu StGB Art. 30 ff.

Abs. 2: Zum Begriff der *«öffentlichen Zusammenrottung»* vgl. Bem. zu StGB Art. 260.

Abs. 3: Zum *«grossen Schaden»* vgl. BGE 117 IV 440. – Im Gegensatz zum früheren Recht braucht der Täter nicht mehr aus einer besonders verwerflichen Gesinnung zu handeln.

Art. 144bis Datenbeschädigung

1. Wer unbefugt elektronisch oder in vergleichbarer Weise gespeicherte oder übermittelte Daten verändert, löscht oder unbrauchbar macht, wird, auf Antrag, mit Freiheitsstrafe bis zu drei Jahren oder Geldstrafe bestraft.

Hat der Täter einen grossen Schaden verursacht, so kann auf Freiheitsstrafe von einem Jahr bis zu fünf Jahren erkannt werden. Die Tat wird von Amtes wegen verfolgt.

2. Wer Programme, von denen er weiss oder annehmen muss, dass sie zu den in Ziffer 1 genannten Zwecken verwendet werden sollen, herstellt, einführt, in Verkehr

bringt, anpreist, anbietet oder sonst wie zugänglich macht oder zu ihrer Herstellung Anleitung gibt, wird mit Freiheitsstrafe bis zu drei Jahren oder Geldstrafe bestraft.

Handelt der Täter gewerbsmässig, so kann auf Freiheitsstrafe von einem Jahr bis zu fünf Jahren erkannt werden.

Art. 144bis Ziff. 1: Die Bestimmung schützt den ordnungsgemässen Bestand von Daten gegen Einwirkungen, die nicht in einer Beschädigung von Datenverarbeitungsanlagen oder -trägern i.S. von StGB Art. 144 bestehen. Vorausgesetzt wird stets, dass der Täter nicht zur Veränderung oder Löschung von Daten befugt ist. Die Tatvariante des «Unbrauchbarmachens» soll Manipulationen erfassen, welche den Berechtigten (etwa durch Einfügen neuer Codes) den Zugang zu den Daten verunmöglichen. Der tatbestandsmässige Erfolg besteht darin, dass Daten dem Berechtigten nicht mehr oder nicht mehr in ordnungsgemässer Form zur Verfügung stehen; ein Vermögensschaden ist im Fall von Abs. 1 nicht erforderlich. *Subjektiv* wird Vorsatz verlangt. Dient eine Datenveränderung ausschliesslich einem weitergehenden deliktischen Zweck wie der Durchführung eines Computerbetruges nach StGB Art. 147 oder einer Urkundenfälschung nach StGB Art. 251 Ziff. 1, gehen die betreffenden Bestimmungen StGB Art. 144bis vor.

Ziff. 2 macht bereits bestimmte Vorbereitungshandlungen zur Datenbeschädigung nach Ziff. 1 zu einem Offizialdelikt. Der Schutzzweck der Norm besteht in der Gewährleistung der Verfügungsmacht über intakte Daten (BGE 129 IV 22). Handlungsobjekte sind ausschliesslich Computerprogramme, die entsprechende Schäden verursachen können, wenn sie in einem Datenverarbeitungssystem angewendet werden (Anwendungsfall in SJZ 96 [2000] 511 ff. und ZR 100 [2001] Nr. 44). Dabei genügt es, wenn durch die betreffenden Informationen die Herstellung von datenschädigenden Programmen wesentlich erleichtert wird (BGE 129 IV 234). Mit Blick auf die Tatbestandsvariante der «Abgabe von Herstellungsanleitungen» ist irrelevant, ob die datenschädigenden Programme von demjenigen verbreitet werden, der sie ganz oder teilweise selbst entwickelt hat oder aber von einem Dritten (BGE 129 IV 233). Nicht erforderlich ist die Eigenschaft, sich in weitere Datenbestände fortzupflanzen («Computerviren»). Der Täter muss wissen oder mindestens im Sinne eines Eventualvorsatzes die von ihm erkannte Möglichkeit in Kauf nehmen, dass er bzw. eine nach ihm tätige andere Person das Programm i.S. von Ziff. 1 anwendet (BGE 129 IV 236). – Zum Begriff des gewerbsmässigen Handelns vgl. Bem. zu StGB Art. 139 Ziff. 2.

Art. 145 Veruntreuung und Entzug von Pfandsachen und Retentionsgegenständen

Der Schuldner, der in der Absicht, seinen Gläubiger zu schädigen, diesem eine als Pfand oder Retentionsgegenstand dienende Sache entzieht, eigenmächtig darüber verfügt, sie beschädigt, zerstört, entwertet oder unbrauchbar macht, wird, auf Antrag, mit Freiheitsstrafe bis zu drei Jahren oder Geldstrafe bestraft.

Art. 145: Im Gegensatz zu StGB Art. 169 und 289 betrifft die Bestimmung keine amtlich beschlagnahmten Sachen, sondern solche, an denen kraft eines Vertrages oder Gesetzes (z.B. ZGB Art. 793 ff., 884 f.) ein Pfand- oder Retentionsrecht besteht. Das Tatobjekt kann sich beim Gläubiger oder beim Schuldner befinden. Begeht ein anderer als dieser eine der in StGB Art. 145 genannten

Handlungen, fällt er unter StGB Art. 141 oder 144. Subjektiv ist neben Vorsatz die Absicht der Gläubigerschädigung nötig.

Art. 146 Betrug

¹ Wer in der Absicht, sich oder einen andern unrechtmässig zu bereichern, jemanden durch Vorspiegelung oder Unterdrückung von Tatsachen arglistig irreführt oder ihn in einem Irrtum arglistig bestärkt und so den Irrenden zu einem Verhalten bestimmt, wodurch dieser sich selbst oder einen andern am Vermögen schädigt, wird mit Freiheitsstrafe bis zu fünf Jahren oder Geldstrafe bestraft.

² Handelt der Täter gewerbsmässig, so wird er mit Freiheitsstrafe bis zu zehn Jahren oder Geldstrafe nicht unter 90 Tagessätzen bestraft.

³ Der Betrug zum Nachteil eines Angehörigen oder Familiengenossen wird nur auf Antrag verfolgt.

Art. 146: Betrugsähnliche Tatbestände enthalten StGB Art. 147–155, 163, 170, VStrR Art. 14 (Leistungs- und Abgabebetrug).

Abs. 1: Das Irreführen (Täuschung) muss sich auf *Tatsachen* beziehen, d.h. auf objektiv feststehende Umstände: Äusserungen über ungewisse zukünftige Ereignisse oder Prognosen fallen nicht darunter (BGE 89 IV 75, 102 IV 86), (es sei denn, diese stützen sich ihrerseits auf ganz konkrete Tatsachen, BGE 122 IV 248), wohl aber solche über die Eignung einer angebotenen Leistung für die Zwecke des Kontrahenten (Pr 83 [1994] Nr. 173). Ausserdem kommen sinngemäss nur Falschangaben in Betracht, welche für den Entscheid des Getäuschten über eine von ihm begehrte Leistung von Bedeutung sind, was namentlich nicht zutrifft, wenn er durch sie nicht geschädigt werden kann (vgl. BGE 110 IV 20, 111 IV 135, 112 IV 79). Auch sog. innere Tatsachen, namentlich der fehlende Zahlungswille und andere Absichten, können Gegenstand der Täuschung sein: BGE 102 IV 86, 105 IV 246, 110 IV 22, 111 IV 138, 119 IV 288, 125 IV 127. – Das Vorspiegeln von Tatsachen braucht nicht durch ausdrückliche Behauptungen zu geschehen; konkludentes Verhalten genügt, vgl. z.B. BGE 86 IV 205 (wer ein Darlehen anbegehrt, erklärt damit auch seinen Rückzahlungswillen), 87 IV 12 (Anbieten einer Sache zum Verkauf schliesst die Behauptung in sich, über sie verfügungsberechtigt zu sein, BGE 127 IV 166, SJZ 71 (1975) 208 (Eingehen eines Vertrages bekundet Erfüllungswille), vgl. auch ZR 57 (1958) Nr. 123 (Besteigen eines Taxis zeigt Zahlungswillen an). – Die Irreführung kann auch über einen gutgläubigen Tatmittler erfolgen: BGE 105 IV 334, 126 IV 116. Sie setzt keine Urteilsfähigkeit des Getäuschten voraus: BGE 80 IV 157, 119 IV 213 f., Pr 83 (1994) Nr. 173 Erw. 3c.

Arglist: Unabhängig von den nachstehend angeführten Varianten ist Arglist ausgeschlossen, wenn das Opfer die angesichts der konkreten Umstände und seiner persönlichen Verhältnisse angemessenen, grundlegendsten Vorsichtsmassregeln nicht beachtet: BGE 116 IV 25, 122 IV 205, 128 IV 20.

Zusammenfassung der bundesgerichtlichen Rechtsprechung in BGE 119 IV 35, 128 IV 20. Sie liegt unter folgenden alternativen Voraussetzungen vor:

a) wenn der Täter ein ganzes *Lügengebäude* errichtet. Nach neuer Praxis des Bundesgerichts müssen die Lügen raffiniert aufeinander abgestimmt sein. Arglist scheidet aus, wenn die Angaben in zumutbarer Weise überprüfbar gewesen wären und schon die Aufdeckung einer einzigen

Lüge zur Aufdeckung des ganzen Schwindels genügt hätte (vgl. auch BGE 119 IV 286, 122 IV 205, 248, 126 IV 171, 128 IV 21);

b) wenn sich der Täter *besonderer bzw. täuschender Machenschaften* bedient (vgl. Zusammenfassung der Praxis in BGE 126 IV 171), d.h. seine Behauptungen durch Handlungen oder Belege stützt, die sie als glaubwürdig erscheinen lassen, namentlich rechtswidrig erlangte oder gefälschte Urkunden vorlegt (BGE 116 IV 25, 117 IV 155, 122 IV 205 betr. Prozessbetrug, vgl. aber auch BGE 120 IV 16; Beispiele aus der älteren Praxis: BGE 71 IV 17, 73 IV 24, 78 IV 26, 99 IV 84, 106 IV 361). Wie beim Lügengebäude scheidet Arglist aus, wenn das Opfer die angesichts der Umstände und seiner persönlichen Verhältnisse geforderten grundlegendsten Vorsichtsmassregeln nicht beachtet, vgl. BGE 122 IV 205, 126 IV 173, 128 IV 20 = Pr 91 (2002) Nr. 60;

c) wenn die Angaben *nicht* oder nur mit *besonderer Mühe* auf ihre Richtigkeit *überprüft* werden können: BGE 106 IV 31 (Verwendung von Spenden), 111 IV 55 (Reinheitsgrad von Drogen), 119 IV 129 (zurückgestellter Kilometerzähler eines Autos), BGE 122 IV 248 (Annahme, der gestohlene Check sei noch nicht als solcher gemeldet und folglich nicht gesperrt). Während früher *innere Tatsachen* stets als unüberprüfbar betrachtet wurden, scheidet nach BGE 118 IV 361 Arglist aus, wenn ohne weiteres überprüfbare (äussere) Tatsachen erkennen lassen, dass eine zugesagte Leistung nicht erbracht werden kann, vgl. auch BGE 125 IV 127;

d) wenn der Täter den Geschädigten absichtlich von der Überprüfung seiner Angaben *abhält:* BGE 72 IV 156, 76 IV 95, 99 IV 85, 86;

e) wenn dem Getäuschten eine Überprüfung der Angaben *nicht zumutbar* ist: BGE 77 IV 84 (Bestellung im Namen einer fiktiven Drittperson), 96 IV 147 (Verkauf eines angeblich unfallfreien Autos), 105 IV 104, 106 IV 362 (angebliche akademische Titel eines Psychologen);

f) wenn der Täter aus bestimmten Gründen voraussieht, dass der Getäuschte von einer Überprüfung *absehen werde:* Klare Regelung oder Zusicherung (BGE 99 IV 77: unterbleibende Abklärung der Deckung eines Postchecks gemäss interner Weisung, vgl. demgegenüber BGE 107 IV 171), Vertrauensverhältnis zwischen Täter und Getäuschtem (BGE 118 IV 38: jahrelange Zusammenarbeit in einem Team, BGE 119 IV 37: verneint bei blosser Bekanntschaft aufgrund früherer Geschäftsbeziehungen, Pr 92 [2003] Nr. 181: ehemalige Studienkollegen, BGer vom 24.6.2005, 6S.123/2005: Ausnützung der Unerfahrenheit eines «vor Liebe blinden» Mannes), Ausnützung der Geistesschwäche, Unerfahrenheit, alters- oder krankheitsbedingten Beeinträchtigung, Abhängigkeit oder Notlage des Opfers, unter welchen Umständen anzunehmen ist, dieses werde Rückfragen unterlassen oder sei schon gar nicht in der Lage, den Angaben des Täters zu misstrauen: BGE 119 IV 210, 120 IV 188, 125 IV 128 , 126 IV 172, 128 IV 21.

Unterdrückung von Tatsachen umfasst auch das blosse Verschweigen eines solchen Umstandes. Hierzu werden fälschlicherweise schon oft Fälle gerechnet, bei denen der Täter richtig betrachtet durch konkludentes Verhalten Tatsachen vorspiegelt (vgl. z.B. BGE 87 IV 12, 94 IV 65, 96 IV 145, richtig hingegen BGE 127 IV 163 = Pr 91 [2002] Nr. 13).

Ausnützen eines Irrtums («Betrug durch Schweigen») umfasst die Fallkonstellation, in welcher der Täter den Irrtum nicht durch aktives Verhalten bewirkt, sondern es unterlässt, seinen Kontrahenten, der sich falsche Vorstellungen vom Sachverhalt zu machen beginnt, darüber aufzuklären, obschon er dazu aufgrund einer Garantenstellung verpflichtet wäre, vgl. BGE 105 IV 103, 109 Ib 55. Bei Missachtung einer Aufklärungspflicht ist die Irreführung entgegen BGE 86 IV 205, 87 IV 12 und 110 IV 23 nicht ohne weiteres arglistig; dieses Tatbestandsmerkmal muss vielmehr nach den gleichen Kriterien wie bei der Vorspiegelung von Tatsachen geprüft werden (so BGE 107 IV 171).

Vermögensverfügung: Als solche gilt jede Handlung, Duldung oder Unterlassung des Irrenden, die geeignet ist, eine Vermögensverminderung herbeizuführen: BGE 96 IV 191. Die Vermögensverminderung muss *unmittelbar* auf das irrtumsbedingte Verhalten des Getäuschten zurückzuführen sein, d.h. nicht von zusätzlichen deliktischen Zwischenhandlungen des Täters abhängen: BGE 126 IV 117, 127 IV 75. Die Verfügung selbst muss aber nicht zwingend in einem einzigen Akt bestehen: BGE 126 IV 117. Eine Vermögensverfügung kann vorliegen im Falle der Zweitunterschrift eines kollektiv zeichnungsberechtigten Firmenorgans, das aufgrund einer Irreführung durch den Erstunterzeichner eine vertragliche Verpflichtung unterzeichnet: BGE 118 IV 37. Eine Bank disponiert über das Vermögen des Ausstellers, wenn sie einen gekreuzten Check entgegennimmt und weiterleitet: BGE 126 IV 120. Der Irrende muss die Verfügung selbst vornehmen sowie eine gewisse Wahlfreiheit und die Verfügungsmacht über Vermögen haben, was nach BGE 122 IV 198 beu Prozessen über entsprechende Werte auch auf den Richter zutrifft. Damit wurde in Abkehr von BGE 78 IV 89 *Prozessbetrug* für strafbar befunden. – Zwischen der Motivsetzung und der Vermögensverfügung muss ein *Kausalzusammenhang* bestehen: BGE 72 IV 73, 72 IV 129, 76 IV 161, 96 IV 188, 116 IV 222, 119 IV 214, 122 IV 203, 128 IV 256. Folglich müssen Getäuschter und Verfügender identisch sein, nicht aber Geschädigter und Verfügender: Soweit aber der Getäuschte über fremdes Vermögen verfügt, muss er mindestens tatsächliche Verfügungsmacht haben, d.h. der getäuschte Dritte muss «im Lager» des Geschädigten stehen: BGE 126 IV 117 f. Keine Vermögensdisposition liegt vor, wenn jemand dem Täter gestützt auf eine arglistige Täuschung eine Bancomatkarte übergibt, da erst die anschliessende Verwendung der Karte durch den zahlungsunfähigen und zahlungsunwilligen Täter zu einer unmittelbaren Vermögensminderung führt: BGE 127 IV 75.

Vermögensschaden: Als solcher gilt jede (auch vorübergehende) Beeinträchtigung des Vermögens, welche in einer Verminderung der Aktiven, einer Vermehrung der Passiven oder im Entgehen von Gewinn besteht. Dazu gehören auch Anwartschaften (entgangener Gewinn), wenn auf eine solche ein Anspruch besteht oder sie mit an Sicherheit grenzender Wahrscheinlichkeit zu erwarten ist: BGE 87 IV 11. Auch die Erfüllung einer Spielschuld kann einen Schaden darstellen, BGE 126 IV 175.

Wird das Vermögen lediglich gefährdet, so liegt kein Vermögensschaden vor, es sei denn, die Gefährdung sei derart erheblich, dass das Vermögen nach den Grundsätzen der Buchführung ganz oder teilweise abgeschrieben werden muss: BGE 121 IV 107.

Schädigung liegt beim Abschluss *zweiseitiger* Verträge insbesondere auch dann vor, wenn Leistung und Gegenleistung selbst bei wirtschaftlicher Gleichwertigkeit in einem *für den Geschädigten* ungünstigeren Wertverhältnis stehen, als sie nach der vorgespiegelten Sachlage stehen müssten: BGE 98 IV 253 (Verwendung der erbrachten Leistung für einen anderen als den vorgespiegelten Zweck), 92 IV 129, 121 IV 27 (Verkauf gestohlener und deshalb mit Drittansprüchen belasteter Sachen), 93 IV 73 (Verkauf billiger Butter als Qualitätsbutter), 100 IV 275 (ungewollter Abschluss eines die vermögensrechtliche Verfügungsfreiheit beschränkenden Versicherungsvertrages), 111 IV 55 und 117 IV 150 (Verkauf überdurchschnittlich «gestreckter» Drogen). Objektive Gleichwertigkeit der versprochenen und der erbrachten Leistung schliesst eine Schädigung nicht aus, wenn die gelieferte Sache nicht die zugesicherten Eigenschaften aufweist: BGE 99 IV 87 (Abgabe anderer als der bestellten Speisen und Getränke an Wirtshausgäste), 113 Ib 174 (Wertschriftenhandel). Beim *Kreditbetrug* ist die erhebliche Gefährdung der Rückforderung des Darlehens, die deren Wert wesentlich herabsetzt, erforderlich:

BGE 82 IV 90, 102 IV 88. – Eine vorübergehende Schädigung genügt: BGE 102 IV 89, 175, 105 IV 104, 120 IV 135, 122 II 430.

Vorsatz: Er muss sich auf alle objektiven Merkmale und den Kausalzusammenhang zwischen ihnen erstrecken. Für den Vorsatz der Täuschung ist namentlich erforderlich, dass der Täter die Bedeutung seiner falschen Angaben für die vom Geschädigten begehrte Vermögensdisposition erkennt; bezüglich des Vermögensschadens genügt Vorsatz auf vorübergehende Schädigung (vgl. BGE 102 IV 89 betr. Darlehensaufnahme). Auch die Elemente, welche Arglist begründen, müssen vom Vorsatz umfasst sein: BGE 122 IV 249 (Betrugsversuch), 128 IV 21 = Pr 91 (2002) Nr. 60. – Eventualvorsatz genügt: BGE 92 IV 67, 122 IV 248, 126 IV 120, 175.

Bereicherungsabsicht: vgl. Bem. zu StGB Art. 137 Ziff. 1. Auch wer einen Dritten unrechtmässig bereichern will, begeht einen Betrug: BGE 100 IV 179. Die Bereicherung muss dem Schaden nicht entsprechen (Ablehnung des Grundsatzes der Stoffgleichheit; umstritten): BGE 84 IV 89, 122 II 430, vgl. aber BGE 103 IV 30. Nach der bundesgerichtlichen Rechtsprechung muss die Bereicherungsabsicht Motiv, wenn auch nicht ausschliessliches, des Handelns sein; es genügt nicht, wenn sie bloss notwendige Nebenfolge eines vom Täter erstrebten andern Erfolges ist: BGE 101 IV 206, 102 IV 83, 105 IV 335 (dagegen mit Recht ZBJV 112 [1976] 419). – Eventuelle Absicht genügt: BGE 69 IV 80, 72 IV 125. – Ob die Absicht der unrechtmässigen Bereicherung bestand, ist Tatfrage: BGE 98 IV 86.

Zur *Mittäterschaft* vgl. Pr 84 (1995) Nr. 173 Erw. 5.

Zum Betrug bei *rechtswidrigen Rechtsgeschäften:* BGE 69 IV 75, 111 IV 55, 117 IV 139 (Verkauf gestreckter Drogen),

Abgrenzung zum Betrügerischen Missbrauch einer Datenverarbeitungsanlage (StGB Art. 147): BGE 129 IV 32*; zum Check- und Kreditkartenmissbrauch* (StGB Art. 148): BGE 122 IV 151, 127 IV 71 ff.; *zur Zechprellerei:* BGE 125 IV 126 f.; *zur Veruntreuung* (StGB Art. 138): SJZ 62 (1966) 206 (Miete einer Sache in der Absicht, sie zu verkaufen, ist Betrug), ZR 76 (1977) Nr. 35 (ein Zedent, der nach der Zession eingehende Zahlungen nicht an den Zessionar weiterleitet, ohne diese Absicht schon im Zeitpunkt der Zession gehabt zu haben, begeht eine Veruntreuung. BGE 111 IV 130 (Veranlassung von Zahlungen zu Lasten von Kundenkonten mittels gefälschter Aufträge durch den Direktor der Bank ist Betrug); *zur Erpressung* (StGB Art. 156), BGE 71 IV 22 (Erpressung ist auch gegeben, wenn der Angriff auf die Willensfreiheit noch durch Täuschung verstärkt wird), 129 IV 32 = Pr 92 (2003) Nr. 132 Erw. 4 (Erpressung geht Betrug vor, falls Täter Täuschung nur für Drohung braucht); *zum Inumlaufsetzen falschen Geldes* (StGB Art. 242): BGE 99 IV 10; Unter den Tatbestand des Betrugs fällt auch die Erschleichung eines kantonalen Stipendiums: BGE 112 IV 20. – *Konkurrenz* mit *Urkundenfälschung* (StGB Art. 251): BGE 71 IV 209, 82 IV 140, 105 IV 247, 129 IV 56 (echte Konkurrenz); mit *Diebstahl* (StGB Art. 139): BGE 92 IV 129 (echte Konkurrenz beim Verkauf gestohlener Sachen), mit *ungetreuer Geschäftsbesorgung:* BGE 111 IV 60 (der Geschäftsführer ist nur nach StGB Art. 146 zu bestrafen, wenn er diese Stellung betrügerisch erlangte); mit der *Spezialgesetzgebung:* ZStrR 78 (1962) 147; mit VStrR Art. 14: SJZ 74 (1978) 127 (VStrR Art. 14 geht als lex specialis StGB Art. 146 vor); mit BetmG Art. 19 beim betrügerischen Verkauf von Drogen: BGE 111 IV 55 (echte Konkurrenz); mit Erschleichung einer Subvention gemäss Landwirtschaftsgesetz: BGE 87 IV 98, 93 IV 70 (nur Bestrafung nach StGB); der Steuerbetrug gemäss DBG Art. 186 und gemäss StHG Art. 59 Abs. 1 geht dem Betrug nach StGB Art. 146 vor, wenn die Tat ausschliesslich zum Zwecke der Umgehung von Steuervorschriften begangen wird. Bei Inkaufnahme der Verwendung der unechten bzw. unwahren Urkunde im nicht-fiskalischen Bereich ist von echter Konkurrenz auszugehen: BGE 122 IV 32.

Abs. 2: *Gewerbsmässigkeit:* vgl. Bem. zu StGB Art. 139 Ziff. 2; BGE 106 IV 29 (Aufforderung an zahlreiche Personen zur Teilnahme an einer Geldsammlung zu angeblich wohltätigen Zwecken, vgl. zudem ZR 81 [1982] Nr. 78); BGE 110 IV 3 (Aufgabe zahlreicher Warenbestellungen, vgl. auch RS 1980 Nr. 923), BGE 115 IV 36 (82 Warenbezüge im Gesamtbetrag von ca. CHF 42'000), BGE 116 IV 332 (Gewerbsmässigkeit verneint bei einem Gesamtdeliktsbetrag von CHF 8'300 innerhalb von 16 Monaten bei zwei Personen), BGE 119 IV 30 (bejaht für ein zusätzliches Einkommen von durchschnittlich CHF 1000 pro Monat).

Abs. 3: *Angehörige* und *Familiengenossen:* vgl. Bem. zu StGB Art. 110 Abs. 1 und 2.

Art. 147 Betrügerischer Missbrauch einer Datenverarbeitungsanlage

¹ Wer in der Absicht, sich oder einen andern unrechtmässig zu bereichern, durch unrichtige, unvollständige oder unbefugte Verwendung von Daten oder in vergleichbarer Weise auf einen elektronischen oder vergleichbaren Datenverarbeitungs- oder Datenübermittlungsvorgang einwirkt und dadurch eine Vermögensverschiebung zum Schaden eines andern herbeiführt oder eine Vermögensverschiebung unmittelbar danach verdeckt, wird mit Freiheitsstrafe bis zu fünf Jahren oder Geldstrafe bestraft.

² Handelt der Täter gewerbsmässig, so wird er mit Freiheitsstrafe bis zu zehn Jahren oder Geldstrafe nicht unter 90 Tagessätzen bestraft.

³ Der betrügerische Missbrauch einer Datenverarbeitungsanlage zum Nachteil eines Angehörigen oder Familiengenossen wird nur auf Antrag verfolgt.

Art. 147 Abs. 1: Die Bestimmung ist dem Tatbestand des Betruges gemäss StGB Art. 146 nachgebildet und ergänzt diesen für den Fall, dass jemand durch Manipulationen an oder mit Daten eine unrechtmässige Vermögensverschiebung erreicht, ohne dass ein menschlicher Entscheidungsträger eingeschaltet ist und irregeführt werden müsste. Als Täter kommen sowohl Bedienungspersonal von Computern als auch Aussenstehende in Betracht. Das tatbestandsmässige Verhalten besteht in der Einwirkung auf einen Datenverarbeitungs- oder -übermittlungsvorgang durch bestimmte Missbräuche (vgl. zu den verschiedenen Tatbestandsvarianten BGE 129 IV 318). Eine *unrichtige* Verwendung von Daten ist gegeben, wenn sie im Widerspruch zur Sach- und Rechtslage im betreffenden Zeitpunkt steht. Mit der Tatvariante der *unvollständigen* Verwendung soll klargestellt werden, dass die Manipulationen auch den Charakter von Unterlassungen (pflichtwidrige Nichtverwendung und -eingabe von Daten) haben können. Die als *«unbefugte Verwendung»* umschriebene Verhaltensweise bezieht sich auf an sich richtige und vollständige Daten; betrugsähnlich ist das Verhalten deshalb, weil der dazu nicht befugte Täter unter der Identität des Berechtigten von ihnen Gebrauch macht. Praktisch geht es v.a. – jedoch nicht ausschliesslich (BGer vom 10.5.2001, 6S.247/2001) – um die Verwendung von deliktisch erlangten Code-Karten (Bancomat, Postomat, Debitkarten für bargeldloses Zahlen an Ladenkassen), BJM 1997, 244, SJZ 93 (1997) 285. – Das Bundesgericht hat in BGE 129 IV 321 festgestellt, dass ein Anrufer beim Telefonieren mit einem gestohlenen Mobiltelefon im Sinne von StGB Art. 147 auf einen Datenverarbeitungsvorgang einwirke. – Die unbefugte Kartenverwendung durch den *Berechtigten* ist durch StGB Art. 148 geregelt.

Die Handlung des Täters muss bewirken, dass die Manipulation zu einem der Sach- und Rechtslage widersprechenden Ergebnis führt und die Datenverarbeitungsanlage selber eine entsprechende

Vermögensverschiebung (z.B. Belastung eines Kontos und Gutschrift auf ein anderes, Barbezug unter Belastung eines fremden Kontos) vornimmt: BGE 129 IV 318. Gleichgestellt wird die unmittelbar auf eine Vermögensverschiebung folgende, diese kaschierende Manipulation. Damit soll namentlich der Fall erfasst werden, dass der Täter anlässlich eines «Zug um Zug-Geschäftes» eine Leistung *vor* dem automatisierten Zahlungsvorgang erhält. *Subjektiv* wird wie beim Betrug ausser Vorsatz auch die Absicht des Täters gefordert, sich oder einen anderen unrechtmässig zu bereichern (vgl. Bem. zu StGB Art. 137 Ziff. 1). – Muss der Täter zur Durchführung der Tat Daten verändern, welchen nach StGB Art. 110 Abs. 4 zweiter Satz Urkundencharakter zukommt, ist er sowohl nach StGB Art. 147 Abs. 1 als auch nach StGB Art. 251 Ziff. 1 zu bestrafen: BGer vom 13.12.2002, 6S.597/2001, Erw. 4 (umstritten, vgl. aber bereits BGE 129 IV 59 ff.). – Die Erpressung gemäss StGB Art. 156 umfasst StGB Art. 147, wenn das Verhalten, welches durch StGB Art. 147 erfasst wird, nur der Unterstützung der Erpressung dient bzw. zur Verwirklichung derselben notwendig ist, so wenn die Herausgabe von Kredit- und Bankkarten sowie der entsprechenden Codes abgepresst wird (BGE 129 IV 32 = Pr 92 [2003] Nr. 132 Erw. 4).

Abs. 2: Zum Begriff des gewerbsmässigen Handelns vgl. Bem. zu StGB Art. 139 Ziff. 2.

Abs. 3: Zu den Begriffen der Angehörigen und Familiengenossen vgl. StGB Art. 110 Abs. 1 und 2.

Art. 148   Check- und Kreditkartenmissbrauch

¹ Wer, obschon er zahlungsunfähig oder zahlungsunwillig ist, eine ihm vom Aussteller überlassene Check- oder Kreditkarte oder ein gleichartiges Zahlungsinstrument verwendet, um vermögenswerte Leistungen zu erlangen und den Aussteller dadurch am Vermögen schädigt, wird, sofern dieser und das Vertragsunternehmen die ihnen zumutbaren Massnahmen gegen den Missbrauch der Karte ergriffen haben, mit Freiheitsstrafe bis zu fünf Jahren oder Geldstrafe bestraft.

² Handelt der Täter gewerbsmässig, so wird er mit Freiheitsstrafe bis zu zehn Jahren oder Geldstrafe nicht unter 90 Tagessätzen bestraft.

Art. 148 Abs. 1 stellt die den Aussteller am Vermögen schädigende vertragswidrige Verwendung einer *Check- oder Kreditkarte* durch deren (rechtmässigen) *Inhaber* (Sonderdelikt) unter Strafe und geht auch im sog. Zweiparteiensystem dem Betrug nach StGB Art. 146 vor: BGE 122 IV 154, 127 IV 74. Der strafrechtliche Schutz erstreckt sich weiter auf die Verwendung eines *«gleichartigen Zahlungsinstrumentes»*, worunter heute v.a. mit oder ohne Karte durch Eingabe eines Codes ausgelöste Zahlungsvorgänge fallen. Das strafbare Verhalten besteht darin, dass der Täter die Karte bzw. das gleichgestellte Instrument bestimmungswidrig oder über die ihm gesetzten Limiten hinaus verwendet, obwohl er *zahlungsunfähig* oder *zahlungsunwillig* ist, und so eine vermögenswerte Leistung (Herausgabe von Waren, Geld, Bewirtung und Beherbergung usw.) erhält. Zahlungsunfähigkeit ist anzunehmen, wenn der Inhaber der Karte nicht in der Lage ist, seinen aus ihrer Verwendung entstehenden Verpflichtungen im Zeitpunkt ihrer Fälligkeit nachzukommen. Vollendet ist die Tat damit, dass beim Aussteller ein Schaden eintritt, was im Hinblick auf die ihn treffenden Pflichten gegenüber einem Vertragsunternehmen (z.B. zur Vergütung des Kaufpreises an Warenlieferanten) bereits mit der Honorierung der Karte durch dessen Organe der Fall sein kann. *Subjektiv* ist Vorsatz erforderlich. Als *objektive* Strafbarkeitsbedingung, die vom Vorsatz nicht erfasst sein muss (BGE 125 IV 264 = Pr 90

[2001] Nr. 17), verlangt das Gesetz, dass der Aussteller und das Vertragsunternehmen die ihnen zumutbaren Massnahmen gegen den Missbrauch der Karte getroffen haben. Daran kann es namentlich fehlen, wenn der Aussteller die Karte nicht rechtzeitig sperrte oder schon bei deren Ausstellung die Kreditwürdigkeit des Täters nicht hinreichend prüfte (vgl. dazu BGE 127 IV 77). Die Missachtung von Massnahmen gegen den Missbrauch durch das Vertragsunternehmen (z.B. Einholung einer sog. Autorisation) dürfte praktisch wenig bedeutsam sein, da es den Schaden alsdann regelmässig selber zu tragen hat.

Abs. 2: Zum Begriff des gewerbsmässigen Handelns vgl. Bem. zu StGB Art. 139 Ziff. 2.

Art. 149 Zechprellerei

Wer sich in einem Gastgewerbebetrieb beherbergen, Speisen oder Getränke vorsetzen lässt oder andere Dienstleistungen beansprucht und den Betriebsinhaber um die Bezahlung prellt, wird, auf Antrag, mit Freiheitsstrafe bis zu drei Jahren oder Geldstrafe bestraft.

Art. 149: Gemäss BGE 75 IV 16 prellt den Wirt um die Bezahlung, wer ihn entgegen seiner Erwartung vorsätzlich oder eventualvorsätzlich nicht oder nicht rechtzeitig, d.h. in der Regel spätestens beim Verlassen der Gaststätte, bezahlt (ebenso in Bezug auf den objektiven Tatbestand: Sem 106 [1984] 285, vgl. auch BGE 75 IV 15: Tatbestand erfüllt bei verspäteter Zahlung, eher verneinend PKG 1998 Nr. 30). Anders verhält es sich aber, wenn der Gast sich zuvor mit dem Betriebsinhaber oder -personal über eine spätere Zahlung verständigt hat. – Zu den geschützten Forderungen gehören diejenigen für Unterkunft, Speisen und Getränke. Als zu bezahlende «andere Dienstleistungen» sind z.B. Telefontaxen, Gebühren für die Benützung hoteleigener Einrichtungen und für die Wäschebesorgung zu betrachten. – Zechprellerei wird nicht dadurch ausgeschlossen, dass der Wirt seinem Gast während langer Zeit Kredit gewährte: Sem 106 (1984) 285. – StGB Art. 149 ist indessen nur anwendbar, wenn der Gast nicht den Tatbestand des Betruges nach StGB Art. 146 erfüllt: BGE 72 IV 120, 125 IV 127, ZR 61 (1962) Nr. 151, vgl. auch RS 1988 Nr. 482 (Hotelbetrug). – Beginn der Strafantragsfrist: BGE 75 IV 19. Antragsberechtigt ist nur der Betriebsinhaber, nicht das mit dem Inkasso betraute Personal (vgl. OR Art. 321e i.V. mit OR Art. 362).

Art. 150 Erschleichen einer Leistung

Wer, ohne zu zahlen, eine Leistung erschleicht, von der er weiss, dass sie nur gegen Entgelt erbracht wird, namentlich indem er

ein öffentliches Verkehrsmittel benützt,

eine Aufführung, Ausstellung oder ähnliche Veranstaltung besucht,

eine Leistung, die eine Datenverarbeitungsanlage erbringt oder die ein Automat vermittelt, beansprucht,

wird, auf Antrag, mit Freiheitsstrafe bis zu drei Jahren oder Geldstrafe bestraft.

Art. 150: Den in dieser Bestimmung als Hauptbeispiele genannten Arten von Leistungen ist gemeinsam, dass sie einem grösseren Publikum gegen Entgelt angeboten werden (was allerdings für Computerleistungen nur selten zutrifft, so im Falle von Einrichtungen zur Benützung von Internet-Dienstleistungen) und dass Möglichkeiten dafür bestehen können, sie missbräuchlich ohne Bezahlung in Anspruch zu nehmen, ohne dass eine bestimmte Person irregeführt und so zur Leistung veranlasst werden muss (weshalb z.B. die Erschleichung einer Taxifahrt nicht unter diese Bestimmung, sondern unter StGB Art. 146 fällt, anders noch RFJ 1995 Nr. 18, 86 zu StGB alt Art. 151). Der Anbieter soll in seinem Anspruch auf Bezahlung seiner Leistungen geschützt werden. Vgl. als Anwendungsbeispiel BGE 114 IV 112: Empfang eines gebührenpflichtigen Fernsehprogramms durch Decodiergerät ohne Bezahlung. Zum sog. Schwarzfahren in öffentlichen Verkehrsmitteln: Das «Schwarzfahren» kann unter den Tatbestand des Betrugs fallen, etwa wenn zu diesem Zweck ein gefälschtes Billett verwendet wird. Sodann wurde in BGE 117 IV 451 in Abkehr von der früheren Praxis entschieden, dass ein Passagier den Tatbestand der Leistungserschleichung nur erfüllt, wenn er die von den Verkehrsbetrieben gegen unerlaubte Benützung getroffenen Sicherheitsvorkehren umgeht, sich versteckt oder sich sonstwie durch täuschendes Verhalten der Kontrolle entzieht (nicht aber wenn er dem Kontrolleur offen bekannt gibt, keinen gültigen Fahrausweis zu besitzen). Ist diese Voraussetzung nicht erfüllt, macht sich der Schwarzfahrer regelmässig nach Art. 51 des BG über den Transport im öffentlichen Verkehr vom 4. Oktober 1985 (TG, SR 742.40) strafbar. Dieses Gesetz bedroht in Abs. 1 lit. b denjenigen mit Busse, der vorsätzlich oder fahrlässig ohne gültigen Fahrausweis ein Fahrzeug auf einer Strecke benützt, auf der er den Fahrausweis selbst hätte entwerten müssen. – StGB Art. 150 ist nur anwendbar, wenn der Täter nicht den Tatbestand des Betruges (BGE 72 IV 120, 75 IV 17) oder des betrügerischen Missbrauchs einer Datenverarbeitungsanlage erfüllt.

Art. 150bis Herstellen und Inverkehrbringen von Materialien zur unbefugten Entschlüsselung codierter Angebote

¹ Wer Geräte, deren Bestandteile oder Datenverarbeitungsprogramme, die zur unbefugten Entschlüsselung codierter Rundfunkprogramme oder Fernmeldedienste bestimmt und geeignet sind, herstellt, einführt, ausführt, durchführt, in Verkehr bringt oder installiert, wird, auf Antrag, mit Busse bestraft.
² Versuch und Gehilfenschaft sind strafbar.

Art. 150bis wurde (neben den Änderungen von StGB Art. 179quinquies und 179septies sowie 321ter) durch das Fernmeldegesetz vom 30. April 1997 eingeführt (vgl. dazu Botschaft, BBl 1996 III 1405). Die Bestimmung ergänzt StGB Art. 150, der u.a. auf den taxpflichtigen Empfang verschlüsselter Fernsehprogramme und ähnlicher Leistungen privater Anbieter ohne Bezahlung anwendbar ist, indem sie eine Reihe von Vorbereitungshandlungen im Zusammenhang mit der Beschaffung von Mitteln zu solchem illegalem Tun unter Strafe stellt. Vgl. AJP 1998, 562.

Art. 151 Arglistige Vermögensschädigung

Wer jemanden ohne Bereicherungsabsicht durch Vorspiegelung oder Unterdrückung von Tatsachen arglistig irreführt oder ihn in einem Irrtum arglistig bestärkt und so den Irrenden zu einem Verhalten bestimmt, wodurch dieser sich selbst oder einen andern

am Vermögen schädigt, wird, auf Antrag, mit Freiheitsstrafe bis zu drei Jahren oder Geldstrafe bestraft.

Art. 151 unterscheidet sich vom Tatbestand des Betruges nach StGB Art. 146 nur durch die fehlende Bereicherungsabsicht des Täters (BGE 122 II 431). Im Gegensatz zur boshaften Vermögensschädigung nach StGB alt Art. 149 des früheren Rechts ist indessen sein Motiv belanglos. Die Bestimmung dürfte etwa im Fall aktuell werden, dass jemand auf einen anderen Namen angebliche Bestellungen tätigt und so den Lieferanten zu unnützen Aufwendungen veranlasst.

Art. 152 Unwahre Angaben über kaufmännische Gewerbe

Wer als Gründer, als Inhaber, als unbeschränkt haftender Gesellschafter, als Bevollmächtigter oder als Mitglied der Geschäftsführung, des Verwaltungsrates, der Revisionsstelle oder als Liquidator einer Handelsgesellschaft, Genossenschaft oder eines andern Unternehmens, das ein nach kaufmännischer Art geführtes Gewerbe betreibt,

in öffentlichen Bekanntmachungen oder in Berichten oder Vorlagen an die Gesamtheit der Gesellschafter oder Genossenschafter oder an die an einem andern Unternehmen Beteiligten unwahre oder unvollständige Angaben von erheblicher Bedeutung macht oder machen lässt, die einen andern zu schädigenden Vermögensverfügungen veranlassen können,

wird mit Freiheitsstrafe bis zu drei Jahren oder Geldstrafe bestraft.

Art. 152: Erfasst werden ausser Vorgängen in Handelsgesellschaften nach OR Art. 552 ff. und Genossenschaften gemäss OR Art. 828 ff. solche in Unternehmen anderer Rechtsform (Einzelfirmen, einfache Gesellschaften, Vereine, Stiftungen), die ein kaufmännisches Gewerbe betreiben. Als Täter kommen nur die in der Bestimmung genannten Personen (bzw. diejenigen, welche faktisch entsprechende Funktionen ausüben) in Betracht. Sie können auch Mittelsmänner einsetzen, die dem in StGB Art. 152 umschriebenen Täterkreis nicht angehören. Bekanntgaben sind öffentlich, wenn sie sich an einen grösseren Kreis bestimmter oder unbestimmter Adressaten richten (vgl. schon BGE 92 IV 149 und demgegenüber BGE 104 IV 85). Zu beachten ist, dass das Bundesgericht den Begriff der «Öffentlichkeit» im StGB nicht einheitlich, sondern tatbestandsbezogen auslegt: BGE 131 IV 117. Erfasst werden auch Publikationen im Handelsamtsblatt, die durch Falschangaben gegenüber dem Handelsregisteramt (vgl. StGB Art. 153) bewirkt werden, aber auch Mitteilungen an Pressekonferenzen, Angaben in Prospekten oder solche im Zusammenhang mit der Emission von Wertpapieren. Bei Mitteilungen an die Gesamtheit der Gesellschafter stehen Jahres- und Revisionsberichte sowie Jahresrechnungen im Vordergrund. Die betreffenden Angaben müssen unwahr und ausserdem derart erheblich sein, dass sie geeignet sind, die Adressaten zu einer schädigenden Vermögensverfügung zu veranlassen. Erfüllt der Täter mit seinem Vorgehen gegenüber bestimmten Adressaten der Mitteilung auch den Tatbestand des Betruges nach StGB Art. 146, so findet dieser allein Anwendung, sofern die Information nicht noch an weitere Personen gerichtet war. Zum Verhältnis von StGB Art. 152 und OR 752: BGE 131 III 312 f.

Zweites Buch: Besondere Bestimmungen Art. 153

Art. 153   Unwahre Angaben gegenüber Handelsregisterbehörden

Wer eine Handelsregisterbehörde zu einer unwahren Eintragung veranlasst oder ihr eine eintragungspflichtige Tatsache verschweigt, wird mit Freiheitsstrafe bis zu drei Jahren oder Geldstrafe bestraft.

Art. 153: Der Tatbestand stellt ein abstraktes Gefährdungsdelikt dar und richtet sich präventiv gegen die Wirtschaftskriminalität. Es genügt, wenn der Täter der Handelsregisterbehörde falsche Angaben macht, die zu einer unwahren Eintragung im Handelsregister führen (z.B. über die einzutragenden Personen, ihren Wohnsitz, ihre Staatszugehörigkeit, über den Betrag, die Zusammensetzung oder die Liberierung des Grundkapitals). Im Fall, dass der Täter auch den Tatbestand von StGB Art. 152 erfüllt oder die Eintragung i.S. von StGB Art. 253 erschleicht (bei rechtlich erheblichen Tatsachen), gehen diese Bestimmungen dem StGB Art. 153 vor. Vgl. ferner StGB Art. 326ter und 326quater. Fahrlässiges Verschweigen von eintragungspflichtigen Tatsachen wird nach OR Art. 943 mit Busse geahndet.

Art. 154

Aufgehoben.

Art. 155   Warenfälschung

1. Wer zum Zwecke der Täuschung in Handel und Verkehr

eine Ware herstellt, die einen höheren als ihren wirklichen Verkehrswert vorspiegelt, namentlich indem er eine Ware nachmacht oder verfälscht,

eine solche Ware einführt, lagert oder in Verkehr bringt,

wird, sofern die Tat nicht nach einer andern Bestimmung mit höherer Strafe bedroht ist, mit Freiheitsstrafe bis zu drei Jahren oder Geldstrafe bestraft.

2. Handelt der Täter gewerbsmässig, so wird er, sofern die Tat nicht nach einer andern Bestimmung mit höherer Strafe bedroht ist, mit Freiheitsstrafe bis zu drei Jahren oder Geldstrafe bestraft.

Art. 155 Ziff. 1 Abs. 1–3: Unter den Begriff der *«Waren»* fallen nur Sachgüter, die dazu bestimmt sind, in Handel und Verkehr gebracht zu werden; dies trifft nicht zu, wenn sie der Inhaber nur für den eigenen privaten Gebrauch verwenden will; BGE 101 IV 39, 114 IV 7. – Eine Ware ist *nachgemacht,* wenn sie von jemand anderem, aus anderem Material oder mit anderen Mitteln verfertigt wurde, als dies vorausgesetzt wird, vgl. BGE 85 IV 22, 101 IV 290, SJZ 78 (1982) 47 (falsche Bezeichnung einer ausländischen Billigst-Uhr als Schweizer Uhr). Das Nachmachen an sich muss nicht unrechtmässig sein; entscheidend ist, dass es zum Zwecke der Täuschung in Handel und Verkehr geschieht: BGE 83 IV 193 (Verkauf nachgemachter Goldstücke als echt). *Verfälscht* ist eine Ware, die in ihrer inneren Beschaffenheit nach Gesetz (heute namentlich nach LMG, LMV und GebrV) oder Verkehrsauffassung nicht dem entspricht, was der Käufer erwarten darf: BGE 97 IV 65, 98 IV 192. – Anwendungsfälle: BGE 71 IV 93 (Färben von Würsten, um Räuchern vorzutäuschen), 94 IV 109 (Verfälschen von Würsten durch Beigabe eines verbotenen Hilfsstoffes), 97 IV 65 (Zugabe von mehr als 5% Magermilchpulver in Fleischkäse), 98 IV 192 (Beigabe von Futtertrester zu Birnenweggen), 84 IV 95 (das blosse Zufügen einer Markenbezeichnung auf Zifferblatt und Uhrwerk einer markenlosen Uhr ist noch keine Warenfälschung, wohl aber das Eingravieren von Fabrikationsnummern in das Uhrwerk), 101 IV 38 (Uhr, bei der nur das Werk der Herkunftsbezeichnung entspricht), 101 IV 290 (Behandlung von Briefmarkenreproduktionen so, dass sie wie echte Marken aussehen), ZBJV 112 (1976) 383 (Mischung gleichwertiger Weine), BGE 110 IV 86 (Glyzerinzusatz in Wein). – Ein höherer Verkehrswert kann ferner auch durch blosse *Falschdeklaration* einer an sich unverfälschten Ware vorgetäuscht werden. Entsprechende ausdrückliche Vorschriften finden sich in LMG Art. 18 und 19, LMV Art. 19 und 28 GebrV Art. 3 Abs. 2. Die unrichtige Bezeichnung (Etikette, Markenzeichen usw.) muss aber stets auf der Ware selber oder ihrer Verpackung angebracht sein, damit der Tatbestand erfüllt ist. – *Bezweckte Täuschung in Handel und Verkehr:* Sie kann auch durch eine andere Person als den Fälscher erfolgen (BGE 89 IV 68), ist aber nicht gegeben, wenn die Ware lediglich von diesem oder Drittpersonen verwendet werden soll, die über die Fälschung orientiert sind: BGE 77 IV 177, vgl. BGE 114 IV 7. – *Täuschung* liegt objektiv vor, wenn der Käufer nicht ohne weiteres sieht, dass ihm gefälschte Ware angeboten wird: BGE 78 IV 93 (Verkauf gefärbter Würste als geräuchert), 94 IV 109 (durch Zugabe von Magermilchpulver hervorgerufenes grösseres Volumen von Cervelats, was beim Käufer den Eindruck erweckt, mehr Fleisch zu erhalten), 101 IV 290 (Verkauf von Briefmarkenreproduktionen als echte Marken). Der Tatbestand wird nicht erfüllt, wenn nachgemachte Gegenstände ausdrücklich als solche bezeichnet werden: BGE 85 IV 22. – *Inverkehrbringen* erfasst neben dem Anbieten zum Kauf auch die Übergabe an einen Dritten, soweit der Täter mindestens eventualvorsätzlich eine Inverkehrbringung durch diesen erwartet: BGE 101 IV 40 (Inkaufnahme der Verwertung einer verfälschten Uhr durch den nicht informierten Pfandgläubiger). – *Verhältnis zu den Geldfälschungstatbeständen* (StGB Art. 240 ff.): BGE 78 I 228 (ausser Kurs gesetzte Münzen gelten als Ware, vgl. BGE 77 IV 175). Im Verhältnis zu StGB Art. 155 werden die Straftatbestände von LMG Art. 48 als subsidiär zu betrachten sein.

Abs. 4: Die Ausschlussklausel regelt namentlich das Verhältnis der Warenfälschung zu Betrug nach StGB Art. 146; sind dessen Merkmale gegeben, ist ausschliesslich diese Bestimmung anzuwenden.

Ziff. 2: Zum Begriff des gewerbsmässigen Handelns vgl. Bem. zu StGB Art. 27 und Art. 139 Ziff. 2.

Art. 156   Erpressung

1. Wer in der Absicht, sich oder einen andern unrechtmässig zu bereichern, jemanden durch Gewalt oder Androhung ernstlicher Nachteile zu einem Verhalten bestimmt, wodurch dieser sich selber oder einen andern am Vermögen schädigt, wird mit Freiheitsstrafe bis zu fünf Jahren oder Geldstrafe bestraft.
2. Handelt der Täter gewerbsmässig oder erpresst er die gleiche Person fortgesetzt, so wird er mit Freiheitsstrafe von einem Jahr bis zu zehn Jahren bestraft.
3. Wendet der Täter gegen eine Person Gewalt an oder bedroht er sie mit einer gegenwärtigen Gefahr für Leib und Leben, so richtet sich die Strafe nach Artikel 140.
4. Droht der Täter mit einer Gefahr für Leib und Leben vieler Menschen oder mit schwerer Schädigung von Sachen, an denen ein hohes öffentliches Interesse besteht, so wird er mit Freiheitsstrafe nicht unter einem Jahr bestraft.

Art. 156 Ziff. 1: Wie beim Raub nach StGB Art. 140 handelt es sich um einen Fall der qualifizierten Nötigung (StGB Art. 181). Zum Begriff der *Gewalt* vgl. Bem. zu StGB Art. 140 Ziff. 1. In StGB Art. 156 Ziff. 1 wird nur die Gewalt gegen *Sachen* gemeint, wie sich aus Ziff. 3 ergibt. – *Androhung ernstlicher Nachteile:* Der Täter muss deren Eintritt oder Abwendung (vgl. SJZ 84 [1988] 270) als von seinem Willen abhängig hinstellen. Sie können Leib und Leben oder andere Rechtsgüter (Ehre, Freiheit, Vermögen) des Opfers selber oder von anderen Personen betreffen. Mit Bezug auf Letzteres ist immerhin erforderlich, dass die dadurch bewirkte Nötigung auf den Betroffenen ebenso intensiv wirkt wie unmittelbar gegen ihn selbst gerichteter Zwang. Ob der Täter willens und fähig ist, seine Drohung für den Fall der Nichterfüllung seines Ansinnens wahr zu machen, bleibt belanglos. Unter die Androhung ernstlicher Nachteile fällt auch die im früheren StGB alt Art. 156 Ziff. 1 Abs. 2 besonders erwähnte «Chantage», bei welcher der Täter zur Erzielung eines Schweigegeldes mit dem Verrat, der Anzeige oder der Veröffentlichung von Umständen droht, die für das Opfer oder diesem nahe stehende Personen nachteilig sind. Solche Umstände können wahr oder unwahr sein sowie ein strafbares oder strafloses Verhalten betreffen. Auch der angedrohte Verrat durch einen Dritten reicht aus, wenn der Täter vorgibt, auf dessen Schweigen Einfluss zu haben (BGE 71 IV 21). Zur abgenötigten *Vermögensdisposition* vgl. Bem. zu StGB Art. 146. Dem Opfer muss hinsichtlich der Vermögensverschiebung eine gewisse Wahlfreiheit verbleiben. Ist dies nicht der Fall, ist Raub nach StGB Art. 140 zu prüfen. Bei Erpressung kommen v.a. die Überweisung und das Deponieren von Geld, die Unterzeichnung eines Checks, einer Schuldanerkennung (BGE 74 IV 94, 92 I 388) oder eines Forderungsverzichtes in Betracht. Entgegen BGE 100 IV 226 (Abnötigen eines Autos zum Gebrauch) disponiert indessen das Opfer nicht über sein Vermögen, wenn es gezwungen wird, Eingriffe der *Täterschaft* in das Rechtsgut zu dulden. Die Tat ist mit dem Eintritt des Vermögensschadens vollendet. – Zur Absicht unrechtmässiger Bereicherung vgl. Bem. zu StGB Art. 137 Ziff. 1. – Erfüllt ein Verhalten sowohl die Tatbestände der Erpressung wie auch des Betruges gemäss StGB Art. 146, so ist derjenige Tatbestand anzuwenden, der angesichts des konkreten Vorgehens des Täters im Vordergrund steht. Bemächtigt sich der Täter einer Drittperson, um das Opfer zu einer Vermögensdisposition zu nötigen, dürfte nach der Praxis des Bundesgerichts von echter Konkurrenz zwischen Erpressung und Geiselnahme nach StGB Art. 185 auszugehen sein (vgl. mit Bezug auf das Verhältnis Raub/Geiselnahme BGE 113 IV 64). Die Erpressung konsumiert eine Freiheitsberaubung (StGB Art. 185), sofern der Angriff auf die Freiheit nicht über das zur Erfüllung des Tatbestandes von StGB Art. 156 notwendige Mass hinausgeht (BGE 129 IV 63 ff. = Pr 92 [2003] Nr. 133 Erw. 2). Zum Verhältnis zu StGB Art. 147 vgl. Bem. zu StGB Art. 147 Abs. 1.

Ziff. 2: Zum Begriff des *gewerbsmässigen Handelns* vgl. Bem. zu StGB Art. 139 Ziff. 2. Fortgesetzte Erpressung dürfte erst anzunehmen sein, wenn die Nötigung wiederholt wird, obschon das Opfer die verlangte Vermögensleistung erbracht hat.

Ziff. 3: Diese Bestimmung soll gewährleisten, dass die sog. *räuberische Erpressung* (Nötigung des Opfers, *selber* Geld oder andere Sachen dem Täter zu übergeben) der gleichen Strafe untersteht wie Raub nach StGB Art. 140, wenn die hier vorausgesetzten Nötigungsmittel eingesetzt werden. Anstelle dieser Bestimmung wird aber StGB Art. 156 Ziff. 3 erst anzuwenden sein, wenn der Täter auf die Mitwirkung des Opfers *angewiesen* ist, um den Gewahrsam am Deliktsgut zu erlangen.

Ziff. 4: Ein *hohes öffentliches Interesse* wird etwa an Verkehrsmitteln und -wegen, Anlagen für den Fernmeldeverkehr und zur Energieversorgung oder an kunstgeschichtlich wertvollen Objekten bestehen.

Art. 157 Wucher

1. Wer die Zwangslage, die Abhängigkeit, die Unerfahrenheit oder die Schwäche im Urteilsvermögen einer Person dadurch ausbeutet, dass er sich oder einem anderen für eine Leistung Vermögensvorteile gewähren oder versprechen lässt, die zur Leistung wirtschaftlich in einem offenbaren Missverhältnis stehen,
wer eine wucherische Forderung erwirbt und sie weiterveräussert oder geltend macht,
wird mit Freiheitsstrafe bis zu fünf Jahren oder Geldstrafe bestraft.
2. Handelt der Täter gewerbsmässig, so wird er mit Freiheitsstrafe von einem Jahr bis zu zehn Jahren bestraft.

Art. 157 Ziff. 1 Abs. 1: Das Gesetz zählt die Gründe der *Unterlegenheit* abschliessend auf: *Notlage* (nach altem Recht) ist «jede Zwangslage, welche den Bewucherten in seiner Entschlusskraft dermassen beeinträchtigt, dass er sich zu der wucherischen Leistung bereit erklärt»: BGE 70 IV 204 (Sperrung des Handelszweiges, in dem der Bewucherte tätig war), 82 IV 150 (Situation eines unverheirateten schwangeren Mädchens), 92 IV 137, 93 IV 89 (Wohnungsnot). Die Ursache der Zwangslage ist nicht von Bedeutung: BGE 80 IV 20. Auch eine juristische Person kann in einer solchen Lage sein und bewuchert werden: BGE 80 IV 19. *Abhängigkeit* kann u.a. in psychischer Hörigkeit bestehen: BGE 111 IV 140. – *Schwäche im Urteilsvermögen* (früher Geistesschwäche): BGE 111 IV 140 (Trottelhaftigkeit, Bewusstseinsstörungen). – *Unerfahrenheit* ist die allgemeine Unfähigkeit zur Beurteilung von Geschäften der fraglichen Art: ZR 48 (1949) Nr. 92 (keine Unerfahrenheit bei Unkenntnis der für eine bestimmte Ware üblichen Preise). Auch in Glaubenssachen kann Unerfahrenheit im Sinne des Wuchertatbestandes vorliegen, da ein Unerfahrener nicht zwischen allgemein überprüfbaren Sachverhalten und unüberprüfbaren Glaubensinhalten differenzieren kann: ZR 93 (1994) Nr. 96, 301 (restriktiver noch SJZ 81 [1985] 200). Unerfahrenheit wurde bejaht bei einer völlig unterbezahlten 22-jährigen Ghanesin ohne Auslanderfahrung, die zuvor noch nie einer bezahlten Tätigkeit nachgegangen war: BGE 130 IV 106. Keine Unerfahrenheit im Sinne der Bestimmung ist die blosse Unkenntnis der Bedeutung eines *konkreten* Geschäfts oder Vertragspunktes: BGE 130 IV 109. – Der Begriff der *Vermögensleistung* umfasst alle vermögenswerten Leistungen: BGE 70 IV 205, 82 IV 147 (ärztliche Verrichtung), 86 IV 66 (Darlehen), 92 IV 137, 93 IV 89 (Vermietung). – Als Wuchergrundgeschäfte kommen alle zweiseitigen Verträge in Frage, welche entgeltlich sind, nicht aber Gefälligkeiten, die mit Schenkungen belohnt werden: BGE 111 IV 41, ZR 99 (2000) Nr. 49, 121). Die Initiative zum Vertragsschluss kann auch vom Bewucherten ausgehen, jedoch ist ein minimales aktives Verhalten des Wucherers nötig (ZR 99 [2000] Nr. 49, 123). – Das *offenbare Missverhältnis zwischen Leistung und Gegenleistung* bemisst sich nach dem Preis oder Entgelt, die im Verkehr für Geschäfte dieser Art üblich sind: BGE 82 IV 148 (Abtreibung für CHF 700 anstelle des durch den Ärztetarif festgesetzten Höchstbetrags von CHF 250), 92 IV 134 (um 25% übersetzter Mietzins), ähnlich BGE 119 II 353; vgl. auch ZBJV 112 (1976) 344 (kein Missverhältnis zwischen Leistung und Gegenleistung im Drogenhandel, da dieser tendenziell wucherisch ist; Kritik), SJZ 81 (1985) 199 (Behandlung angeblich verhexter Leute ist keine im erwähnten Sinne messbare Leistung; vgl. aber auch ZR 93 (1994) Nr. 96, 302 f. (Verkauf von zu teurem Lehrmaterial mit religiösem Inhalt an eine kaum Urteilsfähige erfüllte den Wuchertatbestand). – Der *Vorsatz* muss sich auf die Situation der Unterlegenheit des Bewucherten, die auch nur vorübergehend sein kann, und das Missverhältnis zwischen Leistung und Gegenleistung erstrecken: BGE 80 IV 20, 92 IV 137 (Irrtum darüber fällt unter StGB Art. 13). – Der Geschäftsabschluss des Opfers wegen seiner Notlage und die Ausnützung dieser Situation durch den Täter stellen als Ausbeutung das entscheidende Tatbestandsmerkmal des Wuchers dar: BGE 86 IV 69. – Die *Einwilligung des Verletzten* kann die Strafbarkeit nicht ausschliessen, da sie Merkmal des Wuchertatbestandes ist: BGE 82 IV 149. – *Vollendet* ist das Delikt mit Vertragsabschluss: BGE 86 IV 69. – Zur *Täterschaft* vgl. BGE 70 IV 202 (Vermittler des Geschäftes ist im Allgemeinen nur als Teilnehmer zu bestrafen). – Zum Verhältnis zum Betrug (StGB Art. 146): ZR 93 (1994) Nr. 96, 317. Im Bereich des Mietwesens ist neben StGB Art. 157 auch StGB Art. 325bis zu beachten, falls der Vermieter versucht, die Anfechtung des wucherischen Mietzinses zu unterbinden.

Ziff. 2: Zum Begriff der *Gewerbsmässigkeit* vgl. Bem. zu StGB Art. 139 Ziff. 2. Ein Anwendungsfall findet sich in Krim 34 (1980) 78.

Art. 158 Ungetreue Geschäftsbesorgung

1. Wer aufgrund des Gesetzes, eines behördlichen Auftrages oder eines Rechtsgeschäfts damit betraut ist, Vermögen eines andern zu verwalten oder eine solche Vermögensverwaltung zu beaufsichtigen, und dabei unter Verletzung seiner Pflichten bewirkt oder zulässt, dass der andere am Vermögen geschädigt wird, wird mit Freiheitsstrafe bis zu drei Jahren oder Geldstrafe bestraft.
Wer als Geschäftsführer ohne Auftrag gleich handelt, wird mit der gleichen Strafe belegt.
Handelt der Täter in der Absicht, sich oder einen andern unrechtmässig zu bereichern, so kann auf Freiheitsstrafe von einem Jahr bis zu fünf Jahren erkannt werden.
2. Wer in der Absicht, sich oder einen andern unrechtmässig zu bereichern, die ihm durch das Gesetz, einen behördlichen Auftrag oder ein Rechtsgeschäft eingeräumte Ermächtigung, jemanden zu vertreten, missbraucht und dadurch den Vertretenen am Vermögen schädigt, wird mit Freiheitsstrafe bis zu fünf Jahren oder Geldstrafe bestraft.
3. Die ungetreue Geschäftsbesorgung zum Nachteil eines Angehörigen oder Familiengenossen wird nur auf Antrag verfolgt.

Art. 158 Ziff. 1: Der sog. *Treubruchstatbestand* übernimmt zunächst in präzisierter Weise den Tatbestand der ungetreuen Geschäftsführung nach StGB alt Art. 159 des alten Rechts (hierzu eingehend BGE 120 IV 192, vgl. auch BGE 123 IV 21). Wie beim Geschäftsführer nach dieser Bestimmung ist auch für den Vermögensverwalter vorausgesetzt, dass er – wenn auch im Rahmen genereller Weisungen – zu selbständiger Verfügung über wesentliche Werte befugt ist und bei rechtsgeschäftlicher Begründung die Vermögensverwaltung der typische und wesentliche Inhalt des Vertragsverhältnisses ist (vgl. BGE 102 IV 92, 105 IV 311, 120 IV 192). Weitere Entscheide zum Begriff des Geschäftsführers nach altem Recht: BGE 95 IV 66 (Geschäftsführerstellung verneint für Buchhalter ohne Verfügungsrecht über Bank- und Postkonten), 100 IV 36 (Mitgliedschaft bei einer einfachen Gesellschaft an sich genügt nicht), 100 IV 172 (bejaht für Mitglied und Vizepräsident des Verwaltungsrates, dem die Geschäftsführung und Vertretung einer AG obliegt), 101 IV 166 f. (verneint für einen Vormund, der von seinem Mündel ein Grundstück erwirbt, wobei für dieses Geschäft ein Beistand gewählt wird), BGE 109 IV 112 (der Geschäftsführer einer Tochtergesellschaft hat auch für die Vermögensinteressen der Muttergesellschaft zu sorgen, soweit sich das aus der Organisation und dem

Zweck der Tochtergesellschaft ergibt), 118 IV 246 (Mitglied einer Behörde, welches zugleich die Funktion eines Verwaltungsrats innehat), 123 IV 21 (Geschäftsstellenleiter einer Gesellschaft als Geschäftsführer, auch bei Überschreitung seiner Kompetenzen), vgl. weiter BGE 105 Ib 427, 109 Ib 53. – Als Geschäftsführer gilt nicht nur, wer Rechtsgeschäfte nach aussen abzuschliessen hat, sondern auch, wer entsprechend seiner Fürsorgepflicht im Innenverhältnis für fremde Vermögensinteressen sorgen soll, insbesondere wer darüber in leitender Stellung verfügt: BGE 97 IV 13 (tatsächlicher Leiter einer AG, der einen Strohmann benützt), 100 IV 172, 102 IV 90 (Angestellter einer Milchgenossenschaft, der für das Käselager zu sorgen hat). – Auch der von einem anderen formell eingesetzte Strohmann ist neben ihm strafbar: BGE 105 IV 110. – Wer in untergeordneter Stellung oder als Berater bei der Betreuung von Vermögensinteressen mitwirkt, hat keine Geschäftsführerstellung: BGE 102 IV 92, 105 IV 311, Pr 89 (2000) Nr. 125. – Zum Kreis der möglichen Täter gehören nach neuem Recht auch Personen, die (z.B. als Vorgesetzte, Mitglieder eines Verwaltungsrates oder einer Vormundschaftsbehörde) eine Vermögensverwaltung zu *beaufsichtigen* haben. Bei diesen kann es sich etwa um Vorgesetzte eines Vermögensverwalters, Organe der Stiftungsaufsicht sowie Mitglieder des Verwaltungsrats einer Aktiengesellschaft handeln.

Um den Tatbestand zu erfüllen, wird zunächst vorausgesetzt, dass der Täter seine *Obliegenheiten als Vermögensverwalter verletzt*, was nicht zutrifft, wenn er einer anderen obligatorischen Pflicht gegenüber dem Geschäftsherrn nicht nachkommt (BGE 118 IV 246: Unterbliebene Ablieferung von Tantiemen), oder wenn er Geschäfte mit normalen Risiken abschliesst. Vermögensdispositionen eines Alleinaktionärs und einzigen Verwaltungsrats einer Einmann-AG sind nicht pflichtwidrig i.S. von StGB Art. 159, solange Grundkapital und gebundene Reserven unberührt bleiben (BGE 117 IV 259). Pflichtwidrig kann etwa sein: der Einsatz des vom Geschäftsherrn entlöhnten Personals für Zwecke eines fremden Unternehmens (BGE 81 IV 280), die Vernachlässigung der Verkaufstätigkeit in einem Verkaufsgeschäft (BGE 86 IV 14), die Gewährung von Bankgarantien oder -bürgschaften unter Eingehung unüblicher Risiken (BGE 105 IV 190), der weisungswidrige Abschluss hochriskanter Geschäfte (BGE 120 IV 193) oder die im Widerspruch zu den Interessen des Geschäftsherrn stehende Entgegennahme von Provisionen mit vermögensvermindernder Wirkung beim zu verwaltenden Vermögen (BGE 129 IV 128). Durch das pflichtwidrige Verhalten bewirkt der Täter einen Schaden, oder ein solcher tritt ein, weil er dies pflichtwidrig zugelassen hat (z.B. wenn er verpflichtet gewesen wäre, von sich bietenden Geschäftsmöglichkeiten Gebrauch zu machen, den Bestand von Gütern zu erhalten oder gegen Machenschaften eines von ihm beaufsichtigten Verwalters einzuschreiten).

Schädigung am Vermögen: Zu diesem gehören alle vermögenswerten Interessen des Geschäftsherrn (vgl. dazu näher BGE 121 IV 107 = Pr 85 [1996] Nr. 25): BGE 80 IV 247 (pflichtwidrig unterlassene Vermögensvermehrung), 81 IV 280 (Verwendung entlöhnter Arbeitszeit in fremdem Nutzen), 100 IV 172 (pflichtwidrige Verfügung über dem Geschäftsherrn gehörende Erfindung), 100 IV 113 (unbefugte Übertragung einer zum Vermögen einer AG gehörenden Marke auf einen Dritten), 105 IV 190, 105 IV 313 (Erledigung von Aufträgen in eigener Schwarzarbeit, statt sie an den Geschäftsherrn weiterzuleiten), 123 IV 22 (Gewährung von Bankgarantien ohne entsprechenden Gegenwert und bei unüblichen Risiken). Ohne nachgewiesene Vermögensschädigung ist der Tatbestand von StGB Art. 159 nicht erfüllt: BGE 101 IV 413. Eine solche fehlt bei einem sog. Insidergeschäft meistens: BGE 109 Ib 53. Die blosse Gefährdung des Vermögens in einem Masse, dass es in seinem wirtschaftlichen Wert vermindert ist, reicht aus: BGE 121 IV 107 = Pr 85 (1996) Nr. 25 Erw. 2c, 122 IV 281 (Gewährung erheblich gefährdeter Darlehen durch den Vorsitzenden einer Personalvorsorgestiftung), 123 IV 22, BGE 129 IV 125 f. – *Vorsatz:* BGE 86 IV 15 (Eventualvorsatz genügt), 105 IV 191 ff. – Erfüllt das

Verhalten des Täters neben StGB Art. 158 auch den Tatbestand der Veruntreuung, so ist gemäss Praxis ausschliesslich StGB Art. 138 anzuwenden: BGE 111 IV 22, SJZ 68 (1972) 117. – Wer sich die Stellung eines Geschäftsführers durch arglistige Täuschung erschleicht, um sich am anvertrauten Vermögen unrechtmässig zu bereichern, ist nur nach StGB Art. 146 zu bestrafen: BGE 111 IV 61, ZR 67 (1968) Nr. 69. – Verhältnis zu StGB Art. 314: siehe dort. – Verhältnis zu den Konkurstatbeständen (StGB Art. 163 ff.): «überschneidende» Idealkonkurrenz: BGE 117 IV 269.

Abs. 2: Nach dieser Bestimmung unterstellt das Gesetz den Geschäftsführer ohne Auftrag (OR Art. 419) nunmehr der gleichen strafrechtlichen Verantwortlichkeit. Zu denken ist dabei etwa an den Vermögensverwalter, der nach dem Tod seines Auftraggebers ohne Vollmacht zum Schaden der Erben weiterwirtschaftet.

Abs. 3: Zur *Absicht unrechtmässiger Bereicherung* vgl. Bem. zu StGB Art. 137. Besteht sie, ist auch Veruntreuung nach StGB Art. 138 gegeben und diese Bestimmung allein anwendbar, wenn das Tatobjekt eine fremde Sache oder einen Vermögenswert darstellt (nicht aber z.B. beim Einsatz von Arbeitskräften für private Zwecke des Täters ohne Entschädigung).

Ziff. 2: Beim sog. *Missbrauchstatbestand* können Täter nur Personen sein, die nicht bereits als Vermögensverwalter nach Ziff. 1 gelten. Es genügt, wenn sie auch nur für ein einzelnes Rechtsgeschäft die Ermächtigung zur Vertretung eines anderen erhalten haben. Das tatbestandsmässige Verhalten besteht darin, dass durch einen *Missbrauch der Ermächtigung* (namentlich durch Missachtung der für ihre Ausübung massgebenden rechtlichen Regelungen oder der Weisungen des Vertretenen, aber auch durch Überschreitung der Vollmacht) dem Vertretenen ein Vermögensschaden zugefügt wird. Das kann z.B. der Fall sein, wenn der Täter seine Verfügungsbefugnis über dessen Bankkonto für Zahlungen zu eigenen Zwecken ausnützt oder einen Vertrag abschliesst, bei dem vereinbarte gegenseitige Leistungen in einem krassen Missverhältnis zu Lasten des Vertretenen stehen, um sich selber bzw. die andere Vertragspartei unrechtmässig zu bereichern.

Ziff. 3: Zum Begriff des *Angehörigen* und des *Familiengenossen* vgl. StGB Art. 110 Abs. 1 und 2.

Art. 159 Missbrauch von Lohnabzügen

Der Arbeitgeber, der die Verpflichtung verletzt, einen Lohnabzug für Steuern, Abgaben, Versicherungsprämien und -beiträge oder in anderer Weise für Rechnung des Arbeitnehmers zu verwenden, und damit diesen am Vermögen schädigt, wird mit Freiheitsstrafe bis zu drei Jahren oder Geldstrafe bestraft.

Art. 159: Die Bestimmung ergänzt den Tatbestand von StGB Art. 138, der auf Lohnabzüge nicht anwendbar ist, weil die Beträge dem Arbeitnehmer noch nicht übertragen wurden und dieser sie demzufolge nicht dem Arbeitgeber anvertraut hat. Täter kann nur der Arbeitgeber sein. Von StGB Art. 159 erfasst werden nur auf Rechnung des Arbeitnehmers zu verwendende, d.h. von *ihm* an Dritte geschuldete Beträge, aber nicht Leistungen, die der *Arbeitgeber* für ihn zu erbringen hat, wie z.B. AHV-Beträge und Quellensteuern. Dieser verletzt seine Verpflichtung, wenn er die abgezogenen Betreffnisse, obwohl er über entsprechende Mittel verfügt, in anderer Weise verwendet. Damit wird der Arbeitnehmer um jene Beträge geschädigt.

Art. 160 Hehlerei

1. Wer eine Sache, von der er weiss oder annehmen muss, dass sie ein anderer durch eine strafbare Handlung gegen das Vermögen erlangt hat, erwirbt, sich schenken lässt, zum Pfande nimmt, verheimlicht oder veräussern hilft, wird mit Freiheitsstrafe bis zu fünf Jahren oder Geldstrafe bestraft.

Der Hehler wird nach der Strafandrohung der Vortat bestraft, wenn sie milder ist.

Ist die Vortat ein Antragsdelikt, so wird die Hehlerei nur verfolgt, wenn ein Antrag auf Verfolgung der Vortat vorliegt.

2. Handelt der Täter gewerbsmässig, so wird er mit Freiheitsstrafe bis zu zehn Jahren oder Geldstrafe nicht unter 90 Tagessätzen bestraft.

Art. 160 Ziff. 1: Zum Begriff der *Sache* siehe Bem. zu StGB Art. 137 Ziff. 1. Gegenstand der Hehlerei können nur körperliche Sachen sein: BGE 81 IV 158, 100 IV 31, 101 IV 405. Die Sache muss nicht notwendigerweise für den Handel bestimmt sein: BGE 101 IV 405 (Hehlerei an gestohlenen Blankopässen). – Die Sache muss *von einem anderen* durch eine *strafbare Handlung gegen das Vermögen* erlangt worden sein. Als solche gilt gemäss StGB Art. 160 jedes Delikt, das sich gegen fremdes Vermögen richtet (BGE 127 IV 81 ff. = Pr 90 [2001] Nr. 168). – *Die strafbare Handlung*, durch welche die Sache erlangt wurde, muss abgeschlossen sein: BGE 90 IV 16, 98 IV 85. Es genügt, dass die Vortat tatbestandsmässig und rechtswidrig ist; der Vortäter muss nicht bestraft worden sein: BGE 69 IV 74, 73 IV 97, 101 IV 405 (auch eine im Ausland begangene Tat genügt). Analog zu BGE 120 IV 329 = Pr 84 (1995) Nr. 212 betr. Geldwäscherei nach StGB Art. 305bis wäre dagegen *Versuch* der Hehlerei sogar schon vor Verübung der Haupttat möglich (problematisch). – Hehlerei ist nur an den *unmittelbar durch die Vortat erlangten Sachen* möglich, nicht auch an deren Surrogaten (straflose Ersatz- oder Erlöshehlerei): BGE 105 IV 303, 116 IV 198. An Wechselgeld der *gleichen Währung* ist jedoch Hehlerei möglich: BGE 95 IV 9, 116 IV 199. – Wer an einer vom Vortäter deliktisch erlangten Sache *rechtmässig Eigentum erworben* hat (z.B. durch gutgläubigen Erwerb einer abhanden gekommenen Sache [ZGB Art. 714 i.V.m. ZGB Art. 933], Verarbeitung [ZGB Art. 726], Vermischung [ZGB Art. 727]), kann keine Hehlerei mehr begehen: BGE 90 IV 18, 105 IV 304 (Anforderungen an den guten Glauben zum Eigentumserwerb nach ZGB Art. 714 Abs. 2), 116 IV 201 ff. (bei Vermischung von deliktisch erlangtem Geld ist trotz originärem Eigentumserwerb Hehlerei möglich). StGB Art. 160 verlangt *Vorsatz;* der Hehler muss im Moment seines Handelns mindestens um die Möglichkeit wissen, dass der Gegenstand deliktisch erlangt wurde, und sie in Kauf nehmen: BGE 69 IV 68, 90 IV 17, 101 IV 405 (die Vortat braucht ihm nicht näher bekannt zu sein), 105 IV 305, Sem 110 (1988) 401 (nach diesem Entscheid muss der Hehler nicht aus eigennützigen Motiven handeln).

Erwerb bedeutet Verschaffen eigener Verfügungsmacht im gegenseitigen Einverständnis von Vortäter und Hehler (BGE 128 IV 24), ausser durch Annahme als Geschenk v.a. durch Kauf, Tausch, Aufnahme eines Darlehens (hierzu BGE 68 IV 137). Mangels *freier* Verfügungsmacht begeht jedoch entgegen JdT 1979 IV 107 und BGE 114 IV 111 keine Hehlerei, wer auf Einladung des Diebes mit diesem zusammen gestohlene Ess- oder Trinkwaren konsumiert. – *Verheimlichen* besteht in jedem Tätigwerden, durch das dem Berechtigten oder der Behörde das Auffinden der Sache erschwert oder verunmöglicht wird; BGE 90 IV 17 (Verstecken, Verleugnen und Weiterverkauf von veruntreuten Autos), 101 IV 405 (Aufbewahren von Blankopässen, um eine Beschlagnahme zu verhindern), 117 IV 445

(Erschweren des Auffindens gestohlener Bilder durch Vortäuschen blosser Vermittlungsmöglichkeit trotz Besitz). Gemäss Bundesgericht kann das blosse Weiterverwenden eines bereits auf die Firmenfarben umgespritzten hydraulischen Spitzhammers nach nachträglicher Kenntnisnahme der deliktischen Herkunft ein Verheimlichen i.S. des Tatbestandes darstellen: BGer vom 26.2.2004, 6S. 455/2003. Auszunehmen ist jedoch die Vernichtung oder dauernde Beseitigung des Gegenstandes: SJZ 77 (1981) 358. Blosses Schweigen genügt nicht, sofern keine Offenbarungspflicht besteht: BGE 76 IV 191, 86 IV 220. – *Hilfe bei der Veräusserung:* Die betreffende Formulierung tritt anstelle des Absetzenhelfens im früheren Gesetzestext und bringt zum Ausdruck, dass nur die Unterstützung der *rechtsgeschäftlichen* Übertragung an einen Dritten erfasst wird. Sie kann namentlich dadurch geleistet werden, dass der Hehler Kaufinteressenten vermittelt oder den Verkauf selber übernimmt. Ist die Verfügung über die Sache aber einmal erlangt, können hinsichtlich derselben keine weiteren Hehlereihandlungen mehr vorgenommen werden (BGE 128 IV 24). *Abgrenzung* zwischen *Gehilfenschaft* zur Vortat und Hehlerei: Wegschaffen und Verbergen der von einem anderen unrechtmässig erlangten Sachen gilt erst dann als Hehlerei, wenn die Vortat abgeschlossen ist: BGE 90 IV 16 (bei Veruntreuung nach deren Vollendung durch Aneignung der Sache), 98 IV 84 (bei Diebstahl nach dessen Beendigung durch Eintritt der Bereicherung). – *Zusammentreffen von Anstiftung oder Gehilfenschaft* zur Vortat mit späterer Hehlerei an einer bei der Vortat erlangten Sache; BGE 70 IV 69, 98 IV 148, 111 IV 51 (echte Konkurrenz, umstritten). – Zwischen Hehlerei und Geldwäscherei nach StGB Art. 305bis besteht echte Konkurrenz: BGE 127 IV 85 = Pr 90 (2001) Nr. 168.

Der *Gerichtsstand* des Hehlers wird durch seine eigene Tat begründet, ausser wenn er an der mit einer schwereren Strafe bedrohten Vortat teilgenommen hat: BGE 98 IV 147.

Abs. 2: Mit milderer Strafe bedroht sind Aneignung nach StGB Art. 137, Sachentziehung nach StGB Art. 143 und allgemein geringfügige Vermögensdelikte (StGB Art. 172ter Abs. 1).

Abs. 3: Dies gilt für die eben erwähnten Delikte (ausgenommen StGB Art. 137 Ziff. 1) sowie Veruntreuung, Diebstahl und Betrug zum Nachteil eines Angehörigen oder Familiengenossen.

Ziff. 2: Zum Begriff der Gewerbsmässigkeit vgl. Bem. zu StGB Art. 139 Ziff. 2.

Art. 161   Ausnützen der Kenntnis vertraulicher Tatsachen

1. Wer als Mitglied des Verwaltungsrates, der Geschäftsleitung, der Revisionsstelle oder als Beauftragter einer Aktiengesellschaft oder einer sie beherrschenden oder von ihr abhängigen Gesellschaft,

als Mitglied einer Behörde oder als Beamter,

oder als Hilfsperson einer der vorgenannten Personen,

sich oder einem andern einen Vermögensvorteil verschafft, indem er die Kenntnis einer vertraulichen Tatsache, deren bekannt werden den Kurs von in der Schweiz börslich oder vorbörslich gehandelten Aktien, andern Wertschriften oder entsprechenden Bucheffekten der Gesellschaft oder von Optionen auf solche in voraussehbarer Weise erheblich beeinflussen wird, ausnützt oder diese Tatsache einem Dritten zur Kenntnis bringt, wird mit Freiheitsstrafe bis zu drei Jahren oder Geldstrafe bestraft.

Art. 161

2. Wer eine solche Tatsache von einer der in Ziffer 1 genannten Personen unmittelbar oder mittelbar mitgeteilt erhält und sich oder einem andern durch Ausnützen dieser Mitteilung einen Vermögensvorteil verschafft,
wird mit Freiheitsstrafe bis zu einem Jahr oder Geldstrafe bestraft.

3. Als Tatsache im Sinne der Ziffern 1 und 2 gilt eine bevorstehende Emission neuer Beteiligungsrechte, eine Unternehmensverbindung oder ein ähnlicher Sachverhalt von vergleichbarer Tragweite.

4. Ist die Verbindung zweier Aktiengesellschaften geplant, so gelten die Ziffern 1–3 für beide Gesellschaften.

5. Die Ziffern 1–4 sind sinngemäss anwendbar, wenn die Ausnützung der Kenntnis einer vertraulichen Tatsache Anteilscheine, andere Wertschriften, Bucheffekten oder entsprechende Optionen einer Genossenschaft oder einer ausländischen Gesellschaft betrifft.

Art. 161: Die Bestimmung wendet sich gegen den sog. *Insiderhandel.* Ein solches Geschäft tätigt, wer sich oder einem andern einen Vermögensvorteil verschafft, indem er vertrauliche Informationen ausnützt, über die er aufgrund besonderer Beziehungen zu einem Unternehmen verfügt und die bei Bekanntwerden bestimmte Wertschriftenkurse erheblich beeinflussen können.

StGB Art. 161 ermöglicht die Gewährung *internationaler Rechtshilfe* und der mit ihr verbundenen Zwangsmassnahmen nach dem Grundsatz der beidseitigen Strafbarkeit, namentlich nach IRSG Art. 64 Abs. 1, vgl. auch BGE 109 Ib 50, 113 Ib 72, 75.

Ziff. 1: Diese Bestimmung erfasst die Handlungsweise von Insidern selber. Der mögliche Täterkreis erstreckt sich auf Organe und Beauftragte (Anwälte, Steuer- und Wirtschaftsberater) einer Aktiengesellschaft bzw. einer Mutter- oder Tochtergesellschaft, auf Behördenmitglieder oder Beamte, die aufgrund ihrer amtlichen Tätigkeit (z.B. als Börsenkommissäre) Einblick in Interna der erwähnten Art erhalten, sowie die unmittelbaren Mitarbeiter der genannten Personen.

Das *tatbestandsmässige Verhalten* besteht darin, dass der Täter seinen Wissensvorsprung betreffend eine *vertrauliche Tatsache* (kein blosses Gerücht oder Spekulationen) zum eigenen Vermögensvorteil oder zu dem eines Dritten ausnützt, indem er vor dem zu erwartenden *erheblichen* (über 10%, vgl. ZR 104 [2005] Nr. 72, 271 f.) Kursaufschwung oder Kursverlust Werttitel (Aktien, Obligationen usw.) im Börsengeschäft kauft bzw. verkauft oder die bevorstehende Entwicklung einem Dritten (Tippnehmer) zur Kenntnis bringt. Bei den Tatsachen muss es sich um solche gemäss StGB Art. 161 Ziff. 3 oder ähnliche Sachverhalte von vergleichbarer Tragweite handeln, welche fundamental in die rechtliche und wirtschaftliche Struktur eines Unternehmens eingreifen, damit die Bilanzstruktur von Grund auf verändern und eine Sanierung oder grundlegende Restrukturierung der Gesellschaft erfordern: BGer vom 15.4.2002, 2A.567/2001, vgl. auch BGE 118 I b 553 = Pr 92 (2003) Nr. 150 Erw. 4., ZR 104 (2005) Nr. 72, 272 («going private» als ähnlicher Sachverhalt i.S. von Ziff. 3). – Die *Vertraulichkeit* einer Tatsache wird erst durch genügend klare Information der Öffentlichkeit aufgehoben: BGE 118 Ib 455 f. = Pr 1982 (1993) Nr. 149 Erw. 6b. – Das Insiderdelikt ist auch in Form des unechten Unterlassungsdelikts möglich: SJZ 97 (2001) 464 (Verkauf der Aktien einer praktisch konkursiten Firma durch eine Bank). – Die Tat ist erst *vollendet,* wenn dem Täter oder einem Dritten ein Vermögensvorteil erwächst. Tritt der Vermögensvorteil nicht ein, oder ist dieser nicht auf die Ausnützung des Insiderwissens zurückzuführen, liegt Versuch vor.

Subjektiv ist Vorsatz erforderlich (StGB Art. 12 Abs. 1 und 2).

Ziff. 2: Der Tippnehmer macht sich nur strafbar, wenn ihm die relevante Tatsache unmittelbar oder mittelbar von einem *Insider* mitgeteilt wird, der aber nicht selber bestraft zu werden braucht: BGE 118 Ib 456 f. = Pr 1982 (1993) Nr. 149 Erw. 6c, BGE 119 IV 43. Nicht strafbar macht sich, wer zufällig in den Besitz des Insiderwissens gelangt, aus unverfänglichen Mitteilungen oder Andeutungen oder aus bloss auf eine Analyse des Börsengeschehens gestützte Informationen die richtigen Schlüsse zieht: BGE 119 IV 42 f.

Ziff. 3: Die missbrauchten vertraulichen (nicht notwendigerweise geheimen) Kenntnisse beziehen sich auf die Emission neuer Beteiligungsrechte (Erhöhung des Aktienkapitals nach OR Art. 650), die Unternehmensverbindung (in Form von Annexion, FusG Art. 3 Abs. 1 Bst. a, und Kombination, FusG Art. 3 Abs. 1 Bst. b; vgl. BGE 118 Ib 453 f. = Pr 1982 [1993] Nr. 149 Erw. 5a) und – wie bereits vorstehend unter Ziff. 1 erwähnt – Sachverhalte von vergleichbarer Tragweite.

Ziff. 4: Die Aktien der von der Spekulation nicht erfassten Gesellschaft brauchen nicht börsenkotiert zu sein (BGE 118 Ib 455 = Pr 1982 [1993] Nr. 149 Erw. 6a).

Einziehung des durch den Insiderhandel erworbenen Vermögensvorteils: StGB Art. 70.

Idealkonkurrenz zu StGB Art. 162 (Verletzung des Fabrikations- oder Geschäftsgeheimnisses) halten BGE 113 I b 72, 77 und 118 I b 559 für möglich (problematisch). Idealkonkurrenz wird dem Grundsatz nach bejaht im Verhältnis zu StGB Art. 320, 321 (Verletzung des Amts- bzw. Berufsgeheimnisses): BGE 113 Ib 76, 80.

Art. 161bis Kursmanipulation

Wer in der Absicht, den Kurs von in der Schweiz börslich gehandelten Effekten erheblich zu beeinflussen, um daraus für sich oder für Dritte einen unrechtmässigen Vermögensvorteil zu erzielen:

wider besseren Wissens irreführende Informationen verbreitet oder

Käufe und Verkäufe von solchen Effekten tätigt, die beidseitig direkt oder indirekt auf Rechnung derselben Person oder zu diesem Zweck verbundener Personen erfolgen,

wird mit Freiheitsstrafe bis zu drei Jahren oder Geldstrafe bestraft.

Art. 161bis: Der Schutzzweck der Norm liegt im Interesse der Anleger an einem sauberen, unverfälschten und chancengleichen Kapitalmarkt. – Täter können sowohl Angehörige der Börse sein als auch jede andere Person. – Als mögliche Manipulationen werden erwähnt das *Verbreiten irreführender Informationen* betreffend Tatsachen bzw. Schlüsse mit erkennbarem Tatsachenbezug und der Abschluss von *Scheingeschäften*. Bei den Letzteren geht es um Käufe und Verkäufe, bei denen die Parteien faktisch bzw. wirtschaftlich identisch sind. Das Parking, d.h. das Immobilisieren eines Aktienpaketes zum Zwecke der Marktverengung fällt – ebenso wie die Kurspflege durch Verkäufe oder Käufe – grundsätzlich nicht unter den objektiven Tatbestand. Der Täter muss mit Vorsatz handeln; mit Bezug auf das Verbreiten irreführender Informationen wird *sicheres Wissen* verlangt. Erfüllt das Verhalten des Täters neben StGB Art. 161bis auch StGB Art. 146, so geht der letztere Tatbestand vor (vgl. die Ausweitung des Betrugtatbestandes durch die Aufgabe der Stoffgleichheit in BGE 122 II 422).

Art. 162 2. Verletzung des Fabrikations- oder Geschäftsgeheimnisses

Wer ein Fabrikations- oder Geschäftsgeheimnis, das er infolge einer gesetzlichen oder vertraglichen Pflicht bewahren sollte, verrät,
wer den Verrat für sich oder einen andern ausnützt,
wird, auf Antrag, mit Freiheitsstrafe bis zu drei Jahren oder Geldstrafe bestraft.

Art. 162: *Schutzobjekt* dieser Strafbestimmung ist das technische und wirtschaftliche Know-how eines Unternehmens. – Das *Geheimnis* i.S. von StGB Art. 162 umfasst bestimmte Tatsachen aus der Geschäftssphäre eines Unternehmens, die nur einem eng begrenzten Personenkreis bekannt oder zugänglich sind und nach den berechtigten Interessen des Geheimnisherrn der Geheimhaltung unterliegen sollen: BGE 80 IV 28, 103 IV 284, 109 I b 56, 118 Ib 559 = Pr 82 (1993) Nr. 150 Erw. 5a, ZR 82 (1983) Nr. 126. *Fabrikations- und Geschäftsgeheimnisse* beziehen sich auf technische oder betriebliche Belange, die für die geschäftlichen Erfolge von Bedeutung sind, wie z.B. Forschungs- und Entwicklungsarbeiten, Konstruktionen, Rezepte, Kenntnis von Preiskalkulationen, Bezugsquellen, Absatzmöglichkeiten, Abmachungen mit Lieferanten und Kunden: BGE 103 IV 284, 109 Ib 56, ZR 57 (1958) Nr. 6, 68 (1969) Nr. 38, 82 (1983) Nr. 126.

Abs. 1: Die *Pflicht des Arbeitnehmers* zur Wahrung des Fabrikations- und Geschäftsgeheimnisses ergibt sich aus OR Art. 321a Abs. 4 und kann auch nach Ablauf des Vertrages fortdauern: BGE 80 IV 29. Dabei ist allerdings zu beachten, dass es einem Dienstpflichtigen im Allgemeinen nicht verwehrt werden kann, nach seinem Ausscheiden aus dem Betrieb die im normalen Verlauf seiner früheren Tätigkeit erworbenen Kenntnisse und Fähigkeiten auch für sein weiteres Fortkommen zu nutzen.

Verwaltungsräte und *Revisoren* von Aktiengesellschaften unterstehen gemäss OR Art. 730 der Schweigepflicht.

Der *Verrat* besteht darin, dass das Geheimnis durch mündliche oder schriftliche Mitteilungen, die Übergabe von Plänen oder auf ähnliche Weise offenbart wird; auch eine bloss teilweise Preisgabe des Geheimnisses genügt: BGE 80 IV 31, ZR 68 (1969) Nr. 38. Zur Vollendung gehört die Kenntnisnahme durch den Destinatär; nicht nötig ist die Auswertung der erlangten Kenntnisse. Vorher ist Versuch möglich: BGE 104 IV 181, ZR 68 (1969) Nr. 38.

Zum *Vorsatz:* ZR 68 (1969) Nr. 38.

Abs. 2: Die Bestrafung nach dieser Bestimmung setzt voraus, dass der Täter seine Kenntnisse durch Mitteilung eines Schweigepflichtigen nach Abs. 1 erwirbt. Dieser bleibt nach Abs. 2 straflos, wenn er das Geheimnis zu seinem eigenen Nutzen verwertet: BGE 109 I b 56. Sein Verhalten kann bei wettbewerbsmässigem Handeln als unlauterer Wettbewerb nach UWG Art. 6, 23 geahndet werden: BGE 80 IV 33.

Abs. 3: Antragsberechtigt ist der Geheimnisherr, d.h. das Unternehmen, dem das Fabrikations- und Geschäftsgeheimnis zusteht: ZR 57 (1958) Nr. 6.

Im Verhältnis zu StGB Art. 273 besteht Idealkonkurrenz: BGE 101 IV 204. Wer sich den Verrat zu seinen Gunsten im Konkurrenzkampf zu Nutze macht, wird nach den Spezialbestimmungen des UWG bestraft.

Im *Prozess* kann der Richter die Pflicht zur Offenbarung von Fabrikations- und Geschäftsgeheimnissen u.U. erlassen, wenn das Interesse an der Geheimhaltung dasjenige an der Beweisführung überwiegt, vgl. PatG Art. 68 (SR 232.14), vgl. weiter etwa Zürich ZPO §§ 145, 160, 184.

Art. 163 3. Konkurs- und Betreibungsverbrechen oder -vergehen.
Betrügerischer Konkurs und Pfändungsbetrug

1. Der Schuldner, der zum Schaden der Gläubiger sein Vermögen zum Scheine vermindert, namentlich

Vermögenswerte beiseiteschafft oder verheimlicht,

Schulden vortäuscht,

vorgetäuschte Forderungen anerkennt oder deren Geltendmachung veranlasst,

wird, wenn über ihn der Konkurs eröffnet oder gegen ihn ein Verlustschein ausgestellt worden ist, mit Freiheitsstrafe bis zu fünf Jahren oder Geldstrafe bestraft.

2. Unter den gleichen Voraussetzungen wird der Dritte, der zum Schaden der Gläubiger eine solche Handlung vornimmt, mit Freiheitsstrafe bis zu drei Jahren oder Geldstrafe bestraft.

Zu Art. 163–171bis: Durch die Tatbestände der Schuldbetreibungs- und Konkursdelikte werden die Ansprüche der Gläubiger in den betreffenden Verfahren, daneben aber auch die Interessen der Zwangsvollstreckung als Bestandteil der Rechtspflege geschützt (BGE 106 IV 34). – Als Täter kommen namentlich der Schuldner selber sowie Organe von juristischen Personen und Gesellschaften in Betracht, gegen die sich die Zwangsvollstreckung richtet; vgl. dazu auch StGB Art. 29.

StGB Art. 163–167 sind nur anwendbar, wenn die objektive Strafbarkeitsbedingung der Eröffnung des Konkurses bzw. der Ausstellung eines Verlustscheines vorliegt. Nach StGB Art. 171 erfüllt auch ein gerichtlicher Nachlassvertrag (Nachlassvertrag mit Vermögensabtretung, Nachlassvertrag in der Form eines Liquidations-, Stundungs- oder Prozentvergleichs), welcher von den Gläubigern angenommen und von der Nachlassbehörde bestätigt worden ist, die Anforderungen einer objektiven Strafbarkeitsbedingung. Ein Kausalzusammenhang zwischen dem tatbestandsmässigen Verhalten und dem (vom Vorsatz des Täters nicht notwendigerweise erfassten) Eintritt der Strafbarkeitsbedingung braucht nicht zu bestehen. Der Eintritt der objektiven Strafbarkeitsbedingung ist auch zur Bestrafung des Täters wegen *Versuches* erforderlich. Für die Eröffnung des *Konkurses* genügt, dass dies rechtskräftig geschehen ist (zu StGB alt Art. 163: BGE 84 IV 16, 101 IV 22, 102 IV 175, 109 I b 326). StGB Art. 171bis Abs. 1 ermöglicht für den Fall des Konkurs*widerrufes* einen fakultativen Strafausschlussgrund. Beim Schuldner, welcher der Betreibung auf Pfändung unterliegt, bedarf es der Ausstellung eines provisorischen oder definitiven *Verlustscheines,* der rechtsgültig sein muss, d.h. nicht in einem nichtigen Verfahren ausgestellt worden sein darf (BGE 70 IV 76, 84 IV 15, 89 IV 78).

Gerichtsstand ist grundsätzlich der Ort der Konkurseröffnung und nicht der sonst übliche Ort der Tatbegehung (BGE 106 IV 31, 107 IV 75, 118 IV 300).

Zu Art. 163 und 164: Diese Bestimmungen wollen die Pflicht des Schuldners sichern, bei drohendem oder eingetretenem Verfall des Vermögens dessen Rest seinen Gläubigern zu erhalten (BGE 74

IV 37, 97 IV 20). In StGB Art. 163 wird das Verhalten des Schuldners erfasst, der im Hinblick auf den Konkurs oder die Pfändung betrugsähnlich sein Vermögen nur *scheinbar* vermindert, von StGB Art. 164 das Verhalten desjenigen, welcher dies im Hinblick auf eine der beiden Arten von Zwangsvollstreckungen tatsächlich tut. Erforderlich ist stets, dass die jeweils gewählte Form der Betreibung zulässig war (vgl. BGE 70 IV 76, 89 IV 78 f.).

Art. 163 Ziff. 1: Tatobjekte können ausser körperlichen Gegenständen auch Rechte und Forderungen sein, so künftige Lohnforderungen und erwartetes Entgelt für andere Leistungen (vgl. BGE 105 IV 320). Erfasst werden auch im *Ausland* erzielte Einkünfte und gelegene Vermögenswerte (BGE 114 IV 13). Ausgenommen werden solche, die als sog. Kompetenzstücke (nach SchKG Art. 92) unpfändbar sind. Nicht zur Konkursmasse einer Gesellschaft gehört ein von ihr verwalteter Anlagefonds, es sei denn, es handle sich bei den ihm zustehenden Werten um solche, die mit dem Vermögen der Konkursitin verquickt sind (BGE 103 IV 235). Auch treuhänderisch für Kunden geführte Bankkonten gehören nicht zur Konkursmasse, RS 2001 Nr. 134 = Sem 121 (1999) 461. Die *Tathandlungen* können vor oder während der Durchführung des Konkurs- bzw. Betreibungsverfahrens begangen werden, aber auch ausserhalb eines solchen, beispielsweise in einem Arrestverfahren, sofern sie sich für einen Gläubiger nachteilig auswirken (BGE 89 IV 82). Vgl. im Einzelnen BGE 85 IV 218 (behauptetes Dritteigentum an einem Vermögenswert), 85 IV 219 und 102 IV 173 (Falschangaben über den Status einer Gesellschaft), 105 IV 105 (Anerkennung fiktiver Forderungen), 107 IV 177 (Wegschaffenlassen von Geräten einer Gesellschaft). Unerheblich bleibt, ob die Machenschaften von Behörden bzw. Gläubigern durchschaut werden und ob den Letzteren Rechtsbehelfe dagegen zur Verfügung stehen (BGE 85 IV 219).

Der Täter muss *zum Schaden* der Gläubiger handeln, wofür ausreichen dürfte, dass sich sein Vorgehen objektiv eignet, um zum Verlust von Haftungssubstrat zu führen. Dies trifft etwa zu, wenn die Pfändung vorhandener Vermögenswerte unterbleibt (BGE 105 IV 321). Dagegen genügt es anders als nach früherem Recht (vgl. BGE 102 IV 175, 105 IV 321) nicht mehr, dass das Verhalten bloss zu vorübergehenden Nachteilen oder Erschwernissen bei der Zwangsvollstreckung führt. – *Subjektiv* muss direkter oder eventueller Vorsatz vorliegen, namentlich das Bewusstsein und der Wille, Vermögen scheinbar zu vermindern (BGE 93 IV 90). Wenn der Täter die betreffenden Handlungen noch vor Anhebung eines Zwangsvollstreckungsverfahrens verübt, muss er mindestens mit der Möglichkeit rechnen, es werde in absehbarer Zeit zu einem solchen kommen (BGE 74 IV 33). Bezüglich des Handelns *zum Schaden* der Gläubiger wird sein Bewusstsein vorauszusetzen sein, dass infolge seines Tuns mindestens möglicherweise die Deckung der vorhandenen Forderungen nicht mehr gewährleistet ist bzw. ein bereits bestehender Ausfall noch vergrössert werden und dadurch ein Schaden eintreten kann, und er muss dies auch wollen oder zumindest in Kauf nehmen (vgl. Botschaft 1991, 1060).

Betrug (StGB Art. 146) konkurriert echt mit StGB Art. 163 (BGE 105 IV 315), im Verhältnis zur *Erschleichung einer Falschbeurkundung* (StGB Art. 253) geht StGB Art. 163 vor (BGE 105 IV 105).

Ziff. 2 pönalisiert gleichartige Handlungen von Personen, die weder selber Schuldner noch Organ einer juristischen Person oder Gesellschaft sind, gegen welche sich das Verfahren richtet. Dadurch werden der Anstifter und der Gehilfe des Schuldners zu Tätern. Zudem wird eigenmächtiges Vorgehen von Dritten – namentlich Gläubigern – erfasst. Der Dritte, der Vermögenswerte i.S. von StGB Art. 163 lediglich erwirbt, bleibt in den Grenzen der notwendigen Teilnahme straflos (BGE 126 IV 10).

Art. 164 Gläubigerschädigung durch Vermögensminderung

1. Der Schuldner, der zum Schaden der Gläubiger sein Vermögen vermindert, indem er Vermögenswerte beschädigt, zerstört, entwertet oder unbrauchbar macht,

Vermögenswerte unentgeltlich oder gegen eine Leistung mit offensichtlich geringerem Wert veräussert,

ohne sachlichen Grund anfallende Rechte ausschlägt oder auf Rechte unentgeltlich verzichtet,

wird, wenn über ihn der Konkurs eröffnet oder gegen ihn ein Verlustschein ausgestellt worden ist, mit Freiheitsstrafe bis zu fünf Jahren oder Geldstrafe bestraft.

2. Unter den gleichen Voraussetzungen wird der Dritte, der zum Schaden der Gläubiger eine solche Handlung vornimmt, mit Freiheitsstrafe bis zu drei Jahren oder Geldstrafe bestraft.

Art. 164 Ziff. 1 erfasst im Gegensatz zu StGB Art. 163 Ziff. 1 die *tatsächliche* Vermögensverminderung. Die Aufzählung der entsprechenden tatbestandsmässigen Handlungsweisen ist abschliessend: BGE 131 IV 52. Die Tathandlung der Veräusserung von Vermögenswerten ist in Anlehnung an die sog. Schenkungspauliana gemäss SchKG Art. 286 (BGE 131 IV 54) in dem Sinne umschrieben, dass nur die unentgeltliche Leistung oder eine mit offensichtlich geringerem Wert erfolgte Veräusserung von Vermögenswerten erfasst wird. Hingegen muss nicht alles, was paulianisch anfechtbar ist, auch strafbar sein: Die Rückzahlung einer fälligen und einklagbaren Darlehensschuld erfolgt weder unentgeltlich noch zu einer Leistung mit offensichtlich geringerem Wert, allenfalls liegt aber eine Gläubigerbevorzugung (StGB Art. 167) vor: BGE 131 IV 54 f. Beispiele aus der Judikatur zum früheren Recht: BGE 93 IV 17 (Übernahme einer bestrittenen Forderung zu einem überhöhten Wert an Stelle einer Zahlung), 97 IV 21 (Begründung von Verbindlichkeiten durch Ausgabe von Gutscheinen), 103 IV 235 (Ausschüttung nicht erwirtschafteter Erträge in einem Anlagefonds), BGer vom 11.1.2002, 6S.34/2001, ZBJV 128 (2002) 280 (nicht strafbar ist der Schuldner, der nicht arbeitet oder aber für seine Arbeit eine nicht marktgerechte Entlöhnung verlangt). Der *subjektive* Tatbestand ist analog zu StGB Art. 163 Ziff. 1 zu verstehen (vgl. Bem. hierzu).

Ziff. 2: vgl. Bem. zu StGB Art. 163 Ziff. 2.

Art. 165 Misswirtschaft

1. Der Schuldner, der in anderer Weise als nach Artikel 164, durch Misswirtschaft, namentlich durch ungenügende Kapitalausstattung, unverhältnismässigen Aufwand, gewagte Spekulationen, leichtsinniges Gewähren oder Benützen von Kredit, Verschleudern von Vermögenswerten oder arge Nachlässigkeit in der Berufsausübung oder Vermögensverwaltung,

seine Überschuldung herbeiführt oder verschlimmert, seine Zahlungsunfähigkeit herbeiführt oder im Bewusstsein seiner Zahlungsunfähigkeit seine Vermögenslage verschlimmert,

wird, wenn über ihn der Konkurs eröffnet oder gegen ihn ein Verlustschein ausgestellt worden ist, mit Freiheitsstrafe bis zu fünf Jahren oder Geldstrafe bestraft.

2. Der auf Pfändung betriebene Schuldner wird nur auf Antrag eines Gläubigers verfolgt, der einen Verlustschein gegen ihn erlangt hat.

Der Antrag ist innert drei Monaten seit der Zustellung des Verlustscheines zu stellen.

Dem Gläubiger, der den Schuldner zu leichtsinnigem Schuldenmachen, unverhältnismässigem Aufwand oder zu gewagten Spekulationen verleitet oder ihn wucherisch ausgebeutet hat, steht kein Antragsrecht zu.

Art. 165 stellt im Verhältnis zu StGB Art. 163 und 164 einen Auffangtatbestand dar. Er kann nur vom Schuldner selber oder von einem der in StGB Art. 29 (StGB alt Art. 172) genannten Organe (vgl. zur Revisionsstelle BGE 116 IV 29, 127 IV 110 = Pr [2002] Nr. 28), nicht aber von einem Dritten erfüllt werden. Dazu AJP 1997, 1492.

Ziff. 1: Als ein Beispiel tatbestandsmässigen Verhaltens wird die ungenügende Kapitalausstattung genannt, von welcher bei einer Aktiengesellschaft auszugehen ist, wenn entweder das angebliche Aktienkapital gar nicht vorhanden ist (Schwindelgründung) oder für die Gründung des Unternehmens völlig unzureichend war (vgl. Botschaft 1991, 96). Verdeutlicht wird, dass auch die leichtsinnige Gewährung oder das Benützen von Kredit und das Verschleudern von Vermögenswerten – soweit es nicht unter StGB Art. 163 bzw. 164 fällt – als sog. *Bankrotthandlung* in Frage kommt (vgl. BGE 102 IV 23 und 104 IV 163). Nach BGE 77 IV 167 genügt schon eine einzige gewagte Spekulation (vgl. zu dieser auch RS 1972 Nr. 242 und ferner RS 1983 Nr. 560 betr. spekulativen Autohandel ohne finanzielle Basis). Zwischen der betreffenden Verhaltensweise und der Verschlimmerung der Vermögenslage bzw. dem Eintritt der Zahlungsunfähigkeit muss ein *Kausalzusammenhang* bestehen (BGE 102 IV 23, 104 IV 163, 109 I b 328), doch brauchen die Bankrotthandlungen nicht die einzige Ursache des tatbestandsmässigen Erfolges zu sein (BGE 115 IV 41). Der Täter macht sich, auch wenn mehrere Bankrotthandlungen zum Konkurs führen, nur der einfachen Tatbegehung schuldig: BGE 123 IV 194 (Bedeutung unter dem Gesichtspunkt von StGB Art. 98).

Subjektiv wird für den Fall, dass der Täter seine Überschuldung oder Zahlungsunfähigkeit herbeiführt, entsprechend der Judikatur zum früheren Recht neben Vorsatz auch grobe Fahrlässigkeit genügen (vgl. BGE 127 IV 110 = Pr 91 [2002] Nr. 28, 141; ZR 99 [2000] Nr. 22, S. 72). Sie liegt vor, wenn der Täter unter Missachtung einschlägiger Bestimmungen oder der nach den Umständen und seinen persönlichen Verhältnissen gebotenen Sorgfalt das Risiko seiner Insolvenz bewusst einging oder es in unverantwortlicher Weise negierte (vgl. BGE 115 IV 40 = Pr 79 [1990] Nr. 96 Erw. 2). Für die *Verschlimmerung* als solche genügt ebenfalls grobe Fahrlässigkeit (BGE 104 IV 166, 115 IV 41), doch muss der Täter mindestens im Sinne eines Eventualvorsatzes um seine bereits eingetretene Zahlungsunfähigkeit gewusst haben (BGE 102 IV 22). Der Wille zur Benachteiligung von Gläubigern ist bei keiner Variante erforderlich (BGE 104 IV 165, 166).

Ziff. 2 (Antragserfordernis bei Betreibung auf Pfändung) findet keine Anwendung, wenn der Schuldner gemäss SchKG Art. 191 selber die Eröffnung des Konkurses durch Insolvenzerklärung beantragt hat (vgl. BGE 81 IV 32).

Art. 166 Unterlassung der Buchführung

Der Schuldner, der die ihm gesetzlich obliegende Pflicht zur ordnungsmässigen Führung und Aufbewahrung von Geschäftsbüchern oder zur Aufstellung einer Bilanz verletzt, so dass sein Vermögensstand nicht oder nicht vollständig ersichtlich ist, wird, wenn über ihn der Konkurs eröffnet oder in einer gemäss Artikel 43 des Bundesgesetzes vom 11. April 1889 über Schuldbetreibung und Konkurs (SchKG) erfolgten Pfändung gegen ihn ein Verlustschein ausgestellt worden ist, mit Freiheitsstrafe bis zu drei Jahren oder Geldstrafe bestraft.

Art. 166: Ergänzend StGB Art. 325. Pflicht und Umfang der Buchführung ergeben sich aus OR Art. 558 Abs. 1, 598 Abs. 2, 662 ff., 805, 856, 957 ff. Diesen Vorschriften genügt nicht, wer die Unterlagen und Belege aufbewahrt, um mit ihrer Hilfe im Falle des Konkurses die Buchhaltung nachträglich zu erstellen: BGE 77 IV 166. Hingegen ist die Verletzung der Pflicht zur Aufbewahrung der Geschäftsbücher nach der Einstellung des Konkursverfahrens mangels Aktiven gemäss StGB Art. 325 und nicht gemäss Art. 166 strafbar: BGE 131 IV 61. – Das Verwaltungsratsmitglied hat (auch als Strohmann) die Pflicht, für die Einrichtung und Nachführung der Buchhaltung zu sorgen: BGE 96 IV 78. Eine Kontrollstelle kann sich der Unterlassung der Buchführung nicht schuldig machen: BGE 116 IV 31. – Subjektiv ist Vorsatz oder Eventualvorsatz erforderlich, was namentlich Wissen des Täters um die Buchhaltungspflicht und die als mögliche Konsequenz ihrer Verletzung eintretende Verschleierung des Vermögensstandes voraussetzt: BGE 117 IV 164, 450. Fehlt es an diesem Vorsatz oder ist der Schuldner nicht in Konkurs geraten bzw. ist gegen ihn kein Verlustschein ausgestellt worden, so liegt der Tatbestand von StGB Art. 325 vor: BGE 72 IV 19. StGB Art. 251 (Urkundenfälschung) geht vor, falls die Buchführung zwar vollständig, aber falsch ist, mithin also bei unwahren Bilanzen.

Art. 167   Bevorzugung eines Gläubigers

Der Schuldner, der im Bewusstsein seiner Zahlungsunfähigkeit und in der Absicht, einzelne seiner Gläubiger zum Nachteil anderer zu bevorzugen, darauf abzielende Handlungen vornimmt, insbesondere nicht verfallene Schulden bezahlt, eine verfallene Schuld anders als durch übliche Zahlungsmittel tilgt, eine Schuld aus eigenen Mitteln sicherstellt, ohne dass er dazu verpflichtet war, wird, wenn über ihn der Konkurs eröffnet oder gegen ihn ein Verlustschein ausgestellt worden ist, mit Freiheitsstrafe bis zu drei Jahren oder Geldstrafe bestraft.

Art. 167: Die *Eigenart* des Tatbestandes liegt darin, dass der Schuldner einem oder mehreren Gläubigern in anfechtbarer Weise (vgl. SchKG Art. 285 ff.) Befriedigung oder Sicherheit verschafft und dadurch andere benachteiligt. Die Bevorzugung muss eine krasse und ungerechtfertigte Ungleichheit zwischen den Gläubigern schaffen (BGE 116 IV 25). Eine tatsächliche oder endgültige Schädigung von anderen Gläubigern ist nicht erforderlich, es genügt die Eventualabsicht der Gläubigerbenachteiligung. Die Bevorzugung der einen Gläubiger und die damit verbundene Benachteiligung anderer brauchen nicht Beweggrund der Tat zu sein. Es genügt, dass der Täter sich dieser Folgen bewusst ist und die Bevorzugung in Kenntnis seiner Zahlungsunfähigkeit gleichwohl begeht: BGE 74 IV 44, 93 IV 18, 104 IV 80. – Tilgung einer Schuld mit ungewöhnlichen Zahlungsmitteln: BGE 75 IV 111 (Veräusserung von Ware unter dem Marktpreis an einen Gläubiger), Bevorzugung durch Sicherstellung der Schuld aus eigenen Mitteln: BGE 74 IV 43 (Bestellung eines Faustpfandes). Zur Generalklausel: BGE 117 IV 24 (Tatbestand bejaht, wenn das Organ einer faktisch in Liquidation befindlichen AG deren Einrichtungsgegenstände veräussert und den Erlös ausschliesslich zur vollumfänglichen Tilgung einer längst verfallenen Darlehensschuld der AG verwendet). – StGB Art. 167 bedroht nur den Schuldner mit Strafe. Der *Gläubiger* macht sich einzig strafbar, wenn er den Schuldner zur Tat anstiftet (StGB Art. 24) oder sie durch vorsätzliche Handlungen fördert (StGB Art. 25), die über die blosse Annahme der Leistung hinausgehen; Problem der Teilnahme beim Sonderdelikt: StGB Art. 26 und BGE 74 IV 49, 75 IV 112. – Der *Verlustschein* muss demjenigen Gläubiger ausgestellt worden sein, den der Schuldner benachteiligen wollte: BGE 75 IV 109. Es genügt ein provisorischer Schuldschein nach SchKG Art. 115 Abs. 2: BGE 75 IV 110. Die Tat des Schuldners braucht für die Ausstellung des Verlustscheins nicht kausal zu sein: BGE 75 IV 111. – *Abgrenzung* zu StGB Art. 164: Diese Bestimmung ist anzuwenden, wenn die Verminderung der Zwangsvollstreckungssubstrate zu Lasten der Gläubiger über die Bevorzugung einzelner Gläubiger hinausgeht; die eigenmächtige Verfügung zur Befriedigung eines Gläubigers wird ausschliesslich durch StGB Art. 167 erfasst (vgl. BGE 93 IV 18 und 107 IV 172 zu StGB alt Art. 163).

Art. 168 Bestechung bei Zwangsvollstreckung

¹ Wer einem Gläubiger oder dessen Vertreter besondere Vorteile zuwendet oder zusichert, um dessen Stimme in der Gläubigerversammlung oder im Gläubigerausschuss zu erlangen oder um dessen Zustimmung zu einem gerichtlichen Nachlassvertrag oder dessen Ablehnung eines solchen Vertrages zu bewirken, wird mit Freiheitsstrafe bis zu drei Jahren oder Geldstrafe bestraft.

² Wer dem Konkursverwalter, einem Mitglied der Konkursverwaltung, dem Sachwalter oder dem Liquidator besondere Vorteile zuwendet oder zusichert, um dessen Entscheidungen zu beeinflussen, wird mit Freiheitsstrafe bis zu drei Jahren oder Geldstrafe bestraft.

³ Wer sich solche Vorteile zuwenden oder zusichern lässt, wird mit der gleichen Strafe belegt.

Art. 168: Der bestechungsähnliche Tatbestand ist als abstraktes Gefährdungsdelikt bereits mit einer Verhaltensweise der darin genannten Art vollendet, ohne dass diese zu dem vom Täter angestrebten Ziel führen müsste (vgl. BGE 71 IV 34 zum alten Recht). Geschützt wird die ordnungsgemässe Durchführung des Konkurs- und Nachlassverfahrens, Gläubigerinteressen werden nur mittelbar geschützt (BGE 71 IV 35 f., 84 IV 161)

Abs. 1: Die Täterschaft ist im Gegensatz zum früheren Recht nicht mehr auf Schuldner und deren Organe beschränkt. Zur Gläubigerversammlung vgl. SchKG Art. 235 f., 252 f., 255, 302. Der subjektive Tatbestand erfordert Vorsatz, namentlich den Willen des Täters zur Beeinflussung des Adressaten durch Zusicherung besonderer Vorteile, nicht aber in Bezug auf die Gefährdung von Gläubigerinteressen.

Abs. 2: Zum Täterkreis der aktiven Bestechung gehören neben dem Schuldner und der ihm Nahestehenden die hier genannten Personen. Vgl. zur Konkursverwaltung SchKG Art. 240 ff., zum Sachwalter SchKG Art. 295, zum Liquidator SchKG Art. 317 ff. Der subjektive Tatbestand entspricht demjenigen gemäss Abs. 1.

Abs. 3 statuiert die Strafbarkeit der «passiven Bestechung». Täter können alle Adressaten einer «aktiven Bestechung» werden. Der nötige Vorsatz muss namentlich das Wissen um den Zweck des besonderen Vorteils umfassen, den sie sich zuwenden oder zusichern lassen.

Im Verhältnis zu StGB Art. 322ter ff. tritt Art. 168 zurück.

Art. 169   Verfügung über mit Beschlag belegte Vermögenswerte

Wer eigenmächtig zum Schaden der Gläubiger über einen Vermögenswert verfügt, der amtlich gepfändet oder mit Arrest belegt ist,

in einem Betreibungs-, Konkurs- oder Retentionsverfahren amtlich aufgezeichnet ist oder

zu einem durch Liquidationsvergleich abgetretenen Vermögen gehört

oder einen solchen Vermögenswert beschädigt, zerstört, entwertet oder unbrauchbar macht,

wird mit Freiheitsstrafe bis zu drei Jahren oder Geldstrafe bestraft.

Art. 169 statuiert die Strafdrohung für die betreibungsrechtlichen Verfügungsverbote über Vermögenswerte von Schuldnern gemäss SchKG Art. 96 Abs. 1, 164, 183 Abs. 1, 275, 283 Abs. 3, 317 ff. Täter kann nicht nur der Schuldner bzw. das Organ der betroffenen juristischen Person oder Gesellschaft sein, sondern auch ein Dritter.

Aus der Rechtsprechung zum früheren StGB Art. 169: Bereits erfolgte Zustellung von Pfändungs- bzw. Retentionsurkunde wird nicht vorausgesetzt: BGE 105 IV 323. – Unter die Bestimmung fallen auch Rechte und Forderungen bzw. die an ihrer Stelle ebenfalls als gepfändet zu behandelnden Ersatzwerte (Geldzahlungen aus einer Forderung): BGE 96 IV 112, SJZ 58 (1962) 93. Erfasst werden der gepfändete Anspruch auf Lohn und anderes Arbeitseinkommen, gleichgültig ob der Verdienst aus selbständiger oder unselbständiger Erwerbstätigkeit stammt: BGE 96 IV 112 (Grundsätze der Erwerbsberechnung), 102 IV 249 (Berücksichtigung der Einkommensschwankungen), vgl. auch RS 1983 Nr. 450. Tatobjekt kann auch der zukünftige Dirnenlohn sein: BGE 91 IV 69. – Die *strafbare Handlung* von Abs. 1–3 besteht darin, dass der Täter ohne behördliche Ermächtigung rechtsgeschäftlich oder auch bloss tatsächlich über den Vermögenswert verfügt (BGE 129 IV 69). Dazu gehören auch das Beiseiteschaffen und Verheimlichen (BGE 129 IV 70). Blosses Untätigbleiben (im konkreten Fall Duldung des Abholens retinierter Gegenstände durch den Erwerber schon früher verkaufter Sachen) oder bloss wahrheitswidrige Angaben gegenüber dem Betreibungsbeamten ohne entsprechende rechtsgeschäftliche oder tatsächliche Verfügungen über den Vermögensgegenstand reichen dagegen nicht aus, da die Pfändung bzw. Aufzeichnung keine Garantenstellung des Schuldners begründet: BGE 121 IV 356, 129 IV 70. Eine Verfügung kann auch in einer dolosen Verrechnung der gepfändeten Quote mit einer Gegenforderung (OR Art. 120 f.) bestehen: SJZ 65 (1969) 295, BGE 100 IV 228. Nur wer über tatsächlich verdientes Gut trotz Pfändung verfügt, ist strafbar: SJZ 61 (1965) 142, ZR 63 (1964) Nr. 7. Von Verfügung über gepfändetes Einkommen kann nur gesprochen werden, wenn der Täter über Beträge verfügt, die das Existenzminimum übersteigen: RS 1966 Nr. 60, SJZ 64 (1968) 76. Von StGB Art. 169 nicht erfasst wird die Nichtablieferung der gepfändeten und dem Betreibungsschuldner abgezogenen Lohnquote seitens des Arbeitgebers: BGE 86 IV 172, vgl. RS 1984 Nr. 668. Die

Anzeige der Lohnpfändung an den Arbeitgeber enthebt aber den Arbeitnehmer nicht von der Pflicht zur Ablieferung der gepfändeten Verdienstquote: RS 1985 Nr. 874. – Der Täter muss im Wissen um die Verstrickung und mit dem Vorsatz der Gläubigerschädigung handeln. Fehlt ihm dieser, kommt nur Strafbarkeit nach StGB Art. 289 in Betracht: BGE 119 IV 135, 121 IV 357. Verhältnis zur Vernachlässigung von Unterstützungspflichten (StGB Art. 217): BGE 99 IV 146, 119 IV 134.

Art. 170   Erschleichung eines gerichtlichen Nachlassvertrages

Der Schuldner, der über seine Vermögenslage, namentlich durch falsche Buchführung oder Bilanz, seine Gläubiger, den Sachwalter oder die Nachlassbehörde irreführt, um dadurch eine Nachlassstundung oder die Genehmigung eines gerichtlichen Nachlassvertrages zu erwirken,
der Dritte, der eine solche Handlung zum Vorteile des Schuldners vornimmt,
wird mit Freiheitsstrafe bis zu drei Jahren oder Geldstrafe bestraft.

Art. 170: Vgl. SchKG Art. 293 ff. – Die Bestimmung bedroht jede Irreführung über die tatsächliche Vermögenslage mit Strafe; es fällt darunter sowohl die Verheimlichung von Passiven wie auch das Vortäuschen einer zu günstigen Vermögenslage: BGE 84 IV 160. – Zum Verhältnis zu StGB Art. 251 (Urkundenfälschung): echte Konkurrenz (BGE 114 IV 34).

Art. 171   Gerichtlicher Nachlassvertrag

¹ Die Artikel 163 Ziffer 1, 164 Ziffer 1, 165 Ziffer 1, 166 und 167 gelten auch, wenn ein gerichtlicher Nachlassvertrag angenommen und bestätigt worden ist.
² Hat der Schuldner oder der Dritte im Sinne von Artikel 163 Ziffer 2 und 164 Ziffer 2 eine besondere wirtschaftliche Anstrengung unternommen und dadurch das Zustandekommen des gerichtlichen Nachlassvertrages erleichtert, so kann die zuständige Behörde bei ihm von der Strafverfolgung, der Überweisung an das Gericht oder der Bestrafung absehen.

Art. 171 Abs. 1 (vgl. Bem. zu StGB Art. 163–171bis) bezieht sich auf den gerichtlichen Nachlassvertrag gemäss SchKG Art. 305 ff., den konkursähnlichen sog. Liquidationsvergleich nach SchKG Art. 317 ff., der von den Gläubigern angenommen und von der Nachlassbehörde bestätigt worden ist, sowie den Prozentvergleich nach SchKG Art. 295 ff.

Abs. 2: Das fakultative Absehen von Strafe oder schon von weiterer Verfolgung oder Überweisung an das Gericht wird dem Grundsatz nach nur zum Zuge kommen, wenn der Täter ohne entsprechende Verpflichtung zusätzliche und erhebliche Vermögenswerte mobilisiert, z.B. der Schuldner, der einen Erbvorbezug erwirkt, oder Organe einer juristischen Person, die bei deren Konkurs zur verbesserten Schuldentilgung Teile ihres Privatvermögens zur Verfügung stellen (vgl. Botschaft 1991, 102). Die besonderen Anstrengungen müssen zum Zustandekommen des Nachlassvertrages in ersichtlichem Ausmass beigetragen haben. Sie sind den persönlichen Umständen i.S. von StGB Art. 27 zuzurechnen.

Art. 171bis Widerruf des Konkurses

¹ Wird der Konkurs widerrufen (Art. 195 SchKG), so kann die zuständige Behörde von der Strafverfolgung, der Überweisung an das Gericht oder der Bestrafung absehen.

² Wurde ein gerichtlicher Nachlassvertrag abgeschlossen, so ist Absatz 1 nur anwendbar, wenn der Schuldner oder der Dritte im Sinne von Artikel 163 Ziffer 2 und 164 Ziffer 2 eine besondere wirtschaftliche Anstrengung unternommen und dadurch dessen Zustandekommen erleichtert hat.

Art. 171bis Abs. 1: Von dieser Möglichkeit kann z.B. Gebrauch gemacht werden, wenn alle Gläubiger nach erfolgter Befriedigung ihre Konkurseingaben zurückziehen oder ein Nachlassvertrag zustande kommt.

Abs. 2: vgl. Bem. zu StGB Art. 171.

Art. 172 4. Allgemeine Bestimmungen.

Aufgehoben.

Art. 172bis Verbindung von Freiheitsstrafe mit Geldstrafe

Ist in diesem Titel ausschliesslich Freiheitsstrafe angedroht, so kann der Richter diese in jedem Falle mit Geldstrafe verbinden.

Art. 172bis: Die Möglichkeit der Verbindung der angedrohten Freiheitsstrafe mit einer Busse dient lediglich einer flexibleren Strafartreaktion und erweitert den Strafrahmen nicht. Sie fällt daher bei der Ermittlung der mit der schwersten Strafe bedrohten Tat nach StGB Art. 344 Abs. 1 ausser Betracht: BGE 124 IV 134 (zum alten Recht).

Art. 172ter Geringfügige Vermögensdelikte

¹ Richtet sich die Tat nur auf einen geringen Vermögenswert oder auf einen geringen Schaden, so wird der Täter, auf Antrag, mit Busse bestraft.

² Diese Vorschrift gilt nicht bei qualifiziertem Diebstahl (Art. 139 Ziff. 2 und 3), bei Raub und Erpressung.

Art. 172ter: Bei Tatbeständen, die einen Vermögensschaden voraussetzen, wird für die Privilegierung weiterhin der Deliktsbetrag bzw. der Marktwert der betroffenen Sache massgebend sein, bei Fehlen eines solchen der Wert des Gegenstandes für das Opfer (vgl. BGE 115 IV 191). Der Grenzwert für die Annahme eines «geringen Vermögenswertes» wurde vom Bundesgericht in BGE 121 IV 264 auf CHF 300 festgesetzt, ebenso für den «geringen Schaden» in BGE 123 IV 119. Im Falle einer Kombination eines geringen Vermögenswertes und eines geringen Schadens sind die beiden Werte in der Regel zu addieren: SJZ 102 (2006) 89 f. Auch wenn – wie bei StGB Art. 141 und 144 – der Tatbestand zwar keinen Vermögensschaden voraussetzt, ein Schaden jedoch regelmässig verursacht wird, ist die Anwendung von StGB Art. 172ter möglich: BGE 123 IV 18 ff., BGer vom 29.3.2001, 6S.874/2000. Diese setzt im Übrigen subjektiv voraus, dass sich auch der Vorsatz des Täters auf ein Vermögensdelikt geringfügigen Ausmasses beschränkt: BGE 122 IV 159, 123 IV 119, 156, 199 (die beiden letztgenannten Entscheide zum Vorsatz von Taschendieben). Die Bestimmung gilt für Bagatelldelikte, nicht aber für Sachbeschädigungen bei gewerbsmässigen Einbruchdiebstählen: BGE 123 IV 120. Auch bei einem nicht gewerbsmässigen Einbruch ist ohne konkrete Gegenzeichen davon auszugehen, dass der Täter einen Deliktsbetrag von über CHF 300 zumindest in Kauf nahm: SJZ 102 (2006) 89 f.

Dritter Titel:
Strafbare Handlungen gegen die Ehre und den Geheim- oder Privatbereich

Art. 173 1. Ehrverletzungen.
Üble Nachrede

1. Wer jemanden bei einem andern eines unehrenhaften Verhaltens oder anderer Tatsachen, die geeignet sind, seinen Ruf zu schädigen, beschuldigt oder verdächtigt,
wer eine solche Beschuldigung oder Verdächtigung weiterverbreitet,
wird, auf Antrag, mit Geldstrafe bis zu 180 Tagessätzen bestraft.
2. Beweist der Beschuldigte, dass die von ihm vorgebrachte oder weiterverbreitete Äusserung der Wahrheit entspricht, oder dass er ernsthafte Gründe hatte, sie in guten Treuen für wahr zu halten, so ist er nicht strafbar.
3. Der Beschuldigte wird zum Beweis nicht zugelassen und ist strafbar für Äusserungen, die ohne Wahrung öffentlicher Interessen oder sonstwie ohne begründete Veranlassung, vorwiegend in der Absicht vorgebracht oder verbreitet werden, jemandem Übles vorzuwerfen, insbesondere, wenn sich die Äusserungen auf das Privat- oder Familienleben beziehen.
4. Nimmt der Täter seine Äusserung als unwahr zurück, so kann er milder bestraft oder ganz von Strafe befreit werden.
5. Hat der Beschuldigte den Wahrheitsbeweis nicht erbracht oder sind seine Äusserungen unwahr oder nimmt der Beschuldigte sie zurück, so hat der Richter dies im Urteil oder in einer andern Urkunde festzustellen.

Art. 173–178 (Ehrverletzungen): StGB Art. 173–175 beziehen sich ausschliesslich auf *Tatsachen*behauptungen über den Verletzten, die gegenüber einem Dritten erhoben werden. – Strafrechtlichen Ehrenschutz geniessen auch *juristische Personen:* BGE 96 IV 149, 108 IV 21, sowie Kollektivgesellschaften: BGE 114 IV 15, nicht aber andere Personenverbände sowie Behörden; es sei denn, die ehrverletzenden Äusserungen könnten auf das einzelne Mitglied bezogen werden: BGE 69 IV 84, 71 IV 106 (kantonale Strafbestimmung wegen «Amtsehrbeleidigung» unzulässig). Der gegen eine grössere Anzahl von Personen gerichtete allgemeine Angriff ist nicht geeignet, den Ruf des Einzelnen zu schädigen, wenn keine Abgrenzung es erlaubt, einen engeren Personenkreis festzustellen, der sich von der Gesamtheit unterscheidet: BGE 100 IV 45 (Angriff gegen die Jäger), 124 IV 266 = Pr 88 (1999) Nr. 155 (Angriff gegen die Chirurgen), BGE 80 IV 166 (bejaht für eine Äusserung über 73 Nationalräte, die in einem bestimmten Sinn stimmten). Der Angriff gegen eine Personenmehrheit kann unter Umständen auch als solcher gegen eine (beleidigungsfähige) juristische Person erkennbar sein: BGE 105 IV 117.

Ehre ist der Anspruch einer Person auf Geltung (BGE 114 IV 16). Geschützt wird der Ruf, *ein ehrbarer Mensch zu sein*, d.h. sich so zu benehmen, wie ein charakterlich anständiger Mensch sich zu verhalten pflegt: BGE 93 IV 21, 103 IV 158. Entscheidend dafür, ob die eingeklagte Äusserung ehrverletzend sei, ist der Sinn, welchen ihr der unbefangene Hörer nach den Umständen beilegen musste: BGE 119 IV 47. In der politischen Auseinandersetzung ist eine strafrechtlich relevante Ehrverletzung nur mit grosser Zurückhaltung anzunehmen: BGE 105 IV 113, 195; 116 IV 150, 128 IV 58. Eine Äusserung ist schon dann ehrenrührig, wenn sie an sich geeignet ist, den Ruf zu schädigen, unabhängig davon, ob der Dritte die Beschuldigung oder Verdächtigung für wahr hält oder nicht: BGE 103 IV 20 (Überprüfbarkeit der Behauptung durch die Behörde, an die sie sich richtet, bleibt belanglos).

Nicht ehrverletzend sind gemäss ständiger Praxis des Bundesgerichts (BGE 105 IV 112, 119 IV 47, vgl. auch ZR 89 [1990] Nr. 95) Äusserungen, die sich lediglich eignen, jemanden in *anderer Hinsicht*, z.B. als Geschäfts- oder Berufsmann, als Politiker, Künstler oder Sportler, in der gesellschaftlichen Geltung bzw. in seiner sozialen Funktion herabzusetzen, sofern die Kritik nicht zugleich auch seine Geltung als ehrbarer Mensch trifft: BGE 71 IV 230 (Kritik an einem Kunstwerk, die auch seinen Schöpfer verächtlich macht), 77 IV 95 (Vorwurf an einen Politiker, den Bau eines Spielkasinos zu unterstützen), 80 IV 162 (kein ehrverletzender Charakter des Vorwurfes an Politiker, ein schlechter Demokrat zu sein), 92 IV 97 (Vorwurf an einen Apotheker, bei der Abgabe von Medikamenten willkürlich und unzuverlässig zu sein), 99 IV 149 (Vorwurf an einen Anwalt, Prozesse vor allem im eigenen Interesse einzuleiten), 103 IV 159 (kein ehrverletzender Charakter des Vorhaltes an einen Wahlkandidaten, er habe dem Gemeinwesen Waren zu einem stark übersetzten Preis angeboten; fragwürdig), 103 IV 161 (kein ehrverletzender Charakter des Vorwurfs, als Mitglied einer Kollegialbehörde bei Amtsgeschäften private Interessen berücksichtigt zu haben, es sei denn, damit werde unterstellt, öffentliche Interessen seien dabei pflichtwidrig vernachlässigt worden), 105 IV 113 (kein ehrverletzender Charakter des Vorwurfs, ein Zahnarzt habe den Zeitpunkt für die Änderung der Zahnstellung eines Kindes verpasst), 105 IV 195 (kein ehrverletzender Charakter der Wertung einer politischen Aktion als schlecht und gegen das Allgemeinwohl verstossend, weil dies lediglich den Ruf eines Menschen als Politiker betrifft, ihn aber nicht als Mensch verächtlich erscheinen lässt), 108 IV 95 (ein Politiker sei Drahtzieher rechtswidriger Demonstrationen), 115 IV 44 (Vorwurf an einen Geschäftsmann, ein Spekulant zu sein, verletzt dessen Ehre nicht, selbst wenn in unmittelbarem Kontext damit gesagt wird, er plage Asylbewerber), 116 IV 206 (Vorwurf an Polizeibeamte, Asylbewerber mit Falschangaben unter Druck gesetzt zu haben), 119 IV 47 (Zuschreiben der Verantwortlichkeit für ein unerklärliches «Finanzloch»), BGE 128 IV 59 (im Zusammenhang mit der Abtreibungsdebatte die Aussage auf Plakaten, die abgebildeten Politikerinnen wollten eine «Kultur des Todes»). – Der Vorhalt eines *pathologischen Zustandes* ist nur dann ehrverletzend, wenn psychiatrische oder andere medizinische Fachausdrücke dazu missbraucht werden, jemanden als charakterlich minderwertig hinzustellen: BGE 93 IV 22 («Psychopath»), 96 IV 55 («Querulant»), 98 IV 93 («perverse Geilheit»), RS 1983 Nr. 452 («Mongole»).

Strafantrag: Vgl. auch StGB Art. 30 ff. Ein Strafantrag wegen Verleumdung umfasst ohne klare gegenteilige Äusserung des Verletzten auch den privilegierten Tatbestand der üblen Nachrede: PKG 2002 Nr. 34 208. Für einen gültigen Strafantrag reicht es aus, wenn unter Schilderung der näheren Umstände ausgeführt wird, der Antragsteller sei vom Verletzen beschimpft worden, die Aufzählung einzelner Schimpfwörter ist nicht notwendig: BGE 131 IV 99 f., *Verjährung:* StGB Art. 178. Wird der Gerichtsstand gemäss StGB Art. 344 Abs. 1 (alt Art. 350 Ziff. 1) oder BStP Art. 263 von dem an sich zuständigen auf einen anderen Kanton verschoben, hat dieser den am richtigen Ort form- und fristgerecht eingereichten Strafantrag grundsätzlich zu anerkennen und den Fall im aktuellen Stadium zu übernehmen: BGE 122 IV 254 ff.

Stellung der Presse (BV Art. 17, Medienfreiheit): BGE 104 IV 12 (im Bereich der Ehrverletzungen verfügt die Presse grundsätzlich über keine Vorzugsstellung), 105 IV 118; vgl. zu StGB alt Art. 27 Ziff. 5: BGE 106 IV 164 (hingegen geniesst die Presse insofern ein Privileg, als der Berichterstatter öffentlicher Verhandlungen einer Behörde dort geäusserte ehrenrührige Behauptungen straflos weiterverbreiten darf, StGB Art. 28 Abs. 4), vgl. auch BGE 117 IV 28 = Pr 81 (1992) Nr. 190. Ehrverletzungdelikte sind zudem verfassungskonform auszulegen, d.h. das Gewicht der Meinungs- und Informationsfreiheit (BV Art. 16) sowie der Medienfreiheit (BV Art. 17) sind mit zu berücksichtigen: BGE 104 IV 11, 131 IV 160. Bei Äusserungen in Presseerzeugnissen ist auf den Eindruck des unbefangenen Durchschnittslesers mit durchschnittlichem Wissen und gesunder Urteilskraft abzustellen. An den Ehrverletzungsvorsatz sind in Fällen, in denen verschiedene Interpretationen des Textes möglich sind, gerade auch unter Berücksichtigung der Presse- und Meinungsfreiheit, hohe Anforderungen zu stellen: Pr 85 (1996) Nr. 242.

Art. 173 Ziff. 1: *Zur Form* der Beschuldigung oder Verdächtigung vgl. StGB Art. 176. Erfasst werden auch Äusserungen von Parteien, Anwälten und Zeugen im Prozess (BGE 80 IV 57, 86 IV 75, 98 IV 90, 109 IV 40, dagegen aber SJZ 73 [1977] 85) sowie in der Begründung von Entscheiden der Gerichte und Verwaltungsbehörden (BGE 98 IV 92, 106 IV 182). Doch sind sie allenfalls durch einen Rechtfertigungsgrund gedeckt (vgl. unten zu Ziff. 2 und 3). – Wer seinem Anwalt bei der Prozessinstruktion ehrverletzende Angaben über die Gegenpartei macht, die jener dann in einer Rechtsschrift verwendet, gilt in der Regel als Beteiligter an der Ehrverletzung: BGE 110 IV 88 (fragwürdig). – Die *angegriffene Person* braucht nicht namentlich genannt zu sein. Es genügt, wenn nach den Umständen erkennbar ist, auf wen sich die Äusserung bezieht: BGE 92 IV 96, 99 IV 149, 105 IV 117. – Zum Begriff des *«andern»:* BGE 86 IV 209 (auch der zu instruierende Anwalt des Täters), 96 IV 194 (das Kind im Verhältnis zu seinen Eltern), 103 IV 23 (die zur Überprüfung der Anschuldigung zuständige Behörde). Macht der Täter die Äusserung dem Verletzten gegenüber, so muss er mindestens damit rechnen und es in Kauf nehmen, dass anwesende Dritte sie vernehmen könnten: BGE 73 IV 175. *Vollendet* ist die Tat damit, dass jemand die Äusserung zur Kenntnis nimmt: BGE 102 IV 38.

Weiterverbreitung einer Beschuldigung oder einer Verdächtigung: Mitteilung an eine einzige Person genügt. Die Strafbarkeit eines solchen Verhaltens wird nicht dadurch ausgeschlossen, dass man die Quelle der Information nennt (BGE 118 IV 160, vgl. schon BGE 82 IV 79) oder deren Richtigkeit bezweifelt (BGE 102 IV 181).

Die Eignung zur Rufschädigung entfällt nicht, wenn bloss bereits Bekanntes weiterverbreitet wird: BGE 73 IV 30. Unerheblich ist es, ob der Dritte die Unwahrheit der Äusserung sofort erkennt oder nach den konkreten Umständen zu erwarten ist, er werde sie sofort erkennen: BGE 103 IV 23.

Der *Vorsatz* braucht sich nicht auf die tatsächliche Schädigung des Rufes (Beleidigungsabsicht) zu beziehen; es genügt, wenn der Täter sich der Ehrenrührigkeit seiner Behauptung bewusst gewesen ist und sie trotzdem erhoben hat: BGE 92 IV 97, 119 IV 47.

Verhältnis zu StGB Art. 303 (falsche Anschuldigung): Diese Bestimmung ist ausschliesslich anzuwenden, wenn ihre Voraussetzungen erfüllt sind: BGE 69 IV 116, 76 IV 245 (Bestrafung nach StGB Art. 173, wenn kein direkter Vorsatz in Bezug auf die Unwahrheit der Anschuldigung nachweisbar ist).

Ziff. 2 und 3: Die Entlastungsbeweise werden nur ausgeschlossen, wenn kumulativ einerseits eine begründete Veranlassung für die Äusserung fehlt und andererseits der Täter in der überwiegenden Absicht, Übles vorzuwerfen, gehandelt hat: BGE 116 IV 37. – *Begründete Veranlassung:* Eine solche muss objektiv bestanden haben *und* Beweggrund für die Äusserung gewesen sein: BGE 89 IV 191 (vgl. aber auch BGE 82 IV 98, 101 IV 294). Diese kann sich auch auf das Privat- und Familienleben des Verletzten beziehen: BGE 81 IV 284. Bejaht für die Information künftiger Arbeitgeber über die vom Bewerber um eine Vertrauenswürdigkeit erheischende Stellung begangenen Diebstähle (BGE 81 IV 283), der Öffentlichkeit über Vorwürfe, die für die Eignung eines Wahlkandidaten für das zu besetzende Amt von Bedeutung sind (BGE 82 IV 97), eines Zahnarztes über die Zahlungswilligkeit einer Patientin, um dem Anfragenden einen Dienst zu erweisen (BGE 89 IV 192), für die Verbreitung eines Flugblattes, um den eines Diebstahls beschuldigten Chef einer Verwaltungsabteilung aus dem Amt zu entfernen (BGE 101 IV 295), um fremdenfeindliche Tendenzen einer Partei aufzudecken (SJZ 84 [1988] 377), vgl. auch BGE 98 IV 95 betr. begründete Veranlassung zu ehrverletzenden Äusserungen in der Begründung eines Gerichtsurteils und BGE 82 IV 96, wonach bestehende Beleidigungsabsicht begründete Veranlassung nicht ausschliesst, RS 1985 Nr. 876 (Wahrung berechtigter Interessen im Scheidungsprozess). – *Beleidigungsabsicht* darf nicht allein aus dem Fehlen einer begründeten Veranlassung gefolgert werden: BGE 82 IV 96; sie liegt vor, wenn es dem Täter vorwiegend darum ging, jemanden zu Fall zu bringen und ihn als Delinquenten zu schmähen: BGE 101 IV 294, vgl. auch BGE 116 IV 37. – Da sich der zivilrechtliche Persönlichkeitsschutz und der strafrechtliche Ehrenschutz nicht decken, kann der Täter nicht allein deshalb vom Entlastungsbeweis ausgeschlossen werden, weil die ehrverletzende Äusserung – selbst wenn sie wahr wäre – unter dem Aspekt des zivilrechtlichen Persönlichkeitsschutzes widerrechtlich ist: BGE 122 IV 314 (Verfassen eines Gesamtbildes vom «wohl bekanntesten Gefangenen der Schweiz», gegen den weitere Strafprozesse bevorstanden). – Die Unschuldsvermutung in einem Strafprozess hat keinen Einfluss auf die Zulassung zum *Entlastungsbeweise,* sondern höchstens auf die Frage, mit welchen Mitteln er zu führen ist bzw. ob er als erbracht gelten kann: BGE 122 IV 315.

Der *Wahrheitsbeweis* ist erbracht, wenn alle wesentlichen Punkte der Äusserung bewiesen sind; verhältnismässig unbedeutende Übertreibungen werden nicht geahndet. Erforderlich ist der Nachweis der ehrenrührigen *Tatsachen,* nicht bloss der Verdachtsmomente: BGE 102 IV 180. Bei einem *gemischten Werturteil* ist der Wahrheitsbeweis erbracht, wenn die im gemischten Werturteil enthaltene Tatsachenbehauptung wahr und deshalb das Werturteil sachlich vertretbar ist: BGE 121 IV 76. Im Gegensatz zum Gutglaubensbeweis kann der Wahrheitsbeweis sich auf Umstände stützen, die dem Täter erst nach der eingeklagten Äusserung bekannt werden oder sich aus einer späteren Abklärung ergeben: BGE 106 IV 116, 122 IV 315. Der Wahrheitsbeweis bezüglich eines behaupteten Deliktes oder eines diesbezüglich geäusserten Verdachtes ist grundsätzlich durch die entsprechende Verurteilung zu erbringen; es sei denn, gegen den Beschuldigten oder Verdächtigten habe aus irgendeinem

Grunde (z.B. wegen Verjährung) kein Strafverfahren durchgeführt werden können: BGE 106 IV 117, 109 IV 36. Ein im Zeitpunkt der Äusserung gefälltes Strafurteil reicht auch dann aus, wenn es infolge Anfechtung mit einem *unvollkommenen* Rechtsmittel noch nicht rechtskräftig ist: BGE 122 IV 319. Bei *Nichtverhinderung einer strafbaren Veröffentlichung* (StGB Art. 322bis) ist auch der gemäss StGB Art. 28 Abs. 2 und 3 Verantwortliche zum Wahrheitsbeweis unter den Voraussetzungen von StGB Art. 174 Abs. 3 zugelassen, seinem guten Glauben ist hingegen im Zusammenhang mit der Prüfung der fahrlässigen Tatbegehung (StGB Art. 322bis Satz 2) Rechnung zu tragen (kein Gutglaubensbeweis): BGE 130 IV 121.

Gutglaubensbeweis: Ihm steht nicht entgegen, dass über die dem Verletzten vorgeworfene angebliche Straftat eine Strafuntersuchung durchgeführt wurde, die mit der Einstellung endete; doch muss der Täter besonders sorgfältig prüfen, ob er wirklich genügend ernsthafte Gründe habe, seine Verdächtigungen erneut vorzubringen: BGE 101 IV 295. Der Angeklagte genügt seiner Beweispflicht nicht, wenn er nachweist, dass er die Tatsachen, auf die er seinen Verdacht gestützt hat, für wahr halten durfte. Er muss darüber hinaus dartun, dass er gestützt auf diese Tatsachen den Antragsteller in guten Treuen des ehrenrührigen Verhaltens verdächtig halten durfte. Davon ist nicht immer schon dann abzusehen, wenn der Täter in seiner Äusserung seine Verdachtsgründe bekannt gibt: BGE 102 IV 183, vgl. BGE 124 IV 151 = Pr 87 (1998) Nr. 141. *Anforderungen an ernsthafte Gründe, die Äusserung in guten Treuen für wahr zu halten:* Die erforderliche Informations- und Sorgfaltspflicht sowie der nötige Grad der Überzeugung bzw. des Verdachtes sind unter Berücksichtigung der Umstände des Einzelfalles (insbesondere Wert der wahrgenommenen Interessen, Möglichkeit ihrer Wahrung in anderer Weise, fehlende oder bestehende Beleidigungsabsicht, vorhandene besondere Fähigkeit zur richtigen Einschätzung der Verdachtsmomente) zu beurteilen: BGE 102 IV 185, 124 IV 151 = Pr 87 (1998) Nr. 141, vgl. BGE 118 IV 163 und 125 IV 302 (betr. Publikationen wissenschaftlichen Inhalts). Zu besonderer Sorgfalt ist verpflichtet, wer Äusserungen ohne Vorliegen eines öffentlichen Interesses durch die Presse oder Flugblätter verbreitet: BGE 104 IV 16, s. auch BGE 105 IV 118, vgl. ferner SJZ 71 (1975) 162. Geringere Anforderungen werden gestellt, wenn der Täter mit der Äusserung berechtigte Interessen verfolgt: BGE 116 IV 208. Indessen ist auch dem Anwalt im Prozess untersagt, Anschuldigungen als sichere Tatsachen hinzustellen, wenn bloss Grund zu Verdächtigung besteht, BGE 109 IV 39. Besondere Zurückhaltung ist ferner dem Journalisten aufzuerlegen, der jemanden ohne bereits erfolgte Verurteilung strafbarer Handlungen bezichtigt: BGE 116 IV 33. Diese Berufsgattung geniesst keine Sonderstellung: BGE 117 IV 29, 118 IV 161. Keine hohen Anforderungen sind zu stellen, wenn gegen den Anzeigeerstatter aufgrund seiner Anzeige eine Klage erhoben wurde (BGE 116 IV 205). – Der Beweis der guten Treue kann nicht mit Tatsachen geführt werden, die erst nach den ehrverletzenden Äusserungen eingetreten sind: BGE 102 IV 182, 106 IV 116, 107 IV 35, BGE 124 IV 150 = Pr 87 (1998) Nr. 141. – Wer den Gutglaubensbeweis erbringt, ist freizusprechen: BGE 119 IV 48.

Die *allgemeinen Rechtfertigungsgründe* des StGB haben den Vorrang vor dem Entlastungsbeweis: BGE 106 IV 181. Als solche kommen in Betracht *Amtspflichten:* BGE 72 IV 178 (Lehrer), 76 IV 25 und 123 IV 98 (Polizeibeamter), 106 IV 181 (Begründung von Entscheiden der Gerichts- und Verwaltungsbehörden), 108 IV 95 (Information der Öffentlichkeit durch Behörden). Vorausgesetzt wird dabei, dass die Äusserung in Erfüllung der Amtspflicht erfolgt, sachbezogen ist, nicht eindeutig über das Notwendige hinausgeht, nicht unnötig verletzend ist und nicht wider besseres Wissen geschieht: BGE 123 IV 98. *Berufspflichten:* BGE 109 IV 40, 131 IV 154 (Voraussetzungen der Rechtfertigung ehrverletzender Tatsachenbehauptungen von Anwälten in Prozessen); Darlegungs- und Behauptungspflichten der Parteien sowie ihrer Anwälte in Prozessen: BGE 116 IV 213, 118 IV 250, 131 IV 154; gesetzliche *Pflicht zur Zeugenaussage:* BGE 80 IV 60, SJZ 74 (1978) 128. – *Ausgeschlossen* ist dagegen in der Regel Berufung auf den übergesetzlichen Rechtfertigungsgrund der Wahrung berechtigter Interessen (BGE 85 IV 183, 109 IV 42, relativiert in BGE 118 IV 162), auf Beweisnotstand (BGE 92 IV 98) und auf die Pflicht einer Partei im Zivilprozess, möglichst genaue Angaben zur Verdeutlichung ihres Rechtsstandpunktes zu machen (BGE 98 IV 88). Ebensowenig sind ehrverletzende Tatsachenbehauptungen über einen anderen gerechtfertigt, wenn sie einer Behörde, deren Aufsicht dieser untersteht, im Sinne einer zu überprüfenden Anzeige unterbreitet werden (BGE 103 IV 22, fraglich).

Ziff. 4: Bedingung für die Anwendung dieser Bestimmung ist, dass der Täter seine Äusserung als unwahr (also nicht bloss unbewiesen) zurücknimmt und die Ehre des Verletzten wieder herstellt: BGE 112 IV 28.

Ziff. 5: Es genügt die Feststellung in den *Urteilserwägungen,* dass der Wahrheitsbeweis nicht erbracht worden sei: BGE 80 IV 251. Keine Beschwerde in Strafsachen ans BGer des Freigesprochenen oder straflos Erklärten gegen eine Feststellung i.S. von StGB Art. 173 Ziff. 5, vgl. zur altrechtlichen Nichtigkeitsbeschwerde: BGE 79 IV 90, vgl. aber BGE 96 IV 66, wohl aber des Verletzten gegen den Verzicht auf eine solche Feststellung: BGE 121 IV 81.

Art. 174 Verleumdung

1. Wer jemanden wider besseres Wissen bei einem andern eines unehrenhaften Verhaltens oder anderer Tatsachen, die geeignet sind, seinen Ruf zu schädigen, beschuldigt oder verdächtigt,

wer eine solche Beschuldigung oder Verdächtigung wider besseres Wissen verbreitet.

wird, auf Antrag, mit Freiheitsstrafe bis zu drei Jahren oder Geldstrafe bestraft.

2. Ist der Täter planmässig darauf ausgegangen, den guten Ruf einer Person zu untergraben, so wird er mit Freiheitsstrafe bis zu drei Jahren oder mit Geldstrafe nicht unter 30 Tagessätzen bestraft.

3. Zieht der Täter seine Äusserungen vor dem Richter als unwahr zurück, so kann er milder bestraft werden. Der Richter stellt dem Verletzten über den Rückzug eine Urkunde aus.

Art. 174 Ziff. 1: Die Behauptung des Täters muss objektiv falsch sein. Zur *Form* der Beschuldigung vgl. StGB Art. 176, zu den Begriffen «jemanden» und «anderer» vgl. Bem. zu StGB Art. 173 Ziff. 1. StGB Art. 174 verlangt direkten Vorsatz in Bezug auf die Unwahrheit der Äusserung; hielt der Täter diese bloss für möglicherweise unrichtig, so kommt nur StGB Art. 173 in Betracht: BGE 76 IV 244. StGB Art. 174 steht zu StGB Art. 307 (falsches Zeugnis) in Idealkonkurrenz, wird indessen von StGB Art. 303 (falsche Anschuldigung) konsumiert: BGE 80 IV 58.

Ziff. 2: Planmässigkeit des Vorgehens begründet kein Dauerdelikt: BGE 93 IV 94. Anwendungsfall RS 1948 Nr. 82.

Art. 175 Üble Nachrede oder Verleumdung gegen einen Verstorbenen oder einen verschollen Erklärten

¹ Richtet sich die üble Nachrede oder die Verleumdung gegen einen Verstorbenen oder einen verschollen Erklärten, so steht das Antragsrecht den Angehörigen des Verstorbenen oder des verschollen Erklärten zu.

² Sind zur Zeit der Tat mehr als 30 Jahre seit dem Tode des Verstorbenen oder seit der Verschollenerklärung verflossen, so bleibt der Täter straflos.

Art. 175: Vgl. StGB Art. 110 Abs. 1 (Angehörige). Anwendungsfall: BGE 118 IV 156.

Art. 176 Gemeinsame Bestimmung

Der mündlichen üblen Nachrede und der mündlichen Verleumdung ist die Äusserung durch Schrift, Bild, Gebärde oder durch andere Mittel gleichgestellt.

Art. 177 Beschimpfung

¹ Wer jemanden in anderer Weise durch Wort, Schrift, Bild, Gebärde oder Tätlichkeiten in seiner Ehre angreift, wird, auf Antrag, mit Geldstrafe bis zu 90 Tagessätzen bestraft.

² Hat der Beschimpfte durch sein ungebührliches Verhalten zu der Beschimpfung unmittelbar Anlass gegeben, so kann der Richter den Täter von Strafe befreien.

³ Ist die Beschimpfung unmittelbar mit einer Beschimpfung oder Tätlichkeit erwidert worden, so kann der Richter einen oder beide Täter von Strafe befreien.

Art. 177 Abs. 1: Der Tatbestand erfasst einerseits ehrenrührige Tatsachenbehauptungen ausschliesslich gegenüber dem Verletzten selber, andererseits ehrverletzende Werturteile diesem sowie Dritten gegenüber (vgl. dazu BGE 92 IV 98, 93 IV 23, 104 IV 169). Zurückhaltung ist bei der Annahme einer Beschimpfung bei Äusserungen in einer politischen Auseinandersetzung geboten: BGE 116 IV 149, eingeschränkt bei anonymer Plakatkampagne: BGE 128 IV 57. Strafbar ist auch die Beschimpfung einer juristischen Person oder Kollektivgesellschaft, selbst wenn sie nur an deren eigene Adresse erfolgte: BGE 114 IV 16. Das Versenden eines E-Mails mit pornografischem Inhalt unter Vortäuschung einer fremden Urheberschaft kann als Beschimpfung des vorgetäuschten Urhebers qualifiziert werden: BGer vom 21.08.2002, 6S.147/2002. Der Betroffene muss in der Äusserung nicht namentlich genannt, sondern nur nach den Umständen erkennbar sein: BGE 92 IV 96. Durch die Beschimpfung einer Frau kann auch ihr *Ehemann verletzt* werden, sofern der Täter mit der Äusserung vorwiegend ihn treffen will: BGE 92 IV 117 («Hure»), vgl. auch BGE 86 IV 82. *Täterschaft:* BGE 104 IV 169 (Bejahung der Mittäterschaft der Organisatoren einer Kundgebung, die ein Transparent mit ehrverletzendem Text zuliessen). Beschimpfung durch Gebärde: vgl. BGE 103 IV 172. Bei einer bildlichen Darstellung ist auf die Bedeutung abzustellen, die ihr ein unbefangener Betrachter aufgrund der Umstände beilegen muss und nicht auf den Sinn, den ihr die von der Darstellung betroffene Person zumisst. Ehrverletzend ist eine Darstellung erst, wenn die persönliche sittliche Qualität des Angegriffenen herabgewürdigt wird, dies ist bei Karikaturen und Satire nur unter erschwerten Voraussetzungen gegeben. Eine bildliche Darstellung aus dem Intimbereich der abgebildeten Personen ist für sich allein nicht ehrverletzend: SJZ 100 (2004) 95 = ZR 103 (2004) Nr. 18. *Vorsatz:* Der Täter braucht nur zu wissen, dass sein Werturteil ehrenrührig ist, nicht auch, dass es ungerechtfertigt ist: BGE 79 IV 22, vgl. auch BGE 93 IV 23. Verhältnis zu *Tätlichkeiten* (StGB Art. 126): BGE 82 IV 180, wonach Strafbefreiung nach StGB Art. 177 Abs. 3 auch in Bezug auf StGB Art. 126 möglich ist.

Entlastungsbeweise: Bei einem sog. gemischten Werturteil ist der Täter nicht strafbar, wenn er bezüglich der ihm zugrundeliegenden Tatsachenbehauptung den Entlastungsbeweis erbringt (vgl. Bem. zu StGB Art. 173 Ziff. 2 und 3) und das daran anknüpfende Werturteil für sachlich vertretbar halten durfte: BGE 93 IV 23, 121 IV 83, vgl. auch BJM 1982, 142 und SJZ 86 (1990) 107. – Bei ehrenrührigen Tatsachenbehauptungen gegenüber dem Verletzten sind StGB Art. 173 Ziff. 2 und 3 analog anwendbar: BGE 74 IV 101, SJZ 86 (1990) 107.

Zu Abs. 2 und 3: Es handelt sich nicht um Rechtfertigungsgründe, sondern um fakultative Strafbefreiungsgründe (BGE 109 IV 43).

Abs. 2: Die Berücksichtigung der Provokation – ein fakultativer Strafbefreiungsgrund (BGE 109 IV 43) – setzt nach BGE 83 IV 151 voraus, dass der Täter sie unmittelbar beantwortet, d.h. in der durch das ungebührliche Verhalten erregten Gemütsbewegung und ohne Zeit zu ruhiger Überlegung zu haben (wohl zu eng). Vgl. auch BGE 74 IV 101. Die Bestimmung ist auch bei bloss irrtümlicher Annahme eines ungebührlichen Verhaltens anwendbar: BGE 117 IV 272 = Pr 82 (1993) Nr. 216.

Abs. 3: Retorsion (fakultativer Strafbefreiungsgrund: BGE 109 IV 43). – Bei der unmittelbaren Beantwortung (vgl. hierzu RS 1983 Nr. 452) kann der Richter von Strafe absehen, wenn die streitenden Teile sich schon an Ort und Stelle Gerechtigkeit verschafft haben und der Streit zu unbedeutend ist, als dass das öffentliche Interesse nochmalige Sühne verlangen würde: BGE 72 IV 21, vgl. auch BGE 82 IV 181. – Die Bestimmung ist auch anwendbar bei Tätlichkeiten im Sinne von StGB Art. 126: BGE 72 IV 21, 108 IV 50; zum Begriff der Unmittelbarkeit: RS 1983 Nr. 452.

Art. 178   Verjährung

¹ Die Verfolgung der Vergehen gegen die Ehre verjährt in vier Jahren.
² Für das Erlöschen des Antragsrechts gilt Artikel 31.

Art. 178: Vgl. StGB Art. 97 f. – Bei Ehrverletzung durch Strafanzeige: BGE 94 IV 21. Bei wiederholten Angriffen auf eine Person beginnt die Verjährung regelmässig für jede Ehrverletzung in deren Zeitpunkt: BGE 119 IV 199 (keine Einheitstat).

Abs. 2: Vgl. RS 1984 Nr. 669.

Art. 179   2. Strafbare Handlungen gegen den Geheim- oder Privatbereich. Verletzung des Schriftgeheimnisses

Wer, ohne dazu berechtigt zu sein, eine verschlossene Schrift oder Sendung öffnet, um von ihrem Inhalte Kenntnis zu nehmen,

wer Tatsachen, deren Kenntnis er durch Öffnen einer nicht für ihn bestimmten verschlossenen Schrift oder Sendung erlangt hat, verbreitet oder ausnützt, wird, auf Antrag, mit Busse bestraft.

Art. 179 ff.: Vom Kreis der möglichen Täter sind Beamte sowie Angestellte und Hilfspersonen einer Organisation ausgenommen, die Post- oder Fernmeldedienste erbringt. Sie unterstehen der Strafbestimmung von StGB Art. 321ter (Verletzung des Post- und Fernmeldegeheimnisses).

Art. 179 Abs. 1: Tatobjekte sind Schriften oder Sendungen beliebigen Inhalts, die aber stets verschlossen sein müssen, was auf E-Mails trotz eines allfälligen Code- oder Passwortschutzes nicht zutrifft (vgl. auch BGE 126 I 65).

Wird auf dem an eine Institution adressierten Umschlag der Vermerk «zu Handen von ...» angebracht, bedeutet dies nach der Verkehrsübung regelmässig nicht, dass nur die betreffende Person zur Öffnung des Briefes berechtigt sein soll: BGE 114 IV 17, wonach dies jedenfalls auch ihrem Vorgesetzten zusteht.

Abs. 2: Ausnützung ist jede auf Erlangung irgendeines, auch nicht notwendigerweise pekuniären Vorteils gerichtete Benutzung der durch Öffnen der Schrift erlangten Kenntnis. Dem so handelnden Vorgesetzten ist das Öffnen auch dann wie eigenes Verhalten anzurechnen, wenn es aus generellem Auftrag oder mit Duldung der Geschäftsleitung durch einen Untergebenen erfolgt: BGE 88 IV 146 (problematisch).

Abs. 3: Strafantragsberechtigt ist nur der Adressat des Briefes, nicht der Dritte, an den dessen Inhalt weiterzuleiten war: BGE 101 IV 406.

Art. 179bis Abhören und Aufnehmen fremder Gespräche

Wer ein fremdes nichtöffentliches Gespräch, ohne die Einwilligung aller daran Beteiligten, mit einem Abhörgerät abhört oder auf einen Tonträger aufnimmt,

wer eine Tatsache, von der er weiss oder annehmen muss, dass sie auf Grund einer nach Absatz 1 strafbaren Handlung zu seiner Kenntnis gelangte, auswertet oder einem Dritten bekanntgibt,

wer eine Aufnahme, von der er weiss oder annehmen muss, dass sie durch eine nach Absatz 1 strafbare Handlung hergestellt wurde, aufbewahrt oder einem Dritten zugänglich macht,

wird, auf Antrag, mit Freiheitsstrafe bis zu drei Jahren oder Geldstrafe bestraft.

Zu Art. 179bis und 179ter: Geschützt ist die Betätigung und Entfaltung der Persönlichkeit bei einem nichtöffentlichen Gespräch mit Rücksicht auf die Unbefangenheit und Vertraulichkeit der Äusserungen: BGE 111 IV 66 Erw. 2. Nicht massgebend ist sein Inhalt; auch Erklärungen beruflicher oder amtlicher Natur (z.B. bei einer polizeilichen Einvernahme) fallen darunter, abweichend BGE 108 IV 162, offengelassen in BGE 111 IV 66. Ob sich die Beteiligten direkt oder telefonisch unterhalten, ist ohne Bedeutung; nicht erfasst sind aber Kommunikationsformen ausserhalb der Gesprächsform wie Telefax oder E-Mail.

Nichtöffentlich ist das Gespräch, wenn es nicht an die Allgemeinheit gerichtet ist und nur in einem in personeller Beziehung abgegrenzten Kreis gehört werden kann (a.M. BGE 108 IV 163, wonach nur Gespräche im privaten Bereich geschützt seien, nicht aber solche amtlicher Natur wie z.B. polizeiliche

Einvernahmen). Bei Übermittlung über Funk ist entscheidend, ob die benutzte Frequenz nur mit Spezialempfängern abgehört werden kann: BGE 118 IV 71. Öffentlich ist z.B. eine der Allgemeinheit zugängliche Gerichtsverhandlung: ZR 75 (1976) Nr. 37; vgl. auch BGE 111 IV 67, wo die Frage in Bezug auf die Versammlung einer Kirchgemeinde offengelassen wird.

Nicht erfasst wird das Mithören und Aufnehmen von Funkgesprächen auf unerlaubten Frequenzen durch Telecom-Spezialisten zu Beweiszwecken: BGE 118 IV 70.

Strafantragsberechtigt ist einzig der Gesprächspartner, ohne dessen Einwilligung die nichtöffentliche Äusserung aufgenommen wird: BGE 111 IV 65 (keine Legitimation der Kirchgemeinde, in deren Versammlung das Tonband aufgenommen wurde).

Im *Prozess* ist das Tonband als Augenscheinsobjekt zu qualifizieren. Seiner rechtmässigen Verwendung als Beweismittel sind beim Fehlen von Rechtfertigungsgründen (StGB Art. 15 und 17) enge Grenzen gesetzt: SJZ 71 (1975) 60. Heimliche Abhörungen der Gespräche zwischen Mitbeschuldigten oder zwischen dem Angeschuldigten und seinem Verteidiger verstossen gegen elementare Verfahrensgrundsätze: SJZ 82 (1986) 253, ZBJV 88 (1952) 83. Im Übrigen sind im Strafprozess die Interessen an der Verbrechensaufdeckung und der Wahrung der Persönlichkeitsrechte gegeneinander abzuwägen: BGE 109 Ia 244 (dazu EuGRZ 15 [1988] 390), RS 1987 Nr. 184. – Für den Zivilprozess vgl. SJZ 61 (1965) 13, ZR 66 (1967) Nr. 36 (Beweisverwertungsverbot), ZR 82 (1983) Nr. 33 (Verwertbarkeit nach dem Prinzip der Interessenabwägung).

Art. 179bis Abs. 1: Der Ausgangs- oder Grundtatbestand besteht im Abhören mittels technischer Einrichtungen jeder Art (Mikrophone, Minisender, Tonübertragung mittels Laserstrahlen), welche das *fremde* nichtöffentliche Gespräch durch Verstärkung oder Übertragung hörbar machen, oder in der Aufnahme gesprochener Worte auf einen Tonträger (Tonband, CD). – *Fremd* ist ein Gespräch auch für das Personal, welches Konferenzteilnehmer bedient, oder für jemanden, der mit einem in der ehelichen Wohnung installierten Gerät die Telefongespräche seiner Frau aufnimmt: RS 1979 Nr. 768. – Rechtfertigungsgrund: Das blosse Interesse an der Beweissicherung für einen Zivilprozess ist ungenügend (SJZ 71 [1975] 60, anders bezgl. dem «Beweisnotstand» Sem 108 [1986] 636).

Abs. 2 bzw. 3 sind erfüllt, wenn der Täter eine gemäss Abs. 1 verbotenerweise hergestellte Tonaufnahme auswertet (z.B. durch Erstellen von Abschriften oder Kopien), einem Dritten zur Kenntnis bringt (z.B. durch Abspielen), sie aufbewahrt oder einem Dritten die Möglichkeit verschafft, den Tonträger zu behändigen. Eine mündliche Wiedergabe des im Sinne von Abs. 1 abgehörten Gespräches ist nicht tatbestandsmässig.

Der Dritte, der die Aufzeichnung zur Kenntnis nimmt, ist als notwendiger Teilnehmer nicht strafbar, wenn er nicht als Anstifter oder Gehilfe handelt.

Der Täter, der sowohl die Ausgangshandlung nach Abs. 1 wie auch die Anschlusshandlungen nach Abs. 2 und 3 verübt, ist für beide Verhaltensweisen zur Verantwortung zu ziehen, sofern es sich nicht um das blosse Aufbewahren der Aufnahme handelt, was als mitbestrafte Nachtat zu gelten hat.

Art. 179ter Unbefugtes Aufnehmen von Gesprächen

Wer als Gesprächsteilnehmer ein nichtöffentliches Gespräch, ohne die Einwilligung der andern daran Beteiligten, auf einen Tonträger aufnimmt, wer eine Aufnahme, von der er weiss oder annehmen muss, dass sie durch eine nach Absatz 1 strafbare Handlung hergestellt wurde, aufbewahrt, auswertet, einem Dritten zugänglich macht oder einem Dritten vom Inhalt der Aufnahme Kenntnis gibt,

wird, auf Antrag, mit Freiheitsstrafe bis zu einem Jahr oder Geldstrafe bestraft.

Art. 179ter: Diese Bestimmung wendet sich gegen den Täter, der als *Teilnehmer* eines Gesprächs ohne Wissen oder gegen den Willen des Partners dessen nichtöffentliche Äusserungen auf einen Tonträger aufnimmt (vgl. aber die Einschränkung im Schutz vor Aufzeichnungen von Telefongesprächen gemäss StGB Art. 179quinquies). Strafbar sind ferner die im Anschluss an Abs. 1 verübten Nachfolgehandlungen.

Art. 179quater Verletzung des Geheim- oder Privatbereichs durch Aufnahmegeräte

Wer eine Tatsache aus dem Geheimbereich eines andern oder eine nicht jedermann ohne weiteres zugängliche Tatsache aus dem Privatbereich eines andern ohne dessen Einwilligung mit einem Aufnahmegerät beobachtet oder auf einen Bildträger aufnimmt,

wer eine Tatsache, von der er weiss oder annehmen muss, dass sie auf Grund einer nach Absatz 1 strafbaren Handlung zu seiner Kenntnis gelangte, auswertet oder einem Dritten bekannt gibt,

wer eine Aufnahme, von der er weiss oder annehmen muss, dass sie durch eine nach Absatz 1 strafbare Handlung hergestellt wurde, aufbewahrt oder einem Dritten zugänglich macht,

wird, auf Antrag, mit Freiheitsstrafe bis zu drei Jahren oder Geldstrafe bestraft.

Art. 179quater: Schutzobjekt bildet das private Eigenleben des Individuums, soweit es sich auf den Intim-(Geheim-)Bereich oder auf Lebensverhältnisse bzw. auf Tatsachen bezieht, die nur einem begrenzten Personenkreis zugänglich sind. Das trifft grundsätzlich auf Tatsachen und Vorgänge innerhalb der dem Hausrecht unterstehenden Bereiche (vgl. StGB Art. 186) zu, nach BGE 118 IV 49 auch auf Vorplätze von Häusern. Gleichgültig bleibt, ob sich der Beobachter innerhalb oder ausserhalb dieser Zonen befindet. Straflos nach der Bestimmung ist hingegen der Fernsehkorrespondent, der eine Person gegen ihren Willen an einem öffentlichen Ort (Eingang Gericht) aufnimmt: RS 2004 Nr. 468. Geschützt wird auch ein im Privatbereich befindlicher Leichnam: BGE 118 IV 322. Die Tathandlung besteht in der Beobachtung solcher nur mit einiger Mühe feststellbarer Verhältnisse mit Hilfe eines Aufnahmegeräts (z.B. Fernsehkamera, nicht aber Fernrohr oder Feldstecher) oder in der bildlichen Fixierung der geschützten Tatsachen und Vorgänge, z.B. durch Aufnahmen mit einem Teleobjektiv. Beobachten durch einen sog. Einwegspiegel genügt nicht: BGE 117 IV 32. – Die Einwilligung des Betroffenen schliesst die Tatbestandsmässigkeit aus. – Strafbar sind ferner die in Abs. 2 und 3 umschriebenen Anschlusshandlungen.

Art. 179quinquies Nicht strafbares Aufnehmen

¹ Weder nach Art. 179bis Absatz 1 noch nach Art. 179ter Absatz 1 macht sich strafbar, wer als Gesprächsteilnehmer oder Abonnent eines beteiligten Anschlusses Fernmeldegespräche:

a. mit Hilfs-, Rettungs- und Sicherheitsdiensten aufnimmt;
b. im Geschäftsverkehr aufnimmt, welche Bestellungen, Aufträge, Reservationen und ähnliche Geschäftsvorfälle zum Inhalt haben.

² Hinsichtlich der Verwertung der Aufnahmen gemäss Absatz 1 sind die Art. 179bis Absätze 2 und 3 sowie 179ter Absatz 2 sinngemäss anwendbar.

Art. 179quinquies: Vgl. Bem. zu StGB Art. 150bis. StGB Art. 179bis und 179ter sanktionieren die Aufzeichnung eines nicht öffentlichen Telefongesprächs, falls diese ohne Einwilligung aller daran Beteiligten erfolgt. StGB Art. 179quinquies umschreibt die straflosen Ausnahmen.

Abs. 1: Nach lit. a sind Aufzeichnungen von Notrufen für Hilfs-, Rettungs- und Sicherheitsdienste von der Strafbarkeit ausgenommen. Diese Regelung trägt dem Umstand Rechnung, dass die systematische Aufzeichnung der bei Ambulanzzentralen, Polizei, Feuerwehr usw. eingehenden Notrufe unabdingbar ist, um eine rasche und wirkungsvolle Intervention sicherzustellen. Mit dem Ziel, auch den Bedürfnissen des Wirtschaftslebens Rechnung zu tragen, ist neu überdies die Aufzeichnung von Gesprächen zulässig, welche im Rahmen des Geschäftsverkehrs erfolgen. Dies gilt allerdings nur, wenn sich der Geschäftsverkehr auf Bestellungen, Aufträge, Reservationen oder ähnliche Geschäftsvorfälle bezieht, was insbesondere bei Reiseveranstaltern, Hotels, Waren- und Versandhäusern oder im Bankverkehr, namentlich etwa im Devisenhandel der Fall sein kann. Bezweckt wird damit die Beweissicherung im Geschäftsverkehr. Werden in einem Gespräch derartige geschäftliche wie auch private Themen besprochen, so wird für die Straflosigkeit der Aufnahme massgebend sein, ob der geschäftliche Teil klarerweise überwiegt. Im Übrigen ändert StGB Art. 179quinquies nichts daran, dass sich die Aufzeichnung von Anrufen, die nicht nach Abs. 1 dieser Bestimmung straflos sind, allenfalls auf einen Rechtfertigungsgrund nach StGB Art. 14, 15 oder 17 stützen kann, wie etwa die polizeiliche Amtspflicht bei der Aufnahme der telefonisch übermittelten Forderungen und Instruktionen eines Erpressers: AJP 1998, 564.

Abs. 2: Durch die Regelung, wonach mit Bezug auf die Verwertung der Aufnahmen die StGB Art. 179bis Abs. 2 und 3 sowie 179ter Abs. 2 sinngemäss anwendbar sind, wird sichergestellt, dass die Straflosigkeit der Aufnahme des Gesprächs nicht ohne weiteres die Straflosigkeit ihrer späteren Verwertung zur Folge hat. Die Verwertung der Aufnahme ist vielmehr nur straflos, wenn sie im Rahmen des Zweckes erfolgt, der mit der Aufnahme verbunden war. Entsprechend macht sich strafbar, wer die Aufzeichnung zu einem anderen als dem zur Straflosigkeit der Aufnahme führenden Zweck auswertet, einem Dritten zugänglich macht oder einem Dritten vom Inhalt der Aufnahme Kenntnis gibt.

Art. 179sexies Inverkehrbringen und Anpreisen von Abhör-, Ton- und Bildaufnahmegeräten

1. Wer technische Geräte, die insbesondere dem widerrechtlichen Abhören oder der widerrechtlichen Ton- oder Bildaufnahme dienen, herstellt, einführt, ausführt, erwirbt, lagert, besitzt, weiterschafft, einem andern übergibt, verkauft, vermietet, verleiht oder sonst wie in Verkehr bringt oder anpreist oder zur Herstellung solcher Geräte Anleitung gibt,

wird mit Freiheitsstrafe bis zu drei Jahren oder Geldstrafe bestraft.

2. Handelt der Täter im Interesse eines Dritten, so untersteht der Dritte, der die Widerhandlung kannte und sie nicht nach seinen Möglichkeiten verhindert hat, derselben Strafandrohung wie der Täter.

Ist der Dritte eine juristische Person, eine Kollektiv- oder eine Kommanditgesellschaft oder eine Einzelfirma, so findet Absatz 1 auf diejenigen Personen Anwendung, die für sie gehandelt haben oder hätten handeln sollen.

Art. 179sexies Ziff. 1: Erfasst werden Geräte, die aufgrund ihrer Beschaffenheit zu illegalen Zwecken dienen können. Wichtigstes Charakteristikum ist die Tarnung, die es verunmöglicht, das Gerät wegen seiner äusseren Erscheinungsform in seiner eigentlichen Zweckbestimmung zu erkennen: SJZ 71 (1975) 210. Geräte zum Abhören von Funkgesprächen: SJZ 67 (1971) 106.

Ziff. 2: Mit dieser Bestimmung wird eine besondere Form strafbarer Beteiligung in der Form der Unterlassung erfasst.

Art. 179septies Missbrauch einer Fernmeldeanlage

Wer aus Bosheit oder Mutwillen eine Fernmeldeanlage zur Beunruhigung oder Belästigung missbraucht, wird, auf Antrag, mit Busse bestraft.

Art. 179septies: Missbräuchliche Verwendung des *Telefons* liegt vor bei häufigen Anrufen, die den Empfänger beunruhigen oder belästigen. Sie müssen nicht notwendigerweise anonym sein. Aus Bosheit handelt, wer die Tat begeht, weil ihm der Schaden oder die Unannehmlichkeiten, die er damit dem anderen zufügt, Freude bereiten. Mutwillen bedeutet leichtfertiges oder bedenkenloses Handeln, um eine momentane Laune zu befriedigen: BGE 121 IV 136 = Pr 85 (1996) Nr. 135. Verbale Äusserungen des Anrufers sind nicht erforderlich, auch das Schweigen kann bisweilen genügen. Lästige und beunruhigende Telefonate müssen eine gewisse minimale Intensität und/oder Schwere erreichen, um als strafbare Einwirkung auf die Persönlichkeitssphäre zu gelten. Dafür kann u.U. auch ein einziger Anruf genügen, etwa wenn dieser geeignet ist, beim Betroffenen eine schwere Beunruhigung auszulösen. Bei weniger schweren Einwirkungen ist eine gewisse Häufung der Einzelhandlungen erforderlich (BGE 126 IV 219). Der Strafantrag kann nur für Handlungen bis zum Zeitpunkt der Antragstellung wirksam werden: RS 1979 Nr. 769, 1990 Nr. 714.

Art. 179^octies Amtliche Überwachung, Straflosigkeit

¹ Wer in Ausübung ausdrücklicher, gesetzlicher Befugnis die Überwachung des Post- und Fernmeldeverkehrs einer Person anordnet oder durchführt oder technische Überwachungsgeräte (Art. 179bis ff.) einsetzt, ist nicht strafbar, wenn unverzüglich die Genehmigung des zuständigen Richters eingeholt wird.

² Die Voraussetzungen der Überwachung des Post- und Fernmeldeverkehrs und das Verfahren richten sich nach dem Bundesgesetz vom 6. Oktober 2000 betreffend die Überwachung des Post- und Fernmeldeverkehrs.

Art. 179octies: Vgl. BV Art. 13 Abs. 1: Schutz des Brief-, Post- und Fernmeldeverkehrs. Die Voraussetzungen der Überwachung des Post- und Fernmeldeverkehrs richten sich nach dem BÜPF. Gemäss dessen Art. 1 Abs. 1 gilt für alle Strafverfahren des Bundes und der Kantone das BÜPF, was für den Bundesstrafprozess in BStP Art. 66 wiederholt wird. Demgegenüber richtet sich der Einsatz von technischen Überwachungsgeräten, abgesehen von der Mindestvorschrift in StGB Art. 179octies Abs. 1, materiell und formell nach wie vor nach kantonalem Verfahrensrecht. In diesem Bereich ist das am 1. Januar 2005 in Kraft getretene Bundesgesetz über die verdeckte Ermittlung vom 20. Juni 2003 (BVE, SR 312.8) zu beachten.

Anforderungen an das kantonale Recht in Bezug auf die Bestimmtheit von grundrechtsbeschränkenden Normen: BGE 109 Ia 282, ZBl 96 (1985) 19. Die Verwendung technischer Überwachungsgeräte stellt – im Unterschied zum Einsatz von Lügendetektoren oder Narkoanalysen – keinen Eingriff in den Kernbereich der persönlichen Freiheit dar: BGE 109 Ia 288, ZBl 96 (1985) 19.

Art. 179^novies Unbefugtes Beschaffen von Personendaten

Wer unbefugt besonders schützenswerte Personendaten oder Persönlichkeitsprofile, die nicht frei zugänglich sind, aus einer Datensammlung beschafft, wird auf Antrag mit Freiheitsstrafe bis zu drei Jahren oder Geldstrafe bestraft.

Art. 179novies: Diese Bestimmung ist mit dem BG über den Datenschutz vom 19. Juni 1992 (DSG, SR 235.1) ins StGB eingefügt worden. Zum Begriff der besonders schützenswerten Personendaten und der Persönlichkeitsprofile vgl. DSG Art. 3 lit. c und d. Demnach sind unter Personendaten alle Angaben zu verstehen, welche sich auf eine bestimmte oder bestimmbare Person beziehen. Sie können in beliebiger Art (Registraturkasten, Akten, EDV-Anlagen usw.) gespeichert sein.

Vierter Titel: Verbrechen und Vergehen gegen die Freiheit

Art. 180 Drohung

¹ Wer jemanden durch schwere Drohung in Schrecken oder Angst versetzt, wird, auf Antrag, mit Freiheitsstrafe bis zu drei Jahren oder Geldstrafe bestraft.

² Der Täter wird von Amtes wegen verfolgt, wenn er:

a. der Ehegatte des Opfers ist und die Drohung während der Ehe oder bis zu einem Jahr nach der Scheidung begangen wurde; oder

a^{bis}. die eingetragene Partnerin oder der eingetragene Partner des Opfers ist und die Drohung während der eingetragenen Partnerschaft oder bis zu einem Jahr nach deren Auflösung begangen wurde; oder

b. der hetero- oder homosexuelle Lebenspartner des Opfers ist, sofern sie auf unbestimmte Zeit einen gemeinsamen Haushalt führen und die Drohung während dieser Zeit oder bis zu einem Jahr nach der Trennung begangen wurde.

Art. 180: Der Täter muss dem Opfer einen schweren Nachteil in Aussicht stellen und dieses, damit die Tat vollendet ist, tatsächlich in Angst oder Schrecken versetzen (vgl. BGE 81 IV 106, 99 IV 215). – Die Drohung braucht nicht ernstgemeint, sondern nur nach der Vorstellung des Täters wirksam zu sein: BGE 79 IV 64. – Auch eine Scheindrohung ohne tatsächliche Gefahr für das Opfer (z.B. Drohung mit ungeladener Waffe) kann die beabsichtigte Wirkung erzielen: RS 1972 Nr. 328. – Warnschuss: SJZ 68 (1972) 144, RS 1972 Nr. 246. – Der Täter muss zum Ausdruck bringen, dass die Zufügung des angedrohten Übels von seinem Willen abhängig sei. Tut er das nicht, ist von einer blossen Warnung auszugehen (BGE 99 IV 215). – Vgl. auch StGB Art. 66 (Friedensbürgschaft) und StGB Art. 258 (Schreckung der Bevölkerung).

Art. 181 Nötigung

Wer jemanden durch Gewalt oder Androhung ernstlicher Nachteile oder durch andere Beschränkung seiner Handlungsfreiheit nötigt, etwas zu tun, zu unterlassen oder zu dulden, wird mit Freiheitsstrafe bis zu drei Jahren oder Geldstrafe bestraft.

Art. 181 schützt nur die Freiheit der Willensbildung und Willensbetätigung (BGE 129 IV 8, 264), nicht aber die körperliche Integrität: BGE 99 IV 210 (kein Schutz vor eigenmächtigen ärztlichen Eingriffen). Der bewirkte konkrete Erfolg muss als Resultat eines näher bestimmten Verhaltens erscheinen. Eine Gesamtheit von Handlungen, welche zu einer Änderung der Lebensgewohnheiten führt (i.c. «stalking»), vermag diesen Anforderungen in der Regel nicht zu genügen, weil sich nicht festlegen lässt, wann der Erfolg eingetreten und damit die Nötigung vollendet ist (BGE 129 IV 267).

Gewaltanwendung besteht in der Einwirkung auf den Körper des Menschen und ist immer schon dann zu bejahen, wenn die vom Täter gewählte Art und Intensität derselben geeignet ist, die Willensfreiheit des Opfers tatsächlich zu beeinträchtigen: BGE 101 IV 44 (zu weitgehend, da ausschliesslich auf die tatsächliche Wirkung beim Opfer abgestellt wird).

Androhung ernstlicher Nachteile: Zusammenfassung der Präjudizien über die Voraussetzungen in BGE 120 IV 19. – Die Androhung muss sich auf ein Übel beziehen, auf dessen Eintritt der Täter Einfluss hat oder mindestens zu haben vorgibt: BGE 106 IV 128. Dieses Übel soll nach der bundesgerichtlichen Praxis (BGE 96 IV 61, 105 IV 122, 107 IV 39) ausser in einem Tun auch in einer Unterlassung des Täters bestehen können, was indessen nur richtig sein kann, wenn sich durch dessen passives Verhalten die Lage des Opfers weiter verschlechtert. – *Ernstlich* ist der angedrohte Nachteil, wenn er sich objektiv dazu eignet, auch eine verständige Person in der Lage des Opfers gefügig zu machen: BGE 101 IV 48 (Drohung mit Strafanzeige und Einschüchterung mit einem Dolch), 120 IV 18 (Drohung mit Strafanzeige ohne ernsthaften Grund), 101 IV 302 (in Aussicht gestellte Verteilung von Flugblättern mit Aufforderung zum Boykott), 105 IV 122 (angedrohtes Nichtabschliessen eines Vertrages, welches bereits getätigte Aufwendungen des Opfers nutzlos machen würde), 107 IV 39 (Verweigerung der Ausstellung eines Zeugnisses an einen Arbeitnehmer, wenn dieser nicht kündige, in problematischer Weise als Nötigung betrachtet, obwohl das Zeugnis auf dem Rechtsweg mit verhältnismässig geringem Aufwand erhältlich zu machen gewesen wäre), Abhängigmachen der sofortigen Herausgabe dringend benötigter Akten an den Auftraggeber von einer Akontozahlung für offene Honorarforderungen (BGE 122 IV 324), SJZ 78 (1982) 166 (briefliche Drohung beim Forderungsinkasso, Besuche am Arbeitsplatz sowie Kontakte zu Freunden und Bekannten des Schuldners aufzunehmen). Weitere Beispiele aus der älteren Praxis, die nur auf das objektive Ausmass des angedrohten Nachteils abstellte: BGE 81 IV 104 (Drohung, angeblich ehewidrige Beziehungen bekanntzugeben), 96 IV 62 (Drohung, einen Strafantrag nicht zurückzuziehen), 99 IV 215 (Drohung von zahlreichen Demonstranten, Polizisten zusammenzuschlagen). Ob ein angedrohter Nachteil «ernstlich» sei, ist Rechtsfrage (BGE 107 IV 37). Die Möglichkeit, dem angedrohten Nachteil auf dem Rechtsweg zu begegnen, lässt die Ernstlichkeit nicht ohne weiteres entfallen: BGE 115 IV 207, 122 IV 325. – Eine blosse Warnung genügt dem Erfordernis der Androhung ernstlicher Nachteile regelmässig nicht: BGE 106 IV 128 (Nötigung bejaht bei der Drohung, jemanden namentlich im «Kassensturz» zu erwähnen; vgl. aber auch BGE 117 IV 446).

Andere Beschränkung der Handlungsfreiheit: Mit Blick auf das Bestimmtheitsgebot gemäss StGB Art. 1 ist dieses Tatbestandsmerkmal restriktiv auszulegen (BGE 129 IV 264). In Betracht kommt nur ein Zwangsmittel, welches das üblicherweise geduldete Mass der Beeinflussung so eindeutig überschreitet wie Gewalt oder Drohung (BGE 107 IV 116, 119 IV 305, 129 IV 264). Als entsprechende Beschränkungen wurden z.B. erachtet akustische Einwirkungen durch Niederschreien eines Referenten (BGE 101 IV 169), stetige Belästigung eines Nachbarn durch überlaute Musik (SJZ 81 [1985] 26), die Wegnahme einer Zahnprothese (RS 1985 Nr. 77), die Bildung eines «Menschenteppichs», um Autoinsassen am Verlassen eines Ausstellungsgeländes zu hindern (BGE 108 IV 166), eine Blockade mit Lastwagen oder durch Fixierung einer geschlossenen Bahnschranke, um den Verkehr zu unterbinden (SJZ 82 [1986] 282, BGE 119 IV 306), im Rahmen einer umweltpolitischen Auseinandersetzung über das duldbare Mass an Einflussnahme deutlich hinausgehende Behinderungen und Blockademassnahmen (BGE 129 IV 11), Drohungen, zahlreiche Besuche, hundertfache Anwesenheit auf dem Parkplatz mit Ansprechen und Behinderung der Zu- sowie Wegfahrt des Betroffenen während eines Jahres, welche einer zwanghaften Verfolgung gleichkommen (BGE 129 IV 268), vgl. aber auch BGE 111 IV 169: Bummelfahrt zur Verkehrsbehinderung als blosse Verletzung von Verkehrsregeln und ferner RS 1990 Nr. 715, 1991 Nr. 26 sowie SJZ 86 (1990) 329 betr. Ab- und Bedrängen anderer Verkehrsteilnehmer. Nicht als Nötigung wurden das Verweilen einer Studentengruppe in einer Fakultätssitzung trotz Aufforderung zum Verlassen des Raumes (BGE 107 IV 116), ein einmaliges Nachfahren mit einem Motorfahrzeug oder eine kurzfristige Verhinderung oder Erschwerung der Weiterfahrt erachtet (BGE 129 IV 267, ZR 90 [1991] Nr. 38).

Ist der Tatbestand der Nötigung erfüllt, muss deren Rechtswidrigkeit (im Gegensatz zu den anderen Delikten) positiv begründet werden (BGE 119 IV 305, 120 IV 20 = Pr 84 [1995] Nr. 262, BGE 129 IV 15). Sie ist unter folgenden alternativen Voraussetzungen gegeben:

a) Der vom Täter verfolgte Zweck ist unerlaubt: BGE 69 IV 172, 81 IV 104 (Nötigung zur Verweigerung der Zeugenaussage), 101 IV 172 (zur Absage eines Vortrages, Verletzung der Meinungsäusserungsfreiheit), 105 IV 23 (zur Zahlung einer Provision an einen Beamten), 106 IV 130 (zur Bezahlung einer illiquiden Forderung), 129 IV 264;

b) Das verwendete Mittel ist unerlaubt: BGE 101 IV 45 (gewaltsame Durchsetzung der Residenzpflicht), 107 IV 38 (angedrohte Verweigerung eines Arbeitszeugnisses, auf welches ein Anspruch besteht), SJZ 81 (1985) 26 (Belästigung mit übermässigem Lärm), BGE 122 IV 326 (Verweigerung der Herausgabe nicht retinierbarer Akten durch den Beauftragten), Eindringen auf ein fremdes Grundstück ohne Recht (BGE 128 IV 85, 129 IV 269), 129 IV 16 (Störung von Spezialtransporten mit abgebrannten, nuklearen Brennelementen, um auf energie- und umweltpolitische Anliegen hinzuweisen sowie die Aufmerksamkeit der Medien zu gewinnen), 129 IV 264;

c) Die Verknüpfung zwischen einem an sich zulässigen Zweck mit einem ebensolchen Mittel ist rechtsmissbräuchlich oder sittenwidrig, bzw. es fehlt diesbezüglich an einer angemessenen Relation: BGE 87 IV 15 (Drohung mit Strafanzeige durch jemanden, der selber an der betreffenden Tat beteiligt war), 103 IV 106 (angekündigte Strafanzeige wegen Betäubungsmittelhandels, um Anerkennung einer damit nicht zusammenhängenden Schuld zu erreichen), 106 IV 130 (Drohung mit Fernsehpublizität über das Gebaren eines Geschäftsmannes, um Bezahlung einer illiquiden Forderung zu erreichen), 115 IV 214 (Verweigerung der Re-Installation von Wärmepumpen kurz vor der Heizungsperiode, um sofortige Bezahlung der Reparatur zu erreichen), vgl. auch BGE 129 IV 17, 264, SJZ 98 (2002) 446 (Drohung mit Selbstmord, um Weiterführung der Partnerschaft zu erzwingen). Keine Verletzung der angemessenen Relation ist eine geringfügige Strassenblockade zum Verteilen von Flugblättern im Gedenken an eines verunfallten Arbeiter, verbunden mit Forderungen nach besseren Schutzmassnahmen für Bauarbeiter (SJZ 100 [2004] 370), und die Drohung einer Verzeigung wegen Falschparkierens bei Nichtbezahlung einer angemessenen Umtriebsentschädigung (BGer vom 6.1.2004, 6S.77/2003).

Die *Vollendung* der Tat tritt ein, wenn das Opfer, und zwar gerade durch das bzw. die Nötigungsmittel, zu dem vom Täter gewollten Verhalten gebracht worden ist (vgl. BGE 96 IV 60, 101 IV 46, RS 1978 Nr. 632). Ein Versprechen, die gewollte Leistung zu erbringen, genügt jedenfalls dann nicht, wenn es nur mündlich erfolgt und nicht ernstgemeint ist (ebenso BGE 105 IV 123), doch liegt dann Versuch vor. – Der subjektive Tatbestand erfordert *Vorsatz:* BGE 96 IV 63, 101 IV 46; der Täter braucht nicht willens zu sein, die Drohung zu verwirklichen: BGE 105 IV 122. – *Rechtfertigungsgründe:* Die Meinungsäusserungsfreiheit gibt kein Recht, die Durchführung einer Veranstaltung zu sabotieren: BGE 101 IV 172. Zur Frage einer analogen Anwendung von StGB Art. 177 Abs. 3 (Retorsion) auf den Nötigungstatbestand: ZR 90 (1991) Nr. 38 (offengelassen). – *Verhältnis* zu *Drohung* (StGB Art. 180): BGE 99 IV 216 (unechte Konkurrenz; StGB Art. 181 konsumiert StGB Art. 180). Kann eine sexuelle Nötigung nach StGB alt Art. 189 oder Vergewaltigung nach StGB alt Art. 190, welche gegenüber dem Ehegatten begangen worden ist, mangels Strafantrags nicht verfolgt werden, so darf das betreffende Verhalten nicht wegen Nötigung bestraft werden: BGE 126 IV 122.

Art. 182

Aufgehoben.

Art. 183 Freiheitsberaubung und Entführung

1. Wer jemanden unrechtmässig festnimmt oder gefangenhält oder jemandem in anderer Weise unrechtmässig die Freiheit entzieht,
wer jemanden durch Gewalt, List oder Drohung entführt,
wird mit Freiheitsstrafe bis zu fünf Jahren oder Geldstrafe bestraft.
2. Ebenso wird bestraft, wer jemanden entführt, der urteilsunfähig, widerstandsunfähig oder noch nicht 16 Jahre alt ist.

Art. 183: Freiheitsberaubung und Entführung unter erschwerenden Umständen: StGB Art. 184. Strafbare Vorbereitungshandlungen: StGB Art. 260bis. Vgl. StGB Art. 271 Ziff. 2 (Entführung für einen fremden Staat).

Ziff. 1 Abs. 1: Geschützt wird die *Fortbewegungsfreiheit*, d.h. die Möglichkeit, sich nach eigener Wahl vom jeweiligen Aufenthaltsort an einen andern Ort zu begeben: BGE 101 IV 160 (keine Freiheitsberaubung durch Verbringen eines zur Willensbildung unfähigen Betrunkenen an einen anderen Aufenthaltsort). Unter die Bestimmung fällt auch ein erzwungener Transport in einem Verkehrsmittel: BGE 89 IV 87, 99 IV 221, problematisch 101 IV 160, 161. – *Festnehmen* kann durch beliebige Art von Beeinträchtigung der Willensfreiheit erfolgen, v.a. durch Gewalt und Drohung (vgl. z.B. BGE 101 IV 403 und 104 IV 174, Körpergewalt und Fesselung bzw. Bedrohung mit Stellmesser). – *Gefangenhalten* ist die Fortsetzung des Festnehmens. – In allen Fällen muss die Entziehung der Freiheit unrechtmässig sein (vgl. dazu BGE 101 IV 404 betr. Festnahme eines Tatverdächtigen durch Private, zu den zeitlichen Grenzen bei der vorläufigen Festnahme eines in flagranti entdeckten Verdächtigen durch den Geschädigten vgl. BGE 128 IV 75) und u.E. ein Opfer betreffen, welches zur Willensbildung bezüglich seines Aufenthaltsortes überhaupt fähig ist. – *Subjektiv* ist Vorsatz, auch hinsichtlich der Unrechtmässigkeit des Freiheitsentzuges, erforderlich. – Das Dauerdelikt der Freiheitsberaubung wird erst dadurch beendet, dass das Opfer die Freiheit wieder erlangt; bis zu diesem Zeitpunkt darf es Notwehr üben und ist Beihilfe zur Tat möglich.

Konkurrenzen: Verhältnis zwischen Freiheitsberaubung und *Körperverletzungsdelikten* (StGB Art. 122 f.): BGE 104 IV 174 (Realkonkurrenz, wenn die Freiheitsberaubung über das hinausgeht, was zum Angriff auf den Körper gehört). Aufhebung der Fortbewegungsfreiheit als blosse Folge der Körperverletzung wird indessen allein durch StGB Art. 122 f. erfasst; *Raub* (StGB Art. 140): Raub *konsumiert* Freiheitsberaubung (StGB Art. 183), soweit die Freiheitsberaubung nur dem Zweck des Raubes (inklusive Fluchtsicherung) dient (BGE 129 IV 63 ff. = Pr 92 [2003] Nr. 133 Erw. 2) und in einem engen zeitlichen Zusammenhang mit diesem steht, so dass bei natürlicher Betrachtung beide Taten als Einheit erscheinen: BGE 98 IV 316 (problematisch), anders SJZ 76 (1980) 316 (Freiheitsberaubung zum Zwecke des Diebstahls oder der Beutesicherung wird durch Raub konsumiert, was jedoch darüber hinausgeht und der Fluchtsicherung dient, erfüllt den Tatbestand, vgl. auch BJM 1985, 33); *Erpressung* (StGB Art. 156): BGE 129 IV 63 = Pr 92 (2003) Nr. 133 (Erpressung konsumiert die Freiheitsberaubung; echte Konkurrenz besteht hingegen, wenn der Angriff auf die Freiheit über das für die Erfüllung des Tatbestands der Erpressung notwendige Mass hinausgeht); *Sexualdelikte* (StGB Art. 187 ff.): BGE 89 IV 87, 98 IV 104 (Realkonkurrenz, wenn eine über die zur Vergewaltigung oder sexuellen Nötigung hinausgehende Freiheitsberaubung vorliegt); *Gewalt und Drohung gegen Beamte* (StGB Art. 285): BGE 70 IV 221 (Idealkonkurrenz).

Abs. 2: Entführen setzt das (unrechtmässige) Verbringen des Opfers an einen Ort voraus, wo es für eine gewisse Zeit verbleiben soll, indem es in seiner Freiheit insoweit eingeschränkt wird, als es nicht die Möglichkeit hat, unabhängig vom Täter an seinen gewöhnlichen Aufenthaltsort zurückzukehren: BGE 83 IV 154, vgl. auch BGE 106 IV 364 (beide Entscheide zur Kindesentführung nach StGB alt Art. 185). Nach BGE 118 IV 63 muss der Täter als Folge der Verlegung des Opfers eine gewisse Machtposition über dieses erlangen. Eine persönliche Beziehung zwischen Täter und Opfer ist nicht erforderlich: BGE 99 IV 221 (zur Entführung einer Frau nach StGB alt Art. 183). Keine Entführung ist das Verbringen eines Kindes unter sechzehn Jahren an einen anderen Aufenthaltsort durch einen Elternteil, der die elterliche Sorge innehat, selbst wenn dies dem Kindeswohl widerspricht: BGE 126 IV 223.

Ziff. 2: Die Entführung eines Kindes kann in echte Konkurrenz zum Entziehen von Unmündigen nach StGB Art. 220 treten (BGE 118 IV 65).

Art. 184 Erschwerende Umstände

Freiheitsberaubung und Entführung werden mit Freiheitsstrafe nicht unter einem Jahr bestraft,

wenn der Täter ein Lösegeld zu erlangen sucht,

wenn er das Opfer grausam behandelt,

wenn der Entzug der Freiheit mehr als zehn Tage dauert oder

wenn die Gesundheit des Opfers erheblich gefährdet wird.

Art. 184 Abs. 1: Diese Bestimmung bezieht sich nur auf Lösegeldforderungen an das *Opfer* der Freiheitsberaubung bzw. Entführung selber, es sei denn, der Täter entschliesse sich erst nach der Beendigung der Freiheitsberaubung oder Entführung dazu, ein Lösegeld zu verlangen; bei Forderungen an Dritte kommt regelmässig Geiselnahme nach StGB Art. 185 in Betracht: BGE 111 IV 145, 121 IV 170. StGB Art. 183 i.V. mit Art. 184 Abs. 1 geht der Erpressung nach StGB Art. 156 vor. Hehlerei am Lösegeld ist möglich, da dieses aus einer strafbaren Handlung gegen das Vermögen i.S.v. StGB Art. 160 Ziff. 1 Abs. 1 stammt: BGE 127 IV 79 = Pr 90 (2001) Nr. 168.

Abs. 2: «Grausame Behandlung» setzt das Zufügen besonderer, d.h. anderer Leiden voraus als diejenigen, welche die betreffende Person allein deswegen erduldet, weil sie ihrer Bewegungsfreiheit beraubt ist: BGE 106 IV 365 (Zufügung seelischer Schmerzen durch Äusserungen gegenüber dem fünfjährigen Opfer, Entscheid nach altem Recht).

Abs. 3: Nach BGE 119 IV 219 findet diese Bestimmung auch auf *Entführungen* Anwendung.

Abs. 4: Es muss sich um eine konkrete, im Zusammenhang mit der Freiheitsberaubung oder Entführung entstandene oder verstärkte Gefährdung handeln.

Art. 185 Geiselnahme

1. Wer jemanden der Freiheit beraubt, entführt oder sich seiner sonstwie bemächtigt, um einen Dritten zu einer Handlung, Unterlassung oder Duldung zu nötigen,

wer die von einem anderen auf diese Weise geschaffene Lage ausnützt, um einen Dritten zu nötigen,

wird mit Freiheitsstrafe nicht unter einem Jahr bestraft.

2. Die Strafe ist Freiheitsstrafe nicht unter drei Jahren, wenn der Täter droht, das Opfer zu töten, körperlich schwer zu verletzen oder grausam zu behandeln.

3. In besonders schweren Fällen, namentlich wenn die Tat viele Menschen betrifft, kann der Täter mit lebenslänglicher Freiheitsstrafe bestraft werden.

4. Tritt der Täter von der Nötigung zurück und lässt er das Opfer frei, so kann er milder bestraft werden (Art. 48a).

5. Strafbar ist auch, wer die Tat im Ausland begeht, wenn er in der Schweiz verhaftet und nicht ausgeliefert wird. Artikel 7 Absätze 4 und 5 sind anwendbar.

Art. 185: Strafbare Vorbereitungshandlungen: StGB Art. 260bis. Anwendungsfall: BGE 111 IV 147.

Ziff. 1 Abs. 1: Zur Freiheitsberaubung und Entführung vgl. StGB Art. 183; es genügt auch, wenn sich der Täter – ohne einen dieser Tatbestände zu erfüllen – des Opfers sonstwie «bemächtigt», d.h. sich auch nur kurzfristig die Verfügungsgewalt über dieses verschafft: BGE 113 IV 63, 121 IV 172 (dafür genügt schon seine Bedrohung mit einer Scheinwaffe). – Geiselnahme ist ebenfalls gegeben, wenn der Täter eine dieser Handlungen vornimmt, um irgendeinen Dritten zur Zahlung von *Lösegeld* zu veranlassen: BGE 111 IV 145, 121 IV 170 (vgl. Bem. zu StGB Art. 184 Abs. 1). Der Täter braucht im Zeitpunkt der Vornahme der betreffenden Handlung weder seine Forderung kundgetan noch Drohungen in Bezug auf das Schicksal der Geisel geäussert zu haben; seine Absicht, einen Dritten zu einem bestimmten Verhalten zu nötigen, reicht aus: BGE 121 IV 173. *Dritter* im Sinne von Art. 185 Ziff. 1 Abs. 1 StGB ist jede mit dem Täter und der Geisel nicht identische Person, einschliesslich Angehörige der Geisel: BGE 111 IV 147, 121 IV 170, BGer vom 24.1.2005, 6S.70/2004, Erw. 4. – Hehlerei am Lösegeld ist möglich, da es aus einer strafbaren Handlung gegen das Vermögen i.S.v. StGB Art. 160 Ziff. 1 Abs. 1 stammt: BGE 127 IV 79 = Pr 90 (2001) Nr. 168. – Bei Geiselnahme zum Zweck des Raubes nach StGB Art. 140 wird echte Konkurrenz zwischen diesem Tatbestand und StGB Art. 185 anzunehmen sein (in BGE 113 IV 64 für den Fall eines Postraubes angenommen, bei welchem zunächst die Schalterbeamtin und erst dann eine Kundin bedroht wurde).

Ziff. 1 Abs. 2: In erster Linie sollen mit dieser Tatbestandsvariante «Trittbrettfahrer» erfasst werden, welche an der Tat nicht beteiligt sind, diese aber ausnützen, um ihrerseits einen Dritten zu einem bestimmten Verhalten zu veranlassen.

Ziff. 2: Die Drohung muss (zumindest auch) gegenüber dem Dritten geäussert werden (vgl. BGE 121 IV 169), wobei unerheblich ist, ob sie vom Dritten tatsächlich wahrgenommen werden kann (BGE 121 IV 173). Wird die Drohung ausschliesslich gegenüber dem Dritten geäussert und hat die Geisel von der Drohung keine Kenntnis, so ist Ziff. 2 anwendbar, wenn der auf den Dritten ausgeübte Druck erheblich grösser ist als der gemäss dem Grundtatbestand vorausgesetzte (BGE 129 IV 23 = Pr 92 [2003] Nr. 132 Erw. 2). Gemäss Bundesgericht (BGE 121 IV 183 und BGer vom 21.1.2005, 6S.178/2004) soll die Qualifikation auch dann bejaht werden können, wenn der Täter seine Drohung nicht wahrmachen will, ja nicht einmal wahrmachen kann, sofern die Rechtsgüter der Geisel erheblich stärker beeinträchtigt werden, als dies schon beim Grundtatbestand der Fall ist (fragwürdig). Erheblich stärkere Beeinträchtigung liegt dabei vor, falls die Geisel durch einen bewaffneten Polizeieinsatz oder zufolge erhöhten Risikos eines Schocks bei einer länger dauernden Geiselnahme mit Todesdrohung erheblich stärker gefährdet ist: BGE 121 IV 271 f. Zur grausamen Behandlung vgl. Bem. zu StGB Art. 184 Abs. 2.

Ziff. 4: Vorausgesetzt wird, dass der Täter aus eigenem Antrieb zurücktritt: BGE 119 IV 222 (keine Anwendbarkeit, wenn der Täter kein Interesse an der Weiterführung der Nötigung mehr hat).

Konkurrenzen: Verhältnis zwischen Geiselnahme und *Nötigung* (StGB Art.181): unechte Konkurrenz; *Raub* (StGB Art. 140): echte Konkurrenz: BGE 113 IV 67.

Art. 186 Hausfriedensbruch

Wer gegen den Willen des Berechtigten in ein Haus, in eine Wohnung, in einen abgeschlossenen Raum eines Hauses oder in einen unmittelbar zu einem Hause gehörenden umfriedeten Platz, Hof oder Garten oder in einen Werkplatz unrechtmässig eindringt oder, trotz der Aufforderung eines Berechtigten, sich zu entfernen, darin verweilt, wird, auf Antrag, mit Freiheitsstrafe bis zu drei Jahren oder Geldstrafe bestraft.

Art. 186: Die Bestimmung schützt das sog. Hausrecht, d.h. die Befugnis, über einen bestimmten Raum ungestört zu herrschen und darin den eigenen Willen frei zu betätigen (BGE 112 IV 33). *Geschützte Objekte: Haus* ist nach BGE 108 IV 39 jede mit dem Boden fest und dauernd verbundene Baute, hinsichtlich der ein schutzwürdiges Interesse eines Berechtigten besteht, über den umbauten Raum ungestört zu herrschen und in ihm den Willen frei zu betätigen, auch wenn die Räumlichkeit dem Publikum offensteht (vgl. auch RS 1984 Nr. 715 betr. Wirtshaus). Nach SJZ 80 (1984) 151 bzw. RS 1981 Nr. 187 sollen jedoch auch Wohnwagen und mit Kabinen für Wohnzwecke versehene Segeljachten geschützt sein. – «Abgeschlossener Raum» ist im Sinne von «umschlossen» und nicht von «verschlossen» zu verstehen: BGE 90 IV 77 (Spitalzimmer). – *Platz, Hof:* BGE 104 IV 107 (Kennzeichnung eines privaten, an sich einem unbestimmten Personenkreis offenstehenden Platzes durch ein signalisiertes Verbot oder durch eine erkennbare Abschrankung). *Garten:* Massgebend ist nicht die Lückenlosigkeit, sondern die Erkennbarkeit der Umfriedung: RS 1981 Nr. 188. – Der *Werkplatz* braucht weder unmittelbar zu einem Haus zu gehören noch umfriedet zu sein: BGE 104 IV 257. – Geschütztes Rechtsgut ist nicht der Besitz, sondern der Wille des Berechtigten: BGE 118 IV 173 = Pr 82 (1993) Nr. 19 Erw. 3.

Berechtigter ist derjenige, dem die Verfügungsgewalt über das Haus (bzw. ein anderes Schutzobjekt) zusteht, gleichgültig, ob sie auf einem dinglichen oder obligatorischen oder auf einem öffentlichrechtlichen Verhältnis beruht: BGE 103 IV 163 (auch der Ehepartner des Eigentümers oder Mieters), BGE 118 IV 167 = Pr 82 (1993) Nr. 19, BGE 128 IV 85 = Pr 91 (2002) Nr. 114 S. 653 (für den Fall des Wechsels des Eigentümers). Auch der Vormund kann Dritten verbieten, das Haus seines Mündels zu betreten: BGE 80 IV 70. – Abgrenzung der Rechte von Hauseigentümer und Mieter in Miethäusern: BGE 83 IV 156. – Bei staatlichen und kommunalen Bauten bestimmt sich das verfügungsberechtigte Organ nach dem öffentlichen Recht: BGE 90 IV 76, 100 IV 53. Der Wille der Organe öffentlichrechtlicher Körperschaften sowie juristischer Personen kann durch Beamte oder Angestellte zum Ausdruck gebracht werden: BGE 90 IV 77, SJZ 79 (1983) 146. – *Zum Strafantrag* legitimiert ist jedoch nur der Berechtigte bzw. das Organ selber: BGE 87 IV 121, 90 IV 76, ZR 56 (1957) Nr. 168, 66 (1967) Nr. 51, RS 1953 Nr. 82. Nach BGE 118 IV 322 = Pr 84 (1995) Nr. 210 kann auch ein soeben Verstorbener Opfer eines Hausfriedensbruches sein und das Antragsrecht von seinen Angehörigen ausgeübt werden (problematisch). Da Hausfriedensbruch ein Dauerdelikt ist, erfasst der einmal gestellte Strafantrag auch Personen, die sich erst nach Stellung des Strafantrages an der Hausbesetzung beteiligen: BGE 128 IV 83 = Pr 91 (2002) Nr. 114 = Sem 124 (2002) 301. Die Berechtigung zur Stellung des Strafantrags im Namen einer juristischen Person ergibt sich aus ihrer internen Organisation: Subsidiär zum Verwaltungsrat ist ein Generalbevollmächtigter einer juristischen Person zum Schutz des Gesellschaftsvermögens zur Stellung eines Strafantrages befugt, bei Verletzung höchstpersönlicher Rechtsgüter einer Gesellschaft hat jedoch grundsätzlich die Verwaltung selbst zu handeln: BGE 118 IV 167 = Pr 82 (1993) Nr. 19 (Klagelegitimation des Direktors einer Immobiliengesellschaft bejaht).

Eindringen gegen den Willen des Berechtigten: Der Wille des Berechtigten, dass jemand in einen bestimmten Raum nicht eindringen soll, braucht nicht ausdrücklich erklärt zu werden, sondern kann sich auch aus den Umständen ergeben: BGE 90 IV 77, 108 IV 39. Dies gilt auch für Räumlichkeiten, die dem *Publikum* zugänglich sind, aber in klar zutage tretender Weise nur für bestimmte Zwecke offenstehen: BGE 108 IV 39 (wer in eine Parkgarage eindringt, ohne Lenker eines dort abgestellten Fahrzeuges oder Mitfahrer zu sein, begeht objektiv Hausfriedensbruch). Auch der zweckwidrige Aufenthalt in den dem Publikum zugänglichen Räumen *öffentlichrechtlicher Körperschaften* kann den Tatbestand erfüllen, sofern ein Verbot, solche Räumlichkeiten zu betreten, bzw. das Gebot, sie zu verlassen, nicht willkürlich oder unverhältnismässig ist: BGE 87 IV 22. Blosses Erklettern von Fassaden, um durch Fenster Einblick in Zimmer zu erhalten, stellt kein «Eindringen» im Sinne des Tatbestandes dar: ZR 70 (1971) Nr. 9. Dieser wird hingegen bereits erfüllt, wenn sich der Täter mit einem Fuss im geschützten Raum befindet: BGE 87 IV 122. Das Eindringen in den geschützten Bereich muss stets *unrechtmässig* sein, was z.B. nicht der Fall ist, wenn unter den dafür geltenden verfahrensrechtlichen Voraussetzungen eine Hausdurchsuchung vorgenommen wird. Wohnungsnot stellt indessen keinen Rechtfertigungsgrund für eine Hausbesetzung dar: BGE 118 IV 172 = Pr 82 (1993) Nr. 19. Zum *Vorsatz* gehört das Bewusstsein des Täters, dass das Eindringen gegen den Willen des Berechtigten erfolgt (BGE 90 IV 78) und unrechtmässig ist.

Verweilen im Raum trotz Aufforderung des Berechtigten, diesen zu verlassen: Nach BGE 83 IV 70 setzt diese Tatbestandsvariante voraus, dass der Täter nach der Aufforderung noch eine gewisse Dauer im Raum verbleibt und dadurch nach aussen zu erkennen gibt, dass er das Verbot des Berechtigten missachtet. Jedenfalls ist eine deutliche Willensäusserung der Beteiligten erforderlich: SJZ 67 (1971) 212. Keinen Hausfriedensbruch begeht der Pächter, welcher in dem ihm gekündigten Objekt über den Termin hinaus verbleibt, obwohl er vom Hauseigentümer zum Verlassen der Liegenschaft aufgefordert wurde: BGE 112 IV 32 (vgl. auch BGE 118 IV 167 = Pr 82 [1993] Nr. 19). – Das Verweilen im Raum muss ebenfalls unrechtmässig erfolgen, um strafbar zu sein, was in subjektiver Hinsicht auch einen entsprechenden Vorsatz erfordert. *Beendet* wird das Delikt erst mit dem Verlassen des Raumes. Bis dahin ist Notwehr zulässig, auch im Falle der Nichtbefolgung der Aufforderung zum Verlassen des Raumes: BGE 102 IV 5 = Pr 65 (1976) Nr. 122.

Verhältnis zu StGB Art. 292: BGE 90 IV 206 (Ungehorsam gegen richterliche Ausweisung), 100 IV 53.

Konkurrenz: Im häufigen Fall des Einbruchdiebstahls ist von echter Realkonkurrenz zwischen StGB Art. 186 und 139 sowie 144 auszugehen.

Fünfter Titel: Strafbare Handlungen gegen die sexuelle Integrität

Art. 187 1. Gefährdung der Entwicklung von Unmündigen. Sexuelle Handlungen mit Kindern

1. Wer mit einem Kind unter 16 Jahren eine sexuelle Handlung vornimmt, es zu einer solchen Handlung verleitet oder
es in eine sexuelle Handlung einbezieht,
wird mit Freiheitsstrafe bis zu fünf Jahren oder Geldstrafe bestraft.
2. Die Handlung ist nicht strafbar, wenn der Altersunterschied zwischen den Beteiligten nicht mehr als drei Jahre beträgt.
3. Hat der Täter zur Zeit der Tat das 20. Altersjahr noch nicht zurückgelegt und liegen besondere Umstände vor oder ist die verletzte Person mit ihm die Ehe oder eine eingetragene Partnerschaft eingegangen, so kann die zuständige Behörde von der Strafverfolgung, der Überweisung an das Gericht oder der Bestrafung absehen.
4. Handelte der Täter in der irrigen Vorstellung, das Kind sei mindestens 16 Jahre alt, hätte er jedoch bei pflichtgemässer Vorsicht den Irrtum vermeiden können, so ist die Strafe Freiheitsstrafe bis zu drei Jahren oder Geldstrafe.
5. Aufgehoben.
6. Aufgehoben.

Art. 187–200: Vgl. Botschaft, BBl 1985 II 1009 ff. Leitidee der am 1. Oktober 1992 in Kraft getretenen Revision des Sexualstrafrechts bildet die Verhinderung sexueller Ausnutzung und der Schutz des sexuellen Selbstbestimmungsrechts einer jeden Person (BGE 126 IV 228). – Zur Praxis des Schweizerischen Bundesgerichts: ZStrR 117 (1999) 121. – Gemeinsame Begehung von Delikten des fünften Titels wird durch die besondere Bestimmung von StGB Art. 200 zu einem Strafschärfungsgrund erhoben.

Art. 187 und 188: Vgl. auch StGB Art. 363 und 364 betr. Mitteilungen bei strafbaren Handlungen gegenüber Unmündigen.

Ziff. 1: Der Tatbestand kann von Personen beiderlei Geschlechts erfüllt werden. Er umfasst sowohl hetero- als auch homosexuelle Betätigung. – Unter «sexueller Handlung» ist jede körperliche Betätigung zu verstehen, die nach ihrem äusseren Erscheinungsbild vom Standpunkt eines objektiven Beobachters aus betrachtet eindeutig sexualbezogen ist (BGE 125 IV 62). Die Handlung muss sich daher jedenfalls auf geschlechtsspezifische oder mindestens erogene Körperteile beziehen (vgl. schon BGE 103 IV 169). Die Tatmotive oder die Bedeutung solcher eindeutig sexualbezogenen Handlungen für Täter oder Opfer sind dabei belanglos (BGE 125 IV 62). Ambivalente Handlungen, die äusserlich weder neutral noch eindeutig sexualbezogen erscheinen, sind im Lichte der gesamten Umstände zu beurteilen: Namentlich eine erhebliche Altersdifferenz zwischen Täter und Opfer, Dauer und Intensität des Vorgehens und weitere Umstände können äusserlich zunächst ambivalent erscheinende Handlungen eindeutig sexualbezogen erscheinen lassen; so sind Zungenküsse von Erwachsenen an Kindern als sexuelle Handlungen zu qualifizieren, währenddem Küsse auf Mund, Wangen usw. grundsätzlich keine solchen Handlungen darstellen (BGE 125 IV 63 und 64). Bei Kindern ist eine besondere Betonung des Genitalbereichs nicht erforderlich. Es genügt schon das Posieren mit entblösstem Geschlechtsteil in einer nach den Umständen objektiv aufreizenden Stellung, beispielsweise durch Verwendung aufreizender Stilmittel wie Schminke, Strümpfe, Strapse, Haarschleife etc. (BGE 131 IV 74 f.). – Unmassgeblich ist bei sexuellen Handlungen, ob der Täter selbst sexuelle Regung verspürt oder das Kind die sexuelle Bedeutung der Handlung erkennt (BGer vom 4.8.1998, 6S.378/1998; BGE 131 IV 75). Keine Rolle für die Strafbarkeit spielt es, ob das Kind bereits geschlechtsreif, gar sexuell erfahren oder nach dem Recht seines Heimatstaates ehemündig ist (BGE 82 IV 157, 86 IV 213). Ohne Bedeutung für die Erfüllung des Straftatbestands ist auch eine allfällige Einwilligung des Kindes (BGE 120 IV 6, BGer vom 28.7.2004, 6S.138/2004). Die Einwilligung kann indessen bei 14- bis 16-jährigen Opfern zu einer Reduktion der Schadenersatz- und Genugtuungsansprüche wegen Selbstverschuldens führen (BGer vom 24.2.2004, 4C.225/2003; SJZ 100 [2004] 346; umstritten). – Zur Abgrenzung der straflosen Vorbereitungshandlung vom Versuch: Will der Täter den sexuellen Kontakt mit dem Kind auf freiwilliger Basis vornehmen und geht er davon aus, dass es hierzu noch eines vorbereitenden Gesprächs oder anderer Handlungen bedarf, beginnt der strafbare Versuch erst mit der Aufnahme des sexuellen Kontakts. Geht der Täter, entschlossen zur Tat, an einen Ort, um dort gegen den Willen des Opfers oder bereits vereinbart tatbeständliche Handlungen vorzunehmen, liegt bereits darin ein strafbarer Versuch, ebenso wie beim Täter, der ein ihm unbekanntes Opfer anspricht und zu sexuellen Handlungen auffordert (BGE 131 IV 104 f.). – BGE 131 IV 90: Mit diesem Entscheid wurde die frühere Rechtsfigur der verjährungsrechtlichen Einheit aufgegeben. Demgemäss ist der Beginn der Verjährungsfrist gem. StGB Art. 98 lit. b für jede Tathandlung gesondert zu beurteilen. Sexuelle Handlungen mit Kindern bilden nur noch ausnahmsweise eine Einheit, wenn sie auf einem einheitlichen Willensakt beruhen und wegen des engen räumlichen und zeitlichen Zusammenhangs bei objektiver Betrachtung noch als ein einheitliches zusammengehörendes Geschehen erscheinen. Eine solche natürliche Handlungseinheit fällt auf jeden Fall ausser Betracht, wenn zwischen den einzelnen sexuellen Handlungen ein längerer Zeitraum liegt (anders noch BGE 120 IV 9). – Zur Frage eines entschuldbaren Rechtsirrtums über die Schutzaltersgrenze vgl. BGE 104 IV 218 (bejaht für einen 19-jährigen Süditaliener). – Zur strafbaren Gehilfenschaft durch die Eltern des Opfers vgl. BGE 70 IV 79, 87 IV 54 und 96 IV 115. – Im Verhältnis zu den StGB Art. 189, 190, 192 und 193 ist wegen der Verschiedenheit der Rechtsgüter echte Konkurrenz anzunehmen: BGE 124 IV 157 bezüglich StGB Art. 189 und 190; vgl. auch BGE 119 IV 310. Echte Konkurrenz zwischen StGB Art. 187 und 191 kommt gemäss BGE 120 IV 198 in Betracht, wenn der Täter nicht nur die mangelnde Reife des Opfers ausnützt, sondern eine darüber hinausgehende Urteilsunfähigkeit oder andere Widerstandsunfähigkeit missbraucht. In allen Fällen ist zu beachten, dass StGB Art. 189–193 *ausschliesslich* anzuwenden sind, wenn die Altersdifferenz zwischen Täter und Opfer nicht mehr als drei Jahre beträgt (StGB Art. 187 Ziff. 2).

Abs. 1 erfasst den Fall, dass das Kind unmittelbar an der geschlechtlichen Handlung teilnimmt. Gleichgültig ist, ob es bloss passiv bleibt oder aktiv, selbst als Initiant, tätig wird. Eine allfällige Einwilligung eines pubertierenden Opfers kann indessen strafmindernd ins Gewicht fallen, wie umgekehrt straferhöhend zu berücksichtigen ist, wenn auf das Opfer Druck ausgeübt, eine Stellung ausgenutzt oder besonders raffiniert vorgegangen wird (BGer vom 28.7.2004, 6S.148/2004 Erw. 1.3). BGE 131 IV 103: Die *Vornahme* einer sexuellen Handlung erfordert in jedem Fall einen körperlichen Kontakt mit dem Kind. Neben dem Geschlechtsverkehr (nach BGE 77 IV 170 die «naturgemässe Vereinigung der Geschlechtsteile» ohne Notwendigkeit des Samenergusses) werden v.a. erfasst:

Einführung des männlichen Gliedes in den After, in den Mund oder zwischen die Oberschenkel der Partnerin oder des Partners (vgl. BGE 86 IV 177, 87 IV 124, 91 IV 65), die manuelle oder anderweitige Reizung der Geschlechtsteile (vgl. BGE 87 IV 126), deren Belecken (vgl. BGE 84 IV 101) oder deren Betasten (i.d.R. auch über den Kleidern), Zungenkuss eines Erwachsenen oder anhaltendes Umarmen und An-sich-pressen, verbunden mit kräftigem Ergreifen des Gesässes und Küssen auf den Mund durch einen Unbekannten (BGE 125 IV 63), nicht aber weniger weit gehende Zärtlichkeiten oder gemeinsames Nacktbaden.

Abs. 2: Der Tatbestand besteht darin, dass jemand das Kind dazu anhält, geschlechtliche Betätigungen mit einem Dritten im Sinne von Abs. 1 oder am eigenen Körper – wie z.B. Masturbation – vorzunehmen (vgl. Botschaft, BBl 1985 II 1066); eine eigentliche Anstiftung wird nicht erforderlich sein. Zu einer sexuellen Handlung *verleitet*, wer ein Kind mit entblösstem Genitalbereich in einer nach den Umständen objektiv aufreizenden Stellung posieren lässt (BGer vom 4.8.1998, 6S.378/1998; BGE 131 IV 74/75).

Abs. 3: Hier geht es darum, dass jemand allein oder zusammen mit anderen eine geschlechtliche Handlung mit Wissen und Willen vor einem Kinde vollzieht (vgl. Botschaft, BBl 1985 II 1066). Dabei muss das Kind den äusseren Vorgang der sexuellen Handlung als solchen unmittelbar wahrnehmen und nicht lediglich die Begleitumstände wie fehlende Bekleidung im Bereich des Unterkörpers (BGE 129 IV 171). Nach diesem Entscheid ist auch eine Verhaltensweise von einiger Erheblichkeit erforderlich. Bloss verbale Äusserungen sexuellen Inhalts genügen nicht (vgl. BGE 90 IV 201), können aber den Tatbestand von StGB Art. 198 Abs. 2 erfüllen. Indessen reicht die akustische Wahrnehmung am Telefon (in casu auffälliges Atmen und Stöhnen sowie Gespräche sexuellen Inhalts), um ein Kind in eine sexuelle Handlung einzubeziehen (RS 2003 Nr. 361; ZR 98 [1999] Nr. 25). – Zum subjektiven Tatbestand: Pr 92 (2003) Nr. 114 (Eventualvorsatz genügt nicht, vielmehr muss der Täter die Wahrnehmung seiner sexuellen Handlungen durch die Kinder als eigentliches Handlungsziel verfolgen). – Das Vorzeigen pornographischer Produkte an Kinder fällt unter StGB Art. 197 Ziff. 1.

Ziff. 2 zielt darauf ab, einerseits puerile Akte zwischen Kindern und anderseits die sexuelle Betätigung im Rahmen von Liebesverhältnissen zwischen Partnern auszunehmen, von denen einer oder beide noch im Schutzalter stehen. Die Bestimmung setzt jedoch lediglich eine entsprechende Altersdifferenz voraus, geht also weiter. – Geschlechtliche Handlungen bleiben indessen auch bei einer Altersdifferenz bis zu drei Jahren nach StGB Art. 190–193 strafbar, wenn die Voraussetzungen einer dieser Taten gegeben sind. – Die irrtümliche Annahme eines solchen geringen Altersunterschiedes führt nach StGB Art. 13 Abs. 1 zur Straflosigkeit des Täters aufgrund von StGB Art. 187 Ziff. 1.

Ziff. 3 schafft die Möglichkeit, einen zur Zeit der Tat noch weniger als 20 Jahre alten Täter straflos zu lassen, wenn sein noch im Schutzalter stehendes Opfer inzwischen mit ihm die Ehe oder eine eingetragene Partnerschaft eingegangen ist oder wenn «besondere Umstände» vorliegen. Dabei wird namentlich an ein echtes Liebesverhältnis zwischen gleich- oder andersgeschlechtlichen Partnern mit mehr als drei Jahren Altersdifferenz sowie an den Fall zu denken sein, dass die Initiative von demjenigen ausgeht, der noch im Schutzalter steht. – Es bleibt den Kantonen überlassen, für Fälle gemäss Ziff. 3 zu bestimmen, dass schon das Verfahren eingestellt oder von einer Überweisung an das Gericht abgesehen werden kann. – Die Strafbefreiung aufgrund einer eingetragenen Partnerschaft wurde mit dem BG über die eingetragene Partnerschaft gleichgeschlechtlicher Paare (Partnerschaftsgesetz, PartG; SR 211.231), in Kraft tretend am 1. Januar 2007 (AS 2005 5696), eingeführt. Sie setzt eine durch das zuständige Zivilstandsamt im Verfahren gemäss PartG Art. 5 f. öffentlich beurkundete eingetragene Partnerschaft voraus.

Ziff. 4 gelangt erst zur Anwendung, wenn dem Täter in Bezug auf das Alter des Opfers von unter 16 Jahren nicht einmal Eventualvorsatz zur Last gelegt werden kann (vgl. BGE 75 IV 5). Es handelt sich um eine Verbindung von Vorsatz- und Fahrlässigkeitsdelikt (BGE 84 IV 2). Zu den nach der früheren Bundesgerichtspraxis sehr weitgehenden Vorsichtspflichten vgl. BGE 84 IV 104, 85 IV 77, 100 IV 232, 102 IV 277. In BGE 119 IV 139 lässt das BGer mehrmalige Erkundigung des nicht viel älteren Täters nach dem Alter seiner Partnerin genügen. – RS 2003 Nr. 362: Ziff. 4 ist auch anwendbar, wenn die sexuellen Handlungen des Täters gegen den ausdrücklich bekundeten Willen des Opfers erfolgen.

Verjährung: Die Verfolgungsverjährung, innerhalb welcher ein erstinstanzliches Urteil ergehen muss, dauert in jedem Fall mindestens bis zu dem Zeitpunkt, in welchem das Opfer das 25. Altersjahr vollendet (hätte), StGB Art. 97 Abs. 2 und 3.

Für das Verbrechen der sexuellen Handlungen mit Kindern sah StGB alt Art. 187 Ziff. 5, in der Fassung vom 21. Juni 1991, in Kraft gestanden seit 1. Oktober 1992, eine von der allgemeinen Regel abweichende Verjährungsfrist von bloss fünf Jahren vor. Diese Regelung bezog sich allein auf die vor und nach dem Inkrafttreten des neuen Sexualstrafrechts vom 1. Oktober 1992 begangenen sexuellen Handlungen mit Kindern ohne Anwendung von psychischem Druck und ohne Einsatz von Nötigungsmitteln; soweit diese sexuellen Handlungen im Fall ihrer Beurteilung nach dem neuen Sexualstrafrecht gleichzeitig die Tatbestände der sexuellen Nötigung oder Vergewaltigung erfüllen, waren hiefür die entsprechenden allgemeinen Verjährungsfristen anwendbar (BGE 127 IV 86). Die erwähnte Ziff. 5 wurde am 21. März 1997, in Kraft seit 1. September 1997, wieder aufgehoben, womit auch für das Verbrechen gemäss StGB Art. 187 die ordentliche relative Verjährungsfrist von 10 Jahren anwendbar war. Gemäss StGB alt Art. 187 Ziff. 6, in der Fassung vom 21. März 1997, verjährte die Strafverfolgung in zehn Jahren, sofern am 1. September 1997 die Verjährung der Tat nach der Bestimmung von Ziff. 5 noch nicht eingetreten war. StGB alt Art. 187 Ziff. 6 wurde am 5. Oktober 2001 mit der neuen Verjährungsregelung gemäss StGB alt Art. 70 und 71 wieder aufgehoben, wobei diese neue Regelung – welche heute StGB Art. 97 und 98 entspricht – für alle Straftaten gilt, die im Zeitpunkt ihres Inkrafttretens, also am 1. Oktober 2002, noch nicht verjährt sind (StGB Art. 97 Abs. 4). Neben StGB Art. 187 gilt diese Regelung auch für StGB Art. 188 sowie für Straftaten nach den StGB Art. 111–113, 122, 189–191, 195 und 196, die sich gegen ein Kind unter 16 Jahren richten.

Art. 188 Sexuelle Handlungen mit Abhängigen

1. Wer mit einer unmündigen Person von mehr als 16 Jahren, die von ihm durch ein Erziehungs-, Betreuungs- oder Arbeitsverhältnis oder auf andere Weise abhängig ist, eine sexuelle Handlung vornimmt, indem er diese Abhängigkeit ausnützt,

wer eine solche Person unter Ausnützung ihrer Abhängigkeit zu einer sexuellen Handlung verleitet,

wird mit Freiheitsstrafe bis zu drei Jahren oder Geldstrafe bestraft.

2. Ist die verletzte Person mit dem Täter eine Ehe oder eine eingetragene Partnerschaft eingegangen, so kann die zuständige Behörde von der Strafverfolgung, der Überweisung an das Gericht oder der Bestrafung absehen.

Art. 188: Die Mündigkeit tritt mit dem vollendeten 18. Altersjahr ein (ZGB Art. 14). Vgl. auch StGB Art. 363 und 364 betr. Mitteilungen bei strafbaren Handlungen gegenüber Unmündigen.

Ziff. 1 Abs. 1: Als Opfer kommen nur Personen im Alter von 16 Jahren bis zum Eintritt der Mündigkeit in Frage. Das Opfer, welches beiderlei Geschlechts sein kann, muss vom Täter aus irgendwelchen Gründen abhängig sein. Als Hauptbeispiele nennt das Gesetz ein Erziehungs-, Betreuungs- oder Arbeitsverhältnis. Ein *Erziehungsverhältnis* besteht insbesondere zwischen dem Unmündigen und seinen Eltern, Adoptiveltern, Pflegeeltern, Lehrern oder Personen mit einem pädagogischen Auftrag; ein *Betreuungsverhältnis* besteht zu Personen, welchen gegenüber dem Unmündigen eine Aufsichtspflicht zukommt, die sich nicht direkt aus einer Erziehungspflicht ergibt, wie Betreuer von Sozialhilfeeinrichtungen, Verantwortliche von Ferienlagern oder etwa einem Freund, dem eine Familie ihre Tochter für die Dauer einer Ferienreise anvertraut; einem *Arbeitsverhältnis* liegt ein Lehr- oder Arbeitsvertrag zwischen dem Unmündigen und seinem Lehrmeister bzw. seinem Arbeitgeber oder andern Vorgesetzten zugrunde (BGE 125 IV 131/132 = Pr 88 [1999] Nr. 191; vgl. auch BGE 99 IV 265). Mit der Generalklausel einer «auf andere Weise» bestehenden Abhängigkeit werden Therapeuten-Patienten-Verhältnisse, Beziehungen im Rahmen religiöser Gemeinschaften oder Sekten, Verhältnisse zwischen Betreuer und Unmündigen in Zusammenhang mit sportlichen, kulturellen und andern Freizeitaktivitäten sowie Fälle von wirtschaftlicher oder andersartiger Notlagen erfasst (BGE 125 IV 132 = Pr 88 [1999] Nr. 191). Diese Abhängigkeitsverhältnisse sind definitionsgemäss von einer gewissen Dauer (BGE 125 IV 132 = Pr 88 [1999] Nr. 191), und die Mitwirkung des Opfers bei der sexuellen Handlung (vgl. hierzu Bem. zu StGB Art. 187 Ziff. 1 Abs. 1) muss gerade durch Ausnützung seiner Abhängigkeit erlangt worden sein, was das Bestehen eines Verhältnisses der genannten Art noch nicht ohne weiteres mit sich zu bringen braucht (vgl. Botschaft, BBl 1985 II 1070; BGE 125 IV 131 = Pr 88 [1999] Nr. 191: Abhängigkeitsverhältnis zwischen einem 51-jährigen Mann, welcher einen 17-jährigen Jüngling zu homosexuellen Beziehungen veranlasste, verneint; BGer vom 1.9.2004, 6S.219/2004: Abhängigkeitsverhältnis zwischen einem 73-jährigen Musiklehrer und seiner 16 ½-jährigen Schülerin bejaht, die Ausnutzung dieses Abhängigkeitsverhältnisses indessen verneint). Das Ausnützen der Abhängigkeit erfordert, dass der Abhängige die sexuelle Handlung «eigentlich nicht will» und er sich entgegen innerer Widerstände, nur unter dem Eindruck der Autorität des Täters, fügt, was eine gewisse Druckausübung des Letzteren auf das Opfer erfordert, ohne dass dieser Druck die Intensität einer sexuellen Nötigung i.S. von StGB Art. 189 Abs. 1 erreichen würde (BGer vom 1.9.2004, 6S.219/2004). – Der subjektive Tatbestand erfordert Vorsatz, wobei Eventualvorsatz genügt: Der Täter muss zumindest in Kauf nehmen, dass er sich trotz Realisierung des Machtgefälles über die innere Ablehnung der unmündigen Person hinwegsetzt (BGer vom 1.9.2004, 6S.219/2004). – Verhältnis zu StGB Art. 193: Vgl. Bem. zu StGB Art. 193 Abs. 1.

Abs. 2: Die tatbestandsmässige Handlung entspricht derjenigen von StGB Art. 187 Ziff. 1 Abs. 2. Bezieht sie sich auf das Verleiten zu geschlechtlichen Handlungen mit einem Dritten, so muss der oder die Geschädigte von diesem nicht im Sinne von Abs. 1 abhängig sein (Botschaft, BBl 1985 II 1070).

Ziff. 2: Absehen von Strafe ist fakultativ und kommt umso eher in Betracht, als sich das Opfer im Zeitpunkt der Tat dem normalen Heiratsalter genähert hat (Botschaft, BBl 1985 II 1070). – Die Strafbefreiung aufgrund einer eingetragenen Partnerschaft wurde mit dem Partnerschaftsgesetz vom

18. Juni 2004, in Kraft tretend am 1.1.2007 (AS 2005 5696), eingeführt. Vgl. hierzu auch Bem. zu StGB Art. 187 Ziff. 3.

Verjährung: Die Verfolgungsverjährung, innerhalb welcher ein erstinstanzliches Urteil ergehen muss, dauert in jedem Fall mindestens bis zu dem Zeitpunkt, in welchem das Opfer das 25. Altersjahr vollendet (hätte), StGB Art. 97 Abs. 2 und 3.

Art. 189 2. Angriffe auf die sexuelle Freiheit und Ehre.
Sexuelle Nötigung

¹ Wer eine Person zur Duldung einer beischlafsähnlichen oder einer anderen sexuellen Handlung nötigt, namentlich indem er sie bedroht, Gewalt anwendet, sie unter psychischen Druck setzt oder zum Widerstand unfähig macht, wird mit Freiheitsstrafe bis zu zehn Jahren oder Geldstrafe bestraft.

² Aufgehoben.

³ Handelt der Täter grausam, verwendet er namentlich eine gefährliche Waffe oder einen anderen gefährlichen Gegenstand, so ist die Strafe Freiheitsstrafe nicht unter drei Jahren.

Art. 189 und 190 bezwecken den Schutz der sexuellen Selbstbestimmung (BGE 131 IV 169).

Art. 189 Abs. 1: Erfasst wird zunächst einmal die Nötigung einer Person beliebigen Geschlechts zur Duldung einer sexuellen Handlung, die vom Täter selbst oder einem Dritten begangen werden kann. Über diesen engen Wortlaut hinaus erfasst die Bestimmung, entsprechend ihrem Sinn und Zweck und dem Willen des Gesetzgebers, auch die Nötigung zur Vornahme von sexuellen Handlungen (BGE 127 IV 203, 131 IV 108 und 169). Die besondere Erwähnung beischlafsähnlicher Handlungen soll offenbar klarstellen, dass diese nicht unter StGB Art. 190 fallen, und legt es nahe, in solchen Fällen die Strafe höher zu bemessen. Die ersten drei im Gesetz genannten Nötigungsmittel brauchen nicht zu einer vollständigen Widerstandsunfähigkeit des Opfers zu führen (BGE 124 IV 158). Der Gesetzeswortlaut umschreibt die Nötigungsmittel beispielhaft («namentlich») und mithin nicht abschliessend (BGE 131 IV 170).

Die *Bedrohung* muss im Gegensatz zum früheren Recht nicht mehr schwer sein; entsprechend dem Grundtatbestand von StGB Art. 181 ist jedoch mindestens die Androhung eines ernstlichen Nachteils vorauszusetzen, der sich auf ein persönliches Rechtsgut des Opfers oder einer ihm nahestehenden Sympathieperson (BGE 131 IV 173) bezieht. Es wird auch nicht mehr vorausgesetzt, dass der Täter das Opfer widerstandsunfähig macht; doch muss er stets auf dieses erheblich einwirken: BGE 128 IV 99 und 128 IV 110, vgl. schon BGE 122 IV 97 und 124 IV 158.

Eine *Gewaltanwendung* liegt z.B. vor, wenn gegenüber einem Kind in einer minutenlangen, unfreiwilligen, pressenden Umarmung bzw. Umfassung des Gesässes versucht wird, ihm Zungenküsse aufzuzwingen (BGE 125 IV 58). Praktisch relevante Sachverhaltsvarianten können auch das gewaltsame Niederdrücken des Opfers auf das Bett, das Festhalten der Unterarme und Hände während der (erzwungenen) sexuellen Handlungen etc. bilden (vgl. hierzu: BGE 128 IV 116).

Unter «*psychischen Druck*» setzen erfordert angesichts der gewaltdeliktischen Natur von StGB Art. 189 – und auch von StGB Art. 190 – eine gewisse, besondere Intensität. Diese muss einer erheblichen Einwirkung auf die Freiheit der sexuellen Selbstbestimmung gleichkommen (BGE 125 IV 124, 128 IV 97 und 131 IV 119). Dieser Intensitätsgrad wird noch nicht erreicht mit der Androhung, nicht mehr mit dem Opfer zu sprechen, alleine in die Ferien zu fahren oder fremdzugehen, falls die sexuellen Handlungen verweigert würden (BGE 131 IV 167). In Grenzfällen wie der Androhung, dem Opfer die Liebe zu entziehen, es zu verlassen, sich das Leben zu nehmen, kompromittierende Umstände bekanntzumachen oder in Fällen des Verängstigens des Opfers, ist diese Tatbestandsvariante im Rahmen einer Gesamtwertung aller Umstände, namentlich auch unter dem Titel zumutbarer Selbstschutzmassnahmen des Opfers, zu prüfen. Geschützt werden soll das Opfer, das in eine ausweglose Situation gerät, in welchem es ihm nicht zuzumuten ist, sich dem Vorhaben des Täters zu widersetzen (BGE 131 IV 169/170). – Zu dieser Tatbestandsvariante im Einzelnen vgl. BGE 122 IV 101 (bejaht im Falle eines kindlichen, leicht debilen Opfers, welches vom Lebenspartner der Mutter missbraucht wurde), SJZ 92 (1996) 115 und 130 (Drohung mit der Einweisung des geschädigten Kindes in ein Kinderheim, wenn es das ihm vom Täter auferlegte Schweigegebot brechen sollte), BGE 126 IV 129 (bejaht für einen Täter, welcher seine sehr junge, über kein tragendes soziales Netz verfügende, unsichere, anfänglich ihm hörige und in Liebesbeziehungen verletzliche Ehefrau mittels vielfältiger Druckmittel und mit einem an Psychoterror grenzenden Drangsalieren immer wieder zu Beischlafhandlungen zwang), BGer vom 11.6.2002, 6S.143/2002 (bejaht für einen Psychotherapeuten gegenüber einem Opfer, das sozial isoliert und auf den Therapeuten, welcher erst nach über 1 Jahr nach Therapiebeginn mit den sexuellen Handlungen begann, in mehrfacher Hinsicht, u.a. auch finanziell, angewiesen war, wobei der Therapeut sukzessive ein eigentliches Netz von Abhängigkeiten des Opfers errichtete, verstärkte und aufrechterhielt), BGE 131 IV 167 (bejaht für einen geschiedenen Ehemann, welcher seiner früheren Ehegattin mittels einer Vielzahl von SMS-Mitteilungen anonym Gewalttätigkeiten gegenüber der 11-jährigen Tochter und dem offensichtlich suizidgefährdeten und labilen Sohn androhte und dem Opfer gegenüber in persönlichen Unterredungen immer wieder die Aussichtslosigkeit und Bedrohlichkeit der Situation betonte), BGE 128 IV 105 und 106 (verneint für einen Psychotherapeuten, welcher die therapiebedingte und durch eine Vater-Tochter-ähnliche Beziehung zusätzlich verstärkte Abhängigkeit seiner erwachsenen Patientin zu sexuellen Handlungen missbrauchte, wobei es dem dabei ausgeübten Druck am erforderlichen Schweregrad fehlte, so dass allein eine Subsumtion unter StGB Art. 193 Abs. 1 in Betracht fiel). – BGE 124 IV 159, 128 IV 100 und 131 IV 109 führen ganz allgemein aus, gerade ein Kind oder Jugendlicher könne ohne eigentliche Gewalt aufgrund physischer Dominanz des Täters, kognitiver Unterlegenheit sowie emotionaler und sozialer Abhängigkeit unter psychischen Druck gesetzt werden, namentlich beim Missbrauch durch Autoritätsträger des gleichen Haushalts; so sei beispielsweise allein der gegenüber einem Kind durch ein Schweigegebot – ein klassisch traumatisierender Faktor sexuellen Kindsmissbrauchs – ausgeübte Druck bereits tatbestandlich (BGE 124 IV 160). Erforderlich ist immer eine ausweglose Situation, in welcher dem Opfer eine Widersetzung nicht zuzumuten ist, sein Nachgeben unter den konkreten Umständen also als verständlich erscheint (BGE 122 IV 97, 124 IV 154, 126 IV 130 und 131 IV 109), wobei eine solche Situation – allerdings wohl nur in Ausnahmesituationen – auch durch einen Überraschungseffekt, ein Erschrecken oder ein Verblüffen herbeigeführt werden kann (RS 2002 Nr. 264, BGer vom 11.6.2002, 6S.143/2002 und BGE 128 IV 111). Dabei sind bei sexuellen Handlungen unter Ausnützung des Erwachsenen-Kind-Gefälles geringere Anforderungen an die Intensität bzw. Erheblichkeit der Nötigungsmittel zu stellen als bei sexuellen Handlungen zum Nachteil von Erwachsenen (BGE 124 IV 160, 128 IV 101, 131 IV 171). Letzteren ist also eine stärkere Gegenwehr zuzumuten als Kindern (BGE 122 IV 97, 126 IV 128 und 128 IV 112). Bei Erwachsenen kommt daher eine tatbeständliche psychische Drucksituation grundsätzlich nur bei ungewöhnlich grosser kognitiver Unterlegenheit oder emotionaler wie sozialer Abhängigkeit in Betracht (BGer vom 11.6.2002, 6S.143/2002 und BGE 128 IV 112). Die von einem Kind gegenüber jedem Erwachsenen bestehende Unterlegenheit wie auch das Ausnützen allgemeiner Abhängigkeits- oder Freundschaftsverhältnisse (BGE 128 IV 102, 131 IV 109) oder das Therapeuten-Patientenverhältnis (BGE 128 IV 112/113) stellen je für sich allein betrachtet indessen noch keine tatbeständliche psychische Drucksituation dar. Das Vorliegen einer solchen Situation beurteilt sich immer anhand aller konkreten Umstände, namentlich unter Mitberücksichtigung des Beziehungsgeflechts zwischen Täter und Opfer und dabei vor allem der Abhängigkeiten des Letzteren vom Täter in körperlicher, sozialer oder psychisch-seelischer Hinsicht. Die (zumutbare) Selbstschutzmöglichkeit des Opfers bildet dabei ein massgebliches Auslegungskriterium (BGer vom 11.6.2002, 6S.143/2002, BGE 128 IV 113, 131 IV 173). – BGE 131 IV 110 f.: Eine Tatvariante der psychischen Nötigung bildet die «Instrumentalisierung» struktureller Gewalt, d.h. der Einsatz der vom Täter vorgefundenen oder selbst geschaffenen sozialen Situation des Opfers als Druckmittel. Die blosse Ausnützung entsprechender soziologischer Sachverhalte bildet als solche noch keine Nötigung. Vielmehr bedarf es einer vom Täter zum Zwecke der sexuellen Ausbeutung erzeugten oder aktualisierten Zwangssituation, mit welcher er den Widerstand des Opfers (schliesslich) überwindet. – Zu dieser Tatbestandsvariante vgl. ferner ZStrR 117 (1999) 402.

Das Gesetz umfasst sodann als Alternative ein Vorgehen, das den Geschädigten oder die Geschädigte *zum Widerstand unfähig macht*, um so den Fall der Anwendung von Narkotika, Drogen usw. einzubeziehen, die zur Einschränkung oder zum Verlust des Bewusstseins führen (vgl. Botschaft, BBl 1985 II 1071).

Weitere Fälle, die sich nur durch die Generalklausel des «Nötigens» erfassen liessen, sind kaum ersichtlich. Nicht ausreichen wird jedenfalls das Ausnützen einer bereits bestehenden psychischen Ausnahmesituation oder Zwangslage. BGE 131 IV 171: Der sexuelle Übergriff muss also gerade wegen der eingesetzten Drohung oder des erzeugten psychischen Drucks erfolgen und nicht die blosse Ausnutzung einer vorbestandenen Abhängigkeit oder Notlage bilden. Entsprechende Sachverhalte lassen sich allein im Rahmen von StGB Art. 191 und 193 strafrechtlich erfassen. Ein enger zeitlicher Zusammenhang zwischen der nötigenden Handlung und dem sexuellen Übergriff ist indessen nicht erforderlich (BGE 126 IV 124, 131 IV 172). Nicht ausreichen wird auch die Anwendung von List und die überraschende Vornahme einer geschlechtlichen Handlung, der gegenüber gar kein Widerstand möglich ist; ein Vorgehen dieser letztgenannten Art fällt indessen nunmehr unter StGB Art. 198 Abs. 2.

Verhältnis zu StGB Art. 187: BGE 119 IV 310, 120 IV 197, 122 IV 97, 124 IV 157 (echte Konkurrenz), zu StGB Art. 188: RS 2003 Nr. 393 (echte Konkurrenz) und zu StGB Art. 193 (ebenfalls echte Konkurrenz; BGE 128 IV 112).

Abs. 3: Zur «grausamen Handlung» vgl. Bem. zu StGB Art. 190 Abs. 3, zur Verwendung einer gefährlichen Waffe oder eines anderen gefährlichen Gegenstandes Bem. zu StGB Art. 123 Ziff. 2 Abs. 1.

Verjährung: Richtet sich die Tat gegen ein Kind unter 16 Jahren, dauert die Verfolgungsverjährung gemäss StGB Art. 97 Abs. 2, innert welcher ein erstinstanzliches Urteil ergehen muss (Abs. 3), in jedem Fall mindestens bis zu dem Zeitpunkt, in welchem das Opfer das 25. Lebensjahr vollendet hätte).

Art. 190 Vergewaltigung

¹ Wer eine Person weiblichen Geschlechts zur Duldung des Beischlafs nötigt, namentlich indem er sie bedroht, Gewalt anwendet, sie unter psychischen Druck setzt oder zum Widerstand unfähig macht, wird mit Freiheitsstrafe von einem Jahr bis zu zehn Jahren bestraft.

² Aufgehoben.

³ Handelt der Täter grausam, verwendet er namentlich eine gefährliche Waffe oder einen anderen gefährlichen Gegenstand, so ist die Strafe Freiheitsstrafe nicht unter drei Jahren.

Art. 190 erfasst als Spezialtatbestand zu StGB Art. 189 die Nötigung einer Person weiblichen Geschlechts zur Duldung des Beischlafs mit erhöhter Mindestandrohung von 1 Jahr Freiheitsstrafe (RS 2002 Nr. 204). Die homosexuelle Vergewaltigung wird durch den Tatbestand der sexuellen Nötigung nach StGB Art. 189 erfasst, der im Höchstmass dieselbe Strafe androht wie die Vergewaltigung. – Auch eine Frau kann sich in Form der mittelbaren Täterschaft oder der Mittäterschaft der Vergewaltigung schuldig machen (BGE 125 IV 135 = Pr 89 [2000] Nr. 74; zu diesen Beteiligungsformen vgl. Bem. zu StGB Art. 24–27).

Abs. 1: Zu den Nötigungshandlungen vgl. Bem. zu StGB Art. 189 Abs. 1, zum Beginn des strafbaren Versuchs BGE 119 IV 226. – BGE 126 IV 124: Der Tatbestand der Vergewaltigung gegenüber einer Ehefrau beurteilt sich nach denselben Kriterien wie die Vergewaltigung gegenüber einer andern Frau. – Verhältnis zu StGB Art. 187 Ziff. 1: BGE 120 IV 197, 122 IV 97, 124 IV 157, 127 IV 87 (echte Konkurrenz).

Abs. 3: «Grausames Handeln» setzt nach BGE 119 IV 50 voraus, dass der Täter dem Opfer *besondere* Leiden zufügt, die erheblich über das Mass dessen hinausgehen, was zur Erfüllung des Grundtatbestandes nötig ist. Im genannten Entscheid wurde das für minutenlanges intermittierendes Würgen des Opfers bejaht (vgl. auch BGE 107 IV 181 und 118 IV 56). Vgl. auch die Grausamkeit gegenüber einem durch mehrere Mittäter in eine Wohnung verschleppten und dort während mehrerer Stunden festgehaltenen, mehrfach sexuell genötigten und vergewaltigten Opfer in: BGE 125 IV 204.

Verjährung: Richtet sich die Tat gegen ein Kind unter 16 Jahren, dauert die Verfolgungsverjährung gemäss StGB Art. 97 Abs. 2, innert welcher ein erstinstanzliches Urteil ergehen muss (Abs. 3), in jedem Fall mindestens bis zu dem Zeitpunkt, in welchem das Opfer das 25. Lebensjahr vollendet (hätte).

Art. 191 Schändung

Wer eine urteilsunfähige oder eine zum Widerstand unfähige Person in Kenntnis ihres Zustandes zum Beischlaf, zu einer beischlafsähnlichen oder einer anderen sexuellen Handlung missbraucht, wird mit Freiheitsstrafe bis zu zehn Jahren oder Geldstrafe bestraft.

Art. 191 soll Personen beiderlei Geschlechts schützen, die seelisch oder körperlich nicht in der Lage sind, sich gegen sexuelle Zumutungen zu wehren (Botschaft, BBl 1985 II 1077), und zwar vor allem geschlechtlichen Handlungen an oder mit ihnen. Die Bestimmung erfasst auch den Täter oder die Täterin, welche mit dem Opfer verheiratet ist (vgl. Botschaft, BBl 1985 II 1077).

Die *Urteilsunfähigkeit* kann dauernd oder bloss vorübergehend, chronisch oder situationsbedingt sein (vgl. BGE 119 IV 231: Das angetrunkene Opfer wird plötzlich aus dem Schlaf geweckt; vgl. auch BGer vom 3.4.2003, 6S.217/2002 = SJZ 99 [2003] 334). Sie kann also etwa in schweren psychischen Defekten, in einer hochgradigen Intoxikation mit Drogen, Alkohol oder Medikamenten, in körperlicher Invalidität, in einer Fesselung oder in der besonderen Lage der Frau in einem gynäkologischen Stuhl (BGer vom 3.10.2005, 6S.448/2004: Arzt, welcher seiner Patientin im gynäkologischen Stuhl ohne medizinische Indikation die Klitoris berührte und betastete und anlässlich einer weiteren Konsultation mit seiner Zunge berührte), aber auch in einer Summierung von Schläfrigkeit, Alkoholisierung und einem Irrtum in Bezug auf die Person des für den Ehemann gehaltenen Sexualpartners liegen (BGer vom 3.4.2003, 6S.217/2002 = SJZ 99 [2003] 334). Sie wird sich darauf beziehen müssen, dass der oder die Geschädigte ausserstande ist, einen vernünftigen Entscheid über die Einwilligung zu sexuellen Beziehungen zu treffen.

Die *Widerstandsunfähigkeit* kann physischer oder psychischer Natur sein und demnach auch dann gegeben sein, wenn das Opfer in der Lage ist, sich einen vernünftigen Willen zu bilden. In diesem Fall muss die Strafbarkeit entfallen, wenn es in die sexuelle Handlung einwilligt. Die vor Eintritt der Widerstandsunfähigkeit oder trotz körperlicher Wehrlosigkeit gültig erteilte Einwilligung des Opfers in die geschlechtlichen Handlungen schliesst den Tatbestand aus (BGer vom 3.4.2003, 6S.217/2002 = SJZ 99 [2003] 334). – Verhältnis zu StGB Art. 187: Nach BGE 120 IV 196 besteht zwischen dieser Bestimmung und StGB Art. 191 echte Idealkonkurrenz, wenn das geschädigte Kind nicht nur altersbedingt unreif ist, sondern zur Ausnützung dieses Umstandes «offenkundig ein Missbrauch der Urteilsunfähigkeit oder anderen Widerstandsunfähigkeit hinzukommt».

Verjährung: Richtet sich die Tat gegen ein Kind unter 16 Jahren, dauert die Verfolgungsverjährung gemäss StGB Art. 97 Abs. 2, innert welcher ein erstinstanzliches Urteil ergehen muss (Abs. 3), in jedem Fall mindestens bis zu dem Zeitpunkt, in welchem das Opfer das 25. Lebensjahr vollendet (hätte).

Art. 192 Sexuelle Handlungen mit Anstaltspfleglingen, Gefangenen, Beschuldigten

¹ Wer unter Ausnützung der Abhängigkeit einen Anstaltspflegling, Anstaltsinsassen, Gefangenen, Verhafteten oder Beschuldigten veranlasst, eine sexuelle Handlung vorzunehmen oder zu dulden, wird mit Freiheitsstrafe bis zu drei Jahren oder Geldstrafe bestraft.

² Hat die verletzte Person mit dem Täter die Ehe geschlossen oder ist sie mit ihm eine eingetragene Partnerschaft eingegangen, so kann die zuständige Behörde von der Strafverfolgung, der Überweisung an das Gericht oder der Bestrafung absehen.

Art. 192 fordert ausdrücklich, dass die Abhängigkeit der im Gesetzestext genannten Personen (vom Täter) *ausgenützt* werden muss, um das Opfer zu veranlassen, eine sexuelle Handlung (an sich oder einem Dritten) vorzunehmen oder eine solche zu dulden. Ob als solches auch jemand in Betracht fällt, der sich zur Behandlung vorübergehend in einer Klinik befindet, bleibt unklar. Alsdann besteht indessen i.d.R. keine Abhängigkeit von deren Personal. – Auf *Beschuldigte* findet die Norm nur Anwendung, wenn ihre Bewegungsfreiheit im Zeitpunkt der sexuellen Handlung überhaupt eingeschränkt ist, so etwa bei einem Gefangenentransport, einem kurzen Polizeiverhaft oder bei einem Zurückbehalten zwecks Einvernahme in einem Amtsraum, nicht aber bei einem sexuellen Kontakt im Massagesalon der Beschuldigten, wo diese in ihrer Bewegungsfreiheit in keiner Weise eingeschränkt war (RS 2005 Nr. 636). – Im Verhältnis zu StGB Art. 187–191 tritt 192 zurück.

Abs. 2: Die Strafbefreiung aufgrund einer eingetragenen Partnerschaft wurde mit dem Partnerschaftsgesetz vom 18. Juni 2004, in Kraft tretend am 1.1.2007 (AS 2005 5696), eingeführt. Vgl. hierzu Bem. zu StGB Art. 187 Ziff. 3 und 188 Ziff. 2.

Art. 193 Ausnützung der Notlage

¹ Wer eine Person veranlasst, eine sexuelle Handlung vorzunehmen oder zu dulden, indem er eine Notlage oder eine durch ein Arbeitsverhältnis oder eine in anderer Weise begründete Abhängigkeit ausnützt, wird mit Freiheitsstrafe bis zu drei Jahren oder Geldstrafe bestraft.

² Ist die verletzte Person mit dem Täter eine Ehe oder eine eingetragene Partnerschaft eingegangen, so kann die zuständige Behörde von der Strafverfolgung, der Überweisung an das Gericht oder der Bestrafung absehen.

Art. 193 Abs. 1 erfasst hetero- und homosexuelle Handlungen, zu deren Vornahme oder Duldung eine Frau oder ein Mann wegen einer Notlage oder einer Abhängigkeit gegenüber dem Täter oder der Täterin veranlasst wird.

Als Ausnützung einer *Notlage* kommt v.a. der Fall in Betracht, dass jemand vom Opfer dringend benötigte Geld- oder anderweitige Leistungen (nur) unter der Bedingung gewähren will, dass Letzteres seinen Forderungen auf sexuellem Gebiet nachkommt.

Abhängigkeit kann sowohl äusserlicher als auch psychischer Natur sein, so in klassischer Weise zwischen einer Patientin und ihrem Psychotherapeuten bestehen (dazu BGE 124 IV 16 mit eingehender Begründung sowie BGE 128 IV 112). BGE 131 IV 114: Ein Abhängigkeitsverhältnis im Rahmen einer therapeutischen Beziehung ist nicht per se gegeben, sondern ist in jedem Einzelfall zu prüfen, nämlich anhand von Kriterien wie der Therapiedauer, des physischen und psychischen Zustands des Patienten, des Gegenstands und Umfangs der Behandlung, der Behandlungsform oder der (fehlenden) Einhaltung therapeutischer Distanz durch den Therapeuten.

Der besonders erwähnte Fall des *Arbeitsverhältnisses* bringt höchstens im Verhältnis zwischen Arbeitnehmern und ihren Arbeitgebern oder Vorgesetzten, auf deren «Goodwill» sie angewiesen sind, ein Abhängigkeitsverhältnis mit sich.

ZR 100 (2001) Nr. 55: Ein Abhängigkeitsverhältnis setzt eine aus irgendeinem Grund aussergewöhnlich eingeschränkte Entscheidungsfähigkeit des Opfers und dessen besondere Schutzbedürftigkeit voraus. Diese Voraussetzungen sind zu verneinen bei berufserfahrenen, durchschnittlich intelligenten erwachsenen Frauen, die, um zu einer Anstellung als Fotomodell und Werbefachfrau zu gelangen, wiederholt absonderliche Manipulationen im Intimbereich durch den Täter zuliessen. – Der Täter oder die Täterin muss die Abhängigkeit ausnützen, was v.a. dann auszuschliessen ist, wenn die abhängige Person dem an sie gerichteten Ansinnen ohne Rücksicht auf ihre Situation nachgekommen wäre oder gar die Initiative dazu ergriffen hat (BGE 124 IV 13; offengelassen in BGE 131 IV 120, unter Hinweis auf die so genannte Übertragungsliebe, u.a. Idealisierung oder Verliebtheit, welche häufiger Ausdruck der therapeutischen Beziehung sei, in welcher der Therapeut professionell zu reagieren habe); gleiches gilt auch, wenn sie sich in einer Notlage befand (vgl. SJZ 89 [1993] 324). – Subjektiver Tatbestand: Erforderlich ist Vorsatz. Eventualvorsatz genügt. Der Täter muss also zumindest damit rechnen, dass sich das Opfer nur auf ihn einlässt, weil es von ihm abhängig ist (RS 2004 Nr. 470, BGE 131 IV 119). – Gegenüber den StGB Art. 187–192 tritt 193 als leichterer Angriff auf die sexuelle Integrität im Sinne unechter Konkurrenz zurück (BGE 128 IV 112).

Abs. 2: Die Strafbefreiung aufgrund einer eingetragenen Partnerschaft wurde mit dem Partnerschaftsgesetz vom 18. Juni 2004, in Kraft tretend am 1.1.2007 (AS 2005 5696), eingeführt. Vgl. hierzu Bem. zu StGB Art. 187 Ziff. 3 und 188 Ziff. 2.

Art. 194   Exhibitionismus

¹ Wer eine exhibitionistische Handlung vornimmt, wird, auf Antrag, mit Geldstrafe bis zu 180 Tagessätzen bestraft.

² Unterzieht sich der Täter einer ärztlichen Behandlung, so kann das Strafverfahren eingestellt werden. Es wird wieder aufgenommen, wenn sich der Täter der Behandlung entzieht.

Art. 194 Abs. 1: Das tatbestandsmässige Verhalten besteht darin, dass jemand (theoretisch auch eine Frau) den Geschlechtsteil aus sexuellen Motiven, aber ohne weitergehende deliktische Absichten vor einer «Zielperson» zur Schau stellt. Eine psychopathologische Ursache solchen Verhaltens ist die Regel, darf aber für die Anwendung von StGB Art. 194 Abs. 1 nicht gefordert werden. Die Handlung braucht nicht in der Öffentlichkeit begangen zu werden, muss aber tatsächlich von jemandem wahrgenommen worden sein, da sie nur auf Antrag strafbar ist und lediglich die betreffende Person als «verletzt» im Sinne von StGB Art. 30 gelten kann. *Onaniert* der Exhibitionist bewusst vor einer «Zielperson» im Schutzalter, ist ausser StGB Art. 194 Abs. 1 auch 187 Ziff. 1 Abs. 3 anwendbar.

Abs. 2 zielt darauf ab, der bei psychopathologischem Exhibieren im Verhältnis zur Bestrafung unter präventiven Gesichtspunkten besseren Erfolg versprechenden freiwilligen psychotherapeutischen Behandlung des Täters den Vorzug zu geben (Botschaft, BBl 1985 II 1071). Die vorgesehene Möglichkeit der einstweiligen Einstellung des Strafverfahrens muss ohne Rücksicht darauf gelten, ob sie vom kantonalen Recht vorgesehen wird. – Eine Wiederaufnahme des Verfahrens bzw. Bestrafung des Täters ist nur möglich, wenn sich der Täter der Behandlung entzieht oder gar rückfällig wird; wird eine Verurteilung für unumgänglich gehalten, darf das Verfahren gar nicht erst eingestellt werden, sondern diesfalls bedarf es einer Verurteilung, allenfalls verbunden mit einer therapeutischen Massnahme (RS 2004 Nr. 471).

Art. 195 3. Ausnützung sexueller Handlungen. Förderung der Prostitution

Wer eine unmündige Person der Prostitution zuführt,
wer eine Person unter Ausnützung ihrer Abhängigkeit oder eines Vermögensvorteils wegen der Prostitution zuführt,
wer die Handlungsfreiheit einer Person, die Prostitution betreibt, dadurch beeinträchtigt, dass er sie bei dieser Tätigkeit überwacht oder Ort, Zeit, Ausmass oder andere Umstände der Prostitution bestimmt,
wer eine Person in der Prostitution festhält,
wird mit Freiheitsstrafe bis zu zehn Jahren oder Geldstrafe bestraft.

Art. 195: Durch diese Bestimmung sollen einerseits Personen beiderlei Geschlechts davor bewahrt werden, dass man sie gegen ihren Willen zur Prostitution verleitet. Andererseits sollen Leute, die der Prostitution bereits nachgehen, in ihrer Handlungsfreiheit geschützt werden (BGE 129 IV 75).

Unter «Prostitution», die sowohl hetero- als auch homosexuell betrieben werden kann, ist das gelegentliche oder gewerbsmässige Anbieten und Preisgeben des eigenen Körpers an beliebige Personen zu deren sexueller Befriedigung gegen Entlöhnung zu verstehen (BGE 129 IV 75). Diese kann in Geld oder anderen materiellen Werten geleistet werden. Die sexuelle Handlung braucht nicht in der Vornahme des Beischlafs oder ähnlicher Handlungen zu bestehen (Botschaft, BBl 1985 II 1082). Auch die sog. «Feinmassage» stellt eine solche Handlung dar: BGE 121 IV 87.

Abs. 1: Der Prostitution «führt zu», wer jemanden in dieses Gewerbe einführt und mit einer gewissen Intensität zu deren Ausübung bestimmt, also über eine blosse Anstiftung hinaus drängt und insistiert (ZR 98 [1999] Nr. 59). Bei Unmündigen genügt bereits ein blosses Überreden, ein Ausnützen der Jugendlichkeit, welches sich in mindestens zwei sexuellen Akten gegen Geld niederschlägt (BGE 129 IV 80). – Handelt es sich dabei um eine Person von unter 16 Jahren, besteht echte Konkurrenz mit StGB Art. 187 Ziff. 1 Abs. 2 (vgl. Botschaft, BBl 1985 II 1083). Gleiches gilt regelmässig auch für ältere Minderjährige im Verhältnis zu StGB Art. 188 Ziff. 1 Abs. 2.

Abs. 2: Die Abhängigkeit der der Prostitution im Sinne von Abs. 1 zugeführten Person vom Täter kann aus beliebigen Gründen bestehen, namentlich aus einem Arbeitsverhältnis, aus einer psychischen Hörigkeit, aus einer Drogensucht oder aus einer finanziellen Abhängigkeit; dabei muss aber – im Gegensatz zu Abs. 1 – das Opfer unter Druck gesetzt oder seine besondere Unterlegenheit ausgenützt werden, so dass die Handlungsfreiheit ähnlich stark eingeschränkt ist wie bei den übrigen Formen dieses Delikts (BGE 129 IV 77). – Um eines Vermögensvorteils wegen handelt namentlich, wer sich im Sinne der Zuhälterei von der sich prostituierenden Person ganz oder teilweise unterhalten lassen will. Straflos ist jedoch die Entgegennahme des Prostitutionserlöses, wenn die betreffende Person die freie Entscheidung über ihr Einkommen behält (Botschaft, BBl 1985 II 1084).

Abs. 3: Er enthält zwei Tatbestandsvarianten, einerseits die Überwachung oder Kontrolle und andererseits das Bestimmen von Ort, Zeit, Ausmass oder andern Umständen der Prostitution (BGE 125 IV 271). *Andere Umstände* können namentlich die Art der zu erbringenden Leistung, den Dirnenlohn oder den an den Täter abzuliefernden Anteil betreffen (BGE 126 IV 80). Die beiden Tatbestandsvarianten setzen voraus, dass auf die sich prostituierende Person ein gewisser Druck ausgeübt wird, dem sie sich nicht ohne weiteres entziehen kann (bejaht für den Betreiber eines Begleitservices, in welchem sich Frauen, um Geld zu verdienen, zwar in einem gewissen Sinne «freiwillig» prostituierten, dabei jedoch per Natel kontrolliert und ihnen die Modalitäten der Prostitution in allen Einzelheiten vorgeschrieben wurden, BGE 125 IV 272; verneint für die Betreiber eines Sauna-Clubs, in welchem die Prostituierten zwar einen Eintrittspreis bezahlen mussten, die Preise für ihre Dienstleistungen nicht frei festlegen konnten und sämtliche Tageseinnahmen gegen einen 60-prozentigen Erlösanteil abliefern mussten, ihre Anwesenheitszeiten, Art und Umfang ihrer Tätigkeit und die Wahl ihrer Kunden aber jederzeit selbst bestimmen konnten, BGE 126 IV 82; bejaht wiederum für einen Täter, der ausländischen Prostituierten ohne Aufenthalts- und Arbeitserlaubnis gegen Gewinnbeteiligungen, Spesen oder Pauschalen Unterkunft und teilweise – einschliesslich des illegalen Grenzübertritts – Chauffeurdienste zur Verfügung stellte sowie Arbeitsmöglichkeiten vermittelte und dabei eine Machtposition ausnutzte, welche auf den wirtschaftlichen und sozialen Druck beruhte, der auf den illegalen Aufenthalterinnen beruhte, Pra 91 [2002] Nr. 136; bejaht schliesslich für die Betreiberin von vier Salons/Bordellen, welche teilweise routinierte Prostituierte mittels einer Vielzahl von Massnahmen [Beschlagnahme der Ausweispapiere und Rückflugtickets, Auferlegung übersetzter Anfangsschulden, Androhung einer Konventionalstrafe bei vorzeitigem Weggang, Verbot von Telefonaten, Überwachung «rund um die Uhr» etc.] einem starken und anhaltenden Druck aussetzte, dem sich diese Opfer als mittellose illegale Aufenthalterinnen, ohne Deutschkenntnisse und sozial isoliert, kaum entziehen konnten, BGE 129 IV 81. – Der Tatbestand des *Überwachens* erfordert stets eine Kontrolle, welche eine grössere Abhängigkeit als die eines «normalen» Arbeitnehmers begründet (BGE 126 IV 81). – Ein bloss formales Einverständnis der Prostituierten in eine Ausbeutung hebt die Strafbarkeit des Ausbeuters nicht auf (BGer vom 26.11.2002, 6S.258/2002).

Abs. 4: «Festhalten» in der Prostitution meint Vorkehren aller Art, die diesem Zwecke dienen, wie z.B. Gewalt, Drohung, das Verstricken in Abhängigkeiten, namentlich auch finanzieller Art (Botschaft, BBl 1985 II 1083). Vorausgesetzt werden der Wille oder mindestens der Wunsch der sich prostituierenden Person, sich selbstbestimmt neu zu orientieren und ihrem Gewerbe den Rücken zu kehren (BGE 129 IV 80).

Verjährung: Richtet sich die Tat gegen ein Kind unter 16 Jahren, dauert die Verfolgungsverjährung gemäss StGB Art. 97 Abs. 2, innert welcher ein erstinstanzliches Urteil ergehen muss (Abs. 3), in jedem Fall mindestens bis zu dem Zeitpunkt, in welchem das Opfer das 25. Lebensjahr vollendet (hätte).

Art. 196 Menschenhandel

¹ Wer mit Menschen Handel treibt, um der Unzucht eines anderen Vorschub zu leisten, wird mit Freiheitsstrafe oder Geldstrafe nicht unter 180 Tagessätzen bestraft.
² Wer Anstalten zum Menschenhandel trifft, wird mit Freiheitsstrafe bis zu fünf Jahren oder Geldstrafe bestraft.
³ In jedem Fall ist auch eine Geldstrafe auszusprechen.

Art. 196: Die Bestimmung entspricht den verschiedenen von der Schweiz ratifizierten internationalen Übereinkommen über die Unterdrückung bzw. Bekämpfung des Kinder-, Mädchen- und Frauenhandels (vgl. im einzelnen SR 0.311.31–0.311.34), insbesondere dem internationalen Abkommen über die Unterdrückung des Handels mit volljährigen Frauen vom 11. Oktober 1933 (SR 0.311.34; BGE

128 IV 122 = Pr 91 [2002] Nr. 220). Sie richtet sich gegen die Ausnutzung der vielfältigen persönlichen und finanziellen Abhängigkeiten der Prostituierten, insbesondere von Zuhältern, Bordell- und Salonbetreibern (BGE 126 IV 229). – Zur Strafbarkeit des Kinderhandels zum Zwecke der (internationalen) Adoption vgl. BG zum Haager Adoptionsübereinkommen und über Massnahmen zum Schutz des Kindes bei internationalen Adoptionen vom 22. Juni 2001 (SR 211.221.31; Botschaft, BBl 1999, 5838), Art. 24.

Abs. 1: Vorausgesetzt wird, dass der Täter mindestens eine Person entgeltlich an jemanden anderen vermittelt, der sie zu sexuellen Handlungen mit ihm selber oder mit Drittpersonen einsetzen will. Die betroffene Person muss dabei in ihrem Selbstbestimmungsrecht verletzt werden: Diese Selbstbestimmung ist gegeben, wenn Prostituierte z.b. mit einem Wechsel des Etablissements voll einverstanden sind (entgegen Botschaft, BBl 1985 II 1086, zustimmend jedoch ZR 98 [1999] Nr. 59), liegt aber dann nicht vor, wenn Vermittler und Bordellbetreiber über die Köpfe Betroffener hinweg deren Vermittlung vornehmen oder dabei die vor allem im Milieu besonders häufigen Abhängigkeitsverhältnisse ausnutzen; ob die Betroffenen wirklich selbstbestimmt gehandelt haben oder allenfalls nur ein formales Einverständnis in die Vermittlung vorliegt, ist anhand der konkreten Einzelumstände zu beurteilen (BGE 126 IV 229). Dabei ist das Erfordernis der Zustimmung zurückhaltend anzunehmen, und es muss den erwähnten wirtschaftlichen und sozialen Abhängigkeitsverhältnissen, in welchen sich insbesondere ausländische Prostituierte befinden, Rechnung getragen werden (BGE 128 IV 126 = Pr 91 [2002] Nr. 220). StGB Art. 196 Abs. 1 ist daher in der Regel erfüllt, wenn junge Frauen, die aus dem Ausland kommen, unter Ausnützung ihrer schwierigen Lage zur Ausübung der Prostitution in der Schweiz engagiert werden (BGE 129 IV 92). – Das Anwerben für die in Frage stehende Tätigkeit in einem eigenen «Etablissement» des Täters wird entgegen der in BGE 96 IV 118 vertretenen Ansicht von StGB Art. 196 erfasst (BGE 128 IV 131 = Pr 91 [2002] Nr. 220, 129 IV 93). – Wird das Opfer zum Zwecke der Vermittlung seiner Freiheit beraubt oder entführt, ist neben StGB Art. 196 auch 183 bzw. 184 anzuwenden. – Zu StGB Art. 305bis besteht angesichts der Verschiedenheit der Rechtsgüter echte Konkurrenz (BGE 128 IV 133 = Pr 91 [2002] Nr. 220).

Abs. 2 erklärt alle Vorbereitungshandlungen zu einem Verhalten nach Abs. 1 für strafbar.

Verjährung: Richtet sich die Tat gegen ein Kind unter 16 Jahren, dauert die Verfolgungsverjährung gemäss StGB Art. 97 Abs. 2, innert welcher ein erstinstanzliches Urteil ergehen muss (Abs. 3), in jedem Fall mindestens bis zu dem Zeitpunkt, in welchem das Opfer das 25. Lebensjahr vollendet (hätte).

Art. 197   4. Pornographie

1. Wer pornographische Schriften, Ton- oder Bildaufnahmen, Abbildungen, andere Gegenstände solcher Art oder pornographische Vorführungen einer Person unter 16 Jahren anbietet, zeigt, überlässt, zugänglich macht oder durch Radio oder Fernsehen verbreitet, wird mit Freiheitsstrafe bis zu drei Jahren oder Geldstrafe bestraft.

2. Wer Gegenstände oder Vorführungen im Sinne von Ziffer 1 öffentlich ausstellt oder zeigt oder sie sonst jemandem unaufgefordert anbietet, wird mit Busse bestraft.

Wer die Besucher von Ausstellungen oder Vorführungen in geschlossenen Räumen im Voraus auf deren pornographischen Charakter hinweist, bleibt straflos.

3. Wer Gegenstände oder Vorführungen im Sinne von Ziffer 1, die sexuelle Handlungen mit Kindern oder mit Tieren, menschlichen Ausscheidungen oder Gewalttätigkeiten zum Inhalt haben, herstellt, einführt, lagert, in Verkehr bringt, anpreist, ausstellt, anbietet, zeigt, überlässt oder zugänglich macht, wird mit Freiheitsstrafe bis zu drei Jahren oder Geldstrafe bestraft.

Die Gegenstände werden eingezogen.

3bis Mit Freiheitsstrafe bis zu einem Jahr oder mit Geldstrafe wird bestraft, wer Gegenstände oder Vorführungen im Sinne von Ziffer 1, die sexuelle Handlungen mit Kindern oder Tieren oder sexuelle Handlungen mit Gewalttätigkeiten zum Inhalt haben, erwirbt, sich über elektronische Mittel oder sonstwie beschafft oder besitzt.

Die Gegenstände werden eingezogen.

4. Handelt der Täter aus Gewinnsucht, so ist die Strafe Freiheitsstrafe bis zu drei Jahren oder Geldstrafe. Mit Freiheitsstrafe ist eine Geldstrafe zu verbinden.

5. Gegenstände oder Vorführungen im Sinne der Ziffern 1–3 sind nicht pornographisch, wenn sie einen schutzwürdigen kulturellen oder wissenschaftlichen Wert haben.

Art. 197 verbietet nur die sog. harte Pornographie vollständig. Im Übrigen sollen *Kinder* auch vor anderen pornographischen Produkten geschützt und jedermann davor bewahrt werden, gegen seinen Willen Darstellungen sexuellen Inhalts wahrzunehmen. Vgl. auch StGB Art. 362 (Mitteilung bei Pornographie) und VO über Fernmeldedienste vom 31. Oktober 2001 (SR 784.101.1), Art. 31 (Sperrung abgehender Verbindungen zu Diensten mit erotischem oder pornographischem Inhalt).

Ziff. 1 bezweckt die ungestörte sexuelle Entwicklung Jugendlicher (BGE 131 IV 67). – Als *pornographisch* gelten die hier genannten Gegenstände und Vorführungen, wenn sie objektiv gesehen einseitig darauf angelegt sind, den Konsumenten sexuell aufzureizen (BGE 128 IV 263, 131 IV 66). Dies wird mindestens voraussetzen, dass sie menschliche Geschlechtsteile oder sexuelle Handlungen unter übermässiger Betonung des Genitalbereiches aufdringlich in den Vordergrund rücken. (Weiche) Pornographie erfordert zudem, dass die Sexualität stark aus ihren menschlichen und emotionalen Bezügen herausgetrennt wird und die jeweilige Person als blosses Lustobjekt sexueller Begierde erscheint, über das nach Belieben verfügt werden kann (BGE 117 IV 452, 128 IV 263, 131 IV 66/67). – «Live-Gespräche» obszönen Inhalts, die telefonisch mitangehört werden können, fallen nicht unter Ziff. 1, wohl aber entsprechende Aufzeichnungen: BGE 121 IV 116. – Zu den tatbestandsmässigen Handlungen: *Zugänglich gemacht* wird ein Objekt oder eine Vorführung dadurch, dass man es Personen unter 16 Jahren bewusst ermöglicht, sie (auch aus eigener Initiative) zu betrachten. Irrelevant ist die tatsächliche Kenntnisnahme vom pornographischen Inhalt durch den Jugendlichen (BGE 131 IV 67). – Schlechthin strafbar ist die Verbreitung von Pornographie durch Radio und Fernsehen, weil solche Sendungen ohne weiteres auch von Kindern verfolgt werden können. BGE 121 IV 119 stellt dem pornographische Tonaufzeichnungen gleich, welche telefonisch auch von Leuten unter 16 Jahren abgehört werden können; der für die Einführung des PTT-«Telekioskes» Verantwortliche wurde deshalb der Gehilfenschaft zu Pornographie schuldig gesprochen. Neben dem Telefon wird aber auch die Verbreitung durch andere Fernmeldeeinrichtungen oder das Internet durch StGB Art. 197 Ziff. 1 erfasst (BGE 131 IV 67). – Straflos bleibt die *Herstellung* weicher pornographischer Erzeugnisse.

Ziff. 2 Abs 1: Diese Bestimmung dient ausser dem Jugendschutz auch dem Zweck, zu verhindern, dass Erwachsene gegen ihren Willen pornographische Objekte und Vorführungen mitansehen müssen

(BGE 128 IV 263 = Pr 92 [2003] Nr. 59). Als «öffentliches Ausstellen» gilt schon das Aushängen von Bildern sexuellen Charakters zu Werbezwecken (vgl. Botschaft, BBl 1985 II 1090). «Unaufgefordertes Anbieten» von Pornographie kann persönlich oder durch die Zusendung entsprechenden Materials erfolgen. Anbieten des Zugangs zur Pornographie genügt nicht; die direkte Konfrontation ist erforderlich (BGE 128 IV 263 = Pr 92 [2003] Nr. 59). Empörung, Schockierung oder Verängstigung des Opfers wird nicht vorausgesetzt (Botschaft, BBl 1985 II 1106). – Öffentliches Ausstellen liegt vor, wenn sich die pornographischen Gegenstände oder Vorführungen an einen grösseren, nicht durch persönliche Beziehungen zusammenhängenden Kreis von Personen richten (vgl. BGE 126 IV 177 f.).

Abs. 2: Der Strafausschluss setzt nicht voraus, dass die Besucher expressis verbis auf den pornographischen Charakter des Gezeigten hingewiesen werden; dieser braucht jenen nur auf irgendeine Weise deutlich erkennbar gemacht zu werden.

Ziff. 3 umschreibt die sog. «harte Pornographie». Als solche gilt die Kinder-, Tier-, Exkrementen- und Gewaltpornograpie. Zur Kinderpornographie in der Schweiz: Krim 60 (2006) 269.

Sexuelle Handlungen mit Kindern: Als kinderpornographisch gelten Erzeugnisse, sobald daraus erkennbar ist, dass ihre vorsätzliche Herstellung in der Schweiz nach StGB Art. 187 strafbar wäre (BGE 131 IV 74; vgl. Bem. zu StGB Art. 187). Nacktaufnahmen von Kindern gelten auch ohne besondere Betonung des Genitalbereichs als pornographisch, wenn der Ersteller das Kind mit entblösstem Genitalbereich in einer nach den Umständen objektiv aufreizenden Stellung – z.B. mit dem gezielten Einsatz von Stilmitteln, die im Bereich der Sexualität von Erwachsenen als aufreizend oder zumindest reizbetonend gelten – posieren lässt; nicht pornographisch sind demgegenüber Nacktbilder, denen in keiner Weise entnommen werden kann, dass bei der Herstellung auf die Kinder eingewirkt wurde, z.B. Schnappschüsse am Strand oder in der Badeanstalt (BGE 131 IV 64). BGE 128 IV 28, 131 IV 19, 73: Zentrales *Rechtsgut* des Verbots der *Kinderpornographie* ist die ungestörte sexuelle Entwicklung von Kindern und Jugendlichen; daneben dient diese Norm aber auch dem Schutz von Erwachsenen, auf die sich diese Pornographie korrumpierend im Sinne einer erhöhten Bereitschaft, das Wahrgenommene selbst nachzuahmen, auswirken könnte (Abstraktes Gefährdungsdelikt). StGB Art. 197 Ziff. 3 will alle «Darsteller» harter Pornographie vor sexueller Ausbeutung, Gewalt und erniedrigender bzw. menschenunwürdiger Behandlung bewahren, welcher Schutzgedanke unter geänderten Vorzeichen im Wesentlichen auch für die *Pornographie mit Tieren* gilt. – *Sexuelle Handlungen mit menschlichen Ausscheidungen:* Vorauszusetzen ist die Applikation von Kot oder Urin auf eine «Zielperson» in erkennbarem sexuellem Zusammenhang. Die blosse Darstellung des Ausscheidungs*vorgangs* (z.B. die Aufnahme einer im Freien urinierenden Frau) betrifft gar keine «sexuelle Handlung» und fällt überhaupt nicht unter StGB Art. 197, wenn die Genitalien nicht aufdringlich in den Vordergrund gerückt werden. Nicht zu den «menschlichen Ausscheidungen» gehören neben Blut und Speichel v.a. der (sichtbare) Samenerguss: BGE 121 IV 129.

Strafbar ist schon, wer solche Produkte *herstellt:* Dieser Begriff umfasst das gesamte von Menschen bewirkte Geschehen, welches harte Pornographie hervorbringt, namentlich das Verfassen, Anfertigen, Verlegen, Drucken, Aufnehmen, Aufzeichnen oder Anfertigen, d.h. also das Anfertigen weiterer Stücke nach einem bereits hergestellten (BGE 131 IV 16). Hierzu gehört auch das fotografische Entwickeln und Vergrössern bereits vorhandener Bilder sowie das blosse Vervielfältigen oder Kopieren bzw. Duplizieren pornographischer Darstellungen (BGE 128 IV 29, 131 IV 20). Unerheblich ist die beim Kopieren bzw. Vervielfältigen angewendete Technik und die äussere Beschaffenheit des Mitteilungsträgers: Auch die auf gewisse Dauer ausgerichtete, gezielt vorgenommene elektronische Speicherung eines Werkes auf die Festplatte eines Personalcomputers, eine Diskette, eine CD-Rom, DVD oder auf andere Datenträger ist eine Herstellungshandlung, ebenso wie das Einscannen und Abspeichern von Bildern sowie das Abspeichern von Daten durch Herunterladen («Downloading») vom Internet oder von einem Datenträger auf einen andern (BGE 131 IV 21). – Strafbar macht sich ferner derjenige, welcher harte Pornographie in irgendeiner Form publik macht oder Vorbereitungen dazu trifft; das Gesetz zählt alle dafür in Frage kommenden Verhaltensweisen auf. – Die im Gesetz abschliessend umschriebenen Tathandlungen mit harter Pornographie sind strafbar, unabhängig davon, ob den pornographischen Erzeugnissen ein realer Hintergrund zugrundeliegt oder ob es sich «nur» um virtuelle Darstellungen handelt. – StGB Art. 28 ist auf StGB Art. 197 Ziff. 3 nicht anwendbar: Verantwortliche für die Veröffentlichung von harter Pornographie können sich daher nicht auf die im Medienbereich geltende, besondere (Kaskaden-)Verantwortlichkeit nach StGB Art. 28 berufen, auch wenn sich die strafbare Handlung in der Veröffentlichung durch das Medium erschöpft (BGE 125 IV 206, 212 = Pr 89 [2000] Nr. 16; Vgl. Bem. zu StGB Art. 28, 135 und 261bis).

Ziff. 3bis: Seit dem 1. April 2002 ist auch der Erwerb, das Beschaffen oder Besitzen harter Pornographie, allerdings unter Ausnahme exkrementenpornographischer Erzeugnisse (Exkrementenpornographie; BGE 128 IV 209), strafbar. Diese Norm zielte in erster Linie darauf ab, den bis anhin straflosen Besitz bestimmter Arten von Pornographie unter Strafe zu stellen (BGE 131 IV 22). Neben den sonstigen Zielrichtungen des Verbots harter Pornographie bezweckt StGB Art. 197 Ziff. 3bis zusätzlich den Schutz der Kinder, die bereits zur Herstellung solcher Produkte missbraucht wurden (BGE 131 IV 77). – Das Tatbestandsmerkmal des Besitzes orientiert sich am strafrechtlichen Gewahrsamsbegriff und umfasst neben körperlichen Sachen auch Datenträger mit pornographischen Darstellungen. – Das elektronische Herstellen und Kopieren wird jedoch nicht von der privilegierenden Bestimmung von StGB Art. 197 Ziff. 3bis, sondern von StGB Art. 197 Ziff. 3 erfasst (BGE 131 IV 22; vgl. Bem. zu StGB Art. 197 Ziff. 3). Ein Beschaffen von harter Pornographie i.S. von StGB Art. 197 Ziff. 3bis ist daher nur dann denkbar, wenn dabei die Daten nicht gezielt abgespeichert werden bzw. von ihnen keine Kopie erstellt wird. Letzteres wäre der Fall, wenn mittels einem Passwort allein ein dauernder und unbeschränkter Zugang zu einer Website mit harter Pornographie besteht oder wenn jemand auf seine Initiative hin eine E-Mail mit pornographischem Datenanhang erhält und die Datei im Eingangsspeicher belässt (BGE 131 IV 22). – Der blosse Konsum, z.B. beim Surfen auf dem Internet, ist straflos. – BGE 131 IV 77: Die Strafbarkeit des Besitzes von harter Pornographie setzt keine tatbestandsmässige Beschaffungshandlung voraus. Auch derjenige, welcher diese Pornographie vor dem Inkrafttreten dieser Bestimmung erwarb oder nachher zunächst unvorsätzlich in den Besitz harter Pornographie gelangte und diese nach Kenntnisnahme des Besitzes weiterhin aufbewahrte, macht sich nach StGB Art. 197 Ziff. 3bis strafbar.

Ziff. 4: Eine den Begriff der «Gewinnsucht» enthaltende Strafzumessungsregel analog StGB alt Art. 50 findet sich in den Strafzumessungsregeln gem. StGB Art. 47 ff. nicht mehr. Beurteilt man indessen diesen Begriff im Besonderen Teil des StGB weiterhin anhand eines qualitativen Kriteriums, wonach bereits gewinnsüchtig handelt, wer eine in moralischer Hinsicht verwerfliche Bereicherung anstrebt (BGE 107 IV 21, vgl. auch 109 IV 119, 115 Ia 411), dann handelt im Bereich der Pornographie gewinnsüchtig, wer sich oder einem andern dadurch einen geldwerten, finanziellen, wirtschaftlichen Vermögensvorteil verschaffen will.

Ziff. 5: Zum Begriff des «schutzwürdigen kulturellen oder wissenschaftlichen Wertes» vgl. Bem. zu StGB Art. 135 Abs. 1. – BGE 131 IV 68: Was als *kultureller Wert* gilt, ist von Fall zu Fall zu entscheiden. Massgebliches Kriterium ist weder das Selbstverständnis des Kunstschaffenden noch das Kunstverständnis des Durchschnittsmenschen, sondern die Sichtweise eines künstlerisch aufgeschlossenen Betrachters, welche in der Regel ohne Beizug eines Sachverständigen zu beurteilen ist. Zu bejahen ist der kulturelle Wert grundsätzlich erst dann, wenn der künstlerische Wert gegenüber dem pornographischen Element im Gesamteindruck überwiegt.

Art. 198 5. Übertretungen gegen die sexuelle Integrität. Sexuelle Belästigungen

Wer vor jemandem, der dies nicht erwartet, eine sexuelle Handlungvornimmt und dadurch Ärgernis erregt,
wer jemanden tätlich oder in grober Weise durch Worte sexuell belästigt,
wird, auf Antrag, mit Busse bestraft.

Art. 198 Abs. 1: Zum Begriff der sexuellen Handlung vgl. Bem. zu StGB Art. 187 Ziff. 1 Abs. 1; eine Entblössung der Geschlechtsteile ist nicht erforderlich. Der Täter muss durch sein Verhalten Ärgernis erregen und dies auch wollen, was voraussetzt, dass er sich der Gegenwart oder mindestens der Möglichkeit des Hinzukommens Unbeteiligter bewusst ist, sowie will oder in Kauf nimmt, dass sie an der Handlung Anstoss nehmen. Das Motiv kann sich hierin erschöpfen; sexuelle Beweggründe sind nicht erforderlich (vgl. Botschaft, BBl 1985 II 1093). Die Handlung braucht nicht öffentlich vorgenommen zu werden. *Exhibitionistisches* Verhalten gegenüber Einzelpersonen fällt, auch wenn es mit Onanie verbunden ist, ausschliesslich unter den mit strengerer Strafe bedrohten Tatbestand von StGB Art. 194 Abs. 1.

Abs. 2: Die tätliche Belästigung braucht den Tatbestand von StGB Art. 126 nicht zu erfüllen und kann v.a. darin bestehen, dass der Täter in überraschender Weise dem Opfer an die Geschlechtsteile greift, diese entblösst, oder auch schon darin, dass er einer Frau den Rock hochstreift oder daruntergreift. Eine grobe verbale Belästigung wird voraussetzen, dass die Äusserungen als Ausdruck nackter Geilheit in Bezug auf eine bestimmte «Zielperson» erscheinen.

Art. 199 Unzulässige Ausübung der Prostitution

Wer den kantonalen Vorschriften über Ort, Zeit oder Art der Ausübung der Prostitution und über die Verhinderung belästigender Begleiterscheinungen zuwiderhandelt, wird mit Busse bestraft.

Art. 199: Diese Blankettstrafbestimmung setzt eine gesetzgeberische Kompetenz der Kantone zum Erlass der genannten Bestimmungen voraus, welche auch an die Gemeinden delegiert werden kann. Die entsprechenden Vorschriften dürfen die Ausübung der bundesrechtlich zulässigen Prostitution nicht übermässig behindern: BGE 124 IV 66 (auch zum Verhältnis von StGB Art. 199 zu 292).

Art. 200 6. Gemeinsame Begehung

Wird eine strafbare Handlung dieses Titels gemeinsam von mehreren Personen ausgeführt, so kann der Richter die Strafe erhöhen, darf jedoch das höchste Mass der angedrohten Strafe nicht um mehr als die Hälfte überschreiten. Dabei ist er an das gesetzliche Höchstmass der Strafart gebunden.

Art. 200 enthält einen in seinen Folgen dem StGB Art. 49 Abs. 1 entsprechenden besonderen Strafschärfungsgrund für die häufiger gewordene, noch verwerflichere und meist auch gefährliche gemeinsame Begehung einer der Taten von StGB Art. 187–199, wobei praktisch v.a. solche gemäss StGB Art. 187 und 189–191 in Betracht kommen werden. Dieses Vorgehen braucht nicht zum voraus geplant worden zu sein, es genügt auch ein spontan gefasster gemeinsamer Tatentschluss oder der Beitritt zu einem solchen während der Begehung des Deliktes. Mindestens zwei Personen müssen an der *Ausführung* der Tat in Mittäterschaft beteiligt sein. Eine unmittelbare Anwesenheit aller Täter an der sexuellen Handlung ist nicht erforderlich: StGB Art. 200 ist nicht «nur» auf die *Gruppenvergewaltigung* anwendbar, sondern auch auf die *Kettenvergewaltigung*, bei welcher nur ein Täter beim erzwungenen Geschlechtsverkehr anwesend ist, währenddem die andern Beteiligten quasi «abrufbereit» in der gleichen Wohnung anwesend sind (BGE 125 IV 202).

Art. 201–212

Aufgehoben.

Sechster Titel: Verbrechen und Vergehen gegen die Familie

Art. 213 Inzest

¹ Wer mit einem Blutsverwandten in gerader Linie oder einem voll- oder halbbürtigen Geschwister den Beischlaf vollzieht, wird mit Freiheitsstrafe bis zu drei Jahren oder Geldstrafe bestraft.

² Unmündige bleiben straflos, wenn sie verführt worden sind.

³ Aufgehoben.

Art. 213: Der Gesetzgeber erachtet diese Bestimmung, trotz der an ihr in der Doktrin mitunter geäusserten Kritik, auch heute sowohl zum Schutz der intakten Familie wie auch aus eugenischen Gründen als erforderlich (vgl. Botschaft, BBl 2000, 2969 und 2971).

Abs. 1: Zum Begriff des Beischlafes vgl. Bem. zu StGB Art. 187 Ziff. 1 Abs. 1 betr. «Geschlechtsverkehr». Massgebend ist die natürliche Verwandtschaft zwischen den Beteiligten (vgl. BGE 82 IV 101 betr. ausserehelliche Verwandtschaft). Als eigenhändiges Delikt kann es nur von Blutsverwandten begangen werden (ZStrR 114 [1996] 330). – Das Delikt konkurriert mit Straftaten nach StGB Art. 187, 188 und 191 in Form des Beischlafes sowie mit Vergewaltigung nach StGB Art. 190 wegen der Verschiedenheit der Rechtsgüter echt.

Abs. 2: Unmündige sind seit 1. Januar 1996 Personen, die das 18. Altersjahr noch nicht vollendet haben (ZGB Art. 14).

Abs. 3, welcher für das Vergehen inzestuöser Handlungen eine zweijährige Verjährungsfrist vorsah, wurde mit der am 5. Oktober 2001 erlassenen und seit dem 1. Oktober 2002 in Kraft stehenden Revision der Verjährungsregelung ersatzlos aufgehoben, so dass für den Inzest nunmehr die ordentliche siebenjährige Verjährungsfrist gemäss StGB Art. 97 Abs. 1 lit. c zur Anwendung gelangt.

Art. 214

Aufgehoben.

Art. 215   Mehrfache Ehe oder eingetragene Partnerschaft

Wer eine Ehe schliesst oder eine Partnerschaft eintragen lässt, obwohl er verheiratet ist oder in eingetragener Partnerschaft lebt,

wer mit einer Person, die verheiratet ist oder in eingetragener Partnerschaft lebt, die Ehe schliesst oder die Partnerschaft eintragen lässt,

wird mit Freiheitsstrafe bis zu drei Jahren oder Geldstrafe bestraft.

Art. 215 schützt die Institution der monogamen Ehe und ab dem 1.1.2007, dem Inkrafttreten des BG über die eingetragene Partnerschaft gleichgeschlechtlicher Paare vom 18. Juni 2004 (Partnerschaftsgesetz; AS 2005 5696), zusätzlich den sinngemäss auch für die gleichgeschlechtliche eingetragene Partnerschaft geltenden Grundsatz: Eine Person, die verheiratet ist oder bereits in eingetragener Partnerschaft lebt, kann weder eine neue eingetragene Partnerschaft (PartG Art. 4 Abs. 2) noch eine Ehe eingehen (PartG Art. 26). Mit dem am 18.6.2004 ergänzten StGB Art. 215 (Vgl. Anhang zum BG über die eingetragene Partnerschaft gleichgeschlechtlicher Paare vom 18.6.2004; SR 211.231) sind sowohl die Mehrfachehe wie die Mehrfachpartnerschaft unter Strafe gestellt (Botschaft, BBl 2003, 1290).

Abs. 1: Das strafbare Verhalten erschöpft sich in der verbotenen Heirat bzw. der gesetzeswidrig erlangten eingetragenen Partnerschaft und wird nicht durch das Verbleiben im Zustand mehrfacher Ehe bzw. eingetragener Partnerschaft fortgesetzt, so dass kein Dauerdelikt, sondern ein Zustandsdelikt (BGE 105 IV 326) gegeben ist. Da es sich um ein schlichtes Tätigkeitsdelikt handelt, kann Ort der Begehung nur derjenige der Eheschliessung bzw. des Zivilstandsamtes, welches die eingetragene Partnerschaft im Verfahren gem. PartG Art. 5 ff. beurkundete, sein: BGE 105 IV 330, vgl. ferner VPB 1978 Nr. 46. – Der Bestand einer eingetragenen Partnerschaft endet mit der Rechtskraft des gerichtlichen Ungültigkeitsurteils (PartG Art. 11 Abs. 1), der gerichtlichen Auflösung (PartG Art. 29 Abs. 2) oder dem Tod der Partnerin oder des Partners. – Subjektiv ist Vorsatz erforderlich, wobei Eventualvorsatz genügt. Irrt sich der Täter über den Bestand einer gültigen Ehe oder eingetragenen Partnerschaft, gelangt StGB Art. 13 Abs. 1 zur Anwendung.

Abs. 2 hält die Strafbarkeit auch der nicht verheirateten oder nicht in einer eingetragenen gleichgeschlechtlichen Partnerschaft lebenden Person fest. Auch bei dieser Person erschöpft sich das strafbare Verhalten in der verbotenen Heirat bzw. gesetzeswidrig erlangten eingetragenen Partnerschaft.

Art. 216

Aufgehoben.

Art. 217 Vernachlässigung von Unterhaltspflichten

¹ Wer seine familienrechtlichen Unterhalts- oder Unterstützungspflichten nicht erfüllt, obschon er über die Mittel dazu verfügt oder verfügen könnte, wird, auf Antrag, mit Freiheitsstrafe bis zu drei Jahren oder Geldstrafe bestraft.

² Das Antragsrecht steht auch den von den Kantonen bezeichneten Behörden und Stellen zu. Es ist unter Wahrung der Interessen der Familie auszuüben.

Art. 217 Abs. 1: Für das Bestehen der eine Unterhaltspflicht begründenden familiären Beziehung sind die Eintragungen im Zivilstandsregister (im Falle von ZGB Art. 261 Abs. 1 die richterliche Feststellung der Vaterschaft) massgebend. Hierzu gehören ab dem 1.1.2007, dem Inkrafttreten des BG über die eingetragene Partnerschaft gleichgeschlechtlicher Paare (Partnerschaftsgesetz; SR 211.231; AS 2005 5696) auch die gestützt auf dieses Gesetz bestehenden Unterhaltspflichten während und nach der Auflösung der eingetragenen Partnerschaft (vgl. vor allem PartG Art. 13 und 34; Botschaft, BBl 2003, 1336 f. und 1348). Die Bestreitung, dass das eingetragene bzw. festgestellte Kindesverhältnis der natürlichen Abstammung entspreche, befreit nicht von der Unterhaltspflicht (BGE 86 IV 180). – Die Anwendbarkeit von StGB Art. 217 setzt grundsätzlich nicht voraus, dass die Unterhaltspflicht in einem (rechtskräftigen) Zivilurteil oder einer Parteivereinbarung festgelegt ist: Wer die in StGB Art. 217 geschützten Pflichten nicht erfüllt, macht sich unabhängig einer Konvention oder einer richterlichen Feststellung strafbar, soweit sich die Unterstützungspflichten direkt aus dem Gesetz ergeben (BGE 128 IV 90; BGer vom 17.5.2004, 6S.353/2003; a.M. ZR 104 [2005] Nr. 23: Jedenfalls die Unterhaltspflicht der Eltern gegenüber dem Kind im Sinne von ZGB Art. 276 Abs. 1 wird erst durch ein gerichtliches Urteil begründet und damit strafrechtlich geschützt). Zu diesen Pflichten gehören zunächst diejenigen zwischen Ehegatten gemäss ZGB Art. 163 sowie die Unterhaltspflichten der Eltern gegenüber ihren Kindern nach ZGB Art. 276 Abs. 1. Der Umfang der entsprechenden Pflichten wird durch den Strafrichter beurteilt (sog. direkte Methode: BGE 89 IV 22, vgl. auch BGE 70 IV 168, 100 IV 175), auch wenn der Pflichtige die eheliche Gemeinschaft nicht aufgenommen oder grundlos aufgelöst hat sowie wenn der Berechtigte aus einem gesetzlich vorgesehenen Grund oder im Einverständnis mit dem Berechtigten weggezogen ist (BGE 74 IV 159, 76 IV 118, 89 IV 22, 100 IV 175). Selbst nach Aufhebung des gemeinsamen Haushaltes bzw. Einreichung einer Scheidungs- oder Trennungsklage wird der Umfang der durch StGB Art. 217 geschützten Unterhaltspflichten durch den Strafrichter bestimmt (direkte Methode), bis diese Pflichten zivilrechtlich (vorsorglich) festgelegt sind (BGE 128 IV 86; vgl. hierzu auch BGE 89 IV 21). Bei Aufhebung der elterlichen Obhut durch die Vormundschaftsbehörde nach ZGB Art. 310 in Verbindung mit ZGB Art. 276 Abs. 2 treten bestimmte Geldzahlungen anstelle der Naturalleistungen, so dass alsdann StGB Art. 217 Abs. 1 nur bei Nichterfüllung jener finanziellen Leistungen zugunsten des Kindes zum Zuge kommt.

Im Falle der *Scheidung* beschränken sich die Unterhaltsansprüche des geschiedenen Ehegatten und der nicht unter die elterliche Sorge des Pflichtigen gestellten Kinder auf die gestützt auf die einschlägigen scheidungs- und kindesrechtlichen Bestimmungen vom Zivilrichter festgelegten bzw. durch Konvention vereinbarten Beiträge (sog. indirekte Methode). Gleiches gilt für den Unterhaltsanspruch des Kindes gegenüber seinem Vater, der mit seiner Mutter nicht verheiratet ist, aber dessen Vaterschaft nach ZGB Art. 260 Abs. 1 anerkannt oder auf Klage hin nach ZGB Art. 261 Abs. 1 richterlich festgestellt wurde.

Die *Unterstützungsansprüche* Bedürftiger gemäss ZGB Art. 328 Abs. 1 gegenüber ihren Verwandten in auf- und absteigender Linie sind grundsätzlich ebenfalls unabhängig eines entsprechenden Zivilurteils geschützt. Ein Vorsatz des Unterhaltspflichtigen dürfte jedoch in diesen Fällen ohne Urteil oder Konvention wohl nur in offensichtlichen Fällen nachweisbar sein, namentlich, wenn nichts oder nur ein kleiner Betrag bezahlt wurde, obwohl beträchtliche finanzielle Mittel vorhanden waren (BGE 128 IV 90 = Pr 91 [2002] Nr. 137).

In allen Fällen sind rechtskräftige Zivilurteile über Unterhalts- und Unterstützungspflichten für den Strafrichter verbindlich (vgl. BGE 73 IV 178, 93 IV 2, umstritten). Für die Strafbarkeit wird nicht vorausgesetzt, dass der Berechtigte die Leistungen tatsächlich benötigt (BGE 71 IV 195, 73 IV 179).

Das *tatbestandsmässige Verhalten* besteht darin, dass der Täter die Unterhalts- bzw. Unterstützungsleistung im Zeitpunkt ihrer Fälligkeit nicht oder nur teilweise erbringt, obschon er über die Mittel dazu verfügt oder verfügen könnte. Mit dieser Formulierung bezieht sich das Gesetz auf die Rechtsprechung zum früheren Gesetzestext, nach welcher das Erfordernis der Nichterfüllung der Pflichten «aus bösem Willen» meist schon bisher dergestalt ausgelegt wurde. Vgl. zu dieser Praxis BGE 101 IV 52 und Pr 69 (1980) Nr. 177 (mit Hinweisen auf frühere Entscheide), wonach jene Voraussetzung gegeben ist, wenn der Täter die Zahlungen, die ihm möglich und nach den Umständen zumutbar sind, ohne zureichenden Grund nicht leistet, sowie BGE 114 IV 124: Der Pflichtige muss in einem solchen Umfange einer entgeltlichen Tätigkeit nachgehen, dass er seine Unterhaltspflicht erfüllen kann, und zu diesem Zweck gegebenenfalls im Rahmen des Zumutbaren seine Stelle oder seinen Beruf oder – weniger weit gehend – von einer selbständigen zu einer unselbständigen Erwerbstätigkeit wechseln (BGE 126 IV 135); das Recht auf freie berufliche Tätigkeit wird durch die Unterhaltspflichten gegenüber der Familie beschränkt (BGE 126 IV 133; vgl. zur Pflicht, einer entlöhnten Arbeit nachzugehen, auch ZR 73 [1974] Nr. 4, RS 1986 Nr. 47 und SJZ 82 [1986] 212). BGer vom 28.10.2004: Die Pflicht, gegebenenfalls Stelle oder Beruf zu wechseln, wird allein durch den generellen Gesichtspunkt der Zumutbarkeit begrenzt. – Bei der Bestimmung der verfügbaren Mittel bzw. zumutbaren Leistungen ist analog zu SchKG Art. 93 vorzugehen (RS 2004 Nr. 472). Bei veränderlichen, zeitweilig unter dem Existenzminimum bleibenden Einkünften muss dem Pflichtigen Ausgleich aus den Überschüssen anderer Perioden gewährt werden, jedenfalls dann, wenn sich der Schuldner keinen Eingriff in den Notbedarf gefallen lassen muss (BGE 121 IV 277). Ein solcher Eingriff findet analog der Lohnpfändung dann statt, wenn sich der eigene Notbedarf des Gläubigers durch sein Einkommen mit Einschluss der Alimentenforderung nicht decken lässt; dabei ist der Eingriff so zu bemessen, dass sich Schuldner und Gläubiger im gleichen Verhältnis einschränken müssen (BGE 111 III 15, 116 III 12, 121 IV 278). Dieses Privileg der Unterschreitung des Notbedarfs kommt nur dem persönlich betreibenden Unterhaltsgläubiger zu, nicht aber Dritten, wie dem Gemeinwesen, das sich Unterhaltsforderungen abtreten lässt (BGE 116 III 13). – ZR 104 (2005) Nr. 84: Wer im Zeitpunkt der Fälligkeit schuldlos nicht in der Lage war, Unterhaltspflichten zu erfüllen, handelt nicht tatbeständlich, auch wenn er hierzu später in der Lage ist und die Zahlungsrückstände nicht begleicht.

Subjektiv ist Vorsatz erforderlich, wobei Eventualvorsatz genügt (BGer vom 14.6.2004, 6S.91/2004). Der Täter muss seine Leistungspflicht kennen und deren Nichterfüllung wollen oder zumindest in Kauf nehmen (BGer vom 25.8.2003, 6S.152/2003).

BGE 132 IV 49: Der Arbeitgeber, der entgegen dem Entscheid eines Zivilgerichts den als Unterhaltsbeitrag geschuldeten Lohnanteil nicht der Unterhaltsberechtigten, sondern dem Arbeitnehmer überweist, macht sich der *Gehilfenschaft* zur Vernachlässigung von Unterhaltspflichten schuldig, wenn er dabei den deliktischen Willen des Arbeitnehmers, der bereits den Entschluss zur Vernachlässigung der Unterhaltspflichten gefasst hat, kennt; für den Teilnehmer beginnt die Strafantragsfrist erst zu laufen, wenn die Berechtigte den Täter kennt (StGB Art. 31).

Der *Strafantrag* ist nach der Gerichtspraxis am Erfüllungsort der Unterhaltspflicht (= Begehungsort) zu stellen, d.h. regelmässig am Wohnort des Berechtigten: BGE 87 IV 153, 98 IV 207 (ausgenommen bei Wohnsitz im Ausland, vgl. BGE 82 IV 69, 99 IV 181: Wohnsitz des Pflichtigen). Obliegt die Verfolgung des Vergehens nach StGB Art. 217 im Hinblick auf StGB Art. 344 Abs. 1 den Behörden eines anderen Ortes, kann indessen die Bestrafung auch dort beantragt werden (BGE 98 IV 207, 108 IV 170 = Pr 72 [1983] Nr. 22). Wenn der Pflichtige während einer gewissen Zeit und ohne Unterbrechung schuldhaft die Zahlung der Unterhaltsbeiträge unterlässt, beginnt die *Antragsfrist* erst mit der letzten schuldhaften Unterlassung bzw. mit der Wiederaufnahme der Zahlungen zu laufen (BGE 118 IV 328, 121 IV 275, 126 IV 132). Vernachlässigt der Pflichtige in solchen Fällen plötzlich unverschuldet die Unterhaltspflicht, beginnt die Antragsfrist für den Berechtigten zu laufen, sobald er für diesen neu eingetretenen Umstand zumindest konkrete Anhaltspunkte hat (BGE 121 IV 272, 126 IV 132/133). Der Antrag ist gültig für den Zeitraum, in dem der Täter ohne Unterbrechung den Tatbestand erfüllt hat (BGE 118 IV 329), erfasst jedoch auch unter dieser Voraussetzung nach der Gerichtspraxis keine später unterbleibenden Zahlungen (vgl. z.B. SJZ 52 [1956] 129 und ZR 66 [1967] Nr. 56). BGE 132 IV 55 f.: StGB Art. 217 ist ein Dauerdelikt, so dass die Strafantragsfrist – analog der Verjährungsfrist (StGB Art. 98 lit. c) – erst mit der letzten tatbestandsmässigen Unterlassung der Zahlung zu laufen beginnt. – Im Hinblick auf den von der Gerichtspraxis angenommenen Begehungsort am Wohnsitz des Berechtigten kann, wenn dieser in der Schweiz liegt, hier nach StGB Art. 3 auch der im Ausland wohnhafte Unterhaltspflichtige strafrechtlich erfasst werden.

Abs. 2: Die von den Kantonen bezeichneten Behörden und Stellen sind von Gesetzes wegen antragsberechtigt, unabhängig davon, ob sie selbst materiell geschädigt sind (BGE 119 IV 316). Der Antragsberechtigung können jedoch Familieninteressen (wie z.B. der Fortbestand der Ehe) entgegenstehen, wobei solche nicht schon dann vorliegen, wenn das Verhältnis der geschiedenen Ehegatten ungetrübt ist (BGE 119 IV 318). Möglich ist auch die für den Einzelfall oder generell erfolgende Ermächtigung einer vom Kanton *nicht bezeichneten* Amtsstelle zur Ausübung des Antragsrechtes *durch den Verletzten:* BGE 122 IV 210.

Art. 218

Aufgehoben.

Art. 219 Verletzung der Fürsorge- oder Erziehungspflicht

[1] Wer seine Fürsorge- oder Erziehungspflicht gegenüber einer unmündigen Person verletzt oder vernachlässigt und sie dadurch in ihrer körperlichen oder seelischen Entwicklung gefährdet, wird mit Freiheitsstrafe bis zu drei Jahren oder Geldstrafe bestraft.

² Handelt der Täter fahrlässig, so kann statt auf Freiheitsstrafe oder Geldstrafe auf Busse erkannt werden.

Art. 219 schützt die körperliche und seelische Entwicklung des Unmündigen (BGE 125 IV 68 = Pr 88 [1999] Nr. 76). – Vgl. auch StGB Art. 363 und 364 betr. Mitteilung entsprechender Fälle an die vormundschaftlichen Behörden.

Der Tatbestand setzt als Täter stets einen sog. Garanten voraus, d.h. jemanden, der kraft Gesetzes, Vertrags oder tatsächlicher Umstände dazu verpflichtet ist, mindestens während einer gewissen Dauer in körperlicher, geistiger oder seelischer Hinsicht für die Erziehung des Unmündigen zu sorgen oder ihm die nötige Fürsorge angedeihen zu lassen (v.a. Eltern, Pflegeeltern, Vormünder, Lehrer, Schul- bzw. Internatsverantwortliche, Tagesmütter, Krippen-, Hort- und Heimleiter, aber auch Seelsorger im Rahmen des religiösen Unterrichts, nicht aber etwa Babysitter, Musiklehrer oder Tourenleiter). – Die Tathandlung kann in einem Tun (z.B. Misshandlung oder Ausbeutung durch übermässige und erschöpfende Arbeit des Minderjährigen) oder in einer Unterlassung (z.B. durch Verlassen des Kindes oder durch Unterlassung von Sicherheitsmassnahmen, vgl. BGE 125 IV 64, bejaht für eine Schulrektorin, welche trotz Kenntnis eines sexuellen Missbrauchs einer Schülerin durch andere Schüler fahrlässig im Sinne von Abs. 2 keine Massnahmen ergriff, um die dringende und voraussehbare Gefahr einer Wiederholung solcher Missbräuche zu verhindern) bestehen. – Sie wird erst mit dem Eintritt einer konkreten Gefahr für die körperliche oder seelische Entwicklung des Unmündigen vollendet (konkretes Gefährdungsdelikt), welche als Folge des tatbestandsmässigen Verhaltens vom Vorsatz erfasst (Abs. 1) gewesen bzw. aus pflichtwidriger Unvorsichtigkeit eingetreten (Abs. 2) sein muss. Dies erfordert praktisch oft eine gewisse Dauer des deliktischen Verhaltens. – StGB Art. 219 wird durch 189 und 190 konsumiert (unechte Konkurrenz; BGE 126 IV 140).

Art. 220 Entziehen von Unmündigen

Wer eine unmündige Person dem Inhaber der elterlichen oder der vormundschaftlichen Gewalt entzieht oder sich weigert, sie ihm zurückzugeben, wird, auf Antrag, mit Freiheitsstrafe bis zu drei Jahren oder Geldstrafe bestraft.

Art. 220: Anlässlich der Revision des ZGB vom 26. Juni 1998 wurde der Begriff der elterlichen Gewalt durch denjenigen der elterlichen Sorge ersetzt. Eine entsprechende Änderung von StGB Art. 220 ist indessen bis jetzt unterblieben. – Die Bestimmung schützt den Inhaber der elterlichen Gewalt bzw. Sorge, welcher zumindest teilweise die Obhut über die unmündige Person ausübt, in der Ausübung seiner Befugnis, den Aufenthaltsort des ihm unterstellten Kindes zu bestimmen (BGE 118 IV 63 mit weiteren Hinweisen, 125 IV 15 und 126 IV 224 = Pr 90 [2001] Nr. 90). Mittelbar dient StGB Art. 220 auch dem Schutz des Familienfriedens bzw. des Kindeswohls (BGE 128 IV 159). – Der Inhaber der elterlichen Gewalt bzw. Sorge bestimmt sich grundsätzlich nach den Regeln des Zivilrechts: Zur Mutter entsteht das Kindesverhältnis durch Geburt oder Adoption, zum Vater durch die Ehe mit der Mutter, Adoption, Kindesanerkennung oder Vaterschaftsurteil; selbst im Rahmen einer faktischen Elternschaft, wie z.B. von Pflegeeltern (ZGB Art. 300), Stiefelternteil (ZGB Art. 299) oder gar Betreuern, wo denn kein gesetzliches Kindesverhältnis besteht, kann eine strafrechtlich geschützte «elterliche Gewalt» bestehen (BGE 128 IV 161 und 162, bejaht im Falle blosser «Registereltern», die in den amtlichen Registern mittels gefälschten Geburtsurkunden einen Neffen der Mutter als ehelichen Sohn eintragen liessen und mit diesem während etwa sechs Jahren zu dritt als Familie zusammenlebten). – Ausser von Aussenstehenden kann das Delikt nach der Rechtsprechung in bestimmten Fällen auch von einem Elternteil verübt werden (BGE 126 IV 224 = Pr 90 [2001] Nr. 90), so wenn dieser dem anderen die Mitwirkung bei der Ausübung der Sorge faktisch verunmöglicht (BGE 95 IV 68: Verbringung der Kinder ins Ausland; Pr 92 [2003] Nr. 149: Systematisches, über mehr als zwei Monate dauerndes Vereiteln des Besuchsrechts des in Frankreich lebenden Vaters, welcher – obwohl mit der Täterin nicht verheiratet – gemeinsam mit dieser auf Dauer Inhaber der elterlichen Sorge war), wenn er nach Aufhebung des gemeinsamen Haushalts bzw. nach vorsorglichen Anordnungen für die Dauer von Scheidungs- und Trennungsprozessen dem anderen Ehegatten, unter dessen Obhut die Kinder gestellt wurden, diese entzieht (BGE 91 IV 137, 229, 110 IV 37, 128 IV 160), oder nach der Scheidung das gleiche mit einem ihm nicht zugesprochenen Kinde tut (BGE 91 IV 137, 229, 104 IV 90). Umstrittenerweise soll bei Getrenntleben der Eltern sogar der Inhaber der Obhut selber den Tatbestand erfüllen, wenn er die Ausübung des dem anderen Ehegatten eingeräumten Besuchsrechts vereitelt (BGE 98 IV 38). Dieser darf jedoch dessen Verkürzung nicht eigenmächtig kompensieren (BGE 104 IV 92; keine Straflosigkeit wegen erlaubter Selbsthilfe nach OR Art. 52 Abs. 3).

Entziehen bedeutet nach bundesgerichtlicher Praxis die örtliche Trennung des Unmündigen von der Person, welche die Sorge innehat, und zwar unabhängig vom allfälligen Einverständnis des Ersteren (BGE 99 IV 270, 101 IV 303). Gleichzusetzen wird seine Entfernung von einem vom Inhaber der Sorge getrennten, aber von diesem bestimmten Aufenthaltsort sein.

Wer sich *weigert*, dem Inhaber der Sorge die unmündige Person *zurückzugeben*, macht sich nur strafbar, wenn er zur Herausgabe des Kindes verpflichtet ist (BGE 91 IV 231, 92 IV 159, vgl. auch BGE 104 IV 92, 110 IV 37 und 128 IV 163 betr. Überschreitung des Besuchsrechts). Das strafbare Verhalten wird ausserdem voraussetzen, dass der Pflichtige sich einer entsprechenden *Aufforderung* ausdrücklich oder konkludent widersetzt. Diese tatbestandsmässige Willensrichtung kann allein in einer passiven Obstruktion zum Ausdruck gelangen, zu welcher praktisch allerdings häufig aktive Vereitelungshandlungen hinzukommen (BGE 125 IV 17). Vom Gesetz nicht erfasst wird der Fall, dass ein weggelaufenes Kind bloss vorübergehend beherbergt wird und dass die Rückgabe eines älteren Minderjährigen an seinem eigenen, nicht durch zumutbaren Zwang überwindbaren Widerstand scheitert (vgl. hierzu: RS 2000 Nr. 793). – Die Tatvariante der Verweigerung der Rückgabe Unmündiger gilt als dort im Sinne von StGB Art. 8 Abs. 1 verübt, wo die Rechtspflicht der Rückgabe erfüllt werden muss (BGE 125 IV 14 für den Fall eines Täters, welcher sich nach einem Ferienaufenthalt in Ägypten weigert, die Kinder in Zürich der Mutter zurückzugeben).

Zum *Strafantrag* vgl. StGB Art. 30–33. Er kann einzig von den Inhabern der vormundschaftlichen Gewalt bzw. elterlichen Sorge – auch von jedem von diesen allein – gestellt werden: BGE 92 IV 3, 108 IV 25 (keine Legitimation von Verwaltungsbehörden bei bestehender elterlicher Sorge), ausgenommen im Falle der Vereitelung des Besuchsrechts (Antragsbefugnis des Berechtigten). Die Ausübung des Antragsrechts durch jemanden, der durch eigenes grobes Unrecht Anlass zur Entziehung geboten hat, erscheint als rechtsmissbräuchlich und damit unwirksam (BGE 104 IV 95, 105 IV 231). Ein rechtsmissbräuchlicher Strafantrag ist jedoch gerade bei der Kindsentziehung nur mit Zurückhaltung anzunehmen (BGE 128 IV 163).

Das Bundesgericht betrachtet StGB Art. 220 als Dauerdelikt (BGE 91 IV 231, 92 IV 159; BGer vom 28.8.1992, 6S.343/1992), so dass die Antragsfrist gem. StGB Art. 31 und die Verjährungsfrist gem.

StGB Art. 98 lit. c erst beginnen, wenn der Täter den Unmündigen dem Inhaber der elterlichen oder vormundschaftlichen Gewalt wieder herausgibt (zum Beginn der Verjährungsfristen bei Dauerdelikten vgl. BGE 131 IV 94). – Da die Bestimmung nur dessen Rechte schützt, kommt echte Konkurrenz zu einem gegenüber dem Entzogenen selber verübten Delikt gegen die Freiheit (StGB Art. 183, 185) in Betracht (vgl. BGE 92 IV 2, 118 IV 64), wobei zu beachten ist, dass nach neuerer Bundesgerichtspraxis das Verbringen eines Kindes unter sechzehn Jahren an einen anderen Aufenthaltsort durch einen Elternteil, der die elterliche Sorge innehat, nicht mehr unter StGB Art. 183 Ziff. 2 fällt, auch wenn die Ortsveränderung nicht dem Wohl des Kindes dient (BGE 126 IV 221). Echte Konkurrenz besteht auch zu den Delikten gegen die körperliche Integrität (StGB Art. 122 f.) und zu StGB Art. 219 (BGE 126 IV 224 = Pr 90 [2001] Nr. 90).

Siebenter Titel: Gemeingefährliche Verbrechen und Vergehen

Art. 221 Brandstiftung

¹ Wer vorsätzlich zum Schaden eines andern oder unter Herbeiführung einer Gemeingefahr eine Feuersbrunst verursacht, wird mit Freiheitsstrafe nicht unter einem Jahr bestraft.

² Bringt der Täter wissentlich Leib und Leben von Menschen in Gefahr, so ist die Strafe Freiheitsstrafe nicht unter drei Jahren.

³ Ist nur ein geringer Schaden entstanden, so kann auf Freiheitsstrafe bis zu drei Jahren oder Geldstrafe erkannt werden.

Art. 221–230: Gemeingefahr ist ein Zustand, welcher die Verletzung von Rechtsgütern in einem nicht zum Voraus bestimmten und abgegrenzten Umfang wahrscheinlich macht: BGE 85 IV 132, SJZ 85 (1989) 381. Die *konkrete* Gefährdung erfordert, dass die Tat die Schädigung nicht nur objektiv, sondern überdies nach dem normalen Lauf der Dinge wahrscheinlich macht: BGE 94 IV 60, 103 IV 243 und 123 IV 130. Die *abstrakte* Gefährdung verlangt nicht, dass die Gefährdung manifest wird, es genügt, dass die Tat geeignet sein kann, den Schaden herbeizuführen: BGE 97 IV 209. Wo die Ausdrücke «in Gefahr bringt», «gefährdet» verwendet werden, ist im StGB die konkrete Gefahr gemeint.

Art. 221: Strafbare Vorbereitungshandlungen: StGB Art. 260bis. – Verhältnis von Brandstiftung und Versuch des Versicherungsbetruges: BGE 85 IV 229. Dass objektiv die Schädigung eines andern möglich ist, genügt nicht; der Täter muss dies von vornherein erkannt und bewusst in Kauf genommen haben: BGE 105 IV 40, 107 IV 182.

Abs. 1: Zur Erfüllung des Tatbestandsmerkmals der *Feuersbrunst* (zusammenfassende Darstellung in BGE 117 IV 285) genügt nicht jedes unbedeutende Feuer, der Brand muss sich in solcher Stärke entfachen, dass er vom Urheber nicht mehr bezwungen werden kann (BGer vom 19.1.2004, 6P.91/2003); auch das Verglühen oder Verglimmen erheblichen Ausmasses stellt eine Feuersbrunst dar. Ungeachtet der Bezwingbarkeit durch den Täter kann aber strafbarer Versuch vorliegen, wenn sein Vorsatz, eine Feuersbrunst zu entfachen, nachgewiesen ist: BGE 115 IV 223, 117 IV 285. – Als weitere Tatbestandsmerkmale werden alternativ die *Herbeiführung einer Gemeingefahr oder eines Schadens zum Nachteil eines andern* durch den Brand vorausgesetzt: BGE 105 IV 129, 107 IV 182, BGer vom 19.1.2004, 6P.91/2003. – Die *Gemeingefahr* muss konkret sein: BGE 83 IV 30. Sie muss sich nicht zwingend auf Menschen beziehen (BGE 117 IV 286). – Ein Schaden zum Nachteil eines andern liegt vor, wenn er sich auf eine juristische oder auf eine natürliche Person bezieht, die nicht mit dem Urheber der Feuersbrunst identisch ist (BGer vom 19.1.2004, 6P.91/2003). Der Schaden kann den Pächter (BGE 83 IV 27), den Pfandgläubiger, dessen Forderung infolge des Minderwertes des Pfandobjektes nicht oder nicht mehr voll gedeckt wird (BGE 105 IV 40, 107 IV 184), oder den Mieter betreffen. Dagegen ist der Versicherer kein «anderer»: BGE 105 IV 39, 107 IV 182. – *Subjektiver Tatbestand:* Erforderlich ist zumindest ein Eventualvorsatz (BGE 117 IV 285).

Abs. 2: Bei dieser Bestimmung handelt es sich um eine dritte Variante vorsätzlicher Brandstiftung von selbstständiger Bedeutung. Der Täter braucht daher die Tatbestandsmerkmale keiner der beiden Varianten gemäss Abs. 1 erfüllt zu haben (BGE 123 IV 130). Der objektive Tatbestand von Abs. 2 erfordert angesichts der hohen Strafdrohung eine nahe Gefahr der Verletzung von Leib und Leben mindestens eines Menschen (BGE 123 IV 128). – Subjektiv wird ein entsprechender *direkter Vorsatz* verlangt. Er liegt vor, wenn jemand mit Wissen und Willen einen Zustand schafft, aus dem sich eine entsprechende Gefahr ergibt. Unter dieser Voraussetzung ist Versuch der Brandstiftung nach Abs. 2 gegeben, auch wenn durch die Feuersbrunst, z.B. dank rascher Hilfeleistung, objektiv niemand derart konkret gefährdet wurde: BGE 123 IV 130 und 124 IV 100.

Abs. 3: Ob ein *geringer Schaden* im Sinne dieses privilegierten Tatbestandes entstanden ist, entscheidet sich aufgrund des Wertes des durch die Brandstiftung gefährdeten Objektes. Ist der Schaden, den dieses erleidet, gegenüber dessen Wert verhältnismässig gering, kann der fakultative Strafmilderungsgrund in Betracht gezogen werden: SJZ 70 (1974) 332. Die Bestimmung ist nur anwendbar, wenn keine Gefahr i.S. von Abs. 1 oder 2 eintrat (vgl. BGE 103 IV 244, umstritten).

Art. 222   Fahrlässige Verursachung einer Feuersbrunst

[1] Wer fahrlässig zum Schaden eines andern oder unter Herbeiführung einer Gemeingefahr eine Feuersbrunst verursacht, wird mit Freiheitsstrafe bis zu drei Jahren oder Geldstrafe bestraft.

[2] Bringt der Täter fahrlässig Leib und Leben von Menschen in Gefahr, so ist die Strafe Freiheitsstrafe bis zu drei Jahren oder Geldstrafe.

Art. 222: Zum Begriff der Feuersbrunst vgl. Bem. zu StGB Art. 221.

Abs. 1: Wer – ohne den Vorsatz der Anstiftung – durch unbedachte Äusserungen über die «Wünschbarkeit» eines Brandes einen Gesprächspartner dazu anregt, den Brand zu legen, erfüllt nicht den Tatbestand der fahrlässigen Verursachung einer Brandstiftung: BGE 105 IV 333. – Bei Verursachung eines Brandes i.S. von StGB Art. 222 infolge einer Unterlassung ist der rechtserhebliche Kausalzusammenhang nur dann gegeben, wenn die erwartete Handlung nicht hinzugedacht werden könnte, ohne dass der Erfolg höchstwahrscheinlich entfiele: Pr 79 (1990) Nr. 257. RS 2006 Nr. 43: Durch Unterlassung herbeigeführte Feuersbrunst setzt eine Garantenstellung mit Sorgfaltspflichten voraus, die namentlich in der Auswahl, Instruktion und Überwachung eines Untergebenen bestehen können. – Zur Sorgfaltspflicht des Täters: BGE 91 IV 139 (brennende Zigarette), SJZ 62 (1966) 221 (Schweissarbeiten), RS 1979 Nr. 687 (Umgiessen von Benzin in der Nähe einer Heizung). Die praktisch bedeutsamste pflichtwidrige Unvorsichtigkeit im vorliegenden Zusammenhang bildet das Zurücklassen brennender Zigaretten oder Kerzen.

Abs. 2: Dieser Tatbestand setzt nicht Vorsatz voraus, vielmehr genügt die Erkennbarkeit der Gefährdung von Menschen: SJZ 62 (1966) 221. – Bei arbeitsteiligem Zusammenwirken mehrerer Handwerker darf sich jeder Beteiligte nach dem Vertrauensgrundsatz darauf verlassen, dass der jeweils Verantwortliche seine Arbeit ordnungsgemäss verrichtet: Pr 79 (1990) Nr. 257.

Art. 223 Verursachung einer Explosion

1. Wer vorsätzlich eine Explosion von Gas, Benzin, Petroleum oder ähnlichen Stoffen verursacht und dadurch wissentlich Leib und Leben von Menschen oder fremdes Eigentum in Gefahr bringt, wird mit Freiheitsstrafe nicht unter einem Jahr bestraft.

Ist nur ein geringer Schaden entstanden, so kann auf Freiheitsstrafe bis zu drei Jahren oder Geldstrafe erkannt werden.

2. Handelt der Täter fahrlässig, so ist die Strafe Freiheitsstrafe bis zu drei Jahren oder Geldstrafe.

Art. 223: Als *Explosion* gilt auch eine «Verpuffung» von Gas: BGE 110 IV 69.

Ziff. 2: Täter der fahrlässigen Verursachung einer Explosion kann auch sein, wer eine Einrichtung, deren Gebrauch mit besondern, nicht ohne weiteres erkennbaren Unfallrisiken verbunden ist, einem Dritten zum Gebrauch überlässt, ohne ihn entsprechend zu instruieren: BGE 110 IV 70.

Art. 224 Gefährdung durch Sprengstoffe und giftige Gase in verbrecherischer Absicht

¹ Wer vorsätzlich und in verbrecherischer Absicht durch Sprengstoffe oder giftige Gase Leib und Leben von Menschen oder fremdes Eigentum in Gefahr bringt, wird mit Freiheitsstrafe nicht unter einem Jahr bestraft.

² Ist nur Eigentum in unbedeutendem Umfange gefährdet worden, so kann auf Freiheitsstrafe bis zu drei Jahren oder Geldstrafe erkannt werden.

Art. 224–226: Der Begriff der *Sprengstoffe* ist im Wesentlichen dem im BG über explosionsgefährliche Stoffe vom 25. März 1977 (SR 941.41), Art. 5, Umschriebenen gleichzustellen: BGE 103 IV 243, 104 IV 235 (zum früheren BG). Auch die Verwendung von pyrotechnischen Vergnügungsgegenständen kann die Tatbestände erfüllen: RS 1990 Nr. 818. – Die Tatbestandsmerkmale von StGB Art. 224 und 225 sind erfüllt, wenn der Täter Leib oder Leben von Menschen konkret in Gefahr bringt: BGE 103 IV 243. Stellvertretend für die Allgemeinheit vermag eine Individualgefahr zu genügen: RS 1979 Nr. 688, ZBJV 115 (1979) 427, anders jedoch SJZ 85 (1989) 381 Nr. 14. – Der *Gefährdungsvorsatz* ist gegeben, sobald der Täter die Gefahr kennt und trotzdem handelt: BGE 103 IV 243. – Bundesgerichtsbarkeit nach StGB Art. 336 Abs. 1 lit. d.

Art. 224 Abs. 1: Die *verbrecherische Absicht* ist gegeben, wenn der Täter mit dem Sprengstoffanschlag weitere Delikte, wie Tötung, Körperverletzung, Sachbeschädigung, begehen wollte: BGE 103 IV 243. Mit diesen Delikten kann Idealkonkurrenz (StGB Art. 49 Abs. 1) zu StGB Art. 224 vorliegen: BGE 103 IV 245, RS 1975 Nr. 920. – Abs. 1 bleibt anwendbar, wenn der Täter zwar keinen oder nur unbedeutenden Sachschaden anrichtet, durch die Explosion aber Menschen gefährdet werden: BGE 103 IV 244.

Abs. 2: Der privilegierte Tatbestand kann lediglich angewendet werden, wenn Eigentum in unbedeutendem Umfang betroffen worden ist; der Umstand allein, dass sich der Vorsatz des Täters auf Eigentum in unbedeutendem Umfang bezogen hat, genügt nicht, wenn tatsächlich eine weitergehende Gefährdung eingetreten ist: BGE 115 IV 113.

Art. 225 Gefährdung ohne verbrecherische Absicht. Fahrlässige Gefährdung

¹ Wer vorsätzlich, jedoch ohne verbrecherische Absicht, oder wer fahrlässig durch Sprengstoffe oder giftige Gase Leib und Leben von Menschen oder fremdes Eigentum in Gefahr bringt, wird mit Freiheitsstrafe bis zu fünf Jahren oder Geldstrafe bestraft.
² In leichten Fällen kann auf Busse erkannt werden.

Art. 225: Zu StGB Art. 117 und 125 besteht echte Konkurrenz, sofern neben den Geschädigten dieser Delikte noch weitere Personen gefährdet wurden. Echte (Real)Konkurrenz besteht auch zu StGB Art. 221.

Art. 226 Herstellen, Verbergen, Weiterschaffen von Sprengstoffen und giftigen Gasen

¹ Wer Sprengstoffe oder giftige Gase herstellt, die, wie er weiss oder annehmen muss, zu verbrecherischem Gebrauche bestimmt sind, wird mit Freiheitsstrafe bis zu zehn Jahren oder Geldstrafe nicht unter 180 Tagessätzen bestraft.
² Wer Sprengstoffe, giftige Gase oder Stoffe, die zu deren Herstellung geeignet sind, sich verschafft, einem andern übergibt, von einem andern übernimmt, aufbewahrt, verbirgt oder weiterschafft, wird, wenn er weiss oder annehmen muss, dass sie zu verbrecherischem Gebrauche bestimmt sind, mit Freiheitsstrafe bis zu fünf Jahren oder Geldstrafe nicht unter 30 Tagessätzen bestraft.
³ Wer jemandem, der, wie er weiss oder annehmen muss, einen verbrecherischen Gebrauch von Sprengstoffen oder giftigen Gasen plant, zu deren Herstellung Anleitung gibt, wird mit Freiheitsstrafe bis zu fünf Jahren oder Geldstrafe nicht unter 30 Tagessätzen bestraft.

Art. 226: Zur Auslegung und Konkurrenz mit StGB Art. 224: BGE 103 IV 244. Weiterschaffen von Sprengstoffen für im Ausland zu verübende Anschläge: BGE 104 IV 243.

Art. 226bis Gefährdung durch Kernenergie, Radioaktivität und ionisierende Strahlen

¹ Wer vorsätzlich durch Kernenergie, radioaktive Stoffe oder ionisierende Strahlen eine Gefahr für das Leben oder die Gesundheit von Menschen oder fremdes Eigentum von erheblichem Wert verursacht, wird mit Freiheitsstrafe oder mit Geldstrafe bestraft. Mit der Freiheitsstrafe ist eine Geldstrafe zu verbinden.

² Handelt der Täter fahrlässig, so wird er mit Freiheitsstrafe bis zu fünf Jahren oder Geldstrafe bestraft. Mit der Freiheitsstrafe ist eine Geldstrafe zu verbinden.

Art. 226bis und 226ter: ZStrR 124 (2006) 208. – Diese Bestimmungen wurden mit dem Kernenergiegesetz vom 21. März 2003 (KEG), in Kraft seit 1. Februar 2005 (AS 2004 5391; SR 732.1), mit welchem gleichzeitig das BG über die friedliche Verwendung der Atomenergie vom 23. Dezember 1959 (AtG; SR 732.0) aufgehoben wurde, ins Kernstrafrecht eingefügt (AS 2004 4719 f., insbesondere 4756 und 4757). – Vgl. auch die Vergehens- und Übertretungstatbestände der KEG Art. 88 ff. – Diese KEG Art. 88–92 und StGB Art. 226bis und 226ter unterstehen der Bundesgerichtsbarkeit (KEG Art. 100 Abs. 1 und StGB Art. 336 Abs. 1 lit. d). – Verstösse gegen das Strahlenschutzgesetz (StSG) vom 22. März 1991 (SR 814.50), nämlich die ungerechtfertigte Bestrahlung von Personen (StSG Art. 43) und der vorschriftswidrige Umgang mit radioaktiven Stoffen sowie die ungerechtfertigte Bestrahlung von Sachen (StSG Art. 43a) werden weiterhin ausschliesslich nach diesen Strafbestimmungen geahndet (lex specialis). Hierzu gehören vor allem der Umgang mit radioaktiven Abfällen in den Bereichen Medizin, Industrie und Forschung sowie die Abgabe radioaktiver Stoffe unter Einschluss derjenigen aus der Kernenergienutzung an die Umwelt (Botschaft, BBl 2001, 2798). StGB Art. 226bis und 226ter gelangen demgegenüber aufgrund ihrer systematischen Klassifizierung als gemeingefährliche Verbrechen zur Anwendung, wenn für das Leben, die Gesundheit oder fremdes Eigentum Gemeingefahr besteht (zum Begriff der Gemeingefahr, die sowohl Personen wie Sachen betreffen kann, vgl. Bem. zu StGB Art. 221–230).

Art. 226bis Abs. 1 entspricht im Wesentlichen alt AtG Art. 29 (Gefährdung durch Freisetzung von Atomenergie usw.; Botschaft, BBl 2001, 2802).

Unter *Kernenergie* ist jede Art von Energie zu verstehen, die bei der Spaltung oder Verschmelzung von Atomkernen frei wird (KEG Art. 3 lit. e). *Radioaktive Stoffe* sind solche oder Stoffgemische beliebiger Form und Zusammensetzung, welche Atomkernarten mit der Eigenschaft der Radioaktivität enthalten (Botschaft, BBl 1988 II 232). Radioaktivität wiederum bedeutet die Eigenschaft gewisser Atomkernarten (Isotope), durch spontanen Zerfall unter Emission ionisierender Strahlung in eine Atomkernart überzugehen, wobei die Dauer dieses Zerfalls von der jeweiligen Halbwertszeit abhängt (Botschaft, BBl 1988 II 232). Zu den radioaktiven Stoffen gehören auch radioaktive Abfälle, die nicht weiter verwendet werden (KEG Art. 3 lit. i). Unter *ionisierenden Strahlen* sind alle Arten von korpuskularen und elektromagnetischen Strahlen zu verstehen, deren Energie zur Auslösung von Ionisationen (= Herauslösung von Elektronen aus Atomen) ausreicht; hierzu gehören insbesondere die Strahlungen radioaktiver Stoffe und die Röntgenstrahlen (Botschaft, BBl 1988 II 232). – Der Tatbestand ist als konkretes Gefährdungsdelikt ausgestaltet und setzt daher eine konkrete Gefahr für mehr als einen Menschen oder – alternativ – fremdes Eigentum von erheblichem Wert voraus. – Der subjektive Tatbestand setzt ausdrücklich Vorsatz voraus, wobei Eventualvorsatz genügt.

Abs. 2 stellt die fahrlässige Begehung als Verbrechenstatbestand unter Strafe. – Zur Fahrlässigkeit vgl. Bem. zu StGB Art. 12 Abs. 3.

Art. 226ter Strafbare Vorbereitungshandlungen

¹ Wer planmässig konkrete technische oder organisatorische Vorbereitungen zu Handlungen trifft, um durch Kernenergie, radioaktive Stoffe oder ionisierende Strahlen eine Gefahr für das Leben oder die Gesundheit von Menschen oder für fremdes Eigentum von erheblichem Wert zu verursachen, wird mit Freiheitsstrafe bis zu fünf Jahren oder Geldstrafe bestraft. Mit der Freiheitsstrafe ist eine Geldstrafe zu verbinden.

² Wer radioaktive Stoffe, Anlagen, Apparate oder Gegenstände, die radioaktive Stoffe enthalten oder ionisierende Strahlen aussenden können, herstellt, sich verschafft, einem anderen übergibt, von einem anderen übernimmt, aufbewahrt, verbirgt oder weiterschafft, wird, wenn er weiss oder annehmen muss, dass sie zu strafbarem Gebrauch bestimmt sind, mit Freiheitsstrafe bis zu zehn Jahren oder Geldstrafe bestraft. Mit der Freiheitsstrafe ist eine Geldstrafe zu verbinden.

³ Wer jemanden zur Herstellung von solchen Stoffen, Anlagen, Apparaten oder Gegenständen anleitet, wird, wenn er weiss oder annehmen muss, dass sie zu strafbarem Gebrauch bestimmt sind, mit Freiheitsstrafe bis zu fünf Jahren oder Geldstrafe bestraft. Mit der Freiheitsstrafe ist eine Geldstrafe zu verbinden.

Art. 226ter entspricht im Wesentlichen alt AtG Art. 32 (Strafbare Vorbereitungshandlungen; Botschaft, BBl 2001, 2802). Der Gesetzgeber erachtete die Strafbarkeit dieser Vorbereitungshandlungen, die noch keinen Versuch i.S. von StGB Art. 22 darstellen, wegen ihrer Schwere als notwendig (Botschaft, BBl 2001, 2802). – Zu den Begriffen der Kernenergie, radioaktiven Stoffe oder ionisierenden Strahlen vgl. Bem. zu StGB Art. 226bis Abs. 1.

Abs. 1 stellt Vorbereitungshandlungen zum Tatbestand der Gefährdung durch Kernenergie, Radioaktivität und ionisierende Strahlen unter Strafe. Entsprechend den analogen Begriffen in StGB Art. 260bis werden planmässig konkrete technische oder organisatorische Vorbereitungen vorausgesetzt. Darunter sind mehrere überlegt ausgeführte und unter sich zusammenhängende, systematisch über einen gewissen Zeitraum fortgeführte Handlungen zu verstehen, die nicht mehr «harmlos» sind, sondern den Schluss zulassen, der Täter werde seine Deliktsabsicht weiter in Richtung Tatausführung verfolgen, ohne dass diese Handlungen auf ein nach Ort, Zeit und Begehungsweise schon hinreichend konkretisierbares Delikt einen Bezug haben müssen (Vgl. hierzu Bem. zu StGB Art. 260bis). – Subjektiver Tatbestand: Erforderlich ist Vorsatz, wobei Eventualvorsatz genügt; dieser muss nicht nur auf die Tathandlungen, sondern namentlich auch auf die Gefährdung von Menschen oder fremdem Eigentum gerichtet sein.

Abs. 2: Umstände, dass radioaktive Stoffe etc. zu strafbarem Gebrauch bestimmt sind, können sich namentlich aus dem persönlichen oder beruflichen Umfeld des Herstellers, Besitzers oder Veräusserers ergeben. Dabei müssen für den Täter die genauen Umtände des strafbaren Gebrauchs nicht feststehen, und es ist auch nicht erforderlich, dass die radioaktiven Stoffe etc. tatsächlich in strafbarem Sinne gebraucht werden.

Abs. 3: Vgl. Bem. zu StGB Art. 226ter Abs. 2.

Art. 227 Verursachen einer Überschwemmung oder eines Einsturzes

1. Wer vorsätzlich eine Überschwemmung oder den Einsturz eines Bauwerks oder den Absturz von Erd- und Felsmassen verursacht und dadurch wissentlich Leib und Leben von Menschen oder fremdes Eigentum in Gefahr bringt, wird mit Freiheitsstrafe nicht unter einem Jahr bestraft.
Ist nur ein geringer Schaden entstanden, so kann auf Freiheitsstrafe bis zu drei Jahren oder Geldstrafe erkannt werden.
2. Handelt der Täter fahrlässig, so ist die Strafe Freiheitsstrafe bis zu drei Jahren oder Geldstrafe.

Art. 227: Vgl. StGB Art. 229 (Gefährdung durch Verletzung der Regeln der Baukunde).

Ziff. 2: Der Bauingenieur, der trotz festgestellter Mängel an der Konstruktion und trotz der Unklarheit über deren Ursache weder eine sorgfältige Untersuchung durch einen Fachmann veranlasst noch die Bauherrschaft informiert, dieser vielmehr bestätigt, die Konstruktion befinde sich in einwandfreiem Zustand, verletzt die von ihm verlangte Sorgfaltspflicht. Kausalzusammenhang zwischen diesem Verhalten und dem Einsturz: BGE 115 IV 205. Von einem berufsmässigen und erfahrenen Unternehmer kann verlangt werden, dass er die Gefahren des Fehlens eines Entwässerungssystems auf einem steil abfallenden Gelände richtig einschätzt und entsprechende Vorkehren trifft: RS 1987 Nr. 272.

Art. 228 Beschädigung von elektrischen Anlagen, Wasserbauten und Schutzvorrichtungen

1. Wer vorsätzlich
elektrische Anlagen,
Wasserbauten, namentlich Dämme, Wehre, Deiche, Schleusen Schutzvorrichtungen gegen Naturereignisse, so gegen Bergsturz oder Lawinen,
beschädigt oder zerstört und dadurch wissentlich Leib und Leben von Menschen oder fremdes Eigentum in Gefahr bringt, wird mit Freiheitsstrafe nicht unter einem Jahr bestraft.
Ist nur ein geringer Schaden entstanden, so kann auf Freiheitsstrafe bis zu drei Jahren oder Geldstrafe erkannt werden.
2. Handelt der Täter fahrlässig, so ist die Strafe Freiheitsstrafe bis zu drei Jahren oder Geldstrafe.

Art. 228 bezieht sich auf Anlagen, die Naturkräfte eindämmen oder leiten.

Ziff. 1: Elektrische Anlagen sind solche, die dazu bestimmt sind, elektrische Energie zu produzieren oder zu liefern, beispielsweise elektrische Ein- und Ausgangsleitungen eines Zählerkastens (BGer vom 6.2.2003, 6S.268/2002). Die Tatbestandsvariante der Gefährdung von Leib und Leben kann schon gegenüber einer einzigen individuellen Person erfüllt sein. Leib und Leben von Menschen müssen allerdings konkret und nicht nur abstrakt gefährdet sein (BGer vom 6.2.2003, 6S.268/2002). – Is subjektiver Hinsicht muss der Täter um die konkrete Gefährdung sicher wissen; Eventualvorsatz genügt diesbezüglich nicht (BGer vom 6.2.2003, 6S.268/2002).

Art. 229 Gefährdung durch Verletzung der Regeln der Baukunde

¹ Wer vorsätzlich bei der Leitung oder Ausführung eines Bauwerkes oder eines Abbruches die anerkannten Regeln der Baukunde ausser acht lässt und dadurch wissentlich Leib und Leben von Mitmenschen gefährdet, wird mit Freiheitsstrafe bis zu drei Jahren oder Geldstrafe bestraft. Mit Freiheitsstrafe ist eine Geldstrafe zu verbinden.

² Lässt der Täter die anerkannten Regeln der Baukunde fahrlässig ausser Acht, so ist die Strafe Freiheitsstrafe bis zu drei Jahren oder Geldstrafe.

Art. 229: *Bauwerk* ist jede bauliche oder technische Anlage, die mit Grund und Boden verbunden ist: BGE 115 IV 48, SJZ 60 (1964) 288. – Die Tathandlung – Begehung oder Unterlassung (BGE 90 IV 249, 101 IV 17, 126) – besteht in der *Ausserachtlassung von anerkannten Regeln der Baukunde*. Diese ergeben sich aus dem geschriebenen Recht (z.B. aus der gestützt auf UVG Art. 83 Abs. 1 erlassenen bundesrätlichen Verordnung über die Sicherheit und den Gesundheitsschutz der Arbeitnehmerinnen und Arbeitnehmer bei Bauarbeiten vom 8.8.1967, SR 832.311.141, oder aus der Verordnung vom 19.12.1983 über die Verhütung von Unfällen und Berufskrankheiten, SR 832.30), den Vorschriften der SUVA (Pr 94 [2005] Nr. 29) oder entstammen unbestrittenem Erfahrungswissen: BGE 81 IV 118, 106 IV 268. Die Regeln richten sich an alle an einem Bauwerk beteiligten Personen (Architekt, Ingenieur, Baumeister, Bauarbeiter): SJZ 62 (1966) 256. Für die Einhaltung der Unfallverhütungsvorschriften hat jeder Arbeitgeber von Untergebenen, die gefährdet sind, zu sorgen: BGE 109 IV 17. Ein Hinweis auf die Gefahr ersetzt die Sicherungsmassnahmen nicht: BGE 109 IV 17. Die Verantwortung des Sorgfaltspflichtigen ist unabhängig von der finanziellen Bedeutung des Arbeitsauftrages: BGE 109 IV 18. – Die Bestimmungen des Strassenverkehrsrechts finden auf Bauplätzen ausserhalb öffentlicher Strassen keine Anwendung; sie können indessen bei der Beurteilung der Sorgfaltspflichten eines Fahrzeugführers an einer Baustelle sinngemäss herangezogen werden: BGE 115 IV 47 Erw. 2.

Das fehlerhafte Verhalten muss zu einer *Gefährdung von Menschen* führen; diejenige von Eigentum genügt nicht und kann auch nicht über StGB Art. 227 bestraft werden: SJZ 62 (1966) 256. – Echte Konkurrenz mit StGB Art. 117 und 125, wenn ausser der verletzten oder getöteten Person noch weitere gefährdet werden oder – hinsichtlich StGB Art. 125 – die Tat für den Betroffenen sogar eine Todesgefahr oder die Gefahr noch schwererer Verletzungen als der erlittenen bewirkt (BGer vom 30.1.2003, 6S.181/2002; BGer vom 3.8.2004, 6P.58/2003 und Pr 94 [2005] Nr. 29).

Abs. 1: Diese Bestimmung erfordert, dass der Täter mit Wissen anerkannte Regeln der Baukunde missachtet und damit die Gefährdung von Menschen will: SJZ 62 (1966) 242. BGer vom 6.2.2003, 6S.268/2002: Wer mit Wissen und Willen einen Zustand schafft, aus dem sich eine Gefahr ergibt, die er kennt, der will notwendig diese Gefahr.

Abs. 2: Die Fahrlässigkeit setzt nicht voraus, dass dem Täter die Gefahr bekannt ist; fahrlässig handelt auch, wer diese Gefahr trotz gebotener Sorgfalt nicht erkennt: BGE 90 IV 251. Die Vorsichtspflicht bemisst sich nach den konkreten Umständen und den persönlichen Verhältnissen (StGB Art. 12 Abs. 3): BGE 104 IV 102. Allgemein gilt, dass derjenige, der bei der Leitung oder Ausführung eines

Bauwerkes mitwirkt, nur im Rahmen seines Arbeitsbereichs für die Einhaltung der Regeln der Baukunde verantwortlich ist (BGer vom 30.1.2003, 6S.181/2002). – Pflichten im Einzelnen: BGE 90 IV 249 (Baggerarbeiten im Bereich von Gasleitungen, Verantwortung des Baumeisters), 104 IV 102 (Instruktionspflicht des Bauunternehmers, Verantwortung des an mehreren Baustellen eingesetzten Bauführers), 106 IV 265 (Sicherheitsmassnahmen bei ungewöhnlichen Konstruktionen), 114 IV 175 (Arbeiten an und auf Dächern), BGer vom 30.1.2003, 6S.181/2002 (Einhaltung von Sicherheitsvorschriften an Arbeitsplätzen auf Baustellen, wo Sturzgefahr besteht).

Art. 230 Beseitigung oder Nichtanbringung von Sicherheitsvorrichtungen

1. Wer vorsätzlich in Fabriken oder in andern Betrieben oder an Maschinen eine zur Verhütung von Unfällen dienende Vorrichtung beschädigt, zerstört, beseitigt oder sonst unbrauchbar macht, oder ausser Tätigkeit setzt,
wer vorsätzlich eine solche Vorrichtung vorschriftswidrig nicht anbringt,
und dadurch wissentlich Leib und Leben von Mitmenschen gefährdet,
wird mit Freiheitsstrafe bis zu drei Jahren oder Geldstrafe bestraft. Mit Freiheitsstrafe ist eine Geldstrafe zu verbinden.

2. Handelt der Täter fahrlässig, so ist die Strafe Freiheitsstrafe bis zu drei Jahren oder Geldstrafe.

Art. 230: Zur Errichtung von Sicherheitsvorrichtungen: OR Art. 328 Abs. 2, ArG Art. 6, VO über die Verhütung von Unfällen und Berufskrankheiten vom 19. Dezember 1983 (SR 832.30), BG über die Sicherheit von technischen Einrichtungen und Geräten vom 19. März 1976 (SR 819.1). – Zum objektiven und subjektiven Tatbestand: BGE 81 IV 120. – Täter können nicht nur der Betriebsinhaber und seine Gehilfen sein, sondern jeder, der nach Gesetz, Vertrag oder auch bloss nach den Umständen zur Anbringung von Sicherheitsvorrichtungen verpflichtet ist; Kausalzusammenhang: BGE 81 IV 121. – Konkurrenz mit fahrlässiger Tötung: BGE 76 IV 81, mit fahrlässiger Körperverletzung: SJZ 74 (1978) 126. – Ergänzende Strafbestimmung UVG Art. 112 Abs. 4, 113, ArG Art. 59 Abs. 1 lit. a; Verhältnis von StGB Art. 230 zu KUVG Art. 66 (jetzt UVG Art. 112 Abs. 4): BGE 81 IV 118.

Ziff. 1: Der Gefährdungsvorsatz ist gegeben, wenn der Täter die Gefahr kennt und trotzdem handelt: BGE 94 IV 63, abweichend von BGE 73 IV 230.

Achter Titel: Verbrechen und Vergehen gegen die öffentliche Gesundheit

Art. 230bis Gefährdung durch gentechnisch veränderte oder pathogene Organismen

¹ Wer vorsätzlich gentechnisch veränderte oder pathogene Organismen freisetzt oder den Betrieb einer Anlage zu ihrer Erforschung, Aufbewahrung oder Produktion oder ihren Transport stört, wird mit Freiheitsstrafe von einem bis zu zehn Jahren bestraft, wenn er weiss oder wissen muss, dass er durch diese Handlungen:

a. Leib und Leben von Menschen gefährdet; oder
b. die natürliche Zusammensetzung der Lebensgemeinschaften von Tieren und Pflanzen oder deren Lebensräume schwer gefährdet.

² Handelt der Täter fahrlässig, so wird er mit Freiheitsstrafe bis zu drei Jahren oder Geldstrafe bestraft.

Art. 230bis: Diese Bestimmung wurde mit dem BG über die Gentechnik im Ausserhumanbereich (Gentechnikgesetz, GTG) vom 21. März 2003, in Kraft seit 1. Januar 2004, ins Kernstrafrecht eingefügt (AS 2003 4803 f., insbesondere 4817). – Vgl. auch die Vergehenstatbestände von GTG Art. 35, welche den gesetzeswidrigen vorsätzlichen und fahrlässigen Umgang mit gentechnisch veränderten Organismen unter Strafe stellen. – Vgl. LBR Bd. 11 (2006) S. 1 ff. – Wird eine Tat sowohl durch GTG Art. 35 wie durch StGB Art. 230bis erfasst, geht diese Bestimmung vor; zu den StGB Art. 111 f. und 122 f. besteht demgegenüber angesichts der Unterschiedlichkeit der Rechtsgüter echte Konkurrenz.

Abs. 1: *Organismen* sind zelluläre und nichtzelluläre biologische Einheiten, die zur Vermehrung oder zur Weitergabe von Erbmaterial fähig sind; ihnen gleichgestellt sind Gemische, Gegenstände oder Erzeugnisse, die solche Einheiten enthalten (GTG Art. 5 Abs. 1). *Gentechnisch verändert* sind diese Organismen, wenn ihr genetisches Material so geändert wurde, wie dies unter natürlichen Bedingungen nicht vorkommt (GTG Art. 5 Abs. 2). *Pathogen* sind diese Organismen dann, wenn sie Krankheiten verursachen können. *Freigesetzt* werden die Organismen, wenn mit ihnen nicht in einem geschlossenen System umgegangen wird, d.h. nicht alle Einschliessungsmassnahmen getroffen werden, die insbesondere wegen der Gefährlichkeit der Organismen für Mensch, Tier und Umwelt notwendig sind (GTG Art. 10 Abs. 1). – *Rechtfertigungsgründe* im Sinne von StGB Art. 14 können bewilligte Freisetzungsversuche i.S. von GTG Art. 11 und das bewilligte Inverkehrbringen i.S. von GTG Art. 12 bilden. Der Begriff der *Anlage* umfasst nicht nur stationäre Einrichtungen, sondern auch mobile Einrichtungen wie Fahrzeuge etc. (GTG Art. 5 Abs. 6), was auch durch die ausdrücklich strafbar erklärte Störung eines *Transportes* von Organismen verdeutlicht wird. Eine *Störung einer Anlage oder eines Transportes* liegt bereits dann vor, wenn die beim Umgang mit gentechnisch veränderten Organismen notwendigen Einschliessungsmassnahmen (GTG Art. 10 Abs. 1) funktionell beeinträchtigt werden. – *Zum subjektiven Tatbestand:* Eventualvorsatz genügt. Dieser liegt hinsichtlich der Gefährdungen gemäss lit. a und b bereits dann vor, wenn der Täter erkannt hat, dass es möglicherweise zu einer solchen Gefährdung kommt, und er eine solche in Kauf genommen hat. – Der Tatbestand schliesst von den Behörden *bewilligte Freisetzungen* nicht aus, sofern der Täter – entgegen der Bewilligungsbehörde – um die (schwere) Gefährdung gewusst oder um diese hätte wissen müssen.

lit. a: Der Tatbestand ist als *konkretes Gefährdungsdelikt* ausgestaltet: *Lit. a* setzt daher eine *konkrete Gefahr* für mehr als einen Menschen voraus, die überdies angesichts der hohen Strafdrohung dieses Verbrechenstatbestandes zu einer *nahen, akuten Verletzungsgefahr* führen muss.

lit. b: Unter einer *Lebensgemeinschaft* im Sinne von *lit. b* ist die Gesamtheit der Organismen eines Lebensraums und ihre Beziehungen zueinander zu verstehen. Sie verändert sich im Laufe der Zeit, z.B. als Folge klimatischer Schwankungen (Jahreszeiten), aufgrund natürlicher oder künstlicher Veränderungen eines Biotops oder wegen der Populationsentwicklung. *Lebensräume* (Biotope) sind bestimmte Lebensbereiche, die sich von anderen, sie umgebenden Arealen deutlich abgrenzen lassen (See, Waldareal, Moorgebiet, Wegrand, Wiese usw.). Die *natürliche Zusammensetzung* solcher Lebensräume und Lebensgemeinschaften wird dann *gefährdet*, wenn dieses Ökosystem aus dem (dynamischen)

Gleichgewicht gerät. Bloss vorübergehende Schwankungen in der Zusammensetzung der Lebensräume und Lebensgemeinschaften, wie sie auch natürlicherweise immer wieder vorkommen, genügen dabei nicht. Erforderlich ist vielmehr eine nachhaltige Veränderung (z.B. durch Entwässerung eines Moors) oder beispielsweise die Ausrottung einer Organismenart. Eine *schwere Gefährdung* liegt erst dann vor, wenn sie eine gewisse Intensität aufweist, namentlich das Schädigungspotential der in Frage stehenden Handlung sehr hoch ist oder der Schaden lange andauern kann.

Abs. 2 stellt die fahrlässige Begehung als Vergehenstatbestand unter Strafe. – Zur Fahrlässigkeit vgl. Bem. zu StGB Art. 12 Abs. 3.

Art. 231   Verbreiten menschlicher Krankheiten

1. Wer vorsätzlich eine gefährliche übertragbare menschliche Krankheit verbreitet, wird mit Freiheitsstrafe bis zu fünf Jahren oder Geldstrafe nicht unter 30 Tagessätzen bestraft.

Hat der Täter aus gemeiner Gesinnung gehandelt, so ist die Strafe Freiheitsstrafe von einem Jahr bis zu fünf Jahren.

2. Handelt der Täter fahrlässig, so ist die Strafe Freiheitsstrafe bis zu drei Jahren oder Geldstrafe.

Art. 231: ZStrR 115 (1997) 113, 130. – Vgl. auch BG über die Bekämpfung übertragbarer Krankheiten des Menschen vom 18. Dezember 1970 (Epidemiengesetz; SR 818.101), dessen Strafbestimmungen (Art. 35) subsidiär anwendbar sind.

Ziff. 1 Abs. 1: Übertragbare Krankheiten sind solche, die durch Erreger, d.h. Organismen wie vor allem Viren und Bakterien unmittelbar oder mittelbar auf den Menschen übertragen werden (EpG Art. 2 Abs. 1 und 2). – *Gefährlich* sind solche Krankheiten dann, wenn sie zum Tod oder zumindest zu einer konkreten, nicht unerheblichen Beeinträchtigung der Gesundheit führen können (vgl. hierzu: BGE 116 IV 128). Hierzu gehören namentlich Geschlechtskrankheiten (SJZ 45 [1949] 140, 49 [1953] 226), wie beispielsweise Syphilis, ferner Tuberkulose (SJZ 59 [1963] 151) und die HIV-Seropositivität (SJZ 84 [1988] 400, 85 [1989] 149, ZStrR 107 [1990] 39, 115 [1997] 113, BGE 116 IV 125, 125 IV 242 und 131 IV 1). – Für das *Verbreiten* genügt die Übertragung des (übertragbaren) Krankheitserregers auf einen andern Menschen, da derart die (ausreichende) abstrakte Gefahr einer Weiterverbreitung besteht. BGE 125 IV 245, 131 IV 10: Wer als HIV-infizierte Person etwa durch ungeschützten Geschlechtsverkehr das HI-Virus auf einen andern Menschen überträgt, verbreitet dieses i.S. von StGB Art. 231 Ziff. 1 Abs. 1. – Subjektiv genügt Eventualvorsatz; dieser liegt bereits vor, wenn der Täter um die Möglichkeit weiss, Träger ansteckender Krankheitserreger zu sein und deren Übertragung in Kauf nimmt, was schon mit der Vornahme einer einzigen hiefür geeigneten Handlung dokumentiert werden kann. Eventualvorsatz des HIV-Infizierten kommt daher nicht nur bei riskanten Praktiken oder erst bei zahlreichen Geschlechtsakten mit demselben Partner in Betracht; denn jeder ungeschützte Sexualkontakt, mithin auch der erste und einzige, trägt die Gefahr der Ansteckung in sich (BGE 125 IV 254, entgegen der Kritik in einem erheblichen Teil der Lehre nachvollziehbar bestätigt in: BGE 131 IV 5).

Führt die Übertragung des Krankheitserregers beim Infizierten zu gesundheitlicher Schädigung oder zum Tod, konkurriert StGB Art. 231 angesichts der nicht kongruenten Rechtsgüter mit den Delikten gegen Leib und Leben echt (BGE 116 IV 134). Bei einer Infizierung mit dem HI-Virus ist jedoch der Verlauf der Krankheit und der allfällige Tod ein von zahlreichen Umständen abhängendes schicksalhaftes Geschehen, so dass ein allfälliger Tötungserfolg vor dem Hintergrund des langen Zeitraums zwischen Infizierung und Tod sowie der heute bestehenden Therapiemöglichkeiten (kombinierter Einsatz mehrerer Medikamente etc.) dem Täter schon objektiv nicht mehr zurechenbar ist, so dass jedenfalls für die eventualvorsätzliche Tatbegehung allein eine echte Idealkonkurrenz von StGB Art. 231 mit Art. 122 Abs. 1 vorliegt (BGE 125 IV 255). – Wird die Krankheit durch gentechnisch veränderte Organismen verbreitet, gelangt angesichts der Gleichartigkeit der Rechtsgüter allein StGB Art. 230bis zur Anwendung (vgl. hierzu auch: EpG Art. 1 Abs. 4 und 2 Abs. 3).

BGE 131 IV 11: StGB Art. 231 ist ein Delikt der Gemeingefährdung, das sich ausschliesslich gegen öffentliche Interessen richtet. Das freiverantwortliche Einverständnis eines über die Infektion und das Übertragungsrisiko orientierten Sexualpartners führt daher unter dem Titel dieses Tatbestands nicht zur Straflosigkeit der HIV-infizierten Person. Unter diesen Umständen entfällt allein eine Verurteilung wegen des allein Individualinteressen schützenden StGB Art. 122 (Vgl. Bem. zu StGB Art. 122).

Ziff. 1 Abs. 2: *Gemeine Gesinnung* liegt vor, wenn die Übertragung des Krankheitserregers etwa aus Hass, Rache oder mittels Gewalt angestrebt wird. Im Regelfall ist daher direkter Vorsatz erforderlich. Bloss passives Verleugnen der HIV-Positivität oder eine wahrheitswidrige Antwort auf die Frage nach dem Serostatus reichen nicht (SJZ 96 [2000] 116).

Ziff. 2: Zur Fahrlässigkeit vgl. Bem. zu StGB Art. 12 Abs. 3.

Art. 232 Verbreiten von Tierseuchen

1. Wer vorsätzlich eine Seuche unter Haustieren verbreitet, wird mit Freiheitsstrafe bis zu drei Jahren oder Geldstrafe bestraft.

Hat der Täter aus gemeiner Gesinnung einen grossen Schaden verursacht, so ist die Strafe Freiheitsstrafe von einem Jahr bis zu fünf Jahren.

2. Handelt der Täter fahrlässig, so ist die Strafe Freiheitsstrafe bis zu drei Jahren oder Geldstrafe.

Art. 232: Vgl. auch Tierseuchengesetz vom 1. Juli 1966 (SR 916.40), insbesondere dessen Strafbestimmungen, Art. 47 ff.; die besonderen Bestimmungen des StGB, namentlich auch StGB Art. 232, bleiben allerdings vorbehalten.

Art. 233 Verbreiten von Schädlingen

1. Wer vorsätzlich einen für die Landwirtschaft oder für die Forstwirtschaft gefährlichen Schädling verbreitet, wird mit Freiheitsstrafe bis zu drei Jahren oder Geldstrafe bestraft.

Hat der Täter aus gemeiner Gesinnung einen grossen Schaden verursacht, so ist die Strafe Freiheitsstrafe von einem Jahr bis zu fünf Jahren.

2. Handelt der Täter fahrlässig, so ist die Strafe Freiheitsstrafe bis zu drei Jahren oder Geldstrafe.

Art. 233: Vgl. auch BG über den Wald vom 4. Oktober 1991 (WaG; SR 921.0), namentlich die Strafbestimmung von WaG Art. 43 Abs. 1 lit. g, welcher StGB Art. 233 vorgeht (WaG Art. 43 Abs. 1 lit. g in fine).

Art. 234 Verunreinigung von Trinkwasser

¹ Wer vorsätzlich das Trinkwasser für Menschen oder Haustiere mit gesundheitsschädlichen Stoffen verunreinigt, wird mit Freiheitsstrafe bis zu fünf Jahren oder Geldstrafe nicht unter 30 Tagessätzen bestraft.

² Handelt der Täter fahrlässig, so ist die Strafe Freiheitsstrafe bis zu drei Jahren oder Geldstrafe.

Art. 234: Vgl. auch BG über den Schutz der Gewässer vom 24. Januar 1991 (Gewässerschutzgesetz, GSchG; SR 814.20). Nach Art. 72 dieses Erlasses sind dessen Strafbestimmungen im Verhältnis zu StGB Art. 234 subsidiär.

Abs. 1: Als *Trinkwasser* gilt auch nicht gefasstes Wasser, welches mit einer Trinkwasser-Fassung in Verbindung steht oder von dem vorausgesehen werden kann, dass es in absehbarer Zeit als Trinkwasser verwendet werden könnte (BGE 98 IV 204). Das Wasser braucht nur einem beschränkten Kreis von Menschen oder Tieren zugänglich zu sein (BGE 78 IV 175).

Abs. 2: Zur Fahrlässigkeit beim Ausführen von Jauche BGE 97 I 471 und RS 1989 Nr. 604, bei der Revision eines Öltanks BGE 102 IV 187.

Art. 235 Herstellen von gesundheitsschädlichem Futter

1. Wer vorsätzlich Futter oder Futtermittel für Haustiere so behandelt oder herstellt, dass sie die Gesundheit der Tiere gefährden, wird mit Freiheitsstrafe bis zu drei Jahren oder Geldstrafe bestraft.

Betreibt der Täter das Behandeln oder Herstellen gesundheitsschädlichen Futters gewerbsmässig, so ist die Strafe Freiheitsstrafe bis zu drei Jahren oder Geldstrafe nicht unter 30 Tagessätzen. Mit der Freiheitsstrafe ist eine Geldstrafe zu verbinden. In diesen Fällen wird das Strafurteil veröffentlicht.

2. Handelt der Täter fahrlässig, so ist die Strafe Busse.

3. Die Ware wird eingezogen. Sie kann unschädlich gemacht oder vernichtet werden.

Art. 235 Ziff. 1 Abs. 2: Zur Gewerbsmässigkeit vgl. z.B. Bem. zu StGB Art. 139 Ziff. 2, zur Veröffentlichung des Urteils StGB Art. 68.

Ziff. 3: Zur Einziehung vgl. StGB Art. 69.

Art. 236 Inverkehrbringen von gesundheitsschädlichem Futter

¹ Wer vorsätzlich gesundheitsschädliches Futter oder gesundheitsschädliche Futtermittel einführt, lagert, feilhält oder in Verkehr bringt, wird mit Freiheitsstrafe bis zu drei Jahren oder Geldstrafe bestraft. Das Strafurteil wird veröffentlicht.

² Handelt der Täter fahrlässig, so ist die Strafe Busse.

³ Die Ware wird eingezogen. Sie kann unschädlich gemacht oder vernichtet werden.

Art. 236 bezieht sich selbstredend allein auf Futter für Haustiere, nicht aber auf gesundheitsgefährdende oder nicht den gesetzlichen Anforderungen entsprechende Lebensmittel für Menschen (vgl. BGE 124 IV 303 sowie LMG Art. 47 ff.).

Abs. 1: Zur Veröffentlichung des Urteils vgl. StGB Art. 68.

Abs. 3: Zur Einziehung vgl. StGB Art. 69.

Neunter Titel: Verbrechen und Vergehen gegen den öffentlichen Verkehr

Art. 237 Störung des öffentlichen Verkehrs

1. Wer vorsätzlich den öffentlichen Verkehr, namentlich den Verkehr auf der Strasse, auf dem Wasser oder in der Luft hindert, stört oder gefährdet und dadurch wissentlich Leib und Leben von Menschen in Gefahr bringt, wird mit Freiheitsstrafe bis zu drei Jahren oder Geldstrafe bestraft.

Bringt der Täter dadurch wissentlich Leib und Leben vieler Menschen in Gefahr, so kann auf Freiheitsstrafe von einem Jahr bis zu zehn Jahren erkannt werden.

2. Handelt der Täter fahrlässig, so ist die Strafe Freiheitsstrafe bis zu drei Jahren oder Geldstrafe.

Art. 237 wird in seinem Geltungsbereich durch SVG Art. 90 Ziff. 3 erheblich eingeschränkt, wonach StGB Art. 237 Ziff. 2 in Fällen der einfachen oder groben Verletzung der Verkehrsregeln i.S. von SVG Art. 90 Ziff. 1 und 2 keine Anwendung findet (vgl. hierzu Bem. zu SVG Art. 90 Ziff. 1 und 2).

Art. 237 gilt demnach uneingeschränkt nur für den Luftverkehr (dazu BGE 102 IV 27, ZBJV 113 [1977] 541), den Verkehr auf dem Wasser oder auf der Skipiste, dazu ZR 62 (1963) Nr. 122; ZBJV 108 (1972) 433. – Für den Strassenverkehr kommt StGB Art. 237 noch bei vorsätzlicher Störung und konkreter Gefährdung von Menschen, und zwar auch durch Verletzung von Verkehrsregeln, zur Anwendung: BGE 95 IV 2, Krim 31 (1977) 277, SJZ 72 (1976) 72; bei fahrlässiger Störung nur, wenn keine Verkehrsregeln verletzt werden (z.B. bei unsachgemässer Autoreparatur) oder die Verkehrsregelverletzung verjährt ist (BGer vom 1.10.2003, 6S.312/2003).

Ziff. 1 Abs. 1: Vorsätzliche Störung des öffentlichen Verkehrs mit wissentlicher Gefährdung von Menschen. – *Öffentlichkeit des Verkehrs* ist gegeben, wenn sich dieser auf Flächen bzw. in Lufträumen abspielt, welche einem unbestimmbaren Personenkreis offen stehen: BGE 105 IV 44. Umfang der Verkehrsfläche: auf der Strasse: BGE 101 IV 175, in der Luft: BGE 105 IV 42. – Eine *Gefährdung, Hinderung oder Störung des öffentlichen Verkehrs* liegt bereits vor, wenn das diesem grundsätzlich immanente Gefahrenpotential überschritten wird. – Die vorausgesetzte physische *Gefährdung von Menschen* erfordert eine nahe und ernstliche Wahrscheinlichkeit des Erfolgseintritts (BGer vom 1.10.2003, 6S.312/2003), mithin eine konkrete Individualgefahr (BGE 85 IV 137). Auch ein Mitfahrer kann gefährdet werden: BGE 100 IV 54, 105 IV 45. Gemeingefahr wird nicht vorausgesetzt (BGE 81 IV 123). Die Gefahr besteht auch dann, wenn der Eintritt des schädigenden Erfolgs durch Zufall oder das Verhalten der Beteiligten verhütet wird: BGE 85 IV 138, 106 IV 121, BGer vom 1.10.2003, 6S.312/2003. – Der Täter selber braucht nicht am öffentlichen Verkehr beteiligt zu sein: BGE 84 IV 49, BGer vom 1.10.2003, 6S.312/2003 (Blockieren des Verkehrs durch Aufstellen von Transparenten und Verteilen von Flugblättern auf der Autobahn). Unter diese Bestimmung fällt auch die vorsätzliche Missachtung des Haltezeichens eines auf der Strasse stehenden Verkehrspolizisten, auf den der Automobilist mit unverminderter Geschwindigkeit zufährt (und der öffentliche Verkehr gefährdet wird): BGE 106 IV 371. – Zum adäquaten Kausalzusammenhang: BGE 82 IV 32, 87 IV 158 und 125 IV 13.

«Wissentlich» setzt einen direkten Vorsatz voraus, gerichtet auf die Gefährdung von Leib und Leben mindestens eines Menschen. Der Täter muss diese Gefahr sicher erkannt und gleichwohl gehandelt haben.

Abs. 2: Das Qualifikationsmoment muss nicht einschränkend interpretiert werden, sondern ist erfüllt, wenn wissentlich eine grosse, unbestimmte Zahl von Menschen in Gefahr gebracht wird: BGE 106 IV 124, vgl. auch BGE 115 IV 13. Abs. 2 ist anwendbar bei einem Bombenanschlag auf ein startendes Flugzeug: ZR 71 (1972) Nr. 7.

Ziff. 2: Fahrlässige Störung des öffentlichen Verkehrs mit erkennbarer Gefährdung von Menschen. – Eine Verletzung und Tötung von Menschen muss nicht nur objektiv möglich, sondern wahrscheinlich sein: BGE 106 IV 123. Fahrlässigkeit im Einzelnen: BGE 88 IV 2 (Gefährdung von Schwimmern durch Wasserskifahrer), 96 IV 3 (Fahrlässigkeit eines Barrierenwärters), 85 IV 79 (strafbar ist auch, wer eine von einem Dritten geschaffene Verkehrsgefahr nicht genügend Rücksicht nimmt), 116 IV 183 (Sorgfaltspflicht der bei Lawinengefahr für die Sperrung einer öffentlichen Strasse Verantwortlichen), 125 IV 12 (Pflicht des Verantwortlichen eines Bergbahn- und Skiliftunternehmens, ein ausreichendes Sicherheitsdispositiv aufzustellen, welches gewährleisten soll, dass sich auf den Pisten keine Lawinenunfälle ereignen), BGer vom 1.10.2003, 6S.312/2003 (planmässige Behinderung des Verkehrsflusses auf einer Autobahn, um Staus zu verursachen). – An den Nachweis der Gefährdung von Menschen ist bei der fahrlässigen Tat kein anderer, strengerer Massstab anzulegen als bei der vorsätzlichen Begehungsweise (BGer vom 1.10.2003, 6S.312/2003).

StGB Art. 237 Ziff. 2 steht zu einem Verletzungsdelikt (z.B. StGB Art. 117 oder 125) in unechter Gesetzeskonkurrenz, wenn die Gefährdung nicht über die Verletzung hinausgeht. Fällt die Ahndung des Verletzungsdelikts (z.B. infolge Rückzugs des Strafantrags bei StGB Art. 125 Abs. 1) ausser Betracht, so ist der Richter nicht gehindert, StGB Art. 237 Ziff. 2 anzuwenden: BGE 96 IV 41, ZR 84 (1985) Nr. 20 S. 93 (zu SVG Art. 90).

Art. 238 Störung des Eisenbahnverkehrs

¹ Wer vorsätzlich den Eisenbahnverkehr hindert, stört oder gefährdet und dadurch wissentlich Leib und Leben von Menschen oder fremdes Eigentum in Gefahr bringt, namentlich die Gefahr einer Entgleisung oder eines Zusammenstosses herbeiführt, wird mit Freiheitsstrafe oder Geldstrafe bestraft.

² Handelt der Täter fahrlässig und werden dadurch Leib und Leben von Menschen oder fremdes Eigentum erheblich gefährdet, so ist die Strafe Freiheitsstrafe bis zu drei Jahren oder Geldstrafe.

Art. 238: Vgl. auch Eisenbahngesetz vom 20. Dezember 1957 (EBG; SR 742.101), dessen Strafbestimmung (EBG Art. 88) im Verhältnis zum StGB subsidiär anwendbar ist. – Für den *Begriff* der *Eisenbahn* gilt die Umschreibung im erwähnten Gesetz: RS 1962 Nr. 181, 1964 Nr. 54. – Geschützt werden der technische Betrieb des fahrplanmässigen und Rangier-Verkehrs als Ganzes sowie Personen und Sachen, die an diesem Verkehr teilnehmen oder diesem dienen: BGE 84 IV 20, 86 IV 105, 87 IV 89.

Das *Tatverhalten* besteht in der Herbeiführung einer zeitweiligen Verunmöglichung bzw. Beschränkung des Eisenbahnverkehrs oder eines Zustandes, der einen solchen Erfolg befürchten lässt: BGE 77 IV 179, 84 IV 20. Zum adäquaten Kausalzusammenhang zwischen dem Verhalten des Täters und der Störung: BGE 88 IV 109 Erw. 5.

Die Störung muss eine konkrete (individuelle) *Gefährdung* von Leib und Leben von Menschen oder fremdem Eigentum bewirken; verlangt wird keine Gemeingefahr: BGE 80 IV 182, 87 IV 90. Konkret gefährdet sind Menschen und Sachen, wenn der Eintritt einer Schädigung nach dem gewöhnlichen Lauf der Dinge wahrscheinlich ist und dieser Erfolg aus Zufall ausbleibt: BGE 87 IV 90, 93 I 79/80.

Störung des Eisenbahnverkehrs und Störung des öffentlichen Verkehrs (StGB Art. 237) können ideal konkurrieren: BGE 78 IV 102.

Abs. 1: Das Erfordernis der Wissentlichkeit verlangt, dass der Täter die durch sein Verhalten herbeigeführte Gefährdung kennt; *dolus eventualis* reicht nicht aus.

Abs. 2: Bei fahrlässiger Störung muss die Gefährdung von Menschen und Sachen *erheblich* sein. Mit dieser Formulierung wird erreicht, dass nicht jedes geringfügige Fehlverhalten des Personals bestraft werden muss: BGE 116 IV 48. Massgebend für den Erheblichkeitsgrad ist die Bedeutung des Schadens bzw. seiner hypothetischen Grösse im Falle des befürchteten Eintritts: BGE 87 IV 89, 93 I 79/80. Nach der bundesrätlichen Verordnung über die Meldung und die Untersuchung von Unfällen und schweren Vorfällen beim Betrieb öffentlicher Verkehrsmittel vom 28. Juni 2000 (SR 742.161), Art. 2 lit. d, sind Sachschäden bis zu CHF 100'000 nicht erheblich. Entgegen der früheren Rechtsprechung begründet nicht jede Schnellbremsung eine erhebliche Gefahr, selbst wenn es zu einer Kollision kommt: BGE 116 IV 45, 124 IV 117.

Zu den Vorsichtspflichten des *Bahnpersonals:* Bedeutung von Dienstvorschriften: BGE 77 IV 180 Erw. 2, 88 IV 108, 100 IV 19 Erw. 2, 126 IV 16 Erw. 7. Warnpflicht des Lokomotivführers, der sich einem unbewachten Bahnübergang nähert: BGE 77 IV 179; Pflicht des Vorwarners eines auf der Bahnstrecke tätigen Bautrupps, sich im Funkverkehr zu vergewissern, ob der Adressat das Ersuchen um Geleisesperrung empfangen und verstanden hat: BGE 126 IV 13. Die Rechtserheblichkeit einer zum Bahnunfall führenden Handlung oder Unterlassung wird durch andere mitwirkende Ursachen nicht ausgeschlossen, wenn nicht ganz aussergewöhnliche Umstände vorliegen: BGE 88 IV 109, 126 IV 17, fehlerhaftes Verhalten eines Stationslehrlings: BGE 99 IV 64 Erw. 2, versehentliches unrichtiges Stellen einer Weiche: BGE 104 IV 19. – Zur *Vorsichtspflicht* des *Automobilisten* beim Überqueren eines Niveauüberganges: VO über die Strassensignalisation vom 5. September 1979 (SSV, SR 741.21) Art. 92, 93, BGE 86 IV 98, SJZ 84 (1988) 65 f. *Pflicht* des *Radfahrers:* BGE 87 IV 91 Erw. 3.

Ist die Gefährdung nicht erheblich, so ist subsidiär die Anwendung von StGB Art. 239 Ziff. 2 (Störung von Betrieben, die der Allgemeinheit dienen) zu prüfen: BGE 116 IV 48.

Art. 239 Störung von Betrieben, die der Allgemeinheit dienen

1. Wer vorsätzlich den Betrieb einer öffentlichen Verkehrsanstalt, namentlich den Eisenbahn-, Post-, Telegrafen- oder Telefonbetrieb hindert, stört oder gefährdet,
wer vorsätzlich den Betrieb einer zur allgemeinen Versorgung mit Wasser, Licht, Kraft oder Wärme dienenden Anstalt oder Anlage hindert, stört oder gefährdet,
wird mit Freiheitsstrafe bis zu drei Jahren oder Geldstrafe bestraft.
2. Handelt der Täter fahrlässig, so ist die Strafe Freiheitsstrafe bis zu drei Jahren oder Geldstrafe.

Art. 239: Die Bestimmung schützt das Interesse der Allgemeinheit daran, dass die öffentlichen Anstalten ungehindert ihren Dienst verrichten: BGE 116 IV 46. Von diesem Schutz wird nicht nur die technische Abwicklung, sondern auch die administrative und kommerzielle Tätigkeit eines Unternehmens erfasst: BGE 73 IV 68, 90 IV 253 Erw. 2a, SJZ 82 (1986) 283.

Als *öffentliche Verkehrsanstalt* gelten auch private Betriebe, die allgemeinen Verkehrszwecken dienen: BGE 85 IV 232. Das Eigentum an einem Teil der Anlagen berechtigt nicht zur Betriebsstörung: BGE 85 IV 233. Erfasst werden u.a. Skilifte: SJZ 73 (1977) 43 Erw. 3, Fähren samt Zufahrtsstrassen: SJZ 82 (1986) 382, Seil- und Gondelbahnen: BGer vom 9.7.2002, 6S.717/2001. – Der allgemeinen *Versorgung* dienen Gaswerke samt Verteilernetz: BGE 90 IV 253 Erw. 2a, Anlagen zur Zubereitung von Trinkwasser, wobei es nicht darauf ankommt, ob auf sie unmittelbar oder mittelbar eingewirkt wird: SJZ 65 (1969) 192, 195. Kabelfernsehanlagen: RS 1991 Nr. 30. Versorgungsbetriebe für Wasser, Strom, Gas oder Wärme: BGE 102 II 85 = Pr 76 (1987) Nr. 154.

Das *Tatverhalten* besteht in der Erwirkung einer Störung oder Gefährdung des Betriebes (dazu Bem. zu StGB Art. 238), ohne dass eine Gefährdung von Menschen oder fremdem Eigentum erforderlich ist. Eine Störung liegt vor bei einem Betriebsunterbruch von mehr als einer Stunde (BGE 116 IV 49, vgl. demgegenüber BGE 119 IV 301) oder bei einer während Tagen dauernden geschmacklichen Beeinträchtigung von Trinkwasser mit Einschränkung des Wasserbezuges: SJZ 65 (1969) 192, 195.

Die Spezialvorschriften der StGB Art. 237 und 238 gehen StGB Art. 239 vor. Wenn aber die fahrlässige Störung des Eisenbahnverkehrs keine erhebliche i.S. von StGB Art. 238 Abs. 2 ist, kann eine Bestrafung nach StGB Art. 239 Ziff. 2 in Frage kommen: BGE 116 IV 48.

Ziff. 1: Vorsätzliche Störung durch Lastwagenblockade auf der Zufahrtsstrasse zu einer Fähre in Konkurrenz mit Nötigung (StGB Art. 181) und Verkehrsübertretung i.S. von SVG Art. 90 Ziff. 1: SJZ 82 (1986) 282.

Ziff. 2: Bei Bauarbeiten hat der Verantwortliche zur Vermeidung einer Störung des Betriebes, der der Allgemeinheit dient, die Regeln der Baukunde (StGB Art. 229) zu beachten: BGE 90 IV 253; die Sorgfaltspflicht des für den Bau oder Betrieb einer Seilbahn Verantwortlichen ergibt sich aus der Seilbahnverordnung (SR 743.12), der dazu erlassenen Umlaufbahnverordnung (SR 743.121.1) und mangels einer gesetzlichen Regelung im Einzelfall aus allgemeinen Rechtsgrundsätzen, allgemein anerkannten Verhaltensregeln und Verkehrsnormen (BGer vom 9.7.2002, 6S.717/2001). – Adäquater Kausalzusammenhang zwischen dem fahrlässigen Verhalten des Täters und der Störung: SJZ 65 (1969) 194.

Zehnter Titel: Fälschung von Geld, amtlichen Wertzeichen, amtlichen Zeichen, Mass und Gewicht

Art. 240   Geldfälschung

¹ Wer Metallgeld, Papiergeld oder Banknoten fälscht, um sie als echt in Umlauf zu bringen, wird mit Freiheitsstrafe nicht unter einem Jahr bestraft.

² In besonders leichten Fällen ist die Strafe Freiheitsstrafe bis zu drei Jahren oder Geldstrafe.

³ Der Täter ist auch strafbar, wenn er die Tat im Ausland begangen hat, in der Schweiz betreten und nicht ausgeliefert wird, und wenn die Tat auch am Begehungsorte strafbar ist.

Art. 240–245: Vgl. Internationales Abkommen zur Bekämpfung der Falschmünzerei vom 20. April 1929 (SR 0.311.51), ferner das BG über die Währung und die Zahlungsmittel (WZG) vom 22. Dezember 1999 (SR 941.10, in Kraft getreten am 1. Mai 2000), namentlich dessen Strafbestimmung (WZG Art. 11) und die dazugehörige bundesrätliche Botschaft vom 26. Mai 1999 (Botschaft, BBl 1999, 7258 f.): Im Zusammenhang mit diesem neuen Gesetz wurde der praktisch bedeutungslose Tatbestand der Münzverringerung gemäss StGB alt Art. 243 aufgehoben und an dessen Leerstelle der erweiterte und zudem als Vergehenstatbestand konzipierte Inhalt von StGB alt Art. 327 gesetzt; dementsprechend wurde der Wortlaut von StGB Art. 244 Abs. 1 angepasst und die Einziehungsbestimmung von StGB Art. 249 mit einem Abs. 2 erweitert (Botschaft, BBl 1999, 7282 f.).

Da im alltäglichen Geschäftsverkehr keine allgemeine Pflicht zur Prüfung der Echtheit von Geld besteht, ist nicht auf die Qualität bzw. Überzeugungskraft, sondern auf das Kriterium der Entstehung einer Verwechslungsgefahr mit echtem Geld abzustellen. Auch plumpe, offensichtliche, d.h. für jedermann leicht erkennbare Nachahmungen fallen – allenfalls als besonders leichter Fall qualifiziert (vgl. Bem. zu StGB Art. 240 Abs. 2) – unter die StGB Art. 240 ff. (BGE 123 IV 58). – Die Bestimmungen sind sowohl auf schweizerisches als auch auf ausländisches Geld anwendbar (StGB Art. 250); in Bezug auf Ersteres besteht Bundesgerichtsbarkeit (StGB Art. 336 Abs. 1 lit. e). – Die StGB Art. 240 ff., welche das Vertrauen der Öffentlichkeit in die Sicherheit des Zahlungsverkehrs und dabei namentlich der Echtheit gesetzlicher Zahlungsmittel des In- und Auslands schützen, und WZG Art. 11, welcher das staatliche Münz- und Banknotenmonopol schützt (Botschaft, BBl 1999, 7281–7284), stehen zueinander in echter Konkurrenz.

Bei den *Geldfälschungsdelikten* ist Schutzobjekt jedes von einem völkerrechtlich anerkannten Staat oder von einer durch ihn ermächtigten Stelle als Wertträger beglaubigtes Zahlungsmittel, solange es gesetzlichen Kurs hat: BGE 78 I 228, 82 IV 201 und Botschaft, BBl 1999, 7283/7284. Der Täter muss darum wissen; bei einem Irrtum darüber kommt StGB Art. 13 (Sachverhaltsirrtum) zur Anwendung: BGE 82 IV 202. Die Fälschung verrufenen, d.h. ausser Kurs gesetzten Geldes kann unter die Tatbestände der Warenfälschung (StGB Art. 155) oder des Betruges (StGB Art. 146) fallen: BGE 78 I 228 (englische Gold-Sterling, französische Gold-Napoleon und mexikanische Goldpesos), 82 IV 201 (ausser Kurs gesetzte saudiarabische Goldmünzen), 83 IV 193 (englische Gold-Sovereigns), 85 IV 23 (französische Gold-Napoleon), ZR 62 (1963) Nr. 117 (deutsche Gold-Kronen und Doppelkronen); dasselbe gilt für die in Edelmetall ausgegebenen Gedenk- und Anlagemünzen, insbesondere auch für die alten schweizerischen Goldmünzen zu CHF 100, 20 und 10 (Botschaft, BBl 1999, 7284; anders noch unter dem alten Münzgesetz: BGE 80 IV 262, ZR 62 [1963] Nr. 117).

Art. 240 Abs. 1: Die Tat wird schon mit der Fertigstellung eines einzigen Falsifikates vollendet. Es genügt auch, wenn der Täter das Geld in der Absicht fälscht, es als Falsifikat einem Dritten zu übergeben, dabei aber weiss oder zumindest in Kauf nimmt, dass dieser Dritte oder dessen Abnehmer das Falschgeld als echt in Umlauf setzen werden (hierzu StGB Art. 242): BGE 119 IV 157. Mangels entsprechender Absicht wird der Tatbestand nicht erfüllt durch den, der falsche Münzen einzig herstellt, um sie an Spielautomaten zu verwenden: SJZ 76 (1980) 317 (strafbar heute jedoch als Vergehen im Sinne von StGB Art. 243 Abs. 1 al. 2).

Abs. 2 kann dann vorliegen, wenn die Fälschung als ungeschickt zu erachten ist, trotzdem aber Verwechslungsgefahr besteht, oder sie sich auf wenige Falsifikate mit geringem Nominalwert beschränkt; die Bestimmung ist zurückhaltend anzuwenden (BGE 119 IV 159 und 123 IV 58; RS 2006 Nr. 45: bejaht für leicht erkennbare Falsifikate mit einer Gesamtdeliktssumme von CHF 1'500).

Abs. 3: Zum Erfordernis «in der Schweiz betreten» vgl. BGE 116 IV 252.

Art. 241 Geldverfälschung

¹ Wer Metallgeld, Papiergeld oder Banknoten verfälscht, um sie zu einem höhern Wert in Umlauf zu bringen, wird mit Freiheitsstrafe bis zu fünf Jahren oder Geldstrafe nicht unter 180 Tagessätzen bestraft.

² In besonders leichten Fällen ist die Strafe Freiheitsstrafe bis zu drei Jahren oder Geldstrafe.

Art. 241 Abs. 1: Sinngemäss wird vorausgesetzt, dass der Täter echtem Geld den Anschein eines höheren Nennwertes verleiht (Botschaft, BBl 1999, 7283). – «In Umlauf bringen»: Vgl. Bem. zu StGB Art. 240 Abs. 1 sowie v.a. 242.

Art. 242 In Umlaufsetzen falschen Geldes

¹ Wer falsches oder verfälschtes Metallgeld oder Papiergeld, falsche oder verfälschte Banknoten als echt oder unverfälscht in Umlauf setzt, wird mit Freiheitsstrafe bis zu drei Jahren oder Geldstrafe bestraft.

² Hat der Täter oder sein Auftraggeber oder sein Vertreter das Geld oder die Banknoten als echt oder unverfälscht eingenommen, so ist die Strafe Freiheitsstrafe bis zu drei Jahren oder Geldstrafe.

Art. 242: In Umlaufsetzen: Darunter fällt jede entgeltliche oder unentgeltliche Weitergabe eines Falsifikates als Zahlungsmittel oder zu anderen Zwecken (vgl. BGE 80 IV 264) an eine ausserhalb des involvierten Täterkreises stehende Person. Wer falsches Geld einem Dritten als Falsifikat überlässt im Wissen, dass dieser es als echt weitergeben wird, macht sich nach dieser Bestimmung nur strafbar, wenn er im Verhältnis zu ihm als Anstifter, Gehilfe oder Mittäter erscheint: BGE 85 IV 23, 123 IV 12 (Übergabe der Falsifikate allein ist kein versuchtes In-Umlaufsetzen; diesbezüglich vorbehalten bleibt allerdings die Strafbarkeit des Übergebers wegen allfälligen vorgängigen Einführens, Erwerbens oder Lagerns falschen Geldes gemäss StGB Art. 244: BGE 123 IV 16). – *Verhältnis zu StGB Art. 146 (Betrug):* Diese Bestimmung soll nach BGE 99 IV 12 allein anwendbar sein (kritisch dazu, ZBJV 110 [1974] 394; für Idealkonkurrenz richtigerweise ZR 46 [1947] Nr. 93, RS 1963 Nr. 147, 1968 Nr. 205), Verhältnis zu *StGB Art. 240 und 241:* Diese Bestimmungen sind allein anwendbar, wenn jemand seine eigenen Falsifikate in Umlauf setzt; offengelassen in BGE 119 IV 160, wonach jedenfalls der unvollendete Versuch des In-Umlaufsetzens falschen Geldes durch den Fälscher als durch die Verurteilung wegen StGB Art. 240 Abs. 1 «mitbestrafte» Nachtat zu werten ist.

Art. 243 Nachmachen von Banknoten, Münzen oder amtlichen Wertzeichen ohne Fälschungsabsicht

¹ Wer ohne Fälschungsabsicht Banknoten so wiedergibt oder nachahmt, dass die Gefahr einer Verwechslung durch Personen oder Geräte mit echten Noten geschaffen wird, insbesondere wenn die Gesamtheit, eine Seite oder der grösste Teil einer Seite einer Banknote auf einem Material und in einer Grösse, die mit Material und Grösse des Originals übereinstimmen oder ihnen nahe kommen, wiedergegeben oder nachgeahmt wird,

wer ohne Fälschungsabsicht Gegenstände herstellt, die den in Kurs stehenden Münzen in Gepräge, Gewicht oder Grösse ähnlich sind oder die Nennwerte oder andere Merkmale einer amtlichen Prägung aufweisen, so dass die Gefahr einer Verwechslung durch Personen oder Geräte mit in Kurs stehenden Münzen geschaffen wird,

wer ohne Fälschungsabsicht amtliche Wertzeichen so wiedergibt oder nachahmt, dass die Gefahr einer Verwechslung mit echten Wertzeichen geschaffen wird,

wer solche Gegenstände einführt, anbietet oder in Umlauf setzt,

wird mit Freiheitsstrafe bis zu drei Jahren oder Geldstrafe bestraft.

² Handelt der Täter fahrlässig, wird er mit Busse bestraft.

Art. 243 will verhindern, dass Imitationen von Zahlungsmitteln in den Verkehr gelangen und so eine Verwechslungsgefahr entsteht. Die Bestimmung grenzt sich von den Geldfälschungsdelikten gemäss StGB Art. 240 ff. dadurch ab, dass keine Fälschungsabsicht, d.h. keine Vortäuschung eines echten Zahlungsmittels im Verkehr, besteht oder nachgewiesen werden kann (Botschaft, BBl 1999, 7282).

Abs. 1 al. 1 und 2 bestraft Geldnachahmungen sowohl im Hinblick auf die Verwechslungsgefahr bei einer Person wie auch bei Automaten. Typisches Beispiel eines zu einer Verwechslung Anlass gebenden Merkmals ist die Angabe einer – schweizerischen oder ausländischen (StGB Art. 250) – Währungseinheit in Verbindung mit einer Mengenangabe (Botschaft, BBl 1999, 7283).

Abs. 1 al. 3 bezieht sich auf amtliche Wertzeichen in den verschiedensten Formen, selbstverständlich beschränkt auf gesetzliche Zahlungsmittel des In- und Auslandes.

Abs. 1 al. 4: Diese Tathandlungen entsprechen – mit Ausnahme des hier ebenfalls tatbestandsmässigen *Anbietens* – denjenigen der Geldfälschungsdelikte (zum *In-Umlaufsetzen* vgl. Bem. zu StGB Art. 242).

Abs. 2: Die Beurteilung der Fahrlässigkeit erfolgt nach den allgemeinen Regeln von StGB Art. 12 Abs. 3.

Art. 244 Einführen, Erwerben, Lagern falschen Geldes

[1] Wer falsches oder verfälschtes Metallgeld oder Papiergeld, falsche oder verfälschte Banknoten einführt, erwirbt oder lagert, um sie als echt oder unverfälscht in Umlauf zu bringen, wird mit Freiheitsstrafe bis zu drei Jahren oder Geldstrafe bestraft.

[2] Wer sie in grosser Menge einführt, erwirbt oder lagert, wird mit Freiheitsstrafe von einem Jahr bis zu fünf Jahren bestraft.

Art. 244: Mit der Aufhebung des Tatbestands der Münzverringerung (vgl. Bem. zu StGB Art. 240–245) wurde auch der Schutz «verringerter Geldmünzen» – hiefür genügt die Strafnorm von StGB Art. 155 – obsolet, weshalb dieses Tatobjekt in der Revision vom 22. Dezember 1999, in Kraft seit 1. Mai 2000, ersatzlos gestrichen wurde (Botschaft, BBl 1999, 7284).

Abs. 1: Erwerben: Blosser Gewahrsam am Geld genügt nicht; das Vermögen des Täters muss rechtlich oder wirtschaftlich vermehrt sein: BGE 80 IV 255 (wird bloss Weitergabe an einen anderen bezweckt, kommt Gehilfenschaft zu dessen Erwerb in Betracht). – *Lagern:* Strafbar macht sich auch, wer nach der Übernahme von Räumen von seinem Vorgänger darin gelagertes Falschgeld dort belässt, um es bei Gelegenheit in Umlauf zu bringen: BGE 103 IV 249. – Zur erforderlichen Absicht vgl. Bem. zu StGB Art. 240. – Verhältnis zu StGB Art. 241–242: Blosses Lagern oder Einführen von eigenen Falsifikaten ist nicht zusätzlich nach StGB Art. 244 zu ahnden. Das Gleiche gilt, wenn jemand von ihm vorher eingeführte, erworbene oder gelagerte Falsifikate in Umlauf setzt (BGE 119 IV 154, anders noch 77 IV 15, 80 IV 255). – Vgl. ferner BGE 123 IV 16.

Abs. 2: Die «grosse Menge» setzt nicht nur eine erhebliche Anzahl von Falsifikaten, sondern auch einen erheblichen Wert voraus (RS 2000 Nr. 795: Verneint für eine Nennwertsumme von $ 200'000).

Art. 245 Fälschung amtlicher Wertzeichen

1. Wer amtliche Wertzeichen, namentlich Postmarken, Stempel- oder Gebührenmarken, fälscht oder verfälscht, um sie als echt oder unverfälscht zu verwenden,

wer entwerteten amtlichen Wertzeichen den Schein gültiger gibt, um sie als solche zu verwenden, wird mit Freiheitsstrafe bis zu drei Jahren oder Geldstrafe bestraft.

Der Täter ist auch strafbar, wenn er die Tat im Ausland begangen hat, in der Schweiz betreten und nicht ausgeliefert wird, und wenn die Tat auch am Begehungsorte strafbar ist.

2. Wer falsche, verfälschte oder entwertete amtliche Wertzeichen als echt, unverfälscht oder gültig verwendet, wird mit Freiheitsstrafe bis zu drei Jahren oder Geldstrafe bestraft.

Art. 245: Die Bestimmung ist sowohl auf schweizerische wie ausländische amtliche Wertzeichen anwendbar (StGB Art. 250); in Bezug auf diejenigen der Eidgenossenschaft besteht Bundesgerichtsbarkeit (StGB Art. 336 Abs. 1 lit. e), Einziehung gefälschter Wertzeichen: StGB Art. 249. Strafbestimmungen bezüglich Fälschungsgeräten: StGB Art. 247. Subsidiäre Bestimmungen: StGB Art. 243 Abs. 1 al. 3, 328.

Amtliche Wertzeichen: Zeichen, die eines ähnlichen Schutzes bedürfen wie Geld oder Banknoten, weil sie in beschränktem Umfange als Zahlungsmittel verwendet werden oder zur Bescheinigung einer Zahlung dienen: BGE 72 IV 31 (Rationierungsausweise sind keine Wertzeichen, wohl aber öffentliche Urkunden).

Ziff. 1: Vorauszusetzen ist stets, dass die Wertzeichen durch den Täter oder einen Dritten ihrem Zweck entsprechend verwendet werden sollen und unter diesem Gesichtspunkt einen Wert vortäuschen, der nicht oder nicht mehr gegeben ist (vgl. BGE 77 IV 175: Höchstens Warenfälschung liegt vor, wenn für Sammlerzwecke bestimmte Briefmarken mit einem zurückdatierten Stempel versehen werden).

Abs. 3: Zum Erfordernis «in der Schweiz betreten» vgl. BGE 116 IV 252.

Ziff. 2: Vom Fälscher selber begangen, wird dieses Delikt zur mitbestraften Nachtat.

Art. 246 Fälschung amtlicher Zeichen

Wer amtliche Zeichen, die die Behörde an einem Gegenstand anbringt, um das Ergebnis einer Prüfung oder um eine Genehmigung festzustellen, zum Beispiel Stempel der Gold- und Silberkontrolle, Stempel der Fleischschauer, Marken der Zollverwaltung, fälscht oder verfälscht, um sie als echt oder unverfälscht zu verwenden,

wer falsche oder verfälschte Zeichen dieser Art als echt oder unverfälscht verwendet,

wird mit Freiheitsstrafe bis zu drei Jahren oder Geldstrafe bestraft.

Art. 246: Für Zeichen der Eidgenossenschaft besteht Bundesgerichtsbarkeit (StGB Art. 336 Abs. 1 lit. e). Einziehung gefälschter Zeichen: StGB Art. 249. Verhältnis zu VStrR Art. 14 und 15: BGE 103 Ia 218. *Sondertatbestände:* StGB Art. 248 (Fälschung von Mass und Gewicht), StGB Art. 256 (Grenzverrückung), StGB Art. 257 (Beseitigen von Vermessungs- und Wasserstandszeichen), StGB Art. 268 (Verrückung staatlicher Grenzzeichen), SVG Art. 97 (Missbrauch von Ausweisen und Schildern). – *Unbefugter Gebrauch echter* amtlicher Zeichen wird von StGB Art. 246 nicht erfasst, kann aber unter StGB Art. 251 Ziff. 1 oder 317 fallen: BGE 103 IV 35 (vgl. schon BGE 76 IV 31).

Art. 247 Fälschungsgeräte; unrechtmässiger Gebrauch von Geräten

Wer Geräte zum Fälschen oder Verfälschen von Metallgeld, Papiergeld, Banknoten oder amtlichen Wertzeichen anfertigt oder sich verschafft, um sie unrechtmässig zu gebrauchen,

wer Geräte, womit Metallgeld, Papiergeld, Banknoten oder amtliche Wertzeichen hergestellt werden, unrechtmässig gebraucht,

wird mit Freiheitsstrafe bis zu drei Jahren oder Geldstrafe bestraft.

Art. 247 Abs. 1: Das «Sich verschaffen» stellt materiell eine strafbare Vorbereitungshandlung dar (BGE 117 IV 309). Unter «unrechtmässigem Gebrauch» ist eine Handlung des Täters oder eines Dritten zu verstehen, die den Tatbestand von StGB Art. 240, 241 oder 245 erfüllt.

Abs. 2: Hier geht es darum, dass Geräte unrechtmässig gebraucht werden, welche an sich legalerweise zur Herstellung von Münzen, Banknoten und Wertzeichen verwendet werden.

Art. 248 Fälschung von Mass und Gewicht

Wer zum Zwecke der Täuschung in Handel und Verkehr

an Massen, Gewichten, Waagen oder andern Messinstrumenten ein falsches Eichzeichen anbringt oder ein vorhandenes Eichzeichen verfälscht,

an geeichten Massen, Gewichten, Waagen oder andern Messinstrumenten Veränderungen vornimmt,

falsche oder verfälschte Masse, Gewichte, Waagen oder andere Messinstrumente gebraucht,

wird mit Freiheitsstrafe bis zu fünf Jahren oder Geldstrafe bestraft.

Art. 248: Gemäss StGB Art. 336 Abs. 1 lit. e besteht Bundesgerichtsbarkeit. Einziehung: StGB Art. 249. Subsidiäre Bestimmungen im BG über das Messwesen vom 9. Juni 1977 (SR 941.20), Art. 21 ff.

Zähleranlagen für Elektrizitäts-, Gas- oder Wasserbezüge sind Messinstrumente nach StGB Art. 248: RS 1952 Nr. 127. Anbringen eines Eichzeichens, ohne dazu ermächtigt zu sein: SJZ 55 (1959) 245 (Ausschaben der Jahreszahl früherer, nunmehr ungültiger Eichungen an Weinfässern und Anbringen einer neuen). – Die Verurteilung wegen Betruges, der durch ein Verhalten nach StGB Art. 248 begangen wurde, gilt dieses nicht ab: BGE 71 IV 207, 100 IV 179.

Abs. 2: Strafbar ist die Eichung durch einen Unbefugten auch dann, wenn die Angabe materiell richtig ist (PKG 1958 Nr. 15).

Abs. 4 erfasst auch den Gebrauch von gemäss Abs. 3 veränderten Objekten, soweit sie geeicht sind. Durch den Fälscher selber erfüllt, wird der Tatbestand zur mitbestraften Nachtat.

Art. 249   Einziehung

¹ Falsches oder verfälschtes Metall- oder Papiergeld, falsche oder verfälschte Banknoten, amtliche Wertzeichen, amtliche Zeichen, Masse, Gewichte, Waagen oder andere Messinstrumente sowie die Fälschungsgeräte, werden eingezogen und unbrauchbar gemacht oder vernichtet.

² Banknoten, Münzen oder amtliche Wertzeichen, die ohne Fälschungsabsicht wiedergegeben, nachgeahmt oder hergestellt wurden, aber eine Verwechslungsgefahr schaffen, werden ebenfalls eingezogen und unbrauchbar gemacht oder vernichtet.

Art. 249: Vgl. StGB Art. 69. – Die Einziehung nach StGB Art. 249 setzt – im Gegensatz zu jener nach StGB Art. 69 – keine strafbare Handlung voraus. Bei Verwechslungsgefahr unterliegen ihr auch sog. Probeprägungen in Messing. Der Zweck der Massnahme ist erreicht, wenn die falsche Münze durch Einschneiden mit zumutbarem Aufwand und in sicherer Weise unbrauchbar gemacht werden kann; alsdann ist sie dem Berechtigten zurückzugeben: BGE 123 IV 60. Der Strafrichter kann zwar die Einziehung gefälschten Geldes anordnen, nicht aber dessen Übergabe an eine fremde Regierung, da dies Sache der Vollzugsbehörde ist: RS 1964 Nr. 135. – Abs. 2 bezieht sich auf die Einziehung der ohne Fälschungsabsicht erstellten Wiedergaben und Nachahmungen von Banknoten, Münzen oder amtlichen Wertzeichen (Botschaft, BBl 1999, 7283).

Art. 250   Geld und Wertzeichen des Auslandes

Die Bestimmungen dieses Titels finden auch Anwendung auf Metallgeld, Papiergeld, Banknoten und Wertzeichen des Auslandes.

Art. 250: Vgl. Bem. zu StGB Art. 240–245.

Elfter Titel: Urkundenfälschung

Art. 251   Urkundenfälschung

1. Wer in der Absicht, jemanden am Vermögen oder an andern Rechten zu schädigen oder sich oder einem andern einen unrechtmässigen Vorteil zu verschaffen,

eine Urkunde fälscht oder verfälscht, die echte Unterschrift oder das echte Handzeichen eines andern zur Herstellung einer unechten Urkunde benützt oder eine rechtlich erhebliche Tatsache unrichtig beurkundet oder beurkunden lässt,

eine Urkunde dieser Art zur Täuschung gebraucht,

wird mit Freiheitsstrafe bis zu fünf Jahren oder Geldstrafe bestraft.

2. In besonders leichten Fällen kann auf Freiheitsstrafe bis zu drei Jahren oder Geldstrafe erkannt werden.

Art. 251–257: Zum Begriff der Urkunde vgl. Bem. zu StGB Art. 110 Abs. 4 und 5. In Bezug auf Urkunden der Eidgenossenschaft besteht gemäss StGB Art. 336 Abs. 1 lit. f Bundesgerichtsbarkeit, mit Ausnahme der Fahrausweise und Belege des Postzahlungsverkehrs (vgl. Bem. zu StGB Art. 336 Abs. 1 lit. f). Geschützt werden auch Urkunden des Auslandes (StGB Art. 255). Urkundenfälschung durch *Beamte* wird durch StGB Art. 317 erfasst. Weitere Spezialtatbestände von Urkundendelikten finden sich in StGB Art. 267 Ziff. 1 Abs. 2, 277, 282, 318, VStrR Art. 15 (Urkundenfälschung: Erschleichen einer falschen Beurkundung) und VStrR Art. 16 (Unterdrückung von Urkunden), SVG Art. 97 (Missbrauch von Ausweisen und Schildern). Eigene Urkundenstraftatbestände im Zusammenhang mit Akkreditierungs-, Prüf-, Konformitäts- und Zulassungsbescheinigungen, Berichten und Zertifikaten in Bezug auf die Einhaltung technischer Vorschriften im grenzüberschreitenden Verkehr mit Produkten enthält das BG über die technischen Handelshemmnisse vom 6. Oktober 1995 in den Art. 23–27 (SR 946.51). – Echte Konkurrenz besteht mit StGB Art. 170 (BGE 114 IV 34) und StGB Art. 146 (BGE 105 IV 247 = Pr 69 [1980] Nr. 13, BGE 129 IV 53). Die Spezialtatbestände von StGB Art. 245 und 246 gehen vor und schliessen auch die subsidiäre Anwendung von StGB Art. 251 aus (BGE 72 IV 30, 76 IV 33). SVG Art. 97 Ziff. 2 schliesst für Fälschung von Kontrollschildern und Fahrradkennzeichen die Anwendung von StGB Art. 251 aus. VStrR Art. 15 erfasst in Bezug auf das Bundesrecht jedes Urkundendelikt ausschliesslich, welches sich gegen das Gemeinwesen richtet oder einen nach der Verwaltungsgesetzgebung unrechtmässigen Vorteil bewirken soll (BGE 108 IV 182, 112 IV 21; nach dem erstgenannten Entscheid lässt sich auch die Falschbeurkundung durch einen Privaten nicht nach StGB Art. 251 erfassen). Immerhin ist diese Bestimmung zusätzlich anzuwenden, wenn der Täter eine – objektiv mögliche – Verwendung der Urkunde zur Täuschung ausserhalb des erwähnten Bereiches beabsichtigt oder nur schon in Kauf nimmt (BGE 108 IV 31, 181, 117 IV 181, vgl. auch SJZ 82 [1986] 162). Ebenso verhält es sich nach dieser Rechtsprechung bezüglich des kantonalen Rechts nur bei Steuerdelikten (BGE 117 IV 182, 122 IV 30), während bei anderen Verstössen gegen das Verwaltungsrecht wiederum StGB Art. 251 gilt (BGE 112 IV 20: Erschleichung von Studienbeiträgen durch eine falsche Bescheinigung).

Art. 251 schützt das Vertrauen, welches im Rechtsverkehr sowohl der Echtheit als auch der Wahrheit von Urkunden entgegengebracht wird (BGE 128 IV 270, 129 IV 58, 129 IV 133, 132 IV 14).

Ziff. 1 Abs. 1: Der subjektive Tatbestand setzt ausser der hier genannten Absicht zunächst das Bewusstsein und den Willen des Täters voraus, dass er selber oder ein anderer die Urkunde als vorgeblich echt bzw. wahr verwenden werde, und zwar gerade um jene Absicht zu verwirklichen; dolus eventualis genügt (vgl. BGE 101 IV 59, 102 IV 195, 103 IV 185). – *Schädigung am Vermögen oder an anderen Rechten:* Der Begriff des Vermögens entspricht demjenigen bei den Straftatbeständen gegen das Vermögen; als «andere Rechte» gelten alle subjektiven Rechte: BGE 83 IV 76. – Der *unrechtmässige Vorteil* umfasst jede Besserstellung ohne entsprechenden Rechtsanspruch, nicht nur Vermögensvorteile: BGE 75 IV 169 (Abschluss eines Auto-Mietvertrages), 118 IV 259 und 120 IV 363 (Abwendung bzw. Behinderung einer gegen den Täter gerichteten Strafverfolgung), 121 IV 92 (um den Folgen beruflicher Nachlässigkeit zu entgehen), 96 IV 152 (Erlangen einer günstigeren Marktstellung), vgl. auch BGE 114 IV 27 (Bereitschaft zum Verkauf eines Autos), 100 IV 178 (Erlangen ungerechtfertigter Subventionen), 101 IV 58 (Täuschung der Steuerbehörden zur Erlangung eines unrechtmässigen steuerlichen Vorteils reicht auch aus, wenn der Täter nicht nach den steuerstrafrechtlichen Normen zu beurteilen ist), 115 IV 58 (Absicht, einen guten Kunden zu behalten und eine Schadenersatzforderung desselben abzuwehren), 128 IV 270 (Vermeidung von Umtrieben und Risiken, als Agent einen Verlust oder eine Kürzung von Provisionen oder eine Schmälerung des Goodwills in Kauf zu nehmen). Das Bundesgericht lässt umstrittenermassen selbst die Absicht des Täters genügen, mit der gefälschten Urkunde ein ihm wirklich zustehendes Recht – auch aussergerichtlich – durchzusetzen

(BGE 102 IV 34, 106 IV 41, 375, 119 IV 236, 120 IV 90, 128 IV 271). Die Unrechtmässigkeit des Vorteils verlangt weder eine Schädigungsabsicht noch eine selbstständige Strafbarkeit der Vorteilserlangung (BGE 129 IV 58). – *Verhältnis zum Steuerstrafrecht:* Es kommt allein zur Anwendung, wenn das Urkundendelikt ausschliesslich einer Schädigung des Fiskus bzw. der Erlangung eines Steuervorteils dient. Beabsichtigt der Täter aber darüber hinaus, die Urkunde im nicht-fiskalischen Bereich zu verwenden, oder nimmt er dies mindestens in Kauf, ist er auch nach StGB Art. 251 zu bestrafen (BGE 122 IV 30, bejaht für die inhaltlich unrichtige Handelsbilanz einer AG, und ZStR 118 [2000] 98; vgl. hierzu auch Bem. zu StGB Art. 335 Abs. 2).

Abs. 2 umfasst drei Tatbestände:

a) *Urkundenfälschung i.e.S.* (materielle Fälschung) als Herstellung einer unechten Urkunde; die Urkunde ist *gefälscht*, wenn der Schein erweckt wird, sie stamme von jemandem, von dem sie tatsächlich gar nicht stammt, wenn also der aus ihr ersichtliche Aussteller nicht deren wirklicher Aussteller ist (Identitätstäuschung): BGE 116 IV 51 (Abfassen und Unterzeichnen eines Empfangsscheines mit dem unleserlichen Namen einer angeblich für den Warenhersteller auftretenden Person), 118 IV 259 (Unterzeichnen eines Unfallprotokolls mit falschem Namen), 103 IV 150 (vom angeblichen Käufer angefertigter und auch mit Unterschrift des angeblichen Verkäufers versehener Vertrag), 132 IV 57 (vom Schuldner unter falschem Namen unterzeichnete Schuldanerkennung, sobald sie den Gläubiger daran hindert, seine Ansprüche prozessual geltend zu machen); *verfälscht* wird eine Urkunde, wenn ihr Inhalt nachträglich unberechtigt abgeändert wird: BGE 88 IV 31 (Anfertigung und Vordatierung einer neuen Forderungsabtretung anstelle des verlorengegangenen Originals), 115 IV 57 (Änderung des Datums auf einer Fotokopie eines der Behörde übergebenen Briefes), SJZ 73 (1977) 42 (Abtrennung eines Nachsatzes und Auflage nur des einen Teils der Schuldanerkennung in einem gerichtlichen Rechtsöffnungsverfahren), ZR 79 (1980) Nr. 19 (Auswechseln von Fotografien auf Ausweisschriften), BGE 123 IV 19 (Ausstellen und Unterzeichnen von Garantieerklärungen auf Papier mit dem Briefkopf einer Gesellschaft in deren Namen durch einen nicht zeichnungsberechtigten Angestellten), 129 IV 52 (Abändern und Unterzeichnen mit gefälschten Unterschriften von ursprünglich echten Warenretourscheinen). – Da juristische Personen sich durch ihre Organe ausdrücken, begehen natürliche Personen, welche nicht (mehr) zeichnungsberechtigt sind, eine Urkundenfälschung im engeren Sinn, wenn sie Dokumente erstellen oder unterzeichnen im Anschein darum, diese gingen von der juristischen Person aus (BGE 123 IV 19; BGer vom 6.2.2003, 6S.268/2002). – *Keine Urkunden(ver)fälschung* wurde etwa in nachstehenden Urteilen angenommen: BGE 102 IV 193 (Herstellung fiktiver Fakturen und Geschäftsbriefe auf den Namen anderer Firmen, die dazu ihre Einwilligung geben), 106 IV 373 (Unterzeichnung der Einvernahmeprotokolle mit jenem falschen Namen, unter dem der Angeschuldigte zwecks Verschleierung seiner Vergangenheit gegenüber den Strafverfolgungsbehörden auftritt), BJM 1975, 23 (missbräuchliche Verwendung echter Beweiszeichen: Vertauschen von Etiketten, durch die Teppiche gekennzeichnet werden, Urkundenfälschung zu Unrecht verneint). – Als wirklicher *Aussteller* einer Urkunde gilt gemäss der heute vorherrschenden «Geistigkeitstheorie» derjenige, auf dessen Willen die Urkunde nach Existenz und Inhalt zurückgeht: bei Vertretungsverhältnissen also grundsätzlich der Vertretene, selbst bei der sog. verdeckten Stellvertretung, bei welcher der Vertreter die vom Vertretenen gewollte Urkunde mit dessen Einverständnis und dessen Namen unterzeichnet und ein Hinweis auf das tatsächliche Vertretungsverhältnis fehlt (BGE 128 IV 268); vorbehalten bleibt allerdings die Urkunde, deren eigenhändige Niederschrift oder mindestens Unterzeichnung gesetzlich vorgeschrieben, nach Herkommen oder sonst nach den Umständen vorausgesetzt oder im Rechtsverkehr erwartet wird (BGE 128 IV 269: Engagementverträge, welche zwecks Erteilung der Aufenthalts- und Arbeitsbewilligung der Fremdenpolizei vorgelegt werden mussten, die die eigenhändige Vertragsunterzeichnung durch die Tänzerinnen verlangte).

b) *Blankettfälschung:* Benutzung der echten Unterschrift oder des echten Handzeichens eines andern zur Herstellung einer unechten Urkunde. Als solche gilt auch das Vorlegen eines teilweise abgedeckten Textes zur Unterschrift (ZR 59 [1960] Nr. 57) und das Anbringen eines echten Beweiszeichens an einer Sache, für die es von dessen Urheber nicht bestimmt war (vgl. BGE 76 IV 33).

c) *Falschbeurkundung* (intellektuelle Fälschung) als Herstellung einer inhaltlich unrichtigen Urkunde durch unrichtiges Beurkunden oder Beurkundenlassen einer rechtlich erheblichen Tatsache. In dieser Hinsicht ist StGB Art. 251 restriktiv anzuwenden; eine im Verhältnis zur «schriftlichen Lüge» erhöhte Überzeugungskraft der Urkunde kann nur angenommen werden, wenn allgemeingültige *objektive Garantien* die Wahrheit der Erklärung gewährleisten: BGE 117 IV 36, 166, 290, 118 IV 364, 119 IV 56, 120 IV 27, 127, 122 IV 27, 125 IV 23, 277, 129 IV 133, 132 IV 15. – Solche Garantien können namentlich in gesetzlichen Vorschriften wie etwa den Bilanzvorschriften der OR Art. 958 ff. liegen, die gerade den Inhalt bestimmter Schriftstücke näher festlegen, sowie in der garantenähnlichen Stellung ihres Verfassers oder einer die Erklärung überprüfenden Urkundsperson. – Unter dem erstgenannten Gesichtspunkt kommt der kaufmännischen Buchhaltung und ihren Bestandteilen (Belege, Bücher, Buchhaltungsauszüge über Einzelkonten, Bilanzen und Erfolgsrechnungen) Urkundencharakter zu (vgl. BGE 115 IV 228, 116 IV 54, 118 IV 40, 119 IV 57, 120 IV 127, 122 IV 128, 125 IV 23, 126 IV 68, 129 IV 135), und zwar unabhängig davon, ob die Buchführung auf einer gesetzlichen Buchführungspflicht gemäss den OR Art. 957 f. beruht oder nicht (BGE 125 IV 26: Entscheidend ist allein, ob die Buchführung nach der Zielsetzung von OR Art. 957 geführt wird, lückenlose Belege und Bücher umfasst und so die Feststellung der Vermögenslage mit den Schuld- und Forderungsverhältnissen sowie der Betriebsergebnisse ermöglicht). Der mit der Buchführung verfolgte Zweck oder die Genehmigung durch die Generalversammlung spielt für den Urkundencharakter also keine Rolle (BGE 129 IV 135). BGE 132 IV 15: Eine falsche Buchung stellt eine tatbeständliche Falschbeurkundung dar, wenn sie ein falsches Gesamtbild der Buchführung zeichnet und dabei Buchungsvorschriften und -grundsätze wie namentlich jene über die aktienrechtlich ordnungsgemässe Rechnungslegung (OR Art. 662a ff.) und die Bilanzvorschriften (OR Art. 958 ff.) verletzt: Jemand verbucht private Vergünstigungen und Ausgaben zu Unrecht als geschäftsbedingten Aufwand (BGE 122 IV 26) oder verfälscht durch Rückdatierung von Belegen das von der Buchhaltung zu vermittelnde Bild (BGE 129 IV 135). Rückwirkende Valutierungen, insbesondere der Kauf oder Verkauf von Wertschriften oder Beteiligungen in alter Rechnung oder ein Forderungsverzicht, können indessen zulässig sein, sofern es sich um wirtschaftlich begründete Transaktionen handelt, was gerade bei Scheingeschäften nicht zutrifft (BGE 129 IV 136). In der Bilanz bzw. in deren Anhang fehlende Gesamtbeträge der Bürgschaften, Garantieverpflichtungen und Pfandbestellungen zugunsten Dritter (OR Art. 663b Ziff. 1) stellen Falschbeurkundungen dar, ebenso wie unterlassene Abschreibungen, Wertberichtigungen und Rückstellungen (BGE 132 IV 16). Der Bilanz- oder Vollständigkeitserklärung des Verwaltungsrates zuhanden der Revisionsstelle, wonach in den Büchern alle buchungspflichtigen Geschäftsvorfälle erfasst und alle bilanzierungspflichtigen Vermögenswerte und Verpflichtungen berücksichtigt seien sowie allen bilanzierungspflichtigen Risiken und Werteinbussen Rechnung getragen worden sei, kommt lediglich der Charakter einer schriftlichen Lüge und nicht einer tatbeständlichen Falschbeurkundung zu (BGE 132 IV 18; Änderung der Rechtsprechung). – Bejaht wurde auch der Urkundencharakter eines für die Kapitalerhöhung einer AG ausgegebenen Emissionsprospektes (BGE 120 IV 128) und eines als Grundlage für den Handelsregistereintrag dienenden Protokolls einer Universalversammlung (BGE 120 IV 204, 123 IV 136), ebenso auf Behältern angebrachten Etiketten mit Falschbezeichnung der darin befindlichen Fleischsorte (BGE 119 IV 295), wobei es mangels unmittelbarer Anbringung auf den einzelnen Fleischstücken fragwürdig erscheint, ob es sich dabei um Beweiszeichen i.S. von StGB Art. 110 Abs. 4 handelt. – Unter dem Aspekt der garantenähnlichen Stellung bestätigten z.B. BGE 117 IV 169 und 120 IV 28 die schon in BGE 103 IV 184 festgestellte Strafbarkeit des Arztes, der auf einem Krankenschein der Kasse (zu der er in einem besonderen Vertrauensverhältnis steht) von ihm nicht erbrachte Leistungen verrechnet (ebenfalls bejaht in RS 2005 Nr. 637). Gleichermassen hat auch das ärztliche Operationsprotokoll Urkundencharakter (RS 2004 Nr. 473). In gleichem Sinn entschieden wurde bei unrichtigen Angaben eines leitenden Angestellten in der Funktion eines Vermögensverwalters über den Stand eines Bankkontos (BGE 120 IV 362 = Pr 85 [1996] Nr. 58) und bei inhaltlich falschen Unternehmerrechnungen, die vom bauleitenden Architekten nach den SIA-Normen zu prüfen und zu genehmigen waren (BGE 119 IV 58, anders aber bezüglich unrichtiger Regierapporte trotz Visierung durch die Bauleitung: BGE 117 IV 166). Eine strafbare Falschbeurkundung stellen die Ausstellung einer Zolldeklaration über die Einfuhr eines tatsächlich nicht existierenden Fahrzeuges sowie der zollamtliche Prüfungsbericht über die angebliche Existenz und Einfuhr eines Personenwagens dar (RS 2006 Nr. 47). – Verneint hat das Bundesgericht den Beweischarakter einer für angebliche Leistungen für einen anderen ausgestellten, quittierten Rechnung, die einem Dritten – z.B. einer Versicherung – vorgelegt wird (BGE 117 IV 39, 121 IV 135 = Pr 85 [1996] Nr. 135), ebenso eines simulierten Vertrages (BGE 123 IV 68) und zweier inhaltlich falscher Erklärungen über die Finanzierung des Kaufs einer Eigentumswohnung, wobei diese Erklärungen zwar durch einen Notar aufgesetzt wurden, ohne dass dieser daraus jedoch als Aussteller oder als Urkundsperson hervorging, welche den Inhalt geprüft hätte (BGE 125 IV 281). Keine strafbare Falschbeurkundung liegt grundsätzlich auch hinsichtlich der vom geltenden Recht nicht anerkannten eidesstattlichen Erklärungen (Affidavits) vor (RS 2006 Nr. 46). – Das *falsche Beurkundenlassen* ist ein Fall mittelbarer Täterschaft, der v.a. durch Täuschung des Beurkundenden bewirkt werden kann. Ist Letzterer Beamter, kommt jedoch StGB Art. 253 zur Anwendung.

Abs. 3: Vgl. BGE 96 IV 167 (Gebrauch falscher Endverbraucher-Erklärungen im Bewilligungsverfahren zur Ausfuhr von Kriegsmaterial), 106 IV 273 (Verkauf gefälschter «Zeugnisse über die Anerkennung der Doktorwürde»); 120 IV 130 (Verwaltungsratspräsident vertritt an der Generalversammlung einer AG inhaltlich falsche Bilanzen und gestattet ihre Publikation); unerheblich ist, ob der Hersteller der Urkunde den subjektiven Tatbestand der Urkundenfälschung erfüllt: BGE 105 IV 245. – Der Gebrauch falscher Urkunden durch den Fälscher ist nur strafbar, wenn dieser für die Fälschung straflos blieb: BGE 95 IV 72 (Testate), 96 IV 167. – Verhältnis zu *Betrug:* BGE 105 IV 247 (Idealkonkurrenz).

Ziff. 2: Um besonders leicht zu sein, muss das inkriminierende Verhalten in objektiver wie in subjektiver Hinsicht Bagatellcharakter aufweisen, wobei ein strenger Massstab anzulegen ist: BGE 96 IV 168, 103 IV 40, 114 IV 126 und 128 IV 271 (Ablehnung der Anwendung bei Fälschungen von Endverbrauchererklärungen, Quittung bei Steuerbetrug, Schlussbilanz einer AG und während mehrerer Jahre berufsmässig und aus finanziellen Gründen gefälschten Engagementverträgen), vgl. auch PKG 1981 Nr. 29 (verneint bei Fälschung zur Vertuschung einer Veruntreuung von rund CHF 20'000).

Art. 252 Fälschung von Ausweisen

Wer in der Absicht, sich oder einem andern das Fortkommen zu erleichtern,
Ausweisschriften, Zeugnisse, Bescheinigungen fälscht oder verfälscht,
eine Schrift dieser Art zur Täuschung gebraucht,
echte, nicht für ihn bestimmte Schriften dieser Art zur Täuschung missbraucht,
wird mit Freiheitsstrafe bis zu drei Jahren oder Geldstrafe bestraft.

Art. 252 Abs. 1: Die Absicht, sich oder einem andern das Fortkommen zu erleichtern, umfasst jede *unmittelbare Besserstellung der Person:* BGE 98 IV 59. Das Fortkommen wird in einem weiten Sinn als Verbesserung der persönlichen Lage verstanden (BGer vom 7.7.2000, 9X.1/1999). Darunter fällt nach der Praxis beispielsweise die Fälschung der Unterschrift des Inhabers der elterlichen Sorge, um es einer Minderjährigen zu ermöglichen, raschmöglichst den Führerausweis zu erhalten (BGE 111 IV 26) oder die Fälschung eines Führerausweises, um sich Unannehmlichkeiten oder eine Strafverfolgung zu ersparen: BGE 98 IV 59 (problematisch); ebenso die Fälschung eines Identitätsausweises durch einen Jugendlichen zum Zwecke, sich einen unbeschränkten Zutritt zum Kino zu verschaffen: SJZ 63 (1967) 351 oder der Kauf eines SBB-Halbtax-Abonnements unter Vorweisung eines gefälschten Ausweises (RS 2001 Nr. 144). Will sich der Täter aber einen unrechtmässigen Vorteil verschaffen bzw. einen andern am Vermögen oder an weiteren Rechten schädigen, also nur mittelbar sein Fortkommen erleichtern, muss er nach StGB Art. 251 bestraft werden: BGE 111 IV 26. Das gilt für die Fälschung eines Warentestes zur Erleichterung des Absatzes (BGE 70 IV 212) oder die Fälschung eines Identitätsausweises zur Vornahme von Agententätigkeiten: BGE 101 IV 205. Das genannte Unterscheidungskriterium ist problematisch, namentlich weil das Bundesgericht auch den Begriff des Vorteils in StGB Art. 251 Ziff. 1 Abs. 1 (vgl. Bem. hierzu) sehr weit auslegt. Richtigerweise sollte StGB Art. 252 nur Anwendung finden, wenn die Besserstellung des Täters für sich allein betrachtet nicht widerrechtlich ist, z.B. wenn er aufgrund einer gefälschten Referenz als Stellenbewerber gegenüber anderen bevorzugt wird.

Abs. 2–4: *Geschützte Objekte sind zunächst Ausweisschriften:* Identitätskarte: BGE 89 IV 108, 99 IV 125, Pass: RS 1956 Nr. 231, Führerschein: BGE 98 IV 58, Heimatschein: RS 1948 Nr. 91; *Zeugnisse:* Testate: BGE 95 IV 73, Arbeitszeugnis: BGE 101 II 72, Abschrift eines solchen: BGE 70 IV 170, Viehgesundheitsschein: RS 1948 Nr. 92 und RS 1989 Nr. 605; *Bescheinigungen* als eine Art Generalklausel; die Konkretisierung ergibt sich aus der Absicht, sich oder einem andern das Fortkommen zu erleichtern: RS 1948 Nr. 90. Die Bescheinigung muss Urkundencharakter haben (umstritten, offengelassen in BGE 95 IV 70, bejaht in RS 2005 Nr. 625). – StGB Art. 252 findet auch Anwendung auf Urkunden des Auslandes (StGB Art. 255). – *Tathandlung:* Strafbar ist das *Fälschen* oder *Verfälschen* (vgl. Bem. zu StGB Art. 251 Ziff. 1 Abs. 2) sowie der Missbrauch *echter* Schriften, nach herrschender Lehre und Praxis auch das Falschbeurkunden (BGE 70 IV 170, BGer vom 7.7.2000, 9X.1/1999). Der *Gebrauch zur Täuschung* durch den Fälscher ist nur strafbar, wenn dieser für die Fälschung straflos bleibt: BGE 95 IV 72. – Der Täter ist nicht nur wegen Widerhandlung gegen SVG Art. 97 Ziff. 1, sondern zusätzlich wegen Verletzung von Tatbeständen des StGB schuldig zu sprechen, wenn die strafbare Handlung zwar im Zusammenhang mit der SVG-Widerhandlung erfolgt, aber eine von dieser unabhängige Straftat darstellt. Wer ein Gesuch um Erteilung des für die Tätigkeit eines Privatdetektivs unerlässlichen Lernfahrausweises fälscht, ist gemäss StGB Art. 252 und SVG Art. 97 Ziff. 1 zu verurteilen: BGE 111 IV 27. Wer ausschliesslich aus fremdenpolizeilichen Motiven ein falsches fremdenpolizeiliches Ausweispapier herstellt oder wissentlich gebraucht, ist einzig nach ANAG Art. 23 Abs. 1 zu bestrafen: BGE 117 IV 174.

Art. 253 Erschleichung einer falschen Beurkundung

Wer durch Täuschung bewirkt, dass ein Beamter oder eine Person öffentlichen Glaubens eine rechtlich erhebliche Tatsache unrichtig beurkundet, namentlich eine falsche Unterschrift oder eine unrichtige Abschrift beglaubigt,

wer eine so erschlichene Urkunde gebraucht, um einen andern über die darin beurkundete Tatsache zu täuschen,

wird mit Freiheitsstrafe bis zu fünf Jahren oder Geldstrafe bestraft.

Art. 253 regelt einen Spezialfall der mittelbaren Falschbeurkundung: Die Tathandlung besteht im Bewirken einer inhaltlich unwahren Beurkundung durch Täuschung, wobei die Täuschung den Vorsatz der Urkundsperson ausschliessen muss. – Zum Begriff des *Beamten* vgl. Bem. zu StGB Art. 110 Abs. 3, zu demjenigen der *Urkunde* Bem. zu StGB Art. 110 Abs. 4 und 5. – *Rechtlich erhebliche Tatsache:* ZR 79 (1980) Nr. 145 (Die Motive zur Eheschliessung sind keine rechtlich erheblichen Tatsachen, einzig der Wille, tatsächlich eine Ehe einzugehen, wird in der Eheschliessungsurkunde festgehalten). – Als *Täuschung* genügen einfache Falschangaben. Sie kann auch in einer Unterlassung liegen: ZR 46 (1947) Nr. 128. Bei der Urkundsperson darf kein Vorsatz vorliegen, doch kann sie sich wegen Fahrlässigkeit nach StGB Art. 317 Ziff. 2 strafbar machen. Bei Vorsatz des Beamten ist dieser wegen Urkundenfälschung im Amt i.S. von StGB Art. 317 Ziff. 1 Abs. 2 strafbar.

Falschbeurkundung: Vgl. Bem. zu StGB Art. 251 Ziff. 1 Abs. 2 lit. c und *im Einzelnen* BGE 84 IV 164 und RS 2001 Nr. 145 (falscher Kaufpreis in einem öffentlich beurkundeten Kaufvertrag), BGE 97 IV 210 (falscher Eintrag im schweiz. Luftfahrzeugregister), 100 IV 240 (Überbewertung güterrechtlicher Vermögenswerte bei der öffentlichen Beurkundung des Güterstandes), 101 IV 61 und RS 2005 Nr. 638 (wahrheitswidrige Angabe bei der Gründung einer AG, die Einlagen stünden zur freien Verfügung der Gesellschaft, als klassischer Gründungsschwindel), 101 IV 147 (Vortäuschung einer Bargründung bei beabsichtigter Sachübernahmegründung); 123 IV 138: Organ von zwei Aktiengesellschaften, das trotz fehlender materieller Berechtigung einem Notar alle Inhaberaktien dieser Gesellschaften vorweist, von ihm die Abhaltung gültiger Universalversammlungen beurkunden lässt und den Eintrag der gefällten Beschlüsse in das Handelsregister veranlasst; 101 IV 306 (Erschleichung von Ausweisschriften durch sog. Legendenträger), *falsche Beglaubigung:* SJZ 73 (1977) 42 (Nachsatz auf dem Original einer Schuldanerkennung abgetrennt, fotokopiert und beglaubigen lassen); *keine Erschleichung einer Falschbeurkundung:* BGE 74 IV 162 (Eintragung einer Genossenschaft in das Handelsregister ohne vorausgegangene konstituierende Versammlung), 80 IV 115 (Erwirkung einer Jagdbewilligung durch unwahre Angaben), 105 IV 105 (Erwirken des Eintrags vorgetäuschter anerkannter Forderungen im Kollokationsplan beim Konkurs durch den Schuldner), BGE 119 IV 321 (Sacheinlagevertrag), 120 IV 207 (Versuch durch Anmeldung der ungültigen Wahl eines Verwaltungsrates beim Handelsregisteramt), RS 1999 Nr. 588 (Eingehen einer Scheinehe und gestützt darauf erwirkte Aufenthaltsbewilligung), RS 2006 Nr. 46 (vom geltenden Recht nicht anerkannte eidesstattliche Erklärung [Affidavit] eines Notars betr. seine Erkenntnisse über die Umstände der Errichtung einer letztwilligen Verfügung).

Subjektiver Tatbestand: Erforderlich ist nur Vorsatz, nicht auch Schädigungs- oder Vorteilsabsicht. RS 1999 Nr. 145: Im Rahmen der Verurkundung eines unrichtigen Kaufpreises in einem Grundstückkaufvertrag muss damit gerechnet werden, dass die Urkunde auch andern als fiskalischen Zwecken dienen wird. – *Vollendung* der Tat tritt mit der falschen Beurkundung ein; bezieht sich diese auf eine vereinbarte Schwarzzahlung, bleibt unerheblich, ob diese später geleistet wurde: RS 1980 Nr. 1094. – Ein strafbarer Versuch liegt erst vor, wenn der (mittelbare) Täter die Einwirkung auf den Beamten abgeschlossen und das Geschehen aus der Hand gegeben hat, so dass dieses ohne weiteres seinen Lauf nehmen kann (BGer vom 28.6.2000, 6S.857/1999, verneint für das Stadium der Ausarbeitung eines Kaufvertragsentwurfs, welcher den Parteien zugestellt wurde).

Verhältnis von Abs. 1 und Abs. 2: Der Gebrauch der erschlichenen Urkunde durch denjenigen, der sie erschlichen hat, ist mitbestrafte Nachtat: BGE 100 IV 243; zur *Urkundenfälschung:* BGE 107 IV 128 (Realkonkurrenz); zum *betrügerischen Konkurs* (StGB Art. 163): BGE 105 IV 105 (unechte Gesetzeskonkurrenz); zum *Fiskalstrafrecht:* BGE 108 IV 31, 117 IV 182, SJZ 82 (1986) 162 (Idealkonkurrenz mit Steuerbetrug, wenn der Täter mit einer anderweitigen Verwendung des Falsifikates rechnet und dies in Kauf nimmt).

Art. 254 Unterdrückung von Urkunden

1 Wer eine Urkunde, über die er nicht allein verfügen darf, beschädigt, vernichtet, beiseiteschafft oder entwendet, in der Absicht, jemanden am Vermögen oder an andern Rechten zu schädigen oder sich oder einem andern einen unrechtmässigen Vorteil zu verschaffen, wird mit Freiheitsstrafe bis zu fünf Jahren oder Geldstrafe bestraft.

2 Die Unterdrückung von Urkunden zum Nachteil eines Angehörigen oder Familiengenossen wird nur auf Antrag verfolgt.

Art. 254 Abs. 1: Zum Begriff der Urkunde vgl. Bem. zu StGB Art. 110 Abs. 4 und 5. Sie kann auch unecht oder unwahr sein, mindestens wenn es sich bei ihr um einen Bestandteil der Buchhaltung handelt: BGE 118 IV 40. Die Tat richtet sich gegen die Verfügungsberechtigung eines anderen. Für diese ist nicht das Eigentum an der Urkunde massgebend, sondern die Befugnis, von ihrer Funktion als Beweismittel Gebrauch zu machen (vgl. BGE 96 IV 168). – Das *Beschädigen* muss soweit gehen, dass die Urkunde nicht mehr zum Beweis verwendet werden kann. – *Beiseiteschaffen* bedeutet, dem Berechtigten den Gebrauch der Urkunde als Beweismittel zu verunmöglichen: BGE 90 IV 135 (blosses Vorenthalten genügt noch nicht), 100 IV 25 (Verwahren im Pult am Arbeitsplatz ohne Wissen des Berechtigten reicht aus), 114 IV 31 (vom Obergericht des Kantons Thurgau in problematischer Weise für das Weglassen von Eintragungen in ein Kassenbuch bei dessen Abschrift bejaht), 113 IV 70 (Unterlassen der betriebsinternen Weiterleitung erfüllt die Voraussetzung nicht). *Entwenden* (= wegnehmen) erscheint als blosser Unterfall des Beiseiteschaffens.

Subjektiver Tatbestand: Zur Absicht, sich einen unrechtmässigen Vorteil zu verschaffen, vgl. Bem. zu StGB Art. 251 Ziff. 1 Abs. 1. Als solcher gilt auch Selbstbegünstigung (BGE 96 IV 169). Weiter ist auch die Absicht erforderlich, dem Berechtigten die Beweisführung mit der Urkunde zu verunmöglichen (BGE 87 IV 19).

Abgrenzung zu den Eigentumsdelikten: StGB Art. 254 ist nur anwendbar, wenn der Täter die Schrift gewollt als Urkunde entzieht und davon profitieren will, dass sie dem Berechtigten entzogen ist, also weder Aneignungswille noch Bereicherungsabsicht vorliegt: BGE 73 IV 187, 87 IV 18; vgl. auch 114 IV 136 und 116 IV 191 (in welchen Fällen statt Veruntreuung richtigerweise Urkundenunterdrückung anzunehmen gewesen wäre).

Abs. 2: Zum Begriff des *Angehörigen* und *Familiengenossen* vgl. Bem. zu StGB Art. 110 Abs. 1 und 2. Ab dem 1.1.2007 gehören zu den Angehörigen i.S. von StGB Art. 110 Abs. 1 inskünftig auch gem. PartG Art. 3 ff. eingetragene gleichgeschlechtliche Partnerinnen und Partner (Botschaft, BBl 2003, 1363).

Art. 255 Urkunden des Auslandes

Die Artikel 251–254 finden auch Anwendung auf Urkunden des Auslandes.

Art. 255: *Urkunden des Auslandes* sind z.B. der deutsche Bundespersonalausweis: BGE 99 IV 125; ausländische, in concreto israelische Pässe: BGer vom 7.7.2000, 9X.1/1999; private Beweiszeichen: BGE 103 IV 31 (holländischer Fleischstempel).

Art. 256 Grenzverrückung

Wer in der Absicht, jemanden am Vermögen oder an andern Rechten zu schädigen oder sich oder einem andern einen unrechtmässigen Vorteil zu verschaffen, einen Grenzstein oder ein anderes Grenzzeichen beseitigt, verrückt, unkenntlich macht, falsch setzt oder verfälscht, wird mit Freiheitsstrafe bis zu drei Jahren oder Geldstrafe bestraft.

Art. 256: Vgl. auch den Sondertatbestand von StGB Art. 268 (Verrücken staatlicher Grenzzeichen). Die Bestimmung bezieht sich auf Markierungen zur gegenseitigen Abgrenzung von Grundstücken und setzt objektiv voraus, dass der Grenzstein bzw. das Grenzzeichen von der richtigen Stelle entfernt wird (RS 1986 Nr. 160). – Zur erforderlichen Absicht vgl. Bem. zu StGB Art. 251 Ziff. 1 Abs. 1. – *Verhältnis zur Urkundenfälschung* (StGB Art. 251): StGB Art. 256 geht StGB Art. 251 als lex specialis vor, ausser wenn der Täter das falsche Grenzzeichen nicht selbst angebracht, es aber im Wissen um die Fälschung zur Täuschung gebraucht hat: SJZ 53 (1957) 349.

Art. 257 Beseitigung von Vermessungs- und Wasserstandszeichen

Wer ein öffentliches Vermessungs- oder Wasserstandszeichen beseitigt, verrückt, unkenntlich macht oder falsch setzt, wird mit Freiheitsstrafe bis zu drei Jahren oder Geldstrafe bestraft.

Art. 257: Wasserstandszeichen sind Markierungen zur Feststellung des Umfanges einer Wasserberechtigung, nicht aber Pegelstand- oder Hochwassermarkierungen.

Zwölfter Titel: Verbrechen und Vergehen gegen den öffentlichen Frieden

Art. 258 Schreckung der Bevölkerung

Wer die Bevölkerung durch Androhen oder Vorspiegeln einer Gefahr für Leib, Leben oder Eigentum in Schrecken versetzt, wird mit Freiheitsstrafe bis zu drei Jahren oder Geldstrafe bestraft.

Art. 258–263: Diese Bestimmungen regeln die strafbaren Handlungen gegen den öffentlichen Frieden nicht abschliessend, sondern lassen kantonale Übertretungstatbestände i.S. von StGB Art. 335 Abs. 1 zu: BGE 71 IV 104, 117 Ia 475 (Zulässigkeit eines kantonalen Vermummungsverbotes).

Art. 258 in der Fassung gemäss BG vom 17. Juni 1994 (Einbezug der blossen Vorspiegelung einer Gefahr, redaktionelle Vereinfachung). – Der Begriff der *Bevölkerung* ist als grösserer Personenkreis zu verstehen, der nicht die gesamte Bevölkerung erfassen muss; entscheidend ist, dass nicht nur ein Einzelner eingeschüchtert werden soll, sondern eine unbestimmte Anzahl von Menschen (Botschaft, BBl 2002, 5440). – Vgl. auch StGB Art. 180 (Drohung gegen jemand Einzelnen) und StGB Art. 285 (Drohung gegen Behörden und Beamte).

Art. 259 Öffentliche Aufforderung zu Verbrechen oder zur Gewalttätigkeit

¹ Wer öffentlich zu einem Verbrechen auffordert, wird mit Freiheitsstrafe bis zu drei Jahren oder Geldstrafe bestraft.

² Wer öffentlich zu einem Vergehen mit Gewalttätigkeit gegen Menschen oder Sachen auffordert, wird mit Freiheitsstrafe bis zu drei Jahren oder Geldstrafe bestraft.

Art. 259: Zu den Begriffen Verbrechen und Vergehen vgl. StGB Art. 10. – Sondertatbestand StGB Art. 276 (Aufforderung zur Verletzung militärischer Dienstpflichten und zur Meuterei). – StGB Art. 259 verstösst nicht gegen die Meinungsäusserungsfreiheit nach EMRK Art. 10: BGE 111 IV 154. Zur Annahme der Aufforderung bedarf es einer Äusserung von einer gewissen Eindringlichkeit, die nach Form und Inhalt geeignet ist, den Willen des unbefangenen Adressaten zu beeinflussen. Das Delikt, zu dem aufgefordert wird, muss nicht ausdrücklich genannt werden. Entscheidend ist, wie die Aufforderung im Gesamtzusammenhang vom durchschnittlichen Leser oder Zuhörer verstanden wird: BGE 111 IV 152. – Die Aufforderung ist *öffentlich*, wenn sie an einem allgemein zugänglichen Ort geschieht, wo sie von einem unbestimmten Personenkreis gesehen oder gehört werden kann: BGE 111 IV 153. BGE 130 IV 117 f.: Ob Öffentlichkeit gegeben ist, ist immer aufgrund der gesamten Umstände tatbestandsbezogen, also im Lichte von Sinn und Zweck der jeweiligen Strafnorm und des von ihr geschützten Rechtsgutes, zu beurteilen. In Anwendung der neueren bundesgerichtlichen Rechtsprechung zur Öffentlichkeit im Sinne von StGB Art. 261bis (Rassendiskriminierung; BGE 130 IV 111) liegt auch bezüglich StGB Art. 258 Öffentlichkeit ungeachtet der Zahl der Adressaten bei allen Aufforderungen vor, die nicht im privaten Rahmen, d.h. im Familien- und Freundeskreis oder sonst in einer durch persönliche Beziehungen oder besonderes Vertrauen geprägten Umfeld, erfolgen. Denn die Aufforderung zu einem Verbrechen oder zu Gewalttätigkeiten gegen Menschen oder Sachen ist auch in geschlossenen Gruppen und Zirkeln, die zu Extremismus und Gewalttätigkeiten neigen, zu verhindern. Zum Begriff der Öffentlichkeit vgl. ferner Bem. zu StGB Art. 261bis. – Das Delikt ist mit der Aufforderung vollendet; dass jemand Kenntnis davon genommen hat, ist nicht erforderlich: BGE 111 IV 154. – Der Auffordernde muss das Gewaltdelikt rechtlich nicht zutreffend subsumieren können: Es genügt, wenn eine «Parallelwertung in der Laiensphäre» zeigt, dass die Grenze legaler Gewaltausübung überschritten ist (RS 1999 Nr. 650).

Abs. 2, eingefügt gemäss BG vom 9. Oktober 1981, in Kraft seit 1. Oktober 1982, dazu ZStrR 100 (1983) 292, ZStrR 101 (1984) 130. Die Erweiterung auf gewaltsame *Vergehen* wurde ins Gesetz aufgenommen, weil die Aufforderung zu solchen Taten mitunter die Friedensordnung ebenso gefährden kann wie die Aufwiegelung zu einem Verbrechen. Als Vergehen mit Gewalttätigkeiten gegen Menschen oder Sachen fallen in Betracht: gewaltsame einfache Körperverletzung (StGB Art. 123), gewaltsame Sachbeschädigung (StGB Art. 144), Nötigung mit Gewalt (StGB Art. 181), gewaltsamer Hausfriedensbruch (StGB Art. 186), gewaltsame Störung des öffentlichen Verkehrs (StGB Art. 237), gewaltsame Störung von Betrieben, die der Allgemeinheit dienen (StGB Art. 239), Landfriedensbruch (StGB Art. 260), Gewalt und Drohung gegen Behörden (StGB Art. 285), Gefangenenbefreiung mit Gewalt (StGB Art. 310). – Die Gewalttätigkeit braucht nicht mit grösseren Schäden einherzugehen (BGE 108 IV 35, 176 zu StGB Art. 260).

Art. 260 Landfriedensbruch

¹ Wer an einer öffentlichen Zusammenrottung teilnimmt, bei der mit vereinten Kräften gegen Menschen oder Sachen Gewalttätigkeiten begangen werden, wird mit Freiheitsstrafe bis zu drei Jahren oder Geldstrafe bestraft.

² Die Teilnehmer, die sich auf behördliche Aufforderung hin entfernen, bleiben straffrei, wenn sie weder selbst Gewalt angewendet noch zur Gewaltanwendung aufgefordert haben.

Art. 260: Vgl. auch StGB Art. 133 (Raufhandel), StGB Art. 285 Ziff. 2 (Gewalt und Drohung gegen Behörden und Beamte durch einen zusammengerotteten Haufen), StGB Art. 310 Ziff. 2 (Befreiung von Gefangenen durch einen zusammengerotteten Haufen), StGB Art. 311 (Meuterei von Gefangenen). – *Verhältnis zu Körperverletzung* (StGB Art. 122–124): BGE 103 IV 247 (Idealkonkurrenz), zu *Hausfriedensbruch* (StGB Art. 186): BGE 108 IV 33 = Pr 71 (1982) Nr. 112 (Idealkonkurrenz), *zu Gewalt und Drohung gegen Behörden und Beamte* (StGB Art. 285): BGE 108 IV 179 (Idealkonkurrenz). – Zum Demonstrationsrecht BGE 100 Ia 396, 107 Ia 66, 108 IV 38, EuGRZ 1986, 304, ZBl 72 (1971) 33, 57. Zu einem kantonalen Vermummungsverbot: BGE 117 Ia 475.

Abs. 1: Eine *öffentliche Zusammenrottung* ist eine einer beliebigen Anzahl von Personen zugängliche Ansammlung einer grossen Anzahl von Menschen, die nach aussen als vereinigte Menge erscheint und von einer die Friedensordnung bedrohenden Grundhaltung getragen wird: BGE 103 IV 245, 108 IV 34, 176, ZR 71 (1972) Nr. 8, BGE 124 IV 270 = Pr 88 (1999) Nr. 38 (für den Begriff der Öffentlichkeit nicht entscheidend ist, ob sich die Zusammenrottung auf öffentlichem oder privatem Grund abspielt; Öffentlichkeit setzt allein voraus, dass sich ein beliebiger Passant der Zusammenrottung anschliessen kann; im Vergleich zu StGB Art. 261bis ist daher der Begriff des Öffentlichen in StGB

Art. 260 Abs. 1 enger: Zum Begriff der Öffentlichkeit vgl. im übrigen Bem. zu StGB Art. 261bis). – Im Sinne einer *objektiven Strafbarkeitsbedingung* müssen aus dieser Zusammenrottung heraus mit vereinten Kräften Gewalttätigkeiten an Menschen und/oder Sachen begangen worden sein: BGE 108 IV 35. Als solche gilt jede physische Einwirkung, auch ohne Anwendung besonderer Kraft oder Verursachung schwerer Schäden: BGE 103 IV 245, 108 IV 35, 176 (schon Besprayen oder Werfen von Beuteln mit Farbe), nicht aber Bildung eines «Menschenteppichs» (BGE 108 IV 165). Es reicht aus, wenn ein einzelner Teilnehmer an der Zusammenrottung solche Handlungen begeht, sofern sie als «Tat der Menge» erscheinen, d.h. von der drohenden Grundstimmung getragen werden: BGE 103 IV 245, 108 IV 35 und 124 IV 271 = Pr 88 (1999) Nr. 38. Gewalttätigkeit liegt auch vor, wenn physische Kraft nicht angewendet, sondern nur angedroht wird und der Zusammenstoss nur deshalb vermieden werden kann, weil der Gegner der Demonstration der Gewalt weicht: BGE 99 IV 217, 103 IV 245. – Unter das Tatbestandsmerkmal der *Teilnahme* fällt jeder, der in der Menge der Zusammenrottung steht, bei der mit vereinten Kräften Gewalttätigkeiten begangen werden, auch wenn er solche nicht selber verübt. Es genügt, dass er nicht passiver Zuschauer ist. – Subjektiv ist erforderlich, dass der Täter um den Charakter der Ansammlung weiss und sich ihr gleichwohl anschliesst oder in ihr verbleibt; die Verübung von Gewalttätigkeiten muss er – als objektive Strafbarkeitsbedingung – nicht in den Vorsatz einbeziehen: BGE 108 IV 36.

Abs. 2: Auf diese Bestimmung kann sich nicht berufen, wer eine Zusammenrottung ohne behördliche Aufforderung erst dann verlässt, wenn die Polizei einschreitet und ihm die Verhaftung droht: Pr 72 (1983) Nr. 69.

Art. 260bis Strafbare Vorbereitungshandlungen

[1] Mit Freiheitsstrafe bis zu fünf Jahren oder Geldstrafe wird bestraft, wer planmässig konkrete technische oder organisatorische Vorkehrungen trifft, deren Art und Umfang zeigen, dass er sich anschickt, eine der folgenden strafbaren Handlungen auszuführen:

Art. 111 Vorsätzliche Tötung

Art. 112 Mord

Art. 122 Schwere Körperverletzung

Art. 140 Raub

Art. 183 Freiheitsberaubung und Entführung

Art. 185 Geiselnahme

Art. 221 Brandstiftung

Art. 264 Völkermord.

[2] Führt der Täter aus eigenem Antrieb die Vorbereitungshandlung nicht zu Ende, so bleibt er straflos.

[3] Strafbar ist auch, wer die Vorbereitungshandlung im Ausland begeht, wenn die beabsichtigten strafbaren Handlungen in der Schweiz verübt werden sollen. Artikel 3 Absatz 2 ist anwendbar.

Art. 260bis: Vgl. ZStrR 100 (1983) 271 und 294, ZStrR 101 (1984) 131, 113 (1995) 256. – Bundesgerichtsbarkeit: StGB Art. 336 Abs. 1 lit. g. – Mit dem Beitritt der Schweiz zum internationalen

Übereinkommen über die Verhütung und Bestrafung des Völkermordes («Genozidkonvention»; SR 0.311.11) und der dabei am 24. März 2000 neu geschaffenen Strafbestimmung des Völkermordes (StGB Art. 264; vgl. Bem. hierzu) wurden auch die entsprechenden Vorbereitungshandlungen als strafbar erklärt (vgl. Botschaft, BBl 1999, 5351).

Abs. 1: *Technische Vorkehren* sind das Bereitstellen von Deliktswerkzeug und Hilfsmitteln zur Tatausführung (nach BGE 111 IV 150 neben dem Zurverfügungstellen eines Wagens sogar schon das Umladen von Werkzeugen und Waffen), die Herbeiführung der Funktionsunfähigkeit von Apparaturen, die dem deliktischen Vorgehen hinderlich sein könnten, und instrumentelle Vorbereitungen wie die Herstellung von Zündsätzen oder Sprengkörpern, das Frisieren von Fahrzeugen oder die Bereitstellung von Spezialwerkzeugen (RS 2006 Nr. 49). Organisatorische Vorkehrungen bilden alle übrigen Massnahmen, die den reibungslosen Ablauf des geplanten Delikts ermöglichen sollen (vgl. BGE 111 IV 150: Rollenverteilung zwischen Mittätern). Begriff der *planmässigen konkreten Vorkehrungen* nach BGE 111 IV 157: mehrere überlegt ausgeführte Handlungen, die im Rahmen eines deliktischen Vorhabens eine bestimmte Vorbereitungsfunktion haben. Sie müssen nach Art und Umfang so weit gediehen sein, dass vernünftigerweise angenommen werden kann, der Täter werde seine damit manifestierte Deliktabsicht ohne weiteres in Richtung auf eine Ausführung der Tat weiterverfolgen; d.h. er muss zumindest psychologisch an der Schwelle der Tatausführung angelangt sein. Nicht vorausgesetzt wird, dass der Täter auch objektiv zur Tat ansetzt und dass die Vorkehrungen auf ein nach Ort, Zeit und Begehungsweise bereits hinreichend konkretisierbares Delikt Bezug haben (z.B. durch Täter, welcher seiner Ehefrau mit dem Erschiessen droht, danach zu Hause das Sturmgewehr samt geladenem Magazin holt und damit seinem Opfer abpasst, sich jedoch durch zwei Passanten von seinem Vorhaben abbringen lässt: RS 2001 Nr. 146). Pr 95 (2006) Nr. 10: Planmässiges Handeln erfordert mehrere, unter sich zusammenhängende, systematisch über einen gewissen Zeitraum hinweg fortgeführte Handlungen, die in ihrer Gesamtheit nicht mehr «harmlos» sind (bejaht für Täter, der gezielt mehrere Bankinstitute hinsichtlich Öffnungszeiten, äussere Umgebung und innere Verhältnisse auskundschaftete und mit seinen Komplizen Gedanken zur Tatausführung austauschte). – Nicht erforderlich ist, dass der an den Vorbereitungshandlungen Beteiligte schon bei der Planung mitwirkte (BGE 111 IV 154). Vorbereitungshandlungen zu *Raub:* BGE 111 IV 158, Pr 78 (1989) Nr. 233, BGE 118 IV 367, RS 2001 Nr. 131, Pr 95 (2006) Nr. 10; zu *Geiselnahme:* BGE 111 IV 145; zu *Völkermord:* Verschwörungshandlungen im Hinblick auf einen Völkermord gemäss StGB Art. 264 (Botschaft, BBl 1999, 5351). – Nicht strafbar ist der Versuch von Vorbereitungshandlungen, wohl aber im Falle ihrer Vollendung die Teilnahme daran. Ist die vorbereitete Tat ausgeführt worden, konsumiert die wegen ihr erfolgte Verurteilung den Tatbestand von StGB Art. 260bis (einschränkend jedoch BGE 111 IV 149, vgl. auch Pr 78 (1989) Nr. 233). Die Subsidiarität besteht nur dann, wenn der Täter zugleich am Versuch oder an der Haupttat mitwirkt; wirkt er nur an der Vorbereitung mit, bleibt die Strafbarkeit wegen StGB Art. 260bis bestehen (Pr 95 [2006] Nr. 10).

Abs. 2: Nach dieser Bestimmung bleibt straflos und soll demjenigen quasi eine «goldene Brücke» gebaut werden, der, nachdem er alle geplanten Vorbereitungshandlungen ausgeführt hat, aus eigenem Antrieb und in besonderer Weise bekundet, dass er nicht mehr bereit ist, das Hauptdelikt zu begehen. Hat er noch nicht alle geplanten Vorbereitungshandlungen zu Ende geführt, so genügt für die Bejahung des Rücktritts, dass er aus eigenem Antrieb auf die Ausführung eines wesentlichen Teils der Vorbereitungshandlungen verzichtet. Aus eigenem Antrieb tritt derjenige zurück, der aus inneren Motiven, unabhängig von äusseren Gegebenheiten, seinen Plan nicht weiter verfolgt: RS 2001 Nr. 146, BGE 118 IV 367, vgl. schon Pr 78 (1989) Nr. 233.

Art. 260ter Kriminelle Organisation

1. Wer sich an einer Organisation beteiligt, die ihren Aufbau und ihre personelle Zusammensetzung geheim hält und die den Zweck verfolgt, Gewaltverbrechen zu begehen oder sich mit verbrecherischen Mitteln zu bereichern,
wer eine solche Organisation in ihrer verbrecherischen Tätigkeit unterstützt,
wird mit Freiheitsstrafe bis zu fünf Jahren oder Geldstrafe bestraft.
2. Der Richter kann die Strafe mildern (Art. 48a), wenn der Täter sich bemüht, die weitere verbrecherische Tätigkeit der Organisation zu verhindern.
3. Strafbar ist auch, wer die Tat im Ausland begeht, wenn die Organisation ihre verbrecherische Tätigkeit ganz oder teilweise in der Schweiz ausübt oder auszuüben beabsichtigt. Artikel 3 Absatz 2 ist anwendbar.

Art. 260ter: Vgl. Botschaft des Bundesrates über die Änderung des StGB und MStG, in Botschaft, BBl 1993 II 277 ff., ferner StGB Art. 305bis Ziff. 2 Abs. 2 lit. a, 275ter und 72. – Die Tatbestandsmerkmale der Kriminellen Organisation sind enger gefasst, als die kriminalpolitisch-kriminologische Umschreibung des Begriffs der Organisierten Kriminalität (RS 2005 Nr. 640).

Ziff. 1: Die *Organisation* braucht kein rechtliches, sondern nur ein faktisches Gebilde zu sein, das indessen eine feste Struktur im Sinne objektiv feststellbarer, systematischer und planmässiger Vorkehren aufweisen muss, welche die besondere Gefährlichkeit des Gebildes offenkundig machen. Das Erfordernis der Geheimhaltung von Aufbau (v.a. Rollenverteilung, Befehlsstrukturen) und personeller Zusammensetzung setzt eine systematische Abschottung der Organisation voraus und soll diese klar von legalen Gebilden abgrenzen, in deren Bereich nur gelegentlich Delikte verübt werden. Das Geheimhaltungselement lässt sich aber auch realisieren, indem die Organisation erlaubte Unternehmungen betreibt und ein entsprechendes Beziehungsnetz aufbaut, so dass sie sich eine «legale Fassade» beilegt. RS 2005 Nr. 640: Die Organisation setzt begrifflich dauerhafte, festverankerte Strukturen und einen Bestand unabhängig von konkreten Angehörigen voraus. – Die *verbrecherische Zweckverfolgung* braucht noch nicht in Taten umgesetzt worden zu sein. Es genügt, wenn sie sich als Ausdruck des gemeinsamen Handlungsziels in den festgestellten organisatorischen Vorkehren eindeutig manifestiert. Die Aktivitäten der Organisation müssen nicht ausschliesslich, wohl aber im wesentlichen die Begehung von Verbrechen (i.S. von StGB Art. 10 Abs. 2) betreffen. Soweit der Zweck nicht in der Verübung von Gewaltverbrechen besteht, muss das deliktische Streben nach wirtschaftlichen Vorteilen das Hauptziel der Organisation bilden. Zu den auf Gewaltverbrechen gerichteten Aktivitäten gehören vor allem vorsätzliche Tötung, Mord, schwere Körperverletzung, Raub, Erpressung, Freiheitsberaubung und Entführung, aber auch Verschwörungshandlungen zu einem Völkermord (Botschaft, BBl 1999, 5351), währenddem die Bereicherung mit kriminellen Mitteln namentlich Verbrechen gegen das Vermögen und solche betäubungsmittelrechtlicher Natur im Visier hat (RS 2000 Nr. 799). – BGE 128 II 365 f.: Nicht unter StGB Art. 260ter fallen extremistische Parteien, oppositionelle politische Gruppen und weitere Organisationen, sofern sie sich angemessener, nicht verbrecherischer Mittel bedienen.

An der Organisation *beteiligt* sich, wer sich in sie eingliedert, im Hinblick auf ihre verbrecherische Zwecksetzung eine Tätigkeit entfaltet und sich – sofern er keine Führungsposition einnimmt – dem Organisationszweck unterordnet. Die (informelle) Mitgliedschaft muss auf längere Zeit angelegt sein.

BGE 128 II 361: Diese Tatbestandsvariante setzt Aktivitäten voraus, namentlich logistische Vorkehren, die dem Organisationszweck unmittelbar dienen, wie z.B. Auskundschaften, Planen oder Bereitstellen operativer Mittel, insbesondere Beschaffen von Fahrzeugen, Kommunikationsmitteln, Finanzdienstleistungen usw. Eine massgebliche Funktion innerhalb der Organisation muss der Täter indessen nicht ausüben.

Die Tatvariante der *Unterstützung* betrifft v.a. Mittelspersonen, die als Bindeglieder zu legaler Wirtschaft, Politik und Gesellschaft das kriminelle Handlungsziel der Organisation fördern. Ihnen braucht kein Beitrag zu einem bestimmten Einzeldelikt nachgewiesen zu werden. Es kann sich z.B. um die Beschaffung von Waffen und Verwaltung von Geldern handeln, wogegen blosse Sympathiebezeugungen nicht ausreichen. Auch «Bewunderer» von terroristischen oder mafiaähnlichen Vereinigungen fallen nicht unter den Organisationstatbestand (BGE 128 II 362). Die Tatvariante der Unterstützung bezieht sich – im Gegensatz zu jener der Beteiligung – auf Personen, die nicht in die Organisationsstruktur integriert sind (BGE 128 II 361).

Ziff. 2 bezweckt nicht die Überführung weiterer Mitglieder der Organisation, sondern primär die Verhinderung weiterer Straftaten, wie z.B. durch Warnung potentieller Opfer oder Meldung an Strafverfolgungsbehörden. Die Strafe kann auch dann gemildert werden, wenn den Bemühungen des Täters kein Erfolg beschieden wurde.

Ziff. 3 ist StGB Art. 260bis Abs. 3 nachgebildet und im Hinblick auf die zu einem besonderen Tatbestand verselbstständigte Beteiligung an einer kriminellen Organisation bzw. deren Unterstützung erforderlich, wenn sich der Betreffende im Ausland in dieser Weise betätigt.

Art. 260quater Gefährdung der öffentlichen Sicherheit mit Waffen

Wer jemandem Schusswaffen, gesetzlich verbotene Waffen, wesentliche Waffenbestandteile, Waffenzubehör, Munition oder Munitionsbestandteile verkauft, vermietet, schenkt, überlässt oder vermittelt, obwohl er weiss oder annehmen muss, dass sie zur Begehung eines Vergehens oder Verbrechens dienen sollen, wird mit Freiheitsstrafe bis zu fünf Jahren oder Geldstrafe bestraft, sofern kein schwererer Straftatbestand erfüllt ist.

Art. 260quater wurde mit der auf Bundesebene vereinheitlichten Waffengesetzgebung (Waffengesetz vom 20. Juni 1997, in Kraft seit 1. Januar 1999; SR 514.54) neu geschaffen. Weitere Strafbestimmungen betreffend den Umgang mit Waffen finden sich in WG Art. 33–35.

BGE 130 IV 20: Die allgemeinen Bestimmungen über Versuch und Teilnahme finden auf diesen eigenständig ausgestalteten Tatbestand Anwendung, so dass auch die versuchte Tatbegehung strafbar ist und insofern sachlich von StGB Art. 25 und der Straflosigkeit der versuchten Gehilfenschaft zu Verbrechen abzuweichen ist.

Was als *Waffe*, wesentlicher Waffenbestandteil, *Waffenzubehör*, Munition und deren Bestandteil gilt, richtet sich nach den Legaldefinitionen in WG Art. 4 und den dazugehörigen Ausführungsbestimmungen, namentlich den Art. 3–5 der VO über Waffen, Waffenzubehör und Munition vom 21. September 1998 (Waffenverordnung, WV; SR 514.541).

Wer von der deliktischen Tätigkeit des Waffenübernehmers nicht nur weiss oder wissen müsste, sondern sie zudem als Gehilfe fördert, ist allein wegen Gehilfenschaft zur geförderten Tat zu bestrafen (Botschaft, BBl 1996, 1076, wo fälschlicherweise allerdings die blosse Billigung der Tat als Gehilfenschaft qualifiziert wird; vgl. hierzu Bem. zu StGB Art. 25). – Subjektiv ist Vorsatz erforderlich, wobei Eventualvorsatz genügt (BGE 130 IV 24). – Botschaft, BBl 1996, 1076: Umstände, dass Waffen und ihre Zubehöre zur Begehung eines Verbrechens oder Vergehens gemäss StGB Art. 10 Abs. 2 und 3 dienen sollen, können sich namentlich aus dem persönlichen, beruflichen oder gesellschaftlichen Umfeld des Erwerbers ergeben. Dabei muss für den Täter die genaue Identität der Abnehmer nicht feststehen, und es ist auch nicht erforderlich, dass die Waffen usw. tatsächlich zur Begehung eines versuchten oder vollendeten Delikts benutzt werden (BGE 130 IV 24).

Art. 260^{quinquies} Finanzierung des Terrorismus

¹ Wer in der Absicht, ein Gewaltverbrechen zu finanzieren, mit dem die Bevölkerung eingeschüchtert oder ein Staat oder eine internationale Organisation zu einem Tun oder Unterlassen genötigt werden soll, Vermögenswerte sammelt oder zur Verfügung stellt, wird mit Freiheitsstrafe bis zu fünf Jahren oder Geldstrafe bestraft.

² Nimmt der Täter die Möglichkeit der Terrorismusfinanzierung lediglich in Kauf, so macht er sich nach dieser Bestimmung nicht strafbar.

³ Die Tat gilt nicht als Finanzierung einer terroristischen Straftat, wenn sie auf die Herstellung oder Wiederherstellung demokratischer und rechtsstaatlicher Verhältnisse oder die Ausübung oder Wahrung von Menschenrechten gerichtet ist.

⁴ Absatz 1 findet keine Anwendung, wenn mit der Finanzierung Handlungen unterstützt werden sollen, die nicht im Widerspruch mit den in bewaffneten Konflikten anwendbaren Regeln des Völkerrechts stehen.

Art. 260quinquies: Vgl. Botschaft betreffend die Internationalen Übereinkommen zur Bekämpfung der Finanzierung des Terrorismus und zur Bekämpfung terroristischer Bombenanschläge sowie die Änderung des Strafgesetzbuches und die Anpassung weiterer Bundesgesetze vom 26. Juni 2002, in Botschaft, BBl 2002, 5390 ff.; ZStrR 121 (2003) 423 ff. und 123 (2005) 458 ff. – Zur Bundesgerichtsbarkeit: StGB Art. 337 Abs. 1. – Zentrales Merkmal des Tatbestands ist der Verzicht auf die Akzessorietät zu einem terroristischen Akt: Ein Kausalzusammenhang zu einer terroristischen Anlasstat muss nicht bestehen bzw. nachgewiesen werden (Botschaft, BBl 2002, 5441). – Zu den Anlasstaten wie Tötung, Erpressung, Brandstiftung, schwere Sachbeschädigung usw. besteht echte Konkurrenz (Botschaft, BBl 2002, 5440).

Abs. 1: Zu den Begriffen *Gewaltverbrechen* vgl. Bem zu StGB Art. 260ter Ziff. 1, *Bevölkerung* vgl. Bem zu StGB Art. 258 und *Vermögenswert* vgl. Bem. zu StGB Art. 70 Abs. 1. – Die Tathandlungen des *Sammelns* und des *Zur-Verfügung-Stellens* von Vermögenswerten erfassen nicht nur das Einsammeln der finanziellen Mittel bei Dritten sowie das unmittelbare Bereitstellen der Mittel für den oder die Terroristen, sondern auch alle anderen Transaktionen, eingeschlossen die Verwaltung der betreffenden Mittel. Unter *Einschüchterung* ist die Schaffung eines Angstklimas im Sinne einer verbreiteten Befürchtung zu verstehen, potenziell selber Opfer eines Anschlags werden zu können. Die Einschüchterung muss nicht ausdrücklich geäussert sein, sie kann sich auch aus der Art der Deliktsbegehung ergeben, namentlich wenn unberechenbar beliebige Drittpersonen zu Opfern gemacht werden bzw. gemacht werden sollen (Botschaft, BBl 2002, 5440). – In *subjektiver Hinsicht* ist Vorsatz erforderlich wobei Eventualvorsatz genügt. Darüber hinaus muss der Täter in der Absicht handeln, ein Verbrechen zu begehen, um das terroristische Ziel zu erreichen; die untergeordnete Delinquenz im Kontext zur Erreichung politischer Zwecke reicht nicht aus (Botschaft, BBl 2002, 5440). Vom Bestehen der Absicht muss demnach ausgegangen werden können, wenn der Täter sicheres Wissen davon hat, dass es sich bei der Gruppe, um deren Unterstützung es geht, um eine terroristische Gruppe handelt, die Gewaltverbrechen plant und ausführt. – Die Absicht der Nötigung eines Staates oder einer internationalen Organisation erfordert eine gewisse Schwere und muss sich auf das Gemeinwesen, die Organisation oder eines seiner Organe als solches beziehen; die auf einen einzelnen Amtsträger gerichtete Nötigungsabsicht genügt nicht (Botschaft, BBl 2002, 5440). In diesem Zusammenhang sind die Begriffe der *Nötigung* i.S. von StGB Art. 181 und der *internationalen Organisation* i.S. von StGB Art. 322septies auszulegen (Botschaft, BBl 2002, 5440).

Abs. 2 schliesst den Eventualvorsatz hinsichtlich der Absicht, die Begehung von Terrorakten zu finanzieren, für *diesen* Tatbestand aus. Damit muss die Begehung von Terrorakten das eigentliche Ziel des Täters darstellen, welches er durch die Finanzierung erreichen will (Botschaft, BBl 2002, 5442). Damit wollte der Gesetzgeber – wenig nachvollziehbar – verhindern, dass karitativ motivierte Spenden, bei denen eine Terrorismusfinanzierung nicht beabsichtigt, aber doch in Kauf genommen wird, tatbeständlich sind (ZStrR 123 [2005] 462).

Abs. 3 bürdet dem Richter die schier unlösbare Abgrenzung zwischen Terrorismus und Freiheitskampf auf. Weder für den Begriff Terrorismus noch für den in dieser Norm umschriebenen Freiheitskampf bestehen einheitliche und anerkannte Definitionen. Klar ist gemäss dem Wortlaut allein, dass bloss die Absicht des Täters über die Unterscheidung zwischen Terrorismus und Freiheitskampf entscheidet (Vgl. hierzu: ZStrR 123 [2005] 463 f.).

Art. 261 Störung der Glaubens- und Kultusfreiheit

Wer öffentlich und in gemeiner Weise die Überzeugung anderer in Glaubenssachen, insbesondere den Glauben an Gott, beschimpft oder verspottet oder Gegenstände religiöser Verehrung verunehrt,

wer eine verfassungsmässig gewährleistete Kultushandlung böswillig verhindert, stört oder öffentlich verspottet,

wer einen Ort oder einen Gegenstand, die für einen verfassungsmässig gewährleisteten Kultus oder für eine solche Kultushandlung bestimmt sind, böswillig verunehrt,

wird mit Geldstrafe bis zu 180 Tagessätzen bestraft.

Art. 261: Zur Glaubens- und Kultusfreiheit vgl. BV Art. 15.

Abs. 1: *Schutzobjekt* ist die Achtung vor dem Mitmenschen und seiner Überzeugung in religiösen Dingen, damit auch der religiöse Friede: BGE 86 IV 23, SJZ 81 (1985) 99, BGE 129 IV 104. Als Geschädigte haben demnach die betroffenen Kirchen und einzelnen Gläubigen zu gelten: BGE 120 Ia 224. Nach einem in diesem Entscheid zitierten Urteil des Bundesgerichts muss die Missachtung der religiösen Überzeugung anderer so schwer sein, dass durch sie der öffentliche Friede gefährdet wird. Die religiöse Überzeugung wird beschimpft oder verspottet, wenn der Täter eine Missachtung religiöser Gefühle bezeugt oder diese lächerlich macht: BGE 86 IV 23, SJZ 67 (1971) 227, 81 (1985) 99. –
Die Voraussetzung der *Öffentlichkeit* ist schon dadurch gegeben, dass eine den Religionsfrieden

störende Schmähschrift an Zeitungen versandt wird: ZR 42 (1943) Nr. 65. Erforderlich ist jedenfalls die Wahrnehmbarkeit durch eine unbestimmte Vielzahl von Personen: SJZ 81 (1985) 99. Zu dem gemäss bundesgerichtlicher Rechtsprechung (BGE 130 IV 111) in StGB Art. 261bis enger gefassten Begriff der Öffentlichkeit vgl. Bem. zu StGB Art. 261bis. – Der Begriff «in gemeiner Weise» ist objektiver Art und bedeutet nach bundesgerichtlicher Praxis nur, dass die Verletzung eine gewisse Schwere erreicht, die Glaubensbeschimpfung eine grobe sein muss: BGE 86 IV 23 (Darstellung einer nackten, an ein Kreuz gebundenen Frau), enger ZR 85 (1986) Nr. 44 S. 111, wonach es sich um eine auf Hohn und Schmähung ausgerichtete, das elementare Gebot der Toleranz verletzende Äusserung handeln muss. Nach diesem Entscheid ist bei der Beurteilung eines Filmes auf das Werk als Ganzes abzustellen. Vgl. ferner SJZ 67 (1971) 227 (Kreuzesbild, auf dem der Gekreuzigte durch ein Walt-Disney-Schwein ersetzt wurde). BGE 129 IV 105: Keine tatbeständliche Beschimpfung oder Bespottung stellt die Äusserung dar, dass es keinen Gott gebe oder dass dieser nicht so sei, wie die Anhänger eines bestimmten Glaubens ihn sich vorstellten. – Auch keine gemeine Verspottung bei einer Zeitungskarikatur politischen Inhalts unter Verwendung des Davidsterns: SJZ 80 (1984) 29; ebenso bei einem religionskritischen Film: SJZ 81 (1985) 99 f. – Zum Vorsatz, insbesondere dolus eventualis: SJZ 67 (1971) 228.

Abs. 3 bezieht sich auf Objekte, die nicht selbst religiös verehrt, aber zur Durchführung kultischer Handlungen verwendet werden; die Verunehrung muss am betreffenden Ort oder Gegenstand selber, nicht nur durch eine Abbildung geschehen: ZR 85 (1986) Nr. 44.

Art. 261bis Rassendiskriminierung

Wer öffentlich gegen eine Person oder eine Gruppe von Personen wegen ihrer Rasse, Ethnie oder Religion zu Hass oder Diskriminierung aufruft,

wer öffentlich Ideologien verbreitet, die auf die systematische Herabsetzung oder Verleumdung der Angehörigen einer Rasse, Ethnie oder Religion gerichtet sind,

wer mit dem gleichen Ziel Propagandaaktionen organisiert, fördert oder daran teilnimmt,

wer öffentlich durch Wort, Schrift, Bild, Gebärden, Tätlichkeiten oder in anderer Weise eine Person oder eine Gruppe von Personen wegen ihrer Rasse, Ethnie oder Religion in einer gegen die Menschenwürde verstossenden Weise herabsetzt oder diskriminiert oder aus einem dieser Gründe Völkermord oder andere Verbrechen gegen die Menschlichkeit leugnet, gröblich verharmlost oder zu rechtfertigen sucht,

wer eine von ihm angebotene Leistung, die für die Allgemeinheit bestimmt ist, einer Person oder einer Gruppe von Personen wegen ihrer Rasse, Ethnie oder Religion verweigert,

wird mit Freiheitsstrafe bis zu drei Jahren oder Geldstrafe bestraft.

Art. 261bis: ZStrR 109 (1992) 154, 116 (1998) 223, AJP 1996, 659, 1998, 1057. – Die Bestimmung schützt, was nur Abs. 4 zum Ausdruck bringt, auch in Abs. 1–3 und 5 sinngemäss die *Würde und Gleichheit des Menschen* in seiner Eigenschaft als Angehöriger einer bestimmten Ethnie, Rasse oder Religionsgemeinschaft: BGE 123 IV 206, 126 IV 24 = Pr 89 (2000) Nr. 176, 130. Dieser Schutz dient mittelbar zugleich der Wahrung des öffentlichen Friedens (BGE 130 IV 118, 131 IV 25). BG

130 IV 120: Die Norm will gerade auch verhindern, dass sich rassistisches Gedankengut in Zirkeln, die ihm zuneigen, weiter verfestigt und ausweitet. – Die Herabsetzung bzw. Diskriminierung muss in einer Weise geschehen, welche den Betroffenen deswegen im Ergebnis die Gleichberechtigung oder Gleichwertigkeit unter dem Gesichtspunkt der Grundrechte abspricht oder zumindest in Frage stellt (BGE 124 IV 123, 131 IV 27). Deswegen genügt es z.b. nicht, wenn einer solchen Gruppe bloss gewisse negative Eigenschaften oder Verhaltensweisen (z.b. Habgier oder schlechte Arbeitshaltung) zugeschrieben werden. Ausserdem kann es sich nur um bestimmte oder mindestens bestimmbare einzelne Ethnien, Rassen oder Religionsgemeinschaften handeln, so dass eine pauschale Herabsetzung (z.b. von «Ausländern», «Asylanten» oder «Angehörigen nichtchristlicher Religionen») von vornherein nicht erfasst wird (In diesem Sinne vgl. zum Ausdruck des «Schein-Asylanten» in: RS 2004 Nr. 474).

Abs. 1–4 der Bestimmung setzen *öffentliche* Begehung voraus, d.h. dass die diskriminierende Äusserung bzw. Propaganda einer Ideologie an einen grösseren, nicht durch persönliche Beziehungen zusammenhängenden Kreis von Personen gerichtet ist (vgl. BGE 123 IV 202, 123 IV 208, 126 IV 177/178: bejaht für den Versand von 432 Briefen, BGE 126 IV 20 = Pr 89 [2000] Nr. 176: bejaht für den Versand eines Schreibens an ca. 50 Personen, BGE 126 IV 235 = Pr 90 [2001] Nr. 105: verneint für einen Buchhändler, welcher wenige Exemplare eines revisionistischen Buches in einer Schublade vorrätig hielt, ohne dass Besucher zufällig auf das Buch stossen konnten und ohne dass für den Verkauf Werbung betrieben wurde) bzw. von einem solchen Personenkreis wahrgenommen werden kann (BGE 130 IV 113). Öffentlichkeit liegt demgemäss vor z.B. bei lautstarken Äusserungen an einem Stammtisch in einem gut frequentierten Lokal; bejaht ebenfalls für lautstarke Äusserungen in einer Wohnstrasse an einem schönen Sommerabend, wobei diese Äusserungen tatsächlich durch sechs Personen wahrgenommen wurden, aufgrund der konkreten Umstände von einer Vielzahl unbestimmter und mit dem Täter in keinen persönlichen Beziehungen stehenden Drittpersonen aber hätten wahrgenommen werden können: BGer vom 30.5.2002, 6S.635/2001. BGE 130 IV 117 f.: Ob Öffentlichkeit gegeben ist, ist immer aufgrund der gesamten Umstände *tatbestandsbezogen*, also im Lichte von Sinn und Zweck der jeweiligen Strafnorm und des von ihr geschützten Rechtsgutes, zu beurteilen. Öffentlichkeit im Sinne von StGB Art. 261bis liegt daher ungeachtet der Zahl der Adressaten bei allen Äusserungen und Verhaltensweisen vor, die nicht im privaten Rahmen, d.h. im Familien- und Freundeskreis oder sonst in einer durch persönliche Beziehungen oder besonderes Vertrauen geprägten Umfeld, erfolgen (Änderung der Rechtsprechung, in welcher der Zahl der Adressaten oder der Grösse des Personenkreises allein ausschlaggebendes Gewicht beigemessen wurde, vgl. z.B. 123 IV 202, 126 IV 176). Versammlungen gelten daher selbst dann als öffentlich, wenn der Zugang nur aufgrund einer Eingangskontrolle oder einem besonderen Publikum gestattet wird.

Die im Gesetz genannten Gruppen werden sich dadurch auszeichnen müssen, dass sie sich im Hinblick auf Gemeinsamkeiten ihrer Angehörigen in Tradition, Sprache und Schicksal, zudem aber auch in ihren Wertvorstellungen und Verhaltensnormen, selber als Gemeinschaft empfinden, die sich von der übrigen Bevölkerung unterscheidet. Andererseits muss diese umgekehrt die Gruppe ebenfalls in diesem Sinn verstehen, im Fall der Zugehörigkeit zu einer *Rasse* ihr zudem bestimmte erbliche Merkmale zuschreiben. Die Anknüpfung an die gemeinsame *Nationalität* oder Staatsangehörigkeit genügt: Der Gesetzgeber erachtete die Staatsangehörigkeit als Element der *Ethnie* (Botschaft, BBl 1999, 5348; RS 1999 Nr. 589). BGE 131 IV 25: «Kosovo-Albaner» als eine von StGB Art. 261bis geschützte Ethnie.

Als geschützte Gruppen *religiöser* Ausrichtung kommen ausser den Weltreligionen und ihren «offiziellen» Konfessionen bzw. Zweigen auch Sekten in Betracht, sofern sie über eine gewisse eigene Tradition verfügen und einige Stabilität bekundet haben. Keinen Schutz geniessen sektiererische Organisationen, die sich als Religionsgemeinschaft bezeichnen, aber entscheidend durch eine bestimmte psychologische Weltsicht gekennzeichnet sind, oder die gar in Wirklichkeit vorwiegend wirtschaftliche Tätigkeiten entfalten.

Subjektiv verlangt das Bundesgericht, dass der Täter vorsätzlich oder eventualvorsätzlich *aus rassendiskriminierenden Beweggründen* handelt: BGE 123 IV 210 (umstritten, und vom Bundesgericht seither offengelassen: BGE 126 IV 26 = Pr 89 [2000] Nr. 176).

Da der Tatbestand der Rassendiskriminierung gerade den Zweck verfolgt, die Veröffentlichung gewisser Äusserungen oder Schilderungen zu verhindern, ist die sonst im Medienbereich geltende privilegierende besondere Kaskadenverantwortlichkeit von StGB Art. 28 auf StGB Art. 261bis nicht anwendbar (BGE 125 IV 212 = Pr 89 [2000] Nr. 16, 126 IV 177 und ZR 103 [2004] Nr. 60).

Zur Einziehung rassendiskriminierender und negationistischer Erzeugnisse: StGB Art. 69 und BGE 127 IV 207/208.

Abs. 1 erfasst denjenigen, der sich mit Aufrufen zur Diskriminierung (Schlechterstellung oder -behandlung) einer geschützten Gruppe in Veranstaltungen, Druckschriften, Massenmedien usw. an die Öffentlichkeit wendet oder in dieser zum Hass einer solchen aufreizt (zu einem Gefühl kann nicht «aufgerufen» werden); vgl. BGE 123 IV 207.

Abs. 2: Unter den hier erwähnten «Ideologien» sind nicht nur ganze weltanschauliche Systeme zu verstehen, sondern auch ein auf bestimmte Eigenschaften und Verhaltensweisen der Angehörigen geschützter Gruppen beschränktes Gedankengut, welches auf deren umfassende Herabsetzung (Behauptung der Minderwertigkeit) oder Verleumdung (gedacht ist wohl an jemanden, der die Angehörigen einer Gruppe in wiederkehrenden Veranstaltungen oder durch Streuversand von Druckschriften generell unehrenhaften Verhaltens bezichtigt) gerichtet sein muss.

Abs. 3 erklärt auch organisatorische Vorbereitungshandlungen zu Aktionen gemäss Abs. 2 für strafbar und verselbstständigt die Beihilfe zu Letzteren in Form (aktiver) Teilnahme zur Täterschaft. Der Passus «mit dem gleichen Ziel» stellt kein subjektives Tatbestandsmerkmal dar, sondern bezeichnet die Propagandaaktion, auf die sich die tatbestandsmässigen Handlungen von StGB Art. 261bis Abs. 3 beziehen muss (ZR 103 [2004] Nr. 60). Das Setzen von Links auf rassendiskriminierende Websites stellt nur dann eine strafbare Förderung von Propagandaaktionen dar, wenn sich der Linkanbieter den fremden Inhalt zu eigen macht, was anhand des konkreten Kontextes des Link, seines thematischen Bezugs und der Link-Methode zu beurteilen ist (ZR 103 [2004] Nr. 60).

Abs. 4: Hier wird besonders hervorgehoben, dass nicht jede öffentlich an die Ethnie, Rasse oder Religion der angegriffenen Gruppe oder einer ihr angehörenden Person anknüpfende Herabsetzung (namentlich durch Beschimpfung der betreffenden Gesamtheit z.B. als «faul», «hinterhältig» usw.) ausreicht, sondern vorausgesetzt wird, dass sie krass, in einer gegen die Menschenwürde verstossenden und verabscheuungswürdigen Weise erfolgt (z.B. mit Äusserungen wie «gehören an die Wand gestellt», «sollten allesamt aus der Schweiz hinausgeworfen werden» oder wohl schon durch Verknüpfung der Gruppenbezeichnung mit einem Tiernamen; vgl. hierzu auch Pr 89 [2000] Nr. 159) Diese Voraussetzungen erfüllt die Wortschöpfung «Tamil-Touristen» nicht: Der Ausdruck ist zwar fremdenfeindlich, Menschen tamilischer Zugehörigkeit wird dadurch aber nicht die Daseinsberechtigung abgesprochen, und sie werden auch nicht als minderwertig dargestellt (RS 2004 Nr. 474). –

BGE 131 IV 26 f.: Die Strafbarkeit einer Äusserung beurteilt sich immer nach dem Sinn, den ihr der unbefangene Durchschnittsadressat unter den jeweiligen konkreten Umständen gibt. Bei Äusserungen im Rahmen politischer Auseinandersetzungen ist immer auch der Freiheit der Meinungsäusserung gem. BV Art. 16 und EMRK Art. 10 Rechnung zu tragen, so dass in diesem Kontext eine Herabsetzung oder Diskriminierung nicht leichthin bejaht werden darf. – Von vornherein nicht strafbar kann die an Tatsachen anknüpfende objektive Kritik an der Einstellung oder am Verhalten einer Gruppe sein – auch wenn sie mit einem angemessenen Werturteil wie z.B. «sexistisch» oder «verbrecherisch» verbunden wird –, sofern die geschützte Gruppe nicht generell, pauschal, etwa durch die Behauptung, sie sei kriminell und gewalttätig, abqualifiziert wird (BGE 131 IV 29). – Die Anwendbarkeit von Abs. 4 wird nicht durch den alleinigen Umstand ausgeschlossen, dass der Täter seine rassistischen Beleidigungen nicht gegenüber einer betroffenen Person, sondern gegenüber einem Dritten zum Ausdruck bringt (BGE 126 IV 25 = Pr 89 [2000] Nr. 176, entgegen einer Andeutung in BGE 124 IV 121 = Pr 87 [1998] Nr. 107). – Die Annahme der Opferstellung gem. OHG Art. 2 kommt bei der Tatbestandsvariante des ersten Satzteils nur bei rassistischen Angriffen in Frage, die, mit Tätlichkeiten verbunden, einen andern Tatbestand wie Körperverletzung, Brandstiftung etc. erfüllen oder gegen einen ehemaligen Gefangenen eines Konzentrationslagers gerichtet sind, welcher dadurch psychisch traumatisiert wird (BGE 128 I 218, 131 IV 80 = Pr 94 [2005] Nr. 109; BGer vom 31.10.2005, 6S.297/2005). Eine solche Beeinträchtigung ist vom Verletzten anhand konkreter Umstände zumindest glaubhaft zu machen und nicht bloss zu behaupten (BGE 131 IV 82; BGer vom 31.10.2005, 6S.297/2005).

Im gleichen Absatz wird ferner der ganz anders gelagerte Fall erfasst, dass jemand die schlimmsten Formen bereits früher betätigter Diskriminierung von Ethnien, Rassen und Religionen öffentlich leugnet, gröblich verharmlost oder zu rechtfertigen sucht. Nach dem Wortlaut der Bestimmung müsste der Täter dies wiederum aus entsprechenden, wie namentlich antirassistischen Motiven tun, was sich jedoch sachlich kaum rechtfertigen lässt. Sinngemäss dürfte gemeint sein, dass die abgeleugneten *Verbrechen* derart motiviert gewesen sein müssen, was bei Völkermord und anderen Delikten nicht immer zuzutreffen braucht. Diejenigen Verbrechen, die den Gesetzgeber gerade veranlassten, eine solche Bestimmung zu schaffen, namentlich die industrielle, planmässige Massenvernichtung der Juden unter der Herrschaft des nationalsozialistischen Regimes (vgl. hierzu: Pra 89 [2000] Nr. 159), wurden von ihm als historische Tatsachen anerkannt, so dass im konkreten Verfahren gegen einen Täter, der solche Geschehnisse öffentlich im Sinn der «Auschwitzlüge» abstreitet, keine Gegenbeweismittel zugelassen zu werden brauchen. Pr 89 (2000) Nr. 159: Eine tatbeständliche Verharmlosung des erwähnten Holocausts liegt in Textpassagen oder Redeweisen wie einer «allgemein behaupteten», «angeblichen» oder gar «nicht bewiesenen» Massenvernichtung oder in einem höhnisch zum Ausdruck gebrachten Hinweis vom «angeblich ausschliesslich zur Vernichtung der Juden dienenden Konzentrationslager Auschwitz», nicht aber in der mit dem Begriff «Holocaust-Hysterie» zum Ausdruck gebrachten Kritik am Umgang mit der Massenvernichtung im Zweiten Weltkrieg oder mit der Behauptung, der damalige Schweizerische Bundesrat habe über den Holocaust nichts gewusst und für die gegenteilige Annahme würden keine Beweise vorliegen. Ein (öffentliches) Verkaufsangebot von Büchern, die den Holocaust leugnen oder gröblich verharmlosen, ist tatbeständlich, unabhängig des tatsächlichen Verkaufs (BGE 127 IV 203). – Die individuelle Betroffenheit stellt bei der Tatbestandsvariante des zweiten Satzteils im Rechtssinne bloss eine mittelbare Beeinträchtigung dar, auch wenn sie im konkreten Fall schwer wiegt. Personen, welche der verfolgten Rasse,

Ethnie oder Religion angehören, sind daher keine Opfer i.S. von OHG Art. 2 (BGE 129 IV 95; BGer vom 31.10.2005, 6S.297/2005).

Abs. 5: Erfasst wird ausschliesslich die Leistung, die von der Täterschaft grundsätzlich jedermann angeboten wird, wie etwa die Bewirtung in einer Gaststätte oder der Transport in einem öffentlichen Verkehrsmittel. Verpönt ist, sie den Angehörigen einzelner Gruppen zu verweigern. Nicht strafbar ist also ein Angebot, das jemand entsprechend der Vertragsfreiheit von vornherein nur an bestimmte Bevölkerungsgruppen richtet (z.B. die Ausschreibung einer zu vermietenden Wohnung «nur an Schweizer» oder die Beschränkung der Zulassung zu einem Privatclub auf «Weisse»). Auch die Verweigerung der Erbringung einer für die Allgemeinheit bestimmten Leistung gegenüber bestimmten Gruppen darf nicht strafbar sein, wenn sie aus sachlich gerechtfertigten Gründen erfolgt, wie z.B. im Hinblick auf bisherige ungebührliche oder gar verbotene Verhaltensweisen anlässlich von Zusammenkünften ihrer Angehörigen oder Auseinandersetzungen zwischen verschiedenen Gruppen im Lokal. – Die Annahme einer Opferstellung i.S. von OHG Art. 2 kommt bei dieser Tatbestandsvariante nur unter den diesbezüglichen Voraussetzungen im Rahmen der ersten Tatbestandsvariante von StGB Art. 261bis Abs. 4 in Betracht (BGE 131 IV 81 = Pr 94 [2005] Nr. 109; BGer vom 31.10.2005, 6S.297/2005; vgl. hierzu auch Bem. zu StGB Art. 261bis Abs. 4 erster Satzteil in fine).

Art. 262   Störung des Totenfriedens

1. Wer die Ruhestätte eines Toten in roher Weise verunehrt,
wer einen Leichenzug oder eine Leichenfeier böswillig stört oder verunehrt,
wer einen Leichnam verunehrt oder öffentlich beschimpft,
wird mit Freiheitsstrafe bis zu drei Jahren oder Geldstrafe bestraft.

2. Wer einen Leichnam oder Teile eines Leichnams oder die Asche eines Toten wider den Willen des Berechtigten wegnimmt, wird mit Freiheitsstrafe bis zu drei Jahren oder Geldstrafe bestraft.

Art. 262 Ziff. 1: Vgl. StGB Art. 175, 177. – *Schutzobjekt* ist nicht die Ehre, sondern die Ehrfurcht gegenüber dem Verstorbenen oder seinem Leichnam (Pietätsgefühle gegenüber dem Toten), nicht aber der Angehörigen: BGE 73 IV 191, 109 IV 130, ZR 48 (1949) Nr. 98.

Abs. 1: Die *Verunehrung* der *Ruhestätte* in roher Weise verlangt brutale Angriffe, wie Zerstörung, Beschädigung oder Beschmieren von Gräbern oder gar das Ausgraben der Leiche. Keine solchen Handlungen stellen dar das Umkippen von Grabplatten, das Verstellen des Kreuzes oder die Behändigung des Grabschmuckes: BGE 109 IV 130, vgl. auch RS 1986 Nr. 130.

Abs. 3: Eine Verunehrung des *Leichnams* kann in dessen Schändung liegen, wenn die Art und Weise der Handlung das Ehrfurchtsgefühl des Täters vermissen lässt: ZR 48 (1949) Nr. 98. Keine Verunehrung liegt vor bei Entnahme von Goldzähnen aus dem Gebiss eines Verstorbenen (BGE 72 IV 155) oder der Öffnung der Leiche eines Patienten, der mit seiner Einwilligung oder derjenigen seiner Angehörigen ins Spital eingeliefert und nach seinem Tod obduziert wird: SJZ 81 (1985) 147 Erw. 2, s. auch BGE 98 Ia 519, 111 Ia 233. Die Öffnung der Leiche zwecks Entnahme eines Organs oder eines künstlichen Geräts (Herzschrittmacher) durch einen medizinischen Laien stellt indessen eine Verunehrung der Leiche dar (BGE 129 IV 174 = Pr 92 [2003] Nr. 182). Eine in echter Realkonkurrenz zu StGE

Art. 111 oder 112 stehende Verunehrung des Leichnams liegt vor, wenn der Täter des Tötungsdelikts den Leichnam des Opfers nachher zerstückelt. – Zum Vorsatz: ZR 48 (1949) Nr. 98 S. 168. – Die *öffentliche Beschimpfung*, z.B. in einer Abdankungsrede, verlangt, dass der Täter bewusst und gewollt den Toten in Gegenwart des Leichnams Schimpf und Schande preisgibt: BGE 73 IV 191. Zu dem gemäss bundesgerichtlicher Rechtsprechung (BGE 130 IV 111) in StGB Art. 261bis enger gefassten Begriff der Öffentlichkeit vgl. Bem. zu StGB Art. 261bis.

Ziff. 2: Die Bestimmung setzt einen dem Diebstahl (StGB Art. 139) gleichkommenden Gewahrsamsbruch voraus; in der Überführung des Leichnams vom Spital ins Pathologische Institut zur Vornahme der Obduktion liegt keine solche Handlung: SJZ 81 (1985) 147 Erw. 2. Die Wegnahme braucht keinen verunehrenden Charakter zu haben; ihr Motiv ist beliebig: BGE 112 IV 36 (auch Handeln aus wissenschaftlichem Interesse genügt). Sie setzt indessen fehlende Zustimmung des Berechtigten voraus (vgl. BGE 73 IV 155, 112 IV 36). – Zur Organentnahme und -transplantation vgl. BGE 98 Ia 512, 101 II 181, ZR 74 (1975) Nr. 92. – Zwischen Ziff. 1 und Ziff. 2 kann echte Konkurrenz bestehen: ZR 48 (1949) Nr. 98 S. 189.

Art. 263 Verübung einer Tat in selbstverschuldeter Unzurechnungsfähigkeit

¹ Wer infolge selbstverschuldeter Trunkenheit oder Betäubung unzurechnungsfähig ist und in diesem Zustand eine als Verbrechen oder Vergehen bedrohte Tat verübt, wird mit Geldstrafe bis zu 180 Tagessätzen bestraft.

² Hat der Täter in diesem selbstverschuldeten Zustand ein mit Freiheitsstrafe als einzige Strafe bedrohtes Verbrechen begangen, so ist die Strafe Freiheitsstrafe bis zu drei Jahren oder Geldstrafe.

Art. 263: Vgl. Krim 37 (1983), 507. Vorausgesetzt wird, dass ein zunächst noch schuldfähiger Täter sich vorsätzlich oder fahrlässig bis zur Schuldunfähigkeit (vgl. StGB Art. 19) betrinkt oder betäubt. Die Bestimmung ist auch auf *versuchte Verbrechen und Vergehen* anwendbar: BGE 83 IV 162; bei Antragsdelikten (StGB Art. 30 ff.) nur, wenn ein Antrag gestellt ist: BGE 104 IV 250. Nach der bundesgerichtlichen Praxis kommt sie auch für den Tatbestand des Fahrens in angetrunkenem Zustand (SVG Art. 91 Abs. 1) in Betracht: BGE 117 IV 295, 118 IV 4. – *Verhältnis zu StGB Art. 19 Abs. 4:* Diese Bestimmung geht vor, wenn die Voraussetzungen der vorsätzlichen oder fahrlässigen actio libera in causa gegeben sind: BGE 93 IV 41, 104 IV 254, RS 1975 Nr. 876, 1978 Nr. 512.

Zwölfter Titel[bis]: Straftaten gegen die Interessen der Völkergemeinschaft

Art. 264 Völkermord

[1] Mit lebenslänglicher Freiheitsstrafe oder Freiheitsstrafe nicht unter zehn Jahren wird bestraft, wer, in der Absicht, eine durch ihre Staatsangehörigkeit, Rasse, Religion oder ethnische Zugehörigkeit gekennzeichnete Gruppe ganz oder teilweise zu vernichten:

a. Mitglieder dieser Gruppe tötet oder auf schwerwiegende Weise in ihrer körperlichen oder geistigen Unversehrtheit schädigt;

b. Mitglieder der Gruppe Lebensbedingungen unterwirft, die geeignet sind, die Gruppe ganz oder teilweise zu vernichten;

c. Massnahmen anordnet oder trifft, die auf die Geburtenverhinderung innerhalb der Gruppe gerichtet sind;

d. Kinder der Gruppe gewaltsam in eine andere Gruppe überführt oder überführen lässt.

[2] Strafbar ist auch der Täter, der die Tat im Ausland begangen hat, wenn er sich in der Schweiz aufhält und nicht ausgeliefert werden kann. Artikel 6bis Ziffer 2 ist anwendbar.

[3] Die Vorschriften über die Verfolgungsermächtigung nach Artikel 366 Absatz 2 Buchstabe b, den Artikeln 14 und 15 des Verantwortlichkeitsgesetzes vom 14. März 1958, sowie den Artikeln 1 und 4 des Bundesgesetzes vom 26. März 1934 über die politischen und polizeilichen Garantien zu Gunsten der Eidgenossenschaft sind für den Tatbestand des Völkermordes nicht anwendbar.

Art. 264: Mit dieser Bestimmung wird die sich aus dem Internationalen Übereinkommen vom 9. Dezember 1948 über die Verhütung und Bestrafung des Völkermordes («Genozidkonvention»; SR 0.311.11) ergebende Pflicht zur Bestrafung des Völkermords erfüllt (vgl. Botschaft des Bundesrates betreffend das Übereinkommen über die Verhütung und Bestrafung des Völkermordes sowie die entsprechende Revision des Strafrechts vom 31. März 1999: Botschaft, BBl 1999, 5327 ff.). – Rechtsgut des Völkermords ist die Existenz einer durch die Staatsangehörigkeit, Ethnie, Rasse oder Religion gekennzeichneten Gruppe (Botschaft, BBl 1999, 5338). – Zur Bundesgerichtsbarkeit vgl. StGB Art. 337 Abs. 2. – ZStrR 117 (1999) 351.

Die Strafbarkeit der Beteiligungs- (Allein-, Neben-, Mittäter- oder Gehilfenschaft) und Versuchsformen richtet sich nach den Regeln des Allgemeinen Teils des Strafgesetzbuchs; zur Strafbarkeit der Vorbereitungshandlungen vgl. StGB Art. 260bis Abs. 1. – Vgl. schliesslich StGB Art. 101 Abs. 1 lit. a (Unverjährbarkeit des Völkermordes) und IRSG Art. 3 (Ausschluss der Einrede des politischen Charakters für den Fall des Völkermords), beides zusätzlich auch in Bezug auf den Genozid an sozialen und politischen Gruppen (Botschaft, BBl 1999, 5344/5345).

Abs. 1: Der Tatbestand schützt die durch ihre Rasse, Religion, ethnische Zugehörigkeit (vgl. Bem. zu StGB Art. 261bis) oder Staatsangehörigkeit gekennzeichnete Gruppe und deren Mitglieder, welche wegen ihrer Gruppenzugehörigkeit diskriminiert werden (Botschaft, BBl 1999, 5338). – *Lit. a* erfasst neben Tötungshandlungen alle sonstigen Angriffe auf die physische oder psychische Integrität der Gruppenmitglieder. Voraussetzung ist, dass diese zu mehr als unerheblichen, nicht notwendig bleibenden Beeinträchtigungen führen. Nicht erfasst wird die kulturelle oder religiöse Unterdrückung als solche. – Gemäss *lit. b* werden Verhaltensweisen erfasst, durch welche Mitglieder einer geschützten Gruppe Lebensbedingungen unterworfen werden, die geeignet sind, die Gruppe ganz oder teilweise zu vernichten. Erfasst werden die Internierung in Vernichtungslagern, die Überführung in die faktische Sklaverei sowie der Entzug medizinischer Betreuung und/oder des übrigen notwendigen täglichen Bedarfs. – *Lit. c* pönalisiert Massnahmen, welche auf eine Geburtenregelung innerhalb einer geschützten Gruppe gerichtet sind, z.B. unter Zwang durchgeführte Sterilisationen und Kastrationen, aber auch jede andere Form der Geburtenverhinderung. – Schliesslich wird in *lit. d* das gewaltsame Überführen oder Überführenlassen von Kindern in eine andere Gruppe erfasst. Während die in lit. a und b umschriebenen Tathandlungen notwendigerweise mit einem Angriff auf die physische oder psychische Integrität der einzelnen Gruppenmitglieder verbunden sind, ist dies in Zusammenhang mit den auf eine Geburtenverhinderung oder die Kinderverschleppung gerichteten Massnahmen nicht zwingend (Botschaft, BBl 1999, 5348). – Entgegen dem umgangssprachlichen Verständnis setzt Völkermord grundsätzlich keine minimale Anzahl oder Mehrzahl unmittelbarer Opfer voraus. – Der *subjektive Tatbestand* erfordert Vorsatz sowie die Absicht, eine der in Abs. 1 genannten geschützten Gruppen ganz oder teilweise anzugreifen. Dabei genügt es, wenn der Täter eine Gruppe zwar nicht insgesamt tangieren will, wohl aber einen relevanten Teil derselben.

Abs. 2: Die Verfolgung und Bestrafung des Völkermordes unterliegt dem Weltrechtsprinzip, mit der Einschränkung, dass sich der Beschuldigte in der Schweiz befinden muss und aus tatsächlichen oder rechtlichen Gründen nicht ausgeliefert werden kann.

Abs. 3: Mit dieser Bestimmung wird die relative Immunität, über welche Parlamentsmitglieder, Magistratspersonen und Bundesbeamte im Hinblick auf ein Strafverfahren verfügen, beim Völkermord als nicht anwendbar erklärt. Unangetastet bleibt demgegenüber die absolute Immunität der Mitglieder der Bundesversammlung und des Bundesrates für ihre Äusserungen in den Räten und Kommissionen (Botschaft, BBl 1999, 5350).

Tatbestände wie Mord (StGB Art. 112), Körperverletzung (StGB Art. 122 f.) oder Freiheitsberaubung (StGB Art. 183 f.) dürften – entgegen der Botschaft, BBl 1999, 5346 und 5348, wo davon die Rede ist, diese Delikte seien «subsidiär» anwendbar – durch denjenigen des Völkermords angesichts der Verschiedenheit der Rechtsgüter nicht verdrängt werden (echte Idealkonkurrenz).

Dreizehnter Titel: Verbrechen und Vergehen gegen den Staat und die Landesverteidigung

Art. 265 1. Verbrechen oder Vergehen gegen den Staat
Hochverrat

Wer eine Handlung vornimmt, die darauf gerichtet ist, mit Gewalt
die Verfassung des Bundes oder eines Kantons abzuändern,
die verfassungsmässigen Staatsbehörden abzusetzen oder sie ausserstand zu setzen, ihre Gewalt auszuüben,
schweizerisches Gebiet von der Eidgenossenschaft oder Gebiet von einem Kanton abzutrennen,
wird mit Freiheitsstrafe nicht unter einem Jahr bestraft.

Zu Art. 265–278: Vgl. ZStrR 86 (1970) 347 und ZBJV 110 (1974) 249. – Zur Entstehung der Strafbestimmungen: SJZ 87 (1991) 72, Erw. 10. – Auslandstat: StGB Art. 4. – Strafbarkeit der Medien: StGB Art. 28. – Rechtswidrige Vereinigung: StGB Art. 275ter. – Bundesgerichtsbarkeit: StGB Art. 336 Abs. 1 lit. g, dazu VPB 1987 I Nr. 5 (Berücksichtigung des Opportunitätsprinzips), sofern die Straftat gegen den Bund gerichtet ist. – Erfordernis der Ermächtigung zur Verfolgung bei politischen Delikten nach BStP Art. 105.

Art. 265: Vgl. StGB Art. 275–275ter (Gefährdung der verfassungsmässigen Ordnung), StGB Art. 285 (Gewalt und Drohung gegen Behörden und Beamte).

Der gewaltsame Angriff richtet sich gegen die verfassungsmässigen Leitprinzipien des Bundes oder der Kantone (Verfassungshochverrat), gegen ihre Behörden (Behördenhochverrat) oder gegen ihr Gebiet (Gebietshochverrat). – Verhältnis zu StGB Art. 266: BGE 73 IV 107.

Art. 266 Angriffe auf die Unabhängigkeit der Eidgenossenschaft

1. Wer eine Handlung vornimmt, die darauf gerichtet ist,
die Unabhängigkeit der Eidgenossenschaft zu verletzen oder zu gefährden,
eine die Unabhängigkeit der Eidgenossenschaft gefährdende Einmischung einer fremden Macht in die Angelegenheiten der Eidgenossenschaft herbeizuführen,
wird mit Freiheitsstrafe nicht unter einem Jahr bestraft.
2. Wer mit der Regierung eines fremden Staates oder mit deren Agenten in Beziehung tritt, um einen Krieg gegen die Eidgenossenschaft herbeizuführen, wird mit Freiheitsstrafe nicht unter drei Jahren bestraft.
In schweren Fällen kann auf lebenslängliche Freiheitsstrafe erkannt werden.

Art. 266: Vgl. Bem. zu StGB Art. 265. – Verhältnis zu StGB alt Art. 275 (jetzt: StGB Art. 275ter): BGE 73 IV 103. – Durch den sog. politischen Landesverrat i.S. von StGB Art. 266 wird die Existenz der Schweiz als unabhängiges, d.h. souveränes Land geschützt: BGE 73 IV 100 f. Nach seiner Umschreibung richtet sich der Tatbestand auch gegen Vorbereitungshandlungen, welche in der Absicht begangen werden, die Unabhängigkeit des Landes zu verletzen oder zu gefährden; für diese letztere Variante ist eine konkrete Gefahr erforderlich, d.h., es muss ein Zustand geschaffen werden, der nach dem normalen Lauf der Dinge eine Verletzung der Unabhängigkeit als wahrscheinlich erscheinen lässt: BGE 79 IV 101 f. Aus der hohen Strafdrohung ist indessen zu folgern, dass nicht jede noch so harmlose Handlung genügen kann: BGE 73 IV 102. – Zum *Vorsatz:* BGE 73 IV 102 lit. b (Eventualvorsatz genügt; das Bewusstsein der Rechtswidrigkeit gehört nicht zum Vorsatz).

Zum *schweren Fall* i.S. von Ziff. 2 Abs. 2 vgl. Bem. zu StGB Art. 272 Ziff. 2, 273 Abs. 3.

Art. 266bis Gegen die Sicherheit der Schweiz gerichtete ausländische Unternehmungen und Bestrebungen

¹ Wer mit dem Zwecke, ausländische, gegen die Sicherheit der Schweiz gerichtete Unternehmungen oder Bestrebungen hervorzurufen oder zu unterstützen, mit einem fremden Staat oder mit ausländischen Parteien oder mit andern Organisationen im Ausland oder mit ihren Agenten in Verbindung tritt oder unwahre oder entstellende Behauptungen aufstellt oder verbreitet, wird mit Freiheitsstrafe bis zu fünf Jahren oder Geldstrafe bestraft.

² In schweren Fällen kann auf Freiheitsstrafe nicht unter einem Jahr erkannt werden.

Art. 266bis: Das *tatbestandsmässige* Verhalten umfasst den sog. Wahlfang und die Anschwärzung, die mit dem Zweck begangen werden, ausländische, gegen die Sicherheit der Schweiz gerichtete Bestrebungen hervorzurufen oder zu unterstützen: BGE 79 IV 25. – Zum *Vorsatz:* BGE 79 IV 33 Erw. 4.

Art. 267 Diplomatischer Landesverrat

1. Wer vorsätzlich ein Geheimnis, dessen Bewahrung zum Wohle der Eidgenossenschaft geboten ist, einem fremden Staate oder dessen Agenten bekannt oder zugänglich macht,

wer Urkunden oder Beweismittel, die sich auf Rechtsverhältnisse zwischen der Eidgenossenschaft oder einem Kanton und einem ausländischen Staate beziehen, verfälscht, vernichtet, beiseiteschafft oder entwendet und dadurch die Interessen der Eidgenossenschaft oder des Kantons vorsätzlich gefährdet,

wer als Bevollmächtigter der Eidgenossenschaft vorsätzlich Unterhandlungen mit einer auswärtigen Regierung zum Nachteile der Eidgenossenschaft führt,

wird mit Freiheitsstrafe nicht unter einem Jahr bestraft.

2. Wer vorsätzlich ein Geheimnis, dessen Bewahrung zum Wohle der Eidgenossenschaft geboten ist, der Öffentlichkeit bekannt oder zugänglich macht, wird mit Freiheitsstrafe bis zu fünf Jahren oder Geldstrafe bestraft.

3. Handelt der Täter fahrlässig, so ist die Strafe Freiheitsstrafe bis zu drei Jahren oder Geldstrafe.

Art. 267: Die Bestimmung erfuhr mit der Revision des Medienstrafrechts (vgl. Bem. zu StGB Art. 28) eine Änderung in dem Sinne, dass die öffentliche Bekanntgabe eines Geheimnisses einer geringeren Strafdrohung unterstellt und zu diesem Zweck in einer neuen Ziff. 2 besonders geregelt wird, weil Medienschaffende bei Orientierung der Öffentlichkeit über entsprechende Fakten im Allgemeinen dafür kein landesverräterisches Motiv haben (vgl. Botschaft, BBl 1996 IV 563). Die Bestimmung über die fahrlässige Tatbegehung findet sich daher nunmehr in Ziff. 3.

Ziff. 1 Abs. 2: Zum Begriff der Urkunde: StGB Art. 110 Abs. 4.

Art. 268 Verrückung staatlicher Grenzzeichen

Wer einen zur Feststellung der Landes-, Kantons- oder Gemeindegrenzen dienenden Grenzstein oder ein anderes diesem Zwecke dienendes Grenzzeichen beseitigt, verrückt, unkenntlich macht, falsch setzt oder verfälscht, wird mit Freiheitsstrafe bis zu fünf Jahren oder Geldstrafe bestraft.

Art. 268: Vgl. StGB Art. 256 (andere Grenzzeichen). Im Unterschied zu dieser Bestimmung verlangt StGB Art. 268 weder eine Schädigungs- noch eine Vorteilsabsicht.

Art. 269 Verletzung schweizerischer Gebietshoheit

Wer in Verletzung des Völkerrechts auf schweizerisches Gebiet eindringt, wird mit Freiheitsstrafe oder Geldstrafe bestraft.

Art. 269: Vgl. StGB Art. 299 (Verletzung fremder Gebietshoheit). – Die Gebietshoheit bedeutet die Ausübung tatsächlicher Gewalt in staatlicher Hoheit (Gesetzgebung, Verwaltung und Rechtsprechung). Sie erstreckt sich auf Erde, Luft und Wasser. Die Verletzung des Völkerrechts besteht in der Missachtung des in der UNO-Charta Art. 2 Abs. 4 verankerten und gewohnheitsrechtlich geltenden Einmischungs- bzw. Interventionsverbotes für fremde Staaten. Träger völkerrechtlicher Pflichten ist einzig der Staat, weshalb nur seine Funktionäre als Täter in Frage kommen; unzutreffend ZR 71 (1972) Nr. 7 in Bezug auf Angehörige der Volksfront zur Befreiung Palästinas (PFLP).

Art. 270 Tätliche Angriffe auf schweizerische Hoheitszeichen

Wer ein von einer Behörde angebrachtes schweizerisches Hoheitszeichen, insbesondere das Wappen oder die Fahne der Eidgenossenschaft oder eines Kantons, böswillig wegnimmt, beschädigt oder beleidigende Handlungen daran verübt, wird mit Freiheitsstrafe bis zu drei Jahren oder Geldstrafe bestraft.

Art. 270: Vgl. Bundesbeschluss betr. das eidgenössische Wappen vom 12.12.1889 (SR 111) und StGB Art. 298 (fremde Hoheitszeichen). *Böswilligkeit* liegt vor, wenn der Täter mit Beleidigungswillen handelt, d.h. um dem Hoheitszeichen die Missachtung zu bekunden. Bei Fehlen dieses subjektiven Tatbestandselements ist das Verhalten nach StGB Art. 139, 141 oder 144 zu beurteilen, ansonsten – bei gegebenem Vorsatz – ist von echter Konkurrenz zu diesen Delikten auszugehen. – BGE 129 IV

197: Die Verwendung einer Schweizerfahne durch eine Privatperson fällt nicht in den Anwendungsbereich von StGB Art. 270.

Art. 271 Verbotene Handlungen für einen fremden Staat

1. Wer auf schweizerischem Gebiet ohne Bewilligung für einen fremden Staat Handlungen vornimmt, die einer Behörde oder einem Beamten zukommen,

wer solche Handlungen für eine ausländische Partei oder eine andere Organisation des Auslandes vornimmt,

wer solchen Handlungen Vorschub leistet,

wird mit Freiheitsstrafe bis zu drei Jahren oder Geldstrafe, in schweren Fällen mit Freiheitsstrafe nicht unter einem Jahr bestraft.

2. Wer jemanden durch Gewalt, List oder Drohung ins Ausland entführt, um ihn einer fremden Behörde, Partei oder anderen Organisation zu überliefern oder einer Gefahr für Leib und Leben auszusetzen, wird mit Freiheitsstrafe nicht unter einem Jahr bestraft.

3. Wer eine solche Entführung vorbereitet, wird mit Freiheitsstrafe oder Geldstrafe bestraft.

Art. 271: Vgl. SJZ 65 (1969) 33, Schweizerisches Jahrbuch für Internationales Recht 1983, 93, EuGRZ 14 (1987) 69, ZStrR 116 (1998) 328. – Bundesgerichtsbarkeit nach StGB Art. 336 Abs. 1 lit. g; Delegation nach BStP Art. 18 – Auslandstat: StGB Art. 4. – Freiheitsberaubung und Entführung: StGB Art. 183. – Rechtswidrige Vereinigung: StGB Art. 275ter.

Ziff. 1 Abs. 1: Recht auf Anwesenheit ausländischer Behörden bei der Vornahme strafprozessualer Rechtshilfehandlungen in der Schweiz: IRSG Art. 65a und Europ. Rechtshilfeübereinkommen (SR 0.351.1) Art. 4. Zustellungen in ausländischen Strafverfahren IRSV Art. 30 Abs. 1; bei Widerhandlungen gegen Strassenverkehrsvorschriften IRSV Art. 30 Abs. 2. Ohne Bewilligung dürfen ausländische Behörden an einer Hausdurchsuchung oder Beschlagnahme zwar teilnehmen, sie aber nicht selber vornehmen: BGE 106 Ib 262. – Unter den Begriff der verbotenen Amtshandlung fällt jede Tätigkeit, die ihrer Natur nach amtlich (hoheitlich) ist (BGE 114 IV 130) und in Ausübung hoheitlicher Funktionen erfolgt; dazu gehören insbesondere auch Untersuchungshandlungen zu straf-, steuer- und devisenrechtlichen Zwecken: BGE 65 I 43, 114 IV 130. Gleiches gilt für die Abhörung des Telefonverkehrs einer Privatperson durch Angehörige eines ausländischen Geheimdienstes (BGer vom 7.7.2000, 9X.1/1999; nach dem in diesem Entscheid bestätigten MKGE IV Nr. 157 müsste das tatbestandsmässige Verhalten als Amtsanmassung nach StGB Art. 287 erfasst sein, falls es von einer Privatperson im eigenen Interesse und nicht für einen fremden Staat durchgeführt worden wäre). Dagegen liegt keine Amtshandlung vor, wenn ein ausländischer Sicherheitsbeamter in Notwehr von der Schusswaffe Gebrauch macht: ZR 71 (1972) Nr. 7. Als für einen fremden Staat vorgenommen gilt jegliche Tätigkeit in dessen bzw. seiner Behörden Interesse (BGE 114 IV 132), also auch nach ausländischem Prozessrecht zulässige Beweisaufnahmen einer Prozesspartei durch schweizerische Korrespondenzanwälte, nicht aber bloss informelle Kontakte (BSK StGB II, Hopf, Art. 271 N 15). – Zum Vorsatz: BGE 65 I 45.

Ziff. 1 Abs. 2: BGer vom 9.9.1977 mit Bezug auf BGE 82 IV 163: Als «Organisation» ist jede Mehrheit von Personen anzusehen, die gemeinsam ein bestimmtes politisches Ziel verfolgen, auch wenn die Vereinigung nur lose ist, keine Statuten und keine eigentlichen Organe besitzt. Als Organisation gilt auch eine supranationale Organisation wie die EU.

Ziff. 1 Abs. 3: Unter Vorschubleisten wird jedes irgendwie geartete, die strafbare Tätigkeit fördernde Verhalten verstanden: BGE 114 IV 133. Nach StGB Art. 4 kann diese Tatvariante auch im Ausland verübt werden.

Ziff. 2: Der Tatbestand beschränkt sich nicht auf politische Entführung, sondern bezieht sich ganz allgemein auf schweiz. Gebietshoheit; die Überführung an eine fremde Behörde, Partei oder andere Organisation muss aber beabsichtigt sein: BGE 80 IV 154. – Die entführte Person muss auf Verlangen der Schweiz oder auf deren Verlangen aus völkerrechtlichen Gründen zurückgegeben werden: EuGRZ 10 (1983) 437 Erw. 3 lit. a.

Art. 272 2. Verbotener Nachrichtendienst.
Politischer Nachrichtendienst

1. Wer im Interesse eines fremden Staates oder einer ausländischen Partei oder einer anderen Organisation des Auslandes zum Nachteil der Schweiz oder ihrer Angehörigen, Einwohner oder Organisationen politischen Nachrichtendienst betreibt oder einen solchen Dienst einrichtet,

wer für solche Dienste anwirbt oder ihnen Vorschub leistet,

wird mit Freiheitsstrafe bis zu drei Jahren oder Geldstrafe bestraft.

2. In schweren Fällen ist die Strafe Freiheitsstrafe nicht unter einem Jahr. Als schwerer Fall gilt es insbesondere, wenn der Täter zu Handlungen aufreizt oder falsche Berichte erstattet, die geeignet sind, die innere oder äussere Sicherheit der Eidgenossenschaft zu gefährden.

Art. 272–274: Vgl. ZStrR 83 (1967) 23, 134 und Bem. zu StGB Art. 273, 301. – Bundesgerichtsbarkeit nach StGB Art. 336 Abs. 1 lit. g; Delegation nach BStP Art. 18.

Art. 272 Ziff. 1: *Zweck* der Bestimmung ist Schutz schweiz. Gebietshoheit gegenüber ausländischen Übergriffen durch Spitzeltätigkeit in allen Stadien und Formen: BGE 101 IV 189. Massgebend ist die Gefahr, dass die bespitzelte Person im ausländischen Staat allenfalls Repressionen ausgesetzt sein könnte: SJZ 80 (1984) 273. – Zum *Begriff:* Jede Form der Spitzeltätigkeit soll geahndet werden. Nicht erforderlich ist, dass diese Tätigkeit sich auf Geheimnisse bezieht. Gegenstand des Nachrichtendienstes können auch Tatsachen sein, die einzeln einer örtlich begrenzten Öffentlichkeit bekannt sind, aber von der interessierten ausländischen Stelle nur durch einen Erkundigungs- und Meldedienst in Erfahrung gebracht, im grösseren Rahmen systematisch erfasst, verglichen und ausgewertet werden können: BGE 82 IV 163, SJZ 80 (1984) 272. Bereits das Austauschen von Tatsachen und Meldungen genügt, die Anzahl der übermittelten Informationen spielt keine Rolle: BGE 101 IV 189, SJZ 80 (1984) 273. Die Übermittlung einer Nachricht oder von Tatsachen reicht aus, auch wenn die Tätigkeit aus eigenem Antrieb des Täters erfolgt: SJZ 80 (1984) 273. Die Nachricht kann allgemeine politische Verhältnisse oder Entwicklungen, aber auch die politische Einstellung der Tätigkeit von Einzelpersonen betreffen: BGE 82 IV 163. Auf den Wert oder die Richtigkeit der Nachricht kommt es nicht an:

BGE 80 IV 84, 89 IV 207; ebensowenig darauf, ob die Nachricht dem fremden Staat nützt bzw. der Schweiz oder ihren Bewohnern schadet: BGE 101 IV 196. – Jede in der Schweiz sich befindende Person, auch ein Angehöriger einer diplomatischen Mission, kann Opfer der Spionage sein: BGE 74 IV 205, 83 IV 161. – Der ausländische *Staat* braucht nicht diplomatisch anerkannt zu sein: ZR 63 (1964) Nr. 17. Für die ausländische *Organisation* genügt jede Mehrheit von Personen, die gemeinsame politische Ziele verfolgen: BGE 82 IV 163; BGer vom 9.9.1977 (vgl. Bem. zu StGB Art. 271 Ziff. 1 Abs. 2). – *Einrichten* und *Betreiben* eines Nachrichtendienstes erfassen auch ein Verhalten, das als Vorbereitung, Versuch, Anstiftung oder Gehilfenschaft gewertet werden kann; alle diese Handlungen gelten als vollendete Delikte: BGE 101 IV 189. Eine einmalige nachrichtendienstliche Handlung genügt: BGer vom 5.11.1997. – Zum *subjektiven* Tatbestand: BGE 74 IV 205, 80 IV 89, 91, BGer vom 5.11.1997; SJZ 80 (1984) 273.

Ziff. 2: Kriterien des *schweren Falls:* BGE 101 IV 195. – Die Verfolgungsverjährungsfristen i.S. von StGB Art. 97 Abs. 1 sind je nach Schwere des Delikts (Ziff. 1 oder Ziff. 2) verschieden.

Art. 273 Wirtschaftlicher Nachrichtendienst

Wer ein Fabrikations- oder Geschäftsgeheimnis auskundschaftet, um es einer fremden amtlichen Stelle oder einer ausländischen Organisation oder privaten Unternehmung oder ihren Agenten zugänglich zu machen,

wer ein Fabrikations- oder Geschäftsgeheimnis einer fremden amtlichen Stelle oder einer ausländischen Organisation oder privaten Unternehmung oder ihren Agenten zugänglich macht,

wird mit Freiheitsstrafe bis zu drei Jahren oder Geldstrafe, in schweren Fällen mit Freiheitsstrafe nicht unter einem Jahr bestraft. Mit der Freiheitsstrafe kann Geldstrafe verbunden werden.

Art. 273: Vgl. ZStrR 93 (1977) 25, ZSR 104 (1985) 348. – Anwendbarkeit von StGB Art. 8: BGE 104 IV 180. – Rechtswidrige Vereinigung: StGB Art. 275ter. – StGB Art. 162 (Verletzung von Fabrikations- und Geschäftsgeheimnissen): Es ist echte Idealkonkurrenz mit StGB Art. 273 möglich: BGE 101 IV 204. – Vgl. auch Bem. zu StGB Art. 272, 301. – BÜPF Art. 3 Abs. 3 lit. a: Überwachung des Fernmeldeverkehrs nur bei schweren Fällen. – Bundesgerichtsbarkeit nach StGB Art. 336 Abs. 1 lit. g; Delegation nach BStP Art. 18.

Zweck der Strafbestimmung: Schutz der Gebietshoheit, Abwehr der Spitzeltätigkeit, Erhaltung der nationalen Wirtschaft; eine unmittelbare Verletzung oder Gefährdung ist nicht erforderlich: BGE 101 IV 313, 108 IV 47, 111 IV 78. – Der Begriff des *Geheimnisses* bezieht sich auf alle nicht offenkundigen oder allgemein bekannten Tatsachen, an deren Geheimhaltung ein schutzwürdiges Interesse sowie ein entsprechender Geheimhaltungswille bestehen; die betreffende Tatsache muss ausserdem mit der schweiz. Wirtschaft (Memorandum der Bundesanwaltschaft vom 30.7.1986 zu diesem Begriff der Binnenbeziehung, BSK StGB II, Hopf, Art. 273 N 11) verknüpft sein: BGE 98 IV 210, 101 IV 313, 104 IV 177, VPB 1987 I Nr. 5. Das Geheimnis kann sich selbst auf ein illegales, strafbares oder vertragswidriges Verhalten beziehen: BGE 101 IV 314. Unter das Fabrikationsgeheimnis können die den Herstellungsprozess betreffenden Tatsachen eingereiht werden: BGE 80 IV 27. Geschäftsgeheimnisse beziehen sich auf kaufmännische oder betriebliche Tatsachen im weitesten Sinne: BGE 65 I 333

(private Vermögens- und Einkommensverhältnisse), BGE 74 IV 104, ZR 72 Nr. 107 (Devisengeschäfte, Schmuggel), BGE 101 IV 313 (kommerzielle Interessen), BGE 111 IV 78 (Programme und Daten von Computern). Unter Fabrikations- und Geschäftsgeheimnisse fallen auch militärische Geheimnisse nach MStG Art. 86, wenn sie aus wirtschaftlichen Gründen geheimgehalten werden: BGE 97 IV 123.
–Sachverhalts- (StGB Art. 13) und Rechtsirrtum (StGB Art. 21): BGE 104 IV 181, VPB 1987 I Nr. 5. – Ausschluss der *Öffentlichkeit* von der Hauptverhandlung mit Rücksicht auf Geheimhaltungsinteressen: BGE 102 Ia 218.

Abs. 1: *Auskundschaften* ist jede Erkundungstätigkeit, die auf Ermittlung des fremden Geheimnisses gerichtet ist: ZStrR 93 (1977) 295. – Amtliche Stelle kann auch der Staat im privaten Geschäftsverkehr sein: BGE 95 I 449 (Stellung als Geschädigter in einem Strafverfahren); zur EG-Kommision: BGE 104 IV 175. – Private Organisation: ZStrR 93 (1977) 292 f. – In *subjektiver* Hinsicht wird nebst Vorsatz die Absicht des Zugänglichmachens des Wirtschaftsgeheimnisses vorausgesetzt. – Eventualvorsatz genügt.

Abs. 2: *Zugänglichmachen:* Dieser Vorgang bedeutet, den vom Gesetz umschriebenen Destinatären die Möglichkeit zu verschaffen, auf unzulässige Weise in schweiz. Wirtschaftsgeheimnisse Einblick zu nehmen: VPB 1987 I Nr. 5. Es kommt nicht darauf an, ob sich der Täter die Kenntnis vom Geheimnis rechtswidrig verschafft hat: BGE 85 IV 140. – Unechte Gesetzeskonkurrenz zwischen Abs. 1 und 2: BGE 101 IV 200. – Auch die Übermittlung falscher Nachrichten ist strafbar: BGE 71 IV 218, ZR 63 (1964) Nr. 15, 16. Die Handlung braucht weder nützlich noch nachteilig zu sein: BGE 89 IV 208, 101 IV 196. – In *subjektiver* Hinsicht genügt Eventualvorsatz.

Abs. 3: Ein *schwerer Fall* betrifft den Verrat von privaten Geheimnissen, deren Bewahrung wegen ihrer grossen Bedeutung auch im staatlichen Interesse liegt und deren Verletzung die nationale Sicherheit im wirtschaftlichen Bereich – wenn auch bloss abstrakt – in beträchtlichem Masse gefährdet: BGE 97 IV 123, 108 IV 47. Ob ein schwerer Fall vorliegt, beurteilt sich nach objektiven Kriterien ohne Rücksicht auf die dem Täter eigenen subjektiven Umstände: BGE 111 IV 78. – Die Verfolgungsverjährungsfristen i.S. von StGB Art. 97 Abs. 1 sind je nach Schwere des Delikts verschieden (vgl. BGE 108 IV 46 zum früheren Recht).

Art. 274   Militärischer Nachrichtendienst

1. Wer für einen fremden Staat zum Nachteile der Schweiz militärischen Nachrichtendienst betreibt oder einen solchen Dienst einrichtet, wer für solche Dienste anwirbt oder ihnen Vorschub leistet, wird mit Freiheitsstrafe bis zu drei Jahren oder Geldstrafe bestraft.

In schweren Fällen kann auf Freiheitsstrafe nicht unter einem Jahr erkannt werden.

2. Die Korrespondenz und das Material werden eingezogen.

Art. 274: Vgl. SJZ 68 (1972) 165 und Bem. zu StGB Art. 273 sowie MStG Art. 86 (Verletzung militärischer Geheimnisse), dazu BGE 97 IV 116, StGB Art. 301 (Nachrichtendienst gegen fremde Staaten). – MStG Art. 86 konsumiert StGB Art. 274. – Bundesgerichtbarkeit nach StGB Art. 336 Abs. 1 lit. g; Delegation nach BStP Art. 18.

Ob eine von StGB Art. 274 erfasste Tatsache militärischen Charakter aufweist, beurteilt sich nach dem Interesse des fremden Staates: BGE 64 I 142 und ZStrR 83 (1967) 46. Die Strafbarkeit des Verhaltens setzt nicht voraus, dass der Nachrichtendienst dem ausländischen Staate, für den er bestimmt ist, nützlich und der Schweiz nachteilig sei: BGE 89 IV 207 f. Unter Einrichten eines Nachrichtendienstes sind alle Vorbereitungen zu verstehen, die eine geheime Übermittlung ermöglichen oder nach aussen sichern sollen: BGE 101 IV 188 Erw. 2. – Zum subjektiven Tatbestand: BGE 61 IV 415, 419. – Teilnahmeformen: BGE 64 I 414.

Schwerer Fall: Vgl. Bem. zu StGB Art. 273 Abs. 3.

Art. 275 3. Gefährdung der verfassungsmässigen Ordnung. Angriffe auf die verfassungsmässige Ordnung

Wer eine Handlung vornimmt, die darauf gerichtet ist, die verfassungsmässige Ordnung der Eidgenossenschaft oder der Kantone rechtswidrig zu stören oder zu ändern, wird mit Freiheitsstrafe bis zu fünf Jahren oder Geldstrafe bestraft.

Zu Art. 275–275ter: Vgl. ZStrR 86 (1970) 347.

Art. 275: Der *objektive* Tatbestand ist mit Blick auf StGB Art. 265 (Hochverrat) zu beurteilen. Er umfasst gewaltlose Angriffe, die mit ungesetzlichen Mitteln die Änderung der verfassungsrechtlichen Prinzipien des demokratischen, freiheitlichen Rechtsstaates herbeiführen oder das ordnungsgemässe Funktionieren der verfassungsmässigen Staatsgewalten beeinträchtigen wollen. Zur Vollendung des Tatbestandes bedarf es allerdings keiner Änderung oder Störung der verfassungsmässigen Ordnung: BGE 98 IV 127, SJZ 71 (1975) 365 – Zum *subjektiven* Tatbestand gehört, dass der Täter den hochverräterischen Charakter seiner Vorbereitungshandlungen und die Ungesetzlichkeit der angewendeten Kampfmittel kennt und damit einverstanden ist: SJZ 71 (1975) 365. – Zur Frage der Konkurrenz mit StGB Art. 265 und 275ter: BGE 98 IV 130.

Art. 275bis Staatsgefährliche Propaganda

Wer eine Propaganda des Auslandes betreibt, die auf den gewaltsamen Umsturz der verfassungsmässigen Ordnung der Eidgenossenschaft oder eines Kantons gerichtet ist, wird mit Freiheitsstrafe bis zu drei Jahren oder Geldstrafe bestraft.

Art. 275bis: Wie StGB Art. 275 bezieht sich die Bestimmung auf die Gewährleistung der verfassungsmässigen Ordnung. Angriffsmittel bildet die auf gewaltsame Veränderung dieser Ordnung ausgerichtete Propaganda im Interesse eines subversiven ausländischen Machtstrebens. Propaganda kann objektiv in irgendwelcher von den Mitbürgern wahrnehmbaren Handlung liegen, z.B. durch einen Vortrag, Verteilen von Flugblättern, Auflegen von Broschüren: BGE 68 IV 147.

Art. 275ter Rechtswidrige Vereinigung

Wer eine Vereinigung gründet, die bezweckt oder deren Tätigkeit darauf gerichtet ist, Handlungen vorzunehmen, die gemäss den Artikeln 265, 266, 266bis, 271–274, 275 und 275bis mit Strafe bedroht sind,
wer einer solchen Vereinigung beitritt oder sich an ihren Bestrebungen beteiligt,
wer zur Bildung solcher Vereinigungen auffordert oder deren Weisungen befolgt,
wird mit Freiheitsstrafe bis zu drei Jahren oder Geldstrafe bestraft.

Art. 275ter: Die Bestimmung erfasst Handlungen des Zusammenschlusses Gleichgesinnter zur Vorbereitung von Staatsdelikten. Die Strafwürdigkeit beruht auf der Überlegung, dass ein Komplott stark macht und deshalb gefährlich sein kann. – StGB Art. 275ter ist nicht anwendbar, wenn StGB Art. 266 (Angriffe auf die Unabhängigkeit der Eidgenossenschaft) zutrifft: BGE 73 IV 103, Konkurrenz mit StGB Art. 275: BGE 98 IV 130.

Art. 276 4. Störung der militärischen Sicherheit.
Aufforderung und Verleitung zur Verletzung militärischer Dienstpflichten

1. Wer öffentlich zum Ungehorsam gegen militärische Befehle, zur Dienstverletzung, zur Dienstverweigerung oder zum Ausreissen auffordert,
wer einen Dienstpflichtigen zu einer solchen Tat verleitet,
wird mit Freiheitsstrafe bis zu drei Jahren oder Geldstrafe bestraft.
2. Geht die Aufforderung auf Meuterei oder auf Vorbereitung einer Meuterei, oder wird zur Meuterei oder zur Vorbereitung einer Meuterei verleitet, so ist die Strafe Freiheitsstrafe oder Geldstrafe.

Art. 276: Vgl. StGB Art. 259 (Öffentliche Aufforderung zu Verbrechen oder zur Gewalttätigkeit), BG über den Bevölkerungsschutz und den Zivilschutz vom 4. Oktober 2002 (SR 520.1), Art. 68 Abs. 1 lit. c (Öffentliche Aufforderung zur Verweigerung von Schutzdienstleistungen oder amtlich angeordneten Massnahmen), MStG Art. 98.
Ziff. 1: *Geschützt* ist die Wehrkraft der Armee und damit die militärische Sicherheit i.S. eines abstrakten Gefährdungsdeliktes: BGE 97 IV 108. – Die *Aufforderung* liegt in der mit einer gewissen Eindringlichkeit vorgetragenen mündlichen, schriftlichen oder bildlichen Äusserung, womit beim dienstpflichtigen Adressaten (der sich nicht im Militärdienst befinden muss) nach objektiver Betrachtung der Wille zu militärischem Ungehorsam (MStG Art. 61), Dienstverletzungen (MStG Art. 72–80) und Verletzungen der Pflicht zur Militärdienstleistung (MStG Art. 81 ff.; z.B. Militärdienstverweigerung) hervorgerufen werden kann. Die Verübung der entsprechenden Straftaten gehört nicht mehr zum Tatbestand: BGE 111 IV 152, MKGE 4 Nr. 69, 152, 9 Nr. 132. – *Öffentlich* ist die Aufforderung, wenn sie an einem jedermann zugänglichen Ort oder unter Umständen vorgetragen wird, die jedem zufällig hinzutretenden Dritten zum Zeugen der Äusserung werden lässt: BGE 111 IV 153, MKGE 8 Nr. 33. Vgl. zum Öffentlichkeitsbegriff gemäss StGB Art. 261bis: BGE 130 IV 117, Erw. 5.2.2. – Die Tatvariante der Verleitung verselbständigt die Anstiftung zum eigenständigen Delikt. Der *Vorsatz* muss auf

die wissentliche und willentliche öffentliche Aufforderung und die abstrakte Möglichkeit der Verübung der Delikte gerichtet sein, nicht dagegen auf deren Verübung: BGE 97 IV 109.

Ziff. 2: Zur Meuterei vgl. MStG Art. 63.

Art. 277 Fälschung von Aufgeboten oder Weisungen

1. Wer vorsätzlich ein militärisches Aufgebot oder eine für Dienstpflichtige bestimmte Weisung fälscht, verfälscht, unterdrückt oder beseitigt,
wer ein gefälschtes oder verfälschtes Aufgebot oder eine solche Weisung gebraucht,
wird mit Freiheitsstrafe oder Geldstrafe bestraft.
2. Handelt der Täter fahrlässig, so ist die Strafe Freiheitsstrafe bis zu drei Jahren oder Geldstrafe.

Art. 277: Vgl. StGB Art. 251 (Urkundenfälschung), Art. 254 (Unterdrückung von Urkunden). StGB Art. 277 geht als Spezialbestimmung diesen Bestimmungen vor. StGB Art. 277 entspricht MStG Art. 103.

Art. 278 Störung des Militärdienstes

Wer eine Militärperson in der Ausübung des Dienstes hindert oder stört, wird mit Geldstrafe bis zu 180 Tagessätzen bestraft.

Art. 278: Vgl. BG über den Bevölkerungsschutz und den Zivilschutz vom 4. Oktober 2002 (SR 520.1), Art. 68 Abs. 1 lit. b (Behinderung oder Gefährdung von Schutzdienst Leistenden). StGB Art. 278 entspricht abgesehen von der Strafdrohung MStG Art. 100.

Die Bestimmung schützt die militärische Ordnung gegen von aussen kommende Störungen. Die Tathandlung muss bewirken, dass der Angegriffene seine Funktionen – wenn auch nur vorübergehend – nicht ausüben kann oder der normale Dienstbetrieb beeinträchtigt bzw. erschwert wird; eine Störung der militärischen Sicherheit ist nicht erforderlich. Umgekehrt fallen Taktlosigkeiten von Neugierigen oder Unfug nicht unter StGB Art. 278: MKGE 6 Nr. 104 Erw. 3 = RS 1956 Nr. 310bis, SJZ 56 (1960) 222. Zwischen StGB Art. 278 und allfälligen Delikten gegen persönliche Rechtsgüter einer betroffenen Militärperson besteht echte Konkurrenz.

Vierzehnter Titel: Vergehen gegen den Volkswillen

Art. 279 Störung und Hinderung von Wahlen und Abstimmungen

Wer eine durch Verfassung oder Gesetz vorgeschriebene Versammlung, Wahl oder Abstimmung durch Gewalt oder Androhung ernstlicher Nachteile hindert oder stört,

wer die Sammlung oder die Ablieferung von Unterschriften für ein Referendums- oder ein Initiativbegehren durch Gewalt oder Androhung ernstlicher Nachteile hindert oder stört,

wird mit Freiheitsstrafe bis zu drei Jahren oder Geldstrafe bestraft.

Art. 279–283: Die Bestimmungen beziehen sich ausschliesslich auf eidg., kant. und kommunale Volkswahlen und -abstimmungen. Es besteht Bundesgerichtsbarkeit bei Wahlen, Abstimmungen, Referendums- und Initiativbegehren des Bundes: StGB Art. 336 Abs. 1 lit. g. Schutzobjekt sind die vom öffentlichen Recht vorgeschriebenen Versammlungen usw. (BBl 1918 IV 60).

Art. 279: Schutzbereich der Bestimmung ist die Veranstaltung als Ganzes. Zur Hinderung und Störung durch Gewalt und Androhung ernstlicher Nachteile vgl. Bem. zu StGB Art. 181 (Nötigung). Im Gegensatz zu dieser genügt eine anderweitige Beschränkung der Handlungsfreiheit, z.B. durch akustische Störung, nicht. Die Veranstaltung muss behindert oder gestört, d.h. deren Ablauf als Ganzes gehemmt oder erschwert werden. Die tatbestandsmässige Handlung kann sich ausser gegen Stimmberechtigte auch gegen die mit der Wahl usw. betrauten Organe richten. StGB Art. 279 geht StGB Art. 181 vor.

Art. 280 Eingriffe in das Stimm- und Wahlrecht

Wer einen Stimmberechtigten an der Ausübung des Stimm- oder Wahlrechts, des Referendums oder der Initiative durch Gewalt oder Androhung ernstlicher Nachteile hindert,

wer einen Stimmberechtigten durch Gewalt oder Androhung ernstlicher Nachteile nötigt, eines dieser Rechte überhaupt oder in einem bestimmten Sinn auszuüben,

wird mit Freiheitsstrafe bis zu drei Jahren oder Geldstrafe bestraft.

Art. 280: Zur tatbestandsmässigen Handlung und zum Verhältnis zu StGB Art. 181 vgl. Bem. zu StGB Art. 279. Durch die Bestimmung wird im Gegensatz zu StGB Art. 279 der Stimmberechtigte selbst bzw. dessen Willensbildung geschützt.

Abs. 1: Hinderung ist hier im Gegensatz zu StGB Art. 279 i. S. des gänzlichen Unterbindens der Ausübung entsprechender Rechte zu verstehen.

Art. 281 Wahlbestechung

Wer einem Stimmberechtigten ein Geschenk oder einen andern Vorteil anbietet, verspricht, gibt oder zukommen lässt, damit er in einem bestimmten Sinne stimme oder wähle, einem Referendums- oder einem Initiativbegehren beitrete oder nicht beitrete,

wer einem Stimmberechtigten ein Geschenk oder einen andern Vorteil anbietet, verspricht, gibt oder zukommen lässt, damit er an einer Wahl oder Abstimmung nicht teilnehme,

wer sich als Stimmberechtigter einen solchen Vorteil versprechen oder geben lässt,

wird mit Freiheitsstrafe bis zu drei Jahren oder Geldstrafe bestraft.

Art. 281: Vgl. StGB Art. 322ter ff. (Bestechung). Das *Fordern* eines Vorteils wird im Gegensatz zu StGB Art. 322quater bzw. StGB Art. 322sexies nicht erfasst.

Abs. 1 und 2 (aktive Wahlbestechung): Vorauszusetzen ist, dass der Vorteil als Belohnung für das gewünschte Verhalten gekennzeichnet wird oder mindestens erkennbar ist; die Verteilung von Geschenken im Sinne einer Wahlpropaganda genügt nicht.

Abs. 3 (passive Wahlbestechung) setzt voraus, dass der Stimmberechtigte zusagt, sich gegen die Belohnung nach dem Wunsch des Bestechenden zu verhalten.

Art. 282 Wahlfälschung

1. Wer ein Stimmregister fälscht, verfälscht, beseitigt oder vernichtet,

wer unbefugt an einer Wahl oder Abstimmung oder an einem Referendums- oder Initiativbegehren teilnimmt,

wer das Ergebnis einer Wahl, einer Abstimmung oder einer Unterschriftensammlung zur Ausübung des Referendums oder der Initiative fälscht, insbesondere durch Hinzufügen, Ändern, Weglassen oder Streichen von Stimmzetteln oder Unterschriften, durch unrichtiges Auszählen oder unwahre Beurkundung des Ergebnisses,

wird mit Freiheitsstrafe bis zu drei Jahren oder Geldstrafe bestraft.

2. Handelt der Täter in amtlicher Eigenschaft, so ist die Strafe Freiheitsstrafe bis zu drei Jahren oder Geldstrafe nicht unter 30 Tagessätzen. Mit der Freiheitsstrafe kann eine Geldstrafe verbunden werden.

Art. 282 Ziff. 1 Abs. 1: Zu den tatbestandsmässigen Handlungen vgl. Bem. zu StGB Art. 251 und StGB Art. 254. StGB Art. 282 geht als Spezialtatbestand vor.

Abs. 2: Die Teilnahmebefugnis kann aus beliebigen Gründen, z.B. mangels Staatsbürgerschaft, fehlen (vgl. z.B. BGE 101 IV 206: als Schweizer ausgegebene Spione). Das Ergebnis braucht nicht verfälscht zu sein (BGE 112 IV 85). Nach diesem Entscheid macht sich auch strafbar, wer in die Liste eines Initiativbegehrens ausser seinem eigenen Namen diejenigen anderer Personen einträgt.

Art. 282bis Stimmenfang

Wer Wahl- oder Stimmzettel planmässig einsammelt, ausfüllt oder ändert oder wer derartige Wahl- oder Stimmzettel verteilt, wird mit Busse bestraft.

Art. 282bis: Der Tatbestand, welcher gegen unterschwellige Beeinflussungen in der Stimmabgabe gerichtet ist, wird schon durch ein planmässiges Einsammeln, Ausfüllen oder Ändern bzw. ein Verteilen (in grösserer Zahl) von Wahl- oder Stimmzetteln erfüllt; deren Einlegung in die Urne oder eine Beeinflussung des Ergebnisses ist nicht erforderlich. Vgl. BGE 121 I 194 betreffend Massnahmen gegen Missbräuche bei der brieflichen Stimmabgabe.

Art. 283 Verletzung des Abstimmungs- und Wahlgeheimnisses

Wer sich durch unrechtmässiges Vorgehen Kenntnis davon verschafft, wie einzelne Berechtigte stimmen oder wählen, wird mit Freiheitsstrafe bis zu drei Jahren oder Geldstrafe bestraft.

Art. 283: Der Tatbestand wird schon dadurch erfüllt, dass der Täter allein durch unrechtmässiges Vorgehen (z.B. unbefugte Einsichtnahme in Wahlcouverts oder brieflich zugestellte Stimmzettel) Kenntnis davon erhält, wie ein Einzelner gestimmt hat. Nicht erfasst wird das Ausspionieren eines noch nicht veröffentlichten Ergebnisses einer Abstimmung.

Art. 284

Aufgehoben.

Fünfzehnter Titel: Strafbare Handlungen gegen die öffentliche Gewalt

Art. 285 Gewalt und Drohung gegen Behörden und Beamte

1. Wer eine Behörde, ein Mitglied einer Behörde oder einen Beamten durch Gewalt oder Drohung an einer Handlung, die innerhalb ihrer Amtsbefugnisse liegt, hindert, zu einer Amtshandlung nötigt oder während einer Amtshandlung tätlich angreift, wird mit Freiheitsstrafe bis zu drei Jahren oder Geldstrafe bestraft.

2. Wird die Tat von einem zusammengerotteten Haufen begangen, so wird jeder, der an der Zusammenrottung teilnimmt, mit Freiheitsstrafe bis zu drei Jahren oder Geldstrafe bestraft.

Der Teilnehmer, der Gewalt an Personen oder Sachen verübt, wird mit Freiheitsstrafe bis zu drei Jahren oder Geldstrafe nicht unter 30 Tagessätzen bestraft.

Zweites Buch: Besondere Bestimmungen **Art. 285**

Zu Art. 285–295: Vgl. Krim 1965, 327, 383. – *Bundesgerichtsbarkeit,* soweit die Straftat sich auf die *Bundesgewalt* bezieht: StGB Art. 336 Abs. 1 lit. g, dazu BGE 70 IV 217. – Die StGB Art. 285–295 regeln die strafbaren Handlungen nicht abschliessend; kant. Übertretungstatbestände sind zulässig: BGE 117 Ia 476.

Art. 285: Vgl. ZStrR 91 (1975) 231, Krim 1956, 376. – Verhältnis zur Körperverletzung (StGB Art. 122 und 123): BGE 103 IV 247 (Idealkonkurrenz), zu Landfriedensbruch (StGB Art. 260): BGE 103 IV 247 (Idealkonkurrenz), zu Hinderung einer Amtshandlung (StGB Art. 286): SJZ 67 (1971) 24. – Vgl. StGB Art. 310 (Gefangenenbefreiung), StGB Art. 311 (Meuterei von Gefangenen).

Ziff. 1: Schutzobjekt ist die öffentliche Gewalt und die körperliche Integrität des öffentlichen Funktionärs bei der Verrichtung amtlicher Aufgaben: BGE 110 IV 92; zum Begriff des Beamten StGB Art. 110 Abs. 3. – Tathandlungen können sein: *1. Hinderung einer Amtshandlung durch Gewalt oder Drohung:* Als Tatmittel kommen nur Gewalt und Drohung in Frage (BGE 107 IV 113). Bereits eine Erschwerung von Amtshandlungen oder einer notwendigen Begleithandlung genügt: BGE 81 IV 164, 90 IV 137, SJZ 76 (1980) 351. Gewalt bedeutet physische Einwirkung auf den Amtsträger, die aber nicht notwendigerweise die Aufwendung körperlicher Kraft bedeuten muss: BGE 90 IV 137, 103 IV 245, SJZ 76 (1980) 350. Die Bestimmung schützt den Beamten nicht gegen Angriffe aus persönlichen Gründen, die nicht der Hinderung einer Amtshandlung dienen: BGE 110 IV 92. Zur Drohung vgl. StGB Art. 180, 181. – *2. Nötigung zu einer Amtshandlung:* vgl. Bem. zu StGB Art. 181. Als Tatmittel kommen wie bei der Hinderung einer Amtshandlung nur Gewalt und Drohung in Frage. Keine rechtswidrige Nötigung ist die Androhung eines zulässigen Druckmittels, z.B. einer begründeten Beschwerde gegen den Beamten: BGE 94 IV 118. – *3. Tätlicher Angriff bei einer Amtshandlung oder einer notwendigen Begleithandlung:* BGE 101 IV 64; 110 IV 91.

Amtshandlung: Jede Tätigkeit eines Beamten oder Behördenmitglieds in seiner öffentlich-rechtlichen Funktion. Abstrakte Tätigkeiten (z.B. Ausschreibung zur Verhaftung) sind keine Amtshandlungen. Eine Amtshandlung verliert ihren strafrechtlichen Schutz nur, wenn sie *nichtig* ist, kein wirksamer Rechtsschutz zu erwarten ist und der Widerstand zur Wahrung oder Wiederherstellung des rechtmässigen Zustandes dient: BGE 98 IV 44. Eine von Amtes wegen und von jedermann zu beachtende Nichtigkeit liegt vor, wenn die Amtshandlung an einem schweren, offensichtlich erkennbaren materiellen oder formellen Rechtsmangel leidet: BGE 104 Ia 176, 115 Ia 4, MKGE 10 Nr. 56 Erw. 2.

Zum *Vorsatz:* BGE 101 IV 66. Eventualvorsatz genügt.

Ziff. 2: Sog. Aufruhr. Vgl. Bem. zu StGB Art. 260 (Landfriedensbruch). – Der Begriff des *zusammengerotteten Haufens* ist derselbe wie die Zusammenrottung nach StGB Art. 260, und die Teilnahme ist wie diejenige beim Landfriedensbruch auszulegen. Dagegen setzt StGB Art. 285 Ziff. 2 nicht voraus, dass die Zusammenrottung öffentlich erfolgt: BGE 103 IV 246, SJZ 76 (1980) 351. Das Widerstandsrecht der Masse bei Demonstrationen beurteilt sich gleich wie das individuelle Widerstandsrecht nach Ziff. 1: BGE 98 IV 45.

Abs. 1: *Passive Beteiligung.* Nach dieser Bestimmung macht sich strafbar, wer an einer Zusammenrottung teilnimmt, ohne selber Handlungen gemäss StGB Art. 285 Ziff. 1 zu verüben. Nicht erforderlich ist, dass er selbst aktiv gehandelt hat. Die Gewalttätigkeit gegenüber Behördenmitgliedern bzw. Beamten ist blosse objektive Strafbarkeitsbedingung, braucht also vom Vorsatz nicht erfasst zu sein: BGE 98 IV 47. – Zur Frage der Beschränkung der Strafverfolgung auf einzelne Personen aus dem zusammengerotteten Haufen: SJZ 76 (1980) 351. – Idealkonkurrenz mit StGB Art. 260 (Landfriedensbruch) ist gegeben, wenn vom zusammengerotteten Haufen auch Gewalttätigkeiten begangen werden, die sich nicht gegen die öffentliche Gewalt richten: BGE 103 IV 246, 108 IV 179.

Abs. 2: Aktive Beteiligung. Unter diese Bestimmung fällt nur der Teilnehmer, welcher selbst durch Gewalt an Personen oder Sachen den Tatbestand von StGB Art. 285 Ziff. 1 erfüllt: BGE 108 IV 178.

Art. 286 Hinderung einer Amtshandlung

Wer eine Behörde, ein Mitglied einer Behörde oder einen Beamten an einer Handlung hindert, die innerhalb ihrer Amtsbefugnisse liegt, wird mit Geldstrafe bis zu 30 Tagessätzen bestraft.

Art. 286: Vgl. Zollgesetz vom 1.10.1925 (SR 631.0) Art. 104 Abs. 2 (Ordnungswidrigkeiten gegen Anordnungen der Zollbehörden).

SJZ 52 (1956) 101, 67 (1971) 37, 74. – *Beamter:* StGB Art. 110 Abs. 3. – Subsidiarität zu StGB Art. 285 (Gewalt und Drohung gegen Behörden und Beamte); weiter zum Verhältnis zu StGB Art. 285: SJZ 67 (1971) 24, StGB Art. 305 (Begünstigung): BGE 85 IV 144, 124 IV 127, StGB Art. 323, 324 (Ungehorsam im Betreibungs- und Konkursverfahren): BGE 81 IV 326. – Vereitelung von Massnahmen zur Feststellung der Fahrfähigkeit: SVG Art. 91a; diese Spezialbestimmung geht StGB Art. 286 vor: ZBJV 121 (1985) 514, BGE 110 IV 93 (zu alt SVG Art. 91 Abs. 3, auch auf die Weigerung, sich einem Atemlufttest zu unterziehen, ist StGB Art. 286 nicht anwendbar). Weigerung, Ausweise oder Bewilligungen im Strassenverkehr vorzuzeigen: SVG Art. 99 Ziff. 3bis. – Leichte Fälle der Hinderung einer Amtshandlung sowie blosse Störung einer Amtshandlung sind dem kant. Übertretungsstrafrecht vorbehalten: BGE 81 IV 165, 117 Ia 476, ZR 53 (1954) Nr. 120.

StGB Art. 286 will vor allem den *passiven Widerstand* treffen, d.h. ein Verhalten gegenüber Amtshandlungen, das über den blossen Ungehorsam gegen eine amtliche Verfügung hinausgeht (StGB Art. 292): BGE 74 IV 63, 81 IV 164, 124 IV 130 (Widersetzlichkeit, die sich in gewissem Umfang in einem aktiven Tun ausdrückt). Dabei genügt es, dass die Vornahme der Amtshandlung erschwert wird: BGE 120 IV 139, 124 IV 129. Blosser Ungehorsam gegenüber einer Anordnung, der keine Hinderung der amtlichen Tätigkeit bewirkt, ist nach StGB Art. 292 zu bestrafen, wenn der erforderliche Hinweis auf die Strafdrohung erfolgt ist: BGE 69 IV 3, 81 IV 164. – Die von StGB Art. 286 geschützte Amtshandlung muss innerhalb der Amtsbefugnisse liegen, d.h. die Behörde oder der Beamte muss für die Handlung zuständig sein. Trifft dies zu, so hat sich der von der Verfügung Betroffene ihr zu unterziehen, gleichgültig, ob die Anordnung rechtmässig ist oder nicht, sofern die Rechtswidrigkeit nicht offenkundig ist: BGE 78 IV 118, 95 IV 175, 98 IV 43, SJZ 69 (1973) 39, s. auch Bem. zu StGB Art. 292.

Unter den Begriff der Amtshandlung (vgl. Bem. zu StGB Art. 285) fallen ausser dem Vollzug einer bestimmten öffentlichen Aufgabe auch die notwendigen Begleithandlungen: BGE 90 IV 139. Hinderung bedeutet, dass der Handlung Widerstand entgegengesetzt wird. Einspruch eines Bürgers gegen die Art der Vornahme der Handlung, die den Beamten zu deren freiwilliger Unterbrechung veranlasst, genügt nicht: BGE 105 IV 49. Nicht erforderlich ist, dass die Handlung überhaupt nicht vorgenommen werden kann; es genügt, dass sie verzögert oder erschwert wird: BGE 90 IV 139, 107 IV 118, 120 IV 139. – Zum *subjektiven* Tatbestand: Eventualvorsatz reicht aus. Wer irrtümlich annimmt, dass ein Beamter zur Vornahme einer bestimmten Handlung nicht befugt sei, macht sich dadurch, dass er ihn daran hindert, nicht nach StGB Art. 286 strafbar (Sachverhaltsirrtum nach StGB Art. 13): BGE 116 IV 156 Erw. 3. – Zum Versuch: BGE 105 IV 50.

Im Einzelnen: BGE 74 IV 63 (Fuchteln mit den Händen, um das Anlegen der Zange und damit die Verhaftung zu verhindern, fällt unter StGB Art. 286), 81 IV 164 (Wegfahren trotz polizeilichen Verbots ist nicht nach StGB Art. 286 strafbar), 94 IV 175, 103 IV 187 (Verunmöglichen einer Radarkontrolle durch Aufstellen eines Autos vor das Messgerät ist nach StGB Art. 286 verfolgbar, nicht dagegen das Handzeichen zur Verlangsamung der Geschwindigkeit; die Kantone sind nicht berechtigt, ein solches Verhalten als kantonalrechtliche Übertretung zu ahnden), BGE 104 IV 288, 103 IV 247 (StGB Art. 286 ist nicht anwendbar bei berechtigter Auskunftsverweigerung gegenüber der Polizei), 107 IV 118 (Behinderung einer Sitzung durch Verweilen einer ungebetenen Gruppe im Sitzungslokal), BGE 110 IV 93 (die Ablehnung der polizeilichen Aufforderung, sich einem Atemlufttest zu unterziehen, erfüllt StGB Art. 286 auch nicht, bevor die Blutprobe von zuständigen Beamten angeordnet wurde), BGE 120 IV 139 (Verhinderung einer polizeilichen Kontrolle durch Erzwingung der Durchfahrt bei einer Absperrung durch einen Autolenker; nach dem Entscheid ist der Mitfahrer nicht Mittäter, auch wenn er die Tat des Fahrers billigt), BGE 124 IV 129 (Flucht zum Entzug vor einer polizeilichen Kontrolle, um einer Strafverfolgung zu entgehen, obschon sie zur [an sich straflosen] Selbstbegünstigung geschieht), BGE 127 IV 115 (wer Manifestanten dazu auffordert, sich um ein Fahrzeug zu gruppieren, um so ein Eingreifen der Polizei zu vereiteln, macht sich der Anstiftung zur Hinderung einer Amtshandlung schuldig).

Art. 287 Amtsanmassung

Wer sich in rechtswidriger Absicht die Ausübung eines Amtes oder militärische Befehlsgewalt anmasst, wird mit Freiheitsstrafe bis zu drei Jahren oder Geldstrafe bestraft.

Art. 287: Vgl. MStG Art. 69. – Die blosse Vorspiegelung, Beamter zu sein, genügt nicht für die Amtsanmassung: SJZ 42 (1946) 325; ZR 49 (1950) Nr. 84. Der Täter muss vielmehr ausdrücklich oder konkludent eine amtliche Stellung vorgeben und dabei eine Anordnung hoheitlicher Natur treffen (vgl. Pr 85 [1996] Nr. 174: Ausweiskontrolle im Strassenverkehr durch einen Privaten). Damit ist das Delikt vollendet, gleichgültig, ob der Adressat der Anordnung Folge leistet oder nicht: MKGE 7 Nr. 55 (Idealkonkurrenz mit Nötigung nach StGB Art. 181). Der Tatbestand kann auch von einem Beamten oder Behördenmitglied erfüllt werden, wenn es sich um Übergriffe des Funktionärs in ein anderes Amt bzw. einen fremden Verwaltungszweig handelt. – Zur Bedeutung der *«rechtswidrigen Absicht»:* BGE 128 IV 168 f.

Art. 288

Aufgehoben.

Art. 289 Bruch amtlicher Beschlagnahme

Wer eine Sache, die amtlich mit Beschlag belegt ist, der amtlichen Gewalt entzieht, wird mit Freiheitsstrafe bis zu drei Jahren oder Geldstrafe bestraft.

Art. 289: Analog zu StGB Art. 169 (Verfügung über mit Beschlag belegte Vermögenswerte) werden auch beschlagnahmte Forderungen von StGB Art. 289 erfasst. Verhältnis zu StGB Art. 169: StGB Art. 289 gelangt nur zur Anwendung, wenn dem Täter der Vorsatz fehlt, die Gläubiger zu schädigen: BGE 119 IV 135.

Art. 290 Siegelbruch

Wer ein amtliches Zeichen, namentlich ein amtliches Siegel, mit dem eine Sache verschlossen oder gekennzeichnet ist, erbricht, entfernt oder unwirksam macht, wird mit Freiheitsstrafe bis zu drei Jahren oder Geldstrafe bestraft.

Art. 290: Zum Begriff «*amtlich*»: BGE 95 IV 13. – Gültigkeit des *Zollverschlusses* als amtliches Siegel: BGE 92 IV 195. – Die an einem elektrischen Zähler angebrachte *Plombe* ist kein Siegel: SJZ 48 (1952) 276. – Vgl. StGB Art. 179 (Verletzung des Schriftgeheimnisses).

Art. 291 Verweisungsbruch

[1] Wer eine von einer zuständigen Behörde auferlegte Landes- oder Kantonsverweisung bricht, wird mit Freiheitsstrafe bis zu drei Jahren oder Geldstrafe bestraft.
[2] Die Dauer dieser Strafe wird auf die Verweisungsdauer nicht angerechnet.

Art. 291: Nach BV Art. 24 (aBV Art. 45) kann sich jeder Schweizer an jedem Ort des Landes niederlassen. Die Möglichkeit der Kantone, diese Freiheit aus gewissen polizei- und fürsorgerechtlichen Gründen aufzuheben, wurde durch die Neufassung vom 7.12.1975 ausser Kraft gesetzt. So ist die Ausweisung nur noch gegen Ausländer (unabhängig von der Art des Aufenthalts) möglich. Da die gerichtliche Landesverweisung im Zuge der Revision des Allgemeinen Teils aus dem Gesetz gestrichen wurde, bezieht sich StGB Art. 291 neuerdings ausschliesslich auf die administrative fremdenpolizeiliche Ausweisung nach ANAG Art. 10. – Im Gegensatz zu StGB Art. 292 ist im Ausweisungsentscheid kein Hinweis auf die Straffolgen erforderlich. – Überprüfbarkeit der von der zuständigen Behörde erlassenen Wegweisungsverfügung auf Zuständigkeit und Rechtmässigkeit (sofern keine verwaltungsrechtliche Kontrolle besteht: BGE 121 IV 32), nicht aber hinsichtlich Zweckmässigkeit und Angemessenheit: BGE 98 IV 108; 100 IV 168. – Der Verweisungsbruch ist ein *Dauerdelikt*, das nicht nur beim Grenzübertritt, sondern so lange begangen wird, als der unberechtigte Aufenthalt andauert; Begünstigung hierzu: BGE 104 IV 188. ANAG Art. 23 Abs. 1: Diese Bestimmung ist subsidiär zu StGB Art. 291 (BGE 100 IV 246); die Einreisesperre i.S. von ANAG Art. 13 wird nach ANAG Art. 23 Abs. 1 al. 4 bestraft und nicht nach StGB Art. 291.

Art. 292 Ungehorsam gegen amtliche Verfügungen

Wer der von einer zuständigen Behörde oder einem zuständigen Beamten unter Hinweis auf die Strafdrohung dieses Artikels an ihn erlassenen Verfügung nicht Folge leistet, wird mit Busse bestraft.

Art. 292: Vgl. ZStrR 91 (1977) 399, ZStrR 75 (1959) 139, ZStrR 94 (1977) 383. Die Bestimmung verbietet den Kantonen nicht, gestützt auf StGB Art. 335 Abs. 2 die Nichtbefolgung von Urteilen in Zivilsachen mit Strafe zu bedrohen: BGE 69 IV 210.

StGB Art. 292 gilt nur für Ungehorsam gegen Verfügungen, die sich an individuell bestimmbare Personen richten: BGE 92 I 35. Die verantwortlichen Organe einer juristischen Person, an die sich die Verfügung richtet, sind strafbar, wenn sie ungehorsam sind: BGE 78 IV 239. Der Verfügungsbegriff gemäss StGB Art. 292 ist derselbe wie im Verwaltungsrecht: BGE 131 IV 33. – Die Androhung der Strafe muss von einer Behörde ausgehen, ein Prozessvergleich genügt nicht: ZR 76 (1977) Nr. 57. Vorausgesetzt ist deren örtliche, sachliche und funktionelle Zuständigkeit: BGE 122 IV 342 (keine Strafbarkeit auch dann, wenn der Beamte seine Zuständigkeit aufgrund einer summarischen Begründung bejahte). – Die der Strafdrohung unterstellte Verfügung muss eine besondere Belehrung über die strafrechtlichen Folgen des Ungehorsams enthalten, wobei auf die Sanktion von Busse hinzuweisen ist: BGE 105 IV 249. Wer die Strafandrohung schon kennt, ist auch ohne ausdrückliche Belehrung strafbar: BGE 86 IV 28. Beim Erlass einer anderen Verfügung durch eine andere Instanz ist eine Wiederholung erforderlich: BGE 105 IV 250. – Die Belehrung kann auch mündlich geschehen: Krim 1967, 44. – Ungehorsam gegen ein Konkurrenzverbot, Auslegung durch den Strafrichter: BGE 105 IV 283. – Zur Frage der mehrfachen Bestrafung bei wiederholtem Ungehorsam: BGE 104 IV 231, SJZ 58 (1962) 319. – Die Androhung von Busse nach StGB Art. 292 hat nur indirekte (psychologische) Wirkung; sie garantiert nicht die Wiederherstellung des eigenmächtig veränderten Zustandes: BGE 108 II 515.

StGB Art. 292 ist auch anwendbar im *Zwangsvollstreckungsverfahren,* soweit keine Spezialbestimmungen betr. Ungehorsam (StGB Art. 323, 324) bestehen: BGE 83 III 6; 106 IV 279. Im Arrestverfahren gemäss SchKG Art. 271 ff. darf jedoch Ungehorsam gegenüber einem Dritten, von dem Auskunft verlangt wird, nur angedroht werden, wenn der Arrestgläubiger für die Forderung einen Vollstreckungstitel nach SchKG Art. 80, 82 vorweisen kann: BGE 112 III 9. – StGB Art. 323 geht StGB Art. 292 vor. Falls dieser anzuwenden ist, ist der Schuldner vorher auf die Strafdrohung aufmerksam zu machen: ZR 81 (1982) Nr. 66.

Der Ungehorsam erfüllt auch dann den Tatbestand von StGB Art. 292, wenn das durch die Verfügung untersagte *Verhalten* ohnehin schon strafbar ist (z.B. als Ehrverletzung oder unlauterer Wettbewerb). Dagegen ist die in einer Verfügung enthaltene Androhung von Ungehorsamsstrafe unbeachtlich und kann daher auch nicht zu einer Verurteilung nach StGB Art. 292 führen, wenn der *Ungehorsam* gegen die Verfügung bereits in einer besonderen Bestimmung des eidg. oder kant. Rechts mit Strafe bedroht wird: BGE 121 IV 32, 124 IV 70.

Zur *Rechtskontrolle* des Strafrichters: Nach der bundesgerichtlichen Rechtsprechung (BGE 124 IV 307; 121 IV 31) kann der Strafrichter in einem Verfahren wegen Ungehorsams gegen amtliche Verfügungen die Rechtmässigkeit der Verwaltungsvorschriften frei prüfen, wenn dagegen keine Beschwerde an das Verwaltungsgericht möglich war. Andererseits ist die Kognition des Strafrichters auf offensichtliche Rechtsverletzung und Ermessensmissbrauch beschränkt, wenn eine Beschwerde an das Verwaltungsgericht zwar möglich war, von dieser Möglichkeit aber kein Gebrauch gemacht wurde oder der Entscheid des Verwaltungsgerichtes noch aussteht. Ist die Rechtmässigkeit der Verfügung von einem Verwaltungsgericht bejaht worden, so kann der Strafrichter sie nicht mehr überprüfen. Zur Überprüfungsbefugnis im Rahmen der zürcherischen Nichtigkeitsbeschwerde (StPO ZH § 430 Ziff. 6): SJZ 75 (1979) 94 f., kritisch SJZ 76 (1980) 157. – Ein illoyales Verhalten der Verwaltungsbehörde gegenüber dem (ungehorsamen) Täter kann eine Bestrafung nach StGB Art. 292 ausschliessen: RS 1985 Nr. 880. – Ob die missachtete Verfügung während der Zeit ihrer Anfechtbarkeit verbindlich ist, entscheidet sich nach dem Suspensiveffekt: BGE 90 IV 82. Das Fehlen einer Rechtsmittelbelehrung macht die Verfügung nicht unverbindlich: RS 1972 Nr. 351. – Zulässigkeit von Zwangsmassnahmen gegenüber widerspenstigen Zeugen: BGE 117 Ia 493.

Für die Strafbarkeit ist *(Eventual-)Vorsatz* erforderlich, d.h. namentlich das Wissen um die amtliche Anordnung und die strafrechtlichen Folgen ihrer Missachtung. Daran fehlt es, wenn der Betroffene vom Inhalt der ihm zugestellten Sendung mit einer amtlichen Verfügung noch keine Kenntnis genommen hat: BGE 119 IV 240.

Anerkennung eines *übergesetzlichen Rechtfertigungsgrundes* bei der Ungehorsamsstrafe gegenüber einem die Zeugenaussage verweigernden kommunalen Parlamentarier in Bezug auf seine Informationsquelle: SJZ 83 (1987) 101; problematisch.

Art. 293   Veröffentlichung amtlicher geheimer Verhandlungen

¹ Wer, ohne dazu berechtigt zu sein, aus Akten, Verhandlungen oder Untersuchungen einer Behörde, die durch Gesetz oder durch Beschluss der Behörde im Rahmen ihrer Befugnis als geheim erklärt worden sind, etwas an die Öffentlichkeit bringt, wird mit Busse bestraft.

² Die Gehilfenschaft ist strafbar.

³ Der Richter kann von jeglicher Strafe absehen, wenn das an die Öffentlichkeit gebrachte Geheimnis von geringer Bedeutung ist.

Art. 293: SJZ 79 (1983) 17. Vgl. StGB Art. 28 (Strafbarkeit der Medien), StGB Art. 267 (diplomatischer Landesverrat), StGB Art. 320 (Verletzung des Amtsgeheimnisses), StGB Art. 347 (parlamentarische Immunität, Strafverfolgung gegen Mitglieder der obersten Behörden).

Abs. 1: Die *Behörde* ist ein Sammelbegriff für Organe, die kraft öffentlichen Rechts mit hoheitlicher Zuständigkeit staatliche Funktionen ausüben; dazu gehört auch der Generalstabschef der Armee: BGE 114 IV 35; die Geschäftsprüfungskommissionen von National- und Ständerat: BGE 107 IV 185, 108 IV 185; der schweiz. Botschafter in den USA: BGE 126 IV 236. – StGB Art. 293 gilt auch für Schriftstücke, in denen Verhandlungen ihren Niederschlag gefunden haben. Die Bestimmung will die freie Meinungsäusserung innerhalb einer Behörde schützen (BGE 126 IV 236); der Gang der Beratungen soll nicht durch öffentliche Diskussionen gestört werden. Für den Begriff des «Geheimnisses» genügt die durch Gesetz oder Beschluss abgegebene Erklärung, dass die Verhandlungen geheim sein sollen; es braucht also kein Staats- oder Amtsgeheimnis vorzuliegen. Dementsprechend ist vom Strafrichter auch nicht zu prüfen, ob die unerlaubt bekanntgegebene Tatsache wirklich geheim gewesen ist oder nicht: BGE 107 IV 187, 114 IV 36, 126 IV 236, SJZ 77 (1981) 269. – Das «Gesetz» i.S. von StGB

Art. 293 kann auch eine Verordnung sein (i.c. GRN): BGE 107 IV 187, SJZ 77 (1981) 268. Für die Anwendung der Bestimmung reicht es aus, dass sich die geheime Natur der Verhandlungen aus dem Sinn des Gesetzes ergibt: BGE 107 IV 188 Erw. 1.c. – Die Berufspflicht des Journalisten (vgl. StGB Art. 14), die Pressefreiheit und die Wahrung berechtigter Interessen vermögen keinen Rechtfertigungsgrund abzugeben: BGE 107 IV 191, SJZ 77 (1981) 269. – Das früher in alt GRN Art. 22 (vgl. nun Art. 20 der Neufassung dieses Erlasses vom 3.10.2003) statuierte *Sitzungsgeheimnis* stellt gemäss BGer keine Einschränkung der Meinungsäusserungsfreiheit i.S. von EMRK Art. 10 Ziff. 2 dar: BGE 126 IV 236 (gemäss EGMR verletzt dieser Entscheid allerdings die in EMRK Art. 10 garantierte Meinungsäusserungsfreiheit, vgl. Urteil 69698/01 vom 25.4.2006 und NZZ vom 26.4.2006, Nr. 96, S. 47); BGE 108 Ia 278, EuGRZ 10 (1983) 40. – Zum Verhältnis des alt GRN Art. 22 zu StGB Art. 293: BGE 108 IV 188. – Zum Gerichtsstand bei Veröffentlichung durch Radio oder Fernsehen: BGE 119 IV 251 (grundsätzlich am Ort des Sendestudios).

Abs. 2: Vgl. StGB Art. 25, 105 Abs. 2.

Abs. 3: BGE 126 IV 245.

Art. 294 Übertretung eines Berufsverbotes

Wer einen Beruf, ein Gewerbe oder ein Handelsgeschäft ausübt, dessen Ausübung ihm durch Strafurteil untersagt ist, wird mit Freiheitsstrafe bis zu einem Jahr oder Geldstrafe bestraft.

Art. 294: Vgl. StGB Art. 67. – Die Bestimmung bezieht sich nur auf die Massnahme nach StGB Art. 67, nicht aber auf Weisungen betreffend Berufsausübung i.S. von StGB Art. 44 Abs. 2 oder verwaltungs- bzw. disziplinarrechtlich verhängte Berufsverbote. – Zur zeitlichen Berechnung: SJZ 61 (1965) 377.

Art. 295

Aufgehoben.

Sechzehnter Titel: Störung der Beziehungen zum Ausland

Art. 296 Beleidigung eines fremden Staates

Wer einen fremden Staat in der Person seines Oberhauptes, in seiner Regierung oder in der Person eines seiner diplomatischen Vertreter oder eines seiner offiziellen Delegierten an einer in der Schweiz tagenden diplomatischen Konferenz oder eines seiner offiziellen Vertreter bei einer in der Schweiz niedergelassenen oder tagenden zwischenstaatlichen Organisation oder Abteilung einer solchen öffentlich beleidigt, wird mit Freiheitsstrafe bis zu drei Jahren oder Geldstrafe bestraft.

Art. 296–301: *Strafverfolgung* erst auf *Ermächtigung* des Bundesrates hin: StGB Art. 302. – Bundesgerichtsbarkeit: StGB Art. 336 Abs. 1 lit. g.

Art. 296: Der Begriff der *Beleidigung* umfasst sämtliche Ehrverletzungstatvarianten (StGB Art. 173–177). – *Verjährung:* StGB Art. 302 Abs. 3.

Art. 297 Beleidigung zwischenstaatlicher Organisationen

Wer eine in der Schweiz niedergelassene oder tagende zwischenstaatliche Organisation oder Abteilung einer solchen in der Person eines ihrer offiziellen Vertreter öffentlich beleidigt, wird mit Freiheitsstrafe bis zu drei Jahren oder Geldstrafe bestraft.

Art. 297: Für die in der Schweiz niedergelassenen internationalen Organisationen vgl. die sog. «Sitzverträge» in SR 0.192.120.1 und Bem. zu StGB Art. 296. *Verjährung:* StGB Art. 302 Abs. 3.

Art. 298 Tätliche Angriffe auf fremde Hoheitszeichen

Wer Hoheitszeichen eines fremden Staates, die von einer anerkannten Vertretung dieses Staates öffentlich angebracht sind, namentlich sein Wappen oder seine Fahne böswillig wegnimmt, beschädigt oder beleidigende Handlungen daran verübt, wird mit Freiheitsstrafe bis zu drei Jahren oder Geldstrafe bestraft.

Art. 298: Vgl. StGB Art. 270 (Tätliche Angriffe auf schweiz. Hoheitszeichen).

Art. 299 Verletzung fremder Gebietshoheit

1. Wer die Gebietshoheit eines fremden Staates verletzt, insbesondere durch unerlaubte Vornahme von Amtshandlungen auf dem fremden Staatsgebiete,
wer in Verletzung des Völkerrechtes auf fremdes Staatsgebiet eindringt,
wird mit Freiheitsstrafe bis zu drei Jahren oder Geldstrafe bestraft.
2. Wer versucht, vom Gebiete der Schweiz aus mit Gewalt die staatliche Ordnung eines fremden Staates zu stören, wird mit Freiheitsstrafe bis zu drei Jahren oder Geldstrafe bestraft.

Art. 299: Vgl. StGB Art. 269, 271 (Verletzung schweiz. Gebietshoheit, verbotene Handlungen für einen fremden Staat) und StGB Art. 265 (Hochverrat).

Ziff. 1: In diesen Fällen nimmt die Schweiz sinngemäss ungeachtet StGB Art. 3 ff. auch ihre *Gerichtsbarkeit* in Anspruch.

Art. 300 Feindseligkeiten gegen einen Kriegführenden oder fremde Truppen

Wer vom neutralen Gebiete der Schweiz aus Feindseligkeiten gegen einen Kriegführenden unternimmt oder unterstützt,
wer Feindseligkeiten gegen in die Schweiz zugelassene fremde Truppen unternimmt,
wird mit Freiheitsstrafe oder Geldstrafe bestraft.

Art. 300: Die Bestimmung stützt sich auf die Verpflichtung im V. Haager Abkommen vom 18.10.1907 betr. die Rechte und Pflichten der neutralen Mächte und Privaten im Falle eines Landkrieges (SR 0.515.21), Art. 1–5. – Ergänzend BV Art. 107 (alt BV Art. 41), BG über das Kriegsmaterial vom 13.12.1996 (SR 514.51).

Art. 301 Nachrichtendienst gegen fremde Staaten

1. Wer im Gebiete der Schweiz für einen fremden Staat zum Nachteil eines andern fremden Staates militärischen Nachrichtendienst betreibt oder einen solchen Dienst einrichtet,

wer für solche Dienste anwirbt oder ihnen Vorschub leistet,

wird mit Freiheitsstrafe bis zu drei Jahren oder Geldstrafe bestraft.

2. Die Korrespondenz und das Material werden eingezogen.

Art. 301: Vgl. StGB Art. 274 (Militärischer Nachrichtendienst): Verhältnis zu MStG Art. 86: BGE 97 IV 122 (Frage offengelassen).

Ziff. 1 bezweckt die Verhinderung der Spitzeltätigkeit: BGE 101 IV 189. – Schutzobjekt sind die Beziehungen der Schweiz zum Ausland, wobei es unerheblich ist, ob der Nachrichtendienst dem betreffenden Land nützlich oder schädlich war (BGE 89 IV 207) und ob die Beziehungen zwischen dem fremden Staat und der Schweiz tatsächlich gestört wurden (BGE 89 IV 207, 101 IV 191, ZR 63 (1964) Nr. 17). – Fremder Staat ist jede staatliche Organisation, welche tatsächliche Machtbefugnisse ausübt, unabhängig von der diplomatischen Anerkennung durch die Schweiz: ZR 63 (1964) Nr. 17. – Vorbereitung, Anstiftung und Gehilfenschaft stellen selbständige Tatvarianten dar: BGE 101 IV 189, ZR 63 (1964) Nr. 17.

Art. 302 Strafverfolgung

¹ Die Verbrechen und Vergehen dieses Titels werden nur auf Ermächtigung des Bundesrates verfolgt.

² Der Bundesrat ordnet die Verfolgung nur an, wenn in den Fällen des Artikels 296 die Regierung des fremden Staates und in den Fällen des Artikels 297 ein Organ der zwischenstaatlichen Organisation um die Strafverfolgung ersucht. In Zeiten aktiven Dienstes kann er die Verfolgung auch ohne ein solches Ersuchen anordnen.

³ In den Fällen der Artikel 296 und 297 tritt die Verjährung in zwei Jahren ein.

Art. 302 Abs. 1: Vgl. BStP Art. 105. – Es handelt sich um Ermächtigungsdelikte, welche die Berücksichtigung des Opportunitätsprinzips erlauben: VPB 1987 I Nr. 5.

Abs. 3: Zur *Verjährung* vgl. StGB Art. 97 f.

Siebzehnter Titel: Verbrechen und Vergehen gegen die Rechtspflege

Art. 303 Falsche Anschuldigung

1. Wer einen Nichtschuldigen wider besseres Wissen bei der Behörde eines Verbrechens oder eines Vergehens beschuldigt, in der Absicht, eine Strafverfolgung gegen ihn herbeizuführen,
wer in anderer Weise arglistige Veranstaltungen trifft, in der Absicht, eine Strafverfolgung gegen einen Nichtschuldigen herbeizuführen,
wird mit Freiheitsstrafe oder Geldstrafe bestraft.
2. Betrifft die falsche Anschuldigung eine Übertretung, so ist die Strafe Freiheitsstrafe bis zu drei Jahren oder Geldstrafe.

Zu Art. 303 ff.: Krim 1981, 412, Krim 1965, 433, 483, 533, ZStrR 73 (1958) 213. – Bundesgerichtsbarkeit, soweit die Delikte gegen die Bundesrechtspflege gerichtet sind: StGB Art. 336 Abs. 1 lit. g. Zulässigkeit kant. Übertretungstatbestände: BGE 117 Ia 476.

Art. 303: Die Bestimmung will einerseits den ungehinderten Gang der Rechtspflege, andererseits den Bürger vor ungerechtfertigter Strafverfolgung schützen: BGE 89 IV 206. Diese kann sich sowohl auf eine von einem anderen als auch auf eine überhaupt nicht begangene Tat beziehen. Vgl. StGB Art. 308 Abs. 1 (fakultative Strafmilderung).

Ziff. 1 Abs. 1: Die Anzeige kann auch bei einem Polizeibeamten erfolgen, wenn der Täter mit der Weiterleitung an die zuständige Behörde rechnete (BGE 75 IV 178), und auch an eine ausländische Behörde gerichtet sein: BGE 89 IV 206. Die Beschuldigung ist an keine bestimmte Form gebunden und kann auch in einem Verhör vorgetragen werden: BGE 85 IV 21, 95 IV 20. Sie muss sich auf ein strafbares Verhalten beziehen; die Beschuldigung, einen Disziplinarfehler begangen zu haben, genügt nicht: BGE 95 IV 21. Wer in seiner Anzeige bloss entstellende oder übertriebene Angaben über ein vom Beschuldigten tatsächlich verübtes Delikt macht, erfüllt den Tatbestand nicht: ZR 66 (1967) Nr. 60 (abweichend SJZ 65 [1969] 212), wohl aber dann, wenn er fälschlicherweise vorsätzliches Handeln des Beschuldigten behauptet, wo nur dieses strafbar ist (BGE 72 IV 76). Die angezeigte Person muss wohl bestimmbar sein, nicht aber mit Namen genannt werden: BGE 85 IV 83. Die Nennung erheblicher Verdachtsmomente gegen sie wird genügen. Mit einem gegenüber der angezeigten Person früher ergangenen freisprechenden Urteil oder Einstellungsbeschluss steht ihre Nichtschuld (unter Vorbehalt einer Wiederaufnahme jenes Verfahrens) für den Richter verbindlich fest: BGE 74 IV 75. Vollendet ist die Tat mit der Beschuldigung, ohne dass gegen den Betroffenen ein Verfahren eingeleitet worden sein müsste: BGE 72 IV 75.

Subjektiv ist erforderlich, dass der Täter in Bezug auf seine Beschuldigung wider besseres Wissen handelte, d.h. im Bewusstsein ihrer Unwahrheit. Es genügt nicht, wenn er es bloss für möglich hielt, dass seine Beschuldigung falsch sei (Eventualvorsatz): BGE 76 IV 244. Sodann muss die Anzeige in der Absicht erfolgen, gegen den Beschuldigten ein Strafverfahren herbeizuführen, wobei Eventualabsicht ausreicht (BGE 80 IV 120, 85 IV 83). Daran fehlt es, wenn der Täter seine falsche Behauptung erst anbringt, nachdem – wie er weiss – gegen den Beschuldigten wegen des diesem zur Last geleg ten Verhaltens bereits ein Verfahren eröffnet worden ist: BGE 102 IV 107, 111 IV 163. Ohne dieses Wissen wäre versuchte falsche Anschuldigung gegeben.

Verhältnis zu anderen Bestimmungen: Die in der falschen Anschuldigung enthaltene Verleumdung nach StGB Art. 174 Ziff. 1 wird durch StGB Art. 303 Ziff. 1 konsumiert (vgl. BGE 76 IV 245, 115 IV 3). Abgrenzung zu der nach StGB Art. 305 straflosen Selbstbegünstigung: Wer nicht nur die Richtigkeit einer ihm gegenüber erfolgten Anzeige bestreitet, sondern überdies den Anzeigeerstatter seinerseits wider besseres Wissen wegen falscher Anschuldigung anzeigt, erfüllt den Tatbestand von StGB Art. 303 Ziff. 1 Abs. 1 (SJZ 66 [1970] 154).

Abs. 2: Gefordert wird ein aktives Tun; unterlassenes Aufklären der Behörde, welches die jemand anderem drohende Strafverfolgung abzuwenden vermöchte, genügt nicht. Eine arglistige Veranstaltung i.S. von StGB Art. 303 Ziff. 1 Abs. 2 ist auch das Auftreten unter falscher Identität, vgl. BGE 132 IV 20, Erw. 5.3: Der Täter weist sich bei der Festnahme und den Einvernahmen mit den Papieren seines Bruders aus und gibt dessen Personalien an. Weitere Beispiele für tatbestandsmässige Verhaltensweisen (BGE 132 IV 20, Erw. 5.3): Ein Täter versteckt Diebesgut in der Wohnung eines anderen oder benutzt während eines Einbruchs die Schuhe eines andern, um damit deutliche Abdrücke zu hinterlassen. Keine arglistige Veranstaltung liegt darin, dass der selber wegen Verletzung von Verkehrsregeln angezeigte Fahrzeuglenker mit seiner Begleiterin vereinbart, dass sich diese als Fahrerin ausgibt: BGE 111 IV 163.

Ziff. 2: Vgl. zum Begriff der Übertretung StGB Art. 103.

Art. 304 Irreführung der Rechtspflege

1. Wer bei einer Behörde wider besseres Wissen anzeigt, es sei eine strafbare Handlung begangen worden,

wer sich selbst fälschlicherweise bei der Behörde einer strafbaren Handlung beschuldigt,

wird mit Freiheitsstrafe bis zu drei Jahren oder Geldstrafe bestraft.

2. In besonders leichten Fällen kann der Richter von einer Bestrafung Umgang nehmen.

Art. 304: Vgl. StGB Art. 308 Abs. 1 (fakultative Strafmilderung). Vom Delikt gemäss StGB Art. 304 wird nur die Rechtspflege betroffen, im Gegensatz zu StGB Art. 303 fehlt die «persönliche Spitze», BGE 86 IV 185. Nach StGB Art. 304 ist keine Absicht erforderlich, eine Strafuntersuchung herbeizuführen.

Ziff. 1 Abs. 1: Die Tat kann auch durch eine Aussage in einem Verhör begangen werden: BGE 75 IV 178, 85 IV 82. Ihr Motiv bleibt belanglos. Eine Irreführung der Rechtspflege liegt auch dann vor, wenn der Beschuldigte eine gar nicht begangene Tat anzeigt, um so den Verdacht eines von ihm verübten Delikts von sich abzulenken: BGE 75 IV 179. Der Täter muss stets um die Strafbarkeit des von ihm angezeigten Verhaltens wissen: BGE 86 IV 185. – Zur Gehilfenschaft: BGE 75 IV 179/80. – Abs. 1 trifft nicht zu, wenn der Anzeiger über eine wirklich begangene strafbare Handlung oder über eine solche, die er für wirklich verübt hält, bewusst falsche Angaben macht: BGE 72 IV 140, 75 IV 178 f.; Anwendung dieses Grundsatzes auf einen Fall, wo der Beschuldigte statt sich selber einen Unbekannten als Täter bezeichnete: SJZ 67 (1971) 160.

Abs. 2: Der Täter kann sich sowohl eines überhaupt nicht begangenen Deliktes bezichtigen als auch für jemanden ausgeben, der ein bestimmtes Delikt verübt hat oder auch nur wegen einer Tat angezeigt wurde. In diesem Fall genügt es, wenn er fälschlicherweise die Rolle des Angeschuldigten übernimmt. Ob er die angezeigte Tat in tatsächlicher und/oder rechtlicher Hinsicht bestreitet, ist unerheblich: BGE 111 IV 160. – Der Täter muss sich der Strafbarkeit des Verhaltens bewusst sein, das zur Anzeige gebracht wird (vgl. BGE 86 IV 185). – Keine Irreführung der Rechtspflege begeht, wer in einem gegen ihn geführten Strafverfahren die ihm vorgeworfene Tat fälschlicherweise gesteht (SJZ 65 [1969] 381 und 68 [1972] 217), wohl aber derjenige, der noch weitere, ihm noch nicht angelastete und von ihm nicht verübte Delikte zugibt (BGE 86 IV 184). – Teilnahme an der falschen Selbstbezichtigung eines anderen kommt nur in Form der Anstiftung oder Gehilfenschaft, nicht aber der Mittäterschaft in Betracht: BGE 111 IV 163.

Art. 305   Begünstigung

¹ Wer jemanden der Strafverfolgung, dem Strafvollzug oder dem Vollzug einer der in den Artikeln 59–61, 63 und 64 vorgesehenen Massnahmen entzieht, wird mit Freiheitsstrafe bis zu drei Jahren oder Geldstrafe bestraft.

¹bis Ebenso wird bestraft, wer jemanden, der im Ausland wegen eines Verbrechens nach Artikel 101 verfolgt wird oder verurteilt wurde, der dortigen Strafverfolgung oder dem dortigen Vollzug einer Freiheitsstrafe oder einer Massnahme im Sinne der Artikel 59–61, 63 und 64 entzieht.

² Steht der Täter in so nahen Beziehungen zu dem Begünstigten, dass sein Verhalten entschuldbar ist, so kann der Richter von einer Bestrafung Umgang nehmen.

Art. 305: ZStrR 94 (1977) 158, ZBJV 117 (1981) 357, recht 1984, 93. – Die Bestimmung schützt nur die *schweiz.* Strafrechtspflege: BGE 104 IV 241 (nun abgesehen von Abs. 1bis). – Vgl. auch StGB Art. 310 und 319 (Befreiung bzw. Entweichenlassen von Gefangenen).

Abs. 1: Die Begünstigung ist sowohl im Stadium der Strafverfolgung (Verfolgungsbegünstigung) als auch der Strafvollstreckung (Vollstreckungsbegünstigung) strafbar: BGE 99 IV 275, 101 IV 315, vgl. auch BGE 104 IV 190 (Begriff des Strafvollzuges). Die Begünstigung von *administrativ oder jugend strafrechtlich in eine Anstalt Eingewiesenen* fällt jedoch nicht unter StGB Art. 305: BGE 96 IV 75, 99 IV 275. – Für die Erfüllung des Tatbestandes kommt es nicht darauf an, ob der Begünstigte schuldig oder unschuldig ist: BGE 101 IV 315, 104 IV 238. – Begriff des *Entziehens:* Es besteht bei der Verfolgungsbegünstigung ausser in der Verhinderung einer Untersuchung überhaupt schon in einer Erschwerung der Ermittlung oder Überführung eines Straftäters bzw. eines Verdächtigen: ZBJV 117 (1981) 379. Die Verhinderung eines einzelnen Aktes der Strafverfolgung genügt: BGE 103 IV 99. – Bei der Hilfe an Flüchtige besteht der tatbestandsmässige Erfolg nach BGE 99 IV 276, 103 IV 99 und 106 IV 191 erst darin, dass die Ergreifung des Täters um eine gewisse Zeit verzögert bzw. der Straf oder Massnahmenvollzug für eine gewisse Zeit verhindert wird. Nach BGE 104 IV 188 genügt jedoch schon jede Beihilfe zu einer wenn auch nur vorübergehenden Vereitelung des Vollzuges (ähnlich ZBJV 117 1981 364), vgl. zur Verfolgungsbegünstigung BGE 129 IV 140, wonach eine blosse Beistandshandlung, welche die Strafverfolgung nur vorübergehend oder geringfügig behindert bzw. stört, nicht genügt (keine Begünstigung begeht gemäss BGE 129 IV 140, wer fluchtbereiten Tatverdächtigen ohne weiteres ersetzbare persönliche Effekten aus dem Hotelzimmer holt). Zu weitgehend BGE 114 IV 39: Die Tathandlung muss lediglich *geeignet* sein, den Begünstigten für eine gewisse Zeit der Strafverfolgung oder dem Strafvollzug zu entziehen. Durch *Unterlassen* kann der Tatbestand nur erfüllt werden, wenn der Begünstigende eine Garantenpflicht hat: BGE 117 IV 471 (i. c. verneint), 120 IV 106 (keine Ableitung einer solchen Stellung aus der Akteneditionspflicht), 123 IV 72 (Tierpräparator, der ihm übergebene geschützte Tiere nicht meldet, macht sich nicht nach StGB Art. 305 strafbar). – *Einzelne Fälle:* Begünstigung bejaht bei Missachtung der Anzeigepflicht: BGE 74 IV 166 (Verhältnis zum kantonalrechtlichen Tatbestand der Amtspflichtverletzung), BGE 109 IV 49, SJZ 85 (1989) 286 (Verfolgungspflicht des Polizeibeamten, Opportunitätsprinzip); Beseitigung von Beweismaterial: SJZ 58 (1962) 28, ZR 78 (1979) Nr. 87, Verweigerung der Herausgabe beschlagnahmter Beweisgegenstände: ZR 78 (1979) Nr. 71, Schmuggel von «Kassibern» eines Untersuchungshäftlings, worin die Empfänger zur Beseitigung bzw. Entkräftung von Beweismaterial aufgefordert werden: SJZ 76 (1980) 82, Beherbergung eines Verfolgten oder Verurteilten: BGE 103 IV 99, 104 IV 189, 106 IV 191 (Verbergen ist nicht erforderlich), finanzielle Unterstützung solcher Personen: BGE 106 IV 190, Vermittlung von Unterkünften an Flüchtige und deren Transport an solche Orte: BGE 99 IV 278. – *Keine* Begünstigung wird nach der Rechtsprechung begangen durch Verweigerung von Angaben gegenüber der Polizei, sofern keine besondere gesetzliche Auskunftspflicht besteht: BGE 103 IV 248 bzw. SJZ 65 (1969) 183 (zu SVG Art. 51 Abs. 2); durch die Weigerung einer zur Zeugenaussage verpflichteten Person, Zeugnis über die Person eines ihr bekannten Straftäters abzulegen, sofern sie keine besondere Garantenstellung innehat: BGE 106 IV 277, anders und richtig noch BGE 101 IV 315, da schon die Missachtung einer Mitwirkungspflicht genügen muss, vgl. ZBJV 117 (1981) 385; durch eine berechtigte Zeugnisverweigerung: BGE 101 IV 315, RS 1971 Nr. 106; durch das Sammeln von Beweismaterial für ein Wiederaufnahmeverfahren: SJZ 67 (1971) 97; durch den Rat eines Verteidigers an den Beschuldigten, zu schweigen: SJZ 74 (1978) 217 (anders ZStrR 96 [1979] 189), durch Verweigerung der Herausgabe belastenden Bildmaterials: BGE 120 IV 106. – *Subjektiver Tatbestand:* Erforderlich ist mindestens Eventualvorsatz, jemanden ganz, teilweise oder vorübergehend der Strafverfolgung zu entziehen; ein besonderer Beweggrund oder eine besondere Absicht wird nicht gefordert: BGE 99 IV 278, 103 IV 100, 114 IV 40. Die Person des Begünstigten braucht dem Täter nicht bekannt zu sein: ZR 78 (1979) Nr. 71.

Selbstbegünstigung bleibt als solche straflos, nicht aber ein allfälliges weiteres Delikt, das mit ihr verbunden ist: BGE 102 IV 31, 115 IV 230, 118 IV 181, 259, 120 IV 136, 124 IV 130 (Hinderung einer Amtshandlung). Teilnahmehandlungen des von der Strafverfolgung oder -vollstreckung Bedrohten zu seiner Begünstigung sind straflos: BGE 115 IV 232; straflos bleibt ferner die durch einen Tatbeteiligten zugunsten eines anderen verübte Begünstigung, wenn sie notwendigerweise mit der Selbstbegünstigung einhergeht und von einem auf diese Letztere gerichteten Willen getragen wird: BGE 102 IV 31.

Verhältnis zu StGB Art. 303 bzw. 304 Ziff. 1 Abs. 2: Wer einen andern oder sich selbst fälschlicherweise des von einem Dritten verübten Delikts bezichtigt, um diesen der Strafverfolgung zu entziehen, erfüllt jenen Tatbestand und StGB Art. 305 in Idealkonkurrenz: BGE 111 IV 161, 165. – Verhältnis zur Befreiung von Gefangenen nach StGB Art. 310: BGE 96 IV 76 (die *nach* der Befreiung geleistete Hilfe fällt unter StGB Art. 305), zur Hehlerei i.S. von StGB Art. 160: ZR 78 (1979) Nr. 87.

Abs. 2 statuiert einen fakultativen Schuldausschlussgrund, der neben dem Verzicht auf Strafe auch deren Milderung nach StGB Art. 48a, nicht aber den Freispruch des Täters ermöglicht: BGE 106 IV

193. Er ist auch auf den Anstifter zu Begünstigung anwendbar: BGE 111 IV 166. – Anstiftung zu weiteren Straftaten als Mittel der Begünstigung fällt nicht unter Abs. 2: BGE 81 IV 41.

Art. 305bis Geldwäscherei

1. Wer eine Handlung vornimmt, die geeignet ist, die Ermittlung der Herkunft, die Auffindung oder die Einziehung von Vermögenswerten zu vereiteln, die, wie er weiss oder annehmen muss, aus einem Verbrechen herrühren,
wird mit Freiheitsstrafe bis zu drei Jahren oder Geldstrafe bestraft.

2. In schweren Fällen ist die Strafe Freiheitsstrafe bis zu fünf Jahren oder Geldstrafe. Mit der Freiheitsstrafe wird eine Geldstrafe bis zu 500 Tagessätzen verbunden.
Ein schwerer Fall liegt insbesondere vor, wenn der Täter:
a. als Mitglied einer Verbrechensorganisation handelt;
b. als Mitglied einer Bande handelt, die sich zur fortgesetzten Ausübung der Geldwäscherei zusammengefunden hat;
c. durch gewerbsmässige Geldwäscherei einen grossen Umsatz oder einen erheblichen Gewinn erzielt.

3. Der Täter wird auch bestraft, wenn die Haupttat im Ausland begangen wurde und diese auch am Begehungsort strafbar ist.

Art. 305bis: Vgl. ZStrR 106 (1989) 160, 113 (1995) 256, SJZ 86 (1990) 189, recht 1992, 112, ZStrR 105 (1988) 418. Vgl. StGB Art. 102 Abs. 2 zur Strafbarkeit des Unternehmens.

Ziff. 1: Durch Geldwäscherei wird der Zugriff der Strafbehörden auf eine Verbrechensbeute vereitelt. Ermittlungs-, Auffindungs- und Einziehungsvereitelung sind dabei gleichrangig. Strafbar ist die Vereitelungshandlung als solche, unbesehen eines Vereitelungserfolgs: BGE 124 IV 275. Die Bestimmung von StGB Art. 305bis ist gegen die Geldwäscherei im heute üblichen Wortsinn (Verschleierung der Herkunft von mittels verbrecherischer Organisationen erlangten Vermögenswerten durch Transaktionen auf dem Finanzmarkt) gerichtet, erstreckt sich aber auch auf Werte, die von Einzelnen durch ein Verbrechen i. S. von StGB Art. 10 Abs. 2 erzielt wurden (vgl. BGE 119 IV 61). Nicht erforderlich ist, dass die verbrecherisch erlangten Vermögenswerte weiteren Verbrechen dienen: BGE 119 IV 243. Geht es um ein im Ausland verübtes Delikt (vgl. Ziff. 3 der Bestimmung), ist massgebend, ob dieses nach schweiz. Recht als Verbrechen zu beurteilen wäre. Jede Tathandlung, die geeignet ist, die Einziehung zu vereiteln, erfüllt den Tatbestand der Geldwäscherei, so bei Drogenhandel das Verstecken des Erlöses (BGE 119 IV 63, 243, 122 IV 215) oder der Umtausch dabei erlangten Notengeldes in andere (grössere) Geldscheine: BGE 122 IV 215. Eine einfache Einzahlung auf das dem üblichen privaten Zahlungsverkehr dienende persönliche Bankkonto fällt objektiv nicht darunter: BGE 124 IV 278, 127 IV 19. Das Anlegen von Drogengeld ist jedenfalls dann Geldwäscherei, wenn sich die Art und Weise, wie das Geld angelegt wird, von der einfachen Einzahlung von Bargeld auf ein Konto unterscheidet: BGE 119 IV 244. Anders als bei BetmG Art. 19 Ziff. 1 betreffen die Handlungen das *Resultat* eines Rauschgifthandels, nicht die Finanzierung eines künftigen Geschäftes dieser Art: BGE 122 IV 218. Bezüglich des Wissens um die deliktische Herkunft der Vermögenswerte genügt Eventualvorsatz: BGE 119 IV 247 («wie er annehmen musste», vgl. Bem. zu StGB Art. 160 Ziff. 1).

Täter kann auch sein, wer das von ihm gewaschene Geld selber durch ein Verbrechen erlangt hat: BGE 120 IV 324, 124 IV 276, 126 IV 255. Strafbarer Versuch soll nach BGE 120 IV 329 sogar schon dann vorliegen können, wenn das zur Erlangung des Geldes geplante Verbrechen noch gar nicht begangen wurde.

Konkurrenzen: Zu Hehlerei i.S. von StGB Art. 160 besteht echte Konkurrenz (BGE 127 IV 85), ebenso zu Menschenhandel i.S. von StGB Art. 196 (BGE 128 IV 132) und zu BetmG Art. 19 (BGE 122 IV 223).

Ziff. 2: Unter *«Verbrechensorganisation»* versteht die Botschaft des Bundesrates (Botschaft, BBl 1989 II 1085) einen Zusammenschluss von mindestens drei Personen für längere oder unbestimmte Zeit, zu deren Tätigkeit schwerste Delikte gehören. BGE 129 IV 273: Der Begriff «Verbrechensorganisation» ist derselbe wie jener der «kriminellen Organisation» i.S. von StGB Art. 260ter. – Zur bandenmässigen Begehung vgl. Bem. zu StGB Art. 139 Ziff. 3, zur Gewerbsmässigkeit Bem. zu StGB Art. 27 und BGE 122 IV 217, 129 IV 190.

Ziff. 3: Nicht erforderlich ist Strafbarkeit auch der Geldwäscherei im Begehungsstaat der Haupttat (problematisch).

Art. 305ter Mangelnde Sorgfalt bei Finanzgeschäften und Melderecht

¹ Wer berufsmässig fremde Vermögenswerte annimmt, aufbewahrt, anlegen oder übertragen hilft und es unterlässt, mit der nach den Umständen gebotenen Sorgfalt die Identität des wirtschaftlich Berechtigten festzustellen, wird mit Freiheitsstrafe bis zu einem Jahr oder Geldstrafe bestraft.

² Die von Absatz 1 erfassten Personen sind berechtigt, den inländischen Strafverfolgungsbehörden und den vom Gesetz bezeichneten Bundesbehörden Wahrnehmungen zu melden, die darauf schliessen lassen, dass Vermögenswerte aus einem Verbrechen herrühren.

Art. 305ter Abs. 1: Die Tat kann nur von Personen begangen werden, die sich berufsmässig (vgl. VB-GwG) mit Finanzgeschäften befassen (vgl. BGE 129 IV 338: Geldtransporteur als möglicher Täter), und ist wie StGB Art. 305bis ein abstraktes Gefährdungsdelikt gegen die Rechtspflege. Das tatbestandsmässige Verhalten besteht darin, dass der Täter eines der erwähnten Geldgeschäfte tätigt, ohne den wirtschaftlich Berechtigten, d.h. wirklichen Inhaber des Vermögenswertes, richtig identifiziert zu haben, worauf sich auch sein Vorsatz erstrecken muss.

Die Sorgfaltspflichten der sog. *Finanzintermediäre* bezüglich der Feststellung der Identität des wirtschaftlich Berechtigten ergeben sich einerseits aus GwG Art. 3 ff. und anderseits aus den konkreten Umständen: BGE 125 IV 143, 129 IV 338.

Abs. 2: Die Bestimmung schafft einen besonderen Rechtfertigungsgrund i.S. von StGB Art. 14, um den Finanzintermediär jedenfalls vom Vorwurf zu bewahren, durch die Meldung das Bank-, Post- oder Geschäftsgeheimnis verletzt zu haben. Als Bundesbehörde wird in GwG Art. 23 Abs. 1 die vom Bundesamt für Polizei geführte Meldestelle für Geldwäscherei bezeichnet. GwG Art. 9 statuiert eine *Pflicht* des Finanzintermediärs zur Meldung an die Stelle, wenn er weiss oder den begründeten Verdacht hat, dass die in die Geschäftsbeziehung involvierten Vermögenswerte im Zusammenhang mit einer strafbaren Handlung nach StGB Art. 305bis stehen, und dass sie aus einem Verbrechen herrühren oder der Verfügungsmacht einer kriminellen Organisation unterliegen (StGB Art. 260ter Ziff. 1 StGB). Eine Verletzung der Meldepflicht wird in GwG Art. 37 mit Busse bedroht.

Art. 306 Falsche Beweisaussage der Partei

¹ Wer in einem Zivilrechtsverfahren als Partei nach erfolgter richterlicher Ermahnung zur Wahrheit und nach Hinweis auf die Straffolgen eine falsche Beweisaussage zur Sache macht, wird mit Freiheitsstrafe bis zu drei Jahren oder Geldstrafe bestraft.

² Wird die Aussage mit einem Eid oder einem Handgelübde bekräftigt, so ist die Strafe Freiheitsstrafe bis zu drei Jahren oder Geldstrafe nicht unter 90 Tagessätzen.

Art. 306: Anwendung auf das Verwaltungs-, Verwaltungsgerichts- und das Schiedsgerichtsverfahren: StGB Art. 309. Strafmilderung: StGB Art. 308.

Abs. 1: Eine *Beweisaussage* liegt nur vor, wenn sich die Aussage (im Gegensatz zu einem einfachen Parteiverhör) grundsätzlich eignet, Beweis zugunsten der aussagenden Partei zu bilden, was eine Frage des kant. Prozessrechts ist (BGE 76 IV 279, 95 IV 77) und z.B. für ZPO ZH § 150 zutrifft; ohne entsprechende gesetzliche Grundlage lässt sich StGB Art. 306 durch blossen Hinweis auf diese Bestimmung nicht anwendbar machen. – Das Prozessgesetz bestimmt, welche Formvorschriften ausser der in StGB Art. 306 Abs. 1 selber aufgestellten Belehrung des Einzuvernehmenden bei der Abhörung der Parteien zu beachten sind, damit eine gültige Beweisaussage vorliegt: BGE 72 IV 37. – *Vollendung* der falschen Beweisaussage tritt mit der Bestätigung der Richtigkeit des Protokolls durch den Befragten ein: BGE 95 IV 79. – Eventualvorsatz reicht zur Efüllung des *subjektiven Tatbestandes* aus.

Abs. 2 kann nur zur Anwendung gelangen, wenn das betreffende Prozessrecht die Möglichkeit der Aussage unter Eid oder mit Handgelübde vorsieht.

Art. 307 Falsches Zeugnis. Falsches Gutachten. Falsche Übersetzung

¹ Wer in einem gerichtlichen Verfahren als Zeuge, Sachverständiger, Übersetzer oder Dolmetscher zur Sache falsch aussagt, einen falschen Befund oder ein falsches Gutachten abgibt oder falsch übersetzt, wird mit Freiheitsstrafe bis zu fünf Jahren oder Geldstrafe bestraft.

² Werden die Aussage, der Befund, das Gutachten oder die Übersetzung mit einem Eid oder mit einem Handgelübde bekräftigt, so ist die Strafe Freiheitsstrafe bis zu fünf Jahren oder Geldstrafe nicht unter 180 Tagessätzen.

³ Bezieht sich die falsche Äusserung auf Tatsachen, die für die richterliche Entscheidung unerheblich sind, so ist die Strafe Geldstrafe bis zu 180 Tagessätzen.

Art. 307: ZStrR 91 (1975) 337, ZStrR 76 (1960) 348. – Anwendung auf das Verwaltungs-, Verwaltungsgerichts- und das Schiedsgerichtsverfahren: StGB Art. 309. – Vgl. betr. Zeugnisverweigerung StGB Art. 292, 305. – Demjenigen, welchem durch eine falsche Aussage unmittelbar ein Nachteil erwächst, ist im Strafverfahren die Parteistellung eines Geschädigten einzuräumen: BGE 120 Ia 223.

Abs. 1: Die Strafbarkeit setzt Gültigkeit der Zeugeneinvernahme voraus, die wiederum davon abhängt, ob nach dem massgebenden (in der Regel kant.) Verfahrensrecht der Befragte Zeugeneigenschaft besass und die für Zuständigkeit und Formalitäten der Einvernahme bestehenden Gültigkeitsvorschriften (im Gegensatz zu blossen Ordnungsvorschriften) beachtet wurden: vgl. BGE 92 IV 207, 98 IV 214 (zur Zeugeneigenschaft), 71 IV 44 (betr. Formfehler). Dabei braucht es sich nicht um ausdrückliche Bestimmungen zu handeln. Ist danach die Einvernahme als ungültig zu betrachten, stellen dabei erfolgte Falschaussagen entgegen BGE 94 IV 4 auch kein versuchtes falsches Zeugnis dar, es ist vielmehr von einem straflosen Putativdelikt auszugehen. – Die *Zeugeneigenschaft* setzt zunächst Zeugnisfähigkeit voraus, die v.a. wegen psychischer Beeinträchtigung oder Kindesalter entfallen kann (vgl. hierzu SJZ 69 [1973] 70). Sie fehlt ferner nach der Rechtsprechung einer Reihe von Kantonen auch dann, wenn der Befragte an der abzuklärenden Straftat beteiligt war, selbst wenn dies für den Einvernehmenden nicht ersichtlich war (sog. Materialtheorie, vgl. z.B. SJZ 63 [1967] 137 für Zürich, SJZ 62 [1966] 225 für St. Gallen, RS 1979 Nr. 699 für den Aargau). Der sog. anonyme Zeuge ist kein eigentlicher Zeuge im strafprozessualen Sinne: BGE 116 Ia 88. Auch die Auskunftsperson ist kein Zeuge. – Als *Gültigkeitsvorschriften* werden meistens der Hinweis auf die Strafdrohung für falsches Zeugnis, allenfalls verbunden mit Ermahnung zur Wahrheit (vgl. z.B. RS 1988 Nr. 398 für Luzern), sowie auf ein für den Einzuvernehmenden bestehendes Zeugnisverweigerungsrecht betrachtet (vgl. z. B. ZR 60 [1961] Nr. 25 für Zürich, ZBJV 102 [1966] 311 für Bern, RS 1965 Nr. 35 für Luzern, PKG 1966 Nr. 29 für Graubünden). Gleiches gilt in der Regel für Verlesen des Protokolls sowie dessen Unterzeichnung oder Bestätigung durch den Zeugen (vgl. RS 1961 Nr. 214, ZBJV 111 [1975] 418). Blosse Ordnungsvorschriften sind z.B. solche über Form und Zeitpunkt des Ergehens einer Vorladung (SJZ 69 [1973] 137).

Sachverständige sind nur die richterlich ernannten Personen, nicht aber von einer Partei beauftragte Privatgutachter.

Als *gerichtliches Verfahren* kommt auch dasjenige vor Untersuchungsbehörden und -richtern in Betracht, in einigen Kantonen ist ausserdem die Polizei zu gewissen Zeugeneinvernahmen befugt (vgl. RS 1988 Nr. 500 für Graubünden). – Eine *Aussage zur Sache* liegt vor, wenn sie mit der Abklärung oder Feststellung des Vorganges zusammenhängt, der Gegenstand des Verfahrens bildet (BGE 93 IV 25), wozu auch die Beantwortung von Fragen zur Prüfung der Glaubwürdigkeit oder Zuverlässigkeit der Schilderung des Zeugen gehören (vgl. BGE 70 IV 84, 75 IV 68), ebenso falsche Angaben über seelische Gegebenheiten (Gefühle, Wille, Absicht), selbst in Bezug auf andere Personen (BGE 93 IV 59). *Falsch* ist die Aussage auch dann, wenn der Zeuge einen von ihm nicht miterlebten Vorgang als eigene Beobachtung schildert, wenn er wahrheitswidrig angibt, über den Gegenstand der Befragung nichts aussagen zu können, oder in entstellter Weise nur einen Teil des relevanten Sachverhaltes wiedergibt.

Zum erforderlichen *Vorsatz* gehört v.a. das Bewusstsein, wenn auch bloss möglicherweise, falsch auszusagen (vgl. für sein Fehlen z.B. BGE 71 IV 135), nicht aber das Wissen darum, dass die Aussage eine für die richterliche Entscheidung erhebliche Tatsache betrifft (BGE 93 IV 27). *Vollendet* ist die Tat mit dem Abschluss der Einvernahme, dessen Zeitpunkt sich wiederum nach dem massgebenden Prozessrecht bestimmt (BGE 85 IV 332, 98 IV 214), Erweckung eines Irrtums ist nicht erforderlich (vgl. BGE 106 IV 200 für offensichtliche Falschaussagen). Berichtigt der Zeuge seine falschen Aussagen vor dem Abschluss der Einvernahme, liegt nach der Rechtsprechung entgegen den allgemeinen Regeln kein strafbarer Versuch vor (BGE 85 IV 33, 95 IV 79, 107 IV 132), was im Hinblick auf StGB Art. 308 Abs. 1 als vertretbar erscheint.

Anstiftung zu falschem Zeugnis ist auch dann strafbar, wenn sie durch einen Beschuldigten zum Zwecke seiner Begünstigung erfolgt: BGE 81 IV 40. Zum entsprechenden Vorsatz gehört insbesondere, dass der Anstifter mit einer Einvernahme des Angestifteten *als Zeuge* rechnet: BGE 98 IV 216. Vgl. zur Anstiftung 72 IV 99. Nicht strafbar ist die Verleitung eines anderen zu unbewusst falschem Zeugnis (mittelbare Täterschaft): BGE 71 IV 135.

Verhältnis zu StGB Art. 303, 304 und 305. Diese Bestimmungen sind zusätzlich anzuwenden, wenn die Falschaussage auch eine falsche Anschuldigung bzw. Irreführung der Rechtspflege oder eine Begünstigung enthält.

Abs. 2: Vgl. BGE 87 IV 12. Die Bestimmung kann nur zur Anwendung gelangen, wenn das betreffende Prozessrecht die Möglichkeit der Aussage unter Eid oder mit Handgelübde vorsieht.

Abs. 3: Unerhebliche Tatsachen sind nur solche, die sich ihrer Natur nach nicht eignen, die richterliche Entscheidung zu beeinflussen: BGE 93 IV 26, 106 IV 198.

Art. 308   Strafmilderungen

¹ Berichtigt der Täter seine falsche Anschuldigung (Art. 303), seine falsche Anzeige (Art. 304) oder Aussage (Art. 306 und 307) aus eigenem Antrieb und bevor durch sie ein Rechtsnachteil für einen andern entstanden ist, so kann der Richter die Strafe mildern (Art. 48a) oder von einer Bestrafung Umgang nehmen.

² Hat der Täter eine falsche Äusserung getan (Art. 306 und 307), weil er durch die wahre Aussage sich oder seine Angehörigen der Gefahr strafrechtlicher Verfolgung aussetzen würde, so kann der Richter die Strafe mildern (Art. 48a).

Art. 308 Abs. 1: Die Anwendung dieser Bestimmung auf StGB Art. 307 setzt voraus, dass die Zeugenaussage vollendet ist. Die Anwendung von Abs. 1 kann deshalb nicht mit der Begründung abgelehnt werden, die falsche Aussage sei nicht schon vorher widerrufen worden. Ein vager Hinweis, dass für einen andern ein Rechtsnachteil entstanden sein könnte, genügt für den Ausschluss von Abs. 1 nicht: BGE 107 IV 132; ebensowenig, wenn Dritte den Zeugen wiederholt zum Widerruf drängen und ernsthafte Schwierigkeiten in Aussicht stellen: BGE 108 IV 105. *«Eigener Antrieb»:* vgl. Bem. zu StGB Art. 23, BGE 108 IV 104 (das Motiv bleibt belanglos). Der Zeuge berichtigt nicht aus eigenem Antrieb, wenn er durch ein neues Verhör dazu geführt wird (BGE 69 IV 223) oder unter dem Druck von Drittpersonen handelt (BGE 108 IV 106).

Abs. 2: Sog. Ehrennotstand. – Angehörige: StGB Art. 110 Abs. 1. Durch Abs. 2 wird auch das falsche Zeugnis zugunsten eines bereits angeschuldigten Angehörigen erfasst: BGE 118 IV 177. Dies gilt auch dann, wenn dem Zeugen ein Zeugnisverweigerungsrecht zusteht und er darauf hingewiesen worden ist: BGE 118 IV 180 (fragwürdig). – Abs. 2 ist auch anwendbar, wenn der Zeuge bloss glaubt, sich durch die wahre Aussage der Gefahr strafrechtlicher Verfolgung auszusetzen (StGB Art. 13): BGE 75 IV 70. Abs. 2 schliesst die Anwendung von StGB Art. 17 und 18 aus für das im Ehrennotstand abgelegte falsche Zeugnis: BGE 87 IV 21. – Die Bestimmung ist nicht anwendbar bei Anstiftung zu falschem Zeugnis zu eigenen Gunsten oder zugunsten eines Angehörigen: BGE 118 IV 181.

Art. 309 Verwaltungssachen und Verfahren vor internationalen Gerichten

Die Artikel 306–308 finden auch Anwendung auf:

a. das Verwaltungsgerichtsverfahren, das Schiedsgerichtsverfahren und das Verfahren vor Behörden und Beamten der Verwaltung, denen das Recht der Zeugenabhörung zusteht;

b. das Verfahren vor internationalen Gerichten, deren Zuständigkeit die Schweiz als verbindlich anerkennt.

Art. 309: Vgl. VStrR Art. 15–17.

Art. 310 Befreiung von Gefangenen

1. Wer mit Gewalt, Drohung oder List einen Verhafteten, einen Gefangenen oder einen andern auf amtliche Anordnung in eine Anstalt Eingewiesenen befreit oder ihm zur Flucht behilflich ist, wird mit Freiheitsstrafe bis zu drei Jahren oder Geldstrafe bestraft.

2. Wird die Tat von einem zusammengerotteten Haufen begangen, so wird jeder, der an der Zusammenrottung teilnimmt, mit Freiheitsstrafe bis zu drei Jahren oder Geldstrafe bestraft.

Der Teilnehmer, der Gewalt an Personen oder Sachen verübt, wird mit Freiheitsstrafe bis zu drei Jahren oder Geldstrafe nicht unter 30 Tagessätzen bestraft.

Art. 310: Die Bestimmung bezieht sich nur auf die Befreiung eines Gefangenen und die Hilfe zu seiner Flucht durch Dritte, auch Mitgefangene (vgl. ZBJV 123 [1987] 446), nicht aber auf die Selbstbefreiung (vgl. BGE 96 IV 75); diese ist nur im Rahmen von StGB Art. 311 strafbar. StGB Art. 310 geht ganz allgemein StGB Art. 305 (Begünstigung) vor, bei Befreiung mit Gewalt oder Drohung auch StGB Art. 181 (Nötigung) und StGB Art. 285 (Gewalt und Drohung gegen Beamte).

Ziff. 1 betrifft im Gegensatz zu StGB Art. 305 Abs. 1 nicht nur aufgrund strafrechtlicher Bestimmungen Inhaftierte, sondern auch administrativ in eine Anstalt Eingewiesene (BGE 96 IV 75). Befindet sich der Gefangene im Moment der Handlung des Täters ausserhalb der Vollzugsanstalt, ist die Bestimmung nur anwendbar, wenn er dort in seiner Freiheit mindestens beschränkt war, wie z.B. bei einem überwachten Spitalaufenthalt (vgl. BGE 86 IV 217), nicht aber auf einem Urlaub. Unterstützung eines bereits in Freiheit befindlichen Gefangenen ist nach StGB Art. 305 Abs. 1 zu beurteilen: BGE 96 IV 75. – Tatmittel: Auch für die Begehungsform der Fluchthilfe muss sich der Täter der Gewalt, Drohung oder List bedienen: BGE 96 IV 74. Vgl. zur Anwendung von List: BGE 86 IV 218 (Eindringen des Täters in den Vollzugsort), ZBJV 123 (1987) 446 (Einschmuggeln von Ausbruchswerkzeugen durch einen in Halbgefangenschaft befindlichen Mitgefangenen). Die Tat ist in dem Moment vollendet, da der Gefangene alle zur Sicherung des Gewahrsams aufgerichteten Hindernisse überwunden hat: BGE 96 IV 76, vgl. auch BGE 98 IV 85. Zur Abgrenzung Vorbereitungshandlung–Versuch vgl. BGE 117 IV 396.

Ziff. 2: Zum «zusammengerotteten Haufen» vgl. Bem. zu StGB Art. 260 Abs. 1 und 285 Ziff. 2.

Art. 311 Meuterei von Gefangenen

1. Gefangene oder andere auf amtliche Anordnung in eine Anstalt Eingewiesene, die sich in der Absicht zusammenrotten,
vereint Anstaltsbeamte oder andere mit ihrer Beaufsichtigung beauftragte Personen anzugreifen,
durch Gewalt oder Drohung mit Gewalt Anstaltsbeamte oder andere mit ihrer Beaufsichtigung beauftragte Personen zu einer Handlung oder Unterlassung zu nötigen,
gewaltsam auszubrechen,
werden mit Freiheitsstrafe bis zu drei Jahren oder Geldstrafe nicht unter 30 Tagessätzen bestraft.

2. Der Teilnehmer, der Gewalt an Personen oder Sachen verübt, wird mit Freiheitsstrafe bis zu fünf Jahren oder Geldstrafe nicht unter 90 Tagessätzen bestraft.

Art. 311: Im Gegensatz zu StGB Art. 310 kommen nur Gefangene, nicht aber ausserhalb der Anstalt befindliche Verhaftete als Täter in Frage. Die Strafbarkeit tritt bereits mit der Teilnahme des Täters an einer Zusammenrottung ein (vgl. zu diesem Begriff die Bem. zu StGB Art. 260 und 285 Ziff. 2). Dazu gehören mehrere (mehr als zwei) Beteiligte und die *Absicht,* einen eventuellen Widerstand durch offene Gewalt zu brechen: ZBJV 87 (1951) 217. Keine Zusammenrottung bilden Gefangene, die unfreiwillig die gleiche Zelle teilen (BJM 1980, 91). Wenden die zusammengerotteten Gefangenen andere Nötigungsmittel als die in Ziff. 1 genannten an (Streiks), kommt StGB Art. 285 Ziff. 2, subsidiär StGB Art. 181 in Frage.

Achtzehnter Titel: Strafbare Handlungen gegen die Amts- und Berufspflicht

Art. 312 Amtsmissbrauch

Mitglieder einer Behörde oder Beamte, die ihre Amtsgewalt missbrauchen, um sich oder einem andern einen unrechtmässigen Vorteil zu verschaffen oder einem andern einen Nachteil zuzufügen, werden mit Freiheitsstrafe bis zu fünf Jahren oder Geldstrafe bestraft.

Zu Art. 312–322: ZStrR 87 (1971) 292. – Beamter: StGB Art. 110 Abs. 3 – Bundesgerichtsbarkeit nach StGB Art. 336 Abs. 1 lit. g, wenn der Täter Bundesbeamter ist. Erfordernis der Ermächtigung gemäss Verantwortlichkeitsgesetz vom 14. März 1958, Art. 15 (SR 170.32). Die Strafverfolgung bedarf stets der Ermächtigung durch das EJPD, wenn sich der Vorwurf der strafbaren Handlung auf die durch das VG erfasste amtliche Funktion bezieht, unabhängig davon, ob der Betroffene die Verfehlung erst nach Ausscheiden aus dieser Funktion begangen hat: BGE 111 IV 39. – Nicht abschliessende Regelung; Zulässigkeit kant. Übertretungstatbestände: BGE 81 IV 330, 88 IV 70 (Amtspflichtverletzung). – Die Möglichkeit disziplinarischer Ahndung schliesst die Anwendung der StGB Art. 312 ff. nicht aus: BGE 99 IV 14.

Art. 312: Diese Bestimmung will nur Amtspflichtverletzungen bestrafen, die durch besondere, vom StGB umschriebene Merkmale gekennzeichnet sind. Missbrauch der Amtsgewalt i.S. von StGB Art. 312 liegt nur vor, wenn der Täter in der Absicht der Erlangung eines unrechtmässigen Vorteils oder der Zufügung eines widerrechtlichen Nachteils Machtbefugnisse, die ihm sein Amt verleiht, unrechtmässig anwendet, d.h. kraft seines Amtes verfügt oder Zwang ausübt, wo dies nicht geschehen dürfte: BGE 104 IV 23, 108 IV 49, 113 IV 30, 114 IV 42 (keine Amtsgewalt übt aus, wer beim Vollzug von Reglementen und Verfügungen zu niedrige Besoldungen und Beiträge ausrichtet). – Nach StGB Art. 312 ist nicht strafbar, wer seine amtliche Stelle benützt, um ausserhalb seines Amts liegende Ziele zu verfolgen: BGE 88 IV 70 (zu beschränken wohl auf den Fall, dass der Täter dabei seine besonderen Machtbefugnisse nicht ausnützt). – Der Beamte, der zwar legitime Ziele verfolgt, aber zur Erlangung derselben unzulässige oder unverhältnismässige Mittel anwendet, erfüllt StGB Art. 312: BGE 104 IV 23, 99 IV 14, RS 1990 Nr. 722. Idealkonkurrenz mit Körperverletzung (StGB Art. 123) ist möglich: BGE 99 IV 14. – Ein Polizeibeamter, der auf die Beschimpfung durch einen Festgenommenen mit einem Schlag gegen dessen Kinn reagiert, erfüllt den Tatbestand nicht: BGE 108 IV 50. Dieser Entscheid wurde in BGE 127 IV 211 dahingehend präzisiert, dass der Täter jedenfalls bei Anwendung von Gewalt und Zwang dann tatbestandsmässig handelt, wenn er seine besonderen Machtbefugnisse ausgenützt hat, er die Tat gewissermassen unter dem Mantel seiner amtlichen Tätigkeit begangen und dabei die ihm obliegenden Pflichten verletzt hat. Die Gewaltanwendung bzw. der Zwang müssen als Ausübung der Macht erscheinen, die dem Amtsträger kraft seiner Amtsstellung zukommt. – Wer nach durchgeführter Submission eine Arbeit der öffentlichen Hand einem Interessenten verweigert und sie einem andern zuschlägt, übt keine hoheitlichen Befugnisse aus und erfüllt daher den Tatbestand von StGB Art. 312 nicht: BGE 101 IV 410. Der angestrebte Vorteil bzw. Nachteil braucht nicht vermögensrechtlicher Natur zu sein: BGE 99 IV 14, 104 IV 23.

Art. 313 Gebührenüberforderung

Ein Beamter, der in gewinnsüchtiger Absicht Taxen, Gebühren oder Vergütungen erhebt, die nicht geschuldet werden oder die gesetzlichen Ansätze überschreiten, wird mit Freiheitsstrafe bis zu drei Jahren oder Geldstrafe bestraft.

Art. 313: In *gewinnsüchtiger Absicht* handelt, wer eine in moralischer Hinsicht verwerfliche Bereicherung anstrebt: BGE 107 IV 121 ff., 109 IV 119 f. – Im Verhältnis zu Betrug nach StGB Art. 146 ist echte Konkurrenz anzunehmen; jedenfalls geht StGB Art. 313 nicht vor (vgl. RS 1989 Nr. 597). – Im Gegensatz zu StGB Art. 322quater und 322sexies wird der betr. Geldbetrag nicht zugunsten des Beamten bzw. einer Drittperson geleistet, sondern geht an das Gemeinwesen.

Art. 314 Ungetreue Amtsführung

Mitglieder einer Behörde oder Beamte, die bei einem Rechtsgeschäft die von ihnen zu wahrenden öffentlichen Interessen schädigen, um sich oder einem andern einen unrechtmässigen Vorteil zu verschaffen, werden mit Freiheitsstrafe bis zu fünf Jahren oder mit Geldstrafe bestraft. Mit der Freiheitsstrafe ist eine Geldstrafe zu verbinden.

Art. 314: Vgl. StGB Art. 158 (ungetreue Geschäftsbesorgung). – Durch das von StGB Art. 314 inkriminierte (ausschliesslich privatrechtliche) Rechtsgeschäft selber und dessen Wirkungen müssen öffentliche Interessen finanzieller oder ideeller Art geschädigt sein: BGE 101 IV 411, 109 IV 170, 114 IV 135 (Beeinträchtigung des Vertrauens in die Gleichbehandlung der Steuerpflichtigen). Die ungetreue Amtsführung kann durch Täuschung bzw. Verschweigen wesentlicher Tatsachen oder Verletzung der massgebenden (kant.) Ausstandsbestimmungen geschehen: BGE 109 IV 171. Es genügt, dass der Täter im Verlaufe seiner Amtstätigkeit die Schädigung des Gemeinwesens herbeiführt: Unwichtig ist, in welchem Stadium des Verfahrens dies geschieht: BGE 109 IV 172, RS 1986 Nr. 54. – Die Widerrechtlichkeit des ungetreuen Verhaltens wird durch die Gleichwertigkeit von angebotener und erbrachter Leistung nicht aufgehoben: BGE 109 IV 170. – Absicht zur Verschaffung eines unrechtmässigen Vorteils: Dieser Vorteil des Täters oder des Dritten kann auch ideeller Natur sein und z.B. in einer vorteilhaften Baumöglichkeit bestehen, indem durch die widerrechtliche Bewilligung eine solche ausserhalb der Bauzone möglich wird: BGE 111 IV 84 (es ist indessen fraglich, ob dabei von einem privatrechtlichen «Rechtsgeschäft» die Rede sein kann). – Nur soweit StGB Art. 314 nicht zutrifft, ist StGB Art. 158 auch auf Beamte und Behördenmitglieder anwendbar: in diesem Sinn zu alt StGB Art. 159: BGE 113 Ib 182 = Pr 76 (1987) Nr. 243, BGE 118 IV 246 (fraglich, wenn die Voraussetzungen des geltenden StGB Art. 158 Ziff. 2 erfüllt sind). Ist neben StGB Art. 314 auch StGB Art. 322quater erfüllt, dürfte letztere Bestimmung vorgehen (zum früheren StGB alt Art. 315 Abs. 1 bestand echte Konkurrenz: BGE 117 IV 288. Im Verhältnis zu StGB alt Art. 315 Abs. 2 war dagegen unechte Konkurrenz anzunehmen: BGE 117 IV 288 [Bestrafung nur nach der zweitgenannten Bestimmung]). Im Verhältnis von StGB Art. 314 zu StGB Art. 138 besteht nach BGer vom 14.10.2003, 6S.262/2003 echte Konkurrenz.

Art. 315–316

Aufgehoben.

Art. 317 Urkundenfälschung im Amt

1. Beamte oder Personen öffentlichen Glaubens, die vorsätzlich eine Urkunde fälschen oder verfälschen oder die echte Unterschrift oder das echte Handzeichen eines andern zur Herstellung einer unechten Urkunde benützen,

Beamte oder Personen öffentlichen Glaubens, die vorsätzlich eine rechtlich erhebliche Tatsache unrichtig beurkunden, namentlich eine falsche Unterschrift oder ein falsches Handzeichen oder eine unrichtige Abschrift beglaubigen,

werden mit Freiheitsstrafe bis zu fünf Jahren oder Geldstrafe bestraft.

2. Handelt der Täter fahrlässig, so ist die Strafe Busse.

Art. 317: Bei der Revision vom 17.6.1994 wurde in Ziff. 1 Abs. 1 der Ausdruck «unwahre» durch «unechte Urkunde» ersetzt (entsprechend StGB Art. 251 Ziff. 1 Abs. 2) und in Ziff. 1 Abs. 3 die Mindeststrafe von sechs Monaten Freiheitsstrafe eliminiert.

Ziff. 1: Zum Begriff der Urkunde vgl. BGer vom 16.2.2005, 6S.276/2004, Erw. 3.1, StGB Art. 110 Abs. 4 und Bem. hierzu. – Die strafbaren Verhaltensweisen entsprechen objektiv StGB Art. 251 Ziff. 1

(vgl. Bem. hierzu, vgl. auch BGE 117 IV 291); statt dieser Bestimmung wird StGB Art. 317 Ziff. 1 angewendet, wenn der Täter Beamter (vgl. Bem. zu StGB Art. 285–295) oder Person öffentlichen Glaubens, d.h. zur Ausstellung öffentlicher Urkunden legitimiert, ist. Nach der Rechtsprechung des Bundesgerichts sind Anstifter und Gehilfen ohne Sondereigenschaft ebenfalls nach StGB Art. 317 strafbar (BGer vom 16.2.2005, 6S.276/2004, Erw. 3.2 m.w.H). Bei Beamten muss das Delikt indessen keine *öffentliche* Urkunde betreffen: BGE 93 IV 55. Deren Herstellung oder Abänderung braucht auch nicht zum normalen Amtsbereich des Beamten zu gehören; ein enger Zusammenhang damit genügt, sofern der Täter seine Amtspflicht missbraucht: BGE 81 IV 288. – Für Falschbeurkundung i.S. von Abs. 2 der Bestimmung ist eine eindeutige schriftliche, inhaltlich unrichtige Erklärung des Täters vorauszusetzen: BGE 117 IV 290 (verneint für den Staatsbuchhalter, der vom Kanton nicht geschuldete Beträge in eine Sammel-Zahlungsanweisung aufnimmt). Weitere Entscheide: Der Urkundencharakter wurde bejaht für den bloss zum internen Gebrauch bestimmten Dienstrapport (BGE 93 IV 55) und für den Ordnungsbussenzettel (SJZ 77 1981 128), verneint für eine unrichtige Abrechnung über die Geschäftsführung des Beamten (BGE 73 IV 109) und den von einem Postgehilfen angebrachten rückdatierten Stempel auf einem frankierten Umschlag (BGE 77 IV 177). Die Falschbeurkundung kann auch durch Anbringen eines amtlichen Zeichens begangen werden: BGE 76 IV 32. Die Beweisfunktion einer notariellen Urkunde erstreckt sich auf die Wiedergabe des Unterzeichnungs- und Beurkundungsvorgangs (BGE 95 IV 114, 113 IV 79), die Anerkennung einer Unterschrift (BGE 99 IV 199) und die Gleichzeitigkeit zweier Willenserklärungen (BGE 102 IV 57).

Subjektiv ist im Gegensatz zu StGB Art. 251 Ziff. 1 keine besondere Absicht erforderlich (BGer vom 16.2.2005, 6S.276/2004, Erw. 3.5), wohl aber wie bei dieser Bestimmung, dass der Täter die unechte oder unwahre Urkunde mit dem Willen herstellt, dass sie zur Täuschung im Rechtsverkehr gebraucht wird, oder dies mindestens in Kauf nimmt (BGE 121 IV 223, 100 IV 182). BGE 113 IV 82 setzt den täuschenden Gebrauch in fragwürdiger Weise schon damit gleich, dass die Urkunde in den Rechtsverkehr gebracht wird (kritisch dazu ZBJV 125 1989 43).

Ziff. 2: Der Fall fahrlässigen Handelns wird praktisch nur darin bestehen können, dass der Täter die Unwahrheit eines von ihm beglaubigten Sachverhaltes – z.B. bei falschen Erklärungen – aus pflichtwidriger Unvorsichtigkeit nicht erkennt.

Art. 317bis   Nicht strafbare Handlungen

¹ Wer mit richterlicher Genehmigung im Rahmen einer verdeckten Ermittlung zum Aufbau oder zur Aufrechterhaltung seiner Legende Urkunden herstellt, verändert oder gebraucht, ist nicht nach den Artikeln 251, 252, 255 und 317 strafbar.

² Wer mit richterlicher Genehmigung für eine verdeckte Ermittlung Urkunden herstellt oder verändert, ist nicht nach den Artikeln 251, 252, 255 und 317 strafbar.

Art. 317bis: Zum BVE im Allgemeinen: ZStrR 122 (2004) 97, ZSR 124 (2005) I 219. – Zum Begriff der Urkunde: StGB Art. 110 Abs. 4. Vgl. ferner BVE Art. 6 Abs. 1, 7 Abs. 2 lit. a, 17 Abs. 1.

Art. 318 Falsches ärztliches Zeugnis

1. Ärzte, Zahnärzte, Tierärzte und Hebammen, die vorsätzlich ein unwahres Zeugnis ausstellen, das zum Gebrauche bei einer Behörde oder zur Erlangung eines unberechtigten Vorteils bestimmt, oder das geeignet ist, wichtige und berechtigte Interessen Dritter zu verletzen, werden mit Freiheitsstrafe bis zu drei Jahren oder Geldstrafe bestraft.

Hat der Täter dafür eine besondere Belohnung gefordert, angenommen oder sich versprechen lassen, so wird er mit Freiheitsstrafe bis zu drei Jahren oder Geldstrafe bestraft.

2. Handelt der Täter fahrlässig, so ist die Strafe Busse.

Art. 318 Ziff. 1: Es muss sich um ein Zeugnis über einen Sachverhalt handeln, für den der Täter sachkundig ist. «Ausstellen» setzt auch voraus, dass er das Zeugnis dem Betroffenen oder einem Dritten aushändigt; dass es auch tatsächlich für einen der im Text genannten Zwecke verwendet wird, ist für die Vollendung der Tat nicht erforderlich.

Ziff. 2: Die Fahrlässigkeit muss sich sinngemäss auf die Unwahrheit des Zeugnisses beziehen, so z.B., wenn der Arzt bei einem wegen angetrunkenen Fahrens verdächtigten Fahrzeugführer die Angetrunkenheit ausschliesst, obgleich später eine Blutalkoholkonzentration von 2,5 ‰ festgestellt wird: RS 1979 Nr. 701.

Art. 319 Entweichenlassen von Gefangenen

Der Beamte, der einem Verhafteten, einem Gefangenen oder einem andern auf amtliche Anordnung in eine Anstalt Eingewiesenen zur Flucht behilflich ist oder ihn entweichen lässt, wird mit Freiheitsstrafe bis zu drei Jahren oder Geldstrafe bestraft.

Art. 319: Die Bestimmung findet statt StGB Art. 310 Ziff. 1 Anwendung, wenn ein Beamter (der sinngemäss mindestens vorübergehend Überwachungsfunktionen ausüben muss) Täter ist. Alsdann kann aber auch eine Unterlassung genügen. – Begünstigung nach StGB Art. 305 wird konsumiert.

Art. 320 Verletzung des Amtsgeheimnisses

1. Wer ein Geheimnis offenbart, das ihm in seiner Eigenschaft als Mitglied einer Behörde oder als Beamter anvertraut worden ist oder das er in seiner amtlichen oder dienstlichen Stellung wahrgenommen hat, wird mit Freiheitsstrafe bis zu drei Jahren oder Geldstrafe bestraft.

Die Verletzung des Amtsgeheimnisses ist auch nach Beendigung des amtlichen oder dienstlichen Verhältnisses strafbar.

2. Der Täter ist nicht strafbar, wenn er das Geheimnis mit schriftlicher Einwilligung seiner vorgesetzten Behörde geoffenbart hat.

Zu Art. 320 und 321: ZStrR 56 (1942) 257. – Vgl. StGB Art. 162 (Verletzung des Fabrikations- und Geschäftsgeheimnisses), StGB Art. 267 (diplomatischer Landesverrat), StGB Art. 273 (wirtschaftlicher Nachrichtendienst), StGB Art. 283 (Verletzung des Abstimmungs- und Wahlgeheimnisses), StGB Art. 329 (Verletzung militärischer Geheimnisse). – Für militärische Belange: MStG Art. 77 (Verletzung des Dienstgeheimnisses), MStG Art. 86 (Landesverrat), MStG Art. 106 (Verletzung militärischer Geheimnisse). – Spezialbestimmungen: OHG Art. 4 Abs. 1.

Das *Geheimnis* bezieht sich auf nicht allgemein bekannte oder zugängliche, also nur einem beschränkten Personenkreis vertraute Tatsachen, deren Schutz vor Preisgabe der Berechtigte (Geheimnisherr) will und an deren Geheimhaltung ein objektives Interesse besteht. Der Umstand, dass ein beschränkter Kreis in das Geheimnis eingeweiht ist, hebt dessen Charakter nicht auf: BGE 104 IV 177, 114 IV 46, 116 IV 65, SJZ 83 (1987) 343 f., ZR 71 (1972) Nr. 67.

Art. 320: Vgl. StGB Art. 110 Abs. 3 (Beamter), 321ter.

Verpflichtungen zur amtlichen Verschwiegenheit können auch auf der Spezialgesetzgebung beruhen, vgl. z.B. OHG Art. 4.

Ein *Amtsgeheimnis* liegt vor, wenn nach dem für die Ausübung des Amtes massgebenden Gesetz eine Geheimhaltepflicht besteht und es sich materiell um ein Geheimnis handelt; dies gilt insbesondere, wenn Interessen des Gemeinwesens oder der beteiligten Personen auf dem Spiel stehen: BGE 99 IV 69, SJZ 76 (1980) 318, ZBJV 114 (1978) 455, ZR 76 (1977) Nr. 45. Einer durch die Tat in ihrer Privatsphäre betroffenen Person ist im Strafverfahren die Parteistellung eines Geschädigten einzuräumen: BGE 120 Ia 224. Der Täter muss die dem Geheimnis unterstehenden Tatsachen in seiner Eigenschaft als Amtsträger erfahren haben und die geheimhaltungsbedürftige Tatsache muss sich auf seine amtliche Tätigkeit beziehen, wobei alle so erlangten Kenntnisse eingeschlossen sind: BGE 115 IV 236, 116 IV 66. Die so begründete Schweigepflicht besteht auch dann, wenn die Information teilweise unrichtig ist, Mutmassungen oder rechtswidrige Praktiken von staatlichen Organen enthält: BGE 116 IV 65, SJZ 83 (1987) 344. – Der *beamtete Arzt* steht je nach dem Bereich seiner Aufgabe (Verwaltungstätigkeit/Betreuung von Patienten) unter dem Amts- oder Berufsgeheimnis (nach StGB Art. 321): SJZ 81 (1985) 146, ZBJV 115 (1979) 426, ZR 76 (1977) Nr. 45 (vgl. jedoch BGE 118 II 257, wonach Ärzte, unabhängig vom jeweiligen Aufgabenbereich, dem Amtsgeheimnis unterstehen, sobald sie in amtlicher Eigenschaft und in Verrichtung hoheitlicher Befugnisse handeln).

Die Pflicht zur Verschwiegenheit kann auch gegenüber *anderen Dienstzweigen* bestehen, sofern deren Informierung nicht ausdrücklich vorgeschrieben oder sachlich geboten ist: SJZ 69 (1973) 330 f. Eine Unterrichtung der vorgesetzten Instanz im Interesse der Amtsführung, selbst unter Umgehung des Dienstweges, ist nicht tatbestandsmässig: BGE 116 IV 65, SJZ 69 (1973) 15.

Im *Straf- und Zivilprozess* führt das Amtsgeheimnis zu einem Recht der Zeugnisverweigerung oder der Verweigerung der Herausgabe von Akten, vgl. BStP Art. 78, StPO ZH § 103 Abs. 1, ZPO ZH §§ 159 Ziff. 2, 184 Abs. 3, BGE 80 I 3 (Akten der Vormundschaftsbehörde), ZBJV 114 (1978) 456 (anonyme Gewährsperson, dazu auch BGE 116 Ia 88). – Die Strafverfolgungsbehörde hat die Akten so zu führen, dass sie alle Ermittlungshandlungen enthalten; eine selektive Anlage von Akten kann nicht durch das Amtsgeheimnis gedeckt werden: BJM 1984, 258, dazu recht 1986, 40.

Ziff. 1: Ein (unerlaubtes) Offenbaren besteht in der Bekanntgabe oder im Zugänglichmachen des Geheimnisses an einen unbefugten Dritten, und zwar auch dann, wenn dieser selbst an eine gesetzliche Schweigepflicht gebunden ist: BGE 114 IV 48, vgl. auch BGE 116 IV 65. Nach diesem Entscheid ist dagegen (sinngemäss) nicht strafbar, wer als Beamter den Amtsvorsteher über ein für die Amtsführung relevantes Geheimnis orientiert.

Zum *Vorsatz* (StGB Art. 12 Abs. 2): BGE 116 IV 66 Erw. 2. Eventualvorsatz genügt. Zum *Rechtsirrtum* (StGB Art. 21): BGE 116 IV 68. *Anstiftung* zur Verletzung des Amtsgeheimnisses: BGE 127 IV 122, gemäss EGMR verletzt dieser Entscheid allerdings die in EMRK Art. 10 garantierte Meinungsäusserungsfreiheit, vgl. Urteil 77551/01 vom 25.4.2006 und NZZ vom 26.4.2006, Nr. 96, S. 47.

Ziff. 2: Es ist grundsätzlich Sache des Beamten, um die Einwilligung nachzusuchen und zu entscheiden, ob er das tun will: BGE 123 IV 77. Vor dem Entscheid über die Erteilung der Bewilligung sollte eine allfällige vom Geheimnis mitbetroffene Privatperson angehört werden. Deren Zustimmung allein wird ausreichen, wenn es ausschliesslich um ein Privatgeheimnis geht. – Die Durchbrechung der Schweigepflicht ohne Einwilligung der vorgesetzten Behörde unter Berufung auf den übergesetzlichen Rechtfertigungsgrund der *Wahrung berechtigter Interessen* ist nur ausnahmsweise und nach Erschöpfung aller legalen Möglichkeiten zulässig: BGE 94 IV 70, SJZ 83 (1987) 344, ZR 76 (1977) Nr. 45. Die Verletzung des Amtsgeheimnisses lässt sich jedenfalls nicht mit dem verfassungsmässigen Recht auf Meinungsäusserungsfreiheit rechtfertigen: SJZ 69 (1973) 331 f.

Art. 321 Verletzung des Berufsgeheimnisses

1. Geistliche, Rechtsanwälte, Verteidiger, Notare, nach Obligationenrecht zur Verschwiegenheit verpflichtete Revisoren, Ärzte, Zahnärzte, Apotheker, Hebammen sowie ihre Hilfspersonen, die ein Geheimnis offenbaren, das ihnen infolge ihres Berufes anvertraut worden ist, oder das sie in dessen Ausübung wahrgenommen haben, werden, auf Antrag, mit Freiheitsstrafe bis zu drei Jahren oder Geldstrafe bestraft.

Ebenso werden Studierende bestraft, die ein Geheimnis offenbaren, das sie bei ihrem Studium wahrnehmen.

Die Verletzung des Berufsgeheimnisses ist auch nach Beendigung der Berufsausübung oder der Studien strafbar.

2. Der Täter ist nicht strafbar, wenn er das Geheimnis auf Grund einer Einwilligung des Berechtigten oder einer auf Gesuch des Täters erteilten schriftlichen Bewilligung der vorgesetzten Behörde oder Aufsichtsbehörde offenbart hat.

3. Vorbehalten bleiben die eidgenössischen und kantonalen Bestimmungen über die Zeugnispflicht und über die Auskunftspflicht gegenüber einer Behörde.

Art. 321: SJZ 62 (1966) 327, SJZ 76 (1980) 105, 125, BJM 1987, 57, ZStrR 88 (1972) 67, ZStrR 92 (1976) 179, SJZ 83 (1987) 25.

Begriff und Umfang: Das Berufsgeheimnis nach StGB Art. 321 umfasst alle geheimhaltungswürdigen Tatsachen, welche die in StGB Art. 321 aufgezählten Personen bei der Erfüllung ihrer beruflichen Aufgaben anvertraut werden oder die sie bei dieser Gelegenheit wahrnehmen. – StGB Art. 321 wird durch StGB Art. 179novies und 321bis sowie durch BankG Art. 47 oder DSG Art. 35 (Verletzung der beruflichen Schweigepflicht) ergänzt. Nach letztgenannter Bestimmung wird auf Antrag bestraft, wer vorsätzlich geheime, besonders schützenswerte Personendaten oder Persönlichkeitsprofile unbefugt bekanntgibt, von denen er bei der Ausübung seines Berufes, der die Kenntnis solcher Daten erfordert, erfahren hat. – Was den Adressaten von StGB Art. 321 ausserhalb ihrer Berufsausübung mitgeteilt wird, fällt nur dann unter StGB Art. 321, wenn ihnen das Geheimnis erkennbar in ihrer Eigenschaft als Geistlicher, Anwalt, Arzt usw. anvertraut wird: BGE 75 IV 74, 101 Ia 11. Mitteilungen oder Wahrnehmungen brauchen nicht mit der spezifischen Berufskenntnis zusammenzuhängen. Die Geheimhaltepflicht hat auch Mitteilungen von Dritten über den Klienten und dessen Mitteilungen über Drittpersonen zum Gegenstand: SJZ 62 (1966) 223, ZR 71 (1972) Nr. 67, RS 1988 Nr. 335, abweichend ZR 80 (1981) Nr. 7 (Gegenpartei des Anwalts). Die Geheimhaltepflicht erstreckt sich nicht nur auf das Wissen der Berufsperson, sondern auch auf Urkunden, medizinische Aufnahmen usw.: BGE 75 IV 74, ZR 76 (1977) Nr. 45.

Sinn: Die nach StGB Art. 321 zur Geheimhaltung Verpflichteten sind zur richtigen Erfüllung ihrer Aufgaben auf vollständige Informationen angewiesen. Diese werden im Vertrauen auf die Verschwiegenheit des Ratgebers erteilt: BGE 112 Ib 606, 114 III 107, 115 Ia 199, ZR 88 (1989) Nr. 82.

Verhältnis von StGB Art. 321 zum kant. *Berufs- und Disziplinarrecht:* BGE 97 I 835, ZR 71 (1972) Nr. 100, 76 (1977) Nr. 45.

Ziff. 1: Die *Geheimhaltepflichtigen* sind in Ziff. 1 abschliessend aufgezählt: BGE 83 IV 197. Erfasst wird auch der Laienpriester einer Gemeinschaft (SJZ 68 [1972] 60), der beamtete Spitalarzt bei der Patientenbetreuung (SJZ 81 [1985] 145, ZR 76 [1977] Nr. 45), nicht dagegen der Tierarzt: SJZ 54 (1958) 293. Revisoren sind die Mitglieder der Kontroll- bzw. Revisionsstelle nach OR Art. 727 ff., 819, 906 ff. – Der medizinische *Sachverständige* ist gegenüber Dritten stets an seine ärztliche Schweigepflicht gebunden, während er gegenüber dem Gericht im Rahmen seines Auftrages zur Auskunft verpflichtet ist: ZR 88 (1989) Nr. 69. Das Berufsgeheimnis überdauert den Tod des Geheimnisherrn, doch müssen dessen Interessen unter besonderen Umständen gegenüber gewichtigen Interessen der Erben zurücktreten: ZBl 91 (1990) 364 ff. (Einsicht in Krankengeschichten, Bestimmung eines Vertrauensarztes, der die Angehörigen über den Inhalt soweit unterrichtet, als es für deren rechtliche Anliegen von Bedeutung ist). – Bei Anwälten und Notaren schützt das Berufsgeheimnis nur zum spezifischen Teil ihres Berufes gehörende, nicht aber geschäftliche Tätigkeiten wie etwa die Verwaltung von Gesellschaften, von Vermögen und Geldern: Pr 85 (1996) Nr. 197, vgl. schon BGE 112 Ib 608, 113 Ib 80, 114 III 108, 115 Ia 199, ZR 81 (1982) Nr. 98.

Der Begriff des *Offenbarens* umfasst jede Art der Bekanntgabe; sie kann in strafbarer Weise auch gegenüber einem Berufskollegen erfolgen: BGE 75 IV 74. Information der Invalidenversicherung: BGE 106 IV 132. Vgl. auch die entsprechenden Bem. bei StGB Art. 320. Offenbarung ohne Einwilligung oder Ermächtigung nach Ziff. 2 infolge Notwehr (StGB Art. 15 und 16) oder eines übergesetzlichen Rechtfertigungsgrundes: ZR 71 (1972) Nr. 67. – Zum *Vorsatz:* ZR 71 (1972) Nr. 67. Eventualvosatz genügt. – Antragsrecht: StGB Art. 30 ff., Antragsberechtigung bei Geheimnisverletzung nach dem Tod des Geheimnisherrn: BGE 87 IV 109. – Zur Strafzumessung: ZR 71 (1972) Nr. 67.

Ziff. 2: *Einwilligung des Berechtigten:* Berechtigter ist der Geheimnisherr, d.h. derjenige, auf den sich das Geheimnis bezieht; in der Regel also der Klient oder Patient (BGE 75 IV 75, 97 II 370), eventuell auch eine Drittperson: RS 1963 Nr. 178. Im Falle des Todes ist eine Entbindung durch die Erben denkbar: ZR 38 (1939) Nr. 109, ZBJV 86 (1950) 198, ZBl 91 (1990) 364 ff. – Die Einwilligung kann konkludent geschehen oder später beigebracht werden: BGE 97 II 370, 98 IV 218. Ob die Berufsperson nach der Einwilligung zur Auskunft verpflichtet ist, entscheidet sich nach dem anwendbaren Prozessrecht: BGE 97 II 370, RS 1956 Nr. 251, 1976 Nr. 143, 1979 Nr. 839.

Bewilligung der vorgesetzten Behörde oder der Aufsichtsbehörde: Das Gesuch ist vom Arzt, Anwalt, Geistlichen usw. selber zu stellen, nicht von der mit dem Verfahren befassten Amtsstelle: ZR 47 (1948) Nr. 103, BGE 123 IV 75. – Zuständig für die Entscheidung über die Entbindung sind nur die in Ziff. 2 genannten Behörden, nicht das mit dem Prozess befasste Gericht oder eine andere Behörde: SJZ 43 (1947) 262, 69 (1973) 42. – Vor dem Entscheid ist der Geheimnisherr in der Regel anzuhören: BGE 91 I 204, ZR 70 (1971) Nr. 97. – Ziff. 2 stellt es ins freie Ermessen der zuständigen Instanz, unter welchen Voraussetzungen die Bewilligung zu erteilen ist. Naturgemäss kann nur ein schutzwürdiges Interesse massgebend sein, das gewichtiger erscheint als das entgegengesetzte Bedürfnis nach Geheimhaltung: BGE 102 Ia 520, RS 1984 Nr. 724, ZR 88 (1989) Nr. 82. Das Berufsgeheimnis der dem BGFA unterstellten Anwälte ist neu in BGFA Art. 13 geregelt, seit dem 1.1.2005 ist ein revidiertes Anwaltsgesetz für ZH in Kraft, dessen § 14 Abs. 1 die Regeln des BGFA auch auf die dem BGFA nicht unterstellten Anwälte sinngemäss für anwendbar erklärt.

Ziff. 3: Bestimmungen, die solche Meldungen vorschreiben oder den Geheimnisträger dazu ermächtigen, finden sich z.B. in StGB Art. 119 Abs. 5, 362 ff., VO über die Meldung übertragbarer Krankheiten des Menschen vom 13.1.1999 (SR 818.141.1) Art. 3, in der kant. Gesundheitsgesetzgebung, in SVG Art. 14 Abs. 4 und BetmG Art. 15 Abs. 1. – Im Disziplinarverfahren vor der Aufsichtskommission über Rechtsanwälte kann sich der Anwalt nicht auf das Berufsgeheimnis berufen: ZR 75 (1976) Nr. 28. Gemäss BGer vom 31.1.1996, 1P.490/1995 (nicht publiziert) können die einschlägigen Prozessgesetze das Zeugnisverweigerungsrecht gegenüber dem Kreis der nach StGB Art. 321 Schweigepflichtigen einschränken, vgl. schon BGE 102 Ia 520, 117 Ia 348, wenn sachlich vertretbare Gründe dafür bestehen. Dies wurde für die Regelung von ZH StPO § 130 bejaht, nach welcher nur Geistliche, Anwälte und Ärzte berechtigt sind, die Aussage über Berufsgeheimnisse zu verweigern. Diese Befugnisse werden aber auch ihren Hilfspersonen eingeräumt werden müssen. Besteht ein solches Recht, so gilt es auch für die Herausgabe von Akten, selbst wenn das Editionsverweigerungsrecht vom Gesetz nicht expressis verbis erwähnt wird: BGE 71 IV 175, 107 Ia 50. Der Einziehung nach StGB Art. 69 ff. unterliegende Gegenstände und Vermögenswerte, welche sich bei Zeugnisverweigerungsberechtigten befinden, sind jedoch herauszugeben (BGE 97 I 387). Geht es um ein Strafverfahren gegen den Schweigepflichtigen selber (im Zusammenhang mit der Berufsausübung), können auch an sich unter das Berufsgeheimnis fallende Aufzeichnungen beschlagnahmt werden, doch ist eine Interessenabwägung zwischen öffentlichen und privaten Interessen vorzunehmen: BGE 101 Ia 11, 102 Ia 520, 102 IV 214, 106 IV 424. – Als weiterer Rechtfertigungsgrund kommt Notstand in Betracht (vgl. BGE 120 IV 313).

Art. 321bis Berufsgeheimnis in der medizinischen Forschung

[1] Wer ein Berufsgeheimnis unbefugterweise offenbart, das er durch seine Tätigkeit für die Forschung im Bereich der Medizin oder des Gesundheitswesens erfahren hat, wird nach Artikel 321 bestraft.

[2] Berufsgeheimnisse dürfen für die Forschung im Bereich der Medizin oder des Gesundheitswesens offenbart werden, wenn eine Sachverständigenkommission dies bewilligt und der Berechtigte nach Aufklärung über seine Rechte es nicht ausdrücklich untersagt hat.

³ Die Kommission erteilt die Bewilligung, wenn:
a. die Forschung nicht mit anonymisierten Daten durchgeführt werden kann;
b. es unmöglich oder unverhältnismässig schwierig wäre, die Einwilligung des Berechtigten einzuholen, und
c. die Forschungsinteressen gegenüber den Geheimhaltungsinteressen überwiegen.

⁴ Die Kommission verbindet die Bewilligung mit Auflagen zur Sicherung des Datenschutzes. Sie veröffentlicht die Bewilligung.

⁵ Sind die schutzwürdigen Interessen der Berechtigten nicht gefährdet und werden die Personendaten zu Beginn der Forschung anonymisiert, so kann die Kommission generelle Bewilligungen erteilen oder andere Vereinfachungen vorsehen.

⁶ Die Kommission ist an keine Weisungen gebunden.

⁷ Der Bundesrat wählt den Präsidenten und die Mitglieder der Kommission. Er regelt ihre Organisation und ordnet das Verfahren.

Art. 321bis: Vgl. dazu VO über die Offenbarung des Berufsgeheimnisses in der medizinischen Forschung vom 14.6.1993 (VOBG, SR 235.154). – Wird die Forschung lediglich mit anonymisierten Daten betrieben, liegt keine tatbestandsmässige Handlung vor.

Art. 321ter   Verletzung des Post- und Fernmeldegeheimnisses

¹ Wer als Beamter, Angestellter oder Hilfsperson einer Organisation, die Post- oder Fernmeldedienste erbringt, einem Dritten Angaben über den Post-, Zahlungs- oder den Fernmeldeverkehr der Kundschaft macht, eine verschlossene Sendung öffnet oder ihrem Inhalt nachforscht, oder einem Dritten Gelegenheit gibt, eine solche Handlung zu begehen, wird mit Freiheitsstrafe bis zu drei Jahren oder Geldstrafe bestraft.

² Ebenso wird bestraft, wer eine nach Absatz 1 zur Geheimhaltung verpflichtete Person durch Täuschung veranlasst, die Geheimhaltungspflicht zu verletzen.

³ Die Verletzung des Post- und Fernmeldegeheimnisses ist auch nach Beendigung des amtlichen oder dienstlichen Verhältnisses strafbar.

⁴ Die Verletzung des Post- und Fernmeldegeheimnisses ist nicht strafbar, soweit sie zur Ermittlung des Berechtigten oder zur Verhinderung von Schäden erforderlich ist.

⁵ Vorbehalten bleiben Artikel 179[octies] sowie die eidgenössischen und kantonalen Bestimmungen über die Zeugnispflicht und über die Auskunftspflicht gegenüber einer Behörde.

Art. 321ter: AJP 1998, 562. Anlässlich der Schaffung des neuen FMG (vgl. Bem. zu StGB Art. 150bis) wurden die Spezialbestimmungen aus dem durch das PG aufgehobenen PVG und dem alt FMG von 1991 über die strafbare Verletzung des Post- bzw. Fernmeldegeheimnisses (nunmehr FMG Art. 43 ff.) in das StGB überführt. Der Text berücksichtigt, dass nach der neuen Gesetzgebung auch private Anbieter Post- und Fernmeldedienste leisten können.

Abs. 1 pönalisiert nicht nur Informationen über den Inhalt von Sendungen und Fernmeldungen, sondern bereits Angaben über die Partner von Kommunikationen, deren Anzahl usw.

Abs. 2 ermöglicht die Bestrafung des selber nicht zum Adressatenkreis der Geheimhaltungspflicht gehörenden mittelbaren Täters.

Abs. 5: Vgl. Bem. zu StGB Art. 321 Ziff. 3.

Art. 322 Verletzung der Auskunftspflicht der Medien

¹ Medienunternehmen sind verpflichtet, jeder Person auf Anfrage unverzüglich und schriftlich ihren Sitz sowie die Identität des Verantwortlichen (Art. 28 Abs. 2 und 3) bekannt zu geben.

² Zeitungen und Zeitschriften müssen zudem in einem Impressum den Sitz des Medienunternehmens, namhafte Beteiligungen an anderen Unternehmungen sowie den verantwortlichen Redaktor angeben. Ist ein Redaktor nur für einen Teil der Zeitung oder Zeitschrift verantwortlich, so ist er als verantwortlicher Redaktor dieses Teils anzugeben. Für jeden Teil einer solchen Zeitung oder Zeitschrift muss ein verantwortlicher Redaktor angegeben werden.

³ Bei Verstössen gegen die Vorschriften dieses Artikels wird der Leiter des Medienunternehmens mit Busse bestraft. Ein Verstoss liegt auch vor, wenn eine vorgeschobene Person als verantwortlich für die Veröffentlichung (Art. 28 Abs. 2 und 3) angegeben wird.

Art. 322 schrieb in seiner vorherigen Fassung (unter dem Titel «Presseübertretungen») in Ziff. 1 unter Androhung von Busse für den Widerhandlungsfall vor, dass auf Druckschriften Verleger, Drucker und Druckort anzugeben seien, was nicht mehr der heute technisch praktisch jedermann möglichen Vervielfältigung irgendwelcher Texte entspricht. Im Übrigen muss die Bestimmung nun dem Umstand Rechnung tragen, dass mit der Revision des Medienstrafrechts (vgl. Bem. zu StGB Art. 28) die Regelung der strafrechtlichen Verantwortlichkeit der Presse auf sämtliche Medien ausgedehnt wird. StGB Art. 322 führt, um die Ermittlung der verantwortlichen Personen zu ermöglichen, eine entsprechende Auskunftspflicht der Medienunternehmen ein (Abs. 1). Ausserdem muss auf Zeitungen und Zeitschriften wie schon bisher der zuständige Redaktor genannt werden (Abs. 2); auf eine analoge Regelung bei Radio und Fernsehen wurde verzichtet, weil die entsprechenden Angaben nicht jederzeit greifbar sind. Beide Pflichten obliegen dem Leiter des Medienunternehmens, der bei Verstössen mit Busse bestraft wird. Es kann dies bei Delegation der operationellen Verantwortung auch der Leiter eines entsprechenden Geschäftsbereiches bei einem Unternehmen sein (vgl. Botschaft, BBl 1996 IV 565).

Art. 322bis Nichtverhinderung einer strafbaren Veröffentlichung

Wer als Verantwortlicher nach Artikel 28 Absätze 2 und 3 eine Veröffentlichung, durch die eine strafbare Handlung begangen wird, vorsätzlich nicht verhindert, wird mit Freiheitsstrafe bis zu drei Jahren oder Geldstrafe bestraft. Handelt der Täter fahrlässig, so ist die Strafe Busse.

Art. 322bis ist ebenfalls Bestandteil des revidierten Medienstrafrechts und stellt die Strafbestimmung zu StGB Art. 28 Abs. 2 dar (vgl. Bem. zu dieser Bestimmung). Weshalb auch Abs. 3 genannt wird, ist unklar, da nach der dortigen Regelung der Verantwortliche als Täter, d.h. wegen des *Mediendelikts*, bestraft wird. – Die Strafbarkeit gemäss StGB Art. 322bis ist subsidiär zu derjenigen des Autors der Veröffentlichung, vgl. BGE 130 IV 121.

Neunzehnter Titel: Bestechung

Art. 322ter 1. Bestechung schweizerischer Amtsträger.
Bestechen

Wer einem Mitglied einer richterlichen oder anderen Behörde, einem Beamten, einem amtlich bestellten Sachverständigen, Übersetzer oder Dolmetscher, einem Schiedsrichter oder einem Angehörigen der Armee im Zusammenhang mit dessen amtlicher Tätigkeit für eine pflichtwidrige oder eine im Ermessen stehende Handlung oder Unterlassung zu dessen Gunsten oder zu Gunsten eines Dritten einen nicht gebührenden Vorteil anbietet, verspricht oder gewährt,
wird mit Freiheitsstrafe bis zu fünf Jahren oder Geldstrafe bestraft.

Vor Art. 322ter–322octies: Vgl. zum revidierten Korruptionsstrafrecht die Botschaft des Bundesrats über die Änderung des StGB und des MStG vom 19. April 1999 in BBl 1999, 5497 ff.; ZStrR 118 (2000) 53. – Das *geschützte Rechtsgut* besteht in der Objektivität und Sachlichkeit amtlicher Tätigkeit; da StGB Art. 322ter–322octies als Tätigkeits- bzw. *abstrakte Gefährdungsdelikte* konzipiert sind, setzt die Vollendung der Korruptionsstraftatbestände nicht voraus, dass das geschützte Rechtsgut verletzt wird. – *Mitglieder einer Behörde* nehmen öffentlich-rechtliche Aufgaben für das Gemeinwesen wahr, wobei sie im Unterschied zu Beamten (vgl. StGB Art. 110 Abs. 3) nicht in einem Abhängigkeitsverhältnis zum Gemeinwesen stehen. – *Amtlich bestellte Sachverständige* sind Fachleute, welche unter der Wahrheitspflicht nach StGB Art. 307 die zur Feststellung und rechtlichen Beurteilung von Sachverhalten notwendigen Aufschlüsse erteilen; Privatgutachter werden nicht erfasst. – *Übersetzer* oder *Dolmetscher* müssen amtlich bestellt sein, damit sie unter StGB Art. 322ter-322octies fallen. – *Schiedsrichter* sind nicht staatliche, von den Prozessparteien bestimmte private Richter zur Entscheidung von Zivilstreitigkeiten. – *Angehörige der Armee* sind Offiziere, Unteroffiziere, Gefreite und Soldaten. Die militärischen Korruptionstatbestände gemäss MStG Art. 141 ff. gelangen nur zur Anwendung, wenn der Täter nach MStG Art. 2 ff. unter den Geltungsbereich des MStG fällt. – Private, welche öffentliche Aufgaben erfüllen, werden von StGB Art. 322ter–322octies erfasst. – Der *nicht gebührende Vorteil* kann in jeder Leistung materieller oder immaterieller Natur bestehen (Botschaft, BBl 1999, 5528). Materieller Vorteil: Wirtschaftliche Besserstellung durch Sach- und Geldleistungen (BGer vom 7.4.2000, 6S.723/1996) oder rechtliche Besserstellung. Immaterielle Vorteile: Gesellschaftliche oder berufliche Vorteile (BGE 100 IV 58: Beförderung; Ehrung oder sexuelle Zuwendung). Der Vorteil gebührt dem Täter dann nicht, wenn er zu dessen Annahme nicht berechtigt ist (Botschaft, BBl 1999, 5528). Der nachträgliche Ersatz für Auslagen des Bestochenen bei der Gewährung des nicht gebührenden Vorteils ist kein Vorteil i.S. von StGB Art. 322ter–322octies (ZR 54 [1955] Nr. 142 zu StGB alt Art. 288). – Der nicht gebührende Vorteil ist nach StGB Art. 70 f. einzuziehen. Vgl. auch StGB Art. 322octies Ziff. 2.

Die aktive und passive Privatbestechung wird seit dem 1.7.2006 durch UWG Art. 4a und Art. 23 strafrechtlich erfasst, vgl. Botschaft, BBl 2004, 7007 ff.

Art. 322ter: Täter kann jedermann sein. Vgl. StGB Art. 102 Abs. 2 zur Strafbarkeit des Unternehmens. – *Anbieten* eines nicht gebührenden Vorteils ist das Unterbreiten eines Angebots einer Zuwendung. Dabei genügt es, wenn das Angebot beim Empfänger eintrifft (BGE 77 IV 48 f., 93 IV 53, BGer vom 28.9.2000, 6S.108/1999). Weder die Kenntnisnahme durch den Adressaten noch eine Reaktion darauf ist erforderlich (BGer vom 19.12.2000, 6S.413/1999). – *Versprechen* eines nicht gebührenden Vorteils ist das Inaussichtstellen eines Vorteils für die Zukunft, allenfalls unter einer Bedingung. Auch hier tritt die Vollendung mit Eintreffen des Versprechens beim Adressaten ein. – Das *Gewähren* eines Vorteils besteht darin, dass der Täter diesen dem Adressaten direkt oder über Mittelsmänner zukommen lässt. Die Vollendung tritt bei dieser Tatvariante erst ein, wenn der Angegangene auf das Angebot eingeht und die Zuwendung akzeptiert. – Der Vorteil kann auch einem *Dritten* zukommen (Botschaft, BBl 1999, 5528). – Vorteilsgewährung im Zusammenhang mit der *Amtsführung:* Die amtliche Tätigkeit ist auf die Erfüllung öffentlicher Aufgaben gerichtet. Zwischen dem vom Amtsträger verwirklichten Verhalten und dessen amtlicher Tätigkeit wird ein funktionaler Zusammenhang verlangt. Damit muss es sich beim betreffenden Verhalten nicht um eine Amtshandlung handeln, es genügt, wenn gegen Amtspflichten verstossen wird: BGE 72 IV 183, 77 IV 49, 124 IV 145, SJZ 92 (1996) 14, BGer vom 28.9.2000, 6S.108/1999, ZR 98 (1999) Nr. 42 S. 189. Das bestechende Verhalten ist auch dann tatbestandsmässig, wenn damit eine pflichtgemässe Ermessensausübung angestrebt wird (dies im Gegensatz zu StGB Art. 322quinquies und Art. 322sexies). – Vorausgesetzt ist ein *Äquivalenzverhältnis* zwischen Vorteil und Verhalten des Angegangenen. Die anvisierte Handlung muss erkennbar bestimmt oder zumindest ihrer Art nach bzw. ihrem sachlichen Gehalt nach in groben Zügen bestimmbar sein: BGE 118 IV 315 f., 126 IV 145, BGer vom 28.9.2000, 6S.108/1999, BGer vom 19.12.2000, 6S.413/1999, ZR 98 (1999) Nr. 42 – Anders als vor der Revision des Korruptionsstrafrechts ist nach der geltenden Regelung nicht vorausgesetzt, dass es sich beim Verhalten der Amtsträger um ein künftiges handeln muss (Botschaft, BBl 1999, 5532). – In *subjektiver* Hinsicht genügt *Eventualvorsatz* (BGE 100 IV 57; BGer vom 7.4.2000, 6S.723/1996). – Echte Idealkonkurrenz zwischen aktiver Bestechung und Anstiftung zu StGB Art. 293, 305, 307, 312, 314, 317 (BGE 93 IV 52), StGB Art. 319 und 320. Gegenüber StGB Art. 168 geht StGB Art. 322ter vor.

Art. 322quater Sich bestechen lassen

Wer als Mitglied einer richterlichen oder anderen Behörde, als Beamter, als amtlich bestellter Sachverständiger, Übersetzer oder Dolmetscher oder als Schiedsrichter im Zusammenhang mit seiner amtlichen Tätigkeit für eine pflichtwidrige oder eine im Ermessen stehende Handlung oder Unterlassung für sich oder einen Dritten einen nicht gebührenden Vorteil fordert, sich versprechen lässt oder annimmt,

wird mit Freiheitsstrafe bis zu fünf Jahren oder Geldstrafe bestraft.

Art. 322quater: Vgl. StGB Art. 322ter (Bestechen). – StGB Art. 322quater ist ein echtes Sonderdelikt und das Gegenstück zu StGB Art. 322ter. Nicht zum Täterkreis gehört der Angehörige der Armee (MStG Art. 142). – Straflosigkeit des Bestechenden schliesst Strafbarkeit nicht aus: ZBJV 82 (1942) 338. – Wie bei der aktiven Bestechung wird vorausgesetzt, dass der Amtsträger den Vorteil gerade für das betreffende Verhalten fordert, sich versprechen lässt oder annimmt. Das zur Disposition stehende Verhalten des Amtsträgers kann wie bei StGB Art. 322ter pflichtwidrig sein oder eine Ermessenshandlung darstellen (BGE 129 II 462, 466). – *Fordern:* Analog zu StGB Art. 322ter muss es genügen, wenn das Angebot beim Empfänger eintrifft (BGer vom 28.9.2000, 6S.108/1999). *Sich versprechen lassen:* Der Täter akzeptiert das Angebot eines zu einem späteren Zeitpunkt zu leistenden Vorteils ausdrücklich oder konkludent; das *Annehmen* stellt das Pendant zum Gewähren eines Vorteils dar. – StGB Art. 322quater setzt nicht voraus, dass der Bestechende den Bestochenen angestiftet hat, daher ist der Tatbestand auch gegeben, wenn Bestechender und Bestochener den Plan gemeinsam ausgeheckt haben: BGE 77 IV 48 (zu StGB alt Art. 316). Der aktiv Bestechende ist immer nur nach StGB Art. 322ter zu beurteilen. – *Subjektiv* ist Vorsatz verlangt, wobei Eventualvorsatz genügt. – Im Verhältnis zu StGB Art. 168 Abs. 3 geht StGB Art. 322quater vor. Zu StGB Art. 314 besteht echte Konkurrenz (vgl. die Bem. zu StGB Art. 322ter).

Art. 322quinquies Vorteilsgewährung

Wer einem Mitglied einer richterlichen oder anderen Behörde, einem Beamten, einem amtlich bestellten Sachverständigen, Übersetzer oder Dolmetscher, einem Schiedsrichter oder einem Angehörigen der Armee im Hinblick auf die Amtsführung einen nicht gebührenden Vorteil anbietet, verspricht oder gewährt,
wird mit Freiheitsstrafe bis zu drei Jahren oder Geldstrafe bestraft.

Art. 322quinquies: Vgl. StGB Art. 322ter (Bestechen). – Täter kann jedermann sein. Zur Strafbarkeit des Unternehmens vgl. StGB Art. 102 Abs. 2. – Anders als bei den Bestechungstatbeständen von StGB Art. 322ter und 322quater steht die Vorteilszuwendung nicht im Zusammenhang mit einer Gegenleistung («Goodwill»-Aktionen ohne entsprechende Gegenleistung, sog. «Anfüttern» oder «Klimapflege»). Die Vorteilsgewährung muss also nicht in einer Beziehung zu einer konkreten oder mindestens bestimmbaren Handlung des Amtsträgers stehen (Botschaft, BBl 1999, 5533). Ein Äquivalenzverhältnis zwischen der Vorteilsgewährung und einer bestimmten Amtshandlung ist nicht erforderlich. Die Vorteilszuwendung an einen Dritten ist bei der Vorteilsgewährung nicht strafbar. – StGB Art. 322quinquies bezieht sich im Gegensatz zu den Bestechungstatbeständen (StGB Art. 322ter und 322quater) *nicht* auf *künftiges* und *vergangenes Verhalten,* da der Amtsträger nur im Hinblick auf die *künftige Amtsführung* generell günstig gestimmt werden soll. – StGB Art. 322quinquies stellt einen *Auffangtatbestand* im Verhältnis zur Bestechung dar. – In subjektiver Hinsicht ist zumindest *Eventualvorsatz* verlangt.

Art. 322sexies Vorteilsannahme

Wer als Mitglied einer richterlichen oder anderen Behörde, als Beamter, als amtlich bestellter Sachverständiger, Übersetzer oder Dolmetscher oder als Schiedsrichter im

Hinblick auf die Amtsführung einen nicht gebührenden Vorteil fordert, sich versprechen lässt oder annimmt,

wird mit Freiheitsstrafe bis zu drei Jahren oder Geldstrafe bestraft.

Art. 322sexies: Vgl. StGB Art. 322quater (Sich bestechen lassen) und StGB Art. 322quinquies (Vorteilsgewährung). – StGB Art. 322sexies ist das Gegenstück zur Vorteilsgewährung. Im Gegensatz zu StGB Art. 322quinquies ist die Vorteilsannahme ein echtes Sonderdelikt. Nicht zum Täterkreis gehört der Angehörige der Armee (MStG Art. 143). – Wie bei StGB Art. 322quinquies bezieht sich die Vorteilsannahme – im Gegensatz zu den Bestechungstatbeständen (StGB Art. 322ter und 322quater) – *nicht* auf *künftiges und vergangenes Verhalten,* da der Amtsträger nur im Hinblick auf die *künftige Amtsführung* generell günstig gestimmt werden soll. – In subjektiver Hinsicht ist zumindest *Eventualvorsatz* verlangt.

Art. 322septies 2. Bestechung fremder Amtsträger

Wer einem Mitglied einer richterlichen oder anderen Behörde, einem Beamten, einem amtlich bestellten Sachverständigen, Übersetzer oder Dolmetscher, einem Schiedsrichter oder einem Angehörigen der Armee, die für einen fremden Staat oder eine internationale Organisation tätig sind, im Zusammenhang mit dessen amtlicher Tätigkeit für eine pflichtwidrige oder eine im Ermessen stehende Handlung oder Unterlassung zu dessen Gunsten oder zu Gunsten eines Dritten einen nicht gebührenden Vorteil anbietet, verspricht oder gewährt,

wer als Mitglied einer richterlichen oder anderen Behörde, als Beamter, als amtlich bestellter Sachverständiger, Übersetzer oder Dolmetscher, als Schiedsrichter oder als Angehöriger der Armee eines fremden Staates oder einer internationalen Organisation im Zusammenhang mit seiner amtlichen Tätigkeit für eine pflichtwidrige oder eine im Ermessen stehende Handlung oder Unterlassung für sich oder einen Dritten einen nicht gebührenden Vorteil fordert, sich versprechen lässt oder annimmt,

wird mit Freiheitsstrafe bis zu fünf Jahren oder mit Geldstrafe bestraft.

Art. 322septies: Die passive Bestechung von ausländischen und internationalen Amtsträgern (Art. 322septies zweites Lemma) ist seit 1.7.2006 strafbar, vgl. Botschaft, BBl 2004, 7004. Vgl. zur aktiven Bestechung von ausländischen und internationalen Amtsträgern die Bem. zu StGB Art. 322ter (Bestechen) und zur passiven Bestechung von ausländischen und internationalen Amtsträgern die Bem. zu StGB Art. 322quater (Sich bestechen lassen). – Vgl. StGB Art. 102 Abs. 2 zur Strafbarkeit des Unternehmens. – Im Gegensatz zu StGB Art. 322ter–322sexies sind nur gesetzlich geschuldete oder gesetzlich ausdrücklich zulässige Leistungen nicht tatbestandsmässig. Leistungen gemäss lokalem Gebrauch sind hingegen tatbestandsmässig.

Das Tatbestandsmerkmal «fremde Amtsträger» ist gestützt auf die OECD-Konvention, Art. 1 Ziff. 4 lit. a und b autonom auszulegen, wobei sich dieser autonom zu bestimmende Begriff des Amtsträgers nicht vom innerschweizerischen unterscheidet (Botschaft, BBl 1999, 5538). – Unter dem Begriff der «internationalen Organisation» sind ausschliesslich intergouvernmentale sowie Organisationen zu verstehen, welche von anderen öffentlich-rechtlichen Körperschaften gebildet werden (z.B. die Europäische Union, nicht aber das Internationale Olympische Komitee; Botschaft, BBl 1999, 5539).

Art. 322^(octies)   3. Gemeinsame Bestimmungen

1. ...
2. Keine nicht gebührenden Vorteile sind dienstrechtlich erlaubte sowie geringfügige, sozial übliche Vorteile.
3. Amtsträgern gleichgestellt sind Private, die öffentliche Aufgaben erfüllen.

Art. 322octies Ziff. 2: Dienstrechtlich erlaubt sind Zuwendungen, welche unter Einhaltung allfälliger dafür geltender Vorschriften betreffend Meldung, Bewilligung und Ablieferung entgegengenommen werden. Welche Vorteile als *geringfügig* und sozial üblich gelten, muss aufgrund der Gesamtheit aller Umstände beurteilt werden. Im Zusammenhang mit StGB Art. 322septies sind diesbezüglich die Verhältnisse im betroffenen Auslandsstaat massgebend. Ist StGB Art. 322octies Ziff. 2 anwendbar, entfällt die Tatbestandsmässigkeit entsprechender Verhaltensweisen hinsichtlich StGB Art. 322ter–322octies.

Ziff. 3: Dies ergibt sich bereits aufgrund der Interpretation des strafrechtlichen Beamtenbegriffs nach StGB Art. 110 Abs. 3.

Zwanzigster Titel: Übertretungen bundesrechtlicher Bestimmungen

Art. 323   Ungehorsam des Schuldners im Betreibungs- und Konkursverfahren

Mit Busse wird bestraft:

1. der Schuldner, der einer Pfändung oder der Aufnahme eines Güterverzeichnisses, die ihm gemäss Gesetz angekündigt worden sind, weder selbst beiwohnt noch sich dabei vertreten lässt (Art. 91 Abs. 1 Ziff. 1, 163 Abs. 2 und 345 Abs. 1 SchKG);
2. der Schuldner, der seine Vermögensgegenstände, auch wenn sie sich nicht in seinem Gewahrsam befinden, sowie seine Forderungen und Rechte gegenüber Dritten nicht so weit angibt, als dies zu einer genügenden Pfändung oder zum Vollzug eines Arrestes nötig ist (Art. 91 Abs. 1 Ziff. 2 und 275 SchKG);
3. der Schuldner, der seine Vermögensgegenstände, auch wenn sie sich nicht in seinem Gewahrsam befinden, sowie seine Forderungen und Rechte gegenüber Dritten bei Aufnahme eines Güterverzeichnisses nicht vollständig angibt (Art. 163 Abs. 2, 345 Abs. 1 SchKG);
4. der Schuldner, der dem Konkursamt nicht alle seine Vermögensgegenstände angibt und zur Verfügung stellt (Art. 222 Abs. 1 SchKG);
5. der Schuldner, der während des Konkursverfahrens nicht zur Verfügung der Konkursverwaltung steht, wenn er dieser Pflicht nicht durch besondere Erlaubnis enthoben wurde (Art. 229 Abs. 1 SchKG).

Zu Art. 323 und 324: Vgl. StGB Art. 163–171bis (Betreibungs- und Konkursdelikte).

StGB Art. 323 und 324 schützen die Rechtspflege auf dem Gebiet der Zwangsvollstreckung: BGE 102 IV 174. Indirekt werden dadurch auch die Interessen der Gläubiger gewahrt. Die in StGB Art. 323 und 324 aufgezählten Fälle der passiven Renitenz sind abschliessend; eine subsidiäre Anwendung von StGB Art. 286 (Hinderung einer Amtshandlung) ist im Betreibungs- und Konkursverfahren ausgeschlossen: BGE 81 IV 327. Ein passiver Widerstand ausserhalb der Tatbestände von StGB Art. 323 und 324 kann verfolgt werden, wenn dem Täter die Ungehorsamsstrafe nach StGB Art. 292 angedroht worden ist: BGE 81 IV 238, 106 IV 280 = Pra 70 (1981) Nr. 23, ZR 81 (1982) Nr. 66.

Art. 323 Ziff. 1: Der Ungehorsamstatbestand setzt voraus, dass der Schuldner nach den Bestimmungen des SchKG von der bevorstehenden Amtshandlung unterrichtet wurde, davon Kenntnis nehmen konnte und Gründe vorliegen, die seine vertretungslose Abwesenheit ungerechtfertigt erscheinen lassen: BGE 82 IV 18, SJZ 67 (1971) 212 f., RS 1968 Nr. 39. Den Tatbestand erfüllt auch, wer der Vorladung, sich im Amtslokal einzufinden, keine Folge leistet: BGE 106 IV 28 f.

Ziff. 2 und 3: Die zwei Tatbestände beziehen sich nur insoweit auf das Verhalten des Schuldners, als dieser eine Auskunft über seine Vermögenswerte verweigert: BGE 70 IV 179. Ist die der Auskunft zugrundeliegende Zwangsvollstreckungshandlung nichtig im Sinne des SchKG, so kann die Verletzung der Offenbarungspflicht nicht strafbar sein: RS 1989 Nr. 618. – Die Verweigerung der Antwort auf die Frage des Vollstreckungsbeamten nach dem Verbleiben von Vermögenswerten ist nur unter Androhung der Ungehorsamsstrafe nach StGB Art. 292 strafbar: BGE 70 IV 180; der Pflicht des Schuldners, bei der Lohnpfändung jeden Stellenwechsel mitzuteilen, ist ebenfalls über StGB Art. 292 Nachachtung zu verschaffen: BGE 83 III 7, ZR 81 (1982) Nr. 66.

Ziff. 4: Diese Bestimmung und nicht StGB Art. 163 Ziff. 1 (betrügerischer Konkurs und Pfändungsbetrug) ist anzuwenden, wenn der Schuldner ohne Vorsatz der Benachteiligung von Gläubigern handelt: BGE 93 IV 92, sowie wenn er bloss die Auskunft über seinen Vermögensstand verweigert: BGE 102 IV 174.

Art. 324 Ungehorsam dritter Personen im Betreibungs-, Konkurs- und Nachlassverfahren

Mit Busse wird bestraft:

1. die erwachsene Person, die dem Konkursamt nicht alle Vermögensstücke eines gestorbenen oder flüchtigen Schuldners, mit dem sie in gemeinsamem Haushalt gelebt hat, angibt und zur Verfügung stellt (Art. 222 Abs. 2 SchKG);

2. wer sich binnen der Eingabefrist nicht als Schuldner des Konkursiten anmeldet (Art. 232 Abs. 2 Ziff. 3 SchKG);

3. wer Sachen des Schuldners als Pfandgläubiger oder aus andern Gründen besitzt und sie dem Konkursamt binnen der Eingabefrist nicht zur Verfügung stellt (Art. 232 Abs. 2 Ziff. 4 SchKG);

4. wer Sachen des Schuldners als Pfandgläubiger besitzt und sie den Liquidatoren nach Ablauf der Verwertungsfrist nicht abliefert (Art. 324 Abs. 2 SchKG);

5. der Dritte, der seine Auskunfts- und Herausgabepflichten nach den Artikeln 57a Absatz 1, 91 Absatz 4, 163 Absatz 2, 222 Absatz 4 und 345 Absatz 1 des SchKG verletzt.

Art. 324: Nur ein ungehorsames Verhalten, das weder unter StGB Art. 324 noch StGB Art. 323 fällt, kann nach StGB Art. 292 (Ungehorsam gegen amtliche Verfügungen) geahndet werden. Auch in solchen Fällen kann dagegen StGB Art. 286 (Hinderung einer Amtshandlung) nicht angewendet werden, wenn der Ungehorsam in einem passiven Verhalten besteht: BGE 81 IV 328. Der Betreibungsbeamte ist nicht Dritter i.S. von StGB Art. 324 Ziff. 5: BGE 124 III 170.

Art. 325 Ordnungswidrige Führung der Geschäftsbücher

Wer vorsätzlich oder fahrlässig der gesetzlichen Pflicht, Geschäftsbücher ordnungsmässig zu führen, nicht nachkommt,

wer vorsätzlich oder fahrlässig der gesetzlichen Pflicht, Geschäftsbücher, Geschäftsbriefe und Geschäftstelegramme aufzubewahren, nicht nachkommt,

wird mit Busse bestraft.

Art. 325: Buchführungspflicht: OR Art. 957 f. StGB Art. 325 ist im Verhältnis zu StGB Art. 166 subsidiär und kommt dann zur Anwendung, wenn die von StGB Art. 166 geforderte objektive Strafbarkeitsbedingung nicht vorliegt oder die Buchführungspflichten nur fahrlässig verletzt werden. BGE 131 IV 56: Die Verletzung der den Liquidatoren zukommenden Pflicht, die Geschäftsbücher einer aufgelösten Aktiengesellschaft nach deren Löschung im Handelsregister sicher aufzubewahren, fällt in den Anwendungsbereich von StGB Art. 325. Zum Beginn der Verfolgungsverjährung: BGer vom 24.8.2000, 6S.132/2000 Erw. 2.b.

Art. 325bis Widerhandlungen gegen die Bestimmungen zum Schutz der Mieter von Wohn- und Geschäftsräumen

Wer den Mieter unter Androhung von Nachteilen, insbesondere der späteren Kündigung des Mietverhältnisses, davon abhält oder abzuhalten versucht, Mietzinse oder sonstige Forderungen des Vermieters anzufechten,

wer dem Mieter kündigt, weil dieser die ihm nach dem Obligationenrecht zustehenden Rechte wahrnimmt oder wahrnehmen will,

wer Mietzinse oder sonstige Forderungen nach einem gescheiterten Einigungsversuch oder nach einem richterlichen Entscheid in unzulässiger Weise durchsetzt oder durchzusetzen versucht,

wird auf Antrag des Mieters mit Busse bestraft.

Art. 325bis dient zusammen mit StGB Art. 326bis dem Schutz von Mietern vor missbräuchlichen Forderungen von Vermietern (OR Art. 269 ff.).

Art. 326 Anwendung auf juristische Personen, Handelsgesellschaften und Einzelfirmen
   1. Aufgehoben

Art. 326bis 2. im Falle von Artikel 325bis

¹ Werden die im Artikel 325bis unter Strafe gestellten Handlungen beim Besorgen der Angelegenheiten einer juristischen Person, Kollektiv- oder Kommanditgesellschaft oder Einzelfirma oder sonst in Ausübung geschäftlicher oder dienstlicher Verrichtungen für einen anderen begangen, so finden die Strafbestimmungen auf diejenigen natürlichen Personen Anwendung, die diese Handlungen begangen haben.

² Der Geschäftsherr oder Arbeitgeber, Auftraggeber oder Vertretene, der von der Widerhandlung Kenntnis hat oder nachträglich Kenntnis erhält und, obgleich es ihm möglich wäre, es unterlässt, sie abzuwenden oder ihre Wirkungen aufzuheben, untersteht der gleichen Strafandrohung wie der Täter.

³ Ist der Geschäftsherr oder Arbeitgeber, Auftraggeber oder Vertretene eine juristische Person, Kollektiv- oder Kommanditgesellschaft, Einzelfirma oder Personengesamtheit ohne Rechtspersönlichkeit, so findet Absatz 2 auf die schuldigen Organe, Organmitglieder, geschäftsführenden Gesellschafter, tatsächlich leitenden Personen oder Liquidatoren Anwendung.

Art. 326ter Übertretung firmenrechtlicher Bestimmungen

Wer für ein im Handelsregister eingetragenes Unternehmen eine Bezeichnung verwendet, die mit der im Handelsregister eingetragenen nicht übereinstimmt und die irreführen kann,

wer für ein im Handelsregister nicht eingetragenes Unternehmen eine irreführende Bezeichnung verwendet,

wer für ein im Handelsregister nicht eingetragenes ausländisches Unternehmen den Eindruck erweckt, der Sitz des Unternehmens oder eine Geschäftsniederlassung befinde sich in der Schweiz,

wird mit Busse bestraft.

Art. 326ter: Die Bestimmung wird mit Inkrafttreten der Änderungen des OR vom 16.12.2005 (vgl. BBl 2005 7289) – voraussichtlich in der 2. Jahreshälfte 2007 – eine neue Fassung erhalten:

Art. 326ter Übertretung firmen- und namensrechtlicher Bestimmungen

Wer für einen im Handelsregister eingetragenen Rechtsträger oder eine im Handelsregister eingetragene Zweigniederlassung eine Bezeichnung verwendet, die mit der im Handelsregister eingetragenen nicht übereinstimmt und die irreführen kann,

wer für einen im Handelsregister nicht eingetragenen Rechtsträger oder eine im Handelsregister nicht eingetragene Zweigniederlassung eine irreführende Bezeichnung verwendet,

wer für einen im Handelsregister nicht eingetragenen ausländischen Rechtsträger den Eindruck erweckt, der Sitz des Rechtsträgers oder eine Geschäftsniederlassung befinde sich in der Schweiz,

wird mit Busse bestraft.

Art. 326quater Unwahre Auskunft durch eine Personalvorsorgeeinrichtung

Wer als Organ einer Personalvorsorgeeinrichtung gesetzlich verpflichtet ist, Begünstigten oder Aufsichtsbehörden Auskunft zu erteilen und keine oder eine unwahre Auskunft erteilt, wird mitBusse bestraft.

Art. 326quater: Der Anwendungsbereich der Bestimmung beschränkt sich auf Personalvorsorgeeinrichtungen, die nicht ausschliesslich obligatorische Leistungen erbringen und aus diesem Grund dem BVG nicht unterstehen (das in BVG Art. 75 und 77 entsprechende Strafbestimmungen enthält, welche somit nicht anwendbar sind). StGB Art. 326quater erfasst demnach einerseits Einrichtungen, die nicht registriert und aus diesem Grunde von der Anwendung der obligatorischen Vorsorge i.S. des BVG ausgeschlossen sind, andererseits auch solche, die zwar gemäss BVG Art. 48 registriert sind, jedoch mehr als die gesetzlichen obligatorischen Mindestleistungen gewähren. Bei dieser letzteren Konstellation sind die Aufsichtsregeln von BVG Art. 61, 62 und 64 auch auf den Bereich der überobligatorischen Vorsorge (BVG Art. 49 Abs. 2) anwendbar. Die Aufsichtsbehörde gemäss BVG Art. 61 Abs. 1 hat gemäss BVG Art. 62 Abs. 1 darüber zu wachen, dass die Vorsorgeeinrichtung die gesetzlichen Vorschriften einhält, u.a. indem sie von ihr periodisch Berichterstattung fordert, namentlich über ihre Geschäftstätigkeit: BGE 124 IV 214. Nach Auffassung des BGer soll der Tatbestand der unwahren Auskunft durch eine Personalvorsorgeeinrichtung durch deren verantwortliches Organ auch erfüllt werden können, indem es trotz mehrfacher Mahnung und letzter Fristansetzung seiner Pflicht zur Einreichung der fälligen Jahresrechnung nicht nachkommt und es unterlässt, eine Kontrollstelle einzusetzen und mit den notwendigen Informationen zu beliefern, damit diese der Behörde innerhalb der gesetzlichen Frist einen Bericht abliefern kann: BGE 124 IV 218.

Art. 327

Aufgehoben.

Art. 328 Nachmachen von Postwertzeichen ohne Fälschungsabsicht

1. Wer Postwertzeichen des In- oder Auslandes nachmacht, um sie als nachgemacht in Verkehr zu bringen, ohne die einzelnen Stücke als Nachmachungen kenntlich zu machen,

wer solche Nachmachungen einführt, feilhält oder in Verkehr bringt,

wird mit Busse bestraft.

2. Die Nachmachungen werden eingezogen.

Art. 328 Ziff. 1: Subsidiäre Vorschrift zum Tatbestand des Nachmachens von Wertzeichen gemäss StGB Art. 245, die im Gegensatz zu dieser Bestimmung keine Absicht des Täters voraussetzt, die Zeichen als echt bzw. unverfälscht zu verwenden.

Ziff. 2: Vgl. StGB Art. 69.

Art. 329 Verletzung militärischer Geheimnisse

1. Wer unrechtmässig

in Anstalten oder andere Örtlichkeiten eindringt, zu denen der Zutritt von der Militärbehörde verboten ist,

militärische Anstalten oder Gegenstände abbildet, oder solche Abbildungen vervielfältigt oder veröffentlicht,

wird mit Busse bestraft.

2. Versuch und Gehilfenschaft sind strafbar.

Art. 329–331: Bundesgerichtsbarkeit: StGB Art. 336 Abs. 1 lit. g.

Art. 329: Der Tatbestand kann auch ohne tatsächliche Beeinträchtigung militärischer Geheimnisse erfüllt werden: BGE 112 IV 86. – Verhältnis zu StGB Art. 267 und 274 sowie zu MStG Art. 86 und 106 und zum BG über den Schutz militärischer Anlagen vom 23. Juni 1950 (SR 510.518), Art. 7: BGE 112 IV 86 (StGB Art. 329 ist subsidiär).

Art. 330 Handel mit militärisch beschlagnahmtem Material

Wer Gegenstände, die von der Heeresverwaltung zum Zwecke der Landesverteidigung beschlagnahmt oder requiriert worden sind, unrechtmässig verkauft oder erwirbt, zu Pfand gibt oder nimmt, verbraucht, beiseiteschafft, zerstört oder unbrauchbar macht, wird mit Busse bestraft.

Art. 330 pönalisiert zum Schutze der Landesverteidigung ein dem StGB Art. 289 ähnliches Verhalten.

Art. 331 Unbefugtes Tragen der militärischen Uniform

Wer unbefugt die Uniform des schweizerischen Heeres trägt, wird mit Busse bestraft.

Art. 331 bezieht sich nur auf Zivilpersonen. Unbefugtes Uniformtragen durch Armeeangehörige wird nach MStG, v.a. MStG Art. 73 und 180, beurteilt.

Art. 332 Nichtanzeigen eines Fundes

Wer beim Fund oder bei der Zuführung einer Sache nicht die in den Artikeln 720 Absatz 2, 720a und 725 Absatz 1 des Zivilgesetzbuches vorgeschriebene Anzeige erstattet, wird mit Busse bestraft.

Art. 332: Strafbar ist nur die vorsätzliche Unterlassung der Anzeige: BGE 85 IV 192. – StGB Art. 332 ist subsidiär zu StGB Art. 137 Ziff. 2 Abs. 1 (unrechtmässige Aneignung), d.h. nur anwendbar, wenn die Voraussetzungen dieses Tatbestandes nicht vorliegen oder der Täter mangels Strafantrag nicht verfolgt werden kann: BGE 71 IV 93, 85 IV 191. – Beginn der Verjährung: BGE 71 IV 186.

Drittes Buch: Einführung und Anwendung des Gesetzes

Erster Titel: Verhältnis dieses Gesetzes zu andern Gesetzen des Bundes und zu den Gesetzen der Kantone

Art. 333 Anwendung des Allgemeinen Teils auf andere Bundesgesetze

¹ Die allgemeinen Bestimmungen dieses Gesetzes finden auf Taten, die in andern Bundesgesetzen mit Strafe bedroht sind, insoweit Anwendung, als diese Bundesgesetze nicht selbst Bestimmungen aufstellen.

² In den anderen Bundesgesetzen werden ersetzt:
a. Zuchthaus durch Freiheitsstrafe von mehr als einem Jahr;
b. Gefängnis durch Freiheitsstrafe bis zu drei Jahren oder Geldstrafe;
c. Gefängnis unter sechs Monaten durch Geldstrafe, wobei einem Monat Freiheitsstrafe 30 Tagessätze Geldstrafe zu höchstens 3'000 Franken entsprechen.

³ Wird Haft oder Busse oder Busse allein als Höchststrafe angedroht, so liegt eine Übertretung vor. Die Artikel 106 und 107 sind anwendbar. Vorbehalten bleibt Artikel 8 des Bundesgesetzes vom 22. März 1974 über das Verwaltungsstrafrecht. Eine Übertretung ist die Tat auch dann, wenn sie in einem anderen Bundesgesetz, welches vor 1942 in Kraft getreten ist, mit einer Gefängnisstrafe bedroht ist, die drei Monate nicht übersteigt.

⁴ Vorbehalten sind die von Absatz 2 abweichenden Strafdauern und Artikel 41 sowie die von Artikel 106 abweichenden Bussenbeträge.

⁵ Droht ein anderes Bundesgesetz für ein Verbrechen oder Vergehen Busse an, so ist Artikel 34 anwendbar. Von Artikel 34 abweichende Bemessungsregeln sind nicht anwendbar. Vorbehalten bleibt Artikel 8 des Bundesgesetzes vom 22. März 1974 über das Verwaltungsstrafrecht. Ist die Busse auf eine Summe unter 1 080 000 Franken begrenzt, so fällt diese Begrenzung dahin. Ist die angedrohte Busse auf eine Summe über 1 080 000 Franken begrenzt, so wird diese Begrenzung beibehalten. In diesem Fall ergibt der bisher angedrohte Bussenhöchstbetrag geteilt durch 3000 die Höchstzahl der Tagessätze.

⁶ Bis zu ihrer Anpassung gilt in anderen Bundesgesetzen:
a. Die Verfolgungsverjährungsfristen für Verbrechen und Vergehen werden um die Hälfte und die Verfolgungsverjährungsfristen für Übertretungen um das Doppelte der ordentlichen Dauer erhöht.
b. Die Verfolgungsverjährungsfristen für Übertretungen, die über ein Jahr betragen, werden um die ordentliche Dauer verlängert.
c. Die Regeln über die Unterbrechung und das Ruhen der Verfolgungsverjährung werden aufgehoben. Vorbehalten bleibt Artikel 11 Absatz 3 des Bundesgesetzes vom 22. März 1974 über das Verwaltungsstrafrecht.
d. Die Verfolgungsverjährung tritt nicht mehr ein, wenn vor Ablauf der Verjährungsfrist ein erstinstanzliches Urteil ergangen ist.

Art. 333

e. Die Vollstreckungsverjährungsfristen für Strafen bei Verbrechen und Vergehen werden beibehalten, und diejenigen für Strafen bei Übertretungen werden um die Hälfte verlängert.

f. Die Bestimmungen über das Ruhen der Vollstreckungsverjährung werden beibehalten, und diejenigen über die Unterbrechung werden aufgehoben.

⁷ Die in andern Bundesgesetzen unter Strafe gestellten Übertretungen sind strafbar, auch wenn sie fahrlässig begangen werden, sofern nicht nach dem Sinne der Vorschrift nur die vorsätzliche Begehung mit Strafe bedroht ist.

Bisheriges Recht: Art. 333 regelt weiterhin das Verhältnis des Allgemeinen Teils des Strafgesetzbuches zum Nebenstrafrecht. Wesentliche Neuerung bilden die Abs. 2–5, welche den Umrechnungsschlüssel für die Strafdrohungen des Nebenstrafrechts an das neue Sanktionensystem des AT StGB bilden. Diese Transformationsnormen gehen vom Grundsatz aus, dass die Strafrahmen, d.h. die Mindest- und Höchstmasse der angedrohten Strafen, nicht verändert werden sollen (Botschaft, BBl 1999, 2152). Der Umrechnungsschlüssel ist auf all jene zahlreichen Erlasse des Bundesrechts anwendbar, deren Strafbestimmungen im Rahmen der Revision des AT StGB nicht ausdrücklich an das neue Sanktionensystem angepasst wurden; im Hinblick auf die herausragende praktische Bedeutung wurden nämlich allein die Strafdrohungen des SVG, des ANAG und des BetmG angepasst (Vgl. BBl 2002, 8317 und 8318), während das übrige Nebenstrafrecht zur Verbesserung der Rechtssicherheit in Zukunft noch an das neue Sanktionensystem angepasst werden sollte (Botschaft, BBl 1999, 2189).

Unverändert übernommen wird in Abs. 1 die Generalklausel, wonach die allgemeinen Bestimmungen des StGB auf Taten anwendbar sind, die in andern Bundesgesetzen mit Strafe bedroht sind, sofern diese Bundesgesetze nicht selbst abweichende Bestimmungen enthalten (Grundsatz der Subsidiarität). Ersatzlos gestrichen wurde die bei Erlass des StGB als übergangsrechtliche Regelung gedachte Bestimmung, dass sich die Begnadigung stets nach dem StGB richte (StGB alt Art. 333 Abs. 4), denn die StGB Art. 381 ff. regeln die Begnadigung in Bezug auf alle Urteile, die aufgrund des StGB oder eines andern Bundesgesetzes erlassen wurden. Neu in Abs. 6 unverändert übernommen wurden die Bestimmungen betreffend die Anpassung der in andern Bundesgesetzen vorgenommenen Verjährungsfristen, wie sie mit dem erst am 1. Oktober 2002 in Kraft getretenen neuen Verjährungsrecht gemäss StGB Art. 97 ff. festgelegt wurden. Ebenfalls unverändert und neu in einem Abs. 7 übernommen wurde die für das Nebenstrafrecht als Umkehrung von StGB Art. 12 in Verbindung mit StGB Art. 104 geltende Regelung, dass die fahrlässige Tatbegehung von Übertretungen strafbar ist, sofern nach dem Sinne der Strafbestimmung nicht nur die vorsätzliche Begehung mit Strafe bedroht ist.

Abs. 1: Aufgrund dieser allgemeinen Regel sind auf die im Nebenstrafrecht (noch) mit Zuchthaus oder Gefängnis bedrohten Straftaten StGB Art. 1 ff., andernfalls StGB Art. 103 ff. – mit dem Verweis in StGB Art. 104 – anwendbar. Der Vorbehalt der Nichtanwendbarkeit des AT StGB gilt grundsätzlich auch für die Transformation der Strafdrohungen des Nebenstrafrechts, mit der Einschränkung, dass auf die auch mit Busse bedrohten Verbrechen und Vergehen neu die Geldstrafe im Tagessatzsystem anzuwenden ist. Für die mit Busse bedrohten Übertretungen des Nebenstrafrechts gelten indesser abweichende Strafzumessungsregeln weiterhin, gleichermassen wie bei den speziellen Sanktioner des Nebenstrafrechts (Botschaft, BBl 1999, 2154). – Die in kantonalen und Bundesgesetzen vorgesehenen, jedoch im AT StGB aufgehobenen Nebenstrafen (Amtsunfähigkeit, Entziehung der elterlicher Gewalt und der Vormundschaft, Landesverweisung und Wirtshausverbot) fallen dahin, sofern ihner nicht die Natur administrativer Massnahmen zukommen. Das Berufsverbot, in StGB Art. 70 als so genannte «andere Massnahme» vorgesehen, kann demgegenüber weiterhin angeordnet werden (Botschaft, BBl 1999, 2154). – Der Begriff der *«Bundesgesetze»* umfasst nicht nur das Gesetz im formellen Sinn, sondern allgemein materielles Gesetzesrecht, gleichgültig ob es in Form eines Gesetzes, eines Bundesbeschlusses oder einer Verordnung erlassen wurde: BGE 101 IV 94. – Anwendung der Auslegungsgrundsätze auf das Nebenstrafrecht: BGE 103 IV 206. Die Strafe wegen bundesrechtlicher Steuerwiderhandlung ist eine echte Strafe, auf sie finden nach StGB Art. 333 Abs. 1 die allgemeinen Bestimmungen des StGB Anwendung: BGE 114 Ib 30 Erw. 4, SJZ 86 (1990) 48. – Für Taten, die in der *Verwaltungsgesetzgebung* des Bundes mit Strafe bedroht sind, gelten nach VStrR Art. 2 die allgemeinen Bestimmungen des StGB, soweit das VStrR oder das einzelne Verwaltungsgesetz nichts anderes bestimmt. – *Abweichungen von den allgemeinen Normen* sind als Ausnahmen nur dort anzuwenden, wo sie sich aus dem Gesetz klar ergeben: BGE 78 IV 71, 83 IV 124, 84 IV 94. Der am Ende umschriebene Vorbehalt ist in dem Sinne restriktiv auszulegen, als er in Bezug auf veraltete, rudimentär geregelte spezialgesetzliche Einziehungsbestimmungen angesichts der grundlegenden sozialethischen Bedeutung der Ausgleichseinziehung gemäss StGB Art. 70 f. nicht gilt. Im Verhältnis zu StGB Art. 70 f. gilt dieser Vorbehalt bloss im Rahmen von Bestimmungen des Nebenstrafrechtes, deren Anwendungsbereich weiter ist als derjenige von StGB Art. 70 f. oder bei deren Regelung der Gesetzgeber bewusst eine von StGB Art. 70 f. abweichende Regelung traf (BGE 129 IV 110). BGE 132 IV 29: Ob die rechtswidrige Einreise eines Flüchtlings wegen der von ihm geltend gemachten Verfolgung im Herkunftsstaat gerechtfertigt und damit straflos ist, beurteilt sich allein nach den diesbezüglichen Bestimmungen des Ausländerstrafrechts, namentlich von ANAG Art. 23 Abs. 3 Satz 2; für die Anwendbarkeit des allgemeinen Notstands bleibt unter diesen Umständen kein Raum.

Abs. 2 regelt die Umrechnung der mit dem neuen AT StGB auch im bundesrechtlichen Nebenstrafrecht aufgehobenen Zuchthaus- und Gefängnisstrafen (vgl. StGB alt Art. 35 und 36). – Anstelle einer angedrohten Gefängnisstrafe wird im Hinblick auf den grundsätzlichen Verzicht auf kurze Freiheitsstrafen (vgl. StGB Art. 40 und 41) auch die Geldstrafe vorgesehen (lit. b), welche gemäss StGB Art. 34 Abs. 1 höchstens 360 Tagessätze beträgt und so gewährleistet, dass auch im Nebenstrafrecht anstelle einer Freiheitsstrafe von bis zu einem Jahre eine Geldstrafe ausgesprochen werden kann (Botschaft, BBl 1999, 2154 f.). – Gefängnisstrafen unter 6 Monaten werden durch die alleinige Geldstrafe ersetzt, wobei die Androhung von einem Monat 30 Tagessätzen Geldstrafe entspricht (lit. c).

Abs. 3 verweist auf die Anwendbarkeit der StGB Art. 106 und 107 für Übertretungen, womit auch die im Nebenstrafrecht angedrohten Haftstrafen aufgehoben und durch Bussen ersetzt werden. Bisherige Haftstrafen können daher unabhängig ihrer Mindest- oder Höchstdauer mit dem Bussenhöchstbetrag von CHF 10'000 geahndet werden. – Wird im Nebenstrafrecht für eine Übertretung eine höhere Busse angedroht, gilt diese (StGB Art. 333 Abs. 3 i.V. mit Art. 106 Abs. 1). – VStrR Art. 8 bleibt weiterhin anwendbar, so dass im Verwaltungsstrafrecht, namentlich im Bereich der Zoll- und Alkoholgesetzgebung sowie im Finanzsektor, bis zu einer Busse von CHF 5'000 allein auf die Schwere der Widerhandlung und das Verschulden abgestellt werden kann, ohne auf die gemäss StGB Art. 106 Abs. 3 sonst zu berücksichtigende Leistungsfähigkeit des Angeschuldigten Rücksicht zu nehmen (Botschaft, BBl 1999, 2146 und 2155).

Abs. 4: Die von Abs. 2 abweichenden Mindest- und Höchstdauern von Freiheitsstrafen bleiben im Nebenstrafrecht bestehen, mit Ausnahme der Mindestdauer von Freiheitsstrafen unter sechs Monaten, welche durch Geldstrafen ersetzt werden (Botschaft, BBl 1999, 2155). Bei den Höchststrafen bleiben selbst jene bestehen, die über dem heute für Vergehen vorgegebenen Rahmen (vgl. StGB alt Art. 36) liegen, wodurch gestützt auf StGB Art. 10 Abs. 2 ein bisheriges Vergehen zu einem Verbrechen wird (Botschaft, BBl 1999, 2155). – Im Rahmen der Umrechnung der Strafdrohungen im Nebenstrafrecht auf das neue Sanktionssystem des AT StGB bleibt ausdrücklich auch die kurze unbedingte Freiheitsstrafe gemäss StGB Art. 41 vorbehalten. – Schliesslich bleiben auch die festen Bussenbeträge, z.B. Busse von CHF 50, und die Androhung von Höchstbussen, z.B. Busse bis zu CHF 5'000, im Nebenstrafrecht weiterhin bestehen.

Abs. 5 legt fest, dass die Geldstrafe im Tagessatzsystem auch bei Verbrechen und Vergehen des Nebenstrafrechts zur Anwendung gelangt. Für Verbrechen und Vergehen angedrohte Bussen sind daher in Anwendung von StGB Art. 34 Abs. 1 in Geldstrafen von höchstens 360 Tagessätze umzuwandeln, wobei sich deren Zahl und Höhe nach den in StGB Art. 34 Abs. 2 enthaltenen Grundsätzen bestimmt. Vorbehalten bleibt auch hier VStR Art. 8, so dass bei Geldstrafen bis CHF 5'000 allein auf die Schwere der Widerhandlung und das Verschulden abgestellt werden kann, ohne Rücksichtnahme auf die Leistungsfähigkeit des Angeschuldigten (vgl. Bem. zu StGB Art. 333 Abs. 3). – Da der Höchstbetrag der Geldstrafe gemäss StGB Art. 34 CHF 1'080'000 (= 360 Tagessätze zu maximal CHF 3'000) beträgt, werden die Höchstbeträge der Bussen im Nebenstrafrecht für die Transformation in eine Geldstrafe generell auf den genannten Höchstbetrag für die Geldstrafe, d.h. auf 360 Tagessätze Geldstrafe, heraufgesetzt. Im Falle einer höher angedrohten Busse wird dieser Höchstbetrag beibehalten, wobei jeweils CHF 3'000 einem Tagessatz Geldstrafe entsprechen (Botschaft, BBl 1999, 2157).

Abs. 6 verhindert im Nebenstrafrecht eine nicht sachgerechte Verkürzung der Verjährungsfristen, welche sonst mit dem am 1. Oktober 2002 in Kraft getretenen neuen Verjährungsrecht mit seiner ersatzlosen Aufhebung des früheren Instituts des Ruhens und Unterbrechens der Verfolgungsverjährung eingetreten wäre (Botschaft, BBl 2001, 2674 ff.).

Art. 334   Verweisung auf aufgehobene Bestimmungen

Wird in Bundesvorschriften auf Bestimmungen verwiesen, die durch dieses Gesetz geändert oder aufgehoben werden, so sind diese Verweisungen auf die entsprechenden Bestimmungen dieses Gesetzes zu beziehen.

Bisheriges Recht: Die Norm entspricht im Wesentlichen dem bisherigen StGB alt Art. 334, mit der Ergänzung, dass sie sich nicht nur auf immer noch existierende Verweisungen auf das bis 1942 geltende Recht bezieht, sondern neu auch Verweisungen auf das bis zum Inkrafttreten von Teilrevisionen des StGB, namentlich des AT StGB, jeweils geltenden Rechts erfasst (Botschaft, BBl 1999, 2158).

Art. 335   Gesetze der Kantone

¹ Den Kantonen bleibt die Gesetzgebung über das Übertretungsstrafrecht insoweit vorbehalten, als es nicht Gegenstand der Bundesgesetzgebung ist.

Drittes Buch: Einführung und Anwendung des Gesetzes **Art. 335**

2 Die Kantone sind befugt, die Widerhandlungen gegen das kantonale Verwaltungs- und Prozessrecht mit Sanktionen zu bedrohen.

Bisheriges Recht: Der bisherige Text von StGB alt Art. 335 wurde als systematisch inkonsistent erachtet und dementsprechend geändert. Das Marginale heisst neu «Gesetze der Kantone». Ferner wird die bisherige Streitfrage zur Gesetzgebungskompetenz der Kantone im Strafrecht (vgl. Botschaft, BBl 1999, 2160) gelöst und ausdrücklich klargestellt, dass die Kantone Widerhandlungen gegen das kantonale Verwaltungs- und Prozessrecht sanktionieren können. Der ausdrückliche (unechte) Vorbehalt zugunsten kantonaler Strafbestimmungen zum Schutze des kantonalen Steuerrechts gemäss StGB alt Art. 335 Ziff. 2 wurde aufgehoben. Soweit den Kantonen im Lichte des Bundesgesetzes über die Harmonisierung der direkten Steuern der Kantone und Gemeinden (StHG; SR 642.14) im kantonalen Steuerstrafrecht überhaupt noch Gestaltungsraum zukommt, können die Kantone entsprechende Normen aufgrund des Vorbehalts zugunsten des Verwaltungsrechts gemäss StGB Art. 335 Abs. 2 schaffen (Botschaft, BBl 1999, 2160).

Abs. 1 enthält einen echten Vorbehalt zugunsten einer Gesetzgebungskompetenz der Kantone im Kernstrafrecht, allerdings beschränkt auf das Übertretungsstrafrecht (zum Begriff der Übertretungen vgl. StGB Art. 103) und auf Materien, die nicht Gegenstand der Bundesgesetzgebung sind (BGE 125 I 369). Die Straflosigkeit kann auch einem qualifizierten Schweigen des eidg. Gesetzgebers entsprechen, weil er einen Tatbestand nicht, auch nicht nach kantonalem Recht, bestraft wissen will. Der Erlass kantonaler Übertretungsstraftatbestände ist daher nur zulässig, wenn eidgenössisches Recht den Angriff auf ein Rechtsgut nicht durch ein geschlossenes System von Normen regelt: BGE 89 IV 95, 116 IV 21, 129 IV 279, ZBJV 121 (1985) 515. – Der Grundsatz «keine Strafe ohne Gesetz» gilt unmittelbar auch für die Kantone und Gemeinden: BGE 112 Ia 112, 118 Ia 318; vgl. auch Bem. zu StGB Art. 1. – Jede Strafe, die einen Freiheitsentzug mit sich bringt, bedarf einer Grundlage in einem formellen Gesetz; für andere Strafen genügt eine Verordnung, die sich im Rahmen von Verfassung und Gesetz hält (BGE 118 IV 192, 119 IV 262). Die Verordnung darf aber ein Verhalten, das der Gesetzgeber nicht verbieten wollte, nicht unter Strafe stellen: BGE 112 Ia 112; vgl. auch Bem. zu StGB Art. 1. – Die Androhung einer Strafe, die automatisch das Mehrfache der geschuldeten Abgabe beträgt und keinen Spielraum für die Berücksichtigung der subjektiven Elemente lässt, ist mit BV Art. 9 unvereinbar: BGE 103 Ia 227. – Die Kantone können im kantonalen Übertretungsstrafrecht die allgemeinen Bestimmungen des StGB für anwendbar erklären, diese aber auch ausdrücklich ausschliessen und eigene erlassen: BGE 101 Ia 110.

Im interkantonalen Verhältnis ist kantonales Übertretungsstrafrecht nur anwendbar, wenn Ausführung oder Erfolg der Tat sich im Kantonsgebiet verwirklicht: RS 1978 Nr. 522. – Nach kantonalem Recht zulässiges *Gemeindestrafrecht* gilt als *kantonales* Strafrecht: BGE 96 I 29. – Die *Befugnis, polizeiliche Gebote und Verbote aufzustellen,* schliesst beim Fehlen einer abweichenden positiven Anordnung die Befugnis ein, auf die Übertretung dieser Vorschriften Strafe anzudrohen: BGE 78 I 307, 92 I 35, 96 I 31.

Im Einzelnen die kantonale Gesetzgebungskompetenz bejaht: Verunreinigung fremden Eigentums: BGE 89 IV 95 (Verunreinigung fremder Gewässer), *Ungehorsam* gegenüber der *Polizei:* BGE 81 IV 164, 81 IV 163, *Amtspflichtverletzungen,* die nicht unter das StGB (StGB Art. 312 ff.) fallen: BGE 81 IV 330, 88 IV 71, Landstreicherei: BGE 69 IV 7; Bettelei: BGE 70 IV 194, unbefugte Führung akademischer Titel (soweit nicht unlauterer Wettbewerb vorliegt): BGE 74 IV 109, Störungen des öffentli-

Art. 335

chen Friedens, die nicht unter StGB Art. 258 ff. fallen: BGE 71 IV 105, 117 Ia 474 (Vermummungsverbot), Wald- und Feldfrevel: BGE 72 IV 54. – In BGE 74 IV 168 wird offengelassen, ob neben StGB Art. 312 ff. für eine kantonale Übertretungsstrafe wegen (leichterer) Amtspflichtverletzung noch Raum bleibe, in BGE 81 IV 330 bejaht.

Unzulässige kantonale Übertretungstatbestände im Einzelnen: Unterlassung der Nothilfe, die in StGB Art. 128 abschliessend geregelt ist: BGE 116 IV 22, Formen der Sachentziehung, die nach StGB straflos sind: BGE 70 IV 123, Formen fahrlässiger Sachbeschädigung, die nach StGB Art. 145 straflos sind: SJZ 75 (1979) 47, fahrlässige Hehlerei, die nach StGB Art. 160 straflos ist: RS 1977 Nr. 256, Amtsehrverletzung: BGE 71 IV 100.

Abs. 2 enthält einen unechten Vorbehalt zugunsten des kantonalen Strafrechts, welcher sich aus BV Art. 3 ergibt und insofern rein deklaratorischen Charakter hat. Er stellt indessen ausdrücklich klar, dass die Kantone Widerhandlungen gegen das kantonale Verwaltungs- und Prozessrecht mit strafrechtlichen Sanktionen versehen können. Die Kantone können nach dieser Bestimmung nur das Bundesrecht ergänzen, aber nicht derogieren: BGE 112 IV 22 (Erschleichung staatlicher Leistungen fällt unter StGB Art. 146, wenn die Voraussetzungen dieser Bestimmung gegeben sind). – Strafbestimmungen der Kantone im Bereich des Verwaltungsrechts sind grundsätzlich uneingeschränkt zulässig, soweit ihnen gemäss BV Art. 3 für die fragliche Materie die Regelungskompetenz zusteht (BGE 129 IV 280). Im Einzelnen: Zulässigkeit von Zwangsmassnahmen gegen widerspenstige Zeugen: BGE 117 Ia 493, *falsche Parteiaussage,* die nicht unter StGB Art. 306 fällt, als kantonaler Übertretungstatbestand: BGE 76 IV 282, Bestrafung von *Ehrverletzungen im Prozess:* BGE 86 IV 73, Nichtbefolgung von Urteilen und Verfügungen in Zivilsachen: BGE 69 IV 210, 96 II 261 (Bestrafung wegen *Ungehorsams* gegen zivilgerichtliches Unterlassungsgebot), Verhältnis zu StGB Art. 292 (Ungehorsam): BGE 69 IV 210, Prozessdisziplin: BGE 98 IV 89, strafrechtliche Absicherung formloser Beweismittel: BGE 104 IV 32. – Die Kantone sind befugt, die Verweigerung der Auskunft über den Lenker eines Motorfahrzeuges unter Strafe zu stellen: BGE 107 IV 149. – Zulässig sind auch kantonale Strafbestimmungen zur Durchsetzung verwaltungsrechtlicher Vorschriften über die Brandbekämpfung: BGE 129 IV 280 (Missachtung der feuerpolizeilichen Sorgfaltspflicht).

Das *Steuerstrafrecht,* welches die Kantone vorbehältlich der diesbezüglichen Harmonisierungsgrundsätze der Art. 55–61 StHG erlassen können, geht als Sonderrecht dem gemeinen Strafrecht vor und lässt für dessen Anwendung keinen Raum, wenn nach dem Vorsatz des Täters eine Urkundenfälschung bzw. der Gebrauch einer gefälschten Urkunde i.S. von StGB Art. 251 ausschliesslich zu steuerlichen Zwecken erfolgte. Dagegen kommt dieser Tatbestand zur Anwendung, wenn der Täter die Verwendung der inhaltlich unrichtigen Urkunde im nicht-fiskalischen Bereich beabsichtigt oder in Kauf nimmt: BGE 122 IV 27. Zu den Konkurrenzen des Steuerbetrugs im Verhältnis zu gemeinrechtlichen Delikten vgl. ZStrR 118 (2000) 97 f. (echte Konkurrenz, sofern der Täter die Verwendung der unechten bzw. unwahren Urkunde im nicht-fiskalischen Bereich zumindest in Kauf nimmt, was namentlich bei der Herstellung einer unrichtigen Handelsbilanz regelmässig der Fall sein wird). Im Verhältnis zu StGB Art. 253 (Erschleichung einer Falschbeurkundung) ist demgegenüber der Beweggrund des Täters unerheblich, weil die Erschleichung einer falschen Beurkundung um ihrer selbst willen mit Strafe bedroht ist, da die Urkunde dank ihrer objektiven Beweisbestimmung zu irgendwelchen, nicht bloss zu den vom Täter geplanten Zwecken verwendet werden kann: BGE 84 IV 166, SJZ 82 (1986) 162, ZR 55 (1956) Nr. 39, 59 (1960) Nr. 60 (Falschbeurkundung eines Grundstückskaufes).

Zweiter Titel: Bundesgerichtsbarkeit und kantonale Gerichtsbarkeit

Art. 336 1. Bundesgerichtsbarkeit. Umfang

¹ Der Bundesgerichtsbarkeit unterstehen:

a. die strafbaren Handlungen des ersten und vierten Titels sowie der Artikel 140, 156, 189 und 190, sofern sie gegen völkerrechtlich geschützte Personen, gegen Magistratspersonen des Bundes, gegen Mitglieder der Bundesversammlung, gegen den Bundesanwalt sowie dessen Stellvertreter gerichtet sind;

b. die strafbaren Handlungen der Artikel 137–141, 144, 160 und 172ter, sofern sie Räumlichkeiten, Archive und Schriftstücke diplomatischer Missionen und konsularischer Posten betreffen;

c. die Geiselnahme nach Artikel 185 zur Nötigung von Behörden des Bundes oder des Auslandes;

d. die Verbrechen und Vergehen der Artikel 224–226ter;

e. die Verbrechen und Vergehen des zehnten Titels betreffend Metallgeld, Papiergeld und Banknoten, amtliche Wertzeichen und sonstige Zeichen des Bundes, Mass und Gewicht;

f. die Verbrechen und Vergehen des elften Titels, sofern Urkunden des Bundes, ausgenommen die Fahrausweise und Belege des Postzahlungsverkehrs, in Betracht kommen;

g. die strafbaren Handlungen des Artikels 260bis sowie des dreizehnten bis fünfzehnten und des siebzehnten Titels, sofern sie gegen den Bund, die Behörden des Bundes, gegen den Volkswillen bei eidgenössischen Wahlen, Abstimmungen, Referendums- oder Initiativbegehren, gegen die Bundesgewalt oder gegen die Bundesrechtspflege gerichtet sind; ferner die Verbrechen und Vergehen des sechzehnten Titels und die von einem Behördemitglied oder Beamten des Bundes oder gegen den Bund verübten strafbaren Handlungen des achtzehnten und neunzehnten Titels und die Übertretungen der Artikel 329–331;

h. die politischen Verbrechen und Vergehen, die Ursache oder Folge von Unruhen sind, durch die eine bewaffnete eidgenössische Intervention veranlasst wird.

² Der Bundesgerichtsbarkeit unterstehen ferner die strafbaren Handlungen des zwölften Titels[bis].

³ Die in besonderen Bundesgesetzen enthaltenen Vorschriften über die Zuständigkeit des Bundesstrafgerichts bleiben vorbehalten.

Art. 336–338: ZStrR 116 (1998) 349. – Gemäss diesen Bestimmungen, welche mit Ausnahme von StGB Art. 336 Abs. 1 lit. f materiell den StGB alt Art. 340, 340bis und 343 entsprechen, verfolgen und beurteilen die Kantone die nach dem StGB strafbaren Handlungen unter Vorbehalt der nach den StGB Art. 336 und 337 ausdrücklich der Bundesgerichtsbarkeit unterliegenden Delikte. Dieser Grundsatz gilt auch für die gemäss andern Bundesgesetzen strafbaren Handlungen, deren Verfolgung den Kantonen zugewiesen wird (BGE 122 IV 91,125 IV 171). Die Bundesgerichtsbarkeit bildet also die Ausnahme vom Grundsatz der kantonalen Gerichtsbarkeit und ist nur dann gegeben, wenn das Bundesrecht sie ausdrücklich vorsieht (BGE 125 IV 171). – Zu der mit StGB Art. 337 am 22. Dezember 1999, in Kraft seit 1. Januar 2002, im Vergleich zu StGB Art. 336 erheblich erweiterten Bundesgerichtsbarkeit in den Bereichen organisiertes Verbrechen und Wirtschaftskriminalität vgl. Botschaft des Bundesrates über die Änderung des Strafgesetzbuches, der Bundesstrafrechtspflege und des Verwaltungsrechtspflegegesetzes (sog. Effizienzvorlage) vom 28. Januar 1998, in: Botschaft, BBl 1998, 1529 ff. Dabei sieht der Gesetzgeber im Bereich der organisierten Kriminalität im Gegensatz zur Wirtschaftskriminalität eine zwingende, obligatorische Bundesgerichtsbarkeit vor (StGB Art. 337 Abs. 1). – Die Delegationsbefugnis an die Kantone in Bundesstrafsachen nach StGB Art. 336 Abs. 2 (Völkermord) und 337 (Organisiertes Verbrechen und Wirtschaftskriminalität) ist im Gegensatz zu Bundesstrafsachen nach StGB Art. 336 Abs. 1 und 3 auf einfache Fälle beschränkt (BStP Art. 18bis Abs. 1 und 18 Abs. 1). – Mit dem Delegationsbeschluss in Bundesstrafsachen nach StGB Art. 336 Abs. 1 und 3 (BStP Art. 18 Abs. 1) geht die Verfahrensherrschaft vollständig an den Kanton über und die Bundesbehörden haben keinen Einfluss mehr auf den Gang der Untersuchung (BGE 126 IV 206); Entschädigungsgesuche gemäss BStP Art. 122 sind in solchen Fällen indessen gegenüber dem Bund zu stellen, soweit sich diese Gesuche auf das Verfahren vor der Delegation an den Kanton beziehen (BGE 126 IV 207). – Die sich aus BStP Art. 259 ergebende Ermittlungsbefugnis des Bundesanwalts bei der Verfolgung von Widerhandlungen gegen Bundesgesetze, die dem Bund ein besonderes Oberaufsichtsrecht übertragen, ändert nichts daran, dass die Zuständigkeit und das Verfahren grundsätzlich kantonal bleiben (BGE 122 IV 91, 125 IV 173): In solchen Fällen ist bei Einstellung der Ermittlungen für die Einziehung von Gegenständen und Vermögenswerten nicht der Bundesanwalt gestützt auf BStP Art. 73 Abs. 1, sondern die kantonale Behörde zuständig (BGE 125 IV 176). – Mit der Begründung der Bundesgerichtsbarkeit richtet sich das Verfahren nach dem Bundesstrafprozess (BStP).

Art. 336: Bisheriges Recht: Urkundendelikte, die sich auf Urkunden des Bundes beziehen, bei denen es sich indessen um Fahrausweise und Belege des Postzahlungsverkehrs handelt, sind neu von der Bundesgerichtsbarkeit ausdrücklich ausgenommen und damit der kantonalen Gerichtsbarkeit gemäss StGB Art. 338 unterstellt. Diese Neuerung dient der Effizienz, indem sich in entsprechenden, relativ häufigen Verfahren deren bisher meistens praktizierte bundesanwaltschaftliche Delegation an die Kantone erübrigt (Botschaft, BBl 1999, 2161). Im Übrigen entspricht StGB Art. 336 inhaltlich im Wortlaut StGB alt Art. 340.

Art. 336: Zur Übertragung der Bundesgerichtsbarkeit an die Kantone vgl. BStP Art. 18. – Gemäss BStP Art. 18 Abs. 3 kann die Bundesstrafsache ausnahmsweise auch erst nach Abschluss der Voruntersuchung den kantonalen Behörden zur Beurteilung übertragen werden. Diesfalls besteht keine Verpflichtung des Bundesanwalts (mehr), die Anklage vor dem kantonalen Gericht zu vertreten; diese Verpflichtung gemäss BStP Art. 18 Abs. 3 Satz 2 wurde im Zuge der Reform der Bundesstrafrechtspflege aufgehoben (vgl. Anhang zum BG über das Bundesstrafgericht vom 4. Oktober 2002, in Kraft seit 1. April 2004; SR 173.71). – Über Anstände zwischen Bundesanwaltschaft und kantonalen Behörden bei der Anwendung der Bestimmungen über die Delegation und die Verfahrensvereinigung gemäss BStP Art. 18 Abs. 1–3 entscheidet die Beschwerdekammer des Bundesstrafgerichts endgültig (BStP Art. 18 Abs. 4, SGG Art. 28 Abs. 1 lit. g), ohne dass die Beschwerde in Strafsachen an das Schweizerische Bundesgericht gem. BGG Art. 78 ff. zur Verfügung steht (BGG Art. 79). – Das Fehlen der sachlichen Zuständigkeit gemäss StGB Art. 336 ist auf dem ordentlichen Rechtsweg geltend zu machen: BStP Art. 260 beschränkt die Kompetenz des Bundesstrafgerichts, Anstände zwischen Bund und Kantonen über die Ermittlungstätigkeit zu entscheiden, auf Straffälle gem. StGB Art. 337 (Organisiertes Verbrechen und Wirtschaftskriminalität).

Gemäss der in StGB Art. 46 Abs. 3 unverändert von StGB alt Art. 41 Ziff. 3 Abs. 3 übernommenen Zuständigkeitsregel hat der über eine neue Straftat urteilende (kantonale) Richter auch über den Widerruf der vom Bundesstrafgericht ganz oder teilweise aufgeschobenen Strafe zu entscheiden (vgl. hierzu auch: BGE 101 IV 262).

Abs. 1 lit. a: Seit der Revision gemäss BG vom 13. Dezember 2002, in Kraft seit 1. Dezember 2003, besteht neu auch Bundesgerichtsbarkeit, wenn Magistratspersonen des Bundes, Mitglieder der Bundesversammlung, der Bundesanwalt oder seine Stellvertreter von den in Frage stehenden Delikten betroffen sind.

lit. b: Nach den anerkannten Grundsätzen des Völkerrechts unterstehen Räumlichkeiten diplomatischer Missionen der Immunität, sie sind jedoch nicht exterritorial in dem Sinne, dass die darin verübten Straftaten nicht der schweizerischen Gerichtsbarkeit unterstehen: BGE 109 IV 157.

lit. f: Als *Urkunde* des Bundes gilt nur ein Schriftstück, das von einer Behörde oder einem Beamten des Bundes in hoheitlicher Funktion oder in Erfüllung öffentlicher Aufgaben oder gewerblicher Verrichtungen ausgestellt wurde: BGE 96 IV 163. Von diesen Urkunden besteht hinsichtlich der SBB-Fahrausweise wie Tageskarten, Halbtaxabonnemente, Generalabonnemente und der Belege des Postzahlungsverkehrs ausdrücklich keine Bundesgerichtsbarkeit (Botschaft, BBl 1999, 2161).

lit. g stellt u.a. sicher, dass für sämtliche Bestechungsdelikte, die sich gegen Amtsträger des Bundes richten bzw. von solchen begangen werden, Bundesgerichtsbarkeit begründet wird (Botschaft, BBl 1999, 5552). Ferner besteht für die von Amtsträgern des Bundes begangenen strafbaren Handlungen gegen die Amts- und Berufspflicht (StGB Art. 312 ff.) Bundesgerichtsbarkeit.

Bundesgewalt: BGE 70 IV 215, 101 IV 187. – *Begünstigung* (StGB Art. 305) in der Strafverfolgung durch Bundesbehörden: BGE 96 IV 163; *falsches Zeugnis* (StGB Art. 307) im Verfahren der Bundesrechtspflege: BGE 132 IV 95 f.

lit. h: Intervention: BV Art. 52 Abs. 2.

Abs. 2 unterstellt den Tatbestand des Völkermordes, systematisch in «Zwölfter Titel bis» angesiedelt, ebenfalls der Bundesgerichtsbarkeit (vgl. hierzu Botschaft, BBl 1999, 5352).

Abs. 3: Bereits im Zusammenhang mit der Totalrevision der Bundesrechtspflege wurde eine Kompetenzverschiebung vom Bundesgericht an das neu geschaffene Bundesstrafgericht vorgenommen (vgl. Anhang zum BG über das Bundesstrafgericht vom 4. Oktober 2002, in Kraft getreten am 1. April 2004, in: BBl 2002, 6505 und Botschaft, BBl 2001, 4376).

Art. 337 Bei organisiertem Verbrechen, Finanzierung des Terrorismus und Wirtschaftskriminalität

¹ Der Bundesgerichtsbarkeit unterstehen zudem die strafbaren Handlungen nach den Artikeln 260ter, $260^{quinquies}$, 305bis, 305ter und 322ter–$322^{septies}$ sowie die Verbrechen, die von einer kriminellen Organisation im Sinne von Artikel 260ter ausgehen, wenn die strafbaren Handlungen begangen wurden:

a. zu einem wesentlichen Teil im Ausland; oder
b. in mehreren Kantonen und dabei kein eindeutiger Schwerpunkt in einem Kanton besteht.

² Bei Verbrechen des zweiten und des elften Titels kann die Bundesanwaltschaft ein Ermittlungsverfahren eröffnen, wenn:

a. die Voraussetzungen von Absatz 1 vorliegen; und
b. keine kantonale Strafverfolgungsbehörde mit der Sache befasst ist oder die zuständige kantonale Strafverfolgungsbehörde die Bundesanwaltschaft um Übernahme des Verfahrens ersucht.

³ Die Eröffnung des Ermittlungsverfahrens gemäss Absatz 2 begründet Bundesgerichtsbarkeit.

Bisheriges Recht: Diese Norm entspricht wörtlich StGB alt Art. 340bis.

Art. 337: Ergänzung im Rahmen der sog. *«Effizienzvorlage»* durch das BG vom 22. Dezember 1999, in Kraft seit 1. Januar 2002 (BBl 1998, 1529 ff.). – Angesichts der Struktur, der Komplexität und des häufig grenzüberschreitenden Charakters des Terrorismus wurde auch für den am 21. März 2003 neu geschaffenen Tatbestand der *Finanzierung des Terrorismus* (StGB Art. 260quinquies) die Bundesgerichtsbarkeit eingeführt (BG vom 21. März 2003, in Kraft seit 1. Oktober 2003; Botschaft, BBl 2002, 5443). – Spezielle *Übergangsbestimmungen* betreffend diese neuen Zuständigkeiten des Bundes fehlen. In analoger Anwendung von OG alt Art. 171 Abs. 1, welche Norm massgeblich den Zweckgedanken der Prozessökonomie verfolgt, bleiben die im Zeitpunkt des Inkrafttretens des neuen Rechts am 1. Januar 2002 hängigen Verfahren im Zuständigkeitsbereich der bisherigen Behörde (BGE 128 IV 230 = Pr 92 [2003] Nr. 39). Neue Strafanzeigen, welche bezüglich des Sachverhalts einen Zusammenhang mit einem bereits bestehenden Strafverfahren aufweisen, werden mit diesem bisherigen Verfahren vereinigt, ohne dass dies zu einer Änderung der Zuständigkeit führen würde (BGE 128 IV 231 = Pr 92 [2003] Nr. 39). Vorbehalten bleibt eine Abweichung von dieser Übergangsregelung in analoger Anwendung der Rechtsprechung zum interkantonal streitigen Gerichtsstand gemäss StGB alt Art. 351 (neu: StGB Art. 345) und BStP alt Art. 264 (neu: BStP Art. 279; BGE 128 IV 231 = Pr [2003] Nr. 39). – Über den zwischen dem Bundesanwalt und den kantonalen Strafverfolgungsbehörden im Rahmen der Ermittlungszuständigkeit gemäss StGB Art. 337 strittigen Gerichtsstand entscheidet die Beschwerdekammer des Bundesstrafgerichts gestützt auf BStP Art. 260. Gegen deren Entscheide ist die Beschwerde in Strafsachen an das Schweizerische Bundesgericht ausgeschlossen (SGG Art. 28 Abs. 1 lit. g, BGG Art. 79). Löst die Strafkammer des Bundesstrafgerichts durch einen Nichteintretensentscheid einen Zuständigkeitskonflikt aus, muss die Beschwerde in Strafsachen gem. BGG Art. 78 ff. indessen – analog der Rechtsprechung im Rahmen der früheren eidg. Nichtigkeitsbeschwerde – ausnahmsweise zulässig sein (Vgl. hierzu: BGer vom 28.3.2006, 6S.455/2005). – Gestützt auf BStP Art. 260 erhobene Beschwerden wegen der Zuständigkeit in Straffällen von Wirtschaftskriminalität und organisiertem Verbrechen werden nach denselben Verfahrensvorschriften und gleichermassen behandelt wie die Beschwerden betreffend interkantonale Gerichtsstandsstreitigkeiten gemäss StGB alt Art. 351 (neu: StGB Art. 345) und BStP alt Art. 264 (neu: BStP Art. 279; BGE 128 IV 229 = Pr 92 [2003] Nr. 39, BGE 128 IV 235 = Pr 92 [2003] Nr. 40): Die Strafverfolgungsbehörden des Bundes und der Kantone sind demgemäss gehalten, sich zuerst über die Zuständigkeit zu

Drittes Buch: Einführung und Anwendung des Gesetzes **Art. 337**

verständigen (BGE 132 IV 94). Scheitert eine solche Verständigung, hat die zuerst mit dem Straffall befasste Behörde die Angelegenheit der Beschwerdekammer des Bundesstrafgerichts zu unterbreiten (BStP Art. 279 Abs. 1). Im Falle einer Einigung oder wegen Säumnis beim Erlass eines Entscheids können die Parteien an die Beschwerdekammer des Bundesstrafgerichts gelangen (BStP Art. 279 Abs. 2, 214 Abs. 2; BGE 128 IV 225, BGE 132 IV 94). – Beschwerden gemäss BStP Art. 279 sind zwar an keine ausdrückliche Frist gebunden. In Anwendung der Rechtsprechung der früheren Anklagekammer des Bundesgerichts zu StGB alt Art. 351 und in Berücksichtigung der 5-tägigen Beschwerdefrist gegen Amtshandlungen des Untersuchungsrichters gemäss BStP Art. 217 wird jedoch auf solche Beschwerden nur eingetreten, wenn die hierzu gemäss BStP Art. 214 Abs. 2 Legitimierten sie erheben, sobald der Beschwerdeführer die für die Begründung erforderlichen Elemente kennt und es ihm zugemutet werden kann, die Beschwerde einzureichen (BGE 120 IV 146 = Pr 83 [1994] Nr. 257, BGE 128 IV 229 = Pr 92 [2003] Nr. 39, BGE 128 IV 235 = Pr 92 [2003] Nr. 40). – Eine nachträgliche Änderung einer einmal vereinbarten Zuständigkeit bedarf triftiger Gründe (BGE 71 IV 60, 107 IV 158, 120 IV 282) und solche Vereinbarungen können von der Beschwerdekammer des Bundesstrafgerichts selbst nur in Frage gestellt werden, wenn sie auf einem eigentlichen Ermessensmissbrauch beruhen (BGE 117 IV 90, 119 IV 250, 120 IV 282, BGE 132 IV 94). – Zum Verfahren und zur Rechtsprechung vgl. ferner Bem. zu StGB Art. 345.

Abs. 1: Für Straftaten, die vom organisierten Verbrechen ausgehen, die oft damit einhergehende Geldwäscherei, den Auffangtatbestand von StGB Art. 305ter (mangelnde Sorgfalt bei Finanzgeschäften und Melderecht), die Korruptionstatbestände und den Tatbestand der Finanzierung des Terrorismus (StGB Art. 260quinquies) besteht zwingend und obligatorisch die (originäre) Bundesgerichtsbarkeit, sofern diese Tatbestände zu einem wesentlichen Teil im Ausland oder ohne eindeutigen kantonalen Schwerpunkt in mehreren Kantonen begangen wurden. Diese letztgenannten Voraussetzungen sind alternativer Natur. – Die zwingend die Bundesgerichtsbarkeit begründenden Voraussetzungen können zu Beginn vielfach nicht mit Bestimmtheit festgestellt werden. Sie sind daher unter den Titeln der Effizienz und eines beschleunigten Verfahrens zu beurteilen. Die Zuständigkeit für den Tatbestand der Kriminellen Organisation setzt nicht die Eröffnung eines Verfahrens nach StGB Art. 260ter voraus, sondern es genügt, dass das Verbrechen von einer solchen Organisation ausgeht (BGE 132 IV 94).

lit. a: Ob die in diesem Absatz angeführten Straftaten zu einem «wesentlichen» Teil im Ausland begangen wurden, bestimmt sich nicht primär nach quantitativen oder gar zahlenmässigen Kriterien, sondern ist unter qualitativen Gesichtspunkten zu prüfen. Demgemäss gilt eine Straftat dann als vorwiegend im Ausland begangen, wenn die ausländische Komponente einen derartigen Umfang erlangt, dass sich die neuen dem Bund zur Verfügung gestellten Untersuchungsinstrumente im Vergleich zu jenen der Kantone unter dem Gesichtspunkt einer effizienten Strafverfolgung als effizienter erweisen (BGE 130 IV 71 = Pr 93 [2004] Nr. 179: Bundesgerichtsbarkeit verneint für die Untersuchung wegen des Tatverdachts der Geldwäscherei gemäss StGB Art. 305bis gegen einen in Rom wegen Erwerb und Einfuhr von Betäubungsmitteln mit einer 10-jährigen Freiheitsstrafe bestraften Drogenhändler, welchem in der Schweiz allein zur Last gelegt wurde, Drogenerlös in mehreren grösseren Teilzahlungen auf sein Bankkonto im Kanton Tessin überwiesen zu haben).

Abs. 2: Qualifizierte Wirtschaftskriminalität, deren Aufklärung in aller Regel Spezialkenntnisse des Wirtschaftslebens und einen erheblichen Sachaufwand erfordern, kann ebenfalls Bundesgerichtsbarkeit begründen. Erfasst werden dabei *Verbrechen* (StGB Art. 10 Abs. 1) des Vermögens- und Urkundenstrafrechts (StGB Art. 138 ff. und 251 ff.). Neben den alternativen Voraussetzungen gemäss

Abs. 1 darf noch keine kantonale Strafverfolgungsbehörde bereits mit der Sache befasst sein oder – alternativ – ein Kanton muss bei der Bundesanwaltschaft um eine Verfahrensübernahme ersuchen. Hat sich daher eine kantonale Strafverfolgungsbehörde mit einem Verbrechen der hier in Frage stehenden Art bereits befasst, kann gegen den Willen dieses Kantons Bundesgerichtsbarkeit nicht begründet werden. – Zur Voraussetzung des *«sich mit der Sache befassen»:* Über das Anheben der Untersuchung im Sinne von StGB Art. 340 Abs. 2 hinaus dürfte erforderlich sein, dass sich die kantonalen Behörden mit dem Straffall bereits durch erste Ermittlungs- oder Untersuchungshandlungen befasst haben. – Der Bundesanwaltschaft steht in Fällen der *Wirtschaftskriminalität* wegen der *«Kann-Vorschrift»* von Abs. 2 bei der Eröffnung des Ermittlungsverfahrens (Abs. 3 und BStP Art. 101 Abs. 2) ein gewisser Ermessensspielraum zu, von welchem jedoch nicht willkürlich, sondern pflichtgemäss, nach nachvollziehbaren, einsichtigen Regeln Gebrauch zu machen ist (Botschaft, BBl 1999, 1546). Dabei dürften namentlich die folgenden Kriterien massgebliche Beurteilungsgrundlagen bilden: Vielzahl von Straftaten oder Straftätern, ausserordentlich hohe Deliktssumme, raffiniertes Tatvorgehen, namentlich durch umfangreiche, schwer durchdringbare Täuschungsmanöver mit dazwischen geschalteten Personen, Notwendigkeit von wirtschaftlichen Spezialkenntnissen und erheblicher Personal- und Sachaufwand im Rahmen der Ermittlung und Untersuchung (Botschaft, BBl 1999, 1545).

Abs. 3: In Straffällen der Wirtschaftskriminalität gemäss StGB Art. 337 Abs. 2 ist für die Begründung der Bundesgerichtsbarkeit die Eröffnung des Ermittlungsverfahrens durch den Bundesanwalt (BStP Art. 101 Abs. 1) konstitutiv (BGer vom 28.3.2006, 6S.455/2005). Bis zu dieser formellen Verfahrenseröffnung untersteht der Straffall der kantonalen Gerichtsbarkeit.

Art. 338   2. Kantonale Gerichtsbarkeit

Die kantonalen Behörden verfolgen und beurteilen nach den Verfahrensbestimmungen der kantonalen Gesetze die unter dieses Gesetz fallenden strafbaren Handlungen, soweit sie nicht der Bundesgerichtsbarkeit unterstehen.

Bisheriges Recht: Diese Norm entspricht wörtlich StGB alt Art. 343.
Art. 338: Kantonale Behörden: StGB Art. 339, Verfahren: StGB Art. 346 und 347, BStP Art. 247–267.

Dritter Titel: Kantonale Behörden: Sachliche und örtliche Zuständigkeit, Verfahren

Art. 339   1. Sachliche Zuständigkeit

Die Kantone bestimmen die Behörden, denen die Verfolgung und Beurteilung der in diesem Gesetze vorgesehenen, der kantonalen Gerichtsbarkeit unterstellten strafbaren Handlungen obliegt.

Bisheriges Recht: Diese Norm, welche StGB Art. 338 ergänzt, hält mit dem unveränderten Wortlaut von StGB alt Art. 345 Ziff. 1 Abs. 1 allein noch fest, dass die Kantone in ihren gerichtsorganisatorischen Bestimmungen die sachlich zuständigen Behörden für die Verfolgung und Beurteilung der ihrer Gerichtsbarkeit unterstellten Straftaten bestimmen. Trotz aufgehobenem StGB alt Art. 345 Ziff. 1 Abs. 2 haben die Kantone weiterhin die Möglichkeit, die Beurteilung von Übertretungen einer Verwaltungsbehörde zu übertragen, sofern deren Entscheide durch ein unabhängiges Gericht mit voller Kognition überprüft werden können.

Art. 339: Vgl. StGB Art. 346 (Verfahren der kantonalen Strafbehörden). – Bei der Organisation der kantonalen Gerichte sind die Anforderungen von BV Art. 30 Abs. 1 (Garantie des verfassungsmässigen Richters) sowie EMRK Art. 5 und 6 bzw. IPBPR Art. 9 und 14 zu beachten. – Die Autonomie der Kantone in der Organisation der Gerichte überlässt es ihrem Recht, über die Auswirkungen neuer Beweismittel oder Tatsachen i.S. von StGB Art. 397 das Revisionsgericht oder den Sachrichter im wiederaufgenommenen Verfahren entscheiden zu lassen: BGE 81 IV 45. – Die Übertragung der Verfolgung und Ahndung von Übertretungen (StGB Art. 103) an Verwaltungsbehörden verstösst nicht gegen die EMRK bzw. den IPBPR, wenn der Beschuldigte wegen jeder so ergangenen Entscheidung ein Gericht anrufen kann, das die Garantien von Art. 6 bzw. 14 der Konventionen bietet, d.h. unter anderem volle Kognition geniesst: BGE 114 Ia 150, EuGRZ 16 (1989) 31 Ziff. 68–71.

Art. 340 2. Örtliche Zuständigkeit.
Gerichtsstand des Begehungsortes

¹ Für die Verfolgung und Beurteilung einer strafbaren Handlung sind die Behörden des Ortes zuständig, wo die strafbare Handlung ausgeführt wurde. Liegt nur der Ort, wo der Erfolg eingetreten ist oder eintreten sollte, in der Schweiz, so sind die Behörden dieses Ortes zuständig.

² Ist die strafbare Handlung an mehreren Orten ausgeführt worden, oder ist der Erfolg an mehreren Orten eingetreten, so sind die Behörden des Ortes zuständig, wo die Untersuchung zuerst angehoben wurde.

Bisheriges Recht: Diese Norm entspricht wörtlich StGB alt Art. 346.

Art. 340–345: Diese Bestimmungen sind prozessualer Natur und setzen voraus, dass gemäss StGB Art. 3 ff. die schweizerische Gerichtsbarkeit überhaupt gegeben ist oder dies mindestens nicht offensichtlich ausgeschlossen werden kann: BGE 117 IV 375, 122 IV 167. – Die Regeln gelten ausnahmslos, auch für die nur auf Antrag strafbaren und in einem Privatstrafklageverfahren zu verfolgenden Delikte: BGE 122 IV 254 (Ehrverletzungen). – Zum Verfahren bei Anständen betr. die örtliche Zuständigkeit: BStP Art. 279 Abs. 1 und 2. – Die örtliche Zuständigkeit im selbstständigen Einziehungsverfahren bestimmt sich allein nach StGB Art. 344a; StGB Art. 340 ff. sind diesbezüglich nicht anwendbar (Botschaft, BBl 2001, 477; vgl. Bem. zu StGB Art. 344a). – Zur Regelung der örtlichen Zuständigkeit in Fällen der Bundesgerichtsbarkeit, welche der Bundesanwalt gestützt auf BStP Art. 18 den kantonalen Behörden zur Untersuchung und Beurteilung überträgt: BStP Art. 254 Abs. 2. – Die Gerichtsstandsregeln gelten im Bereich des Bundesstrafrechts auch *innerkantonal:* BGE 113 Ia 170, ZR 102 (2003) Nr. 6. – Im Bereich des kantonalen Strafrechts (StGB Art. 335) ist es den Kantonen erlaubt, eine von StGB Art. 340 ff. abweichende Bestimmung der örtlichen Zuständigkeit zu treffen.

Doch ist es zweckmässiger, wenn sie das eidgenössische Recht als rezipiertes oder subsidiäres kantonales Recht anwenden: BGE 113 Ia 168, SJZ 87 (1991) 13.

Zur Zuständigkeit der Beschwerdekammer des Bundesstrafgerichts zum Entscheid über interkantonal streitige Gerichtsstände vgl. Bem. zu StGB Art. 345.

Vom Gesetz abweichende Bestimmung des Gerichtsstandes: BStP Art. 262 Abs. 3 und 263 Abs. 3, welche bezüglich StGB Art. 343 und 344 ein Abweichen vom gesetzlichen Gerichtsstand erlauben, sind analog bei allen Gerichtsstandsstreitigkeiten anwendbar (BStrG vom 18.5.2005, BG.2005.8; BStrG vom 8.3.2006, BG.2005.33). – Auch im interkantonalen Verhältnis kann der Gerichtsstand durch *Verständigung unter den Kantonen* (bzw. Anerkennung) anders als nach den Regeln des StGB bestimmt werden; Überprüfung nur auf Ermessensüberschreitung: BGE 116 IV 86 Erw. 4a, 117 IV 94, 119 IV 253, 120 IV 285, 121 IV 227. Zwingende Voraussetzung für die Übertragung des Gerichtsstandes an einen Kanton ist jedoch, dass dort ein örtlicher Anknüpfungspunkt für ein Delikt besteht: BGE 120 IV 282, 286; BStrG vom 18.5.2005, BG.2005.8; BStrG vom 18.5.2005, BG.2005.8; BStrG vom 8.3.2006, BG.2005.33. Die Kantone können vom gesetzlichen Gerichtsstand auch durch konkludente Anerkennung abweichen (BStrG vom 13.12.2005: während verhältnismässig längerer Zeit Vornahme von Ermittlungen in der Sache, obschon längst Anlass bestanden hätte, die eigene Zuständigkeit abzuklären). Eine solche Anerkennung kann indessen nur für jenen Kanton in Frage kommen, der zuerst mit der Sache befasst war und deshalb gem. BStP Art. 279 Abs. 1 verpflichtet gewesen wäre, die Beschwerdekammer anzurufen (BStrG vom 8.6.2004, BK_G 020/04). Ein Abweichen vom allgemeinen Gerichtsstand des Begehungsortes lässt sich im innerkantonalen Verhältnis tendenziell eher rechtfertigen als im interkantonalen Verhältnis (ZR 102 [2003] Nr. 6).

Art. 340 Abs. 1 Satz 1: *Verhältnis zu StGB Art. 342 Abs. 1:* BGE 92 IV 158 (Vorrang von StGB Art. 340 Abs. 1); zu StGB Art. 344: BGE 118 IV 92. – Die Ausführungshandlung bildet erst den entscheidenden Schritt, von dem aus es kein Zurücktreten mehr gibt: BGE 115 IV 277. Ort der Ausführung bei schriftlicher oder telefonischer Begehung: BGE 98 IV 62 (Ort, an dem das Schriftstück abgefasst und versandt wurde bzw. von welchem aus der Täter telefonierte), in mittelbarer Täterschaft: BGE 85 IV 203 (auch am Ort, wo das «Werkzeug» handelte), bei Kollektivdelikten: BGE 91 IV 170, bei strafbaren Handlungen, die durch Radio oder Fernsehen verübt werden: BGE 119 IV 252 (grundsätzlich am Ort des Sendestudios), bei Computerdelikten: BStrG vom 11.10.2005, BG.2005.25 (Ort, wo der Täter die Programmbefehle in seinen Anschluss tippt und absendet). – Die Beurteilung des Ausführungsortes richtet sich nach der Handlung, die abgeklärt werden soll, es sei denn, dass sich die Anschuldigung bezüglich des Ortes der Ausführung von vornherein als haltlos erwiese: BGE 98 IV 61; BStrG vom 30.8.2005, BG.2005.23.

Gerichtsstand für *Unterlassungsdelikte:* Vorenthalten von Unmündigen, StGB Art. 220: BGE 92 IV 158; Vernachlässigung von Unterhaltspflichten, StGB Art. 217: BGE 99 IV 182, 108 IV 171 (am Ort, wo der Täter seine Pflicht verletzt, d.h. am Wohnsitz des Gläubigers); am *Erfüllungsort,* wenn das Gemeinwesen in den Anspruch des Unterhaltsberechtigten eingetreten ist: BGE 81 IV 267. – Gerichtsstand des *Hehlers:* wo er seine strafbaren Handlungen begangen hat: BGE 98 IV 148. – Gerichtsstand bei *Betrug:* BGE 108 IV 143, 115 IV 272, 121 IV 39. – Für *Konkurs- und Betreibungsdelikte* (StGB Art. 163 ff.) gilt nach der bundesgerichtlichen Rechtsprechung regelmässig der Gerichtsstand des Ortes der Konkurseröffnung bzw. der Pfändungsbetreibung. Besteht dort aber nur ein rein fiktiver Geschäfts- oder Wohnsitz, richtet er sich nach dem tatsächlichen Sitz: BGE 118 IV 298 (In diesem Sinne vgl. auch BStrG vom 13.2.2006, BG.2005.32). – Für schriftlich verübte *Ehrverletzungen:* BGE

74 IV 189, 86 IV 225, 102 IV 38, 116 IV 87. – Für Urkundenfälschung (StGB Art. 251): BGE 116 IV 88, 122 IV 170.

Satz 2: Nur wenn der Täter im *Ausland* gehandelt hat, wird die Zuständigkeit der Behörde am Ort des Erfolgseintrittes begründet (BGE 86 IV 224; BStrG vom 13.3.2006, BG.2006.4). Erfolg ist der als Tatbestandselement umschriebene Aussenerfolg eines sog. Erfolgsdeliktes: BGE 105 IV 327. Bei reinen Tätigkeitsdelikten (z.B. Urkundenfälschung) oder einem (abstrakten) Gefährdungsdelikt (z.B. Geldwäscherei) gibt es daher keinen Erfolg i.S. von StGB Art. 340 Abs. 1 Satz 2 (BStrG vom 30.11.2004, BK_G 173/04).

Konkurrenz der Gerichtsstände des Begehungs-, des Wohn- und des Heimatortes beim Zusammentreffen mehrerer, zum Teil durch Mittäter verübter strafbarer Handlungen, wo StGB Art. 344 Abs. 1 und 343 Abs. 2 den Konflikt nicht lösen: Der Gerichtsstand des Begehungsortes geht den beiden andern vor, der Gerichtsstand des Wohnortes demjenigen der Heimat (BGE 73 IV 58; BStrG vom 30.11.2004, BK_G 173/04). – Konkurrenz mehrerer Erfolgsorte bei Auslandstaten: Vgl. Bem. zu StGB Art. 344 Abs. 2. – Kommen je nach rechtlicher Würdigung *einer* Tat mehrere Begehungsorte in Frage, so ist StGB Art. 344 Abs. 1 analog anwendbar: BGE 75 IV 137. – Bestimmung des Gerichtsstandes, *wenn Begehungsort und Täter noch unbekannt sind* und mehrere Möglichkeiten in Betracht fallen: BGE 87 IV 44. *Auslandsdelikte:* StGB Art. 342. – Vgl. ferner Bem. zu StGB Art. 345.

Abs. 2: *Gerichtsstand der Prävention* bei mehreren Ausführungsorten gilt ohne Rücksicht darauf, an welchem Orte die wichtigere der verschiedenen Ausführungshandlungen vorgenommen wurde: BGE 71 IV 59, 121 IV 39; bei Dauerdelikten: BGE 85 IV 205, beim gewerbsmässigen Betrug: BGE 86 IV 63. – Analog anwendbar, wenn bei Anhebung der Untersuchung Begehungsort und Täter unbekannt sind und mehrere Möglichkeiten und daher verschiedene Gerichtsstände in Betracht fallen: BGE 87 IV 43. – Die Untersuchung ist da *zuerst angehoben,* wo die Strafanzeige eingereicht wird (BGE 86 IV 63, 87 IV 47, 99 IV 182), oder am Ort der Behörde, die durch Vornahme von Erhebungen oder in anderer Weise zu erkennen gegeben hat, dass sie jemanden einer Straftat verdächtigt: BGE 86 IV 30, vgl. auch BGE 113 Ia 171, nicht aber in einem bloss möglicherweise zuständigen Kanton, welchem ein nichtzuständiger Kanton die Anzeige weitergeleitet hat: BGE 121 IV 40. Nach diesem Entscheid wird, wenn die Untersuchung noch in keinem der Kantone angehoben wurde, in denen Ausführungshandlungen erfolgten, auf jene Handlungen abgestellt, mit denen die strafbare Handlung zu Ende geführt wird, bzw. auf die letzte Ausführungshandlung, die nach dem Dafürhalten des Täters zum Eintritt des Erfolges führen sollte. – Zur Anhebung der Untersuchung vgl. ferner Bem. zu StGB Art. 344 Abs. 1 Satz 2. – Die spätere Einstellung des Verfahrens ändert am Gerichtsstand der Prävention nichts: BGE 71 IV 59. – *Abgehen vom Grundsatz der Prävention* aus Zweckmässigkeitsgründen: BGE 69 IV 39, 47; 85 IV 205, 86 IV 63, 131. – *Änderung* des Gerichtsstandes *im Laufe des Verfahrens* bei Bekanntwerden neuer Tatsachen: BGE 97 IV 260; die zunächst aufgrund einer Anzeige zur Strafverfolgung zuständigen Behörden haben die für die Bestimmung des Gerichtsstandes erheblichen Tatsachen abzuklären: BGE 81 IV 72.

Art. 341 Gerichtsstand bei Delikten durch Medien

[1] Bei einer strafbaren Handlung im Inland nach Artikel 28 sind die Behörden des Ortes zuständig, an dem das Medienunternehmen seinen Sitz hat. Ist der Autor bekannt und hat er seinen Wohnort in der Schweiz, so sind auch die Behörden seines Wohnortes

zuständig. In diesem Falle wird das Verfahren dort durchgeführt, wo die Untersuchung zuerst angehoben wurde. Bei Antragsdelikten kann der Antragsberechtigte zwischen den beiden Gerichtsständen wählen.

² Besteht kein Gerichtsstand nach Absatz 1, so sind die Behörden des Ortes zuständig, an dem das Medienerzeugnis verbreitet wurde. Erfolgt die Verbreitung an mehreren Orten, so sind die Behörden des Ortes zuständig, an dem die Untersuchung zuerst angehoben wurde.

³ Kann der Täter an keinem dieser Orte vor Gericht gestellt werden, weil sein Wohnortskanton die Zuführung verweigert, so sind die Behörden des Wohnortes zuständig.

Bisheriges Recht: Diese Norm entspricht wörtlich StGB alt Art. 347.

Art. 341: Zur Strafbarkeit der Medien vgl. StGB Art. 28.

Art. 342   Gerichtsstand bei strafbaren Handlungen im Ausland

¹ Ist die strafbare Handlung im Ausland begangen worden, oder ist der Ort der Begehung der Tat nicht zu ermitteln, so sind die Behörden des Ortes zuständig, wo der Täter wohnt. Hat der Täter keinen Wohnort in der Schweiz, so sind die Behörden des Heimatortes zuständig. Hat der Täter in der Schweiz weder Wohnort noch Heimatort, so ist der Gerichtsstand an dem Orte, wo der Täter betreten wird, begründet.

² Ist keiner dieser Gerichtsstände begründet, so sind die Behörden des Kantons zuständig, der die Auslieferung veranlasst hat. Die kantonale Regierung bestimmt in diesem Falle die örtlich zuständige Behörde.

Bisheriges Recht: Diese Norm entspricht wörtlich StGB alt Art. 348.

Art. 342: Gerichtsstand des *schweizerischen* Ausführungs- oder Erfolgsortes (StGB Art. 340) *geht* StGB Art. 342 Abs. 1 *vor:* BGE 86 IV 70, 92 IV 158 (StGB Art. 342 Abs. 1 gilt im Verhältnis zum Gerichtsstand des StGB Art. 340 Abs. 1 nur, wenn kein Erfolgsort in der Schweiz liegt, der Täter aber dennoch dem schweizerischen Gesetz gemäss StGB Art. 7 unterworfen ist). – Als *Wohnort* hat der Ort des Lebensmittelpunktes zu gelten, der regelmässig dort liegt, wo der Beschuldigte zusammen mit seiner Familie wohnt oder wo er gewöhnlich nächtigt. Daran ändert es nichts, wenn er sich vorübergehend anderswo in einem Krankenhaus aufhält oder wenn der Ehemann der Beschuldigten ohne deren Zutun den Familienwohnsitz verlassen hat: BGE 119 IV 118. Massgebend ist nach dem gleichen Entscheid grundsätzlich der Wohnort im Augenblick, da das Bundesamt für Polizei das Strafübernahmebegehren an eine kantonale Behörde weiterleitet, allenfalls statt dessen im Zeitpunkt, zu dem das Begehren bei den schweizerischen Behörden eintrifft. – Gerichtsstand für im Ausland begangene Tat von in verschiedenen Kantonen wohnenden Mittätern: BGE 86 IV 130 (analoge Anwendung von StGB Art. 343 Abs. 2).

Art. 343   Gerichtsstand der Teilnehmer

¹ Zur Verfolgung und Beurteilung der Anstifter und Gehilfen sind die Behörden zuständig, denen die Verfolgung und Beurteilung des Täters obliegt.

² Sind an der Tat mehrere als Mittäter beteiligt, so sind die Behörden des Ortes zuständig, wo die Untersuchung zuerst angehoben wurde.

Bisheriges Recht: Diese Norm entspricht wörtlich StGB alt Art. 349.

Art. 343 Abs. 1: Die Beschwerdekammer des Bundesstrafgerichts kann den Gehilfen bei triftigen Gründen *getrennt* vom Täter verfolgen und beurteilen lassen; namentlich wenn zwei oder mehrere Tätergruppen zur Hauptsache voneinander unabhängig gehandelt haben (BStP Art. 262 Abs. 3): BGE 112 IV 141. – Gehilfe und Anstifter können den Gerichtsstand anfechten, auch wenn er vom Täter anerkannt worden ist: BGE 76 IV 271.

Abs. 2: Dieser Absatz gilt primär für Fälle, in denen die Mittäter derselben Tat an verschiedenen Orten handeln: BGE 95 IV 40. Entsprechend dem Grundgedanken dieser Bestimmung und StGB Art. 344 Abs. 1 sind Mittäter auch dann gemeinsam zu verfolgen, wenn sie ausserhalb der Mittäterschaft anderwärts weitere Delikte begangen haben; massgebend ist diesfalls der Ort, wo einer der Beschuldigten die mit der schwersten Strafe bedrohte Tat verübte oder wo der Gerichtsstand der Prävention liegt: BGE 109 IV 57. In besonders komplexen Fällen, die eine Vielzahl von Straftaten betreffen, die von mehreren Tätern, allenfalls sogar in verschiedener Zusammensetzung und in mehreren Kantonen verübt wurden, bietet sich das «forum secundum praeventionis» an: Dabei wird nicht auf die erste angezeigte Tat abgestellt, sondern der Gerichtsstand im Verhältnis der Kantone, in denen jeweils ein Schwergewicht liegt, gemäss StGB Art. 344 festgesetzt (BGE 112 IV 39, 129 IV 204). – ZR 102 (2003) Nr. 6: Auch Nebentäter können am Ort verfolgt und beurteilt werden, wo die Untersuchung gegen einen andern (Neben-)Täter zuerst angehoben wurde, sofern ihnen Verfehlungen zur Last gelegt werden, welche auf demselben Tatbestand beruhen, z.B. derjenige, der einen pornographischen Film herstellt und derjenige, der ihn aufführt, oder der Hersteller und Verkäufer von Haschisch-Duftsäcklein. – Abweichungen sind in einzelnen Fällen aus Gründen der Zweckmässigkeit zulässig, sei es, dass gemäss BStP Art. 262 Abs. 3 die Einheit des Gerichtsstandes für die Mittäter geopfert wird, sei es, dass die Behörden sie wahren, aber in Anwendung von BStP Art. 263 Abs. 3 die Zuständigkeit anders ordnen, als StGB Art. 344 Abs. 1 es verlangen würde: BGE 95 IV 40. Mittäterschaft bei Betäubungsmitteldelikten: BStrG vom 16.6.2005, BG.2005.15; BStrG vom 4.7.2005, BG.2005.17 (Hohe Voraussetzungen an die Annahme einer Mittäterschaft). – Mittäter einer Auslandstat: BGE 96 IV 130, 122 IV 169.

Art. 344 Gerichtsstand bei Zusammentreffen mehrerer strafbarer Handlungen

¹ Wird jemand wegen mehrerer, an verschiedenen Orten begangener strafbarer Handlungen verfolgt, so sind die Behörden des Ortes, wo die mit der schwersten Strafe bedrohte Tat begangen worden ist, auch für die Verfolgung und die Beurteilung der anderen Taten zuständig. Sind diese strafbaren Handlungen mit der gleichen Strafe bedroht, so sind die Behörden des Ortes zuständig, wo die Untersuchung zuerst angehoben wird.

² Ist jemand entgegen der Vorschrift über das Zusammentreffen mehrerer strafbarer Handlungen (Art. 49) von mehreren Gerichten zu mehreren Freiheitsstrafen verurteilt worden, so setzt das Gericht, das die schwerste Strafe ausgesprochen hat, auf Gesuch des Verurteilten eine Gesamtstrafe fest.

Art. 344

Bisheriges Recht: Diese Norm entspricht wörtlich StGB alt Art. 350.

Art. 344: Vgl. StGB Art. 49. – BStP Art. 263 Abs. 3: Die Beschwerdekammer des Bundesstrafgerichts kann den Gerichtsstand aus triftigen Gründen anders bestimmen oder teilen, als dies vorgesehen ist: BGE 121 IV 227, 123 IV 25, 129 IV 202 (bei offensichtlichem Schwergewicht der deliktischen Tätigkeit in einem Kanton; vorbehalten bleibt aber der Fall, dass die Untersuchung am Ort des gesetzlichen Gerichtsstandes schon nahezu beendet ist). Insbesondere *aus prozessökonomischen, Zweckmässigkeits- und Wirtschaftlichkeitsgründen* kann ausnahmsweise *vom gesetzlichen Gerichtsstand abgewichen* werden (BGE 117 IV 90, 121 IV 227, 129 IV 203; BStrG vom 8.3.2006, BG.2005.33). Von einem offensichtlichen Schwerpunkt, welcher ein Abweichen vom gesetzlichen Gerichtsstand geradezu aufdrängt, kann in der Regel ausgegangen werden, wenn mehr als zwei Drittel einer grösseren Anzahl von vergleichbaren Straftaten auf einen einzigen Kanton entfallen (BGE 123 IV 26, 129 IV 203; BStrG vom 4.7.2005, BG.2005.9), nicht aber beispielsweise bei nur einem Drittel (129 IV 203). Neben dem Kriterium des offensichtlichen Schwergewichts kann ein anderer als der gesetzliche Gerichtsstand ausnahmsweise im Hinblick auf den Wohnort und die Sprache des Beschuldigten sowie die Interessen der Beweisführung (BGE 129 IV 204) oder zur Vermeidung unerwünschter Massenprozesse gegen eine grosse Zahl von Beschuldigten (BGE 121 IV 224) zweckmässiger erscheinen. Für ein Abweichen vom gesetzlichen Gerichtsstand bedarf es triftiger Gründe (BStrG vom 20.8.2004, BK_G 108/04); die Überlegungen, die den gesetzlichen Gerichtsstand als unzweckmässig erscheinen lassen, müssen sich gebieterisch aufdrängen (BStrG vom 11.11.2004, BK_G 166/04). BStrG vom 19.8.2005: Wenn die Untersuchung am Ort des gesetzlichen Gerichtsstandes sozusagen beendet ist, rechtfertigt sich in der Regel ein Abweichen von diesem Gerichtsstand nicht mehr (BGE 129 IV 203; BGer vom 4.7.2005, BG.2005.9; BGer vom 19.8.2005, BG.2005.21). – Die Kantone können sich aber auch anders als nach den Regeln des Strafgesetzbuches *über den Gerichtsstand* verständigen: BGE 117 IV 87, 90, 121 IV 227, vgl. aber auch Bem. zu StGB Art. 340–345. – Die kantonalen Strafbehörden sind *gehalten,* dafür zu sorgen, dass der Beschuldigte möglichst von einem einzigen Richter beurteilt wird; wenn sie erfahren, dass er noch in einem andern Kanton Offizialdelikte begangen hat, so müssen sie mit den Behörden dieses Kantons in Verbindung treten, um den interkantonalen Gerichtsstand zu bestimmen: BGE 87 IV 46, 100 IV 125, 122 IV 168.

Beim Zusammentreffen mehrerer strafbarer Handlungen kommt es auf die Verdachtslage im Zeitpunkt der Gerichtsstandsbestimmung an, unabhängig davon, welche Delikte später dem Täter nachgewiesen werden können: BGE 113 IV 109, 116 IV 85.

Kantonale Vorschriften über die sachliche Zuständigkeit – z.B. getrennte Behandlung der Übertretungen von Verbrechen und Vergehen – können die bundesrechtlichen Bestimmungen über den interkantonalen Gerichtsstand nicht unwirksam machen: BGE 95 IV 34.

StGB Art. 49 und 344 geben dem Beschuldigten keinen Anspruch, in einem einzigen Verfahren beurteilt zu werden: BGE 95 IV 35, 97 IV 55, 56, 99 IV 17; BStrG vom 23.3.2005, BG.2005.1.

Wird der Gerichtsstand von einem für ein Antragsdelikt an sich zuständigen Kanton wegen Zusammentreffens mehrerer strafbarer Handlungen (StGB Art. 344 Abs. 1 Satz 1), Prävention (StGB Art. 344 Abs. 1 Satz 2) oder eines Entscheides der Beschwerdekammer des Bundesstrafgerichts (StGB Art. 345, BStP Art. 262 f.) in einen andern Kanton verschoben, so hat dieser Kanton den an sich richtigen Ort form- und fristgerecht eingereichten Strafantrag grundsätzlich anzuerkennen und den Fall im aktuellen Stadium zu übernehmen (BGE 122 IV 256/257).

Abs. 1 Satz 1: StGB Art. 344 gilt immer dann, wenn dem Täter mehrere strafbare Handlungen vorgeworfen werden, die nach den übrigen Gerichtsstandsbestimmungen an verschiedenen Orten zu verfolgen wären: BGE 71 IV 158, 76 IV 267. Bilden die einzelnen Handlungen eine juristische Handlungseinheit («Kollektivdelikt»), so bestimmt sich der Gerichtsstand nach StGB Art. 340: BGE 118 IV 93 (Gerichtsstand für mehrere Betäubungsmitteldelikte). Sondergerichtsstand für Konkurs- und Betreibungsdelikte: BGE 118 IV 299. – Analog anwendbar, wenn der Beschuldigte für eine *einzige* Tat verfolgt wird, für die jedoch je nach ihrer rechtlichen Würdigung mehrere Begehungsorte in Betracht kämen: BGE 75 IV 138. – Wegen einer Tat *verfolgt* ist der Beschuldigte von der Aufnahme der Verfolgung bis zur Beurteilung in einem Sach- oder Prozessurteil: BGE 111 IV 46. Beim Schuldinterlokut, bei dem noch eine Hauptverhandlung bzw. ein zweiter Verfahrensabschnitt derselben stattfindet, gilt der Täter erst dann nicht mehr als verfolgt, wenn auch über den Strafpunkt erstinstanzlich entschieden ist (BGE 127 IV 139). Ein Kontumazialurteil, das auf Verlangen des Beschuldigten dahinfällt, schliesst die Verfolgung i.S. von StGB Art. 344 Abs. 1 nicht ab: BGE 99 IV 16. – Der Gerichtsstand des Begehungsortes der mit der schwersten Strafe bedrohten Tat gilt weiter, selbst wenn das wegen dieser Tat angehobene Verfahren eingestellt worden ist, ohne mit den an andern Orten angehobenen Verfahren vereinigt worden zu sein: BGE 76 IV 206. – *Nachträgliche Änderung* des Gerichtsstandes: BGE 96 IV 93 und 97 IV 150 (nur bei triftigen Gründen), bei teilweiser Einstellung des Verfahrens: BGE 71 IV 61, bei neuen Tatsachen: BGE 71 IV 61, 72 IV 41, 78 IV 206. BStrG vom 26.1.2006, BG.2005.30: Ein Abweichen vom einmal anerkannten Gerichtsstand kommt im Interesse der Rechtssicherheit nur bei offensichtlich und erheblich veränderter Ausgangslage in Frage.

Bestimmung der mit der schwersten Strafe bedrohten Tat: Entscheidend ist nicht, *was* der Täter begangen hat, sondern der Tatbestand, der ihm vorgeworfen wird, das heisst nach der Aktenlage überhaupt in Frage kommt: BGE 71 IV 165, 92 IV 154 (Raub oder qualifizierter Diebstahl), 97 IV 149 (offensichtlich haltlose Beschuldigungen fallen ausser Betracht). Dabei gilt für die Gerichtsstandsbestimmung der Grundsatz «in dubio pro duriore», wonach im Zweifelsfall zugunsten des schwereren Delikts zu untersuchen und anzuklagen ist (BStrG vom 27.10.2004, BK_G 076/04). – Zu berücksichtigen sind die Merkmale, welche die einzelnen Taten qualifizieren oder privilegieren, nicht aber die im Allgemeinen Teil des StGB geregelten Strafzumessungsregeln gem. StGB Art. 47 ff. (BGE 71 IV 165, 98 IV 146). Der Gerichtsstand hängt von der strafbaren Handlung ab, derentwegen eine Strafverfolgung stattfindet, nicht von einer theoretisch möglichen künftigen Änderung der prozessualen Lage: BGE 98 IV 146. *Massgebend* ist in erster Linie die *angedrohte Höchststrafe* und in zweiter Linie die angedrohte Mindeststrafe: BGE 76 IV 263; BStrG vom 7.9.2004, BK_G 114/04; BStrG vom 8.3.2006, BG.2005.33. Das *vollendete* Verbrechen ist mit schwererer Strafe bedroht als das *versuchte:* BGE 75 IV 95, 109 IV 57. Doch gelten vollendete und versuchte Straftaten, die in einem *Kollektivdelikt* aufgehen, als mit gleicher Strafe bedroht: BGE 105 IV 158. Bei den Vermögensdelikten ist die Möglichkeit, die angedrohte Freiheitsstrafe mit Geldstrafe zu verbinden (StGB Art. 172bis), nicht zu berücksichtigen: BGE 124 IV 134. Das Erfordernis des Strafantrages ändert an der Strafdrohung nichts: BGE 98 IV 147. – In Betracht kommen nur Handlungen, derentwegen im *Kanton des Begehungsortes* die Verfolgung aufgenommen oder doch Strafanzeige (Strafantrag) erstattet worden ist: BGE 75 IV 140.

Satz 2: Gerichtsstand der *Prävention:* Die Untersuchung gilt dann als *angehoben*, wenn eine Straf-, Untersuchungs- oder Polizeibehörde durch die Vornahme von Erhebungen oder in anderer Weise zu erkennen gegeben hat, dass sie jemanden – auch einen Unbekannten – einer strafbaren Handlung verdächtigt oder wenn eine solche Handlung wenigstens zum Gegenstand einer Strafanzeige oder eines Strafantrags gemacht wurde. Der Begriff der «Untersuchung» in StGB Art. 344 Abs. 1 Satz 2 bezieht sich also nicht allein auf das Untersuchungsverfahren im eigentlichen Sinn, sondern erfasst auch das polizeiliche Ermittlungsverfahren, etwa ein polizeiliches Rechtshilfegesuch an einen andern Kanton, sofern sich überhaupt ein Deliktsort im ersuchenden Kanton befindet (BStrG vom 4.7.2005, BG.2005.17). Die Bestimmung gilt analog auch für den Fall, dass der Täter im Ausland Straftaten verübte, deren Erfolge an verschiedenen Orten in der Schweiz eintraten (StGB Art. 340 Abs. 1 Satz 2): BGE 106 IV 33. – Ist noch in keinem der Tatortkantone eine Strafanzeige eingegangen oder auf andere Weise eine Untersuchung angehoben worden, so ist jener Kanton zuständig, in dem ein offensichtliches Schwergewicht der deliktischen Tätigkeit liegt; fehlt es auch an einem solchen Schwergewicht, ist darauf abzustellen, wo der Beschuldigte das erste Delikt begangen hat (BGE 128 IV 218). – Zum «forum secundum praeventionis»: BGE 129 IV 204; Bem. zu StGB Art. 343 Abs. 2.

Art. 344a Gerichtsstand bei selbständiger Einziehung

¹ Selbständige Einziehungen sind am Ort durchzuführen, an dem sich die einzuziehenden Gegenstände oder Vermögenswerte befinden.

² Befinden sich die einzuziehenden Gegenstände oder Vermögenswerte in mehreren Kantonen und hängen sie auf Grund der gleichen strafbaren Handlung oder der gleichen Täterschaft zusammen, so sind die Behörden des Ortes zuständig, an dem das Einziehungsverfahren zuerst angehoben wurde.

Bisheriges Recht: Diese Bestimmung, als StGB Art. 350bis mit dem BG über die Teilung eingezogener Vermögenswerte (TEVG) vom 19. März 2004, in Kraft getreten am 1. August 2004 (vgl. Anhang zum BG über die Teilung eingezogener Vermögenswerte, SR 312.4; AS 2004 3509), aufgenommen, wurde als StGB Art. 344a unverändert übernommen.

Art. 344a Abs. 1 regelt die örtliche Zuständigkeit (Gerichtsstand) im selbstständigen Einziehungsverfahren. Für diese Verfahren sind die Gerichtsstandsbestimmungen von StGB Art. 340 ff. nicht anwendbar (Botschaft, BBl 2001, 477). Eine selbstständige Einziehung liegt vor, wenn die in der Schweiz liegenden Vermögenswerte eingezogen werden, ohne dass eine Strafverfolgung gegen eine bestimmte Person eingeleitet wurde oder wenn die Strafverfolgung nicht zu einem Urteil geführt hat. Letzteres kann der Fall sein, wenn der Täter unbekannt, gestorben oder schuldunfähig ist, das Verfahren aus Gründen der Zweckmässigkeit eingestellt oder – praktisch am bedeutsamsten – das Delikt im Ausland begangen wurde (Botschaft, BBl 2001, 477).

Abs. 2 stellt den Grundsatz des forum praeventionis auf: Vgl. hierzu Bem. zu StGB Art. 344 Abs 1 Satz 2.

Art. 345 Streitiger Gerichtsstand

Ist der Gerichtsstand unter den Behörden mehrerer Kantone streitig, so bezeichnet das Bundesstrafgericht den Kanton, der zur Verfolgung und Beurteilung berechtigt und verpflichtet ist.

Bisheriges Recht: Diese Norm entspricht wörtlich StGB alt Art. 351.

Drittes Buch: Einführung und Anwendung des Gesetzes **Art. 345**

Art. 345: Vgl. Bem. zu StGB Art. 340–345. – Im Zusammenhang mit der Totalrevision der Bundesrechtspflege wurde eine Kompetenzverschiebung vom Bundesgericht an das neu geschaffene Bundesstrafgericht vorgenommen (vgl. Anhang zum BG über das Bundesstrafgericht vom 4. Oktober 2002, in Kraft getreten am 1. April 2004, in: BBl 2002, 6505 und Botschaft, BBl 2001, 4376). Demgemäss entscheidet seit dem 1.4.2004 über interkantonale Anstände betr. die örtliche Zuständigkeit (Gerichtsstand) die Beschwerdekammer des Bundesstrafgerichts mit Sitz in Bellinzona. Diese entscheidet endgültig. Gegen deren diesbezügliche Entscheide steht die Beschwerde in Strafsachen an das Bundesgericht nicht zur Verfügung (SGG Art. 28 Abs. 1 lit. g und BGG Art. 79). In ihrer bisherigen Rechtsprechung zu StGB alt Art. 346 ff. hat die Beschwerdekammer des Bundesstrafgerichts die frühere Praxis des Bundesgerichts nahtlos übernommen.

Verfügungen des Bundesanwaltes oder des Militärdepartementes, mit denen die Verfolgung einem Kanton *übertragen* wird (BStP Art. 18, 254 Abs. 1; MStG Art. 220 Ziff. 2, 221), können in der Regel nicht bei der Beschwerdekammer in Wiedererwägung gezogen werden, weil diese Verfügungen die Zuständigkeit eines Kantons verbindlich festlegen: BGE 81 IV 264, 92 IV 59, 99 IV 49 und 97 IV 258 (Ausnahmen). Die Beschwerdekammer ist auch nicht zuständig, einer kantonalen Behörde die Gerichtsbarkeit abzusprechen und die Sache den Bundesbehörden zur Verfolgung und Beurteilung zu überweisen: BGE 80 IV 135.

Der Antrag auf Gerichtsstandsbestimmung durch die Beschwerdekammer ist gesetzlich nicht befristet. Die Anrufung kann jedoch nur solange erfolgen, als der Täter *verfolgt* wird; das trifft dann nicht mehr zu, wenn ein erstinstanzliches Sachurteil im Schuld- und Strafpunkt ergangen ist: BGE 111 IV 46, 127 IV 139 (für das Schuldinterlokut). Das Begehren wird vorläufig abgewiesen, wenn die für den Entscheid notwendigen Grundlagen fehlen: BGE 107 IV 79. Der Entscheid der Beschwerdekammer über den Gerichtsstand ist für die kantonalen Behörden verbindlich, nicht aber ihre Würdigung der Straftatbestände; BGE 91 IV 54, 122 IV 167. – Die Anrufung der Beschwerdekammer ist ausgeschlossen gegen Entscheidungen in *innerkantonalen* Streitigkeiten über den Gerichtsstand: BGE 91 IV 52; ebenso zur Beurteilung der schweizerischen *Gerichtsbarkeit* nach StGB Art. 3–7: BGE 80 IV 135, 122 IV 167.

Die Kantone sind verpflichtet, einen *negativen Kompetenzkonflikt* von Amtes wegen der Beschwerdekammer zu unterbreiten: BGE 78 IV 250. Gem. BStP Art. 279 Abs. 1 unterbreitet die zuerst mit dem Fall befasste Strafverfolgungsbehörde die Angelegenheit der Beschwerdekammer. Ein streitiger Gerichtsstand i.S. von StGB Art. 345, der zur Anrufung der Beschwerdekammer berechtigt, liegt indessen erst vor, wenn sämtliche ernstlich in Frage kommenden Kantone einen Meinungsaustausch zwecks interkantonaler Verständigung über den Gerichtsstand geführt haben; vor Abschluss eines solchen Meinungsaustausches tritt die Beschwerdekammer auf ein Gesuch um Bestimmung des Gerichtsstands gar nicht ein (BStrG vom 7.2.2006, BG.2006.2; BStrG vom 13.2.2006, BG.2005.32; BStrG vom 13.3.2006, BG.2006.4). – *Zur Anrufung der Beschwerdekammer sind befugt:* zunächst die hierzu nach ihrer kantonsinternen Zuständigkeitsordnung legitimierten kantonalen Behörden (BStrG vom 13.3.2006, BG.2006.4). Gegen den Entscheid einer kantonalen Strafverfolgungsbehörde sowie wegen Säumnis beim Erlass eines solchen Entscheids ferner der *Beschuldigte,* auch wenn zwischen den Kantonen der Gerichtsstand nicht streitig ist (BGE 70 IV 88, 71 IV 58, 120 IV 146, 282, 128 IV 229, BStrG vom 8.3.2006, BG.2006, BG.2005.33), und ohne vorher versucht zu haben, den Gerichtsstand auf dem Wege der kantonalen Verständigung zu lösen: BGE 87 IV 47. Auch der Gehilfe oder der Anstifter ist legitimiert, selbst wenn der Haupttäter den Gerichtsstand anerkennt: BGE 76 IV 271.

Ulrich Weder

Geschädigter, Strafantragsteller, Anzeigeerstatter und wohl auch das Opfer sind – ausser im Falle eines negativen Kompetenzkonfliktes (BGE 122 IV 166) – bezüglich des Gerichtsstandes nicht beschwerdelegitimiert (BGE 128 IV 233 = Pr 92 [2003] Nr. 40; Praxisänderung in Bezug auf den Antragsteller: vgl. BGE 116 IV 85). – Zwar besteht für die Anrufung der Beschwerdekammer durch die Kantone keine Frist (BStrG vom 23.3.2005, BG.2005.1; BStrG vom 13.3.2006, BG.2006.4). Der Gesuchsteller hat indessen die Beschwerdekammer anzurufen, sobald ihm das nach den konkreten Umständen zumutbar ist (BGE 120 IV 149, 128 IV 229) und bevor die Untersuchung so weit fortgeschritten ist, dass ein Wechsel des Gerichtsstandes nicht mehr zu verantworten ist, oder das Sachurteil bevorsteht: BGE 86 IV 67, 87 IV 47. Die Erschöpfung des kantonalen Instanzenzuges ist nicht erforderlich: BGE 83 IV 116. – Anforderungen an das *Gesuch* um Bestimmung des Gerichtsstandes: BGE 112 IV 143, 116 IV 175, 117 IV 93, 121 IV 226: Dem Gesuch müssen ohne Durchsicht der kantonalen Akten die für die Bestimmung des Gerichtsstandes erforderlichen und wesentlichen Tatsachen entnommen werden können. BStrG vom 21.10.2004, BK_G 127/04: Eingaben an die Beschwerdekammer sind vollständig zu dokumentieren, so dass ohne weitere Beweisabnahmen darüber entschieden werden kann. – Solange die Frage der Zuständigkeit offen oder umstritten ist, hat jeder Kanton die sein Gebiet betreffenden Tatsachen zu erforschen, soweit es der Entscheid über den Gerichtsstand erfordert: BGE 107 IV 80. Pflicht der kantonalen Behörden zur Aufnahme von Verhandlungen, wenn Anlass zur Abklärung des Gerichtsstandes besteht: BGE 78 IV 250, 87 IV 47, 100 IV 125, 122 IV 168. – Bei der Beurteilung muss die Beschwerdekammer von den Vorwürfen ausgehen, wie sie dem Täter im Zeitpunkt des bei ihr hängigen Verfahrens gemacht werden (BStrG vom 13.3.2006, BG.2006.4); dabei kommt es nicht darauf an, ob dem Beschuldigten später die Tat auch nachgewiesen werden kann: BGE 113 IV 109 Erw. 1, 116 IV 85 Erw. 2. An die Subsumtion durch die kantonalen Behörden ist die Kammer nicht gebunden: BGE 112 IV 63 Erw. 2; BStrG vom 30.8.2005, BG.2005.23; BStrG vom 8.3.2006, BG.2005.33. Amtshandlungen, welche in Verletzung der Vorschriften über den interkantonalen Gerichtsstand vorgenommen wurden, können von der Beschwerdekammer *aufgehoben* werden: BGE 74 IV 189. – *Änderung* des von der Beschwerdekammer angeordneten Gerichtsstandes nur aus triftigen Gründen: BGE 97 IV 150.

Art. 346 3. Verfahren.
Verfahren der kantonalen Strafbehörden

¹ **Die Kantone bestimmen das Verfahren vor den kantonalen Behörden.**
² **Vorbehalten sind die Bestimmungen dieses und anderer Bundesgesetze.**

Bisheriges Recht: In Abs. 2 wird neu neben dem StGB nicht nur auf die Bestimmungen des BStP verwiesen, sondern es werden auch die verfahrensrechtlichen Bestimmungen anderer Bundesgesetze vorbehalten. Der in Abs. 1 statuierte Grundsatz der kantonalen Gerichts- und Verfahrenshoheit wird beibehalten.

Art. 346 Abs. 1: Das kantonale Verfahrensrecht darf der vollen Auswirkung des materiellen Bundesrechts nicht hindernd im Wege stehen: BGE 69 IV 158. Es kann ein gemässigtes Opportunitätsprinzip gewähren: BGE 109 IV 49, 119 IV 94.

Abs. 2: Strafprozessuale Bestimmungen betreffend das kantonale Verfahren finden sich im StGB vor allem in den Art. 336 und 337 (Bundesgerichtsbarkeit), Art. 340–345 (Örtliche Zuständigkeit), Art. 349–362 (Amtshilfe und Rechtshilfe), Art. 365–371 (Strafregister) sowie Art. 381–385 (Begnadigung, Amnestie, Wiederaufnahme des Verfahrens). Zum Vorbehalt der *anderen Bundesgesetze* gehören neben dem BStP vor allem das OHG (Art 5–10), das VStR, das BVE und das BÜPF. Neben dem Bundesgesetzgeber ist es aber vor allem die EMRK und die dazugehörige Gerichtspraxis des Strassburger Gerichtshofs und des Schweizerischen Bundesgerichts, die von den Kantonen zu beachten sind und sie in ihrer Gerichts- und Verfahrenshoheit einschränkt.

Art. 347 Parlamentarische Immunität.
Strafverfolgung gegen Mitglieder der obersten Behörden

¹ Die Bestimmungen des Verantwortlichkeitsgesetzes vom 14. März 1958 und des Garantiegesetzes vom 26. März 1934 bleiben vorbehalten.

² Die Kantone bleiben berechtigt, Bestimmungen zu erlassen, wonach:

a. die strafrechtliche Verantwortlichkeit der Mitglieder ihrer gesetzgebenden Behörden wegen Äusserungen in den Verhandlungen dieser Behörden aufgehoben oder beschränkt wird;

b. die Strafverfolgung der Mitglieder ihrer obersten Vollziehungs- und Gerichtsbehörden wegen Verbrechen oder Vergehen im Amte vom Vorentscheid einer nicht richterlichen Behörde abhängig gemacht und die Beurteilung in solchen Fällen einer besondern Behörde übertragen wird.

Bisheriges Recht: Diese Norm wurde materiell nicht geändert. Im Abs. 1 erfolgte bloss eine Anpassung an die in der Zwischenzeit geänderte und in Kraft getretene Gesetzgebung.

Art. 347 Abs. 1: ZBl 59 (1958) 325, ZBl 89 (1988) 351; BV Art. 162. Es gelten für das Strafverfolgungsprivileg der Mitglieder der Schweizerischen Bundesversammlung: BG über die Bundesversammlung (Parlamentsgesetz) vom 13. Dezember 2002 (SR 171.10), Art. 16–21, und für die strafrechtliche Verantwortlichkeit von durch die Bundesversammlung gewählten Behördenmitgliedern und Magistratspersonen sowie die strafrechtliche Verfolgung von Bundesbeamten für Straftaten im Dienste (Ermächtigungsdelikt): VG Art. 13–16.

Abs. 2 lit. a: Die Kantone sind im Bereich der parlamentarischen Immunität nur im Rahmen der bundesrechtlichen Delegationsnormen zum Erlass selbstständiger Vorschriften befugt, dürfen also die Immunität z.B. nicht auf Mitglieder kommunaler Parlamente ausdehnen (vgl. RS 1987 Nr. 268, Kanton Tessin).

lit. b: Der Verzicht auf ein Strafverfahren kann auch auf ausserstrafrechtliche, staatspolitische Gründe gestützt werden: BGE 106 IV 43, vgl. auch ZR 77 (1978) Nr. 111 (Regelung im Kanton Zürich). – Ob es mit dieser Bestimmung vereinbar ist, die Strafverfolgung gegen Mitglieder eines *Gemeinderates* (Exekutive) vom Vorentscheid einer richterlichen Behörde abhängig zu machen, lässt BGE 120 IV 81 ausdrücklich offen.

Art. 348 Schutz der persönlichen Geheimsphäre

Jeder Kanton bezeichnet eine einzige richterliche Behörde zur Genehmigung der Überwachung nach Artikel 179^{octies}.

Art. 349

Bisheriges Recht: Diese Norm entspricht zwar im Wortlaut dem durch Anhang Ziff. 1 BÜPF aufgehobenen StGB alt Art. 400bis Ziff. 1 (AS 2001, 3107). Da mit dem Erlass des BÜPF gleichzeitig StGB alt Art. 179octies, namentlich dessen Abs. 2, durch einen Verweis auf das BÜPF revidiert wurde (AS 2001, 3107; BBl 1998 4281), entspricht die Bedeutung von StGB Art. 348 nicht mehr jener von StGB alt Art. 400bis Ziff. 1.

Art. 348 bezieht sich auf StGB Art. 179octies. Demgemäss bedarf es nicht nur der richterlichen Genehmigung der Überwachung des Post- und Fernmeldeverkehrs, deren Verfahren sich nach BÜPF Art. 7 richtet, sondern auch für den Einsatz (sonstiger) Überwachungsgeräte, dessen Verfahren sich nach kantonalem Verfahrensrecht richtet (vgl. Bem. zu StGB Art. 179octies).

Vierter Titel: Amtshilfe und Rechtshilfe

Art. 349 1. Amtshilfe im Bereich der Polizei.
a. Automatisiertes Fahndungssystem (RIPOL)

[1] Der Bund führt zusammen mit den Kantonen ein automatisiertes Personen- und Sachfahndungssystem (RIPOL) zur Unterstützung von Behörden des Bundes und der Kantone bei der Erfüllung folgender gesetzlicher Aufgaben:

a. Verhaftung von Personen oder Ermittlung ihres Aufenthaltes zu Zwecken der Strafuntersuchung oder des Straf- und Massnahmenvollzugs;
b. Anhaltung bei vormundschaftlichen Massnahmen oder fürsorgerischer Freiheitsentzug;
c. Ermittlung des Aufenthaltes vermisster Personen;
d. Kontrolle von Fernhaltemassnahmen gegenüber Ausländern nach dem Bundesgesetz vom 26. März 1931 über Aufenthalt und Niederlassung der Ausländer;
e. Bekanntgabe von Aberkennungen ausländischer Führerausweise;
f. Ermittlung des Aufenthaltes von Führern von Motorfahrzeugen ohne Versicherungsschutz;
g. Fahndung nach abhanden gekommenen Fahrzeugen und Gegenständen.
h. Meldung von Personen, gegen die eine Ausreisebeschränkung nach Artikel 24*c* des Bundesgesetzes vom 21. März 1997 über Massnahmen zur Wahrung der inneren Sicherheit verfügt wurde.

[2] Folgende Behörden können im Rahmen von Absatz 1 über das RIPOL Ausschreibungen verbreiten:

a. das Bundesamt für Polizei;
b. die Bundesanwaltschaft;
c. die Zentralbehörde zur Behandlung internationaler Kindesentführungen;
d. das Bundesamt für Migration;
e. Aufgehoben;

f. die Oberzolldirektion;
g. die Militärjustizbehörden;
h. die Zivil- und Polizeibehörden der Kantone.

³ Personendaten aus dem RIPOL können für die Erfüllung der Aufgaben nach Absatz 1 folgenden Behörden bekannt gegeben werden:
a. den Behörden nach Absatz 2;
b. den Grenzstellen;
c. dem Beschwerdedienst des Eidgenössischen Justiz- und Polizeidepartements;
d. den schweizerischen Vertretungen im Ausland;
e. den Interpolstellen;
f. den Strassenverkehrsämtern;
g. den kantonalen Fremdenpolizeibehörden;
h. weiteren Justiz- und Verwaltungsbehörden.

⁴ Der Bundesrat:
a. regelt die Einzelheiten, insbesondere die Verantwortung für die Datenbearbeitung, die Kategorien der zu erfassenden Daten, die Aufbewahrungsdauer der Daten und die Zusammenarbeit mit den Kantonen;
b. bestimmt die Behörden, welche Personendaten direkt ins RIPOL eingeben, solche direkt abfragen oder denen Personendaten im Einzelfall bekannt gegeben werden können;
c. regelt die Verfahrensrechte der betroffenen Personen, insbesondere die Einsicht in ihre Daten sowie deren Berichtigung, Archivierung und Vernichtung.

Bisheriges Recht: Diese Norm entspricht wörtlich StGB alt Art. 351bis.

Art. 349–355 wurden – mit Ausnahme von StGB Art. 354 – im Zuge der Datenschutzgesetzgebung geschaffen und traten am 1. Juli 1993 in Kraft. – Vgl. VO über die Wahrnehmung kriminalpolizeilicher Aufgaben im Bundesamt für Polizei vom 30. November 2001 (SR 360.1); VO über das informatisierte Personennachweis-, Aktennachweis- und Verwaltungssystem im Bundesamt für Polizei (IPAS-Verordnung) vom 21. November 2001 (SR 361.2).

Art. 350 b. Zusammenarbeit mit INTERPOL. Zuständigkeit

¹ Das Bundesamt für Polizei nimmt die Aufgaben eines Nationalen Zentralbüros im Sinne der Statuten der Internationalen Kriminalpolizeilichen Organisation (INTERPOL) wahr.

² Es ist zuständig für die Informationsvermittlung zwischen den Strafverfolgungsbehörden von Bund und Kantonen einerseits sowie den Nationalen Zentralbüros anderer Staaten und dem Generalsekretariat von INTERPOL andererseits.

Bisheriges Recht: Diese Norm entspricht wörtlich StGB alt Art. 351ter.

Art. 351 Aufgaben

¹ Das Bundesamt vermittelt kriminalpolizeiliche Informationen zur Verfolgung von Straftaten und zur Vollstreckung von Strafen und Massnahmen.

² Es kann kriminalpolizeiliche Informationen zur Verhütung von Straftaten übermitteln, wenn auf Grund konkreter Umstände mit der grossen Wahrscheinlichkeit eines Verbrechens oder Vergehens zu rechnen ist.

³ Es kann Informationen zur Suche nach Vermissten und zur Identifizierung von Unbekannten vermitteln.

⁴ Zur Verhinderung und Aufklärung von Straftaten kann das Bundesamt von Privaten Informationen entgegennehmen und Private orientieren, wenn dies im Interesse der betroffenen Personen ist und deren Zustimmung vorliegt oder nach den Umständen vorausgesetzt werden kann.

Bisheriges Recht: Diese Norm entspricht wörtlich StGB alt Art. 351quater.

Art. 352 Datenschutz

¹ Der Austausch kriminalpolizeilicher Informationen richtet sich nach den Grundsätzen des Rechtshilfegesetzes vom 20. März 1981 sowie nach den vom Bundesrat als anwendbar erklärten Statuten und Reglementen von INTERPOL.

² Für den Austausch von Informationen zur Suche nach Vermissten, zur Identifizierung von Unbekannten und zu administrativen Zwecken gilt das Bundesgesetz vom 19. Juni 1992 über den Datenschutz.

³ Das Bundesamt kann den Zentralbüros anderer Staaten Informationen direkt vermitteln, wenn der Empfängerstaat den datenschutzrechtlichen Vorschriften von INTERPOL untersteht.

Bisheriges Recht: Diese Norm entspricht wörtlich StGB alt Art. 351quinquies.

Art. 353 Finanzhilfen und Abgeltungen

Der Bund kann Finanzhilfen und Abgeltungen an INTERPOL ausrichten.

Bisheriges Recht: Diese Norm entspricht wörtlich StGB alt Art. 351sexies.

Art. 354 c. Zusammenarbeit bei der Identifizierung von Personen

¹ Das zuständige Departement registriert und speichert erkennungsdienstliche Daten, die von Behörden der Kantone, des Bundes und des Auslandes bei Strafverfolgungen oder bei Erfüllung anderer gesetzlicher Aufgaben erhoben und ihm übermittelt worden sind. Diese Daten können zur Identifizierung einer gesuchten oder unbekannten Person miteinander verglichen werden.

Art. 354

2 Folgende Behörden können Daten im Rahmen von Absatz 1 vergleichen und bearbeiten:
a. das Rechenzentrum des Eidgenössischen Justiz- und Polizeidepartementes;
b. das Bundesamt;
c. die Grenzstellen;
d. die Polizeibehörden der Kantone.

3 Folgenden Behörden können Daten im Rahmen von Absatz 1 bekannt gegeben werden:
a. den Behörden nach Absatz 2;
b. der Bundesanwaltschaft;
c. dem Bundesamt für Migration;
d. Aufgehoben.

4 Der Bundesrat:
a. regelt die Einzelheiten, insbesondere die Verantwortung für die Datenbearbeitung, die Kategorien der zu erfassenden Daten, die Aufbewahrungsdauer der Daten und die Zusammenarbeit mit den Kantonen;
b. bestimmt die Behörden, welche Personendaten im Abrufverfahren eingeben und abfragen oder denen Personendaten im Einzelfall bekannt gegeben werden können;
c. regelt die Verfahrensrechte der betroffenen Personen, insbesondere die Einsicht in ihre Daten sowie deren Berichtigung, Archivierung und Vernichtung.

Bisheriges Recht: Analog StGB alt Art. 351septies wird der Grundsatz statuiert, dass das zuständige Departement erkennungsdienstliche Daten registrieren und speichern kann (StGB Art. 354 Abs. 1). Neu werden die Behörden gesetzlich abschliessend bezeichnet, welche zur direkten Datenverarbeitung ermächtigt sind (StGB Art. 354 Abs. 2). Ferner werden neu die Behörden bezeichnet, denen registrierte und gespeicherte erkennungsdienstliche Daten bekanntgegeben werden dürfen (StGB Art. 354 Abs. 3).

Art. 354 Abs. 1: Zu den Daten gehören namentlich Fingerabdrücke, Tatortspuren und DNA-Profile. Der Datenvergleich ist allein zur Identifizierung gesuchter oder unbekannter Personen zulässig.

Abs. 2: Diese Aufzählung der zur Bearbeitung und zum Vergleich der Daten ermächtigten Behörden ist abschliessend (Botschaft, BBl 1999, 2165).

Abs. 3: Auch diese Aufzählung derjenigen Behörden, die zwar die Daten nicht direkt bearbeiten können, denen indessen diese Daten zugänglich gemacht werden können, ist abschliessend. Vorbehalten bleibt die Bekanntgabe der Daten an weitere Behörden im Rahmen der internationalen Rechtshilfe in Straf- und Zivilsachen nach Massgabe der einschlägigen Erlasse (Botschaft, BBl 1999, 2165).

Abs. 4: Die Anwendung der Vorschriften von StGB Art. 354 wird durch den Bundesrat näher geregelt.

Art. 355 d. Informatisiertes Personennachweis-, Aktennachweis- und Verwaltungssystem im Bundesamt

¹ Das Bundesamt betreibt ein informatisiertes Personennachweis-, Aktennachweis- und Verwaltungssystem (IPAS). Dieses kann besonders schützenswerte Personendaten und Persönlichkeitsprofile enthalten. Die Daten im IPAS dürfen nur bearbeitet werden, um:

a. festzustellen, ob im Bundesamt über eine bestimmte Person Daten bearbeitet werden;
b. Daten über die Geschäfte des Bundesamtes zu bearbeiten;
c. die Arbeitsabläufe rationell und effizient zu gestalten;
d. eine Geschäftskontrolle zu führen;
e. Statistiken zu erstellen.

² Zur Erfüllung der in Absatz 1 Buchstaben a, c und d genannten Bearbeitungszwecke enthält das System:

a. die Personalien der Personen, über welche das Bundesamt Daten bearbeitet;
b. die Bezeichnung der Dienststellen des Bundesamtes, in welchen über eine bestimmte Person Daten bearbeitet werden;
c. die Bezeichnung der Informationssysteme des Bundesamtes, in welchen eine bestimmte Person verzeichnet ist, mit Ausnahme von Systemen nach Artikel 11 des Bundesgesetzes vom 7. Oktober 1994 über kriminalpolizeiliche Zentralstellen des Bundes;
d. Daten, welche für die Lokalisierung und die ordnungsgemässe Verwaltung der Dossiers oder der elektronischen Einträge sowie für die Kontrolle der Geschäfte erforderlich sind.

³ Zur Erfüllung des in Absatz 1 Buchstabe b genannten Bearbeitungszweckes enthält das System, getrennt von den in Absatz 2 genannten Daten, ausserdem Falldaten aus den Bereichen:

a. der internationalen Rechtshilfe;
b. der Auslieferung;
c. des Erkennungsdienstes;
d. der Verwaltungspolizei im Zuständigkeitsbereich des Bundesamtes;
e. der Interpol.

⁴ Das System enthält ferner personenbezogene Dokumente in Papierform oder als Bild elektronisch gespeichert sowie elektronische Einträge unter Ausschluss von Dokumenten und fallbezogenen Einträgen der kriminalpolizeilichen Zentralstellen.

⁵ Neben dem Bundesamt darf die für die Bearbeitung von erkennungsdienstlichen Daten zuständige Bundesbehörde die im IPAS enthaltenen Daten bearbeiten.

⁶ Folgende Behörden dürfen in die unter Absatz 2 Buchstaben a, b und c genannten Daten aus dem IPAS durch ein Abrufverfahren Einsicht nehmen:

a. die Bundesanwaltschaft zur Durchführung von gerichtspolizeilichen Ermittlungen;
b. die Bundesbehörde, die Aufgaben nach Artikel 2 Absatz 3 des Bundesgesetzes vom 21. März 1997 über Massnahmen zur Wahrung der inneren Sicherheit wahrnimmt;
c. die Bundesbehörde, die nach Artikel 2 Absatz 4 Buchstabe c des Bundesgesetzes vom 21. März 1997 über Massnahmen zur Wahrung der inneren Sicherheit Personensicherheitsüberprüfungen durchführt.

7 Die Bundesbehörden, die zoll- und grenzpolizeiliche Aufgaben wahrnehmen, dürfen in einem Abrufverfahren abfragen, ob eine Person bei den Zentralstellendiensten oder beim Interpol-Dienst des Bundesamtes registriert ist.

8 Der Bundesrat legt die Einzelheiten fest, insbesondere:
a. die Verantwortung für die Datenbearbeitung, die Kategorien der zu erfassenden Daten und die Aufbewahrungsdauer der Daten;
b. welche Dienststellen des Bundesamtes Personendaten direkt ins System eingeben und abfragen dürfen, und welchen Behörden Personendaten im Einzelfall bekannt gegeben werden können;
c. die Zugriffsberechtigung, namentlich auf die Daten nach den Absätzen 2 Buchstaben b und c, 3 und 4;
d. die Rechte der betroffenen Personen, insbesondere auf Auskunft, auf Berichtigung ihrer Daten sowie auf deren Archivierung und Vernichtung.

9 Betreffend das Auskunftsrecht bleibt die Anwendung von Artikel 14 des Bundesgesetzes vom 7. Oktober 1994 über kriminalpolizeiliche Zentralstellen des Bundes vorbehalten.

Bisheriges Recht: Diese Norm entspricht wörtlich StGB alt Art. 351octies.

Art. 355a e. Zusammenarbeit mit Europol
Datenaustausch

1 Das Bundesamt für Polizei kann dem Europäischen Polizeiamt (Europol) Personendaten, einschliesslich besonders schützenswerter Personendaten und Persönlichkeitsprofile, weitergeben.

2 Für die Weitergabe dieser Daten gelten insbesondere die Voraussetzungen nach den Artikeln 3 und 10–13 des Abkommens vom 24. September 2004 zwischen der Schweizerischen Eidgenossenschaft und dem Europäischen Polizeiamt.

3 Gleichzeitig mit der Weitergabe von Daten unterrichtet das Bundesamt Europol über die Zweckbestimmung der Daten sowie über alle Beschränkungen hinsichtlich ihrer Bearbeitung, die ihm selbst nach Massgabe der eidgenössischen oder der kantonalen Gesetzgebung auferlegt sind.

Bisheriges Recht: Diese Norm entspricht wörtlich dem am 1. April 2006 in Kraft getretenen StGB alt Art. 351novies (BBl 2005, 1017; AS 2006, 1017).

Art. 355a bildet die datenschutzrechtlich erforderliche gesetzliche Grundlage für die Weitergabe besonders schützenswerter Personendaten und von Persönlichkeitsprofilen an Europol. Das Europäische Polizeiamt (= Europol) ist eine Institution der Europäischen Union (EU) mit eigener Rechtspersönlichkeit, deren Zweck die Verbesserung der polizeilichen Zusammenarbeit zwischen den Mitgliedstaaten der EU im Hinblick auf die Verhütung und Bekämpfung schwerwiegender Formen der internationalen Kriminalität bildet (Botschaft, BBl 2005, 989). Die Schweiz als Drittstaat hat am 24.9.2004 mit Europol ein Kooperations-Abkommen geschlossen (vgl. Botschaft, BBl 2005, 983 ff.).

Abs. 2: Die Datenübermittlung an Europol darf nur unter den im genannten Kooperations-Abkommen festgelegten Voraussetzungen stattfinden.

Abs. 3 verpflichtet das Bundesamt für Polizei (fedpol), Europol über die Zweckbestimmung der Daten und über jegliche Beschränkung hinsichtlich ihrer Verwendung, Löschung oder Vernichtung zu orientieren. Gemäss dem zwischen der Schweiz und Europol abgeschlossenen Abkommen darf das Europäische Polizeiamt die Daten allein unter den gleichen Bedingungen weiterbearbeiten, wie sie nach schweizerischem Recht für analoge Aufgaben von fedpol gelten (Botschaft, BBl 2005, 1013).

Art. 355b Mandatserweiterung

Der Bundesrat wird ermächtigt, mit Europol im Rahmen von Artikel 3 Absatz 3 des Abkommens vom 24. September 2004 zwischen der Schweizerischen Eidgenossenschaft und dem Europäischen Polizeiamt Änderungen des Mandatsbereichs zu vereinbaren.

Bisheriges Recht: Diese Norm entspricht wörtlich dem am 1. April 2006 in Kraft getretenen StGB alt Art. 351decies (BBl 2005, 1017; AS 2006, 1018).

Art. 355b bildet eine Delegationsnorm, mit welcher der Bundesrat ermächtigt wird, die Zusammenarbeit mit Europol über die im Kooperationsabkommen am 24.9.2004 vereinbarten Delikte hinaus auszuweiten (Botschaft, BBl 2005, 1014).

Art. 356 2. Rechtshilfe.
  Verpflichtung gegenüber dem Bund und unter den Kantonen

[1] In Strafsachen, auf die dieses Gesetz oder ein anderes Bundesgesetz Anwendung findet, sind der Bund und die Kantone gegenseitig und die Kantone unter sich zur Rechtshilfe verpflichtet. Insbesondere sind Haft- und Zuführungsbefehle in solchen Strafsachen in der ganzen Schweiz zu vollziehen.

[2] Ein Kanton darf einem anderen Kanton die Zuführung des Beschuldigten oder Verurteilten nur bei politischen oder durch eine Veröffentlichung in einem Medium begangenen Verbrechen oder Vergehen verweigern. Im Falle der Verweigerung ist der Kanton verpflichtet, die Beurteilung des Beschuldigten selbst zu übernehmen.

[3] Der Zugeführte darf vom ersuchenden Kanton weder wegen eines politischen noch wegen eines durch eine Veröffentlichung in einem Medium begangenen Verbrechens oder Vergehens, noch wegen einer Übertretung kantonalen Rechts verfolgt werden, es sei denn, dass die Zuführung wegen einer solchen Straftat bewilligt worden ist.

Drittes Buch: Einführung und Anwendung des Gesetzes **Art. 356**

Bisheriges Recht: Diese Norm entspricht wörtlich StGB alt Art. 352.

Art. 356–362: Die Rechtshilfe zwischen den Kantonen wird weitgehend durch das *Konkordat über die Rechtshilfe und die interkantonale Zusammenarbeit in Strafsachen* vom 5. November 1992, SR 351.71 (im Folgenden als «Konkordat» bezeichnet), geregelt; vgl. hierzu ZStrR 115 (1997) 3, 31. – Zur innerstaatlichen Rechtshilfe, zu welcher der Bund und die Kantone gegenseitig und die Kantone unter sich in allen Strafsachen nach dem StGB oder einem andern Bundesgesetz im Falle der kantonalen Gerichtsbarkeit (StGB Art. 338), der Bundesgerichtsbarkeit (StGB Art. 336 und 337) und des Verwaltungsstrafrechts verpflichtet sind, vgl. neben StGB Art. 356 auch BStP Art. 27 und VStrR Art. 30.

Art. 356 Abs. 1: *Rechtshilfe* im Sinne dieser Bestimmung ist jede Massnahme, um die eine Behörde im Rahmen ihrer Zuständigkeit in einem hängigen Strafverfahren für die Zwecke der Strafverfolgung oder des Urteilsvollzuges ersucht wird. Die Rechtshilfe umfasst namentlich auch die *Übermittlung von Akten, Auskünften oder Beweismitteln* (BGE 129 IV 144). Sie erstreckt sich auf alle Massnahmen, die eine Behörde im Rahmen ihrer sachlichen Zuständigkeit in einem hängigen Strafverfahren für die Zwecke der Strafverfolgung oder für die Urteilsvollstreckung zu ergreifen befugt ist und welche die ersuchende Behörde mangels Zuständigkeit nicht selber durchführen kann (BGE 123 IV 57; BStrG vom 15.2.2006, BV.2005.35). – Die in StGB Art. 356 Abs. 1 statuierte Pflicht zur Hilfeleistung erstreckt sich auf alle Strafsachen des eidgenössischen Rechts im Verhältnis zwischen Bund und Kantonen sowie zwischen den Kantonen unter sich: BGE 96 IV 183, 102 IV 220, 118 IV 378 = Pr 82 (1993) Nr. 98, BGE 123 IV 161, 129 IV 143 = Pr 92 (2003) Nr. 185. – Die interkantonal um Rechtshilfe ersuchte Behörde hat die materielle Zulässigkeit, Zweckmässigkeit und Notwendigkeit der prozessualen Vorkehr, um die sie ersucht wird, nicht zu prüfen, sondern sich darauf zu beschränken, diese unter Beachtung ihres eigenen Verfahrensrechts zu treffen: BGE 119 IV 88, 129 IV 145 = Pr 92 (2003) Nr. 185. Die ersuchende Behörde hat jedoch wenigstens kurz anzugeben, inwiefern die verlangten Rechtshilfehandlungen für das Verfahren notwendig sind (BGE 129 IV 145 = Pr 92 [2003] Nr. 185). – Die Frage, ob einem rechtshilfeweise einzuvernehmenden Zeugen ein Zeugnisverweigerungsrecht zusteht, haben die zuständigen Behörden des ersuchten Kantons nach Massgabe ihres Prozessrechts zu entscheiden: BGE 121 IV 315. BGE 123 II 371, 123 IV 157, 129 IV 143/144 (= Pr 92 [2003] Nr. 185): Auch das von der mit der Strafsache befassten Behörde eingereichte *Gesuch um Ermächtigung eines Beamten zur Zeugenaussage* über sein Amt betreffende Sachverhalte oder die Herausgabe amtlicher Akten fällt in den Bereich der Rechtshilfe; dabei muss u.a. das Interesse an der Geheimhaltung von Unterlagen, welche der internen Meinungsbildung der Behörde dienen, berücksichtigt werden: Je ausgeprägter der vertrauliche Charakter solcher Unterlagen, desto höhere Anforderungen sind an die Notwendigkeit der Einsichtnahme und an Ausführungsmodalitäten, welche die Vertraulichkeit gewähren können, zu stellen (BGE 129 IV 147/148 = Pr 92 [2003] Nr. 185). – Die Kantone sind zum Vollzug der von ihren Strafgerichten ausgefällten Urteile verpflichtet, nicht aber von derartigen Sanktionen, die von den Gerichten anderer Kantone ausgefällt werden: StGB Art. 372 Abs. 1 Satz 1, BGE 68 IV 94. Eine Ausnahme besteht dann, wenn der ersuchte Kanton die Auslieferung des Verurteilten zum Zweck des Strafvollzuges gestützt auf StGB Art. 356 Abs. 2 verweigert: BGE 118 IV 385. Ferner sind die Kantone verpflichtet, die von den Bundesstrafbehörden ausgefällten Strafen und Massnahmen gegen Ersatz der Kosten zu vollziehen (StGB Art. 372 Abs. 1 Satz 2). – Die Vollstreckung von Urteilen in Bezug auf Geldstrafen, Bussen, Kosten und Einziehung richtet sich nach StGB Art. 373.

Abs. 2 und 3: Als Medium gelten nicht nur Presse, Radio und Fernsehen, sondern alle Kommunikationsmittel (vgl. Bem. zu StGB Art. 28).

Abs. 2: Zum Begriff des politischen Delikts BGE 118 IV 380. Bei zulässiger Verweigerung der Zuführung einer in einem anderen Kanton bereits verurteilten Person kann der ersuchte Kanton diese im Hinblick auf die materielle Rechtskraft des Entscheides und auf den Grundsatz «ne bis in idem» nicht nochmals beurteilen, sondern muss die vom ersuchenden Kanton ausgefällte Strafe vollziehen: BGE 118 IV 388.

Art. 357 Verfahren

¹ Der Verkehr in Rechtshilfesachen findet unmittelbar von Behörde zu Behörde statt.

² Fernmeldetechnisch übertragene Haftbefehle sind sofort schriftlich zu bestätigen.

³ Die Beamten der Polizei haben auch unaufgefordert Rechtshilfe zu leisten.

⁴ Ein Beschuldigter oder Verurteilter ist vor der Zuführung an den ersuchenden Kanton von der zuständigen Behörde zu Protokoll anzuhören.

Bisheriges Recht: Mit einer kleinen Anpassung in Abs. 2 – nicht mehr der Telegraf und das Telefon werden angeführt, sondern der umfassendere Begriff der «fernmeldetechnischen» Übertragung des Haftbefehls – entspricht diese Norm StGB alt Art. 353.

Art. 357: Vgl. Konkordat Art. 15; SR 351.71.

Abs. 1: Direkter Verkehr ist auch zwischen einer Strafbehörde und einer Verwaltungsinstanz möglich: BGE 87 IV 139.

Abs. 4: Zum Anspruch auf rechtliches Gehör vgl. BGE 118 IV 374.

Art. 358 Unentgeltlichkeit

¹ Die Rechtshilfe wird unentgeltlich geleistet. Immerhin sind Auslagen für wissenschaftliche oder technische Gutachten durch die ersuchende Behörde zu ersetzen.

² Artikel 27bis Absatz 1 des Bundesgesetzes vom 15. Juni 1934 über die Bundesstrafrechtspflege bleibt vorbehalten.

³ Werden einer Partei Kosten auferlegt, so sind ihr im gleichen Masse die bei Leistung der Rechtshilfe entstandenen Kosten zu überbinden, auch wenn die ersuchende Behörde zum Ersatz nicht verpflichtet ist.

Bisheriges Recht: Diese Norm entspricht wörtlich StGB alt Art. 354.

Art. 358: Vgl. Konkordat Art. 23; SR 351.71.

Art. 359 Amtshandlungen in andern Kantonen

¹ Eine Strafverfolgungsbehörde oder ein Gericht darf eine Amtshandlung auf dem Gebiete eines andern Kantons nur mit Zustimmung der zuständigen Behörde dieses Kantons vornehmen. In dringenden Fällen darf die Amtshandlung auch ohne Zustim-

mung der zuständigen Behörde vorgenommen werden, indessen ist diese unverzüglich unter Darlegung des Sachverhaltes davon in Kenntnis zu setzen.

² Anwendbar ist das Prozessrecht des Kantons, in dem die Handlung vorgenommen wird.

³ Die in einem andern Kanton wohnenden Personen können durch die Post vorgeladen werden. Zeugen dürfen einen angemessenen Vorschuss der Reisekosten verlangen.

⁴ Zeugen und Sachverständige sind verpflichtet, der Vorladung in einen andern Kanton Folge zu leisten.

⁵ An Personen, die in einem andern Kanton wohnen, können Entscheide und Urteile sowie Strafbefehle und Strafmandate nach den Bestimmungen über Gerichtsurkunden in den gestützt auf Artikel 11 des Postgesetzes vom 30. April 1997 erlassenen Allgemeinen Geschäftsbedingungen der Schweizerischen Post zur Briefpost zugestellt werden, auch wenn eine ausdrückliche Annahmeerklärung des Angeschuldigten nötig ist, um das Strafverfahren ohne dessen Einvernahme oder ohne gerichtliche Beurteilung abzuschliessen. Die Unterzeichnung der an den Absender zurückgehenden Empfangsbestätigung gilt nicht als Annahmeerklärung des Angeschuldigten.

Bisheriges Recht: Diese Norm entspricht wörtlich StGB alt Art. 355.

Art. 359: Vgl. dazu Konkordat Art. 3–14; SR 351.71. Diese Konkordatsregelung weicht von StGB Art. 359 Abs. 1 und 2 ab, namentlich indem für die Verfahrenshandlung auf fremdem Gebiet keine Bewilligung, sondern nur eine Benachrichtigung erforderlich ist und das Recht des ersuchenden Kantons angewendet wird.

Abs. 2: Das Konkordat (SR 351.71) bricht die in dieser Bestimmung festgelegte Regel «locus regit actum», ohne den Grundsatz der derogatorischen Kraft des Bundesrechts zu verletzen (BGE 122 IV 85).

Art. 360 Nachteile

¹ Die Beamten der Polizei sind berechtigt, in dringenden Fällen einen Beschuldigten oder einen Verurteilten auf das Gebiet eines andern Kantons zu verfolgen und dort festzunehmen.

² Der Festgenommene ist sofort dem nächsten zur Ausstellung eines Haftbefehls ermächtigten Beamten des Kantons der Festnahme zuzuführen. Dieser hört den Festgenommenen zu Protokoll an und trifft die erforderlichen weiteren Verfügungen.

Bisheriges Recht: Diese Norm entspricht wörtlich StGB alt Art. 356.

Art. 360: Zulässigkeit der Anordnung und Durchführung einer Blutprobe gegenüber einem Automobilisten von der Polizei im örtlichen Zuständigkeitsbereich einer anderen Polizei: ZBJV 90 (1989) 422.

Art. 361 Anstände zwischen Kantonen

Anstände in der Rechtshilfe zwischen Bund und Kantonen oder zwischen Kantonen entscheidet das Bundesstrafgericht. Bis dieser Entscheid erfolgt, sind angeordnete Sicherheitsmassregeln aufrechtzuerhalten.

Bisheriges Recht: Diese Norm entspricht wörtlich StGB alt Art. 357.

Art. 361: Im Zusammenhang mit der Totalrevision der Bundesrechtspflege wurde am 4.10.2002 hinsichtlich der Zuständigkeit, Anstände in der innerstaatlichen Rechtshilfe zu entscheiden, eine Kompetenzverschiebung vom Bundesgericht (Anklagekammer gemäss BStP alt Art. 252 Abs. 3) an das neu geschaffene Bundesstrafgericht vorgenommen (vgl. Anhang zum BG über das Bundesstrafgericht vom 4. Oktober 2002 [Strafgerichtsgesetz, SGG, SR 173.71], in Kraft seit 1. April 2004, AS 2003 2133; vgl. auch BBl 2002, 6505 und Botschaft, BBl 2001, 4376). Seither entscheidet die Beschwerdekammer des Bundesstrafgerichts mit Sitz in Bellinzona über Anstände gemäss StGB Art. 361 (SGG Art. 28 Abs. 1 lit. g in fine). Dabei entscheidet die Beschwerdekammer endgültig: Gegen deren Entscheid steht die Beschwerde in Strafsachen an das Bundesgericht nur offen, wenn er eine Zwangsmassnahme zum Gegenstand hat (BGG Art. 79; Botschaft, BBl 2001, 4316). Die bei Anständen über die innerstaatliche Rechtshilfe beteiligten Behörden des Bundes und der Kantone können gestützt auf BStP Art. 279 Abs. 3 die Beschwerdekammer des Bundesstrafgerichts anrufen. – Mit der Beschwerde kann die Verweigerung der Rechtshilfe, die Form oder der Umfang einer Untersuchungshandlung oder die Urteilsvollstreckung gerügt werden (Botschaft, BBl 2001, 4365): Die Kompetenz der Beschwerdekammer bezieht sich auf Akte der Rechtshilfe i.S. von StGB Art. 356, in denen eine Behörde des Bundes oder eines Kantons den Behörden eines andern Gemeindewesens ein Ersuchen um Unterstützung abschlägig beantwortet hat: BGE 87 IV 140, 141, 121 IV 314. Als Anstand im Sinne der Rechtshilfe gelten aber auch Streitigkeiten über die Art und Weise der zu leistenden Rechtshilfe bzw. der durchzuführenden Untersuchungshandlungen (BGE 121 IV 314). Ein Anstand besteht aber auch bei Streitigkeiten darüber, ob eine Frage die formelle oder materielle Zulässigkeit der verlangten Rechtshilfe betrifft, wovon namentlich abhängt, ob die Massnahme bei den Rechtsmittelinstanzen des ersuchenden oder des ersuchten Kantons anzufechten ist: BGE 121 IV 315 (Einwendungen betreffend die formellen Voraussetzungen der Rechtshilfe und die Ausführung der verlangten Massnahmen sind bei der Behörde des ersuchten Kantons zu erheben und Einwendungen gegen die materielle Zulässigkeit der Rechtshilfemassnahme, beispielsweise hinsichtlich des hinreichender Tatverdachts oder der materiellen Voraussetzungen für eine Beschlagnahme, bei den Behörden des ersuchenden Kantons).

Die Beschwerdekammer kann in ihrem Entscheid der betreffenden Behörde nötigenfalls die erforderlichen Anweisungen erteilen (BStrG 15.2.2006, BV.2005.35).

Die Legitimation zur Vertretung vor Bundesstrafgericht wird durch das kantonale Recht bestimmt; vor Bundesrechts wegen wird diejenige Behörde als Vertreterin anerkannt, bei welcher das Verfahren hängig ist und deren Begehren abgelehnt wurde: BGE 87 IV 139. – Die Möglichkeit der Anrufung ist grundsätzlich unbefristet: BGE 86 IV 230, 106 IV 215, 216, 121 IV 314. – Eine Erschöpfung des Instanzenzuges ist bei Streitigkeiten zwischen Bundes- und Kantonsbehörden nicht erforderlich: BGE 115 IV 69, 121 IV 315. Die ersuchende Behörde muss kurz die Notwendigkeit der verlangten und verweigerten Rechtshilfehandlungen für die Zwecke des Strafverfahrens darlegen (BStrG vom 15.2.2006, BV.2005.35).

Art. 362 Mitteilung bei Pornografie

Stellt eine Untersuchungsbehörde fest, dass pornografische Gegenstände (Art. 197 Ziff. 3) in einem fremden Staat hergestellt oder von dort aus eingeführt worden sind, so informiert sie sofort die zur Bekämpfung der Pornografie eingesetzte Zentralstelle des Bundes.

Bisheriges Recht: Diese Norm entspricht materiell StGB alt Art. 358.

Fünfter Titel: Mitteilung bei strafbaren Handlungen gegen Unmündigen

Art. 363 Mitteilungspflicht

Stellt die zuständige Behörde bei der Verfolgung von strafbaren Handlungen gegenüber Unmündigen fest, dass weitere Massnahmen erforderlich sind, so informiert sie sofort die vormundschaftlichen Behörden.

Bisheriges Recht: Diese Norm entspricht wörtlich StGB alt Art. 358bis.

Art. 364 Mitteilungsrecht

Ist an einem Unmündigen eine strafbare Handlung begangen worden, so sind die zur Wahrung des Amts- und Berufsgeheimnisses (Art. 320 und 321) verpflichteten Personen berechtigt, dies in seinem Interesse den vormundschaftlichen Behörden zu melden.

Bisheriges Recht: Diese Norm entspricht wörtlich StGB alt Art. 358ter.

Sechster Titel: Strafregister

Art. 365 Zweck

[1] Das Bundesamt für Justiz führt unter Mitwirkung anderer Bundesbehörden und der Kantone (Art. 367 Abs. 1) ein automatisiertes Strafregister über Verurteilungen und Gesuche um Strafregisterauszug im Rahmen von hängigen Strafverfahren, welches besonders schützenswerte Personendaten und Persönlichkeitsprofile enthält. Die Daten über Verurteilungen und jene über Gesuche um Strafregisterauszug im Rahmen von hängigen Strafverfahren werden im automatisierten Register getrennt bearbeitet.

[2] Das Register dient der Unterstützung von Behörden des Bundes und der Kantone bei der Erfüllung folgender Aufgaben:

a. Durchführung von Strafverfahren;

b. internationale Rechtshilfe- und Auslieferungsverfahren;
c. Straf- und Massnahmenvollzug;
d. zivile und militärische Sicherheitsprüfungen;
e. Verhängung und Aufhebung von Fernhaltemassnahmen gegenüber Ausländern nach dem Bundesgesetz vom 26. März 1931 über Aufenthalt und Niederlassung der Ausländer sowie der übrigen Ausweisungen und Landesverweisungen;
f. Prüfung der Asylwürdigkeit nach dem Asylgesetz vom 26. Juni 1998;
g. Einbürgerungsverfahren;
h. Erteilung und Entzug von Führer- oder Lernfahrausweisen nach dem Strassenverkehrsgesetz vom 19. Dezember 1958;
i. Durchführung des konsularischen Schutzes;
j. statistische Bearbeitung nach dem Bundesstatistikgesetz vom 9. Oktober 1992;
k. Verhängung oder Aufhebung vormundschaftlicher Massnahmen oder von Massnahmen des fürsorgerischen Freiheitsentzuges.

Bisheriges Recht: Diese Norm entspricht materiell unverändert StGB alt Art. 359.

Art. 365–371 regeln das Strafregisterrecht. Detaillierte Ausführungsbestimmungen hierzu finden sich in der auf 1.1.2007 in Kraft tretenden VO über das automatisierte Strafregister (VOSTRA-Verordnung): vgl. VE und Erläuterungen zur Änderung der Verordnung über das automatisierte Strafregister (VOSTRA II), Bundesamt für Justiz, Januar 2006. – Noch vor Inkrafttreten der Revision des Strafgesetzbuches vom 13. Dezember 2002 korrigierte der Gesetzgeber die in StGB Art. 369 (Entfernung des Eintrags) und 371 (Strafregisterauszug für Privatpersonen) getroffenen Regelungen (vgl. BG vom 24. März 2006 über die Änderung des Schweizerischen Strafgesetzbuches, BBl 2006, 3557 f.).

Die Tatsache einer Bestrafung wird nach der öffentlichen Verhandlung und Verkündung des Strafurteils zu einem gem. StGB Art. 320 geschützten Geheimnis, sobald das Urteil nur noch einem begrenzten Personenkreis bekannt ist (BGE 127 IV 129).

Art. 365 formuliert die Zweckbestimmung des automatisierten Strafregisters.

Art. 366   Inhalt

¹ Im Register sind Personen aufgeführt, die im Gebiete der Eidgenossenschaft verurteilt worden sind, sowie im Ausland verurteilte Schweizer.

² Ins Register sind aufzunehmen:

a. die Urteile wegen Verbrechen und Vergehen, sofern eine Strafe oder Massnahme ausgesprochen worden ist;
b. die Urteile wegen der durch Verordnung des Bundesrates zu bezeichnenden Übertretungen dieses oder eines anderen Bundesgesetzes;
c. die aus dem Ausland eingehenden Mitteilungen über dort erfolgte, nach diesem Gesetz vormerkungspflichtige Urteile;

Drittes Buch: Einführung und Anwendung des Gesetzes **Art. 367**

d. die Tatsachen, die eine Änderung erfolgter Eintragungen herbeiführen.

³ Verurteilungen von Jugendlichen sind nur aufzunehmen, wenn diese verurteilt worden sind:

a. zu einem Freiheitsentzug (Art. 25 JStG); oder
b. zu einer Unterbringung in einer geschlossenen Einrichtung (Art. 15 Abs. 2 JStG).

⁴ Im Register sind ebenfalls Personen aufgeführt, gegen die in der Schweiz Strafverfahren wegen Verbrechen und Vergehen hängig sind.

Bisheriges Recht: Diese Norm entspricht materiell weitgehend StGB alt Art. 360. Neu wird in Abs. 3 der Registereintrag betreffend Jugendliche geregelt und in Abs. 4 festgehalten, dass auch Personen registriert werden, gegen die in der Schweiz ein Strafverfahren wegen Verbrechen oder Vergehen hängig ist.

Art. 366 Abs. 2 lit. a stellt klar, dass auch die angeordneten Massnahmen gegenüber Schuldunfähigen registriert werden, währenddem ein eingestelltes oder freisprechendes Urteil im Strafregister nicht erscheint (Botschaft, BBl 1999, 2167). – Die aufgrund kantonaler Strafbestimmungen ergangenen Urteile werden nicht im eidgenössischen Strafregister eingetragen: ZR 68 (1969) Nr. 47.

lit. b: Die eintragungspflichtigen Übertretungen sind auf Tatbestände beschränkt, die ihrer Strafdrohung nach der Umschreibung des StGB Art. 103 entsprechen: BGE 96 IV 31. – Zur Meldung von Verurteilungen wegen Strassenverkehrsdelikten an die Strassenverkehrsbehörde vgl. VO über die Zulassung von Personen und Fahrzeugen zum Strassenverkehr (SR 741.51), Art. 123.

lit. c: Verurteilungen von Schweizern im Ausland werden den Registerbehörden im Rahmen bestehender Staatsverträge gemeldet.

Abs. 3 beschränkt die Eintragungen betreffend Jugendliche auf Urteile, mit welchen die schärfsten Sanktionen des Jugendstrafrechts verhängt werden. Damit soll sichergestellt sein, dass einerseits keine Stigmatisierung von Jugendlichen stattfindet und andererseits bei einer Verurteilung von Erwachsenen Informationen über schwerste Straftaten im Jugendalter doch zugänglich sind (BBl 1999, 2167).

Art. 367 Bearbeitung der Daten und Einsicht

¹ Folgende Behörden bearbeiten im Register Personendaten über Verurteilungen (Art. 366 Abs. 2):

a. das Bundesamt für Justiz;
b. die Strafjustizbehörden;
c. die Militärjustizbehörden;
d. die Strafvollzugsbehörden;
e. die Koordinationsstellen der Kantone.

² Folgende Behörden dürfen durch ein Abrufverfahren Einsicht in die Personendaten über Verurteilungen (Art. 366 Abs. 2) nehmen:

a. die Behörden nach Absatz 1;
b. die Bundesanwaltschaft;

c. das Bundesamt für Polizei im Rahmen von gerichtspolizeilichen Ermittlungsverfahren;
d. der Führungsstab der Armee;
e. das Bundesamt für Migration;
f. aufgehoben;
g. die kantonalen Fremdenpolizeibehörden;
h. die für den Strassenverkehr zuständigen Behörden der Kantone;
i. die Bundesbehörden, die zuständig sind für die Durchführung von Personensicherheitsüberprüfungen im Sinne von Artikel 2 Absatz 4 Buchstabe c des Bundesgesetzes vom 21. März 1997 über Massnahmen zur Wahrung der inneren Sicherheit;
j. die Vollzugsstelle für den Zivildienst.

³ Der Bundesrat kann, wenn es die Anzahl der Auskunftsersuchen rechtfertigt, nach Anhörung des Eidgenössischen Datenschutzbeauftragten bis zur Inkraftsetzung der Rechtsgrundlagen in einem formellen Gesetz die Einsichtsrechte nach Absatz 2 auf weitere Justiz- und Verwaltungsbehörden des Bundes und der Kantone ausdehnen.

⁴ Personendaten aus den registrierten Gesuchen um Strafregisterauszug im Rahmen von hängigen Strafverfahren dürfen nur durch die Behörden nach Absatz 2 Buchstaben a–e bearbeitet werden.

⁵ Jeder Kanton bestimmt für die Bearbeitung der Daten im Register eine Koordinationsstelle.

⁶ Der Bundesrat legt die Einzelheiten fest, insbesondere:
a. die Verantwortung für die Datenbearbeitung;
b. die Kategorien der zu erfassenden Daten und deren Aufbewahrungsfristen;
c. die Zusammenarbeit mit den betroffenen Behörden;
d. die Aufgaben der Koordinationsstellen;
e. das Auskunftsrecht und die übrigen Verfahrensrechte zum Schutze der betroffenen Personen;
f. die Datensicherheit;
g. die Behörden, welche Personendaten in schriftlicher Form melden, ins Register eingeben, abfragen oder denen Personendaten im Einzelfall bekannt gegeben werden können;
h. die elektronische Datenweitergabe an das Bundesamt für Statistik.

Bisheriges Recht: Diese Norm entspricht materiell unverändert StGB alt Art. 360bis.

Art. 367 regelt in Abs. 1, welche Behörden die Personendaten im Strafregister bearbeiten, und Abs. 2 regelt die Kompetenz zur Einsicht in diese Daten.

Abs. 2 lit. c: Ein gerichtspolizeiliches Ermittlungsverfahren liegt erst bei einer formellen Eröffnung des Strafverfahrens vor, so dass der direkte Zugriff einzelner Dienststellen des Bundesamts für Polizei (fedpol) im Vorverfahren oder gar im präventiven Bereich nicht gewährleistet ist. Gestützt auf StGB Art. 367 Abs. 3 bzw. StGB alt Art. 360bis Abs. 2 ist daher eine Neuregelung der Online-Zugriffe des fedpol zunächst auf Verordnungsstufe geplant, um diese Online-Zugriffe anschliessend auf Stufe StGB zu regeln (vgl. Anhang zu den Erläuterungen zur Änderung der Verordnung über das automatisierte Strafregister [VOSTRA II] des Bundesamts für Justiz vom Januar 2006).

Abs. 6: Vgl. VO über das automatisierte Strafregister vom 1. Dezember 1999 (SR 331) sowie den VE zur Änderung der Verordnung über das automatisierte Strafregister des Bundesamts für Justiz vom Januar 2006.

Art. 368 Mitteilung registrierungspflichtiger Tatsachen

Die zuständige Bundesbehörde kann die Eintragungen im Register dem Heimatstaat des Verurteilten mitteilen.

Bisheriges Recht: Diese Norm entspricht wörtlich StGB alt Art. 363 Abs. 1.

Art. 369 Entfernung des Eintrags

[1] Urteile, die eine Freiheitsstrafe enthalten, werden von Amtes wegen entfernt, wenn über die gerichtlich zugemessene Strafdauer hinaus folgende Fristen verstrichen sind:

a. 20 Jahre bei einer Freiheitsstrafe von mindestens fünf Jahren;
b. 15 Jahre bei einer Freiheitsstrafe von mindestens einem und weniger als fünf Jahren;
c. zehn Jahre bei Freiheitsstrafen unter einem Jahr;
d. zehn Jahre bei Freiheitsentzug nach Artikel 25 JStG.

[2] Die Fristen nach Absatz 1 verlängern sich um die Dauer einer bereits eingetragenen Freiheitsstrafe.

[3] Urteile, die eine bedingte Freiheitsstrafe, eine Geldstrafe, gemeinnützige Arbeit oder eine Busse als Hauptstrafe enthalten, werden von Amtes wegen nach zehn Jahren entfernt.

[4] Urteile, die eine stationäre Massnahme neben einer Strafe oder eine stationäre Massnahme allein enthalten, werden von Amtes wegen entfernt nach:

a. 15 Jahren bei Massnahmen nach den Artikeln 59–61 und 64;
b. 10 Jahren bei geschlossener Unterbringung nach Artikel 15 Absatz 2 des JStG.

[4bis] Urteile, die eine ambulante Behandlung nach Artikel 63 allein enthalten, werden von Amtes wegen nach zehn Jahren entfernt.

[4ter] Urteile, die eine Massnahme nach den Artikeln 66–67b oder nach den Artikeln 48, 50 und 50a des Militärstrafgesetzes vom 13. Juni 1927 in der Fassung vom 21. März 2003 allein enthalten, werden von Amtes wegen nach zehn Jahren entfernt.

[5] Die Fristen nach Absatz 4 verlängern sich um die Dauer einer Reststrafe.

[6] Der Fristenlauf beginnt:

a. bei Urteilen nach den Absätzen 1, 3 und 4ter: mit dem Tag, an dem das Urteil rechtlich vollstreckbar wird;

b. bei Urteilen nach den Absätzen 4 und 4bis: mit dem Tag, an dem die Massnahme aufgehoben wird oder der Betroffene endgültig aus der Massnahme entlassen ist.

⁷ Nach der Entfernung darf die Eintragung nicht mehr rekonstruierbar sein. Das entfernte Urteil darf dem Betroffenen nicht mehr entgegengehalten werden.

⁸ Die Strafregisterdaten sind nicht zu archivieren.

Bisheriges Recht: Diese Norm regelt neu die Entfernung des Urteilseintrages, namentlich die hiefür geltenden Fristen. Die ursprüngliche Fassung vom 13. Dezember 2002 wurde am 24. März 2006 korrigiert und ergänzt (BBl 2006, 3559).

Art. 369: Entfernung der Daten heisst, dass diese physisch nicht mehr vorhanden und auf keine Weise mehr rekonstruierbar sind (Botschaft, BBl 1999, 2168). Aufgrund von StGB Art. 387 kann der Bundesrat allerdings vorsehen, dass entfernte Daten zum Zwecke der Forschung sowie unter Wahrung des Persönlichkeitsschutzes und der Grundsätze des Datenschutzes weiterhin aufbewahrt werden können. – Die vorgesehenen Fristen für die Entfernung der Strafregistereinträge sollen einen Ausgleich zwischen dem staatlichen Verfolgungsinteresse und dem Bedürfnis nach vollständiger Rehabilitation eines Straffälligen schaffen (Botschaft, BBl 1999, 2168).

Abs. 4 bezieht sich allein auf die Entfernungsfristen für Urteile, die eine stationäre Massnahme gem. StGB Art. 59 ff. enthalten. Für Urteile, die eine ambulante Behandlung nach StGB Art. 63 allein enthalten, richtet sich die Entfernungsfrist nach StGB Art. 369 Abs. 4bis und für Urteile, die eine Massnahme gem. StGB Art. 66–67b allein enthalten, nach StGB Art. 369 Abs. 4ter. Zur Anordnung allein einer Massnahme bei Schuldunfähigkeit vgl. StGB Art. 19 Abs. 1 und 3.

Abs. 4bis bezieht sich nur auf Urteile, die eine ambulante Behandlung nach StGB Art. 63 allein enthalten. In Fällen der Verbindung einer ambulanten Massnahme mit einer Freiheitsstrafe, gelten die – längeren – Fristen für die Freiheitsstrafe nach StGB Art. 369 Abs. 1 (Botschaft, BBl 2005, 4720).

Abs. 4ter bezieht sich ebenfalls nur auf Urteile, die eine Massnahme nach StGB Art. 66–67b allein enthalten. Zu diesen Massnahmen gehören die Friedensbürgschaft (StGB Art. 66), das Berufsverbot (StGB Art. 67) und das Fahrverbot (StGB Art. 67b), nicht aber die Veröffentlichung des Urteils (StGB Art. 68), die Einziehung (StGB Art. 70 ff.) oder die Verwendung zugunsten des Geschädigten (StGB Art. 73). Werden diese Massnahmen zusammen mit einer andern Sanktion verhängt, so ist diese andere Sanktion für den Fristenlauf massgebend (Botschaft, BBl 2005, 4721).

Abs. 6 regelt den Beginn des Fristenlaufs für die Entfernung des Urteilseintrags.

Abs. 7: Nach Ablauf der Entfernungsfristen darf das betreffende Urteil dem Täter nicht mehr entgegengehalten werden. Es dürfen also an ein solches Urteil keine Rechtsfolgen mehr geknüpft werden (Botschaft, BBl 1999, 2168). Zur Kompetenz des Bundesrates, Bestimmungen zu erlassen für eine ausnahmsweise zulässige Aufbewahrung der aus dem Strafregister entfernten Daten zum Zwecke der Forschung vgl. Bem. zu StGB Art. 387 Abs. 3.

Art. 370 Einsichtsrecht

¹ Jede Person hat das Recht, den vollständigen sie betreffenden Eintrag einzusehen.

² Es darf keine Kopie ausgehändigt werden.

Drittes Buch: Einführung und Anwendung des Gesetzes **Art. 371**

Bisheriges Recht: Diese Norm regelt neu das Einsichtsrecht der Betroffenen.

Art. 370 Abs. 1: Das Recht auf Einsicht in den einem betreffenden Eintrag kann jederzeit ohne Begründung und grundsätzlich kostenlos ausgeübt werden (Botschaft, BBl 1999, 2169).

Abs. 2: Mit dieser Vorschrift soll aus datenschutzrechtlichen Gründen verhindert werden, dass die genaue Begrenzung der Daten, die in einen Strafregisterauszug für Privatpersonen gemäss StGB Art. 371 aufzunehmen sind, umgangen wird (Botschaft, BBl 1999, 2169).

Art. 371 Strafregisterauszug für Privatpersonen

¹ Jede Person kann beim schweizerischen Zentralstrafregister einen sie betreffenden schriftlichen Auszug aus dem Strafregister anfordern. In diesem erscheinen Urteile wegen Verbrechen und Vergehen; Urteile wegen Übertretungen erscheinen nur im Auszug, wenn ein Berufsverbot nach Artikel 67 verhängt wurde.

² Urteile betreffend Jugendliche erscheinen im Strafregisterauszug nur, wenn diese als Erwachsene wegen weiterer Taten verurteilt wurden, die in den Strafregisterauszug aufzunehmen sind.

³ Ein Urteil, das eine Strafe enthält, wird nicht mehr in den Strafregisterauszug aufgenommen, wenn zwei Drittel der für die Entfernung nach Artikel 369 massgebenden Dauer abgelaufen sind.

³bis Ein Urteil, das eine bedingte oder teilbedingte Strafe enthält, erscheint nicht mehr im Strafregisterauszug, wenn der Verurteilte sich bis zum Ablauf der Probezeit bewährt hat.

⁴ Ein Urteil, das neben einer Strafe eine Massnahme oder eine Massnahme allein enthält, wird nicht mehr in den Strafregisterauszug aufgenommen, wenn die Hälfte der für die Entfernung nach Artikel 369 massgebenden Dauer abgelaufen ist.

⁵ Nach Ablauf der Frist nach den Absätzen 3 und 4 bleibt das Urteil im Strafregisterauszug, wenn dieser noch ein Urteil enthält, bei dem diese Frist noch nicht abgelaufen ist.

Bisheriges Recht: Diese Norm regelt neu den Strafregisterauszug für Privatpersonen. Die ursprüngliche Fassung vom 13. Dezember 2002 wurde am 24. März 2006 korrigiert und ergänzt (BBl 2006, 3560).

Art. 371 Abs. 1: Zu den Begriffen des Verbrechens und Vergehens vgl. StGB Art. 10 Abs. 2 und 3, zum Begriff der Übertretung StGB Art. 103 und zum Berufsverbot StGB Art. 67. Letzteres bildet Bestandteil des Strafregisterauszugs, weil es bei Stellenbewerbungen von hervorragendem Interesse ist (Botschaft, BBl 1999, 2170).

Abs. 3 und 4: Deren Fristen berechnen sich auf der Basis der Entfernungsfristen gem. StGB Art. 369. Die Frist bei Urteilen mit bedingten oder teilbedingten Strafen richtet sich gem. StGB Art. 371 Abs. 3bis nach der Dauer der Probezeit (vgl. hierzu: StGB Art. 44 StGB). Zur Bewährung als weitere Voraussetzung, dass das Urteil nicht mehr im Strafregisterauszug erscheint: StGB Art. 45.

Abs. 5: Die Wirkung der auf der Basis der Entfernungsfristen gem. StGB Art. 369 berechneten Grundfristen fällt dahin, sofern mindestens ein Verbrechen im Auszug aufzunehmen ist. Bei erneuter

Verbrechensbegehung werden alle früheren Eintragungen wieder aufgenommen, selbst wenn zwischenzeitlich ein leerer Auszug vorliegt. Damit sollen Delinquenzketten auf lange Zeit sichtbar bleiben (Botschaft, BBl 1999, 2171).

Siebenter Titel: Straf- und Massnahmenvollzug, Bewährungshilfe, Anstalten und Einrichtungen

Art. 372 1. Pflicht zum Straf- und Massnahmenvollzug

¹ Die Kantone vollziehen die von ihren Strafgerichten auf Grund dieses Gesetzes ausgefällten Urteile. Sie sind verpflichtet, die Urteile der Bundesstrafbehörden gegen Ersatz der Kosten zu vollziehen.

² Den Urteilen sind die von Polizeibehörden und andern zuständigen Behörden erlassenen Strafentscheide und die Beschlüsse der Einstellungsbehörden gleichgestellt.

Bisheriges Recht: Diese Norm entspricht wörtlich StGB alt Art. 374, mit Ausnahme eines leicht geänderten Marginales.

Art. 372: Die kant. Strafvollzugsbehörden dürfen weder auf die Vollstreckung eines rechtskräftigen Urteils verzichten, noch in dieses eingreifen oder es abändern: Pr 85 (1996) Nr. 175. Vgl. ferner BGE 68 IV 94 (keine Pflicht, von andern Kantonen ausgesprochene Freiheitsstrafen zu vollziehen, dagegen Pflicht zur Zuführung des Verurteilten gemäss StGB Art. 356).

Art. 373 2. Geldstrafen, Bussen, Kosten und Einziehungen. Vollstreckung

Die auf Grund des Strafrechts des Bundes oder der Kantone ergangenen rechtskräftigen Entscheide sind mit Bezug auf Geldstrafen, Bussen, Kosten und Einziehungen in der ganzen Schweiz vollstreckbar.

Bisheriges Recht: Diese Norm entspricht inhaltlich StGB alt Art. 380 Abs. 1, inhaltlich mit der Geldstrafe angepasst an das neue Sanktionensystem sowie an die bereits am 1.8.1994 in Kraft gesetzten neuen Einziehungsbestimmungen von StGB alt Art. 58 und 59, welche inhaltlich den StGB Art. 69–72 entsprechen. Ferner wurde in der vorliegenden Bestimmung auf die Erwähnung des Schadenersatzes verzichtet (Botschaft, BBl 1999, 2171 f.).

Art. 373: Zur Geldstrafe: StGB Art. 34 ff., zur Busse: StGB Art. 106, zur Einziehung: StGB Art. 69 ff. – Vgl. zur Rechtshilfe StGB Art. 356 und 361, ferner BGE 118 IV 393. – Adhäsionsurteile sind wie Zivilurteile bereits gestützt auf BV Art. 122 Abs. 3 in der ganzen Schweiz vollstreckbar.

Art. 374 Verfügungsrecht

¹ Über die auf Grund dieses Gesetzes verhängten Geldstrafen, Bussen und Einziehungen verfügen die Kantone.

Drittes Buch: Einführung und Anwendung des Gesetzes   Art. 375

² In den von der Strafkammer des Bundesstrafgerichts beurteilten Fällen verfügt darüber der Bund.

³ Die Verwendung zu Gunsten des Geschädigten nach Artikel 73 bleibt vorbehalten.

⁴ Vorbehalten sind die Bestimmungen des Bundesgesetzes vom 19. März 2004 über die Teilung eingezogener Vermögenswerte.

Bisheriges Recht: Diese Norm entspricht StGB alt Art. 381, angepasst an die neue Sanktion der Geldstrafe gem. StGB Art. 34 ff. und an die Einziehungsbestimmungen gem. StGB Art. 70 ff., namentlich Art. 73 (Verwendung zu Gunsten des Geschädigten). Der Vorbehalt des TEVG war bereits Bestandteil dieses BG über die Teilung eingezogener Vermögenswerte vom 19. März 2004, in Kraft seit 1. August 2004 (AS 2004 3509; vgl. Anhang zum BG über die Teilung eingezogener Vermögenswerte vom 19. März 2004, SR 312.4).

Art. 374 Abs. 1: Zur Geldstrafe vgl. StGB Art. 34–36, zur Busse StGB Art. 106 und zur Einziehung StGB Art. 70–73.

Abs. 2: Im Zusammenhang mit der Totalrevision der Bundesrechtspflege wurde eine Kompetenzverschiebung vom Bundesstrafgericht an die Strafkammer des neu geschaffenen Bundesstrafgerichts vorgenommen (vgl. Anhang zum BG über das Bundesstrafgericht vom 4. Oktober 2002 [SGG; SR 173.71], in Kraft getreten am 1. April 2004 [AS 2003 2133], BBl 2002, 6506).

Abs. 3: Vgl. Bem. zu StGB Art. 73.

Abs. 4: Mit diesem Vorbehalt ist StGB Art. 374 nur für Geldstrafen, Bussen sowie für Einziehungen mit weniger als CHF 100'000 Bruttoerlös, die im Rahmen eines Einziehungsverfahrens ohne internationale Teilungsvereinbarung verfügt wurden, anwendbar. Sonst beurteilt sich das Verfügungsrecht gem. TEVG Art. 1 nach jenem Gesetz (Botschaft, BBl 2001, 478).

Art. 375   3. Gemeinnützige Arbeit

¹ Die Kantone sind für die Durchführung der gemeinnützigen Arbeit zuständig.

² Die zuständige Behörde bestimmt die Art und Form der zu leistenden gemeinnützigen Arbeit.

³ Die gesetzlich bestimmte Höchstarbeitszeit darf durch die Leistung gemeinnütziger Arbeit überschritten werden. Die Vorschriften über Arbeitssicherheit und Gesundheitsschutz bleiben anwendbar.

Bisheriges Recht: Diese Norm enthält neu die notwendigen Ausführungsbestimmungen zur neu definitiv eingeführten Strafe der gemeinnützigen Arbeit.

Art. 375: Zur gemeinnützigen Arbeit vgl. StGB Art. 37 ff. – Analog den andern Sanktionen (StGB Art. 372 Abs. 1) sind die Kantone auch für den Vollzug der gemeinnützigen Arbeit zuständig. Eine Vollzugsabtretung vom Urteils- an den Wohnsitzkanton wurde bewusst nicht speziell geregelt, davon ausgehend, dass solche Vollzugsabtretungen informell erfolgen (Botschaft, BBl 1999, 2172).

Art. 376   4. Bewährungshilfe

¹ Die Kantone richten die Bewährungshilfe ein. Sie können diese Aufgabe privaten Vereinigungen übertragen.

² Die Bewährungshilfe obliegt in der Regel dem Kanton, in dem die betreute Person Wohnsitz hat.

Bisheriges Recht: Abs. 1 entspricht, redaktionell geändert, StGB alt Art. 379 Ziff. 1 Abs. 1. StGB Art. 376 Abs. 2 entspricht materiell der diesbezüglichen Regelung der Schutzaufsicht in StGB alt Art. 379 Ziff. 1 Abs. 2 und Ziff. 2. StGB alt Art. 379 Ziff. 2 Abs. 3 wurde ersatzlos aufgehoben, da die Ausweisung eines Schweizers oder einer Schweizerin aus einem Kanton schon verfassungsrechtlich unzulässig ist (BV Art. 24 Abs. 1).

Art. 376 Abs. 2: Die Bewährungshilfe obliegt «in der Regel» dem Wohnsitz- und nicht dem Urteilskanton. Von diesem Wohnortsprinzip kann aus praktischen Gründen abgewichen werden zugunsten desjenigen Kantons, wo sich der Betroffene unmittelbar nach der Entlassung aufhält, ohne dort einen Wohnsitz zu begründen (Botschaft, BBl 1999, 2173).

Art. 377   5. Anstalten und Einrichtungen.
Pflicht der Kantone zur Errichtung und zum Betrieb

¹ Die Kantone errichten und betreiben Anstalten und Anstaltsabteilungen für Gefangene im offenen und geschlossenen Vollzug sowie für Gefangene in Halbgefangenschaft und im Arbeitsexternat.

² Sie können ferner Abteilungen für besondere Gefangenengruppen führen, insbesondere für:

a.   Frauen;
b.   Gefangene bestimmter Altersgruppen;
c.   Gefangene mit sehr langen oder sehr kurzen Strafen;
d.   Gefangene, die intensiv betreut oder behandelt werden müssen oder eine Aus- oder Weiterbildung erhalten.

³ Sie errichten und betreiben die in diesem Gesetz für den Massnahmenvollzug vorgesehenen Einrichtungen.

⁴ Sie sorgen dafür, dass die Reglemente und der Betrieb der Anstalten und Einrichtungen diesem Gesetz entsprechen.

⁵ Sie fördern die Aus- und Weiterbildung des Personals.

Bisheriges Recht: Diese Norm entspricht inhaltlich im Wesentlichen StGB alt Art. 382 Abs. 1 und 383. Sie enthält neu ausdrücklich die Pflicht der Kantone zur Errichtung und zum Betrieb von Massnahmevollzugseinrichtungen.

Art. 377 Abs. 2: Die angeführten Differenzierungskriterien sind, was sich aus dem Wortlaut klar ergibt, nicht abschliessender Natur.

Drittes Buch: Einführung und Anwendung des Gesetzes   **Art. 378**

Art. 378   Zusammenarbeit zwischen den Kantonen

¹ Die Kantone können über die gemeinsame Errichtung und den gemeinsamen Betrieb von Anstalten und Einrichtungen Vereinbarungen treffen oder sich das Mitbenutzungsrecht an Anstalten und Einrichtungen anderer Kantone sichern.

² Die Kantone informieren einander über die Besonderheiten ihrer Anstalten und Einrichtungen, namentlich über die Betreuungs-, Behandlungs- und Arbeitsangebote; sie arbeiten bei der Zuteilung der Gefangenen zusammen.

Bisheriges Recht: Analog StGB Art. 377 entspricht auch diese Norm inhaltlich weitgehend StGB alt Art. 382 Abs. 2 und 383 Abs. 2.

Art. 378 Abs. 1: Die Kantone haben sich für die Errichtung und den Betrieb von Vollzugsanstalten zu mehreren Konkordaten zusammengeschlossen:

- Vereinbarung der Kantone ZH, GL, SH, AR, AI, SG, GR und TG über den Vollzug freiheitsentziehender Massnahmen gemäss Schweizerischem Strafgesetzbuch und Versorgungen gemäss eidgenössischem und kantonalem Recht vom 19. Juni 1975 (Ostschweizer Konkordat), SR 343.1;
- Konkordat über den Vollzug von Strafen und Massnahmen nach dem Schweizerischen Strafgesetzbuch und dem Recht der Kantone der Nordwest- und Innerschweiz vom 4. März 1959, SR 343.2: Vereinbarung der Kantone UR, SZ, OW, NW, LU, ZG, BE, SO, BS, BL und AG;
- Konkordat über den Straf- und Massnahmenvollzug an Erwachsenen und jungen Erwachsenen in den Westschweizer Kantonen und im Kanton Tessin vom 22. Oktober 1984, SR 343.3: Vereinbarung der Kantone FR, VD, VS, NE, GE und JU.

Abs. 2: Ziel dieser Bestimmung ist eine gegenseitige Orientierungspflicht der Kantone und eine Zusammenarbeit bei der Zuteilung der Gefangenen über die Konkordatsgrenzen hinaus.

Art. 379   Zulassung von Privatanstalten

¹ Die Kantone können privat geführten Anstalten und Einrichtungen die Bewilligung erteilen, Strafen in der Form der Halbgefangenschaft und des Arbeitsexternats sowie Massnahmen nach den Artikeln 59–61 und 63 zu vollziehen.

² Die privat geführten Anstalten und Einrichtungen unterstehen der Aufsicht der Kantone.

Bisheriges Recht: Diese Norm regelt, ausgehend von StGB alt Art. 384, die schon bisher mögliche Zulassung von privaten Vollzugsanstalten.

Art. 379 lässt Privatanstalten nicht generell zu, sondern nur unter den normierten Voraussetzungen. Zur Halbgefangenschaft: StGB Art. 77b, zum Arbeitsexternat: StGB Art. 77a.

Art. 380   Kostentragung

¹ Die Kosten des Straf- und Massnahmenvollzugs tragen die Kantone.

² Der Verurteilte wird in angemessener Weise an den Kosten des Vollzugs beteiligt:

a. durch deren Verrechnung mit seiner Arbeitsleistung im Straf- oder Massnahmenvollzug;
b. nach Massgabe seines Einkommens und Vermögens, wenn er eine ihm zugewiesene Arbeit verweigert, obwohl sie den Vorgaben der Artikel 81 oder 90 Absatz 3 genügt; oder
c. durch Abzug eines Teils des Einkommens, das er auf Grund einer Tätigkeit im Rahmen der Halbgefangenschaft, des Arbeitsexternats oder des Wohn- und Arbeitsexternats erzielt.

³ Die Kantone erlassen nähere Vorschriften über die Kostenbeteiligung der Verurteilten.

Bisheriges Recht: Diese Norm regelt neu die Kostentragung hinsichtlich des Straf- und Massnahmenvollzugs.

Art. 380: Die Kosten des Straf- und Massnahmevollzugs sollen nicht nur vom Gemeinwesen getragen werden, sondern der Verurteilte soll sich daran in angemessener Weise beteiligen.

Achter Titel: Begnadigung, Amnestie, Wiederaufnahme des Verfahrens

Art. 381 1. Begnadigung.
Zuständigkeit

Das Recht der Begnadigung mit Bezug auf Urteile, die auf Grund dieses oder eines andern Bundesgesetzes ergangen sind, wird ausgeübt:
a. in den Fällen, in denen die Strafkammer des Bundesstrafgerichts oder eine Verwaltungsbehörde des Bundes geurteilt hat, durch die Bundesversammlung;
b. in den Fällen, in denen eine kantonale Behörde geurteilt hat, durch die Begnadigungsbehörde des Kantons.

Bisheriges Recht: Diese Norm entspricht wörtlich StGB alt Art. 394.
Art. 381–385: ZStrR 73 (1958) 93; SJZ 54 (1958) 67, 71 (1975) 74, 81 (1985) 196. – Vgl. BV Art. 173 Abs. 1 lit. k.

Die Begnadigung ist ein ausserhalb des normalen Strafverfahrens stehender, aus Gründen der Gerechtigkeit angeordneter Eingriff in den Vollzug der Strafe. Sie bedeutet den gänzlichen oder teilweisen Verzicht auf den Vollzug einer rechtskräftig ausgesprochenen Strafe oder die Umwandlung der Strafe in eine mildere Strafart. Auch wenn die Begnadigung bedingt gewährt wird, hat sie einen andern Charakter als der vom Richter gemäss StGB Art. 42 angeordnete bedingte Strafvollzug: BGE 84 IV 141. – Soweit die Begnadigung nach StGB Art. 381 lit. a dem Bund zukommt, wird sie von der Vereinigten Bundesversammlung ausgesprochen: BV Art. 173 Abs. 1 lit. k, StGB Art. 381 lit. a.

Von der Einzelbegnadigung sind zu unterscheiden die in BV Art. 173 Abs. 1 lit. k erwähnte *Amnestie* und die *Abolition.* Erstere bedeutet den Verzicht des Staates auf den Strafvollzug oder die Strafverfolgung gegenüber einer Mehrzahl von Personen, die nicht individuell bezeichnet sind, deren Widerhandlungen aber durch ein gemeinsames Merkmal bestimmt sind. Amnestie ist also entweder Massenbegnadigung oder Niederschlagung der Strafverfolgung (Abolition), die gegenüber einer grösseren Zahl von Beschuldigten ausgesprochen wird (Botschaft, BBl 1999, 2177 f.). Die Zuständigkeit zur Amnestierung für Straftaten des eidgenössischen Rechts liegt beim Bund, auch wenn die Verfolgung und Beurteilung nach StGB Art. 338 den Kantonen zusteht. Die Amnestierung bedarf eines übereinstimmenden Beschlusses der getrennt beratenden Kammern, BV Art. 173 Abs. 1 lit. k, 156 Abs. 2; Begnadigungen werden demgegenüber durch National- und Ständerat in gemeinsamer Verhandlung ausgesprochen (BV Art. 173 Abs. 1 lit. k, 157 Abs. 1 lit. c).

Art. 381 lit. a: Im Zusammenhang mit der Totalrevision der Bundesrechtspflege wurde eine Kompetenzverschiebung vom Bundesstrafgericht an die Strafkammer des neu geschaffenen Bundesstrafgerichts vorgenommen (vgl. Anhang zum BG über das Bundesstrafgericht vom 4. Oktober 2002 [SGG; SR 173.71], in Kraft getreten am 1. April 2004 [AS 2003 2133], BBl 2002, 6506). – Vgl. zu diesen Fällen StGB Art. 336 und 337, VStrR Art. 21 Abs. 1. Nach dieser Bestimmung wird das Recht der Begnadigung auch in den Fällen, in denen eine Verwaltungsbehörde des Bundes geurteilt hat, durch die Vereinigte Bundesversammlung ausgeübt (vgl. auch BV Art. 173 Abs. 1 lit. k, 157 Abs. 1 lit. c).

lit. b: Vgl. zu diesen Fällen StGB Art. 338. – Örtlich zuständig ist die Behörde desjenigen Kantons, der die durch die Begnadigung zu erlassende Strafe durch rechtskräftiges Urteil auferlegt hat. Dies ist das Haupturteil, nicht der Widerrufsentscheid nach StGB Art. 46, der lediglich den Vollzug der durch das Haupturteil ausgesprochenen Strafe anordnet: BGE 101 Ia 283. – Der Widerruf der bedingten Begnadigung ist Sache der Begnadigungsbehörde: BGE 84 IV 144 f. – Zur zürcherischen Ordnung der Begnadigung, die es der Gesetzgebung überlässt, die Fälle zu bestimmen, in denen der Regierungsrat das Gesuch dem Kantonsrat zu unterbreiten hat: BGE 95 I 544. – Den Vollzugsbehörden kommen keine Begnadigungskompetenzen zu (vgl. BGE 108 Ia 70).

Art. 382 Begnadigungsgesuch

¹ Das Begnadigungsgesuch kann vom Verurteilten, von seinem gesetzlichen Vertreter und, mit Einwilligung des Verurteilten, von seinem Verteidiger oder von seinem Ehegatten, seiner eingetragenen Partnerin oder seinem eingetragenen Partner gestellt werden.

² Bei politischen Verbrechen und Vergehen und bei Straftaten, die mit einem politischen Verbrechen oder Vergehen zusammenhängen, ist überdies der Bundesrat oder die Kantonsregierung zur Einleitung des Begnadigungsverfahrens befugt.

³ Die Begnadigungsbehörde kann bestimmen, dass ein abgelehntes Begnadigungsgesuch vor Ablauf eines gewissen Zeitraums nicht erneuert werden darf.

Bisheriges Recht: Diese Norm entspricht wörtlich StGB alt Art. 395.

Art. 382: Eine Befristung der Begnadigungsmöglichkeit ist, soweit sie nicht ausdrücklich vom Bundesrecht vorgesehen ist, bundesrechtswidrig: BGE 106 Ia 133. Das Begnadigungsgesuch kann Kritik an dem der Begnadigung unterstellten Urteil üben: BGE 103 Ia 432. – Die Legitimation der eingetragenen Partnerin oder des eingetragenen Partners zur Stellung des Begnadigungsgesuches wurde mit dem Partnerschaftsgesetz vom 18. Juni 2004, in Kraft tretend am 1.1.2007 (AS 2005 5696; SR 211.231), eingeführt (vgl. Botschaft, BBl 2003, 1363).

Art. 383   Wirkungen

¹ Durch Begnadigung können alle durch rechtskräftiges Urteil auferlegten Strafen ganz oder teilweise erlassen oder die Strafen in mildere Strafarten umgewandelt werden.
² Der Gnadenerlass bestimmt den Umfang der Begnadigung.

Bisheriges Recht: Diese Norm entspricht wörtlich StGB alt Art. 396.

Art. 383: Auf die Gewährung der Gnade besteht kein Rechtsanspruch, und die Ausübung des Begnadigungsrechtes steht im freien Ermessen der Behörde: BGE 95 I 544. Der Entscheid über Ablehnung oder Gewährung der Begnadigung bedarf deshalb von Bundesrechts wegen keiner Begründung: BGE 107 Ia 105, 117 Ia 86.

Die Begnadigung hebt das Urteil nicht auf, sondern bedeutet bloss Verzicht auf Strafvollzug: BGE 80 IV 11, 84 IV 142. – Die Begnadigung kann auch auf die Gewährung des bedingten Strafvollzuges beschränkt werden. Der Widerruf ist nicht Sache des Strafrichters, wenn das kantonale Recht nichts anderes anordnet, sondern grundsätzlich der Begnadigungsbehörde: BGE 84 IV 144. – Die Begnadigung bezieht sich nur auf Strafen, nicht aber auf Massnahmen. Das Massnahmenrecht gem. StGB Art. 56 ff., inkl. auch die Einziehung von Vermögenswerten gem. StGB Art. 70 ff., sind genügend flexibel ausgestaltet (vgl. z.B. StGB Art. 71 Abs. 2 bezüglich der Einziehung), um eine der Begnadigung entsprechende Regelung zu treffen (Botschaft, BBl 1999, 2177).

Art. 384   2. Amnestie

¹ Die Bundesversammlung kann in Strafsachen, auf die dieses oder ein anderes Bundesgesetz Anwendung findet, eine Amnestie gewähren.
² Durch die Amnestie wird die strafrechtliche Verfolgung bestimmter Taten oder Kategorien von Tätern ausgeschlossen und der Erlass entsprechender Strafen ausgesprochen.

Bisheriges Recht: In dieser Norm wird die Amnestie neu ausdrücklich geregelt.

Art. 384: Die Amnestie zeichnet sich im Vergleich zur Begnadigung durch ihre Unpersönlichkeit aus (vgl. hierzu Bem. zu StGB Art. 381–385).

Art. 385   3. Wiederaufnahme des Verfahrens

Die Kantone haben gegenüber Urteilen, die auf Grund dieses oder eines andern Bundesgesetzes ergangen sind, wegen erheblicher Tatsachen oder Beweismittel, die dem Gericht zur Zeit des früheren Verfahrens nicht bekannt waren, die Wiederaufnahme des Verfahrens zu Gunsten des Verurteilten zu gestatten.

Bisheriges Recht: Diese Norm entspricht wörtlich StGB alt Art. 397.

Art. 385: BGE 107 Ia 102 (Rechtsnatur des Wiederaufnahmeverfahrens). – StGB Art. 385 stellt einen *bundesrechtlichen Revisionsgrund i.S. einer Minimalvorschrift* an die Kantone auf, denen im Übrigen die Ordnung dieses Rechtsmittels obliegt: BGE 69 IV 137, 106 IV 46, 107 IV 135 (das Vorsehen weiterer Revisionsgründe im kantonalen Prozessrecht verstösst nicht gegen StGB Art. 385), BGer vom

1.10.2005, 6S.452/2004; StGB Art. 385 ist auch dann anwendbar, wenn das kantonale Recht für die betreffenden Fälle keine Wiederaufnahme vorsieht: BGE 100 IV 251 (Strafverfügung), bezieht sich aber nur auf Sachurteile: RS 1989 Nr. 622 (keine Anwendung auf einen Nichteintretensentscheid wegen verspäteter Einreichung einer Beschwerde). Ein Anspruch auf Revision gemäss StGB Art. 385 besteht nur, wenn das Urteil in Anwendung eidgenössischen Rechts ergangen ist, nicht aber, wenn es um vom kantonalen Prozessrecht beherrschte Fragen geht (BGE 127 I 135). Es kann die Revision nur verlangt werden, wenn sich der dem Urteil zugrunde gelegte Sachverhalt als unrichtig erweist, nicht auch zur Überprüfung und Änderung seiner rechtlichen Würdigung: BGE 92 IV 179 (vgl. auch BGE 117 IV 42: Anordnung einer Massnahme statt einer ausschliesslichen Strafe wirkt zugunsten des Verurteilten). Ein Schreibfehler ist kein Revisionsgrund: BGE 101 Ib 222. – Als *Urteile* gelten auch rechtskräftige Entscheide von Verwaltungsbehörden aufgrund von Bundesgesetzen wie Strafbefehle und Strafverfügungen (BGE 100 IV 249, vgl. RS 1986 Nr. 133 betr. SVG) sowie solche über den Widerruf des bedingten Strafvollzuges (BGE 83 IV 3). – Das vereinfachte Verfahren nach dem BG über Ordnungsbussen im Strassenverkehr gehört zum Verfahrensrecht des Bundes; ist eine Ordnungsbusse vom Betroffenen ohne gerichtliche Beurteilung innert Frist bezahlt worden, besteht keine Möglichkeit der Revision: BGE 106 IV 206.

Voraussetzungen für die Bewilligung der Wiederaufnahme: *Nicht bekannt* waren dem Gericht zur Zeit des früheren Verfahrens Tatsachen oder Beweismittel, die ihm überhaupt nicht in irgendeiner Form (Erstere auch nicht in Form einer Hypothese) zur Beurteilung vorlagen (BGE 80 IV 42, 92 IV 179, 116 IV 357, 122 IV 67), die zwar aus den Akten ersichtlich waren, vom Gericht aber übersehen wurden (RS 2003 Nr. 339). Ein Beweismittel ist dagegen nicht neu, wenn der Richter bloss dessen Tragweite falsch gewürdigt hat oder wenn er bekannte Tatsachen falsch beurteilt oder unterschätzt hat (RS 2003 Nr. 373). Selbst Tatsachen und Beweismittel, die aus den Akten oder Verhandlungen hervorgehen, können neu sein, wenn sie dem Richter unbekannt geblieben sind; Voraussetzung ist allerdings, dass der Richter im Falle ihrer Kenntnis anders entschieden hätte, und dass sein Entscheid auf der Unkenntnis und nicht auf Willkür beruht: BGE 122 IV 67. Die Neuheit einer Tatsache kann nicht allein mit der Begründung verneint werden, der Verurteilte berufe sich zu deren Beweis auf ein altes Beweismittel: BGE 116 IV 357, RS 2003 Nr. 399. Neue *Gutachten* gelten nicht als solche Beweismittel, wenn sie nur eine schon im früheren Verfahren geltend gemachte, aber nicht als erwiesen angenommene Tatsache dartun sollen. Dagegen kann die Wiederaufnahme des Verfahrens auf ein neues Gutachten gestützt werden, wenn es geeignet ist, eine neue Tatsache zu beweisen: BGE 101 IV 249 (früher nicht geprüfte Verminderung der *Schuldfähigkeit).* Eine Wiederaufnahme ist auch möglich, wenn ein (Privat-)Gutachten ein früher erhobenes Beweismittel in Frage stellt (RS 2003 Nr. 339). Das neue Gutachten kann in allen Fällen aber nur dann einen Revisionsgrund bilden, wenn es mit überlegenen Gründen vom früheren Gutachten abweicht und klare Fehler in diesem aufzeigt, die geeignet sind, die Beweisgrundlage des Urteils zu erschüttern (BGer vom 1.10.2005, 6S.452/2004).

Erheblich sind neue Tatsachen oder Beweismittel, die geeignet sind, die Beweisgrundlage des früheren Urteils so zu erschüttern, dass aufgrund des veränderten Sachverhalts ein wesentlich milderes Urteil möglich ist oder ein – auch nur teilweiser – Freispruch in Betracht kommt (vgl. BGE 122 IV 67; BGer vom 1.10.2005, 6S.452/2004). Es genügt, wenn ein Nachweis der neuen Tatsache möglich ist, d.h. nicht ausgeschlossen ist. Doch muss sie im Falle des Nachweises mit Sicherheit oder mindestens Wahrscheinlichkeit zu einer Änderung des früheren Urteils führen. Werden mehrere neue Tatsachen vorgebracht, müssen sie in einer Gesamtwürdigung beurteilt werden. Zu diesem Zweck darf ein in einem ersten Wiederaufnahmeverfahren mangels Erheblichkeit abgelehnter Revisionsgrund *zusam-*

men mit anderen neuen Tatsachen oder Beweismitteln in einem zweiten Revisionsgesuch vorgebracht werden.

Im sog. *Bewilligungsverfahren* geht es nur um den Entscheid, ob die genannten Voraussetzungen dafür vorhanden sind, das Verfahren gegen den Verurteilten wieder aufzunehmen; eine endgültige Beurteilung der Beweisfrage ist ausgeschlossen. Ob das frühere Urteil tatsächlich durch ein neues zu ersetzen ist, hat erst der Richter im wiederaufgenommenen Verfahren zu entscheiden: BGE 116 IV 356 (vgl. zur früheren Rechtsprechung bezüglich der Voraussetzungen BGE 92 IV 179, 101 IV 249, 317).

Verfahren nach bewilligter Wiederaufnahme: Das StGB stellt keine Vorschriften darüber auf, nach welchen prozessualen Grundsätzen das neue Sachurteil auszufällen sei: BGE 86 IV 79 (das Bundesrecht steht einer Berücksichtigung *nach* dem früheren Urteil eingetretener persönlicher Umstände bei der Strafzumessung nicht entgegen). Umfang der Wiederholung des Verfahrens nach zürcherischem Prozessrecht: ZR 75 (1976) Nr. 98. – *Materieller Entscheid nach gewährter Revision:* Der damit befasste Richter hat auf der Grundlage des aktuellen Standes der Tatsachen zu entscheiden und nicht, wie im Beschwerdeverfahren, auf der Basis des dem angefochtenen Urteil zugrunde liegenden Sachverhalts: BGE 107 IV 135. – Im wiederaufgenommenen Verfahren lebt die Verfolgungsverjährung nicht wieder auf; die Vollstreckungsverjährung läuft auch dann weiter, wenn das frühere Urteil bereits im Bewilligungsverfahren aufgehoben wurde: BGE 85 IV 169 und Pr 78 (1989) Nr. 45.

Neunter Titel: Präventionsmassnahmen, ergänzende Bestimmungen und allgemeine Übergangsbestimmungen

Art. 386   1. Präventionsmassnahmen

¹ Der Bund kann Aufklärungs-, Erziehungs- und weitere Massnahmen ergreifen, die darauf hinzielen, Straftaten zu verhindern und der Kriminalität vorzubeugen.

² Er kann Projekte unterstützen, die das unter Absatz 1 erwähnte Ziel haben.

³ Er kann sich an Organisationen beteiligen, welche Massnahmen im Sinne von Absatz 1 durchführen oder derartige Organisationen schaffen und unterstützen.

⁴ Der Bundesrat regelt Inhalt, Ziele und Art der Präventionsmassnahmen.

Bisheriges Recht: Diese Norm wurde ins StGB neu aufgenommen.

Art. 386, Bestandteil der Änderung des Schweizerischen Strafgesetzbuchs vom 13. Dezember 2002, wurde mit der bundesrätlichen Verordnung vom 2. Dezember 2005 über die vorzeitige Inkraftsetzung von Art. 386 der Änderung vom 13. Dezember 2002 des Strafgesetzbuches vorzeitig bereits per 1. Januar 2006 in Kraft gesetzt (Vgl. BBl 2005, 5723).

Art. 387   2. Ergänzende Bestimmungen des Bundesrates

¹ Der Bundesrat ist befugt, nach Anhörung der Kantone Bestimmungen zu erlassen über:

Drittes Buch: Einführung und Anwendung des Gesetzes **Art. 387**

a. den Vollzug von Gesamtstrafen, Zusatzstrafen und mehreren gleichzeitig vollziehbaren Einzelstrafen und Massnahmen;
b. die Übernahme des Vollzugs von Strafen und Massnahmen durch einen anderen Kanton;
c. den Vollzug von Strafen und Massnahmen an kranken, gebrechlichen und betagten Personen;
d. den Vollzug von Strafen und Massnahmen an Frauen nach Artikel 80;
e. das Arbeitsentgelt des Gefangenen nach Artikel 83.

2 Der Bundesrat kann über die Trennung der Anstalten des Kantons Tessin auf Antrag der zuständigen kantonalen Behörde besondere Bestimmungen aufstellen.

3 Der Bundesrat kann vorsehen, dass aus dem Strafregister entfernte Daten zum Zweck der Forschung weiterhin aufbewahrt werden können; dabei ist der Persönlichkeitsschutz zu wahren und sind die Grundsätze des Datenschutzes einzuhalten.

4 Der Bundesrat kann versuchsweise und für beschränkte Zeit:
a. neue Strafen und Massnahmen sowie neue Vollzugsformen einführen oder gestatten und den Anwendungsbereich bestehender Sanktionen und Vollzugsformen ändern;
b. einführen oder gestatten, dass der Vollzug von Freiheitsstrafen an privat geführte Anstalten, die den Anforderungen dieses Gesetzes betreffend den Vollzug der Strafen (Art. 74–85, 91 und 92) genügen, übertragen wird. Diese Anstalten unterstehen der Aufsicht der Kantone.

5 Die kantonalen Ausführungsbestimmungen für die Erprobung neuer Sanktionen und Vollzugsformen und den privat geführten Strafvollzug (Abs. 4) bedürfen zu ihrer Gültigkeit der Genehmigung des Bundes.

Bisheriges Recht: Ein Teil der in StGB alt Art. 397bis angeführten bundesrätlichen Kompetenzen wurde ersatzlos gestrichen, weil sie durch entsprechende Bestimmungen im AT StGB oder im Dritten Buch des StGB selbst geregelt wurden (Botschaft, BBl 1999, 2179). Ein anderer Teil wurde in StGB Art. 387 übernommen. Diese Norm wurde in den Abs. 3–5 schliesslich ergänzt.

Art. 387 Abs. 3 erteilt dem Bundesrat die Kompetenz vorzusehen, dass auch nach Entfernung des Strafregistereintrags gem. StGB Art. 369 die entsprechenden Daten zum Zwecke der Forschung weiterhin aufbewahrt werden können. Der Persönlichkeitsschutz wird dabei gewahrt, indem die Daten durch technische Verfahren anonymisiert und von andern Daten getrennt aufbewahrt werden (Botschaft, BBl 1999, 2182).

Abs. 4: Die hier angeführten Versuche sind nicht auf die bestehenden Vollzugsformen beschränkt, sondern können auch auf weitere ausgedehnt werden (Botschaft, BBl 1999, 2182). Diese Versuche bzw. die entsprechenden kantonalen Ausführungsbestimmungen bedürfen der bundesrätlichen Genehmigung (StGB Art. 387 Abs. 5).

Art. 388 3. Allgemeine Übergangsbestimmungen.
Vollzug früherer Urteile

¹ Urteile, die in Anwendung des bisherigen Rechts ausgesprochen worden sind, werden nach bisherigem Recht vollzogen. Vorbehalten sind die Ausnahmen nach den Absätzen 2 und 3.

² Bedroht das neue Recht die Tat, für welche nach bisherigem Recht eine Verurteilung erfolgt ist, nicht mit Strafe, so wird die ausgesprochene Strafe oder Massnahme nicht mehr vollzogen.

³ Die Bestimmungen des neuen Rechts über das Vollzugsregime von Strafen und Massnahmen sowie über die Rechte und Pflichten des Gefangenen sind auch auf Täter anwendbar, die nach bisherigem Recht verurteilt worden sind.

Bisheriges Recht: Diese Norm regelt den Vollzug der nach altem Recht ausgefällten Urteile teilweise in Anlehnung an StGB alt Art. 336.

Art. 388 Abs. 1: Aufgrund dieser Bestimmung werden Urteile nach altem Recht auch nach diesem vollzogen. Das gilt namentlich auch für Freiheitsstrafen von weniger als sechs Monaten Dauer, welche nach neuem Recht nur noch ausnahmsweise ausgesprochen werden können.

Abs. 2 findet nur dann Anwendung, wenn auf den in Frage stehenden Sachverhalt im neuen Recht gar kein (anderer) Straftatbestand anwendbar ist (Botschaft, BBl 1999, 2183).

Art. 389 Verjährung

¹ Bestimmt es das Gesetz nicht anders, so sind die Bestimmungen des neuen Rechts über die Verfolgungs- und die Vollstreckungsverjährung, wenn sie milder sind als das bisherige Recht, auch auf die Täter anwendbar, die vor Inkrafttreten dieses Gesetzes eine Tat verübt haben oder beurteilt wurden.

² Der vor Inkrafttreten des neuen Rechts abgelaufene Zeitraum wird angerechnet.

Bisheriges Recht: Die Norm entspricht inhaltlich StGB alt Art. 337.

Art. 389: Vgl. StGB Art. 97 ff. Der Grundsatz der «lex mitior» gilt auch in Bezug auf die Verjährung: BGE 129 IV 51. – Die Verjährungsvorschriften des StGB finden auch Anwendung auf das Verwaltungsstrafrecht (VStrR Art. 2): BGE 105 IV 8. – Ausnahmen vom Grundsatz der «lex mitior» im Verjährungsrecht sind zulässig: Vgl. StGB Art. 97 Abs. 4 und 99 Abs. 3.

Art. 390 Antragsdelikte

¹ Bei Taten, die nur auf Antrag strafbar sind, berechnet sich die Frist zur Antragstellung nach dem Gesetz, das zur Zeit der Tat galt.

² Erfordert das neue Recht für eine Tat, die nach dem bisherigen Recht von Amtes wegen zu verfolgen war, einen Strafantrag, so beginnt die Frist zur Stellung des An-

trags mit Inkrafttreten des neuen Rechts. War die Verfolgung bereits eingeleitet, so wird sie nur auf Antrag fortgeführt.

³ Erfordert das neue Recht für eine Tat, die nach dem bisherigen Recht nur auf Antrag strafbar war, die Verfolgung von Amtes wegen, so wird die vor Inkrafttreten des neuen Rechts begangene Tat nur auf Antrag bestraft.

Bisheriges Recht: Die Norm entspricht inhaltlich StGB alt Art. 339.

Art. 390 Abs. 1 bezieht sich auf allfällige künftige Änderungen der Antragsfrist gem. StGB Art. 31.

Abs. 2: Erfordert das alte Recht keinen Strafantrag, das neue indessen schon, bedarf es für das nach dem bisherigen Recht von Amtes wegen zu verfolgende Delikt eines Strafantrages, dessen Frist mit Inkrafttreten des neuen Rechts beginnt.

Abs. 3 regelt die im Vergleich zu StGB Art. 390 Abs. 2 umgekehrte Konstellation, in welcher ein Strafantrag im alten Recht, nicht mehr aber vom neuen verlangt wird. Diesfalls bleibt für die vor Inkrafttreten des neuen Rechts begangene Tat ein Strafantrag (weiterhin) erforderlich.

Art. 391   4. Kantonale Einführungsbestimmungen

Die Kantone teilen dem Bund die nötigen Einführungsbestimmungen zum Schweizerischen Strafgesetzbuch mit.

Bisheriges Recht: Die Norm lehnt sich an StGB alt Art. 401 Abs. 2 an, sieht jedoch keinen Genehmigungsvorbehalt mehr für kantonale Einführungsbestimmungen zum StGB vor.

Art. 391 verpflichtet die Kantone, ihre Einführungsbestimmungen zum StGB dem Bund mitzuteilen. Eine bundesrätliche Genehmigungspflicht besteht nicht. Eine solche besteht im StGB bloss noch für Versuche mit vom StGB abweichenden Sanktionen und Vollzugsformen sowie mit privat geführten Anstalten (vgl. StGB Art. 387 Abs. 4).

Art. 392   5. Inkrafttreten dieses Gesetzes

Dieses Gesetz tritt am 1. Januar 1942 in Kraft.

Bisheriges Recht: Diese Norm entspricht wörtlich StGB alt Art. 401 Abs. 1.

Schlussbestimmungen der Änderung vom 18. März 1971

Aufgehoben.

Schlussbestimmungen der Änderung vom 13. Dezember 2002

1. Vollzug von Strafen

[1] Artikel 46 ist auf den Widerruf des bedingten Strafvollzugs, der nach bisherigem Recht angeordnet wurde, anwendbar. Das Gericht kann an Stelle der Freiheitsstrafe eine Geldstrafe (Art. 34–36) oder gemeinnützige Arbeit (Art. 37–39) anordnen.

[2] Die nach bisherigem Recht ausgesprochenen Nebenstrafen Amtsunfähigkeit (alt-Art. 51), Entziehung der elterlichen Gewalt und der Vormundschaft (alt-Art. 53), Landesverweisung auf Grund eines Strafurteils (alt-Art. 55), Wirtshausverbot (alt-Art. 56) sind mit Inkrafttreten des neuen Rechts aufgehoben.

[3] Die Bestimmungen des neuen Rechts über den Vollzug von Freiheitsstrafen (Art. 74–85, 91 und 92) sowie über die Bewährungshilfe, die Weisungen und die freiwillige soziale Betreuung (Art. 93–96) sind auch auf die Täter anwendbar, die nach bisherigem Recht verurteilt worden sind.

2. Anordnung und Vollzug von Massnahmen

[1] Die Bestimmungen des neuen Rechts über die Massnahmen (Art. 56–65) und über den Massnahmenvollzug (Art. 90) sind auch auf die Täter anwendbar, die vor deren Inkrafttreten eine Tat begangen haben oder beurteilt worden sind. Jedoch gilt:

a. Die nachträgliche Anordnung der Verwahrung nach Artikel 65 Absatz 2 ist nur zulässig, wenn die Verwahrung auch gestützt auf Artikel 42 oder 43 Ziffer 1 Absatz 2 des bisherigen Rechts möglich gewesen wäre.

b. Die Einweisung junger Erwachsener in eine Arbeitserziehungsanstalt (Art. 100bis in der Fassung vom 18. März 1971) und eine Massnahme für junge Erwachsene (Art. 61) dürfen nicht länger als vier Jahre dauern.

[2] Bis spätestens 12 Monate nach Inkrafttreten des neuen Rechts überprüft das Gericht, ob bei Personen, die nach den Artikeln 42 oder 43 Ziffer 1 Absatz 2 des bisherigen Rechts verwahrt sind, die Voraussetzungen für eine therapeutische Massnahme (Art. 59–61 oder 63) erfüllt sind. Trifft dies zu, so ordnet das Gericht die entsprechende Massnahme an; andernfalls wird die Verwahrung nach neuem Recht weitergeführt.

3. Strafregister

[1] Die Bestimmungen des neuen Rechts über das Strafregister (Art. 365–371) sind auch auf Urteile anwendbar, die auf Grund des bisherigen Rechts ergangen sind.

[2] Bis spätestens 6 Monate nach Inkrafttreten des neuen Rechts entfernt die zuständige Behörde von Amtes wegen Eintragungen betreffend:

a. Erziehungsmassnahmen (Art. 91 in der Fassung vom 18. März 1971), ausgenommen diejenigen, die gestützt auf Artikel 91 Ziffer 2 in der Fassung vom 18. März 1971 angeordnet wurden;
b. besondere Behandlung (Art. 92 in der Fassung vom 18. März 1971);
c. die Verpflichtung zu einer Arbeitsleistung (Art. 95 in der Fassung vom 18. März 1971).

³ Nach bisherigem Recht gelöschte Eintragungen erscheinen nicht mehr im Strafregisterauszug für Privatpersonen.

4. Einrichtungen für den Massnahmenvollzug

Die Kantone errichten bis spätestens 10 Jahre nach Inkrafttreten dieser Änderungen Einrichtungen für den Vollzug der Massnahmen nach den Artikeln 59 Absatz 3 sowie 64 Absatz 3.

Weitere Erlasse

Nr. 2 Verordnung zum Strafgesetzbuch und zum Militärstrafgesetz (V-StGB-MStG)

Vom 29. September 2006 (Stand am 1.1.2007, soweit zum Zeitpunkt der Drucklegung bekannt)

Der Schweizerische Bundesrat,

gestützt auf Artikel 387 Absatz 1 Buchstaben a, b und e des Strafgesetzbuches (StGB) und auf Artikel 34b Absatz 1 und Artikel 47 des Militärstrafgesetzes vom 13. Juni 1927 (MStG),

verordnet:

1. Abschnitt: Gegenstand

Art. 1

Diese Verordnung regelt:

a. die Zuständigkeit zum Vollzug und die Kostentragung bei Gesamtstrafen, bei Widerruf bedingter Strafen und bei Rückversetzung;
b. das Zusammentreffen mehrerer Sanktionen nach dem StGB;
c. das Zusammentreffen von Sanktionen aus verschiedenen Kantonen im Vollzug;
d. Massnahmen bei Anordnung von Fahrverboten sowie Höhe und Verwendung des Arbeitsentgelts Gefangener;
e. die sinngemässe Anwendung der Bestimmungen dieser Verordnung auf den Vollzug von Urteilen der Militärgerichte oder des Bundesstrafgerichtes.

2. Abschnitt: Gesamtstrafen, Widerruf bedingter Strafen und Rückversetzung: Zuständigkeit zum Vollzug und Kostentragung

Art. 2 Gesamtstrafen

[1] Gesamtstrafen nach den Artikeln 46 Absatz 1, 62a Absatz 2 und 89 Absatz 6 StGB werden vom Kanton vollzogen, dessen Gericht die Gesamtstrafe angeordnet hat.

[2] Der für den Vollzug zuständige Kanton trägt die Vollzugskosten. Die Mittel aus den Geldstrafen fallen ihm zu.

Art. 3 Widerruf bedingter Strafen und Rückversetzung

¹ Wird der bedingte Vollzug einer Strafe (Geldstrafe, gemeinnützige Arbeit oder Freiheitsstrafe) widerrufen, ohne dass eine Gesamtstrafe nach Artikel 46 Absatz 1 StGB gebildet wird, so ist der Kanton für den Vollzug der Strafe zuständig, dessen Gericht diese Strafe angeordnet hat.

² Wird die Rückversetzung einer bedingt entlassenen Person in den Strafvollzug angeordnet, ohne dass eine Gesamtstrafe nach Artikel 89 Absatz 6 StGB gebildet wird, so ist der Kanton für den Vollzug der Reststrafe zuständig, der die Freiheitsstrafe bis zur bedingten Entlassung vollzogen hat.

³ Wird der Vollzug einer Freiheitsstrafe angeordnet, die zugunsten einer Massnahme aufgeschoben wurde, ohne dass eine Gesamtstrafe nach Artikel 62a Absatz 2 StGB gebildet wird, so ist der Kanton für den Vollzug der Reststrafe zuständig, dessen Gericht die Freiheitsstrafe verhängt hat.

⁴ Die Vollzugskosten werden anteilsmässig auf die beteiligten Kantone verteilt.

3. Abschnitt: Zusammentreffen mehrerer Sanktionen im Vollzug

Art. 4 Gleichzeitig vollziehbare Freiheitsstrafen

Treffen Freiheitsstrafen im Vollzug zusammen, so sind sie gemeinsam entsprechend ihrer Gesamtdauer nach den Artikeln 76–79 StGB zu vollziehen.

Art. 5 Bedingte Entlassung bei gleichzeitig vollziehbaren Freiheitsstrafen

¹ Bei gleichzeitig vollziehbaren zeitlich beschränkten Freiheitsstrafen berechnet sich der früheste Zeitpunkt der bedingten Entlassung auf Grund der Gesamtdauer der Freiheitsstrafen.

² Trifft eine lebenslängliche Freiheitsstrafe mit zeitlich beschränkten Freiheitsstrafen im Vollzug zusammen, so sind zur Berechnung des frühesten Zeitpunktes der bedingten Entlassung im Sinne von Artikel 86 Absatz 5 StGB 15 beziehungsweise 10 Jahre zu den zwei Dritteln beziehungsweise zur Hälfte der Gesamtdauer der gemeinsam zu vollziehenden zeitlich beschränkten Freiheitsstrafen hinzuzuzählen.

³ Bei der Berechnung nach den Absätzen 1 und 2 werden Reststrafen wegen Widerrufs der bedingten Entlassung mitgerechnet. Nicht mitgerechnet werden die unbedingt zu vollziehenden Teile von teilbedingten Freiheitsstrafen.

Art. 6 Gleichzeitig vollziehbare therapeutische Massnahmen

¹ Treffen gleiche therapeutische Massnahmen nach den Artikeln 59 - 61 und 63 StGB im Vollzug zusammen, so gehen sie ineinander auf und werden wie eine einzige Massnahme vollzogen.

² Treffen ungleiche therapeutische Massnahmen nach den Artikeln 59 - 61 und 63 StGB im Vollzug zusammen, so vollzieht die zuständige Behörde die dringlichste oder zweckmässigste Massnahme und schiebt den Vollzug der andern auf; sind mehrere der zusammentreffenden Massnahmen in gleicher Weise dringlich oder zweckmässig, so ordnet die zuständige Behörde den gleichzeitigen Vollzug an, wenn dafür eine geeignete Einrichtung zur Verfügung steht.

³ Erscheinen aufgeschobene Massnahmen im Verlaufe des Vollzuges nach Absatz 2 als ebenso dringlich oder zweckmässig oder als dringlicher oder zweckmässiger, so ordnet die zuständige Behörde deren Vollzug neben oder an Stelle der bisher vollzogenen Massnahmen an.

⁴ Für die Beendigung der vollzogenen und den Vollzug der aufgeschobenen Massnahmen sind die Artikel 62–62d und 63a–63b StGB sinngemäss anwendbar. Bei Anwendung von Artikel 62c Absätze 3, 4 und 6 und Artikel 63b Absätze 4 und 5 StGB entscheidet das Gericht, das die vollzogene Massnahme angeordnet hat.

Art. 7 Gleichzeitig vollziehbare therapeutische Massnahmen und Verwahrung nach Artikel 64 Absatz 1 StGB

¹ Treffen therapeutische Massnahmen nach den Artikeln 59–61 und 63 StGB mit einer Verwahrung nach Artikel 64 Absatz 1 StGB im Vollzug zusammen, so vollzieht die zuständige Behörde die Verwahrung und schiebt den Vollzug der andern Massnahmen auf. Der Vollzug der Verwahrung richtet sich nach den Artikeln 64–65 StGB.

² Ob und wie weit die aufgeschobenen therapeutischen Massnahmen später noch vollzogen werden, entscheidet im Sinne von Artikel 65 Absatz 1 StGB das Gericht, das die Verwahrung angeordnet hat.

³ Mit der Aufhebung der Verwahrung wegen Bewährung nach Artikel 64a Absatz 5 StGB werden gleichzeitig die nach Absatz 1 aufgeschobenen therapeutischen Massnahmen aufgehoben.

Art. 8 Gleichzeitig vollziehbare Verwahrungen nach Artikel 64 Absatz 1 StGB

¹ Treffen mehrere Verwahrungen nach Artikel 64 Absatz 1 StGB im Vollzug zusammen, so gehen sie ineinander auf und werden wie eine einzige Verwahrung vollzogen.

² Der Verwahrung voraus geht der Vollzug der gleichzeitig mit den Verwahrungen ausgesprochenen Freiheitsstrafen.

³ Artikel 64 Absätze 2 und 3 StGB ist sinngemäss anwendbar. Der früheste Zeitpunkt der bedingten Entlassung nach Artikel 64 Absatz 3 StGB berechnet sich auf Grund der Gesamtdauer aller Freiheitsstrafen.

Art. 9   Gleichzeitig vollziehbare stationäre Massnahmen und Freiheitsstrafen

¹ Treffen stationäre therapeutische Massnahmen nach den Artikeln 59–61 StGB mit Freiheitsstrafen im Vollzug zusammen, so geht der Vollzug der Massnahmen dem Vollzug der Freiheitsstrafen voraus. Die zuständige Behörde schiebt sowohl die gleichzeitig mit den Massnahmen ausgesprochenen als auch die mit den Massnahmen zusammentreffenden Freiheitsstrafen auf. Für die Beendigung der Massnahmen und den Vollzug der aufgeschobenen Freiheitsstrafen sind die Artikel 62–62d StGB sinngemäss anwendbar. Bei Anwendung von Artikel 62c Absätze 3, 4 und 6 StGB entscheidet das Gericht, das die vollzogene Massnahme angeordnet hat.

² Trifft eine Verwahrung nach Artikel 64 Absatz 1 StGB mit Freiheitsstrafen im Vollzug zusammen, so geht der Vollzug der Freiheitsstrafen der Verwahrung voraus.

Art. 10   Gleichzeitig vollziehbare ambulante Massnahmen und Freiheitsstrafen

¹ Treffen ambulante Massnahmen nach Artikel 63 StGB mit Freiheitsstrafen im Vollzug zusammen, so vollzieht die zuständige Behörde:
a. die ambulanten Massnahmen und Freiheitsstrafen gleichzeitig; oder
b. die dringlichste oder zweckmässigste Massnahme oder Freiheitsstrafe und schiebt den Vollzug der andern Sanktionen auf.

² Ob und wie weit die nach Absatz 1 Buchstabe b aufgeschobenen Massnahmen oder Freiheitsstrafen später noch vollstreckt werden sollen, entscheidet das Gericht, das die vollzogene Massnahme oder Freiheitsstrafe angeordnet hat.

Art. 11   Gleichzeitig vollziehbare gemeinnützige Arbeiten

¹ Treffen gemeinnützige Arbeiten im Vollzug zusammen, so sind sie gemeinsam zu vollziehen. Die Vollzugsbehörde kann die Fristen nach Artikel 38 oder 107 Absatz 2 StGB angemessen verlängern, wenn insgesamt mehr als 720 beziehungsweise 360 Stunden gemeinnützige Arbeit zu leisten sind.

² Über die nachträgliche Umwandlung der gemeinnützigen Arbeit in Geld- oder Freiheitsstrafe nach Artikel 39 StGB oder die Vollstreckung der Busse nach Artikel 107 Absatz 3 StGB entscheidet das Gericht, das die zuerst rechtskräftig gewordene gemeinnützige Arbeit angeordnet hat.

Art. 12 Gleichzeitig vollziehbare gemeinnützige Arbeit und freiheitsentziehende Sanktionen

¹ Treffen gemeinnützige Arbeiten mit Freiheitsstrafen im Vollzug zusammen, so vollzieht die zuständige Behörde zuerst die dringlichste oder zweckmässigste Strafe.

² Treffen gemeinnützige Arbeiten mit stationären Massnahmen nach den Artikeln 59–61 StGB allein oder mit solchen Massnahmen und Freiheitsstrafen im Vollzug zusammen, so geht der Vollzug der Massnahmen dem Vollzug der Strafen voraus. Artikel 9 Absatz 1 ist sinngemäss anwendbar.

4. Abschnitt: Zusammentreffen von Sanktionen aus verschiedenen Kantonen im Vollzug

Art. 13 Verständigung der beteiligten Kantone

Wurden die im Vollzug zusammentreffenden Sanktionen durch Urteile verschiedener Kantone angeordnet, so verständigen sich die zuständigen Behörden der Urteilskantone, wenn zu entscheiden ist über:
a. den Vollzug der dringlichsten oder zweckmässigsten Sanktionen;
b. den gleichzeitigen Vollzug von Sanktionen.

Art. 14 Zuständigkeit

Vereinbaren die beteiligten Kantone betreffend die Zuständigkeit für den Vollzug nichts anderes, so ist zuständig:
a. für den gemeinsamen Vollzug zusammentreffender Freiheitsstrafen (Art. 4): der Kanton, dessen Gericht die längste Einzelstrafe oder Gesamtstrafe (Art. 46 Abs. 1, 62a Abs. 2 und 89 Abs. 6 StGB) verhängt hat;
b. für den Vollzug von gleichen Massnahmen (Art. 6 Abs. 1 und Art. 8), den gleichzeitigen Vollzug von ungleichen therapeutischen Massnahmen (Art. 6 Abs. 2) oder von ambulanten Massnahmen und Freiheitsstrafen (Art. 10 Abs. 1 Bst. a) oder den gemeinsamen Vollzug von gemeinnützigen Arbeiten (Art. 11): der Kanton, in welchem das zuerst rechtskräftig gewordene Urteil gefällt wurde;
c. beim Zusammentreffen von gemeinnützigen Arbeiten mit Freiheitsstrafen (Art. 12 Abs. 1): der Kanton, dessen Gericht die als erste zum Vollzug gelangende Sanktion verhängt hat;
d. in den Fällen von Artikel 6 Absatz 3: der Kanton, der für den Vollzug nach Artikel 6 Absatz 2 zuständig ist;
e. in den übrigen Fällen (Art. 6 Abs. 2, 7, 9, 10 Abs. 1 Bst. b): der Kanton, dessen Gericht die zum Vollzug gelangenden Sanktionen verhängt hat.

Art. 15 Verfügungskompetenzen des zuständigen Kantons

Dem Kanton, der den gemeinsamen Vollzug von Sanktionen übernommen hat, stehen die den Vollzug betreffenden Verfügungskompetenzen auch in Bezug auf die Sanktionen aus den andern Kantonen zu.

Art. 16 Kostentragung

¹ Die Kosten des Vollzuges von Massnahmen trägt der Kanton, der auf Grund dieser Verordnung oder einer Vereinbarung für den Vollzug zuständig ist.

² Die Kosten des Vollzuges von Strafen werden anteilsmässig auf die beteiligten Kantone verteilt.

³ Die Kosten des gemeinsamen Verwahrungsvollzuges tragen die beteiligten Kantone zu gleichen Teilen.

Art. 17 Einnahmen aus Geldstrafen und Bussen

Kommt beim gemeinsamen Vollzug gemeinnütziger Arbeiten Artikel 11 Absatz 2 zur Anwendung, so werden die Einnahmen aus den Geldstrafen oder Bussen anteilsmässig auf die beteiligten Kantone verteilt.

5. Abschnitt: Fahrverbot und Arbeitsentgelt

Art. 18 Fahrverbot

¹ Das Gericht meldet das von ihm nach Artikel 67b StGB angeordnete Fahrverbot nach dem Eintritt der Rechtskraft des Urteils umgehend der nach Artikel 4 Absatz 1 der Verordnung vom 23. August 2000 über das Fahrberechtigungsregister zuständigen Behörde.

² Die zuständige Behörde:

a. bestimmt das Datum, an welchem das Fahrverbot wirksam wird;
b. teilt es der verurteilten Person mit und fordert sie auf, ihren Lernfahr- oder ihren Führerausweis einzureichen;
c. trägt das Fahrverbot in das Fahrberechtigungsregister ein.

Art. 19 Arbeitsentgelt

Die Höhe des Arbeitsentgelts nach Artikel 83 StGB und dessen Verwendung durch die gefangene Person werden von den Kantonen festgelegt.

6. Abschnitt: Vollzug von Urteilen der Militärgerichte und des Bundesstrafgerichts

Art. 20

¹ Diese Verordnung ist sinngemäss anwendbar auf den Vollzug von Sanktionen, die angeordnet werden durch Urteile:

a. der Militärgerichte;
b. des Bundesstrafgerichtes.

² Kommen Bestimmungen des 2. oder des 4. Abschnitts zur Anwendung, so gelten die vom Militärgericht oder vom Bundesstrafgericht angeordneten Sanktionen als vom Gericht des Kantons angeordnet, der nach Artikel 212 des Militärstrafprozesses vom 23. März 1979 beziehungsweise nach Artikel 241 des Bundesgesetzes vom 15. Juni 1934 über die Bundesstrafrechtspflege für ihren Vollzug zuständig ist. Die Militärgerichte beziehungsweise das Bundesstrafgericht bleiben jedoch zuständig für Entscheide nach den Artikeln 6 Absatz 4 zweiter Satz, 7 Absatz 2, 9 Absatz 1 letzter Satz, 10 Absatz 2 und 11 Absatz 2.

³ Besondere Regelungen in andern Bundeserlassen über die Entschädigung der Kantone für diesen Vollzug bleiben vorbehalten.

7. Abschnitt: Schlussbestimmungen

Art. 21 Aufhebung bisherigen Rechts

Folgende Verordnungen werden aufgehoben:

1. Verordnung (1) vom 13. November 1973 zum Schweizerischen Strafgesetzbuch;
2. Verordnung (2) vom 6. Dezember 1982 zum Schweizerischen Strafgesetzbuch;
3. Verordnung (3) vom 16. Dezember 1985 zum Schweizerischen Strafgesetzbuch.

Art. 22 Inkrafttreten

Diese Verordnung tritt am 1. Januar 2007 in Kraft.

Im Namen des Schweizerischen Bundesrates

Der Bundespräsident: Moritz Leuenberger

Die Bundeskanzlerin: Annemarie Huber-Hotz

Nr. 3 — Auszug aus dem Strassenverkehrsgesetz (SVG)

vom 19. Dezember 1958
SR 741.01

V. Titel: Strafbestimmungen

Art. 90 Verletzung der Verkehrsregeln

1. Wer Verkehrsregeln dieses Gesetzes oder der Vollziehungsvorschriften des Bundesrates verletzt, wird mit Busse bestraft.

2. Wer durch grobe Verletzung der Verkehrsregeln eine ernstliche Gefahr für die Sicherheit anderer hervorruft oder in Kauf nimmt, wird mit Freiheitsstrafe bis zu drei Jahren oder Geldstrafe bestraft.

3. Artikel 237 Ziffer 2 des Strafgesetzbuches findet in diesen Fällen keine Anwendung.

Art. 90: *a) Räumlicher Geltungsbereich:* Die Bestimmung gilt auf den öffentlichen Strassen des Staatsgebietes der Schweiz (SVG Art. 1 Abs. 1). StGB Art. 3 und 8 sind auch für das SVG und dessen Ausführungserlasse anwendbar (SVG Art. 102 Abs. 1, StGB Art. 333 Abs. 1). Auf dem Gebiet der Schweiz gilt das schweizerische Strassenverkehrsgesetz auch für Ausländer, dessen Kenntnis wird vorausgesetzt: BGE 87 II 310. Zu den Auslandstaten vgl. Bem. zu SVG Art. 101.

b) Sachlicher Geltungsbereich: SVG Art. 90 schützt die Verkehrsordnung als solche, den sicheren und reibungslosen Ablauf der Verkehrsvorgänge auf *öffentlichen Strassen* (SVG Art. 1). – Der Begriff der *Strasse* ist in einem funktionellen Sinn zu verstehen, es handelt sich dabei um die von Motorfahrzeugen, motorlosen Fahrzeugen oder Fussgängern benutzten Verkehrsflächen (VRV Art. 1 Abs. 1; zu den Strassenbahnen SVG Art. 48 und BGE 92 II 359, 96 IV 135, 114 IV 58; zu den fahrzeugähnlichen Geräten VRV Art. 1 Abs. 10 und Art. 50 f.). Eine Verkehrsfläche ist dann *öffentlich*, wenn sie nicht ausschliesslich privatem Gebrauch dient (VRV Art. 1 Abs. 2), sondern einem unbestimmten Personenkreis zur Verfügung steht, selbst wenn die Benutzung nach Art und Zweck eingeschränkt ist: BGE 106 IV 408, 104 IV 108, 101 IV 175, ZBJV 139 (2003) 573, RS 1989 Nr. 516. *Öffentlich* sind: Einstellhalle für Postkunden (BGE 106 IV 405), öffentliche Parkgarage (BJM 1975 153), Parkplatz eines Einkaufszentrums (BGE 100 IV 59 = Pr 63 [1974] Nr. 153, ZR 73 [1974] Nr. 76), Parkplatz eines Restaurants (SJZ 58 [1962] 310), Parkplätze auf öffentlichen Strassen im Gebiet von Verwaltungsgebäuden (BGE 98 IV 263 Erw. 6), Vorplätze von Häusern, welche Anwohnern und Dritten als Parkierungsflächen dienen (BGer vom 26.9.2003, 6P.104/2003 Erw. 3), Vorplatz einer Fabrik (BGE 104 IV 105), Bus-Wendeschleife (BGE 107 IV 57), Trottoirs (BGE 95 IV 155 Erw. 2, 109 IV 131 = Pr 72 [1983] Nr. 219, BGE 112 IV 39, SJZ 86 [1990] 87), Waldwege, die nur Fussgängern und Reitern offen stehen (BGE 106 Ia 85), Skipisten, Schlittel- und Wanderwege, wenn Motorfahrzeuge auf solchen Flächen benutzt werden (BGE 101 Ia 573, RS 1993 Nr. 424). *Nicht öffentlich* sind Verkehrsflächen, deren Benutzung auf einer besonderen Berechtigung beruht und die von der öffentlichen Strasse deutlich (Benutzungsverbot, Abschrankung) getrennt sind. Privater Vorplatz, der auch dann nicht zum öffentlichen Verkehrsweg wird, wenn Dritte ihn unbefugt benutzen: BGE 92 IV 11, 101 IV 176. Privatweg, der nur von Anwohnern befahren werden darf: RS 1971 Nr. 54, PKG 2002 Nr. 28. Vorgelände eines Verwaltungsgebäudes, das dem allgemeinen Verkehr nicht zugänglich ist: RS 1979 Nr. 851. Nur mit schriftlicher Spezialbewilligung befahrbare Strasse: BGer vom 21.3.2006, 6S.411/2005 Erw. 2. Nicht öffentliche Verkehrsflächen sind dem Geltungsbereich der Verkehrsregeln grundsätzlich entzogen (allenfalls analoge Anwendung: BGE 92 IV 12 Erw. 4, 115 IV 47).

c) Persönlicher Geltungsbereich: Als «wer» gilt jeder Benützer von für Motorfahrzeuge und Fahrräder offenen Strassen (SVG Art. 1 Abs. 2). Motorfahrzeugführer (auch des geschleppten Fahrzeuges: RS 1971 Nr. 50), Motorradfahrer, Motorfahrradfahrer, Radfahrer, Mitfahrer, Hilfspersonen des Fahrers (VRV Art. 17 Abs. 1; fahrlässige Tötung beim Rückwärtsmanövrieren eines Lastwagens: SJZ 69 [1973] 58), Führer von Eisenbahnfahrzeugen auf Strassen (Wechsel der Fahrbahnseite: BGE 96 IV 135 f.), Führer von landwirtschaftlichen Fahrzeugen, Tierfuhrwerken und Handwagen, Fussgänger (Angetrunkenheit: SJZ 66 [1970] 206), Landwirte (SVG Art. 50 Abs. 2), Viehtreiber (SVG Art. 50 Abs. 3 und 4), Benutzer von fahrzeugähnlichen Geräten (VRV Art. 1 Abs. 10; z.B. Rollski: BGE 105 IV 257), Führer von Invalidenfahrstühlen, Führer von Kinderwagen (VRV Art. 48 Abs. 1), vorschulpflichtige Kinder (VRV Art. 50 Abs. 3), Ski- und Schlittenfahrer (VRV Art. 48 Abs. 1bis). Personen, denen *diplomatische bzw. konsularische Privilegien und Immunitäten* zukommen, haben das schweizerische Strassenverkehrsrecht zu beachten, geniessen jedoch Immunität hinsichtlich der Straf-, Zivil- und Verwaltungsgerichtsbarkeit (Wiener Übereinkommen über diplomatische Beziehungen vom 18.4.1961 [SR 0.191.01], Wiener Übereinkommen über konsularische Beziehungen vom 24.4.1963 [SR 0.191.02], Sitzabkommen, geschlossen durch den Bundesrat mit den internationalen Organisationen, die ihren Haupt- oder Zweitsitz in der Schweiz haben). Den Polizeiorganen werden aber gewisse Kontrollmöglichkeiten zugestanden (SVG Art. 106 Abs. 6 i.V. mit VZV Art. 134). – Die Begriffe des Halters (VZV Art. 78 Abs. 1) und des Fahrzeugführers sind auseinander zu halten. Keine strafrechtliche Verantwortlichkeit des Halters für Verstösse gegen Verkehrsregeln, die eine Drittperson mit seinem Fahrzeug begangen hat: BGE 102 IV 256, 105 Ib 114 = Pr 68 (1979) Nr. 191, BGE 106 IV 142, AJP 2006, 501. Die von der (kant.) Gesetzgebung dem Halter auferlegte Pflicht, der Polizei darüber Auskunft zu geben, wer das Fahrzeug geführt und wem er es überlassen hat, ist ausschliesslich strafprozessualer Natur: BGE 107 IV 146, Pr 90 (2001) Nr. 110, 93 (2004) Nr. 62, ZR 78 (1979) Nr. 91.

Ziff. 1: Die Verletzung von Verkehrsregeln des SVG und der Vollziehungsvorschriften ist als solche, um der Verkehrssicherheit willen, unter Strafe gestellt, ohne Rücksicht darauf, ob sie zu einem Unfall führt oder es unter anderen Umständen zu einem solchen gekommen wäre (abstraktes Gefährdungsdelikt: BGE 92 IV 35). Die Vorschrift stellt eine Rahmenstrafdrohung auf: Was wirklich strafbar ist, erschliesst sich erst, wenn sämtliche Verkehrsregeln des SVG und der Ausführungserlasse zu Straftatbeständen umgeformt werden (BGE 100 IV 73 = Pr 63 [1974] Nr. 249; zum Anklagegrundsatz: BGE 126 I 19). Die Verkehrsregelverletzung ist zudem ein schlichtes Tätigkeitsdelikt. Sie ist mit der verpönten Regelwidrigkeit vollendet. Zu den *Verkehrsregeln* zählen sämtliche im III. Titel des Gesetzes (SVG Art. 26-57) enthaltenen Bestimmungen und die dazu gestützt auf SVG Art. 103 Abs. 1 erlassenen Vollziehungsvorschriften (BGE 92 IV 32). Zu den zu beachtenden *Verkehrsregeln* gehört insbesondere auch der in SVG Art. 26 umschriebene *Vertrauensgrundsatz* (BGE 118 IV 280 f., 120 IV 252, 129 IV 285). Diese Grundregel ist Auslegungshilfe für die einzelnen Verkehrsregeln, indem sie die leitenden Gedanken aufzeigt, nach denen sich das Verhalten im Verkehr zu richten hat (BGE 94 IV 141). Zu den Verkehrsregeln gehören weiter die in Verbots- oder Gebotssignalen und Markierungen verkörperten generell abstrakten Anordnungen, soweit sie vorschriftsgemäss angebracht und überdies ohne weite-

V. Titel: Strafbestimmungen Art. 90

res wahrnehmbar sind (BGE 99 IV 166, 100 IV 71 = Pr 63 [1974] Nr. 249, BGE 102 IV 109, 103 IV 190, 113 IV 123 = Pr 77 [1988] Nr. 24, BGE 127 IV 229, 128 IV 184, BGer vom 3.6.2005, 6P.9/2005, vom 24.2.2006, 6S.12/2006, vom 21.3.2006, 6S.411/2005). Als Verkehrsregeln gelten sodann auch die *Weisungen der Polizei* (SVG Art. 27 Abs. 1, SSV Art. 66; BGer vom 28.7.2004, 6P.62/2004) und der in SSV Art. 67 erwähnten Personen (militärischer Einweisposten: RS 1986 Nr. 3). Zu diesen Anordnungen gehören auch solche, die durch Winken, Pfiffe, Zurufe oder Leuchtschrift übermittelt werden (SJZ 75 [1979] 226; nicht aber eine durch Nachrennen konkludente Aufforderung, stehen zu bleiben: BGE 114 IV 158). Die Verkehrsregeln haben nicht nur den bewegten/rollenden Verkehr im Blickfeld, sondern beziehen sich auch auf den *ruhenden Verkehr*, soweit Fahrzeuge auf öffentlichen Strassen und Plätzen abgestellt sind (BGE 89 I 533, 94 IV 28 = Pr 57 [1968] Nr. 128, BGE 100 IV 100, 112 IV 38; Pr 86 [1997] Nr. 58; SJZ 71 [1975] 9). Auch der Lenker, der aus seinem parkierten Fahrzeug aussteigt, hat Verkehrsregeln zu beachten (BGE 118 Ib 524, BGer vom 19.10.2005, 6S.194/2005). – Die Vollziehungsbestimmungen des Bundesrates enthalten auch Verhaltensvorschriften, die nicht als Verkehrsregeln qualifiziert werden können (z.B. VRV Art. 2 Abs. 3 Überlassen des Fahrzeuges an eine nicht fahrfähige Person: BGE 116 IV 71, 117 IV 186; VRV Art. 3a Tragen von Sicherheitsgurten: BGE 116 IV 238). Zu deren Sanktionierung hat der Bundesrat gestützt auf SVG Art. 103 besondere Strafbestimmungen erlassen (vgl. Bem. zu SVG Art. 103 Abs. 1).

Subjektiver Tatbestand: Strafbar ist vorsätzliche wie fahrlässige Begehung (SVG Art. 100 Ziff. 1 Abs. 1). Nach SVG Art. 90 Ziff. 1 soll auch bestraft werden, wer Verkehrsvorschriften in leicht fahrlässiger Weise übertritt, selbst wenn durch sein Verhalten eine objektiv schwere Gefahr geschaffen wurde (SJZ 62 [1966] 7, 63 [1967] 127).

Teilnahme: Strafbar sind Mittäterschaft (dazu ZStrR 119 [2001] 113) und Anstiftung (StGB Art. 24), nicht aber Gehilfenschaft (StGB Art. 105 Abs. 2). Fremdhändige Mittäterschaft des Nicht-Lenkers bei Verursachung absichtlicher Verkehrsunfälle zum Zweck des (arbeitsteiligen) Versicherungsbetruges: BGE 126 IV 84 = Pr 90 (2001) Nr. 19; ZStrR 119 (2001) 121.

Rechtfertigungsgründe: Notstand bejaht: Geschwindigkeitsüberschreitung durch einen Lenker, der nach seiner bettlägerigen Mutter sehen will: RS 1994 Nr. 541; Lenker, der auf der rechten Spur der Autobahn an einem Pannenfahrzeug vorbeifährt, um eine Kollision zu vermeiden: BGE 95 IV 90; Stehen lassen eines abgeschleppten Fahrzeuges auf einem Parkplatz wegen Defekts am Schleppfahrzeug: BGE 106 IV 68; Geschwindigkeitsüberschreitung durch Spezialmonteur, der zur Reparatur eines den Verkehr blockierenden Gleises aufgeboten wird: SJZ 87 (1991) 398. – Notstand verneint: Missachtung eines Parkverbots, um einen Flug nicht zu verpassen: SJZ 65 (1969) 196; Missachtung eines Signals zwecks Transportes schwerer Ware in Zeitnot: ZBJV 123 (1987) 449; Missachtung eines Halteverbotes für Toilettenbesuch: ZR 100 (2001) Nr. 111; Geschwindigkeitsüberschreitung durch Lenker, der sich vom nachfahrenden neutralen Polizeifahrzeug verfolgt fühlt (BGer vom 11.7.2003, 6A.28/2003) bzw. durch Lenkerin, die eine sehr wertvolle Uhr mit sich führt und sich von einem anderen Wagen verfolgt fühlt (BGer in Sem 117 [1995] 737); Geschwindigkeitsüberschreitung, um beim Wechsel auf Gelblicht kein brüskes Bremsmanöver einleiten zu müssen: BGer vom 8.8.2006, 6A.50/2006. – Notstandshilfe bejaht: Geschwindigkeitsüberschreitung durch einen Lenker, der seine Mutter zum sterbenden Ehemann ins Spital fährt: SJZ 70 (1974) 86. – Notstandshilfe verneint: Direktor einer Sicherheitsfirma fährt mit Sirene und Blinklicht an einen Tatort: BGE 101 IV 4; Missachten eines Halteverbotes durch Taxichauffeur, der Gepäck seiner Fahrgäste bei der Gepäckaufbewahrung auslöst und zum Zug bringt: BJM 1992, 146; Geschwindigkeitsüberschreitung durch einen Lenker, der seine Freundin wegen gesundheitlicher Probleme ins Spital fährt: RS 1997 Nr. 223; Geschwindigkeitsüberschreitung durch Arzt, der zu einem Patienten fährt, ohne dass dieser sich in unmittelbarer Gefahr befindet: RS 1998 Nr. 417. – Wahrung berechtigter Interessen durch Begleitmotorrad, das bei einem Radrennen in der Strassenmitte fährt: BGE 113 IV 4 = Pr 76 (1987) Nr. 107. – Zur Sicherungseinziehung (StGB Art. 69) des Fahrzeuges eines Lenkers, der immer wieder Verkehrsunfälle verursacht: SJZ 82 (1986) 114, AJP 2005, 527.

In den durch das OBG und die OBV umschriebenen Fällen können Übertretungen von SVG Art. 90 Ziff. 1 im vereinfachten *Ordnungsbussenverfahren* geahndet werden, das bei Bezahlung der Busse innert 30 Tagen ein rein polizeiliches Verfahren ist. Kein Ordnungsbussenverfahren bei objektiv grober Fahrlässigkeit: BGE 114 IV 63, 118 IV 288 Erw. 3, ZR 99 (2000) Nr. 6. Zahlungsmodalitäten der Ordnungsbusse: BGE 126 IV 95 = Pr 90 (2001) Nr. 20. Kostenfreiheit nur im Ordnungsbussen- nicht im ordentlichen Verfahren: BGE 105 IV 136, 113 IV 128, 121 IV 375, BGer vom 11.12.2005, 6S.395/2005, RS 1984 Nr. 747.

Administrative Nebenfolgen: SVG Art. 16a Abs. 1 lit. a i.V. mit 16a Abs. 2, Art. 16b Abs. 1 lit. a i.V. mit 16b Abs. 2.

Ziff. 2: AJP 2004, 1483, SJZ 100 (2004) 249. – Der Tatbestand der *groben Verkehrsregelverletzung* ist *objektiv* erfüllt, wenn der Täter eine wichtige Verkehrsvorschrift in objektiv schwerer Weise missachtet und die Verkehrssicherheit ernstlich gefährdet. Eine *ernstliche Gefahr* für die Sicherheit anderer ist nicht erst bei einer konkreten, sondern bereits bei einer abstrakten Gefährdung gegeben: BGE 121 IV 232, 235, 122 II 229, 122 IV 175, 123 II 106, 123 IV 91 f., 130 IV 40 f.. Ob eine konkrete, eine erhöhte abstrakte oder nur eine abstrakte Gefahr geschaffen wird, hängt von der Situation ab, in welcher die Verkehrsregelverletzung begangen wird. Wesentliches Kriterium für die Annahme einer erhöhten abstrakten Gefahr ist die Nähe der Verwirklichung. Die allgemeine Möglichkeit der Verwirklichung einer Gefahr genügt nur dann, wenn in Anbetracht der Umstände der Eintritt einer konkreten Gefährdung oder einer Verletzung nahe liegt: BGE 118 IV 288, 122 II 230, 123 II 39, 109, 123 IV 91, RS 2004 Nr. 556. Bei der Beurteilung der Frage, ob eine erhöhte Gefahr vorliegt, sind immer die besonderen Umstände zu berücksichtigen wie Verkehrsdichte, Tageszeit, Sichtverhältnisse, Wetterverhältnisse, Zustand der Fahrbahn, besondere örtliche Verhältnisse, Besonderheiten der Signalisation, voraussehbar gefährliche Verkehrssituationen etc.: BGE 118 IV 288, 122 IV 228, 123 IV 92, 126 IV 192, BGer vom 25.7.2002, 6S.186/2002, vom 29.7.2004, 6P.35/2004 Erw. 3.2. Kumulativ zur Gefährdung ist weitere objektive Voraussetzung die *Verletzung einer grundlegenden Verkehrsvorschrift,* die für die Verkehrssicherheit wichtig oder besonders unfallträchtig ist: BGE 106 IV 49, 118 IV 290. Die Vorschrift betrifft nicht nur die Führer von Motorfahrzeugen, sondern z.B. auch Radfahrer (BGE 123 IV 88) oder Fussgänger (SJZ 66 [1970] 249). – *Subjektiv* erfordert der Tatbestand ein rücksichtsloses oder sonst schwer wiegendes Verhalten, d.h. ein schweres Verschulden, bei fahrlässigem Handeln mindestens grobe Fahrlässigkeit: BGE 118 IV 86, 288 123 II 109, 123 IV 88, 126 IV 192, 130 IV 40. Die Verletzung elementarer Sorgfaltspflichten ist zu bejahen, wenn der Täter sich der allgemeinen Gefährlichkeit seiner verkehrswidrigen Fahrweise bewusst ist. Grobe Fahrlässigkeit ist vor allem zu bejahen, wenn das Nichtbedenken der Gefährdung anderer Verkehrsteilnehmer auf Rücksichtslosigkeit beruht: BGE 118 IV 290. Rücksichtslos ist u.a. ein bedenkenloses Verhalten gegenüber fremden Rechtsgütern. Dieses kann auch in einem blossen (momentanen) Nichtbedenken der Gefährdung fremder Interessen bestehen (BGer vom 20.2.2004, 6S.486/2002 Erw. 3, vom 29.7.2004, 6P.35/2004 Erw. 3.1), sofern nicht besondere Umstände vorliegen, die den Grund des momentanen

V. Titel: Strafbestimmungen Art. 90

Versagens erkennen und in einem milderen Licht erscheinen lassen (BGer vom 11.8.2004, 6S.211/2004 Erw. 2). Es ist aufgrund der gesamten Umstände zu ermitteln, ob das Übersehen eines Signals oder einer Gefahrensituation auf Rücksichtslosigkeit beruht oder nicht. Je schwerer dabei die Verkehrsregelverletzung objektiv wiegt, desto eher wird Rücksichtslosigkeit subjektiv zu bejahen sein, sofern keine besonderen Gegenindizien vorliegen (BGer vom 15.6.2004, 6S.128/2004 Erw. 3, vom 14.3.2003, 6S.466/2002). Grobe Fahrlässigkeit kann aber auch vorliegen, wenn der Täter die Gefährdung anderer Verkehrsteilnehmer pflichtwidrig gar nicht in Betracht gezogen, also unbewusst fahrlässig gehandelt hat: BGE 130 IV 40.

Kasuistik: – Missachtung der *Höchstgeschwindigkeit* (ungeachtet der konkreten Umstände): innerorts (50 km/h) um 25 km/h (BGE 120 IV 67, 121 IV 233, 123 II 37, 124 II 97, 126 II 196 = Pr 90 [2001] Nr. 56, BGE 132 II 237 f.); ausserorts (80 km/h, auch nicht richtungsgetrennte Autostrassen und Autobahnausfahrten) um 30 km/h (BGE 121 IV 230, 122 IV 173, 124 II 259, 128 II 131); richtungsgetrennte Autostrassen (100 km/h) und Autobahnen (120 km/h) um 35 km/h (BGE 123 II 106, 124 II 97, 475). – Nicht den Verhältnissen angepasste *Geschwindigkeit:* Anpassung an die Sichtweite (BGE 93 IV 61, 93 IV 118, 99 IV 230, 100 IV 282 = Pr 64 [1975] Nr. 25, BGE 102 IV 45 = Pr 65 [1976] Nr. 128), Anpassung an die Strassenverhältnisse (BGE 92 IV 143, BGer vom 9.3.2005, 6P.169/2004 Erw. 5), atypische Innerortsstrecke (SJZ 100 [2004] 525), kurvenreiche Passstrasse (RS 2002 Nr. 173), schlechte Sichtverhältnisse vor Fussgängerstreifen (BGer vom 29.11.2001, 6S.628/2001, vom 13.1.2006, 6S.387/2005), individuelle Fahrfähigkeit (Fahrschüler: BGE 93 IV 29 = Pr 56 [1967] Nr. 86), Bummelfahrt auf Autobahn (BGE 111 IV 168). – *Rot-/Gelblichtmissachtung* bei unübersichtlicher, stark befahrener Kreuzung (BGE 118 IV 84, 286, 123 IV 88, BGer vom 14.3.2003, 6S.466/2002). – *Überholmanöver:* «blindes» Anhängen und Gefährdung des Gegenverkehrs (BGE 95 IV 175, 105 IV 135, 121 IV 235, BGer vom 29.7.2004, 6S.100/2004), trotz teilweise verstellter Sicht (BGer vom 15.6.2004, 6S.128/2004), unübersichtliche, kurvenreiche Strecke (SJZ 62 [1966] 93, 64 [1968] 59, BGer vom 15.6.2004, 6S.128/2004), Rechtsüberholen auf Autobahn (BGE 95 IV 84, 98 IV 318, 103 IV 198, 105 IV 135, 126 IV 192, BGer vom 3.6.2005, 6S.71/2005, mit Motorrad auf dem Pannenstreifen: BGer vom 30.6.2006, 1P.227/2006), trotz Sicherheitslinie (BGE 92 IV 105, BGer vom 10.2.2004, 6S.416/2003 Erw. 2.3), im Tunnel (BGE 106 IV 48), zu knappes Wiedereinbiegen vor überholtem Fahrzeug (BGE 99 IV 280, 105 IV 336 = Pr 69 [1980] Nr. 215, BGE 119 IV 280), Erzwingen des Überholens und Schneiden des überholten Fahrzeuges (BGE 118 IV 26 = Pr 82 [1993] Nr. 20, BGer vom 17.10.2003, 6S.271/2003), innerorts vor Traminsel mit erzwungenem Bremsmanöver des Überholten: BGer vom 20.2.2004, 6S.486/2002, des Linksabbiegers (BGE 90 IV 150), kein Versuch bei wegen Gegenverkehrs abgebrochenem Überholmanöver (RS 2000 Nr. 700). – Rücksichtsloses *Einfügen in den Verkehr* (BGer vom 14.6.2005, 6S.132/2004). – Verletzung des *Fussgängervortrittsrechts* (BGer vom 20.2.2004, 6S.486/2004, vom 24.6.2005, 6S.139/2005, vom 1.12.2005, 6S.265/2005, vom 13.1.2006, 6S.387/2005). – *Geisterfahrer* (auch auf Autobahnausfahrt: BGer vom 17.2.2004, 6S.389/2003. – *Rückwärtsfahren* auf Autobahn (BGE 105 IV 213 = Pr 69 [1980] Nr. 15, BGer vom 17. 2.2004, 6S.389/2003, vom 11.10.2004, 6P.73/2004). – *Anhalten* an gefährlichen Stellen (BGE 94 IV 128, 99 IV 232 = Pr 63 [1974] Nr. 127, BGE 110 IV 42). – *Schikanestopp* (BGE 81 IV 47, 99 IV 102, 117 IV 506, BGer vom 4.7.2003, 6S.100/2003, Pr 85 [1996] Nr. 173). – *Ungenügender Abstand* (BGE 115 IV 248, 126 II 358, 131 IV 133, BGer vom 2.9.2004, 6A.43/2004, vom 1.10.2005, 6P.86/2005, ZBJV 130 [1994] 567). – *Wenden* (im Gotthardtunnel: RS 1993 Nr. 419). – *Vortrittsmissachtung* (BGer vom 20.3.2002, 6S.11/2002, vom 20.1.2006, 6P.52/2005). – *Betriebssicherheit:* Fahren ohne Licht in der Abenddämmerung bei leichtem Regen (BGer vom 18.6.2004,

6P.16/2004). Fahren mit «Guckloch» in der Frontscheibe (BGer vom 6.4.2006, 6A.16/2006, AGVE 1992 189 Nr. 8). Beförderung gefährlicher Güter (im Gotthardtunnel: BGE 118 IV 197). Testfahrt nach Reparatur (BGer vom 10.3.2004, 6S.364/2003).

Rechtfertigungsgründe: Notstand bejaht: bei massiver Geschwindigkeitsüberschreitung zwecks Verbringen eines Patienten ins Spital (BGE 106 IV 1). Notstand verneint: bei Geschwindigkeitsüberschreitung durch Lenker, welcher der irrigen Meinung war, von einem Kriminellen verfolgt zu werden (RS 2000 Nr. 740), durch Lenker, dem Polizeibeamte im Rahmen einer mobilen Radarkontrolle nachfahren und der sich verfolgt fühlt (BGer vom 11.7.2003, 6A.28/2003), durch Lenker, der von seiner Ehefrau über einen Asthma-Anfall seiner Tochter informiert wurde (RS 2006 Nr. 5), durch Lenker, der auf der Autobahn einen Lieferwagen mit übersetzter Geschwindigkeit wegen dessen offener Hecktüre überholt (BGer vom 27.2.2006, 6A.57/2005).

Zur Anwendung von StGB Art. 54 vgl. BGer vom 25. Juli 2002, 6S.186/2002, SJZ 100 (2004) 370.

Zur Sicherungseinziehung von «Raser»-Autos: AJP 14 (2005) 527.

Administrative Nebenfolgen: SVG Art. 16c Abs. 1 lit. a i.V. mit 16c Abs. 2.

Ziff. 3: Vgl. Bem. zu StGB Art. 237. – Nach SVG Art. 90 Ziff. 3 kommt ausschliesslich Strassenverkehrsrecht zu Anwendung, wenn ein Verkehrsteilnehmer durch vorsätzliche oder fahrlässige Verletzung von Verkehrsregeln Leib und Leben von Menschen in Gefahr bringt (BGE 90 IV 153, 91 IV 217, 95 IV 2, 106 IV 370). StGB Art. 237 greift nur noch bei solchen Störungen ein, die nicht öffentliche Strassen betreffen, sowie bei Gefährdung von Teilnehmern am öffentlichen Verkehr durch Aussenstehende: Werfen von Gegenständen auf die Fahrbahn, Aufstellen von Hindernissen, Demonstration auf der Autobahn (RS 2006 Nr. 44). StGB Art. 237 Ziff. 1 Abs. 1 ist auch anwendbar, wenn ein Automobilist mit unverminderter Geschwindigkeit auf einen Polizisten zufährt, der ein Haltezeichen gibt (BGE 106 IV 370). Wurden neben der vorsätzlich gefährdeten Person noch weitere Personen grobfahrlässig gefährdet, besteht zwischen StGB Art. 237 Ziff. 1 und SVG Art. 90 Ziff. 2 echte Konkurrenz. StGB Art. 237 Ziff. 2 kommt zum Zug, wenn zufolge Verjährung eine Verurteilung wegen Verletzung der Verkehrsregeln nicht mehr möglich ist (Verursachung eines Staus auf der Autobahn mit der Gefahr von Auffahrunfällen: BGer vom 1.10.2003, 6S.312/2003).

Konkurrenzen: *Innerhalb des SVG:* Verletzt ein Lenker mehrere Verkehrsregeln gleichzeitig oder begeht er aufeinanderfolgend ungleichartige Verkehrsübertretungen, besteht zwischen den einzelnen Tatbeständen in der Regel Idealkonkurrenz (BGE 91 IV 91). Ist aber z.B. die Nichtbeherrschung des Fahrzeuges einzig auf übersetzte Geschwindigkeit zurückzuführen, so ist die allgemeine Bestimmung des SVG Art. 31 Abs. 1 neben SVG Art. 32 Abs. 1 nicht anzuwenden (BGE 90 IV 143 = Pr 54 [1965] Nr. 9, BGE 91 IV 74, 92 IV 16, PKG 1980 Nr. 24). Zwischen SVG Art. 90 Ziff. 2 und SVG Art. 90 Ziff. 1 besteht unechte Konkurrenz. Die grobe Verkehrsregelverletzung geht der einfachen vor. Zu anderen Strafbestimmungen des SVG stehen die Widerhandlungen gegen SVG Art. 90 in echter Konkurrenz. Besteht für eine bestimmte Verkehrsregel (z.B. SVG Art. 31 Abs. 2) eine besondere Strafbestimmung (hier SVG Art. 91), so gelangt nur diese zur Anwendung.

Zu Bestimmungen des StGB: Über das Zusammentreffen mit Bestimmungen des StGB ist mangels einer besonderen Regelung nach den allgemeinen Grundsätzen zu entscheiden, wie sie für die Anwendung oder Nichtanwendung von StGB Art. 49 bestimmend sind: BGE 91 IV 30. – StGB Art. 111: Eventualvorsätzliche Tötung durch Raserunfall (BGE 130 IV 58, BGer vom 6.10.1986, Str. 61/86, vom 28.3.2006, 6S.114/2005). – StGB Art. 112: Mordversuch durch Amokfahrer, der in selbstmörderischer Absicht das mit Benzin beladene Fahrzeug in die Eingangshalle eines öffentlichen

Gebäudes steuert, mit dem Ziel, das Fahrzeug zur Explosion zu bringen (BGer vom 25.10.2004, 6P.58/2004). – StGB Art. 117 und Art. 125: Ausschliessliche Anwendung der Bestimmungen des StGB in Fällen einer durch Verletzung von Verkehrsregeln begangenen fahrlässigen Tötung (BGE 91 IV 32, 213, 106 IV 395 = Pr 69 [1980] Nr. 297, BGE 129 IV 282) oder fahrlässigen Körperverletzung (BGE 91 IV 211, 94 IV 81). Wurde ausser der getöteten/verletzten Person eine weitere konkret gefährdet, besteht Idealkonkurrenz: BGE 91 IV 215, 119 IV 284. Hat die verletzte Person keinen Strafantrag gestellt, diesen zurückgezogen oder erreichen die Verletzungen nicht die von StGB Art. 125 verlangte Intensität, so ist der Täter nach SVG Art. 90 zu bestrafen (BGE 91 IV 32, 213, 96 IV 41, 106 IV 395 = Pr 69 [1980] Nr. 297, Pr 86 [1997] Nr. 95, ZR 84 [1985] Nr. 20). – StGB Art. 129: Bei einem Schikanestopp auf der Autobahn vor einem im Abstand von ca. 20 m mit über 100 km/h folgenden Wagen werden dessen Insassen in unmittelbare Lebensgefahr gebracht (Pr 85 [1996] Nr. 173). Waghalsiges Überholmanöver eines alkoholisierten Lenkers (BGer vom 20.12.2005, 6S.164/2005). Gefährdung des Beifahrers durch einen Motorradlenker, der sich innerorts mit einer Geschwindigkeit von 110 km/h einer Polizeikontrolle entziehen will (RS 1958 Nr. 162). Rücksichtsloser Fluchtversuch eines Automobilisten mit Abdrängen und Anfahren zweier Motorradpolizisten, die zu Fall kommen (SJZ 56 [1960] 221). – StGB Art. 181: Überholen, Abdrängen und Anhalten knapp vor einem Lenker, um diesen zum Stillstand zu bringen (RS 1991 Nr. 262, anders SJZ 63 [1967] 221). Unter ständigem Hupen und Blinken und bis auf wenige Meter erfolgendes Heranfahren an einen auf der Überholspur der Autobahn Vorausfahrenden, um ihn von der Überholspur zu verdrängen oder dem Vorausfahrenden eine Erhöhung der Geschwindigkeit aufzudrängen (SJZ 86 [1990] 329), nicht aber massvolle Zeichengabe zur Freigabe der Überholspur, wenn das langsamere Fahrzeug ohne Gefährdung Dritter nach rechts einbiegen könnte (BGE 106 IV 61). Blockade der Zufahrt zu einer Fähre aus Protest gegen Verkehrsabgaben (SJZ 82 [1986] 282). Demonstrative Verursachung eines Staus auf der Autobahn durch Bummelfahrt aus Protest gegen Geschwindigkeitsbegrenzungen (Repertorio 127 [1994] Nr. 107, 449; nur SVG Art. 90 Ziff. 2: BGE 111 IV 167). Blockade eines Autos (ZR 90 [1991] Nr. 38, RS 1996 Nr. 380). Autolenker, der einen Fussgänger durch langsames Hineinfahren in ein Parkfeld zwingt, dieses von ihm für einen Dritten reservierte Feld zu räumen (plädoyer 1/1984, 27). Keine Nötigung bei Blockierung einer Autobahnspur, um nach einem tödlichen Unfall auf den besseren Schutz von Bauarbeitern aufmerksam zu machen (SJZ 100 [2004] 370). Zur Frage der Nötigung gegenüber einem Falschparkierer auf Privatgrund durch Androhung einer Strafanzeige und Abnahme eines Strafgeldes: RS 2006 Nr. 36. – StGB Art. 238: SVG Art. 90 wird konsumiert, soweit nicht weitere Verkehrsteilnehmer gefährdet sind (RS 1976 Nr. 76, RS 1979 Nr. 692). Keine Störung des Eisenbahnverkehrs, wenn ein Autofahrer zwischen zwei sich senkenden Schranken gefangen wird, der Zug aber auf dem andern Gleis problemlos vorbeifahren kann (SJZ 84 [1988] 65). – StGB Art. 239: Idealkonkurrenz mit SVG Art. 90 Ziff. 1 bei Blockade der Zufahrt zu einer Fähre aus Protest gegen die Schwerverkehrsabgabe (SJZ 82 [1986] 282). – StGB Art. 286: Hinderung einer Amtshandlung bejaht bei einem Automobilisten, der sein Fahrzeug so nahe neben ein Radargerät stellte, dass das Messgerät nicht mehr funktionierte (BGE 95 IV 172); verneint dagegen bei Winken mit dem Arm (BGE 103 IV 186) oder Tafel «Radar» (BGE 105 IV 262). Das Warnen anderer Verkehrsteilnehmer mit der Lichthupe vor Radarkontrollen ist nur nach SVG Art. 90 (i.V. mit SVG Art. 40) strafbar (BGE 104 IV 288 = Pr 68 [1979] Nr. 163, BGE 107 IV 194).

Art. 91 Fahren in fahrunfähigem Zustand

¹ Wer in angetrunkenem Zustand ein Motorfahrzeug führt, wird mit Busse bestraft. Die Strafe ist Freiheitsstrafe bis zu drei Jahren oder Geldstrafe, wenn eine qualifizierte Blutalkoholkonzentration (Art. 55 Abs. 6) vorliegt.

² Wer aus anderen Gründen fahrunfähig ist und ein Motorfahrzeug führt, wird mit Freiheitsstrafe bis zu drei Jahren oder Geldstrafe bestraft.

³ Wer in fahrunfähigem Zustand ein motorloses Fahrzeug führt, wird mit Busse bestraft.

Art. 91: ZStrR 123 (2005) 50 – *Täter* ist der (fahrunfähige) Lenker, also die Person, die am Steuer sitzt und die für die Fortbewegung nötigen Mechanismen auslöst: BGE 60 I 163, 80 IV 125. Als Lenker gilt auch der Beifahrer, wenn er in den Führungsvorgang eingreift (Gaspedal, Handbremse, Lenkrad: BGE 91 IV 147 = Pr 54 [1965] Nr. 168, BGE 118 Ib 524). Sodann erfüllen den Tatbestand der fahrunfähige Begleiter eines Fahrschülers (BGE 91 IV 147 = Pr 54 [1965] Nr. 168, BGE 128 IV 272) sowie der nüchterne Begleiter eines fahrunfähigen Lernfahrers (SJZ 98 [2002] 230). Schliesslich gilt als Lenker auch der Führer eines geschleppten Fahrzeuges (BGE 91 IV 197, SJZ 66 [1970] 208). – *Teilnahme:* Da SVG Art. 91 als eigenhändiges Delikt aufgefasst wird (recht 1996, 85, ZStrR 114 [1996] 333, 115 [1997] 86, 116 [1998] 95), ist Mittäterschaft eines das Fahrzeug nicht führenden Dritten ausgeschlossen. Die Beteiligung Dritter ist als Anstiftung, Gehilfenschaft (BGE 98 IV 15, 113 IV 86, 117 IV 186, RS 1955 Nr. 133, 1967 Nr. 206) und/oder als Überlassen eines Fahrzeuges an eine nicht fahrfähige Person (VRV Art. 2 Abs. 3 i.V. mit VRV Art. 96; BGE 116 IV 71, BJM 1971, 192) zu beurteilen. – Der Tatbestand ist *vollendet*, wenn der fahrunfähige Lenker das Fahrzeug auf einer öffentlichen Strasse (vgl. Bem. zu SVG Art. 90) in Bewegung setzt, sei es auch nur für eine ganz kurze Strecke (SJZ 61 [1965] 294) und zwar – bei SVG Art. 91 Abs. 1 und 2 – mit Hilfe dessen motorischer Kraft: SJZ 57 (1961) 235. Das blosse Vorwärtsschieben eines Autos ohne Anlassen des Motors genügt nicht: BGE 111 IV 92. Einen *Versuch* begeht, wer irgend eine zum Fahren notwendige Vorrichtung (Lenkung, Handbremse, Kupplung, Anlasser) bedient und dadurch die erforderliche Tatentschlossenheit dokumentiert: in Gang setzen des Motors (ZR 61 [1962] Nr. 164), Lenker, der sich anschickt, privaten Grund zu verlassen (RS 1974 Nr. 689), nicht dagegen Öffnen der Autotüre, um sich schlafen zu legen. – *Subjektiv:* Der Tatbestand kann vorsätzlich (der Täter kennt seine Fahrunfähigkeit), eventualvorsätzlich (der Täter rechnet mit seiner Fahrunfähigkeit und nimmt sie billigend in Kauf: BGE 104 IV 35, BGer vom 26.9.2003, 6P.104/2003) oder fahrlässig (der Täter hätte seine Fahrunfähigkeit bei pflichtgemässer Aufmerksamkeit erkennen können: BGE 85 IV 1, 93 IV 39, 119 IV 255; nicht bei unbemerktem Alkoholgenuss eines Schlafwandlers: BGer vom 10.6.1997, 1P.131/1997) begangen werden. Die Bestimmungen über die *Schuldunfähigkeit* nach StGB Art. 19 und 20 gelten auch bei SVG Art. 91 (BGE 117 IV 292, 118 IV 1, 119 IV 120, 120 IV 169, 122 IV 49, BGer vom 2.5.2003, 6S.497/2002 Erw. 2.2.1, vom 4.9.2006, 6S.282/2006). Dem Umstand, dass der Täter beim Besteigen des Fahrzeuges wegen seines Alkoholkonsums oder der Einnahme von Medikamenten/Drogen vermindert zurechnungsfähig war, kann regelmässig durch die Anwendung von StGB Art. 19 Abs. 4 über die *actio libera in causa* seine Bedeutung aberkannt werden (Pr 91 [2002] Nr. 157, BGer vom 18.12.2000, 6S.619/2000 und BGer vom 27.12.2001, 6P.153/2001, ZR 71 [1972] Nr. 114, 93 [1994] Nr. 33, RS 1996 Nr. 5, 2006 Nr. 1). Versetzt sich der Täter in einen fahrunfähigen Zustand und kann er dabei nicht voraussehen, dass er möglicherweise noch fahren wird,

V. Titel: Strafbestimmungen — Art. 91

ist er bei Zurechnungsunfähigkeit nach StGB Art. 263 zu bestrafen: BGE 93 IV 39, 117 IV 295. – *Rechtfertigung:* Keine Berufung auf Notstandshilfe für Tierarzt, der mit 1,99 ‰ zu einem Tiernotfall fährt: BGE 116 IV 364. – Zur Anwendung von StGB Art. 54: RS 1999 Nr. 543. – Zur *Sicherungseinziehung* (StGB Art. 69) des Fahrzeuges eines Lenkers, der fünf Mal wegen Fahrens in angetrunkenem Zustand verurteilt worden war: RS 2006 Nr. 11.

Abs. 1: Der *Begriff der Angetrunkenheit* in SVG Art. 91 Abs. 1 entspricht demjenigen der Alkoholisierung in SVG Art. 31 Abs. 2 und VRV Art. 2 Abs. 2. Die Bestimmung ahndet die Angetrunkenheit je nach Höhe der Blutalkoholkonzentration als Übertretung oder als Vergehen. Die Abgrenzung legt das Gesetz nicht selbst fest, sondern delegiert in SVG Art. 55 Abs. 6 den Entscheid an die Bundesversammlung (VO der Bundesversammlung über Blutalkoholgrenzwerte im Strassenverkehr vom 21.3.2003, SR 741.13 [AS 2004, 3523; Botschaft, BBl 2002, 3937]). Beträgt die Blutalkoholkonzentration weniger als 0,5 ‰, so gilt der Täter als nicht angetrunken und damit fahrfähig (zur Blutuntersuchung bei einer Atemalkohol-Messung von 0,30 ‰ beim Vorliegen besonderer Umstände vgl. VZV Art. 140 Abs. 1 lit. a Ziff. 3). Die Fahrunfähigkeit infolge Alkoholisierung gilt ab einer Blutalkoholkonzentration von 0,5 ‰ unabhängig weiterer Beweise und individueller Alkoholverträglichkeit als erwiesen. Eine Blutalkoholkonzentration bis zum Wert von 0,79 ‰ gilt als leichter Fall und ist eine Übertretung. Ab einem Blutalkoholgehalt von 0,8 ‰ liegt eine qualifizierte Angetrunkenheit vor, die als Vergehen bestraft wird (SVG Art. 91 Abs. 1 Satz 2). Eine solche kann auch bei einer Blutalkoholkonzentration ab 0,5 ‰ bei Zusammentreffen mit Krankheit, Übermüdung oder Beeinträchtigung durch beruhigende Medikamente usw. vorliegen (BGE 90 IV 159, 90 IV 224 = Pr 54 [1965] Nr. 56, BGE 98 IV 289, 103 IV 111).

Feststellung der Angetrunkenheit (SVG Art. 55, VZV Art. 138 ff.): Die Polizei kann zur Feststellung des Alkoholkonsums Vortestgeräte (gemeint sind nicht Atemtestgeräte nach VZV Art. 139 Abs. 2) verwenden, die Auskunft über die Alkoholisierung geben (VZV Art. 138 Abs. 1). Auf weitere Untersuchungen wird verzichtet, wenn der Vortest ein negatives Resultat ergibt und keine Anzeichen von Fahrunfähigkeit bestehen (VZV Art. 138 Abs. 4). Ergibt der Vortest ein positives Resultat oder hat die Polizei auf einen Vortest verzichtet, führt sie eine Atemalkoholprobe durch. SVG Art. 55 Abs. 1 erlaubt anlassfreie und systematische Atemalkoholkontrollen. Ergibt die Atemalkoholprobe als tiefere von zwei vorgegebenen Messungen (VZV Art. 139 Abs. 3) eine Blutalkoholkonzentration von 0,5– 0,79 ‰ und anerkennt die betroffene Person diesen Wert, gilt die Fahrunfähigkeit als erwiesen (VZV Art. 139 Abs. 4). Anerkennt sie den Wert nicht, ist eine Blutuntersuchung anzuordnen (VZV Art. 140 Abs. 1 lit. a Ziff. 2). Eine solche ist auch anzuordnen, wenn die Atemalkoholprobe eine Blutalkoholkonzentration von 0,3–0,49 ‰ ergibt und zusätzlich der Verdacht besteht, dass die betroffene Person mindestens zwei Stunden vor der Kontrolle ein Motorfahrzeug in angetrunkenem Zustand geführt hat (VZV Art. 140 Abs. 1 lit. a Ziff. 3). Ergibt die Atemalkoholprobe eine Blutalkoholkonzentration von 0,8 ‰ und mehr, ist die Fahrunfähigkeit durch eine Blutuntersuchung festzustellen (VZV Art. 140 Abs. 1 lit. a Ziff. 1). Eine Blutuntersuchung ist auch anzuordnen, wenn die betroffene Person sich der Durchführung der Atemalkoholprobe widersetzt oder den Zweck dieser Massnahme vereitelt (SVG Art. 55 Abs. 3), sodann, wenn die Durchführung eines Vortests oder der Atemalkoholprobe nicht möglich ist (z.B. wegen einer Atemwegerkrankung, BBl 1999, 4494) und zusätzlich der Verdacht besteht, dass die betroffene Person ein Fahrzeug trotz Fahrunfähigkeit geführt hat (VZV Art. 140 Abs. 1 lit. c). Blutproben können zwangsweise abgenommen werden, wenn wichtige Gründe vorliegen (SVG Art. 55 Abs. 4). Solche sind zu bejahen bei einem schweren Unfall (mit Todesopfern oder Schwerverletzten), bei schwerer Verkehrsgefährdung, bei Flucht oder wenn bei einer Kollision beide

Beteiligten unter Alkoholverdacht stehen und einer die Blutentnahme verweigert, nachdem sie beim andern durchgeführt worden ist (BBl 1999, 4494 f.). Wurde eine Blutprobe angeordnet, so hat der damit beauftragte Arzt (nicht seine Hilfsperson: BGE 101 IV 230) die betroffene Person auf die medizinisch feststellbaren Anzeichen von Fahrunfähigkeit zu untersuchen (VZV Art. 142a Abs. 1). Die Blutprobe ist von einem dafür anerkannten Laboratorium auszuwerten (VZV Art 142 Abs. 3; RS 2002 Nr. 174). Die Blutprobe ist nicht das einzige Beweismittel zum Nachweis der Angetrunkenheit. Beweisnormen des kant. Prozessrechts bleiben vorbehalten. Die Fahrunfähigkeit kann auch aufgrund von Zustand und Verhalten des Verdächtigen oder Ermittlungen über den Konsum und dergleichen festgestellt werden (VZV Art. 142c; BGE 103 IV 48 = Pr 66 [1977] Nr. 80, BGE 116 IV 75, 127 IV 172, 129 IV 290 = Pr 93 [2004] Nr. 17; SJZ 86 [1990] 144). Verweigert der Verdächtige die Durchführung eines Vortests, die Atemalkoholprobe, die Blutentnahme oder die ärztliche Untersuchung, so ist er auf die Folgen aufmerksam zu machen (VZV Art. 141 Abs. 2 VZV, SVG Art. 91a). Liegt eine *Nachtrunkbehauptung* vor, ist der auf den Nachtrunk fallende Alkoholanteil von dem durch die Blutprobe ermittelten Wert abzuziehen (BGE 116 IV 239, 129 IV 290 Erw. 2.6 = Pr 93 [2004] Nr. 17, RS 2004 Nr. 553), sofern nicht eine Blutprobenvereitelung nach SVG Art. 91a vorliegt. Bei der Festlegung des Wertes der bei einem Verdächtigen festgestellten Alkoholkonzentration handelt es sich um eine Tatfrage (BGE 100 IV 268 = Pr 63 [1974] Nr. 295, BGE 103 IV 46 = Pr 66 [1977] Nr. 80, BGE 105 IV 343). Dagegen stellt die Abklärung, ob daraus eine Fahrunfähigkeit abgeleitet werden kann oder ob das Ergebnis der Untersuchung als Beweismittel berücksichtigt werden durfte, eine Rechtsfrage dar (BGE 90 IV 226 = Pr 54 [1965] Nr. 56, BGE 100 IV 268 = Pr 63 [1974] Nr. 295, BGE 116 IV 75, 129 IV 293 Erw. 2.2 = Pr 93 [2004] Nr. 17).

Administrative Nebenfolgen: SVG Art. 16a Abs. 1 lit. b i.V. mit 16a Abs. 2, Art. 16b Abs. 1 lit. b i.V. mit 16b Abs. 2, Art. 16c Abs. 1 lit. b i.V. mit 16c Abs. 2.

Abs. 2: Fahrunfähigkeit kann sich auch aus Krankheit (z.B. Unterzuckerung bei Diabetes: ZBJV 140 [2004] 448), Übermüdung (BGer vom 14.7.1995, 6S.292/1995, JdT 1978 I 399 f.), Drogen- und Medikamentenkonsum, mangelnder Sehschärfe oder aus einer Kombination dieser Faktoren ergeben. Das Fahren bei Fahrunfähigkeit i.S. von SVG Art. 91 Abs. 2 ist dem qualifizierten Fall des Fahrens in angetrunkenem Zustand nach SVG Art. 91 Abs. 1 gleichgestellt. Bei Verdacht auf *Betäubungsmittel- oder Medikamenteneinfluss* können – neben der Blutprobe (VZV Art. 140 Abs. 1 lit. b; vgl. Bem. zu SVG Art. 91 Abs. 1) – weitere Untersuchungen, namentlich Urin-, Speichel- oder Schweissproben (SVG Art. 55 Abs. 2, VZV Art. 138 Abs. 2 und Art. 140 Abs. 2), aber auch Haar- und Nagelproben angeordnet werden (SVG Art. 55 Abs. 7 lit. c). Die *Fahrunfähigkeit* gilt als erwiesen (Nulltoleranz), wenn eine der in VRV Art. 2 Abs. 2 (vgl. SVG Art. 55 Abs. 7 lit. a) aufgezählten Substanzen nachgewiesen werden kann (zum Cannabis: BGE 130 IV 32, ZR 103 [2004] Nr. 17), sofern keine ärztliche Verschreibung vorliegt (VRV Art. 2 Abs. 2ter). Handelt es sich bei einer die Fahrfähigkeit herabsetzenden Substanz weder um Alkohol noch um eine der in VRV Art. 2 Abs. 2 aufgeführten, hat ein *Sachverständiger* sich zu den Auswirkungen auf die Fahrfähigkeit zu äussern (VZV Art. 142b Abs. 1 lit. a). Das gilt auch dann, wenn eine Substanz nach VRV Art. 2 Abs. 2 auf ärztliche Verschreibung eingenommen wurde, jedoch Hinweise auf Fahrunfähigkeit bestehen (VZV Art. 142b Abs. 1 lit. b).

Administrative Nebenfolgen: SVG Art. 16c Abs. 1 lit.c i.V. mit 16c Abs. 2 .

Abs. 3: Entgegen dem Wortlaut der Bestimmung und in Abweichung der technischen Definition gemäss SVG Art. 7 Abs. 1 bzw. der Umschreibung der motorlosen Fahrzeuge in SVG Art. 18–21, erfasst SVG Art. 91 Abs. 3 neben den Fahrradlenkern auch die Führer «schwach motorisierter»

V. Titel: Strafbestimmungen — Art. 91a

Fahrzeuge (Botschaft, BBl 1999, 4497): Motorfahrräder, weitere schwach motorisierte Fahrzeuge gemäss VZV Art. 72 Abs. 1.
Administrative Nebenfolgen: SVG Art. 19 Abs. 3.
Konkurrenzen: SVG 91 Abs. 1 und Abs. 2: Da der Gesetzgeber mit Alkohol (Abs. 1) und übrigen Einflüssen (Abs. 2) verschiedene Ursachen für die Fahrunfähigkeit unterscheidet, besteht bei einer Blutalkoholkonzentration von 0,5 bis 0,79 ‰ bzw. einer solchen von über 0,8 ‰ und der Einnahme einer Substanz gemäss VRV Art. 2 Abs. 2 oder einer andern die Fahrfähigkeit beeinträchtigenden Substanz jeweils echte Konkurrenz (SJZ 86 [1990] 108). Verletzt der fahrunfähige Lenker eine weitere als die in SVG Art. 31 Abs. 2 festgelegte Verkehrsregel, besteht zu SVG Art. 90 echte Konkurrenz (RS 1968 Nr. 56, 1979 Nr. 858; unechte Konkurrenz dann, wenn das Nichtbeherrschen des Fahrzeuges in der Fahrunfähigkeit den einzigen Grund hat: BGer vom 28.9.2001, 6A.82/2001, vom 2.5.2003, 6S.497/2002 Erw. 2.2.3, SJZ 84 (1988) 218. Echte Konkurrenz zu den Tatbeständen der fahrlässigen Tötung (StGB Art. 117) und fahrlässigen Körperverletzung (StGB Art. 125): BGE 76 IV 175 = Pr 39 (1950) Nr. 167.

Art. 91a   Vereitelung von Massnahmen zur Feststellung der Fahrunfähigkeit

¹ Wer sich als Motorfahrzeugführer vorsätzlich einer Blutprobe, einer Atemalkoholprobe oder einer anderen vom Bundesrat geregelten Voruntersuchung, die angeordnet wurde oder mit deren Anordnung gerechnet werden musste, oder einer zusätzlichen ärztlichen Untersuchung widersetzt oder entzogen oder den Zweck dieser Massnahmen vereitelt hat, wird mit Freiheitsstrafe bis zu drei Jahren oder Geldstrafe bestraft.

² Hat der Täter ein motorloses Fahrzeug geführt oder war er als Strassenbenützer an einem Unfall beteiligt, so ist die Strafe Busse.

Art. 91a: Die vorsätzliche Verhinderung bzw. Behinderung der Massnahmen zur Feststellung der Fahrunfähigkeit (SVG Art. 55, VZV Art. 138 ff.) bei Unfällen im Strassenverkehr mit Personen- oder Sachschaden durch gewisse Aktivitäten, mehrheitlich verbunden mit der Nichterfüllung vorgeschriebener Meldepflichten (SVG Art. 51, VRV Art. 55/56), ist für Motorfahrzeugführer als Vergehenstatbestand (Abs. 1), für die Führer motorloser Fahrzeuge (vgl. Bem. zu SVG Art. 91 Abs. 3) als Übertretung ausgestaltet (Abs. 2). Aus Gründen der Verkehrs- und Rechtssicherheit – es stehen vielfältige, vitale Interessen verschiedener Beteiligter auf dem Spiel – wird das Entziehen der eigenen Person von der Strafverfolgung pönalisiert. Das Verbot des Selbstbelastungszwangs greift hier nicht (BGE 131 IV 36, BGer vom 10.2.2005, 6S.281/2004; vgl. AJP 2002, 222, 2005, 1045). – Als *Täter* kommen alle an einem Unfall beteiligten Strassenbenützer in Frage (SVG Art. 55 Abs. 1). Neben dem Motorfahrzeugführer sind dies Personen, die ein fahrendes Objekt im Strassenverkehr lenken (vgl. VRV Art. 1 Abs. 10), nicht aber der Beifahrer, wenn er keine Mitursache für das Unfallgeschehen gesetzt hat (Pr 92 [2003] Nr. 167). Zum Fussgänger vgl. SJZ 64 (1968) 59 (Bestrafung lediglich nach StGB Art. 286, da seine Fahrtüchtigkeit nicht in Frage steht). Steht nicht fest, welche von mehreren Personen ein Fahrzeug geführt hat, können nach VZV Art. 140 Abs. 3 alle in Frage kommenden Personen den Massnahmen zur Feststellung der Fahrunfähigkeit unterzogen werden. Widersetzt sich eine dieser Personen einer angeordneten Massnahme, entfällt eine Strafbarkeit wegen SVG Art. 91a, wenn sich nachträglich herausstellt, dass der Verweigerer weder Lenker noch Unfallbeteiligter war (BGer vom

30.9.1988, 6S.195/1988, RS 1999 Nr. 544 [völlig Unbeteiligter]; anders BGer vom 21.5.1999, 6S.52/1999 [Fahrzeughalter]). Die Bestimmung nennt als *vereitelte Massnahmen* die Blutprobe (SVG Art. 55 Abs. 3; miterfasst wohl auch die Urinprobe VZV Art. 140 Abs. 2 i.V. mit 141 Abs. 2), die Atemalkoholprobe (SVG Art. 55 Abs. 1, VZV Art. 139), die Voruntersuchung (SVG Art. 55 Abs. 2, VZV Art. 138) und die zusätzliche ärztliche Untersuchung (VZV Art. 142a). – *Widersetzen:* gemeint ist aktiver oder passiver Widerstand gegen den unmittelbaren Vollzug einer von der zuständigen Behörde (SVG Art. 55 Abs. 5) angeordneten Massnahme (BGE 103 IV 49, BGer vom 26.4.2006, 1P.106/2006). Ein Widerstand kann allenfalls aus medizinischen Gründen gerechtfertigt sein (SJZ 63 [1967] 296), nicht aber wegen den mit einer allfälligen Blutentnahme verbundenen Schmerzen (BGE 92 IV 167 = Pr 56 [1967] Nr. 33, BGE 101 IV 332). – *Entziehen / Zweckvereitelung:* Dies ist der Fall, wenn der Täter nach einem Unfall im Strassenverkehr mit Personen- oder Sachschaden unter Missachtung der für die Unfallabklärung vorgeschriebenen Verhaltenspflichten die Flucht ergreift, sich versteckt oder einschliesst und damit, bezogen auf den Zeitpunkt des Unfalls, die zuverlässige Ermittlung der Fahrunfähigkeit verunmöglicht bzw. durch einen Nachtrunk (sog. «Cognac-Alibi»: BGE 114 IV 148, 131 IV 40, Pr 94 [2005] Nr. 52, BGer vom 12.5.2004, 6S.42/2004, vom 16.12.2005, 6S.412/2004, ZR 65 [1966] Nr. 64) oder Vertauschen von Blut oder Urin ein aussagekräftiges Ergebnis verhindert. Keine Anknüpfungspunkte zu SVG Art. 91a sind die alleine der Sicherung des Verkehrs dienenden Meldepflichten (SVG Art. 51 Abs. 1, VRV Art. 54 Abs. 1 und 2), sondern nur diejenigen Verhaltenspflichten, welche gerade die Abklärung des Unfalls und damit allenfalls auch die Ermittlung des Zustandes des Fahrzeuglenkers bezwecken (SVG Art. 51 Abs. 2 und 3: BGE 116 IV 236, 125 IV 283, 126 IV 53, 131 IV 40, BGer vom 4.7.2005, 6S.431/2004). Anknüpfungspunkt bildet auch die sich aus VRV Art. 56 Abs. 2 ergebende Pflicht, an der Unfallstelle zu verbleiben, wenn der Geschädigte die Polizei beiziehen will (BGE 125 IV 288 Er. 2a, 131 IV 40 Erw. 2.2.2, BGer vom 15.10.2003, 6S.459/2003, vom 27.11.2003, 6P.126/2003 Erw. 5 und 6). Gelingt dem Fahrzeugführer eine umgehende Benachrichtigung des Geschädigten und verständigen sich die Beteiligten unter Verzicht auf den fakultativen Beizug der Polizei, kann der Lenker die Unfallstelle ohne weiteres wieder verlassen (BGE 99 IV 178, RS 1995 Nr. 716). Ebensowenig ist der Lenker verpflichtet, einen Selbstunfall ohne Drittschaden, aus dem sich ein begründeter Verdacht auf Fahrunfähigkeit ergeben könnte, der Polizei zu melden (BGE 114 IV 154, BGer vom 10.2.2005, 6S.281/2004 Erw. 2.4.2, vom 4.7.2005, 6S.431/2004). Dabei muss die Massnahme zur Feststellung der Fahrunfähigkeit entweder bereits angeordnet oder nach den gesamten relevanten Umständen wahrscheinlich sein, der Fahrzeugführer muss mit einer solchen Massnahme rechnen und er nimmt mit der Unterlassung der vorgeschriebenen Meldung deren Vereitelung zumindest in Kauf (BGE 109 IV 137, 120 IV 175, 124 IV 175, BGer vom 15.10.2003, 6S.459/2002, RS 1991 Nr. 57, 2003 Nr. 401 und Nr. 402). Zu diesen Umständen gehören neben Hergang, Art und Schwere des Unfalles auch das Verhalten des Lenkers vor und nach dem Unfall sowie die hypothetische Reaktion der Polizei bei angenommener Kenntnis des Unfallgeschehens (BGE 90 IV 94, 95 IV 144, 100 IV 258, 101 IV 332, 102 IV 40, 103 IV 49, 106 IV 396, 109 IV 137, 114 IV 148, 116 IV 233, 120 IV 73, 124 IV 175, BGer vom 8.8.2001, 6S.435/2001, vom 26.6.2001, 6P.34/2001, vom 27.1.2003, 6S.464/2002, RS 2000 Nr. 701). Dabei können die Umstände des Unfalles Zweifel an der Fahrfähigkeit des Lenkers hervorrufen, auch wenn dieser völlig nüchtern war (BGE 105 IV 64). Hat der Lenker einen Drittschaden aus pflichtwidriger Unvorsichtigkeit nicht bemerkt und war er sich seiner Meldepflicht nicht bewusst, fehlt es an einem Vereitelungsvorsatz (BGE 114 IV 148). – *Versuch:* Kann die Fahrunfähigkeit trotz einer Vereitelungshandlung zuverlässig ermittelt werden, kommt nur Bestrafung wegen Versuchs in Betracht (BGE 115 IV 56, Pr 94

[2005] Nr. 94). Ging der Lenker von einem Drittschaden und einer daraus resultierenden Meldepflicht aus, hat er aber objektiv keinen Schaden verursacht, liegt (untauglicher) Versuch vor (BGE 126 IV 53, BGer vom 6.9.2005, 6P.56/2005).

Konkurrenzen: Zwischen den Tatbeständen von SVG Art. 91a und SVG Art. 91 kann echte Konkurrenz bestehen (BGE 102 IV 40, SJZ 61 [1965] 43, RS 1967 Nr. 113; zum Anklageprinzip: RS 2005 Nr. 689), dasselbe gilt für das Verhältnis zu SVG Art. 92 (BGE 90 IV 94, 109 IV 137, 120 IV 73, 124 IV 175). Gegenüber StGB Art. 286 geht SVG Art. 91a als lex specialis vor (BGE 103 IV 52, SJZ 62 [1966] 93, ZBJV 121 [1985] 513). StGB Art. 286 und StGB Art. 292 dürfen nicht subsidiär angewendet werden, wenn eine Bestrafung nach SVG Art. 91a nicht möglich ist (BGE 110 IV 92, RS 1979 Nr. 724, anders RS 1975 Nr. 821). Echte Konkurrenz ist möglich zu StGB Art. 285 (SJZ 61 [1965] 43).

Administrative Nebenfolgen: SVG Art. 16c Abs. 1 lit. d i.V. mit 16c Abs. 2.

Art. 92 Pflichtwidriges Verhalten bei Unfall

1 Wer bei einem Unfall die Pflichten verletzt, die ihm dieses Gesetz auferlegt, wird mit Busse bestraft.

2 Ergreift ein Fahrzeugführer, der bei einem Verkehrsunfall einen Menschen getötet oder verletzt hat, die Flucht, so wird er mit Freiheitsstrafe bis zu drei Jahren oder Geldstrafe bestraft.

Art. 92: – AJP 2005, 1045. – Während sich Abs. 1 (einfache Pflichtverletzung) als Blankettstrafbestimmung darstellt, welche die Missachtung der in SVG Art. 51 umschriebenen Verhaltenspflichten bei Unfällen im Strassenverkehr als Übertretung unter Strafe stellt, umschreibt der qualifizierte Vergehenstatbestand des Abs. 2 (Führerflucht) das verbotene Verhalten scheinbar autonom. Auch Abs. 2 ist in Verbindung mit SVG Art. 51 zu lesen, welcher die Umstände festlegt, unter welchen ein Sichentfernen untersagt ist. – SVG Art. 92 sanktioniert nur die in SVG Art. 51 selbst enthaltenen Pflichten. Soweit VRV Art. 54–56 diese näher umschreiben, haben sie keine eigenständige Bedeutung. Soweit sie zusätzliche Pflichten enthalten, hat die Bestrafung nach VRV Art. 96 zu erfolgen: BGE 116 IV 236. – *Unfall:* Als solcher gilt jedes schädigende Ereignis, das geeignet ist, einen Personen- oder Sachschaden hervorzurufen: BGE 83 IV 46 = Pr 46 (1957) Nr. 79, BGE 122 IV 357, Pr 85 (1996) Nr. 177. Das Ereignis muss sich auf einer dem öffentlichen Verkehr dienenden Strasse zugetragen haben (vgl. Bem. zu SVG Art. 90). Sodann regelt SVG Art. 51 nur das Verhalten bei Unfällen, an denen ein Motorfahrzeug (SVG Art. 7) oder ein Fahrrad (VTS Art. 24) beteiligt ist. Sind nur nicht motorisierte Fahrzeuge, Fuhrwerke, Reiter, Fussgänger und dergleichen beteiligt, kommt lediglich StGB Art. 128 zum Zuge. Begriffswesentlich ist schliesslich der Schadenseintritt und zwar in Form von Fremdschaden. Eine blosse Gefährdung, die nicht zu einer Schädigung führt, stellt keinen Unfall dar: PKG 1969 Nr. 49.

Abs. 1: *Täter* sind je nach in SVG Art. 51 erwähnten Verhaltenspflichten die am Unfall Beteiligten, die Mitfahrer und schliesslich auch Unbeteiligte. Beteiligt ist, wer in irgendeiner Weise am Unfallgeschehen mitgewirkt hat, unabhängig davon, ob er den Unfall verschuldet oder verursacht hat, ebenso derjenige, der das annimmt oder annehmen muss: BGE 74 IV 179, 83 IV 46 = Pr 46 (1957) Nr. 79, BGE 101 IV 233, ZBJV 81 (1951) 435, BJM 1965, 250, PKG 1990 Nr. 48). Die Mitfahrenden, soweit sie den Unfall herbeigeführt haben, werden in SVG Art. 51 Abs. 2 Satz 3 und VRV Art. 54 Abs. 1

erwähnt. Unbeteiligte sind Personen, die sich zur Zeit des Unfalls auf der Unfallstelle oder in unmittelbarer Nähe befinden oder nachher dazu kommen. Sie können Pflichten nach SVG Art. 51 Abs. 2, VRV Art. 54 Abs. 3 und 55 Abs. 3 treffen. Die *Tathandlung* besteht in der Verletzung mindestens einer der durch SVG Art. 51 i.V. mit VRV Art. 54 ff. auferlegten Pflichten (Anhaltepflicht, Verkehrssicherungspflicht, Hilfeleistungspflicht, Meldepflicht, Verweilpflicht, Mitwirkungspflicht bei der Feststellung des Tatbestandes). – *Subjektiver Tatbestand:* Die einfache Pflichtverletzung kann vorsätzlich und fahrlässig begangen werden: BGE 83 IV 43, 93 IV 43, PKG 1964 Nr. 39.

Abs. 2: *Fahrzeugführer* ist jede Person, welche die entscheidende, unmittelbare Herrschaft über ein motorisiertes oder motorloses Fahrzeug (fahrzeugähnliche Geräte [VRV Art. 1 Abs. 10] unterstehen den für Fussgänger geltenden Verkehrsregeln: VRV Art. 50a Abs. 1) innehat. Nicht an der Führung beteiligte Mitfahrer können lediglich als Gehilfen zur Rechenschaft gezogen werden: RS 1955 Nr. 133. – Die *Tötung oder Verletzung* eines Menschen bildet objektives Tatbestandselement. Gemeint ist, dass der Fahrzeugführer die Verletzung oder Tötung einer Person unmittelbar verursacht hat. Nicht vorausgesetzt ist, dass er die Verursachung auch verschuldet hat: BGE 100 IV 258. Auf die Schwere der durch den Unfall verursachten Verletzung des Opfers kommt es nicht an, es sei denn, es handle sich um absolut geringfügige, praktisch bedeutungslose Schäden. Prellungen, Quetschungen und leichte Schürfungen genügen, ungeachtet, ob eine ärztliche Behandlung nötig ist: BGE 83 IV 42, 95 IV 150 = Pr 59 (1970) Nr. 15, BGE 122 IV 356. Die Ausnahmevorschrift von VRV 55 Abs. 2 steht der Möglichkeit einer Führerflucht nicht entgegen, da die Bestimmung zwar nicht die Meldung an die Polizei vorschreibt, aber vom Schädiger die Angabe von Namen und Adresse verlangt, was voraussetzt, dass er den Unfallort nicht einfach verlässt. Der Pflichtige darf bei der Klärung des Zustandes des Opfers nicht ohne weiteres auf den äusseren Schein oder auf Aussagen des Verletzten (Schockwirkung) bzw. nicht offenkundig sachverständiger Dritter vertrauen: BGE 103 Ib 101. – *Flucht:* Die Flucht ergreift der Fahrzeugführer, der die Unfallstelle mit oder ohne Fahrzeug, sofort oder später ohne Erlaubnis der Polizei verlässt, gleichgültig, ob dies schnell oder langsam, auffällig oder unauffällig geschieht: BGE 93 IV 43, 97 IV 224, 122 IV 359, 124 IV 79 = Pr 87 (1998) Nr. 112, BGer vom 4.12.2003, 6S.380/2003, RS 2004 Nr. 555). Wer ohne dem Verletzten zu helfen am Unfallort verbleibt und durch sein Verhalten seine Beteiligung allenfalls verschleiert, gilt ebenfalls als flüchtig: BGE 101 IV 333 = Pr 65 (1976) Nr. 48, RS 1981 Nr. 110. Ebenso derjenige, welcher vorerst Hilfe holt, auf den Unfallplatz zurückkehrt, sich aber wieder entfernt, ohne das Eintreffen der Polizei abzuwarten und ohne seine Personalien anzugeben: BGer vom 15.3.2001, 6S.57/2001 Erw. 4. Das Verlassen des Unfallortes ist nur zulässig, wenn der Fahrzeugführer selbst ärztliche Betreuung benötigt, wobei er vorher dem Verletzten oder einer anderen anwesenden Person Name und Adresse mitzuteilen (ZR 68 [1979] Nr. 51), sich um das Opfer zu kümmern und die Unfallstelle zu sichern hat (BGE 95 IV 150 = Pr 59 [1970] Nr. 15). Eine spätere Meldung bei der Polizei ändert nichts an der Erfüllung des Tatbestandes und kann höchstens bei der Strafzumessung berücksichtigt werden: BGE 79 IV 177 = Pr 43 (1954) Nr. 28. Den Tatbestand erfüllt nicht, wer sich mit dem Opfer zu verständigen versucht, ohne dass die Polizei hinzugezogen wird, und dann die Unfallstelle unbehelligt verlässt: RS 1995 Nr. 716. Keine Fahrerflucht begeht der Buschauffeur, der sich nach einem Unfall selbst um ein verletztes Kind kümmert, dieses der Hilfeleistung durch die Mutter und einen ihm bekannten Fahrgast überlässt, zur nächsten Haltestelle fährt und dort den Unfall meldet: AGVE 1986 79 Nr. 19. – *Subjektiver Tatbestand:* Führerflucht kann vorsätzlich und fahrlässig begangen werden: BGE 93 IV 43, JdT 1974 IV 96, RS 1969 Nr. 38, 1984 Nr. 744; a.M. RS 1965 Nr. 108, SJZ 101 (2005) 244.

Konkurrenzen: StGB Art. 128 geht den weiter gefassten Hilfeleistungspflichten gemäss SVG Art. 51 Abs. 2 i.V. mit SVG Art. 92 Abs. 1 i.d.R vor. Bei Führerflucht hingegen ist SVG Art. 92 Abs. 2 als lex specialis ausschliesslich anzuwenden. Bezüglich StGB Art. 303 und 304 vgl. BGE 111 IV 159, BJM 2002, 23.

Administrative Nebenfolgen: SVG Art. 16c Abs. 1 lit. e i.V. mit 16c Abs. 2.

Art. 93 Nicht betriebssichere Fahrzeuge

1. Wer vorsätzlich die Betriebssicherheit eines Fahrzeuges beeinträchtigt, sodass die Gefahr eines Unfalls entsteht, wird mit Freiheitsstrafe bis zu drei Jahren oder Geldstrafe bestraft.

Handelt der Täter fahrlässig, so ist die Strafe Busse.

2. Wer ein Fahrzeug führt, von dem er weiss oder bei pflichtgemässer Aufmerksamkeit wissen kann, dass es den Vorschriften nicht entspricht, wird mit Busse bestraft.

Der Halter oder wer wie ein Halter für die Betriebssicherheit eines Fahrzeuges verantwortlich ist, untersteht der gleichen Strafdrohung, wenn er wissentlich oder aus Sorglosigkeit den Gebrauch des nicht den Vorschriften entsprechenden Fahrzeuges duldet.

Art. 93: Als *Tatobjekt* kommen sämtliche auf öffentlichen Strassen verkehrende Fahrzeuge in Frage, nicht aber die fahrzeugähnlichen Geräte nach VRV Art. 1 Abs. 10.

Ziff. 1: Was unter *Betriebssicherheit* zu verstehen ist, ergibt sich aus SVG Art. 29. Betriebssicher und vorschriftsgemäss ist der Zustand eines Fahrzeuges, wenn seine Beschaffenheit, seine Ausrüstung und das erforderliche Zubehör sämtlichen gesetzlichen und in den Ausführungsvorschriften festgelegten Anforderungen entspricht und wenn es in seiner Gesamtheit so unterhalten ist, dass die Verkehrsregeln befolgt werden können und weder Fahrer, Mitfahrende oder andere Strassenbenützer gefährdet werden noch die Fahrbahn Schaden erleidet. – Unter *Beeinträchtigen* sind alle Tätigkeiten zu verstehen, die derart sind, dass sie das Fahrzeug in einen nicht betriebssicheren Zustand versetzen oder einen solchen nicht beheben, wobei es genügt, dass die Betriebssicherheit nur für eine Fahrt oder einen Abschnitt einer solchen nicht gegeben ist. Wer durch Manipulationen verunmöglicht, dass das Fahrzeug überhaupt in Betrieb gesetzt werden kann, beeinträchtigt dessen Betriebssicherheit, verursacht aber keine Unfallgefahr, es sei denn, vom blockierten Fahrzeug gehe ein Unfallrisiko aus. Die Tathandlung kann auch in einer Unterlassung bestehen, wenn z.B. der Halter Reparaturen nicht vornehmen lässt, obwohl er deren Notwendigkeit erkennt oder erkennen müsste und eine aus der Unterlassung resultierende Unfallgefahr in Kauf nimmt (Tanklastzug mit defekter Fussbremse und ungenügender Befestigung des Tanks: BJM 1954, 59; abgefahrene Pneus: SJZ 65 [1969] 362, AGVE 1987 130 Nr. 10). Ebenso trifft eine strafrechtliche Verantwortlichkeit den Garagisten, der ein ihm zur Reparatur ausgehändigtes Fahrzeug in einem nicht betriebssicheren, unfallgefährlichen Zustand wieder ausliefert, ohne den Kunden auf diesen Umstand aufmerksam zu machen: AGVE 1962 202 Nr. 38. – Der Tatbestand setzt voraus, dass durch die Beeinträchtigung der Betriebssicherheit die *Gefahr eines Unfalls* entsteht. Nicht jeder Verstoss gegen SVG Art. 29, VRV Art. 57 ff. und die Ausführungsbestimmungen der VTS wird nach SVG Art. 93 sanktioniert. Der Begriff der Betriebssicherheit ist von demjenigen der Vorschriftsgemässheit zu unterscheiden. Wird durch ein sich in nicht einwandfreiem Funktionszustand befindliches Fahrzeug keine Unfallgefahr hervorgerufen, so ist der Verstoss gegen die Verkehrsregel von SVG Art. 29 nach SVG Art. 90 zu ahnden. Die Beeinträchtigung der Betriebssicherheit muss zur konkreten Möglichkeit eines Unfalles geführt haben, eine bloss abstrakte Unfallgefahr ist für eine Verurteilung nicht ausreichend. – *Subjektiver Tatbestand:* SVG Art. 93 Ziff. 1 kann vorsätzlich (Abs. 1) und – als Übertretungstatbestand ausgestaltet – auch fahrlässig (Abs. 2) begangen werden.

Konkurrenzen: Echte Konkurrenz ist möglich zu StGB Art. 129 (BJM 1955, 59: Tanklastzug mit defekter Fussbremse und unzureichend gesichertem Tank) und zu StGB Art. 144 (RS 1975 Nr. 890: Ablassen von Luft aus einem Pneu; BGE 99 IV 145 = Pr 62 [1973] Nr. 202: sichtbehinderndes Verkleben der Windschutzscheibe). Angesichts der Identität der geschützten Rechtsgüter geht SVG Art. 93 Ziff. 1 als Spezialbestimmung dem Tatbestand von StGB Art. 237 vor.

Ziff. 2: *Tathandlung* ist das Führen oder Führenlassen eines nicht den Vorschriften entsprechenden Fahrzeuges. *Vorschriftsgemäss* ist der Zustand eines Fahrzeuges a) wenn Bau und Ausrüstung den technischen Anforderungen entsprechen (vgl. die VTS, insbesondere VTS Art. 219 Abs. 1; BGE 104 IV 121, 115 IV 144): frisiertes Mofa (AGVE 1985 578 Nr. 14); defekter Tachometer (AGVE 1991 490 Nr. 16); b) wenn das Fahrzeug in einem Zustand ist, der die Beachtung der Verkehrsregeln ermöglicht und der Gebrauch keine Verkehrsteilnehmer gefährdet (SVG Art. 29, VRV Art. 57): ungenügende Bremsen (AGVE 1988 166 Nr. 12, 1990 476 Nr. 18); abgefahrene Pneus (SJZ 65 [1969] 362, AGVE 1970 111 Nr. 43, 1987 130 Nr. 10, 1997 190 Nr. 56); beschlagene oder vereiste Scheiben (AGVE 1984 681 Nr. 11, 1992 189 Nr. 8); gelockerte Radschrauben (AGVE 1997 182 Nr. 54); c) wenn es den Vorschriften betr. die Schutzvorkehren genügt (VRV Art. 58), dazu gehört auch die Ladung (BGer vom 21.5.2004, 6S.41/2004, AGVE 1982 209 Nr. 28, 1986 534 Nr. 12, 1990 475 Nr. 17); d) wenn es so beschaffen und unterhalten ist, dass die Strassen nicht beschädigt werden (VRV Art. 59, VTS Art. 62 und 63) und e) wenn es schliesslich den Vorschriften über die Abgaswartung entspricht (VRV Art. 59a, VZV Art. 133a, VTS Art. 35 und 36; dazu BGE 115 IV 114, AGVE 1993 119 Nr. 41). SVG Art. 93 Ziff. 2 setzt nicht das Entstehen einer durch die mangelnde Vorschriftsgemässheit bedingten Unfallgefahr voraus. Beim Auftreten leichterer Mängel während der Fahrt darf der Fahrzeugführer mit besonderer Vorsicht weiterfahren (nach Hause oder in eine Werkstätte: VRV Art. 57 Abs. 3), nicht aber, wenn die Betriebssicherheit des Fahrzeuges gefährdet ist (z.B. Bremsmängel: SJZ 63 [1967] 365, AGVE 1970 111 Nr. 43). Zur Probe- und Überführungsfahrt des Mechanikers vgl. VRV Art. 57 Abs. 4 und VVV Art. 24 Abs. 1 (dazu BGE 106 IV 403, 115 IV 144). – *Täter:* SVG Art. 93 Ziff. 2 erfasst neben dem Fahrzeugführer (Abs. 1), auch den Halter sowie diejenige Person, die wie ein Halter für die Betriebssicherheit verantwortlich ist (Abs. 2) und den Gebrauch eines nicht den Vorschriften entsprechenden Fahrzeuges duldet (BGE 126 IV 89 Erw. 2c/bb = Pr 90 [2001] Nr. 19; z.B. Privatchauffeur: BGE 75 IV 188, Garagenchef eines Unternehmens: VTS Art. 219 Abs. 4 i.V. mit VStrR Art. 6 und 7: Inhaber eines Betriebes mit einem Fahrzeugpark: SJZ 66 [1970] 209, AGVE 1975 116 Nr. 40; Verantwortlichkeit des Arbeitgebers oder Vorgesetzten: vgl. Bem. zu SVG Art. 100 Ziff. 2). Die Anwendung von SVG Art. 93 Ziff. 2 auf eine Person nach Abs. 2 hindert nicht die gleichzeitige Strafbarkeit des Fahrers nach Abs. 1 und umgekehrt. – *Subjektiver Tatbestand:* SVG Art. 93 Ziff. 2 kann vorsätzlich oder fahrlässig begangen werden. Keine Pflichtwidrigkeit des Mechanikers, der vor Antritt einer Kontrollfahrt nicht bemerkt, dass der Lehrling den Öldeckel nicht richtig verschlossen hat: BGer vom 16.2.1999, 6S.740/1998. Zur Anwendung von StGB Art. 54 bei schwerer Verletzung durch einen Unfall mit einem betriebssicheren Fahrzeug: RS 1994 Nr. 583, 1996 Nr. 25.

V. Titel: Strafbestimmungen

Konkurrenzen: SVG Art. 93 Ziff. 2 geht als Sonderbestimmung SVG Art. 90 Ziff. 1 vor, wenn das Unrecht lediglich darin besteht, ein nicht den Vorschriften entsprechendes Fahrzeug gelenkt oder das Lenken eines solchen geduldet zu haben. Ist aber die Verkehrsregelverletzung auf ein nicht betriebssicheres Fahrzeug zurückzuführen (z.B. Lenker überfährt zufolge defekter Bremsen ein Stoppsignal), ist echte Konkurrenz möglich: BGE 92 IV 143. Hat der Täter durch den Gebrauch eines nicht den Vorschriften entsprechenden Fahrzeuges in grobfahrlässiger Weise eine erhöht abstrakte Gefahr für andere Verkehrsteilnehmer geschaffen, geht SVG Art. 90 Ziff. 2 vor. Führt der Fahrzeugmangel zu einem Unfall mit Todesopfern oder Verletzten, ist SVG Art. 93 Ziff. 2 neben StGB Art. 117 oder StGB Art. 125 anzuwenden: AGVE 1962 202 Nr. 38.

Art. 94   Entwendung zum Gebrauch

1. Wer ein Motorfahrzeug zum Gebrauch entwendet und wer ein solches Fahrzeug führt oder darin mitfährt, obwohl er bei Antritt der Fahrt von der Entwendung Kenntnis hatte, wird mit Freiheitsstrafe bis zu drei Jahren oder Geldstrafe bestraft.

Ist einer der Täter ein Angehöriger oder Familiengenosse des Halters und hatte der Führer den erforderlichen Führerausweis, so erfolgt die Bestrafung nur auf Antrag; die Strafe ist Busse.

2. Wer ein ihm anvertrautes Motorfahrzeug zu Fahrten verwendet, zu denen er offensichtlich nicht ermächtigt ist, wird auf Antrag mit Busse bestraft.

3. Wer ein Fahrrad unberechtigt verwendet, wird mit Busse bestraft. Ist der Täter ein Angehöriger oder Familiengenosse des Besitzers, so erfolgt die Bestrafung nur auf Antrag.

4. Der Artikel 141 des Strafgesetzbuches findet in diesen Fällen keine Anwendung.

Art. 94 Ziff. 1 Abs. 1: *Tathandlung:* Der Täter bricht gegen den Herrschaftswillen der berechtigten Person (in der Regel der Halter, in Frage kommen auch andere dinglich oder obligatorisch berechtigte Personen) deren Herrschaftsmacht über ein Motorfahrzeug und begründet an diesem neuen Gewahrsam: BGE 101 IV 35. Zweck der Wegnahme ist nicht die Aneignung, sondern der vorübergehende Gebrauch. Ausreichend ist, wenn der Berechtigte das Fahrzeug kurz verlässt und der Mitfahrer, der keinen Führerausweis besitzt, ohne Einverständnis ein Wendemanöver ausführt: RS 1968 Nr. 136. Nur (untauglicher) Versuch liegt vor, wenn das Motorfahrzeug dem Berechtigten bereits zuvor durch einen Dritten entwendet und stehen gelassen worden ist, da ein weiterer Gewahrsamsbruch nicht mehr möglich ist. Bei Mitgewahrsam von Täter und Geschädigtem ist dort, wo dem Halter übergeordneter Gewahrsam zusteht, Entwendung nach SVG Art. 94 Ziff. 1, bei gleichgeordnetem Gewahrsam eigenmächtige Verwendung nach SVG Art. 94 Ziff. 2 anzunehmen: BGE 101 IV 35, RS 1996 Nr. 162. Auch der Eigentümer kann den Tatbestand erfüllen, wenn er sein Fahrzeug bei einer Person behändigt, die dieses aufgrund eines obligatorischen oder dinglichen Rechtstitels in ihrem Besitz hat: RS 1969 Nr. 150. Durch die Begründung des eigenen Gewahrsams *vollendet* der Täter die Entwendung (Tätigkeitsdelikt). Es ist nicht erforderlich, dass der Täter das Fahrzeug in Gang gesetzt oder geführt hat: BGE 73 IV 41 = Pr 36 [1947] Nr. 50, BGE 78 IV 63, RS 1962 Nr. 103, 1986 Nr. 83, BJM 1975, 151. – Der *subjektive Tatbestand* verlangt Vorsatz (trotz SVG Art. 100 Ziff. 1 Abs. 1 ist fahrlässige Tatbegehung kaum denkbar).

Strafbar macht sich ebenfalls, wer ein zuvor von einem Dritten entwendetes Motorfahrzeug *führt* oder *darin mitfährt*, obwohl er bei Antritt der Fahrt von der Entwendung Kenntnis hatte (Vorsatz; Eventualvorsatz genügt SJZ 62 [1966] 172) oder davon hätte Kenntnis haben müssen (Fahrlässigkeit). Wer bei Antritt der Fahrt von der Entwendung keine Kenntnis hatte oder erst während der Fahrt davon erfährt, macht sich nicht strafbar (RS 1966 Nr. 102).

Ziff. 1 Abs. 2: Zur Definition des *Angehörigen und Familiengenossen* vgl. StGB Art. 100 Abs. 1 und 2. Die Privilegierung (Antragsdelikt, Übertretung) gilt nur zugunsten der Angehörigen und Familiengenossen des Halters (vgl. VZV Art. 78 Abs. 1). Ist der Geschädigte ein Besitzer ohne Haltereigenschaft, kommt der Grundtatbestand von SVG Art. 94 Ziff. 1 zur Anwendung. Der Tatbestand setzt voraus, dass der Täter, der das Motorfahrzeug entwendet oder führt, den erforderlichen Führerausweis besitzt. Hat der Täter einen gültigen Lernfahrausweis, lässt er sich aber nicht ordnungsgemäss begleiten (SVG Art. 15, VRV Art. 27, VZV Art. 17), so spielt die Privilegierung nicht.

Ziff. 2: *Eigenmächtige Verwendung* eines anvertrauten Fahrzeuges: *Täter* dieser privilegierten Tatbestandsvariante (Antragsdelikt, Übertretung) ist diejenige Person, der das Fahrzeug vom Verfügungsberechtigten anvertraut wurde und die deshalb eine Treuepflicht hinsichtlich des Gebrauchs des überlassenen Fahrzeugs trifft. Der Tatbestand stellt nicht darauf ab, in wessen Eigentum das anvertraute Fahrzeug steht. Bei Mitgewahrsam von Täter und Geschädigtem ist SVG Art. 94 Ziff. 2 anwendbar, wenn es sich um einen gleichgeordneten Gewahrsam handelt: BGE 101 IV 35, RS 1996 Nr. 162. Die Treuepflicht gründet i.d.R. auf Vertrag (Miete, Gebrauchsleihe, Leasing, Arbeitsvertrag etc.) oder kann sich aus gesetzlichen Vorschriften ergeben (z.B. Behördenmitglieder, Beamte etc.). *Tathandlung* ist die Verwendung des anvertrauten Fahrzeuges zu Fahrten, zu denen der Täter offensichtlich nicht ermächtigt ist. Der entgegenstehende Wille des Berechtigten braucht nicht ausdrücklich erklärt zu werden, sondern kann sich aus den Umständen ergeben (z.B. der Garagist, der ein ihm überlassenes Fahrzeug zu einer Spritzfahrt verwendet [Botschaft, BBl 1955 II 64]; der Angestellte, der ein ausschliesslich zu Geschäftszwecken anvertrautes Fahrzeug für private Fahrten gebraucht). Der Leasingnehmer, der ein Motorfahrzeug nach Kündigung des Vertrages weiter benützt, begeht keine Entwendung zum Gebrauch: SJZ 96 (2000) 564. Ermächtigt der Halter einen Dritten, sein Fahrzeug für eine Lernfahrt zu verwenden, und entfernt er sich unter Überlassung von Steuer und Wagenschlüssel, vertraut er dem Dritten das Fahrzeug an, so dass diesfalls nicht eine Entwendung nach SVG Art. 94 Ziff. 1, sondern eine lediglich auf Antrag strafbare Gebrauchsentwendung vorliegt: RS 2005 Nr. 671. Nur die Fahrt, zu der offensichtlich die Ermächtigung fehlt, ist tatbestandsmässig, geringfügige Abweichungen werden als Bagatellfälle von der Norm nicht erfasst. Zur Tatbestanderfüllung genügt bereits eine Fahrt (Botschaft, BBl 1955 II 64). – *Subjektiver Tatbestand:* Die Tatbestandsumschreibung macht klar, dass nur die vorsätzliche Begehung strafbar ist.

Ziff. 3: *Missbräuchliche Verwendung eines Fahrrades:* Als Übertretung strafbar ist nicht nur der Gewahrsamsbruch an einem Fahrrad (oder Motorfahrrad: RS 1970 Nr. 74, SJZ 87 [1991] 122), sondern ebenso die Verwendung eines Fahrrades, auf die der Täter keinen Anspruch hat. Unter die Bestimmung fällt also auch der Fall des Gebrauchs eines bereits entwendeten Fahrrades, an welchem kein Gewahrsam mehr besteht. Handelt es sich beim Täter um einen Angehörigen oder Familiengenossen (StGB Art. 110 Abs. 1 und 2) des Besitzers, erfolgt die Bestrafung nur auf Antrag.

Ziff. 4: Verhältnis zu StGB Art. 141: SVG Art. 94 wird in denjenigen Fällen exklusiv angewendet, die von dieser Bestimmung auch erfasst werden. Echte Konkurrenz mit StGB Art. 141 ist möglich, wenn der Täter das Fahrzeug nach dem Gebrauch nicht nur stehen lässt, sondern zusätzliche Vorkehrungen trifft, um dessen Auffinden zu erschweren (z.B. Versenken des gebrauchten Fahrrades; Abstellen eines beschädigten Autos auf einem Schrottplatz mit Demontage der Kontrollschilder).

Konkurrenzen: Handelt der Täter in Aneignungsabsicht, d.h. verfügt er längerfristig über das Fahrzeug (z.B. während 12 Tagen und Fahrten von 2000 km: RS 1993 Nr. 371; während einer Auslandreise von zehn Tagen, abgebrochen durch eine Festnahme: ZBJV 99 [1963] 71), so liegt Diebstahl nach StGB Art. 139 vor (BGE 85 IV 17, RS 1959 Nr. 206, ZR 69 [1970] Nr. 45, BJM 1969, 186). Diebstahl liegt auch vor, wenn der Täter das entwendete Fahrzeug so deponiert oder versteckt, dass er mehrfach für Fahrten darauf zurückgreifen kann und sein Verhalten als beabsichtigte dauernde Enteignung zu qualifizieren ist (RS 1955 Nr. 136, 1959 Nr. 206, 1984 Nr. 698). Wer dem Berechtigten den Gebrauch des Fahrzeugs durch Androhung ernstlicher Nachteile oder Gewalt abnötigt («Car-Napping»), begeht eine Erpressung nach StGB Art. 156: BGE 100 IV 223.

Zivilrechtliche Verantwortlichkeit für Strolchenfahrten: SVG Art. 75. – Zu den vom Fahrzeugführer zu treffenden *Sicherungsmassnahmen* (SVG Art. 37 Abs. 3, VRV Art. 22 Abs. 1): BGE 91 IV 207 lässt das Abziehen des Zündungsschlüssels genügen, während nach SJZ 61 (1965) 295 das Abschliessen sämtlicher Türen erforderlich ist.

Administrative Nebenfolgen: SVG Art. 16b Abs. 1 lit. d i.V. mit 16b Abs. 2.

Art. 95 Fahren ohne Führerausweis oder trotz Entzug

1. Wer ohne den erforderlichen Führerausweis ein Motorfahrzeug führt,
wer die mit dem Ausweis im Einzelfall verbundenen Beschränkungen oder Auflagen missachtet,
wer ein Motorfahrzeug einem Führer überlässt, von dem er weiss oder bei pflichtgemässer Aufmerksamkeit wissen kann, dass er den erforderlichen Ausweis nicht hat,
wer ohne Lernfahrausweis oder ohne die vorgeschriebene Begleitung Lernfahrten ausführt,
wer bei einer Lernfahrt die Aufgabe des Begleiters übernimmt, ohne die Voraussetzungen zu erfüllen,
wer ohne Fahrlehrerausweis berufsmässig Fahrunterricht erteilt,
wird mit Busse bestraft.

2. Wer ein Motorfahrzeug führt, obwohl ihm der Lernfahr- oder Führerausweis verweigert, entzogen oder aberkannt wurde, wird mit Freiheitsstrafe bis zu drei Jahren oder Geldstrafe bestraft.

3. Wer ein Fahrrad führt, obwohl ihm das Radfahren untersagt wurde, wird mit Busse bestraft.

4. Wer ein Fuhrwerk führt, obwohl ihm das Führen eines Tierfuhrwerkes untersagt wurde, wird mit Busse bestraft.

Art. 95 Ziff. 1 Abs. 1: Um einer Bestrafung zu entgehen, muss der Betreffende Inhaber des für die fragliche (Motor-)Fahrzeugkategorie erforderlichen Führerausweises sein. Einen solchen benötigen auch die Führer von Motorfahrrädern (VZV Art. 3 Abs. 3), wenn sie nicht Inhaber eines Ausweises der allg. Kategorien A–D oder der Spezialkategorien F und G sind (VZV Art. 4 Abs. 1–3). Wer den für die fragliche Kategorie erforderlichen Führerausweis besitzt, diesen aber bei einer Fahrt nicht bei sich trägt, ist nach SVG Art. 99 Ziff. 3 zu bestrafen. Wer einen falschen oder gefälschten Ausweis vorweist, kann den Tatbestand von StGB Art. 252 Abs. 3 (StGB alt Art. 252 Ziff. 1 Abs. 3) erfüllen: BGE 98 IV 55. *Tathandlung:* Für die Erfüllung des Tatbestandes ist nicht erforderlich, dass der Motor in Gang gesetzt wird, wenn die Schwerkraft (z.B. abschüssige Strasse) für die Fortbewegung ausgenützt wird: SJZ 61 (1965) 175. Auch der Lenker eines geschleppten Fahrzeuges bedarf eines Führerausweises (VRV Art. 72 Abs. 2, BGE 91 IV 197). Straflos dagegen ist derjenige, der sein Fahrzeug auf ebener Strasse schiebt: BGE 111 IV 96 Erw. 2d. Als Führer gilt auch, wer ein Fahrzeug vom Beifahrersitz aus steuert, während ein anderer Gas und Bremse bedient: ZR 48 (1949) Nr. 190.

Administrative Nebenfolgen: SVG Art. 16b lit. c i.V. mit 16b Abs. 2.

Ziff. 1 Abs. 2: Beschränkungen und Zusatzangaben, die im Führerausweis eingetragen sind (VZV Art. 24d), müssen beachtet werden. Vgl. dazu die Weisungen des Bundesamtes für Strassen (ASTRA) betr. die Ausstellung des Führerausweises im Kreditkartenformat (FAK) vom 5.12.2005 Ziff. 4: z.B. Brille, Kontaktlinsen, Hörprothesen, ärztliche Atteste, medizinische Auflagen, Fahrzeuganpassungen etc.

Administrative Nebenfolgen: SVG Art. 16 Abs. 1.

Ziff. 1 Abs. 3: Unter den Tatbestand fällt der Halter oder sonstwie Berechtigte (nicht der Vater, dessen minderjähriger Sohn ein «Bastelobjekt» erworben hat und dieses ohne Ausweis für eine Fahrt benutzt: RS 1977 Nr. 363), der einer nicht führungsberechtigten Person die tatsächliche und unmittelbare Verfügungsgewalt über ein Motorfahrzeug einräumt, ohne dass eine eigentliche Übergabe erforderlich wäre. Dies gilt nicht für den Verkäufer eines Motorfahrzeuges, der mit dem Verkauf seine Verfügungsberechtigung über das Fahrzeug verliert und damit auch der entsprechenden Obliegenheiten entbunden wird. – *Subjektiver Tatbestand:* Strafbar ist nach dem ausdrücklichen Wortlaut sowohl die vorsätzliche als auch die fahrlässige Tatbegehung. Wer einem andern ein Motorfahrzeug überlassen will, hat sich zu erkundigen und zu vergewissern, ob dieser den erforderlichen Ausweis besitzt, wobei das Mass der pflichtgemässen Aufmerksamkeit nach der sozialen Usanz zu bestimmen ist: BJM 1971, 82, AGVE 1976 113 Nr. 36.

Ziff. 1 Abs. 4: Nach dieser Bestimmung macht sich strafbar, wer ohne Lernfahrausweis (VZV Art. 15/16) oder ohne die vorgeschriebene Begleitung (vgl. Bem. zu SVG Art. 95 Ziff. 1 Abs. 5) eine Lernfahrt (SVG Art. 15 Abs. 1 und 2, VRV Art. 27, VZV Art. 17) unternimmt.

Ziff. 1 Abs. 5: Erfüllt die Begleitperson einer Lernfahrt auf Motorwagen (VTS Art. 10 ff.) kumulativ die in SVG Art. 15 Abs. 1 festgelegten Voraussetzungen (vollendetes 23. Altersjahr, Besitz des entsprechenden Führerausweises seit mindestens drei Jahren) nicht, macht sie sich strafbar. Dasselbe gilt, wenn der Begleitperson der Führerausweis entzogen worden ist: BGE 95 IV 168 = Pr 59 (1970) Nr. 58.

Ziff. 1 Abs. 6: Die Sanktionierung des berufsmässigen Erteilens von Fahrunterricht ohne Fahrlehrerausweis (VZV Art. 47 ff.) bezieht sich auf SVG Art. 15 Abs. 3 und 4. Zum Begriff der Berufsmässigkeit vgl. VZV Art. 47 Abs. 1 (RS 1964 Nr. 85). Darunter fällt nicht die gelegentliche entgeltliche Ausbildung von Fahrschülern, zu denen der Ausbilder eine nähere Beziehung hat.

Ziff. 2: Als *Führer* eines Motorfahrzeuges (dazu gehören hier auch die Motorfahrräder) gilt auch der Beifahrer, wenn er in den Führungsvorgang eingreift. Es muss ein schriftlicher und begründeter

V. Titel: Strafbestimmungen — Art. 96

Entscheid (SVG Art. 23 Abs. 1) der zuständigen Verwaltungsbehörde bzw. des zuständigen Gerichts vorliegen, welcher die Zulassung des Bewerbers als Lernfahrer oder Führer verweigerte (SVG Art. 14 Abs. 2), die erteilte Fahrbewilligung entzog (administrativ: SVG Art. 16 ff.; gerichtlich: StGB Art. 67b) oder aberkannte (VZV Art. 45). Die vorläufige Abnahme des Führerausweises durch die Polizei gemäss SVG Art. 54 Abs. 2–4 und VZV Art. 38/39 ist gleichgestellt: BGE 96 I 442 Erw. 4. Wer nach einem Entzug ein Fahrzeug mit einem im Ausland erworbenen Führerausweis lenkt, erfüllt den Tatbestand ebenfalls: BGE 95 IV 168 = Pr 59 (1970) Nr. 58, ZR 67 (1968) Nr. 84. – *Subjektiver Tatbestand:* Sowohl die vorsätzliche als auch die fahrlässige (BGE 117 IV 302, 124 II 108 Erw. 2) Tatbegehung sind strafbar.

Abgrenzung: Die Bestrafung des Führens eines Motorfahrzeuges, für das ein Führerausweis nicht erforderlich ist (VZV Art. 5 Abs. 2) trotz Fahrverbotes (VZV Art. 36), richtet sich nach VZV Art. 143 Ziff. 2.

Administrative Nebenfolgen: SVG Art. 16c, insbesondere 16c Abs. 1 lit. f.

Ziff. 3: Strafbestimmung zu SVG Art. 19 Abs. 2 und 3.

Ziff. 4: Strafbestimmung zu SVG Art. 21 Abs. 2.

Art. 96 Fahren ohne Fahrzeugausweis

1. Wer ohne den erforderlichen Fahrzeugausweis oder die Kontrollschilder ein Motorfahrzeug führt oder einen Anhänger mitführt,

wer ohne Bewilligung Fahrten durchführt, die nach diesem Gesetz einer Bewilligung bedürfen,

wer die mit dem Fahrzeugausweis oder der Bewilligung von Gesetzes wegen oder im Einzelfall verbundenen Beschränkungen oder Auflagen, namentlich über das zulässige Gesamtgewicht, missachtet,

wird mit Busse bestraft.

2. Wer ein Motorfahrzeug führt, obwohl er weiss oder bei pflichtgemässer Aufmerksamkeit wissen könnte, dass die vorgeschriebene Haftpflichtversicherung nicht besteht, wird mit Freiheitsstrafe bis zu drei Jahren oder Geldstrafe bestraft. Mit der Freiheitsstrafe ist eine Geldstrafe zu verbinden.

In leichten Fällen ist die Strafe Geldstrafe.

3. Der Halter oder wer an seiner Stelle über das Fahrzeug verfügt, untersteht den gleichen Strafdrohungen, wenn er von der Widerhandlung Kenntnis hatte oder bei pflichtgemässer Aufmerksamkeit haben konnte.

Art. 96 Ziff. 1 Abs. 1: Strafbestimmung zu SVG Art. 10 Abs. 1. *Fahrzeugausweise* werden durch die zuständige Behörde des Standortkantons, für Bundesfahrzeuge durch den Bund, erteilt (SVG Art. 22). Die Voraussetzungen für die Erteilung des Fahrzeugausweises und der mit diesem im Zusammenhang stehenden Kontrollschilder sind in SVG Art. 11 und 13 sowie VZV Art. 71 ff. festgelegt. Zum *Entzug* des Fahrzeugausweises und zur *vorläufigen Abnahme* durch die Polizei: SVG Art. 16 Abs. 4, VZV Art. 106 ff.; SVG Art. 54 Abs. 1, VZV Art. 111. Der Fahrzeugausweis gilt ab dem Datum der entsprechenden amtlichen Verfügung als erteilt. Unerheblich ist, ob das Dokument bereits ausgehändigt wurde: SJZ 57 (1961) 170. Umgekehrt gilt der Fahrzeugausweis nach dessen Entzug oder dem Ablauf seiner Befristung als nicht mehr vorhanden, auch wenn der Betroffene das Dokument noch in seinem Besitz hat: RS 1967 Nr. 210. Wer ein Fahrzeug mietet oder kauft, hat sich zu vergewissern, dass für dieses ein gültiger Fahrzeugausweis ausgestellt wurde: AGVE 1975 115 Nr. 39, RS 1977 Nr. 192. – Zum Begriff des *Führens* vgl. Bem. zu SVG Art. 95 Ziff. 1 Abs. 1. Das blosse Stehenlassen von Motorfahrzeugen auf öffentlichen Strassen oder Parkplätzen beurteilt sich nach VRV Art. 20 Abs. 1 i.V. mit VRV Art. 96. Die Strafbarkeit des Führens eines *Motorfahrrades* ohne Fahrzeugausweis oder Kontrollschild (VZV Art. 90 Abs. 2) richtet sich nach VZV Art. 145 Ziff. 3. – Zum Begriff des *Anhängers:* VTS Art. 19 ff. und VTS Art. 182 ff.

Ziff. 1 Abs. 2: Die Fahrten, die nach Gesetz einer *Bewilligung* bedürfen, sind in SVG Art. 52 (Motorsportveranstaltungen), in SVG Art. 53 (Versuchsfahrten) sowie SVG Art. 9 und SVG Art. 20 in Verbindung mit VRV Art. 78 ff. (Ausnahmefahrzeuge und Ausnahmetransporte) umschrieben.

Ziff. 1 Abs. 3: Strafbestimmung bezüglich der Missachtung von *Beschränkungen und Auflagen*, die mit dem Fahrzeugausweis oder der Bewilligung (vgl. SVG Art. 96 Ziff. 1 Abs. 2) generell nach dem Gesetz oder speziell im Einzelfall verbunden sind (SVG Art. 9, SVG Art. 20, VVV Art. 11 ff., VZV Art. 80, VTS), namentlich Vorschriften bezüglich des zulässigen Gesamtgewichts (VRV Art. 67). Überschreiten der Betriebsgewichtslimite eines Anhängerzuges: BGE 126 IV 99. Einbau eines Krans auf einen Lastwagen und dadurch bewirkte Erhöhung des Eigengewichtes: RS 1976 Nr. 130. *Täter* ist dabei nicht nur der Fahrzeugführer, sondern, Vorsatz oder Fahrlässigkeit vorausgesetzt, auch die Person, die dazu beiträgt, dass ein Fahrzeug mit Überlast in Verkehr gesetzt wird. Disponent, der einen Chauffeur unzutreffend über das spezifische Gewicht des geladenen Holzes informiert: BGE 89 IV 157. Baggerführer, der einen Lastwagen mit zuviel Aushubmaterial belädt: BGE 94 IV 131. Nicht die Ehefrau des Betriebsinhabers, die einem Chauffeur Holz mit einer für die Zollabfertigung bestimmten zu niedrigen Gewichtsangabe ausliefert: BJM 1986, 209.

Ziff. 2 Abs. 1: Der *objektive* Tatbestand erfordert, dass ein Motorfahrzeug auf einer öffentlichen Strasse (vgl. Bem. zu SVG Art. 90) geführt wird (es genügt Schieben oder Rollenlassen ohne Motorkraft: SJZ 61 [1965] 175), für das die vorgeschriebene Haftpflichtversicherung (SVG Art. 63) nicht besteht. Die *Haftpflichtversicherung* ist Voraussetzung für die Erteilung des Fahrzeugausweises (SVG Art. 11 Abs. 1). Erlischt sie aus irgendwelchen Gründen, muss der Fahrzeugausweis entzogen werden (SVG Art. 16 Abs. 1). Keine Haftpflichtversicherung besteht, wenn überhaupt kein solcher Vertrag abgeschlossen wurde oder die Versicherungsdeckung eines bestehenden Vertrages erloschen ist. Fehlt es bloss an einem gültigen Versicherungsvertrag, muss der Haftpflichtversicherer aber trotzdem Deckung leisten (vgl. SVG Art. 68 Abs. 2), so ist der Tatbestand nicht erfüllt. Ebensowenig ist SVG Art. 96 Ziff. 2 anwendbar, wenn ein ohne Kontrollschilder verkehrendes Motorfahrzeug von der Versicherung eines Garageunternehmens gedeckt wird (BGE 87 IV 128 = Pr 51 [1962] Nr. 12) oder verschiedene, mit Wechselkontrollschildern ausgerüstete Motorfahrzeuge (VVV Art. 15 Abs. 3) zur selben Zeit benutzt werden (bei Halterwechsel aber anders ZR 61 [1962] Nr. 166). Das Inverkehrbringen eines neuen Motorfahrzeuges derselben Kategorie mit den Nummernschildern des «Vorgängers» ohne Benachrichtigung der Versicherung (RS 1963 Nr. 110) bzw. die i.S. von SVG Art. 67 Abs. 3 unzulässige Benutzung eines Ersatzfahrzeuges ohne die von VVV Art. 9 Abs. 1 vorgeschriebene Bewilligung mit den Kontrollschildern des Stammfahrzeuges (unter den Voraussetzungen von VVV Art. 9 ff.) ist nicht tatbestandsmässig (BGE 89 IV 151, ZR 67 [1968] Nr. 85, SJZ 69 [1973] 308, 59 [1963] 24; zum Tagesausweis [VVV Art. 20 ff.]: ZBJV 110 [1974] 274). Zu prüfen ist aber VVV Art.

60. Strafbar macht sich hingegen, wer nach Ablauf der provisorischen Immatrikulation (VVV Art. 16; BGE 94 IV 81) oder nach Abgabe der Kontrollschilder zum Zwecke des Ruhens der Versicherung das Motorfahrzeug weiter benutzt: BGE 91 IV 24. Die Vorschrift beschlägt auch ausländische, in der Schweiz zirkulierende Motorfahrzeuge (VVV Art. 46). Bei Verwendung eines Motorfahrzeuges ohne die vorgeschriebene Haftpflichtversicherung und ungültigem Fahrzeugausweis besteht echte Konkurrenz zwischen SVG Art. 96 Ziff. 1 und Ziff. 2: BGE 94 IV 81. – Für die Motorfahrräder vgl. VZV Art. 145 Ziff. 4. – Zu speziellen Fällen und Abgrenzungen vgl. VVV Art. 60. – *Subjektiver Tatbestand:* Sowohl die vorsätzliche als auch die fahrlässige Tatbegehung sind strafbar. Der Führer eines Motorfahrzeuges hat sich darüber zu vergewissern, dass der obligatorische Versicherungsschutz vorhanden ist. Kundenservice und geschäftliche Kulanz ändern an der Verantwortlichkeit nichts: RS 1978 Nr. 562.

Ziff. 2 Abs. 2: Für leichte Fälle (Feldweg, Nebenstrasse, kurze Strecke etc.) ist der Tatbestand als Übertretung ausgestaltet. Zur Abgrenzung zu den besonders leichten Fällen nach SVG Art. 100 Ziff. 1 Abs. 2: BGE 94 IV 81, 95 IV 22, SJZ 58 (1962) 100, RS 1978 Nr. 563, ZBJV 118 (1982) 416.

Ziff. 3: Zum Begriff des Halters vgl. VZV Art. 78 Abs. 1; diesem gleichgestellt ist derjenige, der an seiner Stelle tatsächlich über das Fahrzeug verfügt. Der Arbeitgeber oder Vorgesetzte des Fahrzeugführers gelten nicht als Halter, ihre Strafbarkeit bestimmt sich nach SVG Art. 100 Ziff. 2: BGE 89 IV 26, 31, SJZ 66 (1970) 202. Zum Gerichtsstand, der sich nach StGB Art. 343 bestimmt: BGE 90 IV 236.

Art. 97 Missbrauch von Ausweisen und Schildern

1. Wer Ausweise oder Kontrollschilder verwendet, die nicht für ihn oder sein Fahrzeug bestimmt sind,

wer ungültige oder entzogene Ausweise oder Kontrollschilder trotz behördlicher Aufforderung nicht abgibt,

wer andern Ausweise oder Kontrollschilder zur Verwendung überlässt, die nicht für sie oder ihre Fahrzeuge bestimmt sind,

wer vorsätzlich durch unrichtige Angaben, Verschweigen erheblicher Tatsachen oder Vorlage von falschen Bescheinigungen einen Ausweis oder eine Bewilligung erschleicht,

wer Kontrollschilder oder Fahrradkennzeichen verfälscht oder falsche zur Verwendung herstellt,

wer falsche oder verfälschte Kontrollschilder oder Fahrradkennzeichen verwendet,

wer sich vorsätzlich Kontrollschilder oder Fahrradkennzeichen widerrechtlich aneignet, um sie zu verwenden oder andern zum Gebrauch zu überlassen,

wird mit Freiheitsstrafe bis zu drei Jahren oder Geldstrafe bestraft.

2. Die besonderen Bestimmungen des Strafgesetzbuches finden in diesen Fällen keine Anwendung.

Art. 97 Ziff. 1 Abs. 1: *Tatobjekt* bilden sowohl der Führer- oder Fahrzeugausweis als auch die Kontrollschilder (nicht aber die Velovignette, welche übertragbar ist: VVV Art. 34 Abs. 4). *Tathand-*

lung: Bei den Kontrollschildern genügt das Anbringen an einem nicht für sie bestimmten Fahrzeug. Gebrauch von Kontrollschildern eines Personenwagens an einem (versicherten) Lastwagen: RS 1971 Nr. 170. Bezüglich des Führer- oder Fahrzeugausweises gilt als Verwenden bereits das Mitführen des nicht für den Halter oder Führer bzw. das Fahrzeug bestimmten Dokumentes. Entscheidend ist die Absicht des Betreffenden, dieses im Falle einer Kontrolle vorzuweisen: BGE 98 IV 57 f. Die Bestimmung ist nur auf die missbräuchliche Verwendung echter Ausweise anwendbar. Das Vorweisen falscher oder gefälschter Ausweise fällt unter StGB Art. 252: BGE 98 IV 58, 111 IV 24. Wer von einem andern Halter ein Motorfahrzeug übernimmt und nicht innert Frist einen neuen Fahrzeugausweis einholt, ist nur nach SVG 99 Ziff. 2 strafbar (BGE 126 IV 269 = Pr 90 [2001] Nr. 69; anders aber, wer an ein neu erworbenes Fahrzeug die Kontrollschilder eines alten, durch Feuer zerstörten, anbringt: RS 1963 Nr. 110). Nur unter den Voraussetzungen von SVG Art. 67 Abs. 3 dürfen Kontrollschilder an einem Ersatzfahrzeug angebracht werden. Das Nichteinholen der dafür erforderlichen Bewilligung (VVV Art. 9 Abs. 1) beurteilt sich nach VVV Art. 60 Ziff. 1: ZR 61 (1962) Nr. 168. Handelt es sich dagegen nicht um ein Ersatzfahrzeug nach SVG Art. 67 Abs. 3, ist SVG Art. 97 Ziff. 1 Abs. 1 anwendbar: BGE 89 IV 151.

Administrative Nebenfolgen (fakultativ): SVG Art. 16 Abs. 4.

Ziff. 1 Abs. 2: Die *Tathandlung* besteht darin, dass der Adressat eine von der zuständigen Behörde unter Fristansetzung erlassene Verfügung missachtet und ungültige oder entzogene Ausweise oder Kontrollschilder nicht abgibt (unechte Unterlassung). Dies setzt voraus, dass die Aufforderung auch tatsächlich zugestellt worden ist. Eine Verweigerung kann nicht schon dann vorliegen, wenn der Betroffene mit einer Aufforderung rechnen muss, sondern erst dann, wenn er effektiv von der Aufforderung Kenntnis erhalten hat: BGE 88 IV 116 = Pr 53 (1963) Nr. 13, RS 1975 Nr. 829. Eine Zustellungsfiktion reicht nicht aus, da vor der Zustellung der Verfügung kein Prozessrechtsverhältnis besteht: BGer vom 11.7.2002, 6S.233/2002, RS 2005 Nr. 672. Es ist ohne Belang, ob der Betroffene das Fahrzeug nach Fristablauf noch benützt hat oder nicht: RS 1984 Nr. 745. – Zur Rechtskontrolle des Strafrichters vgl. Bem. zu StGB Art. 292: Er hat nicht zu prüfen, ob der Entzug oder die Ungültigerklärung begründet sind oder nicht, sondern lediglich, ob ein rechtskräftiger Entscheid der zuständigen Verwaltungsbehörde vorliegt: BGE 88 IV 116 = Pr 53 (1963) Nr. 13. Die Nichtigkeit wäre von Amtes wegen zu berücksichtigen. Der Entzug eines Fahrzeugausweises wegen Nichtbezahlung von Verkehrsabgaben ist nur so lange möglich, als der Gebührenschuldner Halter dieses Fahrzeuges ist. Ist er nicht mehr dessen Halter, kann ihm der Fahrzeugausweis für ein anderes Fahrzeug, für das er keine Abgaben schuldet, nicht entzogen werden, so dass dessen Nichtabgabe nicht strafbar ist: BGE 114 IV 159. Werden nach Eingang der Entzugsverfügung innert der zur Abgabe angesetzten Frist lediglich die i.S. von SVG Art. 16 Abs. 4 lit. b und VZV Art. 106 Abs. 2 lit. c geschuldeten Verkehrssteuern und -abgaben bezahlt, nicht aber auch die für deren Einforderung und die für die Entzugsverfügung geschuldeten Gebühren, hindert dies eine Bestrafung nicht: BGer vom 6.8.2006, 6S.211/2006 Erw. 5.3.2.

Ziff. 1 Abs. 3: Die Bestimmung ergänzt SVG Art. 97 Ziff. 1 Abs. 1, indem sie die Beihilfehandlung des unberechtigten Überlassens von Ausweisen und Kontrollschildern an andere zur Verwendung zur selbständigen Tathandlung erklärt. Wer beim Verkauf seines Autos dem Käufer die für dieses eingelösten Kontrollschilder zum Gebrauch überlässt, erfüllt den Tatbestand nicht: SJZ 60 (1964) 107.

Ziff. 1 Abs. 4: Die *Tathandlung* besteht in der Erschleichung eines Ausweises oder einer Bewilligung durch eine der im Gesetz umschriebenen Täuschungshandlungen. Der zur Ausstellung des Ausweises

V. Titel: Strafbestimmungen — Art. 97

oder der Bewilligung zuständige Verwaltungsbeamte wird in einen Irrtum versetzt mit der Wirkung, dass die behördliche Erlaubnis erteilt wird. Unrichtige Angaben setzen ausdrückliche und mit den Tatsachen nicht übereinstimmende Äusserungen voraus. Weiter genügt das Verschweigen erheblicher Tatsachen, welche für die Erteilung des Ausweises oder der Bewilligung von Bedeutung sind (z.B. körperliches Gebrechen). Die falsche Bescheinigung schliesslich umfasst völlig gefälschte, verfälschte, aber auch die eine Falschbeurkundung enthaltenden Dokumente (z.B. gefälschter Versicherungsnachweis, falsches ärztliches Zeugnis). Entfernen einer im Führerausweis enthaltenen Beschränkung: BGE 97 IV 206 = Pr 61 (1972) Nr. 43. Echte Konkurrenz zwischen SVG Art. 97 Ziff. 1 Abs. 4 und StGB Art. 252 Abs. 2, wenn die strafbare Handlung zwar im Zusammenhang mit einer SVG-Widerhandlung erfolgt, aber eine von dieser unabhängige Straftat darstellt. Wer also ein Gesuch um Erteilung des für die Tätigkeit als Privatdetektiv unerlässlichen Lernfahrausweises fälscht, ist nach beiden Bestimmungen zu verurteilen: BGE 111 IV 24. – Der *subjektive Tatbestand* verlangt Vorsatz.

Ziff. 1 Abs. 5: Die Bestimmung beschlägt einen Spezialfall von StGB Art. 246 Abs. 1. *Tathandlung:* Verfälschen bedeutet das Abändern (z.B. durch Übermalen oder Verändern einer Ziffer), Fälschen die nachahmende Herstellung des Tatobjektes: ZR 54 (1955) Nr. 52, RS 1961 Nr. 31. Nur nach VRV Art. 57 Abs. 2 i.V. mit VRV Art. 96 ist das Unleserlichmachen des Kontrollschildes zu ahnden. Der Tatbestand ist mit der Herstellung des Falsifikates *vollendet*, ein effektiver Gebrauch ist nicht notwendig. – Der *subjektive Tatbestand* verlangt Vorsatz und die Absicht, die Fälschung zur Verwendung im öffentlichen Strassenverkehr herzustellen (nicht bei Schaufensterauslage oder Gebrauch an der Fastnacht: RS 1963 Nr. 161).

Ziff. 1 Abs. 6: *Tatobjekt* sind falsche oder gefälschte Kennzeichen, *Tathandlung* deren Verwendung im öffentlichen Verkehr. Zur *Vollendung* genügt also nicht das Anbringen am Fahrzeug oder Fahrrad, sondern erst der Gebrauch im öffentlichen Verkehr. Ist der Verwender gleichzeitig auch der Urheber des Falsifikates, besteht echt Konkurrenz mit SVG Art. 97 Ziff. 1 Abs. 5. – *Subjektiver Tatbestand:* Strafbar sind das vorsätzliche wie das fahrlässige Verhalten. Wer ein Fahrzeug im öffentlichen Verkehr verwendet, hat zu überprüfen, ob es mit korrekten Kontrollschildern versehen ist: BGE 87 IV 134 Erw. 5 = Pr 51 (1962) Nr. 12.

Ziff. 1 Abs. 7: *Tatobjekt* ist ein für den Täter fremdes Kennzeichen. *Tathandlung:* Die widerrechtliche Aneignung besteht darin, dass der Täter die vollständige Verfügungsgewalt über das Kennzeichen begründet (SJZ 65 [1969] 25), sei es, dass es sich um die Wegnahme ab einem fremden Fahrzeug handelt, sei es das Entfernen ab einem anvertrauten Fahrzeug oder sei es schliesslich die Aneignung eines gefundenen oder durch Irrtum oder Zufall zugeführten Kennzeichens. – Der *subjektive Tatbestand* verlangt neben dem Vorsatz die Absicht, das angeeignete Kennzeichnen im Strassenverkehr selbst zu verwenden oder es zu diesem Zweck einem anderen zu überlassen. Fehlt diese Absicht, weil der Täter das Schild als solches behalten will, liegt ein Diebstahl nach StGB Art. 139 (i.V. mit StGB Art. 172ter) vor.

Ziff. 2: In Abweichung von SVG Art. 102 Abs. 2 finden die besonderen Bestimmungen des StGB «in diesen Fällen» keine Anwendung. Die Spezialität gilt ausschliesslich für den Anwendungsbereich des Strassenverkehrsrechts, d.h. die Tathandlung darf nicht weiter gehen, als dies zur Erfüllung der in SVG Art. 97 Ziff. 1 umschriebenen Tatbestände erforderlich ist. Eine Bestrafung wegen Delikten des besonderen Teils des StGB hat demnach zu erfolgen, wenn die strafbare Handlung zwar im Zusammenhang mit einer SVG-Verletzung erfolgte, aber neben derselben auch eine von dieser unabhängige Straftat i. S. des StGB darstellt: BGE 111 IV 27.

Art. 98 Signale und Markierungen

Wer vorsätzlich ein Signal versetzt oder beschädigt und wer vorsätzlich ein Signal oder eine Markierung entfernt, unleserlich macht oder verändert,

wer eine von ihm unabsichtlich verursachte Beschädigung eines Signals nicht der Polizei meldet,

wer ohne behördliche Ermächtigung ein Signal oder eine Markierung anbringt,

wird mit Busse bestraft.

Art. 98 Abs. 1: *Tatobjekt* sind die durch SVG Art. 5 Abs. 1 und die SSV vorgegebenen Signale und Markierungen, d.h. die durch das Auge wahrnehmbaren, durch Form, Farbe, Schrift oder Lichtzeichen oder durch eine Verbindung dieser Momente wirkenden Verkehrszeichen. Geschütztes *Rechtsgut* ist die Wahrung der Verkehrssicherheit: BGE 105 IV 262. – *Tathandlung:* Unter Strafe gestellt ist jede Beeinträchtigung der Signale und Markierungen, die zur Folge hat, dass sie ihre Funktion als Verkehrszeichen nicht mehr erfüllen können. Ein Signal versetzt, wer dessen Standort verändert und es an anderer Stelle wieder platziert. Beschädigung ist jede in die Substanz eingreifende Handlung. Ein Verkehrszeichen entfernt, wer dieses wegnimmt oder beseitigt. Ein Signal oder eine Markierung macht unleserlich, wer so darauf einwirkt, dass es seine Funktion nicht mehr erfüllt, ohne dass eine Beschädigung verursacht wird. Die Veränderung bedeutet eine Einwirkung, die dazu führt, dass die Zeichen ihre Signalwirkung verlieren (Umlegen, Umdrehen, Verhüllen). – Der *subjektive Tatbestand* verlangt Vorsatz.

Konkurrenzen: Idealkonkurrenz zu StGB Art. 139 und StGB Art. 144 ist möglich. Ist mit der Beeinträchtigung eines Verkehrszeichens eine derart hohe Gefährdung des Verkehrs verbunden, dass der Tatbestand von StGB Art. 237 verwirklicht ist, besteht echte Konkurrenz.

Abs. 2: *Tathandlung* ist das Unterlassen der unverzüglichen Meldung einer durch einen Verkehrsunfall oder auf andere Weise unabsichtlich (fahrlässig oder schuldlos) bewirkten Beeinträchtigung eines Signals an die Polizei (Ergänzung zu SVG Art. 51 Abs. 3).

Abs. 3: *Strafbestimmung zu SVG Art. 5 Abs. 3 und SSV Art. 104. In Frage steht nicht nur das unbefugte Aufstellen oder Anbringen eines den Vorschriften der SSV entsprechenden, sondern auch eines davon abweichenden Verkehrszeichens, wenn es einem von der SSV vorgegebenen derart ähnlich ist, dass für den durchschnittlichen Verkehrsteilnehmer bei rascher Beobachtung eine Verwechslung mit einem ordentlichen Signal nahe liegt. Bei Fantasiezeichen (Kartontafel «Achtung Radar») greift die Bestimmung nicht: BGE 105 IV 261. Nur das Anbringen von Signalen und Markierungen auf dem öffentlichen Verkehr zugänglichen Strassen ist untersagt. Auf Strassen und Plätzen, die nur privaten Zwecken dienen, dürfen sie aufgestellt werden. Dies gilt auch für ein «im Bereich» der öffentlichen Strasse angebrachtes Parkverbot, wenn dessen Bezug zum Privatgrund sofort erkennbar ist.

Art. 99 Weitere Widerhandlungen

1. Wer Fahrzeuge, Bestandteile oder Ausrüstungsgegenstände, die der Typenprüfung unterliegen, in nicht genehmigter Ausführung in den Handel bringt, wird mit Busse bestraft.

V. Titel: Strafbestimmungen   Art. 99

2. Der Halter, der nach Übernahme eines Motorfahrzeuges oder Motorfahrzeuganhängers von einem andern Halter oder nach Verlegung des Standortes in einen andern Kanton nicht fristgemäss einen neuen Fahrzeugausweis einholt, wird mit Busse bis zu 100 Franken bestraft.

3. Der Fahrzeugführer, der die erforderlichen Ausweise oder Bewilligungen nicht mit sich führt, wird mit Busse bestraft.

3bis Wer sich weigert, den Kontrollorganen auf Verlangen die erforderlichen Ausweise oder Bewilligungen vorzuweisen, wird mit Busse bestraft.

4. Wer auf einem Fahrrad fährt, das nicht mit gültigem Kennzeichen versehen ist,

wer einem anderen, namentlich einem Kind, ein Fahrrad ohne gültiges Kennzeichen zum Fahren überlässt,

wird mit Busse bestraft.

5. Wer die besonderen Warnsignale der Feuerwehr, der Sanität, der Polizei oder der Bergpost nachahmt,

wer sich die Verwendung von Kennzeichen der Verkehrspolizei anmasst,

wird mit Busse bestraft.

6. Wer unerlaubterweise an Motorfahrzeugen Lautsprecher verwendet, wird mit Busse bestraft.

7. Wer unerlaubterweise motor- oder radsportliche Veranstaltungen oder Versuchsfahrten durchführt oder bei bewilligten Veranstaltungen dieser Art die verlangten Sicherheitsmassnahmen nicht trifft, wird mit Busse bestraft.

8. Wer Geräte oder Vorrichtungen, welche die behördliche Kontrolle des Strassenverkehrs erschweren, stören oder unwirksam machen können, in Verkehr bringt, erwirbt, in Fahrzeuge einbaut, darin mitfährt, an ihnen befestigt oder in irgendeiner Form verwendet,

wer beim Anpreisen von solchen Geräten oder Vorrichtungen mitwirkt,

wird mit Busse bestraft.

Art. 99 Ziff. 1: Strafbestimmung zu SVG Art. 12 und zur TGV. *Tatobjekt* sind Fahrzeuge, Bestandteile und Ausrüstungsgegenstände, die der Typenprüfung unterliegen. *Tathandlung* ist das In-den-Handel-Bringen (auch durch den Importeur) nicht genehmigter Ausführungen. Das Verschenken ist nicht strafbar, das Verwenden allenfalls nach SVG Art. 93.

Ziff. 2: Strafbestimmung zu SVG Art. 11 Abs. 3. Zur Haltereigenschaft vgl. VZV Art. 78 Abs. 1. *Tathandlung* ist das Unterlassen des Einholens eines neuen Fahrzeugausweises nach einem Halterwechsel, d.h. dem Übergang der Verfügungsgewalt über das Fahrzeug (SVG Art. 67, VVV Art. 3a Abs. 2 lit. a) sowie nach Verlegung des Standortes in einen anderen Kanton (VZV Art. 74 und 77, VVV Art. 3a Abs. 2 lit. b) innert einer Frist von 14 Tagen (VZV Art. 74 Abs. 5). Ein *Standortwechsel* ist gegeben, wenn der Ort, von dem aus das Fahrzeug regelmässig für Fahrten gebraucht wird und wohin es nach solchen regelmässig zurückgebracht wird, in einen andern Kanton verlegt wird. Strafbar ist aber auch der Halter, der sein Fahrzeug nach Rückgabe der bisherigen Kontrollschilder mit solchen eines andern Kantons versieht, ohne dass er den Standort des Fahrzeuges in diesen Kanton verlegt: BGE 92 IV 14. Sind die Voraussetzungen von SVG Art. 99 Ziff. 2 erfüllt, bleibt kein Raum für eine Bestrafung nach SVG Art. 97 Ziff. 1 Abs. 1: BGE 126 IV 269 = Pr 90 (2001) Nr. 69.

Abgrenzungen: Die Strafbarkeit des Unterlassens der Meldung von Tatsachen, die eine Änderung oder Ersetzung des Fahrzeugausweises erfordern, bestimmt sich nach VZV Art. 143 Ziff. 3 bzw. Bussenliste zur OBV Ziff. 500. Zu den entsprechenden Pflichten des Motorfahrradhalters: VZV Art. 93 Abs. 3 und 4 sowie VZV Art. 145 Ziff. 5.

Ziff. 3 / Ziff. 3bis: Strafbestimmung zu SVG Art. 10 Abs. 4. Die erforderlichen Ausweise und Bewilligungen sind so oft und so lange mitzuführen bzw. vorzuweisen, als das Fahrzeug, sei es in Betrieb oder nicht, am öffentlichen Verkehr teilnimmt (VZV Art. 131 Abs. 1; BGE 87 IV 162). Die Verpflichtung besteht auch für denjenigen, der auf öffentlichem Grund parkiert und anschliessend in oder unmittelbar neben seinem Fahrzeug verkehrspolizeilich kontrolliert wird: BGE 112 IV 38. Ausserhalb des öffentlichen Verkehrs besteht zur Abklärung von Widerhandlungen und Unfällen die Pflicht zur Vorweisung der Ausweise und Bewilligungen, wenn mit der Fahrt ein örtlicher und zeitlicher Zusammenhang gegeben ist (VZV Art. 131 Abs. 2).

Ziff. 4: Strafbestimmung zu SVG Art. 70 und VVV Art. 34. *Tathandlung:* Der missbräuchliche Gebrauch besteht darin, dass der Täter ein Fahrrad im öffentlichen Strassenverkehr benützt, welches nicht mit einer gültigen Vignette versehen ist (Abs. 1), oder er einem Dritten ein solches Fahrrad zu Fahrten überlässt (Abs. 2). Die Erwähnung des Überlassens an ein Kind hat keine eigenständige Bedeutung. Unter *Kind* ist, in Anlehnung an das Mindestalter für Motorfahrradführer (VZV Art. 6 Abs. 1 lit. a) eine Person zu verstehen, die das 14. Altersjahr noch nicht zurückgelegt hat. Dabei ist zu beachten, dass Kinder im vorschulpflichtigen Alter nicht radfahren (SVG Art. 19 Abs. 1) und nach Erreichen des schulpflichtigen Alters auch dann ein Fahrrad nur benutzen dürfen, wenn sie die Pedalen sitzend treten können (VRV Art. 42 Abs. 1). Widerhandlungen gegen diese Vorschriften sind nach VRV Art. 96 zu ahnden.

Ziff. 5 Abs. 1: Tatobjekt: Die vortrittsberechtigten Fahrzeuge der Feuerwehr, Sanität und Polizei (SVG Art. 27 Abs. 2, VRV Art. 16) sind mit besonderen Warnsignalen ausgerüstet, nämlich mit *Blaulichtern* (VTS Art. 78 Abs. 3, 110 Abs. 3 lit. a, 141 Abs. 2 lit. a) und wechseltönigem *Zweiklanghorn* (VTS Art. 82 Abs. 2, Anhang 11 Ziff. 3 zur VTS). Fahrzeuge im Linienverkehr auf Bergpoststrassen (SVG Art. 45 Abs. 1, VRV Art. 38, SSV Art. 45 Abs. 2) dürfen mit einem wechseltönigen *Dreiklanghorn* ausgerüstet werden (VTS Art. 82 Abs. 2, Anhang 11 Ziff. 4 zur VTS). *Tathandlung:* Unter Nachahmen eines der erwähnten Warnsignale ist jede sicht- oder hörbare Äusserung zu verstehen, welche mit den erwähnten Signalen verwechselt werden kann, vorausgesetzt, dass sie sich im Strassenverkehr auswirken kann. Der Tatbestand setzt nicht voraus, dass der Täter am Strassenverkehr selbst teilnimmt. Es genügt, wenn das nachgemachte Signal im öffentlichen Verkehr wahrgenommen werden kann, unabhängig davon, ob andere Verkehrsteilnehmer dadurch in ihrem Verhalten beeinflusst werden oder nicht.

Abs. 2: Tatobjekt sind sämtliche Kennzeichen sowohl der eigentlichen Verkehrspolizei (Stulpenhandschuhe, mit «Polizei» beschriftete Kleidungsstücke, Leuchtschriften, Stablampen, Kellen etc.) als auch im weiteren Sinne der verkehrspolizeilichen Hilfskräfte wie Feuerwehr, militärische Verkehrsorgane, Parkhelfer, Verkehrskadetten, Werk-Verkehrsdienste (SSV Art. 66 Abs. 5, 80 Abs. 4). Die *Tathandlung* besteht in der Benützung solcher Ausrüstungsgegenstände, seien sie echt oder nachgeahmt, durch Unbefugte im öffentlichen Strassenverkehr. Strafbar ist dabei die angemasste Verwendung, ohne dass der Täter irgendwelche der Verkehrspolizei zukommende Befugnisse ausgeübt haben muss. Masst

V. Titel: Strafbestimmungen **Art. 100**

sich der Täter unter Zuhilfenahme verkehrspolizeilicher Kennzeichen solche Machtbefugnisse an, (z.B. Anhalten eines Automobilisten und Frage nach dem Alkoholkonsum durch einen Privaten, der eine Lederjacke trägt, wie sie bei der Verkehrspolizei üblich ist), so ist echte Konkurrenz zu StGB Art. 287 gegeben: Pr 85 (1996) Nr. 174.

Ziff. 6: Strafbestimmung zu SVG Art. 42 Abs. 2. Die *Tathandlung* besteht im Gebrauch eines an einem Motorfahrzeug angebrachten Lautsprechers ohne behördliche Bewilligung (VTS Art. 82 Abs. 5).

Ziff. 7: Die Organisation von motor- oder radsportlichen Veranstaltungen (SVG Art. 52 Abs. 2, VRV Art. 94/95) sowie Versuchsfahrten (SVG Art. 53), bedarf einer Bewilligung durch die zuständige kant. Behörde, die nur erteilt werden darf, wenn die nötigen Sicherheitsmassnahmen vorgesehen sind. Das *tatbestandsmässige Verhalten* besteht a) in der Veranstaltung/Organisation eines motor- oder radsportlichen Anlasses (dazu gehören auch gemischte Veranstaltungen, bei denen die Teilnehmer nicht nur nach ihrer Geschicklichkeit im Motor- oder Radsport, sondern auch anderen Gebieten wie etwa Kartenlesen, Fahren nach Fotos etc. beurteilt werden: ZBJV 110 [1974] 75) ohne Bewilligung (der Teilnehmer beurteilt sich nach SVG Art. 96 Ziff. 1 Abs. 2), b) in der Durchführung einer Versuchsfahrt ohne Bewilligung und c) in der Nichteinhaltung der angeordneten Sicherheitsmassnahmen bei der Durchführung eines bewilligten Anlasses bzw. einer bewilligten Versuchsfahrt. Unter die Bestimmung fällt nicht nur, wer für eine öffentliche Veranstaltung keine Bewilligung einholt, sondern auch derjenige, der eine motorsportliche Veranstaltung organisiert, die nur als private gedacht ist, zu der aber Zuschauer Zugang hatten: BGE 100 IV 93.

Ziff. 8: Strafbestimmung zu SVG Art. 57b. *Tatobjekt* sind sämtliche Geräte oder Vorrichtungen, insbesondere Radarwarngeräte, welche behördliche Kontrollen im Strassenverkehr erschweren, stören oder unwirksam machen können. Die *Tathandlung* besteht im Inverkehrbringen (umschrieben in SVG Art. 57b Abs. 2), entgeltlichen oder unentgeltlichen Erwerb, Einbauen in ein Fahrzeug, Mitführen oder Befestigen in oder an einem solchen, Verwenden in irgendeiner Form (Abs. 1) und schliesslich im Mitwirken bei der Anpreisung (Abs. 2). Den Tatbestand des Inverkehrbringens durch Einfuhr erfüllt nicht, wer ein Radarwarngerät bei der Zollbehörde ordnungsgemäss deklariert: BGE 119 IV 81. Das Gerät ist jedoch von der Zollbehörde einzuziehen (SVG Art. 57b Abs. 3 i.V. mit VZV Art. 136): RS 2002 Nr. 194. Zur Einziehung eines Radarwarngerätes allg.: BGE 112 IV 71. Eine Warntafel mit der Aufschrift «Achtung Radar» gilt nicht als Gerät oder Vorrichtung i. S. dieser Bestimmung: RS 2000 Nr. 702. SVG Art 99 Ziff. 8 geht als Spezialbestimmung StGB Art. 286 vor: RS 1997 Nr. 253.

Art. 100   Strafbarkeit

1. Bestimmt es dieses Gesetz nicht ausdrücklich anders, so ist auch die fahrlässige Handlung strafbar.

In besonders leichten Fällen wird von der Strafe Umgang genommen.

2. Der Arbeitgeber oder Vorgesetzte, der eine nach diesem Gesetz strafbare Handlung des Motorfahrzeugführers veranlasst oder nicht nach seinen Möglichkeiten verhindert hat, untersteht der gleichen Strafandrohung wie der Führer.

Ist für die Tat nur Busse angedroht, so kann der Richter den Führer milder bestrafen oder von seiner Bestrafung Umgang nehmen, wenn es die Umstände rechtfertigen.

3. Für strafbare Handlungen auf Lernfahrten ist der Begleiter verantwortlich, wenn er die Pflichten verletzt hat, die ihm als Folge der Übernahme der Begleitung oblagen.

Der Fahrschüler ist verantwortlich, soweit er eine Widerhandlung nach dem Stand seiner Ausbildung hätte vermeiden können.

4. Der Führer eines Feuerwehr-, Sanitäts- oder Polizeifahrzeuges ist auf einer dringlichen Dienstfahrt wegen Missachtung der Verkehrsregeln oder der besonderen Anordnungen für den Verkehr nicht strafbar, sofern er die erforderlichen Warnsignale gab und alle Sorgfalt beobachtet, die nach den besonderen Verhältnissen erforderlich war.

Art. 100 Ziff. 1 Abs. 1: In Umkehrung der Regel von StGB Art. 12 Abs. 1 legt die Bestimmung fest, dass die fahrlässige Begehung strafbar ist, sofern das SVG nicht ausdrücklich etwas anderes bestimmt. Der Unterschied zu StGB Art. 333 Abs. 7 liegt darin, dass sich die Bestimmung nicht nur auf Übertretungen beschränkt, sondern für alle im SVG umschriebenen Straftaten, also auch für die im Gesetz vorgesehenen Vergehen gilt. Die Beschränkung auf Vorsatztaten gilt nicht nur, wo dies ausdrücklich geregelt wird, sondern auch dort, wo sich diese Beschränkung der Strafbarkeit durch sinngemässe Auslegung ergibt (so etwa bei SVG Art. 94 Ziff. 1). Eine ausdrückliche Beschränkung der Strafbarkeit auf vorsätzliche Begehung findet sich in SVG Art. 91a, 93 Ziff. 1 Abs. 1 (als Vergehen), 97 Ziff. 1 Abs. 4 und 7, 98 Abs. 1. Da die Gehilfenschaft nur vorsätzlich begangen werden kann (StGB Art. 25), bedingt dies auch bei der Haupttat vorsätzliche Begehung.

Ziff. 1 Abs. 2: Es handelt sich bei dieser Bestimmung um einen Anwendungsfall von StGB Art. 52. Seit 1.1.2005 gilt in *besonders leichten Fällen* nicht mehr fakultative Strafmilderung, sondern die Verpflichtung, auf Strafe zu verzichten (Botschaft, BBl 1999, 4497). Die Strafbefreiung ist zwingender Natur. Wenn die Voraussetzungen erfüllt sind, muss die Behörde darauf verzichten, eine Strafe aufzuerlegen (Botschaft, BBl 1999, 2061). Entgegen BGE 95 IV 22 ist es dem Richter wohl nicht mehr freigestellt, die Strafe nach StGB 48/48a zu mildern, wenn er eine völlige Strafbefreiung als unangemessen erachtet. Die Möglichkeit der Strafbefreiung gilt nicht nur für die Verletzung von Verkehrsregeln und der Vollziehungsvorschriften, sondern für alle Strafbestimmungen des SVG (BGE 95 IV 24), wobei bei vorsätzlich begangenen Taten und Vergehen Zurückhaltung angezeigt ist: BGE 94 IV 83. Nicht anwendbar ist die Bestimmung in den Fällen, in welchen in Real- oder Idealkonkurrenz eine Strafbestimmung des StGB oder eines anderen BG erfüllt ist, es sei denn, das StGB sehe im konkreten Fall (so nun StGB Art. 52) diese Möglichkeit vor: BGE 95 IV 170 = Pr 59 (1970) Nr. 41, RS 1976 Nr. 131. Auch in besonders leichten Fällen kann nicht auf eine Strafverfolgung verzichtet werden. Ob die Voraussetzungen für eine Strafbefreiung vorliegen, ist durch eine Strafuntersuchung abzuklären: RS 2004 Nr. 506. Die Strafbefreiung bedeutet prozessual nicht Freispruch, sondern Schuldspruch unter Verzicht auf die Ausfällung einer Sanktion. Wird in Anwendung von SVG Art. 100 Ziff. 1 Abs. 2 von Strafe Umgang genommen, bedeutet dies nicht, dass der Täter auch keine Verfahrenskosten zu tragen hätte: ZBJV 119 (1983) 507.

Ob ein besonders leichter Fall vorliegt, ist nach den konkreten Umständen, den persönlichen Verhältnissen des Täters (automobilistischer Leumund: BJM 1964, 299; Verschulden: PKG 1963 Nr. 53) dem angerichteten Schaden (RS 1985 Nr. 807) und insbesondere nach den dem SVG zugrunde liegenden Wertungen zu entscheiden. Da die Strafbestimmungen des SVG vor allem die Gewährleistung der Sicherheit des Strassenverkehrs anstreben, kann von einem besonders leichten Fall nur dann die Rede sein, wenn der Täter guten Grund hatte, von den Vorschriften abzuweichen und wenn er zudem nach

Art. 100

den gegebenen Umständen die Sicherheit haben konnte, durch sein verkehrswidriges Verhalten niemanden zu gefährden: BGE 91 IV 152, 94 IV 83, 95 IV 22, 105 IV 208 = Pr 68 (1979) Nr. 253. Der Anwendungsbereich beschränkt sich demnach auf Bagatellfälle und die Bestimmung ist nur dann anzuwenden, wenn selbst eine geringfügige Busse im Vergleich zur begangenen Tat als stossend empfunden würde: BGE 105 IV 208 = Pr 68 (1979) Nr. 253. Die Anwendung der Strafbefreiung scheidet in den Fällen aus, in welchen dem Täter die Verletzung elementarer und wichtiger Verkehrsregeln zur Last gelegt wird, deren Verletzung erfahrungsgemäss oft zu Unfällen führt: BGE 105 IV 59.

Kasuistik: Anwendung bejaht: Ortsunkundiger Automobilist fährt bei schlechten Lichtverhältnissen und Blendung einen Signalpfosten an: RS 1966 Nr. 244; Lenker, der bei der Stoppstrasse nicht unmittelbar an der weissen Linie anhält, sondern zwecks Gewinnung besserer Übersicht kurz vorher und diese dann überfährt: AGVE 1971 121 Nr. 40; Warnung des Gegenverkehrs mit der Lichthupe vor einer Verkehrskontrolle: PKG 1987 Nr. 32, RS 1990 Nr. 756. *Anwendung verneint:* bei erheblicher Geschwindigkeitsüberschreitung innerorts: SJZ 62 (1966) 365; bei Auffahrkollision zufolge Nichteinhaltens genügenden Abstandes: PKG 1969 Nr. 49; bei Nichteinhalten der vorgeschriebenen Ruhezeit für Berufschauffeure: ZBJV 105 (1969) 235, PKG 1976 Nr. 35; bei Missachtung eines wichtigen Signals: BGE 105 IV 208; bei Schneiden einer unübersichtlichen Kurve: RS 1975 Nr. 830; bei Missachtung des Rechtsfahrgebotes auf der Autobahn: BGE 105 IV 59; bei Nichtbeachtung eines Fahrverbotes: BGE 105 IV 66; bei Missachten des Vortrittsrechts eines Zuges: PKG 1981 Nr. 35; bei Motorradfahrer, der einen Walkman trägt und dadurch nicht mehr in der Lage ist, die akustischen Signale und Informationen über das Verkehrsgeschehen wahrzunehmen: RS 1984 Nr. 605.

Ziff. 2: Unter die *nach diesem Gesetz strafbaren Handlungen* fallen nicht nur die Bestimmungen des SVG, sondern auch diejenigen der Vollziehungsverordnungen. *Arbeitgeber* ist diejenige Person, welche dem Lenker die Möglichkeit einer Erwerbstätigkeit verschafft hat und welche über die zu erbringende Arbeitsleistung zu bestimmen befugt ist. Zur juristischen Person vgl. StGB Art. 29 und SJZ 66 (1970) 202. *Vorgesetzter* ist jeder, der dem Motorfahrzeugführer gegenüber weisungsberechtigt ist. Haben sowohl der Arbeitgeber als auch der Vorgesetzte durch ein Tun oder Unterlassen zur Begehung der strafbaren Handlung des Motorfahrzeugführers vorsätzlich oder fahrlässig beigetragen, können und müssen beide zur Verantwortung gezogen werden: BGE 89 IV 43. Kein Vorgesetzter ist der Büro- und Personalchef einer Firma, der sich nicht mit der technischen Verwendung oder der Zuteilung der Fahrzeuge zu befassen hat: SJZ 66 (1970) 202. Die Ehefrau eines Betriebsinhabers, die einem Chauffeur Holz mit einer für die Zollabfertigung bestimmten zu niedrigen Gewichtsangabe ausliefert, ist weder dessen Vorgesetzte noch Arbeitgeberin: BJM 1986, 209. *Tathandlung:* Derjenige Arbeitgeber oder Vorgesetzte ist strafbar, der die Tat durch Erteilen eines konkreten Auftrages oder einer Anweisung veranlasst bzw. diese trotz bestehender Interventionsmöglichkeit nicht verhindert bzw. geduldet hat. Veranlassen des Fahrzeugführers zum Überladen: BGE 89 IV 26. Einsetzen eines Chauffeurs im Wissen um dessen Führerausweisentzug: BGE 91 IV 197. Chef einer Autobahn-Unterhaltsequipe als Verantwortlicher für die Einhaltung von Verkehrsregeln und das Treffen von Sicherheitsmassnahmen: BGE 110 IV 45. Verantwortlicher, der Arbeiter an der Brücke eines Lastwagens mitfahren lässt: RS 1972 Nr. 373. – Bei Übertretungen kann der Fahrzeugführer, wenn ihm die Unterlassung der Tat wegen der von ihm befürchteten Nachteile nicht zuzumuten war, nicht nur nach StGB 48/48a milder bestraft, sondern ganz von der Strafe befreit werden (Abs. 2). – Abgrenzung zu SVG Art. 95 Ziff. 2: RS 1977 Nr. 366. – Der Gerichtsstand von Fahrzeuglenker und verantwortlichem Vorgesetzten bestimmt sich nach StGB Art. 343: BGE 89 IV 31.

Ziff. 3: Zum Begriff der *Lernfahrt* und zu den Pflichten des Fahrschülers und des Begleiters vgl. SVG Art. 15, VRV Art. 27, VZV Art. 17. Auf Lernfahrten sind sowohl der Begleiter als auch der Fahrschüler strafbar und zwar jeder soweit, als er die ihm obliegenden Pflichten verletzt, und zwar nicht nur für die Tatbestände des SVG, sondern auch für die Bestimmungen des StGB, wenn auf einer Lernfahrt solche verletzt werden (Botschaft, BBl 1955 II 65). Die Verantwortlichkeit von Lernfahrer und Begleiter sind kongruent zu verstehen: Je höher der Ausbildungsstand, das technische Können und die Erfahrung des Schülers sind, desto weniger weit geht die Verantwortlichkeit des Begleiters und umgekehrt (vgl. Abs. 2). – Der *Begleiter* ist nicht gewöhnlicher Beifahrer, sondern von Gesetzes wegen an der Führung des Fahrzeuges durch den Fahrschüler beteiligt. Fahrschüler und Begleiter führen das Fahrzeug gemeinsam: BGE 91 IV 147 = Pr 54 (1965) Nr. 168, BGE 128 IV 275. Wer als Mitfahrer in ein Motorfahrzeug steigt und davon ausgehen darf, dass der Lenker über den erforderlichen Ausweis zur selbständigen Führung verfügt, gilt nicht als Begleiter. Umgekehrt kann sich der Mitfahrer eines nur über den Lernfahrausweis verfügenden Lenkers seiner Verantwortlichkeit nicht dadurch entziehen, dass er nicht als Begleiter auftreten wollte. Der Begleiter hat für die Ausbildung des Fahrschülers zu sorgen und darf ihn nur mit dessen Ausbildungsstand adäquaten Aufgaben konfrontieren: BGE 93 IV 29 = Pr 56 (1967) Nr. 86, RS 1965 Nr. 75, 1968 Nr. 125. Er hat auch darüber zu wachen, dass sich der Fahrschüler in fahrfähigem Zustand befindet: RS 1964 Nr. 203. Zum nüchternen Begleiter eines fahrunfähigen Fahrschülers: SJZ 98 (2002) 230. Zum fahrunfähigen Begleiter eines Lernfahrers: BGE 91 IV 147 = Pr 54 (1965) Nr. 168, BGE 128 IV 272. – Der *Fahrschüler* ist nur für Fehler verantwortlich, deren Vermeidung ihm nach Stand seiner Ausbildung möglich und zumutbar war (Abs. 2). Er ist hingegen allein strafbar, wenn er sich bewusst und gewollt den Weisungen des Begleiters widersetzt: BGE 128 IV 276. Keine Verantwortlichkeit eines Anfängers, der durch plötzlichen Seitenwind von der Fahrbahn gedrängt wurde: BGE 97 IV 39. Strafbarkeit eines kurz vor der Prüfung stehenden Fahrschülers, der einen Fussgänger anfährt: RS 1965 Nr. 111. – Für Lernfahrten auf *Motorrädern* ist ein Begleiter nicht vorgeschrieben (VRV Art. 27 Abs. 3) und der Lernfahrer deshalb grundsätzlich für sein Handeln allein verantwortlich, ausser er werde auf dem Sozius von einem Instruktor begleitet.

Ziff. 4: Für die *Führer von Feuerwehr-, Sanitäts- und Polizeifahrzeugen* umschreibt die Bestimmung einen besonderen Rechtfertigungsgrund beim Vorliegen folgender Bedingungen: – a) *Dienstfahrt:* Gemeint sind ausschliesslich Fahrten, die in Erfüllung der öffentlichen Aufgaben vorgenommen werden und nicht privaten Zwecken (z.B. Arbeitsweg) dienen. Der Arzt, der sich mit seinem Privatwagen ans Krankenbett eines Patienten begibt, unternimmt sowenig eine Dienstfahrt wie der Private, der einen Menschen wegen eines medizinischen Notfalls ins Spital fährt. Beide können sich aber allenfalls auf Notstandshilfe berufen: BGE 106 IV 1. Keine Dienstfahrt unternimmt der Polizist, der ausser Dienst und ausserhalb seines Dienstbereichs die zulässige Höchstgeschwindigkeit überschreitet, um einen Fahrer zu verfolgen, der zu schnell fährt und den er für angetrunken hält: SJZ 65 (1969) 239. – b) Die Dienstfahrt muss *dringlich* sein. Gemeint sind Notfallfahrten, bei denen es auf den möglichst raschen Einsatz der Feuerwehr, der Sanität oder der Polizei ankommt, um Menschenleben zu retten (Lebensgefahr wird nicht vorausgesetzt: BGE 113 IV 126), eine Gefahr für die öffentliche Sicherheit oder Ordnung abzuwenden, um bedeutende Sachwerte zu erhalten oder um flüchtige Personen zu verfolgen (vgl. Merkblatt des Eidg. Departementes für Umwelt, Verkehr, Energie und Kommunikation [UVEK] zur Verwendung von Blaulicht und Wechselklanghorn vom 6.6.2005). – c) Gemäss SVG Art. 27 Abs. 2 und VRV Art. 16 Abs. 1 und 2 müssen alle Strassenbenützer den Fahrzeugen der Feuerwehr, Sanität und Polizei, die sich durch Blaulicht und Wechselklanghorn ankündigen, den Vortritt lassen, auch bei Verkehrsregelung durch Lichtsignale. Sie haben ihr Fahrzeug nötigenfalls anzuhalten und dürfen, wenn es zur sofortigen Freigabe der Fahrbahn unerlässlich ist, mit der gebotenen Sorgfalt auf das Trottoir ausweichen. Um eine Dienstfahrt zur dringlichen zu machen, müssen deshalb die *erforderlichen Warnsignale*, normalerweise *Blaulicht und Wechselklanghorn*, eingeschaltet werden. Zur Nachtzeit kann das Einschalten des Blaulicht allenfalls ausreichend sein: BGE 113 IV 126, RS 1968 Nr. 47. Blaulicht und Wechselklanghorn dürfen nur so lange gebraucht werden, als die Dienstfahrt dringlich ist und die Verkehrsregeln nicht eingehalten werden können (VRV Art. 16 Abs. 3). – d) Der Führer des Dienstfahrzeuges hat *alle Vorsicht zu beobachten, die nach den besondern Verhältnissen erforderlich ist*. Jedes Abweichen von Verkehrsregeln erfordert erhöhte Sorgfalt. Die dringliche Dienstfahrt wird einerseits erleichtert durch das Vortrittsrecht und die Berechtigung, von Verkehrsregeln abzuweichen, andererseits aber ist der erhöhten Unfallgefahr, die allenfalls durch die Missachtung von Verkehrsregeln herbeigeführt wird, durch besondere Vorsicht zu begegnen. Konkrete Gefährdungen oder eine Befreiung vom Schädigungsverbot sind durch den Rechtfertigungsgrund nicht abgedeckt. Je gefährlicher das Abweichen von der Verkehrsregel ist, umso grösser muss die zu beachtende Vorsicht sein: BGer vom 6.6.2000, 4C.3/1997 Erw. 3b, vom 4.8.2003, 6S.162/2003 Erw. 3.1).

Welche *Verkehrsregeln und besonderen Anordnungen* für den Verkehr (Signale und Markierungen) bei für die dringliche Dienstfahrt erfüllten Voraussetzungen missachtet werden dürfen, präzisiert die Bestimmung nicht. Angesichts der Mannigfaltigkeit der sich darbietenden Situationen rechtfertigt sich keine Einschränkung i. S. eines abschliessenden Kataloges, sondern der Entscheid ist nach den Umständen des Einzelfalles zu treffen: BGer vom 6.6.2000, 4C.3/1997 Erw. 3b, vom 4.8.2003, 6S.162/2003 Erw. 3.1. Beispiele: Geschwindigkeitsüberschreitung und Beherrschen des Fahrzeuges bei der Verfolgung eines Motorradfahrers mit Kollision zwischen Polizeifahrzeug und Flüchtigem: BGer vom 6.6.2000, 4C.3/1997 Erw. 3b, SJZ 81 (1985) 287; Rotlichtmissachtung eines Feuerwehrmannes mit Kollision auf einer Kreuzung: BGer vom 4.8.2003, 6S.162/2003; Rotlichtmissachtung eines Polizeifahrzeuges: SJZ 68 (1972) 89; Missachtung eines Überholverbotes und Überfahren der Sicherheitslinie durch Ambulanzfahrer: ZBJV 106 (1970) 386. – Die von der Bestimmung vorgesehene Strafbefreiung wirkt nicht nur bezüglich der eigentlichen Verkehrsregelverletzungen, sondern, sollte sich ein Unfall ereignet haben, auch bezüglich der Tatbestände der fahrlässigen Körperverletzung oder fahrlässigen Tötung. – Nicht nach SVG Art. 100 Ziff. 4, sondern nach StGB Art. 14 ist die Frage zu entscheiden, ob Verkehrsregelverletzungen durch Polizeifunktionäre, die einem Fahrzeugführer nachfahren, um ihn einzuholen oder um eine Geschwindigkeitsüberschreitung mit einem mobilen Radargerät festzustellen, gerechtfertigt sind: BGer vom 23.12.1997, 6A.95/1997, RS 1996 Nr. 163.

Art. 101 Widerhandlungen im Ausland

¹ Wer im Ausland eine Verletzung von Verkehrsregeln oder eine andere bundesrechtlich mit Freiheitsstrafe bedrohte Widerhandlung im Strassenverkehr begeht und am Tatort strafbar ist, wird auf Ersuchen der zuständigen ausländischen Behörde in der Schweiz verfolgt, sofern er in der Schweiz wohnt und sich hier aufhält und sich der ausländischen Strafgewalt nicht unterzieht.

² Der Richter wendet die schweizerischen Strafbestimmungen an, verhängt jedoch keine Freiheitsstrafe, wenn das Recht des Begehungsortes keine solche androht.

Art. 101 Abs. 1: Nach dem als Nebenform der stellvertretenden Strafrechtspflege (IRSG Art. 85 ff.) ausgestalteten Delegationsprinzip (BGE 116 IV 249 Erw. 3b = Pr 81 [1992] Nr. 67) enthält die Bestimmung eine Sonderregelung für Auslandsfahrten. Der Anwendungsbereich wird durch das IRSG insofern eingeschränkt, als dass IRSG Art. 35 Abs. 1 lit. a alle Straftaten zu Auslieferungsdelikten erklärt, die mit einer freiheitsbeschränkenden Sanktion im Höchstmass von mindestens einem Jahr bedroht sind. Diese Voraussetzung trifft zu auf die Vergehenstatbestände von SVG Art. 90 Ziff. 2, 91 Abs. 1 Satz 2 und Abs. 2, 91a Abs. 1, 92 Abs. 2, 94 Ziff. 1 Abs. 1, 95 Ziff. 2, 96 Ziff. 2 und 97 Ziff. 1. Alle diese Widerhandlungen sind als Auslieferungsdelikte gemäss StGB Art. 7 Abs. 1 in Verbindung mit SVG Art. 102 Ziff. 1 nach Schweizer Recht durch Schweizer Gerichte strafbar, wenn sie von einem Schweizer im Ausland begangen worden sind (IRSG Art. 85 Abs. 3). Da durch die Revision des AT StGB die Haft als Freiheitsstrafe eliminiert wurde, greift SVG Art. 101 nur noch bei Vergehen mit strassenverkehrsrechtlichem Konnex, begangen im Ausland von Ausländern, die in der Schweiz wohnen (RS 2000 Nr. 737).

Die Anwendung von SVG Art. 101 ist an folgende Bedingungen geknüpft: a) Die Widerhandlung muss im *Ausland*, also unter nicht schweiz. Staatshoheit stehendem Gebiet begangen worden sein. Nicht anwendbar ist die Bestimmung auf ein Delikt, das im Ausland begonnen und auf schweiz. Gebiet fortgesetzt wurde. Die Gerichtsbarkeit bestimmt sich hier nach StGB Art. 3 Abs. 1: BGE 111 IV 1. – b) *Sachlicher Geltungsbereich:* Es muss entweder eine Verletzung von Verkehrsregeln oder eine andere mit Freiheitsstrafe bedrohte Widerhandlung im Strassenverkehr in Frage stehen. Verkehrsregeln sind alle am Ort der Widerhandlung und zur Zeit der Begehung für den Täter und das von ihm benutzte Verkehrsmittel geltenden Rechts- und Verwaltungsvorschriften des Auslandes, die das Verhalten im Strassenverkehr regeln, welche allerdings die Qualität von SVG Art. 90 Ziff. 2 aufweisen müssen. Die anderen bundesrechtlich mit Freiheitsstrafe bedrohten Widerhandlungen erfassen einerseits die vom SVG umschriebenen Vergehenstatbestände (SVG Art. 91 Abs. 1 und Abs. 2, 91a Abs. 1 Satz 2, 92 Abs. 2, 94 Ziff. 1 Abs. 1, 95 Ziff. 2, 96 Ziff. 2 und 97 Ziff. 1) und andererseits mit Freiheitsstrafe bedrohte Tatbestände des StGB, wenn sie im Strassenverkehr auf dem Gebiet eines andern Staates begangen wurden (fahrlässige Tötung, fahrlässige Körperverletzung, Störung des Eisenbahnbetriebes): SJZ 59 (1963) 304. – c) *Beidseitige Strafbarkeit:* Das verfolgte Verhalten muss nach dem Recht des Tatortes und demjenigen der Schweiz strafbar sein. Das Vorliegen von Prozessvoraussetzungen wie Strafantrag, Immunität, Verjährung etc. bestimmt sich nach ausländischem Recht. – d) *Persönlicher Geltungsbereich:* Die Bestimmung ist auf jeden (Ausländer, Staatenlosen) anwendbar, der in der Schweiz wohnt und sich hier aufhält. Massgebend ist der Wohnort zur Zeit der Durchführung der Strafverfolgung, nicht der zur Zeit der Tat. – e) Der Täter unterzieht sich der *ausländischen Strafgewalt* nicht. Dies ist dann der Fall, wenn er sich den zuständigen Behörden des Auslandes für die Durchführung des gerichtlichen (oder administrativen) Verfahrens nicht zur Verfügung stellt und sich nicht dazu bereit erklärt, die verhängte Strafe zu verbüssen oder die auferlegte Busse zu bezahlen. Eine Einlassung auf ein Kontumazialverfahren dürfte wohl nicht genügen, da das Abwesenheitsurteil den Täter nicht berührt, solange er nicht in den Urteilsstaat zurückkehrt. – f) *Strafübernahmebegehren:* Das Verfahren und die Formalitäten bestimmen sich nach IRSG Art. 90 ff.

Sind alle diese Voraussetzungen erfüllt, so bestimmt sich die örtliche Zuständigkeit für das schweizerische Verfahren nach StGB Art. 342 (IRSG Art. 87).

Abs. 2: In Übereinstimmung mit IRSG Art. 86 wendet der Richter schweiz. Recht an. Bei der Verletzung von Verkehrsregeln etwa sind die nach dem Recht des Begehungsortes verlangten Verhaltensregeln zu beachten, beim Fahren in fahrunfähigem Zustand gelten die Grenzwerte des ausländischen Rechts (BGE 89 IV 118 Erw. 1b). Der Täter soll in der Gesamtauswirkung nicht ungünstiger gestellt sein als nach dem Gesetz des Tatortes. Das ausländische Recht ist als milderes insofern wirksam, als keine Freiheitsstrafe des schweiz. Rechts ausgesprochen werden darf, wenn das Recht des Begehungsortes auf die in Frage stehende Widerhandlung keine androht.

Art. 102 Verhältnis zu anderen Strafgesetzen

[1] Die allgemeinen Bestimmungen des Strafgesetzbuches sind anwendbar, soweit dieses Gesetz keine abweichenden Vorschriften enthält.

[2] Die besonderen Strafbestimmungen des Strafgesetzbuches bleiben vorbehalten, ebenso die Gesetzgebung über die Bahnpolizei.

Art. 102 Abs. 1: Die Bestimmung übernimmt im Grundsatz die Regelung von StGB Art. 333 Abs. 1. Der *Verweis* bezieht sich auf den AT StGB (Art. 1 – 110) sowie auf die Bestimmungen über die Einführung und Anwendung des Gesetzes (StGB Art. 333 – 392): Sie finden Anwendung, soweit das SVG keine abweichenden Normen enthält. Eine solche Abweichung von StGB Art. 12 Abs. 1 liegt in der grundsätzlichen Strafbarkeit des Fahrlässigkeitsdelikts: vgl. Bem. zu SVG Art. 100 Ziff. 1 Abs. 1. Im Unterschied zur Regel von StGB Art. 47 sind im Verfahren nach dem OBG das Vorleben und die persönlichen Verhältnisse des Täters nicht zu berücksichtigen (OBG Art. 1 Abs. 3). Zur Anwendbarkeit des Grundsatzes der lex mitior: BGE 123 IV 86 Erw. 3a. StGB Art. 54 kommt auch im Bereich des Strassenverkehrsrechts zur Anwendung: BGE 119 IV 280, 121 IV 235, BGer vom 25. Juli 2002, 6S.186/2002, vom 31.10.2005, 6S.62/2005, SJZ 86 (1990) 269, 100 (2004) 370, ZR 96 (1997) Nr. 59, RS 1999 Nr. 543, 2006 Nr. 16. Im Falle schwerer eigener Betroffenheit ist, anders als beim besonders leichten Fall, auch die Möglichkeit gegeben, schon auf die Strafverfolgung oder auf die Überweisung an das urteilende Gericht zu verzichten (Opportunitätsprinzip).

Abs. 2: Mit dem *Vorbehalt zugunsten der besonderen Bestimmungen des StGB* ist über das Verhältnis dieser besonderen Bestimmungen zu den Strafbestimmungen des SVG nicht entschieden, welche Regeln vorgehen. Fragen der Konkurrenzen sind nach den allg. Grundsätzen zu entscheiden: BGE 91 IV 32 Erw. 2. Ausschliessliche Anwendung des StGB in Fällen einer unter Verletzung von Verkehrsregeln begangenen fahrlässigen Tötung (BGE 91 IV 32, 213, 106 IV 395 = Pr 69 [1980] Nr. 297, 129 IV 282) oder fahrlässigen Körperverletzung (BGE 91 IV 211, 94 IV 81). Wurde ausser der getöteten/verletzten Person eine weitere konkret gefährdet, besteht echte Konkurrenz: BGE 91 IV 215, 119 IV 284. Echte Konkurrenz zwischen den besonderen Bestimmungen des StGB und den Strafbestimmungen des SVG, wenn verschiedene Rechtsgüter betroffen sind, so z.B., wenn einem fahrunfähigen Lenker eine fahrlässige Tötung oder eine fahrlässige Körperverletzung zur Last gelegt wird: BGE 76 IV 175 = Pr 39 (1950) Nr. 167. Gewisse Bestimmungen des SVG schliessen die Anwendbarkeit einzelner Bestimmungen des StGB ausdrücklich aus: SVG Art. 90 Ziff. 3, 94 Ziff. 4, 97 Ziff. 2.

Der Vorbehalt zugunsten der *Gesetzgebung über die Bahnpolizei* ist weitgehend obsolet, da die Bestimmungen des SVG (Art. 28, 32 Abs. 1, 35 Abs. 4) und der Vollziehungsverordnungen (VRV Art. 18 Abs. 2 lit. f, 19 Abs. 2 lit. e, 24, 31 Abs. 4, 52 Abs. 4, SSV Art. 10, 66 Abs. 5 lit. b, 67 Abs. 1 lit. f, 93, 112) die Regelungen des BG betreffend Handhabung der Bahnpolizei vom 18. Februar 1878

(SR 742.147.1) grösstenteils abgelöst haben. Im Verhältnis zu StGB Art. 238 wird SVG Art. 90 konsumiert, soweit nicht weitere Verkehrsteilnehmer gefährdet wurden: RS 1976 Nr. 76, 1979 Nr. 692.

Art. 103   Ergänzende Strafbestimmungen, Strafverfolgung, Strafkontrolle

¹ Der Bundesrat kann für Übertretungen seiner Ausführungsvorschriften zu diesem Gesetz Busse androhen.

² Die Strafverfolgung obliegt den Kantonen.

³ Der Bundesrat kann Vorschriften erlassen über die Strafkontrolle für Entscheide, die nicht in das eidgenössische Strafregister eingetragen werden.

Art. 103 Abs. 1: Ergänzende Strafbestimmungen finden sich in: VRV Art. 96 (dazu SJZ 99 [2003] 293), VVV Art. 60, VZV Art. 143 – 149, SSV Art. 114, VTS Art. 219, ARV 1 Art. 21, ARV 2 Art. 28. Dabei ist es, in Übereinstimmung mit StGB Art. 105 Abs. 2, zulässig, die Gehilfenschaft zu Übertretungstatbeständen strafbar zu erklären: RS 1998 Nr. 426.

Abs. 2: Vgl. Bem. zu StGB Art. 339. Die Strafverfolgung ist Sache der Kantone. Das Verfahren richtet sich nach kant. Prozessrecht. Vorbehalten bleibt das Ordnungsbussenverfahren nach OBG/OBV. Zu den Personen, denen diplomatische oder konsularische Privilegien und Immunitäten zukommen vgl. Bem. zu SVG Art. 90 (persönlicher Geltungsbereich). Zur Sessionsteilnahmegarantie der eidgenössischen Parlamentarier vgl. Art. 20 BG über die Bundesversammlung vom 13.12.2002 (ParlG, SR 171.10). Vom Ermächtigungsvorbehalt bezüglich strafbarer Handlungen von Beamten des Bundes sind die Widerhandlungen im Strassenverkehr ausdrücklich ausgenommen (Art. 15 Abs. 1 des BG über die Verantwortlichkeit des Bundes sowie seiner Behördemitglieder und Beamten (Verantwortlichkeitsgesetz, SR 170.32). Das gilt nur für Fälle, in denen ausschliesslich strassenverkehrsrechtliche Widerhandlungen zu beurteilen sind. Ist der Beamte wegen konkurrierender anderer Straftaten zu verfolgen (z.B. fahrlässige Tötung, fahrlässige Körperverletzung), so ist das Vorverfahren nach Art. 15 Verantwortlichkeitsgesetz durchzuführen.

Abs. 3: Zum Strafregister vgl. StGB Art. 365 ff., VO über das automatisierte Strafregister (SR 331) sowie VZV Art. 125. Von der Kompetenz, Vorschriften über eine Strafkontrolle für Entscheide zu erlassen, die nicht in das automatisierte Strafregister eingetragen werden, hat der Bundesrat bislang keinen Gebrauch gemacht.

Nr. 4 — Auszug aus dem Bundesgesetz über die Betäubungsmittel und die psychotropen Stoffe (Betäubungsmittelgesetz, BetmG)

vom 3. Oktober 1951
SR 812.121

4. Kapitel: Strafbestimmungen

Art. 19

1. Wer unbefugt alkaloidhaltige Pflanzen oder Hanfkraut zur Gewinnung von Betäubungsmitteln anbaut,

wer unbefugt Betäubungsmittel herstellt, auszieht, umwandelt oder verarbeitet,

wer sie unbefugt lagert, versendet, befördert, einführt, ausführt oder durchführt,

wer sie unbefugt anbietet, verteilt, verkauft, vermittelt, verschafft, verordnet, in Verkehr bringt oder abgibt,

wer sie unbefugt besitzt, aufbewahrt, kauft oder sonstwie erlangt,

wer hierzu Anstalten trifft,

wer den unerlaubten Verkehr mit Betäubungsmitteln finanziert oder seine Finanzierung vermittelt,

wer öffentlich zum Betäubungsmittelkonsum auffordert oder öffentlich Gelegenheit zum Erwerb oder Konsum von Betäubungsmitteln bekanntgibt,

wird, wenn er die Tat vorsätzlich begeht, mit Freiheitsstrafe bis zu drei Jahren oder Geldstrafe bestraft. In schweren Fällen ist die Strafe Freiheitsstrafe nicht unter einem Jahr, womit eine Geldstrafe verbunden werden kann.

2. Ein schwerer Fall liegt insbesondere vor, wenn der Täter
a. weiss oder annehmen muss, dass sich die Widerhandlung auf eine Menge von Betäubungsmitteln bezieht, welche die Gesundheit vieler Menschen in Gefahr bringen kann;
b. als Mitglied einer Bande handelt, sie sich zur Ausübung des unerlaubten Betäubungsmittelverkehrs zusammengefunden hat;
c. durch gewerbsmässigen Handel einen grossen Umsatz oder einen erheblichen Gewinn erzielt.

3. Werden die Widerhandlungen nach Ziffer 1 fahrlässig begangen, so ist die Strafe Freiheitsstrafe bis zu einem Jahr oder Geldstrafe.

4. Der Täter ist gemäss den Bestimmungen der Ziffern 1 und 2 auch strafbar, wenn er die Tat im Ausland begangen hat, in der Schweiz angehalten und nicht ausgeliefert wird, und wenn die Tat auch am Begehungsort strafbar ist.

Allgemeines:

a) Der Leitgedanke des BetmG besteht darin, die Gesellschaft vor gesundheitlicher Beeinträchtigung als Folge von Drogenmissbrauch und den damit zusammenhängenden Drittwirkungen zu schützen. Geschütztes *Rechtsgut* der Strafbestimmungen des BetmG ist demnach die Gesundheit in einem weiteren Sinn (BV Art. 118), also nicht nur die Gesundheit des Einzelnen, sondern die Gesundheit der Bevölkerung als Kollektiv (BGer vom 3.6.1991, 6S.636/1989 Erw. 3e, BGE 127 IV 182 Erw. 3b).

b) *Tatobjekt* sind die in BetmG Art. 1 umschriebenen Betäubungsmittel und die ihnen gleichgestellten Stoffe. Als Betäubungsmittel gelten abhängigkeitserzeugende Stoffe und Präparate der Wirkungstypen Morphin, Kokain und Cannabis (BetmG Art. 1 Abs. 1), die Rohmaterialien, Wirkstoffe und Präparate erwähnt BetmG Art. 1 Abs. 2, schliesslich listet BetmG Art. 1 Abs. 3 diejenigen abhängigkeitserzeugenden psychotropen Stoffe auf, die den Betäubungsmitteln gleichgestellt sind. Das Schweizerische Heilmittelinstitut (Swissmedic) erstellt das Verzeichnis der Stoffe und Präparate gemäss BetmG Art. 1 Abs. 2 und 3 (BetmG Art. 1 Abs. 4; V Swissmedic vom 12.12.1996 über die Betäubungsmittel und die psychotropen Stoffe, SR 812.121.2, Anhang a). Der Umgang mit einem nicht in diesem Verzeichnis enthaltenen Stoff oder Präparat ist nicht strafbar (BGE 124 IV 289 f. e contrario; z.B. psilocybinhaltige Pilze vor der Revision des Verzeichnisses: BGE 127 IV 181 Erw. 3a, neu aber BGer vom 10.5.2002, 6S.101/2002; Tabak [Nikotin] BGE 116 II 189). Umgekehrt ist der Richter an den Entscheid des Gesetzgebers, was zu den Betäubungsmitteln und zu den diesen gleichgestellten Stoffen gehört, gebunden (BGE 107 IV 150). Die toxische Wirkung der durch den Täter umgesetzten Droge muss nicht bewiesen werden (BGE 108 IV 201), die in Verkehr gebrachte Menge und die Wirkstoffkonzentration sind für die Strafbarkeit grundsätzlich unerheblich.

Besonderheit beim Cannabis: Nach bundesgerichtlicher Rechtsprechung unterstehen die verschiedenen Handelsformen des Cannabis (Marihuana, Haschisch, Haschischöl etc.) dem BetmG: BGE 95 IV 179 = Pr 59 (1970) Nr. 90, BGE 106 IV 227, 117 IV 314, 120 IV 256. Wann Hanfkraut als Rohmaterial bzw. als gebrauchsfertiges Betäubungsmittel zu gelten hat, geht aus dem BetmG nicht hervor. Das Hanfkraut wird grundsätzlich gemäss BetmG Art. 1 Abs. 2 lit. a Ziff. 4 als Rohmaterial erfasst, ohne Rücksicht auf den Gehalt an psychoaktiven Stoffen. Handel und Umgang mit Hanfkraut unterstehen der staatlichen Kontrolle (BetmG Art. 2). Dient der Anbau des Hanfkrauts der Gewinnung von Betäubungsmitteln, so verbietet BetmG Art. 8 Abs. 1 lit. d ausnahmslos Anbau und Inverkehrbringen. Hanf mit einem THC-Grenzwert von weniger als 0,3 Gewichtsprozenten gilt als ungeeignet für die Gewinnung von Betäubungsmitteln (Industriehanf). Dagegen gilt ein THC-Gehalt von mehr als 0,3% als massgebliches Indiz dafür, dass der Hanf der Gewinnung von Betäubungsmitteln dient: BGE 126 IV 198, BGer vom 14.5.2002, 6S.66/2002, vom 21.4.2004, 6S.399/2003, vom 13.1.2006, 6P.100/2005 Erw. 3.2, RS 2002 Nr. 287, 2005 Nr. 675. Das Verbot trifft die ganze Pflanze, nicht nur die Teile mit hohem Gehalt an THC: BGE 126 IV 60 = Pr 90 (2001) Nr. 18. Von Inverkehrbringen zur Betäubungsmittelgewinnung ist zu sprechen, wenn der Täter weiss oder billigend in Kauf nimmt, dass sein Abnehmer das getrocknete Erntegut als Betäubungsmittel oder zur Gewinnung von Betäubungsmitteln missbrauchen könnte. Anderslautende Verkaufsdeklarationen und warnende Hinweise, wie etwa die Aufforderung, den Hanf weder zu rauchen noch einzunehmen (BGer vom 21.4.2004, 6S.399/2003), den Hanf nur für Öl oder Sirup zu verwenden (BGer vom 14.5.2002, 6S.66/2002 Erw. 2.2) oder die vom Käufer verlangte schriftliche Zusicherung, den gekauften Hanf nicht als Betäubungsmittel zu verwenden (BGer vom 13.1.2006, 6P.100/2005), können den Täter nicht entlasten. Zu den sog. «Duftkissen» vgl. BGE 126 IV 60 = Pr 90 (2001) Nr. 18, BGE 126 IV 198, BGer vom

21.4.2004, 6S.399/2003, vom 13.1.2006, 6P.100/2005, SJZ 94 (1998) 541, RS 2002 Nr. 176. Dies gilt auch für das Inverkehrbringen von Hanfsamen, soweit diese zur Aufzucht von Pflanzen dienen, die für die Betäubungsmittelgewinnung geeignet sind: BGer vom 3.8.2000, 6P.51/2000, vom 17.8.2006, 6P.114/2006 Erw. 8. Unkenntnis der Rechtslage für sich bildet noch keinen zureichenden Grund für einen entschuldbaren Rechtsirrtum nach StGB Art. 21. Ständiges Dulden eines rechtswidrigen Zustandes durch die Behörden kann zwar einen solchen begründen, nicht aber das blosse (vorübergehende) behördliche Nichteinschreiten trotz Kenntnis des Sachverhalts oder die Duldung in anderen Kantonen: BGer in Sem 124 (2002) I 441, RS 2002 Nr. 176; Berücksichtigung bei der Strafzumessung: BGer vom 15.6.2006, 6S.56/2006 Erw. 3. Zur Vernichtung beschlagnahmten Hanfs während des Untersuchungsverfahrens: BGE 130 I 360. Zum (unzulässigen) Umpflügen von Hanffeldern während des Untersuchungsverfahrens: RS 2002 Nr. 202. Die Schliessung eines Ladens, in welchem fortdauernder, umfangreicher Verkauf von Hanf mit hohem THC-Gehalt erfolgt, verletzt die Wirtschaftsfreiheit nicht: RS 2004 Nr. 558.

Streckmittel (z.B. Anestesin, Ascorbinsäure, Laktose, Paracetamol, Procain) unterstehen, soweit sie nicht im Verzeichnis Swissmedic enthalten sind, nicht dem BetmG. Erfolgt der Verkauf, der Erwerb und die Verwendung von Streckmitteln aber mit der Absicht, diese Betäubungsmitteln beizumischen, kann sich daraus eine Strafbarkeit (Herstellen, Verarbeiten, Anstaltentreffen bzw. Gehilfenschaft dazu) nach dem BetmG ergeben: BGE 112 IV 108 = Pr 75 (1986) Nr. 240, BGE 130 IV 137, BGer vom 27.1.2005, 6S.386/2004 und 6S.395/2004, ZR 102 (2003) Nr. 68.

Irrtum: Hat der Täter den deliktischen Willen, einen Stoff zu erwerben, zu besitzen und zu veräussern in der irrtümlichen Annahme, es handle sich um ein Betäubungsmittel, so bestimmt sich seine Strafbarkeit nicht nach StGB Art. 22/23, sondern nach BetmG Art. 19 Ziff. 1 Abs. 6, da es für die allgemeinen Regeln über den Versuch im Betäubungsmittelstrafrecht kaum mehr einen Anwendungsbereich gibt: BGE 121 IV 200 f., 122 IV 363, 130 IV 135 (anders [untauglicher Versuch]: SJZ 92 [1996] 245, RS 1999 Nr. 595, 2001 Nr. 29). Geht der Täter dagegen von der irrigen Annahme aus, es liege kein Betäubungsmittel vor, irrt er sich über Art, Menge und Qualität der in Verkehr gebrachten Betäubungsmittel oder über das Vorliegen einer gültigen Bewilligung, bestimmt sich seine Strafbarkeit nach den Regeln über den Sachverhaltsirrtum (StGB Art. 13; Hanftinktur auf ärztliche Verschreibung: BGer vom 30.1.2003, 6S.393/2002 Erw. 2).

c) *Tathandlung:* Der Grundtatbestand von BetmG Art. 19 Ziff. 1 erfasst beinahe alle Formen einer Beteiligung am unbefugten Drogenverkehr: BGE 120 IV 258, 331. Die Bestimmung enthält eine detaillierte Umschreibung der verschiedenen im Zusammenhang mit Betäubungsmitteln stehenden strafbaren Tätigkeiten. Die Abs. 1–5 betreffen Verhaltensweisen, bei denen der Täter mit Betäubungsmitteln oder Stoffen, aus denen Betäubungsmittel hergestellt werden, unmittelbar zu tun hat. In den folgenden Absätzen werden Vorbereitungshandlungen zu den in den Absätzen 1–5 genannten Straftaten (Abs. 6), die Finanzierung des unerlaubten Verkehrs mit Betäubungsmitteln und die Vermittlung der Finanzierung (Abs. 7) sowie die öffentliche Aufforderung zum Erwerb oder Konsum von Betäubungsmitteln bzw. die Bekanntgabe der Gelegenheit dazu (Abs. 8) erfasst. Das Gesetz benennt die strafbaren Handlungen abschliessend: BGE 118 IV 409 Erw. 2a. Zum Anklageprinzip: BGE 130 IV 138 f., BGer vom 22.11.2004, 6P.128/2004, vom 17.5.2006, 1P.148/2006, vom 18.7.2006, 6P.99/2006 Erw. 3.2, SJZ 87 (1991) 343, RS 1999 Nr. 552. Die Widerhandlungen gegen BetmG Art. 19 Ziff. 1 Abs. 1–6 sind abstrakte Gefährdungsdelikte (BGE 117 IV 60, 118 IV 205), ebenso die unbefugte Propaganda für den Betäubungsmittelkonsum (Abs. 8). Bei der Gehilfenschaft zur Inverkehrsetzung von Betäubungsmitteln in Form der Finanzierung (Abs. 7) handelt es sich um ein Erfolgsdelikt. Die Widerhandlungen gegen BetmG Art. 19 Ziff. 1 können auch durch *Unterlassung* begangen werden, wenn dem Täter eine Handlungspflicht obliegt, die sich aus einer Garantenstellung ergibt (unechtes Unterlassungsdelikt; BJM 1984, 187). Wer aber die eigene Wohnung einem andern zur Verfügung stellt, damit dieser dort Drogengeschäfte vorbereiten oder abwickeln kann, ist wegen eines Begehungsdeliktes zu bestrafen: BGE 119 IV 266. Die Tathandlungen sind *unbefugt*, wenn sie ohne die notwendige behördliche Bewilligung (BetmG Art. 4 ff.) erfolgen oder durch BetmG Art. 8 Abs. 1 verboten sind. Der Anbau von alkaloidhaltigen Pflanzen (Schlafmohn, Kokastrauch) und von Hanfkraut sowie Einfuhr, Herstellung und Inverkehrbringen des Hanfkrauts sind nicht bewilligungspflichtig und nicht verboten, wenn sie nicht zur Betäubungsmittelgewinnung erfolgen: BGE 130 IV 83 = Pr 94 (2005) Nr. 11, RS 2000 Nr. 757, 2006 Nr. 9.

d) *Teilnahme:* Die allgemeinen Regeln des StGB über Täterschaft und Teilnahme finden grundsätzlich auch im Bereich des BetmG Anwendung (BetmG Art. 26). Als Formen der strafbaren Beteiligung kommen neben der Mittäterschaft (BGE 115 IV 256 = Pr 79 [1990] Nr. 39, BGE 118 IV 399, 130 IV 136 f., BGer vom 24.1.2000, 6S.595/1999 Erw. 3.c, vom 22.11.2004, 6P.128/2004 Erw. 5) auch die mittelbare Täterschaft, die Anstiftung (sie scheidet aus, wenn der Täter den Entschluss zur bestimmten Tat schon gefasst hat: BGE 124 IV 34) und die Gehilfenschaft in Betracht. Als Besonderheit umschreibt BetmG Art. 19 Ziff. 1 beinahe alle Unterstützungshandlungen, die bei anderen Tatbeständen allenfalls als Teilnahmehandlungen gelten, als eigenständige Tathandlungen: BGE 119 IV 268 Erw. 3.a. Die hohe Regelungsdichte führt deshalb zu einer starken Einschränkung des Anwendungsbereichs von StGB Art. 25: BGE 113 IV 90, 115 IV 59, 130 IV 131, BGer vom 24.1.2000, 6S.595/1999 Erw. 3c, vom 27.1.2005, 6S.386/2004 Erw. 2, vom 18.5.2005, 6P.36/2005 Erw. 9, vom 11.1.2006, 6S.380/2004, Pr 78 (1989) Nr. 212, ZR 102 (2003) Nr. 68.

e) *Subjektiver Tatbestand:* BetmG Art. 19 Ziff. 1 verlangt *Vorsatz*, Eventualvorsatz genügt: BGE 126 IV 198, BGer vom 14.5.2002, 6S.66/2002. Der Vorsatz hat sich auf den objektiven Tatbestand zu beziehen und das Wissen zu umfassen, dass es sich beim inkriminierten Stoff um ein Betäubungsmittel handelt und dass der Verkehr mit diesem bewilligungspflichtig ist. Gegenstand des Vorsatzes sind zudem Art, Menge und Qualität des Betäubungsmittels. Bei den Tathandlungen, die sich als Gehilfenschaft zu einem Drogengeschäft Dritter darstellen (Vermitteln von Betäubungsmitteln, Finanzierung des unerlaubten Verkehrs) muss der Vorsatz auch die Förderung der fremden Tathandlung erfassen. Für die Strafbarkeit üblicher Geschäfte des normalen Lebens oder sonstiger normaler Alltagshandlungen (Gewährung eines Darlehens an einen offenkundig abhängigen Fixer; Taxichauffeur, der einen Gast transportiert im Wissen darum, dass dieser Kokain auf sich trägt; Bezahlung eines Angestellten im Wissen darum, dass dieser einen Teil des Einkommens für Betäubungsmittelgeschäfte verwendet etc.) wird direkter Vorsatz ersten Grades verlangt. Fehlt dem Täter die Absicht, das Betäubungsmittel in Verkehr zubringen, und nimmt er die konkrete Gefahr einer Inverkehrbringung auch nicht in Kauf, so handelt er nicht tatbestandsmässig, z.B. Transport von Drogen, um diese zu vernichten oder der Polizei zu übergeben: BGE 117 IV 58, 120 IV 339 Erw. 2b/aa, SJZ 86 (1990) 343. – Zur *Fahrlässigkeit*: Vgl. Bem. zu BetmG Art. 19 Ziff. 3.

Ziff. 1 Abs. 1: *Anbau* bedeutet die Aussaat von Samen und die Aufzucht der Pflanzen. *Tatobjekt* sind alkaloidhaltige Pflanzen und das Hanfkraut. Mit der Ernte geht der Anbau in die *Gewinnung* (mechanische oder chemische Trennung des Betäubungsmittels von der Pflanze und deren Produkten) über. *Täter* ist jeder, der den Anbau vornimmt, betreibt, kontrolliert, steuert und überwacht. Strafbar

4. Kapitel: Strafbestimmungen   Art. 19

ist ein solches Verhalten nur, wenn der Täter mit dem *Handlungsziel* bzw. in der Absicht handelt, damit Betäubungsmittel zu gewinnen: BGE 130 IV 83 = Pr 94 (2005) Nr. 11. Zum entsprechenden Vorsatz: BGer vom 14.5.2002, 6S.66/2002. Dieses Handlungsziel ist gegeben beim Anbau von Hanf, um dessen Samen oder Setzlinge zu ernten, wenn dies einer neuen Aufzucht der Pflanze zur Betäubungsmittelgewinnung dienen soll: BGE 130 IV 83 = Pr 94 (2005) Nr. 11, Pr 90 (2001) Nr. 182, BGer vom 17.8.2006, 6P.114/2006 Erw. 8. Zur Einziehung von Hanfsamen vgl. BGE 125 IV 185 = Pr 89 (2000) Nr. 104, RS 2000 Nr. 757. Zum Umpflügen von Hanffeldern: RS 2002 Nr. 202.

Ziff. 1 Abs. 2: Der Begriff der *Herstellung* bezeichnet alle zur Erzeugung von Betäubungsmitteln geeigneten Verfahren, so die Produktion (mit Ausnahme der Gewinnung), Reinigung (RS 1980 Nr. 1036) und Verarbeitung. *Ausziehen* umschreibt den Vorgang, mit welchem ein Betäubungsmittel von einem Stoff oder der Mischung, in der dieses enthalten ist, getrennt wird. *Umwandeln* setzt einen mechanischen oder chemischen Vorgang voraus, mit welchem Stoffe in neue Betäubungsmittel mit neuartigen Eigenschaften gewandelt werden. Das *Verarbeiten* bezeichnet einen chemischen oder mechanischen Vorgang, der den Zustand oder die Erscheinungsform des Betäubungsmittels verändert (z.B. pressen, mischen, strecken). Während BGE 112 IV 106 = Pr 75 (1986) Nr. 240 das Strecken noch unter Anstaltentreffen (BetmG Art. 19 Ziff. 1 Abs. 6) subsumierte, gilt dies nach der präziseren neueren Rechtsprechung als verarbeiten: BGer vom 11.7.2001, 6S.190/2000 Erw. 3. Ein Handlungserfolg im Sinne der Schaffung eines Endproduktes ist für die Tatbestandsvollendung nicht erforderlich. Jeder einzelne Herstellungsvorgang genügt zur Vollendung, die Beendigung tritt erst mit dem Vorliegen eines Endproduktes ein.

Ziff. 1 Abs. 3: Neben dem allgemeinen Begriff des unbefugten Besitzes i.S. von BetmG Art. 19 Ziff. 1 Abs. 5 kommt dem *Lagern* kaum eigenständige Bedeutung zu: BGE 119 IV 270 Erw. 3d. Die Tathandlung des *Versendens* beschränkt sich nicht nur auf eine postalische Beförderung, sondern auf jegliche Einräumung der tatsächlichen Verfügungsgewalt an eine andere Person zum Zweck der Beförderung. Betäubungsmittel *befördert*, wer diese von einem an einen andern Ort transportiert: BGE 113 IV 91. Nicht erforderlich ist, dass der Täter den Stoff besitzt. Den Tatbestand erfüllt auch derjenige, der sich für einen Dealer als Chauffeur zur Verfügung stellt: BGE 114 IV 162, RS 1991 Nr. 67. Nicht unter den Begriff des Beförderns fallen kurze Botengänge oder andere untergeordnete Hilfeleistungen. Pannenhilfe bei einem Fahrzeug, in welchem mit Wissen des Helfers Drogen transportiert werden, ist als Gehilfenschaft zu werten: BGE 113 IV 91. Zum Transport von Betäubungsmitteln zum Zwecke der Vernichtung: BGE 117 IV 61, 120 IV 339 Erw. 2b/aa. Trifft den Transporteur einer bestimmten Betäubungsmittelmenge ein geringeres Verschulden als den Verkäufer oder denjenigen, der diese Drogen zum Zwecke der Weiterveräusserung erwirbt, ist dies bei der Strafzumessung zu berücksichtigen: BGE 121 IV 206. *Einführen* ist jedes tatsächliche Verbringen oder Verbringenlassen von Betäubungsmitteln aus dem Ausland in das schweizerische Zollgebiet. Nicht erforderlich ist, dass der Täter selbst beim Verbringen über die Grenze mitwirkt. Die Einfuhr ist vollendet, wenn der Täter in das schweizerische Hoheitsgebiet gelangt ist bzw. am Flughafen den Zoll passiert hat. Die Einfuhr ist in diesem Zeitpunkt aber noch nicht beendet. Dies ist erst der Fall, wenn die Ware an ihren endgültigen Bestimmungsort gelangt und dort z.B. dem Adressaten übergeben worden ist. Kann die eingeführte Ware nicht an den Bestimmungsort gelangen, weil sie am Zoll sichergestellt worden ist, so ist die Einfuhr mit der Sicherstellung beendet. Wer auftrags eines Dritten auf dem Flughafen das Eintreffen eines Drogenkuriers beobachtet und seine Wahrnehmungen telefonisch dem Dritten weitergibt, so dass dieser in die Lage gesetzt wird, mit dem Kurier nach dem Passieren des Zolls Kontakt aufzunehmen oder im Falle einer Kontrolle und Festnahme die geeigneten Massnahmen zu treffen, macht sich wegen Gehilfenschaft zur Einfuhr strafbar: BGer vom 11.1.2006, 6S.380/2004 Erw. 3.4. Anstalten zur Einfuhr trifft, wer eine Einfuhr organisiert und dazu einen Transporteur anzuwerben versucht, nicht aber derjenige, welcher Empfänger eines solchen Angebotes wird und dieses ablehnt: RS 2003 Nr. 403. *Ausführen* ist jedes tatsächliche Verbringen von Betäubungsmitteln aus der Schweiz ins ausländische Zollgebiet. Die Ausfuhr ist vollendet, wenn die Drogen über die Grenze verbracht wurden bzw. wenn der Täter nach deren Übergabe an die Post oder einen Spediteur auf die Betäubungsmittelsendung keinen Einfluss mehr nehmen kann. Eine *Durchfuhr* liegt vor, wenn Drogen aus dem Ausland durch die Schweiz ohne weiteren als den durch das Befördern oder den Umschlag bedingten Aufenthalt transportiert werden.

Ziff. 1 Abs. 4: *Anbieten* bedeutet das gegenüber einer Drittperson geäusserte Angebot zur Übertragung der Verfügungsgewalt über Betäubungsmittel. Nicht erforderlich ist, dass der Anbieter sich bereits im Besitz der Ware befindet. Der Begriff des *Verteilens* lässt sich von demjenigen des Abgebens nicht unterscheiden. Verteilen von Hanfblättern: BGer vom 16.11.1994, 6S.546/1994. Als *Verkauf* ist die vertragliche Verpflichtung zur Übergabe von Betäubungsmitteln an einen Käufer gegen Bezahlung des Kaufpreises zu verstehen. Die Tatvollendung setzt voraus, dass die Verfügungsgewalt über die Drogen an den Käufer übertragen worden ist: BGE 106 IV 296. Die Aushändigung des vereinbarten Kaufpreises ist nicht erforderlich. Beendet ist der Kauf erst mit der Entgegennahme des Kaufpreises (BGE 122 IV 220), weshalb zwischen der Übertragung der Betäubungsmittel und der Bezahlung eine Teilnahme noch möglich ist: BGE 106 IV 296, BGer in Sem 111 (1989) 245 Erw. 4b. Das *Vermitteln* besteht sowohl darin, dass ein Kontakt zwischen einem möglichen Betäubungsmittelkäufer und einem möglichen Betäubungsmittelverkäufer hergestellt wird, als auch darin, dass für einen solchen verhandelt wird, geschehe dies auch nur teilweise oder im Einzelfall: BGE 118 IV 403 = Pr 82 (1993) Nr. 151. Als Indiz für ein Vermitteln ist eine Vereinbarung betr. einen Provisionsanteil zu werten: BGE 118 IV 202. Für den Vorsatz ist erforderlich, dass der Vermittler in groben Zügen Kenntnis über Art und Umfang des Drogengeschäftes hat, welches er fördert. Das *Verschaffen* von Betäubungsmitteln bedeutet die Übergabe durch einen Mittelsmann. Es geht darum, dass der Täter Drogen nicht sich selber, sondern einer andern Person zukommen lässt. Als *Verordnung* gilt die schriftliche Anweisung an den Apotheker, an eine bestimmte Person ein bestimmtes Betäubungsmittel auszuhändigen. Strafbar macht sich derjenige, der als nicht approbierte Medizinalperson Betäubungsmittel verschreibt, abgibt und verabreicht (vgl. BetmG Art. 10 und Art. 20 Ziff. 1 Abs. 3). Dem *Inverkehrbringen* kommt die Funktion eines Auffangtatbestandes zu. Strafbar macht sich, wer einer andern Person die Möglichkeit eröffnet, die tatsächliche Verfügungsgewalt über Betäubungsmittel zu erlangen. Keine Rolle spielt, ob der Empfänger die Droge selbst konsumiert oder sie weitergibt. Durch die *Abgabe* wird die eigene Verfügungsgewalt über das Betäubungsmittel unentgeltlich an eine andere Person übertragen. Nicht unter den Tatbestand fällt das unmittelbare Verabreichen des Stoffes an einen Dritten. Wenn ein Drogenkonsument zwecks Erwerbs eines bestimmten Betäubungsmittels für den eigenen Konsum eine andere Droge an Dritte abgibt, also einen Drogentausch vollzieht, macht er sich der Drogenabgabe schuldig: BGE 119 IV 183 Erw. 2a. Straflos ist die unentgeltliche Abgabe eines Betäubungsmittels zur Ermöglichung des gleichzeitigen und gemeinsamen Konsums (BetmG Art. 19b).

Ziff. 1 Abs. 5: *Besitz* setzt, in Anlehnung an den strafrechtlichen Gewahrsamsbegriff, ein bewusstes tatsächliches Herrschaftsverhältnis über Betäubungsmittel voraus, das faktisch die unmittelbare Einwirkung auf die Sache unter Ausschluss Dritter ermöglicht. Hinzukommen muss subjektiv ein auf die Sachherrschaft gerichteter Wille, die Sache für sich oder einen andern zu besitzen: RS 2001

Nr. 28. Wer einem andern seine Wohnung für das Verstecken von Betäubungsmitteln zur Verfügung stellt, ist nicht nur Gehilfe, sondern macht sich selbständig durch aktives Tun wegen unbefugten Besitzes strafbar: BGE 119 IV 266. Ebenso hat sich die Ehefrau, die nach der Festnahme ihres Mannes die eheliche Wohnung nach Betäubungsmitteln durchsucht, solche findet und diese einem Dritten zwecks späterer Rückgabe aushändigt, wegen unbefugten Besitzes zu verantworten: BGer vom 21.5.2002, 6S.522/2001. Wer seine Wohnung zur Verfügung stellt, um die Verhandlungen über den Erwerb von Drogen zu erleichtern, und hin und wieder zufällig dem Handel beiwohnt, handelt als Gehilfe zum Drogenhandel und nicht als Besitzer der Droge: RS 1991 Nr. 68. Das blosse Dulden des Besitzes eines anderen etwa durch den Vermieter, der Kenntnis davon hat, dass ein Mieter in der Wohnung Drogen aufbewahrt, reicht dagegen nicht aus: BGE 114 IV 164. Die Wohngemeinschaft eines Konkubinatspaares begründet keine eigentliche Gefahrengemeinschaft bzw. eine Garantenstellung, die den einen Konkubinatspartner verpflichten würde, Straftaten des andern zu verhindern: RS 1984 Nr. 749. Als Besitzer gilt aber derjenige, der von einem Mitbewohner Drogen entgegennimmt und diese in einem Polsterstuhl versteckt: RS 1984 Nr. 613. Das *Aufbewahren* ist in der Regel im Begriff des unbefugten Besitzes enthalten. *Kauf* ist das Erlangen der Verfügungsgewalt über Betäubungsmittel gegen Entgelt. Vollendet ist der Kauf bei der Übergabe des Stoffes an den Käufer. Der blosse Abschluss eines Vertrages genügt nicht. *Sonstwie erlangen* hat die Funktion eines subsidiären Auffangtatbestandes. Gemeint sind Verhaltensweisen, die darauf ausgerichtet sind, die Verfügungsgewalt über Betäubungsmittel zu erlangen (unentgeltlicher Erwerb, Tausch, Fund, Diebstahl, Raub, Betrug etc.).

Ziff. 1 Abs. 6: Der Tatbestand des *Anstaltentreffens* erfasst sowohl den Versuch wie gewisse qualifizierte Vorbereitungshandlungen zu den in BetmG Ziff. 1 Abs. 1–5 genannten Taten. Anstaltentreffen kann nur, wer nach seinem Plan eine Straftat gemäss BetmG Art. 19 Ziff. 1–5 selber als Täter oder zusammen mit anderen Personen als Mittäter verüben will. Wer diesen Plan nicht hegt, trifft keine Anstalten zu einer Tat, da er diese weder versucht noch vorbereitet. Er ist allenfalls Gehilfe des andern, zu dessen Tat er durch sein Verhalten beiträgt: BGE 121 IV 200, 130 IV 131, RS 1999 Nr. 595. Da BetmG Art. 19 Ziff. 1 Abs. 6 den Versuch und qualifizierte Vorbereitungshandlungen als eigenständige Tathandlungen begreift, finden die allgemeinen Regeln von StGB Art. 22/23 kaum mehr einen Anwendungsbereich: BGE 121 IV 200, 122 IV 363, 130 IV 135/136, ZR 95 (1996) Nr. 3. Zum Rücktritt vom Versuch: ZR 95 (1996) Nr. 100, RS 2006 Nr. 2. Wiegt der Unrechts- und Schuldgehalt des Anstaltentreffens im konkreten Fall leichter als der anderer nach BetmG Art. 19 Ziff. 1 strafbarer Handlungen, ist diesem Umstand bei der Strafzumessung nach StGB Art. 47 Rechnung zu tragen. Hingegen kommt eine Strafmilderung in Anwendung der allgemeinen Regeln von StGB Art. 22/23 nicht in Betracht, da sonst der Versuch gegenüber der Vorbereitungshandlung privilegiert würde: BGE 121 IV 198. – *Kasuistik:* Übersicht über die Rechtsprechung in BGE 117 IV 309. Suche nach Verbindungen zum Drogenmilieu, um sich eine Verkaufsquelle zu erschliessen und Annahme eines Verkaufsangebotes: BGE 117 IV 309. Umtausch von mehreren tausend Franken in holländische Gulden und Besteigen eines Zuges nach Amsterdam, um dort Heroin zu erwerben: BGE 113 IV 91. Aufnahme eines Darlehens, welches ausdrücklich zum Zweck der Abwicklung eines Drogengeschäfts erhältlich gemacht wurde: BGE 112 IV 47. Erwerb eines Autos zum Zwecke der Einfuhr von Drogen und Fahrt mit diesem in den Balkan: BGer vom 22.11.2004, 6P.128/2004 Erw. 6. Übergabe eines Geldbetrages an eine Person, welche die Summe einer Drittperson nach Amsterdam überbringen sollte, die dort Betäubungsmittel besorgen und durch einen Transporteur in die Schweiz bringen lassen sollte: BGer vom 11.1.2006, 6S.380/2004. Tätigkeit, welche direkt dazu bestimmt ist, Betäubungsmittel zu vermischen oder vermischte Betäubungsmittel weiter zu verdünnen: Pr 75 (1986) Nr. 240. Organisieren einer Einfuhr und Anwerben eines Transporteurs: RS 2003 Nr. 403. Die Bestimmung zielt nicht darauf ab, jede untergeordnete Hilfeleistung, welche die Begehung einer Tathandlung nach BetmG Art. 19 Ziff. 1 Abs. 1–5 fördert, als Haupttat zu erfassen: BGE 115 IV 59 = Pr 78 (1989) Nr. 212 (Testen des Reinheitsgrades von Heroin). Die blosse Lieferung von Streckmaterial ohne weitere Tatbeteiligung ist als Gehilfenschaft (StGB Art. 25) zum von anderen Personen vorgenommen Strecken und/oder anschliessenden Verkauf zu werten: BGE 112 IV 106 = Pr 75 (1986) Nr. 240, BGE 130 IV 131, BGer vom 27.1.2005, 6S.386/2005, ZR 102 (2003) Nr. 68.

Ziff. 1 Abs. 7: Die Finanzierung des unerlaubten Verkehrs mit Betäubungsmitteln und die Vermittlung seiner Finanzierung sind als typische Beiträge in Form einer Gehilfenschaft zum Drogenhandel zu begreifen, die das Gesetz als selbständige Tathandlungen ausgestaltet. Eine *Finanzierung,* die sich auf einen zukünftigen, noch nicht realisierten Betäubungsmittelhandel richten muss, nimmt vor, wer die notwendigen finanziellen Mittel oder das Kapital für die Beschaffung, den Transport oder den Absatz von Betäubungsmitteln zur Verfügung stellt: BGE 121 IV 295, 122 IV 128. Beispiel: Übergabe von Geld oder Gewährung eines Darlehens: BGE 111 IV 30. Eine direkte Beteiligung des Geldgebers am Risiko ist nicht erforderlich. Jeder Geldgeber, der weiss oder zumindest in Kauf nimmt, dass er mit seinem Darlehen, seiner Beteiligung oder seinem Geschenk den Betäubungsmittelhandel ermöglicht, macht sich strafbar: BGE 121 IV 295. Unter *Vermittlung der Finanzierung* sind Bemühungen zu verstehen, die bewirken, dass zum Betäubungsmittelhandel bereite oder daran bereits beteiligte Personen mit Stellen in Verbindung kommen, welche finanzielle Mittel für eine solche Aktivität zur Verfügung stellen. Die Bestimmung ist in einem weiten Sinn zu verstehen und umfasst jede mit dem Drogenhandel zusammenhängende Finanzierungshandlung: BGE 115 IV 263 = Pr 79 (1980) Nr. 39. Nach BetmG Art. 19 Ziff. 1 Abs. 7 macht sich strafbar, wer den *unerlaubten Verkehr* mit Betäubungsmitteln finanziert. Gemeint sind damit die Tathandlungen nach BetmG Art. 19 Ziff. 1 Abs. 1–6. Ist der vom Täter durch seine Finanzierungshandlung geleistete Beitrag an der Inverkehrsetzung von Betäubungsmitteln so erheblich, dass damit eine Mittäterschaft zu einer Tathandlung nach BetmG Art. 19 Ziff. 1 Abs. 1–6 gegeben ist, wird sie von dieser miterfasst: BGE 115 IV 260 = Pr 79 (1990) Nr. 39. Kauft ein Konsument mit dem empfangenen Geld Drogen für den Eigenkonsum, so stellt deren Erwerb keinen Handel dar. Der Geldgeber leistet in einem solchen Fall Hilfe zu einer Widerhandlung gegen BetmG Art. 19a Ziff. 1, was nach BetmG Art. 26 i.V. mit StGB Art. 105 Abs. 2 nicht strafbar ist: BGE 121 IV 296. Den unerlaubten Verkehr finanziert also nur, wer mit Händlern in Kontakt steht und ihnen Kapital für den Handel zur Verfügung stellt. Keine Strafbefreiung gestützt auf StGB Art. 54 bei einem Täter, der bei der Finanzierung eines nicht zustande gekommenen Drogengeschäftes einen Vermögensschaden erleidet: RS 1996 Nr. 53. – *Subjektiver Tatbestand:* Der Geldgeber, der weiss oder in Kauf nimmt, dass er mit seinem finanziellen Beitrag den Betäubungsmittelhandel ermöglicht, macht sich der (eventual-)vorsätzlichen Widerhandlung gegen den Finanzierungstatbestand schuldig: BGE 111 IV 30, 121 IV 295. Die Finanzierung der fremden Tathandlung muss das eigentliche Handlungsziel sein. Das Wissen des Täters um eine direkte oder indirekte Beteiligung am unerlaubten Betäubungsmittelverkehr reicht aus. Es genügt, wenn er in groben Zügen über Art und Umfang des Drogenhandels, bei dem er mit seiner Finanzierung behilflich ist, Kenntnis hat. Nicht notwendig ist, dass er die näheren Umstände des Handels oder alle daran beteiligten Personen kennt: BGE 115 IV 264 = Pr 79 (1990) Nr. 39. Eventualvorsatz liegt vor, wenn der Täter das Risiko einer solchen Beteiligung kennt und die als wahrscheinlich erkannte Verwendungsmöglichkeit in Kauf

4. Kapitel: Strafbestimmungen   Art. 19

nimmt: BGer in Sem 111 (1989) 245. Zur fahrlässigen Begehung: BGE 118 IV 412 = Pr 82 (1993) Nr. 173.

In *Abgrenzung* zum Tatbestand der *Geldwäscherei* i. S. von StGB Art. 305bis, ist BetmG Art. 19 Ziff. 1 Abs. 7 als reiner Finanzierungstatbestand des (künftigen) Drogenhandels zu verstehen, während Geldwäschereihandlungen das Resultat des Drogenhandels zum Gegenstand haben, nämlich die Verbrechensbeute, deren illegale Herkunft sie auslöschen wollen: BGE 119 IV 242, 122 IV 219, 126 IV 261 Erw. 3. Die Finanzierung legaler oder illegaler Geschäfte ausserhalb des unbefugten Betäubungsmittelhandels ist auch bei der Verwendung von Drogenerlös nicht unter den Finanzierungstatbestand zu subsumieren. Werden aber Gelder aus verbrecherischem Drogenhandel teils unmittelbar in den Drogenhandel investiert und teils unauffällig ausgelagert oder hinsichtlich einer späteren Reinvestition «gewaschen», sind beide Tatbestände erfüllt: BGE 122 IV 219, 223.

Ziff. 1 Abs. 8: *Aufforderung* ist ein der Überredung dienender, auf Beeinflussung anderer gerichteter kommunikativer Akt, der den Adressaten mit einer gewissen Eindringlichkeit zum Drogengebrauch veranlassen will. Dabei kommt es nicht darauf an, ob der Aufforderung jemand Folge leistet, ob sie tatsächlich richtig verstanden wird oder ob sie überhaupt wahrgenommen wird. Es genügt, wenn die Möglichkeit besteht, dass ein Dritter die Aufforderung zur Kenntnis nimmt: BGE 111 IV 154, SJZ 79 (1983) 131. *Öffentlich* ist die Aufforderung dann, wenn sie sich an eine grössere Anzahl von Personen richtet, welche nicht durch persönliche Beziehungen verbunden sind. Auf das Tatmittel kommt es nicht an. Die *öffentliche Bekanntgabe* der Gelegenheit zum Erwerb oder Konsum von Betäubungsmitteln bedeutet die Mitteilung, wo konkret die Möglichkeit des Zugangs zu Drogen besteht und wo man sich mit solchen versorgen kann. Darunter fällt nicht der öffentlich gemachte Hinweis, wie ein Betäubungsmittel hergestellt oder in ein anderes umgewandelt werden kann: BGE 118 IV 405 (Änderung gegenüber BGE 104 IV 294).

Konkurrenzen: Bei gleichzeitigem Verkauf verschiedener Betäubungsmittel liegt Tateinheit vor. Die Vorbereitungshandlungen werden durch die Tathandlungen von BetmG Art. 19 Ziff. 1 Abs. 1–5 konsumiert: BGE 115 IV 61. Erwerbshandlungen stehen zu den zeitlich daran anschliessenden Weitergabehandlungen im Verhältnis der Subsidiarität, da es sich dabei um verschiedene Entwicklungsstufen derselben deliktischen Tätigkeit handelt. Die Tathandlungen des Besitzens und des Aufbewahrens, die als Auffangtatbestände konzipiert sind, kommen im Verhältnis zu Erwerbs- oder Weitergabehandlungen nur subsidiär zur Anwendung. Zur Konkurrenz mit den Strafbestimmungen des StGB und den strafrechtlichen Bestimmungen anderer Gesetze vgl. Bem. zu BetmG Art. 27.

Ziff. 2 umschreibt keine eigenen Straftatbestände. Es handelt sich um eine Strafzumessungsregel, die Umstände nennt, welche zur Anwendung des höheren Strafrahmens von einem bis zwanzig Jahre Freiheitsstrafe führen: BGE 122 IV 363, 129 IV 195. Ist ein Qualifikationsgrund gegeben, muss nicht geprüft werden, ob ein weiterer solcher vorliegt, da der Strafrahmen nicht weiter verschärft werden kann. Die Annahme eines weiteren Qualifikationsgrundes kann sich nur innerhalb des verschärften Strafrahmens gemäss StGB Art. 47 auswirken: BGE 120 IV 330, 122 IV 265, 124 IV 295, BGer vom 1.7.2001, 6S.190/2000 Erw. 4, RS 1996 Nr. 168, 2006 Nr. 60. Eine versuchte Begehung von BetmG Art. 19 Ziff. 2 ist nicht möglich: BGE 122 IV 363 f., 129 IV 195, RS 1996 Nr. 167.

Die Aufzählung der schweren Fälle ist, wie sich aus dem Begriff «insbesondere» ergibt, nicht abschliessend: BGE 120 IV 332. Neben den in BetmG Art. 19 Ziff. 2 lit. a–c aufgezählten Fällen liegt ein solcher etwa vor bei wiederholter Tatbegehung, wenn die durch die einzelnen, jeweils selbständigen Widerhandlungen in Verkehr gesetzte Gesamtmenge nicht von einem Gesamtvorsatz erfasst wird.

Werden diese einzelnen Widerhandlungen gleichzeitig beurteilt und wird die gesundheitsgefährdende Gesamtmenge nur aufgrund einer Addition der Teilmengen überschritten, kann ein schwerer Fall vorliegen. Unter objektiven Gesichtspunkten ist unerheblich, ob der Täter die Betäubungsmittel in einer einzigen grossen Portion oder in vielen kleinen Teilmengen, ob er sie gestützt auf einen Willensentschluss oder gestützt auf mehrere Willensentschlüsse in Verkehr gebracht hat. Entscheidend ist allein, dass er eine Menge von Betäubungsmitteln umsetzt, welche die Gesundheit vieler Menschen in Gefahr bringen kann: BGE 114 IV 164, 118 IV 91, BGer vom 11.7.2001, 6S.190/2000 Erw. 2c, RS 2002 Nr. 178. Bringt der Täter Betäubungsmittel in Verkehr, die mit einer gesundheitsgefährdenden Substanz versetzt sind, kann ebenfalls ein schwerer Fall vorliegen: BGE 119 IV 186.

Ziff. 2 lit. a: Zu den *Tathandlungen* siehe BetmG Art. 19 Ziff. 1 Abs. 1–5. Die Menge von Betäubungsmitteln, welche die Gesundheit vieler Menschen in Gefahr bringen kann und die Qualifikation begründet, ist – analog einer Strafbarkeitsbedingung – entweder gegeben, oder sie liegt nicht vor. Bezüglich BetmG Art. 19 Ziff. 1 Abs. 6 und 8 kann deshalb kein schwerer Fall i. S. von BetmG Art. 19 Ziff. 2 lit. a vorliegen. Als *viele Menschen* gelten 20 oder mehr Personen: BGE 108 IV 63, 109 IV 143, 112 IV 109, 119 IV 180, 120 IV 337, 121 IV 334. Wird eine gesundheitsgefährdende Gesamtmenge von Betäubungsmitteln nur an eine, bereits süchtige, nahe Bezugsperson zum eigenen oder gemeinsamen Konsum abgegeben und besteht dabei die Gewissheit, dass die Droge nicht an Dritte weitergegeben wird, gelangt die Qualifikation nicht zur Anwendung: BGE 120 IV 340. Eine *Gesundheitsgefahr* liegt vor, wenn der Gebrauch der Droge über die Gefahr psychischer Abhängigkeit auch seelische und körperliche Schäden verursachen kann. Die Gefahr muss eine nahe liegende und ernstliche sein: BGE 117 IV 314. Ob das der Fall ist, bestimmt sich nach wissenschaftlichen Erkenntnissen: BGE 121 IV 334 f., 125 IV 93. Die Rechtsprechung hat für einzelne Betäubungsmittel mengenmässige Mindestwerte festgelegt, ab welchen von einer Gefährdung der Gesundheit vieler Menschen gesprochen werden kann. Heroin 12 g: BGE 109 IV 143, 119 IV 180; Kokain 18 g: BGE 109 IV 143, 111 IV 101, 122 IV 361; LSD 200 Trips: BGE 109 IV 143, 121 IV 332; Amphetamin 36 g: BGE 113 IV 34. Weder Haschisch (BGE 117 IV 314, 125 IV 90, BGer vom 3.2.2006, 6P.98/2005, RS 1995 Nr. 725) noch Marihuana (BGer in Sem 114 [1992] 90), noch Ecstasy (BGE 124 IV 286, 125 IV 90, RS 2004 Nr. 559) sind geeignet, die Gesundheit vieler Menschen in Gefahr zu bringen. Entscheidend für die Annahme des schweren Falles ist die *Menge des reinen Stoffes*, weshalb sichergestellte Betäubungsmittel stets einer chemischen Analyse zu unterziehen sind: BGE 119 IV 180. Kann der genaue Reinheitsgrad mangels Sicherstellung nicht bestimmt werden, so sind neben den Angaben der am Handel beteiligten Personen auch die Verhältnisse auf dem lokalen Drogenmarkt in die Beweiswürdigung einzubeziehen (Reinheitsgrad bei Heroin üblicherweise ¼, bei Kokain ⅓: BGer vom 26.4.1999, 6P.53/1999 Erw. 2b). Geht der Täter irrtümlich davon aus, das gehandelte Betäubungsmittel enthalte eine Menge reinen Wirkstoffes, der über dem Grenzwert liegt, so kommt die Qualifikation nicht zur Anwendung, denn die subjektive Vorstellung des Täters kann die fehlende objektive Voraussetzung nicht ersetzen: BGE 119 IV 185 f., 122 IV 363 f., RS 1996 Nr. 167. Bei der Beurteilung der Frage, ob sich die Widerhandlung auf eine Menge von Betäubungsmitteln bezieht, welche die Gesundheit vieler Menschen in Gefahr bringen kann, fällt die vom Täter für den eigenen Konsum benützte Menge nicht in Betracht: BGE 110 IV 99 = Pr 74 (1985) Nr. 20. Verkauft der Täter verschiedene harte Drogen, deren Menge für sich gesehen unter dem Grenzwert liegt, so ist zu prüfen, ob mit dem Verkauf der verschiedenen Betäubungsmittel zusammen die Gesundheit vieler Menschen in Gefahr gebracht wurde. Sind zusammen mehr als 20 Menschen betroffen, so liegt ein schwerer Fall vor: BGE 112 IV 109, 115 IV 62 Erw. 4 = Pr 78 (1989) Nr. 212. – *Subjektiver Tatbestand:* Die Bestimmung verlangt

Vorsatz, wobei Eventualvorsatz genügt: BGE 112 IV 113. Die Umschreibung «annehmen müssen» ist als Beweisregel zu verstehen. Der Richter soll Vorsatz auch annehmen dürfen, wenn er Umstände feststellt, die dem Täter die Überzeugung von der Gemeingefährlichkeit seines Tuns aufdrängen mussten: BGE 104 IV 214. Der Täter muss wissen oder davon ausgehen, dass seine Widerhandlung eine Menge von Betäubungsmitteln betrifft, welche die Gesundheit vieler Menschen in Gefahr bringen kann: BGE 106 IV 232, 111 IV 32. Die massgebenden Grenzwerte braucht er nicht zu kennen.

Ziff. 2 lit. b: *Bandenmässigkeit* ist ein persönliches Merkmal nach StGB Art. 27. Bandenmässige Begehung ist insbesondere bei denjenigen Betäubungsmitteln von Bedeutung, die einem schweren Fall nach BetmG Art. 19 Ziff. 2 lit. a (Cannabis, Ecstasy) nicht zugänglich sind: BGE 124 IV 286, 125 IV 103. Die im allgemeinen Strafrecht gebräuchliche Definition der Bandenmässigkeit gilt auch für das BetmG: BGE 106 IV 233. Vgl. Bem. zu StGB Art. 139 Ziff. 3 und BGE 122 IV 265 = Pr 86 (1997) Nr. 28, BGE 124 IV 86, 293. Bandenmitgliedschaft bedeutet neben der Zugehörigkeit zur Bande auch eine gewisse Identifikation mit ihren Zielen: BGE 120 IV 333. Aus Vorbereitung oder Ausführung der Tat muss sich ergeben, dass der Täter seine Tathandlung in einer ihm von der Bande übertragenen Aufgabe begangen hat. Auf die Rollenverteilung im Einzelfall kommt es nicht an. Für die Verwirklichung der Bandenmässigkeit genügt jeder Tatbeitrag. Entscheidend ist, dass das Mitglied der Gruppe beim einzelnen Delikt in Erfüllung der ihm zugedachten Aufgabe mitgewirkt hat, wozu jede bewusste Unterstützung der Mitbeteiligten bei Entschliessung, Planung, Vorbereitung oder Durchführung des Delikts genügt: RS 2005 Nr. 676. Wer in einer Bande für die Organisation bzw. Vermittlung der «Läufer» zuständig ist, sichert den unmittelbaren Fortbestand der Drogengeschäfte und ist deshalb als Mittäter zu beurteilen: BGer vom 20.10.2005, 6P.83/2005 Erw. 3. Aufgrund der erhöhten Strafdrohung und des Umstandes, dass der unbefugte Drogenhandel typischerweise von mehreren Personen gemeinsam betrieben wird, muss der Zusammenschluss ein Mindestmass an Organisationsstruktur aufweisen und die Intensität des Zusammenwirkens ein derartiges Ausmass erreichen, dass von einem bis zu einem gewissen Grad fest verbundenen und stabilen Team gesprochen werden kann, auch wenn dieses allenfalls nur kurzlebig war: BGE 124 IV 89, 293, RS 1999 Nr. 596. – *Subjektiver Tatbestand:* Bandenmitglied ist nur, wer den Willen zu Begehung von Widerhandlungen gegen das BetmG mit den anderen Mitgliedern teilt. Der Täter muss sich des Zusammenschlusses und der Zielrichtung der Bande bewusst sein und die Tatumstände kennen, welche die Bandenmässigkeit begründen: BGE 124 IV 89. Eventualvorsatz genügt.

Ziff. 2 lit. c: *Gewerbsmässigkeit* ist ein persönliches Merkmal nach StGB Art. 27. Gewerbsmässige Begehung ist insbesondere bei denjenigen Betäubungsmitteln von Bedeutung, die einem schweren Fall nach BetmG Art. 19 Ziff. 2 lit. a (Cannabis, Ecstasy) nicht zugänglich sind: BGE 124 IV 286, 125 IV 103. Zum Begriff der Gewerbsmässigkeit vgl. Bem. zu StGB Art. 139 Ziff. 2 und BGE 129 IV 191, 129 IV 253 = Pr 93 (2004) Nr. 16, RS 2002 Nr. 288. Unter gewerbsmässigem *Handel* sind alle (nach BetmG Art. 19 Ziff. 1 Abs. 1–5 strafbaren) eigennützigen Bemühungen zu verstehen, die den unbefugten Verkehr mit Betäubungsmitteln ermöglichen oder fördern: ZBJV 140 (2004) 449. Die Bestimmung verlangt eine *qualifizierte Gewerbsmässigkeit*, indem mit der berufsmässigen Tätigkeit ein grosser Umsatz oder ein erheblicher Gewinn erzielt worden sein muss: BGE 129 IV 191, RS 1999 Nr. 547, Nr. 662. Die blosse Aussicht oder Erwartung darauf reicht nicht aus. Die Qualifikation beurteilt sich nach den gleichen Kriterien wie beim Tatbestand von StGB Art. 305bis Ziff. 2 lit. c: BGE 122 IV 211. Unter Umsatz ist der finanzielle Bruttoerlös zu verstehen. Ein Betrag in der Grössenordnung von CHF 100'000 stellt einen *grossen Umsatz* dar: BGE 117 IV 63, 122 IV 216, 129 IV 192, RS 2002 Nr. 288. Unter Gewinn ist der Nettoerlös zu verstehen, der sich aus den Drogengeschäften ergibt. Von einem *erheblichen Gewinn* ist zu sprechen, wenn dieser den Betrag von CHF 10'000 erreicht: BGE 129 IV 253 = Pr 93 (2004) Nr. 16, RS 2002 Nr. 177. Eine versuchte qualifizierte Widerhandlung i. S. von BetmG Art. 19 Ziff. 2 lit. c ist ausgeschlossen, da die Bestimmung eine Strafzumessungsregel darstellt: BGE 129 IV 195 Erw. 3.3.

Ziff. 3: Der Bestimmung kommt Auffangfunktion zu, falls sich der Vorsatz des Täters nicht nachweisen lässt, z.B. beim Drogenkurier, der über den Inhalt des transportierten Gepäckstücks nur unzureichend informiert wurde: BJM 1988, 150. Der Anbau von Betäubungsmitteln (BetmG Art. 19 Ziff. 1 Abs. 1) kann nicht fahrlässig begangen werden: BGE 130 IV 83 = Pr 94 (2005) Nr. 11. Die fahrlässige Finanzierung des Betäubungsmittelverkehrs ist möglich, wobei der Umstand, dass ein Zusammenhang zwischen einem Geldtransfer und Widerhandlungen gegen das BetmG nicht ausgeschlossen werden kann oder sogar zu den wahrscheinlicheren Möglichkeiten gehört, zur Annahme von Fahrlässigkeit nicht genügt: BGE 118 IV 412 = Pr 82 (1993) Nr. 173.

Ziff. 4: Im Rahmen von Betäubungsmitteldelikten gilt die zwischen dem Weltrechtsprinzip und der Übernahme der Strafverfolgung nach IRSG Art. 85 liegende Regelung, wonach der Täter gemäss BetmG Art. 19 Ziff. 1 und 2 auch strafbar ist, wenn er die Tat im Ausland begangen hat, in der Schweiz angehalten und nicht ausgeliefert wird, und wenn die Tat auch am Begehungsort strafbar ist: BGE 126 IV 266. Bei Betäubungsmitteldelikten geht die Bestimmung als Spezialnorm StGB Art. 6 vor: BGE 116 IV 244 = Pr 81 (1992) Nr. 67. Keine Rolle spielt, ob das ausländische Recht milder ist: BGE 103 IV 80. Der Schweizer Richter ist verpflichtet, sich vorerst davon zu überzeugen, dass der Tatortstaat nicht um die grundsätzlich zulässige Auslieferung des Täters wegen dieses Delikts ersucht. Nur wenn es nicht möglich ist, den Standpunkt des ausländischen Richters innert angemessener Frist zu erhalten, kann der schweizerische Richter sich ausnahmsweise auch ohne vorgängige Abklärung dieser Frage für zuständig erklären: BGE 118 IV 416, RS 1996 Nr. 169. Eine gestützt auf BetmG Art. 19 Ziff. 4 in der Schweiz bereits eingeleitete Strafverfolgung steht einer Auslieferung für im Ausland begangene Drogendelikte nicht entgegen: BGE 105 Ib 294, 112 Ib 149. Ist auch nur eine Teilhandlung eines verbotenen Betäubungsmittelhandels in der Schweiz erfolgt, ergibt sich die schweizerische Strafhoheit aus StGB Art. 8: RS 1996 Nr. 166.

Art. 19*a*

1. Wer unbefugt Betäubungsmittel vorsätzlich konsumiert oder wer zum eigenen Konsum eine Widerhandlung im Sinne von Artikel 19 begeht, wird mit Busse bestraft.
2. In leichten Fällen kann das Verfahren eingestellt oder von einer Strafe abgesehen werden. Es kann eine Verwarnung ausgesprochen werden.
3. Untersteht oder unterzieht sich der Täter wegen Konsums von Betäubungsmitteln einer ärztlich beaufsichtigten Betreuung, so kann von einer Strafverfolgung abgesehen werden. Das Strafverfahren wird durchgeführt, wenn sich der Täter der Betreuung oder Behandlung entzieht.
4. Ist der Täter von Betäubungsmitteln abhängig, so kann ihn der Richter in eine Heilanstalt einweisen. Artikel 44 des Strafgesetzbuches gilt sinngemäss.

Art. 19a Ziff. 1: Betäubungsmittel *konsumiert*, wer solche raucht, spritzt, schnupft, trinkt, isst usw. Die Form des Gebrauchs spielt keine Rolle. Der Täter konsumiert *unbefugt*, wenn er Betäubungsmittel

4. Kapitel: Strafbestimmungen — Art. 19a

nicht aufgrund einer medizinisch indizierten Anweisung eines Arztes gebraucht (BetmG Art. 9 Abs. 1) und kein Rechtfertigungsgrund vorliegt. Keine Berufung auf Notstand für eine Alkoholikerin, die vom Trinken durch den Konsum von Haschisch Abstand gewonnen hat: BGer vom 14.6.2001, 6S.15/2001. Das Verbot des Cannabis-Konsums ist vereinbar mit dem Recht auf freie Gestaltung der Lebensführung gemäss EMRK Art. 8 Ziff. 1: SJZ 102 (2006) 365. Auf die Quantität des Konsums kommt es ebenso wenig an wie auf den Zeitraum, in welchem dieser erfolgt (BGE 102 IV 125 = Pr 65 [1976] Nr. 238), wobei der Gesetzgeber grundsätzlich auch den kleinen Konsumenten bestraft sehen wollte: BGE 108 IV 198. Neben dem Konsum selbst sind der Erwerb und Besitz von Betäubungsmitteln privilegiert, soweit diese *dem eigenen Gebrauch* dienen. Die Anwendung der Bestimmung ist ausgeschlossen, wenn die Beschaffungshandlung zum Konsum eines Dritten führt oder einen solchen Konsum neben dem Eigenkonsum des Täters ermöglicht: BGE 102 IV 126 = Pr 65 (1976) Nr. 238, BGE 108 IV 198. Tathandlungen wie Verkauf, Vermittlung oder entsprechendes Lagern sind nicht privilegiert, auch wenn sie nur den Eigenkonsum ermöglichen sollen: BGE 118 IV 200, 119 IV 183. Wer durch finanzielle Unterstützung oder sonstige Hilfeleistung einer andern Person den Erwerb von Betäubungsmitteln für deren eigenen Bedarf erleichtert, ist nicht strafbar (BGE 126 IV 296; ebensowenig die Vermietung eines Gerätes, das zum Extrahieren von Harzpartikeln des Hanfkrauts zum eigenen Konsum dient (BGer vom 17.8.2006, 6S.240/2006 Erw. 9): BetmG Art. 26 i.V. mit StGB Art. 105 Abs. 2. Zur Frage des Sachverhaltsirrtums gemäss StGB Art. 13 beim Konsum einer Hanftinktur auf ärztliche Verschreibung, wobei der Arzt nicht über eine Ausnahmebewilligung gemäss BetmG Art. 8 Abs. 5 verfügte: BGer vom 30.1.2003, 6S.393/2002.

Ziff. 2: Es handelt sich bei dieser Bestimmung gegenüber StGB Art. 52 um eine Spezialnorm für den Bereich des BetmG. Der *leichte Fall* ist ein unbestimmter Rechtsbegriff, bei dessen Anwendung der Sachrichter über einen weiten Ermessensspielraum verfügt. Es sind die gesamten objektiven und subjektiven Umstände des Einzelfalls zu berücksichtigen. Der Richter darf nicht nur auf ein einzelnes Element, z.B. auf die Art der Drogen, auf die Vorstrafen des Täters, auf die Umstände, unter denen er gehandelt hat, oder auf die geringere oder grössere Drogenabhängigkeit abstellen: BGE 124 IV 186. Die Annahme eines leichten Falles ist ausgeschlossen, wenn jemand regelmässig Haschisch konsumiert und nicht die Absicht hat, sein Verhalten zu ändern: BGE 124 IV 44 = Pr 87 (1998) Nr. 113, BGer vom 27.4.2006, 6P.25/2006. Die Bestimmung ist nicht nur auf Personen anzuwenden, die zum ersten Mal, zufällig oder versuchsweise, Drogen konsumieren: BGE 106 IV 75 = Pr 69 (1980) Nr. 99. Der Rückfall in den Drogenkonsum schliesst die Strafbefreiung nicht aus: BGE 103 IV 276. Neben Verfahrenseinstellung und Strafbefreiung ist auch das Aussprechen einer Verwarnung möglich. Sie ist keine Strafe im Rechtssinne: BGE 108 IV 196.

Ziff. 3: Hat sich der Täter wegen einer Widerhandlung gegen BetmG Art. 19a Ziff. 1 zu verantworten und befindet er sich wegen seines Drogenkonsums in stationärer oder ambulanter ärztlich beaufsichtigter Betreuung oder unterzieht er sich einer solchen, ist das Verfahren vorläufig einzustellen. Es ist wieder aufzunehmen, wenn sich der Täter der Behandlung entzieht.

Ziff. 4: Obgleich unbefugter Drogenkonsum nur als Übertretung ausgestaltet ist, kann der Richter abhängige Konsumenten in eine Heilanstalt einweisen, vgl. auch StGB Art. 105 Abs. 3. Die Anordnung einer ambulanten Behandlung ist zulässig. StGB Art. 60 und 63 sind sinngemäss anwendbar.

Art. 19*b*

Wer nur den eigenen Konsum vorbereitet oder Betäubungsmittel zur Ermöglichung des gleichzeitigen und gemeinsamen Konsums unentgeltlich abgibt, ist nicht strafbar, wenn es sich um geringfügige Mengen handelt.

Art. 19b: Die Vorbereitungshandlungen decken sich mit den Beschaffungshandlungen nach BetmG Art. 19a Ziff. 1. Die unentgeltliche Abgabe zur Ermöglichung des gleichzeitigen und gemeinsamen Konsums bedeutet die Übertragung der eigenen Verfügungsgewalt an Betäubungsmitteln an eine andere Person ohne Gegenleistung. Die Bestimmung greift nur, wenn es sich um geringfügige Mengen handelt. Bei der Beurteilung kommt dem Sachrichter ein grosser Ermessensspielraum zu: BGE 124 IV 184. Eine geringfügige Menge liegt nicht vor, wenn sie eine Wochenration darstellt: Pr 92 (2003) Nr. 184. Strafbefreiung kommt nur dann in Betracht, wenn jemand vereinzelt geringfügige Mengen zum gemeinsamen Konsum abgibt, nicht aber dann, wenn dies kontinuierlich und über eine längere Zeit erfolgt und gesamthaft eine beträchtliche Menge abgegeben wurde: RS 1998 Nr. 431. – Zur Abgabe von Betäubungsmitteln an Kinder unter 16 Jahren vgl. Bem. zu StGB Art. 136.

Art. 19*c*

Wer jemanden zum unbefugten Betäubungsmittelkonsum vorsätzlich anstiftet oder anzustiften versucht, wird mit Busse bestraft.

Art. 19c: Während der Anstiftungsversuch bezüglich eines Vergehenstatbestandes von BetmG Art 19 Ziff. 1 nach StGB Art. 24 Abs. 2 nicht strafbar ist, wird die vorsätzliche vollendete oder versuchte Anstiftung zum unbefugten Betäubungsmittelkonsum als Übertretung geahndet. Anschaffung von Büchern über Marihuana-Anbau zum Zweck des Vertriebs: ZR 81 (1982) Nr. 1.

Art. 20

1. Wer ein Gesuch mit unwahren Angaben stellt, um sich oder einem andern eine Einfuhr-, Durchfuhr- oder Ausfuhrerlaubnis zu verschaffen,

wer ohne Bewilligung Betäubungsmittel oder Stoffe nach Artikel 3 Absatz 1, für die er eine schweizerische Ausfuhrerlaubnis besitzt, im In- oder Ausland nach einem anderen Bestimmungsort umleitet,

wer als Arzt, Zahnarzt, Tierarzt oder Apotheker Betäubungsmittel anders als nach Artikel 11 oder 13 verwendet oder abgibt und wer als Arzt oder Tierarzt Betäubungsmittel anders als nach Artikel 11 verordnet,

wird, wenn er die Tat vorsätzlich begeht, mit Freiheitsstrafe bis zu drei Jahren oder Geldstrafe bestraft. In schweren Fällen ist die Strafe Freiheitsstrafe nicht unter einem Jahr, womit eine Geldstrafe verbunden werden kann.

2. Handelt der Täter fahrlässig, so ist die Strafe Busse.

Art. 20 Ziff. 2: Der Arzt, der einem Kranken 1500 ml Methadon-Sirup anvertraut, trotz der Gefahr, dass dieser den Stoff anderen Drogensüchtigen weitergibt, verletzt fahrlässig BetmG Art. 11: RS 1981 Nr. 118.

Art. 21

1. Wer die in den Artikeln 16 und 17 Absatz 1 vorgeschriebenen Lieferscheine und Betäubungsmittelkontrollen nicht erstellt oder darin falsche Angaben macht oder Angaben, die er hätte machen sollen, einzutragen unterlässt, wer von Lieferscheinen oder Betäubungsmittelkontrollen, die falsche oder unvollständige Angaben enthalten, Gebrauch macht,

wird, wenn er die Tat vorsätzlich begeht, mit Freiheitsstrafe bis zu zwei Jahren oder Geldstrafe bestraft.

2. Handelt der Täter fahrlässig, so ist die Strafe Busse.

Art. 22

Wer den Vorschriften dieses Gesetzes oder den gestützt darauf erlassenen Ausführungsbestimmungen zuwiderhandelt, wird, sofern nicht eine strafbare Handlung nach den Artikeln 19-21 vorliegt, mit Busse bestraft.

Art. 22: Die Bestimmung ist als *Auffangtatbestand* zu verstehen und sanktioniert Verstösse gegen verwaltungsrechtliche Normen: BGE 103 IV 129. Gemeint sind insbesondere das vorsätzliche oder fahrlässige Herstellen, Ein- oder Ausfuhr, Lagerung, Verwendung oder Inverkehrbringen von Stoffen gemäss BetmG Art. 7, nicht aber deren Erwerb oder Konsum: BGE 98 IV 124.

Art. 23

¹ Begeht ein mit dem Vollzug dieses Gesetzes beauftragter Beamter vorsätzlich eine Widerhandlung nach den Artikeln 19-22, so wird die Strafe angemessen erhöht.
² Der Beamte, der mit der Bekämpfung des unerlaubten Betäubungsmittelverkehrs beauftragt ist und zu Ermittlungszwecken selber ein Angebot von Betäubungsmitteln annimmt, bleibt straflos, auch wenn er seine Identität und Funktion nicht bekannt gibt.

Art. 23 Abs. 1: Zum Begriff des *Beamten* vgl. Bem. zu StGB Art. 110 Abs. 3. Die persönliche Täterqualifikation verpflichtet den Richter zu einer Erhöhung des Strafmasses (unechtes Sonderdelikt). Für die Qualifikation genügt, dass ein Beamter, der mit dem Vollzug des BetmG beauftragt ist (z.B. Polizist, Staatsanwalt, Richter etc.) in Ausübung seiner Funktion eine Widerhandlung nach BetmG Art. 19-22 begeht. Ins Recht gefasst wird nur der vorsätzlich handelnde Beamte.

Abs. 2: Die Bestimmung beinhaltet einen materiell-rechtlichen Rechtfertigungsgrund: BGE 124 IV 38. Die Rechtfertigung gilt für denjenigen Beamten (nicht für Privatpersonen), der zu Ermittlungszwecken selber oder durch einen andern ein Angebot von Betäubungsmitteln annimmt oder Betäubungsmittel selber oder durch einen andern entgegennimmt. Der Beamte muss mit einem Auftrag zur Bekämpfung des Drogenhandels betraut sein. Angehörige der Polizei mit anderen Aufgaben sollen nicht Drogenhandel treiben dürfen (BBl 1998 IV 4301). Der Beamte muss sich, um straffrei zu bleiben, nicht gänzlich passiv verhalten. Er darf zwar nicht derart provozieren, dass er Täter verfolgen kann, deren möglicherweise latent vorhandene Tatbereitschaft sonst nicht manifest geworden wäre, aber es ist ihm gestattet, ein Kaufinteresse zu bekunden sowie seine Zahlungsfähigkeit und -bereitschaft darzutun: BGE 124 IV 40, ZR 83 (1984) Nr. 124, 103 (2004) Nr. 41 Erw. 3.1, SJZ 89 (1993) 70, RS 1994 Nr. 582. Der Anwendungsbereich der Bestimmung wird durch das BVE eingeschränkt (vgl. ZStrR 122 [2004] 97, ZSR 124 [2005] I 219). BVE Art. 4 Abs. 2 lit. e erlaubt – mit richterlicher Genehmigung – für Widerhandlungen gegen BetmG Art. 19 Ziff. 1 zweiter Satz, Art. 19 Ziff. 2 und Art. 20 Ziff. 1 zweiter Satz Angehörigen der Polizei oder Personen, welche vorübergehend für eine polizeiliche Aufgabe angestellt wurden (BGV Art. 5 Abs. 2), in das kriminelle Umfeld einzudringen und beizutragen, besonders schwere Straftaten aufzuklären, ohne dass sie als Angehörige der Polizei erkennbar sind. Die verdeckten Ermittler dürfen mit einer Legende ausgestattet werden (BVE Art. 6). Sie haben sich auf die Konkretisierung eines bereits vorhandenen Tatentschlusses zu beschränken, dürfen Probekäufe tätigen und mit Vorzeigegeld ihre wirtschaftliche Leistungsfähigkeit dokumentieren (BVE Art. 10 und 20). Für Widerhandlungen gegen BetmG Art. 19 oder 20–22 sind sie nicht strafbar (BVE Art. 16). BetmG Art. 23 Abs. 2 bleibt anwendbar auf den (Drogen-)Fahnder in Zivil, der zu Ermittlungszwecken ihm angebotene Drogen annimmt (Botschaft, BBl 1998 IV 4301), sowie auf den polizeilichen Scheinkäufer, dessen Handlungen die Intensität des qualifizierten verdeckten Ermittlers nach BVE fehlt: ZR 103 (2004) Nr. 41. Das Mass der Einwirkung des Beamten auf den Angeschuldigten kann sich allenfalls auf die Strafzumessung auswirken: BGE 116 IV 294 = Pr 80 (1991) Nr. 75, BGE 118 IV 115 = Pr 81 (1992) Nr. 240, BGE 124 IV 39 f., BGer vom 27.2.2003, 6S.496/2002, ZR 83 (1984) Nr. 124, SJZ 89 (1993) 70.

Art. 24

In der Schweiz liegende unrechtmässige Vermögensvorteile verfallen dem Staat auch dann, wenn die Tat im Ausland begangen worden ist. Wenn kein Gerichtsstand nach Artikel 348 des Strafgesetzbuches besteht, ist zur Einziehung der Kanton zuständig, in dem die Vermögenswerte liegen.

Art. 24: Über die Regelung der Einziehung von Vermögenswerten durch StGB 70–72 hinaus behält die Bestimmung ihre eigenständige Bedeutung hinsichtlich der Einziehbarkeit von in der Schweiz liegenden unrechtmässigen Vermögensvorteilen, die durch ein im Ausland begangenes Delikt erzielt wurden, selbst wenn die Auslandstat der schweiz. Strafbarkeit nicht untersteht: BGE 109 IV 53. BetmG Art. 24 betrifft nicht die Sicherungseinziehung nach StGB Art. 69, sondern die Einziehung von Vermögenswerten, deren Voraussetzungen sich aus StGB Art. 70–72 ergeben. Die Einziehung erfolgt in einem selbständigen Konfiskationsverfahren. Örtlich zuständig ist, sofern kein Gerichtsstand nach StGB Art. 342 besteht, jener Kanton, auf dessen Gebiet sich die Werte befinden: BGE 109 IV 51 Erw. 2, ZR 82 (1983) Nr. 68. Die Bundesanwaltschaft ist befugt, Ermittlungen und Zwangsmassnahmen anzuordnen, wenn Widerhandlungen gegen das BetmG ganz oder teilweise im Ausland begangen worden sind: BGE 122 IV 91 = Pr 85 (1996) Nr. 215. Hingegen fällt es nicht in die Zuständigkeit der Bundesanwaltschaft, nach Einstellung der Ermittlungen wegen nicht in die Bundesstrafgerichtsbarkeit fallenden Betäubungsmitteldelikten eine Einziehung von Vermögenswerten zu verfügen: BGE 125 IV

4. Kapitel: Strafbestimmungen Art. 25

176 Erw. 8. Gemäss StGB Art. 70 Abs. 3 verjährt das Recht zur Ausgleichseinziehung grundsätzlich unabhängig von der Anlasstat frühestens nach sieben Jahren. Soweit die Verfolgung der Anlasstat einer längeren Verjährungsfrist unterworfen ist, findet diese längere Frist auch auf die Einziehung Anwendung. Bei Auslandstaten beurteilt sich die Frage der Verjährung primär nach dem Recht am Ort der Vortat. Bei Betäubungsmitteldelikten ist aufgrund von BetmG Art. 19 Ziff. 4 subsidiär die Verjährung nach schweizerischem Recht massgebend: BGE 126 IV 266. Fragen des sog. «Sharing» eingezogener Vermögensvorteile zwischen Bund, Kantonen und dem Ausland regelt das TEVG.

Art. 25

Aufgehoben.

Art. 26

Die allgemeinen Bestimmungen des Strafgesetzbuches finden insoweit Anwendung, als dieses Gesetz nicht selbst Bestimmungen aufstellt.

Art. 26: Die Bestimmung wiederholt die für die Nebenstrafgesetzgebung des Bundes geltende Regelung von StGB Art. 333 Abs. 1 und hat keine selbständige Bedeutung. Der Verweis bezieht sich auf den AT StGB (Art. 1–110) sowie auf die Bestimmungen über die Einführung und die Anwendung des Gesetzes (StGB Art. 333–392). Den allgemeinen Bestimmungen des StGB kommt im Bereich des Drogenstrafrechts eine doppelte Funktion zu: Sie ergänzen einerseits die zahlreichen eigenständigen Vorschriften des BetmG und dienen andererseits als Interpretationsrichtlinien: BGE 121 IV 200 Erw. 2b.

Art. 27

[1] Die besonderen Bestimmungen des Strafgesetzbuches und die Bestimmungen des Bundesgesetzes vom 8. Dezember 1905 betreffend den Verkehr mit Lebensmitteln und Gebrauchsgegenständen bleiben vorbehalten.

[2] Bei unbefugter Einfuhr, Ausfuhr oder Durchfuhr von Betäubungsmitteln nach Artikel 19 finden die Strafbestimmungen des Zollgesetzes vom 1. Oktober 1925 und des Bundesratsbeschlusses vom 29. Juli 1941 über die Warenumsatzsteuer keine Anwendung.

Art. 27 Abs. 1: Mit dem Vorbehalt zugunsten der besonderen Bestimmungen des StGB ist über das Verhältnis dieser besonderen Bestimmungen zu den Strafbestimmungen des BetmG nicht entschieden, welche Regeln vorgehen. Fragen der *Konkurrenzen* sind nach den allgemeinen Grundsätzen zu entscheiden. – StGB Art. 111 ff.: Mit Blick auf die verschiedenen Schutzzwecke wird in aller Regel von echter Konkurrenz auszugehen sein. – *StGB Art. 117:* Garantenstellung des Drogenverkäufers aus Ingerenz bejaht, wenn er bei Eintritt der Bewusstlosigkeit des in seinem Beisein konsumierenden Käufers nicht für ärztliche Hilfe sorgt: BJM 1986, 38, SJZ 82 (1986) 339. – *StGB Art. 128:* Wer einem Konsumenten Heroin bringt, zusammen mit ihm konsumiert und bemerkt, dass dieser Anzeichen einer Überdosis zeigt, begeht Unterlassung der Nothilfe, wenn er nicht für ärztliche Hilfe sorgt: BGE 121 IV

18, RS 1981 Nr. 22. Wird dagegen eine unter Drogen stehende Person sich selbst überlassen, nachdem sie schläfrig und anscheinend stark übermüdet, aber noch ansprechbar getroffen wurde, so kann dem Begleiter, der im Umgang mit harten Drogen keine Erfahrung hatte, nicht zum Vorwurf gemacht werden, eine unmittelbare Lebensgefahr nicht erkannt zu haben: Pr 85 (1996) Nr. 133. – *StGB Art. 129:* Keine Verurteilung wegen Gefährdung des Lebens bei Abgabe von Heroin an einen Süchtigen: BGE 106 IV 12 = Pr 69 (1980) Nr. 94. Bei Beimengung giftiger Substanzen zum Strecken von Drogen kann StGB Art. 129 idealiter konkurrieren: BGE 119 IV 186. – *StGB Art. 136:* Dieser Tatbestand geht teilweise über die Regelung von BetmG Art. 19 hinaus, indem er auch das Verabreichen (z.B. durch Einspritzen) ausdrücklich erfasst. Überdies entfällt bei der Weitergabe von Betäubungsmitteln an Kinder die in BetmG Art. 19b vorgesehene Möglichkeit der Straflosigkeit des gleichzeitigen und gemeinschaftlichen Konsums. StGB Art. 136 geht als lex specialis vor, weil der Jugendschutz im Vordergrund steht. – *StGB Art. 139/140:* Gegenstand eines Diebstahls kann nur eine fremde bewegliche Sache sein. Fremd ist die Sache, wenn sie im Eigentum eines andern als des Täters steht, wobei die Zivilrechtsordnung massgebend ist. Die Verkehrsfähigkeit von Drogen ist jedenfalls zu verneinen, soweit Handel und Besitz verboten sind. In diesem Bereich sind Betäubungsmittel nicht eigentumsfähig und können folglich auch nicht Gegenstand eines Diebstahls sein: BGE 122 IV 179. Der Täter wird nach BetmG Art. 19 bestraft, wenn er die weggenommenen Drogen behält oder weitergibt. Straflosigkeit kommt nur dann in Betracht, wenn er die Betäubungsmittel unmittelbar nach der Wegnahme der Polizei übergibt oder vernichtet: BGE 122 IV 184. Ebenso ist der Raubtatbestand, der einen Diebstahl voraussetzt, ausgeschlossen, wenn die Betäubungsmittel rechtlich nicht Eigentum eines Dritten sind. Anwendbar sind auch in einem solchen Fall die Strafbestimmungen des BetmG, allenfalls in Konkurrenz mit StGB Art. 111 ff. oder 180 ff.: BGE 124 IV 102 = Pr 87 (1998) Nr. 109. Wer aus einem Depot der Polizei Drogen in seinen Besitz bringt, die zuvor im Rahmen einer Strafuntersuchung sichergestellt wurden, kann nicht wegen Diebstahls, sondern nur wegen Widerhandlungen gegen das BetmG bestraft werden. StGB Art. 289 kommt nur in Betracht, wenn die sichergestellten Drogen förmlich beschlagnahmt worden sind: BGE 132 IV 5. – *StGB Art. 146:* Wer überdurchschnittlich gestreckte Drogen zum Preis von nur durchschnittlich gestreckter Ware veräussert, begeht eine arglistige Täuschung und verhält sich betrügerisch, wenn der Käufer in Kenntnis der wahren Sachlage die Drogen nicht oder jedenfalls nicht zum verlangten Preis gekauft hätte: BGE 111 IV 55, 117 IV 139, 119 IV 186, SJZ 81 (1985) 25. Keine Arglist, wenn der Abnehmer aufgrund einer oberflächlichen Prüfung sich sofort Klarheit über die massive Streckung verschaffen kann: BJM 1994, 46. Zwischen StGB Art. 146 und BetmG Art. 19 besteht echte Konkurrenz: BGE 111 IV 59 f. Erw. 4. – *StGB Art. 157:* Kein Wucher beim Verkauf von Rohypnol-Tabletten zu CHF 2, die der Täter für CHF 0.40 hatte erwerben können: BJM 1992 196. – *StGB Art. 160:* Die Widerhandlungen gegen das BetmG sind keine Vermögensdelikte, die für den Tatbestand der Hehlerei als Vortat tauglich sind: BJM 1984, 186. Hehlerei an Betäubungsmitteln ist ausgeschlossen, wenn der Vortäter diese durch ein Delikt zum Nachteil eines unrechtmässigen Besitzers erlangt hat. Echte Konkurrenz zwischen StGB Art. 160 und BetmG Art. 19 ist nur möglich, wenn der durch die Vortat Geschädigte die Betäubungsmittel rechtmässig (z.B. Arzt, Apotheker etc.) besass: ZBJV 117 (1981) 399. – *StGB Art. 193:* Entrichtet ein Freier einer drogensüchtigen Prostituierten das marktübliche Entgelt, nützt er ihre Notlage nicht in strafrechtlich zu missbilligender Weise aus. Dass sie in ihrer Entschlussfreiheit, diesem Gewerbe nachgehen zu wollen, durch die Drogensucht beeinträchtigt sein kann, kann für den Freier nicht als strafbegründend herangezogen werden: SJZ 89 (1993) 324. – *StGB Art. 260ter:* Sofern sich die Unterstützung der kriminellen Organisation auf die Beteiligung am unbefugten Drogenhandel beschränkt, tritt

StGB Art. 260ter als subsidiärer Tatbestand gegenüber BetmG Art. 19 Ziff. 2 zurück. Echte Konkurrenz kommt nur dann in Betracht, wenn die Unterstützung oder die Beteiligung des Täters über das konkrete Einzeldelikt hinausgeht (BBl 1993 III 304). – *StGB Art. 305bis:* Beim Tatbestand der Geldwäscherei ist massgebend, ob ein Verhalten geeignet ist, die Einziehung der Verbrechensbeute zu vereiteln (BGE 119 IV 242). Die Bestimmung betrifft also nach Beendigung des Drogenhandelsdeliktes eine neue und anders gerichtete Phase krimineller Tätigkeit. Übernahme und Verstecken (auch blosse Aufbewahrung in sog. «safe houses») eines aus Drogenhandel erlangten Geldbetrages: BGE 119 IV 59, 122 IV 211, BGer vom 14.8.2002, 6S.702/2000, SJZ 89 (1993) 232, BJM 2005 331. Verstecken von Drogengeld in einem Auto und Verbringen dieses Geldes in ein anderes Land: BGE 127 IV 20. Versicherungstreuhänder, der aus Drogenhandel stammendes Geld bei Banken und Versicherungen über Mittelsmänner gezielt platziert und deren Herkunft verschleiert: BGE 119 IV 242. Finanzierung eines Hauskaufes im Ausland mit Drogengeldern: BGer vom 24.1.2000, 6S.595/1999 Erw. 2d. Umtausch von aus verbrecherischem Betäubungsmittelhandel herrührenden Geldscheinen in andere (grössere) Geldscheine: BGE 122 IV 211. Eine einfache Einzahlung auf das dem üblichen privaten Zahlungsverkehr dienende Bankkonto am Wohnsitz ist nicht Geldwäscherei, weil ein solcher Vorgang die Auffindung des kontaminierten Geldes weder erschwert noch vereitelt: BGE 124 IV 274. Ebensowenig gilt als Geldwäscherei der blosse Besitz und die Aufbewahrung von Drogengeldern: BGE 128 IV 117 Erw. 7a, BGer vom 24.1.2000, 6S.595/1999 Erw. 2d/aa. Geldwäscherei und Betäubungsmitteltatbestände sind klar gegeneinander abzugrenzen, StGB Art. 305bis und BetmG Art. 19 schützen verschiedene Rechtsgüter und stellen unterschiedliche Verhaltensweisen unter Strafe, so dass sie zueinander in echter Konkurrenz stehen: BGE 122 IV 219, BGer vom 6.6.2003, 6S.59/2003. Vgl. auch Bem. zu BetmG Art. 19 Ziff. 1 Abs. 7.

Der Vorbehalt zugunsten des LMG macht deutlich, dass dieses, wie auch das BetmG, den Schutz der Gesundheit der Bevölkerung zum Ziel hat. Das BetmG will die Gefährdung der Gesundheit durch Stoffe verhindern, die Abhängigkeit erzeugen oder eine ähnliche Wirkung haben, während der Hauptzweck des LMG darin zu sehen ist, die Qualität der angebotenen Lebensmittel zu sichern: BGE 127 IV 182. Im Zusammenhang mit dem Handel mit halluzinogenen Pilzen hat das BGer offen gelassen, ob zwischen LMG Art. 47 und BetmG Art. 19 Idealkonkurrenz bestehe oder die Normen des BetmG als Spezialbestimmungen vorgehen: BGer vom 10.5.2002, 6S.101/2002 Erw. 2.1.

Abs. 2: Mit Bezug auf einen Teil der Widerhandlungen gegen BetmG Art. 19 Ziff. 1 Abs. 3 (Einführen, Ausführen, Durchführen) schliesst das Gesetz eine zusätzliche Bestrafung nach den Strafbestimmungen des Zollgesetzes und des Mehrwertsteuergesetzes ausdrücklich aus.

Art. 28

¹ Die Strafverfolgung ist Sache der Kantone.

² Sämtliche Urteile, Strafbescheide und Einstellungsbeschlüsse sind sofort nach ihrem Erlass in vollständiger Ausfertigung der Bundesanwaltschaft zuhanden des Bundesrates mitzuteilen.

Art. 28 Abs. 1: Die Strafverfahren wegen unbefugten Drogenhandels und -konsums werden nach kant. Prozessrecht geführt. BetmG Art. 29 Abs. 4 und BStP Art. 259 sehen eine fakultative Ermittlungskompetenz des Bundes vor, wenn Widerhandlungen gegen das BetmG ganz oder teilweise im

Ausland begangen worden sind: BGE 122 IV 91 = Pr 85 (1996) Nr. 215. In diesen Fällen verbleibt die Untersuchung und Beurteilung Sache der Kantone. Es kommt nicht zu einer eidg. Voruntersuchung. Die Bundesanwaltschaft kann bei einer Einstellung des Ermittlungsverfahrens keinen Einziehungsentscheid im Sinne von BStP Art. 73 fällen: BGE 125 IV 176 Erw. 8. Diese Regelung kann in Konkurrenz zu StGB Art. 337 Abs. 1 treten. Gemäss dieser Bestimmung unterstehen der Bundesstrafgerichtsbarkeit unter anderem strafbare Handlungen nach StGB Art. 260ter sowie die Verbrechen, die von einer kriminellen Organisation ausgehen, sofern die strafbaren Handlungen zu einem wesentlichen Teil im Ausland oder in mehreren Kantonen begangen wurden und dabei kein eindeutiger Schwerpunkt in einem Kanton besteht. Als Verbrechen krimineller Organisationen dürfte u.a. der internationale Drogenhandel in Frage stehen. In einem solchen Fall ist die Bundesgerichtsbarkeit zwingend, wobei die Abgrenzungskriterien in hohem Masse unbestimmt sind und eine trennscharfe Zuordnung selten möglich ist. Die Strafverfolgungsbehörden des Bundes und der Kantone sind bei einer solchen Konstellation gehalten, sich über die Zuständigkeit zu verständigen. Im Falle eines Kompetenzkonfliktes entscheidet die Beschwerdekammer des Bundesstrafgerichts (BStP Art. 279 Abs. 1). Für eine nachträgliche Abänderung der einmal vereinbarten Zuständigkeit bedarf es triftiger Gründe: BGE 132 IV 93 ff.

Abs. 2: Die umgehende Mitteilung aller Urteile, Strafbescheide und Einstellungsverfügungen ermöglicht es der Bundesanwaltschaft, dagegen allenfalls die im kant. Recht vorgesehenen Rechtsmittel zu ergreifen (BStP Art. 266).

Nr. 5 — Auszug aus dem Bundesgesetz über Aufenthalt und Niederlassung der Ausländer (ANAG)

vom 26. März 1931
SR 142.20

4. Abschnitt: Strafbestimmungen

Art. 23

¹ Wer falsche fremdenpolizeiliche Ausweispapiere herstellt oder echte verfälscht, sowie wer solche wissentlich gebraucht oder verschafft,
wer wissentlich echte, aber nicht ihm zustehende Ausweispapiere verwendet,
wer echte Ausweispapiere Unberechtigten zum Gebrauch überlässt,
wer rechtswidrig das Land betritt oder darin verweilt,
wer im In- oder Ausland die rechtswidrige Ein- oder Ausreise oder das rechtswidrige Verweilen im Lande erleichtert oder vorbereiten hilft,
wird mit Geldstrafe bis zu 180 Tagessätzen bestraft.

² Wer in der Absicht, sich oder einen anderen unrechtmässig zu bereichern, einem Ausländer die rechtswidrige Einreise oder das rechtswidrige Verweilen im Lande erleichtert oder vorbereiten hilft, wird mit Freiheitsstrafe bis zu drei Jahren oder Geldstrafe bestraft. Mit der Freiheitsstrafe ist eine Geldstrafe zu verbinden. Die gleiche Strafdrohung gilt, wenn der Täter ohne Bereicherungsabsicht für eine Vereinigung oder Gruppe von Personen handelt, die sich zur fortgesetzten Begehung dieser Tat zusammengefunden hat.

³ Von der Bestrafung wegen rechtswidriger Einreise kann Umgang genommen werden, wenn der Ausländer sofort ausgeschafft wird. In die Schweiz Geflüchtete sind straflos, wenn die Art und Schwere der Verfolgung den rechtswidrigen Grenzübertritt rechtfertigen; Hilfe hierzu ist ebenfalls straflos, soweit sie aus achtenswerten Beweggründen geleistet wird.

⁴ Wer vorsätzlich Ausländer beschäftigt, die nicht berechtigt sind, in der Schweiz zu arbeiten, wird zusätzlich zu einer allfälligen Bestrafung nach Absatz 1 für jeden rechtswidrig beschäftigten Ausländer mit einer Busse bis zu 5000 Franken bestraft. Handelt er fahrlässig, so beträgt die Busse bis 3000 Franken. In besonders leichten Fällen kann von einer Bestrafung Umgang genommen werden. Wenn der Täter aus Gewinnsucht handelt, ist der Richter an diese Höchstbeträge nicht gebunden.

⁵ Wer nach Absatz 4 wegen vorsätzlicher Begehung rechtskräftig verurteilt wurde und innert fünf Jahren erneut rechtswidrig einen Ausländer beschäftigt, kann zusätzlich zur Busse mit Geldstrafe bis zu 180 Tagessätzen bestraft werden.

⁶ Andere Zuwiderhandlungen gegen fremdenpolizeiliche Vorschriften oder Verfügungen der zuständigen Behörden werden mit Busse bis zu 2000 Franken bestraft; in besonders leichten Fällen kann von Bestrafung Umgang genommen werden.

Art. 23 Abs. 1 al. 1: Tatobjekt sind die *fremdenpolizeilichen Ausweispapiere*. Gemeint sind sämtliche von in- oder ausländischen Behörden ausgestellten Schriften, die bestimmt oder geeignet sind, rechtlich relevante Tatsachen zu beweisen, welche bei der Einreise eines Ausländers in die Schweiz, beim Aufenthalt eines Ausländers in der Schweiz oder bei der Ausreise eines Ausländers aus der Schweiz von Bedeutung sind. Es geht also einerseits um Dokumente, welche die Einreise in die Schweiz betreffen (Reisepass, Identitätskarte, Zusicherung der Aufenthaltsbewilligung [= «Nulla Osta» Zusicherung: BGE 115 IV 63] etc.) und andererseits um solche, welche sich auf den Aufenthalt in der Schweiz beziehen (Aufenthaltsbewilligung, Niederlassungsbewilligung, Asylbewerberausweis, Reiseausweis für Flüchtlinge, Identitätsausweis etc.). – *Tathandlung: Herstellen* eines falschen fremdenpolizeilichen Papiers ist das Ausstellen eines solchen mit dem Anschein, es sei von einer anderen Person hergestellt worden. Der wirkliche und der aus dem Dokument ersichtliche Aussteller sind nicht identisch: BGE 89 IV 108 = Pr 52 (1963) Nr. 132. *Verfälschen* bedeutet die nachträgliche unbefugte Abänderung des Inhaltes eines anfänglich echten Ausweispapiers, und zwar so, dass der Anschein entsteht, der ursprüngliche Aussteller habe dem Papier diesen Inhalt gegeben: ZR 79 (1980) Nr. 19. Eine falsche oder verfälschte Urkunde *gebraucht*, wer das Dokument im Rechtsverkehr der sinnlichen Wahrnehmung eines andern zugänglich macht (Vorlegen, Übergeben, Hinterlegen etc.), wobei der blosse Hinweis auf dessen Existenz nicht ausreicht. Mit *Verschaffen* sind jene Tätigkeiten gemeint, die geeignet sind, den Abnehmer des Dokuments, der nicht der Endabnehmer zu sein braucht, in dessen Besitz zu bringen. – *Subjektiver Tatbestand:* Die Herstellung von falschen fremdenpolizeilichen Ausweispapieren und die Verfälschung echter solcher Dokumente erfordern Vorsatz, wobei Eventualvorsatz genügt. Für das Gebrauchen und Verschaffen verlangt das Gesetz *wissentliche* Tatbegehung, also direkten Vorsatz. – *Rechtfertigung:* Wahrung berechtigter Interessen bejaht bei einem Staatenlosen, der unter Vorweisung eines gefälschten ausländischen Passes in die Schweiz einreiste, um hier die Eheschliessung mit einer Schweizerin, der Mutter seiner im Zeitpunkt der Einreise anderthalbjährigen Tochter, vorzubereiten, nachdem verschiedene vorgängige Anstrengungen, zu Einreisedokumenten zu gelangen, erfolglos geblieben waren: BGE 117 IV 170. – *Abgrenzung* zu StGB Art. 251/252: Wer mit einem Urkundenfälschungsdelikt ausschliesslich fremdenpolizeiliche Vorschriften umgehen will und eine Verwendung des Dokumentes im nicht fremdenpolizeilichen Bereich auch nicht in Kauf nimmt, ist nur nach dem ANAG zu bestrafen. Es kommt also darauf an, ob der Täter ausschliesslich aus fremdenpolizeilichen Beweggründen gehandelt hat oder ob er das inkriminierte Dokument auch im nicht migrationsbezogenen Bereich verwenden wollte bzw. eine derartige Verwendung zumindest in Kauf nahm: BGE 117 IV 174, BGer vom 6.3.2000, 6S.843/1999. Der ausländische Geheimagent, der mehrfach einen echten, aber mit unwahren Angaben versehenen Pass zur Ein- und Ausreise, zur Anmietung von Fahrzeugen und zur Einschreibung in Hotels gebraucht, handelt nicht ausschliesslich aus fremdenpolizeilichen Motiven und ist nach StGB Art. 252 (i.V. mit StGB Art. 255) zu bestrafen: Bundesstrafgericht vom 7.7.2000, 9X.1/1999 Erw. 8.

Abs. 1 al. 2: Tatobjekt sind echte fremdenpolizeiliche Ausweispapiere (vgl. Bem. zu ANAG Art. 23 Abs. 1 al. 1), die nicht für den Täter, sondern für eine andere Person ausgestellt wurden. Nicht von der Bestimmung erfasst wird, wer eigene, aber inhaltlich falsche Ausweispapiere verwendet: BGE 68 IV 89. – *Tathandlung.* Verwenden ist im selben Sinne zu verstehen wie der Gebrauch nach ANAG

4. Abschnitt: Strafbestimmungen   Art. 23

Art. 23 Abs. 1 al 1. Es ist nicht erforderlich, dass der Täter jemanden täuschen wollte. Das Gesetz sanktioniert nur den effektiven Gebrauch des Ausweises, nicht dessen Besitz mit Blick auf einen späteren Gebrauch: BGE 117 IV 174. – *Subjektiver Tatbestand:* Mit dem Zusatz «wissentlich» erfordert der Tatbestand direkten Vorsatz.

Abs. 1 al. 3: *Tatobjekt* sind echte fremdenpolizeiliche Ausweispapiere (vgl. Bem. zu ANAG Art. 23 Abs. 1 al. 1). *Tathandlung* ist das Überlassen eines echten Dokumentes an einen Unberechtigten zum Gebrauch. Als Unberechtigter gilt, wer mit derjenigen Person, auf welche das Ausweispapier ausgestellt ist, nicht identisch ist. Der *subjektive Tatbestand* erfordert Vorsatz, Eventualvorsatz genügt.

Abs. 1 al. 4: a) *Rechtswidrige Einreise:* Als *Betreten* des Landes ist das Überschreiten der Landesgrenze zu verstehen, unabhängig davon, ob dies über eine Grenzstelle oder die «grüne Grenze» erfolgt. Bei der Einreise über eine Grenzstelle ist der Tatbestand jedoch erst erfüllt, wenn der Täter den Grenzposten passiert hat oder die Grenzstelle umgeht: BGE 119 IV 164. Reist der Ausländer auf dem Luftweg in die Schweiz, hat er diese erst nach der grenzpolizeilichen Personenkontrolle betreten. Transit-Passagiere haben ausländerrechtlich die Schweiz noch nicht betreten. Nach ANAV Art. 1 Abs. 2 ist die Einreise rechtmässig, wenn die Vorschriften über den Besitz von Ausweisschriften, das Visum, die Grenzkontrolle usw. beachtet worden sind und der Einreise kein persönliches Verbot entgegensteht. Der Umkehrschluss ergibt, dass die Einreise *rechtswidrig* ist, wenn sie die genannten Voraussetzungen nicht erfüllt: BGE 127 IV 171 = Pr 90 (2001) Nr. 199, BGE 128 IV 117 Erw. 9e = Pr 91 (2002) Nr. 220, BGE 132 IV 31. Die Einreisevoraussetzungen werden weiter in der VEA umschrieben. Die Einreise ohne gültigen Pass, gültige Identitätskarte oder einen gleichwertigen Ausweis gilt als rechtswidrig, ebenso die Einreise mit einem gefälschten Ausweispapier (VEA Art. 1–5). Die Einreise in die Schweiz mit einem gefälschten Reisepass in der Absicht, sich der Justiz zu stellen, lässt sich nicht mit Berufung auf Notstand rechtfertigen, zumal Personen, die sich den Strafbehörden stellen wollen, bei einer Grenzstelle vorsprechen können: RS 1999 Nr. 583. Die Einreise hat über bestimmte, kontrollierte Grenzübergangsstellen sowie Lande- und Flugplätze zu erfolgen (VEA Art. 21 Abs. 1); vorbehalten bleiben die Bestimmungen über den sog. kleinen Grenzverkehr gemäss den entsprechenden Abkommen mit den Nachbarstaaten, den Grenzübertritt im Hochgebirge und abweichende sonstige staatsvertragliche Abkommen (VEA Art. 21 Abs. 2 und 22). Passiert der Täter die Grenze zum Zwecke des Arbeitserwerbs mit einem Touristenvisum bzw. ohne das bei Erwerbsabsichten notwendige Visum, so ist die Einreise illegal: BGE 131 IV 174, anders noch BGE 128 IV 117 Erw. 9h = Pr 91/2002 Nr. 220. *Asylsuchende*, welche in erster Linie den besonderen Bestimmungen des AsylG unterstehen, haben generell wie alle anderen Ausländer die für sie geltenden Einreisevorschriften zu beachten. Asylsuchende können, selbst wenn sie nicht über die erforderlichen Papiere verfügen, berechtigt sein, in die Schweiz einzureisen. Allerdings ist stets erforderlich, dass ihnen eine Bewilligung zur Einreise erteilt wird. Es ist ihnen deshalb nicht erlaubt, über die «grüne Grenze» einzureisen, um in der Schweiz ein Asylgesuch zu stellen. Damit würde die asylgesetzlich vorgeschriebene Überprüfung der Gründe, die zur Erteilung der asylrechtlichen Einreisebewilligung führen, ausgehebelt: BGE 132 IV 32 f. Erw. 2.3.2. Zur illegalen Einreise von *Flüchtlingen* vgl. Bem. zu ANAG Art. 23 Abs. 3. Der Journalist, der gemeinsam mit einer Gruppe von Flüchtlingen illegal in die Schweiz einreist, um Informationen aus erster Hand zu sammeln und darüber einen Presseartikel zu verfassen, kann sich nicht auf den aussergesetzlichen *Rechtfertigungsgrund* der Wahrung berechtigter Interessen berufen: BGE 127 IV 166 = Pr 90 (2001) Nr. 199. Hingegen wäre bei der Einreise ohne Visum oder gültigen Pass die Wahrung berechtigter Interessen zu prüfen, wenn sie bei bestehendem Rechtsanspruch die Familienvereinigung bezweckt: EuGRZ 29 (2002) 519. – *Abgrenzung zu StGB Art. 291:*

Mit dem Inkrafttreten des neuen AT StGB wurde die gerichtliche (ebenso die militärgesetzliche) Landesverweisung abgeschafft (Botschaft, BBl 1999, 2100 f.). Hingegen bleibt die Widerhandlung gegen eine administrative Ausweisung gemäss ANAG Art. 10 weiterhin nach StGB Art. 291 strafbar, welche Bestimmung in diesem Bereich ausschliesslich anwendbar ist: BGE 100 IV 244, 104 IV 186 = Pr 67 (1978) Nr. 124. Echte Konkurrenz zu ANAG Art. 23 Abs. 1 al. 1 ist möglich, wenn dem Ausgewiesenen die Wiedereinreise mit einem falschen oder gefälschten Dokument gelingt. Steht lediglich die Widerhandlung gegen eine administrative Wegweisung (ANAG Art. 12) oder gegen eine Einreisesperre (ANAG Art. 13) zur Diskussion, beurteilt sich die Strafbarkeit nach ANAG Art. 23 Abs. 1 al. 4: SJZ 55 (1959) 312. Zur Überprüfungsbefugnis entsprechender Verwaltungsverfügungen durch den Strafrichter: BGE 98 IV 106 = Pr 61 (1972) Nr. 202, BGE 129 IV 246 = Pr 93 (2004) Nr. 71.

b) Rechtswidriges Verweilen: Das Verweilen setzt eine gewisse Dauer des Aufenthaltes voraus. In der Regel dürfte es bei einer Abreise vor Ablauf von 24 Stunden nach Eintritt der Illegalität an einer Strafbarkeit fehlen. Der Aufenthalt ist rechtswidrig, wenn der Ausländer im Anschluss an eine unrechtmässige Einreise in der Schweiz verbleibt und wenn er nach einer ihm angesetzten Ausreisefrist oder nach Ablauf einer Bewilligungsfrist in der Schweiz verbleibt. Ersucht der Ausländer um eine neue Bewilligung, die Verlängerung einer Bewilligung oder die Verlängerung einer Ausreisefrist, so ist sein Aufenthalt so lange rechtmässig, als dass das Gesuch pendent ist oder ihm nicht rechtskräftig die aufschiebende Wirkung entzogen wurde. Beruht die Berechtigung des Aufenthalts auf einer Scheinehe, kann nicht von einem rechtswidrigen Verweilen gesprochen werden: BGer vom 28.8.1997, 6S.495/1997 Erw. 2. Das andauernde und ununterbrochene rechtswidrige Verweilen im Lande ist ein Dauerdelikt. Erfolgt eine Verurteilung, so wird die Tateinheit aufgehoben und für neue Delikte gilt der Grundsatz «ne bis in idem» nicht: BGer vom 8.2.2006, 6S.485/2005.

c) Subjektiver Tatbestand: Die Bestimmung verlangt Vorsatz, Eventualvorsatz genügt. Beim rechtswidrigen Betreten muss der Täter um das Fehlen mindestens einer Einreisevoraussetzung wissen oder dies zumindest in Kauf nehmen. Bei den Fernhaltemassnahmen ist erforderlich, dass diese dem Täter eröffnet wurden und er um den Verstoss gegen diese weiss oder einen solchen billigend in Kauf nimmt. Bei der zweiten Tatbestandsvariante muss dem Täter bewusst sein oder er muss billigend in Kauf nehmen, dass er nicht über eine Aufenthaltsbewilligung verfügt oder diese nicht mehr gültig ist.

Abs. 1 al. 5: Die Bestimmung schreibt gewisse Unterstützungshandlungen bei der Ein- und Ausreise bzw. beim Verweilen im Lande zu eigenständigen Tatbeständen um. Diese werden unter Strafe gestellt, wenn sie im *In- oder Ausland* begangen werden (Staatsschutzprinzip in einem weiteren Sinne). Da es sich bei diesen Tatbeständen um Erfolgsdelikte handelt und der Erfolg jeweils in der Schweiz eintritt, kann der Täter insoweit auch für die im Ausland begangene Widerhandlung zur Rechenschaft gezogen werden (StGB Art. 8). – *Tathandlungsvarianten: Hilfe zur Vorbereitung einer unrechtmässigen Ein- oder Ausreise:* Derjenige, der einem Ausländer bei der Vorbereitung einer illegalen Ein- oder Ausreise Hilfe leistet, macht sich strafbar, während der Ausländer selbst für seine Vorbereitungshandlungen straflos bleibt, jedenfalls solange diese das Stadium des strafbaren Versuchs noch nicht erreicht haben. Das inkriminierte Verhalten (Vergehenstatbestand) muss eine gewisse Intensität erreichen. Das Besorgen von Esswaren oder die Ausstattung mit einem Zehrgeld für die Reise dürften als Vorbereitungshilfe nicht genügen. Wer dem Ausländer einen Pass oder ein Visum fälscht oder verfälscht oder ihn mit den nötigen Mitteln ausstattet, um sich ein solches Dokument zu verschaffen, oder ihn an Personen vermittelt (Schlepperorganisationen), die ihm die rechtswidrige Ein- oder Ausreise ermöglichen, leistet Vorbereitungshilfe. Auch dürfte die Ausstattung mit einer Karte, die

4. Abschnitt: Strafbestimmungen Art. 23

Passierpunkte und Hinweise über Art und Häufigkeit der Grenzkontrollen enthält, tatbestandsmässig sein. *Erleichtern der unrechtmässigen Ein- oder Ausreise:* Eine Abgrenzung zwischen der Vorbereitungshilfe und dem Erleichtern ist nur insofern möglich, als dass der Ausländer zum Zeitpunkt, in welchem das Erleichtern einsetzt, das Vorbereitungsstadium der geplanten illegalen Ein- oder Ausreise bereits abgeschlossen hat. Wer mit seinem Personenwagen Ausländer, die weder über Pass noch Visum verfügen, ins Landesinnere verbringt, erleichtert deren rechtswidrige Einreise: BGE 119 IV 164. Die Erstellung eines inhaltlich unwahren Mietvertrages durch den Vermieter zur Ermöglichung des Familiennachzuges eines Ausländers ist nicht als Erleichterung der Einreise zu qualifizieren: RS 2000 Nr. 682. *Hilfe zur Vorbereitung des unrechtmässigen Verweilens:* Es geht hier nicht mehr um den Grenzübertritt, sondern um die Organisierung des illegalen Aufenthaltes. In diesem Sinne leistet Vorbereitungshilfe, wer über Kontakte zu Vermietern verfügt, die bereit sind, Zimmer an illegal anwesende oder einreisende Ausländer zu vermieten, und entsprechende Vermittlerdienste leistet. *Erleichtern des unrechtmässigen Verweilens:* Gemäss dem BGer ist das strafbare Verhalten schwierig zu umschreiben, da der Ausländer, der sich rechtswidrig im Land aufhält, mit zahlreichen anderen Personen in Verbindung tritt und nicht jeder Kontakt mit einem Ausländer, der dessen Aufenthalt in der Schweiz angenehmer macht, strafbar sein kann. I.S. eines Handlungsziels wird ein Verhalten verlangt, das den Erlass oder Vollzug eines Entscheides gegen einen illegal in der Schweiz weilenden Ausländer oder den behördlichen Zugriff auf ihn zumindest erschwert: BGE 130 IV 80 = Pr 94 (2005) Nr. 33. So ist derjenige, der einen weggewiesenen Ausländer ein paar Kilometer mit dem Auto mitnimmt, nicht wegen Erleichtern des Verweilens zur Rechenschaft zu ziehen: BGer vom 8.3.2004, 6S.459/2003. Tatbestandsmässig ist das Vermieten von Wohnraum an sich illegal in der Schweiz aufhaltende Ausländer: BGer vom 18.8.2000, 6S.615/1998, BGer vom 18.2.2003, 1P.566/2002. Weiter strafbar ist, wer eine solche Person beherbergt: BGE 112 IV 121, 130 IV 77 = Pr 94 (2005) Nr. 33. Hier wird zu verlangen sein, dass die Beherbergung, entsprechend dem Mietverhältnis, auf eine gewisse Dauer angelegt ist. Wer einem illegal sich in der Schweiz aufhaltenden Ausländer nur für ein paar Tage Obdach gewährt, dürfte den Tatbestand nicht erfüllen. Die Ehefrau, die in der von ihr gemieteten bzw. in ihrem Alleineigentum stehenden Wohnung mit ihrem rechtswidrig in der Schweiz weilenden Ehemann zusammenlebt, beherbergt diesen nicht: BGE 127 IV 27. Meldet ein Mann den Umstand, dass seine Frau ihren illegal sich in der Schweiz aufhaltenden Neffen beherbergt, nicht, so ist er nicht wegen Erleichtern des Verweilens strafbar, da ihm keine Garantenstellung zukommt, die ihn dazu verpflichten würde, etwas gegen den illegalen Aufenthalt zu unternehmen: BGer vom 30.9.2005, 6S.281.2005. Wer eine Person, die sich illegal in der Schweiz aufhält, nur beschäftigt, erleichtert ihr das rechtswidrige Verweilen im Lande nicht. Die Strafbarkeit bestimmt sich allein nach ANAG Art. 23 Abs. 4: BGE 118 IV 262. Wer hingegen ausländische Prostituierte, die als Touristinnen in die Schweiz eingereist sind und über keine Aufenthalts- bzw. Arbeitsbewilligung verfügen, beschäftigt und beherbergt, erfüllt sowohl den Tatbestand der Erleichterung des Verweilens im Lande als auch denjenigen der rechtswidrigen Beschäftigung: BGE 131 IV 174. Zwischen diesen beiden Tatbeständen besteht echte Konkurrenz: RS 1981 Nr. 195. Strafbar macht sich, wer illegal anwesende Personen finanziell unterstützt: BGE 118 IV 262. Die finanzielle Unterstützung muss von gewisser Bedeutung und geeignet sein, den behördlichen Zugriff zu erschweren (z.B. Bezahlung der Miete oder einer Wohnungskaution; nicht aber die Bezahlung einer medizinischen Behandlung). Die Vermittlung von Scheinehen mit dem Ziel, Ausländern zu einer Aufenthaltsbewilligung zu verhelfen, fällt nicht unter den Tatbestand: BGE 125 IV 148. – *Subjektiver Tatbestand:* Die Bestimmung verlangt Vorsatz, wobei Eventualvorsatz genügt. – *Abgrenzung* zum Tatbestand der Begünstigung i.S. von StGB Art. 305: BGE 104 IV 186 = Pr 67 (1978) Nr. 124.

Abs. 1 al. 6: Die grosse Flexibilität des Geldstrafensystems macht die frühere Sanktionenregelung und die spezielle Erwähnung des «leichten Falls» in ANAG alt Art. 23 überflüssig.

Abs. 2: Die Bestimmung enthält, entgegen ihrem durch den Wortlaut erweckten Eindruck, nicht einen selbständigen, abschliessend geregelten Straftatbestand, sondern ist der qualifizierte Tatbestand des in ANAG Art. 23 Abs. 1 al. 5 geregelten Erleichterns oder Vorbereitenshelfens der rechtswidrigen Einreise: BGer vom 11.9.1992, 6S.490/1991. Die Qualifikationsgründe bestehen darin, dass der Täter entweder in der *Absicht unrechtmässiger Bereicherung* (Satz 1) oder aber für eine Vereinigung oder Gruppe von Personen handelt, die sich zur fortgesetzten Begehung dieser Taten zusammengefunden hat (Satz 2). Während also ANAG Art. 23 Abs. 1 al. 5 der Erfassung von Tätern dient, die nicht organisiert sind und die aus persönlichen, nicht wirtschaftlichen Motiven heraus handeln, bringt der *Schleppertatbestand* zum Ausdruck, dass schwerer bestraft wird, wer in unrechtmässiger Bereicherungsabsicht oder für eine Schlepperorganisation handelt. Obwohl die Bestimmung die in ANAG Art. 23 Abs. 1 al. 5 enthaltende Wendung «im In- oder Ausland» nicht wiederholt, erfasst der Schleppertatbestand auch die Auslandstat: BGer vom 11.9.1992, 6S.490/1991. – Zu den *Tathandlungen* vgl. Bem. zu ANAG Art. 23 Abs. 1 al. 5. *Täter* bei ANAG Art. 23 Abs. 2 kann sowohl ein Einzeltäter als auch ein Mitglied einer Vereinigung oder Gruppe sein. Was unter einer *Vereinigung oder Gruppe* zu verstehen ist, geht aus dem Gesetz nicht hervor. Der Text lehnt sich an den Begriff der Bandenmässigkeit an, so dass die im allg. Strafrecht gebräuchliche Definition auch hier zur Anwendung gelangen sollte (vgl. Bem. zu StGB Art. 139 Ziff. 3 und zu BetmG Art. 19 Ziff. 2 lit. b). Ist der Täter für eine Vereinigung oder Gruppe tätig, so ist es für die Qualifikation unerheblich, ob er in Bereicherungsabsicht gehandelt hat oder nicht. – *Subjektiver Tatbestand:* Strafbar ist, wer einem Ausländer mit Wissen und Willen die rechtswidrige Einreise oder den rechtswidrigen Aufenthalt erleichtert oder vorbereiten hilft; Eventualvorsatz genügt. Bei der *Vereinigung oder Gruppe* müssen Zusammenschluss und Zielrichtung dem Täter bewusst sein. Er muss den Willen zur Begehung von Schlepperhandlungen mit den anderen Mitgliedern teilen. Handelt der Täter *alleine*, so greift die Qualifikation nur, wenn er mit der *Absicht zu unrechtmässiger Bereicherung* handelt. Gemeint ist damit jede wirtschaftliche Besserstellung, die der Täter durch seine Tat zu erzielen beabsichtigt. Ob er tatsächlich einen Gewinn erzielt, ist unerheblich. Ebenso ist nicht von Belang, ob er den Vermögensvorteil vom Ausländer, dessen Aufenthalt er erleichtert oder dessen Einreise er ermöglicht oder vorbereiten geholfen hat, direkt oder von einer Drittperson erlangt. Die Bereicherung ist stets unrechtmässig, weil der Täter sich, sei es vom Ausländer, sei es von der Drittperson, für deliktisches Verhalten bezahlen lässt. Das Entgelt für die vorsätzliche Überlassung von Wohnraum an illegal in der Schweiz weilende Ausländer ist dann als unrechtmässige Bereicherung zu qualifizieren, wenn die Wohnungen deshalb vermietet werden, weil sie sonst, mangels anderer Interessenten, leer stünden. In dieser Konstellation besteht zwischen dem tatbestandsmässigen Verhalten und dem geforderten Mietzins ein hinreichend enger Zusammenhang. Der Mietzins, selbst wenn er marktkonform ist, ist eine gerade durch die Straftat erlangte und daher unrechtmässige Bereicherung. Der Vermieter profitiert hier von der tatbestandsmässigen Erleichterung des rechtswidrigen Verweilens durch Überlassung von Wohnraum nicht weniger als ein solcher, der eine problemlos auch anderweitig vermietbare Wohnung zu einem übersetzten Preis an illegal in der Schweiz weilende Ausländer überlässt: BGer vom 18.8.2000, 6S.615/1998. Die Vermittlung von Scheinehen mit dem Ziel, Ausländern zu einer Aufenthaltsbewilligung zu verhelfen, fällt nicht unter den Schleppertatbestand: BGE 125 IV 148.

Abs. 3: In Anwendung dieses materiellrechtlichen Opportunitätstatbestandes sollte auf eine Strafverfolgung verzichtet werden, wenn der illegal eingereiste Ausländer *sofort ausgeschafft* werden kann. – Die in Satz 2 statuierte Straflosigkeit für die rechtswidrige Einreise nachweislich verfolgter *Flüchtlinge* und die ethisch motivierte Gehilfenschaft dazu wurden 1948 gestützt auf die Erfahrungen in der letzten Kriegszeit (Botschaft, BBl 1948 I 1300) im Gesetz festgeschrieben. Der Text entspricht im Wesentlichen dem Art. 31 Abs. 1 des Genfer Abkommens über die Rechtsstellung der Flüchtlinge vom 28.7.1951 (SR 0.142.30), welche staatsvertragliche Bestimmung «self-executing», d.h. unmittelbar anzuwenden ist: BGer vom 14.12.1988, 6S.371/1988 Erw. 2, BGer vom 17.3.1999, 6S.737/1998. Der Richter kann in einem Strafverfahren selber vorfrageweise über die Flüchtlingseigenschaft des illegal Eingereisten entscheiden, wenn die Asylbehörde darüber noch nicht befunden hat: BGE 112 IV 115. Die Straflosigkeit greift dann, wenn der Flüchtling unmittelbar aus einem Gebiet kommt, wo sein Leben oder seine Freiheit bedroht war, er sich unverzüglich den Behörden stellt und triftige Gründe für die illegale Einreise oder Anwesenheit dartut: SJZ 86 (1990) 237. *Unmittelbar* aus einem bedrohten Gebiet kommend ist nicht in einem räumlich/geografischen Sinn zu verstehen, sondern stets zu bejahen, wenn der Flüchtling zielstrebig, ohne wesentliche freiwillige Verzögerung aus dem Verfolgerstaat in die Schweiz gelangt: BGer vom 17.3.1999, 6S.737/1998. Der Pflicht zur unverzüglichen Stellung genügt nicht, wer sich am vierten Tag seiner illegalen Anwesenheit an der Adresse eines Bekannten verfügbar macht. Gefordert ist eine persönliche Vorsprache bei den Behörden in Grenznähe nach dem Grenzübertritt: BGer vom 14.12.1988, 6S.371/1988. Unter welchen Voraussetzungen die illegale Einreise eines Flüchtlings gerechtfertigt ist, wird durch die speziellen Normen des Ausländerrechts abschliessend geregelt. In dieser Regelung wird eine verbindliche Abwägung zwischen den persönlichen Interessen des Flüchtlings und denjenigen des Staates an einer wirksamen Grenzkontrolle getroffen. Für die Anwendbarkeit der Bestimmungen über den Notstand (StGB Art. 17) bleibt deshalb kein Raum, wenn zur Rechtfertigung der illegalen Einreise Art und Schwere der Verfolgung vorgebracht werden: BGE 132 IV 29. – Zu den *achtenswerten Beweggründen*, die zur Straflosigkeit der Hilfeleistung beim Grenzübertritt des Flüchtlings führen vgl. die allg. Bem. zu StGB Art. 48 lit. a Ziff. 1.

Abs. 4: *Beschäftigen:* Die Anwendung der Bestimmung ist nicht auf Arbeitgeber im zivilrechtlichen Sinn (OR Art. 319 ff.) beschränkt. Auch nicht massgebend ist, von welchem Begriff des Arbeitgebers die VO über die Begrenzung der Zahl der Ausländer vom 6.10.1986 (BVO, SR 823.21) ausgeht. Mit Rücksicht auf Sinn und Zweck des Tatbestandes ist der Anwendungsbereich weit zu fassen. Beschäftigen bedeutet, jemanden eine Erwerbstätigkeit ausüben zu lassen. Auf die Natur des Rechtsverhältnisses kommt es nicht an: BGE 99 IV 110, 128 IV 175. Der angestellte Geschäftsführer eines Massagesalons beschäftigt die dort auf eigene Rechnung und weisungsfrei arbeitenden Prostituierten: BGE 128 IV 170. Dies gilt auch für die Besitzer und Geschäftsführer solcher Etablissements (Sauna-Clubs, Bars), die in ihrem Betrieb Prostituierte anschaffen lassen und sich die Bereitstellung der Räume entschädigen lassen: BGE 128 IV 117 = Pr 91 (2002) Nr. 220, BGE 129 IV 176, BGer vom 18.2.2003, 1P.566/2002, BGer vom 28.3.2003, 1P.145/2003, BGer vom 20.8.2004, 6S.222/2004. Zur Konkurrenz zum Tatbestand der Förderung der Prostitution nach StGB Art. 195 Abs. 3 vgl. BGE 125 IV 269, 126 IV 76; zum Tatbestand des Menschenhandels i.S. von StGB Art. 196: BGE 128 IV 117 = Pr 91 (2002) Nr. 220. Für die im Betrieb einer juristischen Person begangenen strafbaren Handlungen (hier Formalitäten bei der Anstellung von Grenzgängern) haben grundsätzlich ihre verantwortlichen Organe einzustehen. Der strafrechtliche Organbegriff schliesst alle Personen ein, die im Rahmen der Gesellschaftstätigkeit eine selbständige Entscheidungsbefugnis haben: BGE 100 IV 38

= Pr 63 (1974) Nr. 182 (vgl. nunmehr auch StGB Art. 29). Der Ausländer ist *nicht berechtigt*, in der Schweiz zu arbeiten, wenn er weder über eine Aufenthalts- noch über eine Arbeitsbewilligung verfügt. Gemäss ANAG Art. 1a ist der Ausländer zur Anwesenheit auf Schweizer Boden berechtigt, wenn er eine Aufenthalts- oder eine Niederlassungsbewilligung besitzt oder wenn er nach Gesetz keiner solchen bedarf. Nach ANAG Art. 2 Abs. 1 hat sich der Ausländer vor Ablauf der dritten Monats seiner Anwesenheit zur Regelung der Bedingungen seiner Anwesenheit anzumelden. Ausländer, die zur Ausübung einer Erwerbstätigkeit eingereist sind, haben diese Anmeldung binnen acht Tagen, auf jeden Fall vor Antritt einer Stelle vorzunehmen. Der nicht niedergelassene Ausländer darf eine Stelle erst antreten und von einem Arbeitgeber zum Antritt der Stelle nur zugelassen werden, wenn ihm der Aufenthalt zum Stellenantritt bewilligt ist (ANAG Art. 3 Abs. 3). Besondere Regelungen gelten in Bezug auf die Anmelde- und Bewilligungspflichten und die Folgen ihrer Verletzung nach dem Abkommen zwischen der Schweiz. Eidgenossenschaft einerseits und der Europäischen Gemeinschaft und ihren Mitgliedstaaten andererseits über die Freizügigkeit vom 21.6.1999, in Kraft getreten am 1.6.2002 (SR 0.142.112.681). Der bewilligungsfreie Aufenthalt als Tourist wird mit der Aufnahme einer nicht gemeldeten bzw. bewilligten Erwerbstätigkeit rechtswidrig. Der Arbeitgeber, der ausländische Prostituierte beschäftigt und beherbergt, die als Touristinnen in die Schweiz eingereist sind und über keine Aufenthalts- oder Arbeitsbewilligung verfügen, erfüllt neben dem Tatbestand der rechtswidrigen Beschäftigung auch denjenigen des Erleichterns des rechtswidrigen Aufenthaltes gemäss ANAG Art. 23 Abs. 1 al. 5: BGE 131 IV 174. Das Gesetz schreibt in solchen Fällen Idealkonkurrenz vor und verlangt Bestrafung wegen beider Bestimmungen. Wer dagegen eine illegal in der Schweiz weilende Person nur beschäftigt, hat sich lediglich wegen des Übertretungstatbestandes von ANAG Art. 23 Abs. 4 zu verantworten: BGE 118 IV 262. Keine gänzliche Strafbefreiung für einen Gastwirt, der Ausländer, die sich legal in der Schweiz aufhalten, aber nicht über eine Arbeitsbewilligung verfügen, während zweier Jahre in seinem Betrieb beschäftigt: BGer vom 2.6.2006, 6S.157/2006. Keine Berufung auf Notstand für den Direktor einer Gemüsegärtnerei, der während der Erntezeit illegal in der Schweiz weilende Ausländer als Erntearbeiter einsetzt: BGer vom 29.7.2002, 6S.255/2002. – *Subjektiver Tatbestand:* Sowohl die vorsätzliche als auch die fahrlässige Beschäftigung eines Ausländers ohne Bewilligung ist strafbar. Bei der vorsätzlichen Begehung muss der Täter wissen oder zumindest in Kauf nehmen, dass der Ausländer, dem er die Möglichkeit zur Erwerbstätigkeit gibt, nicht über eine entsprechende Arbeitsbewilligung verfügt. Hätte der Arbeitgeber bei pflichtgemässer Aufmerksamkeit erkennen können, dass ein kontrollpflichtiger Ausländer zum Stellenantritt eine Bewilligung braucht, jedoch keine solche besitzt, so erfüllt er den Tatbestand fahrlässig. So z.B. bei einer AG, die ein Hotel betreibt und deren einziger Verwaltungsrat mit Einzelunterschrift mangels genügender Aufmerksamkeit nicht bemerkt, dass die Hoteldirektorin verschiedentlich illegal in der Schweiz weilende Ausländer im Hotel beschäftigt: BGer vom 20.7.2005, 6S.232/2005. – Ob ein *besonders leichter Fall* vorliegt, der zum Umgangnehmen von Strafe führt (vgl. Bem. zu StGB Art. 52), beurteilt sich nach den gesamten objektiven und subjektiven Umständen des Einzelfalles. Es handelt sich um einen unbestimmten Rechtsbegriff, bei dessen Anwendung der Sachrichter über einen weiten Ermessensspielraum verfügt. Die Handlungsweise eines Arbeitgebers, der einen einzelnen Ausländer ohne Bewilligung beschäftigte und beherbergte, kann unter Umständen noch als leicht bezeichnet werden: BGE 112 IV 121 – Unter *Gewinnsucht* ist ein moralisch verwerfliches Bereicherungsstreben zu verstehen, das nicht durch ein ungewöhnliches Ausmass charakterisiert zu sein braucht: BGE 107 IV 125, 109 IV 119, 113 IV 24. Strafschärfend sind also z.B. die Beschäftigung des illegal in der Schweiz weilenden Ausländers zu niedrigeren als den orts- und berufsüblichen Löhnen oder überhöh-

4. Abschnitt: Strafbestimmungen — Art. 23a

te Mietabzüge für zur Verfügung gestellte Unterkünfte zu berücksichtigen. – Der *Schwarzarbeitnehmer* selbst kann, neben rechtswidrigem Betreten oder Verweilen im Lande, nur wegen «anderen Zuwiderhandlungen» i.S. von ANAG Art. 23 Abs. 6 (z.B. Missachtung der Meldepflicht [ANAG Art. 2 Abs. 1, Art. 3 Abs. 3], Stellen- und Kantonswechsel ohne Einverständnis [ANAG Art. 8], Berufswechsel ohne Bewilligung [ANAV Art. 3 Abs. 6] etc.) bestraft werden.

Abs. 5: Die Bestimmung sieht eine *fakultative Strafschärfung* für den rechtskräftig verurteilen Vorsatztäter gemäss ANAG Art. 23 Abs. 4 vor, der innert fünf Jahren erneut rechtswidrig einen Ausländer beschäftigt.

Abs. 6: Die Tathandlung beinhaltet nicht ein bestimmtes strafbares Verhalten, sondern die Bestimmung bedroht i.S. eines *Auffangtatbestandes* denjenigen mit Strafe, der gegen fremdenpolizeiliche Vorschriften oder Verfügungen der zuständigen Behörden verstösst. Gemeint sind vor allem die Missachtung von Meldepflichten und das Nichteinholen von vorgeschriebenen Bewilligungen. Der subjektive Tatbestand verlangt Vorsatz (ANAG Art. 24 Abs. 1 Satz 2 i.V. mit StGB Art. 333 Abs. 1, Art. 104 und Art. 12 Abs. 1) – Wer nur eine Aufenthaltsbewilligung, nicht aber eine Arbeitsbewilligung besitzt und trotzdem eine Erwerbstätigkeit aufnimmt, verstösst gegen ANAG Art. 23 Abs. 6 i.V. mit Art. 3 Abs. 3: BGE 119 IV 72. Die zweimal pro Woche erfolgende Warenlieferung eines italienischen Chauffeurs in die Schweiz stellt keine bewilligungspflichtige Erwerbstätigkeit dar, so dass eine Strafbarkeit nach ANAG Art. 23 Abs. 6 entfällt: BGE 122 IV 231. Der Arbeitgeber, der illegal einen Ausländer beschäftigt und zugleich beherbergt, kann nicht zusätzlich wegen Verletzung der Meldepflicht des Gastgebers gemäss ANAG Art. 2 Abs. 2 i.V. mit Art. 23 Abs. 6 bestraft werden, da nach ANAV Art. 2 Abs. 1 nur Gastgeber ist, der einer Person, die nicht in seinen Diensten steht, Unterkunft gewährt: BGE 129 IV 176. Ist eine gestützt auf ANAG Art. 12 Abs. 3 verfügte Aufforderung, das Kantonsgebiet zu verlassen, in Rechtskraft erwachsen und wurde eine nach dem Rechtsmittelentscheid neu gesetzte Ausreisefrist nicht beachtet, so hindert ein Wiedererwägungsgesuch eine Strafbarkeit nach ANAG Art. 23 Abs. 6 nicht: BGer vom 3.8.2006, 6S.152/2006. In *besonders leichten Fällen* kann von Bestrafung Umgang genommen werden (vgl. Bem. zu ANAG Art. 23 Abs. 4).

Art. 23a

Wer Massnahmen nach Artikel 13e nicht befolgt, wird mit Freiheitsstrafe bis zu einem Jahr oder Geldstrafe bestraft, falls sich erweist, dass der Vollzug der Weg- oder Ausweisung aus rechtlichen oder tatsächlichen Gründen undurchführbar ist.

Art. 23a: *Tathandlung* ist das Nichtbefolgen von Massnahmen nach ANAG Art. 13e. Diese Bestimmung ermächtigt die zuständige kantonale Behörde, einem Ausländer, der keine Aufenthalts- oder Niederlassungsbewilligung besitzt und die öffentliche Sicherheit und Ordnung stört oder gefährdet, insbesondere zur Bekämpfung des Betäubungsmittelhandels, die Auflage zu machen, ein ihm zugewiesenes Gebiet nicht zu verlassen (Eingrenzung) oder ein bestimmtes Gebiet nicht zu betreten (Ausgrenzung). Die Missachtung einer Eingrenzungs- bzw. einer Ausgrenzungsverfügung ist allerdings nur dann strafbar, falls sich erweist, dass der Vollzug der Weg- oder Ausweisung des Ausländers aus rechtlichen oder tatsächlichen Gründen undurchführbar ist. Ob ein Ausländer ausgeschafft werden kann, steht im Zeitpunkt, in dem er eine Auflage gemäss ANAG Art. 13e missachtet, häufig noch nicht fest. Solange unklar ist, ob der Ausländer ausgeschafft werden kann, kommt grundsätzlich die Vorbereitungshaft bzw. die Ausschaffungshaft in Betracht und ist jedenfalls eine Bestrafung wegen Missachtung der Ein- bzw. Ausgrenzungsverfügung ausgeschlossen. Wenn der Ausländer aus der Schweiz ausgeschafft werden kann, scheint es nicht opportun, vorerst noch eine Freiheitsstrafe wegen Missachtung einer Ausgrenzungs- bzw. Eingrenzungsverfügung auszusprechen und allenfalls zu vollziehen. Massgebend sind deshalb nicht die Verhältnisse zur Zeit der Tat, sondern diejenigen im Zeitpunkt des Urteils: BGE 124 IV 280, 126 IV 30. Bei der vom Gesetz formulierten Klausel handelt es sich nicht um eine objektive Strafbarkeitsbedingung, sondern sie statuiert den Vorrang der Ausschaffung vor der Bestrafung und schränkt insoweit das strafprozessuale Legalitätsprinzip ein: BGE 126 IV 37. Ausgehend davon ist ein Strafverfahren wegen Missachtung einer Ein- oder Ausgrenzungsverfügung nach Massgabe des kant. Prozessrechts durch einen Prozessentscheid (und nicht etwa durch ein Sachurteil) abzuschliessen, wenn sich erweist, dass der Ausländer ausgeschafft werden kann oder wenn er in der Zwischenzeit tatsächlich ausgeschafft worden ist. – Der *subjektive Tatbestand* verlangt Vorsatz, Eventualvorsatz genügt (ANAG Art. 24 Abs. 1 Satz 2 i.V. mit StGB Art. 333 Abs. 1 und Art. 12 Abs. 1). Die Ein- oder Ausgrenzungsverfügung muss rechtskräftig, dem Täter eröffnet und von ihm zur Kenntnis genommen worden sein.

Art. 24

¹ Die Verfolgung und Beurteilung der Zuwiderhandlungen nach den Artikeln 23 und 23a obliegt den Kantonen. Die allgemeinen Bestimmungen des Strafgesetzbuches finden Anwendung. Ist eine Zuwiderhandlung in mehreren Kantonen begangen worden, so ist zur Verfolgung der Kanton zuständig, der diese zuerst aufnimmt.

² Bussen können bei nachgewiesener Mittellosigkeit in leichten Fällen von der kantonalen Regierung erlassen werden.

³ Aufgehoben.

Art. 24 Abs. 1: Die Strafverfahren wegen Widerhandlungen gegen ANAG Art. 23 und Art. 23a werden nach kant. Prozessrecht geführt. – Die Bestimmung wiederholt zudem die für die Nebenstrafgesetzgebung des Bundes geltende Regelung von StGB Art. 333 Abs. 1 und hat diesbezüglich keine selbständige Bedeutung. Der Verweis bezieht sich auf den AT StGB (Art. 1–110) sowie auf die Bestimmungen über die Einführung und Anwendung des Gesetzes (StGB Art. 333–392). – Grundsätzlich gelten für die Bestimmung der örtlichen Zuständigkeit die Regeln von StGB Art. 340 ff. In Anlehnung an den Gerichtsstand der Prävention i.S. von StGB Art. 340 Abs. 2 ist in den Fällen, in denen Widerhandlungen gegen das ANAG zur Diskussion stehen, die in mehreren Kantonen begangen wurden, derjenige zuständig, welcher das Verfahren zuerst aufnimmt (vgl. dazu ZR 89 [1990] Nr. 41).

Abs. 2: Dieser Sonderfall der Begnadigung geht zurück auf die Beratung des ANAG durch die ständerätliche Kommission. Dieser war es ein Anliegen, unwichtige Begnadigungsgesuche nicht vor die Bundesversammlung zu bringen, welche damals bei Straftaten, die dem eidg. Recht unterstanden, über Begnadigungen zu entscheiden hatte. Solche Begnadigungsgesuche sollten den kant. Regierungen zum Entscheid zugewiesen werden (Amtliches Stenographisches Bulletin der Bundesversammlung, Ständerat 1930, 356). Seit dem Inkrafttreten des StGB ist die Zuständigkeit für die Begnadigung in StGB Art. 381 und den dazu erlassenen Bestimmungen der kant. Prozessordnungen geregelt. Neben dem Institut der Begnadigung hat der Entscheid über den Bussenerlass bei nachgewiesener Mittellosigkeit in leichten Fällen durch die kant. Regierungen gemäss ANAG Art. 24 Abs. 2 seine praktische Bedeutung verloren.

4. Abschnitt: Strafbestimmungen — Art. 24a

Art. 24a

Verfälschte und gefälschte Reisedokumente sowie echte Reisedokumente, die missbräuchlich verwendet wurden, können nach Weisung des Bundesamtes für Migration von den schweizerischen Auslandvertretungen, den Grenzposten sowie den zuständigen kantonalen Behörden eingezogen oder zuhanden des Berechtigten sichergestellt werden. Vorbehalten bleibt die Einziehung im Rahmen eines Strafverfahrens.

Art. 24a: Analog zu AsylG Art. 10 Abs. 4 ist im ANAG eine gesetzliche Grundlage geschaffen worden, die es den zuständigen Behörden auch im Verwaltungsverfahren erlaubt, gefälschte sowie missbräuchlich verwendete echte Reisedokumente einzuziehen (Botschaft, BBl 1996 II 124). Der Zweck der Einziehung liegt in der Verhinderung einer weiteren missbräuchlichen Verwendung solcher Papiere. Missbräuchlich verwendete echte Dokumente haben in aller Regel einen berechtigten Eigentümer, der einen Anspruch auf Herausgabe seines Reisepapiers hat. Missbräuchlich verwendete echte Dokumente sollen deshalb zuhanden des Berechtigten sichergestellt werden. – Davon nicht berührt bleibt die Befugnis der kant. Strafbehörden, solche Dokumente gestützt auf StGB Art. 69 einzuziehen.

Nr. 6 Konkordat über die Rechtshilfe und die interkantonale Zusammenarbeit in Strafsachen

vom 5. November 1992

SR 351.71

vom Eidgenössischen Justiz- und Polizeidepartement genehmigt am 4. Januar 1993

1. Kapitel: Allgemeine Bestimmungen

Art. 1 Zweck

Das Konkordat bezweckt die effiziente Bekämpfung der Kriminalität durch Förderung der interkantonalen Zusammenarbeit, indem es insbesondere

a. den Untersuchungs- und Gerichtsbehörden die Kompetenz gibt, Verfahrenshandlungen in einem andern Kanton durchzuführen (2. Kapitel);

b. die Rechtshilfe in Strafsachen erleichtert (3. Kapitel).

Art. 2 Anwendungsbereich

1. Das Konkordat kommt nur zur Anwendung in Verfahren, in denen materielles Bundesstrafrecht (Strafgesetzbuch und andere Bundesgesetze) anwendbar ist, unter Ausschluss der kantonalen Strafgesetzgebung.

2. Es steht jedoch den Kantonen unter Vorbehalt des Grundsatzes des Gegenrechts frei, den Anwendungsbereich des Konkordates durch eine an das Eidgenössische Justiz- und Polizeidepartement zuhanden des Bundesrates gerichtete Erklärung auf die kantonale Gesetzgebung auszudehnen.

2. Kapitel: Verfahrenshandlungen in einem andern Kanton

Art. 3 Grundsatz

1. Die mit einer Strafsache befasste Untersuchungs- oder Gerichtsbehörde kann Verfahrenshandlungen direkt in einem andern Kanton anordnen und durchführen.

2. Ausser in dringenden Fällen benachrichtigt sie vorgängig die zuständige Behörde dieses Kantons (Art. 24).

3. Die zuständige Behörde des Kantons, in dem die Verfahrenshandlung durchgeführt wird, wird in allen Fällen benachrichtigt.

2. Kapitel: Verfahrenshandlungen in einem andern Kanton

Art. 4 Anwendbares Recht

Die mit der Sache befasste Untersuchungs- oder Gerichtsbehörde wendet das Verfahrensrecht ihres Kantons an.

Art. 5 Amtssprache

1. Verfahrenshandlungen werden in der Sprache der mit der Sache befassten Behörde durchgeführt.
2. Verfügungen werden in der Sprache der mit der Sache befassten Behörde erlassen.
3. Wenn jedoch die Person, die Gegenstand eines Entscheides ist, die Sprache dieser Behörde nicht versteht, hat sie in der Regel Anspruch auf einen unentgeltlichen Übersetzer oder Dolmetscher.

Art. 6 Inanspruchnahme der Polizei

Ist für die Durchführung einer Verfahrenshandlung ein polizeiliches Einschreiten notwendig, wird die zuständige Polizei mit dem Einverständnis der örtlich zuständigen Untersuchungs- oder Gerichtsbehörde (Art. 24) beigezogen.

Art. 7 Postzustellungen

Gerichtsurkunden können Empfängern, die sich in einem andern Kanton aufhalten, direkt durch die Post nach den Vorschriften des Postverkehrsgesetzes vom 2. Oktober 1924 und seiner Vollzugsverordnung zugestellt werden.

Art. 8 Vorladungen

1. Personen, die in einen Konkordatskanton vorgeladen werden, sind verpflichtet, dort zu erscheinen.

Sie werden in der Amtssprache ihres Aufenthaltsortes vorgeladen.

2. Zeugen wie auch Sachverständige, die ihren Auftrag akzeptiert haben, können einen angemessenen Reisespesenvorschuss verlangen.
3. Die Vorladung enthält gegebenenfalls den Hinweis, dass bei unentschuldigtem Nichterscheinen ein Vorführbefehl erlassen werden kann.

Art. 9   Verhandlungen, Augenscheine

Die mit der Sache befasste Untersuchungs- oder Gerichtsbehörde kann in einem andern Kanton Sitzungen abhalten, dort Augenscheine und Verhandlungen durchführen oder durchführen lassen.

Art. 10   Durchsuchungen, Beschlagnahme

1. Durchsuchungen und Beschlagnahmen müssen durch einen schriftlichen und kurz begründeten Entscheid angeordnet werden.
2. In dringenden Fällen kann die Begründung nachgereicht werden.

Art. 11   Mitteilungspflicht

Die Untersuchungs- oder Gerichtsbehörde, die in ihrer amtlichen Stellung Kenntnis von einem in einem andern Kanton begangenen, von Amtes wegen zu verfolgenden Verbrechen oder Vergehen erhält, ist verpflichtet, die zuständige Behörde dieses Kantons (Art. 24) zu benachrichtigen.

Art. 12   Rechtsmittelbelehrung

Wenn das kantonale Verfahrensrecht des mit der Sache befassten Kantons ein Rechtsmittel gegen einen Entscheid vorsieht, muss dieser die Rechtsmittelbelehrung, die Rechtsmittelinstanz und die Rechtsmittelfrist angeben.

Art. 13   Rechtsmittel. Sprache

Das Rechtsmittel muss in der Sprache der mit der Sache befassten Behörde oder in derjenigen des Ortes, wo der Entscheid vollstreckt wird, abgefasst werden.

Art. 14   Kosten

Die Verfahrenskosten, insbesondere für Übersetzer, Dolmetscher, Zeugen, Gutachten, wissenschaftliche Arbeiten gehen zulasten des mit der Sache befassten Kantons.

3. Kapitel: Auf Verlangen eines andern Kantons vorgenommene Verfahrenshandlungen

Art. 15 Direkter Geschäftsverkehr

1. Die Behörden der Konkordatskantone verkehren direkt miteinander. Das Ersuchungsschreiben kann in der Sprache der ersuchenden oder der ersuchten Behörde gehalten werden.
2. Falls über die Zuständigkeit einer Behörde Ungewissheit besteht, werden die Gerichtsurkunden und die Rechtshilfegesuche rechtsgültig einer einzigen Behörde zugestellt (Art. 24).
3. Wenn die ersuchte Behörde feststellt, dass die Gerichtsurkunde oder das Rechtshilfegesuch in den Zuständigkeitsbereich einer anderen Behörde fällt, stellt sie dieses von Amtes wegen der zuständigen Behörde zu.

Art. 16 Anwendbares Recht

Die ersuchte Behörde wendet ihr kantonales Recht an.

Art. 17 Rechte der Parteien

1. Die Parteien, ihre Vertreter und die ersuchende Behörde können an den einzelnen Rechtshilfehandlungen teilnehmen, wenn dieses Recht durch den ersuchten Kanton vorgesehen ist oder wenn es die ersuchende Behörde ausdrücklich verlangt.
2. In diesem Fall gibt die ersuchte Behörde der ersuchenden Behörde und den Parteien Zeit und Ort bekannt, wo die Rechtshilfehandlung durchgeführt werden soll.

Art. 18 Rechtsmittelbelehrung

Wenn das anwendbare Recht ein Rechtsmittel gegen einen Entscheid vorsieht, muss dieser die Rechtsmittelbelehrung, die Rechtsmittelinstanz und die Rechtsmittelfrist angeben.

Art. 19 Rechtsmittel. Verfahren und Zuständigkeit

1. Die Rechtsmittelschrift muss in der Sprache der ersuchten oder in derjenigen der ersuchenden Behörde abgefasst werden.
2. Bei der Behörde des ersuchten Kantons können nur die Beschwerdegründe betreffend Gewährung und Ausführung der Rechtshilfe geltend gemacht werden. In allen anderen Fällen, namentlich bei Einwendungen materieller Art, muss das Rechtsmittel bei der zuständigen Behörde des ersuchenden Kantons eingereicht werden; Artikel 18 ist sinngemäss anwendbar.

Art. 20 Vollzug von Haftbefehlen

Zuführungsbegehren und Haftbefehle werden nach den Vorschriften des Artikels 353 StGB vollstreckt.

Art. 21 Vernehmung von verhafteten Personen

Die gestützt auf einen Vorführbefehl oder Haftbefehl in einem andern Konkordatskanton festgenommene Person muss innerhalb von 24 Stunden einvernommen werden. Die Behörde muss die betreffende Person summarisch über die Gründe ihrer Verhaftung und die ihr vorgeworfenen strafbaren Handlungen informieren.

Art. 22 Zustellung durch die Polizei

Gerichtsurkunden, die nicht durch die Post zugestellt werden können, werden direkt durch die Polizei des Kantons, wo die Zustellung erfolgen soll, zugestellt.

Art. 23 Kosten

¹ Die Rechtshilfe ist unentgeltlich. Die Kosten namentlich für Übersetzungen, Dolmetscher, Vorladungen, Expertisen, wissenschaftliche Arbeiten und Gefangenentransporte gehen jedoch zulasten des mit der Sache befassten Kantons.

² Die interkantonalen Vereinbarungen bleiben vorbehalten.

4. Kapitel: Schlussbestimmungen

Art. 24 Zuständige Behörde

Jeder Konkordatskanton bezeichnet eine einzige Behörde, die von einem anderen Kanton angeordnete oder verlangte Verfahrenshandlungen bewilligt und ausführt und die Mitteilungen erhalten soll (Art. 3, 6, 11 und 15).

Art. 25 Beitritt und Rücktritt

1. Jeder Kanton kann dem Konkordat beitreten. Die Beitrittserklärung sowie das im Anhang zum Konkordat erwähnte Verzeichnis ist dem Eidgenössischen Justiz- und Polizeidepartement zuhanden des Bundesrates einzureichen.

2. Wenn ein Kanton vom Konkordat zurücktreten will, so hat er dies dem Eidgenössischen Justiz- und Polizeidepartement zuhanden des Bundesrates mitzuteilen. Der Rücktritt wird mit dem Ablauf des der Erklärung folgenden Kalenderjahres rechtswirksam.

4. Kapitel: Schlussbestimmungen

Art. 26 Inkrafttreten

Das Konkordat tritt sobald ihm mindestens zwei Kantone beigetreten sind, mit seiner Veröffentlichung in der Amtlichen Sammlung des Bundesrechts in Kraft, für die später beitretenden Kantone mit der Veröffentlichung ihres Beitrittes in der Amtlichen Sammlung.

Das gleiche gilt für die Erklärung betreffend die Ausdehnung des Anwendungsbereichs des Konkordates und die Mitteilung des Verzeichnisses der kantonalen Behörden sowie die Nachträge und Änderungen, die darin vorgenommen werden.

Auszug aus dem Bundesgesetz über das Bundesgericht (Bundesgerichtsgesetz, BGG)
vom 17. Juni 2005
SR 312.51

3. Kapitel: Das Bundesgericht als ordentliche Beschwerdeinstanz

2. Abschnitt: Beschwerde in Strafsachen

Art. 78 Grundsatz

¹ Das Bundesgericht beurteilt Beschwerden gegen Entscheide in Strafsachen.
² Der Beschwerde in Strafsachen unterliegen auch Entscheide über:
a. Zivilansprüche, wenn diese zusammen mit der Strafsache zu behandeln sind;
b. den Vollzug von Strafen und Massnahmen.

Art. 79 Ausnahme

Die Beschwerde ist unzulässig gegen Entscheide der Beschwerdekammer des Bundesstrafgerichts, soweit es sich nicht um Entscheide über Zwangsmassnahmen handelt.

Art. 80 Vorinstanzen

¹ Die Beschwerde ist zulässig gegen Entscheide letzter kantonaler Instanzen und des Bundesstrafgerichts.
² Die Kantone setzen als letzte kantonale Instanzen obere Gerichte ein. Diese entscheiden als Rechtsmittelinstanzen.

Art. 81 Beschwerderecht

¹ Zur Beschwerde in Strafsachen ist berechtigt, wer:
a. vor der Vorinstanz am Verfahren teilgenommen hat oder keine Möglichkeit zur Teilnahme erhalten hat; und
b. ein rechtlich geschütztes Interesse an der Aufhebung oder Änderung des angefochtenen Entscheids hat, insbesondere:
  1. die beschuldigte Person,
  2. ihr gesetzlicher Vertreter oder ihre gesetzliche Vertreterin,
  3. die Staatsanwaltschaft,

3. Kapitel: Das Bundesgericht als ordentliche Beschwerdeinstanz   **Art. 82**

4. die Privatstrafklägerschaft, wenn sie nach dem kantonalen Recht die Anklage ohne Beteiligung der Staatsanwaltschaft vertreten hat,
5. das Opfer, wenn der angefochtene Entscheid sich auf die Beurteilung seiner Zivilansprüche auswirken kann,
6. die Person, die den Strafantrag stellt, soweit es um das Strafantragsrecht als solches geht.

² Die Bundesanwaltschaft ist auch zur Beschwerde berechtigt, wenn das Bundesrecht vorsieht, dass ihr der Entscheid mitzuteilen ist oder wenn die Strafsache den kantonalen Behörden zur Beurteilung überwiesen worden ist.

³ Gegen Entscheide nach Artikel 78 Absatz 2 Buchstabe b steht das Beschwerderecht auch der Bundeskanzlei, den Departementen des Bundes oder, soweit das Bundesrecht es vorsieht, den ihnen unterstellten Dienststellen zu, wenn der angefochtene Entscheid die Bundesgesetzgebung in ihrem Aufgabenbereich verletzen kann.

3. Abschnitt: Beschwerde in öffentlich-rechtlichen Angelegenheiten

Art. 82   Grundsatz

Das Bundesgericht beurteilt Beschwerden:
a. gegen Entscheide in Angelegenheiten des öffentlichen Rechts;
b. gegen kantonale Erlasse;
c. betreffend die politische Stimmberechtigung der Bürger und Bürgerinnen sowie betreffend Volkswahlen und -abstimmungen.

Art. 83   Ausnahmen

Die Beschwerde ist unzulässig gegen:
a. Entscheide auf dem Gebiet der inneren oder äusseren Sicherheit des Landes, der Neutralität, des diplomatischen Schutzes und der übrigen auswärtigen Angelegenheiten, soweit das Völkerrecht nicht einen Anspruch auf gerichtliche Beurteilung einräumt;
b. Entscheide über die ordentliche Einbürgerung;
c. Entscheide auf dem Gebiet des Ausländerrechts betreffend:
   1. die Einreise,
   2. Bewilligungen, auf die weder das Bundesrecht noch das Völkerrecht einen Anspruch einräumt,
   3. die vorläufige Aufnahme,
   4. die Ausweisung gestützt auf Artikel 121 Absatz 2 der Bundesverfassung und die Wegweisung,

5. Ausnahmen von den Höchstzahlen;
d. Entscheide auf dem Gebiet des Asyls, die:
   1. vom Bundesverwaltungsgericht getroffen worden sind,
   2. von einer kantonalen Vorinstanz getroffen worden sind und eine Bewilligung betreffen, auf die weder das Bundesrecht noch das Völkerrecht einen Anspruch einräumt;
e. Entscheide über die Verweigerung der Ermächtigung zur Strafverfolgung von Behördenmitgliedern oder von Bundespersonal;
f. Entscheide auf dem Gebiet der öffentlichen Beschaffungen:
   1. wenn der geschätzte Wert des zu vergebenden Auftrags den massgebenden Schwellenwert des Bundesgesetzes vom 16. Dezember 1994 über das öffentliche Beschaffungswesen oder des Abkommens vom 21. Juni 1999 zwischen der Schweizerischen Eidgenossenschaft und der Europäischen Gemeinschaft über bestimmte Aspekte des öffentlichen Beschaffungswesens nicht erreicht,
   2. wenn sich keine Rechtsfrage von grundsätzlicher Bedeutung stellt;
g. Entscheide auf dem Gebiet der öffentlich-rechtlichen Arbeitsverhältnisse, wenn sie eine nicht vermögensrechtliche Angelegenheit, nicht aber die Gleichstellung der Geschlechter betreffen;
h. Entscheide auf dem Gebiet der internationalen Amtshilfe;
i. Entscheide auf dem Gebiet des Militär-, Zivil- und Zivilschutzdienstes;
j. Entscheide auf dem Gebiet der wirtschaftlichen Landesversorgung, die bei zunehmender Bedrohung oder schweren Mangellagen getroffen worden sind;
k. Entscheide betreffend Subventionen, auf die kein Anspruch besteht;
l. Entscheide über die Zollveranlagung, wenn diese auf Grund der Tarifierung oder des Gewichts der Ware erfolgt;
m. Entscheide über die Stundung oder den Erlass von Abgaben;
n. Entscheide auf dem Gebiet der Kernenergie betreffend:
   1. das Erfordernis einer Freigabe oder der Änderung einer Bewilligung oder Verfügung,
   2. die Genehmigung eines Plans für Rückstellungen für die vor Ausserbetriebnahme einer Kernanlage anfallenden Entsorgungskosten,
   3. Freigaben;
o. Entscheide über die Typengenehmigung von Fahrzeugen auf dem Gebiet des Strassenverkehrs;
p. Entscheide des Bundesverwaltungsgerichts auf dem Gebiet des Fernmeldeverkehrs;
q. Entscheide auf dem Gebiet der Transplantationsmedizin betreffend:
   1. die Aufnahme in die Warteliste,
   2. die Zuteilung von Organen;

3. Kapitel: Das Bundesgericht als ordentliche Beschwerdeinstanz **Art. 84**

r. Entscheide auf dem Gebiet der Krankenversicherung, die das Bundesverwaltungsgericht gestützt auf Artikel 34 des Verwaltungsgerichtsgesetzes vom 17. Juni 2005 getroffen hat;
s. Entscheide auf dem Gebiet der Landwirtschaft betreffend:
   1. die Milchkontingentierung,
   2. die Abgrenzung der Zonen im Rahmen des Produktionskatasters;
t. Entscheide über das Ergebnis von Prüfungen und anderen Fähigkeitsbewertungen, namentlich auf den Gebieten der Schule, der Weiterbildung und der Berufsausübung.

Art. 84 Internationale Rechtshilfe in Strafsachen

¹ Gegen einen Entscheid auf dem Gebiet der internationalen Rechtshilfe in Strafsachen ist die Beschwerde nur zulässig, wenn er eine Auslieferung, eine Beschlagnahme, eine Herausgabe von Gegenständen oder Vermögenswerten oder eine Übermittlung von Informationen aus dem Geheimbereich betrifft und es sich um einen besonders bedeutenden Fall handelt.

² Ein besonders bedeutender Fall liegt insbesondere vor, wenn Gründe für die Annahme bestehen, dass elementare Verfahrensgrundsätze verletzt worden sind oder das Verfahren im Ausland schwere Mängel aufweist.

Art. 85 Streitwertgrenzen

¹ In vermögensrechtlichen Angelegenheiten ist die Beschwerde unzulässig:
a. auf dem Gebiet der Staatshaftung, wenn der Streitwert weniger als 30 000 Franken beträgt;
b. auf dem Gebiet der öffentlich-rechtlichen Arbeitsverhältnisse, wenn der Streitwert weniger als 15 000 Franken beträgt.

² Erreicht der Streitwert den massgebenden Betrag nach Absatz 1 nicht, so ist die Beschwerde dennoch zulässig, wenn sich eine Rechtsfrage von grundsätzlicher Bedeutung stellt.

Art. 86 Vorinstanzen im Allgemeinen

¹ Die Beschwerde ist zulässig gegen Entscheide:
a. des Bundesverwaltungsgerichts;
b. des Bundesstrafgerichts;
c. der unabhängigen Beschwerdeinstanz für Radio und Fernsehen;
d. letzter kantonaler Instanzen, sofern nicht die Beschwerde an das Bundesverwaltungsgericht zulässig ist.

² Die Kantone setzen als unmittelbare Vorinstanzen des Bundesgerichts obere Gerichte ein, soweit nicht nach einem anderen Bundesgesetz Entscheide anderer richterlicher Behörden der Beschwerde an das Bundesgericht unterliegen.

³ Für Entscheide mit vorwiegend politischem Charakter können die Kantone anstelle eines Gerichts eine andere Behörde als unmittelbare Vorinstanz des Bundesgerichts einsetzen.

Art. 87 Vorinstanzen bei Beschwerden gegen Erlasse

¹ Gegen kantonale Erlasse ist unmittelbar die Beschwerde zulässig, sofern kein kantonales Rechtsmittel ergriffen werden kann.

² Soweit das kantonale Recht ein Rechtsmittel gegen Erlasse vorsieht, findet Artikel 86 Anwendung.

Art. 88 Vorinstanzen in Stimmrechtssachen

¹ Beschwerden betreffend die politische Stimmberechtigung der Bürger und Bürgerinnen sowie betreffend Volkswahlen und -abstimmungen sind zulässig:
a. in kantonalen Angelegenheiten gegen Akte letzter kantonaler Instanzen;
b. in eidgenössischen Angelegenheiten gegen Verfügungen der Bundeskanzlei und Entscheide der Kantonsregierungen.

² Die Kantone sehen gegen behördliche Akte, welche die politischen Rechte der Stimmberechtigten in kantonalen Angelegenheiten verletzen können, ein Rechtsmittel vor. Diese Pflicht erstreckt sich nicht auf Akte des Parlaments und der Regierung.

Art. 89 Beschwerderecht

¹ Zur Beschwerde in öffentlich-rechtlichen Angelegenheiten ist berechtigt, wer:
a. vor der Vorinstanz am Verfahren teilgenommen hat oder keine Möglichkeit zur Teilnahme erhalten hat;
b. durch den angefochtenen Entscheid oder Erlass besonders berührt ist; und
c. ein schutzwürdiges Interesse an dessen Aufhebung oder Änderung hat.

² Zur Beschwerde sind ferner berechtigt:
a. die Bundeskanzlei, die Departemente des Bundes oder, soweit das Bundesrecht es vorsieht, die ihnen unterstellten Dienststellen, wenn der angefochtene Akt die Bundesgesetzgebung in ihrem Aufgabenbereich verletzen kann;
b. das zuständige Organ der Bundesversammlung auf dem Gebiet des Arbeitsverhältnisses des Bundespersonals;
c. Gemeinden und andere öffentlich-rechtliche Körperschaften, wenn sie die Verletzung von Garantien rügen, die ihnen die Kantons- oder Bundesverfassung gewährt;

d. Personen, Organisationen und Behörden, denen ein anderes Bundesgesetz dieses Recht einräumt.

³ In Stimmrechtssachen (Art. 82 Bst. c) steht das Beschwerderecht ausserdem jeder Person zu, die in der betreffenden Angelegenheit stimmberechtigt ist.

4. Kapitel: Beschwerdeverfahren
1. Abschnitt: Anfechtbare Entscheide

Art. 90 Endentscheide

Die Beschwerde ist zulässig gegen Entscheide, die das Verfahren abschliessen.

Art. 91 Teilentscheide

Die Beschwerde ist zulässig gegen einen Entscheid, der:
a. nur einen Teil der gestellten Begehren behandelt, wenn diese Begehren unabhängig von den anderen beurteilt werden können;
b. das Verfahren nur für einen Teil der Streitgenossen und Streitgenossinnen abschliesst.

Art. 92 Vor- und Zwischenentscheide über die Zuständigkeit und den Ausstand

¹ Gegen selbständig eröffnete Vor- und Zwischenentscheide über die Zuständigkeit und über Ausstandsbegehren ist die Beschwerde zulässig.

² Diese Entscheide können später nicht mehr angefochten werden.

Art. 93 Andere Vor- und Zwischenentscheide

¹ Gegen andere selbständig eröffnete Vor- und Zwischenentscheide ist die Beschwerde zulässig:
a. wenn sie einen nicht wieder gutzumachenden Nachteil bewirken können; oder
b. wenn die Gutheissung der Beschwerde sofort einen Endentscheid herbeiführen und damit einen bedeutenden Aufwand an Zeit oder Kosten für ein weitläufiges Beweisverfahren ersparen würde.

² Auf dem Gebiet der internationalen Rechtshilfe in Strafsachen sind Vor- und Zwischenentscheide nicht anfechtbar. Vorbehalten bleiben Beschwerden gegen Entscheide über die Auslieferungshaft sowie über die Beschlagnahme von Vermögenswerten und Wertgegenständen, sofern die Voraussetzungen von Absatz 1 erfüllt sind.

³ Ist die Beschwerde nach den Absätzen 1 und 2 nicht zulässig oder wurde von ihr kein Gebrauch gemacht, so sind die betreffenden Vor- und Zwischenentscheide durch Be-

schwerde gegen den Endentscheid anfechtbar, soweit sie sich auf dessen Inhalt auswirken.

Art. 94 Rechtsverweigerung und Rechtsverzögerung

Gegen das unrechtmässige Verweigern oder Verzögern eines anfechtbaren Entscheids kann Beschwerde geführt werden.

2. Abschnitt: Beschwerdegründe

Art. 95 Schweizerisches Recht

Mit der Beschwerde kann die Verletzung gerügt werden von:
a. Bundesrecht;
b. Völkerrecht;
c. kantonalen verfassungsmässigen Rechten;
d. kantonalen Bestimmungen über die politische Stimmberechtigung der Bürger und Bürgerinnen und über Volkswahlen und -abstimmungen;
e. interkantonalem Recht.

Art. 96 Ausländisches Recht

Mit der Beschwerde kann gerügt werden:
a. ausländisches Recht sei nicht angewendet worden, wie es das schweizerische internationale Privatrecht vorschreibt;
b. das nach dem schweizerischen internationalen Privatrecht massgebende ausländische Recht sei nicht richtig angewendet worden, sofern der Entscheid keine vermögensrechtliche Sache betrifft.

Art. 97 Unrichtige Feststellung des Sachverhalts

[1] Die Feststellung des Sachverhalts kann nur gerügt werden, wenn sie offensichtlich unrichtig ist oder auf einer Rechtsverletzung im Sinne von Artikel 95 beruht und wenn die Behebung des Mangels für den Ausgang des Verfahrens entscheidend sein kann.

[2] Richtet sich die Beschwerde gegen einen Entscheid über die Zusprechung oder Verweigerung von Geldleistungen der Militär- oder Unfallversicherung, so kann jede unrichtige oder unvollständige Feststellung des rechtserheblichen Sachverhalts gerügt werden.

Art. 98 Beschränkte Beschwerdegründe

Mit der Beschwerde gegen Entscheide über vorsorgliche Massnahmen kann nur die Verletzung verfassungsmässiger Rechte gerügt werden.

3. Abschnitt: Neue Vorbringen

Art. 99

¹ Neue Tatsachen und Beweismittel dürfen nur so weit vorgebracht werden, als erst der Entscheid der Vorinstanz dazu Anlass gibt.
² Neue Begehren sind unzulässig.

4. Abschnitt: Beschwerdefrist

Art. 100 Beschwerde gegen Entscheide

¹ Die Beschwerde gegen einen Entscheid ist innert 30 Tagen nach der Eröffnung der vollständigen Ausfertigung beim Bundesgericht einzureichen.
² Die Beschwerdefrist beträgt zehn Tage:
a. bei Entscheiden der kantonalen Aufsichtsbehörden in Schuldbetreibungs und Konkurssachen;
b. bei Entscheiden auf dem Gebiet der internationalen Rechtshilfe in Strafsachen;
c. bei Entscheiden über die Rückgabe eines Kindes nach dem Übereinkommen vom 25. Oktober 1980 über die zivilrechtlichen Aspekte internationaler Kindesentführung.
³ Die Beschwerdefrist beträgt fünf Tage:
a. bei Entscheiden der kantonalen Aufsichtsbehörden in Schuldbetreibungs und Konkurssachen im Rahmen der Wechselbetreibung;
b. bei Entscheiden der Kantonsregierungen über Beschwerden gegen eidgenössische Abstimmungen.
⁴ Bei Entscheiden der Kantonsregierungen über Beschwerden gegen die Nationalratswahlen beträgt die Beschwerdefrist drei Tage.
⁵ Bei Beschwerden wegen interkantonaler Kompetenzkonflikte beginnt die Beschwerdefrist spätestens dann zu laufen, wenn in beiden Kantonen Entscheide getroffen worden sind, gegen welche beim Bundesgericht Beschwerde geführt werden kann.
⁶ Wenn der Entscheid eines oberen kantonalen Gerichts mit einem Rechtsmittel, das nicht alle Rügen nach den Artikeln 95–98 zulässt, bei einer zusätzlichen kantonalen

Gerichtsinstanz angefochten worden ist, so beginnt die Beschwerdefrist erst mit der Eröffnung des Entscheids dieser Instanz.

⁷ Gegen das unrechtmässige Verweigern oder Verzögern eines Entscheids kann jederzeit Beschwerde geführt werden.

Art. 101 Beschwerde gegen Erlasse

Die Beschwerde gegen einen Erlass ist innert 30 Tagen nach der nach dem kantonalen Recht massgebenden Veröffentlichung des Erlasses beim Bundesgericht einzureichen.

5. Abschnitt: Weitere Verfahrensbestimmungen

Art. 102 Schriftenwechsel

¹ Soweit erforderlich stellt das Bundesgericht die Beschwerde der Vorinstanz sowie den allfälligen anderen Parteien, Beteiligten oder zur Beschwerde berechtigten Behörden zu und setzt ihnen Frist zur Einreichung einer Vernehmlassung an.

² Die Vorinstanz hat innert dieser Frist die Vorakten einzusenden.

³ Ein weiterer Schriftenwechsel findet in der Regel nicht statt.

Art. 103 Aufschiebende Wirkung

¹ Die Beschwerde hat in der Regel keine aufschiebende Wirkung.

² Die Beschwerde hat im Umfang der Begehren aufschiebende Wirkung:

a. in Zivilsachen, wenn sie sich gegen ein Gestaltungsurteil richtet;
b. in Strafsachen, wenn sie sich gegen einen Entscheid richtet, der eine unbedingte Freiheitsstrafe oder eine freiheitsentziehende Massnahme ausspricht; die aufschiebende Wirkung erstreckt sich nicht auf den Entscheid über Zivilansprüche;
c. in Verfahren auf dem Gebiet der internationalen Rechtshilfe in Strafsachen, wenn sie sich gegen eine Schlussverfügung oder gegen jede andere Verfügung richtet, welche die Übermittlung von Auskünften aus dem Geheimbereich oder die Herausgabe von Gegenständen oder Vermögenswerten bewilligt.

³ Der Instruktionsrichter oder die Instruktionsrichterin kann über die aufschiebende Wirkung von Amtes wegen oder auf Antrag einer Partei eine andere Anordnung treffen.

Art. 104 Andere vorsorgliche Massnahmen

Der Instruktionsrichter oder die Instruktionsrichterin kann von Amtes wegen oder auf Antrag einer Partei vorsorgliche Massnahmen treffen, um den bestehenden Zustand zu erhalten oder bedrohte Interessen einstweilen sicherzustellen.

4. Kapitel: Beschwerdeverfahren

Art. 105 Massgebender Sachverhalt

¹ Das Bundesgericht legt seinem Urteil den Sachverhalt zugrunde, den die Vorinstanz festgestellt hat.

² Es kann die Sachverhaltsfeststellung der Vorinstanz von Amtes wegen berichtigen oder ergänzen, wenn sie offensichtlich unrichtig ist oder auf einer Rechtsverletzung im Sinne von Artikel 95 beruht.

³ Richtet sich die Beschwerde gegen einen Entscheid über die Zusprechung oder Verweigerung von Geldleistungen der Militär- oder Unfallversicherung, so ist das Bundesgericht nicht an die Sachverhaltsfeststellung der Vorinstanz gebunden.

Art. 106 Rechtsanwendung

¹ Das Bundesgericht wendet das Recht von Amtes wegen an.

² Es prüft die Verletzung von Grundrechten und von kantonalem und interkantonalem Recht nur insofern, als eine solche Rüge in der Beschwerde vorgebracht und begründet worden ist.

Art. 107 Entscheid

¹ Das Bundesgericht darf nicht über die Begehren der Parteien hinausgehen.

² Heisst das Bundesgericht die Beschwerde gut, so entscheidet es in der Sache selbst oder weist diese zu neuer Beurteilung an die Vorinstanz zurück. Es kann die Sache auch an die Behörde zurückweisen, die als erste Instanz entschieden hat.

³ Erachtet das Bundesgericht eine Beschwerde auf dem Gebiet der internationalen Rechtshilfe in Strafsachen als unzulässig, so fällt es den Nichteintretensentscheid innert 15 Tagen seit Abschluss eines allfälligen Schriftenwechsels.

6. Abschnitt: Vereinfachtes Verfahren

Art. 108 Einzelrichter oder Einzelrichterin

¹ Der Präsident oder die Präsidentin der Abteilung entscheidet im vereinfachten Verfahren über:

a. Nichteintreten auf offensichtlich unzulässige Beschwerden;
b. Nichteintreten auf Beschwerden, die offensichtlich keine hinreichende Begründung (Art. 42 Abs. 2) enthalten;
c. Nichteintreten auf querulatorische oder rechtsmissbräuchliche Beschwerden.

² Er oder sie kann einen anderen Richter oder eine andere Richterin damit betrauen.

³ Die Begründung des Entscheids beschränkt sich auf eine kurze Angabe des Unzulässigkeitsgrundes.

Art. 109 Dreierbesetzung

¹ Die Abteilungen entscheiden in Dreierbesetzung über Nichteintreten auf Beschwerden, bei denen sich keine Rechtsfrage von grundsätzlicher Bedeutung stellt oder kein besonders bedeutender Fall vorliegt, wenn die Beschwerde nur unter einer dieser Bedingungen zulässig ist (Art. 74 und 83–85). Artikel 58 Absatz 1 Buchstabe b findet keine Anwendung.

² Sie entscheiden ebenfalls in Dreierbesetzung bei Einstimmigkeit über:
a. Abweisung offensichtlich unbegründeter Beschwerden;
b. Gutheissung offensichtlich begründeter Beschwerden, insbesondere wenn der angefochtene Akt von der Rechtsprechung des Bundesgerichts abweicht und kein Anlass besteht, diese zu überprüfen.

³ Der Entscheid wird summarisch begründet. Es kann ganz oder teilweise auf den angefochtenen Entscheid verwiesen werden.

7. Abschnitt: Kantonales Verfahren

Art. 110 Beurteilung durch richterliche Behörde

Soweit die Kantone nach diesem Gesetz als letzte kantonale Instanz ein Gericht einzusetzen haben, gewährleisten sie, dass dieses selbst oder eine vorgängig zuständige andere richterliche Behörde den Sachverhalt frei prüft und das massgebende Recht von Amtes wegen anwendet.

Art. 111 Einheit des Verfahrens

¹ Wer zur Beschwerde an das Bundesgericht berechtigt ist, muss sich am Verfahren vor allen kantonalen Vorinstanzen als Partei beteiligen können.

² Bundesbehörden, die zur Beschwerde an das Bundesgericht berechtigt sind, können die Rechtsmittel des kantonalen Rechts ergreifen und sich vor jeder kantonalen Instanz am Verfahren beteiligen, wenn sie dies beantragen.

³ Die unmittelbare Vorinstanz des Bundesgerichts muss mindestens die Rügen nach den Artikeln 95–98 prüfen können. Vorbehalten bleiben kantonale Rechtsmittel im Sinne von Artikel 100 Absatz 6.

Art. 112 Eröffnung der Entscheide

¹ Entscheide, die der Beschwerde an das Bundesgericht unterliegen, sind den Parteien schriftlich zu eröffnen. Sie müssen enthalten:
a. die Begehren, die Begründung, die Beweisvorbringen und Prozesserklärungen der Parteien, soweit sie nicht aus den Akten hervorgehen;

b. die massgebenden Gründe tatsächlicher und rechtlicher Art, insbesondere die Angabe der angewendeten Gesetzesbestimmungen;
c. das Dispositiv;
d. eine Rechtsmittelbelehrung einschliesslich Angabe des Streitwerts, soweit dieses Gesetz eine Streitwertgrenze vorsieht.

² Wenn es das kantonale Recht vorsieht, kann die Behörde ihren Entscheid ohne Begründung eröffnen. Die Parteien können in diesem Fall innert 30 Tagen eine vollständige Ausfertigung verlangen. Der Entscheid ist nicht vollstreckbar, solange nicht entweder diese Frist unbenützt abgelaufen oder die vollständige Ausfertigung eröffnet worden ist.

³ Das Bundesgericht kann einen Entscheid, der den Anforderungen von Absatz 1 nicht genügt, an die kantonale Behörde zur Verbesserung zurückweisen oder aufheben.

⁴ Für die Gebiete, in denen Bundesbehörden zur Beschwerde berechtigt sind, bestimmt der Bundesrat, welche Entscheide ihnen die kantonalen Behörden zu eröffnen haben.

5. Kapitel: Subsidiäre Verfassungsbeschwerde

Art. 113 Grundsatz

Das Bundesgericht beurteilt Verfassungsbeschwerden gegen Entscheide letzter kantonaler Instanzen, soweit keine Beschwerde nach den Artikeln 72–89 zulässig ist.

Art. 114 Vorinstanzen

Die Vorschriften des dritten Kapitels über die kantonalen Vorinstanzen (Art. 75 bzw. 86) gelten sinngemäss.

Art. 115 Beschwerderecht

Zur Verfassungsbeschwerde ist berechtigt, wer:
a. vor der Vorinstanz am Verfahren teilgenommen hat oder keine Möglichkeit zur Teilnahme erhalten hat; und
b. ein rechtlich geschütztes Interesse an der Aufhebung oder Änderung des angefochtenen Entscheids hat.

Art. 116 Beschwerdegründe

Mit der Verfassungsbeschwerde kann die Verletzung von verfassungsmässigen Rechten gerügt werden.

Art. 117 Beschwerdeverfahren

Für das Verfahren der Verfassungsbeschwerde gelten die Artikel 90–94, 99, 100, 102, 103 Absätze 1 und 3, 104, 106 Absatz 2 sowie 107–112 sinngemäss.

Art. 118 Massgebender Sachverhalt

¹ Das Bundesgericht legt seinem Urteil den Sachverhalt zugrunde, den die Vorinstanz festgestellt hat.

² Es kann die Sachverhaltsfeststellung der Vorinstanz von Amtes wegen berichtigen oder ergänzen, wenn sie auf einer Rechtsverletzung im Sinne von Artikel 116 beruht.

Art. 119 Gleichzeitige ordentliche Beschwerde

¹ Führt eine Partei gegen einen Entscheid sowohl ordentliche Beschwerde als auch Verfassungsbeschwerde, so hat sie beide Rechtsmittel in der gleichen Rechtsschrift einzureichen.

² Das Bundesgericht behandelt beide Beschwerden im gleichen Verfahren.

³ Es prüft die vorgebrachten Rügen nach den Vorschriften über die entsprechende Beschwerdeart.

6. Kapitel: Klage

Art. 120

¹ Das Bundesgericht beurteilt auf Klage als einzige Instanz:

a. Kompetenzkonflikte zwischen Bundesbehörden und kantonalen Behörden;
b. zivilrechtliche und öffentlich-rechtliche Streitigkeiten zwischen Bund und Kantonen oder zwischen Kantonen;
c. Ansprüche auf Schadenersatz und Genugtuung aus der Amtstätigkeit von Personen im Sinne von Artikel 1 Absatz 1 Buchstaben a–c des Verantwortlichkeitsgesetzes vom 14. März 1958.

² Die Klage ist unzulässig, wenn ein anderes Bundesgesetz eine Behörde zum Erlass einer Verfügung über solche Streitigkeiten ermächtigt. Gegen die Verfügung ist letztinstanzlich die Beschwerde an das Bundesgericht zulässig.

³ Das Klageverfahren richtet sich nach dem BZP.

7. Kapitel: Revision, Erläuterung und Berichtigung

1. Abschnitt: Revision

Art. 121 Verletzung von Verfahrensvorschriften

Die Revision eines Entscheids des Bundesgerichts kann verlangt werden, wenn:
a. die Vorschriften über die Besetzung des Gerichts oder über den Ausstand verletzt worden sind;
b. das Gericht einer Partei mehr oder, ohne dass das Gesetz es erlaubt, anderes zugesprochen hat, als sie selbst verlangt hat, oder weniger als die Gegenpartei anerkannt hat;
c. einzelne Anträge unbeurteilt geblieben sind;
d. das Gericht in den Akten liegende erhebliche Tatsachen aus Versehen nicht berücksichtigt hat.

Art. 122 Verletzung der Europäischen Menschenrechtskonvention

Die Revision wegen Verletzung der Europäischen Menschenrechtskonvention vom 4. November 1950 (EMRK) kann verlangt werden, wenn:
a. der Europäische Gerichtshof für Menschenrechte in einem endgültigen Urteil festgestellt hat, dass die EMRK oder die Protokolle dazu verletzt worden sind;
b. eine Entschädigung nicht geeignet ist, die Folgen der Verletzung auszugleichen; und
c. die Revision notwendig ist, um die Verletzung zu beseitigen.

Art. 123 Andere Gründe

¹ Die Revision kann verlangt werden, wenn ein Strafverfahren ergeben hat, dass durch ein Verbrechen oder Vergehen zum Nachteil der Partei auf den Entscheid eingewirkt wurde; die Verurteilung durch das Strafgericht ist nicht erforderlich. Ist das Strafverfahren nicht durchführbar, so kann der Beweis auf andere Weise erbracht werden.

² Die Revision kann zudem verlangt werden:
a. in Zivilsachen und öffentlich-rechtlichen Angelegenheiten, wenn die ersuchende Partei nachträglich erhebliche Tatsachen erfährt oder entscheidende Beweismittel auffindet, die sie im früheren Verfahren nicht beibringen konnte, unter Ausschluss der Tatsachen und Beweismittel, die erst nach dem Entscheid entstanden sind;
b. in Strafsachen, wenn die Voraussetzungen von Artikel 229 Ziffer 1 oder 2 des Bundesgesetzes vom 15. Juni 1934 über die Bundesstrafrechtspflege erfüllt sind.

Art. 124 Frist

¹ Das Revisionsgesuch ist beim Bundesgericht einzureichen:
a. wegen Verletzung der Ausstandsvorschriften: innert 30 Tagen nach der Entdeckung des Ausstandsgrundes;
b. wegen Verletzung anderer Verfahrensvorschriften: innert 30 Tagen nach der Eröffnung der vollständigen Ausfertigung des Entscheids;
c. wegen Verletzung der EMRK: innert 90 Tagen, nachdem das Urteil des Europäischen Gerichtshofs für Menschenrechte nach Artikel 44 EMRK endgültig geworden ist;
d. aus anderen Gründen: innert 90 Tagen nach deren Entdeckung, frühestens jedoch nach der Eröffnung der vollständigen Ausfertigung des Entscheids oder nach dem Abschluss des Strafverfahrens.

² Nach Ablauf von zehn Jahren nach der Ausfällung des Entscheids kann die Revision nicht mehr verlangt werden, ausser:
a. in Strafsachen aus den Gründen nach Artikel 123 Absatz 1 und 2 Buchstabe b;
b. in den übrigen Fällen aus dem Grund nach Artikel 123 Absatz 1.

Art. 125 Verwirkung

Die Revision eines Entscheids, der den Entscheid der Vorinstanz bestätigt, kann nicht aus einem Grund verlangt werden, der schon vor der Ausfällung des bundesgerichtlichen Entscheids entdeckt worden ist und mit einem Revisionsgesuch bei der Vorinstanz hätte geltend gemacht werden können.

Art. 126 Vorsorgliche Massnahmen

Nach Eingang des Revisionsgesuchs kann der Instruktionsrichter oder die Instruktionsrichterin von Amtes wegen oder auf Antrag einer Partei den Vollzug des angefochtenen Entscheids aufschieben oder andere vorsorgliche Massnahmen treffen.

Art. 127 Schriftenwechsel

Soweit das Bundesgericht das Revisionsgesuch nicht als unzulässig oder unbegründet befindet, stellt es dieses der Vorinstanz sowie den allfälligen anderen Parteien, Beteiligten oder zur Beschwerde berechtigten Behörden zu; gleichzeitig setzt es ihnen eine Frist zur Einreichung einer Vernehmlassung an.

Art. 128 Entscheid

¹ Findet das Bundesgericht, dass der Revisionsgrund zutrifft, so hebt es den früheren Entscheid auf und entscheidet neu.

7. Kapitel: Revision, Erläuterung und Berichtigung

² Wenn das Gericht einen Rückweisungsentscheid aufhebt, bestimmt es gleichzeitig die Wirkung dieser Aufhebung auf einen neuen Entscheid der Vorinstanz, falls in der Zwischenzeit ein solcher ergangen ist.

³ Entscheidet das Bundesgericht in einer Strafsache neu, so ist Artikel 237 des Bundesgesetzes vom 15. Juni 1934 über die Bundesstrafrechtspflege sinngemäss anwendbar.

2. Abschnitt: Erläuterung und Berichtigung

Art. 129

¹ Ist das Dispositiv eines bundesgerichtlichen Entscheids unklar, unvollständig oder zweideutig, stehen seine Bestimmungen untereinander oder mit der Begründung im Widerspruch oder enthält es Redaktions- oder Rechnungsfehler, so nimmt das Bundesgericht auf schriftliches Gesuch einer Partei oder von Amtes wegen die Erläuterung oder Berichtigung vor.

² Die Erläuterung eines Rückweisungsentscheids ist nur zulässig, solange die Vorinstanz nicht den neuen Entscheid getroffen hat.

³ Die Artikel 126 und 127 sind sinngemäss anwendbar.

Nr. 8 Auszug aus dem Bundesgesetz über die Bundesstrafrechtspflege (BStP)

vom 15. Juni 1934

SR 312.0

Dritter Teil: Das Verfahren in Bundesstrafsachen, die von kantonalen Gerichten zu beurteilen sind

I. Allgemeine Bestimmungen

Art. 247

¹ Die kantonalen Behörden verfolgen und beurteilen die Bundesstrafsachen, für die sie nach Bundesgesetz zuständig sind oder die ihnen der Bundesanwalt überweist.

² Sie wenden dabei Bundesstrafrecht an.

³ Das Verfahren und der Strafvollzug richten sich nach kantonalem Recht, soweit Bundesrecht nichts anderes bestimmt. Der Bund hat die Oberaufsicht über den Strafvollzug.

Art. 248

Kann der Geschädigte nach kantonalem Strafprozessrecht einen privatrechtlichen Anspruch im Anschluss an das Strafverfahren geltend machen, so gilt dies auch für Bundesstrafsachen.

Art. 249

Die entscheidende Behörde soll die Beweise frei würdigen; sie ist nicht an gesetzliche Beweisregeln gebunden.

Art. 250

Hat das Gericht beim Zusammentreffen mehrerer strafbarer Handlungen oder mehrerer Strafbestimmungen gleichzeitig Bundesstrafrecht und kantonales Strafrecht anzuwenden, so bemisst es die Strafe nach Artikel 21.

Art. 251

¹ Die Entscheide sind den Parteien mündlich oder schriftlich zu eröffnen. Bei mündlicher Eröffnung ist im Verhandlungsprotokoll zu bemerken, wann sie stattgefunden hat.

² In jedem Falle sollen die Rechtsmittelfristen und die Behörde, an die der Entscheid weitergezogen werden kann, angegeben werden.
³ Auf Verlangen erhalten die Parteien unentgeltlich schriftliche Ausfertigungen.

Art. 252

¹ Die Behörden eines Kantons haben denjenigen der andern Kantone in Bundesstrafsachen im Verfahren und beim Urteilsvollzug Rechtshilfe zu leisten.
² ...
³ Über Anstände wegen Verweigerung der Rechtshilfe oder wegen der Vergütungen entscheidet die Beschwerdekammer des Bundesstrafgerichts.

Art. 253

¹ Der Bund vergütet den Kantonen keine Kosten.
² Die Bussen fallen dem Kanton zu, wenn ein Bundesgesetz nichts anderes bestimmt.

II. Besondere Bestimmungen für Bundesstrafsachen, die der Bundesanwalt den kantonalen Behörden überweist

Art. 254

¹ Überweist der Bundesanwalt eine Bundesstrafsache einem Kanton, so muss das Verfahren durch Urteil oder Einstellungsbeschluss erledigt werden.
² Wurde die strafbare Handlung in mehreren Kantonen oder im Ausland begangen oder wohnen Täter, Mittäter oder Teilnehmer in verschiedenen Kantonen, so ist zur Verfolgung und Beurteilung derjenige Kanton berechtigt und verpflichtet, dem der Bundesanwalt oder die Beschwerdekammer des Bundesstrafgerichts die Strafsache überweist.

Art. 255

Sämtliche Urteile und Einstellungsbeschlüsse sind ohne Verzug dem Bundesanwalt mitzuteilen.

Art. 256

Aufgehoben.

Art. 257

Sind durch das Ermittlungs- oder das Untersuchungsverfahren ausserordentliche Kosten entstanden, so kann sie die Bundeskasse ganz oder teilweise den Kantonen vergüten. Über Anstände entscheidet das Eidgenössische Justiz- und Polizeidepartement.

III. Besondere Bestimmungen für Bundesstrafsachen, die nach Bundesgesetz von kantonalen Behörden zu beurteilen sind

Art. 258

Wenn bei Widerhandlungen gegen Bundesgesetze, die dem Bunde ein besonderes Oberaufsichtsrecht übertragen, die zuständige Bundesbehörde bei kantonalen Behörden eine Untersuchung anbegehrt, so sind diese unbedingt verpflichtet, das Verfahren einzuleiten und durchzuführen.

Art. 259

Bei der Verfolgung von Widerhandlungen gegen Bundesgesetze, die dem Bunde ein besonderes Oberaufsichtsrecht übertragen, kann der Bundesanwalt Ermittlungen anordnen, wenn die strafbaren Handlungen ganz oder teilweise im Ausland oder in mehreren Kantonen begangen wurden.

Art. 260

Die Beschwerdekammer des Bundesstrafgerichts entscheidet Anstände zwischen dem Bundesanwalt und kantonalen Strafverfolgungsbehörden über die Ermittlungszuständigkeit bei Wirtschaftskriminalität und organisiertem Verbrechen im Sinne von Artikel 340bis des Strafgesetzbuches.

Art. 261

Aufgehoben.

Art. 262

1–2 ...

3 Die Beschwerdekammer des Bundesstrafgerichts kann die Zuständigkeit bei Teilnahme mehrerer an einer strafbaren Handlung anders als in Artikel 349 des Schweizerischen Strafgesetzbuches bestimmen.

Art. 263

1–2 ...

3 Die Beschwerdekammer des Bundesstrafgerichts kann die Zuständigkeit beim Zusammentreffen mehrerer strafbarer Handlungen anders als in Artikel 350 des Schweizerischen Strafgesetzbuches bestimmen.

4 ...

Art. 264

Aufgehoben.

Art. 265

1 Der Bundesrat kann durch Verordnung bestimmen, dass dem Bundesanwalt oder einer anderen Bundesbehörde Urteile, Strafbescheide der Verwaltungsbehörden und Einstellungsbeschlüsse in Bundesstrafsachen ohne Verzug nach ihrem Erlass unentgeltlich mitzuteilen sind.

2 In allen anderen Fällen kann der Bundesanwalt verlangen, dass ihm zur Information das Urteil oder der Einstellungsbeschluss in vollständiger Ausfertigung unentgeltlich zugestellt wird.

III.bis. ...

Art. 265bis–265quinquies

Aufgehoben.

IV. Kantonale Rechtsmittel

Art. 266

Der Bundesanwalt kann in jedem Fall gegen Urteile, Strafbescheide und Einstellungsbeschlüsse kantonaler Behörden die im kantonalen Recht vorgesehenen Rechtsmittel ergreifen, wenn:

a. er den Straffall den kantonalen Behörden zur Untersuchung und Beurteilung überwiesen hat;
b. er vor den kantonalen Gerichten die Anklage geführt hat;
c. die Entscheidung nach Artikel 265 Absatz 1 oder nach einem anderen Bundesgesetz ihm oder einer anderen Bundesbehörde mitzuteilen ist.

Art. 267

¹ Enthält der kantonale Entscheid die vollständigen Entscheidungsgründe, so hat der Bundesanwalt das Rechtsmittel innert 20 Tagen nach Mitteilung bei der zuständigen kantonalen Behörde schriftlich mit Begründung einzureichen.

² Andernfalls kann der Bundesanwalt innert zehn Tagen nach Mitteilung bei der Entscheidbehörde die Ausfertigung des begründeten Entscheides verlangen; dessen Anfechtung richtet sich nach Absatz 1.

³ Erfolgt die schriftliche Begründung nachträglich von Amtes wegen, so gilt die Rechtsmittelfrist von Absatz 1.

Nr. 9 — Bundesgesetz über das Bundesstrafgericht (Strafgerichtsgesetz, SGG)

vom 4. Oktober 2002

SR 173.71

Die Bundesversammlung der Schweizerischen Eidgenossenschaft,
gestützt auf Artikel 191*a* der Bundesverfassung,
nach Einsicht in die Botschaft des Bundesrates vom 28. Februar 2001,
beschliesst:

1. Kapitel: Stellung und Organisation

1. Abschnitt: Stellung

Art. 1 Grundsatz

¹ Das Bundesstrafgericht ist das allgemeine Strafgericht des Bundes.

² Es entscheidet als Vorinstanz des Bundesgerichts, soweit das Gesetz die Beschwerde an das Bundesgericht nicht ausschliesst.

³ Es umfasst 15–35 Richterstellen.

⁴ Die Bundesversammlung bestimmt die Anzahl Richterstellen in einer Verordnung.

⁵ Zur Bewältigung aussergewöhnlicher Geschäftseingänge kann die Bundesversammlung zusätzliche Richterstellen auf jeweils längstens zwei Jahre bewilligen.

Art. 2 Unabhängigkeit

Das Bundesstrafgericht ist in seiner Recht sprechenden Tätigkeit unabhängig und nur dem Recht verpflichtet.

Art. 3 Aufsicht

¹ Das Bundesgericht übt die administrative Aufsicht über die Geschäftsführung des Bundesstrafgerichts aus.

² Die Oberaufsicht wird von der Bundesversammlung ausgeübt.

³ Das Bundesstrafgericht unterbreitet dem Bundesgericht jährlich seinen Entwurf für den Voranschlag sowie seine Rechnung und seinen Geschäftsbericht zuhanden der Bundesversammlung.

Art. 4 Sitz

¹ Sitz des Bundesstrafgerichts ist Bellinzona.
² Wenn die Umstände es rechtfertigen, kann das Bundesstrafgericht seine Verhandlungen an einem anderen Ort durchführen.

2. Abschnitt: Richter und Richterinnen

Art. 5 Wahl

¹ Die Bundesversammlung wählt die Richter und Richterinnen.
² Wählbar ist, wer in eidgenössischen Angelegenheiten stimmberechtigt ist.

Art. 6 Unvereinbarkeit

¹ Die Richter und Richterinnen dürfen weder der Bundesversammlung, dem Bundesrat noch dem Bundesgericht angehören und in keinem anderen Arbeitsverhältnis mit dem Bund stehen.
² Sie dürfen weder eine Tätigkeit ausüben, welche die Erfüllung der Amtspflichten, die Unabhängigkeit oder das Ansehen des Gerichts beeinträchtigt, noch berufsmässig Dritte vor Gericht vertreten.
³ Sie dürfen keine amtliche Funktion für einen ausländischen Staat ausüben und keine Titel und Orden ausländischer Behörden annehmen.
⁴ Richter und Richterinnen mit einem vollen Pensum dürfen kein Amt eines Kantons bekleiden und keine andere Erwerbstätigkeit ausüben. Sie dürfen auch nicht als Mitglied der Geschäftsleitung, der Verwaltung, der Aufsichtsstelle oder der Revisionsstelle eines wirtschaftlichen Unternehmens tätig sein.

Art. 7 Andere Beschäftigungen

Für die Ausübung einer Beschäftigung ausserhalb des Gerichts bedürfen die Richter und Richterinnen einer Ermächtigung des Bundesstrafgerichts.

Art. 8 Unvereinbarkeit in der Person

¹ Dem Bundesstrafgericht dürfen nicht gleichzeitig als Richter oder Richterinnen angehören:
a. Ehegatten, eingetragene Partnerinnen oder Partner und Personen, die in dauernder Lebensgemeinschaft leben;
b. Ehegatten oder eingetragene Partnerinnen oder Partner von Geschwistern und Personen, die mit Geschwistern in dauernder Lebensgemeinschaft leben;

1. Kapitel: Stellung und Organisation **Art. 9**

c. Verwandte in gerader Linie sowie bis und mit dem dritten Grad in der Seitenlinie;
d. Verschwägerte in gerader Linie sowie bis und mit dem dritten Grad in der Seitenlinie.

[2] Die Regelung von Absatz 1 Buchstabe d gilt bei dauernden Lebensgemeinschaften sinngemäss.

Art. 9 Amtsdauer

[1] Die Amtsdauer der Richter und Richterinnen beträgt sechs Jahre.

[2] Richter und Richterinnen scheiden am Ende des Jahres aus ihrem Amt aus, in dem sie das ordentliche Rücktrittsalter nach den Bestimmungen über das Arbeitsverhältnis des Bundespersonals erreichen.

[3] Frei gewordene Stellen werden für den Rest der Amtsdauer wieder besetzt.

Art. 10 Amtsenthebung

Die Bundesversammlung kann einen Richter oder eine Richterin vor Ablauf der Amtsdauer des Amtes entheben, wenn er oder sie:

a. vorsätzlich oder grob fahrlässig Amtspflichten schwer verletzt hat; oder
b. die Fähigkeit, das Amt auszuüben, auf Dauer verloren hat.

Art. 11 Amtseid

[1] Die Richter und Richterinnen werden vor ihrem Amtsantritt auf gewissenhafte Pflichterfüllung vereidigt.

[2] Sie leisten den Eid vor dem Gesamtgericht.

[3] Statt des Eids kann ein Gelübde abgelegt werden.

Art. 11a Immunität

[1] Gegen die Richter und Richterinnen kann während ihrer Amtsdauer wegen Verbrechen und Vergehen, die nicht in Zusammenhang mit ihrer amtlichen Stellung oder Tätigkeit stehen, ein Strafverfahren nur eingeleitet werden mit der schriftlichen Zustimmung der betroffenen Richter oder Richterinnen oder auf Grund eines Beschlusses des Gesamtgerichts.

[2] Vorbehalten bleibt die vorsorgliche Verhaftung wegen Fluchtgefahr oder im Fall des Ergreifens auf frischer Tat bei der Verübung eines Verbrechens. Für eine solche Verhaftung muss von der anordnenden Behörde innert vierundzwanzig Stunden direkt beim Gesamtgericht um Zustimmung nachgesucht werden, sofern die verhaftete Person nicht ihr schriftliches Einverständnis zur Haft gegeben hat.

³ Ist ein Strafverfahren wegen einer in Absatz 1 genannten Straftat bei Antritt des Amtes bereits eingeleitet, so hat die Person das Recht, gegen die Fortsetzung der bereits angeordneten Haft sowie gegen Vorladungen zu Verhandlungen den Entscheid des Gesamtgerichts zu verlangen.

⁴ Gegen eine durch rechtskräftiges Urteil verhängte Freiheitsstrafe, deren Vollzug vor Antritt des Amtes angeordnet wurde, kann die Immunität nicht angerufen werden.

⁵ Wird die Zustimmung zur Strafverfolgung eines Richters oder einer Richterin verweigert, so kann die Strafverfolgungsbehörde innert zehn Tagen bei der Bundesversammlung Beschwerde einlegen.

Art. 12   Beschäftigungsgrad und Rechtsstellung

¹ Die Richter und Richterinnen üben ihr Amt mit Voll- oder Teilpensum aus.

² Das Gericht kann in begründeten Fällen eine Veränderung des Beschäftigungsgrades während der Amtsdauer bewilligen, wenn die Summe der Stellenprozente insgesamt nicht verändert wird.

³ Die Bundesversammlung regelt das Arbeitsverhältnis und die Besoldung der Richter und Richterinnen in einer Verordnung.

3. Abschnitt: Organisation und Verwaltung

Art. 13   Grundsatz

Das Bundesstrafgericht regelt seine Organisation und Verwaltung.

Art. 14   Präsidium

¹ Die Bundesversammlung wählt aus den Richtern und Richterinnen:

a. den Präsidenten oder die Präsidentin des Bundesstrafgerichts;
b. den Vizepräsidenten oder die Vizepräsidentin.

² Die Wahl erfolgt für zwei Jahre; einmalige Wiederwahl ist zulässig.

³ Der Präsident oder die Präsidentin führt den Vorsitz im Gesamtgericht und in der Verwaltungskommission (Art. 16). Er oder sie vertritt das Gericht nach aussen.

⁴ Er oder sie wird durch den Vizepräsidenten oder die Vizepräsidentin oder, falls dieser oder diese verhindert ist, durch den Richter oder die Richterin mit dem höchsten Dienstalter vertreten; bei gleichem Dienstalter ist das höhere Lebensalter massgebend.

Art. 15 Gesamtgericht

¹ Das Gesamtgericht ist zuständig für:

a. den Erlass von Reglementen über die Organisation und Verwaltung des Gerichts, die Geschäftsverteilung, die Information, die Gerichtsgebühren sowie die Entschädigungen an Parteien, amtliche Vertreter und Vertreterinnen, Sachverständige sowie Zeugen und Zeuginnen;
b. den Vorschlag an die Bundesversammlung für die Wahl des Präsidenten oder der Präsidentin und des Vizepräsidenten oder der Vizepräsidentin;
c. Entscheide über Veränderungen des Beschäftigungsgrades der Richter und Richterinnen während der Amtsdauer;
d. die Verabschiedung des Geschäftsberichts.
e. die Wahl der eidgenössischen Untersuchungsrichter und Untersuchungsrichterinnen und ihrer Stellvertretungen unter Berücksichtigung der Amtssprachen für eine Amtsdauer von sechs Jahren; bei Bedarf wählt es ausserordentliche Untersuchungsrichter und Untersuchungsrichterinnen.
f. die Bestellung der Kammern und die Wahl ihrer Präsidenten und Präsidentinnen auf Antrag der Verwaltungskommission;
g. die Anstellung des Generalsekretärs oder der Generalsekretärin und des Stellvertreters oder der Stellvertreterin auf Antrag der Verwaltungskommission;
h. Beschlüsse betreffend den Beitritt zu internationalen Vereinigungen;
i. andere Aufgaben, die ihm durch Gesetz zugewiesen werden.

² Beschlüsse des Gesamtgerichts sind gültig, wenn an der Sitzung oder am Zirkulationsverfahren mindestens zwei Drittel aller Richter und Richterinnen teilnehmen.

³ Die für ein Teilpensum gewählten Richter und Richterinnen haben volles Stimmrecht.

Art. 16 Verwaltungskommission

¹ Die Verwaltungskommission setzt sich zusammen aus:

a. dem Präsidenten oder der Präsidentin des Bundesstrafgerichts;
b. dem Vizepräsidenten oder der Vizepräsidentin;
c. höchstens drei weiteren Richtern und Richterinnen.

² Der Generalsekretär oder die Generalsekretärin nimmt mit beratender Stimme an den Sitzungen der Verwaltungskommission teil.

³ Die Richter und Richterinnen nach Absatz 1 Buchstabe c werden vom Gesamtgericht für zwei Jahre gewählt; einmalige Wiederwahl ist zulässig.

⁴ Die Verwaltungskommission trägt die Verantwortung für die Gerichtsverwaltung. Sie ist zuständig für:

a. die Verabschiedung des Entwurfs des Voranschlags und der Rechnung zuhanden der Bundesversammlung;

Art. 17

b. den Erlass von Verfügungen über das Arbeitsverhältnis der Richter und Richterinnen, soweit das Gesetz nicht eine andere Behörde als zuständig bezeichnet;
c. die Anstellung der Gerichtsschreiber und Gerichtsschreiberinnen und deren Zuteilung an die Kammern auf Antrag der Kammern;
d. die Bereitstellung genügender wissenschaftlicher und administrativer Dienstleistungen;
e. die Gewährung einer angemessenen Fortbildung des Personals;
f. die Bewilligung von Beschäftigungen der Richter und Richterinnen ausserhalb des Gerichts;
g. sämtliche weiteren Verwaltungsgeschäfte, die nicht in die Zuständigkeit des Gesamtgerichts fallen.

Art. 17 Kammern

¹ Das Gesamtgericht bestellt jeweils für zwei Jahre eine oder mehrere Strafkammern sowie eine oder mehrere Beschwerdekammern. Es macht ihre Zusammensetzung öffentlich bekannt.

² Bei der Bestellung sind die Amtssprachen angemessen zu berücksichtigen.

³ Die Richter und Richterinnen sind zur Aushilfe in anderen Kammern verpflichtet. Wer als Mitglied der Beschwerdekammer tätig gewesen ist, kann im gleichen Fall nicht als Mitglied der Strafkammer wirken.

Art. 18 Kammervorsitz

¹ Die Präsidenten oder die Präsidentinnen der Kammern werden jeweils für zwei Jahre gewählt.

² Im Verhinderungsfall werden sie durch den Richter oder die Richterin mit dem höchsten Dienstalter vertreten; bei gleichem Dienstalter ist das höhere Lebensalter massgebend.

³ Der Kammervorsitz darf nicht länger als sechs Jahre ausgeübt werden.

Art. 19 Abstimmung

¹ Das Gesamtgericht, die Verwaltungskommission und die Kammern treffen die Entscheide, Beschlüsse und Wahlen, wenn das Gesetz nichts anderes bestimmt, mit der absoluten Mehrheit der Stimmen.

² Bei Stimmengleichheit ist die Stimme des Präsidenten beziehungsweise der Präsidentin ausschlaggebend; bei Wahlen und Anstellungen entscheidet das Los.

³ Bei Entscheiden, die im Rahmen der Zuständigkeiten nach den Artikeln 26 und 28 Absatz 1 getroffen werden, ist Stimmenthaltung nicht zulässig.

1. Kapitel: Stellung und Organisation

Art. 20 Geschäftsverteilung

Das Bundesstrafgericht regelt die Verteilung der Geschäfte auf die Kammern sowie die Bildung der Spruchkörper durch Reglement.

Art. 21 Präjudiz und Praxisänderung

¹ Eine Kammer kann eine Rechtsfrage nur dann abweichend von einem früheren Entscheid einer oder mehrerer anderer Kammern entscheiden, wenn die Vereinigung der betroffenen Kammern zustimmt.

² Hat eine Kammer eine Rechtsfrage zu entscheiden, die mehrere Kammern betrifft, so holt sie die Zustimmung der Vereinigung aller betroffenen Kammern ein, sofern sie dies für die Rechtsfortbildung oder die Einheit der Rechtsprechung für angezeigt hält.

³ Beschlüsse der Vereinigung der betroffenen Kammern sind gültig, wenn an der Sitzung oder am Zirkulationsverfahren mindestens zwei Drittel der Richter und Richterinnen jeder betroffenen Kammer teilnehmen. Der Beschluss wird ohne Parteiverhandlung gefasst und ist für die Antrag stellende Kammer bei der Beurteilung des Streitfalles verbindlich.

Art. 22 Gerichtsschreiber und Gerichtsschreiberinnen

¹ …

² Die Gerichtsschreiber und Gerichtsschreiberinnen wirken bei der Instruktion der Fälle und bei der Entscheidfindung mit. Sie haben beratende Stimme.

³ Sie erarbeiten unter der Verantwortung eines Richters oder einer Richterin Referate und redigieren die Entscheide des Bundesstrafgerichts.

⁴ Sie erfüllen weitere Aufgaben, die ihnen das Reglement überträgt.

Art. 23 Verwaltung

¹ Das Bundesstrafgericht verwaltet sich selbst.

² Es richtet seine Dienste ein und stellt das nötige Personal an.

³ Es führt eine eigene Rechnung.

Art. 24 Generalsekretariat

Der Generalsekretär oder die Generalsekretärin steht der Gerichtsverwaltung einschliesslich der wissenschaftlichen Dienste vor. Er oder sie führt das Sekretariat des Gesamtgerichts und der Verwaltungskommission.

Art. 25 Information

¹ Das Bundesstrafgericht informiert die Öffentlichkeit über seine Rechtsprechung.
² Die Veröffentlichung der Entscheide hat grundsätzlich in anonymisierter Form zu erfolgen.
³ Das Bundesstrafgericht regelt die Grundsätze der Information in einem Reglement.
⁴ Für die Gerichtsberichterstattung kann das Bundesstrafgericht eine Akkreditierung vorsehen.

Art. 25a Öffentlichkeitsprinzip

¹ Das Öffentlichkeitsgesetz vom 17. Dezember 2004 gilt sinngemäss für das Bundesstrafgericht, soweit dieses administrative Aufgaben erfüllt.
² Das Bundesstrafgericht kann vorsehen, dass kein Schlichtungsverfahren durchgeführt wird; in diesem Fall erlässt es die Stellungnahme zu einem Gesuch um Zugang zu amtlichen Dokumenten in Form einer beschwerdefähigen Verfügung.

2. Kapitel: Zuständigkeiten und Verfahren

1. Abschnitt: Strafkammer

Art. 26 Zuständigkeit

Die Strafkammer beurteilt:

a. Strafsachen, die nach den Artikeln 340 und 340bis des Strafgesetzbuches der Bundesstrafgerichtsbarkeit unterstehen, soweit der Bundesanwalt die Untersuchung und Beurteilung nicht den kantonalen Behörden übertragen hat;
b. Verwaltungsstrafsachen, die der Bundesrat nach dem Bundesgesetz vom 22. März 1974 über das Verwaltungsstrafrecht dem Bundesstrafgericht überwiesen hat;
c. Rehabilitationsgesuche, die das Urteil einer Strafgerichtsbehörde des Bundes betreffen.

Art. 27 Besetzung

¹ Geschäfte, die in die Zuständigkeit der Strafkammer fallen, werden beurteilt:
a. durch den Kammerpräsidenten oder einen von ihm bezeichneten Richter, wenn als Sanktion Busse, Haft, Gefängnis von bis zu einem Jahr oder eine Massnahme ohne Freiheitsentzug in Betracht kommt;
b. in der Besetzung mit drei Richtern, wenn als Sanktion Gefängnis oder Zuchthaus von mehr als einem Jahr, aber höchstens zehn Jahren oder eine Massnahme mit

2. Kapitel: Zuständigkeiten und Verfahren — Art. 28

Freiheitsentzug nach den Artikeln 43, 44 und 100bis des Strafgesetzbuches in Betracht kommt;

c. in der Besetzung mit fünf Richtern, wenn als Sanktion Zuchthaus von mehr als zehn Jahren oder eine Massnahme mit Freiheitsentzug nach Artikel 42 des Strafgesetzbuches in Betracht kommt.

² Stellt die Strafkammer in der ursprünglich bestimmten Besetzung fest, dass eine Sanktion erforderlich ist, die ihre Zuständigkeit übersteigt, so wird der Fall in der entsprechenden grösseren Besetzung beurteilt.

³ Der Angeklagte kann innert zehn Tagen seit der Zustellung der Anklageschrift verlangen, dass auch im Fall von Absatz 1 Buchstabe a drei Richter urteilen.

⁴ Über Rehabilitationsgesuche entscheidet die Strafkammer in der Besetzung mit drei Richtern.

2. Abschnitt: Beschwerdekammer

Art. 28   Zuständigkeit

¹ Die Beschwerdekammer entscheidet über:

a. Beschwerden gegen Amtshandlungen oder Säumnis des Bundesanwalts und der eidgenössischen Untersuchungsrichter in Bundesstrafsachen (Art. 26 Bst. a);

b. Zwangsmassnahmen und damit zusammenhängende Amtshandlungen, soweit das Bundesgesetz vom 15. Juni 1934 über die Bundesstrafrechtspflege oder ein anderes Bundesgesetz es vorsieht;

c. streitige Ausstandsbegehren gegen den Bundesanwalt sowie gegen eidgenössische Untersuchungsrichter und ihre Gerichtsschreiber;

cbis die Ernennung von Ermittlern und Ermittlerinnen gemäss dem Bundesgesetz vom 20. Juni 2003 über die verdeckte Ermittlung;

d. Beschwerden, die ihr das Bundesgesetz vom 22. März 1974 über das Verwaltungsstrafrecht zuweist;

e. Beschwerden in internationalen Rechtshilfeangelegenheiten gemäss:
  1. dem Rechtshilfegesetz vom 20. März 1981,
  2. dem Bundesbeschluss vom 21. Dezember 1995 über die Zusammenarbeit mit den Internationalen Gerichten zur Verfolgung von schwerwiegenden Verletzungen des humanitären Völkerrechts,
  3. dem Bundesgesetz vom 22. Juni 2001 über die Zusammenarbeit mit dem Internationalen Strafgerichtshof,
  4. dem Bundesgesetz vom 3. Oktober 1975 zum Staatsvertrag mit den Vereinigten Staaten von Amerika über gegenseitige Rechtshilfe in Strafsachen;

f. Aufgehoben

Art. 29

g. Anstände betreffend die Zuständigkeit und die innerstaatliche Rechtshilfe, soweit ein Bundesgesetz es vorsieht;

gbis. Überwachungsanordnungen und Beschwerden, die ihr das Bundesgesetz vom 6. Oktober 2000 betreffend die Überwachung des Post- und Fernmeldeverkehrs zuweist;

h. Beschwerden gegen Verfügungen des Bundesverwaltungsgerichts über das Arbeitsverhältnis seiner Richter und Richterinnen und seines Personals.

² Sie führt die Aufsicht über die Ermittlungen der gerichtlichen Polizei und die Voruntersuchung in Bundesstrafsachen.

Art. 29   Besetzung

Die Beschwerdekammer entscheidet in der Besetzung mit drei Richtern oder Richterinnen, soweit das Gesetz nicht den Präsidenten oder die Präsidentin als zuständig bezeichnet.

3. Abschnitt: Verfahren

Art. 30   Grundsatz

Das Verfahren vor dem Bundesstrafgericht richtet sich nach dem Bundesgesetz vom 15. Juni 1934 über die Bundesstrafrechtspflege; ausgenommen sind Fälle von:

a. Artikel 26 Buchstabe b und 28 Absatz 1 Buchstabe d, in denen das Bundesgesetz vom 22. März 1974 über das Verwaltungsstrafrecht anwendbar ist;

b. Artikel 28 Absatz 1 Buchstabe e, in denen das Bundesgesetz vom 20. Dezember 1968 über das Verwaltungsverfahren sowie die Bestimmungen der einschlägigen Rechtshilfeerlasse anwendbar sind.

Art. 31   Revision, Erläuterung und Berichtigung von Entscheiden der Beschwerdekammer

¹ Für die Revision, Erläuterung und Berichtigung von Entscheiden der Beschwerdekammer gelten die Artikel 121–129 des Bundesgerichtsgesetzes vom 17. Juni 2005 sinngemäss.

² Nicht als Revisionsgründe gelten Gründe, welche die Partei, die um Revision nachsucht, bereits mit einer Beschwerde gegen den Entscheid der Beschwerdekammer hätte geltend machen können.

3. Kapitel: Schlussbestimmungen

Art. 32 Änderung bisherigen Rechts

¹ Die Änderung bisherigen Rechts wird im Anhang geregelt.

² Die Bundesversammlung kann diesem Gesetz widersprechende, aber formell nicht geänderte Bestimmungen in Bundesgesetzen durch eine Verordnung anpassen.

Art. 33 Übergangsbestimmungen

¹ Das Bundesstrafgericht nach diesem Gesetz übernimmt die Fälle, die bei dessen Inkrafttreten vor dem bisherigen Bundesstrafgericht und der Anklagekammer des Bundesgerichts hängig sind.

² Hängige Verfahren werden nach neuem Recht weitergeführt.

³ Bis zum Inkrafttreten der Totalrevision des Bundesrechtspflegegesetzes vom 16. Dezember 1943 können Entscheide des Bundesstrafgerichts wie folgt angefochten werden:

a. Gegen Entscheide der Beschwerdekammer über Zwangsmassnahmen kann innert 30 Tagen seit der Eröffnung wegen Verletzung von Bundesrecht beim Bundesgericht Beschwerde geführt werden. Das Verfahren richtet sich sinngemäss nach den Artikeln 214–216, 218 und 219 des Bundesgesetzes vom 15. Juni 1934 über die Bundesstrafrechtspflege.

b. Gegen Entscheide der Strafkammer kann beim Kassationshof des Bundesgerichts Nichtigkeitsbeschwerde geführt werden. Das Verfahren richtet sich nach den Artikeln 268–278bis des Bundesgesetzes vom 15. Juni 1934 über die Bundesstrafrechtspflege; Artikel 269 Absatz 2 findet jedoch keine Anwendung. Der Bundesanwalt ist zur Beschwerde berechtigt.

Art. 34 Referendum und Inkrafttreten

¹ Dieses Gesetz untersteht dem fakultativen Referendum.

² Der Bundesrat bestimmt das Inkrafttreten.

Datum des Inkrafttretens:
Art. 1–14, 15 Abs. 1 Bst. a–d und Abs. 2 und 3, 16–20, 22–24, 32 und 34 sowie die Ziff. 2–6 des Anhangs: 1. Aug. 2003 in Kraft
Alle übrigen Bestimmungen: 1. April 2004

Nr. 10 Bundesgesetz über die Hilfe an Opfer von Straftaten (Opferhilfegesetz, OHG)

vom 4. Oktober 1991

SR 312.5

Die Bundesversammlung der Schweizerischen Eidgenossenschaft,

gestützt auf die Artikel 64bis und 64ter der Bundesverfassung,

nach Einsicht in eine Botschaft des Bundesrates vom 25. April 1990,

beschliesst:

1. Abschnitt: Allgemeine Bestimmungen

Art. 1 Zweck und Gegenstand

¹ Mit diesem Gesetz soll den Opfern von Straftaten wirksame Hilfe geleistet und ihre Rechtsstellung verbessert werden.

² Die Hilfe umfasst:

a. Beratung;

b. Schutz des Opfers und Wahrung seiner Rechte im Strafverfahren;

c. Entschädigung und Genugtuung.

Art. 2 Geltungsbereich

¹ Hilfe nach diesem Gesetz erhält jede Person, die durch eine Straftat in ihrer körperlichen, sexuellen oder psychischen Integrität unmittelbar beeinträchtigt worden ist (Opfer), und zwar unabhängig davon, ob der Täter ermittelt worden ist und ob er sich schuldhaft verhalten hat.

² Der Ehegatte, die eingetragene Partnerin oder der eingetragene Partner des Opfers, dessen Kinder und Eltern sowie andere Personen, die ihm in ähnlicher Weise nahestehen, werden dem Opfer gleichgestellt bei:

a. der Beratung (Art. 3 und 4);

b. der Geltendmachung von Verfahrensrechten und Zivilansprüchen (Art. 8 und 9), soweit ihnen Zivilansprüche gegenüber dem Täter zustehen;

c. der Geltendmachung von Entschädigung und Genugtuung (Art. 11–17), soweit ihnen Zivilansprüche gegenüber dem Täter zustehen.

2. Abschnitt: Beratung

Art. 3 Beratungsstellen

¹ Die Kantone sorgen für fachlich selbständige öffentliche oder private Beratungsstellen. Mehrere Kantone können gemeinsame Beratungsstellen einrichten.

² Die Beratungsstellen haben insbesondere folgende Aufgaben:
a. sie leisten und vermitteln dem Opfer medizinische, psychologische, soziale, materielle und juristische Hilfe;
b. sie informieren über die Hilfe an Opfer.

³ Die Beratungsstellen leisten ihre Hilfe sofort und wenn nötig während längerer Zeit. Sie müssen so organisiert sein, dass sie jederzeit Soforthilfe leisten können.

⁴ Die Leistungen der Beratungsstellen und die Soforthilfe Dritter sind unentgeltlich. Die Beratungsstellen übernehmen weitere Kosten, wie Arzt-, Anwalts- und Verfahrenskosten, soweit dies aufgrund der persönlichen Verhältnisse des Opfers angezeigt ist.

⁵ Die Opfer können sich an eine Beratungsstelle ihrer Wahl wenden.

Art. 4 Schweigepflicht

¹ Personen, die für eine Beratungsstelle arbeiten, haben über ihre Wahrnehmungen gegenüber Behörden und Privaten zu schweigen.

² Die Schweigepflicht gilt auch nach Beendigung der Mitarbeit für die Beratungsstelle.

³ Die Schweigepflicht entfällt, wenn die betroffene Person damit einverstanden ist.

⁴ Wer die Schweigepflicht verletzt, wird mit Gefängnis oder mit Busse bestraft.

3. Abschnitt: Schutz und Rechte des Opfers im Strafverfahren

Art. 5 Persönlichkeitsschutz

¹ Die Behörden wahren die Persönlichkeitsrechte des Opfers in allen Abschnitten des Strafverfahrens.

² Behörden und Private dürfen ausserhalb eines öffentlichen Gerichtsverfahrens die Identität des Opfers nur veröffentlichen, wenn dies im Interesse der Strafverfolgung notwendig ist oder das Opfer zustimmt.

³ Das Gericht schliesst die Öffentlichkeit von den Verhandlungen aus, wenn überwiegende Interessen des Opfers es erfordern. Bei Straftaten gegen die sexuelle Integrität wird die Öffentlichkeit auf Antrag des Opfers ausgeschlossen.

⁴ Die Behörden vermeiden eine Begegnung des Opfers mit dem Beschuldigten, wenn das Opfer dies verlangt. Sie tragen dem Anspruch des Beschuldigten auf rechtliches Gehör in anderer Weise Rechnung. Eine Gegenüberstellung kann angeordnet werden,

wenn der Anspruch des Beschuldigten auf rechtliches Gehör nicht auf andere Weise gewährleistet werden kann oder wenn ein überwiegendes Interesse der Strafverfolgung sie zwingend erfordert.

⁵ Bei Straftaten gegen die sexuelle Integrität darf eine Gegenüberstellung gegen den Willen des Opfers nur angeordnet werden, wenn der Anspruch des Beschuldigten auf rechtliches Gehör nicht auf andere Weise gewährleistet werden kann.

Art. 6 Aufgaben der Polizei und der Untersuchungsbehörden

¹ Die Polizei informiert das Opfer bei der ersten Einvernahme über die Beratungsstellen.

² Sie übermittelt Name und Adresse des Opfers einer Beratungsstelle. Sie weist das Opfer vorher darauf hin, dass es die Übermittlung ablehnen kann.

³ Die Opfer von Straftaten gegen die sexuelle Integrität können verlangen, dass sie von Angehörigen des gleichen Geschlechts einvernommen werden. Das gilt auch für das Untersuchungsverfahren.

Art. 7 Beistand und Aussageverweigerung

¹ Das Opfer kann sich durch eine Vertrauensperson begleiten lassen, wenn es als Zeuge oder Auskunftsperson befragt wird.

² Es kann die Aussage zu Fragen verweigern, die seine Intimsphäre betreffen.

Art. 8 Verfahrensrechte

¹ Das Opfer kann sich am Strafverfahren beteiligen. Es kann insbesondere:
a. seine Zivilansprüche geltend machen;
b. den Entscheid eines Gerichts verlangen, wenn das Verfahren nicht eingeleitet oder wenn es eingestellt wird;
c. den Gerichtsentscheid mit den gleichen Rechtsmitteln anfechten wie der Beschuldigte, wenn es sich bereits vorher am Verfahren beteiligt hat und soweit der Entscheid seine Zivilansprüche betrifft oder sich auf deren Beurteilung auswirken kann.

² Die Behörden informieren das Opfer in allen Verfahrensabschnitten über seine Rechte. Sie teilen ihm Entscheide und Urteile auf Verlangen unentgeltlich mit.

Art. 9 Zivilansprüche

¹ Solange der Täter nicht freigesprochen oder das Verfahren nicht eingestellt ist, entscheidet das Strafgericht auch über die Zivilansprüche des Opfers.

² Das Gericht kann vorerst nur im Strafpunkt urteilen und die Zivilansprüche später behandeln.

3a Abschnitt: Besondere Bestimmungen ... Art. 10

³ Würde die vollständige Beurteilung der Zivilansprüche einen unverhältnismässigen Aufwand erfordern, so kann das Strafgericht die Ansprüche nur dem Grundsatz nach entscheiden und das Opfer im übrigen an das Zivilgericht verweisen. Ansprüche von geringer Höhe beurteilt es jedoch nach Möglichkeit vollständig.

⁴ Die Kantone können für Zivilansprüche im Strafmandatsverfahren sowie im Verfahren gegen Kinder und Jugendliche abweichende Bestimmungen erlassen.

Art. 10 Zusammensetzung des urteilenden Gerichts

Die Opfer von Straftaten gegen die sexuelle Integrität können verlangen, dass dem urteilenden Gericht wenigstens eine Person gleichen Geschlechts angehört.

3a Abschnitt: Besondere Bestimmungen zum Schutz der Persönlichkeit von Kindern als Opfer im Strafverfahren

Art. 10a Definition des Kindes

Als Kind nach den Artikeln 10b–10d wird das Opfer verstanden, das im Zeitpunkt der Eröffnung des Strafverfahrens weniger als 18 Jahre alt ist.

Art. 10b Gegenüberstellung von Kind und Beschuldigtem

¹ Bei Straftaten gegen die sexuelle Integrität dürfen die Behörden das Kind dem Beschuldigten nicht gegenüberstellen.

² Bei anderen Straftaten ist eine Gegenüberstellung ausgeschlossen, wenn diese für das Kind zu einer schweren psychischen Belastung führen könnte.

³ Vorbehalten bleibt die Gegenüberstellung, wenn der Anspruch des Beschuldigten auf rechtliches Gehör nicht auf andere Weise gewährleistet werden kann.

Art. 10c Einvernahme des Kindes

¹ Das Kind darf während des ganzen Verfahrens in der Regel nicht mehr als zweimal einvernommen werden.

² Die erste Einvernahme hat so rasch als möglich stattzufinden. Sie wird im Beisein einer Spezialistin oder eines Spezialisten von einer zu diesem Zweck ausgebildeten Ermittlungsbeamtin oder einem entsprechenden Ermittlungsbeamten durchgeführt. Die Parteien üben ihre Rechte durch die befragende Person aus. Die Einvernahme erfolgt in einem geeigneten Raum. Sie wird auf Video aufgenommen. Die befragende Person und die Spezialistin oder der Spezialist halten ihre besonderen Beobachtungen in einem Bericht fest.

³ Eine zweite Einvernahme findet statt, wenn die Parteien bei der ersten Einvernahme ihre Rechte nicht ausüben konnten oder dies im Interesse der Ermittlungen oder des Kindes unumgänglich ist. Soweit möglich erfolgt die Befragung durch die gleiche Person, welche die erste Einvernahme durchgeführt hat. Im Übrigen gelten die Bestimmungen von Absatz 2.

⁴ Die Behörde kann in Abweichung von Artikel 7 Absatz 1 die Vertrauensperson vom Verfahren ausschliessen, wenn diese einen bestimmenden Einfluss auf das Kind ausüben könnte.

Art. 10d Einstellung des Strafverfahrens

¹ Die zuständige Behörde der Strafrechtspflege kann ausnahmsweise das Strafverfahren einstellen, wenn:

a. das Interesse des Kindes es zwingend verlangt und dieses das Interesse des Staates an der Strafverfolgung offensichtlich überwiegt; und

b. das Kind oder bei Urteilsunfähigkeit sein gesetzlicher Vertreter dem zustimmt.

² Die zuständige Behörde sorgt bei einer Einstellung nach Absatz 1 dafür, dass nötigenfalls Kinderschutzmassnahmen angeordnet werden.

³ Gegen den Entscheid der letzten kantonalen Instanz über die Einstellung kann Nichtigkeitsbeschwerde in Strafsachen beim Bundesgericht geführt werden. Der Beschuldigte, das Kind oder dessen gesetzlicher Vertreter und die Staatsanwaltschaft sind zur Nichtigkeitsbeschwerde legitimiert.

4. Abschnitt: Entschädigung und Genugtuung

Art. 11 Berechtigte Personen und Zuständigkeit

¹ Die Opfer einer in der Schweiz verübten Straftat können im Kanton, in dem die Tat verübt wurde, eine Entschädigung oder Genugtuung geltend machen. Artikel 346 des Strafgesetzbuches gilt sinngemäss.

² Ist der Erfolg der Straftat im Ausland eingetreten, so kann das Opfer eine Entschädigung oder eine Genugtuung nur dann geltend machen, wenn es nicht von einem ausländischen Staat eine genügende Leistung erhält.

³ Wird eine Person, die das Schweizer Bürgerrecht und Wohnsitz in der Schweiz hat, im Ausland Opfer einer Straftat, so kann sie im Kanton ihres Wohnsitzes eine Entschädigung oder eine Genugtuung verlangen, wenn sie nicht von einem ausländischen Staat eine genügende Leistung erhält.

4. Abschnitt: Entschädigung und Genugtuung

Art. 12 Voraussetzungen

¹ Das Opfer hat Anspruch auf eine Entschädigung für den durch die Straftat erlittenen Schaden, wenn seine anrechenbaren Einnahmen nach Artikel 3c des Bundesgesetzes vom 19. März 1965 über Ergänzungsleistungen zur Alters-, Hinterlassenen- und Invalidenversicherung (ELG) das Vierfache des massgebenden Höchstbetrages für den allgemeinen Lebensbedarf nach Artikel 3b Absatz 1 Buchstabe a ELG nicht übersteigen. Massgebend sind die voraussichtlichen Einnahmen nach der Straftat.

² Dem Opfer kann unabhängig von seinem Einkommen eine Genugtuung ausgerichtet werden, wenn es schwer betroffen ist und besondere Umstände es rechtfertigen.

Art. 13 Bemessung der Entschädigung

¹ Die Entschädigung richtet sich nach dem Schaden und den Einnahmen des Opfers. Liegen die Einnahmen unter dem massgebenden Höchstbetrag für den allgemeinen Lebensbedarf nach ELG, so erhält das Opfer vollen Schadenersatz; übersteigen die Einnahmen diesen Betrag, so wird die Entschädigung herabgesetzt.

² Die Entschädigung kann herabgesetzt werden, wenn das Opfer den Schaden wesentlich mitverschuldet hat.

³ Der Bundesrat legt Höchst- und Mindestbeträge fest. Er kann weitere Vorschriften zur Bemessung der Entschädigung erlassen.

Art. 14 Subsidiarität der staatlichen Leistung

¹ Leistungen, die das Opfer als Schadenersatz erhalten hat, werden von der Entschädigung abgezogen. Ausgenommen sind Leistungen (insbesondere Renten und Kapitalabfindungen), die bereits bei der Berechnung der anrechenbaren Einnahmen berücksichtigt worden sind (Art. 12 Abs. 1). In gleicher Weise werden Genugtuungsleistungen von der Genugtuung abgezogen.

² Hat die Behörde eine Entschädigung oder Genugtuung zugesprochen, so gehen die Ansprüche, die dem Opfer aufgrund der Straftat zustehen, im Umfang der Entschädigung oder der Genugtuung an den Kanton über. Diese Ansprüche haben Vorrang vor den verbleibenden Ansprüchen des Opfers und den Rückgriffsansprüchen Dritter.

³ Der Kanton verzichtet darauf, seine Ansprüche gegenüber dem Täter geltend zu machen, wenn es für dessen soziale Wiedereingliederung notwendig ist.

Art. 15 Vorschuss

Aufgrund einer summarischen Prüfung des Entschädigungsgesuches wird ein Vorschuss gewährt, wenn:

a. das Opfer sofortige finanzielle Hilfe benötigt, oder

b. die Folgen der Straftat kurzfristig nicht mit hinreichender Sicherheit festzustellen sind.

Art. 16 Verfahren und Verwirkung

¹ Die Kantone sehen ein einfaches, rasches und kostenloses Verfahren vor.
² Die Behörde stellt den Sachverhalt von Amtes wegen fest.
³ Das Opfer muss die Gesuche um Entschädigung und Genugtuung innert zwei Jahren nach der Straftat bei der Behörde einreichen; andernfalls verwirkt es seine Ansprüche.

Art. 17 Rechtsschutz

Die Kantone bestimmen eine einzige, von der Verwaltung unabhängige Beschwerdeinstanz; diese hat freie Überprüfungsbefugnis.

5. Abschnitt: Finanzhilfen und Schlussbestimmungen

Art. 18 Ausbildungs- und Finanzhilfe des Bundes

¹ Der Bund fördert die Fachausbildung des Personals der Beratungsstellen und der mit der Hilfe an Opfer Betrauten. Er trägt den besonderen Bedürfnissen von Kindern, die Opfer von Straftaten gegen die sexuelle Integrität sind, Rechnung. Er gewährt entsprechende Finanzhilfen.
² Der Bund gewährt den Kantonen für den Aufbau der Hilfe an Opfer eine auf sechs Jahre befristete Finanzhilfe. Diese wird nach der Finanzkraft und der Bevölkerungszahl auf die Kantone verteilt. Die Kantone erstatten dem Bundesrat alle zwei Jahre Bericht über die Verwendung der Finanzhilfe.
³ Erwachsen einem Kanton infolge ausserordentlicher Ereignisse besonders hohe Aufwendungen, so kann der Bund zusätzliche Finanzhilfen gewähren.

Art. 19 Referendum und Inkrafttreten

¹ Dieses Gesetz untersteht dem fakultativen Referendum.
² Der Bundesrat bestimmt das Inkrafttreten.

Nr. 11 — Verordnung über die Hilfe an Opfer von Straftaten (Opferhilfeverordnung, OHV)

vom 18. November 1992

SR 312.51

Der Schweizerische Bundesrat,

gestützt auf das Bundesgesetz vom 4. Oktober 1991 über die Hilfe an Opfer von Straftaten (Opferhilfegesetz, OHG),

verordnet:

1. Abschnitt: Entschädigung und Genugtuung

Art. 1   Vorkehren des Opfers

Das Opfer muss glaubhaft machen, dass es keine oder nur ungenügende Leistungen von Dritten (Täter, Versicherungen usw.) erhalten kann.

Art. 2   Bestimmung der anrechenbaren Einnahmen

Die anrechenbaren Einnahmen (Art. 12 Abs. 1 OHG) werden nach Artikel 3c des Bundesgesetzes vom 19. März 1965 über die Ergänzungsleistungen zur Alters-, Hinterlassenen- und Invalidenversicherung (ELG), nach den dazugehörigen Verordnungsbestimmungen des Bundes sowie nach den diesbezüglichen Sonderbestimmungen der Kantone berechnet.

Art. 3   Bemessung der Entschädigung

¹ Sind die anrechenbaren Einnahmen des Opfers nicht höher als der massgebende Höchstbetrag für den allgemeinen Lebensbedarf nach Artikel 3b Absatz 1 Buchstabe a ELG (im folgenden ELG-Wert), so deckt die Entschädigung den ganzen Schaden.

² Übersteigen die anrechenbaren Einnahmen des Opfers das Vierfache des ELG-Werts (im folgenden OHG-Höchstbetrag), so wird keine Entschädigung ausgerichtet.

³ Liegen die anrechenbaren Einnahmen des Opfers zwischen dem ELG-Wert und dem OHG-Höchstbetrag, so wird die Entschädigung wie folgt berechnet:

$$\text{Entschädigung} = \text{Schaden} - \frac{(\text{anrechenbare Einnahmen} - \text{ELG-Wert}) \times \text{Schaden}}{(\text{OHG-Höchstbetrag} - \text{ELG-Wert})}$$

Art. 4   Höchst- und Mindestbetrag

¹ Die Entschädigung beträgt höchstens 100 000 Franken.

² Entschädigungen unter 500 Franken werden nicht ausgerichtet.

Art. 5 Rückerstattung des Vorschusses

¹ Das Opfer muss den Vorschuss zurückerstatten, wenn sein Entschädigungsgesuch abgelehnt wird.

² Ist die Entschädigung geringer als der Vorschuss, so muss es die Differenz zurückerstatten.

³ Der Kanton kann auf die Rückforderung verzichten, wenn diese das Opfer in eine schwierige Lage bringen würde.

Art. 6 Opfer von Straftaten im Ausland

¹ Nach Artikel 11 Absätze 2 und 3 OHG berechtigte Personen haben Anspruch auf eine Entschädigung, wenn der vom ausländischen Staat in Geld oder Naturalien geleistete Schadenersatz nicht dem nach den Artikeln 12–14 OHG berechneten Betrag entspricht. Beim Vergleich ist vom Realwert auszugehen; allfällige Unterschiede in den Lebenshaltungskosten sind zu berücksichtigen.

² Die Behörde kann dem Opfer eine Geldsumme als Genugtuung zusprechen, wenn die Voraussetzungen von Artikel 12 Absatz 2 OHG erfüllt sind und die Genugtuungsleistung des ausländischen Staates ungenügend ist.

³ Das Opfer muss glaubhaft machen, dass es weder von Dritten noch vom ausländischen Staat genügende Leistungen erhält.

⁴ Die Entschädigungs- und Genugtuungsleistungen des ausländischen Staates werden von den entsprechenden Leistungen nach dem Opferhilfegesetz und dieser Verordnung abgezogen.

⁵ Hat der Täter die Tat im Ausland ausgeführt und ist der Erfolg in der Schweiz eingetreten, so kann das Opfer nach Artikel 11 Absatz 1 OHG eine Entschädigung oder Genugtuung geltend machen.

2. Abschnitt: Finanzhilfen und Evaluation

Art. 7 Aufbauhilfe

¹ Der Bund richtet den Kantonen die im Voranschlag festgelegten Finanzhilfen für den Aufbau der Opferhilfe während sechs Jahren jeweils am Jahresende aus.

² Die Anteile der einzelnen Kantone werden wie folgt berechnet:

a. 50 Prozent des Bundesbeitrages werden nach der Finanzkraft der Kantone aufgrund folgender Formel verteilt:

Masszahl je Kanton = $2{,}71828$ (Index der Finanzkraft $\times$ $-0{,}0165$) $\times$ mittlere Wohnbevölkerung

b. 50 Prozent des Bundesbeitrages werden nach der mittleren Wohnbevölkerung der Kantone verteilt.

³ Als Berechnungsgrundlagen massgebend sind:
a. der nach Artikel 2 des Bundesgesetzes vom 19. Juni 1959 über den Finanzausgleich unter den Kantonen ermittelte Index der Finanzkraft des Jahres, auf das sich die Verteilung bezieht;
b. die Zahl der letzten Erhebung über die mittlere Wohnbevölkerung.

⁴ Eine Tabelle der Kantonsanteile findet sich im Anhang.

Art. 8 Ausbildungshilfe

¹ Der Bund unterstützt gesamtschweizerische oder für eine ganze Sprachregion bestimmte Ausbildungsprogramme für das Personal der Beratungsstellen, für Angehörige von Gerichten und der Polizei sowie für weitere mit der Hilfe an Opfer Betraute mit Finanzhilfen. Er unterstützt insbesondere die Organisation von Kursen, Seminaren und Ausbildungspraktika sowie die Bereitstellung der erforderlichen Ausbildungsunterlagen.

² Die Finanzhilfen betragen im Rahmen der bewilligten Kredite höchstens zwei Drittel der Kosten des Ausbildungsprogramms. Sie können in Form von Pauschalen gewährt werden.

³ Finanzhilfen, die nicht für Kantone bestimmt sind, können an die Bedingung geknüpft werden, dass die betroffenen Kantone entsprechend ihrer Finanzkraft und ihrer Bevölkerungszahl ebenfalls eine Finanzhilfe ausrichten.

Art. 9 Zusätzliche Finanzhilfen

Erwachsen einem oder mehreren Kantonen infolge ausserordentlicher Ereignisse wie Katastrophen oder terroristische Anschläge mit einer grossen Zahl von Opfern besonders hohe Kosten, so kann der Bund zusätzliche Finanzhilfen gewähren.

Art. 10 Zuständigkeit

¹ Das Bundesamt für Justiz entscheidet über Finanzhilfen nach den Artikeln 7 und 8. Vor einem Entscheid über Finanzhilfen an frauenspezifische Einrichtungen und Projekte konsultiert es das Büro für Gleichstellung von Frau und Mann.

² Die Bundesversammlung entscheidet über zusätzliche Finanzhilfen nach Artikel 9.

Art. 11 Berichterstattung und Evaluation

¹ Während der Dauer der Aufbauhilfe erstatten die Kantone dem Bundesamt für Justiz zuhanden des Bundesrates alle zwei Jahre Bericht über die Verwendung der Aufbauhilfe.

² Der Bericht enthält insbesondere Angaben über:
a. die Zahl und den Aufbau der Beratungsstellen;
b. die Zahl der Personen, welche die Beratungsstellen in Anspruch genommen haben;
c. die Art der Straftaten, deren Opfer diese Personen waren;
d. Umfang und Dauer der von den Beratungsstellen geleisteten Hilfe;
e. die Rechnung der Beratungsstellen und den Umfang der kantonalen Leistungen;
f. die Zahl der gestellten und der gutgeheissenen Entschädigungs- und Genugtuungsbegehren;
g. die Auswirkungen der Hilfe auf die Lage der Opfer.

³ Das Eidgenössische Justiz- und Polizeidepartement kann Weisungen über den Inhalt des Berichts erlassen.

⁴ Das Bundesamt für Justiz evaluiert auf der Grundlage dieser Berichte die Wirksamkeit der Opferhilfe.

3. Abschnitt: Schlussbestimmungen

Art. 12 Übergangsbestimmungen

¹ Ab Inkrafttreten des Opferhilfegesetzes können alle Opfer von Straftaten unabhängig vom Zeitpunkt der Begehung der Straftat die Hilfe der Beratungsstellen in Anspruch nehmen.

² Die Bestimmungen über den Schutz und die Rechte des Opfers im Strafverfahren (Art. 5–10 OHG) gelten für alle Verfahrenshandlungen nach Inkrafttreten des Opferhilfegesetzes.

³ Die Bestimmungen über die Entschädigung und die Genugtuung (Art. 11–17 OHG) gelten für Straftaten, die nach Inkrafttreten des Opferhilfegesetzes begangen wurden. Entschädigungsgesuche, die im Zeitpunkt des Inkrafttretens der Änderung vom 20. Juni 1997 des OHG hängig sind, werden nach altem Recht beurteilt.

Art. 13 Inkrafttreten

Diese Verordnung tritt am 1. Januar 1993 in Kraft.

Nr. 12 — Frühere Bestimmungen des Schweizerischen Strafgesetzbuches, Allgemeiner Teil

In Kraft gewesen bis 31.12.2006

Erstes Buch: Allgemeine Bestimmungen

Erster Teil: Verbrechen und Vergehen

Erster Titel: Der Bereich des Strafgesetzes

Art. 1   1. Keine Strafe ohne Gesetz

Strafbar ist nur, wer eine Tat begeht, die das Gesetz ausdrücklich mit Strafe bedroht.

Art. 2   2. Zeitliche Geltung des Gesetzes

[1] Nach diesem Gesetze wird beurteilt, wer nach dessen Inkrafttreten ein Verbrechen oder ein Vergehen verübt.

[2] Hat jemand ein Verbrechen oder ein Vergehen vor Inkrafttreten dieses Gesetzes verübt, erfolgt die Beurteilung aber erst nachher, so ist dieses Gesetz anzuwenden, wenn es für den Täter das mildere ist.

Art. 3   3. Räumliche Geltung des Gesetzes.
Verbrechen oder Vergehen im Inland

1. Diesem Gesetz ist unterworfen, wer in der Schweiz ein Verbrechen oder ein Vergehen verübt.

Hat der Täter im Auslande wegen der Tat eine Strafe ganz oder teilweise verbüsst, so rechnet ihm der schweizerische Richter die verbüsste Strafe an.

2. Ist ein Ausländer auf Ersuchen der schweizerischen Behörde im Auslande verfolgt worden, so wird er in der Schweiz wegen dieser Tat nicht mehr bestraft:

wenn das ausländische Gericht ihn endgültig freigesprochen hat,

wenn die Strafe, zu der er im Auslande verurteilt wurde, vollzogen, erlassen oder verjährt ist. Hat der Täter die Strafe im Auslande nicht oder nur teilweise verbüsst, so wird in der Schweiz die Strafe oder deren Rest vollzogen.

Art. 4   Verbrechen oder Vergehen im Auslande gegen den Staat

[1] Diesem Gesetz ist auch unterworfen, wer im Ausland ein Verbrechen oder Vergehen gegen den Staat begeht (Art. 265, 266, 266bis, 267, 268, 270, 271, 275, 275bis, 275ter), verbotenen Nachrichtendienst betreibt (Art. 272–274) oder die militärische Sicherheit stört (Art. 276 und 277).

² Hat der Täter wegen der Tat im Ausland eine Strafe ganz oder teilweise verbüsst, so rechnet ihm der schweizerische Richter die verbüsste Strafe an.

Art. 5 Verbrechen oder Vergehen im Auslande gegen Schweizer

¹ Wer im Auslande gegen einen Schweizer ein Verbrechen oder ein Vergehen verübt, ist, sofern die Tat auch am Begehungsorte strafbar ist, dem schweizerischen Gesetz unterworfen, wenn er sich in der Schweiz befindet und nicht an das Ausland ausgeliefert, oder wenn er der Eidgenossenschaft wegen dieser Tat ausgeliefert wird. Ist das Gesetz des Begehungsortes für den Täter das mildere, so ist dieses anzuwenden.

² Der Täter wird wegen des Verbrechens oder Vergehens nicht mehr bestraft, wenn die Strafe, zu der er im Auslande verurteilt wurde, vollzogen, erlassen oder verjährt ist.

³ Hat der Täter die Strafe im Auslande nicht oder nur teilweise verbüsst, so wird in der Schweiz die Strafe oder deren Rest vollzogen.

Art. 6 Verbrechen oder Vergehen von Schweizern im Ausland

1. Der Schweizer, der im Ausland ein Verbrechen oder ein Vergehen verübt, für welches das schweizerische Recht die Auslieferung zulässt, ist, sofern die Tat auch am Begehungsorte strafbar ist, diesem Gesetz unterworfen, wenn er sich in der Schweiz befindet oder der Eidgenossenschaft wegen dieser Tat ausgeliefert wird. Ist das Gesetz des Begehungsortes für den Täter das mildere, so ist dieses anzuwenden.

2. Der Täter wird in der Schweiz nicht mehr bestraft:

wenn er im Auslande wegen des Verbrechens oder Vergehens endgültig freigesprochen wurde;

wenn die Strafe, zu der er im Auslande verurteilt wurde, vollzogen, erlassen oder verjährt ist.

Ist die Strafe im Auslande nur teilweise vollzogen, so wird der vollzogene Teil angerechnet.

Art. 6bis Andere Verbrechen oder Vergehen im Ausland

1. Wer im Ausland ein Verbrechen oder Vergehen verübt, zu dessen Verfolgung sich die Schweiz durch ein internationales Übereinkommen verpflichtet hat, ist diesem Gesetz unterworfen, sofern die Tat auch am Begehungsort strafbar ist, der Täter sich in der Schweiz befindet und nicht an das Ausland ausgeliefert wird. Ist das Gesetz des Begehungsortes für den Täter das mildere, so ist dieses anzuwenden.

2. Der Täter wird in der Schweiz nicht mehr bestraft:

wenn er im Tatortstaat wegen des Verbrechens oder Vergehens endgültig freigesprochen wurde;

wenn die Strafe, zu der er im Ausland verurteilt wurde, vollzogen, erlassen oder verjährt ist.

Ist die Strafe im Ausland nur teilweise vollzogen, so wird der vollzogene Teil angerechnet.

Art. 7 Ort der Begehung

¹ Ein Verbrechen oder ein Vergehen gilt als da verübt, wo der Täter es ausführt, und da, wo der Erfolg eingetreten ist.
² Der Versuch gilt als da begangen, wo der Täter ihn ausführt, und da, wo nach seiner Absicht der Erfolg hätte eintreten sollen.

Art. 8 4. Persönliche Geltung des Gesetzes

Dieses Gesetz ist nicht anwendbar auf Personen, die nach dem Militärstrafrecht zu beurteilen sind.

Zweiter Titel: Die Strafbarkeit

Art. 9 1. Verbrechen und Vergehen

¹ Verbrechen sind die mit Zuchthaus bedrohten Handlungen.
² Vergehen sind die mit Gefängnis als Höchststrafe bedrohten Handlungen.

Art. 10 2. Zurechnungsfähigkeit
Unzurechnungsfähigkeit

Wer wegen Geisteskrankheit, Schwachsinn oder schwerer Störung des Bewusstseins zur Zeit der Tat nicht fähig war, das Unrecht seiner Tat einzusehen oder gemäss seiner Einsicht in das Unrecht der Tat zu handeln, ist nicht strafbar. Vorbehalten sind Massnahmen nach den Artikeln 43 und 44.

Art. 11 Verminderte Zurechnungsfähigkeit

War der Täter zur Zeit der Tat in seiner geistigen Gesundheit oder in seinem Bewusstsein beeinträchtigt oder geistig mangelhaft entwickelt, so dass die Fähigkeit, das Unrecht seiner Tat einzusehen oder gemäss seiner Einsicht in das Unrecht der Tat zu handeln, herabgesetzt war, so kann der Richter die Strafe nach freiem Ermessen mildern (Art. 66). Vorbehalten sind Massnahmen nach den Artikeln 42–44 und 100bis.

Art. 12　Ausnahme

Die Bestimmungen der Artikel 10 und 11 sind nicht anwendbar, wenn die schwere Störung oder die Beeinträchtigung des Bewusstseins vom Täter selbst in der Absicht herbeigeführt wurde, in diesem Zustande die strafbare Handlung zu verüben.

Art. 13　Zweifelhafter Geisteszustand des Beschuldigten

¹ Die Untersuchungs- oder die urteilende Behörde ordnet eine Untersuchung des Beschuldigten an, wenn sie Zweifel an dessen Zurechnungsfähigkeit hat oder wenn zum Entscheid über die Anordnung einer sichernden Massnahme Erhebungen über dessen körperlichen oder geistigen Zustand nötig sind.

² Die Sachverständigen äussern sich über die Zurechnungsfähigkeit des Beschuldigten sowie auch darüber, ob und in welcher Form eine Massnahme nach den Artikeln 42–44 zweckmässig sei.

Art. 14–17

Aufgehoben.

Art. 18　3. Schuld.
　　　　　Vorsatz und Fahrlässigkeit

¹ Bestimmt es das Gesetz nicht ausdrücklich anders, so ist nur strafbar, wer ein Verbrechen oder ein Vergehen vorsätzlich verübt.

² Vorsätzlich verübt ein Verbrechen oder ein Vergehen, wer die Tat mit Wissen und Willen ausführt.

³ Ist die Tat darauf zurückzuführen, dass der Täter die Folge seines Verhaltens aus pflichtwidriger Unvorsichtigkeit nicht bedacht oder darauf nicht Rücksicht genommen hat, so begeht er das Verbrechen oder Vergehen fahrlässig. Pflichtwidrig ist die Unvorsichtigkeit, wenn der Täter die Vorsicht nicht beobachtet, zu der er nach den Umständen und nach seinen persönlichen Verhältnissen verpflichtet ist.

Art. 19　Irrige Vorstellung über den Sachverhalt

¹ Handelt der Täter in einer irrigen Vorstellung über den Sachverhalt, so beurteilt der Richter die Tat zugunsten des Täters nach dem Sachverhalte, den sich der Täter vorgestellt hat.

² Hätte der Täter den Irrtum bei pflichtgemässer Vorsicht vermeiden können, so ist er wegen Fahrlässigkeit strafbar, wenn die fahrlässige Verübung der Tat mit Strafe bedroht ist.

Art. 20 Rechtsirrtum

Hat der Täter aus zureichenden Gründen angenommen, er sei zur Tat berechtigt, so kann der Richter die Strafe nach freiem Ermessen mildern (Art. 66) oder von einer Bestrafung Umgang nehmen.

Art. 21 4. Versuch.
Unvollendeter Versuch. Rücktritt

¹ Führt der Täter, nachdem er mit der Ausführung eines Verbrechens oder eines Vergehens begonnen hat, die strafbare Tätigkeit nicht zu Ende, so kann er milder bestraft werden (Art. 65).

² Führt er aus eigenem Antriebe die strafbare Tätigkeit nicht zu Ende, so kann der Richter von einer Bestrafung wegen des Versuches Umgang nehmen.

Art. 22 Vollendeter Versuch. Tätige Reue

¹ Wird die strafbare Tätigkeit zu Ende geführt, tritt aber der zur Vollendung des Verbrechens oder des Vergehens gehörende Erfolg nicht ein, so kann der Täter milder bestraft werden (Art. 65).

² Hat der Täter aus eigenem Antriebe zum Nichteintritt des Erfolges beigetragen oder den Eintritt des Erfolges verhindert, so kann der Richter die Strafe nach freiem Ermessen mildern (Art. 66).

Art. 23 Untauglicher Versuch

¹ Ist das Mittel, womit jemand ein Verbrechen oder ein Vergehen auszuführen versucht, oder der Gegenstand, woran er es auszuführen versucht, derart, dass die Tat mit einem solchen Mittel oder an einem solchen Gegenstande überhaupt nicht ausgeführt werden könnte, so kann der Richter die Strafe nach freiem Ermessen mildern (Art. 66).

² Handelt der Täter aus Unverstand, so kann der Richter von einer Bestrafung Umgang nehmen.

Art. 24 5. Teilnahme.
Anstiftung

¹ Wer jemanden zu dem von ihm verübten Verbrechen oder Vergehen vorsätzlich bestimmt hat, wird nach der Strafandrohung, die auf den Täter Anwendung findet, bestraft.

² Wer jemanden zu einem Verbrechen zu bestimmen versucht, wird wegen Versuchs dieses Verbrechens bestraft.

Art. 25 Gehilfenschaft

Wer zu einem Verbrechen oder zu einem Vergehen vorsätzlich Hilfe leistet, kann milder bestraft werden (Art. 65).

Art. 26 Persönliche Verhältnisse

Besondere persönliche Verhältnisse, Eigenschaften und Umstände, die die Strafbarkeit erhöhen, vermindern oder ausschliessen, werden bei dem Täter, dem Anstifter und dem Gehilfen berücksichtigt, bei dem sie vorliegen.

Art. 27 6. Strafbarkeit der Medien

[1] Wird eine strafbare Handlung durch Veröffentlichung in einem Medium begangen und erschöpft sie sich in dieser Veröffentlichung, so ist, unter Vorbehalt der nachfolgenden Bestimmungen, der Autor allein strafbar.

[2] Kann der Autor nicht ermittelt oder in der Schweiz nicht vor Gericht gestellt werden, so ist der verantwortliche Redaktor nach Artikel 322bis strafbar. Fehlt ein verantwortlicher Redaktor, so ist jene Person nach Artikel 322bis strafbar, die für die Veröffentlichung verantwortlich ist.

[3] Hat die Veröffentlichung ohne Wissen oder gegen den Willen des Autors stattgefunden, so ist der Redaktor oder, wenn ein solcher fehlt, die für die Veröffentlichung verantwortliche Person als Täter strafbar.

[4] Die wahrheitsgetreue Berichterstattung über öffentliche Verhandlungen und amtliche Mitteilungen einer Behörde ist straflos.

Art. 27bis Quellenschutz

[1] Verweigern Personen, die sich beruflich mit der Veröffentlichung von Informationen im redaktionellen Teil eines periodisch erscheinenden Mediums befassen, oder ihre Hilfspersonen das Zeugnis über die Identität des Autors oder über Inhalt und Quellen ihrer Informationen, so dürfen weder Strafen noch prozessuale Zwangsmassnahmen gegen sie verhängt werden.

[2] Absatz 1 gilt nicht, wenn der Richter feststellt, dass:
   a. das Zeugnis erforderlich ist, um eine Person aus einer unmittelbaren Gefahr für Leib und Leben zu retten; oder
   b. ohne das Zeugnis ein Tötungsdelikt im Sinne der Artikel 111–113 oder ein anderes Verbrechen, das mit einer Mindeststrafe von drei Jahren Zuchthaus bedroht ist, oder eine Straftat nach den Artikeln 187, 189–191, 197 Ziffer 3, 260ter, 260^{quinquies}, 305bis, 305ter und 322ter–322^{septies} des vorliegenden Gesetzes sowie nach Artikel 19 Ziffer 2 des Betäubungsmittelgesetzes vom 3. Oktober 1951 nicht aufgeklärt werden oder der einer solchen Tat Beschuldigte nicht ergriffen werden kann.

Art. 28 7. Strafantrag.
Antragsrecht

¹ Ist eine Tat nur auf Antrag strafbar, so kann jeder, der durch sie verletzt worden ist, die Bestrafung des Täters beantragen.

² Ist der Verletzte handlungsunfähig, so ist sein gesetzlicher Vertreter zum Antrage berechtigt. Ist er bevormundet, so steht das Antragsrecht auch der Vormundschaftsbehörde zu.

³ Ist der Verletzte 18 Jahre alt und urteilsfähig, so ist auch er zum Antrage berechtigt.

⁴ Stirbt ein Verletzter, ohne dass er den Strafantrag gestellt oder auf den Strafantrag ausdrücklich verzichtet hat, so steht das Antragsrecht jedem Angehörigen zu.

⁵ Hat der Antragsberechtigte ausdrücklich auf den Antrag verzichtet, so ist der Verzicht endgültig.

Art. 29 Frist

Das Antragsrecht erlischt nach Ablauf von drei Monaten. Die Frist beginnt mit dem Tag, in welchem dem Antragsberechtigten der Täter bekannt wird.

Art. 30 Unteilbarkeit

Stellt ein Antragsberechtigter gegen einen an der Tat Beteiligten Strafantrag, so sind alle Beteiligten zu verfolgen.

Art. 31 Rückzug

¹ Der Berechtigte kann seinen Strafantrag zurückziehen, solange das Urteil erster Instanz noch nicht verkündet ist.

² Wer seinen Strafantrag zurückgezogen hat, kann ihn nicht nochmals stellen.

³ Zieht der Berechtigte seinen Strafantrag gegenüber einem Beschuldigten zurück, so gilt der Rückzug für alle Beschuldigten.

⁴ Erhebt ein Beschuldigter gegen den Rückzug des Strafantrages Einspruch, so gilt der Rückzug für ihn nicht.

Art. 32 8. Rechtmässige Handlungen.
Gesetz, Amts- oder Berufspflicht

Die Tat, die das Gesetz oder eine Amts- oder Berufspflicht gebietet, oder die das Gesetz für erlaubt oder straflos erklärt, ist kein Verbrechen oder Vergehen.

Art. 33   Notwehr

¹ Wird jemand ohne Recht angegriffen oder unmittelbar mit einem Angriffe bedroht, so ist der Angegriffene und jeder andere berechtigt, den Angriff in einer den Umständen angemessenen Weise abzuwehren.

² Überschreitet der Abwehrende die Grenzen der Notwehr, so mildert der Richter die Strafe nach freiem Ermessen (Art. 66). Überschreitet der Abwehrende die Grenzen der Notwehr in entschuldbarer Aufregung oder Bestürzung über den Angriff, so bleibt er straflos.

Art. 34   Notstand

1. Die Tat, die jemand begeht, um sein Gut, namentlich Leben, Leib, Freiheit, Ehre, Vermögen, aus einer unmittelbaren, nicht anders abwendbaren Gefahr zu erretten, ist straflos, wenn die Gefahr vom Täter nicht verschuldet ist und ihm den Umständen nach nicht zugemutet werden konnte, das gefährdete Gut preiszugeben.

Ist die Gefahr vom Täter verschuldet, oder konnte ihm den Umständen nach zugemutet werden, das gefährdete Gut preiszugeben, so mildert der Richter die Strafe nach freiem Ermessen (Art. 66).

2. Die Tat, die jemand begeht, um das Gut eines andern, namentlich Leben, Leib, Freiheit, Ehre, Vermögen, aus einer unmittelbaren, nicht anders abwendbaren Gefahr zu erretten, ist straflos. Konnte der Täter erkennen, dass dem Gefährdeten die Preisgabe des gefährdeten Gutes zuzumuten war, so mildert der Richter die Strafe nach freiem Ermessen (Art. 66).

Dritter Titel: Strafen, sichernde und andere Massnahmen

Erster Abschnitt: Die einzelnen Strafen und Massnahmen

Art. 35   1. Freiheitsstrafen. Zuchthausstrafe

Die Zuchthausstrafe ist die schwerste Freiheitsstrafe. Ihre kürzeste Dauer ist ein Jahr, die längste Dauer 20 Jahre. Wo das Gesetz es besonders bestimmt, ist sie lebenslänglich.

Art. 36   Gefängnisstrafe

Die kürzeste Dauer der Gefängnisstrafe ist drei Tage. Wo das Gesetz nicht ausdrücklich anders bestimmt, ist die längste Dauer drei Jahre.

Art. 37   Vollzug der Zuchthaus- und Gefängnisstrafe

1. Der Vollzug der Zuchthaus- und Gefängnisstrafen soll erziehend auf den Gefangenen einwirken und ihn auf den Wiedereintritt in das bürgerliche Leben vorbereiten. Er soll zudem darauf hinwirken, dass das Unrecht, das dem Geschädigten zugefügt wurde, wiedergutgemacht wird.

Der Gefangene ist zur Arbeit verpflichtet, die ihm zugewiesen wird. Er soll womöglich mit Arbeiten beschäftigt werden, die seinen Fähigkeiten entsprechen und die ihn in den Stand setzen, in der Freiheit seinen Unterhalt zu erwerben.

2. Zuchthaus- und Gefängnisstrafen können in der gleichen Anstalt vollzogen werden. Diese ist, unter Vorbehalt von Sonderbestimmungen dieses Gesetzes, von den andern im Gesetz genannten Anstalten zu trennen.

Der Verurteilte, der innerhalb der letzten fünf Jahre vor der Tat weder eine Zuchthausstrafe noch eine Gefängnisstrafe von mehr als drei Monaten verbüsst hat und noch nie in eine Anstalt gemäss Artikel 42 oder 91 Ziffer 2 eingewiesen war, ist in eine Anstalt für Erstmalige einzuweisen. Er kann in eine andere Anstalt eingewiesen werden, wenn besondere Umstände wie Gemeingefährlichkeit, ernsthafte Fluchtgefahr oder besondere Gefahr der Verleitung anderer zu strafbaren Handlungen vorliegen.

Die zuständige Behörde kann ausnahmsweise einen Rückfälligen in eine Anstalt für Erstmalige einweisen, wenn dies notwendig ist und dem erzieherischen Zweck der Strafe entspricht.

3. Der Gefangene wird während der ersten Stufe des Vollzuges in Einzelhaft gehalten. Die Anstaltsleitung kann mit Rücksicht auf den körperlichen oder geistigen Zustand des Gefangenen davon absehen. Sie kann ihn auch später wieder in Einzelhaft zurückversetzen, wenn sein Zustand oder der Zweck des Vollzugs dies erfordert.

Gefangene, die mindestens die Hälfte der Strafzeit, bei lebenslänglicher Zuchthausstrafe mindestens zehn Jahre verbüsst und sich bewährt haben, können in freier geführte Anstalten oder Anstaltsabteilungen eingewiesen oder auch ausserhalb der Strafanstalten beschäftigt werden. Diese Erleichterungen können auch anderen Gefangenen gewährt werden, wenn ihr Zustand es erfordert.

Die Kantone regeln Voraussetzungen und Umfang der Erleichterungen, die stufenweise dem Gefangenen gewährt werden können.

Art. 37bis   Vollzug kurzer Gefängnisstrafen

1. Ist für strafbare Handlungen des Verurteilten eine Gefängnisstrafe von nicht mehr als drei Monaten zu vollziehen, so sind die Bestimmungen über die Haft anwendbar. Für gleichzeitig vollziehbare Strafen bleibt Artikel 397bis Absatz 1 Buchstabe *a* vorbehalten, ebenso für Gesamtstrafen und Zusatzstrafen.

2. Ist von einer längeren Gefängnisstrafe des Verurteilten infolge der Anrechnung von Untersuchungshaft oder aus andern Gründen nur eine Reststrafe von nicht mehr als

drei Monaten zu vollziehen, so bestimmt die Vollzugsbehörde, ob er in eine Anstalt zum Vollzug von Haftstrafen einzuweisen sei.
Die Vollzugsgrundsätze des Artikels 37 bleiben in der Regel sinngemäss anwendbar.
3. Der Gefangene ist in jedem Fall zur Arbeit verpflichtet, die ihm zugewiesen wird.

Art. 38 Bedingte Entlassung

1. Hat der zu Zuchthaus oder Gefängnis Verurteilte zwei Drittel der Strafe, bei Gefängnis mindestens drei Monate, verbüsst, so kann ihn die zuständige Behörde bedingt entlassen, wenn sein Verhalten während des Strafvollzuges nicht dagegen spricht und anzunehmen ist, er werde sich in der Freiheit bewähren.
Hat ein zu lebenslänglicher Zuchthausstrafe Verurteilter 15 Jahre erstanden, so kann ihn die zuständige Behörde bedingt entlassen.
Die zuständige Behörde prüft von Amtes wegen, ob der Gefangene bedingt entlassen werden kann. Sie holt einen Bericht der Anstaltsleitung ein. Sie hört den Verurteilten an, wenn er kein Gesuch gestellt hat oder wenn auf Gesuch hin eine bedingte Entlassung nicht ohne weiteres gegeben ist.
2. Die zuständige Behörde bestimmt dem bedingt Entlassenen eine Probezeit, während der er unter Schutzaufsicht gestellt werden kann. Diese Probezeit beträgt mindestens ein und höchstens fünf Jahre. Wird ein zu lebenslänglicher Zuchthausstrafe Verurteilter bedingt entlassen, so beträgt die Probezeit fünf Jahre.
3. Die zuständige Behörde kann dem bedingt Entlassenen Weisungen über sein Verhalten während der Probezeit erteilen, insbesondere über Berufsausübung, Aufenthalt, ärztliche Betreuung, Verzicht auf alkoholische Getränke und Schadensdeckung.
4. Begeht der Entlassene während der Probezeit eine strafbare Handlung, für die er zu einer drei Monate übersteigenden und unbedingt zu vollziehenden Freiheitsstrafe verurteilt wird, so ordnet die zuständige Behörde die Rückversetzung an. Wird der Entlassene zu einer milderen oder zu einer bedingt zu vollziehenden Strafe verurteilt, so kann die zuständige Behörde von der Rückversetzung Umgang nehmen.
Handelt der Entlassene trotz förmlicher Mahnung der zuständigen Behörde einer ihm erteilten Weisung zuwider, entzieht er sich beharrlich der Schutzaufsicht oder täuscht er in anderer Weise das auf ihn gesetzte Vertrauen, so ordnet die zuständige Behörde die Rückversetzung an. In leichten Fällen kann sie davon Umgang nehmen.
Die Haft während des Rückversetzungsverfahrens ist auf den noch zu verbüssenden Strafrest anzurechnen.
Wird von der Rückversetzung Umgang genommen, so kann die zuständige Behörde den Entlassenen verwarnen, ihm weitere Weisungen erteilen und die Probezeit höchstens um die Hälfte der ursprünglich festgesetzten Dauer verlängern.
Trifft eine durch den Entscheid über die Rückversetzung vollziehbar gewordene Reststrafe mit dem Vollzug einer Massnahme nach Artikel 43, 44 oder 100bis zusammen, so ist der Vollzug aufzuschieben.

Der Vollzug der Reststrafe kann nicht mehr angeordnet werden, wenn seit Ablauf der Probezeit fünf Jahre verstrichen sind.

5. Bewährt sich der Entlassene bis zum Ablauf der Probezeit, so ist er endgültig entlassen.

Art. 39 Haftstrafe

1. Die Haftstrafe ist die leichteste Freiheitsstrafe. Ihre kürzeste Dauer ist ein Tag, die längste Dauer drei Monate.

Ist im Gesetz neben der Gefängnisstrafe wahlweise Busse angedroht, so kann der Richter statt auf Gefängnis auf Haft erkennen.

2. Die Haftstrafe wird in einer besondern Anstalt vollzogen, jedenfalls aber in Räumen, die nicht dem Vollzug anderer Freiheitsstrafen oder von Massnahmen dienen.

3. Der Haftgefangene wird zur Arbeit angehalten. Es ist ihm gestattet, sich angemessene Arbeit selbst zu beschaffen. Macht er von dieser Befugnis keinen Gebrauch, so ist er zur Leistung der ihm zugewiesenen Arbeit verpflichtet.

Wenn es die Umstände rechtfertigen, kann er ausserhalb der Anstalt mit Arbeit beschäftigt werden, die ihm zugewiesen wird.

Art. 40 Unterbrechung des Vollzuges

¹ Der Vollzug einer Freiheitsstrafe darf nur aus wichtigen Gründen unterbrochen werden.

² Muss der Verurteilte während des Strafvollzuges in eine Heil- oder Pflegeanstalt verbracht werden, so wird ihm der Aufenthalt in dieser Anstalt auf die Strafe angerechnet. Die zuständige Behörde kann die Anrechnung ganz oder teilweise ausschliessen, wenn die Verbringung in die Heil- oder Pflegeanstalt wegen Krankheiten oder anderer Ursachen erforderlich wurde, die offenkundig schon vor dem Strafantritt bestanden haben. Die Anrechnung unterbleibt, wenn der Verurteilte die Verbringung arglistig veranlasst oder soweit er die Verlängerung des Aufenthalts in der Anstalt arglistig herbeigeführt hat.

Art. 41 Bedingter Strafvollzug

1. Der Richter kann den Vollzug einer Freiheitsstrafe von nicht mehr als 18 Monaten oder einer Nebenstrafe aufschieben, wenn Vorleben und Charakter des Verurteilten erwarten lassen, er werde dadurch von weitern Verbrechen oder Vergehen abgehalten, und wenn er den gerichtlich oder durch Vergleich festgestellten Schaden, soweit es ihm zuzumuten war, ersetzt hat.

Der Aufschub ist nicht zulässig, wenn der Verurteilte innerhalb der letzten fünf Jahre vor der Tat wegen eines vorsätzlich begangenen Verbrechens oder Vergehens eine Zuchthaus- oder eine Gefängnisstrafe von mehr als drei Monaten verbüsst hat. Ausländische Urteile sind den schweizerischen gleichgestellt, wenn sie den Grundsätzen des schweizerischen Rechts nicht widersprechen.

Schiebt der Richter den Strafvollzug auf, so bestimmt er dem Verurteilten eine Probezeit von zwei bis zu fünf Jahren.

Beim Zusammentreffen mehrerer Strafen kann der Richter den bedingten Vollzug auf einzelne derselben beschränken.

2. Der Richter kann den Verurteilten unter Schutzaufsicht stellen. Er kann ihm für sein Verhalten während der Probezeit bestimmte Weisungen erteilen, insbesondere über Berufsausübung, Aufenthalt, ärztliche Betreuung, Verzicht auf alkoholische Getränke und Schadensdeckung innerhalb einer bestimmten Frist.

Die Umstände, die den bedingten Strafvollzug rechtfertigen oder ausschliessen, sowie die Weisungen des Richters sind im Urteil festzuhalten. Der Richter kann die Weisungen nachträglich ändern.

3. Begeht der Verurteilte während der Probezeit ein Verbrechen oder Vergehen, handelt er trotz förmlicher Mahnung des Richters einer ihm erteilten Weisung zuwider, entzieht er sich beharrlich der Schutzaufsicht oder täuscht er in anderer Weise das auf ihn gesetzte Vertrauen, so lässt der Richter die Strafe vollziehen.

Wenn begründete Aussicht auf Bewährung besteht, kann der Richter in leichten Fällen statt dessen, je nach den Umständen, den Verurteilten verwarnen, zusätzliche Massnahmen nach Ziffer 2 anordnen und die im Urteil bestimmte Probezeit um höchstens die Hälfte verlängern.

Bei Verbrechen oder Vergehen während der Probezeit entscheidet der dafür zuständige Richter auch über den Vollzug der bedingt aufgeschobenen Strafe oder deren Ersatz durch die vorgesehenen Massnahmen. In den übrigen Fällen ist der Richter zuständig, der den bedingten Strafvollzug angeordnet hat.

Trifft eine durch den Widerruf vollziehbar erklärte Strafe mit dem Vollzug einer Massnahme nach Artikel 43, 44 oder 100bis zusammen, so ist der Strafvollzug aufzuschieben.

Der Vollzug der aufgeschobenen Strafe kann nicht mehr angeordnet werden, wenn seit Ablauf der Probezeit fünf Jahre verstrichen sind.

4. Bewährt sich der Verurteilte bis zum Ablauf der Probezeit und sind die Bussen und die unbedingt ausgesprochenen Nebenstrafen vollzogen, so verfügt die zuständige Behörde des Urteilskantons die Löschung des Urteils im Strafregister.

Art. 42 2. Sichernde Massnahmen.
Verwahrung von Gewohnheitsverbrechern

1. Hat der Täter schon zahlreiche Verbrechen oder Vergehen vorsätzlich verübt und wurde ihm deswegen durch Zuchthaus- oder Gefängnisstrafen oder eine Arbeitserziehungsmassnahme die Freiheit während insgesamt mindestens zwei Jahren entzogen, oder war er an Stelle des Vollzugs von Freiheitsstrafen bereits als Gewohnheitsverbrecher verwahrt, und begeht er innert fünf Jahren seit der endgültigen Entlassung ein

neues vorsätzliches Verbrechen oder Vergehen, das seinen Hang zu Verbrechen oder Vergehen bekundet, so kann der Richter an Stelle des Vollzuges einer Zuchthaus- oder Gefängnisstrafe Verwahrung anordnen.
Der Richter lässt den geistigen Zustand des Täters soweit erforderlich untersuchen.

2. Die Verwahrung ist in einer offenen oder geschlossenen Anstalt zu vollziehen, jedoch in keinem Falle in einer Anstalt für Erstmalige, in einer Haftanstalt, in einer Arbeitserziehungsanstalt oder in einer Trinkerheilanstalt.

3. Der Verwahrte ist zur Arbeit verpflichtet, die ihm zugewiesen wird.

Verwahrte, die mindestens die Hälfte der Strafzeit und wenigstens zwei Jahre in der Anstalt verbracht und sich dort bewährt haben, können ausserhalb der Anstalt beschäftigt werden. Diese Erleichterung kann ausnahmsweise auch andern Verwahrten gewährt werden, wenn es ihr Zustand erfordert.

4. Der Verwahrte bleibt mindestens bis zum Ablauf von zwei Dritteln der Strafdauer und wenigstens drei Jahre in der Anstalt. Die vom Richter nach Artikel 69 auf die Strafe angerechnete Untersuchungshaft ist dabei zu berücksichtigen.

Die zuständige Behörde verfügt auf das Ende der Mindestdauer die bedingte Entlassung für drei Jahre, wenn sie annimmt, die Verwahrung sei nicht mehr nötig, und stellt den Entlassenen unter Schutzaufsicht.

Im Falle der Rückversetzung beträgt die Mindestdauer der neuen Verwahrung in der Regel fünf Jahre.

5. Die Verwahrung kann auf Antrag der zuständigen Behörde vom Richter ausnahmsweise schon vor Ende der Mindestdauer von drei Jahren aufgehoben werden, wenn kein Grund zur Verwahrung mehr besteht und zwei Drittel der Strafdauer abgelaufen sind.

Art. 43 Massnahmen an geistig Abnormen

1. Erfordert der Geisteszustand des Täters, der eine vom Gesetz mit Zuchthaus oder Gefängnis bedrohte Tat begangen hat, die damit im Zusammenhang steht, ärztliche Behandlung oder besondere Pflege und ist anzunehmen, dadurch lasse sich die Gefahr weiterer mit Strafe bedrohter Taten verhindern oder vermindern, so kann der Richter Einweisung in eine Heil- oder Pflegeanstalt anordnen. Er kann ambulante Behandlung anordnen, sofern der Täter für Dritte nicht gefährlich ist.

Gefährdet der Täter infolge seines Geisteszustandes die öffentliche Sicherheit in schwerwiegender Weise, so wird vom Richter seine Verwahrung angeordnet, wenn diese Massnahme notwendig ist, um ihn vor weiterer Gefährdung anderer abzuhalten. Die Verwahrung wird in einer geeigneten Anstalt vollzogen.

Der Richter trifft seinen Entscheid auf Grund von Gutachten über den körperlichen und geistigen Zustand des Täters und über die Verwahrungs-, Behandlungs- oder Pflegebedürftigkeit.

2. Wird vom Richter Einweisung in eine Heil- oder Pflegeanstalt oder Verwahrung angeordnet, so schiebt er im Falle einer Freiheitsstrafe deren Vollzug auf.

Zwecks ambulanter Behandlung kann der Richter den Vollzug der Strafe aufschieben, um der Art der Behandlung Rechnung zu tragen. Er kann in diesem Falle entsprechend Artikel 41 Ziffer 2 Weisungen erteilen und wenn nötig eine Schutzaufsicht anordnen.

3. Wird die Behandlung in der Anstalt als erfolglos eingestellt, so entscheidet der Richter, ob und wieweit aufgeschobene Strafen noch vollstreckt werden sollen.

Erweist sich die ambulante Behandlung als unzweckmässig oder für andere gefährlich, erfordert jedoch der Geisteszustand des Täters eine ärztliche Behandlung oder besondere Pflege, so wird vom Richter Einweisung in eine Heil- oder Pflegeanstalt angeordnet. Ist Behandlung in einer solchen Anstalt unnötig, so entscheidet der Richter, ob und wieweit aufgeschobene Strafen noch vollstreckt werden sollen.

An Stelle des Strafvollzugs kann der Richter eine andere sichernde Massnahme anordnen, wenn deren Voraussetzungen erfüllt sind.

4. Die zuständige Behörde beschliesst die Aufhebung der Massnahme, wenn ihr Grund weggefallen ist.

Ist der Grund der Massnahme nicht vollständig weggefallen, so kann die zuständige Behörde eine probeweise Entlassung aus der Anstalt oder der Behandlung anordnen. Sie kann den Entlassenen unter Schutzaufsicht stellen. Probezeit und Schutzaufsicht werden von ihr aufgehoben, wenn sie nicht mehr nötig sind.

Die zuständige Behörde hat ihren Beschluss dem Richter vor der Entlassung mitzuteilen.

5. Der Richter entscheidet nach Anhören des Arztes, ob und wieweit aufgeschobene Strafen im Zeitpunkt der Entlassung aus der Anstalt oder nach Beendigung der Behandlung noch vollstreckt werden sollen. Er kann insbesondere vom Strafvollzug ganz absehen, wenn zu befürchten ist, dass dieser den Erfolg der Massnahme erheblich gefährdet.

Die Dauer des Freiheitsentzugs durch Vollzug der Massnahme in einer Anstalt ist auf die Dauer einer bei ihrer Anordnung aufgeschobenen Strafe anzurechnen.

Die zuständige Behörde äussert sich bei der Mitteilung ihres Beschlusses zur Frage, ob sie der Ansicht ist, der Vollzug von Strafen sei für den Entlassenen nachteilig.

Art. 44   Behandlung von Trunk- und Rauschgiftsüchtigen

1. Ist der Täter trunksüchtig und steht die von ihm begangene Tat damit im Zusammenhang, so kann der Richter seine Einweisung in eine Trinkerheilanstalt oder, wenn nötig, in eine andere Heilanstalt anordnen, um die Gefahr künftiger Verbrechen oder Vergehen zu verhüten. Der Richter kann auch ambulante Behandlung anordnen. Artikel 43 Ziffer 2 ist entsprechend anwendbar.

Der Richter holt, soweit erforderlich, ein Gutachten über den körperlichen und geistigen Zustand des Täters sowie über die Zweckmässigkeit der Behandlung ein.

2. Die Trinkerheilanstalt ist von den übrigen Anstalten dieses Gesetzes getrennt zu führen.

3. Zeigt sich, dass der Eingewiesene nicht geheilt werden kann oder sind die Voraussetzungen der bedingten Entlassung nach zwei Jahren Aufenthalt in der Anstalt noch nicht eingetreten, so entscheidet nach Einholung eines Berichts der Anstaltsleitung der Richter, ob und wieweit aufgeschobene Strafen noch vollstreckt werden sollen.

An Stelle des Strafvollzuges kann der Richter eine andere sichernde Massnahme anordnen, wenn deren Voraussetzungen erfüllt sind.

4. Hält die zuständige Behörde den Eingewiesenen für geheilt, so beschliesst sie dessen Entlassung aus der Anstalt.

Die zuständige Behörde kann ihn für ein bis drei Jahre bedingt entlassen und ihn für diese Zeit unter Schutzaufsicht stellen.

Die zuständige Behörde hat ihren Beschluss dem Richter vor der Entlassung mitzuteilen.

5. Der Richter entscheidet, ob und wieweit aufgeschobene Strafen im Zeitpunkt der Entlassung aus der Anstalt oder der Behandlung noch vollstreckt werden sollen. Die zuständige Behörde äussert sich hierüber bei der Mitteilung ihres Beschlusses. Die Dauer des Freiheitsentzuges durch den Vollzug der Massnahme in einer Anstalt ist auf die Dauer der bei ihrer Anordnung aufgeschobenen Strafe anzurechnen.

6. Dieser Artikel ist sinngemäss auf Rauschgiftsüchtige anwendbar. Erweist sich ein zu einer Strafe verurteilter Rauschgiftsüchtiger nachträglich als behandlungsbedürftig, behandlungsfähig und behandlungswillig, so kann ihn der Richter auf sein Gesuch hin in eine Anstalt für Rauschgiftsüchtige einweisen und den Vollzug der noch nicht verbüssten Strafe aufschieben.

Art. 45   Bedingte und probeweise Entlassung

1. Die zuständige Behörde prüft von Amtes wegen, ob und wann die bedingte oder probeweise Entlassung anzuordnen ist.

In Bezug auf die bedingte oder probeweise Entlassung aus einer Anstalt nach Artikel 42 oder 43 hat die zuständige Behörde mindestens einmal jährlich Beschluss zu fassen, bei Verwahrung nach Artikel 42 erstmals auf das Ende der gesetzlichen Mindestdauer.

In allen Fällen hat sie vor dem Entscheid den zu Entlassenden oder seinen Vertreter anzuhören und von der Anstaltsleitung einen Bericht einzuholen.

2. Die zuständige Behörde kann dem Entlassenen Weisungen über sein Verhalten während der Probezeit erteilen, insbesondere über Berufsausübung, Aufenthalt, ärztliche Betreuung, Verzicht auf alkoholische Getränke und Schadensdeckung.

3. Begeht der Entlassene während der Probezeit ein Verbrechen oder Vergehen, für das er zu einer drei Monate übersteigenden und unbedingt zu vollziehenden Freiheitsstrafe verurteilt wird, so beantragt die zuständige Behörde dem Richter den Vollzug aufgeschobener Strafen oder ordnet die Rückversetzung an.

Wird der Entlassene zu einer milderen oder zu einer bedingt zu vollziehenden Strafe verurteilt, so kann die zuständige Behörde von einem Antrag an den Richter auf Vollzug aufgeschobener Strafen absehen und von der Rückversetzung Umgang nehmen.

Art. 46

Handelt der Entlassene trotz förmlicher Mahnung der zuständigen Behörde einer ihm erteilten Weisung zuwider, entzieht er sich beharrlich der Schutzaufsicht oder täuscht er in anderer Weise das auf ihn gesetzte Vertrauen, so beantragt die zuständige Behörde dem Richter den Vollzug aufgeschobener Strafen oder ordnet die Rückversetzung an. In leichten Fällen kann die zuständige Behörde von einem Antrag auf Vollzug aufgeschobener Strafen absehen und von der Rückversetzung Umgang nehmen.

Wird von der Rückversetzung Umgang genommen, so kann die zuständige Behörde den Entlassenen verwarnen, ihm weitere Weisungen erteilen und die Probezeit höchstens um die Hälfte der ursprünglich festgesetzten Dauer verlängern.

Die zuständige Behörde kann die Rückversetzung auch anordnen, wenn es sich herausstellt, dass der Zustand des Täters dies erfordert.

Bei Rückversetzung in den Vollzug der Massnahme des Artikels 44 beträgt die neue Höchstdauer zwei Jahre. Die Gesamtdauer der Massnahme bei mehrfacher Rückversetzung darf jedoch sechs Jahre nicht überschreiten.

Diese Ziffer gilt sinngemäss, wenn eine ambulante Behandlung unter Aufschub der Strafe gemäss Artikel 43 oder 44 angeordnet wurde.

4. Bewährt sich der Entlassene bis zum Ablauf der Probezeit, so ist er endgültig entlassen.

5. Artikel 40 über Unterbrechung des Vollzugs ist anwendbar, soweit der Zweck der Massnahme dies zulässt.

6. Sind seit der Verurteilung, dem Rückversetzungsbeschluss oder der Unterbrechung der Massnahme mehr als fünf Jahre verstrichen, ohne dass deren Vollzug begonnen oder fortgesetzt werden konnte, so entscheidet der Richter, ob und wieweit die nicht vollzogenen Strafen noch vollstreckt werden sollen, wenn die Massnahme nicht mehr nötig ist. Für die Verwahrung ist die Frist zehn Jahre; im Fall der Strafverjährung ist auch die Verwahrung nicht mehr zu vollziehen.

Art. 46 3. Gemeinsame Bestimmungen für Freiheitsstrafen und sichernde Massnahmen

1. In allen Anstalten werden Männer und Frauen getrennt.

2. In der Anstalt sind die dem seelischen, geistigen und körperlichen Wohl der Eingewiesenen dienenden geeigneten Massnahmen zu treffen und die entsprechenden Einrichtungen bereitzustellen.

3. Dem Rechtsanwalt und dem nach kantonalem Recht anerkannten Rechtsbeistand stehen in einem gerichtlichen oder administrativen Verfahren innerhalb der allgemeinen Anstaltsordnung das Recht zum freien Verkehr mit dem Eingewiesenen zu, soweit nicht eidgenössische oder kantonale Verfahrensgesetze entgegenstehen. Bei Missbrauch kann die Anstaltsleitung mit Zustimmung der zuständigen Behörde den freien Verkehr untersagen.

Der Briefverkehr mit Aufsichtsbehörden ist gewährleistet.

Art. 47 Schutzaufsicht

¹ Die Schutzaufsicht sucht den ihr Anvertrauten zu einem ehrlichen Fortkommen zu verhelfen, indem sie ihnen mit Rat und Tat beisteht, namentlich bei der Beschaffung von Unterkunft und Arbeit.

² Sie beaufsichtigt die ihr Anvertrauten unauffällig, so dass ihr Fortkommen nicht erschwert wird.

³ Sie hat darauf zu achten, dass trunksüchtige, rauschgiftsüchtige oder wegen ihres geistigen oder körperlichen Zustandes zu Rückfällen neigende Schützlinge in einer geeigneten Umgebung untergebracht und, wenn nötig, ärztlich betreut werden.

Art. 48 4. Busse.
Betrag

1. Bestimmt es das Gesetz nicht ausdrücklich anders, so ist der Höchstbetrag der Busse 40 000 Franken.

Handelt der Täter aus Gewinnsucht, so ist der Richter an diesen Höchstbetrag nicht gebunden.

2. Der Richter bestimmt den Betrag der Busse je nach den Verhältnissen des Täters so, dass dieser durch die Einbusse die Strafe erleidet, die seinem Verschulden angemessen ist.

Für die Verhältnisse des Täters sind namentlich von Bedeutung sein Einkommen und sein Vermögen, sein Familienstand und seine Familienpflichten, sein Beruf und Erwerb, sein Alter und seine Gesundheit.

3. Stirbt der Verurteilte, so fällt die Busse weg.

Art. 49 Vollzug

1. Die zuständige Behörde bestimmt dem Verurteilten eine Frist von einem bis zu drei Monaten zur Zahlung. Hat der Verurteilte in der Schweiz keinen festen Wohnsitz, so ist er anzuhalten, die Busse sofort zu bezahlen oder Sicherheit dafür zu leisten.

Die zuständige Behörde kann dem Verurteilten gestatten, die Busse in Teilzahlungen zu entrichten, deren Betrag und Fälligkeit sie nach seinen Verhältnissen bestimmt. Sie kann ihm auch gestatten, die Busse durch freie Arbeit, namentlich für den Staat oder eine Gemeinde abzuverdienen. Die zuständige Behörde kann in diesen Fällen die gewährte Frist verlängern.

2. Bezahlt der Verurteilte die Busse in der ihm bestimmten Zeit nicht und verdient er sie auch nicht ab, so ordnet die zuständige Behörde die Betreibung gegen ihn an, wenn ein Ergebnis davon zu erwarten ist.

3. Bezahlt der Verurteilte die Busse nicht und verdient er sie auch nicht ab, so wird sie durch den Richter in Haft umgewandelt.

Art. 50

Der Richter kann im Urteile selbst oder durch nachträglichen Beschluss die Umwandlung ausschliessen, wenn ihm der Verurteilte nachweist, dass er schuldlos ausserstande ist, die Busse zu bezahlen. Bei nachträglicher Ausschliessung der Umwandlung ist das Verfahren unentgeltlich.

Im Falle der Umwandlung werden 30 Franken Busse einem Tag Haft gleichgesetzt, doch darf die Umwandlungsstrafe die Dauer von drei Monaten nicht übersteigen. Die Bestimmungen über den bedingten Strafvollzug sind auf die Umwandlungsstrafe anwendbar.

4. Sind die Voraussetzungen von Artikel 41 Ziffer 1 gegeben, so kann der Richter im Urteil anordnen, dass der Eintrag der Verurteilung zu einer Busse im Strafregister zu löschen sei, wenn der Verurteilte bis zum Ablauf einer vom Richter anzusetzenden Probezeit von einem bis zu zwei Jahren nicht wegen einer während dieser Zeit begangenen strafbaren Handlung verurteilt wird und wenn die Busse bezahlt, abverdient oder erlassen ist. Artikel 41 Ziffern 2 und 3 sind sinngemäss anwendbar.

Die Löschung ist von der zuständigen Behörde des mit dem Vollzug betrauten Kantons von Amtes wegen vorzunehmen.

Art. 50   Verbindung mit Freiheitsstrafe

1 Handelt der Täter aus Gewinnsucht, so kann ihn der Richter neben der Freiheitsstrafe zu Busse verurteilen.

2 Ist im Gesetz wahlweise Freiheitsstrafe oder Busse angedroht, so kann der Richter in jedem Falle die beiden Strafen verbinden.

Art. 51   5. Nebenstrafen.
Amtsunfähigkeit

1. Wer als Behördemitglied oder Beamter durch ein Verbrechen oder Vergehen sich des Vertrauens unwürdig erwiesen hat, ist vom Richter auf zwei bis zehn Jahre unfähig zu erklären, Mitglied einer Behörde oder Beamter zu sein.

2. Wer zu Zuchthaus oder Gefängnis verurteilt wird, kann vom Richter auf zwei bis zehn Jahre von der Wählbarkeit als Behördemitglied oder Beamter ausgeschlossen werden, wenn er sich durch seine Tat des Vertrauens unwürdig erwiesen hat.

Wer als Gewohnheitsverbrecher nach Artikel 42 in eine Verwahrungsanstalt eingewiesen wird, bleibt zehn Jahre lang nicht wählbar.

3. Die Folgen der Amtsunfähigkeit treten mit der Rechtskraft des Urteils ein.

Die Dauer wird vom Tage an gerechnet, an welchem die Freiheitsstrafe verbüsst oder erlassen ist, bei bedingter Entlassung für den in der Probezeit sich bewährenden Täter beginnend mit dem Tage, an dem er bedingt entlassen wurde, bei der Verwahrung mit dem Tag der endgültigen Entlassung.

Art. 52

Aufgehoben.

Art. 53 Entziehung der elterlichen Gewalt und der Vormundschaft

¹ Hat jemand seine elterlichen oder die ihm als Vormund oder Beistand obliegenden Pflichten durch ein Verbrechen oder Vergehen verletzt, für das er zu einer Freiheitsstrafe verurteilt wird, so kann ihm der Richter die elterliche Gewalt oder das Amt des Vormundes oder Beistandes entziehen und ihn unfähig erklären, die elterliche Gewalt auszuüben oder Vormund oder Beistand zu sein.

² In andern Fällen, in welchen der Richter den Verurteilten infolge der Begehung des Verbrechens oder des Vergehens für unwürdig hält, die elterliche Gewalt oder das Amt des Vormundes oder Beistandes auszuüben, macht er der Vormundschaftsbehörde davon Mitteilung.

Art. 54 Verbot, einen Beruf, ein Gewerbe oder ein Handelsgeschäft auszuüben

¹ Hat jemand in der von einer behördlichen Bewilligung abhängigen Ausübung eines Berufes, Gewerbes oder Handelsgeschäftes ein Verbrechen oder ein Vergehen begangen, für das er zu einer drei Monate übersteigenden Freiheitsstrafe verurteilt worden ist, und besteht die Gefahr weitern Missbrauches, so kann ihm der Richter die Ausübung des Berufes, des Gewerbes oder des Handelsgeschäftes für sechs Monate bis zu fünf Jahren untersagen.

² Das Verbot wird mit der Rechtskraft des Urteils wirksam. Wird der Verurteilte bedingt entlassen, so entscheidet die zuständige Behörde, ob und unter welchen Bedingungen der Beruf, das Gewerbe oder das Handelsgeschäft probeweise ausgeübt werden darf.

³ War dem bedingt Entlassenen die Weiterführung des Berufes, Gewerbes oder Handelsgeschäftes probeweise gestattet und bewährt er sich bis zum Ablauf der Probezeit, so wird die Nebenstrafe nicht mehr vollzogen. Wurde die Weiterführung nicht gestattet, so berechnet sich die Dauer des Verbotes vom Tage der bedingten Entlassung an.

⁴ Wurde eine bedingte Entlassung nicht gewährt oder hat der bedingt Entlassene die Probezeit nicht bestanden, so wird die Dauer des Verbots von dem Tage an gerechnet, an dem die Freiheitsstrafe oder deren Rest verbüsst oder erlassen ist.

Art. 55 Landesverweisung

¹ Der Richter kann den Ausländer, der zu Zuchthaus oder Gefängnis verurteilt wird, für 3 bis 15 Jahre aus dem Gebiete der Schweiz verweisen. Bei Rückfall kann Verweisung auf Lebenszeit ausgesprochen werden.

² Wird der Verurteilte bedingt entlassen, so entscheidet die zuständige Behörde, ob und unter welchen Bedingungen der Vollzug der Landesverweisung probeweise aufgeschoben werden soll.

³ Hat sich ein bedingt Entlassener bis zum Ablauf der Probezeit bewährt, so wird die aufgeschobene Landesverweisung nicht mehr vollzogen. Wurde der Aufschub nicht gewährt, so wird die Dauer der Landesverweisung von dem Tag hinweg berechnet, an welchem der bedingt Entlassene die Schweiz verlassen hat.

⁴ Wurde eine bedingte Entlassung nicht gewährt oder hat der bedingt Entlassene die Probezeit nicht bestanden, so wird die Verweisung an dem Tage wirksam, an dem die Freiheitsstrafe oder deren Rest verbüsst oder erlassen ist.

Art. 56   Wirtshausverbot

¹ Ist ein Verbrechen oder ein Vergehen auf übermässigen Genuss geistiger Getränke zurückzuführen, so kann der Richter dem Schuldigen, neben der Strafe, den Besuch von Wirtschaftsräumen, in denen alkoholhaltige Getränke verabreicht werden, für sechs Monate bis zu zwei Jahren verbieten. Bei besondern Verhältnissen kann die Wirksamkeit des Verbotes auf ein bestimmt umschriebenes Gebiet beschränkt werden.

² Die Kantone treffen die Anordnungen über die Bekanntgabe des Wirtshausverbotes.

³ Das Verbot wird mit der Rechtskraft des Urteils wirksam. Lautet das Urteil auf Freiheitsstrafe, so wird die Dauer des Verbotes von dem Tag an gerechnet, an dem die Freiheitsstrafe verbüsst oder erlassen ist. Hat sich ein bedingt Entlassener während der Probezeit bewährt, so wird die Dauer des Verbots vom Tage der bedingten Entlassung an gerechnet. Der Richter kann nach bestandener Probezeit das Wirtshausverbot aufheben.

Art. 57   6. Andere Massnahmen.
Friedensbürgschaft

1. Besteht die Gefahr, dass jemand ein Verbrechen oder ein Vergehen, mit dem er gedroht hat, ausführen werde, oder legt jemand, der wegen eines Verbrechens oder eines Vergehens verurteilt wird, die bestimmte Absicht an den Tag, die Tat zu wiederholen, so kann ihm der Richter auf Antrag des Bedrohten das Versprechen abnehmen, die Tat nicht auszuführen, und ihn anhalten, angemessene Sicherheit dafür zu leisten.

2. Verweigert er das Versprechen, oder leistet er böswillig die Sicherheit nicht innerhalb der bestimmten Frist, so kann ihn der Richter durch Sicherheitshaft dazu anhalten. Die Sicherheitshaft darf nicht länger als zwei Monate dauern und wird wie die Haft vollzogen.

3. Begeht er das Verbrechen oder das Vergehen innerhalb von zwei Jahren, nachdem er die Sicherheit geleistet hat, so verfällt die Sicherheit dem Staate. Andernfalls wird sie zurückgegeben.

Art. 58   Einziehung
a. Sicherungseinziehung

¹ Der Richter verfügt ohne Rücksicht auf die Strafbarkeit einer bestimmten Person die Einziehung von Gegenständen, die zur Begehung einer strafbaren Handlung gedient haben oder bestimmt waren, oder die durch eine strafbare Handlung hervorgebracht worden sind, wenn diese Gegenstände die Sicherheit von Menschen, die Sittlichkeit oder die öffentliche Ordnung gefährden.

² Der Richter kann anordnen, dass die eingezogenen Gegenstände unbrauchbar gemacht oder vernichtet werden.

Art. 59   b. Einziehung von Vermögenswerten

1. Der Richter verfügt die Einziehung von Vermögenswerten, die durch eine strafbare Handlung erlangt worden sind oder dazu bestimmt waren, eine strafbare Handlung zu veranlassen oder zu belohnen, sofern sie nicht dem Verletzten zur Wiederherstellung des rechtmässigen Zustandes ausgehändigt werden.

Die Einziehung ist ausgeschlossen, wenn ein Dritter die Vermögenswerte in Unkenntnis der Einziehungsgründe erworben hat und soweit er für sie eine gleichwertige Gegenleistung erbracht hat oder die Einziehung ihm gegenüber sonst eine unverhältnismässige Härte darstellen würde.

Das Recht zur Einziehung verjährt nach sieben Jahren; ist jedoch die Verfolgung der strafbaren Handlung einer längeren Verjährungsfrist unterworfen, so findet diese Frist auch auf die Einziehung Anwendung.

Die Einziehung ist amtlich bekannt zu machen. Die Ansprüche Verletzter oder Dritter erlöschen fünf Jahre nach der amtlichen Bekanntmachung.

2. Sind die der Einziehung unterliegenden Vermögenswerte nicht mehr vorhanden, so erkennt der Richter auf eine Ersatzforderung des Staates in gleicher Höhe, gegenüber einem Dritten jedoch nur, soweit dies nicht nach Ziffer 1 Absatz 2 ausgeschlossen ist.

Der Richter kann von einer Ersatzforderung ganz oder teilweise absehen, wenn diese voraussichtlich uneinbringlich wäre oder die Wiedereingliederung des Betroffenen ernstlich behindern würde.

Die Untersuchungsbehörde kann im Hinblick auf die Durchsetzung der Ersatzforderung Vermögenswerte des Betroffenen mit Beschlag belegen. Die Beschlagnahme begründet bei der Zwangsvollstreckung der Ersatzforderung kein Vorzugsrecht zugunsten des Staates.

3. Der Richter verfügt die Einziehung aller Vermögenswerte, welche der Verfügungsmacht einer kriminellen Organisation unterliegen. Bei Vermögenswerten einer Person, die sich an einer kriminellen Organisation beteiligt oder sie unterstützt hat (Art. 260ter), wird die Verfügungsmacht der Organisation bis zum Beweis des Gegenteils vermutet.

4. Lässt sich der Umfang der einzuziehenden Vermögenswerte nicht oder nur mit unverhältnismässigem Aufwand ermitteln, so kann der Richter ihn schätzen.

Art. 60 Verwendungen zugunsten des Geschädigten

¹ Erleidet jemand durch ein Verbrechen oder ein Vergehen einen Schaden, der nicht durch eine Versicherung gedeckt ist, und ist anzunehmen, dass der Schädiger den Schaden nicht ersetzen wird, so spricht der Richter dem Geschädigten auf dessen Verlangen bis zur Höhe des gerichtlich oder durch Vergleich festgesetzten Schadenersatzes zu:

a. die vom Verurteilten bezahlte Busse;
b. eingezogene Gegenstände und Vermögenswerte oder deren Verwertungserlös unter Abzug der Verwertungskosten;
c. Ersatzforderungen;
d. den Betrag der Friedensbürgschaft.

² Der Richter kann dies jedoch nur anordnen, wenn der Geschädigte den entsprechenden Teil seiner Forderung an den Staat abtritt.

³ Die Kantone sehen für den Fall, dass die Zusprechung nicht schon im Strafurteil möglich ist, ein einfaches und rasches Verfahren vor.

Art. 61 Veröffentlichung des Urteils

¹ Ist die Veröffentlichung eines Strafurteils im öffentlichen Interesse oder im Interesse des Verletzten oder Antragsberechtigten geboten, so ordnet sie der Richter auf Kosten des Verurteilten an.

² Ist die Veröffentlichung eines freisprechenden Urteils im öffentlichen Interesse oder im Interesse des Freigesprochenen geboten, so ordnet sie der Richter auf Staatskosten oder auf Kosten des Anzeigers an.

³ Die Veröffentlichung im Interesse des Verletzten, Antragsberechtigten oder Freigesprochenen erfolgt nur auf deren Antrag.

⁴ Der Richter bestimmt Art und Umfang der Veröffentlichung.

Art. 62 Strafregister

Über die Strafurteile und die Anordnung sichernder Massnahmen werden Register geführt (Art. 359–364).

Zweiter Abschnitt: Die Strafzumessung

Art. 63   1. Allgemeine Regel

Der Richter misst die Strafe nach dem Verschulden des Täters zu; er berücksichtigt die Beweggründe, das Vorleben und die persönlichen Verhältnisse des Schuldigen.

Art. 64   2. Strafmilderung.
Mildernde Umstände

Der Richter kann die Strafe mildern:
wenn der Täter gehandelt hat
aus achtungswerten Beweggründen,
in schwerer Bedrängnis,
unter dem Eindruck einer schweren Drohung,
auf Veranlassung einer Person, der er Gehorsam schuldig oder von der er abhängig ist;
wenn der Täter durch das Verhalten des Verletzten ernstlich in Versuchung geführt wurde;
wenn Zorn oder grosser Schmerz über eine ungerechte Reizung oder Kränkung ihn hingerissen hat;
wenn er aufrichtige Reue betätigt, namentlich den Schaden, soweit es ihm zuzumuten war, ersetzt hat;
wenn seit der Tat verhältnismässig lange Zeit verstrichen ist und der Täter sich während dieser Zeit wohl verhalten hat;
wenn der Täter im Alter von 18 bis 20 Jahren noch nicht die volle Einsicht in das Unrecht seiner Tat besass.

Art. 65   Strafsätze

Findet der Richter, die Strafe sei zu mildern, so erkennt er:
statt auf lebenslängliches Zuchthaus: auf Zuchthaus von mindestens zehn Jahren;
statt auf Zuchthaus mit besonders bestimmter Mindestdauer: auf Zuchthaus;
statt auf Zuchthaus: auf Gefängnis von sechs Monaten bis zu fünf Jahren;
statt auf Gefängnis mit besonders bestimmter Mindestdauer: auf Gefängnis;
statt auf Gefängnis: auf Haft oder Busse.

Art. 66 Strafmilderung nach freiem Ermessen

¹ Wo das Gesetz eine Strafmilderung nach freiem Ermessen vorsieht, ist der Richter an die Strafart und das Strafmass, die für Verbrechen oder Vergehen angedroht sind, nicht gebunden.

² Der Richter ist aber an das gesetzliche Mindestmass der Strafart gebunden.

Art. 66bis 2a Verzicht auf Weiterverfolgung und Strafbefreiung. Betroffenheit des Täters durch seine Tat

¹ Ist der Täter durch die unmittelbaren Folgen seiner Tat so schwer betroffen worden, dass eine Strafe unangemessen wäre, so sieht die zuständige Behörde von der Strafverfolgung, der Überweisung an das Gericht oder der Bestrafung ab.

² Unter der gleichen Voraussetzung ist vom Widerruf des bedingten Strafvollzuges oder der bedingten Entlassung abzusehen.

³ Als zuständige Behörden bezeichnen die Kantone Organe der Strafrechtspflege.

Art. 66ter Ehegatte oder Lebenspartner als Opfer

¹ Bei einfacher Körperverletzung (Art. 123 Ziff. 2 Abs. 3 und 4), wiederholten Tätlichkeiten (Art. 126 Abs. 2 Bst. b und c), Drohung (Art. 180 Abs. 2) und Nötigung (Art. 181) kann die zuständige Behörde der Strafrechtspflege das Verfahren provisorisch einstellen, wenn:

a. das Opfer der Ehegatte, beziehungsweise der noch nicht ein Jahr geschiedene Ehegatte oder der hetero- oder homosexuelle Lebenspartner, beziehungsweise der noch nicht ein Jahr getrennt lebende Ex-Lebenspartner des Täters ist; und

b. das Opfer oder, falls dieses nicht handlungsfähig ist, sein gesetzlicher Vertreter darum ersucht oder einem entsprechenden Antrag der zuständigen Behörde zustimmt.

² Das Verfahren wird wieder aufgenommen, wenn das Opfer oder, falls dieses nicht handlungsfähig ist, sein gesetzlicher Vertreter seine Zustimmung innerhalb von sechs Monaten seit der provisorischen Einstellung des Verfahrens schriftlich oder mündlich widerruft.

³ Wird die Zustimmung nicht widerrufen, verfügt die zuständige Behörde der Strafrechtspflege die definitive Einstellung.

⁴ Der definitive Einstellungsentscheid der letzten kantonalen Instanz unterliegt der Nichtigkeitsbeschwerde an den Kassationshof des Bundesgerichts. Beschwerdeberechtigt sind der Beschuldigte, der öffentliche Ankläger und das Opfer.

Erstes Buch Erster Teil: Verbrechen und Vergehen   **Art. 67**

Art. 67   3. Strafschärfung.
                Rückfall

1. Wird der Täter zu Zuchthaus oder Gefängnis verurteilt und sind zur Zeit der Tat noch nicht fünf Jahre vergangen, seit er eine Zuchthaus- oder Gefängnisstrafe ganz oder teilweise verbüsst hat, so erhöht der Richter die Dauer der Strafe, darf aber das Höchstmass der Strafart nicht überschreiten.

Dem Vollzug der Vorstrafe sind gleichgestellt der Vollzug einer sichernden Massnahme in einer Anstalt nach Artikel 42, 43, 44 oder einer Massnahme nach Artikel 100bis sowie der Erlass durch Begnadigung.

2. Der Vollzug entsprechender Vorstrafen oder Massnahmen im Ausland ist dem Vollzug in der Schweiz gleichgestellt, wenn das Urteil den Grundsätzen des schweizerischen Rechts nicht widerspricht.

Art. 68   Zusammentreffen von strafbaren Handlungen oder Strafbestimmungen

1. Hat jemand durch eine oder mehrere Handlungen mehrere Freiheitsstrafen verwirkt, so verurteilt ihn der Richter zu der Strafe der schwersten Tat und erhöht deren Dauer angemessen. Er kann jedoch das höchste Mass der angedrohten Strafe nicht um mehr als die Hälfte erhöhen. Dabei ist er an das gesetzliche Höchstmass der Strafart gebunden.

Hat der Täter mehrere Bussen verwirkt, so verurteilt ihn der Richter zu der Busse, die seinem Verschulden angemessen ist.

Nebenstrafen und Massnahmen können verhängt werden, auch wenn sie nur für eine der mehreren strafbaren Handlungen oder nur in einer der mehreren Strafbestimmungen angedroht sind.

2. Hat der Richter eine mit Freiheitsstrafe bedrohte Tat zu beurteilen, die der Täter begangen hat, bevor er wegen einer andern Tat zu Freiheitsstrafe verurteilt worden ist, so bestimmt der Richter die Strafe so, dass der Täter nicht schwerer bestraft wird, als wenn die mehreren strafbaren Handlungen gleichzeitig beurteilt worden wären.

Art. 69   4. Anrechnung der Untersuchungshaft

Der Richter rechnet dem Verurteilten die Untersuchungshaft auf die Freiheitsstrafe an, soweit der Täter die Untersuchungshaft nicht durch sein Verhalten nach der Tat herbeigeführt oder verlängert hat. Lautet das Urteil nur auf Busse, so kann er die Dauer der Untersuchungshaft in angemessener Weise berücksichtigen.

Dritter Abschnitt: Die Verjährung

Art. 70 1. Verfolgungsverjährung.
Fristen

¹ Die Strafverfolgung verjährt in:
a. 30 Jahren, wenn die Tat mit lebenslänglichem Zuchthaus bedroht ist;
b. 15 Jahren, wenn die Tat mit Gefängnis von mehr als drei Jahren oder mit Zuchthaus bedroht ist;
c. sieben Jahren, wenn die Tat mit einer anderen Strafe bedroht ist.

² Bei sexuellen Handlungen mit Kindern (Art. 187) und unmündigen Abhängigen (Art. 188) sowie bei Straftaten nach den Artikeln 111, 113, 122, 189–191, 195 und 196, die sich gegen ein Kind unter 16 Jahren richten, dauert die Verfolgungverjährung in jedem Fall mindestens bis zum vollendeten 25. Lebensjahr des Opfers.

³ Ist vor Ablauf der Verjährungsfrist ein erstinstanzliches Urteil ergangen, so tritt die Verjährung nicht mehr ein.

⁴ Die Verjährung der Strafverfolgung von sexuellen Handlungen mit Kindern (Art. 187) und unmündigen Abhängigen (Art. 188) sowie von Straftaten nach den Artikeln 111–113, 122, 189–191, 195 und 196, die sich gegen ein Kind unter 16 Jahren richten, bemisst sich nach den Absätzen 1–3, wenn die Straftat vor dem Inkrafttreten der Änderung vom 5. Oktober 2001 begangen worden ist und die Verfolgungsverjährung zu diesem Zeitpunkt noch nicht eingetreten ist.

Art. 71 Beginn

Die Verjährung beginnt:
a. mit dem Tag, an dem der Täter die strafbare Handlung ausführt;
b. wenn der Täter die strafbare Tätigkeit zu verschiedenen Zeiten ausführt, mit dem Tag, an dem er die letzte Tätigkeit ausführt;
c. wenn das strafbare Verhalten dauert, mit dem Tag, an dem dieses Verhalten aufhört.

Art. 72

Aufgehoben.

Art. 73 2. Vollstreckungsverjährung.
Fristen

1. Die Strafen verjähren:
lebenslängliche Zuchthausstrafe in 30 Jahren;

Zuchthausstrafe von zehn oder mehr Jahren in 25 Jahren;
Zuchthausstrafe von fünf bis zu zehn Jahren in 20 Jahren;
Zuchthausstrafe von weniger als fünf Jahren in 15 Jahren;
Gefängnis von mehr als einem Jahr in zehn Jahren;
jede andere Strafe in fünf Jahren.
2. Die Verjährung der Hauptstrafe zieht die Verjährung der Nebenstrafen nach sich.

Art. 74   Beginn

Die Verjährung beginnt mit dem Tag, an dem das Urteil rechtlich vollstreckbar wird, beim bedingten Strafvollzug oder beim Vollzug einer Massnahme mit dem Tag, an dem der Vollzug der Strafe angeordnet wird.

Art. 75   Ruhen und Unterbrechung

1. Die Verjährung einer Freiheitsstrafe ruht während des ununterbrochenen Vollzugs dieser oder einer andern Freiheitsstrafe oder sichernden Massnahme, die unmittelbar vorausgehend vollzogen wird, und während der Probezeit bei bedingter Entlassung.
2. Die Verjährung wird unterbrochen durch den Vollzug und durch jede auf Vollstreckung der Strafe gerichtete Handlung der Behörde, der die Vollstreckung obliegt.

Mit jeder Unterbrechung beginnt die Verjährungsfrist neu zu laufen. Jedoch ist die Strafe in jedem Falle verjährt, wenn die ordentliche Verjährungsfrist um die Hälfte überschritten ist.

Art. 75bis   3. Unverjährbarkeit

[1] Keine Verjährung tritt ein für Verbrechen, die

1. auf die Ausrottung oder Unterdrückung einer Bevölkerungsgruppe aus Gründen ihrer Staatsangehörigkeit, Rasse, Religion oder ihrer ethnischen, sozialen oder politischen Zugehörigkeit gerichtet waren oder
2. in den Genfer Übereinkommen vom 12. August 1949 und den andern von der Schweiz ratifizierten internationalen Vereinbarungen über den Schutz der Kriegsopfer als schwer bezeichnet werden, sofern die Tat nach Art ihrer Begehung besonders schwer war oder
3. als Mittel zu Erpressung oder Nötigung Leib und Leben von Menschen in Gefahr brachten oder zu bringen drohten, namentlich unter Verwendung von Massenvernichtungsmitteln, Auslösen von Katastrophen oder in Verbindung mit Geiselnahmen.

[2] Wäre die Strafverfolgung bei Anwendung der Artikel 70 und 71 verjährt, so kann der Richter die Strafe nach freiem Ermessen mildern.

Vierter Abschnitt: Die Rehabilitation

Art. 76

Aufgehoben.

Art. 77 Wiedereinsetzung in die Amtsfähigkeit

Ist der Täter unfähig erklärt worden, Mitglied einer Behörde oder Beamter zu sein, und ist das Urteil seit mindestens zwei Jahren vollzogen, so kann ihn der Richter auf sein Gesuch wieder wählbar erklären, wenn sein Verhalten dies rechtfertigt und wenn er den gerichtlich oder durch Vergleich festgestellten Schaden ersetzt hat.

Art. 78 Wiedereinsetzung in die elterliche Gewalt und in die Fähigkeit, Vormund zu sein

Ist der Täter für unfähig erklärt worden, die elterliche Gewalt auszuüben oder Vormund oder Beistand zu werden, und ist das Urteil seit mindestens zwei Jahren vollzogen, so kann der Richter ihn auf sein Gesuch, nach Anhörung der Vormundschaftsbehörde, in diese Fähigkeiten wieder einsetzen, wenn sein Verhalten dies rechtfertigt, und wenn er, soweit es ihm zuzumuten war, den gerichtlich oder durch Vergleich festgestellten Schaden ersetzt hat.

Art. 79 Aufhebung des Verbotes, einen Beruf, ein Gewerbe oder ein Handelsgeschäft auszuüben

Hat der Richter dem Täter die Ausübung eines Berufes, eines Gewerbes oder eines Handelsgeschäftes untersagt, und ist das Urteil seit mindestens zwei Jahren vollzogen, so kann der Richter ihn auf sein Gesuch zu der Ausübung des Berufes, des Gewerbes oder des Handelsgeschäftes wieder zulassen, wenn ein weiterer Missbrauch nicht zu befürchten ist, und wenn der Verurteilte den gerichtlich oder durch Vergleich festgestellten Schaden, soweit es ihm zuzumuten war, ersetzt hat.

Art. 80 Löschung des Eintrags im Strafregister

1. Der Strafregisterführer löscht den Eintrag von Amtes wegen, wenn seit dem Urteil über die richterlich zugemessene Dauer der Freiheitsstrafe hinaus folgende Fristen verstrichen sind:

bei Zuchthaus und Verwahrung nach Artikel 42: 20 Jahre,

bei Gefängnis, den übrigen sichernden Massnahmen und der Massnahme nach Artikel 100bis: 15 Jahre, bei Haft und den nach Artikel 37bis Ziffer 1 vollziehbaren Gefängnisstrafen von nicht mehr als drei Monaten: zehn Jahre.

Bei Busse als Hauptstrafe wird der Eintrag zehn Jahre nach dem Urteil gelöscht.

2. Der Richter kann auf Gesuch des Verurteilten die Löschung verfügen, wenn das Verhalten des Verurteilten dies rechtfertigt und der Verurteilte den gerichtlich oder durch Vergleich festgestellten Schaden, soweit es ihm zuzumuten war ersetzt hat, die Busse bezahlt, abverdient oder erlassen und das Urteil bezüglich der Nebenstrafen vollzogen ist.

In diesen Fällen betragen die Fristen für die Löschung seit Vollzug des Urteils:

bei Zuchthaus und Verwahrung nach Artikel 42: zehn Jahre,

bei Gefängnis, den übrigen sichernden Massnahmen und den Massnahmen nach Artikel 100bis: fünf Jahre,

bei Haft, den nach Artikel 37bis Ziffer 1 vollziehbaren Gefängnisstrafen von nicht mehr als drei Monaten und der Busse als Hauptstrafe: zwei Jahre.

Die Löschung kann schon früher verfügt werden, wenn ein besonders verdienstliches Verhalten des Verurteilten dies rechtfertigt.

Der für die Löschung des zuletzt eingetragenen Urteils zuständige Richter ist befugt, auch die gleichzeitige Löschung der andern Eintragungen zu verfügen, wenn die Voraussetzungen erfüllt sind.

Art. 81   Gemeinsame Bestimmungen

[1] Der Verbüssung der Strafe wird der Erlass durch Begnadigung gleichgestellt, bei der Busse auch der Ausschluss ihrer Umwandlung.

[2] Wenn sich ein bedingt Entlassener bewährt hat, so laufen die Fristen zur Stellung des Rehabilitationsgesuches vom Tag der bedingten Entlassung an. War der Verurteilte nach Artikel 42 verwahrt, so ist eine Rehabilitation nicht früher als fünf Jahre nach seiner endgültigen Entlassung zulässig.

[3] Weist der Richter ein Gesuch um Rehabilitation ab, so kann er verfügen, dass das Gesuch binnen einer Frist, die zwei Jahre nicht übersteigen soll, nicht erneuert werden darf.

Vierter Titel: Kinder und Jugendliche

Erster Abschnitt: Kinder

Art. 82   Altersgrenzen

¹ Kinder, die das 7. Altersjahr noch nicht zurückgelegt haben, fallen nicht unter dieses Gesetz.

² Begeht ein Kind, welches das 7., aber nicht das 15. Altersjahr zurückgelegt hat, eine vom Gesetz mit Strafe bedrohte Tat, so gelten die nachstehenden Bestimmungen.

Art. 83   Untersuchung

Die zuständige Behörde stellt den Sachverhalt fest. Soweit die Beurteilung des Kindes es erfordert, macht sie Erhebungen über das Verhalten, die Erziehung und die Lebensverhältnisse des Kindes und zieht Berichte und Gutachten über dessen körperlichen und geistigen Zustand ein. Sie kann auch die Beobachtung des Kindes während einer gewissen Zeit anordnen.

Art. 84   Erziehungsmassnahmen

¹ Bedarf das Kind einer besondern erzieherischen Betreuung, namentlich wenn es schwererziehbar, verwahrlost oder erheblich gefährdet ist, so wird von der urteilenden Behörde die Erziehungshilfe, die Unterbringung in einer geeigneten Familie oder in einem Erziehungsheim angeordnet.

² Durch die Erziehungshilfe ist dafür zu sorgen, dass das Kind angemessen gepflegt, erzogen und unterrichtet wird.

Art. 85   Besondere Behandlung

¹ Erfordert der Zustand des Kindes eine besondere Behandlung, namentlich wenn das Kind geisteskrank, schwachsinnig, blind, erheblich gehör- oder sprachbehindert, epileptisch oder in seiner geistigen oder sittlichen Entwicklung erheblich gestört oder ungewöhnlich zurückgeblieben ist, so ordnet die urteilende Behörde die notwendige Behandlung an.

² Diese Behandlung kann jederzeit auch neben den Massnahmen des Artikels 84 angeordnet werden.

Art. 86   Änderung der Massnahmen

¹ Die urteilende Behörde kann die getroffene Massnahme durch eine andere Massnahme ersetzen.

² Vorgängig kann die Beobachtung des Kindes während einer gewissen Zeit angeordnet werden.

Art. 86bis Vollzug und Aufhebung der Massnahmen

¹ Die vollziehende Behörde überwacht in allen Fällen die Erziehung und die besondere Behandlung des Kindes.

² Wenn das Kind das 15. Altersjahr zurückgelegt hat, können auf Anordnung der vollziehenden Behörde die Massnahmen nach den Artikeln 91–94 vollzogen werden.

³ Die vollziehende Behörde hebt die getroffenen Massnahmen auf, wenn sie ihren Zweck erreicht haben, spätestens jedoch mit dem zurückgelegten 20. Altersjahr. Bei Heimversorgung ist die Heimleitung anzuhören.

Art. 87 Disziplinarstrafen

¹ Bedarf das Kind weder einer Erziehungsmassnahme noch besonderer Behandlung, so erteilt ihm die urteilende Behörde einen Verweis oder verpflichtet es zu einer Arbeitsleistung oder verhängt Schularrest von einem bis zu sechs Halbtagen.

² In geringfügigen Fällen kann die urteilende Behörde auch von diesen Disziplinarstrafen absehen und die Ahndung dem Inhaber der elterlichen Gewalt überlassen.

Art. 88 Absehen von Massnahmen und Disziplinarstrafen

Die urteilende Behörde kann von jeder Massnahme oder Disziplinarstrafe absehen,
wenn bereits eine geeignete Massnahme getroffen oder das Kind bestraft worden ist,
wenn das Kind aufrichtige Reue betätigt, insbesondere den Schaden durch eigene Leistung, soweit möglich, wiedergutgemacht hat,
oder wenn seit der Tat drei Monate verstrichen sind.

Zweiter Abschnitt: Jugendliche

Art. 89 Altersgrenzen

Begeht ein Jugendlicher, der das 15., aber nicht das 18. Altersjahr zurückgelegt hat, eine vom Gesetz mit Strafe bedrohte Tat, so gelten die nachstehenden Bestimmungen.

Art. 90 Untersuchung

Die zuständige Behörde stellt den Sachverhalt fest. Soweit die Beurteilung des Jugendlichen es erfordert, macht sie Erhebungen über das Verhalten, die Erziehung und die Lebensverhältnisse des Jugendlichen und zieht Berichte und Gutachten über dessen körperlichen und geistigen Zustand ein. Sie kann auch die Beobachtung des Jugendlichen während einer gewissen Zeit anordnen.

Art. 91 Erziehungsmassnahmen

1. Bedarf der Jugendliche einer besondern erzieherischen Betreuung, namentlich wenn er schwererziehbar, verwahrlost oder erheblich gefährdet ist, so wird von der urteilenden Behörde die Erziehungshilfe, die Unterbringung in einer geeigneten Familie oder in einem Erziehungsheim angeordnet.

Mit der Erziehungshilfe kann Einschliessung bis zu 14 Tagen oder Busse verbunden werden.

Dem Jugendlichen können jederzeit bestimmte Weisungen erteilt werden, insbesondere über Erlernung eines Berufes, Aufenthalt, Verzicht auf alkoholische Getränke und Ersatz des Schadens innert bestimmter Frist.

Durch die Erziehungshilfe ist dafür zu sorgen, dass der Jugendliche angemessen gepflegt, erzogen, unterrichtet und beruflich ausgebildet wird, dass er regelmässig arbeitet und seine Freizeit und seinen Verdienst angemessen verwendet.

2. Ist der Jugendliche besonders verdorben oder hat er ein Verbrechen oder ein schweres Vergehen verübt, das einen hohen Grad der Gefährlichkeit oder Schwererziehbarkeit bekundet, so wird von der urteilenden Behörde seine Einweisung in ein Erziehungsheim für eine Mindestdauer von zwei Jahren angeordnet.

Art. 92 Besondere Behandlung

[1] Erfordert der Zustand des Jugendlichen eine besondere Behandlung, namentlich wenn der Jugendliche geisteskrank, schwachsinnig, blind, erheblich gehör- oder sprachbehindert, epileptisch, trunksüchtig, rauschgiftsüchtig oder in seiner geistigen oder sittlichen Entwicklung erheblich gestört oder ungewöhnlich zurückgeblieben ist, so ordnet die urteilende Behörde die notwendige Behandlung an.

[2] Diese Behandlung kann jederzeit auch neben den Massnahmen des Artikels 91 angeordnet werden.

Art. 93 Änderung der Massnahmen

[1] Die urteilende Behörde kann die getroffene Massnahme durch eine andere Massnahme ersetzen.

[2] Vorgängig kann die Beobachtung des Jugendlichen während einer gewissen Zeit angeordnet werden.

Art. 93bis   Vollzug und Versetzung in eine Arbeitserziehungsanstalt

¹ Die vollziehende Behörde überwacht in allen Fällen die Erziehung und die besondere Behandlung des Jugendlichen

² Ist ein Jugendlicher in ein Erziehungsheim eingewiesen worden, so kann die vollziehende Behörde die Massnahme in einer Arbeitserziehungsanstalt durchführen lassen, wenn er das 17. Altersjahr zurückgelegt hat.

Art. 93ter   Einweisung in ein Erziehungsheim für besonders schwierige Jugendliche

¹ Erweist sich der nach Artikel 91 in ein Erziehungsheim oder nach Artikel 93bis in eine Arbeitserziehungsanstalt Eingewiesene als ausserordentlich schwer erziehbar, so kann ihn die vollziehende Behörde, wenn nötig nach Einholung eines Gutachtens, in ein Therapieheim einweisen.

² Erweist sich der Jugendliche in einem Erziehungsheim als untragbar und gehört er nicht in ein Therapieheim, so kann ihn die vollziehende Behörde in eine Anstalt für Nacherziehung einweisen. Eine vorübergehende Versetzung kann auch aus disziplinarischen Gründen erfolgen.

Art. 94   Bedingte Entlassung und Aufhebung der Massnahme

1. Hat der Jugendliche mindestens ein Jahr in einer oder mehreren Anstalten nach Artikel 91 Ziffer 1, 93bis Absatz 2 oder 93ter zugebracht, im Falle der Einweisung nach Artikel 91 Ziffer 2 mindestens zwei Jahre, und ist anzunehmen, der Zweck der Massnahme sei erreicht, so kann ihn die vollziehende Behörde nach Anhören der Anstaltsleitung bedingt entlassen. Sie bestimmt eine Probezeit von sechs Monaten bis zu drei Jahren. Sie stellt den Entlassenen unter Schutzaufsicht. Damit können Weisungen nach Artikel 91 Ziffer 1 Absatz 3 verbunden werden.

2. Handelt der Entlassene während der Probezeit trotz förmlicher Mahnung der zuständigen Behörde einer ihm erteilten Weisung zuwider oder missbraucht er in anderer Weise die Freiheit, so kann ihn die vollziehende Behörde verwarnen, ihm bestimmte Weisungen erteilen, ihn in eine Anstalt zurückversetzen oder der urteilenden Behörde die Anordnung einer andern Massnahme beantragen.

Nötigenfalls kann die vollziehende Behörde die Probezeit höchstens bis auf drei Jahre, aber nicht über das 22. Altersjahr hinaus verlängern. Wurde der bedingt zu Entlassende nach Artikel 91 Ziffer 2 in ein Erziehungsheim eingewiesen, kann die Probezeit bis auf fünf Jahre verlängert werden, aber nicht über das 25. Altersjahr hinaus.

3. Bewährt sich der Entlassene bis zum Ablauf der Probezeit, so ist er endgültig entlassen. Die vollziehende Behörde verfügt die Löschung des Eintrags im Strafregister.

4. Die vollziehende Behörde hebt die übrigen Massnahmen nach Artikel 91 Ziffer 1 auf, sobald sie ihren Zweck erreicht haben.

Haben sie ihren Zweck nicht vollständig erreicht, so kann die vollziehende Behörde den Jugendlichen bedingt entlassen. Es können damit Weisungen nach Artikel 91 Ziffer 1

Absatz 3 und Schutzaufsicht verbunden werden. Ziffer 2 Absatz 1 ist sinngemäss anwendbar. Weisungen und Schutzaufsicht werden aufgehoben, wenn sie nicht mehr nötig sind.

5. Die vollziehende Behörde hebt die Einweisung in ein Erziehungsheim nach Artikel 91 Ziffer 2 spätestens mit dem zurückgelegten 25. Altersjahr des Jugendlichen auf, die übrigen Massnahmen mit dem zurückgelegten 22. Altersjahr.

Art. 94bis Entlassung aus der besondern Behandlung

Die vollziehende Behörde verfügt die Entlassung aus einer Anstalt nach Artikel 92, sobald der Grund der Massnahme weggefallen ist. Ist der Grund nicht vollständig weggefallen, so kann die vollziehende Behörde eine probeweise Entlassung aus der Anstalt verfügen. Artikel 94 Ziffern 1–3 sind sinngemäss anwendbar. Die vollziehende Behörde kann die Rückversetzung auch anordnen, wenn es sich herausstellt, dass der Zustand des Zöglings dies erfordert.

Art. 95 Bestrafung

1. Bedarf der Jugendliche weder einer Erziehungsmassnahme noch besonderer Behandlung, so erteilt ihn die urteilende Behörde einen Verweis oder verpflichtet ihn zu einer Arbeitsleistung oder bestraft ihn mit Busse oder mit Einschliessung von einem Tag bis zu einem Jahr. Einschliessung und Busse können verbunden werden.

Begeht ein Jugendlicher, für den schon eine Massnahme angeordnet ist, eine neue strafbare Tat und genügt die Weiterführung der Massnahme oder ihre Änderung allein nicht, so kann er mit Busse oder mit Einschliessung bestraft werden. Ist er in einer Anstalt versorgt, so ist deren Leiter anzuhören. Einschliessung und Busse können verbunden werden.

2. Wird der Jugendliche mit Busse bestraft, so sind die Artikel 48–50 dieses Gesetzes anzuwenden. Doch tritt im Falle der Umwandlung an Stelle der Haft die Einschliessung.

3. Die Einschliessung wird in einem für Jugendliche geeigneten Raum vollzogen, jedoch nicht in einer Straf- oder Verwahrungsanstalt. Einschliessung von mehr als einem Monat ist durch Einweisung in ein Erziehungsheim zu vollziehen. Nach vollendetem 18. Altersjahr kann die Einschliessung in einem Haftlokal vollzogen werden, bei Einschliessung von mehr als einem Monat durch Einweisung in eine Arbeitserziehungsanstalt.

Der Jugendliche wird angemessen beschäftigt und erzieherisch betreut.

Wird die Einschliessung binnen drei Jahren nicht vollzogen, so fällt sie dahin.

4. Sind zwei Drittel der Einschliessung verbüsst worden, mindestens aber ein Monat, so kann die vollziehende Behörde von sich aus oder auf Antrag, nach Anhören des Anstaltsleiters, die bedingte Entlassung gewähren. Die vollziehende Behörde bestimmt eine Probezeit von sechs Monaten bis zu drei Jahren. Sie stellt den Entlassenen unter

Schutzaufsicht. Damit können Weisungen nach Artikel 91 Ziffer 1 Absatz 3 verbunden werden.

5. Handelt der Entlassene während der Probezeit trotz förmlicher Mahnung der zuständigen Behörde einer ihm erteilten Weisung zuwider, oder täuscht er in anderer Weise das auf ihn gesetzte Vertrauen, so verfügt die vollziehende Behörde die Rückversetzung. In leichten Fällen kann sie stattdessen den Jugendlichen verwarnen, ihm weitere Weisungen erteilen und die Probezeit höchstens um die Hälfte der ursprünglich festgesetzten Dauer verlängern.

Bewährt sich der Entlassene bis zum Ablauf der Probezeit, so ist er endgültig entlassen. Die vollziehende Behörde verfügt die Löschung des Eintrags im Strafregister.

Art. 96   Bedingter Strafvollzug

1. Die urteilende Behörde kann die Einschliessung und den Vollzug der Busse aufschieben und eine Probezeit von sechs Monaten bis zu drei Jahren bestimmen, wenn nach Verhalten und Charakter des Jugendlichen zu erwarten ist, dass er keine weiteren strafbaren Handlungen begehen werde, insbesondere wenn er vorher noch keine oder nur geringfügige strafbare Handlungen begangen hat.

2. Der Jugendliche wird unter Schutzaufsicht gestellt, wenn nicht besondere Umstände eine Ausnahme begründen. Dem Jugendlichen können Weisungen gemäss Artikel 91 Ziffer 1 Absatz 3 erteilt werden.

3. Handelt der Jugendliche während der Probezeit trotz förmlicher Mahnung der zuständigen Behörde einer ihm erteilten Weisung zuwider, oder täuscht er in anderer Weise das auf ihn gesetzte Vertrauen, so verfügt die urteilende Behörde den Vollzug der Strafe.

Statt den Strafvollzug anzuordnen, kann die urteilende Behörde in leichten Fällen den Jugendlichen verwarnen, ihm weitere Weisungen erteilen und die Probezeit höchstens um die Hälfte der ursprünglich festgesetzten Dauer verlängern.

4. Bewährt sich der Jugendliche bis zum Ablauf der Probezeit, so verfügt die urteilende Behörde die Löschung des Eintrags im Strafregister.

Art. 97   Aufschub der Anordnung einer Strafe oder Massnahme

¹ Kann nicht mit Sicherheit beurteilt werden, ob der Jugendliche einer der vorgesehenen Massnahmen bedarf oder ob er zu bestrafen ist, so kann die urteilende Behörde den Entscheid hierüber aufschieben. Sie setzt eine Probezeit von sechs Monaten bis zu drei Jahren fest und kann ihm Weisungen nach Artikel 91 Ziffer 1 Absatz 3 erteilen. Die weitere Entwicklung des Jugendlichen wird überwacht.

² Bewährt sich der Jugendliche während der Probezeit nicht, so verhängt die urteilende Behörde Einschliessung oder Busse oder eine der vorgesehenen Massnahmen.

³ Bewährt sich der Jugendliche bis zum Ablauf der Probezeit, so beschliesst die urteilende Behörde, von jeder Massnahme oder Strafe abzusehen.

Art. 98 Absehen von Massnahmen oder Strafen

Die urteilende Behörde kann von jeder Massnahme oder Strafe absehen,

wenn bereits eine geeignete Massnahme getroffen oder der Jugendliche bestraft worden ist,

wenn der Jugendliche aufrichtige Reue betätigt, insbesondere den Schaden durch eigene Leistung, soweit möglich, wiedergutgemacht hat,

oder wenn seit der Tat ein Jahr verstrichen ist.

Art. 99 Löschung des Eintrags im Strafregister

1. Der Strafregisterführer löscht den Eintrag von Amtes wegen, wenn seit dem Urteil fünf Jahre, bei Einweisung in eine Anstalt nach Artikel 91 Ziffer 2 zehn Jahre verstrichen sind.

2. Die urteilende Behörde kann auf Gesuch die Löschung schon nach zwei Jahren seit Vollzug des Urteils verfügen, wenn das Verhalten des Gesuchstellers dies rechtfertigt, und wenn er den behördlich oder durch Vergleich festgestellten Schaden, soweit es ihm zuzumuten war, ersetzt hat.

Hat der Gesuchsteller bei Beendigung der Erziehungsmassnahme das 20. Altersjahr überschritten, so kann die urteilende Behörde die Löschungsfrist verkürzen.

3. Die urteilende Behörde kann im Urteil verfügen, dass es nicht im Strafregister einzutragen ist, wenn besondere Umstände dies rechtfertigen und der Täter nur eine leichte strafbare Handlung begangen hat.

4. Die für die Löschung des zuletzt eingetragenen Urteils zuständige urteilende Behörde ist befugt, auch die gleichzeitige Löschung der andern Eintragungen zu verfügen, wenn die Voraussetzungen erfüllt sind.

Fünfter Titel: Junge Erwachsene

Art. 100 Altersgrenzen. Erhebungen

[1] Hat der Täter zur Zeit der Tat das 18., aber nicht das 25. Altersjahr zurückgelegt, so gelten unter Vorbehalt der Artikel 100bis und 100ter die allgemeinen Bestimmungen des Gesetzes.

[2] Soweit erforderlich, macht der Richter Erhebungen über das Verhalten des Täters, seine Erziehung und seine Lebensverhältnisse und zieht Berichte und Gutachten über dessen körperlichen und geistigen Zustand sowie die Erziehbarkeit zur Arbeit ein.

Art. 100bis Einweisung in eine Arbeitserziehungsanstalt

1. Ist der Täter in seiner charakterlichen Entwicklung erheblich gestört oder gefährdet, oder ist er verwahrlost, liederlich oder arbeitsscheu, und steht seine Tat damit im Zusammenhang, so kann der Richter an Stelle einer Strafe seine Einweisung in eine Arbeitserziehungsanstalt anordnen, wenn anzunehmen ist, durch diese Massnahme lasse sich die Gefahr künftiger Verbrechen oder Vergehen verhüten.
2. Die Arbeitserziehungsanstalt ist von den übrigen Anstalten dieses Gesetzes getrennt zu führen.
3. Der Eingewiesene wird zur Arbeit erzogen. Dabei ist auf seine Fähigkeiten Rücksicht zu nehmen; er soll in Stand gesetzt werden, in der Freiheit seinen Unterhalt zu erwerben. Seine charakterliche Festigung, seine geistige und körperliche Entwicklung sowie seine beruflichen Kenntnisse sind nach Möglichkeit zu fördern.
Dem Eingewiesenen kann eine berufliche Ausbildung oder Tätigkeit ausserhalb der Anstalt ermöglicht werden.
4. Widersetzt sich der Eingewiesene beharrlich der Anstaltsdisziplin oder erweist er sich gegenüber den Erziehungsmethoden der Arbeitserziehungsanstalt als unzugänglich, so kann die zuständige Behörde die Massnahme in einer Strafanstalt vollziehen lassen. Fällt der Grund der Versetzung dahin, so hat die zuständige Behörde den Eingewiesenen in die Arbeitserziehungsanstalt zurückzuversetzen.

Art. 100ter Bedingte Entlassung und Aufhebung der Massnahme

1. Nach einer Mindestdauer der Massnahme von einem Jahr wird der Eingewiesene von der zuständigen Behörde für eine Probezeit von einem bis drei Jahren bedingt entlassen, wenn anzunehmen ist, er sei zur Arbeit tüchtig und willig und er werde sich in der Freiheit bewähren. Sie stellt den bedingt Entlassenen unter Schutzaufsicht.
Begeht der Entlassene während der Probezeit ein Verbrechen oder Vergehen, handelt er trotz förmlicher Mahnung der zuständigen Behörde einer ihm erteilten Weisung zuwider, entzieht er sich beharrlich der Schutzaufsicht oder täuscht er in anderer Weise das auf ihn gesetzte Vertrauen, so ordnet die zuständige Behörde die Rückversetzung an. In leichten Fällen kann von der Rückversetzung Umgang genommen werden.
Wird er wegen der strafbaren Handlung verurteilt, so kann von der Rückversetzung Umgang genommen werden.
Die Rückversetzung dauert höchstens zwei Jahre. Die Gesamtdauer der Massnahme darf in keinem Fall vier Jahre überschreiten und ist von der zuständigen Behörde spätestens mit dem zurückgelegten 30. Altersjahr des Eingewiesenen aufzuheben.
Wird von der Rückversetzung Umgang genommen, so kann die zuständige Behörde statt dessen den Entlassenen verwarnen, ihm weitere Weisungen erteilen und die Probezeit höchstens um die Hälfte der ursprünglich festgesetzten Dauer verlängern.

2. Sind die Voraussetzungen der bedingten Entlassung nach drei Jahren Aufenthalt in der Anstalt noch nicht eingetreten, so hat die zuständige Behörde zu entscheiden, ob die Massnahme aufzuheben oder höchstens um ein Jahr zu verlängern sei.

Spätestens mit dem zurückgelegten 30. Altersjahr des Eingewiesenen wird die Massnahme von der zuständigen Behörde aufgehoben.

3. Der Richter entscheidet, ob und wieweit im Zeitpunkt der Entlassung aus dem Massnahmevollzug oder im Fall seiner vorzeitigen Aufhebung allfällig aufgeschobene Strafen noch vollstreckt werden sollen. Hierüber äussert sich die zuständige Behörde bei der Mitteilung ihres Beschlusses.

4. Sind seit der Verurteilung, dem Rückversetzungsbeschluss oder der Unterbrechung der Massnahme mehr als drei Jahre verstrichen, ohne dass deren Vollzug begonnen oder fortgesetzt werden konnte, so entscheidet der Richter, ob die Massnahme noch nötig ist. Er kann auch nachträglich eine Strafe aussprechen oder eine andere Massnahme anordnen, wenn deren Voraussetzungen erfüllt sind.

Im gleichen Sinne entscheidet der Richter, wenn die Massnahme aus irgendeinem Grunde schon vor Ablauf von drei Jahren aufgehoben werden muss, ohne dass die Voraussetzungen für die bedingte Entlassung erfüllt sind.

5. Artikel 45 Ziffern 1, 2, 4 und 5 sind anwendbar.

Sechster Titel: Verantwortlichkeit des Unternehmens

Art. 100^{quater} Strafbarkeit

[1] Wird in einem Unternehmen in Ausübung geschäftlicher Verrichtung im Rahmen des Unternehmenszwecks ein Verbrechen oder Vergehen begangen und kann diese Tat wegen mangelhafter Organisation des Unternehmens keiner bestimmten natürlichen Person zugerechnet werden, so wird das Verbrechen oder Vergehen dem Unternehmen zugerechnet. In diesem Fall wird das Unternehmen mit Busse bis zu 5 Millionen Franken bestraft.

[2] Handelt es sich dabei um eine Straftat nach den Artikeln 260ter, 260^{quinquies}, 305bis, 322ter, 322^{quinquies} oder 322^{septies} Absatz 1 oder um eine Straftat nach Artikel 4*a* Absatz 1 Buchstabe a des Bundesgesetzes vom 19. Dezember 1986 gegen den unlauteren Wettbewerb, so wird das Unternehmen unabhängig von der Strafbarkeit natürlicher Personen bestraft, wenn dem Unternehmen vorzuwerfen ist, dass es nicht alle erforderlichen und zumutbaren organisatorischen Vorkehren getroffen hat, um eine solche Straftat zu verhindern.

[3] Das Gericht bemisst die Busse insbesondere nach der Schwere der Tat und der Schwere des Organisationsmangels und des angerichteten Schadens sowie nach der wirtschaftlichen Leistungsfähigkeit des Unternehmens.

[4] Als Unternehmen im Sinne dieses Artikels gelten:

a. juristische Personen des Privatrechts;

b. juristische Personen des öffentlichen Rechts mit Ausnahme der Gebietskörperschaften;
c. Gesellschaften;
d. Einzelfirmen.

Art. 100quinquies Strafverfahren

¹ In einem Strafverfahren gegen das Unternehmen wird dieses von einer einzigen Person vertreten, die uneingeschränkt zur Vertretung des Unternehmens in zivilrechtlichen Angelegenheiten befugt ist. Bestellt das Unternehmen nicht innert angemessener Frist einen derartigen Vertreter, so bestimmt die Untersuchungsbehörde oder das Gericht, wer von den zur zivilrechtlichen Vertretung befugten Personen das Unternehmen im Strafverfahren vertritt.

² Der Person, die das Unternehmen im Strafverfahren vertritt, kommen die gleichen Rechte und Pflichten wie einem Beschuldigten zu. Die andern Personen nach Absatz 1 sind im Strafverfahren gegen das Unternehmen nicht zur Aussage verpflichtet.

³ Wird gegen die Person, die das Unternehmen im Strafverfahren vertritt, wegen des gleichen oder eines damit zusammenhängenden Sachverhalts eine Strafuntersuchung eröffnet, so ist vom Unternehmen ein anderer Vertreter zu bezeichnen. Nötigenfalls bestimmt die Untersuchungsbehörde oder das Gericht zur Vertretung eine andere Person nach Absatz 1 oder, sofern eine solche nicht zur Verfügung steht, eine geeignete Drittperson.

Zweiter Teil: Übertretungen

Art. 101 Die Übertretung

Übertretungen sind die mit Haft oder Busse oder mit Busse allein bedrohten Handlungen.

Art. 102 Anwendung der allgemeinen Bestimmungen des Ersten Teils

Die Bestimmungen des Ersten Teils gelten mit den nachfolgenden Änderungen auch für die Übertretungen.

Art. 103 Ausschluss der Anwendbarkeit

Die Bestimmungen über die Verwahrung von Gewohnheitsverbrechern sind nicht anwendbar.

Art. 104 Bedingte Anwendbarkeit

¹ Versuch und Gehilfenschaft werden nur in den vom Gesetz ausdrücklich bestimmten Fällen bestraft.

² Die Einweisung in eine der in den Artikeln 43, 44 und 100bis genannten Anstalten, die Entziehung der elterlichen Gewalt und eines Amtes der Vormundschaft, das Verbot, einen Beruf, ein Gewerbe oder ein Handelsgeschäft zu betreiben, die Landesverweisung und die öffentliche Bekanntmachung des Urteils sind nur in den vom Gesetz ausdrücklich bestimmten Fällen zulässig.

Art. 105 Bedingter Strafvollzug

Bei bedingtem Strafvollzuge beträgt die Probezeit ein Jahr.

Art. 106 Busse

¹ Bestimmt es das Gesetz nicht ausdrücklich anders, so ist der Höchstbetrag der Busse 5000 Franken.

² Handelt der Täter aus Gewinnsucht, so ist der Richter an diesen Höchstbetrag nicht gebunden.

³ Die Probezeit für die Löschung des Eintrags im Strafregister nach Artikel 49 Ziffer 4 beträgt ein Jahr.

Art. 107 Strafmilderung

Bei mildernden Umständen tritt Busse an Stelle der Haft.

Art. 108 Rückfall

Der Rückfall wird nicht berücksichtigt, wenn zur Zeit der Tat wenigstens ein Jahr vergangen ist, seit der Täter eine Freiheitsstrafe verbüsst hat oder aus einer der in den Artikeln 42–44 und 100bis genannten Anstalten entlassen worden ist.

Art. 109 Verjährung

Die Strafverfolgung von Übertretungen verjährt in drei Jahren, die Strafe einer Übertretung in zwei Jahren.

Zweiter Teil: Übertretungen

Erklärung gesetzlicher Ausdrücke

Art. 110

Für den Sprachgebrauch dieses Gesetzes gilt folgendes:
1. ...
2. *Angehörige* einer Person sind ihr Ehegatte, ihre Verwandten gerader Linie, ihre vollbürtigen und halbbürtigen Geschwister, ihre Adoptiveltern und Adoptivkinder.
3. *Familiengenossen* sind Personen, die in gemeinsamem Haushalte leben.
4. Unter *Beamten* sind verstanden die Beamten und Angestellten einer öffentlichen Verwaltung und der Rechtspflege. Als Beamte gelten auch Personen, die provisorisch ein Amt bekleiden oder angestellt sind, oder die vorübergehend amtliche Funktionen ausüben.

4bis. Stellt eine Bestimmung auf den Begriff der Sache ab, so findet sie entsprechende Anwendung auf Tiere.

5. *Urkunden* sind Schriften, die bestimmt und geeignet sind, oder Zeichen, die bestimmt sind, eine Tatsache von rechtlicher Bedeutung zu beweisen. Die Aufzeichnung auf Bild- und Datenträgern steht der Schriftform gleich, sofern sie demselben Zweck dient.

    Öffentliche Urkunden sind die von einer Behörde, die von einem Beamten kraft seines Amtes und die von einer Person öffentlichen Glaubens in dieser Eigenschaft ausgestellten Urkunden. Nicht als öffentliche Urkunden gelten Schriftstücke, die von der Verwaltung der wirtschaftlichen Unternehmungen und Monopolbetriebe des Staates oder anderer öffentlich-rechtlicher Körperschaften und Anstalten in zivilrechtlichen Geschäften ausgestellt werden.

6. *Tag, Monat, Jahr.* Der Tag hat 24 aufeinander folgende Stunden. Der Monat und das Jahr werden nach der Kalenderzeit berechnet.
7. Als *Untersuchungshaft* gilt jede in einem Strafverfahren verhängte Haft, Untersuchungs- und Sicherheitshaft.

Sachregister

Sachregister

A

Abbildungen
- bei Gewaltdarstellungen 135.
- militärischer Anstalten 329 Ziff. 1 Abs. 2.
- pornographische 197.

Abhängigkeit
Strafmilderung 48; Suchtbehandlung 60; Vollzug von Massnahmen 90; Ausbeutung der A., Wucher 157 Ziff. 1; sexuelle Handlungen mit Abhängigen 188; sexuelle Handlungen mit Anstaltspfleglingen, Gefangenen, Beschuldigten 192; Ausnützen der Notlage 193; Förderung der Prostitution 195.

Abhören, Aufnehmen
von Gesprächen 179bis, 179ter; aus dem Geheim- oder Privatbereich 179quater; technische Geräte dafür 179sexies; amtliche Überwachung 179octies; nicht strafbare Handlungen 179quinquies.

Abschrift
unrichtige A. beglaubigen lassen 253; beglaubigen 317 Ziff. 1 Abs. 2.

Abstimmungen
Störung und Hinderung 279; unbefugte Teilnahme 282 Ziff. 1 Abs. 2.

Abstimmungsergebnis
Fälschung 282 Ziff. 1 Abs. 3.

Abstimmungsgeheimnis
Verletzung 283.

Absturz
von Erd- oder Felsmassen verursachen 227.

Abtreibung
118-120.

Abtrennung
gewalttätige, von schweiz. Gebiet oder von Gebiet eines Kantons 265 Abs. 4.

actio libera in causa
- 19 Abs. 4; Bem. zu 263.
- bei Strassenverkehrsdelikten vgl. Bem. zu SVG 91 und SVG 91 Abs. 1.

Adoptiveltern, -kinder
110 Abs. 1.

Agent
eines fremden Staates 266 Ziff. 2, 267 Ziff. 1 Abs. 1; ausländischer A. 273.

Aids
Bem. zu 231.

Akten
geheime A. einer Behörde veröffentlichen 293.

Abbildungen

Alarm
falscher 128bis.

Alkoholische Getränke
Verabreichung an Kinder 136.

Alkoholisierung
Bem. zu 19 Abs. 2, 191, 263.

Alkoholismus
Suchtbehandlung 60.

Allgemeiner Teil des StGB
Anwendung auf andere Bundesgesetze 333; Anwendung auf kantonale Straftatbestände gemäss kantonalem Recht 335; Anwendung der allgemeinen Bestimmungen des ersten Teils auf Übertretungen 104.

Amnestie
Amnestie 384; Bem. zu 381-385.

Amtliche
- Eigenschaft des Täters bei Wahlfälschung 282 Ziff. 2.
- Gewalt, eine amtlich mit Beschlag belegte Sache der a. G. entziehen 289.
- Mitteilungen, Berichterstattung 28 Abs. 4.
- Überwachung des Post-, und Fernmeldeverkehrs einer Person 179octies.
- Verfügungen, Ungehorsam 292.
- Wertzeichen, Fälschung, Verfälschung 245 Ziff. 1; Verwendung falscher, verfälschter, entwerteter a. W. 245 Ziff. 2; Fälschungsgeräte, unrechtmässiger Gebrauch von Geräten 247; ohne Fälschungsabsicht nachmachen oder nachahmen 243.
- Zeichen, Fälschung, Verfälschung 246 Abs. 1; Verwendung falscher oder verfälschter a.Z. 246 Abs. 2.
- Zeichen, namentlich Siegel, erbrechen, entfernen, unwirksam machen 290.

Amtsanmassung
287.

Amtsführung
ungetreue 314.

Amtsgeheimnis
Verletzung 320.

Amtshandlung
- für einen fremden Staat auf schweiz. Gebiet 271; auf fremdem Staatsgebiet 299 Ziff. 1 Abs. 1.
- Hinderung einer A. 286, 285.
- in anderen Kantonen, Rechtshilfe 359.
- Nötigung zu einer A. 285.

609

Amtshilfe — StGB

- sich dazu bestechen lassen 322quater; Vorteilsannahme 322sexies.

Amtshilfe
im Bereich der Polizei 349–355.

Amtsmissbrauch
312.

Amtspflicht
- Strafbare Handlung gegen die A. 312–317, 319, 320.

Aneignung
unrechtmässige 137.

Aneignungsdelikte
137– 140.

Anerkennung
vorgetäuschter Forderungen 163.

Angaben
unwahre A. über kaufmännische Gewerbe 152.

Angehörige
- des Opfers, Gleichstellung mit diesem OHG 2 Abs. 2.
- gesetzlicher Ausdruck 110 Abs. 1.
- strafbare Handlungen zum Nachteil von Angehörigen: siehe Strafantrag.

Angetrunkenheit
- Begriff Bem. zu SVG 91 Abs. 1.
- Feststellung Bem. zu SVG 91 Abs. 1.

Angriff
134, bei Notwehr 15 und 16.
- auf die Unabhängigkeit der Eidgenossenschaft 266.
- tätlicher A. auf schweiz. Hoheitszeichen 270, auf fremde Hoheitszeichen 298; Gewalt und Drohung gegen Behörden und Beamte 285.
- auf Anstaltsbeamte 311 Ziff. 1 Abs. 2.

Anklagekammer
des Bundesgerichts, Bestimmung des Gerichtsstandes durch diese BStP 262–264; Entscheid über Anstände in der Rechtshilfe BStP 252.

Anlagen
die der Versorgung mit Wasser, Licht, Kraft oder Wärme dienen, Betriebsstörung 239.

Anrechnung
der Untersuchungshaft 51, 110 Abs. 7; einer im Auslande ganz oder teilweise verbüssten Strafe 3 Abs. 2, 4 Abs. 2, 5 Abs. 3, 6 Abs. 4, 7 Abs. 4.

Anschuldigung
falsche 303.

Anstalten
für Strafen und Massnahmen: 59, 61, 64, 76-77*b*; Pflicht der Kantone zur Errichtung und zum Betriebe 377; Zulassung von Privatanstalten 379.

Anstaltsbeamte
Angriffe auf solche 311 Ziff. 1 Abs. 3.

Anstaltsinsassen
- Eingewiesene: Befreiung 310, Meuterei 311, Entweichenlassen 319.
- sexuelle Handlungen mit solchen 192.

Anstaltsreglemente
kantonale 377.

Ansteckung
mit Krankheiten 231.

Anstiftung
24.

Antirassismus
Rassendiskriminierung 261bis.

Antrag
siehe Strafantrag.

Anwaltskosten
des Opfers, Übernahme durch Beratungsstellen OHG 3 Abs. 4.

Anzeige
Unterlassung derselben bei Fund oder bei Zuführung einer Sache 332.

Apotheker
Verletzung des Berufsgeheimnisses 321.

Arbeit
gemeinnützige 37-39, 107.

Arbeitgeber
Missbrauch von Lohnabzügen 159.

Arbeitsentgelt
83.

Arbeitspflicht
des Gefangenen 81; des Eingewiesenen 42 Abs. 3.

Arbeitsverhältnis
bei sexuellen Handlungen mit Abhängigen 188 Ziff. 1; bei Ausnützung von Notlagen 193.

Arglist
bei Betrug 146; bei Vermögensschädigung 151.

Arglistige Veranstaltungen
zwecks Herbeiführung einer Strafverfolgung 303 Ziff. 1 Abs. 2.

Arrest
Verfügung über mit A. belegte Sachen 169; Verschweigen von Vermögensgegenständen, Forderungen und Rechten durch den Schuldner 323 Ziff. 2.

Arzt
Schwangerschaftsunterbrechung 119, 120; falsches ärztliches Zeugnis 318; Verletzung des Berufsgeheimnisses 321.

Arztkosten
des Opfers, Übernahme durch Beratungsstellen OHG 3 Abs. 4.

Asche
eines Toten, Wegnahme 262 Ziff. 2.

Aufbewahrung
- von Geschäftsbüchern, Verletzung der Pflicht dazu 166.
- von Sprengstoffen, giftigen Gasen 226 Abs. 2.
- unbefugt erstellter Aufnahmen 179bis Abs. 3, 179ter Abs. 2, 179quater Abs. 3.

Aufforderung
- öffentliche A. zu Verbrechen 259.
- zur Bildung einer rechtswidrigen Vereinigung 275ter Abs. 3.
- zur Verletzung militär. Dienstpflichten 276 Ziff. 1; zu Meuterei oder Vorbereitung einer Meuterei 276 Ziff. 2.

Aufführung
Erschleichen des Zutritts 150.

Aufgebote
Fälschung, Unterdrückung oder Beseitigung von militärischen A. 277 Ziff. 1 Abs. 1.

Aufnehmen
siehe Abhören.

Aufregung
entschuldbare 16 Abs. 2.

Aufschub
des Strafvollzuges bei bedingtem Strafvollzug 42.

Aufsicht
der Kantone über die Anstalten 377.

Ausbeutung
- wucherische, des Schuldners durch den Gläubiger 165 Ziff. 2 Abs. 3.
- der Zwangslage, der Abhängigkeit, der Unerfahrenheit, der Schwäche im Urteilsvermögen, Wucher 157.

Ausbrechen
Meuterei von Gefangenen 311.

Auskunft
unwahre A. durch eine Personalvorsorgeeinrichtung 326quater.

Auskunftspflicht
der Medien 322.

Ausland
siehe Staat, fremder.

Auslandstat
4–7, OHG 11 Abs. 2 und 3; bei Strassenverkehrsdelikten SVG 101.

Auslegung
des Gesetzes 1.

Auslieferung
5, 6, 7.

Ausnützen
der Kenntnis vertraulicher Tatsachen 161.

Aussageverweigerungsrecht
des Opfers OHG 7 Abs. 2.

Ausschaffen
Bem. zu ANAG 23 Abs. 3.

Ausschluss der Öffentlichkeit
bei Gerichtsverhandlungen OHG 5 Abs. 3.

Aussetzung
eines Hilflosen 127.

Ausstellen
öffentliches A. von pornographischen Schriften 197 Ziff. 2.

Ausstellung
Erschleichen des Zutritts 150.

Ausweisschriften
Fälschung, Verfälschung, Missbrauch 252.

Auszug
aus dem Strafregister 371.

Automaten
Erschleichen einer Leistung 150.

Autor
Verantwortlichkeit bei Mediendelikten 28.

B

Bande
bei Diebstahl 139 Ziff. 3; bei Raub 140 Ziff. 3; bei Geldwäscherei 305bis Ziff. 2 Abs. 2 lit. B; bei Betäubungsmitteldelikten BetmG 19 Ziff. 2 lit. b.

Banknoten
siehe Geld.

Baukunde
Verletzung ihrer Regeln 229.

Bauwerk
Verursachung eines Einsturzes 227.

Beamte
gesetzlicher Ausdruck 110 Abs. 3.
- Ausnützen der Kenntnis vertraulicher Tatsachen 161.

Bedingte Entlassung

- Veruntreuung im Amte 138 Ziff. 2.
- Strafbare Handlungen gegenüber B. bei Delikten gegen die öffentliche Gewalt 285–295.
- Bestechung 322ter–322octies.

siehe auch Amtspflicht.

Bedingte Entlassung
- von Strafgefangenen 86.
- aus sichernden Massnahmen 62.

Bedingter Strafvollzug
42.
- bei Übertretungen 105.

Bedrängnis
schwere 48.

Beendigung
der Straftat, Bem. zu 25.

Befragung
von Opfern OHG 7.

Befreiung
von Gefangenen 310.

Begegnung
zwischen Opfer und Beschuldigtem OHG Art. 5 Abs. 4, 5.

Begehungsort
der Tat 8; Gerichtsstand 340–345; mild. Recht 2 Abs. 2.

Beglaubigung
falsche 317.

Begnadigung
394–396.

Begünstigung
bei Strafverfolgung, Vollzug einer Strafe oder Massnahme 305.

Begutachtung
siehe Gutachten.

Behandlung
- ärztliche B. bei Exhibitionismus 194 Abs. 2.

Behörde
- öffentliche Verhandlungen einer solchen 28 Abs. 4.
- Behördenmitglieder, siehe Beamte.
- Befugnis zur Bearbeitung und Einsicht von Personendaten im Strafregister 360bis.

Beihilfe
25, zum Selbstmord 115.

Beischlaf
Vergewaltigung 190, Schändung 191, zwischen Blutsverwandten 213.

Beiseiteschaffen
von Vermögensstücken 163.

Beistand
Veruntreuung 138 Ziff. 2.

Bekanntmachen
eines Staatsgeheimnisses 267 Ziff. 1.

Belästigung
- durch Fernmeldeanlagen 179septies.
- sexuelle 198.

Beleidigende Handlungen
an Hoheitszeichen, schweizerischen oder kantonalen 270; fremder Staaten 298.

Beleidigung
öffentliche eines fremden Staates 296; von zwischenstaatlichen Organisationen 297; siehe auch Ehrverletzung.

Beratungsstellen
für Opfer OHG 3, 4, 6 Abs. 1, 2; Bundesbeiträge OHG 18.

Bereicherungsabsicht
Unrechtmässige Aneignung 137 Ziff. 1; Veruntreuung 138; Diebstahl 139; unrechtmässige Energieentziehung 142 Abs. 2; unbefugte Datenbeschaffung 143 Abs. 1; Betrug 146; betrügerischer Missbrauch einer Datenverarbeitungsanlage 147 Abs. 1; Erpressung 156 Ziff. 1; ungetreue Geschäftsbesorgung 158 Ziff. 1 Abs. 3 und Ziff. 2.

Berichterstattung
- über öffentliche Verhandlungen und amtliche Mitteilungen einer Behörde 28 Abs. 4.
- falsche, politischer Nachrichtendienst 272 Ziff. 2.

Berichtigung
einer falschen Anschuldigung, einer falschen Anzeige, einer falschen Aussage aus eigenem Antrieb 308 Abs. 1.

Berufsgeheimnis
Verletzung 321–321bis.

Berufsverbot
67, 67a Übertretung des B. 294.

Beschädigung
einer Sache 144 Abs. 1; von Daten 144bis; von Vermögenswerten 164; von amtlich aufgezeichneter Sachen, Pfandsachen, Retentionsgegenständen 169; von elektrischen Anlagen, Wasserbauten und Schutzvorrichtungen 228; von Sicherheitsvorrichtungen 230; einer Urkunde 254; von Hoheitszeichen, der Schweiz oder der Kantone 270; fremder Staaten 298; eines Signals SVG 98.

Beschaffen
harter Pornographie 197 Ziff. 3bis.

Bescheinigungen
fälschen, verfälschen, missbrauchen 252.
Beschimpfung
177.
- öffentliche, der Glaubensüberzeugung anderer 261 Abs. 1.
- eines Leichnams 262 Ziff. 1 Abs. 3.
Beschlagnahme
- Bruch amtlicher B. 289.
- von Vermögenswerten 70.
Beschuldigter
sexuelle Handlungen mit B. 192; Zuführung 356-357.
Beseitigung
von Urkunden 254; von Grenzsteinen oder Zeichen 256; der Landes-, Kantons- oder Gemeindegrenzzeichen 268; von Vermessungs- und Wasserstandszeichen 257; Nichtanbringung von Sicherheitsvorrichtungen 230; von militärischen Aufgeboten oder Weisungen an Dienstpflichtige 277 Ziff. 1.
Besitz
harter Pornographie 197 Ziff. 3bis.
Bestechen
bei Zwangsvollstreckung 168; eines Stimmberechtigten 281; eines Mitglieds einer richterlichen oder anderen Behörde, eines Beamten, eines amtlich bestellten Sachverständigen, Übersetzers oder Dolmetschers, eines Schiedsrichters oder eines Angehörigen der Armee im Zusammenhang mit dessen amtlicher Tätigkeit 322ter; sich bestechen lassen 322quater; Vorteilsannahme 322sexies; Bundesgerichtsbarkeit 336.
Bestechung
- fremder Amtsträger 322septies.
- schweizerischer Amtsträger 322ter.
Betäubung
selbstverschuldete, Verübung einer Tat 263.
Betäubungsmittel
- Abgabe an Kinder 136.
- Abhängigkeit BetmG 19*a* Ziff. 4.
- Anstiftung zu Betäubungsmittelkonsum BetmG 19*c*.
- Begriff Bem. zu BetmG 19.
- deliktische Handlungen BetmG 19 und 19*a*.
- eigener Konsum BetmG 19*b*.
- geringfügige Mengen BetmG 19*b*.
Betäubungsmittelsüchtige
Behandlung 60.

Betreibungs- und Konkursverfahren
Ungehorsam des Schuldners 323; dritter Personen 324.
Betreibungs-, Konkurs- und Nachlassverfahren
163–171bis.
Betreuung
soziale 96.
Betriebe
die der Allgemeinheit dienen, Störung, Hinderung, Gefährdung 239.
Betriebsinhaber
Zechprellerei 149.
Betriebssicherheit
- bei Fahrzeugen SVG 93.
Betroffenheit
des Täters 54.
Betrug
146
- Computerbetrug 147.
Beunruhigung
durch Fernmeldeanlagen 179septies.
Beurkundung
- falsche 251, 253, 317.
- unwahre B. des Ergebnisses einer Wahl, Abstimmung oder Unterschriftensammlung 282 Ziff. 1 Abs. 3.
Bevollmächtigter
eines nach kaufmännischer Art geführten Gewerbes 152; einer juristischen Person 172, 326.
Bevorzugung
eines Gläubigers 167.
Bewährungshilfe
93.
Beweisaussagen
der Partei, falsche 306.
Beweisbeschränkungen
gesetzliche Bem. zu BStP 249.
Beweiszeichen
110 Abs. 4.
Bigamie
215.
Bilanz
falsche 170; Unterlassung der Bilanzaufstellung 166.
Bildaufnahme
pornographische 197.

Bindung
- der kantonalen Instanz an die rechtliche Begründung einer Urteilskassation durch das Bundesgericht BStP 277ter.
- des Kassationshofes an die tatsächlichen Feststellungen der kant. Behörde BStP 277bis.

Blankettfälschung
251 Ziff. 1.

Blinder Passagier
150.

Blutalkoholkonzentration
SVG 91 Ziff. 1; siehe auch Bem. zu SVG 91 Abs. 1.

Blutprobe
- Entziehen einer Blutprobe SVG 91a.
- Vereitelung einer Blutprobe SVG 91a.

Börse
- Ausnutzen der Kenntnis vertraulicher Tatsachen 161.
- Kursmanipulation 161bis.

Brandstiftung
221–222.

Brief-, Schriftgeheimnis
Verletzung 179, vgl. auch 321ter.

Buchführung
Unterlassung 166; falsche B. 170, ordnungswidrige B. 325.

Bund
Rechtshilfepflicht und -anspruch gegenüber den Kantonen 352.

Bundesanwalt
Legitimation zu kant. Rechtsmitteln BStP 266, Anordnung von Ermittlungen BStP 259.

Bundesgericht
streitiger Gerichtsstand 345; Anstände zwischen Kantonen in der Rechtshilfe 361.

Bundesgerichtsbarkeit
und kant. Gerichtsbarkeit 336–338.

Bundesgesetze
Anwendung des allgemeinen Teils des StGB auf diese 333; Verweisung auf aufgehobenen Bestimmungen 334.

Bundesrat
Strafverfolgungsermächtigung bei Störung der Beziehungen zum Ausland 302; Vorschriften über Bearbeitung der Daten des Strafregisters und Einsicht 367; Befugnis zur Einleitung des Begnadigungsverfahrens bei polit. Verbrechen und Vergehen 382 Abs. 2.

Bundesrecht
Verhältnis zu kantonalem Strafrecht 335.

Bundesrechtliche Bestimmungen
Übertretungen solcher 323–332.

Bundesstrafsachen
Verfahren der kantonalen Behörde in solchen BStP 247–265.

Bundesversammlung
als Begnadigungsinstanz 381.

Busse
siehe auch Geldstrafe;
Verwendung zugunsten des Geschädigten 73; bei Übertretungen 106; Vollstreckung rechtskräftiger Urteile in Bezug auf Bussen in der ganzen Schweiz 373; Verfügungsrecht der Kantone über die Bussen 374; des Bundes 374 Abs. 2.

C

Cannabis
Bem zu BetmG 19.

Checkmissbrauch
148.

Chantage
Bem. zu 156.

Codierte Fernmeldeprogramme
150bis.

Computerdelikte
143, 143bis, 144bis, 147, 150.

D

Damm
Beschädigung 228 Ziff. 1 Abs. 2.

Datenbeschädigung
144bis.

Datenbeschaffung
unbefugte 143.

Datenschutz
bei Amtshilfe 351quinquies.

Datenverarbeitungsanlage
- betrügerischer Missbrauch 147.
- Erschleichen einer Leistung 150.

Datenverarbeitungsprogramme
zur Entschlüsselung codierter Angebote 150bis.

Datenverarbeitungssystem
unbefugtes Eindringen 143bis.

Dauerdelikt
Verjährungsbeginn 98 lit. c.

Deich
Beschädigung 228 Ziff. 1 Abs. 2.
Delegation
von Bundesstrafsachen an Kantone BStP 254–257.
Demonstrationsrecht
285 Ziff. 2.
Diebstahl
139, gewerbsmässiger D. 139 Ziff. 2; Bandendiebstahl, Mitführen einer Schusswaffe oder anderen gefährlichen Waffen, besondere Gefährlichkeit des Täters 139 Ziff. 3; zum Nachteil von Angehörigen oder Familiengenossen 139 Ziff. 4; mit Nötigungshandlungen 140 Ziff. 1 Abs. 2.
Dienstgeheimnis
Verletzung 320.
Dienstpflichtiger
Aufforderung und Verleitung zur Verletzung militär. Dienstpflichten 276; Fälschung von Aufgeboten oder Weisungen 277.
Diplomatenbeleidigung
296.
Diplomatischer Landesverrat
267.
Diskette
s. Computerdelikte.
Diskriminierung
der Rasse 261bis.
Dolmetscher
amtlich bestellter, bestechen 322ter; sich bestechen lassen 322quater; Vorteilsgewährung 322quinqies; Vorteilsannahme 322sexies; falsche Übersetzung 307.
Dritter, Drittpersonen
als Täter, Abteilung 118 Abs. 1 und 2; betrügerischer Konkurs und Pfändungsbetrug 163 Ziff. 2; Gläubigerschädigung durch Vermögensminderung 164 Ziff. 2; Erschleichung eines gerichtlichen Nachlassvertrages 170; Ausnutzen der Geiselnahme durch einen andern 185 Ziff. 1 Abs. 2; Ungehorsam im Betreibungs- und Konkursverfahren 324.
Drogensüchtige
Behandlung solcher 60.
Drohung
180, Entführung durch D. 183 Ziff. 1 Abs. 2; Entführung ins Ausland durch D. 271 Ziff. 2; Drohung gegen Behörden und Beamte 285; Nötigung von Anstaltsbeamten 311 Ziff. 1 Abs. 3.

– mit einer Gefahr für Leib und Leben, Raub 140 Ziff. 1; Erpressung 156 Ziff. 3 und 4; Geiselnahme 185 Ziff. 2; Schreckung der Bevölkerung 258.
– Androhung ernstlicher Nachteile, Nötigung 181; Störung und Hinderung von Wahlen und Abstimmungen 279; Eingriffe in das Stimm- und Wahlrecht 280.
– Tatverübung unter dem Eindruck schwerer Drohung, mildernder Umstand 48.

Duftkissen
Bem. zu BetmG 19.

E

EDV
s. Computerdelikte.
Ehe
mehrfache 215.
Ehegatte
als Angehöriger 110 Abs. 1; als Opfer bei sexueller Nötigung 189 Abs. 2; bei Vergewaltigung 190 Abs. 2.
Ehrverletzungen
173–178.
Eichzeichen
verfälschen, falsche E. anbringen 248.
Eid
falscher 306 Abs. 2, 307 Abs. 2.
Eidgenossenschaft
siehe Staat.
Eigentum
strafbare Handlungen gegen das E. 137–140.
Einbruch
siehe Diebstahl 139 Ziff. 1, Sachbeschädigung 144, Hausfriedensbruch 186.
Einführen
pornographische Schriften 197 Ziff. 3; gesundheitsschädliches Futter 236; falsches, verfälschtes Geld 244.
Einreise
– deliktische Handlungen dazu vgl. ANAG 23.
– rechtswidrige ANAG 23 Abs. 1 al. 4.
Einstellung
des Verfahrens 55*a*; Rechte des Opfers bei einer solchen OHG 8 Abs. 1 lit. b.
Einsturz
eines Bauwerkes, Verursachung 227.

Einvernahme
von Opfern OHG 6 Abs. 3, OHG 7.

Einweisung
in eine Heil- oder Pflegeanstalt 59; in eine Verwahrungsanstalt 64.

Einwilligung
des Verletzten Bem. zu 14; zur Offenbarung eines Geheimnisses 320 Ziff. 2, 321 Ziff. 2.

Einzelhaft
78.

Einziehung
- Sicherungseinziehung 69.
- von Vermögenswerten 70.
- von Surrogaten Bem. zu 70.
- von Reisedokumenten ANAG 24a.
- Verwendung zugunsten des Geschädigten 73.
- obligatorische Einziehung von Gewaltdarstellungen 135 Abs. 2; gefälschter Waren 155; pornographischer Gegenstände 197 Ziff. 3.
- bei Fälschung von Geld, von amtlichen Wertzeichen, amtlichen Zeichen, Mass und Gewicht 249; von Korrespondenz und Material bei militär. Nachrichtendienst 274 Ziff. 2, 301 Ziff. 2; von gesundheitsschädlichem Futter oder Futtermittel 235 Ziff. 3, 236 Abs. 3; von Nachmachungen oder Nachahmungen oder Druckerzeugnissen 249.

Eisenbahn
Erschleichen einer Fahrt 150.

Eisenbahnbetrieb
Störung, Hinderung, Gefährdung 238–239.

Elektrische Anlagen
Beschädigung 228.

Elektrizitätswerk
Betriebsstörung 239 Ziff. 1 Abs. 2.

Elterliche Gewalt
Züchtigungsrecht 14; Verletzung der Pflichten 219.

Energieentzug
unrechtmässiger 142.

Entführung
durch Gewalt, List oder Drohung 183; qualifizierter Tatbestand 184; zur Nötigung eines Dritten, Geiselnahme 185; ins Ausland 271.

Entschädigung
des Opfers OHG 1 Abs. 2, OHG 11–15.

Entschlüsselung
von codierten Rundfunkprogrammen und Fernmeldediensten 150bis.

Entschuldbare Notwehr
16.

Entschuldbarer Notstand
18.

Entweichenlassen
von Gefangenen und Eingewiesenen 319.

Entwendung zum Gebrauch
SVG 94.
- Begriff Bem. zu SVG 94 Ziff. 2.

Entziehen
von Unmündigen 220.

Entziehung
- einer Sache 141.
- von Energie 142.

Entzug
und Veruntreuung von Pfandsachen und Retentionsgegenständen 145.

Erfolg
Eintreten des Erfolges, Begehungsort 8; Nichteintreten beim Versuch 23.

Erfolgsdelikt
Bem. zu 8.

Erledigungsprinzip
3, 5, 7.

Erleichterung
des Fortkommens 252 Ziff. 1.

Erpressung
156; gewerbsmässige, fortgesetzte 156 Ziff. 2.

Ersatzforderung
71.

Erschleichung
- einer falschen Beurkundung 253.
- eines gerichtlichen Nachlassvertrages 170.
- einer Leistung 150.

Erwerb
- harter Pornographie 197 Ziff. 3bis.

Erziehungspflicht
Verletzung 219.

Ethnie
s. Rassendiskriminierung.

Eventualvorsatz
12 Abs. 2.

Exhibitionismus
194.

Explosion
Verursachung 223.

Externat
- Arbeitsexternat 77*a*
- Wohnexternat 77*a*.

Exzesstat
siehe auch Privatdelikt.

F

Fabrikationsgeheimnis
Verletzung 162; Auskundschaftung, zugänglich machen, im Interesse des Auslandes 273.

Fahnen
der Eidgenossenschaft, der Schweiz, tätliche Angriffe 270; fremder Staaten 298.

Fahndungssystem
s. RIPOL und INTERPOL.

Fahren
- in angetrunkenem Zustand SVG 91 Abs. 1.
- in fahrunfähigem Zustand SVG 91.
- ohne Fahrzeugausweis SVG 96.
- ohne Führerausweis SVG 95.
- trotz Entzug SVG 95.

Fahrlässigkeit
12 Abs. 3.

Fahrunfähigkeit
- Begriff Bem. zu SVG 91 Abs. 2.
- Vereitelung von Massnahmen zur Feststellung SVG 91*a*.

Fahrverbot
- 67*b*.

Fahrzeuge
- nicht betriebssichere SVG 93.

Falschbeurkundung
251 Ziff. 1.
- Erschleichen einer falschen Beurkundung 253.
- Urkundenfälschung durch Beamte 317.

Falsche
- Beurkundung 253.
- Berichterstattung, politischer Nachrichtendienst 272 Ziff. 2.
- Anschuldigung 303.
- Strafanzeige oder Selbstbezichtigung 304.
- Beweisaussage der Partei 306.
- Übersetzung 307.
- Unterschrift 317 Ziff. 1 Abs. 2.

Falscher Alarm
128bis.

Falsches
- ärztliches Zeugnis 318.
- Gutachten 307, Zeugnis 307.

Falschgeld
Bem. zu 240 Abs. 1.

Falsch setzen
Grenzsteine oder -zeichen 256; von Vermessungs- oder Wasserstandszeichen 257; der Landes-, Kantons- oder Gemeindegrenzen 268.

Fälschung
- von Geld, amtlichen Wertzeichen, amtlichen Zeichen, Mass und Gewicht 240-250.
- von Urkunden 251, 267 Ziff. 1 Abs. 2, 317; von Ausweisen 252; von Urkunden des Auslandes 255; von Aufgeboten oder Weisungen an Dienstpflichtige 277; Wahlfälschung 282.

Fälschungsgeräte
247.

Familie
Verbrechen und Vergehen gegen die F. 213–220.

Familiengenossen
gesetzlicher Ausdruck 110 Abs. 2; strafbare Handlungen zum Nachteil von Familiengenossen, siehe Strafantrag.

Feindseligkeiten
gegen einen Kriegführenden oder fremde Truppen 300.

Fernmeldeanlagen
Missbrauch 179septies.

Fernmeldegeheimnis
Verletzung 321ter.

Fernsehsendungen
siehe Mediendelikte
- codierte 150bis.

Festnehmen
- unrechtmässig, Freiheitsberaubung und Entführung 183.

Feuersbrunst
221, 222.

Festplatte
siehe Computerdelikte.

Finanzgeschäfte
mangelnde Sorgfalt 305ter.

Finanzierung des Terrorismus
260quinquies.

Fiskalstrafrecht
335.

Flucht
Gefangenen oder Eingewiesenen zur Flucht behilflich sein 319, 310 Ziff. 1.

Flugzeugentführung
siehe Störung des öffentlichen Verkehrs 237 Ziff. 1.

Forschung
medizinische, Berufsgeheimnis 321bis.

Fortgesetzte Tat
bei Erpressung 156 Ziff. 2.

Freiheit
- Verbrechen und Vergehen gegen die F. 180–186.
- Angriffe auf die sexuelle F. 189–194.

Freiheitsstrafen
40-41; Zuchthaus, Gefängnis, Haft 333.

Fremde
- amtliche Stelle 273.
- Datenverarbeitungssysteme 143bis.
- Sache 137, 138, 139, 144.
- Gespräche, Abhören und Aufnehmen 179bis.
- Staaten, s. Staat, fremder.

Fremdenpolizeiliche Ausweispapiere
- Begriff Bem. zu ANAG 23 Abs. 1 al. 1.
- deliktische Handlungen ANAG 23; zur Abgrenzung zu StGB 251/252 vgl. Bem. zu ANAG 23 Abs. 1 al. 1.

Frieden, öffentlicher
Verbrechen und Vergehen dagegen 258–263.

Friedensbürgschaft
66.

Fristberechnung
110 Abs. 6.

Führerflucht
Bem. zu SVG 92.

Fund
Nichtanzeigen eines F. 332.

Fundunterschlagung
137 Ziff. 2, geringfügige 172ter.

Futter
Futtermittel, gesundheitsschädliche, behandeln, herstellen 235; einführen, lagern, feilhalten, in Verkehr bringen 236.

G

Garantenstellung
Bem. zu 11, Bem. zu 217 und 219.

Gas
Verursachung einer Explosion 223; giftige Gase, Gefährdung 224–226.

Gastgewerbebetrieb
Zechprellerei 149.

Gaswerk
Betriebsstörung 239.

Gebietshoheit
Verletzung der schweizerischen G. 269, einer fremden G. 299.

Gebrauch
falscher oder verfälschter Masse, Gewichte, Waagen oder anderer Messinstrumente 248; einer falschen oder verfälschten Urkunde zur Täuschung 251 Ziff. 1; einer erschlichenen Urkunde 253; eines gefälschten oder verfälschten militärischen Aufgebotes 277; einer Urkunde im Rahmen einer verdeckten Ermittlung 317bis.

Gebührenmarken
Fälschung, Verfälschung 245.

Gebührenüberforderung
313.

Geburt
Tötung des Kindes während der G. 116.

Gefährdung
- des Lebens und der Gesundheit 127–136.
- von Leib und Leben, Raub 140; Erpressung 156 Ziff. 3 und 4.
- durch gentechnisch veränderte oder pathogene Organismen 230bis.

Gefahrenbereich
unternehmenstypischer G. Bem. zu 102.

Gefährliche
- Gegenstände, Verwendung bei Körperverletzung 123 Ziff. 2 Abs. 2; bei sexueller Nötigung 189 Abs. 3; bei Vergewaltigung 190 Abs. 3.
- Waffe, Mitführen bei Diebstahl 139 Ziff. 3; bei Raub 140 Ziff. 2.

Gefährlichkeit
besondere des Täters bei Diebstahl 139 Ziff. 3; bei Raub 140 Ziff. 3.

Gefangene
s. Anstaltsinsassen.

Gefangenhalten
unrechtmässiges 183.

Gefängnisstrafe
333.

Geheim- oder Privatbereich
Strafbare Handlungen gegen diesen 179, 179bis-179novies.

Geheime Akten
Verhandlungen, Untersuchungen einer Behörde 293.
Geheimnis
Verletzung des Fabrikations- oder Geschäftsgeheimnisses 162; Verletzung des Schriftgeheimnisses 179; auskundschaften, zugänglich machen, im Interesse des Auslandes, wirtschaftlicher Nachrichtendienst 273; Staatsgeheimnis, diplomatischer Landesverrat 267 Ziff. 1 Abs. 1; Verletzung des Abstimmungs- und Wahlgeheimnisses 283; Veröffentlichung amtlicher, geheimer Verhandlungen 293; Verletzung des Amtsgeheimnisses 320; des Berufsgeheimnisses 321, 321bis; Verletzung militär. Geheimnisse 329.
Gehilfenschaft
25; bei Übertretung 105.
- Beihilfe zum Selbstmord 115;
- Zur Abtreibung durch Drittperson 118 Abs. 1.
Gehorsam
Tat aus G., mildernder Umstand 48.
Geiselnahme
185; s. auch 101.
Geisteskrankheit, -schwäche
19.
Geisteszustand
des Beschuldigten, Untersuchung 20.
Geistlicher
Berufsgeheimnis 321.
Geld
Metall-, Papiergeld, Banknoten: Fälschung 240, Verfälschung 241; diese in Umlauf bringen 242; einführen, erwerben, lagern 244; Fälschungsgeräte, unrechtmässiger Gebrauch von Geräten 247; ausländisches Geld 250; Nachahmen, nachmachen ohne Fälschungsabsicht 243.
Geldstrafe
34-39.
Geldwäscherei
305bis; Bundesgerichtsbarkeit 340bis.
Gemeingefährliche Verbrechen und Vergehen
221-230.
Generalprävention
bei Strafzumessung 47; bei be-dingtem Strafvollzug 42.
Generalversammlung
unwahre Berichte oder Vorlagen an die G. 152.

Genossenschaften
unwahre Angaben über G. 152.
Gentechnisch veränderte oder pathogene Organismen
230bis.
Genugtuungsleistung
an das Opfer OHG 1 Abs. 2, 11, 12 Abs. 2, 14 Abs. 2.
Geräte
zur Entschlüsselung codierter Angebote 150bis.
Gerichtlicher Nachlassvertrag
171; Erschleichung 170; Bestechung bei Zwangsvollstreckung 168.
Gerichtliches Verfahren
falsches Zeugnis, falsches Gutachten, falsche Übersetzung 307.
Gerichtsbarkeit
der Schweiz: 3–7.
Gerichtsstand
340–345.
- bei Betäubungsmitteldelikten BetmG 24.
Gesamtstrafe
49, 57, 89, 344.
Geschäftsbesorgung
ungetreue 158.
Geschäftsbriefe
Verletzung der Aufbewahrungspflicht 325 Abs. 2.
Geschäftsbücher
Verletzung der Pflicht zur ordnungsmässigen Führung und Aufbewahrung 166, ordnungswidrige Führung 325.
Geschäftsführer
- eines nach kaufmännischer Art geführten Gewerbes, unwahre Angaben, 152.
- ohne Auftrag, ungetreue Geschäftsbesorgung 158 Ziff. 1 Abs. 2.
Geschäftsgeheimnis
Verletzung 162.
Geschäftsleitung
Mitglied der G. 161.
Geschlechtertrennung
in allen Anstalten 377.
Geschwindigkeitsüberschreitung
Bem. zu SVG 90 Ziff. 1.
Geschwister
Angehörige 110 Abs. 1; Beischlaf 213.
Gesetzeskonkurrenz
49.

Gesetzliche Ausdrücke
110.

Gespräche
unbefugtes Abhören und Aufnehmen 179bis, 179ter; Aufnahmegeräte 179quater, 179sexies; nicht strafbar: 179quinquies; amtliche Überwachung 179octies.

Gesundheit
- Gefährdung 127–136.
- geistige, Beeinträchtigung 19.

Gesundheitsgefährdende Stoffe
Verabreichung an Kinder 136.

Gesundheitsschädliche Stoffe
Verunreinigung von Trinkwasser 234.

Gesundheitsschädliches Futter
Futtermittel, Herstellung 235; in Verkehr bringen 236.

Gewaltanwendung
bei Raub 140 Ziff. 1; Erpressung 156 Ziff. 1.

Gewaltdarstellungen
135.

Gewalttätigkeit
- öff. Aufforderung zur G. 259.
- gegen Menschen oder Sachen, Landfriedensbruch 260.

Gewaltverbrechen
- Finanzierung 260quinquies.

Gewerbeverbot
67-67a; Übertretung 294.

Gewerbsmässigkeit
allgemein Bem. zu 139; Diebstahl 139 Ziff. 2; Datenbeschädigung 144bis Ziff. 2 Abs. 2; Betrug Art. 146 Abs. 2; betrügerischer Missbrauch einer Datenverarbeitungsanlage 147 Abs. 2; Check- und Kreditkartenmissbrauch 148 Abs. 2; Warenfälschung 155 Ziff. 2; Erpressung 156 Ziff. 2; Wucher 157 Ziff. 2; Hehlerei 160 Ziff. 2; Herstellung von gesundheitsschädlichem Futter 235 Ziff. 1 Abs. 2; Geldwäscherei 305bis Ziff. 2 Abs. 2 lit. C; bei Betäubungsmitteldelikten BetmG 19 Ziff. 2 lit. c.

Gewohnheitstrinker
Behandlung 60.

Gewohnheitsverbrecher
Einweisung in eine Verwahrungsanstalt 64.

Gift
einfache Körperverletzung mit G. 123 Ziff. 2 Abs. 2.

Giftige Gase, Stoffe
Gefährdung 224–226.

Glaubens- und Kultusfreiheit
Störung 261.

Gläubiger
- Irreführung 170.
- strafbare Handlungen zum Nachteil der G. 163–165, 167, 169.

Gläubigerbevorzugung
167.

Gläubigerschädigung
durch Vermögensminderung 164.

Gottesglauben
Beschimpfung, Verspottung 261.

Grabschändung
262 Ziff. 1.

Grenzsteine, -zeichen
beseitigen, verrücken, unkenntlich machen, falsch setzen, verfälschen 256, 268; staatl. 268.

Grenzverrückung
256.

Gründer
eines nach kaufmännischer Art geführten Gewerbes, unwahre Angaben 152.

Gründung
einer rechtswidrigen Vereinigung 275ter.

Gutachten
Einholung eines solchen bei zweifelhaftem Geisteszustand eines Beschuldigten 20; bei Entlassung aus einer stationären Massnahme 64b; Falsches Gutachten 307.

H

Hacker
Strafbarkeit 143bis.

Haftbefehl
357, 360.

Halbgefangenschaft
77b.

Handelsgeschäft
Verbot der Ausübung, Nebenstrafe 67; Übertretung 294.

Handelsgesellschaften
unwahre Angaben über H. 152.

Handelsregister
- unwahre Angaben gegenüber Behörden 153.
- Übertretung firmenrechtlicher Bestimmungen 326ter.

Handgelübde
306 Abs. 2, 307 Abs. 2.

Hanfkraut
– deliktische Handlungen BetmG 19.
Haupttäter
24, 25.
Hausfriedensbruch
186; Eindringen in Anstalten oder andere Örtlichkeiten, zu denen der Zutritt von der Militärbehörde verboten ist 329.
Haushalt
gemeinsamer 110 Abs. 2.
Haustiere
Verbreitung von Tierseuchen unter H. 232.
Hebamme
Ausstellen eines unwahren Zeugnisses 318; Verletzung des Berufsgeheimnisses 321.
Hehlerei
160.
Heimatort
Gerichtsstand bei strafbaren Handlungen im Ausland 342.
Herstellen
– pornographischer Gegenstände 197 Ziff. 3.
– von Sprengstoffen und giftigen Gasen 226.
– von gesundheitsschädlichem Futter 235.
– von Urkunden im Rahmen einer verdeckten Ermittlung 317bis.
Hilfe
an das Opfer OHG 3 Abs. 2-4.
Hilfe leisten
zu Verbrechen oder Vergehen 25; zu Übertretungen 105 Abs. 2; zum Selbstmord 115; zur Abtreibung durch eine Schwangere 118 Abs. 1.
Hilflose
aussetzen oder im Stiche lassen 127.
Hilfspersonen
Verletzung des Berufsgeheimnisses 321 Ziff. 1 Abs. 1.
Hochverrat
265.
Hoheitszeichen
tätliche Angriffe auf schweizerische 270; fremde 298.

I

Idealkonkurrenz
Strafschärfung 49.
Identifizierung
von Personen, Zusammenarbeit 354.
Identität
des Opfers, Veröffentlichung OHG 5 Abs. 2.
Immunität
parlamentarische 347.
Impressum
auf Druckschriften 322.
Informationen
von Medien, Quellenschutz 28.
Initiativbegehren
Hinderung oder Störung der Unterschriftensammlung 279 Abs. 2; Nötigung, Hinderung oder Störung der Stimmberechtigten 280; unbefugte Teilnahme 282 Ziff. 1 Abs. 2; Fälschung des Ergebnisses einer Unterschriftensammlung 282 Ziff. 1 Abs. 3.
Inkrafttreten des StGB
392.
Insidergeschäfte
161.
Internationales Strafrecht
3-7.
INTERPOL
Zuständigkeit für Zusammenarbeit 350; Datenschutz 352; Finanzhilfen und Abgeltungen 353.
Intertemporales Strafrecht
388-390.
Intimsphäre
des Opfers, Aussageverweigerungsrechte für sie betreffende Fragen OHG 7 Abs. 2.
In Umlauf bringen
falschen Geldes als echt 240, 244; verfälschten Geldes zu einem höhern Wert 241.
In Umlauf setzen
falschen Geldes 242.
Inverkehrbringen
gefälschter, verfälschter oder im Werte verringerter Waren 155; von Abhör-, Ton- und Bildaufnahmegeräten 179sexies; von gesundheitsschädlichem Futter 236.
Inzest
213.
IPAS
– Informatisiertes Personennachweis-, Aktennachweis- und Verwaltungssystem
– 355.
Irreführung
– bei Betrug 146 Abs. 1; bei arglistiger Vermögensschädigung 151; bei Erschleichung eines

Irrtum StGB

gerichtl. Nachlassvertrages 170; der Rechtspflege 304.
- betrügerischer Missbrauch einer Datenverarbeitungsanlage 147 Abs. 1.
- unwahre Angaben über kaufmännische Gewerbe 152.
- unwahre Angaben gegenüber Handelsregisterbehörden 153.
- Warenfälschung 155.
- Kursmanipulation 161bis.
- betrügerischer Konkurs, Pfändungsbetrug 163.
- Übertretung firmenrechtlicher Bestimmungen 326ter Abs. 3.
- Urkundenfälschung 251 ff.

Irrtum
über den Sachverhalt 13; Rechtsirrtum Bem. zu Art. 21; über das Alter eines Kindes bei sexuellen Handlungen mit diesem 187 Ziff. 4.
- arglistige Benützung des Irrtums eines andern bei Betrug 146 Abs. 1.
- bei arglistiger Vermögensschädigung 151.

J

Jahr
gesetzlicher Ausdruck 110 Abs. 6.
Juristische Personen
- Delikts- und Strafunfähigkeit 1; Anwendbarkeit der Strafbestimmungen auf Personen, die für sie gehandelt haben 172, 179sexies, 326bis.

K

Kantonale Behörden
Strafbehörden 339-345; Mitteilungen von Eintragungen ins Strafregister 368; Verfahren 346–348; Begnadigung 381; bei politischen Verbrechen und Vergehen 382.
Kantonale Gerichtsbarkeit
338.
Kantonales Recht
335.
Kausalzusammenhang
Bem. zu 12 Abs. 3.
Keine Strafe ohne Gesetz
1.
Kinder
- Verabreichen gesundheitsgefährdender Stoffe an K. 136.

- Freiheitsberaubung und Entführung eines noch nicht 16 Jahre alten K. 183 Ziff. 2, 184.
- sexuelle Handlungen mit Kindern 187.

Kindestötung
116.
Kompetenzkonflikte
bürgerliche und militärische Gerichtsbarkeit 9; Gerichtsstand 345.
Komplott
275ter.
Konfiskation
siehe Einziehung.
Konfrontation
zwischen Opfer und Beschuldigtem OHG 5 Abs. 5.
Konkurrenz
von strafbaren Handlungen oder von Strafbestimmungen 49; Gerichtsbarkeit BStP 18; Gerichtsstand 344; retrospektive K. 49.
Konkurs
betrügerischer 163, Widerruf 171bis.
Konkurs- und Betreibungsverbrechen oder -vergehen
163–171bis.
Konkursverfahren
Ungehorsam des Schuldners 323; dritter Personen 324.
Konsumtion
Bem. zu 49.
Kontrollorgane
von Handelsgesellschaften und juristischen Personen 152, 161, 172.
Kontrollzeichen
Fälschung 246.
Körperverletzung
122–126; bei Raub 140 Ziff. 4.
Kosten
der Rechtshilfe 358.
Kraftwerke
Störung eines Betriebes 239 Ziff. 1 Abs. 2.
Krankheiten
gefährliche übertragbare menschliche K. verbreiten 231.
Kreditkartenmissbrauch
148.
Krieg
Herbeiführung eines K. gegen die Eidgenossenschaft 266 Ziff. 2.
Kriegführende
Feindseligkeiten gegen K. 300.

Kriegsverbrechen
Unverjährbarkeit 101.
Kriminelle Organisation
260ter; Einziehung von Vermögenswerten 70.
Kultusfreiheit
Störung der Glaubens- und K. 261.
Kursmanipulation
161bis.

L

Lagern
gefälschter Waren 155 Ziff. 1, falschen oder verfälschten Geldes 244; gesundheitsschädlichen Futters 236; pornographischer Gegenstände 197 Ziff. 3.
Landesgrenzen
Verrückung staatlicher Grenzzeichen 268.
Landesverrat
diplomatischer 267; politischer Bem. zu 266.
Landesverteidigung
Verbrechen oder Vergehen gegen Staat und L. 265–278, s. Staat.
Landfriedensbruch
260.
Landwirtschaft
Verbreitung von Schädlingen 233 Ziff. 1.
Lawine
Gefährdung durch Beschädigung von Schutzbauten 228 Ziff. 1 Abs. 3.
Leben
siehe Leib und Leben.
Lebensgefahr
Unterlassung der Nothilfe für Personen in unmittelbarer L. 128 Abs. 1.
Lebensgefährdung
129; bei Raub 140 Ziff. 4; bei Erpressung 156 Ziff. 3.
Legalitätsprinzip
strafrechtliches, Bem. zu 1.
Leib und Leben
strafbare Handlungen dagegen 111–136; Abwendung einer unmittelbaren Gefahr für Leib und Leben 17.
Leichenfeier, -zug
Verunehrung, Störung 262 Ziff. 1 Abs. 2.
Leichnam
Verunehrung, öffentliche Beschimpfung 262 Ziff. 1 Abs. 3; Wegnahme 262 Ziff. 2.

Leichtsinniges Schuldenmachen
Verleitung dazu durch den Gläubiger 165 Ziff. 2 Abs. 3.
Leistung
Erschleichen einer L. 150.
«lex mitior»
siehe milderes Recht.
Liquidator
eines nach kaufmännischer Art geführten Gewerbes, unwahre Angaben 152.
List
siehe Arglist.
Lohnabzüge
Missbrauch 159.
Lösegeld
Forderung bei Freiheitsberaubung und Entführung 184.
Luftverkehr
Hinderung, Störung, Gefährdung 237.

M

Marken
der Post, Fälschung, Verfälschung 245; der Zollverwaltung 246.
Maschinen
Beseitigung oder Nichtanbringung von Sicherheitsvorrichtungen an M. 230.
Mass und Gewicht
Fälschung 248.
Massnahmen
- beim Zusammentreffen von mehreren strafbaren Handlungen oder Strafbestimmungen 49.
- für junge Erwachsene 61.
- stationäre therapeutische 59-62d.
- Zuständigkeit der kantonalen Behörden zum Vollzug oder zur Aufhebung 339.

Massnahmevollzugseinrichtung
- Behandlung von psychischen Störungen 59.
- Verwahrung 64.
Medien
- Auskunftspflicht 28a;
- Strafbarkeit 28, 322bis.
Mediendelikte
28; Gerichtsstand 341.
Medienschaffende
Zeugnisverweigerungsrecht 28a.
Medienunternehmer
Strafbarkeit bei Verletzung der

623

Auskunftspflicht 322 Abs. 3.
Medizinische Forschung
Berufsgeheimnisse 321bis.
Mehrfache Ehe
215.
Meineid
306 Abs. 2, 307 Abs. 2.
Melderecht
bei Finanzgeschäften 305ter.
Menschenhandel
196.
Messinstrumente
Fälschung und Gebrauch falscher M. 248; Einziehung 249 Abs. 1.
Metallgeld
siehe Geld.
Meuterei
militärische, Aufforderung oder Verleitung zu M. 276 Ziff. 2; von Gefangenen 311.
Mieter
Widerhandlungen gegen die Bestimmungen zum Schutz der M. von Wohn- und Geschäftsräumen 325bis.
Mikrofilm
siehe Urkunde.
Milderes Recht
zeitliche Geltung des StGB 2 Abs. 2, des Begehungsortes im Auslande 6 Abs. 2, 7 Abs. 3.
Mildernde Umstände
Strafmilderung 48.
Militärdienst
Störung, Hinderung 278.
Militärisch
beschlagnahmtes oder requiriertes Material, Handel damit 330.
Militärische
- Anstalten oder Gegenstände, Abbildung, Vervielfältigung oder Veröffentlichung von Abbildungen 329 Ziff. 1 Abs. 2.
- Befehlsgewalt, Anmassung 287.
- Geheimnisse, Verletzung 329.
- Sicherheit, Störung 276–278.
- Uniform, unbefugtes Tragen 331.

Militärischer Nachrichtendienst
zum Nachteil der Schweiz 274; zum Nachteil fremder Staaten 301.
Militärperson
Bestechen 322ter.

Militärstrafrecht
persönliche Geltung des Gesetzes 9, Kompetenzkonflikte 345.
Missbrauch
- von Ausweisen und Schildern SVG 97.
- von Fernmeldeanlagen 179septies.
- zu sexuellen Handlungen, Schändung 191.
- echter Ausweise 252 Ziff. 1 Abs. 4.
- von Lohnabzügen 159.

Mitarbeiter
Strafbarkeit Bem. zu 102.
Mitglieder
einer Bande, Diebstahl 139 Ziff. 3; Raub 140 Ziff. 3; Geldwäscherei 305bis Ziff. 2 Abs. 2 lit. b.
Mittäter
Bem. zu 24-26.
Mitteilung
- bei Pornographie 362.
- bei strafbaren Handlungen von und an Unmündigen 363.
- von Betäubungsmitteldelikten BetmG 28 Abs. 2.
- von Entscheiden an Bundesbehörden BStP 255, 265.

Mitteilungen aus dem Strafregister
368.
Mittel
zur Tat, untaugliche 22.
Mittelbare Täterschaft
Bem. zu 24–26.
Monat
gesetzlicher Ausdruck 110 Abs. 6.
Mord
112; Drohung damit, Schreckung der Bevölkerung 258.
Münzverringerung
siehe Geld.

N

Nachahmung
von Waren zum Zwecke der Täuschung im Handel und Verkehr 155 Ziff. 1; von Geld, Banknoten, amtlichen Wertzeichen ohne Fälschungsabsicht 243.
Nacheile
360.
Nachlassbehörde
Irreführung 170.

Sachregister

Nachlassstundung
Erschleichung einer N. 170.

Nachlassverfahren
Ungehorsam dritter Personen 324.

Nachlassvertrag
Erschleichung eines gerichtlichen N. 170; Stimmenkauf 168.

Nachlässigkeit
in der Berufsausübung, Misswirtschaft 165 Ziff. 1.

Nachmachen
von Banknoten, Münzen oder amtlichen Wertzeichen 243;
in der Berufsausübung, Misswirtschaft 165 Ziff. 1.

Nachrede
üble N. 173, 176; über Verstorbene oder verschollen Erklärte 175.

Nachrichtendienst
militärischer 274; politischer 272; wirtschaftlicher 273; gegen fremde Staaten 301.

Nachteile
Androhung ernstlicher N. 156 Ziff. 1, 181.

Nichtanzeigen
eines Fundes 332.

Nichtverhinderung
einer strafbaren Veröffentlichung 322bis.

Nidation
Bem. zu 118.

Notare
Verletzung des Berufsgeheimnisses 321.

Nothilfe
Unterlassen der N. 128.

Nötigung
181; Raub 140; Erpressung 156; eines Dritten, Geiselnahme 185; zum Beischlaf 190; zu einer sexuellen Handlung 189; eines Staates oder einer internationalen Organisation 260quinquies; eines Stimmberechtigten 280 Abs. 2; eines Beamten zu einer Amtshandlung 285; von Anstaltsbeamten 311 Ziff. 1 Abs. 2; von Behörden des Bundes oder des Auslandes durch Geiselnahme, Bundesgerichtsbarkeit 336.

Notstand
17.

Notstandshilfe
17.

Notwehr
- rechtfertigende 15.
- entschuldbare 16.

O

Oberaufsichtsrecht
des Bundes gemäss Bundesgesetzen, Widerhandlung gegen diese BStP 258, Ermittlungen der Bundesanwaltschaft BStP 259.

Obhut
123 Ziff. 2 Abs. 2, 127.

Öffentliche
- Aufforderung zu Verbrechen 259.
- Aufforderung zum Betäubungsmittelkonsum BetmG 19.
- Beleidigung eines fremden Staates 296, zwischenstaatlicher Organisationen 297.
- Beschimpfung oder Verspottung der religiösen Überzeugung anderer oder von Kultusgegenständen 261.
- Gesundheit, Verbrechen und Vergehen 231–236.
- Gewalt, strafbare Handlungen gegen sie 285–295.
- Mitteilungen, unwahre, über Handelsgesellschaften oder Genossenschaften 152.
- Urkunde, gesetzlicher Ausdruck 110 Abs. 4.
- Verhandlungen einer Behörde, Berichterstattung 28 Abs. 4.
- Vermessungs- und Wasserstandszeichen, Beseitigung 257.
- Zusammenrottung, Sachbeschädigung 144 Abs. 2; Landfriedensbruch 260.

Öffentliche Sicherheit
Gefährdung
- mit Waffen 260quater.

Öffentliche Verkehrsmittel
Erschleichen einer Leistung 150.

Öffentlicher
- Frieden, Verbrechen und Vergehen dagegen 258–263.
- Verkehr, Verbrechen und Vergehen dagegen 237–239.

Öffentliches Interesse
Schädigung durch ungetreue Amtsführung 314.

Öffnen
einer verschlossenen Schrift oder Sendung 179 Abs. 1.

Opfer
- Aussageverweigerungsrecht OHG 7 Abs. 2.
- Begriff OHG 2 Abs. 1.
- Beistand OHG 7 Abs. 1.

Ordnungsbussen
- Information OHG 6, 8 Abs. 2.
- Persönlichkeitsschutz OHG 5.
- Verfahrensrechte OHG 8.

Ordnungsbussen
Bem. zu 317.

Ordnungsbussenverfahren
Bem. zu SVG 90 Ziff. 1 und 103 Abs. 2.

Organe
juristischer Personen, Strafbarkeit Bem. zu 1, 102, 172, 326bis.

Organisationen
- des Auslandes 271–273; zwischenstaatliche, Beleidigung 297.
- kriminelle 260ter.

Organisationsmangel
des Unternehmens 102.

Organismen
gentechnisch veränderte oder pathogene 230bis.

Outsourcing
Bem. zu 102.

P

Papiergeld
siehe Geld.

Parlamentarische Immunität
347.

Partei
falsche Beweisaussage in einem Zivilrechtsverfahren 306.

Pekulium
siehe Verdienstanteil.

Personalitätsprinzip
7.

Personalvorsorgeeinrichtung
unwahre Auskunft durch diese 326quater.

Personendaten
unbefugtes Beschaffen 179novies; im Strafregister 367.

Persönliche
- Geltung des Gesetzes 9.
- Verhältnisse beim Täter, Anstifter und Gehilfen 26; Strafzumessung 47.

Persönlichkeitsrechte
des Opfers OHG 5 Abs. 1.

Persönlichkeitsschutz
für Opfer OHG 5.

Petroleum
Verursachung einer Explosion 223.

Pfand
zum Pf. nehmen einer durch strafbare Handlung erlangten Sache, Hehlerei 160; zu Pf. geben oder nehmen militärisch beschlagnahmten oder requirierten Materials 330.

Pfandgläubiger
eines Gemeinschuldners, Ungehorsam im Konkursverfahren 324 Ziff. 3.

Pfandsachen
Veruntreuung und Entzug 145; Verfügung über gepfändete, mit Arrest belegte oder amtlich aufgezeichnete Sachen 169.

Pfändung
Abwesenheit des Schuldners 323 Ziff. 1; Verschweigung von Vermögensstücken, Forderungen und Rechten durch den Schuldner 323 Ziff. 2.

Pfändungsbetrug
163.

Photographieren
militärischer Objekte 329.

Plünderung
Drohung damit 258.

Politischer Nachrichtendienst
zum Nachteile der Schweiz 272.

Polizei
Amtshilfe 349; Nacheile 360.

Polygamie
215.

Pornographie
197.

Postbetrieb
Störung 239.

Postgeheimnis
Verletzung 321ter.

Postwertzeichen
- Fälschung, Verfälschung 245.
- Nachmachen ohne Fälschungsabsicht 328.

Präventionsmassnahmen
386.

Presse
siehe Medien.

Privatanstalten
Zulassung 379.

Privatbereich
strafbare Handlungen gegen diesen 179, 179bis–179novies.

Privatdelikt
Bem. zu 102.

Probezeit
- bei bedingter Entlassung aus Freiheitsstrafen 62.
- beim bedingten Strafvollzug 44.

Propaganda
staatsgefährliche 275bis.

Prostitution
Förderung 195; unzulässige Ausübung 199.

Putativnotwehr
Bem. zu 13.

Q

Quellenschutz
bei Informationen von Medien 28*a*.

R

Rassendiskriminierung
261bis.

Raub
140.

Raufhandel
133.

Räumliche Geltung
des Gesetzes 3–7.

Rauschgiftsüchtige
Täter, Behandlung, Anstaltseinweisung 60.

Realkonkurrenz
Strafschärfung 49.

Rechtfertigender Notstand
17.

Rechtfertigende Notwehr
15.

Rechtfertigungsgründe
14, 15, 17; bei Verkehrsregelverletzung siehe Bem. zu SVG 90 Ziff. 1 und Ziff. 2.

Rechtsanwalt
Verletzung des Berufsgeheimnisses 321.

Rechtsgüter
immaterielle, Verbrechen oder Vergehen gegen sie 161–162.

Rechtshilfe
349. Konkordat Anh. 7, BStP 252.

Rechtsirrtum
Bem. zu 21.

Rechtspflege
Verbrechen und Vergehen gegen die R. 303–311.

Rechtsschutz
für Entschädigungs- und Genugtuungsansprüche von Opfern OHG 17.

Rechtswidrige Vereinigung
275ter.

Redaktor
Verantwortlichkeit bei Mediendelikten 28 Abs. 2 und 3; Angabe seines Namens 322 Abs. 2.

Referendumsbegehren
siehe Initiativbegehren.

Reisedokumente
- verfälschte oder gefälschte ANAG 24*a*.

Religion
- siehe Rassendiskriminierung 261bis.
- Störung der Glaubens- und Kultusfreiheit 261.

Retentionsgegenstände
Veruntreuung und Entzug 145.

Retentionsverfahren
Verfügung über amtlich aufgezeichnete Sachen zum Nachteil der Gläubiger 169.

Retorsion
bei Beschimpfung 177 Abs. 3.

Retrospektive Konkurrenz
49.

Reue
tätige, bei Versuch 23; aufrichtige, Strafmilderung 48.

Revisionsstelle
161, siehe Kontrollorgan.

Revisor
Verletzung des Berufsgeheimnisses 321.

Richteramt
zur Ausübung desselben berufene Personen bestechen 322ter; sich bestechen lassen 322quater; Vorteilsgewährung 322quinqies; Vorteilsannahme 322sexies.

RIPOL
Automatisches Fahndungssystem 349.

Rücktritt
vom Versuch 23; von strafbaren Vorbereitungshandlungen 260bis Abs. 2.

Rückwirkungsverbot
2.

Rückzug
des Strafantrages 33.

Ruhestätte
eines Toten, Verunehrung 262 Ziff. 1.

S

Sachbeschädigung
144.
Sachentziehung
141 (ohne Aneignungsabsicht), 137 Ziff. 2 Abs. 2 (ohne Bereicherungsabsicht).
Sachverhaltsirrtum
13.
Sachverständiger
- amtlich bestellter, falsches Gutachten 307; einen solchen bestechen 322ter; sich bestechen lassen 322quater; Vorteilsgewährung 322quinqies; Vorteilsannahme 322sexies; Pflicht, einer Vorladung in andere Kantone Folge zu leisten 359.
- Beizug zwecks Untersuchung des Beschuldigten 20.

Sachwalter
Erschleichung eines gerichtlichen Nachlassvertrages durch Irreführung des S. 170.
Schaden
- grosser, bei Sachbeschädigung 144 Abs. 3; bei Datenbeschädigung 144bis Ziff. 1 Abs. 2.
- geringfügiger, bei Vermögensdelikten 172ter.

Schadensdeckung
- aus der vom Verurteilten bezahlten Busse, eingezogenen Gegenständen und Vermögenswerten, usw. 73.

Schädigung
- der Gesundheit, schwere Körperverletzung 122; einfache K. 123; fahrlässige K. 125; Verbrechen und Vergehen gegen die öffentliche Gesundheit 231–236.
- öffentlicher Interessen, ungetreue Amtsführung 314.

Schädlinge
Verbreitung von gefährlichen Sch. 233.
Schändung
191.
Schenken
durch strafbare Handlung erlangte Sachen sich sch. lassen, Hehlerei 160.
Schiedsgerichtsverfahren
309.
Schiedsrichter
bestechen 322ter; sich bestechen lassen 322quater; Vorteilsgewährung 322quinquies; Vorteilsannahme 322sexies.

Schiff
Erschleichen einer Fahrt 155.
Schleppertatbestand
Bem. zu ANAG 23 Abs. 2.
Schleuse
Gefährdung durch Beschädigung von Wasserbauten 228 Ziff. 1.
Schrecken
in Schrecken versetzen, Drohung 180; Schreckung der Bevölkerung 258.
Schriften
110 Abs. 5; pornographische 197; Ausweisschriften, Fälschung, Missbrauch 252.
Schriftgeheimnis
Verletzung desselben 179.
Schulden
Bevorzugung eines Gläubigers durch Zahlung 167; Vortäuschung 163 Ziff. 1.
Schuldfähigkeit
19-20.
Schuldner
betrügerischer Konkurs, Pfändungsbetrug 163; Gläubigerschädigung durch Vermögensminderung 164; Misswirtschaft 165 Ziff. 1; Unterlassung der Buchführung 166; Bevorzugung eines Gläubigers 167; Bestechung bei Zwangsvollstreckung 168; Verfügung über mit Beschlag belegte Vermögenswerte 169; Erschleichung eines gerichtlichen Nachlassvertrages 170; Ungehorsam im Betreibungs- und Konkursverfahren 323; Gemeinschuldner 323 Ziff. 4 und Ziff. 5, 324; sich dem Konkursamt nicht als Schuldner des Gemeinschuldners anmelden 324 Ziff. 2.
Schusswaffe
Mitführen bei Diebstahl 139 Ziff. 3 Abs. 3; bei Raub 140 Ziff. 2.
Schutz
des Opfers OHG 1, 5.
Schutzvorrichtungen
gegen Naturereignisse, Beschädigung, Zerstörung 228.
Schwangerschaftsabbruch
118–120.
Schweigepflicht
der Mitarbeiter von Opferberatungsstellen OHG 4.
Schweiz
räumliche Geltung des StGB 3–7; siehe auch Staat.

Selbstbegünstigung
Bem. zu 305.
Selbstbeschuldigung
Selbstbezichtigung, falsche 304 Ziff. 1 Abs. 2.
Selbstmord
Verleitung und Beihilfe zum S. 115.
Seuche
Verbreitung einer S. unter Haustieren 232.
Sexuelle Handlungen
Strafbare Handlungen gegen die sexuelle Integrität 187–200.
Sexuelle Integrität
besondere prozessuale Rechte der Opfer von Straftaten gegen sie OHG 5 Abs. 3 und 5, OHG 6 Abs. 3, OHG 10.
Sicherheit
der Eidgenossenschaft, Gefährdung durch politischen Nachrichtendienst 272 Ziff. 2; gegen die Sicherheit der Schweiz gerichtete ausländische Unternehmungen und Bestrebungen 266bis; siehe auch Öffentliche S.
Sicherheitshaft
110 Abs. 7; vgl. auch 66 Abs. 2.
Sicherheitsvorrichtungen
in Fabriken oder an Maschinen, Beseitigung oder Nichtanbringung 230.
Siegelbruch
290.
Signale und Markierungen
SVG 98.
Skrupelloser
Beweggrund oder Zweck bei Tötung 112; Gefährdung des Lebens in skrupelloser Weise 129.
Sonderdelikte
echte, Bem. zu 26.
Sorgfaltspflicht
12.
Spekulation
durch gewagte Spekulationen die Zahlungsunfähigkeit herbeiführen, Misswirtschaft 165 Ziff. 1; Verleitung dazu durch den Gläubiger 165 Ziff. 2 Abs. 3.
Spezialgesetzgebung
Anwendung des allgemeinen Teils des StGB 333.
Sprengstoffe
Gefährdung durch solche 224, 225; Herstellen, Verbergen, Weiterschaffen von Sprengstoffen 226.

Staat
Verbrechen und Vergehen gegen den Staat und die Landesverteidigung 265-278.
- strafbare Auslandstat 4, 6bis.
- fremder, in Beziehung treten mit der Regierung oder Agenten eines fremden St. 266 Ziff. 2; diplomatischer Landesverrat 267; verbotene Handlungen für einen fremden St. 271; verbotener Nachrichtendienst für fremde Behörden 272–275; gegen einen fremden St. 301; Störung der Beziehungen zum Ausland 296–302.
Staatsbehörden
verfassungsmässige, deren gewaltsame Absetzung 265 Abs. 3.
Staatsgeheimnis
diplomatischer Landesverrat 267.
Staatsgewalt
Verhinderung der Ausübung, Hochverrat 265 Abs. 3.
Staatsoberhaupt
fremdes, Beleidigung 296.
Staatsschutzprinzip
4.
Stempel
Fälschung, Verfälschung 246.
Stempelmarken
Fälschung, Verfälschung 245 Ziff. 1; Verwendung falscher, verfälschter, entwerteter St. 245 Ziff. 2.
Sterbehilfe
Bem. zu 114.
Stimmberechtigter
Hinderung an der Ausübung seiner Rechte, Nötigung dazu 280; Wahlbestechung, aktive und passive 281.
Stimmenfang
282bis.
Stimmenkauf
Bestechung bei Zwangsvollstreckung 168.
Stimmregister
fälschen, verfälschen, beseitigen, vernichten 282 Ziff. 1 Abs. 1.
Stimm- und Wahlrecht
Eingriffe 280.
Stimmzettel
hinzufügen, ändern, weglassen, streichen, unrichtig auszählen 282 Ziff. 1 Abs. 3.
Störung
- des Bewusstseins 10–12, 263.
- der Glaubens- und Kultusfreiheit 261.

Strafanstalt
- des Totenfriedens 262.
- der militärischen Sicherheit 276–278.
- der Beziehungen zum Ausland 296-301.
- des öffentlichen Verkehrs 237; des Eisenbahnverkehrs 238.
- von Betrieben, die der Allgemeinheit dienen 239.
- und Hinderung einer Versammlung, Wahl oder Abstimmung 279.

Strafanstalt
64, 64*b*, 76, 80, 84, 85.

Strafantrag
30; 390.
- unrechtmässige Aneignung 137 Ziff. 2; Sachentziehung 141; unrechtmässige Verwendung von Vermögenswerten 141bis; unrechtmässige Entziehung von Energie 142 Abs. 1; unbefugtes Eindringen in ein Datenverarbeitungssystem 143bis; Sachbeschädigung 144 Abs. 1; Datenbeschädigung 144bis Ziff. 1; Veruntreuung und Entzug von Pfandsachen und Retentionsgegenständen 145; Zechprellerei 149; Erschleichen einer Leistung 150; arglistige Vermögensschädigung 151; Hehlerei 160 Ziff. 1 Abs. 3; Misswirtschaft 165 Ziff. 2; geringfügige Vermögensdelikte 172ter.
- lediglich auf Antrag verfolgte Delikte zum Nachteil eines Angehörigen oder Familiengenossen, unrechtmässige Aneignung 137 Ziff. 2; Veruntreuung 138 Ziff. 1 Abs. 4; Diebstahl 139 Ziff. 4; unbefugte Datenbeschaffung 143 Abs. 2; Betrug 146 Abs. 3; betrügerischer Missbrauch einer Datenverarbeitungsanlage 147 Abs. 3; ungetreue Geschäftsbesorgung 158 Ziff. 3; Unterdrückung von Urkunden 254 Abs. 2.

Strafanzeige
falsche 304 Ziff. 1 Abs. 1; falsche Selbstbezichtigung 304 Ziff. 1 Abs. 2.

Strafaufschub
Bem. zu 63.

Strafbare Handlungen
Zusammentreffen mehrerer 49.

Strafbarkeit
10–33; von Unternehmen 102; Erhöhung, Verminderung, Ausschluss bei besonderen persönlichen Verhältnissen 27.

Strafbefreiung
bei schwerer Betroffenheit des Täters durch die Tat 54; bei Strassenverkehrsdelikten SVG 100.

Strafbehörden
des Bundes 336.; kantonale 346.

Strafen
- bedingte 42.
- teilbedingte 43.

Strafentscheide
von Polizei und Verwaltungsbehörden 372.

Strafmilderung
mildernde Umstände 48.

Strafprozess
siehe Strafverfahren.

Strafrahmen
siehe Strafzumessung.

Strafregister
365-371; Zweck 365; Inhalt 366; Bearbeitung der Daten und Einsicht 367; Mitteilung der Eintragungen 368.

Strafregisterauszüge
371.

Strafschärfung
Zusammentreffen von strafbaren Handlungen oder Strafbestimmungen 49.

Strafverfahren
346-348; gegen Unternehmen 102a.

Strafverfolgung
im Ausland 3 Abs. 2; Verjährung 97-101; bei Übertretungen 109; auf Ermächtigung des Bundesrates 302; Herbeiführen einer St. gegen einen Nichtschuldigen 303; der S. entziehen 305.

Strafvollzug
372-380; siehe auch Bedingter Strafvollzug.
- Oberaufsicht des Bundes BStP 247 Abs. 3.

Strafzumessung
47-51.

Strasse
Bem. zu SVG 90.

Strassenverkehr
öffentlicher, Störung, Hinderung, Gefährdung 237.

Streckmittel
Bem. zu BetmG 19.

Studierende
Berufsgeheimnis 321 Ziff. 1 Abs. 2.

Surrogate
Einziehung Bem. zu 70.

Swissmedic
Bem. zu BetmG 19.

T

Tag
gesetzlicher Ausdruck 110 Abs. 6.
Tatbestandsirrtum
13.
Tätige Reue
23.
Tätlichkeiten
126; Angriffe auf die Ehre, Beschimpfung 177.
Tatsächliche Feststellungen
der kant. Behörde, Bindung des Bundesgerichts daran BStP 277bis.
Täuschung
s. Irreführung.
Teilhaber
einer Handelsgesellschaft oder Genossenschaft, unwahre Angaben 152.
Teilnahme
an einem Verbrechen oder Vergehen 24–26.
- am Sonderdelikt 26.
Telefon
Missbrauch 179septies.
Telegrafen-, Telefonbetrieb
Störung 239 Ziff. 1 Abs. 1.
Terrorismus
Finanzierung 260quinquies; Bundesgerichtsbarkeit 336.
Tierarzt
falsches ärztliches Zeugnis 318.
Tierseuchen
Verbreitung 232.
Tonaufnahme
pornographische 197 Ziff. 1.
Tonaufnahmegeräte
illegale 179sexies.
Tote
üble Nachrede, Verleumdung solcher 175.
Totenfrieden
Störung 262.
Tötung
vorsätzliche 111; Mord 112; Totschlag 113; T. auf Verlangen 114; Verleitung und Beihilfe zum Selbstmord 115; Kindstötung 116; fahrlässige T. 117.
Trinkerheilanstalten
Einweisung 60; Zulassung privater T. 379.
Trinkwasser
Verunreinigung 234.
Trunksüchtige
Behandlung 60.

U

Überschwemmung
Verursachung 227.
Übersetzer
amtlich bestellter, falsche Übersetzung 307; Bestechen 322ter; sich bestechen lassen 322quater; Vorteilsgewährung 322quinquies; Vorteilsannahme 322sexies.
Übertretungen
103–109; Ü. bundesrechtlicher Bestimmungen 323–332; Anwendung von 101-109 auf andere Bundesgesetze 333 Abs. 2, 3 und 5.
Übertretungsstrafrecht
der Kantone, Gesetzgebungsvorbehalt 335 Abs. 1.
Überwachung
Amtliche Ü. des Post- und Fernmeldeverkehrs einer Person 179octies; einer der Prostitution nachgehenden Person 195.
Ubiquitätsprinzip
Bem. zu 8.
Üble Nachrede
173 Ziff. 1, 176; gegen einen Verstorbenen oder verschollen Erklärten 175.
Umwandlung
39.
Unabhängigkeit
der Eidgenossenschaft, Angriffe auf diese 266.
Unbrauchbarmachen
- von Sachen, Sachbeschädigung 144.
- von Daten, Datenbeschädigung 144bis.
- von Vermögenswerten, Gläubigerschädigung durch Vermögensminderung 164.
- von Pfandsachen, Retentionsgegenständen, amtlich aufgezeichneten Sachen 169.
- von Urkunden 254.
- von Sicherheitsvorrichtungen in Fabriken oder an Maschinen 230.
- von militärisch beschlagnahmtem oder requiriertem Material 330.
Unfall
- pflichtwidriges Verhalten SVG 92.

Ungehorsam

Ungehorsam
gegen amtliche Verfügungen 292; des Schuldners im Betreibungs- und Konkursverfahren 323, dritter Personen 324; gegen dienstliche Befehle, Aufforderung oder Verleitung dazu 276 Ziff. 1.

Uniform
militärische, unbefugtes Tragen 331.

Untauglicher Versuch
23.

Unterbrechung
- der Schwangerschaft, strafbare 118, straflose 119.

Unterhaltspflichten
familienrechtliche, Vernachlässigung 217.

Unterhandlungen
eines Bevollmächtigten der Eidgenossenschaft mit einer auswärtigen Regierung zum Nachteile der Eidgenossenschaft 267 Ziff. 1 Abs. 3.

Unterlassen
der Nothilfe 128; nötigen etwas zu unterlassen 181.

Unterlassung
der Buchführung 166.

Unterlassungsdelikte
Bem. zu 11.

Unternehmen
Strafbarkeit 102.

Unternehmenszweck
Bem. zu 102.

Unterschlagung
Bem. zu 137 Ziff. 2 Abs. 1.

Unterschrift
- Benützung einer echten U. zur Herstellung einer unwahren Urkunde 251 Ziff. 1 Abs. 2; durch einen Beamten 317 Ziff. 1 Abs. 1.
- Erschleichen der Beglaubigung einer falschen U. 253 Abs. 1; Beglaubigung durch einen Beamten 317 Ziff. 1 Abs. 2.

Unterschriftensammlung
siehe Initiativbegehren.

Unterstützungspflichten
Vernachlässigung 217.

Untersuchung
des Beschuldigten siehe Gutachten.

Untersuchungen
einer Behörde, Verletzung der Geheimhaltungspflicht 293.

Untersuchungshaft
gesetzlicher Ausdruck 110 Abs. 7; Anrechnung 51.

Unverjährbarkeit
101; Begünstigung von im Ausland begangenen Verbrechen 305 Abs. 1bis.

Unvollendeter Versuch
22.

Unvorsichtigkeit
pflichtwidrige 12 Abs. 3.

Unwahre
- Angaben, bei Betrug 146; arglistiger Vermögensschädigung 151; über kaufmännische Gewerbe 152; gegenüber Handelsregisterbehörden 153; betrügerischer Konkurs, Pfändungsbetrug 163; Ehrverletzung 173 f.; gegen die Sicherheit der Schweiz gerichtete Unternehmungen oder Bestrebungen 266bis; Delikte gegen die Rechtspflege 303–307.
- Beurkundung der Ergebnisse einer Wahl, Abstimmung oder Unterschriftensammlung 282 Ziff. 1 Abs. 3.

Unzurechnungsfähigkeit
selbstverschuldete 263.

Urkunde
gesetzlicher Ausdruck 110 Abs. 5; Herstellung, Veränderung, Gebrauch von U. im Rahmen einer verdeckten Ermittlung 317bis.

Urkundenfälschung
251-257; U. durch Beamte oder Personen öffentlichen Glaubens 317.

Urkundenunterdrückung
254.

Urteile
Veröffentlichung 68.

Urteilsvermögen
Ausbeutung der Schwäche im U., Wucher 157.

V

Verantwortlichkeit
- bei Pressedelikten 28.
- der Organe juristischer Personen 172, 326, 326bis; beim Inverkehrbringen und Anpreisen von Abhör-, Ton- und Bildaufnahmegeräten 179sexies.

Veräussern
in strafbarer Weise erlangter Sachen, Hehlerei 160.

Sachregister

Verbot

Verbot
einen Beruf, ein Gewerbe oder ein Handelsgeschäft zu betreiben 67, Übertretungen des Verbotes 294.

Verbrechen
Legaldefinition 10; öffentliche Aufforderung zu V. 259.

Verbrechensorganisation
305bis Ziff. 2 Abs. 2 lit. a.

Verdächtigung
als Ehrverletzung 173 Ziff. 1, 174 Ziff. 1.

Verdeckte Ermittlungen
nicht strafbare Handlungen im Rahmen von verdeckten Ermittlungen 317bis.

Vereinigung
rechtswidrige 275ter.

Vereitelung von Massnahmen zur Feststellung der Fahrunfähigkeit
SVG 91a.

Verfahren
346.
- gerichtliches 307 Abs. 1.
- vor Behörden und Beamten der Verwaltung 309.
- vor internationalen Gerichten 309.
- der Ausrichtung von Entschädigung und Genugtuung an Opfer OHG 16, 17.

Verfahrenskosten
des Opfers, Übernahme durch Beratungsstellen OHG 3 Abs. 4.

Verfahrensrechte
des Opfers OHG 8

Verfälschung
von Eichzeichen 248; von Geld 241; amtlichen Wertzeichen 245; amtlichen Zeichen 246; von Massen, Gewichten, Waagen oder anderen Messinstrumenten 248; von privaten und öffentlichen Urkunden 251; durch Beamte 317; von Urkunden, die sich auf Rechtsverhältnisse der Eidgenossenschaft oder von Kantonen beziehen 267; von Waren 155 Ziff. 1; von Ausweisen 252; von Grenzsteinen, -zeichen 256; von staatlichen Grenzsteinen, -zeichen 268.

Verfasser
siehe Autor.

Verfassung
des Bundes oder der Kantone, gewalttätige Abänderung 265.

Verfassungsmässige
- Staatsbehörden, Absetzung 265.
- Ordnung, Gefährdung 275, 275bis, 275ter.

Verfügung
über gepfändete, mit Arrest belegte oder amtlich aufgezeichnete Sachen 169.

Verfügungsrecht
der Kantone oder des Bundes über Bussen und Einziehungen 374.

Vergehen
Legaldefinition 10.

Vergewaltigung
190.

Verhandlung
Veröffentlichung amtlicher geheimer V. 293.

Verhalten bei Unfall
- Führerflucht Bem. zu SVG 92.
- pflichtwidriges SVG 92.

Verheimlichen
von durch strafbare Handlung erlangten Sachen, Hehlerei 160, v. Vermögenswerten 163 Ziff. 1.

Verjährung
97-101, bei Übertretung 109, bei Schwangerschaftsabbruch 118 Abs. 4; bei Ehrverletzungen 178.

Verkehr
- öffentlicher, Verbrechen und Vergehen dagegen 237–239.
- ruhender Bem. zu SVG 90 Ziff. 2.

Verkehrsregeln
- grobe Verletzung SVG 90 Ziff. 2.
- zur Definition vgl. Bem. zu Art. 90 Ziff. 1.

Verleitung
des Schuldners zu leichtsinnigem Schuldenmachen, gewagten Spekulationen 165 Ziff. 2 Abs. 3.

Verletzter
Strafantrag 30; Einwilligung des V. 114, 118 Abs. 1.

Verletzung
- des Fabrikations- oder Geschäftsgeheimnisses 162.
- der Ehre 173 ff.
- des Brief-, Schriftgeheimnisses 179.
- des Geheim- oder Privatbereichs durch Aufnahmegeräte 179quater.
- schweizerischer Gebietshoheit 269.
- des Völkerrechts 269.
- des Abstimmungs- und Wahlgeheimnisses 283.
- des Amtsgeheimnisses 320.

Verleumdung

- des Berufsgeheimnisses 321.
- des Post- und Fernmeldegeheimnisses 321ter.
- militärischer Geheimnisse 329.
- fremder Gebietshoheit 299.

Verleumdung
174, 176; Verstorbener oder verschollen Erklärter 175.

Verlustschein
Pfändungsbetrug 163; Gläubigerschädigung durch Vermögensminderung 164; Misswirtschaft 165; Unterlassung der Buchführung 166; Bevorzugung eines Gläubigers 167.

Vermessungszeichen
Beseitigung 257.

Vermieter
Abhalten von Anfechtung von Forderungen des V. 325bis.

Verminderte Schuldfähigkeit
19.

Vermögensdelikte
137–172bis; geringfügige 172ter.

Vermögensgegenstände
Verschweigen durch den Schuldner 323; durch Dritte 324.

Vermögensverwalter
Verletzung seiner Pflichten 158 Ziff. 1.

Vermögensvorteil
offenbares Missverhältnis zu einer Vermögensleistung, Wucher 157 Ziff. 1; durch Ausnützen der Kenntnis vertraulicher Tatsachen 161; bei Förderung der Prostitution 195; unrechtmässiger bei Betäubungsmitteldelikten BetmG 24.

Vermögenswerte
- unrechtmässige Verwendung 141bis.
- veräussern, beschädigen, zerstören, entwerten, beiseite schaffen 164 Ziff. 1.
- Einziehung 70.

Vernichtung
einer durch Staatsangehörigkeit, Rasse, Religion oder Ethnie gekennzeichneten Gruppe 264.

Veröffentlichung
- amtlicher geheimer Verhandlungen 293.
- in Medien, Verantwortlichkeit 28, 322bis.
- des Urteils 68.
- von Abbildungen von militärischen Anstalten oder Gegenständen 329 Ziff. 1 Abs. 2.
- der Identität eines Opfers OHG 5 Abs. 2.

Verpfänden
militärisch beschlagnahmtes oder requiriertes Material 330.

Verrat
Hochverrat 265; diplomatischer Landesverrat 267; strafbare Auslandstat 4; eines Fabrikations- oder Geschäftsgeheimnisses 162.

Verschollen Erklärte
üble Nachrede, Verleumdung 175.

Versehen
Berichtigung darauf beruhender Feststellungen durch den Kassationshof BStP 277bis

Verstorbene
üble Nachrede, Verleumdung 175.

Verstrickungsbruch
169.

Versuch
unvollendeter 22 Abs. 1; vollendeter 22 Abs. 1; untauglicher 22 Abs. 2; Anstiftungsversuch 24 Abs. 2; bei Übertretungen 105 Abs. 1.

Verteidiger
Berufsgeheimnis 321.

Vertrauensperson
des Opfers OHG 7 Abs. 1.

Vertrauliche Tatsachen
Ausnutzen der Kenntnis davon 161.

Verunreinigung
von Trinkwasser 234.

Veruntreuung
138, von Pfandsachen und Retentionsgegenständen.

Vervielfältigung
von Abbildungen
militärischer Anstalten und Gegenständen 329 Ziff. 1 Abs. 2.

Verwahrung
- von Gewohnheitsverbrechern 64.

Verwaltungsgerichtsbeschwerde
an das Bundesgericht Bem. zu BStP 247 Abs. 3.

Verwaltungsgerichtsverfahren
309.

Verwaltungsrat
Strafbarkeit seiner Mitglieder 152, 161 Ziff. 1, 172, 326, 326bis.

Verwaltungssachen
309.

Verwaltungsstrafrecht
Kompetenz der Kantone zum Erlass von V. 335 Abs. 2.

Verwandte
Angehörige 110 Abs. 1.
Verwechslungsgefahr
durch Imitationen von Zahlungsmitteln Bem. zu 243.
Verweilen
- deliktische Handlungen dazu ANAG 23 Abs. 1 al. 4 und 5.
- rechtswidriges ANAG 23 Abs. 1. al. 4.

Verweis
91 Abs. 2.
Verweisungsbruch
291.
Verwendung
gefälschter Urkunden 251 Ziff. 1 Abs. 3; gefälschter Ausweisschriften, Zeugnisse, Bescheinigungen 252 Ziff. 1 Abs. 3.
Verwirkungsfrist
für Entschädigungs- und Genugtuungsleistungen an Opfer OHG 16 Abs. 3.
Völkermord
264; strafbare Vorbereitungshandlungen 260bis Abs. 1.
Volkswillen
Vergehen gegen ihn 279–284.
Vollendung
des Versuchs 22.
Vollstreckung
von Strafen 373.
Vollzug
- einer im Ausland nicht oder nur teilweise verbüssten Strafe 5 Abs. 3, 6 Abs. 4, 7 Abs. 5.
- Normalvollzug 77.

Vorbereitung
einer Entführung ins Ausland 271 Ziff. 3.
Vorbereitungshandlungen
strafbare 260bis.
Vorführungen
pornographische 197.
Vorkehrungen
technische oder organisatorische 260bis.
Vorleben
bei der Strafzumessung 47.
Vormund
Veruntreuung 138 Ziff. 2.
Vormundschaftliche Behörden
Mitteilung an sie bei strafbaren Handlungen von und an Minderjährigen 363.

Vormundschaftliche Gewalt
Entzug 220.
Vorsatz
12 Abs. 1 und 2.
Vorschuss
auf die Entschädigung des Opfers OHG 15.
Vorspiegelung von Tatsachen
siehe Irreführung.
Vorstellung
irrige V. über den Sachverhalt 13.
Vorstrafen
Berücksichtigung beim Entscheid über die Gewährung des bedingten Strafvollzuges 42 Abs. 2.
Vorteilsannahme
322sexies.
Vorteilsgewährung
322quinquies.

W

Waage
Fälschung und Gebrauch falscher, gefälschter W. 248.
Waffe
- Verwendung bei einfacher Körperverletzung 123 Ziff. 2.
- gefährliche, Mitführen bei Diebstahl 139 Ziff. 3 Abs. 3, bei Raub 140 Ziff. 2. Verwendung bei sexueller Nötigung 189 Abs. 3, bei Vergewaltigung 190 Abs. 3.
- Gefährdung der öffentlichen Sicherheit mit W. 260quater.

Wahlbestechung
281.
Wahlen und Abstimmungen
Hinderung, Störung 279; unbefugte Teilnahme 282 Ziff. 1 Abs. 2.
Wahlfälschung
282.
Wahlgeheimnis
Verletzung 283.
Wahlrecht
Eingriffe 280.
Wahrheitsbeweis
bei übler Nachrede 173 Ziff. 2.
Wahrung berechtigter Interessen
Bem. zu 12.

Wappen
der Eidgenossenschaft, der Kantone 270; fremder Staaten 298.
Warenfälschung
Inverkehrbringen, Einführen, Lagern gefälschter Waren 155.
Wasserbauten
Beschädigung 228.
Wasserstandszeichen
Beseitigung 257.
Wasserwerk
Störung 239.
Wegnahme
fremder beweglicher Sachen 139.
Wehrloser
Verletzung 123 Ziff. 2 Abs. 2.
Weisungen
beim bedingten Strafvollzug 44 Abs. 2; bei bedingter oder probeweiser Entlassung 62; bei ambulanter Behandlung 63 Abs. 2, 44 Abs. 1.
Wertzeichen
amtliche, Fälschung, Verfälschung 245 Ziff. 1; Verwendung falscher, verfälschter oder entwerteter W. 245 Ziff. 2; Fälschungsgeräte 247 Abs. 1, unrechtmässiger Gebrauch von Geräten 247 Abs. 2; des Auslandes 250.
Widerruf
unwahrer Äusserungen 173 Ziff. 4, 174 Ziff. 3.
Widerstand
- zum W. unfähig machen, Raub 140 Ziff. 1; Erpressung 156 Ziff. 1; sexuelle Nötigung 189 Abs. 1; Vergewaltigung 190 Abs. 1.
- zum W. unfähige Person, Schändung 191; Entführung 183 Ziff. 2.
- passiver 286.
Wiederaufnahme
des Verfahrens 385.
Wirtschaftlicher
Nachrichtendienst im Interesse des Auslandes 273.
Wohnort
Gerichtsstand 341-342.
Wohnung
unrechtmässiges Eindringen und Verweilen 186.
Wucher
157.

Z

Zahlungsunfähigkeit
Herbeiführung 165 Ziff. 1; Missbrauch von Check- und Kreditkarten bei Z. 148.
Zahnärzte
falsches ärztliches Zeugnis 318; Verletzung des Berufsgeheimnisses 321.
Zechprellerei
149.
Zeichen
- amtliche, Fälschung, Verfälschung 246; Siegelbruch 290.
- amtliche Wertzeichen 245; Eichzeichen 248.
- Grenzzeichen verrücken 256.
- Beweiszeichen 110 Abs. 5.
- Vermessungs- und Wasserstandszeichen beseitigen 257.
Zeitdiebstahl
150.
Zeitschriften, Zeitungen
erforderliche Angaben im Impressum 322.
Zerstörung
von Sachen 144 Abs. 1; von Vermögenswerten 164 Ziff. 1; von Pfandsachen, Retentionsgegenständen 169; von elektrischen Anlagen, Wasserbauten, Schutzvorrichtungen 228; von Sicherheitsvorrichtungen 230; von Urkunden 254; von militärisch beschlagnahmtem oder requiriertem Material 330.
Zeugen
Vorladung, Anspruch auf Kostenvorschuss 359 Abs. 3.
Zeugnis
falsches 307, falsches ärztliches Z. 318.
Zeugnispflicht
bei Vorladung in einen andern Kanton 359 Abs. 4.
Zeugnisverweigerungsrecht
von Medienschaffenden 28a.
Zeugnisse
Fälschung, Verfälschung, Missbrauch 252.
Zivilansprüche
BStP 248; des Opfers OHG 8 Abs. 1, OHG 9.
Zivilrechtsverfahren
falsche Beweisaussagen der Parteien 306.
Zuführung
- einer Sache, Unterlassung der Anzeige 332.
- von Beschuldigten oder Verurteilten 356, 357.

Zurechnungsfähigkeit
Siehe Schuldfähigkeit.

Zusammenrottung
- öffentliche, bei Sachbeschädigung 144 Abs. 2; Landfriedensbruch 260, Gewalt und Drohung gegen Behörden und Beamte 285 Ziff. 2; Befreiung von Gefangenen 310 Ziff. 2.
- von Gefangenen zwecks Meuterei 311 Ziff. 1.

Zusatzstrafe
49 Abs. 2.

Zuständigkeit
- für die Verfolgung und Beurteilung der Zuwiderhandlungen bei Delikten gem. ANAG 23 und 23a vgl. ANAG 24.
- sachliche, der kantonalen Behörden 339.
- örtliche, der kantonalen Behörden 340–345; Bestimmung durch die Anklagekammer des Bundesgerichts BStP 262–264.

Zwangsvollstreckung
Bestechung bei Z. 168.

Zwischenstaatliche Organisationen
Beleidigung 297.